Nepal

Pokhara
S. 230

Das Terai &
die Mahabharat-
Kette
S. 267

Kathmandu
nach Pokhara
S. 218

Kathmandu
S. 68

Rund um das
Kathmandu-Tal
S. 130

Bradley Mayhew, Lindsay Brown, Paul Stiles

REISEPLANUNG

Willkommen in Nepal.... 4
Nepals Top 15 8
Gut zu wissen .... .16
Was gibt's Neues? ..... .18
Wie wär's mit 19
Monat für Monat 23
Reiserouten........... .27
Einen Trek planen....... 31
Outdoor-Aktivitäten.... 44
Freiwilligenarbeit &
verantwortungsbewusstes
Reisen............... 55
Essen & trinken wie die
Einheimischen......... 62
Nepal im Überblick 65

FAHAD MOHAMMED/500PX ©

EVEREST-BASE-CAMP-TREK
S. 334

JACEK KADAJ/GETTY IMAGES ©

CHITWAN-NATIONALPARK
S. 273

REISEZIELE IN NEPAL

KATHMANDU 68
Kathmandu 69
Rund um Kathmandu.. 125
Swayambhunath....... 125
Rund um
Swayambhunath....... 128

**RUND UM DAS
KATHMANDU-TAL.. 130**
Rund um die Ringstraße.. 134
Pashupatinath 134
Chabahil............. 138
Bodhnath (Boudha).... 140
Kopan............... 146
Der Norden und Westen
des Tals 147
Budhanilkantha 147
Shivapuri-Nagarjun-
Nationalpark 148
Patan 149
Bhaktapur 166
Rund um Bhaktapur... 184
Suriya-Binayak-Tempel .. 184
Thimi 184
Changu-Narayan-Tempel.. 184
Das nordöstliche Tal .. 187
Gokarna Mahadev 187
Gokarna-Wald 187
Sankhu.............. 189
Das südliche Tal 190
Kirtipur.............. 190
Pharping 192
Rund um Pharping..... 193
Bungamati............ 195
Khokana............. 196
Chapagaon 196
Godavari 197
Der Talrand 198
Nagarkot 199
Dhulikhel............ 204
Panauti.............. 208
Namobuddha 210

Balthali............. 212
Jenseits des Tals 212
Arniko Highway nachTibet 212
Straße nach Langtang... 214

**KATHMANDU NACH
POKHARA 218**
Die Trisuli bis Abu
Khaireni 220
Manakamana 221
Gorkha 222
Bandipur 224
Dumre 229

POKHARA 230
Pokhara 232
Rund um Pokhara..... 255
Sarangkot 255
Begnas-See & Rupa-See . 257
**Von Pokhara nach
Jomsom 258**
Von Pokhara nach Beni.. 258
Von Beni nach Tatopani.. 259
Tatopani............. 259
Von Tatopani nach
Marpha.............. 261
Marpha.............. 262
Jomsom............. 263
Rund um Jomsom 264

**DAS TERAI & DIE
MAHABHARAT-
KETTE........... 267**
Zentrales Terai 271
Narayangarh & Bharatpur 271
Chitwan-Nationalpark ... 273
Siddharthanagar &
Sunauli.............. 289
Lumbini 291
**Der Siddhartha
Highway 298**
Butwal 299

Inhalt

Tansen (Palpa) 299
Rund um Tansen 302
Der Tribhuvan Highway . 303
Hetauda 304
Daman 304
Westliches Terai 305
Nepalganj 305
Bardia-Nationalpark 307
Sukla-Phanta-
Nationalpark 313
Bhimdatta
(Mahendranagar) 313
Östliches Terai 315
Birganj 316
Janakpur 317
Koshi-Tappu-
Schutzgebiet 320
Biratnagar 322
Von Dharan nach Hile . . . 323
Ilam 326
Rund um Ilam 327
Kakarbhitta 328

TREKKINGROUTEN 330
Einen Trek auswählen . . 331
Kürzere Treks 331
**Das Leben auf
dem Trail 332**
Routen & Bedingungen . . 332
Schlafen & Essen 332
**Everest-Base-Camp-
Trek 334**
**Annapurna-Circuit-
Trek 341**
**Annapurna-Sanctuary-
Trek 348**
**Sonstige Wanderungen
in Annapurna 350**
Ghachok-Trek
(zwei Tage) 350
Ghandruk-Schleife
(drei Tage) 351
Panchase-Trek
(drei bis vier Tage) 351

Annapurna-Panoramaweg
(sechs Tage) 351
Mardi-Himal-Trek
(sieben bis acht Tage) . . . 352
Khopra-Bergkamm
(acht bis neun Tage) 352
Langtang-Tal-Trek 352
Tamang Heritage Trail . 356
Gosainkund-Trek 358
**Gesperrtes Gebiet &
andere Treks 360**

BIKEN, RAFTING &
KAJAKFAHREN 363
Mountainbiketouren . . 365
Die Scar Road ab
Kathmandu 365
Von Kathmandu nach
Pokhara 366
Oberes Mustang: von
Jomsom nach
Lo Manthang 367
Von Muktinath
nach Pokhara 368
Rundfahrt durch das
Kathmandu-Tal über
den Nagarkot und
Namobuddha 368
Der Rajpath (Königsweg)
ab Kathmandu 369
Von Pokhara nach
Sarangkot und
Naudanda 370
**Rafting- und
Kajaktouren 370**
Trisuli 370
Bhote Kosi 371
Oberer Sun Kosi 371
Seti Khola 371
Oberer Kali Gandaki . . . 372
Marsyangdi 372
Karnali 373
Sun Kosi 373
Tamur 374
Sonstige Flüsse 374

NEPAL VERSTEHEN

Nepal aktuell 376
Geschichte 379
Menschen & Kultur . . . 392
Religion 401
Kunst & Architektur . . . 408
Umwelt & Wildtiere 415

PRAKTISCHE INFORMATIONEN

Allgemeine
Informationen 428
Verkehrsmittel & -wege . 441
Gesundheit 451
Sprache 458
Register 468
Kartenlegende 478

Specials

Einen Trek planen 31
Outdoor-Aktivitäten 44
**Essen & trinken wie die
Einheimischen 62**
Trekkingrouten 330
**Biken, Rafting &
Kajakfahren 363**

Willkommen in Nepal

Nepal ist ein Paradies für Trekker: spektakuläre Ausblicke auf den Himalaja, goldene Tempel, zauberhafte Bergdörfer und wilde Natur im Dschungel. Nepal ist eines der großartigsten Reiseziele der Welt.

Hochgebirge

Wer die Berge liebt, für den ist Nepal das ultimative Ziel. Hier ragen einige der berühmtesten Berge des Himalajas in den Himmel, die zugänglich für Trekker sind. Schroffe Wege führen zum Everest, dem Annapurna und weiter. Es gibt kein Gebirge, in dem mehrtägige Wanderungen in einer so unglaublichen Szenerie möglich sind und wo abends dennoch ein warmes Essen, eine gemütliche Hütte und ein Stück Apfelkuchen warten. Natürlich sind Adrenalinkicks auch beim Rafting auf einem rauschenden Fluss oder beim Bungee-Sprung in eine gähnend tiefe Himalaja-Schlucht garantiert. Canyoning, Klettern, Kajaktouren, Paragliding und Mountainbiketouren kommen in dieser dramatischen Landschaft einem Rausch gleich.

Mittelalterliche Städte & heilige Stätten

Andere Reisende genießen es, die Sonne hinter den Gipfeln des Himalajas versinken zu sehen und dabei einen Gin Tonic zu schlürfen. Sie streifen durch die mittelalterlichen Altstädte von Kathmandu, Patan und Bhaktapur oder gehen mit tibetanischen buddhistischen Pilgern auf eine spirituelle Reise um jahrhundertealte Klöster und Stupas. Nepal ist auch nach dem Erdbeben von 2015 das kulturelle Herz des Himalajas. Insbesondere das Kathmandu-Tal bietet eine beispiellose Auswahl an Palästen, versteckten Schreinen und kostbarer Tempelkunst.

Abenteuer im Dschungel

Im Süden der Gebirge liegt ein völlig anderes Nepal: eine Kette von Nationalparks, wo Naturliebhaber in den Kronen subtropischer Bäume nach exotischen Vögeln und im Dschungel nach Nashörnern, Tigern und Krokodilen spähen. Man kann von einer Safari-Lodge im Zentrum Chitwans starten oder auch einen wilderen Trip ins abgelegene Bardia oder Koshi Tappu wagen. Unterwegs lohnt ein Zwischenstopp in der feuchtheißen Ebene bei Lumbini, wo Buddha zur Welt kam. Ob mit dem Mountainbike, Motorrad, auf dem Rafting-Schlauchboot oder im Touristenbus, in Nepal lassen sich vielfältige Attraktionen und Landschaften entdecken.

Reise ins Nirwana

Nur wenige Länder eignen sich so perfekt für Individualreisende wie Nepal. Wer durch die Trekkingläden, Bäckereien und Pizzerien von Thamel und Pokhara streift, fühlt sich wie in einem Disneyland für Backpacker. Draußen im Gebirge schlägt der Puls des traditionellen Lebens langsamer, während am Gebirgshorizont eine Million potenzieller Abenteuer lockt. Das größte Problem in Nepal ist die Unmöglichkeit, alles auf einmal sehen zu können – vielleicht kehren deswegen viele Menschen immer wieder zurück.

Darum liebe ich Nepal

Von Bradley Mayhew, Autor

Wer sich wie ich beim Anblick der wilden Berglandschaft des Himalaja großartig fühlt und den unverstellten Blick in die Weite liebt, der sollte nach Nepal reisen. Andererseits geht's mir noch besser, wenn ich insgeheim weiß, dass in der Bergwildnis ein Stück warmer Apfelkuchen statt eines durchweichten Zeltes auf mich wartet – noch ein Grund, Nepal zu lieben. Was ich am liebsten mag in Nepal? An jeder Ecke wartet ein neues Abenteuer. Wenn der Annapurna geschafft ist, wie wär's mit dem Gokyo-Tal? Oder eine Trekkingtour in 6000 m Höhe? Nepal ist ein Himmel für Abenteurer, mit einem Espresso nebenbei.

Mehr über unsere Autoren siehe S. 469

Oben: Der Annapurna Circuit (S. 341)

Nepal

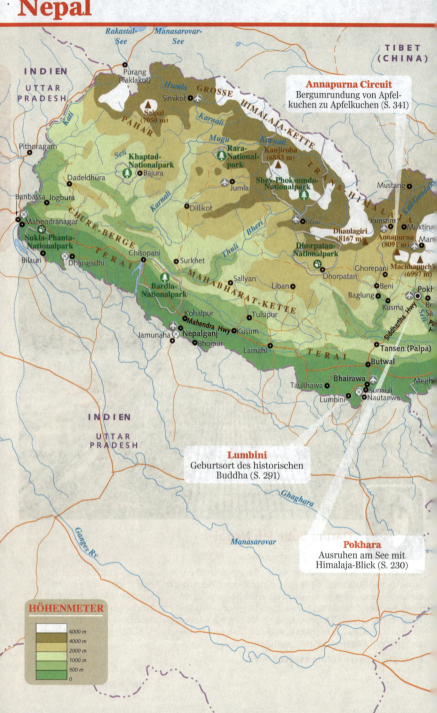

Annapurna Circuit
Bergumrundung von Apfel-
kuchen zu Apfelkuchen (S. 341)

Lumbini
Geburtsort des historischen
Buddha (S. 291)

Pokhara
Ausruhen am See mit
Himalaja-Blick (S. 230)

HÖHENMETER

6000 m
4000 m
2000 m
1000 m
500 m
0

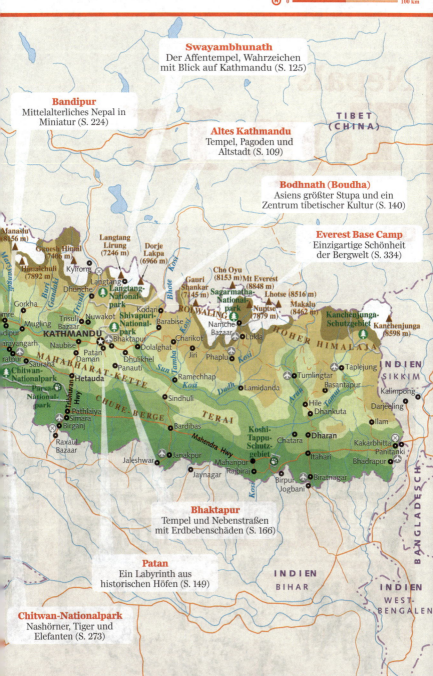

N   0 ━━━━━━━━━ 100 km

Swayambhunath
Der Affentempel, Wahrzeichen
mit Blick auf Kathmandu (S. 125)

Bandipur
Mittelalterliches Nepal in
Miniatur (S. 224)

Altes Kathmandu
Tempel, Pagoden und
Altstadt (S. 109)

Bodhnath (Boudha)
Asiens größter Stupa und ein
Zentrum tibetischer Kultur (S. 140)

Everest Base Camp
Einzigartige Schönheit
der Bergwelt (S. 334)

TIBET
(CHINA)

Manaslu
(8156 m)
Ganesh Himal
(7406 m)
Himalchuli
(7892 m)
Kylrong
Langtang Lirung
(7246 m)
Dorje Lakpa
(6966 m)
Langtang
Dhunche
Langtang-National-park
Gorkha
Kodari
Gauri Shankar
(7145 m)
Cho Oyu
(8153 m)
Mt Everest
(8848 m)
Lhotse (8516 m)
Makalu
(8462 m)
Sagarmatha-National-park
ROLWALING
Nuptse
(7879 m)
Kanchenjunga-Schutzgebiet
Kanchenjunga
(8598 m)
Trisuli Bazaar
Mugling
Nuwakot
Shivapuri-National-park
Barabise
Namche Bazaar
Lukla
HOHER HIMALAJA
dipur
arayangarh
ratpur
Sauraha
KATHMANDU
Naubise
Patan
Daman
Bhaktapur
Dolalghat
Charikot
Jiri
Phaplu
Dhulikhel
Panauti
Ramechhap
Sun Kosi
Tamba Kosi
Dudh Kosi
Lamidanda
Arun
Tumur
Tumlingtar
Basantapur
Taplejung
INDIEN
SIKKIM
MAHABHARAT-KETTE
Chitwan-National-park
Parsa-National-park
Hetauda
Sindhuli
TERAI
Hile
Dhankuta
Kalimpong
Darjeeling
Ilam
Pathlaiya
Simara
Birganj
Raxaul Bazaar
Bardibas
Mahendra Hwy
Koshi-Tappu-Schutz-gebiet
Chatara
Dharan
Kakarbhitta
Panitanki
Jaleshwar
Janakpur
Mahanpur
Rajbiraj
Jaynagar
Birpur
Jogbani
Biratnagar
Itahari
Bhadrapur
BANGLADESCH

Bhaktapur
Tempel und Nebenstraßen
mit Erdbebenschäden (S. 166)

Patan
Ein Labyrinth aus
historischen Höfen (S. 149)

INDIEN
BIHAR

INDIEN
WEST-BENGALEN

Chitwan-Nationalpark
Nashörner, Tiger und
Elefanten (S. 273)

Nepals
Top 15

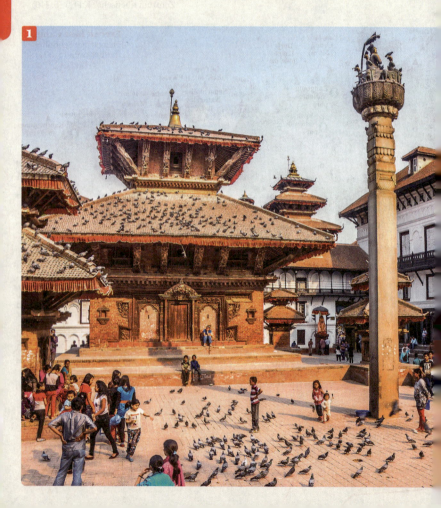

Das alte Kathmandu

1 Kathmandus historisches Zentrum (S. 69) ist auch nach den schweren Schäden beim Erdbeben von 2015 ein Open-Air-Architekturmuseum mit prachtvollen mittelalterlichen Tempeln, Pagoden, Pavillons und Schreinen. Hier lebte einst, völlig isoliert vom Volk, die nepalesische Königsfamilie, und es ist noch immer die Wohnstätte der Kumari, Kathmandus lebende Göttin. Der Durbar-Platz (siehe Abb. unten) ist das Tor ins Gewirr der mittelalterlichen Gassen, in denen sich während der spektakulären Festivals das pralle Leben drängt. Den besten Eindruck vom alten Kathmandu vermittelt ein Spaziergang durch die Höfe an versteckten Nebenstraßen, vorbei an Tempeln und durch die engen Gassen der Altstadt.

Everest-Base-Camp-Trek

2 Dieser zweiwöchige Trek (S. 334) zur Basis des höchsten und begehrtesten Berges der Welt steht ganz oben auf der Liste vieler Reisender, die hierherkommen. Obwohl der Mount Everest selbst nur begrenzt sichtbar ist, sind die Ausblicke auf die umgebenden Berggipfel des Himalajas einfach fantastisch. Die halbe Stunde, in der man das Alpenglühen über dem wunderschönen Pumori oder Ama Dablam (siehe Abb. unten rechts) bewundern kann, lässt alle Kopfschmerzen der Höhenkrankheit völlig vergessen. Im Oktober wird der Weg von vielen Trekkern begangen, aber das Willkommen in den Sherpa-Hütten ist so warm wie der frische Apfelkuchen.

LAURA GRIER/GETTY IMAGES ©

Bodhnath-Stupa

3 Das Dorf Bodhnath ist das Zentrum der im Exil lebenden Tibeter. Hier steht der größte Stupa Asiens (S. 141), eine spektakuläre weiße Kuppel mit einem Turm, der buddhistische Pilger aus Hunderten von Kilometern anzieht. Die Straßen der Umgebung sind ähnlich faszinierend: Mönche mit geschorenen Köpfen und orangefarbenen Gewändern zwischen tibetanischen Klöstern und Läden, die Gebetsmühlen und Wacholderweihrauch verkaufen. In der Dämmerung entzünden die tibetanischen Pilger ihre Butterlampen und umrunden den Stupa auf ihrer täglichen *kora* (rituelle Umkreisung).

Bhaktapur

4 Das mittelalterliche Bhaktapur (S. 166) hat von den drei ehemaligen, miteinander verfeindeten Stadtstaaten das meiste Flair. Auch nach dem Erdbeben von 2015 stehen in den Nebenstraßen viele Tempel und Pagoden, wie der Nyatapola-Tempel, der höchste Nepals. Gewundene Gassen führen zwischen roten Ziegelhäusern zu Plätzen dieser lebendigen Stadt, auf denen die Einheimischen zum Beispiel Mais trocknen und töpfern. Wer die Stadt erleben möchte, übernachtet in einer Pension oder nimmt an einem der fantastischen Festivals teil. Oben: Das Goldene Tor (S. 170).

Swayambhunath

5 Der schneeweiße Stupa von Swayambhunath (S. 125) ist Wahrzeichen, Unesco-Weltkulturerbe und eines der größten buddhistischen Heiligtümer Nepals. Das Erdbeben von 2015 hat den Stupa mit den aufgemalten allsehenden Augen Buddhas nur wenig beschädigt; er bleibt ein Zentrum buddhistischer Verehrung. Die Pilger wandern von Schrein zu Schrein, drehen die Gebetsmühlen und murmeln ihre Mantras, während Astrologen Handlinien lesen oder Ladenbesitzer Amulette und heilige Perlen verkaufen. In der Dämmerung bieten sich spektakuläre Ausblicke auf die Lichter von Kathmandu.

Annapurna Circuit

6 Die Trekkingroute um das 8091 m hohe Annapurna-Massiv ist Nepals beliebteste Tour (S. 341). Die Hütten sind bequem, das Erdbeben hat nur geringe Schäden angerichtet, und die Überquerung des 5416 m hohen Thorong La (Abb. rechts) ist eine Herausforderung. Der Weg vom Tiefland Nepals auf das Trans-Himalaja-Plateau ist traumhaft. Unser Tipp: Trekker sollten sich Zeit lassen und die tollen Abstecher, vor allem bei Manang, nicht verpassen. Die Straße, die sich von beiden Enden in den Trek frisst, kann auf alternativen Wanderwegen umgangen werden.

FENG WEI PHOTOGRAPHY/GETTY IMAGES ©

Chitwan-Nationalpark

7 Chitwan (S. 273) liegt im „anderen Nepal", in den feuchtheißen Ebenen des Tieflandes. Es ist eine der schönsten Naturlandschaften Asiens – also rein in die Safarikluft und Abmarsch, um im Nebel Nashörner und Tiger aufzuspüren. Von den Kleintieren des Urwalds bis zu den Dörfern der Tharu lässt sich hier vieles entdecken. Besonders Mutige trauen sich mit einem Guide zu Fuß in den Dschungel und lauschen den Geräuschen des Waldes. Mit Glück tauchen Gaviale, Axishirsche, wilde Gaur und exotische Vögel auf. *Oben: Nashörner im Chitwan-Nationalpark*

Ausblicke von Pokhara

8 Der zweitgrößten Touristenstadt Nepals mag das historische Erbe Kathmandus fehlen, aber sie macht es mit lockerer Atmosphäre und spektakulärster Location mehr als wett. Der Sonnenaufgang über Machhapuchhare und Annapurna, der sich im Wasser des Phewa-Sees (Abb. oben; S. 232) spiegelt, oder der Blick von den Aussichtspunkten auf den Hügeln der Stadt sind unvergesslich. Man kann die Bilder auf einem Trek, aus dem Sattel eines Mountainbikes oder von einem Gleitschirm aus, hoch über dem Talboden, in sich aufnehmen.

Langtang-Tal

9 Nepals dritter großartiger Teehaus-Trek zieht sich durch ein alpines Tal an der Grenze zu Tibet. Langtang (S. 352) vereint üppigen Bambus- und Himalaja-Wald mit hohen Gipfeln, Weiden und Gletschern. Ein Abstecher zu den heiligen Gosainkund-Seen, die auf 4400 m Höhe liegen, verstärkt das Naturerlebnis noch. Langtang hat schwer unter dem Erdbeben von 2015 gelitten, doch nun sind die Hütten wiederaufgebaut, der Trail ist offen und wartet auf Touristen. Die wiedereröffnete Grenze macht die Region auch reizvoll für einen Ausflug nach Tibet.

Lumbini: Buddhas Geburtsort

10 Die Pilgerfahrt zum Maya-Devi-Tempel (Abb. oben; S. 294), zu Buddhas Geburtsort, gehört zu den eindrucksvollsten spirituellen Erfahrungen des Subkontinents. Der exakte Ort, an dem Siddhartha Gautama vor etwa 2500 Jahren geboren wurde, ist erst seit etwa einem Jahrhundert bekannt. Man kann die zahlreichen Tempel dort besuchen, aber die tiefere Erfahrung ist die Stille dort. Man vertieft sich in ein Buch über Buddhismus und meditiert über die wahre Natur der Realität. Intensiver kann eine Reiseerfahrung wirklich nicht sein.

IAN TROWER/GETTY IMAGES ©

Momos

11 Die kleinen, mit Fleisch oder Gemüse gefüllten Teigtaschen sind Nepals inoffizielles Nationalgericht. Wer sie in einem grandiosen Newar-Restaurant, in einem versteckten tibetischen Lokal wie dem Yangling Tibetan Restaurant (S. 111), zusammen mit anderen Gästen oder in einer Trekking-Lodge mit Blick auf den Annapurna genießt, schmeckt die Quintessenz des Himalajas. In Kochkursen lernt man, die scheinbar einfachen Leckerbissen selbst zu kochen, die von China bis Zentralasien verbreitet sind. In den Restaurants von Kathmandu werden sie mit Äpfeln und Zimt gefüllt und mit Eis serviert. Superlecker!

Bandipur

12 Dieses wunderbar erhaltene Dorf (S. 224) auf einem Gebirgskamm mit traditionellen Newar-Häusern und Tempeln aus dem 18. Jh. liegt auf halbem Weg zwischen Kathmandu und Pokhara. Neben der Stille und dem Frieden bieten sich Wanderungen in die Hügel der Umgebung an. Abenteuerlustige Traveller seilen sich in die Siddha-Gufa-Höhle ab, segeln im Gleitschirm über das Dorf oder schießen beim Canyoning durch die nahen Wasserfälle. Am Ende des Tages garantieren mehrere gut geführte Pensionen in restaurierten Newar-Herrenhäusern eine atmosphärische Nacht.

Nepals fantastische Festivals

13 Nepal hat so viele spektakuläre Festivals zu bieten, dass jeder Reisende zumindest eines davon miterleben dürfte. Gefeiert wird mit Maskentänzen, um wilde Dämonen zu besänftigen, aber auch mit ewigen Tauziehwettbewerben zwischen rivalisierenden Vierteln eines Ortes. Vollends ins Mittelalter entführen die manchmal ziemlich schrägen Prozessionen mit Prachtwagen, wie die Parade von Rato Machhendranath (S. 159), wo Hunderte von enthusiastischen Gläubigen 20 m hohe Kutschen durch die gedrängt vollen Straßen von Kathmandu und Patan ziehen.
Oben: Das Holi-Festival (S. 23)

Patan

14 Die Schwesterstadt (S. 149) von Kathmandu bekommt nicht die Aufmerksamkeit, die sie verdient. Die Stadt der Newar-Händler mit miteinander verbundenen, buddhistischen Höfen und verborgenen Tempeln ist der Tradition stärker verhaftet als jede andere Stadt Nepals. Die faszinierenden Nebenstraßen, der prachtvolle Durbar-Platz und das Patan-Museum, das beste des Landes, dazu uralte Stupas aus der Ashoka-Periode und das beste Angebot internationaler Restaurants sind mehr als nur einen kurzen Besuch wert. Wer hier die Nacht verbringt, hat alle Gassen für sich allein.

Wildwasser-Rafting

15 Nepal gehört zu den weltbesten Locations für Wildwasser-Rafting und Kajaktouren. Das Wasser von den Gipfeln des Himalajas fließt in Flüssen, wie der Trisuli und den Bhote Kosi, ab – spannende Wildwassererlebnisse auf einem Tagesausflug. Noch besser sind mehrtägige Abenteuer: Touren auf Wasserwegen, wie dem Karnali, Tamur und Sun Kosi, die durch die abgelegensten Ecken Nepals fließen. Anbieter wie Ultimate Descents Nepal (S.51) haben alles im Angebot, von Wildwassertouren wie in der Achterbahn bis zu Touren durch die friedlich strömenden Dschungelflüsse.

Gut zu wissen

Weitere Information siehe Praktische Informationen (S. 427)

Währung
Nepalesische Rupie
(NPR)

Sprache
Nepalesisch

Visa
Touristenvisa (für 15, 30
und 90 Tage) werden bei
der Ankunft ausgestellt;
man gibt die Daten vor-
her online oder bei der
Einreise ein und bezahlt
bar in US-Dollar.

Geld
In Kathmandu, Pokhara
und anderen Städten
kommt man leicht an
Bargeld (Wechselstuben
oder Geldautomaten),
während das in ländli-
chen Regionen oder auf
einem Trek fast unmög-
lich ist.

Handy
SIM-Karten gibt's direkt
am Flughafen in Kath-
mandu bei der Ankunft,
bei Nepal Telecom
(Namaste) oder den
Ncell-Filialen überall
im Land.

Zeit
Nepal Standard Time
(GMT/UTC plus
5¾ Std.)

Reisezeit

subtropisch, warme Winter und feucht-heiße Sommer
kalte Winter, feucht-warme Sommer
große Höhe, eiskalte Winter und kühle Sommer

Jomsom
REISEZEIT Jun.–Nov.

Everest Base Camp
REISEZEIT März–Mai
Okt.–Nov.

Pokhara
REISEZEIT Okt.–Apr.

Kathmandu
REISEZEIT Sept.–Apr.

**Chitwan-
Nationalpark**
REISEZEIT Okt.–März

Hochsaison
(Okt.–Nov.)

➡ Dank klarem Him-
mel und warmen Ta-
gen ist der Herbst die
Hauptsaison.

➡ Auf den Treks in
der Everest- und An-
napurna-Region sind
Tausende von Wan-
derern unterwegs.

➡ Die Unterkünfte in
Kathmandu sind
stark belegt und die
Preise auf dem
Höchststand.

Vorsaison
(März–April)

➡ Die zweitbeste
Reisezeit für Besich-
tigungen und Treks;
der Frühling bringt
warmes Wetter und
spektakulär blühen-
de Rhododendren.

Nebensaison
(Juni–Sep.)

➡ Die Monsunregen
(meist nachts) verur-
sachen Erdrutsche,
und die Berge ver-
schwinden häufig
hinter Wolken.

➡ Regen, Matsch
und Blutegel schre-
cken die meisten
Wanderer ab.

➡ Die Hotels locken
jetzt mit deutlichen
Nachlässen.

Infos im Internet

Nepal Tourism Board (www.welcomenepal.com) Website der Regierung.

Visit Nepal (www.visitnepal.com) Umfangreiche private Website mit ausführlichen Reisetipps.

Lonely Planet (www.lonelyplanet.com/nepal) Hotelbuchungen, Traveller-Forum und mehr.

Inside Himalayas (www.insidehimalayas.com) Online-Magazin und Blog mit Reiseinformationen zu Nepal.

kimkim (www.kimkim.com) Buchungsplattform mit vielen guten Hintergrundartikeln zu Nepal.

Wichtige Telefonnummern

Landesvorwahl Nepal	☎977
Internationale Vorwahl	☎00
Polizei	☎100
Touristenpolizei	☎01-4247041
Notruf	☎102

Wechselkurse

Euro-Zone	1 €	124 NPR
Schweiz	1 CHF	110 NPR

Für die aktuellen Wechselkurse siehe www.xe.com.

Tagesausgaben

Günstig: Unter 50 US$

➡ Bett im Schlafsaal eines Hostels: 10 US$

➡ Günstiges Hotelzimmer in Kathmandu: 15–25 US$

➡ Zimmer, Abendessen und Frühstück in einer Trekking-Lodge: 12–15 US$

➡ Trekking; Träger/Guide: 17/25 US$ pro Tag

Mittelteuer: 50–150 US$

➡ Organisierter Camping-Trek: 60–80 US$ pro Person und Tag

➡ Mittelteures Essen in Kathmandu: 7–10 US$

➡ Mittelklassehotel: 25–80 US$

Teuer: Über 150 US$

➡ Spitzenklassehotel in Kathmandu oder Lodge in Chitwan: 150–250 US$

➡ Rundflug über das Gebirge: 199 US$

➡ Privater Leihwagen mit Fahrer: 80 US$ pro Tag

➡ Trekking in Mustang; Gebühr: 500 US$ für 10 Tage

Öffnungszeiten

Die Geschäftszeiten für Banken und die meisten Ämter gelten im ganzen Jahr. Im Gebirge haben manche Betriebe im Sommer etwas länger, im Winter etwas kürzer auf.

Banken So–Fr 9–12 und 14–16 Uhr; Sa 10–12 Uhr

Bars und Clubs Sogar in Kathmandu schließen die meisten um Mitternacht, spätestens um 1 Uhr

Museen In der Regel 10.30–16.30 Uhr, viele haben dienstags geschlossen

Restaurants 8–22 Uhr

Läden 10–20 Uhr (große Unterschiede, manche haben samstags geschlossen)

Ankunft in Nepal

Tribhuvan International Airport (Kathmandu) Innerhalb des Terminals warten Taxis (im Voraus zu bezahlen). Viele Mittelklassehotels bieten kostenlosen Transport vom Flughafen bis zum Hotel an. Wer sein Visum erst bei der Ankunft beantragt, muss sich auf lange Warte-schlangen am Einwanderungsschalter gefasst machen.

Sunauli (Indische Grenze) Direkt ab der Grenze fahren Busse nach Kathmandu und Pokhara. Den angenehmsten Service bietet Golden Travels. Wer zu anderen Zielen will, nimmt einen Jeep oder eine Rikscha nach Bhairawa und steigt dort um.

Unterwegs vor Ort

Die Verkehrsmittel in Nepal sind gut erreichbar, und die Preise sind angemessen. Die Straßen sind oft eng, verstopft und schlecht gepflegt – Verspätungen sind die Regel. Leider sind auch Flugzeug- und Busunfälle nicht ungewöhnlich.

Flugzeug Die Flugverbindungen zwischen den größeren Städten sind effizient, während Flüge ins Gebirge zu den Startpunkten der Treks sehr wetterabhängig sind und häufig Verspätung haben.

Bus Die Touristenbusse sind bequem, meist mit Klimaanlage, relativ sicher und verlässlich. Vans und Kleinbusse sind schnell, aber meist überfüllt. Die örtlichen Busse sind dagegen ohne Ausnahme unbequem, überfüllt und langsam.

Für mehr Details zum **Transport vor Ort** siehe S. 446.

Was gibt's Neues?

Erholung vom Erdbeben

Nepal ist wieder fit für Geschäfte. Auf dem Durbar-Platz in Kathmandu, in Nuwakot und Bhaktapur sind die Schäden noch sichtbar, aber die Restaurierungsarbeiten laufen gut, und das Land braucht die Devisen der Traveller so dringend wie nie.

Langtang-Tal

Nach großen Schäden durch das Erdbeben von 2015 ist die Trekkingroute durch Lantang wieder offen. Die Trekking-Lodges wurden wiederaufgebaut, und das Tal ist großartig wie eh und je; bei dem nahen Rasuwagadhi ist die Grenze zu Tibet offen.

Durbar-Platz in Kathmandu

Das Erdbeben von 2015 zerstörte zwar mehrere Tempel auf diesem königlichen Platz, die meisten blieben jedoch stehen. Die Gebäude werden rekonstruiert, vor allem die Türme des Hanuman-Dhoka-Palastes.

Annapurna-Straßen

Die Fahrspuren der Allradwagen, die sich um den Annapurna Circuit ziehen, engen die Trekkingroute ein. Trekker steigen nun meinst in Chame oder Dharapani ein; eine unbefestigte Piste reicht bis Manang.

Autofreies Thamel

Die Fußgängerzone in Teilen von Thamel hat das Spazierengehen im wichtigsten Touristenviertel Kathmandus viel angenehmer gemacht. Allerdings waren auch früher häufig Straßen gesperrt und wurden dann wieder für den Verkehr freigegeben – hoffentlich bleibt es diesmal bei der Sperrung.

Elefantenschutz in Chitwan

Tiger Tops hat 2017 angekündigt, in Chitwan keine Safaris auf dem Elefantenrücken mehr anzubieten. Zum Wohle der Tiere haben sich viele internationale Agenturen angeschlossen und keine Elefantensafaris mehr im Programm. Vermutlich werden auch lokale Anbieter dem Trend folgen und stattdessen Safaris zu Fuß veranstalten.

Fünf Sterne in Thamel

Am Rand von Thamel eröffnet eine ganze Reihe neuer Fünf-Sterne-Hotels, vom Sheraton Kathmandu und Aloft Kathmandu bis zum bereits geöffneten Fairfield Marriott. So weit ist es also mit dem ehemals preisbewussten Thamel schon gekommen.

Internationale Flughäfen

In den nächsten Jahren werden Flughäfen für regionale und internationale Verbindungen in Bhairawa (bei Lumbini) und eines Tages in Nijgadh in Zentralnepal und Pokhara eröffnen. Damit entstehen neue Flugverbindungen nach Indien.

Schreckliche Straßen

Beim Bau einer Wasserleitung durch das Kathmandu-Tal von Melamchi bis Kathmandu wurden die Straßen in Stadt und Tal stark beschädigt. Die Straßen nach Bodhnath, Sankhu und Langtang sind besonders schlecht, das dürfte sich in den nächsten ein bis zwei Jahren nicht ändern.

Zuverlässige Stromversorgung

Kathmandus berüchtigte Stromausfälle dürften endgültig vorbei sein. Die Stromverbindung funktioniert ziemlich störungsfrei. Auf der Negativseite stehen die Wasserkraftwerke, die Rafting-Strecken und die Umwelt überall im Land beeinträchtigen.

Weitere Empfehlungen und Bericht siehe unter lonelyplanet. com/nepal.

Wie wär's mit ...

Tempel

Die hinduistischen und buddhistischen Tempel Nepals sind Meisterwerke aus geölten Ziegelsteinen, Steinen und geschnitztem Holz. Kolossale Statuen, großartig verzierte *toranas* (Türstürze) und erotische Schnitzereien inspirieren und erstaunen bis heute.

Kathmandus Altstadt Die Tempel in den Gassen, lokale Götter und halb versteckte Stupas machen Kathmandus Altstadt zu einem faszinierenden Ort für einen Spaziergang am frühen Morgen (S. 69).

Bhaktapur Trotz der Schäden durch das Erdbeben eine noch immer eindrucksvolle, mittelalterliche Stadt mit dem höchsten Tempel des Landes, einem Königspalast und sogar geschnitzter Elefanten-Erotik (S. 166).

Goldener Tempel, Patan Der Hof aus dem 15. Jh. ist um eine wunderschöne Buddha-Statue angelegt und glänzt mit großartigen tibetischen Fresken (S. 157).

Changu-Narayan-Tempel Dieses Unesco-Weltkulturerbe hat unter dem Erdbeben gelitten, aber es steht noch. Der Tempel ist ein Schatzhaus der Kunst des Himalajas, darunter 1500 Jahre alte Statuen und Schnitzereien aus der Licchavi-Periode (S. 185).

Swayambhunath Dieser Stupa, gekrönt mit einem goldenen Aufbau und von Affen belagert, thront wie ein Leuchtturm über Kathmandu (S. 125).

Trekking

In Nepal kann man tagelang durch eine unglaublich faszinierende Hochgebirgsszenerie wandern und sich dennoch sicher sein, am Ende des Tages ein warmes Essen und eine Unterkunft für die Nacht vorzufinden.

Die **Everest-Region** gehört zu den erstaunlichsten Hochgebirgslandschaften der Erde – inklusive gemütlicher Sherpa-Hütten. Allerdings sollte man nicht gerade im Oktober auf den Trek gehen (S. 334).

Annapurna Circuit Nepals beliebtester und abwechslungsreichster Trek führt zu Dörfern in tibetischem Stil mit hinduistischen Tempeln, Blick auf Gletscher und einem 5500 m hohen Pass (S. 341).

Annapurna Sanctuary Dieser Trek führt durch Gurung-Dörfer und Bambushaine mitten ins gefrorene Herz des Himalajas (S. 348).

Langtang Dank alpiner Weiden, 7000 m hoher Gipfel, Hochgebirgsseen und monumentaler Himalaja-Panoramen eine großartige Option (S. 352).

Rund um Pokhara Gut für Treks, die weniger als eine Woche dauern, aber immer noch hoch genug sind, um spektakuläre Ausblicke auf die Berge zu genießen (S. 255).

Dörfer & Tageswanderungen

Die Berge und Täler Nepals werden von einem Netz von Fußwegen durchzogen, die seit Jahrhunderten von Händlern und Pilgern begangen werden. Mit einem Tagesrucksack gewinnt man einen Eindruck vom ländlichen Leben Nepals.

Tansen Die Strecke folgt den alten Handelsrouten durch ein Töpfer-Dorf zu der unheimlichen Ruine eines Palastes am Fluss (S. 303).

Jomsom ist eine sinnvolle Basis für die in der Nähe liegenden berühmten Trans-Himalaja-Dörfer, wie Kagbeni und Marpha (S. 263).

Bandipur In diesem angenehmen, mittelalterlichen Dorf gibt es genügend bequeme Unterkünfte als Basis für Tagesausflüge zu Tempeln, Blickpunkten und Höhlen (S. 224).

Pokhara Hier bieten sich zahllose Möglichkeiten für Unternehmungen an, wie der Phewa-See, Sarangkot und die Friedens-Pagode, alle mit sagenhaften Ausblicken (S. 230).

Chitwan- & Bardia-National-parks Während eines Parkbesuches lohnen sich Abstecher in ein Tharu-Dorf mit einer Stocktanz-Vorstellung (S. 273).

Tierbeobachtung

In den subtropischen Ebenen Nepals herrscht ein Tierleben wie im Dschungelbuch. Wer Tiger sehen will, sollte zwischen März und Juni aufkreuzen – Fernglas mitbringen.

Chitwan-Nationalpark Sichtungen von Nashörnern, Gavialen (Krokodile) sind möglich, und mit Glück zeigt sich vielleicht sogar ein majestätischer Bengalischer Tiger im Elefantengras (S. 273).

Bardia-Nationalpark Weit im Westen Nepals, abseits von den Touristenmassen, mit dem Allradwagen, Schlauchboot oder auch zu Fuß wilde Tiere aufspüren (S. 307).

Koshi-Tappu-Schutzgebiet Dieses Paradies für Vogelbeobachter – 450 Arten sind nachgewiesen – erschließt sich am besten auf einer geführten Kanutour auf dem Sapt Kosi (S. 320).

Sagarmatha-Nationalpark In diesem Unesco-Weltnaturerbe im Himalaja kann man auf Himalaja-Tahre (wilde Bergziegen) und Yaks hoffen – vielleicht sogar auf einen Yeti? (S. 334)

Sukla-Phanta-Nationalpark Ein wenig besuchtes Schutzgebiet weit im Westen von Nepal mit reicher Vogelwelt und mehr (S. 313).

Adrenalin-Kicks

Nepal ist die ultimative Adresse für Outdoor-Sportler. Everything goes in Nepal, vom Klettern über Bergwandern bis zu Mountainbiketouren und Seilrutschen – und das zum Bruchteil der Preise in anderen Ländern.

Oben: Sadhu (wandernder, hinduistischer heiliger Mann) am Pashupathinath-Tempel (S. 135) in Kathmandu
Unten: Tallandschaft um Muktinath

Paragliden In der Thermik über Pokhara aufsteigen und dabei die unglaublichen Ausblicke über den Phewa-See und auf das Annapurna-Massiv auskosten (S. 238).

Rafting Im Angebot sind Wildwasserabenteuer, wie auf dem tobenden Bhote Kosi, bis zu wochenlangen Touren auf dem Sun Kosi (S. 371).

Canyoning Abwärts am Seil in den Wasserfällen und Pools nahe der tibetischen Grenze (S. 215).

Bungee-Jumping Nach dem höchsten Bungee-Sprung Asiens lässt man sich wie Tarzan an seiner Liane ausschwingen (S. 215).

Einen der Trekking-Peaks erklettern Bevor man sich auf den Gipfel eines 6000 m hohen Himalajaberges wagt, sollte man die Grundlagen von Kletterseilen und Steigeisen erlernen (S. 340).

Seilrutschen Nur die Hartgesottenen wagen sich auf die schnellste Seilrutsche unterhalb der Annapurna-Gipfel (S. 236).

Heiliges & Spirituelles

Die faszinierende Mixtur aus Hinduismus und tibetischem Buddhismus macht Nepal zu einem großartigen, spirituellen Land. Jeder Aspekt im Leben der Nepalesen ist spirituell aufgeladen, von den heiligen Seen bis zu den Schreinen an den Wegekreuzungen, in denen gelbe Ringelblumen blühen.

Lumbini Am Geburtsort von Buddha ist die buddhistische Architektur von ganz Asien vertreten (S. 291).

Bodhnath An diesem Brennpunkt der tibetischen Gemeinschaft in Nepal mit dem größten Stupa des Subkontinents wird es Zeit, eine Butterlame anzuzünden (S. 140).

Kloster Kopan Das Kloster gehört zu den besten Orten, um sich in den tibetischen Buddhismus und Meditation zu vertiefen oder sich für kurze Zeit zurückzuziehen (S. 146).

Kathmandu & Pokhara Beides sind gute Adressen, um Yoga zu lernen und auszuüben – die Kurse dauern eine Stunde bis zu einer Woche (S. 91).

Pashupathinath Nepals heiligster, hinduistischer Schrein an den Verbrennungstreppen des heiligen Bagmatis zieht heilige Männer aus dem gesamten Subkontinent an (S. 172).

Devghat Zusammen mit hinduistischen Pilgern am Zusammenfluss von zwei mächtigen Flüssen verweilen und auf Glück hoffen (S. 272).

Abseits ausgetretener Pfade

In Nepal ist es nicht schwierig, ein Fleckchen abseits der Massen zu finden. Wer nicht gerade im Oktober/November kommt, dürfte die folgenden Orte (fast) für sich allein haben.

Budhanilkantha Die monumentale, liegende Vishnu-Statue am Rand des Tales ist nahe bei Kathmandu, aber weit weg vom Treiben der Massen (S. 147).

Panauti Wer die zahlreichen Tempel und Schreine am heiligen Zusammenfluss in der Abend- und Morgendämmerung auf sich wirken lassen möchte, bleibt über Nacht (S. 208).

Kirtipur Knapp jenseits der Ringstraße warten in den ziegelgepflasterten Gassen gutes Newar-Essen und ein vor Schwertern starrender Bhairab-Tempel (S. 190).

Pharping Ein Mini-Tibet im südlichen Tal und Magnet für tibetische Pilger. Etwas weiter in Dakshin Kali manifestiert sich der tantrische Hinduismus in Blut- und Eingeweideorgien (S. 192).

Ilam Im ruhigen kleinen Bruder von Darjeeling lohnen sich Wanderungen durch kultivierte Teeplantagen und abenteuerliche Touren auf eigene Faust (S. 326).

Ausblick auf den Himalaja

In Nepal sind majestätische Gebirgspanoramen nicht gerade selten. Dennoch sind die folgenden Blickpunkte besondere Highlights, die atemberaubende Anblicke garantieren – in der Morgendämmerung zusätzlich mit spektakulärer Lightshow.

Nagarkot Der beste Ort in der Nähe von Kathmandu, um den Himalaja vom Hotelbett aus zu sehen (S. 199).

Sarangkot Dieser Blickpunkt, der leicht von Pokhara erreichbar ist, verspricht beste Blicke auf Machhapuchhare, Dhaulagiri und das Annapurna-Massiv (S. 255).

Flug übers Gebirge Wer diesen Morgenflug über die Gebirgskette des Himalajas bucht, sollte für gutes Wetter beten. Noch unmittelbarer wird das Erlebnis in einem Ultraleichtflugzeug von Pokhara aus. (S. 93)

Kala Pattar Der Blick auf Mount Everest und den Khumbu-Gletscher aus 5545 m Höhe während des Everest-Base-Camp-Treks ist atemberaubend (S. 339).

Poon Hill Von Pokhara ist es nicht weit bis ins Versteck der Berggötter, um von dort den überwältigenden und sehr angesagten Blick in den Sonnenaufgang zu genießen (S. 351).

Daman Auch nach den Schäden durch das Erdbeben bietet sich hier das weiteste Gebirgspanorama Nepals – eine 300 km lange Gebirgskette vom Annapurna-Massiv bis zum Mount Everest (S. 304).

Luxusleben

Niemand muss in Nepal in Hütten wohnen. Spitzenklasse wird nicht nur in luxuriösen Dschungel-Lodges, sondern auch in umgebauten traditionellen Herrenhäusern und herrlichen Rückzugsorten auf dem Land geboten – dazu gibt's Bio-Restaurants und Spa-Komfort.

Dwarika's Kathmandus romantischstes Hotel, erbaut aus geölten Ziegeln und geschnitztem Holz, verbunden durch traditionelle Teiche (S. 106).

Chitwan- & Bardia-Nationalparks Tiger Tops, der Pionier des luxuriösen Dschungel-Urlaubs, unterhält in beiden Parks Lodges in üppigem Dschungel-Ambiente (S. 284).

Trekking der Spitzenklasse Wer seine Wandertage dann doch lieber in einer gemütlichen Hütte mit einem Cocktail in der Hand als auf der Latrine eines Camps ausklingen lässt, findet genügend Veranstalter, die Luxus-Lodges im Umfeld von Everest und Annapurna anbieten (S. 333).

Tiger Mountain Pokhara Lodge Die Lodge eines umweltfreundlichen Tourismus-Pioniers, wo sich die verschneiten Gipfel des Himalajas im Luxus-Swimmingpool spiegeln (S. 246).

Dwarika's Resort Dhulikhel Vedisches und buddhistisches Wellness-Spa am Rand des Tals mit gnadenlos schönen Ausblicken (S. 207).

Monat für Monat

Februar

Das Winterende ist gut für Treks in tieferen Höhenlagen oder zum Besuch der Nationalparks im Terai, ohne Touristenmassen, geeignet. In Pokhara ist es wärmer als in Kathmandu.

Losar

Die Tibeter vom Dolpo bis zur Region Khumbu feiern Neujahr mit Paraden, *pujas* (religiöse Opfer und Gebete) und Gebetsfahnen. Feiern im Kathmandu-Tal gibt's in Bodhnath, Swayambhunath und Jawlakhel bei Patan.

Maha Shiva Ratri

Shivas Geburtstag wird in allen Shiva-Tempeln, vor allem in Pashupatinath, gefeiert, dazu kommen Hunderte von Sadhus aus Nepal und Indien. Die Menschen, die im heiligen Fluss Bagmati baden, geben ein farbenfrohes Bild ab (S. 135).

März

Wenn die Tage wärmer werden, nimmt der Betrieb auf den Trekkingrouten zu. Im Frühling sind weniger Trekker unterwegs als im Herbst, dafür besteht die Gefahr, dass Wolken die Sicht behindern.

Holi

Beim Fest der Farben wird massenhaft Farbpulver und Wasser verspritzt. Es erinnert daran, dass bald der kühlende Monsun einsetzt. Da man es vor allem auf Ausländer abgesehen hat, muss die Kamera gut geschützt werden, und am besten alte Kleidung tragen. Manchmal im Februar.

Seto Machhendranath

Das Fest folgt auf das Opferfestival Chaitra Dasain; die Menschen ziehen ein Bildnis von Seto Machhendranath aus seinem Tempel in Kel Tole in Kathmandu auf einem turmhohen, klapprigen *rath* (Wagen) vier Tage lang durch die Gassen der Altstadt (S. 86).

April

Im Tiefland und im Terai wird es nun unangenehm heiß, doch in den Höhenlagen stehen die Rhododendren in voller Blüten. Die üppigen Farben machen den April zum drittbeliebtesten Monat für Trekker.

Bisket Jatra

Die Nepalesen feiern Neujahr, indem ganze Menschenmassen klapprige Wagen durch die gewundenen Gassen von Bhaktapur ziehen und nur für ein Tauziehen anhalten (S. 175).

Balkumari Jatra

Beim dreitägigen Neujahrsfest in Thimi tragen die Bewohner aus 32 umgebenden Dörfern Sänften zum Balkumari-Tempel. Im nahen Bode findet zugleich eine gruselige Zungen-Piercing-Zeremonie statt (S. 184).

Balaju Jatra

Bei Vollmond im Monat Baisakh versammeln sich Tausende von Pilgern im Swayambhunath-Tempel. Am folgenden Tag ziehen sie nach Baise Dhara (22 Wasserhähne) für ein rituelles Bad im Balaju (S. 125).

Mai

Im staubigen Monat vor dem Monsun steigt das Thermometer im Terai und Kathmandu-Tal auf über

30 °C. Der Regen hängt schon über dem Land: die beste Zeit für Expeditionen zum Mount Everest und um Tiger zu sehen.

🌸 Rato Machhendranath

Das größte Festival von Patan ist der einen Monat dauernde, spektakuläre Umzug des Tempelwagens. Das Fest erreicht seinen Höhepunkt, wenn das heilige Gewand des Gottes Machhendranath präsentiert wird (S. 159).

🌸 Buddha Jayanti

In Lumbini werden Buddhas Geburt, Erleuchtung und sein Übergang ins Nirwana mit einem Jahrmarkt bei Vollmond gefeiert. Auch in Swayambhunath, Bodhnath und Patan finden Feiern statt. In Swayambhunath wird für einen Tag eine Sammlung seltener *thangkas* (tibetische religiöse Malereien) ausgestellt (S. 291).

August

Von Mitte Juni bis September bricht der Monsun ins Land ein: Flüsse schwellen an, Treks werden schlammig, es gibt Erdrutsche und Blutegel zu Genüge. In den Trans-Himalaja-Tälern, wie Mustang und dem Oberen Dolpo, herrscht perfektes Wetter, aber es sind nur wenige Touristen im Land.

🌸 Ghanta Karna

Dieses Festival feiert den Sieg über den Glockenohrringe tragenden Dämon; ein als Frosch verkleideter Gott lockte ihn einst in einen tiefen Brunnen. In den Dörfern der Newar werden Bildnisse von Ghanta Karna verbrannt, um das Land vom Bösen zu befreien.

Oben: Butterlampen
Unten: Maskierte Tänzer treten vor dem Königspalast in Patan auf (S. 153).

 Naga Panchami

An diesem Tag werden im ganzen Land die *nagas* (Schlangengötter) verehrt, die mit magischer Kraft über die Monsunregen wachen. Über den Türen werden Bilder der Nagas zum Schutz des Hauses aufgehängt und in Bhaktapur werden die Schlangen gefüttert (S. 180).

Janai Purnima

Bei Vollmond wechseln die Männer der höheren Kasten (Chhetri und Brahmanen) ihre *janai* (heilige Schnur), die sie über der linken Schulter tragen. Zum Janai Purnima ziehen hinduistische Pilger zu den heiligen Gosainkund-Seen und dem Kumbeshwar-Tempel in Patan (S. 360).

Gai Jatra

Die Newar glauben, dass sie nach dem Tod von Kühen zu Yama, dem Gott der Unterwelt geführt werden. Dieses „Kuh-Festival" ist den Verstorbenen des Vorjahres gewidmet. Man führt Kühe durch die Straßen, und kleine Jungen verkleiden sich als Kuh (vor allem in Bhaktapur).

Krishna Jayanti (Krishnas Geburtstag)

Der Geburtstag (auch als Krishnasthami bekannt) des beliebten hinduistischen Gottes Krishna wird mit einer Nachtwache am Krishna Mandir in Patan gefeiert. Öllampen erhellen den Tempel, und die Gesänge dauern die ganze Nacht an (S. 152).

Teej

Das Festival der Frauen beginnt mit einem üppigen Festmahl und einer Party.

Um Mitternacht beginnt eine 24-stündige Fastenzeit. Am zweiten Tag ziehen die Frauen ihre roten Hochzeitssaris an und pilgern im ganzen Land zu den Shiva-Tempeln, um für eine glückliche Ehe zu beten.

September

Gegen Ende des Monsuns wird das Wetter sehr unbeständig, doch die Temperaturen bleiben warm und das Land ist üppig und grün. Wegen der hohen Wasserstände die beste Zeit für aufregende Raftingtouren.

Indra Jatra

Das farbenfrohe Herbst-Festival feiert sowohl Indra als auch das jährliche Erscheinen der Kumari (lebende Göttin) von Kathmandu. Sie wird in einer Sänfte durch die Straßen der Altstadt getragen. Das Fest zeigt auch das Ende des Monsuns an (S. 96).

Oktober

Die beste Sicht auf den Himalaja und angenehme Temperaturen machen den Oktober zu Hauptsaison. Der Buchungsdruck auf Flugzeuge, Hotels und Trekking-Lodges ist hoch, daher sollte möglichst früh gebucht werden. Während des Dasain-Festivals fallen einige Serviceleistungen für eine Woche oder mehr aus.

Pachali Bhairab Jatra

Die furchterregende Form von Bhairab, der Pachali Bhairab, wird in den hellen zwei Wochen des frühen

Oktobers oder im September verehrt. Da Bhairab besonders blutrünstig ist, werden viele Tiere geopfert.

Dasain

Nepals größtes Festival dauert ganze 15 Tage. Es zelebriert den Sieg der Göttin Durga über die Mächte des Bösen (personifiziert in der Gestalt des Büffeldämons Mahisa-sura). Überall im Land werden Hunderttausende Tiere geopfert und an den Eingängen der Dörfer Bambusschaukeln aufgestellt.

Fulpati (Phulpati)

Fulpati („heilige Blumen") ist der erste wirklich wichtige Tag des Dasain. Ein Gefäß mit Blumen, das die Göttin Taleju symbolisiert, wird von Gorkha bis Kathmandu getragen und vor dem Tundikhel-Paradeplatz dem Präsidenten gezeigt; dann wird es auf einer Sänfte zum Durbar-Platz getragen.

Maha Astami

Am „Großen achten Tag" und der „schwarzen Nacht" (Kala Ratri) beginnen die Opfer für Durga. Um Mitternacht werden in einem Tempelhof in der Nähe des Durbar-Platzes in Kathmandu acht Büffel und 108 Ziegen mit jeweils einem Schwerthieb enthauptet.

Navami

Die Opfer gehen am nächsten Tag auf dem Kot-Platz in Kathmandu weiter. Das faszinierende, grausame Spektakel ist nicht jedermanns Sache. Autoräder (und auch die der Flugzeuge von Nepal Air) werden mit Blut besprengt, und fast jeder hat Ziegenfleisch auf dem Teller.

✹ Vijaya Dashami

Der zehnte Tag von Dasain gehört der Familie: Man tauscht Karten und Grüße aus, und die Eltern tupfen ihren Kindern ein *tika* (Paste aus Sandelholz) auf die Stirn. Am Abend feiern Prozessionen und Maskentänze den im Ramayana erzählten Sieg von Rama über den Dämonenkönig Ravana.

✹ Kartika Purnima

Dasain endet am Vollmondtag im September/Oktober. In vielen Familien wird das Ende mit Spielen gefeiert. Selbst kleine Kinder setzen bei den lokalen Glücksspielen ein paar Münzen.

✹ Tihar

Tihar (am dritten Tag des Festivals, auch Diwali oder Deepawali genannt) ist das zweitwichtigste hinduistische Fest in Nepal. Es ehrt bestimmte Tiere – den Anfang macht eine Reisgabe für die Krähen („Todesboten", die der Gott Yama aussendet) und folgen die Hunde (sie geleiten die Seelen der Verstorbenen über den Todesfluss) und an den nächsten Tagen Kühe und Ochsen.

✹ Diwali (Lichterfest)

Am dritten Tag des Tihar besucht Lakshmi, die Göttin des Wohlstandes, jedes Haus, das angemessen erleuchtet ist. Da niemand den Besuch der Göttin des Wohlstandes verpassen möchte, sind alle Häuser hell mit Kerzen und Lampen erleuchtet.

✹ Newar-Neujahr

Der vierte Tag von Tihar ist auch das Neujahrsfest der Newar im Kathmandu-Tal.

Am nächsten Tag, dem Bhai Tika, treffen sich Brüder und Schwestern, tauschen Süßigkeiten und Geld aus und tupfen sich gegenseitig einen *tika* auf die Stirn.

✹ Haribodhini Ekadasi

Am elften Tag nach Neumond erwacht der Gott Vishnu aus seinem viermonatigen Monsunschlaf. Am schönsten sind diese Festlichkeiten am Tempel des Schlafenden Vishnu in Budhanilkantha (S.147).

November

Wegen des anhaltend guten Wetters ist der November der zweitbeliebsteste Reisemonat in Nepal; die Bedingungen für Outdoor-Aktivitäten und Trekking sind perfekt, und am Ende des Monats nimmt die Zahl der Touristen ab.

☆ Tänze im Kartik

Bei diesem Festival im Monat Kartik füllt sich der Durbar-Platz in Patan mit Musikern und Tänzern. Das Fest geht auf die Menschenopfer zurück, die König Siddhinarsingh Malla im 17. Jh. verlangte. Die Tänzer tragen Masken, die den Gott Narsingha und den Dämon Hiranyakashipu verkörpern; kann auch auf Ende Oktober fallen.

✹ Mani Rimdu

Das beliebte Sherpa-Festival mit Maskentänzen und Schauspielen findet im Kloster Tengboche in der Region Solu Khumbu statt. Sechs Monate später wird im nahen Gompa Thame ein weiteres Mani Rimdu veranstaltet.

Dezember

Der Winter bringt eisige Nächte in Kathmandu, und der Morgennebel sorgt für Verspätungen im Flugverkehr. Auf den hoch gelegenen Trekkingrouten kann der Schnee die Pässe unpassierbar machen, und ein Aufenthalt im Everest Base Camp verlangt Leidensfähigkeit.

✹ Bala Chaturdasi

Zum Neumond Ende November oder Anfang Dezember strömen die Pilger nach Pashupathinath; nachts brennen ihre Öllampen, sie verstreuen Körner für die Toten und baden im heiligen Bagmati River (S.138).

✹ Sita Bibaha Panchami

Zehntausende von Pilgern aus dem ganzen Subkontinent strömen nach Janakpur (Geburtsort von Sita), um die Heirat von Sita und Rama zu feiern. In einer Prozession, in der Ramas Bildnis von Elefanten zum Sita-Tempel getragen wird, lebt die Zeremonie wieder auf (S.317).

☆ Straßenfest in Pokhara

Etwa eine halbe Million Besucher kommen nach Pokhara und genießen dort Straßenessen, Paraden und Kulturveranstaltungen im Vorfeld von Neujahr. Die Unterkünfte müssen im Voraus gebucht werden.

Weitere Details über nepalesische Ferien und Feste siehe Nepalesischer Kalender (S.431).

Reiserouten

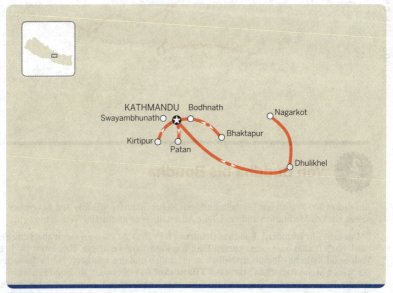

Das Kathmandu-Tal

Eine Woche reicht, um die großartigen kulturellen Highlights des Kathmandu-Tals anzusehen, darunter sechs Unesco-Weltkulturerbe-Stätten. Die Woche beginnt in **Kathmandu** mit dem Spaziergang südlich von Thamel zu den mittelalterlichen Tempeln und Palästen des Durbar-Platzes. Am zweiten Tag geht's zu Fuß auf den Hügel zum Stupa von **Swayambhunath** und zum unterschätzten Nationalmuseum. Am Nachmittag ist Zeit für einen Rundweg um den berühmten Stupa im tibetischen Zentrum von **Bodhnath**.

Ein Tagestrip nach **Patan** mit dem großartigen Durbar-Platz und dem Patan-Museum sollte drin sein. Dann spaziert man durch die hübschen Gassen und genießt ein Abendessen in einem der tollen Restaurants in der Jawlakhel. Ein weiterer Tag in **Bhaktapur**, im Idealfall mit Übernachtung, und die drei ehemaligen Königspaläste sind abgehakt.

Für den Himalaja-Kick geht's dann zu den Ausblicken von **Nagarkot** oder **Dhulikhel** und zu Fuß oder auf dem Mountainbike zurück Kathmandu, vorbei am Tempel in Changu Narayan, der unter dem Erdbeben gelitten hat. Ein Tag gehört **Kirtipur** und seinen Nachbarstädten im Süden des Tals. Am letzten Tag bleibt immer noch Zeit fürs Power-Shoppen in Kathmandu oder in einem der Fairtrade-Läden von Patan.

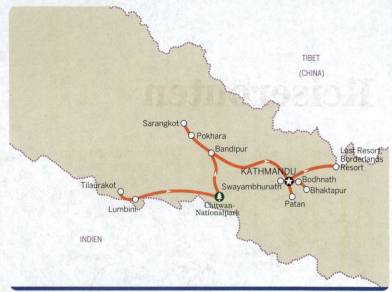

Von Buddha bis Boudha

2 WOCHEN

Auf dieser 500 km langen Tempeltour durch Nepal inklusive Wildnis und Abenteuer gehen ein Teil Meditation und zwei Teile Adrenalin eine großartige Verbindung ein.

Los geht's in **Lumbini**, Buddhas Geburtsort. Er liegt 20 km vom Grenzübergang Sunauli nach Indien oder einen kurzen Flug von Kathmandu entfernt. Hier lohnt es, diese Welt buddhistischer Tempel gründlich zu erkunden und den nächsten Tag in der selten besuchten archäologischen Stätte von **Tilaurakot** zu verbringen, wo Buddha als umsorgter Prinz aufwuchs. Von Lumbini fährt man anschließend in direkter Linie in den **Chitwan-Nationalpark**, wo man zwei oder drei Tage lang auf Safaris in der Morgen- und Abenddämmerung Tiger und Gaviale aufspürt.

Von Chitwan aus geht's einen Tag lang im Touristenbus bis **Pokhara**, um einen ersten Blick auf das Gebirge zu riskieren. Wenn die Läden und Cocktailbars von Lakeside abgeklappert sind, genießt man von der Friedenspagode oder dem erhabenen **Sarangkot** den Blick auf den Machhapuchhare. Noch näher kommt man dem Gebirgsmassiv am Geschirr eines Tandem-Gleitschirms.

Dann folgt eine lange Busfahrt bis **Kathmandu** – hier arbeitet man in zwei bis drei Tagen die Vorschläge der Reiseroute Kathmandu-Tal ab. Die hübsche historische Hügelstadt **Bandipur** wäre eine gute Option für einen Zwischenstopp auf der langen Reise.

Im Tal geht's zu Fuß durch die Gassen von **Bhaktapur** und ins **Patan-Museum** für tiefere Einblicke ins Wesen buddhistischer Kunst. In der Abenddämmerung genießt man den Blick von **Swayambhunath** über die Stadt. Wem Verkehr und Luftverschmutzung in Kathmandu zu sehr zusetzen, der übernachtet in Bodhnath, Bhaktapur oder Patan.

Im Plan ist genug Zeit für eine zweitägige Rafting- oder Canyoningtour; mehr Adrenalin wird beim Bungee-Jumping im **Last Resort** oder **Borderlands Resort** an der Grenze zu Tibet ausgeschüttet (beide einen halben Tag Fahrzeit von der Hauptstadt entfernt).

Schließlich folgt der letzte Tag in **Bodhnath**, wo man nach Buddha-Statuen oder Gebetsflaggen und anderen Souvenirs suchen kann, bis der Kopf schwirrt.

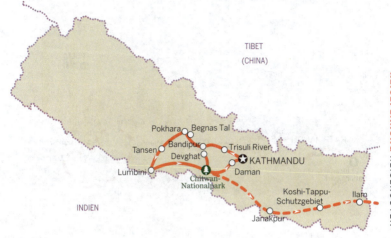

3 WOCHEN Einmal um die Mitte

Diese 400 km lange Rundtour verbindet auf selten besuchten Wegen das Beste aus dem hügeligen Mittelland Nepals mit der Möglichkeit für großartige Tageswanderungen.

Die Tour startet mit einigen Tagen Sightseeing bei den Tempeln und Stupas von **Kathmandu**. Es schließt sich auf dem Weg nach Pokhara eine Raftingtour oder Kajakschule auf der **Trisuli** an. Übernachtet wird in einem der Camps am Fluss. Der nächste Stopp ist **Bandipur**, eine selten besuchte Perle unter den Dörfern – zu entdecken sind dustere Höhlen und wundervoll erhaltene, traditionelle Newar-Architektur, in der es sich bestens relaxen lässt. Dann geht's nach **Pokhara** für eine Rudertour auf dem Phewa-See mit gutem westlichem Essen und der Möglichkeit für einen kurzen Ausflug zum **Begnas-See**.

Auf dem gewundenen Siddhartha-Highway gelangt man ins hübsche **Tansen**, eine gute Basis für Wanderungen zu den Tempeln, Dörfern und Aussichtspunkten in der Umgebung. Daruf folgt das friedliche **Lumbini**, Buddhas Geburtsort in den feucht-heißen Ebenen des Terais, um mit dem Fahrrad buddhistische Klöster zu besichtigen.

Wer so weit gekommen ist, darf natürlich den **Chitwan-Nationalpark** nicht verpassen. Den besten Eindruck von der Atmosphäre bieten die Lodges im Park, was aber nicht ganz billig ist. Zumindest eine Safari am frühen Morgen oder späten Nachmittag sollte aber im Budget drin sein. Für einen besinnlichen Ausklang des Dschungelabenteuers bietet sich das Dorf **Devghat** am heiligen Zusammenfluss von Trisuli und Kali Gandaki an.

Der logische Rückweg führt über den gewundenen Tribhuvan Highway nach Norden bis **Daman**, wo sich mit die imposantesten Blickpunkte Nepals bieten: ein 300 km weites Himalaja-Panorama bei Sonnenaufgang. Wer danach weiter nach Indien möchte, wählt eine andere Route: Abseits der viel begangenen Wege geht's nach Osten zur Tempelstadt **Janakpur** (ideal: November/Dezember zum Sita-Bibaha-Panchami-Festival) und weiter zum **Koshi-Tappu-Schutzgebiet** mit der reichsten Vogelwelt Nepals. Zur Monsunzeit ist diese Destination allerdings keine gute Idee, da dann weite Teile unter Wasser stehen. Noch weiter östlich folgen die Teeplantagen von **Ilam** mit der Möglichkeit für Abstecher und schließlich die indische Grenze bei Kakarbhitta, wo Darjeeling und Sikkim warten.

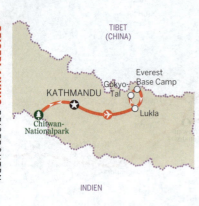

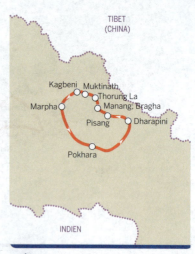

4 WOCHEN Kathmandu & Everest

Wer einen Monat Zeit hat, kann das Kathmandu-Tal erkunden und einen Trek in den majestätischen Himalaja unternehmen.

Von Kathmandu fliegt man nach Osten bis **Lukla,** wo der Trek zum **Everest Base Camp** beginnt. Das ist der definitive Himalaja-Trek, zwischen himmelhohen Bergen, von Teehaus zu Teehaus, zur Basis des höchsten Berges der Welt. Wegen der großen Höhenunterschiede dauert der Trek mindestens zwei Wochen.

In einer zusätzlichen Woche kann man den Everest umrunden, mit Abstechern zu den spektakulären Gletschern und Seen des **Gokyo-Tals,** und erreicht das Base Camp nach einem Trek von 21 Tagen.

Wegen des sehr wechselhaften Wetters in Nepal ist es weise, am Ende des Treks einen Puffer vorzusehen, falls ein Flug gecancelt wird. Die Vorschläge aus der Reiseroute Kathmandu-Tal schließen den Urlaub ab. Das Sightseeing gehört ans Ende der Reise, nicht etwa vor den Trek.

Nach dem Nervenkitzel in der Kälte der Berge bietet sich eine viertägige Exkursion zu den Nashörnern und Tigern im dampfend heißen **Chitwan-Nationalpark** an.

3 WOCHEN Annapurna-Circuit-Trek

Die beliebteste Alternative zum Everest ist das Annapurna-Massiv. Von **Pokhara** (oder Kathmandu) geht's mit Bus und Allradwagen nach **Dharapani** oder Chame, wo der Annapurna Circuit beginnt. Die Umrundung dauert etwa 17 Tage, oder verkürzt zehn Tage, wenn man von Jomsom mit öffentlichen Verkehrsmitteln oder dem Flugzeug nach Pokhara zurückkehrt.

Die Highlights warten bei **Manang**. Wer noch Zeit hat, kann den hoch gelegenen Weg zwischen **Pisang** und dem Dorf **Bragha** gehen. Die größte körperliche Anstrengung des Treks ist die Überquerung des 5416 m hohen Passes von **Thorong La,** die Akklimatisationsphase zwischen Manang und dem Pass ist entscheidend.

Muktinath auf der anderen Seite des Passes ist eine wichtige Pilgerstätte für Hindus; mehrere Wege führen zu den Dörfern Jhong und Purang im tibetischen Stil. Das mittelalterliche **Kagbeni**, das Dorf **Marpha** und Chhairo Gompa lohnen.

Zurück in Pokhara braucht der Körper ein paar Tage ohne Stress: Man lässt die Kleidung waschen, genießt ein Yaksteak und eine Rasur und/oder Kopfmassage.

Reiseplanung

Einen Trek planen

Trekking in Nepal ist einfach und großartig – das Land gehört zu den besten Trekkingregionen der Welt. An keinem Ort der Erde kann man tagelang bequem laufen mit kaum mehr als einem Tagesrucksack auf dem Rücken. Die folgenden klassischen Routen bieten spektakuläre Einblicke in die Bergwelt Nepals; für weitere Routen siehe Lonely Planets *Trekking in the Nepal Himalaya*.

Reisezeit

Die beste Zeit für Trekking ist die Trockenzeit von Oktober bis Mai; am schlimmsten ist die Monsunzeit von Juni bis September. Natürlich ist dies nur eine Faustregel, bei individuellen Treks kann es Unterschiede geben.

Einige Festivals geben dem Trekking einen Extra-Kick; das gilt besonders für das Mani-Rimdu-Festival im Kloster Tengboche in der Everest-Region im Oktober/November mit seinen besonders farbenfrohen Maskentänzen.

Oktober bis November In den ersten beiden Monaten der Trockenzeit herrscht das beste Wetter für Trekkingtouren; zu dieser Zeit gibt es auf den wichtigsten Strecken aus gutem Grund ziemlich viel Betrieb: Die Luft ist glasklar, der Blick auf die Berglandschaft außergewöhnlich und das Wetter immer noch angenehm warm. Ab dem Oktober stellt sich wegen der weltweiten Klimaänderung häufiger außerplanmäßiges Winterwetter ein.

Dezember bis Februar Prinzipiell gute Monate für Trekkingtouren, aber in größerer Höhe kann es bitterkalt und gefährlich werden. Der Weg bis zum Everest Base Camp ist eine echte Strapaze, und der Thorong La (Annapurna Circuit) und andere hoch gelegene Pässe sind häufig durch Schnee versperrt.

März bis April Das trockene Wetter und die staubige Luft verschlechtern den Blick auf den Himalaja, dafür gibt es andere Vorteile: weniger Trekker, warmes Wetter und spektakulär blühende Rhododendren. Ab Mai wird es sehr heiß, staubig und in tieferen Lagen feuchtheiß.

Die besten Treks

Der legendärste Trek

Everest Base Camp In mindestens zwei Wochen auf den Spuren der Bergsteiger und Sherpas bis ins Herz der höchsten Berge der Welt; 15 Tage.

Die schönste Gebirgslandschaft

Everest & Gokyo-Seen Der Abstecher ins Gokyo-Tal führt zu den spektakulärsten Aussichtspunkten der Everest-Region; 17 Tage.

Der vielfältigste Trek

Der **Annapurna Circuit** berührt eine enorme Vielfalt von Landschaften, hübschen Dörfern und großartigen Lodges. Er gehört zu den klassischen Treks der Welt, obwohl sich an beiden Enden Straßen in ihn hineinfressen; mindestens 12 Tage.

Der beste mittelschwere Trek

Annapurna Sanctuary Ein relativ kurzer Trek mit Power, der in einem atemberaubenden Amphitheater aus Bergen und Gletschern endet; mindestens 11 Tage.

Der beste Trek, um bei Aufbauarbeiten nach dem Erdbeben zu helfen

Langtang-Tal Der Trek führt eine Woche durch ständig wechselnde Landschaften und neu gebaute Lodges bis zu großartigen Bergpanoramen; eine Verlängerung bis zu den Gosainkund-Seen ist möglich; 12 Tage.

Juni bis September Der Monsunregen verursacht Erdrutsche, glitschige Wege und massenweise auftretende *jukha* (Blutegel). Das Hochwasser der Flüsse kann Brücken und Wegabschnitte wegspülen. Trekking ist schwierig, aber immer noch möglich, und man begegnet kaum anderen Trekkern. Die Zeit ist gut für Kultur-Treks und Abstecher in den Trans-Himalaja in Regionen wie Mustang, Dolpo und die Umgebung von Jomsom.

Welche Art von Treks?

Es gibt unterschiedliche Formen von Trekking, je nach Budget, Fitness und verfügbarer Zeit. Die meisten individuellen Trekker schlafen und essen jeden Abend in den Hütten und verzichten auf Camping – das sogenannte „Teehaus-Trekking".

Natürlich kann man seinen Rucksack selbst tragen und sich auf eigene Faust orientieren und erkundigen, doch manche Trekker sind lieber mit einem einheimischen Träger unterwegs, der das Gepäck trägt. Auf diese Weise trägt man nur einen Tagesrucksack und kann die Wanderung voll genießen. Während das Tourerlebnis mit einem guten Guide deutlich intensiver wird, kann ein schlechter Guide das Leben sehr komplizieren machen. Bei gutem Wetter ist es nicht schwer, den beliebtesten Wegen zu folgen; man braucht also nicht unbedingt einen Träger oder Guide, um sich auf der Route zurechtzufinden.

Um Zeit zu sparen, buchen viele Trekker ihre Tour über ein spezialisiertes Reisebüro entweder in Kathmandu oder bereits im Heimatland. Diese organisierten Touren können einfache Treks von Hütte zu Hütte sein oder echte Expeditionen mit Trägern, mobilen Küchen, Speise- und sogar Toilettenzelten.

Trekking ist körperlich anstrengend, daher erfordern selbst kürzere Strecken eine gewisse Vorbereitung. Für die steilen An- und Abstiege sind Ausdauer und Fitness nötig, sonst ist Trekking im höchsten Gebirge der Welt nicht zu schaffen. Daher ist es sinnvoll, mindestens einen Monat vor Beginn des Treks mit dem Fitnesstraining zu beginnen – danach können die meisten aktiven Wanderer die nepalesischen Treks bewältigen.

Unterwegs zeigt sich, wie weit medizinische Versorgung und einfacher Komfort entfernt sind, die sonst als selbstverständlich vorausgesetzt werden. Die meisten Menschen reizt genau diese Isolation am Trekking, doch wenn medizinische Hilfe mehrere Tage weit entfernt ist, werden schon ein verstauchter Knöchel oder Knieschmerzen zum ernsten Problem, wenn die Kameraden weitergehen müssen.

Im Oktober 2014, als in der Region Thorong La ein Schneesturm tobte, starben über 50 Trekker und Guides. Damals wurden Stimmen laut, jeden Trek von einem Führer begleiten zu lassen, doch dann ereignete sich 2015 das Erdbeben. Da die Angelegenheit noch nicht geklärt ist und sich die Bestimmungen jederzeit ändern können, bei der Planung den augenblicklichen Stand der Dinge checken.

Unabhängige Trekkingtouren

Unabhängig bedeutet nicht allein – in der Tat raten wir sogar davon ab, allein auf Tour zu gehen –, sondern nur, sich nicht einer organisierten Tour anzuschließen. An den Hauptrouten stehen Unterkünfte und Essen bereit, manchmal nur eine oder zwei Stunden voneinander entfernt – man braucht weder ein Zelt noch Kocher oder Isomatten.

Der Preis einer unabhängigen Trekkingtour hängt von vielen Faktoren ab. Die Unterkunft in einem einfachen Doppelzimmer aus Sperrholz kostet pro Zimmer zwischen 200 und 500 NPR. Ein einfaches, sättigendes Essen mit Dal Bhat (Reis, Linsen und Gemüse) kostet am Anfang der Tour etwa 250 NPR, steigt aber kurz vor einem Hochpass auf 700 NPR an. Ein kaltes Bier oder ein Stück Apfelkuchen am Ende eines langen Tages verdoppelt die Kosten. In der Annapurna- und Everest-Region sollte man pro Person und Tag 16 € einkalkulieren – darin sind gelegentlicher Luxus, aber weder Guide noch Träger enthalten. Für WLAN und ab und zu eine heiße Dusche kommen noch ein paar Dollar hinzu. Manchmal lässt sich ein Nachlass für das Zimmer aushandeln, wenn man die Mahlzeit in der Hütte einnimmt.

Der größte Kostenfaktor ist das Essen. In den meisten Hütten sind die Preise für das Menü innerhalb einer bestimmten Region festgelegt und gleich hoch. Tatsächlich sind die Preise angemessen, wenn man berücksichtigt, mit welchem Aufwand die Vorräte in die Hütten geschafft werden.

Guides & Träger

Wer kein schweres Gepäck tragen kann (oder will), wer mit Kindern oder Älteren unterwegs ist oder in einer Region wandert, wo Essen, Brennstoff und Zelte mitgebracht werden müssen, sollte einen Träger in Betracht ziehen, der das Gepäck trägt.

Zwischen Guides und Trägern gibt es deutliche Unterschiede. Ein Guide sollte Englisch sprechen, die Landschaft und die Wege kennen und die Träger beaufsichtigen. Dafür ist er weder bereit, Lasten zu tragen, noch so untergeordnete Dinge wie Kochen oder Zelte aufstellen zu erledigen. Träger werden dagegen nur zum Tragen der Lasten verpflichtet, obwohl zunehmend mehr von ihnen Englisch sprechen und auch die Wege gut genug kennen, um als Träger-Guides zu arbeiten.

Professionelle Träger, die von Campinggruppen engagiert werden, tragen die Lasten in einem Bambuskorb (*doko*). Träger-Guides, die für unabhängige Trekker arbeiten, tragen lieber den Rucksack des Kunden. Dazu schnallen sie dann noch einen Tagesrucksack für ihren eigenen Bedarf vor die Brust oder auf den Kundenrucksack.

Bei Buchungen über eine der kleineren Trekkingagenturen in Kathmandu fallen pro Tag Kosten von etwa 20 € für einen Guide und 15 € für einen Träger an. Darin sind üblicherweise Essen und Unterkunft für den Guide/Träger enthalten, nicht jedoch der Transport zum/vom Start/Ende des Trails.

Guides & Träger finden

Um einen Guide zu finden, checkt man am besten Anzeigetafeln oder Foren wie www.lonelyplanet.com/thorntree oder www.trekinfo.com. Auch Trekkingagenturen und das Büro des Kathmandu Environmental Education Project (KEEP; www.keepnepal.org) vermitteln Guides. Es ist zwar nicht schwierig, Guides und Träger zu finden, allerdings kaum zu bewerten, wie verlässlich und fähig sie sind. Auf keinen Fall sollte man einen Träger oder Guide von der Straße weg in Kathmandu oder Pokhara engagieren.

Wer während eines Treks auf Hilfe angewiesen ist – wegen Krankheit, Schwierigkeiten mit der Höhe, Blasen oder Erschöpfung – findet gewöhnlich auch einen Träger. Die meisten Hütten organisieren einen Träger, vor allem in der Nähe eines größeren Dorfes, einer Landepiste oder Straße. Häufig warten dort Träger, die eben von einem Trek zurückkommen, auf einen neuen Job.

Unabhängig davon, ob man die Arrangements selbst trifft oder von einer Agentur erledigen lässt, es ist entscheidend, die geplante Trekkingtour Tag für Tag schriftlich zu erfassen und mit dem Guide/Träger durchzugehen: Wie lange dauert die Tour, wie viel ist man bereit zu zahlen, werden die Kosten für Essen und Unterkunft für den Träger übernommen? Es ist stets viel einfacher, sich auf einen festen Tagessatz inklusive Essen und Unterkunft für Guide und Träger zu einigen, als unterwegs die Rechnungen einzeln zu bezahlen. Es ist üblich, die Reisekosten von Guide/Träger bis zum Startpunkt der Trekkingtour zu bezahlen (und die Rückfahrt). Die Tagesgebühren gelten für die gesamte Dauer der Reise.

Die 3 Sisters Trekking Company (S. 36) in Lakeside North in Pokhara organisiert weibliche Träger und Guides für weibliche Trekker.

LOKALES FEUERWASSER

Entlang der Trekkingrouten wird traditionelles Selbstgebrautes angeboten. Fast überall bekommt man *chang*, ein schwach alkoholisches, tibetisches Gebräu aus vergorener Gerste oder Hirse und Wasser. Es wird heiß oder kalt getrunken – die Einheimischen genießen es mit einem rohen Ei darin …

In Ostnepal wird *tongba* gebraut. Dazu wird kochendes Wasser in einen Holz- oder Metalltopf voller vergorener Hirse gegossen. Das Gebräu wird mit einem Bambustrinkhalm eingesaugt; um auch den letzten Alkohol zu extrahieren, gießt man regelmäßig heißes Wasser nach.

Hochprozentige Getränke sind *arak* aus vergorenen Kartoffeln oder Getreide und *raksi*, ein gebrannter Reiswein, dessen Stärke von angenehmem Schnaps bis zu einem Gesöff reicht, das die Farbe von den Wänden löst und Kopfschmerzen verursacht.

Wandern im Himalaja

Verpflichtungen gegenüber Guides & Trägern

Man sollte sich darüber im Klaren sein, dass man mit der Verpflichtung von Guide und/oder Träger zum Arbeitgeber wird. Das bedeutet, dass man als „Boss" sowohl mit Meinungsverschiedenheiten über die Trekkingroute und die Geschwindigkeit als auch mit Honorarverhandlungen und allen anderen Aspekten eines Beschäftigungsverhältnisses rechnen muss. Daher sollte von Anfang an festgehalten werden, welche Regeln und Grenzen gelten.

Viele Träger kommen aus dem Tiefland. Sie sind häufig arm und ungebildet und sind sich auch nicht immer der Gefahren der Landschaft bewusst, in der sie arbeiten. Es gibt zahlreiche Geschichten von Trägern, die sich mit dünner Baumwollkleidung und Sandalen bei Schneesturm über hohe Pässe allein durchschlagen mussten.

Wer einen Träger anheuert, ist als Arbeitgeber verantwortlich (moralisch, wenn nicht sogar gesetzlich) für dessen Wohlbefinden. Jedes Jahr verletzen sich Träger oder verunglücken sogar tödlich –

Trekker sollten solche Probleme nicht noch durch ihr Verhalten fördern. Bei der Buchung eines Guides oder Trägers über eine Trekkingagentur bleibt ein Teil des Honorars beim Vermittler, der auch eine Versicherung für den Träger abschließen sollte (bei Abschluss des Vertrages checken).

Einige Trekkingagenturen in Nepal, vor allem in der unteren Preisskala, kümmern sich nicht um die Träger, die sie vermitteln.

Die folgenden grundsätzlichen Punkte sollten beim Buchen eines Trägers und während des Treks beachtet werden:

➡ Jeder Angestellte muss mit geeigneter Kleidung versorgt werden. Sie muss an die geplante Höhenlage angepasst sein und gegen schlechtes Wetter schützen. Dazu gehören geeignete Schuhe, Kopfbedeckung, Handschuhe, Windjacke, Hose und Sonnenbrille.

➡ Die mitgeführte Erste Hilfe für den Eigenbedarf sollte auch den Trägern zur Verfügung stehen.

➡ Falls ein Träger plötzlich krank wird, darf er nicht ausbezahlt und sich selbst überlassen werden (kommt echt vor!).

➡ Träger, die krank werden und für eine medizinische Versorgung abtransportiert werden, sollten von jemandem begleitet werden, der die jeweilige Landessprache spricht und das medizinische Problem versteht.

➡ Wer in einer organisierten Gruppe mit Trägern unterwegs ist, sollte sich erkundigen, wie die Agentur das Wohlbefinden ihrer Träger sicherstellt. Die International Porter Protection Group (www.ippg.net), die 1997 gegründet wurde, achtet darauf, dass die Träger nicht ausgebeutet werden, und kümmert sich um Gesundheits- und Sicherheitsfragen. Ihr Ziel ist es, Krankheiten, Verletzungen und tödliche Unfälle zu vermeiden, und sie informiert Trekker und Trekkingagenturen, wie sie dazu beitragen können.

Die ausgezeichnete Dokumentation der BBC *Carrying the Burden,* die täglich um 14 Uhr bei der KEEP (S. 38) gezeigt wird, informiert ausführlich über das harte Leben der Träger.

Wer persönliche Träger verpflichten möchte, wendet sich an die Kleiderkammer von KEEP, wo man Schutzkleidung für Träger mieten kann. In Lukla existiert eine ähnliche Kleiderkammer. Wer nach dem Trek zum Everest nicht mehr gebrauchte Kleidung spenden möchte, kann dies in Lukla tun (die Kleiderkammer liegt etwas außerhalb des Trubels und ist gut markiert).

Am Ende des Treks ist es üblich, Guides und Trägern ein Trinkgeld für die gute Leistung zu geben. Angemessen sind pro Woche ein Tagessatz oder etwa 15–20 % auf den Gesamtpreis. Das Trinkgeld wird den Trägern persönlich überreicht, nicht dem Guide oder der Trekkingagentur.

Organisierte Trekkingtouren

In Nepal gibt es Hunderte von Trekkingagenturen, von großen Büros, die mit internationalen Reisebüros zusammenarbeiten, bis zu kleinen Agenturen, die sich auf unabhängig reisende Trekker spezialisiert haben. Da sich die organisierten Treks beträchtlich in Standard und Kosten unterscheiden, ist es notwendig, sich darüber zu informieren, was man für sein Geld bekommt.

Einzelreisende, die sich einem organisierten Trek anschließen und allein im Zelt oder Zimmer schlafen möchten, zahlen einen Aufpreis.

Internationale Trekkingagenturen

Ausländische Veranstalter von Abenteuerreisen werben mit verführerischen Broschüren – und verlangen die höchsten Preise. Die Kosten für den Trek decken gewöhnlich auch die Unterkunft in Kathmandu vor und nach der Tour sowie weitere Aktivitäten ab. Ein durchorganisierter Trek kümmert sich um alles: Zelte, Schlafsäcke, Essen und Träger, dazu Englisch sprechende *sirdar* („Trailboss"), Sherpa-Guides und manchmal auch westliche Trekführer. Dafür erlebt man Trekking in der Luxusversion mit Tischen, Stühlen, Speise- und Toilettenzelten und anderem Luxus. Die Teilnehmer müssen sich nur um den Tagesrucksack und ihre Kamera kümmern.

Selbst wenn erfahrene westliche Trekker einer internationalen Gesellschaft den Trek anführen, bleibt die Organisation vor Ort in den Händen einer verlässlichen nepalesischen Trekkingagentur.

Zu den von Ausländern geleiteten Agenturen in Nepal gehören die exzellente Project Himalaya (www.project-himalaya.com), Kamzang Treks (www.kamzang.com) und Himalayan Trails (www.himalayan-trails.com).

TREKKINGROUTEN MIT ERDBEBENSCHÄDEN

Das Erdbeben von 2015 hat massive Erdrutsche und Lawinen ausgelöst. In den Regionen Langtang, Helambu, Manaslu und Rolwaling wurden ganze Dörfer zerstört, und in Zentralnepal stürzten die Gebäude ein. Das gilt auch für Dörfer wie Thame auf dem Weg zum Everest.

Die Nepalesen haben große Anstrengungen unternommen, die Lodges so schnell wie möglich wiederaufzubauen – ohne Unterstützung der Regierung. Als dieses Buch geschrieben wurde, waren alle wichtigen Teehaus-Routen in den Regionen Everest, Annapurna, Langtang und Manaslu, aber auch die in Ost- und Westnepal wieder passierbar. Die Dorfbewohner in Langtang und anderen Regionen sind dringend auf die Einnahmen aus dem Trekkingtourismus angewiesen.

REISEPLANUNG EINEN TREK PLANEN

Nepalesische Trekkingagenturen

Es ist durchaus möglich (und spart viel Geld), seinen Trek vollständig von einer nepalesischen Agentur organisieren zu lassen. Viele der Trekking-Agenturen des Landes stellen innerhalb von wenigen Tagen einen voll ausgerüsteten Trek zusammen. Organisierte Camping-Treks kosten normalerweise pro Person und Tag 40–80 €, ein Teehaus-Trek 35–40 €, je nach Reiseroute, Größe der Gruppe und Serviceumfang.

Kleinere Agenturen sind in der Regel gerne bereit, Guides oder Träger für Einzelreisende individuell zu suchen. Man bezahlt sie mit einem festen Tagessatz und sorgt selbst für seine Unterkunft und Essen. Alternativ werden Gesamtpakete angeboten, in denen auch das eigene Essen, Unterkunft und der Transport zum/vom Start/Ende enthalten sind. Wer bei einer Agentur bucht, die Mitglied bei der Trekking Agencies Association of Nepal (TAAN) ist, reduziert das Risiko, hereinzufallen.

Mehrere Agenturen bieten spezialisierte Treks an: **Nature Treks** (Karte S. 98; 01-4381214; www.nature-treks.com; Thamel) hat sich auf Natur, Vogelbeobachtung und Öko-Hütten der Gemeinden spezialisiert; **Purana Yoga & Treks** (Karte S. 234; 061-465922; www.nepalyogatrek.com; Sedi Mathi) ist eine von mehreren Agenturen, die auf allen Hauptrouten Yoga-Treks anbieten.

3 Sisters Adventure Trekking (Karte S. 242; 061-462066; www.3sistersadventuretrek.com; Lakeside North)

Adventure Pilgrims Trekking (Karte S. 98; 01-4424635; www.trekinnepal.com)

Adventure Treks Nepal (Karte S. 98; 9851065354; www.adventurenepaltreks.com; Narsingh Gate)

Alpine Adventure Club Treks (Karte S. 74; 01-4260765; www.alpineadventureclub.com; Dhobichaur)

Ama Dablam Adventures (Karte S. 74; 01-4415372; www.amadablamadventures.com; Kamal Pokhari)

Asian Trekking (Karte S. 98; 01-4424249; www.asian-trekking.com; Bhagwan Bahal)

Blue Sheep Journeys (Karte S. 74; 01-4414545; www.bluesheep.com.np; Naxal)

Crystal Mountain Treks (Karte S. 74; 01-4416813; www.crystalmountaintreks.com; Kholagal)

Earthbound Expeditions (Karte S. 98; 01-4701041; www.enepaltrekking.com; Thamel)

Explore Himalaya (Karte S. 98; 01-4418100; www.explorehimalaya.com; Bhagwan Bahal)

Explore Nepal (Karte S. 74; 01-4226130; www.xplorenepal.com)

Firante Treks & Expeditions (Karte S. 74; 01-4000043; www.firante.com; Lazimpat)

High Spirit Treks (Karte S. 98; 01-4701084; www.allnepaltreks.com; Thamel)

Himalaya Journey (Karte S. 98; 01-4383184; www.himalayajourneys.com; Paknajol)

Himalayan Glacier (Karte S. 98; 01-4411387; www.himalayanglacier.com)

International Trekkers (01-4371397; www.everestlodges.com/treks; Dhumbarahi)

Langtang Ri Trekking & Expeditions (Karte S. 98; 01-4423360; www.langtang.com; Narsingh Chowk, Thamel)

Makalu Adventure (Karte S. 98; 01-4420136; www.makaluadventure.com; Amrit Marg, Thamel)

Miteri Nepal International Trekking (Karte S. 98; 01-4437163; www.miterinepaltrekking.com; Bhagwatisthan 29, Thamel)

Nepal Social Treks (Karte S. 98; 01-4701070; www.nepalsocialtreks.com; Paknajol)

Peak Promotion (Karte S. 74; 01-4263115; www.peakpromotionnepal.com; Jyatha)

Snow Cat Travel/Rural Heritage (Rural Heritage; Karte S. 74; 01-44222617; www.snowcattravel.com; Vista Bldg., Nag Pokhari)

Sherpa Society (01-4249233, 9851023553; www.sherpasocietytrekking.com)

Sisne Rover Trekking (Karte S. 242; 9856020976, 061-461893; www.sisnerover.com; Central Lakeside)

Trek Nepal International (Karte S. 98; 01-4700012; www.treknepal.com; Mandala St., Thamel)

Trekking Team Group (Karte S. 98; 01-4227506; www.trekkingteamgroup.com; Chaksibari Marg)

Was gehört in den Rucksack?

Kleidung & Schuhe

Die Kleidung richtet sich grundsätzlich danach, wo und wann man auf den Trek geht. Wer mitten im Winter zum Everest Base Camp aufbricht, braucht mit Daunen gefüllte Ausrüstung, Fäustlinge und Thermowäsche. Wer früh oder spät in der Saison auf einen kurzen Trek in geringer Höhe aufbricht, kommt mit T-Shirts am Tag und einer Fleecejacke für den Abend aus.

Während die Kleidung ihren Träger warm halten muss, kommt es bei den Schuhen wesentlich darauf an, dass sie bequem sind und die Füße auch bei Regen und Schnee trocken bleiben. Unbequeme Schuhe und Blasen an den Füßen verursachen die schlimmsten Beschwerden beim Trekking. Die Schuhe müssen optimal passen, eingelaufen sein und auch auf langen Stecken bequem bleiben. Laufschuhe sind in Ordnung bei niedrigen Höhen (bis 3000 m) und warmem Wetter, wenn kein Schnee zu erwarten ist. Ansonsten sind leichte, wasserdichte Trekkingschuhe das Minimum. Auf keinen Fall sollte man die Schuhe erst in Kathmandu kaufen und dann gleich damit loslaufen.

Wer einen organisierten Trek mitmacht, muss sich vorab informieren, welche Ausrüstung von der Agentur gestellt wird.

Kaufen oder leihen in Nepal

Die eigene Ausrüstung ist stets am besten – man kennt sie und weiß sicher, dass sie funktioniert. Alles, was man braucht, kann man aber auch in den Trekkinggeschäften von Kathmandu kaufen. Allerdings sind viele der angebotenen Markenartikel Fake: Die Rucksäcke passen nicht genau, die Säume der Goretex-Jacken nässen durch und die Nähte lösen sich irgendwann auf. Trotzdem sind die meisten Produkte ordentlich gemacht und erfüllen ihren Zweck bei zumindest einem größeren Trek. Am günstigsten sind wahrscheinlich Daunen-, Fleece- und andere Jacken. Daneben bieten die Geschäfte zunehmend auch importierte Waren an, zu Preisen wie im Ausland.

Schlafsäcke (Four-Seasons) kosten in Kathmandu, Pokhara und sogar Namche Bazaar 120 NPR und Daunenjacken 60 NPR. Zelte sind schwerer zu finden. Häufig verlangen die Verleiher eine hohe Kaution (nie den Pass abgeben). Entlang der großen Trekkingrouten bekommt man in Orten wie Chame und Namche Bazaar Kleinkram, wie Sonnenblocker, Shampoo und Wollmützen.

Butangaspatronen kosten in Kathmandu 650–1150 NPR, je nach dem Anteil von Propan (Propan eignet sich besser in höheren Lagen). In Namche Bazaar sind die Preise doppelt so hoch – nicht vergessen, Gaspatronen dürfen nicht per Flugzeug transportiert werden.

Ausrüstung: Checkliste für Teehaus-Trekking
Kleidung
- Ersatzsocken (mindestens drei Paar)
- Wanderhosen
- Schnell trocknende T-Shirts (keine Baumwolle)
- Daunenweste oder -jacke
- Fleece
- Regenjacke oder Poncho
- Fleecehut
- Sonnenhut

Ausrüstung
- Schlafsack (Three- oder Four-Season)
- Tagesrucksack
- Kopflampe und Ersatzbatterien
- Trekkingstöcke
- Polarisierte Sonnenbrille
- Sonnencreme (Faktor 30+)
- Wasserflasche
- Ausrüstung zur Wasserreinigung
- Kamera, Batterien und Speicherkarte
- Handy und Ladegerät, dazu Ersatzbatterien oder Solar-Ladegerät

Verschiedenes
- Lippenbalsam
- Toilettenartikel
- Toilettenpapier und Feuerzeug
- Schnell trocknendes Handtuch
- Wäscheseife (biologisch abbaubar)
- Desinfektionsmittel für die Hände
- Erste Hilfe (S. 452)
- Blasen-Päckchen mit Mullbinden, Schere und stabilem Tape
- Spielkarten, Buch oder Kindle
- Wäschesack und Mülltüten
- Vorhängeschloss
- Trillerpfeife

BERG-LITERATUR

Beim Trekking bleibt viel Zeit zum Lesen. Die folgenden Titel eignen sich gut für lange Abende in den Teehäusern:

➡ *Annapurna – erster Achttausender* von Maurice Herzog – kontroverser Bergsteiger-Klassiker von 1951.

➡ *In eisige Höhen. Das Drama am Mount Everest* von Jon Krakauer – ergreifende Geschichte der Everest-Katastrophe von 1996.

➡ *Die Besteigung des Rum Doodle* von W.E. Bowman – sehr vergnügliche Parodie auf die ernsten Bergsteiger-Schinken.

➡ *Auf der Spur des Schneeleoparden* von Peter Matthiessen – profunde, metaphysische Beschreibung eines Treks durch Dolpo zusammen mit dem grantigen Naturforscher George Schaller.

➡ *Nepal Himalaya* von W.H. Tilman – Geistreiches von dem britischen Trekkingpionier der 1950er-Jahre.

➡ *Everest* von Walt Unsworth – ultimatives, aber klobiges Werk über den Everest; wenn man einen Träger hat, der es mitschleppt (nur auf Englisch).

➡ *Into the Silence* von Wade Davis – ähnlich enzyklopädisches Werk über die ersten Versuche, den Everest zu besteigen (meistens von der tibetischen Seite aus; nur auf Englisch).

➡ *Himalaya* von Michael Palin – der Ex-Monty-Python beschreibt humorvoll seine Reisen zum Annapurna und Everest (nur auf Englisch).

➡ *Chomolungma Sings the Blues* von Ed Douglas – anregende Abhandlung über den Zustand des Berges, der die schmutzige Seite des Everest-Tourismus beschreibt (nur auf Englisch).

Informationen

Kostenlose Informationen über die Trekkingbedingungen, Gesundheitsrisiken sowie Tipps für nachhaltigen Umgang mit der Natur bieten die Himalayan Rescue Association (HRA), das Kathmandu Environmental Education Project (KEEP) und die Trekking Agencies' Association of Nepal (TAAN). Hier kann man außerdem Mitreisende suchen und die Anzeigen checken.

Kathmandu Environmental Education Project (KEEP; Karte S.98; ☏01-4267471; www.keepnepal.org; Jyatha, Thamel; ⏱So-Fr 10-17 Uhr; 🖥) Hier gibt's neben einem kleinen Café eine Bibliothek, hilfreiche Notizbücher für Trekker, ein ausgezeichnetes Schwarzes Brett und man kann Wasser nachfüllen. Der Laden verkauft Jodtabletten (1000 NPR), biologisch abbaubare Seife und andere umweltfreundliche Produkte. KEEP ist auch der richtige Ort, um Trekkingpartner zu finden, Kleidung zu spenden oder Kleidung für einen Träger bei der Porter's Clothing Bank zu leihen (500 NPR und 2000-5000 NPR Kaution). Da sich der Standort regelmäßig ändert, vorher kundig machen.

Trekking Agencies' Association of Nepal (TAAN; Karte S.74; ☏01-4427473; www.taan.org.np; Maligaun Ganeshthan, Kathmandu) Information über die Vorschriften beim Trekking und Schiedsstelle, falls Probleme mit Trekkingagenturen auftreten.

Karten

Die meisten Trekker kommen mit den Karten klar, auf denen von lokalen Verlagen wie Himalayan Map House (www.himalayan-maphouse.com), Nepa Maps oder Shangrila Maps (www.shangrilamaps.com) die bekanntesten Trails dargestellt sind. Die Karten sind nicht teuer (400-800 NPR) und reichen für beliebte Trails aus; allerdings nicht für Treks abseits der Hauptrouten. Die Karten werden überall in den Buch- und Kartenläden von Thamel verkauft. Da die Karten häufig umetikettiert werden, kann es vorkommen, dass auf Karten mit völlig unterschiedlichem Cover und Namen dennoch dasselbe dargestellt wird.

Die beste Kartenserie für Nepal sind die 1:50 000-Karten von Erwin Schneider, die jetzt vom Nelles-Verlag verlegt werden. Sie umfassen das Kathmandu-

Tal und die Everest-Region von Jiri bis zum Hongu-Tal sowie die Region Khumbu. Manchmal sind auch ältere Karten von Schneider (1:100 000) der Annapurna- und anderer Regionen zu finden; sie sind in Bezug auf Straßen etwas veraltet.

National Geographic vertreibt 1:125 000-Trekkingkarten von den Regionen Khumbu, Everest Base Camp, Annapurna und Langtang, als Teil der illustrierten Trail-Serie.

Alle erwähnten Karten werden in den Buchläden von Kathmandu verkauft sowie bei einigen spezialisierten Kartenshops im Ausland:

Melbourne Map Centre (www.melbmap.com.au)

Omni Resources (www.omnimap.com)

Stanfords (www.stanfords.co.uk) mit mehreren hervorragenden Online-Karten. Auch Google Earth ist eine unschätzbare Informationsquelle für Trekker, und es lohnt sich, sich durch Digital Himalaya (www.digitalhimalaya.com) zu klicken.

Wer den Annapurna-Sanctuary-Trek im Auge hat, kann sich auf den interaktiven Karten von www.4dgraphics.net/abc informieren.

Informationen im Internet

Great Himalayan Trail (www.greathimalayatrail.com, www.greathimalayatrails.com) Exzellente Website, die unterschiedliche Abschnitte dieses epischen Trails mit Artikeln, praktischen Hinweisen und Foren genau vorstellt.

Lonely Planet Thorn Tree (www.lonelyplanet.com/thorntree) In den Bereichen Nepal und Trekking dieses Forums finden Trekker die neuesten Informationen über Trails und können nach Partnern suchen.

Missing Trekker Nepal (www.missingtrekker.com) Eine Liste von Trekkern, die in Nepal vermisst werden; dazu Sicherheitshinweise und Tipps, die verhindern sollen, dass man auf diese Liste gerät.

Nepal Mountaineering Association (www.nepalmountaineering.org) Alles, was man über Klettern und Trekking in den Gebirgen Nepals wissen muss.

Trekinfo.com (www.trekinfo.com) Die Informationen sind teilweise veraltet, aber das Forum ist hilfreich.

Trekking Agencies' Association of Nepal (www.taan.org.np) Die augenblicklich geltenden Bestimmungen zum Trekking im Land.

Trekking Partners (www.trekkingpartners.com) Eine tolle Adresse, um Trekkingpartner zu treffen oder Berichte über Treks zu lesen.

Dokumente & Gebühren
TIMS-Karte

Alle Trekker müssen ihre Treks anmelden und dazu die Trekking Information Management System (TIMS; www.timsnepal.com) Karte beantragen. Sie kostet das Äquivalent von 16 € für Einzelreisende und je 8 € als Mitglied einer Gruppe. Trekker aus den SAARC-Ländern zahlen 5 € (2,50 € für Gruppen). Am Einstieg in den Annapurna- und Langtang-Trek muss die Karte vorgewiesen werden.

Zur Zeit der Recherche hatten die Behörden in der Region Khumbu einen „Eintrittspreis" von 2000 NPR in die Everest-Region eingeführt. Damit wäre eine TIMS-Karte nicht nötig, aber das könnte sich auch wieder ändern. Am besten vor der Fahrt nach Lukla den aktuellen Stand checken.

Die TIMS-Karte besorgt man sich in Kathmandu beim Tourist Service Centre (S. 437); im selben Gebäude werden auch die Tickets für die Schutzgebiete und Nationalparks ausgegeben. Zum Antrag sind der Pass und zwei Passfotos erforderlich (im Gebäude kann man kostenlos digitale Fotos machen). Die Karte wird sofort ausgestellt; grün für einzeln und blau für in einer Gruppe reisende Trekker.

Gebühren für Nationalparks & Naturschutzgebiete

Wenn die Trekkingroute durch Nationalparks wie Sagarmatha (Everest) oder Langtang führt, werden Gebühren für den Eintritt in den Park fällig. Die Gebühr kann vor Ort oder im Voraus beim **Büro für Nationalparks** (Karte S. 74; ☎01-4224406; www.dnpwc.gov.np; ⊘So–Fr 9.15–14 Uhr) bezahlt werden. Es ist im Tourist Service Centre in Kathmandu untergebracht, von Thamel aus 20 Min. Fußweg. Die Gebühr beträgt für jeden Park 3390 NPR. Auf dem Trek nach Helambu werden 565 NPR Eintritt in den Shivapuri-Nagarjun-Nationalpark fällig. Ein Foto ist nicht nötig.

Bei Treks in die Regionen Annapurna, Manaslu oder Gauri Shankar (Rolwaling) muss man eine Gebühr für das **Annapurna Conservation Area Project** (ACAP; Karte S. 74; ☎01-4222406; www.ntnc.org.np; Bhrikuti Mandap; ⊘9–13 & 14–15 Uhr) bezahlen.

Es ist ebenfalls im Tourist Service Centre untergebracht; 2000 NPR und zwei Fotos mitbringen. Die Erlaubnis wird sofort ausgestellt.

Die Gebühr für den Naturschutz am Annapurna kann auch in Pokhara beim ACAP (S. 252), bei Damside im Büro des Nepal Tourism Board (NTB) oder in Besi Sahar am Einstieg in den Annapurna-Circuit-Trek bezahlt werden. Wer an einem anderen ACAP-Checkpoint ohne Erlaubnis aufkreuzt, muss den doppelten Preis bezahlen.

Trekkingerlaubnis

Außer der TIMS-Karte wird für die Haupttreks in den Regionen Everest, Annapurna und Langtang keine zusätzliche Gebühr fällig.

Für die folgenden Treks sind Gebühren zu zahlen – das übernehmen registrierte Trekkingagenturen:

REGION	TREKKINGGEBÜHR
Humla	42 € für die erste Woche, dann 6 € pro Tag
Kanchenjunga & Unteres Dolpo	8 € pro Woche
Manaslu	Sep.–Nov. 60 € für die erste Woche, dann 8 € pro Tag; Dez.–Aug. 42 € für die erste Woche, dann 6 € pro Tag
Nar-Phu	Sep.–Nov. 75 € pro Woche; Dez.–Aug. 60 € pro Woche
Tsum-Tal	Sep.–Nov. 30 € pro Woche; Dez.–Aug. 16 € pro Woche
Oberes Mustang & Oberes Dolpo	425 € für die ersten 10 Tage, dann 42 € pro Tag

Verantwortungs-bewusstes Trekking

Nepal hat unter verschiedenen Umweltproblemen zu leiden, die zumindest teilweise durch das Verhalten und die Erwartungen der Touristen verursacht wurden. Dazu gehören die Abholzung der Wälder für Brennholz, der nicht abbaubare Müll, vor allem Plastikflaschen, und verschmutze Gewässer. Jeder Trekker, der bei einer Agentur bucht, die umweltbewusst und sozial verträglich arbeitet, kann dazu beitragen, diese Probleme zu mindern – natürlich auch durch verantwortungsbewussten Umgang mit Müll, Wasser und Brennholz.

Bei KEEP sind viele gute Tipps für verantwortungsbewusstes Trekking zusammengestellt.

Brennholz & Entwaldung

➡ In Hütten übernachten, die auf Brennholz verzichten und Kerosin oder sparsame Holzöfen verwenden und Wasser mit Sonnenenergie erhitzen. Kein offenes Feuer entzünden, um sich zu wärmen – eine Lage warmer Kleidung erfüllt denselben Zweck.

➡ Es spart Brennstoff, wenn alle Trekker zur gleichen Zeit dasselbe bestellen. Dal Bhat (Reis und Linsen) wird gewöhnlich in größeren Mengen zubereitet; es muss nicht lange gekocht werden und ist nahrhaft.

➡ Mitglieder einer organisierten Trekkinggruppe sollten darauf bestehen, dass mit Kerosin gekocht wird (das gilt auch für die Träger). Wenn im Hochgebirge alle Gruppenmitglieder genügend warme Kleidung dabeihaben, kann auf ein wärmendes Feuer verzichtet werden.

Müll & Abfall

➡ Trinkwasser aufbereiten, statt Mineralwasser in biologisch nicht abbaubaren Plastikflaschen zu kaufen.

➡ In ein paar Aufbewahrungssäcken kann man den Müll entlang der Trails in den Bergen einsammeln, zusammendrücken und zur Entsorgung nach Kathmandu mitnehmen.

➡ Unabhängige Trekker sollten ihren Müll wieder mitnehmen oder ordentlich entsorgen; verbrennen wäre eine Option. Allerdings gilt die Feuerstelle in nepalesischen Häusern als heilig; dort Müll zu verbrennen, wäre eine Beleidigung. Vergraben ist keine Option. Auch die Guides sollten sich an die Regeln halten.

➡ Batterien müssen unbedingt zurückgenommen werden, da Toxine austreten könnten.

➡ Toilettenpapier neben den Trails sieht besonders unangenehm aus; gebrauchtes Papier wird in einem Plastikbeutel mitgenommen und später verbrannt. Trekker, die in organisierten Gruppen unterwegs sind, sollten auf korrekt betriebenen Toilettenzelten bestehen, die von allen (auch den Trägern) benutzt werden, und dass der Müll mitgenommen wird. Vor dem Unterzeichnen eines Vertrages nach der Umweltpolitik der Agentur fragen und deutlich machen, dass Umweltbewusstsein eine hohe Priorität bei der Entscheidung hat.

PRAKTISCH & KONKRET

➡ In vielen Trekking-Lodges kann man seine Akkus für 300 NPR pro Stunde wieder aufladen lassen. Wer Akkus oder iPods abseits der Hauptrouten laden möchte, braucht ein Batterie-Pack oder sein Solar-Ladegerät.

➡ Tipp: In der Kälte verlieren Batterien rasch ihren Saft, daher in Höhenlagen nachts im Schlafsack lagern.

➡ In Namche Bazaar, Chame und an einigen Einstiegen in die Trails kann man Bargeld wechseln; in Jomsom und Namche Bazaar stehen Geldautomaten. Dennoch sollte man alle benötigten Rupien bar mitführen, dazu ein paar Euro als Reserve und eine Kreditkarte für eine Notevakuierung.

➡ Zum Reinigen von Trinkwasser sollte man entweder Tabletten, Filter oder einen UV-Sterilisator wie Steripen mitnehmen.

➡ Viele Hütten auf den großen Teehaus-Treks haben WLAN; die Kosten liegen bei ein paar Hundert Rupien. In geringeren Höhen sind Telefonverbindungen (auch Datentransfer) möglich.

Wasser

➡ Kleider sollen nicht in Bächen, sondern in Schalen und Eimern eingeseift und gewaschen werden. Das schmutzige Wasser wird abseits von Gewässern entsorgt.

➡ Die ACAP versorgt Trekker auf dem Annapurna Circuit mit sicherem Trinkwasser: Es wird an insgesamt 16 Ausgabestellen verkauft. Erklärtes Ziel der Aktion ist es, die Zahl der geschätzten eine Million Plastikflaschen zu reduzieren, die pro Jahr allein im Annapurna-Naturschutzgebiet weggeworfen werden. Ein Liter Wasser kostet auch nur den Bruchteil einer Wasserflasche.

Gesundheit & Sicherheit

Die meisten Trekker werden eher kleine Gesundheitsprobleme bekommen, wie Magenverstimmung und Blasen, und mit gesundem Menschenverstand lassen sich Krankheiten vermeiden.

Es ist äußerst empfehlenswert, die Zähne vor der Reise durchchecken zu lassen, denn auf den Trekkingrouten gibt es kaum medizinische und zahnmedizinische Hilfe; für weitere Gesundheitsinformation siehe S. 451.

Sicher auf dem Trek

Trotz der zahlreichen prahlerischen Geschichten abenteuerlustiger Traveller sollte man nicht vergessen, dass im Gebirge Gefahren drohen. Die Plakate mit den Gesichtern vermisster Trekker über-

all in Kathmandu sprechen eine deutliche Sprache.

In den ländlichen Gegenden Nepals ist die Notfallrettung begrenzt, und medizinische Einrichtungen fehlen oder sind in primitivem Zustand. Es ist zwar möglich, Verletzte mit dem Hubschrauber auszufliegen, aber die Kosten hierfür gehen in die Tausende.

Obwohl nur eine winzige Minderheit von Trekkern in ernste Schwierigkeiten gerät, lassen sich viele Unfälle vermeiden oder das Risiko zumindest senken – nötig ist eine realistische Einschätzung der Bedingungen. Man darf Trekking im Himalaja nicht auf die leichte Schulter nehmen.

Es gibt einige Grundregeln, die befolgt werden müssen, um die eigene Sicherheit nicht unnötig zu gefährden:

➡ Niemals allein wandern.

➡ In die Ausrüstung gehören eine Notfallration an Essen, Tabletten/Ausrüstung zur Trinkwasseraufbereitung, warme Kleidung, Trillerpfeife und eine Karte.

➡ Die Höhenkrankheit ist ein Risiko, daher unbedingt ein paar Tage zur Akklimatisierung einplanen.

➡ Vor dem Aufbruch bei der Botschaft melden und die geplante Reiseroute bei jemandem hinterlegen.

➡ Geplante Tages-Abstecher sollten in der Hütte gemeldet werden.

➡ Vor der Abreise unbedingt eine umfassende Gesundheits- und Bergungsversicherung abschließen.

GESUNDHEIT AUF DEM TRAIL

Höhenkrankheit

Die größte Gefahr auf allen Treks im Hochgebirge geht von der Höhenkrankheit aus; unbedingt auf die ersten Anzeichen achten (S. 456).

Durchfall

Obwohl dieses Problem nicht schwerwiegend ist, kann es die Freude am Trek ruinieren. Man sollte vorsichtig beim Essen sein und Mittel gegen Durchfall (bei Notfällen Lomotil oder Imodium) und ein Breitband-Antibiotikum, wie Azithromycin oder Norfloxacin, ins Erste-Hilfe-Paket packen. Die Medikamente gibt's rezeptfrei in den Apotheken von Kathmandu und Pokhara. Trinkwasser grundsätzlich sterilisieren.

Trekker-Knie

Viele Menschen leiden unter Schmerzen im Knie oder den Knöcheln, vor allem, wenn sie ihr Gepäck selbst tragen. Hier helfen elastische Stützen oder Bandagen, auch entzündungshemmende Medikamente, wie Ibuprofen-Tabletten, schmerzlindernde Salben und Teleskop-Trekkingstöcke.

Blasen

In den Tagesrucksack gehören Mullbinden, Pflaster und Tapes, um Blasen behandeln zu können; jede brennende Stelle sofort untersuchen. Saubere Socken anziehen.

Sonnenbrand & Schneeblindheit

Die Sonne im Himalaja ist in höheren Lagen extrem stark. Ins Gepäck gehören daher eine Sonnencreme mit hohem Schutzfaktor, ein Hut mit Krempe und eine gute Sonnenbrille beim Überqueren von Pässen.

Registrierung bei der Botschaft

Die Angestellten aller Botschaften in Nepal betonen, dass es hilfreich ist, sich vor der Trekkingtour registrieren zu lassen und sich wieder zurückzumelden. Online kann man sich bei den folgenden Botschaften registrieren:

Australien (www.smartraveller.gov.au)
Kanada (www.voyage.gc.ca/register)
Neuseeland (https://register.safetravel.govt.nz)
USA (https://step.state.gov/step/)

Reisegefährten aussuchen

➡ Niemals allein wandern. Wer sich verläuft, verletzt oder unter Höhenkrankheit leidet, ist für einen Partner dankbar. Er/sie kann außerdem auch mal auf Rucksack oder Wertsachen aufpassen, wenn man auf die Toilette oder unter die Dusche geht.

➡ Allein reisende Frauen sollten sich ihre Reisegefährten und Guides sehr sorgfältig aussuchen. Es gibt immer wieder Berichte von Belästigungen, selten auch von körperlichen Angriffen. Hier

können die Empfehlungen anderer Traveller hilfreich sein.

➡ Reisegefährten inserieren auf dem Schwarzen Brett bei KEEP, auch Anfragen auf www.trekinfo.com, www.trekkingpartners.com oder www.lonelyplanet.com/thorntree sind hilfreich.

➡ Wer weder ein erfahrener Trekker ist noch mit einem Freund wandert, sollte zumindest einen Träger oder Guide anstellen.

Zustand der Trails

➡ Das Wandern auf unbefestigten Wegen im Hochgebirge kann gefährlich sein – bei schmalen, glitschigen Wegen die Füße vorsichtig setzen und auf den Weg, nicht die Berge blicken. Im Hochgebirge kann sich das Wetter zu jeder Jahreszeit schlagartig ändern.

➡ Wenn der Trail über hohe Pässe führt, die verschneit sein könnten, darf die Gruppe niemals kleiner als drei Personen sein.

➡ Ins Gepäck gehören eine Notfallration, eine Karte und ein Kompass (und man sollte damit umgehen können), ausreichend Kleidung, die auch bei kaltem, nassem und Schneesturmwetter schützt.

➡ Die Wege werden auch von Trägern, Maultieren und Yaks benutzt, die gewöhnlich schwere Lasten transportieren – Wanderer sollten ihnen den Weg frei machen. Wenn sich eine kleine Maultier- oder Yakkarawane nähert, immer auf die Bergseite ausweichen, damit man nicht aus Versehen den Hang hinuntergestoßen wird.

Bergungskosten versichern

➡ Manche Reiseversicherungen schließen die Risiken beim Bergsteigen oder „Alpinismus" aus oder benutzen ähnliche Formulierungen – eine Versicherung, die vor allem beim Trekking im Hochgebirge notwendig ist. Bevor man eine Versicherung bei der Trekkingagentur abschließt, daher checken, was sie einschließt.

➡ Eine Versicherung, die Bergungskosten übernimmt, muss für Hubschrauber- oder Charterflüge, die auf abgelegenen Pisten landen, und den Transfer ins Ausland zur medizinischen Versorgung abdecken. Eine Evakuierung mit dem Hubschrauber in der Mount-Everest-Region kostet bis zu 8500 €; wer die Rechnung übernimmt, muss vorher geklärt sein. Falls eine solche Versicherung existiert, hilft die Botschaft bei der Abwicklung. Der Hubschraubereinsatz muss mit einer Kreditkarte im Voraus bezahlt werden.

➡ Manche Billig-Agenturen, die ohne ausreichende Akklimatisierungszeit sofort zum Trek aufbrechen, hoffen auf eine hohe Provision von der Hubschrauberrettung. Das Angebot der Agentur muss einige Tage Akklimatisierung vorsehen; man sollte nicht höher steigen, wenn man sich unwohl fühlt.

Höhe

Beim Trekking in Nepal sind regelmäßig große Höhenunterschiede (Auf- und Abstiege) zu bewältigen. Schon die Basis-Camps der großen Gipfel liegen sehr hoch. Die meisten Treks durch bewohntes Gebiet liegen zwischen 1000 m und 3000 m, beim Everest-Base-Camp-Trek und dem Annapurna-Circuit-Trek sind es sogar schon über 5000 m. In diesen Höhenlagen ist eine langsame Akklimatisierung unbedingt notwendig – oberhalb von 3000 m maximal 500 m pro Tag. Die Faustregel „hoch laufen, tief schlafen" ist sinnvoll: Das Camp für die Nacht sollte immer tiefer als der höchste Punkt des Tages liegen.

Die kostenlosen Vorträge der Himalayan Rescue Association in den Gesundheitszentren von Manang, Pheriche und im Everest Base Camp auf den Annapurna- und Everest-Treks sind eine gute Einstimmung auf die Gefahren der Höhenkrankheit.

Reiseplanung

Outdoor-Aktivitäten

Nepal ist ein Spielplatz für Abenteuersportarten und Aktivitäten, die viel Adrenalin ausschütten. Das Land hat einige der besten Mountainbike- und Raftingtouren zu bieten, dazu Canyoning, Bungee-Jumping, Seilrutschen und Felsklettern. Die Auswahl ist schier grenzenlos.

Die besten Outdoor-Aktivitäten

Rafting in der Wildnis

Sun Kosi oder Tamur Aufregende Touren im Expeditionsstil, die eine Woche dauern und in ganz unterschiedliche abgelegene Regionen führen.

Kajakschule

Sun Kosi oder Seti Von einem Camp am Flussufer oder auf dem Fluss Seti alles über Eskimorolle und Wasserwirbel lernen.

Seine Angst besiegen

Bhote Kosi Im Last Resort stürzt man am Bungee-Seil 160 m tief hinab.

Mountainbiketouren

Von Jomsom nach Pokhara Die Downhill-Strecke folgt den Fahrspuren von Allradwagen im Westabschnitt des spektakulären Annapurna Circuits.

Klettern lernen

Astrek-Kletterwand Kurse an der Kletterwand in Kathmandu oder am Fels im nahen Nagarjun. Organisierte Trekkingtouren zum Felsklettern starten von einem Lager in Lobuche.

Mountainbike

Ein Fatbike mit weich gepolstertem Sattel und 17 Gängen – also mehr als ein normales nepalesisches Fahrrad – ist das ideale Mountainbike und ein vielseitiges Transportmittel, um jeden Flecken in Nepal zu erreichen. Damit kann man abseits geteerter Straßen und auf alten Wanderwegen zu abgelegenen, selten besuchten Regionen des Landes fahren. Vor allem jedoch garantiert das Mountainbike totale Freiheit – man hält an, wo man will, und ist unabhängig von voll besetzten Bussen und klaustrophobischen Taxis.

Das Zentrum des Kathmandu-Tals ist ein einziges Verkehrschaos und viel zu hektisch, um wirklich Spaß am Radfahren aufkommen zu lassen. Abseits davon sieht es ganz anders aus. Die Randbereiche des Tals gehören zu den besten und durchgängig guten Locations für Radfahrer: ein dichtes Netz von Wegen, Pfaden und Nebenstraßen. Auf dem Mountainbike erschließen sich im Wortsinn abseits ausgetretener Pfade idyllische Newar-Dörfer, deren Bewohner am traditionellen Leben festhalten.

Viele der Trails sind schmale, alte Fußwege, die nicht auf Karten verzeichnet sind. Wer ohne einen Guide unterwegs ist, braucht einen guten Orientierungssinn. In der Tat sind Touren ohne Guide nicht ohne Risiko, sodass wenigstens ein paar Worte Nepalesisch hilfreich sind, um sich nach dem Weg zu erkundigen. Notwendig sind Karte und Kompass oder zumindest ein Smartphone mit GPS und Karten-App.

Nepa Maps und Himalayan Maphouse haben die nützlichen Karten *Mountain Biking the Kathmandu Valley* und *Biking around Annapurna* im Programm, auf die man sich allerdings nicht bedingungslos verlassen kann.

Geführte Touren

Zunehmend mehr nepalesische Veranstalter haben geführte Touren mit dem Mountainbike im Programm. Sie stellen Fahrräder in bester Qualität, westliche und einheimische Guides, Helme und die notwenige Ausrüstung. In der Regel werden die Touren nur durchgeführt, wenn sich mindestens vier Teilnehmer melden, bei kurzen Touren reichen oft auch zwei. Bei den kürzeren Touren (zwei bis drei Tage) ist kein Begleitfahrzeug dabei, bei längeren Strecken fährt gegen Mehrkosten ein Wagen mit.

Gruppentouren in der näheren Umgebung – Tagestouren mit Leihfahrrad – kosten zwischen 45 und 55 €. Dazu gehören Rundkurse im Norden von Kathmandu bis Tinpiple, Tokha und Budhanilkantha, im Süden zum traditionellen Dorf Bungamati. Ein Mountainbikeguide verlangt pro Tag etwa 20 €.

Eine schnelle Downhill-Tagestour kostet pro Person etwa 85 € (mit Begleitfahrzeug). Beispiele wären eine Fahrt bis Nagarkot und dann bergab bis Sankhu und Bodhnath oder Bhaktapur, oder eine Fahrt nach Kakani und dann auf der Scar Road downhill durch den Shivapuri-Nationalpark. Dawn Till Dusk (S. 92) und Chhango (S. 92) bieten spannende Downhill-Touren von den Gipfeln des Phulchowki und Nagarjun an.

Mehrtägige Touren durch das Kathmandu-Tal kosten etwa 45 € pro Tag ohne Begleitfahrzeug (mit Fahrzeug 62 € pro Tag); angeboten werden Touren zwischen zwei und zehn Tagen. Im Preis sind Fahrrad, Guide, Unterbringung in Hotels und Mahlzeiten inbegriffen.

Längere geführte Touren führen auf Nebenstrecken von Kathmandu bis Pokhara und eine Viertagestour von Jomsom nach Beni.

Tourveranstalter

Mehrere Veranstalter haben importierte Mountainbikes von guter Qualität im Programm, die auch unabhängig von Touren ausgeliehen werden können.

Alternative Nepal (S. 92) Verleih von Mountainbikes und geführte Touren.

Annapurna Mountain Bikes (Karte S. 98; ☎ 9841436811, 01-6912195; www.annapurna biking.com; Chaksibari Marg) Die jungen Betreiber dieses Unternehmens in Thamel bieten Touren durch das Kathmandu-Tal, die Annapurna-Region und das Obere Mustang an. Die Kosten betragen 60–75 € pro Tag (mit Übernachtungen); zusätzlich Fahrradverleih und -reparaturen.

Chain 'n' Gear Mountain Bikes (S. 237) In Pokhara.

Dawn Till Dusk (S. 92) Mountainbiketouren, lokal und landesweit; sie unterhalten einen Schalter im Büro des Kathmandu Guest House.

Himalayan Single Track (Karte S. 98; ☎ 01-4700619; www.himalayansingletrack.com; Annapurna Market, Saatgumthi) Im Angebot sind aufregende und vielfältige Fahrradtouren in alle bekannten Regionen, dazu die Regionen Oberes Mustang, Manaslu, der Jomsom-Muktinath-Trail und sogar grenzüberschreitende Touren nach Tibet und Helibiking. Neben Giant-Fahrrädern (Verkauf und Verleih) und vollem Service bieten sie einmal wöchentlich Gruppen- und Frauentouren ab Kathmandu an. Kontakt: Santosh Rai in Thamel.

Nepal Mountain Bike Tours (S. 92) Trips durch das Kathmandu-Tal und mehr.

Transport des eigenen Fahrrads

Für längere Touren mit dem Mountainbike lohnt es sich, das eigene Fahrrad mitzubringen. Fahrräder werden auf internationalen Flügen als Gepäck akzeptiert. Die Luft muss aus den Reifen gelassen, der Lenker parallel zum Rahmen gestellt und die Pedale abmontiert werden. Der Weg durch den Zoll ist problemlos, solange man den nepalesischen Zöllnern versichert, dass es sich um das „eigene" Rad handelt und man es wieder ausführt; Letzteres wird allerdings nicht streng kontrolliert.

Falls das Fahrrad korrekt – Räder und Pedale abmontiert – gepackt ist, darf es auch bei Inlandsflügen im Laderaum mitgeführt werden; zur Sicherheit bei der Fluglinie checken.

EYAL COHEN/500PX ©

Oben: Mountainbiker
auf dem Annapurna-
Circuit-Trek (S. 341)

Unten: Indisches
Panzernashorn,
Bardia-Nationalpark
(S. 307)

Um stark befahrene Straßen zu meiden, sind die lokalen Buslinien nützlich: Das Rad wird gegen eine Gebühr von 50–100 NPR (je nach Buslinie und Entfernung) auf dem Dach montiert. Da neben dem Rad auch anderes Gepäck aufgeladen wird, sind Kette und Schloss eine kluge Investition.

Ausrüstung

Die meisten Leihfahrräder in Nepal sind von schlechter Qualität; die indischen und chinesischen Produkte sind nicht für die Belastungen im Gebirge gebaut. Die Mehrausgabe bei einem besseren Veranstalter für ein Mountainbike von Giant oder Trek mit Gabelfederung und 18 Gängen ist gut angelegt; etwa 10–12 € pro Tag, mit Ermäßigung bei einer Woche. Ein guter Anbieter stellt auch Helm, Schloss und einfaches Flickzeug.

Wer mit dem eigenen Rad unterwegs ist, braucht Werkzeug und Ersatzteile, die außerhalb von Kathmandu kaum erhältlich sind. Etablierte Tourveranstalter haben in ihren Niederlassungen in Kathmandu mehrere Mechaniker, Werkstätten und die nötigen Werkzeuge für die Fahrradreparatur zur Verfügung.

Straßenzustand

Auf den Straßen Nepals sind die unterschiedlichsten Fahrzeuge unterwegs: Busse, Motorräder, Autos, Lastwagen, Traktoren, dazu heilige Kühe, Hunde, Kinder und Hühner, die mit unterschiedlicher Geschwindigkeit in unterschiedliche Richtungen unterwegs sind. Im Land herrscht Linksverkehr, allerdings kommt es nicht selten vor, dass einem auf der eigenen Spur ein Fahrzeug entgegenkommt. Die wichtigste Regel lautet: Kleine Fahrzeuge weichen den größeren aus – und Fahrräder stehen in der Rangordnung ganz weit unten.

Einige unerschrockene Mountainbiker sind mit ihren Rädern mittlerweile in die Trekkinggebiete vorgedrungen, wie den Annapurna und seit Kurzem auch den Mansalu Circuit, um dort tolle Touren zu machen. Dort muss man allerdings darauf gefasst sein, sein Fahrrad mindestens 30 % der Zeit zu tragen. Außerdem teilt man sich den Weg mit Trekkern, Trägern und Einheimischen. Im Sagarmatha-Nationalpark sind Mountainbikes verbo-

ten. Auf den Trails genießen Höflichkeit und Vorsicht hohe Priorität.

Etikette auf der Tour
Bekleidung

Eng sitzende Fahrradbekleidung aus Polyester ist sicher funktionell, wirkt aber auf die Einheimischen wie ein Schock – sie sind an sehr züchtige Bekleidung gewöhnt. Kunststoffoutfits sind für Nepalesen peinlich und anstößig.

Um diesen Schock zu vermeiden, sollten bequeme Shorts und ein T-Shirt über die Fahrradbekleidung gezogen werden. Dieser Tipp ist vor allem für weibliche Radfahrer wichtig, denn die nepalesischen Frauen ziehen sich grundsätzlich konservativ an.

Sicherheit

Auf vielen Trails trifft man auf Einheimische, die ihren täglichen Beschäftigungen nachgehen. Mit einer Klingel am Lenker als Warnsignal, langsamerer Fahrweise und einem (oder zwei) freundlichen *„cycle ioh!"* (Vorsicht Fahrrad!) ist jeder, der den Weg benutzt, auf der sicheren Seite. Die Kinder lieben die seltenen Fahrräder, die coolen Helme und fremdartige Kleidung. Sie kommen von allen Seiten an, um die Radfahrer zu begrüßen. Viele lieben es auch, sich hinten am Rad festzuhalten und mitzurennen – also Augen auf und Vorsicht, damit niemand verletzt wird.

Rafting
Reisezeit

Die beste Zeit für Rafting- und Kajaktouren sind September bis Anfang Dezember und März bis Anfang Juni.

März bis Mai Im Sommer mit langen, heißen Tagen ist der Wasserstand niedrig; die Stromschnellen sind merklich flacher als zwischen September und November. Ab Mai, wenn sich der Monsunregen ankündigt und Teile der Schneedecke schmelzen, steigt der Wasserstand wieder.

Juni bis August Durch den Monsunregen führen die Flüsse bis zu zehnmal mehr Wasser, und der Wasserstand steigt auf das 60–80-Fache des Niedrigwasserstandes. Damit werden die Flüsse unberechenbar schwierig. Während des Monsuns finden nur auf Abschnitten des Seti, oberen Sun Kosi und Trisuli kommerzielle Raftingtouren statt.

September bis Anfang Oktober und Mai bis Juni Die Monsunregen lassen den Wasserstand der Flüsse stark ansteigen. In dieser Jahreszeit veranstalten nur sehr erfahrene Anbieter Raftingtouren mit guten Teams, die den Fluss genau kennen. Bei Hochwasser sind Fahrten auf den Flüssen extrem gefährlich.

Mitte Oktober bis November Eine der beliebtesten Jahreszeiten für Rafting- oder Kajaktouren; das Wetter ist warm, verlässlich, und die Fahrten sind aufregend.

Dezember Viele der Flüsse sind jetzt sehr kalt und nur mit Wet-Suit zu befahren. Mit dem Beginn des Winters werden die Tage kürzer, sind für kurze Touren aber immer noch lang genug.

Ausrüstung

Bei einer organisierten Rafting- oder Kajaktour stellt der Veranstalter die gesamte speziell benötigte Ausrüstung sowie die Zelte. In einer Dry-Bag-Gepäcktasche bleibt alles trocken, selbst wenn das Boot mal umkippt.

In der Regel braucht man nur leichte Kleidung und etwas für kalte Nächte. Ins Gepäck gehören auch Badebekleidung, Handtuch, Sonnenhut, Insektenmittel, Sonnencreme sowie leichte Tennisschuhe oder fest sitzende Sandalen. Im Winter braucht man Thermobekleidung, vor allem auf Flüssen wie dem Bhote Kosi.

FLUSSTRIPS IN NEPAL

In der Spalte „Jahreszeit/Schwierigkeitsgrad" gilt die Zahl in Klammern für den Hochwasser führenden Fluss, meist am Anfang und Ende der Jahreszeit.

FLUSS	DAUER (TAGE)	UNGEFÄHRE KOSTEN (€)	ANREISE	JAHRESZEIT/ SCHWIERIG-KEITSGRAD	ZUSATZ-LEISTUNGEN
Bhote Kosi	1	50	3 Std. von Kathmandu	Ende Okt.–Mai/4 (5-)	Bungee-Jumping, Canyoning, Kajakschule, Tagestouren möglich
Upper Sun Kosi	2	120	2 Std. von Kathmandu	Okt.–Mai/3 (4), Juni–Sep./4 (4+)	
Trisuli	2	90	2 Std. von Kathmandu	Okt.–Mai/3 (4), Juni–Sep./4 (4+)	Ausflüge nach Bandipur oder Pokhara, Tagestouren möglich
Seti	2–3	90–110	1½ Std. von Pokhara	Sep.–Mai/2 (3+)	beliebte Kajakschulen
Kali Gandaki	3	150	2 Std. von Pokhara	Ende Sep.–Mai/3 (4)	Chitwan-Nationalpark
Marsyangdi	4	240	5 Std. von Kathmandu	Ende Okt.–April/4 (5-)	Annapurna-Circuit-Trek
Sun Kosi	8–9	530	3 Std. von Kathmandu, dann 16 Std. im Bus zurück nach Kathmandu oder mit dem Flugzeug von Biratnagar	Sep.–Nov./3+ (4+), Dez.–April/3 (4)	Koshi-Tappu-Schutzgebiet oder Weiterfahrt nach Darjeeling in Indien
Karnali	10	680–800	16 Std. Busfahrt von Kathmandu oder Flug und 4 Std. Busfahrt	Ende Sep.–Mai/3 (4+)	Bardia-Nationalpark
Tamur	12	780–1100	18 Std. Busfahrt von Kathmandu oder Flug und 3-tägiger Trek; zurück Flug oder 16 Std. Busfahrt (insges. 6 Tage Rafting)	Okt.–Dez./4 (5-)	Trek zum Kanchenjunga

Vor der Abfahrt checken, ob der Veranstalter Paddeljacken und Wet-Suits stellt.

Wer Fotos machen möchte, braucht eine wasserdichte Kameratasche – möglicherweise werden sie gegen eine Gebühr vom Anbieter gestellt, besser sind eigene Taschen.

Information

Wer sich ernsthaft für Rafting und Kajaktouren interessiert, findet im Buch *White Water Nepal* von Peter Knowles detaillierte Informationen über Flussfahrten. Das Buch enthält 60 Karten, Flussprofile und Tipps zur Ausrüstung und Gesundheit. Das Buch ist in Kathmandu erhältlich; siehe auch www.rivers publishing.co.uk.

Himalayan Maphouse und Peter Knowles haben drei Flusskarten für Kajakfahrer und Rafter herausgegeben: *Whitewater Rafting and Kayaking for Western Nepal, Central Nepal* und *Eastern Nepal*.

Auf der Website der Nepal Association of Rafting Agencies (www.raftingassocia tion.org.np) stehen Listen der Veranstalter von Raftingtouren, Übersichten über Flussstrecken und Informationen über die jährlich stattfindende Himalayan Whitewater Challenge.

Der Nepal River Conservation Trust (www.nrct.org.np) ist eine unterstützenswerte Organisation, die sich für den Schutz der nepalesischen Flüsse einsetzt. In Kampagnen kämpfen die Mitglieder für den Schutz des Karnali, des letzten unverbauten Flusses Nepals, und unterstützen Säuberungsaktionen am Bagmati in Kathmandu.

Welcher Fluss?

Vor der Entscheidung für einen Fluss (S. 370), sollte man sich kritisch fragen, was man von der Tour erwartet. Es gibt Trips von zwei bis zwölf Tagen auf unterschiedlichen Flüssen – jeder hat völlig andere Erfahrungen zu bieten.

Erstens ist nicht jeder Fluss ein Wildwasser, das die Boote und seine Insassen völlig durchnässt. So ist der Sun Kosi im September und Oktober ein stark strömendes Wildwasser, während das Wasser im zeitigen Frühjahr glatt und ruhig fließt. Andererseits sind Flüsse wie der Marsyangdi im zeitigen Frühjahr großartig für Wildwasser-Rafting geeignet,

während eine Fahrt bei Hochwasser einem Selbstmord gleichkäme. Wahrscheinlich führt der Karnali zwar als einziger Fluss ganzjährig genügend Wasser für eine aufregende Tour – zur Hochwasserzeit im September und Mai ist er aber deutlich anspruchsvoller als in den Monaten mit Niedrigwasser.

Längere Touren auf dem Sun Kosi (im Herbst), Karnali und Tamur bieten beides: atemberaubende Wildwasserabschnitte und das eindrucksvolle Feeling einer langen Flussfahrt. Wer sich mehr Zeit auf dem Fluss nimmt, erlebt alles relaxter, der Zusammenhalt entwickelt sich natürlicher und die Erinnerung setzt sich für ein ganzes Leben fest. Eine Flussfahrt ist mehr als eine von der Schwerkraft angetriebene Achterbahnfahrt, sondern eine außergewöhnliche Reise auf sehr speziellen Straßen.

Für kürzere Fahrten, kombiniert mit der Möglichkeit, wilde Natur zu sehen, eignen sich die zwei- bis dreitägigen Fahrten von Mugling bis zum Chitwan-Nationalpark oder eine Tagestour auf dem Geruwa beim Bardia-Nationalpark.

Der Bau von Staudämmen hat auf vielen Flüssen die Qualität der Raftingtouren negativ beeinflusst; vor dem Buchen vor Ort checken, ob die geplante Tour davon betroffen ist.

Sicherheit

Die Sicherheit ist der wichtigste Aspekt bei allen Flussabenteuern. Leider sind in Nepal keine Mindeststandards vorgeschrieben. Aus diesem Grund ist es umso wichtiger, einen professionellen Veranstalter von Rafting- und Kajaktouren zu wählen. Der Guide sollte vor dem Start eine Einführung in die Sicherheit auf dem Fluss geben und die Teilnehmer ins Paddeln einführen. Falls nicht, besteht Grund zur Sorge.

➡ Moderne, selbstlenzende Schlauchboote, gute Schwimmwesten und Helme sind Pflicht.

➡ An einer Tour sollten mindestens zwei Boote teilnehmen; bei höherem Wasserstand sind drei Boote sicherer als zwei.

➡ Auf Flussabschnitten mit stärkerem Gefälle sollte ein Sicherheitskajak mitfahren, das Schwimmer auch dort erreicht, wo normale Boote scheitern.

➡ Falls möglich, sollte man den Guide ausfragen, wer noch an der Tour teilnimmt – für einen ersten Eindruck – und was für eine Art Tour geplant ist.

➡ Alle Guides sollten in Erster Hilfe und in kardiopulmonarer Reanimation ausgebildet sein. Der internationale Nachweis Swiftwater Rescue Technician (SRT) ist ein Bonus.

➡ In Stromschnellen grundsätzlich Schwimmwesten tragen. Der Helm muss aufgesetzt werden, wenn der Guide es verlangt. Sowohl Helm als auch Schwimmweste müssen korrekt angepasst sein und getragen werden.

➡ Füße und Arme bleiben innerhalb des Bootes. Falls es mit einem Felsen oder einer Felswand kollidiert, kommt man sonst nur im günstigsten Fall mit einer Fleischwunde davon.

➡ Beim Schwimmen in einer Stromschnelle wird die „Wildwasser-Schwimmposition" eingenommen: auf dem Rücken liegend, Beine in Fließrichtung halten und hochnehmen, bis sie sichtbar sind. Wenn man das Paddel fest in der Hand behält, kann man besser auf sich aufmerksam machen. In Abschnitten ohne Wellen entspannen und atmen, dann umdrehen und zum Ende der Strömung schwimmen, wo das Wasser ruhiger ist. Sich selbst zu retten, ist die sicherste Form der Rettung.

Organisierte Touren

In Kathmandu bieten Dutzende von Veranstaltern Rafting- und Kajaktouren an. Einige davon sind angesehen und haben einen guten Ruf; die übrigen sind Neueröffnungen. Sie werden oft von Guides gegründet, die sich selbstständig machen wollen. Manche davon gehen enthusiastisch an die Sache und sind gut, andere eher miserabel ohne angemessene Mitarbeiter und Material. Die meisten kleinen Reisebüros bieten die Touren nur in Kommission an; sie haben keinen Plan, was sie verkaufen, und sind nur daran interessiert, die Sitze mit Hintern zu füllen.

Eine gute Informationsquelle sind Teilnehmer, die gerade von einer Tour zurückkommen. Sie kennen die Qualität der Ausrüstung und der Guides, des Essens und die Transportbedingungen. Sie wissen, wie die Gruppe zum Wasser und wieder zurück transportiert wurde, wie viele Stunden am Tag gepaddelt oder gerudert wurden, wo die Camps lagen und wie das Essen war (Rafting macht hungrig), wer gekocht und im Camp gearbeitet hat, welches Brennmaterial verwendet wurde (Feuerholz ist nicht nachhaltig), wo der Müll gelandet ist, wie die hygienischen Bedingungen waren und was nachts los war. Eine gute Frage ist auch, wie viele Leute für den Trip gebucht und bezahlt haben und wie viele maximal mitgenommen werden.

Die kürzeren Touren starten alle paar Tage, die längeren nur einmal pro Woche; wer sich vorab informiert, bekommt eher den Termin, den er wünscht. Die besten Veranstalter leiten Kunden auch an Konkurrenten mit besser passenden Terminen weiter.In aller Regel ist man fünf bis sechs Stunden täglich im Schlauchboot oder Kajak unterwegs; je nach Fluss führen etwa 30 % davon durch Stromschnellen. Am ersten und letzten Tag der Tour ist man meist nur halbtägig auf dem Wasser. Dauert die Tour eine Woche oder länger, ist gewöhnlich ein Ruhetag zum Relaxen oder zur Erkundung der Gegend vorgesehen.

In Nepal gebuchte Touren kosten zwischen 50 und 100 € pro Tag, je nach dem gebotenen Service, der Zahl der teilnehmenden Personen und dem Fluss. In der Regel bekommt man das, wofür man bezahlt hat – besser einen etwas teureren, aber schönen, sicheren Trip, als 100 € zu sparen und eine lausige, gefährliche Flussfahrt erleben.

Da die Anbieter von Rafting- und Kajaktouren rasch wechseln, sind spezielle Empfehlungen schwierig; auch ein hier nicht erwähnter Veranstalter kann hervorragende Touren veranstalten. Immerhin sind mehrere Veranstalter für ihre Professionalität bekannt.

Adrenaline Rush (Karte S. 98; ☏01-4701056; www.adrenalinenepal.com; Thamel) Rafting- und Kajaktouren auf der Trisuli, auch im Autoreifen („Tubing") und aufblasbaren Kajak. Ausgangspunkt ist ein einfaches Camp bei Kuringhat an der Trisuli; Büro zusammen mit Chhango.

Adventure Aves (Karte S. 98; ☏01-4700230; www.adventureaves.com; Saatghumti) Ein nepalesisch-britischer Veranstalter mit Sitz in Thamel, der sich auf Rafting- und Kajaktouren mit einem Basiscamp an der Trisuli spezialisiert hat; Kontakt über Dil Bahadur Gurung.

Drift Nepal (Karte S. 98; ☏01-4700797; www. driftnepalexpedition.com) Im Angebot sind alle wichtigen Flüsse, dazu Kajakschulen und Treks; in Thamel, Kontakt über Sanjay Gurung.

Equator Expeditions (Karte S. 98; ☏01-4700854; www.equatorexpeditionsnepal.com; Thamel) Der Veranstalter hat sich auf lange Rafting- und Kajaktouren mit aktiver Beteiligung der Teilnehmer spe-

afting auf dem Tamur (S. 374)

zialisiert; dazu eine Einführung ins Kajakfahren im Sukute Beach Resort am Bhote Khosi.

GRG Adventure Kayaking (Karte S. 98; ☎01-4700928, 01-4266277; www.grgadventurekaya king.com) Der Besitzer ist der beste Kajakfahrer Nepals. Er veranstaltet Rafting- und Kajaktouren und eine viertägige Kajakschule in einem Zeltcamp bei Fishling, in der Nähe von Kuringhat; Kajakverleih.

Paddle Nepal (S. 237) Neben mehreren Wildwassertouren im Schlauchboot werden auch Kajakkurse für Anfänger und kombinierte Rafting-/Kajakexpeditionen angeboten; die Basis ist in Pokhara.

Rapidrunner Expeditions (S. 237) bietet Kajakkurse und Touren im aufblasbaren Kajak an; daneben sind echte Raftingtouren durch Wildwasserflüsse im Programm; Basis in Pokhara.

Ultimate Descents Nepal (Karte S. 98; ☎01-4381214; www.udnepal.com) In der Nähe des Northfield Cafés in Thamel; Teil der Borderlands-Gruppe mit einem weiteren Büro in Pokhara. Der Veranstalter hat sich auf lange Raftingtouren mit aktiver Beteiligung der Teilnehmer spezialisiert; dazu Einführung ins Kajakfahren am Seti oder im Sun Koshi Beach Camp.

Ultimate Rivers (Karte S. 98; www.ultimaterivers. com.np; Mandala St., Thamel) Eine Kooperation mit der neuseeländischen Ultimate Descents International; Büro in Kathmandu zusammen mit Last Resort.

Kajakfahren

In den letzten Jahren sind zunehmend mehr Kajakfahrer nach Nepal gekommen und haben das Land zu Recht als Paradies für Paddler erkannt. Mehrere Veranstalter bieten inzwischen Touren speziell für Kajakfahrer an. Ausrüstung und Verpflegung werden auf einem Schlauchboot mittransportiert, und die Camps werden häufig an besonders attraktiven Standorten aufgeschlagen.

Für Kajakfahrer ergeben sich ungeahnte Möglichkeiten. An der Spitze stehen natürlich die Flüsse Mardi Khola, Tamba Kosi, der Oberlauf des Karnali, Thuli Bheri, Balephi Khola und die Nebenflüsse des Tamur.

Der obere Modi Khola ist eine wunderbare Spielwiese für erfahrene Kajakfahrer. Der Nebenfluss des Bhurungdi Khola, am Dorf Birethani, bildet mehrere Wasserfälle, die nur erfahrene Fahrer meistern können.

Paragliden über Sarangkot (S. 238)

Kajakschulen

Nepal ist ideal geeignet, um das Kajakfahren zu erlernen, entsprechend bieten mehrere Veranstalter Kajakkurse an. Da ohne sprachliche Kommunikation kein guter Unterricht möglich ist, beschäftigen die besten Schulen sowohl westliche als auch nepalesische Lehrer. Ein üblicher Kurs dauert etwa vier Tage und vermittelt die Grundlagen in Fahren, Sicherheit und Flussdynamik.

Die Grundlagen werden in den Schulen meist recht entspannt vermittelt; die Schüler sitzen täglich etwa vier bis sechs Stunden im Boot. Der erste Tag ist für die Selbstrettung, Teamrettung und die Eskimorolle als Maßnahme beim Kentern des Kajaks reserviert. Am zweiten Tag lernen die Schüler, wie ein Fluss überquert wird, wie man in Wasserwirbel/-strömungen hinein- und wieder hinausfährt, und sie arbeiten an der Paddeltechnik. Am dritten Tag beginnt der Spaß auf dem Fluss, wenn kleine Stromschnellen (Klasse 2) passiert und flussabwärts gefahren wird; dabei lernt man, die Strömung zu lesen. Ideal sind drei Schüler je Lehrer.

Equator Expeditions und Ultimate Rivers betreiben Kajakschulen am oberen Sun Kosi. Equator sitzt im Sukute Beach Resort, nördlich des Dorfes Sukute zwischen Kilometer 69 und 70. Es ist einigermaßen bequem, hat aber Hockklos und nur kalte Duschen; dafür sind die Lage am Fluss mit privatem Ufer, eine Bar mit Poolbillard und die Flusslandschaft sehr schön. Der Pool ist ein besonderes Extra, um die Eskimorolle zu üben.

Ultimate Rivers betreibt ein ähnliches Basiscamp im Ultimate Rivers Bhote Koshi Resort, zwischen Kilometer 83 und 84. Equator verlangt für einen viertägigen Kurs 170 €; die Busfahrt zum Camp muss selbst organisiert werden. Man sollte bei beiden Veranstaltern checken, welche Transportmöglichkeiten eingeschlossen sind. Es könnte sonst sein, dass man nach kurzer Fahrt flussabwärts einen Bus anhalten und das Kanu aufs Dach wuchten muss.

Das Royal Beach Camp (S. 221) bietet zwei- bis siebentägige Kurse an. Die Basis ist ein festes Camp mit Swimmingpool bei Kataudi an der Trisuli, 85 km von Kathmandu entfernt. Im Paket sind zwei- bis siebentägige Kajakkurse, kombiniert mit Kajak-, Rafting- und Canyoningtouren. Es gibt auch familienfreundliche Ausflüge.

Ultimate Descents Nepal (S. 51) bietet seine viertägigen Kurse am ruhigen Seti zwischen Pokhara und Pokhara an; die Kosten betragen etwa 220 €. Das Training am ersten Tag findet am Phewa-See, die übrigen drei am Seti statt; zwei Nächte Camping am Fluss sind inbegriffen. Der Seti hat den Vorteil, dass der Unterricht auf einem Fluss in der Wildnis stattfindet. Kajakkurse am Oberlauf des Sun Kosi gehen von der Basis Sun Koshi Beach Camp aus und dauern einen bis vier Tage.

Kajakspezialisten wie GRG Adventure Kayaking (S. 51) bieten häufig Schulungen während einer Raftingtour auf den ruhigeren Abschnitten des Sun Kosi an.

Auch Drift Nepal (S. 50) veranstaltet viertägige Kajakkurse. Die Schüler paddeln auf dem unteren Seti abwärts und übernachten in temporären Camps am Ufer; die Kosten liegen bei etwa 250 € pro Person.

Paddle Nepal (S. 237) und Rapidrunner Expeditions (S. 237) in Pokhara veranstalten auch Kajakkurse.

Zum Üben der Eskimorolle sind Nasenklammern sehr praktisch; außerdem gehört warme Kleidung zum Wechseln ins Gepäck, falls man nass wird. Die meisten Kajakschulen finden Ende Oktober und November, März und April statt. Von Dezember bis Februar sind Kurse möglich, allerdings sind die Tage dann kürzer, und die Sonne ist nicht stark genug, um einen morgens und abends aufzuwärmen.

Felsklettern

Überraschenderweise steckt die Felskletterei in Nepal im Augenblick noch vollkommen in den Kinderschuhen, und wenn es um das Thema Caving geht, sieht es noch düsterer aus. Die meisten Kletterkurse werden im Kathmandu-Tal angeboten. Hardcore Nepal (S. 226) veranstaltet viertägige Kletterkurse für 350 €, und die Astrek-Kletterwand (S. 91) bietet wöchentlich geführte Klettertouren am nahen Nagarjun an.

Sehr beliebt sind die mehrtägigen Trainingskurse auf den „Trekking Peaks" (S. 340) von Nepal.

Wer lieber tief in die Felsen abtauchen möchte, sollte das Angebot von Hardcore Nepal nutzen, das eine Mischung aus Klettern, Abseilen und Cavingtouren in der riesigen Höhle Siddha Gufa bei Bandipur veranstaltet. Ein dreitägiges Multiaktivitätspaket kombiniert für 220 € Caving und Canyoning.

Bungee-Jumping

Wer sein Adrenalin lieber schon vor der eigentlichen Aktivität spüren möchte, lässt sich an den beiden etablierten Absprungstellen Nepals ans Bungee-Seil schnallen. Last Resort (S. 213) schickt seine Kunden von einer Brücke an der Straße zwischen Kathmandu und Tibet 160 m tief (einer der zehn höchsten Bungee-Sprünge der Welt) in die Schlucht des Bhote Kosi. Im Preis von 85 € für die Tagestour sind Mittagessen und Transport enthalten.

Auch weiter westlich kann man außerhalb von Pokhara Spaß am Gummi haben: Zip-Flyer Nepal (S. 236) bietet Sprünge von einem 70 m hohen Turm an (58 €). Ebenso teuflisch ist ihr Angebot, an einer 1800 m langen Seilrutsche mit Höchstgeschwindigkeiten von 120 km/h abwärts zu rasen (58 €).

Canyoning

Diese feucht-wilde Sportart kombiniert gleich mehrere spannende Aktivitäten – Abseilen, Klettern, Schwimmen und Sprünge in einen Fluss – miteinander. Die beste Location dafür ist der turbulente Bhote Kosi nördlich von Kathmandu an der Straße nach Tibet. Weitere Schluchten finden sich in Sundarijal im Kathmandu-Tal und bei Jalbiri auf dem Weg nach Chitwan. Die besten Bedingungen fürs Canyoning herrschen im September, Oktober, April und Mai.

Canyoningtrips haben Borderlands Resort (S. 213), Last Resort (S. 213) und Chhango (S. 92) im Angebot; die Kosten liegen ungefähr bei 85/130 € für einen ein-/zweitägigen Trip. Sie können bei diesen Anbietern auch mit anderen Aktivitäten kombiniert werden.

Paragliden & Ultraleichtflugzeuge

Beim Paragliden in der Nähe von Pokhara und in Bandipur hängt man mit einem Partner unter einem Gleitschirm und schwebt mit unglaublichem Ausblick auf Annapurna und Macchapuchhare lautlos in der Thermik.

Einer der ältesten Veranstalter in dieser Disziplin ist Sunrise Paragliding (S. 238) mit der Basis in Pokhara.

Auch Frontiers Paragliding (S. 238) sitzt in Pokhara; wer nach dem ersten Tandemflug Lust auf mehr bekommen hat, bucht ein mehrtägiges Paket oder einen Pilotenkurs.

Das Paragliden wird kaum durch Regeln eingeengt, sodass Kunden gelegentlich mit einem gebrochenen Knöchel oder Schlimmerem nach Hause gehen. Vor der Unterschrift nach der Lizenz des Piloten fragen; für einen sicheren Flug sollte er mindestens drei Jahre Erfahrung haben.

Ein Ultraleichtflugzeug ist im Prinzip ein Gleitschirm mit einem Rasenmähermotor, der im Flug herrliche Blicke auf die Berggipfel ermöglicht. Solche Flüge bieten der Avia Club Nepal (S. 239) und Pokhara Ultralight (S. 239) an, beide mit Sitz in Pokhara. In einem 60-minütigen Flug kommt man den Gipfeln aufregend nahe; kürzere Flüge reichen nur für ein Sightseeing über dem Phewa-See. Flüge im offenen Cockpit sind aufregender, aber kälter; Flugzeuge mit festem Flügel kommen schneller höher hinauf.

Andere Aktivitäten

Nicht alle Aktivitäten sind an Hochgebirge, atemberaubende Geschwindigkeit oder die Lust, sich in eisigem Wildwasser nass zu machen, gebunden. In den drei großen Nationalparks im Terai – Chitwan, Bardia und Koshi Tappu – finden Safaris, Waldwanderungen und Boots-/Kanufahrten statt, die alle köstlich entspannend und ruhig sind.

Reiseplanung

Freiwilligenarbeit & verantwortungs- bewusstes Reisen

Der Tourismus, der den Bewohnern Nepals eine Einnahmequelle und andere Vorteile gebracht hat, spielt auch eine wichtige Rolle beim Wiederaufbau nach dem Erdbeben. Leider hat er auch negative Seiten, wie Bettler in den Straßen der Städte und Entwaldung entlang der Trekkingrouten. Nachfolgend zeigen wir Möglichkeiten auf, dem Land zu helfen und dabei nur einen minimalen Öko-Fußabdruck zu hinterlassen.

Freiwillige

Jedes Jahr beteiligen sich Hunderte von Freiwilligen in Nepal an zahllosen Entwicklungs- und Schutzprojekten – von freiwilliger Arbeit mit Straßenkindern in Kathmandu bis zur Spurensuche bedrohter Tiere im alpinen Himalaja. Solche Projekte werden als persönliche Bereicherung empfunden, vertiefen die Beziehung zu einer lokalen Gemeinschaft und geben dem Konzept von Reisen eine tiefere Bedeutung. Nach dem Erdbeben von 2015 ist Nepal mehr denn je auf Freiwilligenarbeit angewiesen.

Bei dem Wunsch, zu helfen, sollte der ethische Hintergrund solcher Arbeiten nicht aus dem Auge verloren werden: Eine gute Freiwilligen-Agentur achtet darauf, dass die Fähigkeiten des Bewerbers in ein Projekt von langfristiger Wirkung für die lokale Gemeinschaft einfließen – es geht eben nicht darum, nur das Selbstwertgefühl eines Freiwilligen zu pampern, der nach zweiwöchiger Tätigkeit mit stolzgeschwellter Brust wieder nach Hause fährt.

Mit dem zunehmenden „Freiwilligen-Tourismus" sind auch Dutzende von

Tipps für freiwillige Arbeit

Wo als Freiwilliger arbeiten?

Vor der Bewerbung ausloten, welche Organisation und Gemeinde die eigenen Fähigkeiten am gezieltesten einsetzt, und dann eine seriöse, transparent arbeitende Organisation auswählen.

Zeit ist kostbar

Wie viel Zeit möchte/kann man einem Projekt widmen? Wer nicht mindestens einige Monate vor Ort bleibt, kann keine sinnvolle Hilfsarbeit leisten.

Bezahlen für freiwillige Arbeit?

Es klingt verrückt, für freiwillige Arbeit auch noch zu bezahlen, aber viele Organisationen verlangen von den Bewerbern nicht nur beträchtliche Teilnahmegebühren, sondern erwarten auch, dass die Freiwilligen für ihre Lebenshaltung (Transport, Unterkunft und Essen) selbst aufkommen.

Infos

Ethical Volunteering (www.ethicalvolunteering.org) hat nützliche Tipps zusammengestellt, welche Organisationen ethisch vertretbare Arbeit leisten. In der Lonely Planet Veröffentlichung *Volunteer: A Traveller's Guide to Making a Difference Around the World* sind wertvolle Informationen und Adressen aus einer Hand zusammengestellt.

Organisationen entstanden, die darin eine neue Geldquelle sehen und in dem ohnehin oft undurchsichtigen Geschäft im Trüben fischen. Man sollte seine kostbare Zeit und sein Geld nur für etwas einsetzen, was den Aufwand lohnt. Andererseits bietet eine längere Zeit bei freiwilliger Arbeit die beste Gelegenheit, ein Land wirklich kennenzulernen. Es mag pathetisch klingen, aber diese Erfahrung kann das Leben ändern.

Freiwillige beim Trekking

Verschiedene Trekking- und Tourveranstalter spenden Teile ihres Gewinns für karitative Projekte in ganz Nepal. Viele Traveller veranstalten gesponserte Treks und Klettertouren in Nepal, um Geld für besondere Projekte und Wohltätigkeiten aufzubringen.

An Projekten dieser Art sind eine Reihe von Organisationen beteiligt, beispielsweise die folgenden:

Australian Himalayan Foundation (www.austra lianhimalayanfoundation.org.au) Bringt das Geld für ihre Hilfsprojekte durch Spendensammlungen bei Treks auf.

Community Action Treks (www.catreks.com) bietet mehrere Treks an, die die Arbeit der Community Action Nepal unterstützen.

Crooked Trails (www.crookedtrails.com) Treks mit Spendensammlungen und Freiwilligen-Programmen.

Himalayan Healthcare (www.himalayan-health care.org) Veranstaltet Treks in Nepal zur medizinischen und zahnmedizinischen Versorgung.

Nepal Trust (www.nepaltrust.org) Eine britische Agentur in Humla, die das Geld für ihre Entwicklungsarbeit durch Treks aufbringt.

Red Panda Network (www.redpandanetwork.org) veranstaltet einmal im Jahr neuntägige Touren nach Ostnepal, um Kleine (Rote) Pandas zu fotografieren; Überschüsse fließen in den Schutz der Pandas.

Summit Climb (www.summitclimb.com) veranstaltet einmal im Jahr Treks, um abgelegene Regionen in Solu Khumbu medizinisch zu versorgen.

Freiwilligenarbeit

Der Freiwilligen-Tourismus ist ein boomendes Geschäft in Nepal. Reiseveranstalter nutzen diese Idee, um Kasse zu machen. Um zu verhindern, dass die Vermittlungsgebühren in die Taschen von Geschäftemachern fließen, ist es entscheidend, aus den Hunderten von Anbietern freiwilliger Arbeit jene auszusuchen, die wirklich seriös arbeiten und bei denen die eigenen Fähigkeiten optimal eingesetzt werden.

Obwohl die Freiwilligen ihre Zeit und Arbeitskraft kostenlos zur Verfügung stellen, wird erwartet, dass sie für Essen und Unterkunft selbst aufkommen, manchmal auch eine Vermittlungsgebühr bezahlen. Jeder Interessent sollte versuchen, herauszufinden, welcher Anteil der Gebühren tatsächlich Nepal zugutekommt und wie viel für Gewinn und Verwaltungskosten abfließen. Lokale Agenturen verlangen gewöhnlich viel niedrigere Gebühren als internationale Freiwilligen-Agenturen.

In den vergangenen Jahren sind die Waisenhäuser Nepals negativ aufgefallen, weil mehrere Organisationen in Kinderhandel und Adoptionsskandale verwickelt waren. Conor Grennans Buch *Die verlorenen Kinder von Kathmandu* ist ein inspirierender Beitrag über seine Zeit als Freiwilliger in einem nepalesischen Waisenhaus. Es behandelt auch die Korruption und undurchsichtige moralische Verstrickungen im Zusammenhang mit gut gemeinter Arbeit in Nepal. Nach einem vernichtenden Unicef-Bericht (2014) raten viele ausländische Regierungen ihren Bürgern von der Beteiligung an Freiwilligenprojekten in Waisenhäusern ab – Ausnahmen sind Häuser, die vom Nepali Central Child Welfare Board (CCWB; www.ccwb.gov.np) legitimiert wurden.

Bei der Entscheidung für ein geeignetes Freiwilligen-Projekt sollte im Vordergrund immer die Frage stehen, was diese Organisation leistet, und noch wichtiger, wie sie konkret vorgeht. Falls deren Schwerpunkt nicht mit den eigenen Fähigkeiten konform geht und im Unklaren bleibt, wie damit den Einheimischen geholfen wird, sollten alle Alarmglocken schrillen. Eine Organisation, die verspricht, jede Form von Arbeit ganz nach Belieben der Freiwilligen zu unterstützen, hat sicher nicht die Bedürfnisse der Einheimischen im Fokus.

Für eine Organisation, die sich für Kinder einsetzt, muss das Kindeswohl an erster Stelle stehen; wenn keinerlei Hintergrundcheck durchgeführt wird, ist höchste Vorsicht geboten. Für Ernüchterung in dieser Hinsicht sorgen die Websites

Nepalesische Kinder spielen mit ausländischen Freiwilligen in einem Erdbeben-Camp in Kathmandu.

www.nextgenerationnepal.org/ethical-volunteering und www.just-one.org/your-chance/volunteering.

Nachfolgend haben wir eine Liste von Organisationen zusammengestellt, die Freiwilligenarbeiten in Nepal anbieten. Lonely Planet unterstützt allerdings keine Organisation, mit der wir nicht direkt zusammenarbeiten. Daher muss sich jede und jeder Interessierte selbst kundig machen, bevor er/sie eine Entscheidung trifft.

Butterfly Foundation (www.butterflyfoundation.org) wünscht sich Freiwillige, die bei der Verwaltung und Kinderbetreuung in Pokhara helfen; verbunden mit der Butterfly Lodge (S. 241).

Child Environment Nepal (www.cennepal.org.np) wünscht sich Freiwillige, die in Naya Bazaar in Kathmandu arbeiten.

Child Rescue Nepal (www.childrescuenepal.org) vermittelt Freiwillige, die das Leben von versklavten und verlassenen Kindern verbessern möchten.

Ford Foundation (www.fordnepal.org) vermittelt Freiwillige, die als Lehrer oder in der Kinderbetreuung arbeiten wollen.

Global Vision International (www.gvi.co.uk) bietet kurze und längere Praktika sowie die Vermittlung von Freiwilligen an; einige in Verbindung mit Trekking.

Helping Hands (www.helpinghandsusa.org) vermittelt medizinische Freiwillige an Kliniken in ganz Nepal.

Himalayan Children Care Home (www.hchmustang.org) wünscht sich Freiwillige, die bei der Betreuung und Ausbildung von Kindern aus dem abgelegenen Mustang helfen, die in Pokhara zur Schule gehen.

Insight Nepal (www.insightnepal.org) kombiniert Kultur- und Erziehungsprogramme bei Pokhara mit Freiwilligenvermittlung und einem Trek in die Annapurna-Region; sieben Wochen oder drei Monate.

Kathmandu Environmental Education Project (KEEP; www.keepnepal.org) vermittelt Freiwillige in Ausbildungs- und Trainingsprogramme rund um Kathmandu; 40 € Vermittlungsgebühr und eine erwünschte Mindestteilnahme von zwei Monaten.

Mountain Fund (www.mountainvolunteer.org) Ausbildung, Medien, Landwirtschaft und Gesundheitsvorsorge auf der Her Farm.

Mountain Trust Nepal (www.mountain-trust.org) Britische NGO, die Freiwillige in sozialen Projekten rund um Pokhara unterbringt.

Nepal Trust (www.nepaltrust.org) mit Schwerpunkt in Humla in Westnepal.

Nepali Children's Trust (www.nepalichildrens
trust.com) arbeitet mit behinderten nepalesischen Kindern.

People & Places (www.travel-peopleandplaces.
co.uk) Vermittlung von Freiwilligen in verantwortungsvolle und ethische Projekte.

Prisoners Assistance Nepal (www.panepal.org)
ist eine Organisation in Kathmandu, die sich mit
Freiwilligen um die soziale Gerechtigkeit und
Betreuung von Kindern kümmert, deren Eltern im
Gefängnis sitzen.

Rokpa (www.rokpa.org) Schweizerisch-Tibetische
Organisation, die Freiwillige für eine Zeltklinik in
Bodhnath für sechs oder mehr Wochen sucht
(Dezember bis März).

Rural Assistance Nepal (www.rannepal.org) Britische Hilfsorganisation, die Freiwillige für Ausbildung und medizinische Versorgung sucht.

Sustainable Agriculture Development Program
(www.sadpnepal.org) vermittelt Freiwillige, die in
der nachhaltigen Landwirtschaft und sozialen Pro-
grammen bei Pokhara mitarbeiten.

Volunteers Initiative Nepal (www.volunteering
nepal.org) sehr viele Angebote; siehe auch www.
friendsofvin.nl.

Verantwortungsbewusst reisen

Seit Nepal vor 65 Jahren seine Grenzen
für Ausländer geöffnet hat, brachte der
Tourismus Vorteile für das Land – mehr
Wohlstand, Beschäftigungsmöglichkei-
ten, Infrastruktur, Gesundheitsversorgung, Ausbildung und Verkehr. Daraus
ergab sich ein Ausmaß an sozialer Durch-
lässigkeit, das in der Vergangenheit un-
denkbar gewesen wäre. Viele Nepalesen,
die heute eigene Trekkingunternehmen
führen, haben vor 20–30 Jahren als Träger angefangen.

Leider sind auch die negativen Begleit-
erscheinungen des Tourismus überdeut-
lich zu sehen. Bettler sind allgegenwärtig,
Müll verdreckt die Wege im Gebirge, und
der Wald wird von den Betreibern der
Hütten abgeholzt, die Feuerholz brauchen, um die Gäste mit warmen Duschen
und Essen zu versorgen.

Es gibt endlose Diskussionen, wie ökologisch nachhaltige und sozial verantwor-
tungsbewusste Reisen aussehen könnten.
Eine positive Auswirkung auf das bereis-
te Land haben sowohl das Benehmen der
Fremden als auch das Geld, das sie ausgeben. Unabhängige Reisende geben zwar
weniger Geld aus, aber ihr Beitrag verbessert in höherem Maße und ganz gezielt
die finanzielle Situation einer lokalen
Ökonomie.

Das Büro des Kathmandu Environmental Education Project (KEEP; www.keep
nepal.org) kann Ausländer beraten. Wer
am Ende seines Urlaubs Kleidung, Aus-

SPENDEN IN NEPAL

Viele Reisende durch Nepal sind erschüttert von den täglichen Herausforderungen,
die normale Nepalesen bewältigen müssen. Nepal ist eine der ärmsten Nationen der
Welt. Die Regierung stellt kaum öffentliche Dienste bereit, und in manchen Regionen
fehlen selbst einfachste Dinge wie Gesundheitsvorsorge, Kanalisation oder Erziehung. Viele Nepalesen sind verzweifelt. Durch das Erdbeben von 2015 hat sich die
Zwangslage der Armen noch verschlimmert; viele Familien leben zwei Jahre nach
dem Beben noch immer in Behelfsquartieren.

Wer Nepal besucht und Geld in lokalen Betrieben ausgibt, trägt zur Verbesserung
der Lage bei, doch wer langfristiger etwas bewirken möchte, kann einer NGO etwas
spenden, die versucht, das Leben der Nepalesen zu verbessern. Dutzende von
nepalesischen und internationalen Organisationen installieren Wasserpumpen und
vereinen versprengte Kinder wieder mit ihren Familien – fast alle sind auf Spenden
und die Unterstützung durch ausländische Regierungen angewiesen.

Wie überall, gibt es auch in Nepal effiziente und weniger effiziente Organisationen, man sollte sich also gut überlegen, wem eine Spende zugutekommt. Gute Organisationen geben das Geld für lokale Projekte aus, nicht für Verwaltung und Gehälter. Auf der Website www.ethicalconsumer.org sind nützliche Informationen für
moralisch sinnvolle Spenden zusammengestellt; unter dem Stichwort „comparing
charities". Eine Liste von Wohltätigkeitsorganisationen in Nepal findet man unter
www.charity-charities.org/Nepal-charities/Nepal.html.

ETIKETTE FÜR VERANTWORTUNGSBEWUSSTE TRAVELLER

➡ Vor dem Betreten eines Klosters oder Tempels werden die Schuhe ausgezogen; Rauchen ist unerwünscht. Man setzt sich niemals so hin, dass die Fußsohlen auf einen Menschen oder ein Buddha-Bildnis zeigen.

➡ Nicht-Hindus dürfen einige hinduistische Tempel nicht betreten (ein Schild weist normalerweise darauf hin), während andere nicht mit Produkten aus Leder betreten werden dürfen (meist Schuhe und Gürtel).

➡ Einheimische geben in Gompas oder Tempeln stets eine Spende; man sollte ihrem Beispiel folgen.

➡ Wenn man einem buddhistischen Lama vorgestellt wird, überreicht man ihm einen *kata* (weißer Schal) – in die Hände, nicht um den Hals legen.

➡ Kinder, vor allem junge Mönche, dürfen nicht auf dem Kopf berührt werden.

➡ Männer und Frauen sollten kurze Shorts, ärmellose Tops und andere freizügige Kleidung vermeiden; Nacktheit wird an keinem Ort geduldet. Frauen, die sich an einem öffentlichen Wasserhahn waschen, tragen einen Sarong.

➡ Es ist verpönt, Zuneigung zwischen Männern und Frauen öffentlich zu zeigen.

➡ Man zeigt oder winkt nicht mit einem Finger auf einen anderen. Falls sich das Winken nicht vermeiden lässt, benutzt man die ganze Hand und hält dabei die Handfläche nach unten.

➡ Es ist verpönt, jemandem über die Beine zu steigen. Man fragt höflich, ob er seine Beine bewegt, damit man passieren kann.

➡ Wenn jemand das Essen, den Teller oder Gegenstände berührt, gilt es als rituell *jhuto* (verschmutzt). Man isst nur vom eigenen Teller und steckt niemals seinen Löffel oder Gabel in eine von allen benutzte Platte.

➡ Wer Wasser aus einem gemeinschaftlich benutzten Krug oder Tasse trinkt, darf das Gefäß nicht mit den Lippen berühren – das Wasser wird direkt in den Mund gegossen, möglichst ohne sich alles über das Hemd zu schütten!

➡ Für einen Trek angeheuerte Träger oder Guides müssen angemessen ausgerüstet werden und versichert sein. Der Kunde ist als Arbeitgeber verantwortlich für deren Wohlbefinden.

rüstung oder Medikamente übrig hat, sollte sie in der Kleiderkammer von KEEP spenden.

Ausgaben als Hebel

Informierte Verbraucher sollten ihre Macht nicht unterschätzen. Wer sich für lokale Trekking- und Tourveranstalter entscheidet, oder in Hütten übernachtet, die Wert darauf legen, Umwelt und Kultur so wenig wie möglich zu schädigen, gibt anderen Reisenden ein Beispiel. Damit wiederum werden andere Veranstalter angeregt, ähnlich verantwortungsbewusst zu handeln. Treks in Begleitung eines Guides vertiefen das eigene Verständnis einer fremden Kultur und verbessern über den Vertrag die finanzielle Situation einer Gemeinde.

Weitere allgemeine Infos zum verantwortungsbewussten Reisen findet man bei TourismConcern (www.tourismconcern.org.uk) und im World Expedition's *Responsible Travel* Reiseführer, erhältlich unter www.worldexpeditions.com.

Hidden Journeys (www.hiddenjourneysnepal.com) ermöglicht einen anderen Blick auf Nepal; sie haben sich auf Nepals neue Generation von Existenzgründern mit sozialem Schwerpunkt, Künstler und Aktivisten spezialisiert, die ihr Land verändern wollen. Wer mit diesem Veranstalter losziehen möchte, sollte lange im Voraus buchen.

Ethisch Einkaufen

Durch den Handel mit seltenen Tieren sind viele Arten Nepals inzwischen vom Aussterben bedroht. Obwohl die meisten Produkte aus bedrohten Arten in China oder Tibet in traditionellen, asiatischen Apotheken landen, tragen auch Traveller zu dem Problem bei, wenn sie Souvenirs kaufen, die aus Körperteilen von Wildtieren hergestellt werden.

Besonders alle Produkte aus Fell, mit Metall eingelegte Schädel und Schildkrötenpanzer gehören nicht in den Koffer. Auch die sogenannten *shahtoosh*-Schals, eine Art Pashmina aus der bedrohten *chiru* (Tibetantilope) taugen nicht als Souvenir – die Tiere werden abgeschossen. *Shahtoosh* sind illegal in Nepal.

Fairer Handel

Fairer Handel (der Handel mit Fair-Trade-Produkten) macht einen enormen Unterschied in Nepal, denn 83 % seiner Bevölkerung leben in unterentwickelten, ländlichen Regionen. Eine Reihe von Nonprofit-Organisationen unterstützt Kooperativen, die Kunsthandwerkern einen fairen Preis für traditionelle Produkte bezahlen, die unter sicheren Arbeitsbedingungen, nachhaltig und ohne Kinderarbeit hergestellt werden. Viele dieser Organisationen vermitteln benachteiligten gesellschaftlichen Gruppen, wie Frauen, Behinderten und Mitgliedern der „unberührbaren" Kasten, eine Arbeit, Ausbildung und Erziehung.

Das von dem nepalesischen Philanthropen Tulsi Mehar gegründete Mahaguthi (S. 117) vermittelt mittellosen Frauen eine Arbeit und Rehabilitation; das Geld dafür stammt aus dem Verkauf handwerklicher Produkte in Läden in Patan und Lazimpat (in Kathmandu). In Pokhara betreibt die Women's Skills Development Organisation (S. 251) zwei Verkaufsstellen in Lakeside für gewebte und bestickte Taschen und Spielwaren.

Die von tibetischen Flüchtlingen betriebenen Werkstätten im Stadtteil Jawalakhel in Patan tragen ebenfalls auf direkte Weise zum Wohl von benachteiligten Menschen bei.

Weitere Infos zum Fairen Handel unter www.fairtradegroupnepal.org.

Betteln

Bedürftigen eine milde Gabe zu geben, hat im Hinduismus und Buddhismus eine lange Tradition. Allerdings wird das Betteln heute auch dadurch befördert, dass Ausländer jedem etwas geben, der Geld fordert. In den Touristenzentren „arbeiten" manche Bettlergruppen an bestimmten Straßenecken mit wirkungsvollen Betrugsmaschen, um den Fremden das Geld aus der Tasche zu ziehen. Andererseits gibt es in der Tat viele arme Menschen, und nach dem Erdbeben von 2015 dürfte ihre Zahl sogar noch gestiegen sein.

Vor vielen religiösen Schreinen warten lange Schlangen von Bettlern auf die Pilger, die jedem ein Geldstück in die Bettelschale werfen (Geldwechsler tauschen Scheine gegen Münzen). Auch die Sadhus (heilige Männer) sind auf Almosen angewiesen, obwohl es auch unter ihnen viele Betrüger gibt.

In den Touristenzentren muss man damit rechnen, von Kindern, manchmal sogar von Erwachsenen, um „einen Stift, eine Schokolade, eine Rupie" angebettelt zu werden. Dieses Verhalten darf nicht unterstützt werden, denn für die meisten Nepalesen gilt dieses Verhalten als anstößig und erniedrigend (auch für die meisten Fremden). Wer hier nachgibt, unterstützt eine ungesunde Einstellung.

Wie helfen?

Man braucht sich nur die Standards bei der Zahnbehandlung hier anzusehen, um sich davon zu überzeugen, dass es weder angemessen noch verantwortlich wäre, Kindern hier Süßigkeiten zu geben. Wer den Einheimischen etwas Gutes tun möchte, übergibt seine Spende einem Erwachsenen, möglichst einer Autoritätsperson wie einem Lehrer oder einem Lama in einem örtlichen Kloster. Angemessene Geschenke sind Zahnbürsten und -pasta, Stifte und Papier, biologisch abbaubare Seife und Schulbücher möglichst in Nepalesisch.

Zahlreiche internationale NGOs, die in Nepal arbeiten, sind auf ausländische Spenden angewiesen. Der Hillary's Himalayan Trust (www.hillaryhimalayantrust.org) des verstorbenen Sir Edmund Hillary unterstützt in Nepal Gesundheitsfürsorge, Kulturprojekte und Aufforstung. Mit den Spenden wurden nach dem Erdbeben Hunderte von Schule wiederaufgebaut. Ähnliche Ziele verfolgen auch die Sir Edmund Hillary Foundation (www.thesiredmundhillaryfoundation.ca) in Kanada, die Australian Himalayan Foundation (www.australianhimalayanfoundation.org.au) sowie die American Himalayan Foundation (www.himalayan-foundation.org).

Berücksichtigung der Kultur

Vermutlich dürften viele Traveller die Lebensweise der Nepalesen pittoresk finden, aber tatsächlich leben viele in Armut an der Grenze zum Existenzminimum – und das kann auf vielerlei Weise verbessert werden. Viele Wohltätigkeitsorganisationen, die in Nepal arbeiten, sehen das Dilemma, den Lebensstandard an die Moderne anzugleichen, ohne die traditionellen Werte zu zerstören.

Jeder Traveller, der die lokalen Traditionen respektiert, trägt ein wenig dazu bei. Ausländer, die sich respektvoll verhalten, zeigen damit, dass sie den Nepalesen von gleich zu gleich begegnen. In der Vergangenheit resultierten viele Probleme mit Touristen in Nepal daraus, dass die Fremden die Nepalesen wie Bürger zweiter Klasse behandelten.

Manche Fotografen benehmen sich an Orten wie Pashupathinath (der heiligste Ort für Leichenverbrennungen in Nepal) schlicht beschämend – man stelle sich nur vor, bei einer Familienbeerdigung im Westen tauchte plötzlich ein Bus mit schrill gekleideten Touristen auf, die wie wild fotografieren. Man sollte nie mit einer Kamera herumfuchteln und nur Menschen fotografieren, die damit einverstanden sind. Erst fragen und die Wünsche der Einheimischen respektieren. In vielen Tempeln und Klöstern ist das Fotografieren verboten, und Menschen bei einer Leichenverbrennung oder waschend am Fluss oder einem Brunnen zu fotografieren, ist definitiv ein No-Go.

Reiseplanung

Essen & trinken wie die Einheimischen

Im nepalesischen Essen verbinden sich indische und Newar-Elemente mit tibetischen und ausländischen Einflüssen. In Kathmandu- und Pokhara-Restaurants gibt's internationale Gerichte, das Angebot auf dem Land oder den Trekkingrouten ist deutlich eingeschränkt.

Wo essen?

Touristen-Restaurants In Kathmandu und Pokhara findet man ein erstaunliches Angebot landestypischer Küchen von Mexiko bis Thailand, dazu tolle Bäckereien und Cafés.

Newar-Restaurants Mehrere Restaurants in Kathmandu servieren traditionelle Gerichte der Newar – und das in großartig restaurierten Häusern, dazu traditionelle Tänze und Musik.

Bhojanalaya In den Restaurants werden Dal Bhat und Snacks wie *chow mein* serviert, wenn auch meist ohne englische Speisekarten.

Misthan Bhandar In den Süßwarenläden im indischen Stil bekommt man Tee, Süßigkeiten und vegetarische Snacks, wie *dosa* (südindische Pfannkuchen aus Linsenmehl) und Samosas.

Trekkingteehäuser Im Angebot sind kohlenhydratreiche Gerichte (Dal Bhat Tarkari), Bratkartoffeln, Pasta, Suppen und sogar ein „Snicker-Brötchen" (frittierte Snickers im Teigmantel).

Nepalesisches Essen

In Nepal ist Dal Bhat *(daal bhaat tarkari)* ein Grundnahrungsmittel: Linsensuppe mit Reis und Gemüse mit Curry. Mit etwas Glück wird es mit *achar* (sauer eingelegtem Gemüse) oder auch mit *dahi* (Quark oder Joghurt) oder *papad* (Pappadam – knusprige Pfannkuchen aus Linsenmehl) aufgepeppt. Die Einheimischen gießen ihr suppiges Dal Bhat über den Reis, formen mit den Fingern Kugeln daraus und stopfen sie zusammen mit Gemüse mit der rechten Hand in den Mund. Wenn man Dal Bhat bestellt, wird meist als kostenlose Beilage Reis, Dal und *tarkari* angeboten; Fleisch *(masu)* gibt's sehr selten.

Die meisten Hindus sind Vegetarier, manche bewusst, andere aus Not. Doch die Newar im Kathmandu-Tal sind große Fleischesser. Am liebsten mögen sie *buff* (Wasserbüffel), auch Ziege ist sehr begehrt. Die heiligen Kühe werden von Hindus dagegen nie gegessen. Einige Restaurants in Kathmandu importieren dennoch Rindfleisch aus Indien, und in einigen Trekking-Lodges bekommt man Yaksteaks.

Die Newar würzen ihr Essen kräftig, vor allem mit Chili; die Newar-Gerichte werden gewöhnlich mit *chiura* (trockener, gestoßener Reis) serviert, der wie Haferbrei aussieht und schmeckt.

AWL IMAGES/GETTY IMAGES ©

Oben: Traditionelles nepalesisches *thali* (festes Menü) mit Linsensuppe *(dal bhat)* und Reis

Unten: Gewürze und Tee in einer Ladenauslage in der Asan Tole (S. 84) in Kathmandu

Viele Newar-Gerichte werden nur bei Feiern oder Familienfesten gegessen, aber einige teure Restaurants in Kathmandu servieren gute Gerichte der Newar.

Nepal gehört zu den besten Adressen für tibetische Küche. Die meisten Gerichte sind Variationen von Momos (Teigtaschen) oder *thuk*-Nudeleintöpfe (*thukpa* sind lange, *thenthuk* gedrehte Nudeln).

Das Angebot der Straßenküchen ist ordentlich. Ein paar *samsa* (*samosa*-Kartoffelcurry, gebraten in einem Päckchen aus Linsenteig) oder *papad* ergeben schon ein leichtes Essen. Legendär sind die Newar-Snacks zum Bier – ein Teller *sekuwa* (gewürztes Grillfleisch) oder „Masala-Erdnüsse" (mit Chili und Gewürzen).

Viele Nepalesen runden das Essen mit einem Digestif ab: *pan* (Betelnuss und -blätter). Die kleinen, roten Flecke auf dem Bürgersteig, die wie Blutstropfen aussehen, sind gewöhnlich *pan*.

Rezepte

Food Nepal (www.food-nepal.com) gibt eine exzellente Einführung in die Zutaten und Gerichte Nepals; dazu Rezepte von Mango-Lassi bis Chili-Hähnchen.

The Nepal Cookbook von der „Association of Nepalis in the Americas" bietet eine gute Rezeptsammlung zum Nachkochen; siehe auch *Taste of Nepal* von Jyoti Pathak.

Desserts

Wie ihre indischen Nachbarn mögen auch Nepalesen allerlei klebrige Süßigkeiten, die meist aus Quark, *jaggery* (Palmzucker) und Nüssen bestehen. Sehr beliebt sind *barfi* (Milchbonbons), *rasbari* (Milchteigkugeln), *lal mohan* (frittierte Milchteigkugeln), *kheer* (Reispudding) und *julebi* (orangefarbene, sirupartige, frittierte Teigkringel).

In Bhaktapur sollte man den cremigen, dicken *juju dhau* (König der Joghurts) probieren. *Sikarni* ist ein beliebter traditioneller Nachtisch aus geschlagenem Joghurt mit Zimt, Nüssen und Trockenfrüchten.

Getränke

Alkoholische Getränke

Nach einem harten Tag auf dem Trek schmeckt ein nepalesisches Bier vorzüglich. Tuborg (Dänemark), Carlsberg (Dänemark) und San Miguel (Spanien) werden im Land in Lizenz gebraut; lokale Biermarken sind das exzellente Sherpa, dazu Gorkha, Everest und Kathmandu-Beer. Der einheimische Khukri-Rum schmeckt am besten in Mixgetränken. Außerdem bekommt man Abominable Snowman Gin aus britischnepalesischer Zusammenarbeit.

Offiziell darf an den ersten beiden (Vollmond-)Tagen und den letzten beiden Samstagen des nepalesischen Monats kein Alkohol verkauft werden; Touristenrestaurants halten sich allerdings nur selten daran.

Alkoholfreie Getränke

In Nepal gilt eine goldene Regel: *Kein Wasser trinken!* Überall wird billiges Wasser in Flaschen verkauft, obwohl jede Flasche den Plastikmüllberg vergrößert; mehr über die Reinigung von Wasser, siehe S. 454.

Tee ist fast immer sicher. Für einen guten nepalesischen *chiya* (auch Masala-Tee genannt) werden die Blätter mit Milch, Zucker und Gewürzen gekocht. Für einen Tee nach westlicher Art verlangt man „Milch separat". In Kathmandu und Pokhara wird in vielen Läden guter Espresso verkauft.

In Regionen mit tibetischem Einfluss ist schwarzer Tee verbreitet, der mit Salz und Butter verrührt wird – die Zusätze helfen dem Stoffwechsel in großen Höhen und kaltem Wetter auf die Sprünge. Der Geschmack ist gewöhnungsbedürftig – die Einheimischen gießen den Tee über ihr *tsampa* (geröstetes Gerstenmehl).

In Regionen mit indischem Einfluss sollte man nach *lassi* fragen – ein erfrischendes Getränk aus Joghurt mit Zucker und unbehandeltem Wasser (daher mit Vorsicht zu genießen).

Nepal im Überblick

Kathmandu

Architektur
Essen
Shoppen

Meisterwerke der Malla-Zeit
In der mittelalterlichen Altstadt von Kathmandu findet man an jeder Kreuzung uralte Stupas, versteckte Höfe und tausend Jahre alte Skulpturen; bei jeder Wendung fallen neue Meisterwerke der mittelalterlichen Malla-Architektur ins Auge.

Geschmäcker der Welt
Thamel ist ein Schmelztiegel der kulinarischen Welt: tibetische, japanische, thailändische und italienische Restaurants, dazwischen Bäckereien, die Espresso und Zitronen-Käsekuchen anbieten. Etwas ganz Besonderes sind die Newar-Restaurants, auf deren Speisekarten der verfeinerte Geschmack des Rana-Hofes wieder auflebt.

Shopping-Nirwana
Wo anfangen? Outdoor-Ausrüstung von Weltklasse, die besten Buchläden Asiens, Pashminas zum Schnäppchenpreis, tibetische *thangkas* (religiöse Bilder) und Gebetsfahnen … die Liste ist endlos. Ohne eine große, leere Einkaufstasche geht hier gar nichts.

S. 68

Rund um das Kathmandu-Tal

Tempel
Outdoor-Aktivitäten
Traditionelle Architektur

Tempelkunst
Im Tal findet sich die dichteste Ansammlung von Unesco-Weltkulturerbe-Stätten. In fast jeder Stadt stehen auch nach dem Erdbeben von 2015 noch fantastische Tempel und exquisite Statuen.

Wandern & Fahrradfahren
Das Tal erschließt sich am besten über das Netz der schönen Wander- und Mountainbikewege. Wer noch eins drauflegen möchte, fährt bis zur Grenze nach Tibet zum Wildwasserrafting und Canyoning.

Newar-Architektur
Bhaktapur und Patan stehen ganz oben auf der Liste, aber es gibt Dutzende weiterer hübscher Dörfer, die eine Erkundung lohnen, von Kirtipur im Süden bis zum verschlafenen Budhanilkantha im Norden. Überall findet man tolle traditionelle Architektur und Dorfplätze, bei denen die Zeit im 15. Jh. stehen geblieben ist.

S. 130

Kathmandu nach Pokhara

Geschichte
Extremsportarten
Traditionelle Städte

Forts & Opfer

Trotz der Schäden durch das Erdbeben quillt Nepals erste Hauptstadt bei Gorkha von historisch bedeutsamen und eindrucksvollen befestigten Königspalästen und historischen Tempeln in den Nebenstraßen über. Hier und in dem nahen Tempel auf einem Hügel in Manakamana fanden grausame Opferzeremonien zu Ehren der Göttin Durga statt.

Spaß auf dem Fluss

Im warmen Wasser der Trisuli machen die beliebten Raftingtouren und Kajakkurse richtig Spaß. Wer mehr Kick braucht, entscheidet sich vielleicht für Canyoning, Höhlenklettern und die Seilrutsche.

Das auferstandene Bandipur

Bandipurs Altstadt im Stil der Newar ist eine Stadt im hügeligen Mittelland Nepals mit ganz besonderer Atmosphäre mit Teehäusern im Freien, vielen guten Unterkünften und ausgezeichneten Tageswanderungen.

S. 218

Pokhara

Relaxen
Ausblicke
Trekking

Lässiges Leben

Pokhara ist mit seinem warmen Klima, geringer Luftverschmutzung und Angeboten für Backpacker der ideale Ort, um für eine Weile loszulassen – mit einem gemütlichen Frühstück am See oder einer ehrgeizigen Runde Yoga mit Massage.

Gebirgspanorama

Hier dreht sich alles um den Machhapuchhare und das Annapurna-Massiv: spektakuläre Ausblicke vom Sarangkot-Grat, der Friedenspagode oder beim Rudern in einem *dhunga* auf dem heiteren Phewa-See.

Annapurna-Trails

In Pokhara beginnen mehrere tolle Treks, von kurzen Teehauswanderungen in die Hügel um Ghorepani und Ghandruk bis zur alpinen Pracht des Annapurna-Schutzgebietes, den Trans-Himalaja-Steppen um Jomson, die an Tibet erinnern, oder gleich das volle Programm: der Annapurna Circuit.

S. 230

Das Terai & die Mahabharat-Kette

Tempel
Natur
Outdoor-Aktivitäten

Buddhas Geburtsort

Im Terai gibt's zwei große religiöse Stätten: Buddhisten verehren in Lumbini den Geburtsort Buddhas, während es Hindus zu dem farbenprächtigen Tempelkomplex von Janakpur zieht, um die Hochzeit von Rama und Sita zu feiern.

Tiger, Nashörner & Elefanten

Der berühmte Chitwan-Nationalpark und der abgelegene Bardia-Nationalpark bieten die Möglichkeit, in den schwülen Flusslandschaften und Savannen die großen Wildtiere Asiens zu sehen. Das Koshi-Tappu-Schutzgebiet ist dagegen ein absoluter Hotspot für Vogelbeobachter.

Safaris & Wandern

Die meisten Traveller kommen ins Terai, um im Dschungel auf Wildtiere zu hoffen. Dabei gibt es um Ilam und das kaum besuchte Tansen wunderbare Wanderwege abseits der üblichen Pfade.

S. 267

Reiseziele
in Nepal

Pokhara
S. 230

Das Terai &
die Mahabharat-
Kette
S. 267

Kathmandu
nach Pokhara
S. 218

Kathmandu
S. 68

Rund um das
Kathmandu-Tal
S. 130

Kathmandu

♪ 01 / 1,3 MIO. EW. / HÖHE 1337 M. Ü. D. M.

Inhalt ➡

Sehenswertes 69
Aktivitäten 91
Kurse 92
Festivals & Events 93
Schlafen 93
Essen 107
Ausgehen &
Nachtleben 115
Unterhaltung 116
Shoppen 117
Swayambhunath 125
Rund um
Swayambhunath 128

Gut essen

➡ Gaia Restaurant (S.111)
➡ Third Eye (S.110)
➡ Kaiser Café (S.113)
➡ Fire & Ice Pizzeria (S.112)
➡ Roadhouse Café (S.108)

Schön übernachten

➡ Hotel Ganesh Himal (S.103)
➡ Dwarika's (S.106)
➡ Kantipur Temple House (S.102)
➡ Kathmandu Guest House (S.95)

Auf nach Kathmandu!

Viele, die in Kathmandu ankommen, sind überwältigt: Augen, Ohren und Nase erleben ein Fest der Sinne. Ob man mit der Riksha durch die verstopften Straßen der Altstadt fährt, vor den mittelalterlichen Tempeln erstarrt oder versucht, den Schleppern im Backpacker-Viertel Thamel zu entgehen, Kathmandu kann so berauschend wie ermüdend sein.

Das Erdbeben von 2015 hat mehrere Tempel des Unesco-Weltkulturerbes am Durbar-Platz zerstört, doch weite Bereiche blieben unversehrt. Auf dem Weg durch die Nebenstraßen offenbart sich Kathmandus zeitloses Kultur- und Kunsterbe in den versteckten, von Ringelblumen überquellenden Tempeln, in Höfen voller getrockneter Chilischoten und Reis sowie den winzigen, Hobbithöhlen-ähnlichen Werkstätten.

Die faszinierende, manchmal anstrengende Stadt hätte genug zu bieten, um Reisende wochenlang zu beschäftigen, doch früher oder später muss man sich aufmachen, um das „echte" Nepal zu erleben, bevor der Urlaub vorbei ist.

Reisezeit
Kathmandu

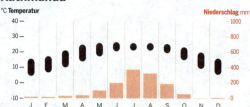

Okt.–Dez. Gute Sicht auf die Berge und bis Dezember warme Tage; Hochsaison für Touristen.

März–Mai Im März findet das Seto-Machhendranath-Festival statt; im Mai kann es sehr heiß werden.

Juni–Sep. Heiße Tage, regelmäßiger Monsunregen; die Zeit des spektakulären Indra-Jatra-Festivals.

Geschichte

Die Geschichte von Kathmandu ist eigentlich die Geschichte der Newar, der größten Bevölkerungsgruppe im Kathmandu-Tal. Die schriftliche Überlieferung geht zurück bis ins 7. Jh. v. Chr., als die Kirati das Tal besiedelten. Kathmandu selbst wurde erst im 12. Jh. n. Chr. während der Dynastie der Malla gegründet.

Die ursprünglichen Siedlungen Yambu und Yangala am Zusammenfluss von Bagmati und Bishnumati nahmen etwa die Südhälfte der jetzigen Altstadt ein. Da sie am Handelsweg nach Tibet lagen, suchten hier Pilger und Händler Gasthäuser auf, wie das jetzt zerstörte Kasthamandap, das der Stadt ihren Namen gab.

Während der Malla-Dynastie blühte die ursprünglich Kantipur genannte Stadt auf – die Mehrzahl der prächtigen Tempel, Gebäude und Baudenkmäler stammt aus dieser Zeit. Bis der Malla-König von Bhaktapur das Tal im 14. Jh. vereinigte, war Kathmandu eine unabhängige Stadt. Im 15. Jh. wurde das Tal in drei unabhängige Königreiche aufgeteilt: Kathmandu, Patan und Bhaktapur. Die Rivalität der drei Stadtstaaten führte zu zahlreichen Kriegen, aus denen die einzelnen Staaten geschwächt hervorgingen, sodass Prithvi Narayan Shah das Tal 1768 angreifen und erobern konnte.

Die daraus hervorgehende Shah-Dynastie vereinigte Nepal und machte Kathmandu zur neuen Hauptstadt des Reiches – unverändert bis heute. Bei dem katastrophalen Erdbeben von 1934 fielen große Teile Kathmandus in Trümmer. Beim Wiederaufbau entstand ein Netzwerk moderner Straßen, wie die New Road.

In den 1990er-Jahren blieb Kathmandu von den schlimmsten Auswirkungen der maoistischen Aufstände verschont, obwohl Demonstrationen und Streiks die Stadt regelmäßig lahmlegten. Zehntausende Nepalesen strömten in die rasch wachsende Stadt, um der politischen Gewalt zu entkommen; noch über ein Jahrzehnt nach Ende des Konflikts leidet die Stadt unter ihrer unzureichenden Infrastruktur.

Am 25. April 2015 wiederholte sich die Geschichte: Ein katastrophales Erdbeben erschütterte das Kathmandu-Tal und legte einige der berühmtesten Baudenkmäler Kathmandus in Trümmer. Flüchtlinge aus den ländlichen Regionen, deren Häuser das Erdbeben zerstört hatte, strömten in die Stadt. Inzwischen kehrt das Leben in der nepalesischen Hauptstadt langsam wieder zur Normalität zurück, doch die Nachwirkungen der Katastrophe dürften noch über Generationen zu spüren sein.

KATHMANDU

🔴 Sehenswertes

Die meisten interessanten Baudenkmäler Kathmandus drängen sich in der Altstadt um den majestätischen Durbar-Platz und die Gassen der Umgebung.

In touristischer Hinsicht waren die Auswirkungen des Erdbebens von 2015 hauptsächlich auf den Dharahara-Turm und den berühmten Durbar-Platz beschränkt. Im Süden des Platzes stürzten mehrere große Tempel ein, während die meisten anderen Sehenswürdigkeiten jedoch weitgehend unzerstört blieben und inzwischen restauriert wurden.

🔴 Durbar-Platz

Auf dem **Durbar-Platz** (Karte S. 78; Ausländer/SAARC 1000/150 NPR, keine Studententickets) in Kathmandu wurden die Könige gekrönt und in ihr Amt eingesetzt, und von

> **ℹ TICKETS ZUM DURBAR-PLATZ**
>
> Das Ticket zum Durbar-Platz gilt für alle Tempel auf dem Platz, aber auch für Hanuman Dhoka und alle seine Museen (was aber nichts nützt, da die Museen wegen Renovierung geschlossen sind). Die Tickets sind nur für den gestempelten Tag gültig. Wer sich mehr Zeit nehmen möchte, muss das **Baubüro** (Karte S. 78; ☏ 01-4268969; www.kathmandu.gov.np; Basantapur-Platz; ⊘ 6–19 Uhr) auf der Südseite des Basantapur-Platzes aufsuchen und sich einen kostenlosen Besucherpass besorgen. Der gilt so lange wie das Visum (bei der Verlängerung des Visums kann der Besucherpass mit verlängert werden). Nötig sind der Pass und ein Foto; das Ganze dauert nur zwei Minuten. Das Ticket wird sogar verlangt, wenn man den Platz nur in Richtung New Road oder Freak Street überqueren möchte. Neben dem Baubüro gibt's übrigens eine Toilette.

Kathmandu Highlights

1 Sich in der **Altstadt von Kathmandu** (S. 83) durch das Labyrinth der Gassen zu kaum bekannten Tempeln und versteckten Höfen wie dem Kathesimbhu-Stupa treiben lassen.

2 Im **Kumari Bahal** (S. 73) den verzierten Innenhof bewundern und sich darüber freuen, wie viele Bauten auf dem königlichen Durbar-Platz von Kathmandu das Erdbeben von 2015 überstanden haben.

3 Sich in den traditionellen **Newar-Restaurants** (S. 110) an Momos (Teigtaschen) und Wildschwein satt essen und dabei den *madal* (Trommeln) und *bansari* (Flöten) zuhören.

4 In **Thamel** (S. 118) in einen Kaufrausch verfallen und Pashminas, Thangkas und Trekkingausrüstung für Familie und Freunde aussuchen.

5 An dem heiligen **Swayambhunath-Stupa** (S. 125) die Affen abwehren und sich auf das Unesco-Weltkulturerbe konzentrieren.

6 Im **Garten der Träume** (S. 89), einem friedlichen und wunderschön restaurierten Garten aus der Rana-Zeit, endlich Ruhe vor dem Verkehr finden.

7 **Asan Tole** (S. 84) Die Energie des geschäftigsten Marktes von Kathmandu in sich aufsaugen.

8 Im **Seto-Machhendranath-Tempel** (S. 86) zum Klang der Glocken über die Verzahnung von Buddhismus und Hinduismus philosophieren.

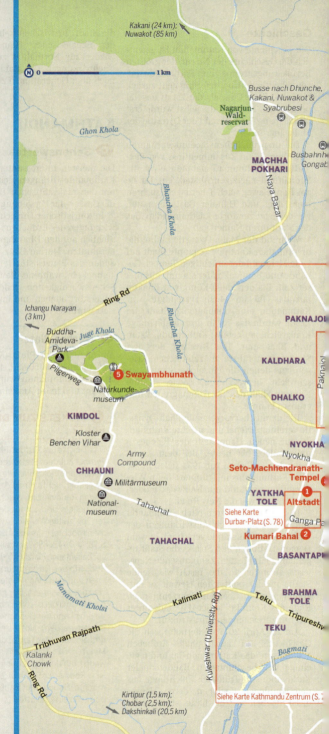

Kakani (24 km); Nuwakot (85 km)

Busse nach Dhunche, Kakani, Nuwakot & Syabrubesi

Nagarjun-Wald-reservat

Ghon Khola

Busbahnh Gongab

MACHHA POKHARI

Naya Bazar

Bhaucha Khola

Ichangu Narayan (3 km)

Ring Rd

Bhaucha Khola

PAKNAJOL

Buddha-Amideva-Park

Juge Khola

KALDHARA

Paknajol

Pilgerweg

5 Swayambhunath

Naturkunde-museum

DHALKO

KIMDOL

Kloster Benchen Vihar

Army Compound

NYOKHA

Nyokha

CHHAUNI

Militärmuseum

Seto-Machhendranath-Tempel

National-museum

Tahachal

YATKHA TOLE

Altstadt **1**

Siehe Karte Durbar-Platz (S. 78)

Ganga Pa

TAHACHAL

Kumari Bahal **2**

BASANTAPI

Manamati Kholsi

Kalimati

Teku

BRAHMA TOLE

Tripureshv

Kuleshwar ('University Rd)

TEKU

Tribhuvan Rajpath

Kalanki Chowk

Ring Rd

Bagmati

Kirtipur (1,5 km); Chobar (2,5 km); Dakshinkali (20,5 km)

Siehe Karte Kathmandu Zentrum (S.

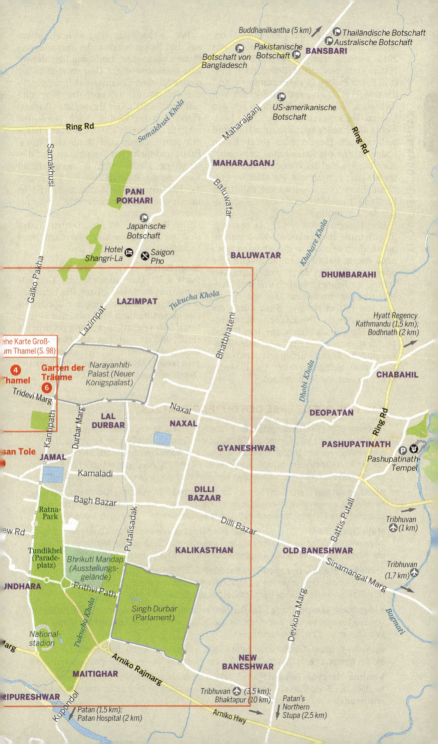

Buddhanilkantha (5 km)

Thailändische Botschaft
Australische Botschaft

Pakistanische
Botschaft
BANSBARI

Botschaft von
Bangladesch

US-amerikanische
Botschaft

MAHARAJGANJ

Maharajganj

Ring Rd

Ring Rd

Samakhusi Khola

Ring Rd

Samakhusi

Baluwatar

PANI
POKHARI

Japanische
Botschaft

Hotel
Shangri-La   Saigon
             Pho

BALUWATAR

Khahare Khola

DHUMBARAHI

Galko Pakha

LAZIMPAT

Lazimpat

Tukucha Khola

Bhatbhateni

Dhobi Khola

ehe Karte Groß-
um Thamel (S. 98)

Garten der
Träume

Thamel

Narayanhiti-
Palast (Neuer
Königspalast)

CHABAHIL

Tridevi Marg

Naxal

DEOPATAN

Ring Rd

PASHUPATINATH

Kantipath

Durbar Marg

LAL
DURBAR

NAXAL

GYANESHWAR

Pashupatinath-
Tempel

san Tole

JAMAL

Kamaladi

DILLI
BAZAAR

Battis Putali

Tribhuvan
(1 km)

Ratna-
Park

Bagh Bazar

Putalisadak

Dilli Bazar

ew Rd

Tundikhel
(Parade-
platz)

Bhrikuti Mandap
(Ausstellungs-
gelände)

KALIKASTHAN

OLD BANESHWAR

Tribhuvan
(1,7 km)

Prithvi Path

UNDHARA

Singh Durbar
(Parlament)

Tukucha Khola

Devkota Marg

Sinamangal Marg

Bagmati

National-
stadion

arg

Arniko Rajmarg

MAITIGHAR

NEW
BANESHWAR

RIPURESHWAR

Kupondol

Patan (1,5 km);
Patan Hospital (2 km)

Tribhuvan   (3,5 km);
Bhaktapur (10 km)

Arniko Hwy

Patan's
Northern
Stupa (2,5 km)

hier aus regierten sie das Land (*durbar* bedeutet „Palast"). Bei dem Erdbeben von 2015 wurden tragischerweise Teile des Platzes stark beschäftigt. Beim ersten Erdstoß fielen Paläste in sich zusammen, und die Tempel stürzten von ihren Sockeln. Von mehreren Tempeln, die auf der Liste des Unesco-Weltkulturerbes stehen, blieb nichts übrig außer zersplittertem Holz und zerbrochenen Ziegeln. Zum Glück haben einige Bauten die Katastrophe unversehrt überstanden, und der Wiederaufbau macht bereits gute Fortschritte. Viele der wesentlichen Bauwerke, wie etwa der Palast der Kumari – Nepals lebende Göttin – entgingen der Zerstörung.

Die Regierung von Nepal hat sich verpflichtet, die Baudenkmäler wiederaufzubauen, doch selbst ohne diese Bauten gibt's noch enorm viel zu sehen. Man kann eine oder zwei Stunden damit verbringen, von Tempel zu Tempel zu gehen und den Menschenmassen zuzusehen, die wie zu der Zeit von Prithvi Narayan Shah durch die Straßen drängen. Obwohl die meisten Bauten im Umfeld des Platzes aus dem 17. und 18. Jh. stammen (viele der originalen Bauten sind viel älter), wurden seit dem vorherigen, noch heftigeren Beben von 1934 viele der Bauten wiederaufgebaut.

Der Durbar-Platz setzt sich eigentlich aus drei locker miteinander verbundenen Plätzen zusammen: Im Süden liegt der offene Basantapur-Platz. Hier standen früher die königlichen Elefantenställe; die nördliche Palastmauer ist noch baufällig und nicht zugänglich. Der Hauptplatz (Durbar-Platz) liegt im Westen. Nach Nordosten schließt der zweite Teil des Durbar-Platzes mit dem Eingang zum Hanuman-Dhoka-Palast und mehreren Tempeln an. Auf diese offene Fläche folgt in nordöstlicher Richtung die Makhan Tole. Sie war früher die Hauptstraße von Kathmandu und ist immer noch die interessanteste Straße für einen Spaziergang.

Die Baudenkmäler des Durbar-Platzes sind im Folgenden von Süd nach Nord aufgeführt:

Singh Sattal HISTORISCHES GEBÄUDE
(Karte S. 78) Das ursprüngliche Gebäude wurde aus dem Holz erbaut, das beim Bau des Kasthamandap-Tempels übrigblieb. Das kompakte Haus hieß zunächst Silengu Sattal (*silengu* bedeutet „übrig gebliebenes Holz", und ein *sattal* ist eine Pilgerherberge) bis die Löwen mit den goldenen Flügeln *(singh)* als Wächter an jeder Ecke des Obergeschosses angebracht wurden.

DAS VERLORENE ERBE DES DURBAR-PLATZES

An keiner Stelle sind die Wunden des Erdbebens von 2015 deutlicher sichtbar als auf dem Durbar-Platz in Kathmandu. Die Wucht der Erdstöße hat Tempel, Paläste und andere Wahrzeichen buchstäblich zerschmettert. Wahrscheinlich können einige dieser Bauwerke rekonstruiert werden, aber die Pracht des Platzes dürfte erheblichen Schaden genommen haben. Von den folgenden Tempeln sind nur noch die Sockel vorhanden.

Kasthamandap (Karte S. 78) Diesem Bau aus dem 12. Jh. verdankt Kathmandu seinen Namen. Es war eine Pilgerherberge, deren Wurzeln bis ins 7. Jh. zurückreichen und die später in einen Tempel für Goraknath umgewandelt wurde – zu großen Teilen zerstört.

Maju Deval (Karte S. 78) Ein hübscher Tempel mit einem dreistufigen Dach, der zu den Wahrzeichen Kathmandus gehörte. Der Tempel wurde 1690 von der Mutter des Bhaktapur-Königs Bhupatindra Malla erbaut – nur die zehnstufige Basis blieb stehen.

Trailokya-Mohan-Narayan-Tempel (Karte S. 78) Ein dreistufiger, Narayan/Vishnu geweihter Tempel, der für seine Holzschnitzereien berühmt war. Nur die großartig gearbeitete Statue von Garuda vor dem Tempel hat das Beben überstanden.

Kakeshwar-Tempel (Karte S. 78) Der 1681 erbaute Tempel wurde schon beim Erdbeben von 1934 zerstört und in einem Stilmix aus indischen und Newar-Elementen wiederaufgebaut – er wird zurzeit rekonstruiert.

Krishna-Tempel (Chyasin Dega; Karte S. 78) Ein eleganter, achtstufiger Tempel im Stufenstil der Newar. Er entstand 1648–1649 unter Pratap Malla – er wird zurzeit rekonstruiert.

Krishna-Narayan-Tempel (Karte S. 78) Ein dreistufiger Narayan-(Vishnu-)Tempel westlich des Shiva-Parvati-Tempels. Auf dem leeren Sockel türmt sich ein unübersichtlicher Haufen von Ziegelsteinen.

ℹ️ ORIENTIERUNG & ADRESSEN IN KATHMANDU

Der interessanteste Teil von Kathmandu ist das Gewirr der belebten Gassen in der rechteckigen Altstadt. Sie wird im Osten von der rasch wachsenden Neustadt und im Norden vom wichtigsten Touristen- und Backpacker-Viertel Thamel begrenzt. Mit über 2500 Läden, die vom Tourismus leben, in einem halben Dutzend enger Straßen ist Thamel eine quirlige Ansammlung von Hotels, Restaurants, Trekkingveranstaltern, Bäckereien und Läden – da kann nur die Khao San Road in Bangkok mithalten. Thamel ist 15 bis 20 Minuten Fußweg vom Durbar-Platz entfernt.

Östlich von Thamel verläuft die Durbar Marg, eine breite Straße, die von den Büros der Fluglinien, Restaurants und teuren Hotels gesäumt wird. Weiter im Norden folgen die Viertel Lazimpat und Maharajganj, wo sich Botschaften und NGOs niedergelassen haben. Südlich der Stadt liegt Patan, das früher eine eigenständige Stadt war, inzwischen aber mit den südlichen Randbezirken von Kathmandu verwachsen ist. Die Ringstraße führt sowohl um Kathmandu als auch um Patan herum.

Im alten Kathmandu sind die Straßen nur nach dem Bezirk (*tole*) benannt, deshalb steht das Wort *tole* sowohl für Straßen und Plätze als auch für ganze Stadtviertel. Die Namen der Distrikte, Plätze und Wahrzeichen (beispielsweise Klöster oder Tempel) kommen der westlichen Vorstellung einer Adresse am nächsten. Ein Beispiel: Die Adressen von allen, die im 100-m-Umkreis von Thahiti Tole leben, haben die Adresse Thahiti Tole. Thamel ist heute ein wachsender Bezirk mit mindestens einem Dutzend Straßen und mehreren Hundert Hotels und Restaurants.

Bei dieser chaotischen Gemengelage ist es verwunderlich, dass überhaupt ein Brief seinen Adressaten erreicht – es klappt tatsächlich, dauert aber seine Zeit. Wer ein ganz bestimmtes Haus, Laden oder Geschäft sucht, muss sich den Weg sehr genau beschreiben lassen.

Das Haus war ein beliebter Spielort für *bhajan* (andächtige Musik), bis es das Erdbeben zerstörte. Nach dem Wiederaufbau sieht es unpassend neu aus.

Kabindrapur-Tempel HINDUISTISCHER TEMPEL

(Karte S.78) Der hölzerne Tempel ist auch als Dhansa Dega bekannt. In dem verzierten Pavillon (17. Jh.) für den Gott der Musik fanden Aufführungen statt.

Ashok Binayak HINDUISTISCHER SCHREIN

(Maru Ganesh; Karte S.78) Dieser winzige, goldene Schrein steht am Ende der Maru Tole, umgeben von den Trümmern der zerstörten Tempel. Er ist einer der vier wichtigsten Ganesha-Schreine im Tal. Ein konstanter Strom von Besuchern bedient sich an den Spendern der *tika* (Sandelholzpaste) und läutet die Glocke an der Rückseite. Ein Opfer in diesem Schrein soll eine sichere Reise garantieren – vielleicht eine gute Idee, wenn man einen Trek vorhat.

Das Alter des Tempels ist nicht bekannt, aber das goldene Dach wurde erst im 19. Jh. aufgesetzt. Gegenüber dem Tempel steht eine goldene Maus, Ganeshas Reittier.

Maru Tole STRASSE

Diese *tole* (Straße) führt vom Durbar-Platz zum Fluss Bishnumati und über eine Fußgängerbrücke weiter bis zum Swayambhunath-Tempel. Während der Hippie-Zeit war diese Straße sehr beliebt und wurde wegen der zahlreichen Konditoreien „Kuchen-Allee" genannt – sie sind schon lange verschwunden. Der Spaziergang lohnt sich, denn die Straße führt zum **Maru Hiti**, einer der vielen unterirdischen Wasserleitungen der Stadt.

Shiva-Parvati-Tempel HINDUISTISCHER TEMPEL

(Nawa Jogini Temple; Karte S.78) Der Blick vom Sockel des zerstörten Maju Deval fällt auf die viel fotografierten weißen Darstellungen von Shiva und seiner Gefährtin in einem Fenster des Obergeschosses. Der Tempel wurde im späten 18. Jh. von Bahadur Shah erbaut, dem Sohn von Prithvi Narayan Shah. Er steht auf einer zweistufigen Plattform, die vor einigen Jahrhunderten vielleicht als offene Tanzbühne diente. Die gefährlich aussehenden Risse in den Ziegelmauern wurden mit Klammern geflickt.

Kumari Bahal HOF

(Karte S.78) Das dreistöckige Haus aus roten Ziegeln an der Verbindung zwischen Durbar- und Basantapur-Platz ist die Wohnung der Kumari. Sie ist das Mädchen, das als lebende Göttin der Stadt und Symbol

Kathmandu Zentrum

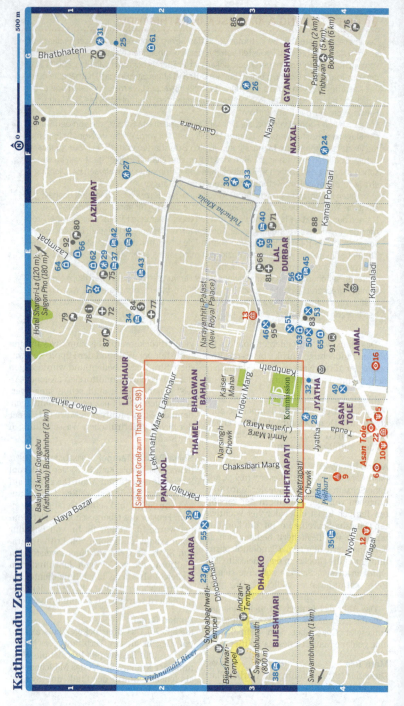

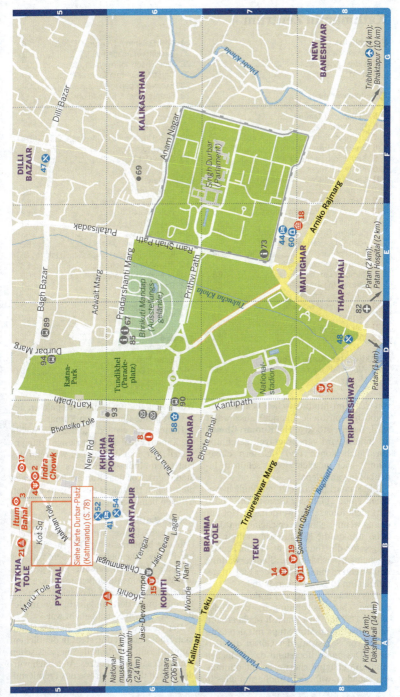

Kathmandu Zentrum

◉ **Highlights**
1 Asan Tole C4
2 Indra Chowk C5
3 Itum Bahal B5

◉ **Sehenswertes**
4 Akash-Bhairab-Tempel C5
5 Annapurna-Tempel C4
6 Bangemudha C4
7 Bhimsen-Tempel A6
8 Bhimsen-Turm (Dharahara) C6
9 Kathesimbhu-Stupa C4
10 Krishna-Tempel C4
11 Lakshmi-Mishwar-Mahadev-
    Tempel B8
12 Nara-Devi-Tempel B4
13 Narayanhiti-Palastmuseum D3
14 Pachali Bhairab &
    Südliche Ghats B7
15 Ram-Chandra-Tempel B6
16 Rani Pokhari D4
17 Seto-Machhendranath-
    Tempel (Jan Bahal) C5
18 Siddhartha Art Gallery E8
19 Tin-Deval-Tempel B7
20 Tripureshwar-Mahadev-
    Tempel D8
21 Yatkha Bahal B5
22 Yita Chapal C4

⊕ **Aktivitäten, Kurse & Touren**
23 Alpine Adventure Club Treks B2

24 Ama Dablam Adventures F4
25 Backstreet Academy G1
26 Blue Sheep Journeys G3
27 Crystal Mountain Treks........................ F2
28 Explore Nepal C4
29 Firante Treks & Expeditions.................E1
30 Himalayan Buddhist Meditation
    Centre F3
31 Ker & Downey....................................... G1
32 Nepal Vipassana Centre D4
    Peak Promotion .... (siehe 28)
33 Snow Cat Travel F3

⊜ **Schlafen**
34 Hotel Ambassador................................D2
35 Hotel Ganesh Himal............................. B4
36 Hotel Manaslu E2
37 Hotel Tibet.. E1
38 Hotel Vajra A3
39 International Guest House B2
    Kantipur Temple House .... (siehe 28)
40 Maya Manor Hotel................................ E3
41 Monumental Paradise B6
42 Radisson E1
43 Shanker Hotel E2
44 Three Rooms E7
45 Yak & Yeti Hotel....................................E4

⊗ **Essen**
    1905 Suites .... (siehe 30)
46 Baan Thai..D3
47 Bhojan Griha...F5

von *devi* (im hinduistischen Glauben die weibliche spirituelle Energie) ausgewählt wird. Der dreistöckige Hof **Kumari Chowk** im Innern wird von prachtvoll geschnitzten Holzbalkonen und -fenstern eingerahmt – der möglicherweise schönste Innenhof in ganz Nepal.

Die Kumari (S.83) zeigt gewöhnlich zwischen 9 und 11 Uhr ihr Gesicht. Die Göttin darf nicht fotografiert werden, der Hof nur dann, wenn sie nicht erscheint. Im Jahr 2005 streikte die Kumari: Sie wollte nicht länger für die Touristen an ihrem Fenster erscheinen, nachdem die Stadtverwaltung den Wächtern eine Senkung der Eintrittsgebühren um 10 % verweigert hatte!

Das Gebäude im Stil der buddhistischen *vihara* (Mönchswohnungen) des Tales wurde 1757 von Jaya Prakash Malla erbaut. Im Hof steht ein Mini-Stupa mit den Symbolen von Saraswati, der Göttin des Lernens. Das *bahal* überstand das Erdbeben von 2015 erstaunlicherweise mit minimalen Schäden, während rundherum alles in Trümmer fiel – für manche Nepalesen der besänftigende Einfluss von Kumari.

Hinter dem großen, gelben Tor rechts des Kumari Bahal steht der riesige Triumphwagen, mit dem die Kumari während des jährlichen Indra-Jatra-Festes durch die Stadt fährt. Vor dem Kumari Bahal stehen die riesigen Holzräder des Wagens mit den heiligen bemalten Spitzen.

Gaddhi Baithak　　　　　PALAST
(Karte S.78) Dieses weiße, klassizistische Gebäude beherrscht die Ostseite des Durbar-Platzes. Die beim Erdbeben von der ehemals eleganten Fassade herabgestürzten Mauerelemente sollen renoviert werden. Der Palast ist ein Beispiel für den aus Europa importierten Baustil, der in der Rana-Periode in Nepal beliebt war.

Der Palast wurde 1908 als Teil des Hanuman Dhoka erbaut und steht in deutlichem Kontrast zum traditionellen nepalesischen Baustil des übrigen Platzes. Angeblich wurde er nach der Europareise des Premiermi-

48	Bluebird Mart	D8
	Chez Caroline	(siehe 60)
49	Dudh Sagar	D4
50	Ghar-e-Kebab	D4
	Kotetsu	(siehe 34)
51	Koto Restaurant	D3
52	Kumari Restaurant	B5
	Mezze	(siehe 46)
53	Old House	D4
54	Snowman Restaurant	B6
55	Yangling Tibetan Restaurant	B2

⚙ **Unterhaltung**
56	Casino Royale	E4
57	Jazz Upstairs	E1
58	QFX Civil Mall	C6
59	QFX Jai Nepal Cinema	E3

🛍 **Shoppen**
60	Baber Mahal Revisited	E7
61	Bhat Bhateni Supermarket	G2
62	Big Mart	E1
63	Curio Arts	D4
64	Mahaguthi	E1
65	One Tree Stop	D4
66	Tara Oriental	E1

ℹ **Praktisches**
67	Büro des Annapurna Conservation Area Project	D6
68	Kanadisches Konsulat	E3
69	Zentrale Einwanderungsbehörde	F6
70	Chinesische Botschaft	G1

71	Chinesische Botschaft (konsularische Abteilung)	E3
72	CIWEC Zentrum für Reisemedizin	D1
	CIWEC Zahnklinik	(siehe 72)
73	Archäologisches Institut	E7
74	DHL	E4
75	Französische Botschaft	E1
76	Deutsche Botschaft	G4
77	Healthy Smiles	D2
78	India Visa Service Centre	D1
79	Indische Botschaft	D1
80	Israelische Botschaft	E1
	Nationalpark-Behörde	(siehe 67)
81	Nepal International Clinic	E3
82	NORVIC International Hospital	D8
83	President Travel & Tours	D4
84	Standard Chartered Bank	D2
85	Tourist Service Centre	D6
86	Trekking Agencies' Association of Nepal	G3
87	Britische Botschaft	D1

ℹ **Transport**
88	Buddha Air	E4
89	Busse nach Bhaktapur	D5
90	Busse nach Pharping & Dakshinkali	C6
91	Golden Travels	D4
92	Himalayan Enfielders	E1
93	Nepal Airlines (Inlandsflüge)	C6
94	Ratna Park (City) Busbahnhof	D5
95	Royal Mount Trekking	D3
96	Wild Tracks Adventure	F1

nisters Jung Bahadur der Londoner Nationalgalerie nachempfunden.

Bhagwati-Tempel   HINDUISTISCHER TEMPEL

(Karte S. 78) Dieser dreistöckige Tempel mit dreistufigem Dach steht in der Nordwestecke des Gaddhi Baithak. Er ist leicht zu übersehen, weil er in einen Komplex anderer, niedrigerer Gebäude eingebunden ist. Tatsächlich gehört der Tempel zum Hof des Hanuman-Dhoka-Palastes. Wie der nahe Gaddhi Baithak wurde er bei dem Erdbeben von 2015 beschädigt, blieb aber im Kern intakt.

Der von König Jagat Jaya Malla erbaute Tempel beherbergte ursprünglich ein Bildnis von Naryan, das jedoch 1766 gestohlen wurde. Als Prithvi Narayan Shah zwei Jahre darauf das Tal eroberte, ersetzte er es durch ein Bildnis der Göttin Bhagwati. Jedes Jahr im April wird das Bildnis der Göttin 65 km weit nach Norden ins Tal von Nuwakot geschafft und kehrt einige Tage später wieder zurück.

In den Gebäuden darunter sind Läden untergebracht, die *thangkas* (religiöse ti-

betanische Bilder) und *paubha* (so heißen sie bei den Newar) verkaufen.

Große Glocke   DENKMAL

(Karte S. 78) Wenn man den Durbar-Platz im Süden auf der Makhan Tole verlässt, sieht man auf der linken Seite die Große Glocke, deren Klang böse Geister vertreiben soll. Sie wird aber nur geläutet, wenn im nahen Degutaleju-Tempel ein *puja* (Gottesdienst) stattfindet. Auf dem mit großartigen Kupfer- und Elfenbeinarbeiten verzierten Balkon gegenüber der Glocke verfolgten die Mitglieder des Königshofes die Feste auf dem Durbar-Platz. Die Glocke ist auf einem Gebäude angebracht, das Rana Bahadur Shah (der Sohn von Prithvi Narayan Shah) 1797 erbauen ließ.

Große Trommeln & Kot-Platz   DENKMAL

(Karte S. 78) Früher wurden die Großen Trommeln geschlagen, um die Einwohner von Kathmandu vor drohenden Gefahren zu warnen. Sie stehen immer noch in einem restaurierten Pavillon im Norden des

Durbar-Platz (Kathmandu)

Durbar-Platz (Kathmandu)

◎ **Highlights**
  1 Hanuman Dhoka C3

◎ **Sehenswertes**
  2 Ashok Binayak...................................A3
  3 Bhagwati-Tempel B3
  4 Degutaleju-Tempel C3
  5 Durbar-Platz......................................B3
  6 Gaddhi Baithak B3
  7 Große Glocke....................................B3
  8 Große Trommel & Kot-Platz B2
  9 Indrapur-Tempel C2
 10 Jagannath-Tempel C2
 11 Kala Bhairab C2
 12 Pratapa-Malla-Säule..........................C3
 13 Kotilingeshwar-Mahadev-Tempel C2

 14 Krishna-Narayan-Tempel B3
 15 Kumari Bahal.....................................B4
 16 Mahendreshwar-Tempel......................C2
 17 Seto (White) Bhairab B3
 18 Shiva-Parvati-Tempel..........................B3
 19 Singh Sattal A4
 20 Steinerne Inschrift C2
 21 Taleju-Tempel D2
 22 Tana-Deval-Tempel............................D2
 23 Tribhuvan-Museum.............................C3

◉ **Schlafen**
 24 World Heritage Hotel B2

◉ **Essen**
 25 Cosmo de Café Restaurant................B2

Hanuman Dhoka. Traditionell müssen den Trommeln zweimal pro Jahr eine Ziege und ein Büffel geopfert werden. Auf dem abgesperrten Kot-Platz gleich dahinter sicherte Jung Bahadur Rana 1846 mit einem berüchtigten Massaker die hundertjährige

Herrschaft der Rana. „Kot" bedeutet „Arsenal" oder „Festung".

Während des jährlichen Dasain-Festivals fließt Blut auf dem Kot-Platz: Dann werden Hunderte von Büffeln und Ziegen geopfert. Junge Soldaten ksollen die Tiere mit einem Schlag köpfen.

König-Pratap-Malla-Säule   DENKMAL

(Karte S.78) Die viereckige Säule ist als Pratap Dhvaja bekannt. Früher stand auf der Spitze eine berühmte Statue von König Pratap Malla (reg. 1641–1674), die in Richtung seines privaten Gebetsraumes im dritten Stock des Degutaleju-Tempels blickte. Die Säule steht immer noch, doch die Statue krachte beim Erdbeben herunter und zerbrach. In der Regierungszeit der Malla wurden ähnliche Säulen auch in Patan und Bhaktapur errichtet.

Auf dem Platz und den Denkmälern versammeln sich Hunderte, wenn nicht Tausende von Tauben; Besucher können Körner kaufen und sie füttern.

Seto (Weißer) Bhairab   STATUE

(Karte S.78) Das gruselige Gesicht des Seto (Weißen) Bhairab ist hinter einem Gitter in einem vom Erdbeben beschädigten Pavillon versteckt (gegenüber der König-Pratap-Malla-Säule). Die gewaltige Maske entstand 1794 während der Herrschaft von Rana Bahadur Shah, dem dritten König der Shah-Dynastie. Während des Indra-Jatra-Festivals im September wird das Gitter geöffnet und das Maskengesicht für ein paar Tage gezeigt. Dann fließt Bier aus dem schrecklichen Mund, und die Männer drängen sich, um einen Schluck des geweihten Gebräus abzubekommen. Im übrigen Jahr kann man durch das Gitter blicken und die Maske ansehen, die übrigens das Logo der Nepal Airlines ist.

Jagannath-Tempel   HINDUISTISCHER TEMPEL

(Karte S.78) Dieser Tempel ist wegen der erotischen Darstellungen auf den Dachstützen berühmt. Er ist das älteste Bauwerk in diesem Abschnitt des Durbar-Platzes. Pratap Malla behauptete, der Tempel sei in seiner Regierungszeit erbaut worden, doch wahrscheinlich entstand er bereits 1563 zur Regierungszeit von Mahendra Malla. Der zweistöckige Tempel steht auf einem dreistufigen Sockel. Von den drei Türen auf jeder Seite des Tempels führt nur die mittlere hinein. In den Ziegelmauern des oberen Stockwerks sind beunruhigende Risse zu erkennen.

Degutaleju-Tempel   HINDUISTISCHER TEMPEL

(Karte S.78) Der Tempel mit dem dreistufigen Dach überragt den dunkleren Hanuman Dhoka aus roten Ziegeln und ist am besten von außerhalb der Palastmauern zu sehen. Trotz leichterer Schäden durch das Erdbeben blieben die bemalten Dachstützen sehr gut erhalten. Der Tempel ist ebenfalls Taleju gewidmet, der persönlichen Göttin der Malla.

Kala (Schwarzer) Bhairab   HINDUISTISCHES DENKMAL

(Karte S.78) Dieses Bildnis des Kala (Schwarzen) Bhairabs nördlich des Jagannath-Tempels stellt Shiva in seiner schrecklichsten Form dar. Das riesige, steinerne Bildnis des furchterregenden Kala Bhairab hat sechs Arme, trägt einen Kranz aus Schädeln und tritt auf einem Leichnam herum, dem Symbol menschlicher Ignoranz. Wer vor Kala Bhairab eine Lüge ausspricht, soll angeblich tot umfallen; daher wurde er früher für Gottesurteile genutzt.

Angeblich wurde die Figur auf einem Feld im Norden der Stadt gefunden und von Pratap Malla in die Stadt gebracht. Ursprünglich war das Bildnis aus einem einzigen Steinblock gemeißelt, doch inzwischen wurde die obere linke Ecke repariert.

Indrapur-Tempel   HINDUISTISCHER TEMPEL

(Karte S.78) Über diesen mysteriösen Tempel ist nur wenig bekannt. Es ist noch nicht einmal sicher, welchem Gott er geweiht wurde – das Lingam spricht für einen Tempel des Shiva, während das teilweise begrabene Bildnis von Garuda auf der Südseite auf Vishnu hindeutet. Um die Verwirrung komplett zu machen, bedeutet der Name eindeutig, dass der Tempel Indra geweiht ist! Das schmucklose Design, die glatten Dachstützen und das Fehlen eines eindeutigen *torana* (Giebeldreieck über der Tempeltür) enthalten auch keine Hinweise.

Steininschriften   HISTORISCHE STÄTTE

(Karte S.78) Auf der Außenseite der weißen Palastmauer, gegenüber dem Vishnu-Tempel, befindet sich eine lange Steininschrift in 15 Sprachen für die Göttin Kalika, darunter ein französisches Wort. König Pratap Malla, der für seine Sprachbegabung bekannt war, ließ diese Schrift 1664 anfertigen. Eine nepalesische Legende sagt, dass aus dem Hahn in der Mitte Milch fließt, wenn jemand alle 15 Sprachen entziffert!

Kotilingeshwar-Mahadev-Tempel HINDUISTISCHER TEMPEL

(Karte S.78) Dieser charakteristische frühe Steintempel der Malla-Zeit entstand während der Herrschaft von Mahendra Malla im 16. Jh. Der Tempel im *gumbhaj*-Stil steht auf einem dreistufigen Sockel – über der viereckigen Basis erhebt sich eine glockenförmige Kuppel. Der Stier vor der Westseite des Tempels zeigt, dass er Shiva geweiht ist.

Mahendreshwar-Tempel HINDUISTISCHER TEMPEL

(Karte S.78) Dieser beliebte Tempel am äußersten Nordende des Durbar-Platzes wurde 1561 während der Herrschaft von Mahendra Malla gebaut und ist stets voller Pilger. Der Shiva geweihte Tempel wurde 1963 ungeschickt mit Marmor restauriert. In der Nordost-Ecke steht ein Bildnis von Kama Deva. Der Tempel steht auf einem breiten, zweistöckigen Sockel und wird von einem goldenen Schirm abgeschlossen.

Taleju-Tempel HINDUISTISCHER TEMPEL

(Karte S.78) Der prächtigste Tempel des Durbar-Platzes im äußersten Nordosten ist nicht öffentlich zugänglich. Selbst Hindus dürfen ihn nur während des jährlichen Dasain-Festivals für kurze Zeit betreten. Der 35 m hohe Tempel wurde 1564 von Mahendra Malla erbaut. Taleju Bhawani war ursprünglich eine Göttin aus Südindien, die von den Malla-Königen im 14. Jh. als Schutz- oder königliche Göttin eingeführt wurde.

Vielleicht war es der Einfluss der königlichen Göttin, dass der Tempel bei dem Erdbeben von 2015 nur minimal beschädigt wurde. Der Tempel auf dem zwölfstufigen Sockel beherrscht den gesamten Durbar-Platz. Die achte Stufe des Sockels bildet eine Mauer, vor der nochmals zwölf kleine Tempel stehen. Innerhalb der Mauer, durch die vier großartig verzierte, breite Tore führen, befinden sich vier weitere kleine Tempel.

Tana-Deval-Tempel HINDUISTISCHER TEMPEL

(Karte S.78) Nördlich vom Taleju-Tempel kniet eine Garuda-Statue aus dem 10. Jh. mit Blick auf einen kleinen Vishnu-Tempel. Östlich davon steht hinter einer langen Reihe niedriger Stände innerhalb eines ummauerten Hofes der vernachlässigte Tana-Deval-Tempel. Er hat drei mit Skulpturen geschmückte Zugänge und grell bemalte Dachstützen, die die vielarmigen Ashta Matrikas (Muttergottheiten) darstellen. Der Tempel ist öffentlich zugänglich.

Hier beginnt die belebte, faszinierende **Makhan Tole** (das nepalesische *makhan* bedeutet Butter, *tole* Straße), die bis zu dem geschäftigen Marktplatz Indra Chowk führt; sie war die Hauptstraße von Kathmandu und der Beginn des wichtigsten Karawanenweges nach Tibet.

★ Hanuman Dhoka PALAST

(Karte S.78; Eintritt frei mit dem Durbar-Platz-Ticket; ☉ Feb.–Okt. Di–Sa 10.30–16 Uhr, Nov.–Jan. Di–Sa 10–15, So 10–14 Uhr) Der Hanuman Dhoka ist Kathmandus Königspalast. Er wurde während der Licchavi-Periode (4.–8. Jh. n. Chr.) erbaut und im 17. Jh. unter König Pratap Malla stark erweitert. Leider wurde der weitläufige Palast beim Erdbeben vor 2015 stark zerstört. Zur Zeit der Recherche war der Nasal-Chowk-Hof geöffnet, während die Palastgebäude wegen Restaurationsarbeiten geschlossen waren.

Der Palast ist bereits von außen eindrucksvoll. Da der Affengott Hanuman im Ramayana-Epos dem edlen Rama beisteht, wird er häufig als Wächter an wichtigen Eingängen dargestellt. Hier steht eine rote **Hanuman-Statue** unter einem Schirm am *dhoka* (Eingang) zum Hanuman Dhoka – sogar der Palast trägt seinen Namen. Das Gesicht des Gottes – die Statue wurde 1672 geschaffen – verschwindet unter dichten Schichten von orangeroter Paste, die Generationen von Gläubigen aufgetragen haben.

Neben der Statue stehen Masten mit der Flagge Nepals (zwei Dreiecke), während bunte Steinlöwen beiderseits des Tores den Palast bewachen. Auf einem der Löwen reitet Shiva, auf dem anderen seine Gefährtin Parvati. In der Mitte einer leuchtend bunt bemalten Nische über dem Eingang wacht eine grimmige, tantrische Version von Krishna. Auf seiner linken Seite ist ein sanfterer hinduistischer Krishna in traditionellem Blau dargestellt; er wird von zwei seiner hübschen *gopi* (Milchmädchen) begleitet. Auf der gegenüberliegenden Seite sind König Pratap Malla und seine Königin dargestellt.

Von den ursprünglich 35 Innenhöfen *(chowk)* des Hanuman Dhoka blieben nach dem Erdbeben von 1934 nur zehn erhalten.

➡ *Nasal Chowk*
Dieser hübsche Innenhof hinter dem Haupteingang hinterlässt den stärksten Eindruck vom königlichen Palast. Nasal

KATHMANDU IN ...

... zwei Tagen

Der Tag beginnt mit einem Spaziergang (S. 84) zum Durbar-Platz südlich von Thamel. Nach einer Mittagspause mit Blick auf den Basantapur-Platz oder auf der nahen Freak Street gehört der Nachmittag der großartigen Architektur des Durbar-Platzes (S. 69). Der Tag klingt aus beim kalten Bier und einem Abendessen in Thamel.

Am nächsten Tag geht's morgens raus zum Stupa von Swayambhunath (S. 125), der Nachmittag ist fürs Shoppen in Thamel vorgesehen (S. 118). Zum Ausklang des letzten Tages genießt man ein üppiges Abendessen in einem der Newar-Restaurants, wie Bhojan Griha (S. 110) oder Thamel House (S. 110).

... vier Tagen

Mit einigen Tagen zusätzlich lohnt sich eine Taxifahrt nach Patan (S. 149), um den dortigen Durbar-Platz und das Patan-Museum (das beste des Landes) zu erkunden; anschließend ein faszinierender Spaziergang durch die Nebenstraßen. Das Abendessen genießt man in einem der exzellenten Restaurants auf der Jhamsikhel.

Der vierte Tag gehört dem Pashupatinath-Tempel (S. 135) – Anfahrt mit dem Taxi – und einem anschließenden kurzen Spaziergang bis zum Bodhnath-Stupa (S. 141), um etwas tibetische Atmosphäre zu schnuppern, wenn sich die Pilger in der Abenddämmerung versammeln.

... einer Woche

Mit einer Woche Zeit sollte man einen Tag (möglichst auch eine Nacht) in Bhaktapur verbringen. Wenn der Stress zu groß wird, senkt ihn der ruhige, friedliche Garten der Träume (S. 89) wieder auf null.

Wer sieben Tage lang essen darf, hat die Qual der Wahl zwischen Steaks (K-Too; S. 111), Falafel (Or2k; S. 108) und thailändischem (Yin Yang; S. 111), indischem (Third Eye; S. 110), koreanischem (Hankook Sarang; S. 108), vielleicht sogar nepalesischem Essen! Und das mittags und abends ...

Chowk wurde während der Malla-Periode erbaut, viele der Gebäude um den Hof stammen allerdings aus der späteren Rana-Periode. Während der Herrschaft der Rana fanden im Nasal Chowk die Krönungen statt – noch bis 2001, als hier König Gyanendra gekrönt wurde. Die ehemalige **Krönungsplattform** steht in der Mitte des Hofes; am Südende des Hofes erhebt sich der beschädigte Basantapur-(Kathmandu-)Turm.

Jenseits der Tür steht die große **Narsingha-Statue**. Sie stellt Vishnu in einer Inkarnation von Mensch-Löwe dar, der gerade einen Dämon ausnimmt. Die steinerne Statue wurde 1673 von Pratap Malla errichtet. Die Inschrift auf dem Sockel erklärt, dass er die Statue aufgestellt hat, um Vishnu zu besänftigen, weil er in einem Narsingha-Kostüm getanzt hatte. Aus demselben Grund wurde auch der Kabindrapur-Tempel auf dem Durbar-Platz erbaut.

Als Nächstes folgt Sisha Baithak, die **Audienzhalle** der Malla-Könige. Die offene Veranda beherbergt den Thron der Malla sowie Porträts der Shah-Könige.

In der Nordostecke des Nasal Chowk befindet sich der beschädigte **Panch-Mukhi-Hanuman-Tempel** mit seinen fünf runden Dächern. In jedem der fünf Orte des Tals steht ein fünf Stockwerke hoher Turm; der bekannteste ist der großartige Nyatapola-Tempel von Bhaktapur. Im Tempel von Kathmandu, der nur von den Priestern betreten werden darf, wird Hanuman verehrt.

Das nepalesische Wort *nasal* bedeutet übersetzt „der Tanzende". Nasal Chowk erhielt diesen Namen wegen seiner **Tanzenden Shiva-Statue,** die in dem weiß getünchten Raum auf der Nordostseite des Hofes steht.

Entlang der Ostseite des Hofes stehen die Sänften, in denen Königin Aishwarya bei ihrer Hochzeit mit Birendra (1970) getragen wurde; 2001 wurde darin auch ihre Leiche zur Verbrennung getragen. Hier steht auch der Königsthron.

➧ Tribhuvan-Museum

Der Palastflügel westlich des Nasal Chowk mit Blick auf den Durbar-Platz wurde unter den Rana-Königen von Mitte bis zum Ende des 19. Jhs. erbaut, nachdem sie der königlichen Shah-Dynastie die Macht entrissen hatten. Ironischerweise wurde er später in ein Museum zu Ehren von König Tribhuvan (reg. 1911–1955) und seinem erfolgreichen Aufstand gegen die Rana umgestaltet. Außerdem enthält es Denkmäler der Könige Mahendra (reg. 1955–1972) und Birendra (reg. 1972–2001). Leider bekam dieser Palastflügel die volle Wucht des Erdbebens von 2015 zu spüren. Dabei wurden viele Exponate zerstört. Das Ministerium für Archäologie rechnet mit Jahren, bis sie rekonstruiert sind. Zurzeit ist noch nicht sicher, ob so ungewöhnliche Schätze wie der ausgestopfte Lieblingsvogel des Königs und sein Landrover mit den Spuren eines gescheiterten Attentats die Katastrophe überstanden haben.

Der neunstöckige **Basantapur-(Kathmandu-)Turm** (Karte S. 78) von 1770 überragt das Museum – er stand einst wie ein Leuchtturm am Ende der Freak Street Leider sind die Obergeschosse beim Erdbeben eingestürzt; der Turm ist während der Restauration mit chinesischer Hilfe für das Publikum gesperrt.

SETO-MACHHENDRANATH-FESTIVAL

Das Seto-(Weiße-)Machhendranath-Festival in Kathmandu findet einen Monat vor dem größeren Rato-(Roten-)Machhendranath-Festival in Patan statt. Das Festival beginnt damit, dass der weißgesichtige Seto Machhendranath aus dem Tempel (S. 86) in Kel Tole geholt und auf einen turmhohen, klapprigen Tempelwagen aus Holz *(rath)* verladen wird. An den nächsten vier Abenden klappert der Wagen mit dem Bildnis langsam eine historische Stätte nach der anderen ab, bis er schließlich in Lagan im Süden der Altstadt von Kathmandu ankommt. Dort wird er dreimal um den Platz gerollt. Dann holt man das Bildnis vom Wagen herunter, lädt es in eine Sänfte und trägt es zurück zum Tempel. Der Wagen wird auseinandergebaut und bis zum nächsten Jahr verwahrt.

➧ Lohan Chowk & Mul Chowk

Diese beiden Innenhöfe werden zurzeit restauriert, sollten aber eines Tages wieder öffnen. Der erste Hof nach dem Tribhuvan-Museum ist der Lohan Chowk. Er wurde früher von vier roten Türmen eingeschlossen, die unter König Prithvi Narayan Shah entstanden und die vier alten Städte des Tals repräsentierten. Die Obergeschosse des Basantapur- (Kathmandu-) und Bhaktapur-Turmes (Lakshmi Bilas) stürzten 2015 ein, während der Kirtipur- und Patan-(Lalitpur-)Turm (treffender als Bilas Mandir oder „Haus des Vergnügens" bekannt) noch stehen.

Der Mul Chowk im Norden des Lohan Chowk diente im Palast ausschließlich religiösen Zwecken. Er ist wie ein *vihara* mit einem zweistöckigen Gebäude rings um den Hof herum konstruiert. Mul Chowk ist Taleju Bhawani geweiht, der königlichen Göttin der Mallas; in der Mitte des Hofes wurden ihr während des Dasain-Festivals Opfer gebracht. Nicht-Hindus dürfen den Hof nicht betreten, ihn aber durch die Tür in der Nordostecke des Nasal Chowk betrachten.

➧ Mohankali Chowk & Sundari Chowk

Auf der Nordseite des Nasal Chowk führt ein Tor mit herrlichen Skulpturen in die privaten Wohnräume der Malla-Könige. Sie gehören zu den ältesten Teilen des Hanuman Dhoka. Auch dieser Bereich wurde zerstört, und sein Wiederaufbau dürfte einige Jahre dauern. Bis dahin bleiben beide Höfe geschlossen.

Der erste Innenhof ist der Mohankali (Mohan) Chowk von 1649. Früher mussten die Malla-Könige hier geboren werden, um die Krone tragen zu dürfen. Der letzte Malla-König Jaya Prakash Malla hatte mit großen Problemen zu kämpfen. Er war zwar der rechtmäßige Erbe, kam allerdings nicht hier zur Welt. Die hölzernen Alkoven auf den Hofmauern sind mit eindrucksvollen Holzschnitzereien verziert. Viele davon zeigen die Taten des jungen Krishna, und das *hiti* (Wasserresevoir) in der Hofmitte ist das schönste des Palastes. Das Schmuckstück in dem dahinterliegenden intimen schwarz-weißen Sundari Chowk ist das rituelle Badebecken mit Verzierungen aus der Licchhavi-Periode. Eine Skultur zeigt Krishna, der auf der Kalyia-Schlange tanzt. Sie wurde im 6. Jh. aus einem einzigen Steinblock gemeißelt. Die Malla-Könige badeten jeden Morgen unter dem golde-

KUMARI DEVI

Nepal hat nicht nur Hunderte von Göttern, Göttinnen, Gottheiten, Bodhisattvas, Buddhas, Avataren (Inkarnationen der Gottheiten) und Manifestationen, die in Form von Statuen, Bildnissen, Gemälden und Symbolen verehrt und angebetet werden, sondern sogar eine echte, lebende Göttin. Diese Kumari Devi ist ein junges Mädchen, das im Kumari Bahal (S. 73) neben dem Durbar-Platz in Kathmandu wohnt.

Das Konzept der lebenden Göttin tauchte während der Regierungszeit des letzten Malla-Königs von Kathmandu auf. Obwohl es heute mehrere lebende Göttinnen im Kathmandu-Tal gibt, ist die Kumari Devi von Kathmandu die wichtigste. Die Kumari wird aus der Kaste der newarischen Gold- und Silberschmiede ausgewählt. Gewöhnlich ist sie zwischen vier Jahren und der Pubertät und muss 32 körperliche Merkmale aufweisen, die peinlich genau begutachtet werden – von der Farbe der Augen und der Form der Zähne bis zum Klang der Stimme. Natürlich muss auch ihr Horoskop stimmen. Die aktuelle Kumari, die drei Jahre alte Trishna Shakya, wurde im September 2017 ausgewählt.

Die geeigneten Kandidatinnen werden zusammen in ein dunkles Zimmer geführt, in dem schrecklicher Lärm gemacht wird. Tanzende Männer in Horrormasken und 108 gruselige Büffelköpfe sollen nur eine echte Inkarnation von Durga unberührt lassen: Nur ein Mädchen, das während dieser Prüfung ruhig und gesammelt bleibt, wird zur neuen Kumari ernannt. Ähnlich wie bei der Auswahl des Dalai-Lama muss die Kumari einen letzten Test bestehen und Kleider und Schmuck ihrer Vorgängerin auswählen.

Sobald sie zur Kumari Devi erwählt wurde, zieht das junge Mädchen mit ihrer Familie in den Kumari Bahal. Sie lässt sich nur während eines halben Dutzends Zeremonien außerhalb des Palastes blicken – vor allem während des Indra-Jatra-Festivals im September, wenn sie auf einem riesigen Tempelwagen durch die Stadt gefahren wird.

Die Herrschaft der Kumari endet, wenn sie zum ersten Mal ihre Periode hat oder bei einem Unfall viel Blut verliert. Mit den ersten Anzeichen der Pubertät wird sie wieder zur normalen Sterblichen und eine neue Kumari gesucht. Wenn die Kumari abdankt, bekommt sie zwar ein hübsches Sümmchen ausgezahlt, doch die Rückkehr in ein normales Leben kann hart sein. Man sagt, dass ein Mann unglücklich wird, der eine ehemalige Kumari heiratet – vermutlich ist das Zusammenleben mit einer Ex-Göttin einfach zu stressig!

nen Wasserhahn, dessen Wasser angeblich aus dem Budhanilkantha im Norden des Tals stammte.

Nördlich des Durbar-Platzes

In den faszinierenden Nebenstraßen nördlich des Durbar-Platzes verstecken sich farbenfrohe Tempel, Höfe und Schreine. Den besten Eindruck von dieser Region vermittelt ein Stadtspaziergang (S. 84).

Kathesimbhu-Stupa BUDDHISTISCHER STUPA
(Karte S. 74; Naghal Tole) Dieser hübsche Stupa ist das beliebteste Ziel tibetischer Pilger in der Altstadt. Es ist eine um 1650 erbaute kleinere Kopie des großartigen Swayambhunath-Komplexes. Der Stupa steht in der nordwestlichen Ecke eines versteckten Innenhofes. Er ist wie Swayambhunath eine zweistöckige Pagode, die Hariti, der Göttin der Pocken, geweiht ist. In der Nordostecke steht das **Kloster Drubgon**

Jangchup Choeling im tibetischen Stil. Der Stupa ist nur ein paar Minuten Fußweg von Thamel entfernt.

Bangemudha SCHREIN
(Karte S. 74) Am Südende des Sikha-Narayan-Tempelplatzes, gegenüber der Kreuzung an der Ecke, steht ein Holzklotz, an den Tausende von Münzen genagelt wurden. Die Münzen sind Opfergaben für den Gott der Zahnschmerzen, der auf dem winzigen Bildnis in dem grotesken Klotz dargestellt ist. Der Platz liegt an der Bangemudha genannten Kreuzung ("verdrehtes Holz").

Auf dem Bangemudha-Platz steht auch der kleine **Sikha-Narayan-Tempel** mit einem zweistufigen Dach, der dank dem knienden Garuda und der modernen Uhr auf der Mauer nicht zu verfehlen ist. Der Tempel beherbergt ein wunderschönes, vierarmiges Vishnu-Bildnis aus dem 10. oder 11. Jh.

An der Nordseite des Platzes, in der Mitte der nördlichen Fassade und unterhalb des Schildes „Raj Dental Clinic" wird eine stehende **Buddha-Statue** von modernen blauen und weißen Kacheln eingerahmt. Das nur 60 cm hohe Bildnis stammt aus dem 5. oder 6. Jh. und ist ein gutes Beispiel dafür, welche hervorragenden Kunstwerke wie zufällig in Kathmandu verteilt sind.

Asan Tole   PLATZ

(Karte S. 74) Auf dem Asan Tole laufen sechs Straßen sternförmig zusammen. Auf der Kreuzung wimmelt es von Sonnenaufgang bis -untergang von Gemüse- und Gewürzhändlern, die vom Yakschwanz bis zu getrocknetem Fisch alles Mögliche verkaufen. Es ist der geschäftigste Platz der Stadt und ein faszinierender Ort – wenn man die Menschenmassen erträgt. Cat Stevens soll angeblich in einem verräucherten Teehaus auf dem Asan Tole seinen Hippie-Song „Kathmandu" geschrieben haben.

Täglich werden frische Waren aus dem gesamten Tal auf diesen beliebten Markt geschafft. Die Göttin des Überflusses im dreistöckigen **Annapurna-Tempel** (Karte S. 74) in der Südostecke dürfte also an der richtigen Adresse sein. Annapurna wird von einer silbernen *purana* (Schale mit Körnern) repräsentiert. Fast immer, speziell jedoch an Sonntagen, wandern die Einheimischen um den Schrein, drücken sich eine Münze auf den Kopf, werfen sie in den Tempel und läuten die aufgehängte Glocke.

Der nahe Schrein mit dem rotgesichtigen **Ganesh** ist mit Badezimmerfliesen gekachelt. In dem historischen **Yita Chapal** (Süd-Pavillon) (Karte S. 74) fanden früher Festtänze statt; er wurde beim Erdbeben von 2015 beschädigt, wird aber immer noch von Stützen gehalten.

Auf der Westseite des Platzes drängen sich die Gewürzläden, und in der Mitte des Platzes steht ein kleiner **Narayan-Schrein** (Narayan ist eine Form von Vishnu) zwischen zwei Kübelbäumen.

Krishna-Tempel   HINDUISTISCHER TEMPEL

(Karte S. 74) Das alte Gebäude zwischen glitzernden Läden mit Messingwaren südwestlich des Asan Tole sieht auf den ersten Blick baufällig aus. Bei näherem Hinsehen zeigen sich sagenhaft kunstvolle Holzschnitzereien, wie geschnäbelte Monster oder ein winziger, tibetischer Beschützer, der einen Tiger wie einen Hund an der Kette führt. Auf dem Gebäude links daneben

Spaziergang
südlich von Thamel zum Durbar-Platz

START THAHITI TOLE
ZIEL DURBAR-PLATZ
LÄNGE/DAUER 2 KM; ZWEI STUNDEN

Der Spaziergang bietet sich vor oder nach einem Trip zum Durbar-Platz an. Um zum Thahiti Tole zu kommen, geht's in Thamel ab dem Thamel Chowk auf der Hauptstraße nach Süden, der erste Platz ist der Thahiti.

Der Thahiti Tole erstreckt sich um einen ❶ **Stupa** aus dem 15. Jh., der von Gebetsmühlen umgeben ist. Der ❷ **Nateshwar-Tempel** am Nordrand des Platzes ist einer Erscheinungsform von Shiva geweiht, die dem Newar-Gott der Musik entspricht; die tierköpfigen Gestalten in dem metallenen Torweg spielen Musikinstrumente.

Weiter geht's nach Süden, vorbei an Läden, die Gebetsfahnen, *khata* (rituelle Schals) im tibetischen Stil und buddhistische Brokate verkaufen, und weiter westlich zum ❸ **Kathesimbhu-Stupa** (S. 83).

Etwa 30 m weiter links, nach einer Ganesh-Statue, befindet sich in einer Nische mit einem dunklen, vergitterten Torweg ein kleines, aber reich verziertes ❹ **Steinrelief** aus dem 9. Jh. Es zeigt Shiva, der mit Parvati auf dem Kailash sitzt; ihre Hand ruht auf seinem Knie in der Uma-Maheshwar-Pose. Der orangefarbene Ganesh-Kopf rechts der Tür ist kaum zu erkennen. In dem eindrucksvollen Holzbalkon auf der anderen Straßenseite sollen übrigens die ersten Glasfenster von Kathmandu eingebaut worden sein (es sieht so aus, als seien sie immer noch drin!).

Der Weg führt nun in südlicher Richtung an Zahnärzten vorbei (warum, wird bald deutlich) bis zum ❺ **Bangemudha-Platz**. Der Platz verdankt seinen Namen dem hölzernen Schrein für den ❻ **Gott der Zahnschmerzen** auf der Hauptkreuzung.

Nach 50 m in östlicher Richtung folgt der ❼ **Ugratara-Tempel** mit dreistufigem Dach auf dem kleinen Nhhakantalla-Platz; angeblich wirkt ein Gebet vor dem halb eingesunkenen Schrein Wunder für die Augen. Ein Stück weiter rechts folgt das Krishna Music Emporium (hier werden Harmoniums hergestellt und repariert), dann geht's durch einen bewachten Eingang ins ❽ **Haku Bahal**. Der Glasladen daneben ist interessant. Der win-

zige Bahal hat schöne Schnitzereien, wie ein verziertes Holzfenster mit Blick auf den Hof, der als Parkplatz für Motorräder dient.

Bald folgt der quirlige Chowk **9 Asan Tole** (S.84), die verkehrsreichste Kreuzung des alten Kathmandu – ein spannender Ort zum Verweilen. Auf der Hauptstraße, die schräg von Südwesten nach Nordosten verläuft, starteten jahrhundertelang die Karawanen nach Tibet.

Die Straße verläuft weiter nach Südwesten, vorbei an Geschäften mit Messingwaren und dem achteckigen **10 Krishna-Tempel** (S.84) bis zum Kel Tole. Dort steht einer der wichtigsten und am reichsten verzierten Tempel von Kathmandu, der **11 Seto-Machhendranath-Tempel** (S.86); er ist zurzeit wegen Renovierungsarbeiten nach dem Beben geschlossen.

Nach 50 m mündet die belebte Geschäftsstraße in den **12 Indra Chowk** (S.86), der am Mahadev-Stufentempel und dem Akash-Bhairab-Tempel zu erkennen ist.

Man verlässt den Platz über die ruhige Gasse westlich vom Indra Chowk, vorbei an Läden, die *bindi* (Stirnschmuck) und Armreifen verkaufen; nach etwa 200 m, auf einem kleinen Platz, geht's rechts durch einen winzigen Durchgang an einem Dreifachschrein unter dem Schild „Jenisha Beauty Parlour". Er führt in den langen, rechteckigen Innenhof des

13 Itum Bahal (S.86), eines der ältesten und größten Bahals der Stadt mit sehr hübscher Architektur und Stupas.

Wer den Hof im Norden verlässt und sich nach links (Westen) wendet, sieht an der nächsten Kreuzung auf der rechten Seite den **14 Nara-Devi-Tempel** (S.87). Auf der Südseite der **15 Tanzplattform** verkauft ein kleiner Laden (er gehört einer der Blaskapellen, die oft bei Hochzeiten spielen) Tubas, Uniformen und misstönende Trompeten.

An der Ecke zum Nara Devi wendet man sich nach links (Süden) und steht nach 30 m an der Ecke auf der linken Seite vor einem Zeitungsladen mit einem prachtvollen **16 Holzfenster** darüber. Sein Name *deshay madu* bedeutet „Es gibt kein zweites wie dieses".

Noch weiter südlich ist rechts der Eingang zum **17 Yatkha Bahal** (S.87), einem der vielen buddhistischen Plätze der Altstadt mit einem auffallenden weißen Stupa in der Mitte.

Zurück auf der Straße steht ein aus tiefroten Ziegeln gebauter **18 Tempel**. Er ist der newarischen Muttergottheit Chaumanda geweiht und fällt durch einen sechszackigen Stern im oberen Fensterrahmen auf. Weiter geht's nach Süden, vorbei an Läden (rechts), die Ausrüstung für Blaskapellen verkaufen, bis zum Durbar-Platz, dem Ziel des Spaziergangs.

sind Plaketten der Jahrhundertwende mit marschierenden Truppen und darunter ein üppig verzierter Eingang zu sehen.

Seto-Machhendranath-Tempel (Jan Bahal) TEMPEL

(Karte S.74) Dieser Tempel an der Kel-Tole-Kreuzung südwestlich des Asan Tole zieht sowohl Buddhisten als auch Hindus an: Für Buddhisten ist Seto (Weißer) Machhendranath eine Form des Avalokiteshvara, während die Hindus in ihm die Regen bringende Inkarnation von Shiva sehen. Bei dem Erdbeben von 2015 wurde der Eingangsbogen zum Tempel zerstört; der Tempel ist zurzeit wegen Restaurierungsarbeiten geschlossen.

Im Hof stehen zahlreiche kleine Schreine, Chaityas (kleine Stupas) und Statuen, darunter auch eine geheimnisvolle Frauenfigur mit europäischem Aussehen, die von Kerzen umgeben ist und auf den Tempel blickt. Vielleicht handelt es sich um einen Import aus Europa, der bereitwillig in den Götterhimmel aufgenommen wurde. Die beiden zierlichen Tara-Statuen aus Bronze auf Pfeilern vor dem Tempel blicken in die andere Richtung. Wer hier Körner kauft und die Tauben füttert, verbessert sein Karma.

Im Tempel sieht man das Bildnis eines mit Blumen bedeckten, weißgesichtigen Gottes. Während des Seto-Machhendranath-Festivals jedes Jahr im März/April wird dieses Bildnis in einer Kutsche durch die Stadt gefahren. Ein Weg führt um das zentrale Gebäude herum. Das Alter des Tempels ist unbekannt, aber er wurde im 17. Jh. restauriert.

Manchmal stehen im Hof Männer mit einem bizarren Saiteninstrument herum. Damit wird die daunenartige Baumwolle getrennt, aufflockert und gleich daneben verkauft. Die Saite wird mit einem zweiköpfigen Holzinstrument gezupft, das aussieht wie eine Kreuzung zwischen Hantel und Nudelholz.

Beim Verlassen des Tempels taucht links (im Norden) der kleine **Lunchun Lunbun Ajima** auf. Dieser tantrische Tempel mit einem dreistufigen Dach ist im Sockelbereich rot gekachelt und weist auf der Basis der Dachstützen an der Rückseite erotische Schnitzereien auf.

Auf einer Seitenstraße (Bhedasingh) nördlich des Tempels werden in mehreren Läden *topi* (Stoffhüte) und traditionelle nepalesische *daura suruwal* (ein langes Hemd über Röhrenhosen) verkauft. Es gibt sie übrigens auch in einer zauberhaften Miniversion für Kinder.

Indra Chowk PLATZ

(Karte S.74) Die geschäftige Makhan Tole mündet in den Indra Chowk, einen Hof, der nach der alten vedischen Gottheit Indra benannt ist. Die Einheimischen scharen sich hier um die Zeitungsverkäufer, um die Nachrichten des Tages zu lesen. Indra Chowk ist ein traditionelles Zentrum für den Verkauf von Decken und Stoffen; die Händler sitzen auf den Plattformen des **Mahadev-Tempels** im Norden. Der **Shiva-Tempel** aus schwarzen Steinen in nordöstlicher Richtung daneben ist eine kleinere, vereinfachte Version des Patan-Krishna-Tempels.

Die Westseite des Platzes schließt mit der Fassade des **Akash-Bhairab-** (Karte S.74) oder Bhairab-des-Himmels-Tempels ab. Von einem Balkon ragen vier Metalllöwen über die Straße. Der Tempeleingang auf der rechten Seite des Gebäudes wird von zwei Messinglöwen bewacht. Nicht-Hindus dürfen den Tempel nicht betreten, können das silberne Bildnis aber durch ein offenes Fenster von der Straße aus betrachten. Während wichtiger Feste wird das Bildnis auf dem Platz gezeigt. In einer kleinen Nische links des Akash-Bhairab-Tempels befindet sich ein sehr kleiner, aber viel besuchter Ganesh-Schrein aus Metall.

Man sollte den Platz nicht verlassen, ohne einen Blick auf den versteckten Markt in den nach Osten gehenden Gassen zu werfen. An den Ständen werden die grellen Perlen und Reifen verkauft, die nepalesische Ehefrauen lieben.

Itum Bahal INNENHOF

(Karte S.74; www.itumbaha.org) Der lange, rechteckige Platz Itum Bahal ist der größte *bahal* (Buddhistischer Klosterhof) der Altstadt und in der chaotischen Umgebung eine wahre Oase der Ruhe. Der **Kichandra Bahal** auf der Westseite des Hofes gehört zu den ältesten *bahals* der Stadt – er entstand 1381. Der Chaitya vor dem Eingang wurde durch einen Bodhibaum völlig zerstört, der mitten durch ihn hindurchwuchs.

In der Mitte des Kichandra Bahal (oder Keshchandra Paravarta Mahar Bihar) steht ein pagodenähnliches Heiligtum, im Süden ein kleiner Chaitya, der mit anmutigen, stehenden Bodhisattvas verziert ist.

EROTISCHE KUNST (ODER WIE ES DIE ALTEN TRIEBEN)

Die auffälligsten Schmuckelemente an nepalesischen Tempeln sind die erotischen, oft ziemlich drastischen Szenen auf den geschnitzten *tunala* (Dachstützen). Solche Szenen nehmen aber nur selten eine zentrale Position ein, sondern verstecken sich als kleine Schnitzereien auf der Unterseite der Stütze – wie die Fußnote eines größeren Bildes oder sogar in der Art eines Cartoons.

Welchem Zweck diese Bilder dienten, ist nicht bekannt. Feiern sie einen wichtigen Abschnitt im Lebenszyklus? Sollen sie die Bedeutung von Shiva und Parvatis kreativer Rolle nachdrücklicher verdeutlichen als die rätselhaften Lingams (Phallussymbole) und Yonis (weibliche Sexualsymbole), die in so vielen Tempel stehen? Oder sollen sie den Tempel beschützen? Nach einem Volksglauben ist die Göttin des Blitzes eine sehr scheue Jungfrau, die einen Tempel mit derart eindeutigen Szenen nicht antasten würde – wahrscheinlich ist das aber nur eine Erklärung, die Tourguides den Touristen erzählen.

Aus welchem Grund auch immer, diese tantrischen Szenen finden sich auf Tempeln im ganzen Tal. Auf einigen Tempeln ist nur der simple Akt dargestellt, während andere sich mit der Hardcore-Pornografie des 16. Jhs. schmücken: von bemerkenswert athletischen Stellungen beim Geschlechtsverkehr bis hin zur mittelalterlichen *ménages à trois*, Szenen mit Oral- oder Analsex oder Sex mit Dämonen oder Tieren.

Seine Kinder sollte man vielleicht besser von einigen Tempeln fernhalten – in Kathmandu vom Jagannath-Tempel, dem beschädigten Basantapur-(Kathmandu-)Turm und dem Ram-Chandra-Tempel; in Patan vom Jagannarayan-Tempel; und in Bhaktapur vom Erotischen-Elefanten- und Pashupatinath-Tempel.

An der Nordseite des Hofes wurden vier Messingplatten in die Mauer des Obergeschosses eingelassen. Die Platte ganz links zeigt den Dämon Guru Mapa, der einer Frau ihr ungehorsames Kind entreißt und es gierig ins Maul stopfen will. Erst als man ihm versprach, jedes Jahr ein Festmahl mit Büffelfleisch abzuhalten, ließ er von dem Kind ab. Auf der rechten Platte sieht man den Dämon, der vor einem Topf mit Essen sitzt und seinen Kopf hineinsteckt. Die Darstellungen auf den Guru-Mapa-Platten demonstrieren ziemlich drastisch, was mit ungehorsamen Kindern geschieht – und das in einem Innenhof, in dem jahrelang eine Grundschule untergebracht war!

Bis heute opfern die Bewohner von Itum Bahal beim Holi-Festival am Ufer des Vishnumati dem Guru Mapa einen Büffel, kochen ihn am Nachmittag im Hof und tragen das Fleisch dann mitten in der Nacht in riesigen Kesseln zu einem Baum auf dem Tundikhel-Paradeplatz, wo der Dämon leben soll.

Im Herbst und Winter wird der Hauptplatz mit Spiralmustern von trockenem Getreide geschmückt.

Nara-Devi-Tempel
HINDUISTISCHER TEMPEL
(Karte S.74) Der Nara-Devi-Tempel liegt auf halbem Weg zwischen Chhetra-Pati und Durbar-Platz, und er ist Kali geweiht, der zerstörenden Gefährtin von Shiva. Er ist auch unter dem Namen Seto (Weißer) Kali-Tempel bekannt. Angeblich hat Kali den Tempel vor den Erdbeben von 1934 und 2015 beschützt.

Ein Malla-König hat bestimmt, dass alle zwölf Jahre eine Tanzzeremonie für die Göttin abgehalten wird. Noch heute werden auf der kleinen Tanzfläche auf der anderen Straßenseite gegenüber dem Tempel Tänze aufgeführt.

Yatkha Bahal
BUDDHISTISCHER TEMPEL
(Karte S.74) Abseits der Hauptstraße, nördlich des Durbar-Platzes, liegt ein versteckter großer offener Innenhof um einen zentralen Stupa, der wie ein Mini-Swayambhunath aussieht. Gleich dahinter steht der alte Bau des Yatkha Bahal, dessen Obergeschoss von vier Holzstützen mit exzellenten Schnitzereien getragen wird. Die Balken aus dem 12. bis 13. Jh. sind in Form von *yaksha* (Nymphen oder Nebengottheiten) geschnitzt; eine balanciert elegant ein Baby auf der Hüfte.

◉ Östlich von Thamel

In der modernen, neuen Stadt an der Grenze von Thamel gibt's einige interessante Stätten zu sehen.

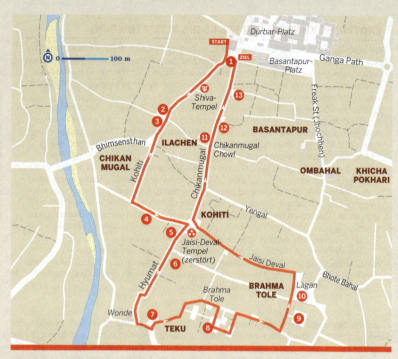

Spaziergang
südlich vom Durbar-Platz

START DURBAR-PLATZ
ZIEL DURBAR-PLATZ
LÄNGE/DAUER 2 KM; EINE STUNDE

An der beschädigten Südwestecke des Durbar-Platzes geht's nach rechts, vorbei am wieder-aufgebauten **1** **Singh Sattal**. Nach 50 m taucht ein steinerner Shiva-Tempel mit schön verzierter Pilgerunterkunft auf. Es folgt ein versunkener **2** **hiti** (Wassertank) neben dem reich verzierten **3** **Bhimsen-Tempel** (S.90).

Der Weg führt nach Süden am Bhimsen-Tempel vorbei und an der Kreuzung geradeaus (bzw. links) weiter. Nach einer Wendung nach links passiert man den **4** **Kohiti-Wassertank**. Auf der Spitze des Hügels endet der Weg an den Ruinen des siebenstufigen Jaisi-Deval-Tempels aus dem 17. Jh. Er fiel dem Erdbeben von 2015 zum Opfer; südwestlich steht der beschädigte **5** **Ram-Chandra-Tempel** (S.90).

Es geht weiter nach Südwesten durch den Hof von **6** **Tukan Bahal**, in der Mitte ein Stupa (14. Jh.) im Stil von Swayambhunath. Die Straße macht an der Wonde-Kreuzung eine scharfe Linkskurve (Osten), wo der hohe, weiße **7** **Shikhara-Tempel** steht. Über die Brahma Tole geht's weiter bis zum **8** **Musum Bahal**, mit Chaityas im Licchavi-Stil, die wie ein Phallus geformt sind, einem ummauerten Brunnen und drei parallelen Innenhöfen. Nun auf der Hauptstraße rechts, an der nächsten Hauptkreuzung scharf links (Norden) halten. Nach 25 m steht der **9** **Ta Bahal** mit schönen Stein-Chaityas in einer Gasse auf der rechten Seite. Die Straße mündet in einen Platz (lagan) mit dem 5 m hohen **10** **Machhendranath-Tempel** und seiner weißgesichtigen Gottheit.

Es geht geradeaus weiter über den Lagan, dann nach links, vorbei an den Ruinen des Jaisi-Deval-Tempels, und nach rechts (Nordosten) zurück zum Durbar-Platz. Man passiert den **11** **Hari-Shankar-Tempel** (1637) aus roten Ziegeln und folgt der Straße weiter nach Norden, vorbei am **12** **Vishnu-(Narayan-)Tempel** bis zum **13** **Adko-Narayan-Tempel**, einer der vier wichtigsten Vishnu-Tempel in Kathmandu. An der Straßenecke steht eine reich verzierte path (Pilgerunterkunft). Nach 50 m ist der Durbar-Platz wieder erreicht.

Garten der Träume
GARTEN

(Swapna Bagaicha; Karte S. 98; ☑01-4425340; www.gardenofdreams.org.np; Erw./Kind 200/100 NPR; ☺9–22 Uhr, letzter Einlass 21 Uhr) Der wunderschön restaurierte Swapna Bagaicha oder Garten der Träume ist eine der ruhigsten und schönsten Enklaven in Kathmandu. Dieses Traumreich, das nur zwei Gehminuten von Thamel-Mitte entfernt ist, scheint Millionen von Kilometern weit weg zu sein.

Feldmarschall Kaiser Shamser (1892–1964) ließ den Garten der Träume in den 1920er-Jahren neben seinem Palast anlegen. Er hatte auf einer Reise mehrere englische Herrenhäuser im edwardianischen Stil gesehen. Das Geld für die Anlage stammt aus einem Spiel mit Kaurimuscheln mit seinem Vater (er war Premierminister), bei dem er sagenhafte 100 000 Rupien gewonnen hatte. Der Garten und seine Pavillons wurden bis zum Verfall sträflich vernachlässigt, bevor sie innerhalb von sechs Jahren (beendet 2007) von demselben österreichischen Team restauriert wurden, das auch das Patan-Museum eingerichtet hat.

Der kleine Garten überrascht mit einer Vielzahl von großartigen Details, wie dem Originaltor, einer Marmorinschrift von Omar Khayams *Rubaiyat,* neuen Brunnen und Teichen und einem kuriosen „versteckten" Garten im Süden. Von den ursprünglich 1,6 ha und sechs Pavillons (benannt nach den sechs Jahreszeiten Nepals) blieben nur 0,5 ha und drei Pavillons übrig. Am intensivsten lässt sich die Abgeschiedenheit des Gartens genießen, wenn man mit einem Buch oder einem Picknick kommt (um die verliebten nepalesischen Paare zu übersehen) und sich auf einer der gestellten Matten auf die Wiese legt. Auch WLAN ist vorhanden (50 NPR pro Std.). Das Dwarika's Hotel betreibt das ruhige Kaiser Café (S. 113), und ab und zu finden hier auch kulturelle Events und Ausstellungen statt.

Tempel der Drei Göttinnen
TEMPEL

(Karte S. 98) Neben dem modernen Sanchaya-Kosh-Bhawan-Einkaufszentrum in Thamel stehen die oft übersehenen Tempel der Drei Göttinnen an der Tridevi Marg – *tri* bedeutet „drei" und *devi* „Göttinnen". Die drei heißen Dakshinkali, Manakamana und Jawalamai; auf den Dachstützen sind ein paar fantasievolle erotische Schnitzereien zu sehen.

Narayanhiti-Palastmuseum
MUSEUM

(Karte S. 74; ☑01-4227844; Durbar Marg; Ausländer/SAARC & Chinesen 500/250 NPR; ☺Do–Mo 11–16, Nov.–Jan. 11–15 Uhr) Kaum etwas macht die politischen Veränderungen der letzten 15 Jahre in Nepal deutlicher als dieser ummauerte Palast am Nordende der Durbar Marg. König Gyanendra hatte 2008 nur 15 Tage Zeit, um seinen Palast zu räumen; zwei Jahre später wurde der Palast als Volksmuseum wieder geöffnet. Verantwortlich dafür war der damalige Premierminister Prachandra, ein maoistischer Guerillaführer, der maßgeblich am spektakulären Sturz des Königs beteiligt war. Beim Erdbeben von 2015 wurden zwar die Mauern und Tore beschädigt, doch der eigentliche Palast aus den 1960er-Jahren blieb weitgehend unzerstört.

Die Innenräume des Palastes sind eher altmodisch als opulent – kitschige Tagungsräume und verblasster Glanz der 1970er-Jahre mit dem faden Charme des Schlupfwinkels eines James-Bond-Schurken aus der Zeit der *Feuerball*-Filme. Zu den Highlights gehören der eindrucksvolle Thron, die Bankettsäle und überraschend bescheidenen königlichen Schlafzimmer. Neben überlebensgroßen Porträts der frühen Shahs und Fotos der königlichen Familie mit verurteilten Führern – Jugoslawiens Tito, Rumäniens Ceaușescu und Pakistans Zia-ul-Haq – hängen an den Hallenwänden ausgestopfte Gaviale, Tiger und Nashornschädel.

Die Stellen, an denen Prinz Dipendra 2001 seine Familie massakrierte, sind ziemlich morbid gekennzeichnet, obwohl der Palast nach dem Verbrechen sorgfältig gereinigt wurde. In einigen Wänden sind noch die Einschusslöcher sichtbar. Die Reaktionen der Einheimischen sind mindestens ebenso spannend wie das Gebäude. Für sie öffnet sich ein magischer Vorhang in eine königliche Welt, von der sie jahrhundertelang nur geträumt hatten. Im Innern sind Kameras und Taschen verboten; es gibt aber auch Schließfächer.

Rani Pokhari
TEICH

(Karte S. 74) Diesen großen, eingezäunten Wasserspeicher abseits der Kantipath soll König Pratap Malla 1667 erbaut haben, um seine Frau nach dem Tod ihres Sohnes aufzumuntern (er war von einem Elefanten zertrampelt worden). Im Teich (*pokhari* bedeutet Teich oder kleiner See) wurden in der Malla-Periode Gottesurteile vollzogen.

Später entwickelte er sich zu einem beliebten Ort für Selbstmörder.

Siddhartha Art Gallery GALERIE

(Karte S.74; ☎01-4218048; www.siddharthaartgallery.com; Baber Mahal Revisited; ☺So–Fr 11-17, Sa 12–17 Uhr) GRATIS Die beste Galerie der Stadt für zeitgenössische nepalesische Kunst zeigt ein breites Spektrum von Spitzenausstellungen. Der Besuch bietet sich an, wenn man im Baber Mahal Revisited (S.117) shoppen geht.

◉ Südlich des Durbar-Platzes

Der südliche Teil von Kathmandus Altstadt war das Herz der antiken Stadt in der Ära der Licchavi (4.–8. Jh. n. Chr.). Leider fielen auch hier mehrere Baudenkmäler dem Erdbeben von 2015 zum Opfer, darunter der historische Jaisi-Deval-Tempel. Dieser dreistöckige Shiva-Tempel spielte eine wichtige Rolle im zeremoniellen Leben der Stadt. Der **Bhimsen-Turm (Dharahara)** (Karte S.74; Sundhara) weiter im Süden wurde zum tragischen Symbol des Erdbebens, denn als er bis auf die Fundamente zusammenbrach, riss er 180 Menschen in den Tod; die Trümmer flogen bis in die belebten Einkaufsstraßen. Viele davon waren Touristen, die auf den Turm gestiegen waren, um den Ausblick zu genießen. Die Turmbasis dient heute als eine Art inoffizielles Denkmal der Katastrophe.

Bhimsen-Tempel BUDDHISTISCHER TEMPEL

(Karte S.74) Bhimsen ist eine Gottheit der Newar, die über Händler und Handwerker wacht. Es macht also durchaus Sinn, dass sich im Erdgeschoss dieses gut geführten Tempels Läden breitgemacht haben. Alle zwölf Jahre wurde ein Bildnis von Bhimsen bis nach Lhasa (Tibet) getragen, um die lebenswichtigen Handelswege zu beschützen, bis die Straße nach der Flucht des Dalai-Lama (1959) gesperrt wurde.

Touristen dürfen den Tempel nicht betreten. Er wird von einem Metalllöwen auf einem Sockel bewacht, der einen Scheinwerfer auf das Gebäude richtet.

Ram-Chandra-Tempel HINDUISTISCHER TEMPEL

(Karte S.74) Südwestlich der zerstörten Jaisi-Deval-Plattform führt ein unauffälliger Eingang in diesen Innenhof. Er ist nach Ram benannt, einer Inkarnation von Vishnu und dem Helden des hinduistischen Epos *Ramayana*. Dieser kleine Tempel enthält bemerkenswerte, winzige erotische Szenen auf den Dachstützen. Der Schnitzer hat wohl versucht, 16 verschiedene Positionen darzustellen. Er beginnt mit der Missionarsstellung und schafft es, alle Balken zu bearbeiten, bevor ihm die Ideen ausgehen (eine Position mit zurückgebogenem Rücken ist besonders ehrgeizig).

Obwohl der Tempel nach dem Erdbeben von 2015 Risse und Beulen aufweist sowie stark zur Seite geneigt ist, darf er noch betreten werden.

Pachali Bhairab & Südliche Ghats HINDUISTISCHER TEMPEL

(Karte S.74) Am Nordufer des Bagmati im Süden der Altstadt stehen mehrere selten besuchte Tempel und Schreine. Da hier die Ärmsten von Kathmandu wohnen, treffen Glanz und Elend unvermittelt deutlich aufeinander. Die Ufer lohnen einen Spaziergang, insbesondere im Anschluss an einen Stadtspaziergang (S.88). Es ist geplant, die Ghats mithilfe von Fußgängerwegen aufzuwerten.

Zwischen der Tripureshwar Marg und dem Bagmati bei Pachali Bhairab wächst ein riesiger, alter Bodhibaum. Er bildet ein natürliches Heiligtum für ein Bildnis von Bhairab Pachali, der von Dreizacken umgeben ist (Pachali ist eine Form von Shiva). Seitlich davon liegt eine Metallfigur von Baital, eine von Shivas Manifestationen. Dienstags und samstags versammeln sich hier die Gläubigen. Gleichzeitig mit dem Dasain-Fest findet hier das stark besuchte Pachali-Bhairab-Jatra-Festival statt.

Vom Tempel aus geht man in südlicher Richtung zu den Ghats (Stufen zum Fluss) am heiligen Flussufer entlang. Rechts taucht die Pagode des **Lakshmi-Mishwar-Mahadev-Tempel** (Karte S.74) im Newar-Stil auf; auf der linken Seite (im Südosten) ist der auffällige, aber beschädigte **Tin-Deval-Tempel** (Karte S.74) an den drei Türmen im Shikhara-Stil leicht zu erkennen.

Ab hier folgt man den Fußwegen zu den Ghats, wo die Leichen eingeäschert werden, und zu einem Tempel an der heiligen Vereinigung von Bagmati und Bishnumati; in östlicher Richtung geht's in die ärmsten Viertel, wo die untersten Kasten wohnen, und zum **Tripureshwar-Mahadev-Tempel** (Karte S.74) mit einem dreistufigen Dach. Er dient momentan als Museum für Instrumente der nepalesischen Volksmusik. Der 1873 im Mogul-Stil erbaute **Kalmochan-Tempel** wurde beim Erdbeben von 2015 zerstört.

✦ Aktivitäten

Für etwa 1000 NPR darf man die Swimmingpools der Annapurna-, Shanker- und Radisson-Hotels benutzen. Das Hyatt verlangt 1250 NPR für den Pool oder 1700 NPR für Pool, Sporthalle, Tennisplatz und Sauna – jeweils plus Steuer.

Der nächste Golfplatz der Hauptstadt ist der Gokarna Forest Resort Golf Course (S. 188).

Pranamaya Yoga   YOGA
(Karte S. 98; ☏ 9802045484; www.pranamaya-yoga.com; Tridevi Marg; Kurse 700 NPR; ⊙ 8–20 Uhr) Die Besitzer dieses Yogazentrums wollten den zahllosen bärtigen männlichen Yogalehrern in Unterhosen etwas entgegensetzen: Das Zentrum ist modern, komfortabel und setzt auf Interessierte, die spontan aufkreuzen. Die Kurse finden im Studio auf der Tridevi Marg über dem Himalayan Java, aber auch in Patan und Bodhnath statt. Die Termine stehen auf der Website. Das Zentrum veranstaltet dreitägige Klausuren in Pharping im Süden des Kathmandu-Tals, Yoga-Treks und montags um 7.30 Uhr eine kostenlose, 30 Minuten dauernde Meditation mit Anleitung.

Charak Yoga   YOGA
(Karte S. 98; ☏ 9818148030; www.charakyoga.com; Chaksibari Marg; Kurse 700 NPR) Der helle, saubere Raum über dem Jatra im Zentrum vom Thamel bietet täglich drei Kurse an (die besten Kurse für Anfänger finden am Freitagvormittag statt) und für 170 € einen Wochenkurs für Anfänger.

Himalayan Buddhist Meditation
Centre   MEDITATION
(HBMC; Karte S. 74; ☏ 9808296590; www.fpmt-hbmc.org; Naryan Chaur, Naxal) Diese buddhistische Organisation bietet ein- oder zweimal pro Woche eine Einführung in die Meditation (1 Std.), dazu Gespräche und mehrtägige Buddhismus- und Reiki-Kurse an; das Programm steht auf der Website. Das Centre ist in Naxal über dem 1905 Suites Restaurant untergebracht, zieht aber häufig um.

Seeing Hands   MASSAGE
(Karte S. 98; ☏ 01-4253513; www.seeinghands nepal.org; Jyatha; Massage 60/90 Min. 1800/2600 NPR; ⊙ 10–18 Uhr) Dieser ableger einer Organisation aus Pokhara beschäftigt blinde Masseure, eine Initiative, um einigen der 600 000 Blinden Nepals eine Chance zu geben. Geboten werden entspannende schwedische Massagen nach einem anstrengenden Trek oder Massagen als Therapie nach Sportverletzungen. Das Ambiente ist nicht luxuriös, sondern funktional.

Himalayan Healers   MASSAGE
(Karte S. 98; ☏ 01-4437183; saira.tphi@gmail. com; Tilicho Bldg., Tridevi Marg; ⊙ 10–20 Uhr) Diese eindrucksvolle Einrichtung bildet „Unberührbare", Kriegswitwen, Opfer von Menschenhändlern und häuslicher Gewalt in 500 Stunden zu Masseuren aus und kümmert sich um deren Anstellung. Es ist ein entspannender Ort mit Spa-Ambiente.

Alle Behandlungen kosten 2400/3000 NPR für 60/90 Min. Massage (Schwedisch oder Nepalesisch), Reflexzonenmassage, Body Wraps oder Peeling. Behandlung mit heißen Steinen und *shirodhara* (bei der Behandlung fließt warmes Öl auf die Stirn) kostet etwas mehr. Wer am Morgen kommt, kann mit bis zu 30 % Nachlass rechnen. Außerdem gibt's ein Dampfbad und eine Sauna (700 NPR).

Abenteuersport
Borderlands   ABENTEUERSPORT
(Karte S. 98; ☏ 01-4701295; www.borderland resorts.com; am Northfield Café, Thamel) Rafting, Canyoning und Trekking in einem Resort (S. 213) nahe der Grenze zu Tibet; zusammen mit Ultimate Descents Nepal. Sie bieten auch Touren mit dem Mountainbike durchs Land an.

Last Resort   ABENTEUERSPORT
(Karte S. 98; ☏ 01-4700525; www.thelastresort. com.np; Mandala St., Thamel) Rafting, Canyoning, Bungee-Jumping und Unterkünfte in der Nähe von Borderlands an der Straße nach Tibet, zusammen mit Ultimate Rivers.

Astrek-Kletterwand   KLETTERN
(Karte S. 98; ☏ 01-4419265; www.facebook.com/ Astrek.Climbing; So–Fr 8–16 Uhr, 350 NPR, So–Fri 16–20 Uhr & Sa 24 Std. 450 NPR) Wer seine Klettertechnik verbessern möchte, ehe es auf die richtig hohen Berge geht, oder wer ein paar Lektionen im Freiklettern braucht, ist an dieser höchsten künstlichen Kletterwand Nepals genau richtig. Jeden Samstag werden geführte Klettertouren im nahen Nagarjun (5500 NPR) in allen Schwierigkeitsgraden angeboten. Ein sechstägiger Trainingskurs an der Kletterwand kostet etwa 15 000 NPR; dazu kommen 250 NPR für Schuhe (nicht in allen Größen) und Klettergeschirr. Das angeschlossene Café ist angenehm; Kontakt über Niraj.

Chhango
CANYONING

(Karte S.98; ☎ 01-4701251; www.canyoninnepal.com; Thamel) Chhango bietet Canyoning-Tagestrips nach Sundarijal (90 €) und Tagestouren zum Felsenklettern in Nagarjun (80 €) an; Transport und Ausrüstung inbegriffen. Weitere Angebote sind Touren mit dem Mountainbike und ein fünftägiges „Abenteuerpaket" im Kathmandu-Tal mit Klettern, Wandern, Fahrradfahren und Canyoning; Kontakt über Kishor Shahi.

Nepal Mountain Bike Tours
FAHRRADFAHREN

(Karte S.98; ☎ 01-4701701; www.nepalmountainbiketours.com; 321 Chaksibari Marg) Mountainbikes kosten 800–1500 NPR Leihgebühr pro Tag; inbegriffen sind Helm, Schloss und Flickzeug. Im Angebot sind auch Tagestouren (55 € pro Person) und mehrtägige Radtouren durch das Tal. Der Laden ist im selben Gebäude wie Equator Expeditions; Kontakt über Ranjan Rajbhandari.

Dawn Till Dusk
FAHRRADFAHREN

(Karte S.98; ☎ 01-4700286; www.nepalbiking.com; Kathmandu Guest House, Thamel) Bietet Touren mit dem Mountainbike in der Stadt und auf dem Land. Die Anmeldung findet im Büro des Kathmandu-Gästehauses statt. Fahrradverleih (1000–3000 NPR pro Tag), Ersatzteile und Service über die **Werkstatt** (Karte S.98; www.nepalbiking.com; Tridevi Marg), 5 Min. zu Fuß an der Tridevi Marg, unter Himalayan Healers.

Alternative Nepal
FAHRRADFAHREN, KAJAKFAHREN

(Karte S.98; ☎ 01-4700170; www.alternativenepal.com; Mandala St.) Ein Mountainbikeverleih in Thamel, der geführte Tages- und Mehrtagestouren durchs Land anbietet – plus Klettern, Kajakschule und Rafting auf der Trisuli.

🎓 Kurse

Nepal ist bei Menschen beliebt, die nach mehr Spiritualität in ihrem Leben suchen. Auf den Aushängen in Thamel findet man aktuelle Informationen über Yoga- und Buddhismuskurse – vor einer Entscheidung die Angebote vergleichen.

Nepal-Kochschule
KOCHEN

(Karte S.98; ☎ 9860941107; www.nepalcookingschool.com; Saathgumti; Kurse 3500 NPR) Dieser halbtägige Kurs beginnt mit dem Einkauf frischer Produkte und Gewürze und geht weiter mit der Zubereitung von nepalesischem Tee und fünf nepalesischen Gerichten. Es macht richtig Spaß, zusammen mit anderen Kochen zu lernen. Der Hunger wird gestillt, wenn alle die Früchte (oder eher Momos mit Hähnchen) ihrer Arbeit genießen. Die Kurse beginnen um 9.30 und dauern bis 13.30 Uhr; gebucht wird im Voraus per Telefon oder online. Der Kurs ist nicht billig, doch die Gewinne fließen in den Wiederaufbau von Schulen und Stipendien der Journey Nepal (www.journey-nepal.org).

Nepal-Vipassana-Zentrum
GESUNDHEIT & WELLNESS

(Karte S.74; ☎ 01-4250581; www.dhamma.org.np; Jyoti Bhawan Bldg., Kantipath; ☉ So–Fr 10–17.30 Uhr) Hier kann man einen Platz für eine 10-tägige Klausur im Dharmashringa-Zentrum im Norden der Budhanilkantha außerhalb von Kathmandu buchen, die zweimal pro Monat angeboten wird (beginnend am 1. und 14. des Monats). Gelegentlich finden auch kürzere Kurse außerhalb der normalen Zeiten statt.

Über eines sollte man sich im Klaren sein: Das Zentrum veranstaltet ernsthafte Meditationskurse, das bedeutet zehn Tage lang täglich um 4 Uhr aufstehen, schweigen, keinen Augenkontakt mit anderen haben und kein Essen mehr nach dem Mittagessen. Als Gebühr für den Kurs ist eine Spende erwünscht.

Himalayan Yoga Resort
GESUNDHEIT & WELLNESS

(☎ 01-2021259; www.yogainnepal.com; Gairigaon; EZ/DZ im Zelt 40/80 €, Bungalow 55/90 €, Haus 70/130 €) Dieses kleine, aber komfortable Zentrum in friedlicher Lage zwischen den Hügeln von Swayambhunath und Nagarjun veranstaltet als Hilfe zur Entspannung Yoga- und Meditationskurse unter Anleitung. Die Kosten decken Übernachtung, vegetarisches Essen, Yoga am Morgen und abends Anleitung zur Meditation sowie eine Massage ab. Wer nur tagsüber kommt, bezahlt 37 € pro Person. Hier werden auch Yogalehrer in Hatha und Vinaysa geschult.

Gandharba Culture & Art Organisation
MUSIK

(Karte S.98; ☎ 01-4700292; Thamel) Diese Organisation vertritt die Musiker der Stadt und veranstaltet Kurse für *sarangi* (viersaitiges Instrument, das mit einem Bogen gespielt wird), *madal* (Trommel) und *bansari* (Flöte). Die Preise liegen bei etwa 500 NPR pro Std. Das Büro ist in Thamel-Mitte (im 3. OG).

Social Tours
KOCHEN

(Karte S.98; ☎01-4412508, 9801123401; www.socialtours.com) Der innovative und verantwortungsvolle Betrieb veranstaltet halbtägige Kurse („Kochen wie ein Nepalese"). Dazu gehört auch ein Besuch auf dem Markt, um Zutaten für Momos, Spinat-Curry, *alu gobi* (Kartoffeln und Blumenkohl), eingelegte Tomaten und *alu paratha* (gebratene Chapati mit Kartoffeln) zu kaufen. Man bezahlt, was man für okay hält, und verspeist später sein Hausgemachtes.

Social Tours hat auch tolle Touren im Angebot, wie einen Ausflug zur Kultur und Küche der Newar in Kirtipur, einen Trip nach Bungamati, wo man sein persönliches Souvenir weben kann, einen Gang über den Markt auf der Asan Tole und eine Wanderung zum Kloster Nagi Gompa im Shivapuri-Nagarjun-Nationalpark („Mittagessen mit Nonnen").

Backstreet Academy
KURS

(Karte S.74; ☎9818421646; www.backstreetacademy.com; Laxmi Bank Building, Thirbam Sadak, Bhatbhateni; Touren ab 1300 NPR) Diese Organisation stellt mit Englisch sprechenden Moderatoren den Kontakt zwischen Travellern und häufig behinderten, lokalen Kunsthandwerkern her. Es gibt Crash-Kurse im Maskenschnitzen, Töpfern, Seidenweben, Sariweben und Momoszubereiten. Wer mag, kann auch einen Mönch zum Swayambhunath begleiten. Die Moderatoren holen Interessierte am Hotel ab.

Festivals & Events

In Kathmandu scheinen dauernd religiöse Feste gefeiert zu werden, doch das Indra-Jatra („Kathmandu-Indra-Jatra-Festival" auf S.96) im September gehört zweifellos zu den absoluten Highlights. Gleich darauf folgen das Seto-Machhendranath-Kutschen-Festival (S.86) im März/April, Dasain (S.25) im Oktober und im selben Monat das Pachali-Bhairab-Jatra (S.25).

Internationaler Marathon Kathmandu
SPORT

(www.prosports.com.np; ☉Sep.) Das Straßenrennen, das jedes Jahr im September stattfindet, lockt über 6000 Läufer an den Start, auf Strecken zwischen 5 km und 42 km. Ausländer bezahlen 33 € Startgebühr. Es ist verblüffend, aber die Polizei schafft es, während des Rennens die Straßen Kathmandus für volle fünf Stunden für den Verkehr zu sperren.

ABSTECHER

RUNDFLÜGE ÜBER DAS GEBIRGE

Die früh morgens in Kathmandu startenden Rundflüge (172 €) über den Gebirgskamm des Himalajas mit Blick auf den Mount Everest und andere Gipfel aus nur 9,3 km Entfernung sind sehr beliebt. Die einstündigen Flüge werden von großen Fluggesellschaften wie Buddha Air und Yeti Airlines angeboten, wobei jedem Passagier in den 6–30-sitzigen Turboprop-Maschinen ein Fensterplatz garantiert wird.

Wie gut die Fernsicht ausfällt, richtet sich nach dem Wetter. Wenn der Flug wegen schlechtem Wetter ganz gestrichen wird, bieten die Fluggesellschaften eine Erstattung des Preises oder die Umbuchung auf einen späteren Termin an. Als 2011 eine Maschine der Buddha Air bei einem solchen Flug außerhalb von Kathmandu abstürzte, kamen 19 Menschen ums Leben.

Jazzmandu-Festival
MUSIK

(www.jazzmandu.org; Tickets etwa 900 NPR; ☉Okt.) Bei dem jährlichen Musik-Event, das eine Woche dauert, spielen einheimische und internationale Künstler auf verschiedenen Bühnen in der Stadt Jazz, Fusion und Weltmusik. Es findet Mitte Oktober, manchmal Anfang November statt; mehr Infos auf der Website.

Internationales Filmfestival Kathmandu
FILM

(www.kimff.org; ☉Dez.) Das interessante Festival mit internationalen und nepalesischen Beiträgen – Dokumentar- und Kurzfilme – findet im Dezember statt.

Kathmandu-Triennale
KUNST

(www.kt.artmandu.org; ☉März) Alle drei Jahre (zuletzt 2017) zeigen Künstler aus drei Dutzend Ländern ihre Werke an verschiedenen Orten überall in der Stadt, gewöhnlich Ende März.

🛏 Schlafen

Kathmandu hat ein breites Angebot an Unterkünften von Luxushotels mit internationalem Standard bis zu billigen und fröhlichen Hütten. Die meisten Budget- und einige mittelteure Unterkünfte befinden sich im lebhaften Viertel Thamel.

Mittelteure und Spitzenklassehotels sind in ganz Kathmandu verstreut, einige liegen relativ weit draußen.

Budget- und mittelteure Unterkünfte innerhalb einer eindeutigen Kategorie zu empfehlen, ist schwierig, denn in jedem Hotel gibt es sehr unterschiedliche Zimmer. Viele Hotels haben mehrere Flügel, in denen es düstere, schäbige Zimmer, aber auch (meist in den Obergeschossen) helle, freundliche Zimmer gibt. In der Regel sind die Zimmer zur Straße hin heller, dafür aber lauter als Zimmer nach hinten raus. Aus Zimmern in den oberen Stockwerken bieten sich am ehesten tolle Ausblicke und guter Zugang zum Dachgarten.

Da Budgetunterkünfte im Winter nicht geheizt werden, nach Zimmern in Südlage mit Zugang zum Garten fragen – es ist angenehm, an kühlen, aber sonnigen Herbst- und Wintertagen draußen zu sitzen.

Ziemlich viele Hotels schlagen eine Brücke zwischen der Budget- und Mittelpreis-Kategorie, da sie Zimmer mit unterschiedlichem Standard anbieten. Im Folgenden sind sie nach dem jeweils niedrigsten Zimmerpreis aufgeführt.

Es lohnt sich immer, nach Nachlässen zu fragen, vor allem in der Nebensaison, wenn die meisten Häuser bereit sind, die Preise um 20–40 % zu senken. In Mittel- und Spitzenklassehotels wird 23 % Steuer aufgeschlagen, während die meisten Budgetunterkünfte Inklusivpreise haben. Bei Vorab-Reservierungen holen viele Hotels ihre Gäste kostenlos vom Flughafen ab.

Manche Traveller schwören auf Unterkünfte in Patan oder Bodhnath außerhalb von Kathmandu, um den mörderischen Verkehr, die Luftverschmutzung und den kommerziellen Trubel in Thamel zu vermeiden – keine schlechte Idee. Noch ruhiger sind die Mittelklasse- und Spitzenresorts im Kathmandu-Tal. Hier ist die Stimmung friedlich und ländlich, und das Zentrum von Kathmandu ist nur eine knappe Stunde entfernt.

🛏 Thamel

Wer nach Budget- und Mittelklasseunterkünften sucht, ist im Touristengetto von Thamel genau richtig. Das Viertel ist praktisch für eine kurze Zeit, vor allem, um andere Traveller zu treffen oder auf den letzten Drücker noch ein paar Souvenirs zu kaufen. Allerdings nerven der Lärm und die Staus spätestens nach einigen Tagen.

Um etwas Ordnung in dieses ausufernde Chaos zu bringen, haben wir den Großraum Thamel willkürlich unterteilt: Thamel-Mitte um die beiden Straßenkreuzungen im Zentrum, Paknajol im Norden, Bhagwan Bahal im Nordosten, Jyatha im Südosten und Chhetrapati im Südwesten.

Am Rand von Thamel bauen mehrere internationale Hotelketten neue Häuser, darunter das Aloft Kathmandu (2018) im neuen, 15-stöckigen Gebäude des Chhaya Centers (www.chhayacenter.com) und Sheraton (2019) ganz in der Nähe.

🛏 Thamel-Mitte

Karma Travellers Home · PENSION €
(Karte S. 98; ☎ 01-4417897; www.karmatravellershome.com; Bhagawati Marg; EZ/DZ 10/13 €, Deluxe 15/20 €; ❋ 🛜) Die Zimmer in diesem beliebten, zentral gelegenen Haus sind angemessen; es gibt mehrere hübsche Terrassen zum Sitzen, und die Besitzer sind hilfsbereit. Die Deluxe-Zimmer mit Klimaanlage sind geräumiger, einige haben auch einen Balkon. Kostenloser Abholdienst vom Flughafen und 20 % Nachlass bei Online-Buchung sind drin; Steuern sind im Preis enthalten.

Hotel Potala · PENSION €
(Karte S. 98; ☎ 01-4700159; www.potalahotelnepal.com; EZ/DZ mit Frühstück 10/16 €, Deluxe 10/15 €, ohne Bad 6/8 €; @ 🛜) Die kleine Backpacker-Pension liegt voll mitten im Herz von Thamel. Es gibt einen hübschen Dachgarten und ein günstiges vegetarisches Momo-Restaurant mit Blick auf Thamels Hauptstraße. Die Zimmer sind definitiv einfach, aber sauber; die Deluxe-Zimmer sind angemessen und sonnig. Die Pension liegt in einer Gasse in der Nähe der Maya Cocktail Bar – am Wochenende ist die Musik ziemlich laut. Nicht zu verwechseln mit dem Potala Guest House; Steuern sind im Preis enthalten.

Hotel Silver Home · PENSION €
(Karte S. 98; ☎ 01-4262986; www.hotelsilverhome.com; Bett 5 €, EZ/DZ 8/12 €, Deluxe 10/16 €; @ 🛜) Pluspunkte: die ruhige, zentrale Lage in einer Nebenstraße, freundliche, hilfreiche Angestellte, und wer drei oder mehr Nächte bleibt, wird vom Flughafen abgeholt. Die Zimmer sind einfach, aber mit guten Matratzen und heißem Wasser im Bad; die sonnigen Südzimmer sind die besten.

Hotel Florid

PENSION €

(Karte S. 98; ☎ 01-4701055; www.hotelflorid.com. np; Z St.; Zi. ohne Klimaanlage 15 €, Zi. mit Klimaanlage 17–20 €; ✳ 🕾) Hinter der Pension gibt's ein gemütliches Gartenrestaurant – angenehm großzügig im ansonsten engen Thamel. Die sonnigen, geräumigen Deluxe-Zimmer mit Blick auf den Garten sind fast schon Suiten. Doppelzimmer mit Blick auf die Straße sind lauter, haben aber Zugang zum gemeinsamen Balkon. Für einen vernünftigen Gegenwert sollte man einen Nachlass herausholen; Frühstück und Steuern sind im Preis enthalten.

★ Kathmandu Guest House

HOTEL €€

(Karte S. 98; ☎ 01-4700800; www.ktmgh.com; EZ/DZ Standard 35/45 €, mit Gartenblick 55/66 €, Deluxe 75/85 €; ✳ @ 🕾) Das KGH ist eine Institution. Es war früher ein Rana-Palast und das erste Hotel, das Ende der 1960er-Jahre in Thamel eröffnet wurde – noch immer das Wahrzeichen des Viertels. Hier haben schon Jeremy Irons und Ricky Martin gewohnt. Obwohl beim Erdbeben mehrere Trakte eingestürzt sind, ist der entspannte Garten noch immer die soziale Drehscheibe Kathmandus, daher unbedingt rechtzeitig vorher buchen; Frühstück und Steuern sind im Preis enthalten.

Ambassador Garden Home

BOUTIQUEHOTEL €€

(Karte S. 98; ☎ 01-4700724; www.aghhotel.com; EZ/DZ 43/53 €, Deluxe 53/61 €, Super-Deluxe 70/90 €; ✳ @ 🕾) Direkt im Auge des Thamel-Sturmes und dennoch erstaunlich friedlich. Das Hotel ist stylish, es gibt einen hübschen Garten und eine Leseecke in der Lobby. Die Standardzimmer sind relativ klein; die Deluxe-Zimmer sind geräumiger und mit Klimaanlage und Minibar ausgestattet. Die Location bestimmt den Preis. Der Name bezieht sich auf den Urgroßvater des Besitzers, der nepalesischer Botschafter in China war.

Thamel Eco Resort

HOTEL €€

(Karte S. 98; ☎ 01-4263810; www.thamelecore sort.com; Chibahal; EZ/DZ 30/35 €, Deluxe 40/45 €; ✳ 🕾) Der Komplex, der etwas abseits der Straße liegt, bietet unterschiedlich große, moderne, angenehme Zimmer um einen Innenhof, der mit Newar-Ziegelwerk und geschnitzten Holzbalken verziert ist. In der Mitte des Hofes steht ein Stupa. Das gute Frühstücksbüfett und die zentrale Lage sind echte Pluspunkte. Das Hotel bietet Nepals erste Bar mit Craft-

Bier und Ale, das aus Colorado importiert wird. Frühstück und Steuern sind im Preis enthalten. Das Hotel ist bei Trekkinggruppen beliebt – es kann ziemlich eng werden. Die Rezeption vermittelt außerdem Kontakte zu einem Yogalehrer, der im Hotel private Kurse anbietet.

Hotel Horizon

HOTEL €€

(Karte S. 98; ☎ 01-4220904; www.hotelhorizon. com; Chaksibari Marg; EZ/DZ 17/20 €, Deluxe 20/25 €; ✳ @ 🕾) Unter den besseren Budgethotels ist das Horizon eine gute Wahl. Es liegt im südlichen Thamel in einer Gasse abseits der Hauptstraße in ruhiger, zentraler Lage. Die meisten Zimmer sind hell und geräumig, nur die Bäder sind etwas schäbig. Man kann dafür auf hübschen Terrassen und in dem neu gestalteten Innenhof sitzen.

Thorong Peak Guest House

PENSION €€

(Karte S. 98; ☎ 01-4253458; www.thorongpeak. com; EZ/DZ 17/23 €, Superior 23/30 €, Suite 42 €; ✳ @ 🕾) Die saubere, gut geführte Pension liegt abseits der Hauptstraße in einer kleinen Sackgasse. Die Deluxe-Zimmer sind angenehm bequem (Superior-Zimmer unterscheiden sich nur durch eine Klimaanlage), wenn auch etwas langweilig; die Badezimmer sind supersauber. Die hübschen Gemeinschaftsbalkone und ein angemessenes Restaurant im Hof sind Pluspunkte, auch wenn das Hotel ohne einen Nachlass etwas zu teuer ist.

Dalai-la Boutique Hotel

BOUTIQUEHOTEL €€€

(Karte S. 98; ☎ 01-4701436; www.dalailaboutique hotel.com; Chaksibari Marg; Deluxe EZ/DZ 68/78 €, Super-Deluxe 100/110 €; ✳ 🕾) Das eindrucksvolle Hotel unter tibetischer Leitung ist um einen hübschen Innenhof mit Gebetsfahnen gebaut, der sich für ein romantisches Essen im Freien anbietet. Die besten Zimmer befinden sich im neuen Flügel; sie sind nicht sehr geräumig, haben aber einen kleinen Balkon. Kunstobjekte aus dem ganzen Tal sorgen für ein stylishes tibetisches Ambiente. Die Nachhaltigkeit, wie Shampoobehälter ohne Plastik, ist vorbildlich.

🏵 Paknajol (Nord-Thamel)

Das Viertel im Nordwesten von Thamel-Mitte erreicht man, wenn man vom Kathmandu Guest House oder von der Lekhnath Marg in nördliche Richtung geht.

Nicht weit von der steilen Kreuzung der Paknajol mit der Lekhnath Marg (nordwestlich von Thamel), im Sorakhutte-Distrikt, liegen ein halbes Dutzend angenehme Pensionen. Nur einen kurzen Fußweg von Thamel (gefühlte Millionen Kilometer), und man ist weg vom Verkehr und hat einen tollen Blick über das Tal nach Balaju und Swayambhunath.

Kathmandu Garden House PENSION €
(Karte S. 98; ☎ 01-4381239; www.hotel-in-nepal. com; Sorakhutte; EZ/DZ 1200/1500 NPR; ☎) Diese kleine, intime Pension ist gemütlich und verdientermaßen beliebt. Der Blick vom Dach ist exzellent, die Zimmer makellos sauber, die Matratzen bequem, und es gibt einen angenehmen Garten, wo man sich zurücklehnen und die Angestellten beobachten kann, die das Gras mit der Hand schneiden (wirklich!).

Zostel HOSTEL €
(Karte S. 98; ☎ 01-4383579; www.zostel.com; Pipalbot Marg, Kaldhara; Bett 650–850 NPR, Zi.

2500–3000 NPR; ☎) Zostel gehört zu einer indischen Hostelkette. Es ist sauber, bequem, gut geführt und liegt nur einen Steinwurf von Thamel entfernt. Dicke, bequeme Matratzen, durchdachtes Design (jedes Bett mit Licht und Stecker) und Annehmlichkeiten wie Gepäckaufbewahrung und Bustickets machen es zum beliebtesten Hostel der Stadt.

In den Schlafräumen stehen vier bis acht Betten; es gibt einen Schlafraum nur für Frauen. Einige Schlafräume haben Bäder, andere teilen sich ein sauberes, großes Bad im EG. Die großartigen würfelförmigen Hängematten auf dem Dach muss man ausprobiert haben. Der Blick reicht bei klarem Wetter bis zu den Bergen. Das Hostel liegt versteckt in einer Gasse abseits der Paknajol Marg – zu erkennen am hausgroßen Wandbild der Kumari; Steuern sind im Preis enthalten.

Yellow House PENSION €
(Karte S. 98; ☎ 01-4381186; theyellowhouse2007 @gmail.com; Sorakhutte; Zi. 600–1500 NPR; ☎) Die freundliche schweizerisch-nepalesi-

---

KATHMANDUS INDRA-JATRA-FESTIVAL

Als Indra, der alte arische Gott des Regens, eine Blume für seine Mutter Dagini im Kathmandu-Tal stehlen wollte, wurde er gefangen und eingesperrt. Erst als Dagini seine Identität offenbarte, entließen ihn die Wächter. Das Festival im September feiert dieses bemerkenswerte Ereignis (schließlich fangen Dorfbewohner nicht jeden Tag einen echten Gott). Als Gegenleistung für die Freilassung versprach Dagini, in den kommenden Monaten Tau auf den Feldern zu verteilen und jeden mit sich in den Himmel aufzunehmen, der im letzten Jahr verstorben war.

Das Indra-Jantra-Festival ehrt die kürzlich Verstorbenen und dankt Indra und Dagini für die kommenden Ernten. Das Fest beginnt mit einem riesigen Holzpfahl, der über die Tundikhel getragen und vor dem Hanuman Dhoka aufgestellt wird. Zur gleichen Zeit werden Bilder und Darstellungen von Indra ausgestellt, die ihn meist als Gefangenen zeigen, und Ziegen und Hähne geopfert. Auch die Türen vor dem schrecklichen Gesicht des Seto (Weißen) Bhairab werden geöffnet, damit seine gruselige Visage die nächsten drei Tage lang das Fest anstarren kann.

Am Tag vor diesen Festlichkeiten werden drei goldene Tempelwagen vor dem Haus der lebenden Göttin Kumari auf dem Basantapur-Platz zusammengebaut. Am Nachmittag erscheint die Kumari (S. 83) vor den dicht gedrängten Zuschauern – entweder geht sie auf einem ausgerollten Teppich oder wird von Gläubigen getragen, denn ihre Füße dürfen den Boden nicht berühren. Die Kumari besteigt den mittleren Wagen; in den beiden Wagen seitlich davon sitzen Jungen, die die Rollen von Ganesh und Bhairab übernehmen.

Die Wagen setzen sich in Bewegung – der Präsident begrüßt die Kumari von einem Balkon des Alten Palastes – dann zieht der Tross weiter zur riesigen Maske des Seto (Weißen) Bhairab. Die Kumari begrüßt das Bildnis von Bhairab, und dann fließt – begleitet von lauter Musik – Bier aus dem Mund von Bhairab! Einen Schluck zu erwischen, soll Glück bringen; besonders großes Glück hat, wer einen kleinen (garantiert nicht glücklichen) Fisch erwischt, der im Bier schwimmt.

Überall in der Stadt finden ähnliche Umzüge statt, bis am letzten Tag der große Pfahl abgebaut und zum Fluss geschleppt wird. Ein ähnlicher Pfahl wird auch in Bhaktapur als Teil des Bisket-Jatra-Festivals aufgestellt, mit dem das nepalesische Neujahr gefeiert wird.

sche Pension ist eine Bereicherung der wachsenden Szene der Budgetunterkünfte von Paknajol. Sie hat viele helle Zimmer, und im Hausrestaurant gibt's vernünftiges thailändisches Essen, Schweizer Rösti und offenen Wein. Abzug gibt es für die dünnen, harten Matratzen.

Kathmandu Peace Guest House   PENSION €
(Karte S.98; ☑ 01-4380369; www.ktmpeace guesthouse.com; Sorakhutte; EZ 1000–1500 NPR, DZ 1200–2200 NPR, EZ/DZ ohne Bad 500/800 NPR; ❄@🖵) Die Zimmer dieser etwas altmodischen, aber freundlichen Pension sind mit Satelliten-TV ausgestattet; teure Zimmer haben Klimaanlage. Der alte Flügel ist etwas marode, der neue deutlich besser. Das Erdgeschoss und der Dachgarten sind angenehm; Steuern sind im Preis enthalten.

Tibet Peace Guest House   PENSION €
(Karte S.98; ☑ 01-4381026; www.tibetpeace.com; Sorakhutte; EZ 700–1400 NPR, DZ 900–1600 NPR; 🖵) Zu dieser ruhigen, lockeren Pension gehören ein kleiner Garten und ein Restaurant. Die Zimmer sind sehr unterschiedlich: einige sind inzwischen marode und verfügen über die winzigsten Badezimmern von ganz Kathmandu, andere haben sogar einen eigenen Balkon – vor dem Buchen sollte man sich die Zimmer ansehen. Gibt's nur noch miese Zimmer, dann warten im Umkreis von 100 m genügend andere Budgetoptionen.

Nirvana Peace Home   PENSION €
(Karte S.98; ☑ 01-4383053; Sorakhutte; Zi. 1200–1500 NPR, ohne Bad 1000 NPR; 🖵) Das ist nur eine von einem halben Dutzend guter Unterkünfte in der Budgethochburg Paknajol. Die Zimmer sind einfach, aber sauber, die Matratzen dick, und der Treffpunkt in der Lounge im Obergeschoss macht das Nirwana Peace zu einer vernünftigen Wahl.

Shree Tibet Family Guest House   PENSION €
(Karte S.98; ☑ 01-4700902; www.hotelshreetibet. com; Bhagawati Marg; Zi. 1000–1500 NPR; @🖵) Diese Budgetpension ist so unauffällig, dass sie von den meisten Travellern schlichtweg übersehen wird (sie ist oft gänzlich leer gefegt). Dabei ist sie sauber und freundlich, und die Zimmer sind klein, aber gemütlich – wegen der eng stehenden Häuser aber meist düster. Wie immer liegen die besten Zimmer nach hinten in den Obergeschossen. Zu erkennen an den Gebetsmühlen am Eingang.

Hotel Moonlight   HOTEL €€
(Karte S.98; ☑ 01-4380452; www.hotelmoon light.com; Paknajol; EZ/DZ mit Frühstück 50/60 €; ❄🖵) Das moderne Moonlight ist eine gute Wahl unter den Mittelklassehotels. Der Garten im Innenhof wirkt beruhigend, es gibt ein Café in der Lobby und ein Spa – alles in hübschem Design. Die Einzelzimmer sind am größten, die anderen können eng sein. Die 67 Zimmer sind auf zwei Gebäude verteilt; die Baumaßnahmen gehen weiter.

International Guest House   HOTEL €€
(Karte S.74; ☑ 01-4252299; www.ighouse.com; Kaldhara; EZ/DZ 25/28 €, Deluxe 35/38 €, Superior Deluxe 40/45 €; 🖵) Das solide und unaufdringlich stylishe Hotel überzeugt mit jahrhundertealten Holzschnitzereien, terrassierten Sitzecken und einem tollen, geräumigen Garten mit Sonnenliegen – ein Ausgleich für die etwas simplen Zimmer.

Es gibt zwar kein wirklich luxuriöses Zimmer, aber die Superior-Zimmer im renovierten Flügel sind in der Regel hell, geräumig und gut dekoriert. Dafür haben die besten Deluxe-Zimmer im alten Gebäude Blick auf den Garten. Die kleineren, einfachen Standardzimmer sind unterschiedlich gut.

Das Hotel liegt westlich der Saatghumti (Seven Bends Street) im Kaldhara-Viertel. Hier ist es ruhiger und nicht so sehr Szenetreff wie in Thamel, trotzdem gibt's in der Nähe viele Restaurants. Im Preis sind Steuer, Frühstück, WLAN und Abholung vom Flugplatz enthalten.

🛏 Bhagwan Bahal (Nordost-Thamel)

Das Viertel ist ruhiger als Thamel-Mitte, es gibt mehr Platz, die Verkehrsanbindung ist besser und der Zugang zur restlichen Stadt näher. Zurzeit werden hier mehrere riesige Fünf-Sterne-Hotels gebaut.

Alobar 1000   HOSTEL €
(Karte S.98; ☑ 01-4410114; www.alobar1000; 214 Keshar Mahal Marg; B 350–550 NPR, Zi. 1400–2700 NPR) Lust auf Kontakt mit anderen jungen Backpackern? Dann ist dieses gut geführte und eines der beliebtesten Hostels mit dem merkwürdigen Namen (er stammt aus einem Roman von Tom Robbins) die richtige Adresse. Am Reiseschalter kann man Treks, kostenlose wöchentliche Sprachkurse und Stadtspaziergänge

Großraum Thamel

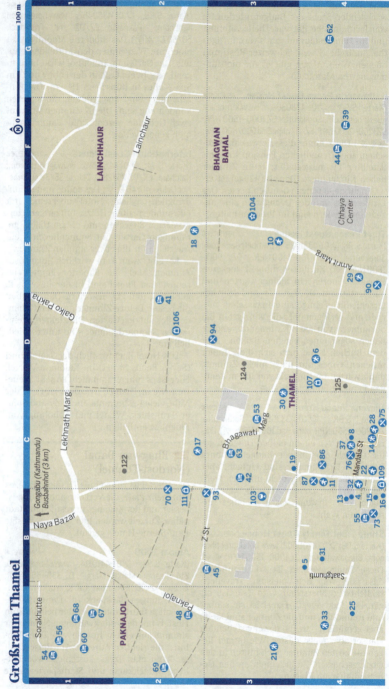

100 m

N

LAINCHHAUR

Lainchaur

BHAGWAN BAHAL

Galko Pakha

Lekhnath Marg

Naya Bazar

Gongabu (Kathmandu)
Busbahnhof (3 km)

Sorakhutte

PAKNAJOL

P Paknajol

Z St

Bhagawati Marg

THAMEL

Amrit Marg

Chhaya Center

Mandala St

Saatghumti

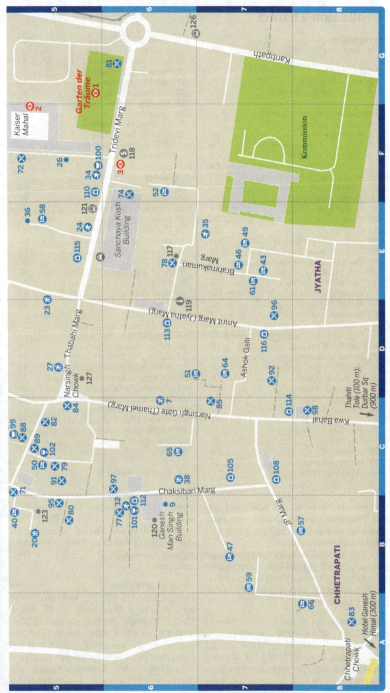

Garten der
Träume

Kaiser
Mahal

Sanchaya Kosh
Building

Tridevi Marg

Kantipath

Kommission

JYATHA

Brahmakumari
Marg

Amrit Marg (Jyatha Marg)

Narsingh Thahähi Marg

Narsingh Chowk

Narsingh Gate (Thamel Marg)

Kwa Bahal

Ashok Galli

Thahiti
Tole (100 m);
Durbar Sq
(900 m)

Chaksibari Marg

Ganesh
Man Singh
Building

Ganesh

JP Marg

CHHETRAPATI

CHHETRAPATI
Chowk

Hotel Ganesh
Himal (300 m)

Großraum Thamel

◎ **Highlights**
1 Garten der Träume G5

◎ **Sehenswertes**
2 Kaiser-Bibliothek.................................. F5
3 Tempel der drei Göttinnen F6

✛ **Aktivitäten, Kurse & Touren**
4 Adrenaline Rush....................................B4
5 Adventure Aves B4
6 Adventure Pilgrims Trekking D4
7 Adventure Treks Nepal C6
8 Alternative Nepal C4
9 Annapurna Mountain Bikes.................B6
Asian Trekking ....(siehe 10)
10 Astrek Climbing Wall........................... E3
11 Borderlands..C4
12 Charak Yoga..B6
13 Chhango B4
14 Climb High Himalaya C4
15 Dawn Till Dusk.....................................B4
Dawn Till Dusk Workshop ....(siehe 24)
16 Drift Nepal..B4
17 Earthbound Expeditions......................C2
Equator Expeditions ....(siehe 32)
18 Explore Himalaya E2
19 Gandharba Culture & Art
Organisation...C3
GRG Adventure Kayaking ....(siehe 25)
20 High Spirit Treks..................................B5
21 Himalayan Journey A3
22 Himalayan Ecstasy...............................C4
23 Himalayan Glacier................................D5
24 Himalayan Healers.............................. E5
25 Himalayan Single Track A4
26 Intercultural Training &
Research Centre F5
27 Langtang Ri Trekking &
Expeditions...D5
28 Last Resort...C4
29 Makalu Adventure................................ E4
30 Miteri Nepal International

Trekking C3
Nature Treks ....(siehe 11)
31 Nepal Cooking School B4
32 Nepal Mountain Bike Tours C4
33 Nepal Social Treks...............................A4
34 Pranamaya Yoga................................... F5
35 Sieheing Hands.................................... E7
36 Social Tours E5
37 Trek Nepal International C4
38 Trekking Team Group...........................C6
Ultimate Descents Nepal...........(siehe 11)
Ultimate Rivers........................ (siehe 28)

🛏 **Schlafen**
39 Alobar 1000.. F4
40 Ambassador Garden Home B5
41 Annapurna Guest House D2
42 Dalai-la Boutique Hotel.......................C3
43 Fuji Hotel... E7
Himalayan Eco Resorts.............(siehe 10)
44 Hotel Blue Horizon............................... F4
45 Hotel Florid..B3
46 Hotel Holy Himalaya E7
47 Hotel Horizon B7
48 Hotel Moonlight....................................A2
49 Hotel Mulberry E7
50 Hotel Potala C5
51 Hotel Silver Home D6
52 Imperial Guest House F6
53 Karma Travellers Home C3
54 Kathmandu Garden House A1
55 Kathmandu Guest House B4
56 Kathmandu Peace Guest House..........A1
57 Khangsar Guest House.........................B8
58 Mi Casa E5
59 Nirvana Garden Hotel B7
60 Nirvana Peace Home A1
61 Sacred Valley Home E7
62 Sheraton G4
63 Shree Tibet Family Guest
House..C3
64 Thamel Eco Resort...............................D7

buchen; die Preise für die Wäscherei und den Transport zum Flughafen sind okay. Man trifft andere Trekkingkumpel im Restaurant auf dem Dach.

In den Schlafsälen stehen vier bis zwölf Betten, alle mit Schließfach; es gibt zwei Schlafsäle für Frauen. Wer lieber ein privates Zimmer will, ist bei anderen Unterkünften besser bedient.

Annapurna Guest House   PENSION €
(Karte S.98; ☎01-4420510; www.annapurna guesthouse.com; Gahiti Marg; EZ/DZ/3BZ 12/15/20 €, Deluxe 15/20/25 €; ☎) Die Zimmer in dieser vor Kurzem verlegten Familienpension sind entweder groß mit drei oder

kleiner mit zwei Betten; Die Deluxe-Zimmer haben eine Klimaanlage. Die Nebenstraße nördlich von Thamel ist ruhiger als das Zentrum. Auf dem Dach gibt's einen kleinen Sitzbereich; Steuern sind im Preis enthalten.

Hotel Blue Horizon   HOTEL €€
(Karte S.98; ☎01-4421971; www.hotelbluehori zon.com; Keshar Mahal Marg; EZ/DZ Budget 13/17 €, Standard 15/20 €, Deluxe 25/30 €; ❄@☎) Der alte Favorit wurde durch die Renovierung – ein neuer Garten und ein Flügel mit Zimmer der mittleren Kategorie – neu belebt. Auf mehreren Etagen und Terrassen gibt's ganz unterschiedliche

65	Thorong Peak Guest House	C6
66	Tibet Guest House	A8
67	Tibet Peace Guest House	A1
68	Yellow House	A1
69	Zostel	A2

🍴 Essen
70	Black Olives	B2
71	Curry Kitchen/Hot Bread	C5
72	Dechenling	F5
73	Dream Garden Restaurant	B4
74	Fire & Ice Pizzeria	F6
75	Forest & Plate	C4
76	Friends Restaurant	C4
77	Furusato	B6
78	Gaia Restaurant	E6
79	Garet Express	C5
80	Hankook Sarang	B5
81	Kaiser Café	G6
82	K-Too Steakhouse	C5
	La Dolce Vita	(siehe 22)
83	Mitho Restaurant	A8
84	Momo Hut	C5
85	Mustang Thakali Chulo	C7
86	Nargila Restaurant	C4
	New Orleans Café	(siehe 22)
87	Northfield Café	C4
88	Or2k	C5
89	Pumpernickel Bakery	C5
90	Revolution Café	E4
91	Roadhouse Café	C5
92	Rosemary Kitchen	D7
93	Thakali Bhanchha	B3
94	Thamel House	D3
95	Third Eye	B5
96	Utse Restaurant	D7
97	Weizen Bakery	C6
98	Yak Restaurant	C8
	Yin Yang Restaurant	(siehe 95)

🍸 Ausgehen & Nachtleben
99	Himalayan Java	C5
100	Himalayan Java	F5
101	Jatra	B6
102	Maya Cocktail Bar	C5
103	Sam's Bar	B3
	Tom & Jerry Pub	(siehe 86)

🎭 Unterhaltung
| 104 | House of Music | E3 |

🛍 Shoppen
105	Amrita Craft Collection	C7
106	Aroma Garden	D2
107	Hi-Himal Sports Wear International	D4
108	Holyland Hiking Shop	C7
109	Nepal Book Depot	C4
110	North Face	F5
111	Paper Park	B2
112	Pilgrims Book House	B6
113	Shona's Alpine Rental	D6
114	Sonam Gear	C7
115	Tibet Book Store	E5
116	Vajra Books	D7

ℹ Praktisches
117	Internationale Flugverbindungen	E6
118	Himalayan Bank	F6
119	Kathmandu Environmental Education Project	D6
120	Wayfarers	B6

ℹ Transport
121	Greenline	E5
122	Himalayan Offroad	C2
123	Pheasant Transportation Service	B5
124	Singh Motorbike Centre	D3
125	Tashi Delek Nepal Treks & Expeditions	D4
126	Tourist Bus Stand for Pokhara & Chitwan	G6
127	Yeti Airlines	D5

Zimmer; die Deluxe-Zimmer bieten den besten Gegenwert. Das größte Plus des Hotels ist die Lage in einer Gasse abseits der Tridevi Marg, was einen guten Zugang zu Verkehrsmitteln durch die Stadt bedeutet.

Mi Casa   BOUTIQUEHOTEL €€
(Karte S. 98; 📞 01-4415149; www.micasanepal.com; Keshar Mahal Marg; Zi. 40–60 €; ❄ 🛜) Die nur neun Zimmer in einem stylishen gemütlichen Hotel mit guten Angestellten punkten mit bunten, nepalesischen Stoffen und Topfpflanzen. Die teureren Zimmer sind mit Kitchenette und Terrasse ausgestattet, die andren sind kleiner. Das Café im Hof serviert ein Frühstück. Die Lage ist

günstig für Thamel und die Neustadt; Steuern sind im Preis enthalten.

Sheraton   LUXUSHOTEL €€€
(Karte S. 98; www.starwoodhotels.com; Kantipath) Eines von mehreren Hotels, die gerade am Rand von Thamel gebaut werden. Wenn es 2019 eröffnet, wird das Luxushotel das nächste am Zentrum von Kathmandu sein.

🛏 Jyatha (Südost-Thamel)

Das Viertel südöstlich von Thamel ist traditionell als Jyatha bekannt. Der südliche Abschnitt ist bei chinesischen Touristen sehr beliebt. Man geht von der Jyatha Road ein Stück weit nach Osten und hat nach ein paar Kreuzungen und Biegungen eine Handvoll moderner Pensionen erreicht, die zentral und doch ruhig liegen – gefühlte Millionen Kilometer vom Chaos in Thamel entfernt.

Imperial Guest House
PENSION €

(Karte S.98; ☏01-4249339; http://imperial.idia. ru; EZ/DZ 10/13 €; ☎) In der einfachen, aber freundlichen Pension am Ende einer Sackgasse fühlt man sich wie im Internat. Die Zimmer sind verwohnt, aber funktionell und sauber; schmale Betten mit elefantengrauen Decken. Vom angenehmen Dachgarten fällt der Blick auf einen kleinen, begrünten Schrein.

Fuji Hotel
HOTEL €€

(Karte S.98; ☏01-4250435; www.fujihotel.com. np; Jyatha; EZ/DZ ab 25/35 €, Deluxe 35/45 €, Super-Deluxe 40/50 €; ❄@☎) Das gut geführte Fuji ist bei Budgetgruppen beliebt. Die Zimmer sind ordentlich, ruhig und makellos sauber. Ein paar Zimmer haben einen kleinen Balkon, und die sonnigen Zimmer auf dem Dach sind besonders geräumig (es gibt einen Aufzug). Die Preise sind ohne den meist gewährten Nachlass von 25% etwas zu hoch.

Hotel Holy Himalaya
HOTEL €€

(Karte S.98; ☏01-4258648; www.holyhimalaya. com; 117 Brahmakumari Marg; EZ/DZ 30/35 €, Deluxe 40/50 €, Suite 65/75 €; ❄@☎) Das Mittelklassehotel ist bei eingeweihten Tourgruppen sehr beliebt. Die Zimmer sind klein, aber okay; einige haben einen Balkon. Als Zugabe gibt's Biokaffee, einen hübschen Dachgarten und kostenlose Meditation am Morgen (unter Anleitung). Den besten Gegenwert bieten die geräumigen Deluxe-Zimmer im neuen Gebäude auf der anderen Straßenseite; Frühstück und Steuern sind im Preis enthalten.

Sacred Valley Home
HOTEL €€

(Karte S.98; ☏01-4251063; www.hotelthesacred valleyhome.com; Zi. 25 €, Deluxe 35 €; ☎) Eine gute Wahl im oberen Budgetbereich. Die Zimmer mit Teppichboden sind sauber, modern und megacool; einige haben einen sonnigen Balkon. Für Alleinreisende gibt's keine Einzelzimmer. Der ausgezeichnete Dachgarten und die Lounge mit Bibliothek im Erdgeschoss sind genauso Pluspunkte wie die ruhige, aber zentrale Lage in einer Nebenstraße hinter dem Hotel Utse. Steuern sind im Preis enthalten.

★ Kantipur Temple House
BOUTIQUEHOTEL €€€

(Karte S.74; ☏01-4250131; www.kantipurtemple house.com; EZ/DZ 80/100 €, Deluxe 110/135 €) ✔ Das Hotel im Stil eines Newar-Tempels liegt versteckt in einer Gasse am Südrand von Thamel. Es wurde mit viel Liebe zum Detail erbaut: Die geräumigen Zimmer sind mit traditionellen Holzschnitzereien, Terrakottafliesen, Fenstersitzen und Bettbezügen aus *dhaka* (handgewebt) aus Fair Trade geschmackvoll dekoriert. Dass die Zimmer etwas dunkel erscheinen, liegt an der traditionellen Bauweise.

Hier wird alles versucht, um nachhaltig zu wirtschaften: Die Gäste bekommen Stoffbeutel zum Einkaufen, und das kostenlose Mineralwasser wird in traditionellen Bronzekrügen serviert – im ganzen Hotel gibt's kein Plastik. Die Zimmer sind rund um einen traditionellen Hof mit Ziegelsteinen angeordnet; um 8 Uhr wird kostenloses Yoga im Garten angeboten. Dafür gibt es weder Fernseher noch Klimaanlage oder Heizung. Die Lage in der Altstadt garantiert kurze Wege zu fast allen Sehenswürdigkeiten der Stadt, auch wenn die Taxifahrer das Hotel nicht immer auf Anhieb finden. Zwischen Dezember und Februar sowie Mai bis September sind Nachlässe von 50% drin.

Hotel Mulberry
HOTEL €€€

(Karte S.98; ☏01-4218899; www.mulberrynepal. com; Jyatha; EZ/DZ Deluxe 75/95 €, Executive 110/130 €; ❄☎⊞) Das Mulberry gehört zu den neuen, schicken, modernen und etwas unpersönlichen Spitzenhotels am Rand von Thamel. Die 67 Zimmer sind geräumig, modern und angenehm; im Preis ist ein gutes Frühstücksbüfett enthalten. Das Highlight des Hotels ist aber das Dach mit atemberaubendem Infinitypool, Trainingsraum und Loungebar – der ideale Platz für einen Drink.

🛏 Chhetrapati (Südwest-Thamel)

Dieses Viertel ist nach den fünf Straßen benannt, die sich hier im Südwesten Thamels treffen (auch die Bühne ist bemerkenswert). Je weiter man sich von Thamel entfernt, desto traditioneller wird die Umgebung.

Khangsar Guest House
HOTEL €

(Karte S.98; ☏01-4260788; www.khangsar guesthouse.com; EZ/DZ 12/15 €; ☎) Diese freundliche, zentral gelegene Unterkunft für Backpacker wurde 2018 gründlich renoviert; damit dürften die Preise steigen. Die Zimmer haben ein enges, aber sauberes Bad, es gibt einen angenehmen Dachgarten für ein kaltes Bier unter den Sternen. Die Zimmer im Obergeschoss sind die besten, vor allem die sonnigen Eckzimmer abseits der Straße.

★ Hotel Ganesh Himal   HOTEL €€

(Karte S.74; ☏01-4263598; www.hotelganeshhimal.com; altes Gebäude 17–30 €, Deluxe-Zi. 25–50 €; ❋☎) Dieses gut geführte und superfreundliche Haus ist unser Favorit unter den Mittelklassehotels. Die Zimmer bieten eines der besten Preis-Leistungs-Verhältnisse in Kathmandu. Es gibt heißes Wasser, so viel man will, viele Balkone und einen Garten mit Sitzen zum Relaxen. Dazu kommt noch der kostenlose Transport vom Flughafen – unschlagbar. Im Nebengebäude befinden sich die besten Standardzimmer (und die sonnigsten im Winter). Die Deluxe-Variante ist geräumiger, und die etwas ruhigeren und größeren neuen Super-Deluxe-Zimmer im nepalesischen Stil sind mit Ziegelsteinböden und traditionellem Dekor ausgestattet. Von Thamel aus in südwestlicher Richtung ist das Hotel in zehn Gehminuten erreichbar – das ist weit genug entfernt von den Tiger-Balm-Verkäufern, aber nahe genug an Restaurants für das Abendessen. Wegen der lauten Nachbarschaft sollte man Ohrstöpsel mitbringen.

Tibet Guest House   HOTEL €€

(Karte S.98; ☏01-4251763; www.tibetguesthouse.com; EZ/DZ 13/17 €, Standard 35/40 €, Deluxe 40/50 €, Superior 60/70 €, Suite 78/85 €; ❋@☎) Das geschäftige, effiziente und beliebte Hotel bietet funktionelle Zimmer, die zwar teilweise etwas schäbig aussehen, ist insgesamt aber eine gute Wahl (im Voraus buchen). Frühstück gibt's in einem hübschen Innenhof, Kaffee in der Espressobar in der Lobby und herrliche Ausblicke auf Swayambhunath vom Dach – der perfekte Ort für ein kaltes Bier zum Sonnenuntergang.

Bis auf die billigsten sind alle Zimmer bequem, die in den Untergeschossen können allerdings etwas düster sein; die Superior-Zimmer sind merklich größer. Einige der einfachen Standardzimmer in einem separaten Gebäude auf der anderen Straßenseite haben einen Balkon. In der Regel sind 20 % Nachlass drin.

Nirvana Garden Hotel   HOTEL €€

(Karte S.98; ☏01-4256200; www.nirvanagarden.com; EZ/DZ 30/40 €, Deluxe 40/50 €; @☎) Der relaxte Garten ist eine Oase – das macht dieses Hotel in Stadtnähe zu einer angemessenen Wahl. Die Deluxe-Zimmer mit sonnigem Balkon und Blick auf den Garten sind optimal, allerdings haben sie keine Klimaanlage. Alle Zimmer sind etwas verwohnt und daher eigentlich zu teuer; ein 20%iger Nachlass sollte drin sein.

🛏 Freak Street (Jhochhen) & Durbar-Platz

Obwohl die große Zeit der Freak Street vorbei ist, haben sich ein paar engagierte, günstige Restaurants und Unterkünfte gehalten. Wer hier wohnt, genießt drei Vorteile: Billigere Zimmer gibt's nirgends, es ist nicht so voll, und man befindet sich mitten im Herzen der faszinierenden Altstadt. Dafür ist die Auswahl geringer, und die Unterkünfte sind in der Regel schäbiger als in Thamel.

Monumental Paradise   HOTEL €

(Karte S.74; ☏01-4240876; mparadise52@hotmail.com; Jhochhen; EZ/DZ ab 600/1200 NPR, Suite 2000 NPR; ☎) Die meisten Hotels in der Freak Street sind alt und schmuddelig, doch dieses wurde erneuert und verfügt daher über saubere Zimmer, gekachelte Bäder und ein angenehmes Bar-Restaurant auf der Dachterrasse. Die Suite hoch oben hat einen privaten Balkon mit Blick auf den Durbar-Platz; für Einzelreisende eine gute Wahl.

World Heritage Hotel   BOUTIQUEHOTEL €€

(Karte S.78; ☏01-4261862; www.dwarikaschhen.com; Hanuman Dhoka; Zi. ohne Bad 17 €, Zi. Standard/Deluxe 45/65 €) Das Hotel im traditionellen Stil liegt weitab vom Trubel Thamels in direkter Nähe zum tollen Durbar-Platz; von einigen Zimmern blickt man sogar auf die Tempeldächer. Die zwölf Zimmer sind mit Stein und geschnitztem Holz verkleidet; sie haben *ikat*-Bettbezüge und Fenstersitze.

Die Deluxe-Zimmer sind viel größer als die winzigen Standardzimmer im Dachgeschoss, doch alle haben kein natürliches Licht. Die drei billigen Zimmer im Hinterhof sind mit Sperrholz abgetrennt und teilen sich ein Bad. Das angenehme Restaurant im Hof serviert Snacks und feste Menüs der Newar. Vorsicht: Manchmal wird dieses Hotel auch als Dwarika's Chhen aufgeführt. Steuer und Frühstück sind im Preis enthalten.

🛏 Kathmandu-Mitte

Die folgenden Hotels liegen in Gehweite von der Durbar Marg und Thamel; alle gehören zur obersten Preiskategorie.

Three Rooms
BOUTIQUEHOTEL €€€

(Karte S.74; 📞9860378515; www.thepaulines. com/3rooms; Baber Mahal Revisited; Zi. 77–80 €, Suite 95 €; 🕸) Das intime, stylishe Hotel unter französischer Leitung im angesagten Baber-Mahal-Komplex hat tatsächlich vier Zimmer. Die nächste Überraschung sind die geräumigen und charmanten Zimmer – traditioneller, dunkler Schiefer und Becken aus Messing, denen gut ausgewählte Schwarz-Weiß-Fotos einen modernen Touch verleihen. Ein Zimmer hat sogar eine private Wahnsinnsterrasse; Frühstück und Steuern sind im Preis enthalten.

Yak & Yeti Hotel
HOTEL €€€

(Karte S.74; 📞01-4248999; www.yakandyeti. com; Lal Durbar Marg; DZ 200–240 €; 🕸🛜🏊) Dieses Hotel dürfte das bekannteste in ganz Nepal sein, denn das Originalrestaurant wurde von dem fast legendären Boris Lissanevitch (S.106) geleitet. Der vor Kurzem renovierte Newar-Flügel ist mit Holzschnitzereien, Ölziegelwänden und einheimischen Stoffen ausgestattet; die Deluxe-Zimmer im Durvar-Flügel sind anregend, modern und stylish.

Der älteste Teil des Hotels ist ein Teil des Lal Durbar. In diesem ehemaligen Rana-Palast lohnt der Blick auf Details: das bombastische, aber spektakuläre Barockdekor und einige exzellente, alte Schwarz-Weiß-Fotos der Rana-Königsfamilie. An die russische Vergangenheit der berühmten Chimney Restaurants erinnert noch der Borschtsch auf der Karte. Der Hintergarten (nach einem Zimmer mit Gartenblick fragen), zwei Pools und ein Tennisplatz erzeugen das seltene Gefühl von Weite. Bei Online-Buchung sind 30 % Nachlass üblich.

Maya Manor Hotel
HOTEL €€€

(Karte S.74; 📞01-4428028; www.mayamanorho tel.com; Hattisar Sadak; EZ/DZ 77/87 €, Suite 100/130 €; 🕸🛜) Diese buttergelbe Villa im Kolonialstil war früher einmal das Wohnhaus der Besitzer des Kathmandu Guest House, die das Hotel managen. Die Zimmer sind modern und erfrischend, und die geräumigen Suiten aus der Rana-Zeit sind nach illustren Gästen benannt, wie George Schaller und Jane Goodall. Es gibt einen kleinen, aber angenehmen Garten und eine versteckte obere Terrasse. Der Service ist exzellent. Der einzige Nachteil ist die Lage – leider weiter ab vom Schuss als das Kathmandu Guest House. In einem Zimmer des Anbaus hatte übrigens Jimmy Carter sein Büro, um die jüngsten Wahlen zu überwachen. Frühstück und Steuern sind im Preis enthalten.

🛏 Lazimpat

Das Botschaftsviertel Lazimpat im Norden von Kathmandu-Mitte ist bei Angestellten von NGOs, regelmäßigen Besuchern und Geschäftsleuten beliebt.

Hotel Manaslu
HOTEL €€

(Karte S.74; 📞01-4410071; www.hotelmanaslu. com; Lazimpat; EZ/DZ mit Frühstück 60/70 €; 🕸🛜🏊) Der größte Pluspunkt dieses bequemen, modernen Hotels sind der herrliche Terrassengarten und der Pool, der von Brunnen im Newar-Stil gespeist wird. Die großartig geschnitzten Fenster im Restaurant stammen aus Bhaktapur. Die Zimmer wurden in den letzten Jahren erneuert. Damit ist das Manaslu eine gute Wahl, vor allem, wenn man ein Zimmer im Hinterhaus mit Blick auf den Garten erwischt.

Hotel Ambassador
GESCHÄFTSHOTEL €€

(Karte S.74; 📞01-4410432; www.ambassadorne pal.com; Lazimpat; EZ/DZ ab 70/80 €; 🕸🛜) Das neue, moderne und außerdem bequeme Hotel ist günstig zwischen Thamel und Lazimpat gelegen. Damit ist es sowohl bei Touristen als auch Geschäftsleuten eine gute Wahl; die Doppelverglasung dämpft den Lärm der lauten Kreuzung. Von der Bar auf dem Dach in der 9. Etage und dem Sonnendeck bietet sich ein Rundblick. Es gibt gute Restaurants, wie das Kotetsu (S.114) und den Flat Iron Grill in der Lobby, der Sandwiches und Salate auf amerikanische Art serviert. Als Ausnahme in Kathmandu hat das Hotel sogar zwei Zimmer für Rollstuhlfahrer.

★ Hotel Tibet
HOTEL €€€

(Karte S.74; 📞01-4429085; www.hotel-tibet. com.np; Lazimpat; EZ/DZ 73/83 €, Suite 100/110 €; 🕸🛜) Tibetophile und Reisegruppen nach oder aus Tibet mögen die tibetischen Vibes, die dieses empfehlens-

FREAK STREET – DAS ENDE DER STRASSE

Die Freak Street beginnt am Basantapur-Platz und verläuft nach Süden. In den 1960er- und frühen 1970er-Jahren, als der Transport über Land Schwung aufnahm, war sie ein wichtiger Treffpunkt für den „Weg nach Osten". Die Hippies fanden hier billige Hotelzimmer (pro Zimmer 3 NPR), bunte Restaurants, Hasch und Pasteten-Läden, dazu dröhnte die Musik von Jimi und Janis aus den Tonbandlautsprechern, und natürlich trafen sich hier auch die verrückten und sehenswerten ausländischen „Freaks", die der Straße ihren Namen gaben. Neben Bodhnath und Swayambhunath zog auch die Freak Street wie ein Magnet alle an, die nach spiritueller Erleuchtung, billigem Dope und nach einem Ort suchten, wo normale Grenzen nichts mehr galten.

Die Zeiten haben sich geändert, und die Freak Street (heute eher unter ihrem richtigen Namen Jhochhen bekannt) ist nur noch ein schwacher Abklatsch der ehemaligen Hippiehochburg. Es gibt zwar immer noch billige Hotels und Restaurants, aber heute zieht das Viertel Thamel im Norden der Stadt eine neue Generation von Travellern an. Wem allerdings Thamel zu glatt und kommerziell erscheint, kann sich in der Freak Street immer noch am schwachen Echo der besseren Zeiten erwärmen.

werte Hotel ausstrahlt. Die 54 ruhigen, bequemen Zimmer fallen im Vergleich mit der üppigen Tibet-Deko in der Lobby etwas kahl aus, aber einige der vorderen Zimmer haben einen Balkon. Außerdem gibt's ein großartiges Bar-Restaurant auf der Dachterrasse und ein Café im Garten neben dem Haus.

Die Inhaber bauen gerade gleich daneben das 17 Stockwerke hohe Spitzenklassehotel Lhasa International, in den vorderen Zimmern dürfte es daher bis 2020 laut werden. Hiker mit müden Beinen können sich in der 90-minütigen „Trekkers' Recovery Massage" (3850 NPR) im angeschlossenen Shambhala Spa wieder in Form bringen lassen.

Shanker Hotel HISTORISCHES HOTEL €€€
(Karte S. 74; 01-4410151; www.shankerhotel.com.np; Lazimpat; EZ/DZ mit Frühstück 65/70 €; ❄ 🌐 ☀) Das knarrende Hotel aus dem 19. Jh. ist eine ehemalige Residenz der Rana und einzigartig in der Stadt. Man erwartet jeden Augenblick, auf einen alten, schnurrbärtigen Rana-Prinzen zu stoßen, der durch die hölzernen Korridore schlurft. Die klassizistischen, sahnefarbenen Säulen der Eingangsfront blicken auf einen peinlich genau getrimmten, feudalen Garten und einen der schönsten Swimmingpools der Stadt.

Die Palastvergangenheit hat zu sehr eigenwilligen Zimmerzuschnitten geführt: Manche Zimmer haben hobbitgroße Halbfenster, andere sind geräumig und modern. Die 400er-Zimmer haben den stärksten historischen Anstrich, und in den

Speisesälen und der Durbar-Halle (Konferenzräume) wird es fast königlich. Das Erdbeben hat nur geringe Schäden angerichtet, die inzwischen fast alle behoben wurden.

Radisson HOTEL €€€
(Karte S. 74; 01-4423888; www.radisson.com/kathmandune; Lazimpat; Zi. 170–225 €; ❄ 🌐 ☀ ☀) Das moderne Fünf-Sterne-Hotel ist bei Botschaftspersonal und Geschäftsreisenden beliebt, aber etwas seelenlos. Pool, Spa und eine gute Trainingshalle sind im 5. Stock untergebracht. Die Premium-Zimmer im neuen Gebäude sind besonders erfrischend. Vor dem Haupteingang warten mehrere gute Cafés und Bars. Bei Online-Buchung gibt's regelmäßig 30 % Nachlass.

Hotel Shangri-La HOTEL €€€
(01-4412999; www.hotelshangrila.com; Lazimpat; EZ/DZ mit Frühstück 85/95 €; ❄ 🌐 ☀ ☀) Der große, relaxte Garten mit dem Terrassenrestaurant und dem kleinen, aber hübschen Pool macht den Unterschied. Hier werden freitags ein Barbecue und samstags ein Champagner-Brunch veranstaltet, auch ein *Lost-Horizon*-Cocktail zur Happy Hour (16–18 Uhr) in der gemütlichen James Hilton Bar lohnt sich. Ideal sind die Zimmer mit Blick auf den Garten; das Hotel ist nicht an die Shangri-La-Kette angeschlossen.

🛏 Anderswo

Wer sich nicht davor scheut, jeden Tag in die Stadt zu fahren, findet in den Unterkünften am Stadtrand eine ruhige

BORIS LISSANEVITCH

Boris Lissanevitch ist der Pate des nepalesischen Tourismus. Er war eine faszinierende Persönlichkeit, ein weißer russischer Emigrant, der vor der bolschewistischen Revolution floh und als Balletttänzer, Koch, Tigerjäger, Kampfpilot, Besitzer eines Nachtclubs in Shanghai und Trapezartist arbeitete. Als Freund von Ingrid Bergmann bekam er sogar eine Rolle in einem Film mit Jean-Paul Belmondo.

Als Boris den Club 300 in Kolkata (Kalkutta) führte, traf er 1944 zum ersten Mal mit König Tribhuvan zusammen (angeblich hatte Boris sogar als Kurier für geheime Nachrichten zwischen dem König und Nehru gearbeitet und so geholfen, das Rana-Regime zu stürzen). Tribhuvan lud ihn später nach Nepal ein, um das erste nepalesische Hotel zu eröffnen: Das Royal war ein ehemaliger königlicher Palast (heute ist es das Gebäude der Wahlkommission). Er brachte die erste Touristengruppe ins Königreich und beherbergte die ersten Bergsteigergruppen, die auf dem Rasen vor dem Haus campierten. Das Hotel und sein berühmtes Chimney Restaurant schlossen in den 1970er-Jahren, gingen aber nahtlos ins Yak & Yeti Hotel (S. 104) über, wo das Chimney Restaurant bis heute russischen Borschtsch serviert.

Alternative. Das östliche Swayambhunath-Viertel ist von einer ausgesprochen tibetischen Atmosphäre geprägt.

Hotel Vajra
BOUTIQUEHOTEL €€

(Karte S. 74; ✆ 01-4271545; www.hotelvajra.com; Bijeshwari; EZ/DZ ab 28/32 €, ohne Bad 13/15 €, Suite 77/87 €) Dieses Hotel am anderen Ufer des Bishnumati auf dem Weg nach Swayambhunath gehört in jeder Preiskategorie zu den interessantesten Optionen Kathmandus. Der Komplex aus Ziegelsteinen fühlt sich eher wie eine Künstlerkolonie als ein Hotel an: üppige Gärten, Bücherei, Bar auf dem Dach und ein ayurvedischer Massageraum. Das einzige Problem könnten die Taxifahrer sein, die sich nur selten in diese friedliche Gegend verirren.

Da es im alten Flügel keine zwei gleichen Zimmer (die billigsten mit Gemeinschaftsbad) gibt, lohnt es sich, mehrere Zimmer anzusehen. Im neuen Flügel (EZ/DZ 55/60 €) sollte man versuchen, ein Zimmer mit Balkon zu erwischen. Obwohl einige Zimmer verwohnt aussehen und der Service nölig sein kann, ist das Hotel eine gute Wahl.

★ Dwarika's
BOUTIQUEHOTEL €€€

(✆ 01-4479488; www.dwarikas.com; Battis Putali; EZ/DZ 240/255 €, Suite ab 345 €; ☎☀) Was das stylishe Design und die pure Romantik angeht, ist dieses außerordentliche Hotel unschlagbar – die perfekte Wahl für die Hochzeitsreise. Die Besitzer haben seit 40 Jahren Tausende von Holzschnitzereien aus dem ganzen Tal zusammengetragen und ins Hotel integriert. Das Ergebnis ist ein wunderbarer Hybride – eine Kreuzung zwischen Museum und Boutiquehotel mit einer üppigen, kuscheligen Atmosphäre.

Das Hotel besteht aus Gruppen von traditionellen Newar-Gebäuden, die durch Höfe mit Ziegelsteinpflaster getrennt sind. Jeder Raum ist einzigartig; einige haben sinnliche, offene Bäder mit schwarzen Schieferplatten. Weitere Highlights sind eine hübsche Bücherei-Lounge, ein Pool im hinteren Bereich, ein Spa, wo hauseigene Seifen hergestellt werden, ein gutes japanisches Restaurant und eine Bar im Haupthaus des Hotels. Nur die Lage an einer viel befahrenen Straße östlich der Stadt ist der Horror; es liegt einen kurzen Fußweg südwestlich von Pashupatinath, und ein Taxi aufzutreiben, ist kein Problem. Rechtzeitig im Voraus buchen.

★ Hyatt Regency Kathmandu
LUXUSHOTEL €€€

(✆ 01-4491234; www.kathmandu.regency.hyatt. com; Taragaon; DZ ab 140 €; ☎☀) Beim Bau dieses außergewöhnlichen Hotels im Palaststil wurden keine Kosten gescheut, vom dramatischen Eingang mit Teichen im Newar-Stil bis zur modernen Architektur im Malla-Stil. Das Betreten lohnt sich schon allein deshalb, um den großartigen Chaitya im Patan-Stil im Foyer zu bewundern. Wie nicht anders zu erwarten, sind auch die geräumigen Zimmer geschmackvoll möbliert und haben riesige Bäder – für 17 € zusätzlich blickt man auf den nahen Bodhnath-Stupa.

Dank großem Swimmingpool, guten Restaurants und einem Sonntagsbrunch ist das Hyatt ein großartiger Ort, um mit Geld um sich zu werfen. Nach einem harten Tag Sightseeing bringt ein ayurvedisches *shirodhara* im Spa den Körper wieder in Schuss. Weitere Bonuspunkte, wie die 24 Stunden offene Trainingshalle und sehr sichere Zimmer, machen das Hyatt zu einem der besten Hotels in Kathmandu. Es liegt ein paar Kilometer außerhalb an der Straße nach Bodhnath. Die Clubräume sind großartig für Paare; für 45 € extra gibt's Frühstück für zwei, Transfer zum Flughafen, Cocktails und WLAN.

Soaltee Crowne Plaza LUXUSHOTEL €€€
(☎01-4273999; www.crowneplaza.com/Kathman du; Tahachal; Zi. ab 155 €; ☒) Platz und Ruhe sind kostbar in Kathmandu. Das Soaltee hat davon massenhaft, genau genommen 4,5 ha. Auf dem herrschaftlichen Anwesen gibt's exzellente Restaurants, einen schönen Poolbereich und sogar eine Bowlingbahn. Im Gegenzug muss man mit einer lausigen Lage am Westrand der Stadt vorliebnehmen, mit dem Taxi sind es 15 Minuten bis ins Zentrum.

Essen

Das Restaurantangebot in Kathmandu ist erstaunlich. Mit Ausnahme der Kantine im UN-Gebäude gibt es wohl nur wenige Orte, an denen man zwischen indischem, chinesischem, japanischem, mexikanischem, koreanischem, nahöstlichem, italienischem oder irischem Essen wählen kann – alles in fünf Minuten zu Fuß zu erreichen. Nach wochenlangem Trekking im Gebirge fühlt sich Kathmandu wie das Schlaraffenland an.

Die Restaurantszene in Thamel wird seit Jahren besser und besser; die meisten Lokale verlangen für ein Hauptgericht zwischen 4 € und 6 €, plus 24 % Steuer. In den meisten Lokalen verdoppelt eine Flasche Bier den Rechnungsbetrag. Ein preiswertes Essen zu finden, ist schwierig, aber wer sucht, der findet (noch).

Viele Restaurants in Kathmandu versuchen, von allem etwas anzubieten – Pizza, Momos, Indisches Curry, dazu ein bisschen Thailand und ein Teller Mexiko. Kein Wunder, dass spezialisierte Restaurants auch das beste Essen servieren.

Wer sich von dem Verkehr in der Stadt überfordert fühlt, kann bei Foodmandu (www.foodmandu.com) sein Essen online oder per App aus 170 angeschlossenen Restaurants in Kathmandu bestellen. Der Preis richtet sich nach der Entfernung, liegt aber meist unter 100 NPR; Bestellungen sind bis 20.30 Uhr möglich.

Thamel-Mitte

Die Kreuzung vor dem Kathmandu Guest House ist das Epizentrum der Restaurantszene von Thamel; im Umkreis von einer Minute Fußweg in alle Richtungen findet man Dutzende von exzellenten Restaurants. Zur Hochsaison im Oktober empfiehlt sich in den meisten Restaurants, einen Tisch vorzubestellen.

Pumpernickel Bakery BÄCKEREI €
(Karte S.98; Kuchen/Sandwiches 100/350 NPR; ⊙7–19 Uhr) Jeden Morgen drängen sich im angenehmen Garten hinter dem Haus Touristen mit müden Augen und bestellen frische Croissants, bestes Brot und einen belebenden Espresso. Zur Mittagszeit gibt's leckere Sandwiches.

Momo Hut TIBETISCH €
(Karte S.98; Narsingh Chowk; Momos 200–250 NPR; ⊙10–22 Uhr) Momos mit Wasserbüffelfleisch, mit Pilzen, Käse, Spinat, Straußenfleisch, Schokolade – ob süß oder würzig, gedünstet oder gebraten ... Es wäre ehrlich ein Fehler, keine Momos zu essen. Für 50 NPR extra werden sie mit köstlicher Sesam-Erdnuss-Sauce *(jhol momo)* serviert. Für 1500 NPR kann man sogar einen Kurs (8 Uhr) belegen, um Momos selbst zu machen.

Mustang Thakali Chulo NEPALESISCH €
(Karte S.98; ☎01-4248083; Dal Bhat ab 245 NPR; ⊙10–15.30 & 17.30–21.30 Uhr) Das Lokal im 2. OG bietet leckeren lokalen Thakali Dal Bhat (Reis, Curry und Linsensuppe) oder Curry mit Reis an; bekannt ist es für sein Manangis. Es ist ruhig, intim (man sitzt in Nischen) und vor allem authentisch. Die exotische Spezialität *thali* wird mit Kürbiscurry und *gidiful* (Ziegengehirn) serviert.

Thakali Bhanchha NEPALESISCH €
(Karte S.98; ☎01-4701910; Chaksibari Marg; Dal Bhat ab 300 NPR; ⊙10–23 Uhr) Wer sich nach langer Reise durchs Land an nepalesisches Essen gewöhnt hat, ist mit diesem Restaurant im Obergeschoss bestens bedient. Arbeiter aus Thamel essen hier gerne zu Mittag. Die meisten bestellen das schmackhafte, unergründliche Dal Bhat, aber es stehen auch verschiedene Thakali-Biersnacks auf der Karte, wie gebratenes

bandel (Wildschwein) und geröstete *bhatmas* (Sojabohnen).

Wer sich vollends als Einheimischer fühlen möchte, ersetzt den Reis noch durch *dhido,* eine teigige Buchweizenpaste, die von Millionen von Nepalesen tagtäglich gegessen wird.

Dream Garden Restaurant INTERNATIONAL €€
(Karte S. 98; Hauptgerichte 500–600 NPR) Das Gartenlokal des Kathmandu Guest House hat definitiv das nobelste Ambiente der Stadt, und das zu Preisen wie die anderen Lokale in Thamel. Auf der Karte stehen indische Gerichte, wie Fisch-Tikka, aber auch Sandwiches, Steaks und anderes Gebratene, und es ist ein ruhiges Plätzchen für einen Drink vor dem Essen.

Roadhouse Café PIZZA €€
(Karte S. 98; ☎ 01-4262768; www.roadhouse. com.np; Arcadia Building, Chaksibari Marg; Pizza 600–650 NPR; ☺ 11–22 Uhr; ☎) Dieses gut geführte Lokal überzeugt mit Pizzen aus dem Holzofen und dem warmen, intimen Ambiente; hinter dem Haus sitzt man im Hof im Freien. Die Salate, Sandwiches, Desserts (heiße Brownies mit Eis) und der Espresso sind Spitzenklasse.

Or2k NAHÖSTLICH €€
(Karte S. 98; ☎ 01-4422097; www.or2k.net; Mandala St.; Hauptgerichte 300–500 NPR; ☺ 9–23 Uhr; ☎ ☎) Das helle, geschäftige und seit Langem beliebte israelische vegetarische Restaurant ist bekannt für seine frischen, leichten Gerichte aus dem Nahen Osten mit vielen veganen und glutenfreien Optionen. Auf der Karte stehen *fatoush*-Salat, Zucchini- und Pilzpastete und *ziva* (mit Käse gefüllte, lange Teigtaschen), dazu Mezes-Teller mit Hummus, Falafel und *labane* (saurer Frischkäse).

Die Gäste sitzen hier auf Kissen auf der Erde und müssen die Schuhe ausziehen – vorher also Socken checken! Der beliebte Stand auf der Straße verkauft Falafel-Wraps zum Mitnehmen.

New Orleans Café INTERNATIONAL €€
(Karte S. 98; ☎ 01-4700736; www.neworleansca fektm.com; Hauptgerichte 370–500 NPR; ☺ 8–22.30 Uhr; ☎ ☎) Das New Orleans liegt versteckt in einer Gasse in der Nähe des Kathmandu Guest House. Das Café punktet mit intimer Kerzenbeleuchtung, edlem Blues- und Jazzsound und mit Livemusik mittwochs und samstags. Die meisten Leute kommen her, um einen Drink zu neh-

men, aber auf der Karte stehen auch verschiedenste Gerichte, von Thai-Curry bis zum kreolischen Jambalaya – sogar im Ofen geröstete Veggies. In der Hauptsaison gibt's keinen Tisch ohne Vorbestellung.

Forest & Plate GESUNDE KOST €€
(Karte S. 98; ☎ 01-4701161; Sagarmatha Bazaar, Mandala St.; Salate 490–590 NPR; ☺ 11–21.30 Uhr; ☎ ☎) Wer auf Healthfood steht und sich nach Kohl und Quinoa sehnt, ist hier genau richtig, denn das Lokal hat sich auf Biosalate spezialisiert. Die raffinierten Kreationen strotzen nur so von frischen Aromen und Spitzenzutaten – immerhin gibt's für die Fleischesser aber auch einige Gerichte mit Steak und Hühnerfleisch. Dank der Lage auf dem Dach über dem Himalayan Java und der bestens ausgestatteten Bar ist es auch ein guter Ort, um Cocktails zu schlürfen.

Friends Restaurant INTERNATIONAL €€
(Karte S. 98; ☎ 01-4700063; Mandala St.; Hauptgerichte 300–600 NPR; ☺ 9–22 Uhr; ☎) Das Friends wird von den Betreibern des Or2k geführt, ist aber weniger grunge und mehr erwachsen. Die israelischen Wurzeln schlagen bei Hummus, *shawarma* und *borek* (Blätterteigpastete) durch, doch auf der Karte stehen auch Frühstück, Burger, Pizza und ein besonders leckerer thailändischer Rindfleischsalat. Die Einrichtung ist warm und entspannt mit nackten Ziegelwänden und rustikalen Tischen, der Service ist meist gut. In den Preisen ist nur die Steuer, nicht der Service enthalten.

Black Olives INTERNATIONAL €€
(Karte S. 98; ☎ 01-4700956; www.blackolivesca fethamel.com; Chaksibari Marg; Hauptgerichte 500–600 NPR; ☺ 7–22.30 Uhr; ☎) Liegt's am kostenlosen *papad* (Pappadam) mit Salsa während der Happy Hour oder an den superfreundlichen Angestellten? Wir mögen dieses verlässliche Gartenrestaurant. Auf der Karte findet sich für jeden etwas, wie gute Burger und Salate, dazu Gerichte der Jahreszeit, offene Weine und Livemusik am Samstag.

Hankook Sarang KOREANISCH €€
(Karte S. 98; ☎ 01-4256615; Hauptgerichte 350–750 NPR; ☺ 10–22 Uhr) Das Hankook ist eine seltene Kombination von authentischer Küche und vernünftigen Preisen. Zu den würzigen koreanischen Hauptgerichten gibt's knackigen Kimchi, Salate, Suppen, getrockneten Fisch, süße Bohnen und grü-

SPAZIERGÄNGE DURCH KATHMANDUS ALTSTADT

In den Nebenstraßen Kathmandus drängen sich wunderschöne Tempel, Schreine und Skulpturen, vor allem in dem belebten Labyrinth aus Gassen und Höfen nördlich des Durbar-Platzes. Diese verborgenen Schätze aufzuspüren, ist ein wirkliches Highlight.

In der Altstadt wimmelt es von traditionellen Märkten, Tempeln, *tole* (Straßen), *bahal* (Höfe von buddhistischen Klöstern), *bahil* (Höfe von Wohnhäusern) und *chowk* (Kreuzungen), auf denen sich das traditionelle Leben der Nepalesen abspielt. Der Museumscharakter Kathmandus erschließt sich nur dem Traveller, der auf eine 1000 Jahre alte Statue stößt – in westlichen Museen würde sie als Kostbarkeit präsentiert – die in manchen Wohnhöfen als Spielzeug oder Anker für eine Wäscheleine dient.

Die interessantesten Märkte und wichtigsten Tempel erschließen sich auf dem Spazierweg (S. 84) durch die Nebenstraßen zwischen Thamel und Durbar-Platz. Der Spaziergang (S. 88) südlich des Durbar-Platzes bietet nicht ganz so viele Sehenswürdigkeiten, dafür aber bessere Einsicht in das tägliche Leben der Stadtbewohner, ohne dauernd auf Touristen zu stoßen.

Wer nach den Spaziergängen Lust auf mehr verspürt, kann sich in Annick Holles Buch *Kathmandu the Hidden City* oder John Childs *Streets of Silver, Streets of Gold,* in denen die Höfe in den Nebenstraßen der Stadt beschrieben werden, Dutzende weiterer Anregungen holen.

nen Tee. Alternativ gibt es *bulgogi* (Rindfleisch) vom Grill, das am Tisch zubereitet und mit Salat gegessen wird. Auch die *kimbap* (vegetarische Reisröllchen) sind ihren Preis wert. Im Preis ist die Regierungssteuer enthalten.

Anfänger in der koreanischen Kochkunst sollten es mit *bibimbap* versuchen – Reis und Gemüse in einem Steintopf, denen dann Eier und süße Chilisauce beigemischt werden. Der Service ist freundlich, und die Gäste können sich zwischen Kissen auf dem Boden oder dem Gartenrestaurant entscheiden. Das Lokal befindet sich in einer Gasse in der Nähe der Tamas Spa Lounge.

Furusato JAPANISCH €€
(Karte S. 98; 01-4265647; feste Menüs 380–520 NPR; 10–21 Uhr) Das helle, beruhigende Furusato ist perfekt für ein leichtes Abendessen. Auf der Karte stehen Udon oder kalte Soba-Nudeln, *donburi* (Reisschalen), Bento-Boxen und *gyoza*-Teigtaschen (die japanische Version von Momos), obwohl die meisten Gäste sich für eines der festen Menüs entscheiden, die mit Salat (mit Sesamöl), Miso-Suppe und eingelegtem Gemüse serviert werden. Das Lokal liegt versteckt in einer Gasse gegenüber der Bäckerei Weizen.

Northfield Café INTERNATIONAL €€
(Karte S. 98; 01-4700884; www.northfieldcafe.net; Chaksibari Marg; Frühstück 200–315 NPR,

Hauptgerichte 415–650 NPR; 7–22.30 Uhr;) Wer den Tag nicht ohne ein richtiges Frühstück (etwa mit Waffeln und *huevos rancheros*) beginnen kann, wird sich in diesem angenehmen, großen Café wohlfühlen. Wer's nicht ganz so üppig angehen möchte, bestellt eben eine halbe Portion. Am Abend kommen dann exzellente mexikanische und indische Tandoori-Gerichte auf den Tisch, auf Anfrage auch schärfer. Für den nordamerikanischen Geschmack werden Burger, Nachos und sogar Pommes frites mit Chili und Käse (Chilli Cheese Fries) serviert.

Im Unterschied zu vielen anderen Restaurants in Thamel hat man hier viel Platz um sich herum. Im Winter ist die Feuerstelle draußen ein echter Pluspunkt; abends wird traditionelle nepalesische Musik gespielt; eines der wenigen Restaurants mit Kindertellern.

Revolution Café INTERNATIONAL €€
(Karte S. 98; www.revocafenp.com; Hauptgerichte 450–600 NPR; 7–22 Uhr;) Das Revolution ist eine vernünftige Option, wenn in Nord-Thamel der kleine Hunger kommt. Das ziemlich hübsche Café hat einen Hof, man kann also drinnen und draußen sitzen, dazu groovt im Hintergrund solider Blues. Kaffee und Fruchtsäfte sind gut, und die Speisekarte bietet jedem etwas, vom Biosalat mit Ziegenkäse bis zum Hähnchen Tikka Masala. Steuer und Service sind im Preis enthalten.

Third Eye
INDISCH €€€

(Karte S.98; ☏01-4260160; www.thirdeye.com.np; Chaksibari Marg; Hauptgerichte 475–650 NPR; ⊙11–22 Uhr) Das „dritte Auge" ist ein Favorit der gut betuchten Touristen. Es hat sich auf indisches Essen spezialisiert, vor allem die Tandoori-Gerichte sind außergewöhnlich gut, auch wenn die Portionen eher klein ausfallen. Die Gewürzmenge ist auf Touristenmaß reduziert – wer's schärfer mag, kann die effizienten (wenn nicht freundlichen) Kellner um mehr Schärfe bitten.

Am schönsten sitzt man am Fenster nach vorne raus (reservieren) oder im lockeren, hinteren Teil des Lokals auf Kissen an niedrigen Tischen; die Kerzenbeleuchtung garantiert intime Stimmung.

La Dolce Vita
ITALIENISCH €€€

(Karte S.98; ☏01-4700612; Chaksibari Marg; Pasta 485–560 NPR, Hauptgerichte 750–850 NPR, ein Glas Hauswein 410 NPR; ⊙11–22 Uhr) In Thamels bestem italienischen Bistro wird das Leben wirklich süß, wenn Köstlichkeiten wie Gnocchi mit Parmesan, Ziegenkäse und Spinatravioli oder eine Schokoladentorte (üppig, aber eine Sünde wert) auf dem Tisch stehen. Die Gäste müssen sich zwischen den rustikalen rot-weißen Tisch-

NEPALESISCHE & NEWAR-RESTAURANTS

Eine wachsende Zahl von Restaurants in der Stadt spezialisiert sich auf nepalesisches (meist newarisches) Essen. Viele davon haben in umgebauten Palästen aus der Rana-Zeit eröffnet und bieten feste Menüs mit oder ohne Fleisch an. Die Gäste sitzen auf Kissen an niedrigen Tischen. Dazu wird eine Kulturveranstaltung geboten, bei der Musiker und Tänzer „traditionelle" Lieder und Tänze aufführen. Das Spektakel zielt sehr auf Touristen, aber es garantiert eine stilvolle Abendunterhaltung. Für die meisten Restaurants empfiehlt sich in der Hochsaison eine Tischreservierung.

Ein Menü besteht aus einem halben Dutzend Gängen. Es beginnt meist mit einem Momos als Vorspeise und Hauptgerichten, wie *alu tareko* (gebratene Kartoffeln mit Kreuzkümmel und Kurkuma), *bandhel* (Wildschwein), *kukhura ko ledo* (Hähnchen in Sauce), *chicken sekuwa* (gegrilltes oder geräuchertes Fleisch), *alu tama kho jhol* (Bambussprosseneintopf) und *gundruk* (saure Suppe mit getrocknetem Gemüse) und zum Abschluss *shikarni* (süßer Joghurt mit Trockenfrüchten und Zimt) und Masala-Tee. Interessant ist auch *kwati*, eine Suppe mit einem Dutzend verschiedener Bohnensprossen, die während der Newar-Festivals angeboten wird.

Bhojan Griha (Karte S.74; ☏01-4416423; www.bhojangriha.com; Dilli Bazaar; feste Menüs 2000 NPR; ⊙11–14 & 17–22 Uhr) Das Bhojan Griha ist das ehrgeizigste unter den traditionellen Newar-Restaurants der Stadt. Es ist in einem restaurierten, 150 Jahre alten Haus im Dilli Bazaar östlich des Stadtzentrums untergebracht. Neben dem Essen lohnt sich der Besuch auch wegen der fantasievollen Renovierung dieses wunderschönen alten Hauses, in dem einst die Kaste der königlichen Priester wohnte. Um 19 Uhr beginnt eine Kulturveranstaltung.

Die meisten Sitze sind traditionell (eigentlich Kissen auf dem Boden), hier aber rücken- und knieschonende Stühle mit abgesägten Beinen. Um Abfall zu vermeiden, wird im gesamten Betrieb kein Plastik verwendet und das Mineralwasser in großen Gebinden gekauft und glasweise ausgeschenkt.

Thamel House (Karte S.98; ☏01-4410388; Paknajol; Hauptgerichte 300–700 NPR, feste Menüs vegetarisch/mit Fleisch 1050/1150 NPR; ⊙10–16 & 18–22 Uhr) Das Restaurant ist in einem traditionellen Newar-Haus untergebracht und platzt fast vor Atmosphäre; um 19 Uhr beginnt eine Tanzvorführung. Die Gäste können wählen: im Hof im Untergeschoss oder auf dem Balkon im Obergeschoss. Es wird traditionelles nepalesisches und Newar-Essen serviert; als Menü und à la carte. Das Lokal liegt sehr günstig zu Thamel.

Krishnarpan Restaurant (☏01-4470770; www.dwarikas.com; feste Menüs 30–55 €; ⊙18–21.30 Uhr) Dieses eindrucksvolle Restaurant im Dwarika-Hotel serviert mit das beste traditionelle nepalesische Essen. Die Atmosphäre ist großartig, die Zutaten stammen aus Bioanbau und das Essen wird regelmäßig von Kritikern gelobt. Bei den festen Menüs kann man von sechs bis zu Magen-sprengenden 22 Gängen wählen (55 €). Nur mit Tischbestellung; das Barbecuebüfett am Freitag (25 €) ist genauso beliebt.

tüchern und Terrakottafliesen im Haupt-restaurant, der luftigen Dachterrasse oder der Lounge mit zwei langen Tischen ent-scheiden, wo man auf die Thamel Chowk blickt; egal wo, die Atmosphäre und das Essen sind exzellent.

Yin Yang Restaurant THAILÄNDISCH €€€
(Karte S.98; ☎01-4425510; www.yinyang.com.np; Currys 600 NPR, Reis 125 NPR; ◷10–22 Uhr) Das Yin Yang gehört zu den meistgelobten Restaurants in Thamel. Es gibt authenti-sches thailändisches Essen, das um Klas-sen besser ist als das sogenannte „Thai-Essen" in anderen Lokalen. Das grüne Curry ist authentisch gewürzt; süßer schmeckt das Massaman-Curry mit Zwie-beln, Erdnüssen und Kartoffeln. Die Auswahl an Gemüse- und westlichen Ge-richten ist okay.

K-Too Steakhouse STEAKS €€€
(Karte S.98; ☎01-4700043; www.kilroygroup.com; Hauptgerichte 460–760 NPR; ◷10–22 Uhr; ☎) Hier ist sowohl das Essen als auch die warme, geschäftige Atmosphäre exzellent. Zu essen gibt's von Chili-Zitronengras-Hähnchen bis zu gesunden Salaten vieles, aber die meisten Gäste kommen wegen der Steaks ins K-Too. Das Pfeffersteak (760 NPR) mit frittierten Apfel-Momos, herunterge-spült mit einem Everest-Bier, ist ein Klassi-ker nach einem Trek. Im Garten ist es merk-lich ruhiger.

✗ Anderswo in Thamel

Yangling Tibetan Restaurant TIBETISCH €
(Karte S.74; Kaldhara; Momos 150–250 NPR; ◷So–Fr 12–21 Uhr) Das bescheidene Famili-enlokal zieht sowohl Einheimische als auch Touristen in Scharen an, denn hier werden die besten Momos der Stadt ser-viert (unbedingt die Hähnchen-Varianten probieren). In der Küche im Erdgeschoss werden Momos am Fließband hergestellt. Auch der suppige tibetische Buttertee und die leckere thenthuk (Nudelsuppe) lohnen einen Versuch. Das Lokal ist jüngst in eine weniger zentrale Lage im Westen von Tha-mel umgezogen.

Yak Restaurant TIBETISCH €
(Karte S.98; Hauptgerichte 170–350 NPR; ◷7–21.30 Uhr; ☎) Wir kehren regelmäßig zu diesem bescheidenen und verlässlichen Restaurant am Südrand von Thamel zu-rück. Die Nischen schaffen ein Ambiente von „tibetischem Dinner", zu dem auch die

Trekker, Sherpa-Guides und hier lebende Tibeter passen, die sich hier über einem tongba (heißes Hirsebier) und einem Teller kothey (gebratene Momos) mal wieder richtig ausquatschen möchten; Regie-rungssteuer ist im Preis enthalten.

Gaia Restaurant INTERNATIONAL €€
(Karte S.98; Jyatha; Hauptgerichte 400–550 NPR; ◷7–21 Uhr; ☎) In diesem beliebten und verlässlichen Lokal stimmt alles: gutes Frühstück, Salate, Sandwiches und Biokaf-fee in einem angenehmen Hofgarten, dazu Weltmusik, vernünftige Preise (inklusive Steuer) und guter Service. Das rote Thai-Curry ist erstaunlich gut, und das Hähn-chen choiyla (würziges, gegrilltes Fleisch) hat es in sich; in der langen Speisekarte, von Dal Bhat bis Möhrenkuchen, findet je-der etwas, was ihm schmeckt.

Utse Restaurant TIBETISCH €
(Karte S.98; ☎01-4257614; Amrit Marg; Hauptge-richte 200–485 NPR; ◷6–21 Uhr; ☎) Das Utse im Hotel gleichen Namens gehört zu den ältesten in Thamel (seit 1971!) und serviert noch immer exzellente tibetische Kost, wie authentischen Buttertee und selten ange-botene tibetische Desserts, wie dhay-shi (süßer Reis, Quark und Rosinen). Zwi-schen dem warmen, altmodischen Dekor fühlt man sich wie in einer Nebenstraße des alten Lhasa.

Ideal für ein Gelage zu mehreren ist gacok (auch gyakok geschrieben), eine Art Feuertopf. Der Name bezeichnet die Terri-ne aus Metall, in dem er am Tisch zuberei-tet wird (1250 NPR für zwei Personen). Die festen, extravaganten Menüs sind ebenfalls einen Versuch wert. Wer das Essen mag, kann das tibetische Kochbuch des Lokals kaufen und es selbst versuchen.

Mitho Restaurant INTERNATIONAL €€
(Karte S.98; www.facebook.com/mithorestaurant; JP Marg; Hauptgerichte 400–500 NPR; ◷7–22 Uhr; ☎) Das freundliche, coole Restau-rant am Rand von Thamel gibt sich Mühe, andere Gerichte anzubieten als die stink-normalen Touristenmenüs. Dazu gehören etwa frische Auberginen-Tagine, Hähn-chen-Tikka-Wraps und ein Wassermelo-nensalat mit Feta, natürlich auch viele gute indische Gerichte.

Das Ambiente ist modern mit gebürste-tem Beton und hellem Holz; im Oberge-schoss sitzt man auf einem schönen Bal-kon; im Preis sind alle Steuern inbegriffen.

KATHMANDU ESSEN

Rosemary Kitchen INTERNATIONAL €€

(Karte S.98; ☏01-4267554; www.rosemary-kit chen.net; Hauptgerichte 400–700 NPR; ⌚7–22 Uhr; 🛜) Hier gibt's von allem etwas: vom nepalesischen *choela*-Hähnchen und leckeren Thai-Currys bis zu frischen Salaten, selbst gebackenem Brot und offenen Weinen. Zur Auswahl stehen Plätze im edlen Innenraum oder dem kleinen Garten; in der Hochsaison unbedingt reservieren. In den Preisen ist die Regierungssteuer enthalten; zur Happy Hour (16–19 Uhr) kostet ein Everest-Bier nur 299 NPR.

Dechenling TIBETISCH, BHUTANESISCH €€

(Karte S.98; ☏01-4412158; Hauptgerichte 350–600 NPR, feste Menüs 800 NPR; ⌚8–21.30 Uhr; 🛜) Bezauberndes Gartenrestaurant/-bar, das mit gutem Himalaja-Essen punktet und dazu einem Innenhof, der zu den entspanntesten in Kathmandu gehört. Außerdem ist es eines der wenigen Lokale, die interessante Gerichte aus Bhutan anbieten, wie *kewa dhatsi* (Kartoffel- und Käse-Curry). Wem die Karte ein Rätsel bleibt, probiert am besten eines der großartigen tibetischen oder bhutanesischen Menüs.

Fire & Ice Pizzeria PIZZA €€€

(Karte S.98; ☏01-4250210; www.fireandicepizzeria.com; 219 Sanchaya Kosh Bhawan, Tridevi Marg; Pizzen 580–750 NPR; ⌚8–23 Uhr) Dieses ausgezeichnete und lockere italienische Lokal backt die besten Pizzen von Kathmandu (auch mit Vollkornteig, oder Pizza-Menüs), außerdem gibt's Frühstück, Smoothies, Crêpes und guten Espresso – dazu ein cooler Sound kubanischer Musik oder italienischer Opern. Es werden nur Spitzenzutaten verwendet, von den importierten Anchovis bis zur hausgemachten Tomatensauce. Plätze sind sehr begehrt, daher reservieren – man sitzt wie in einer Taverne an Holztischen mit anderen Gästen zusammen.

✖ Freak Street (Jhochhen) & Durbar-Platz

In der Freak Street gibt es ein paar preiswerte Restaurants, in denen einfache Gerichte billiger sind als in Thamel. Beim Sightseeing im Umfeld des Durbar-Platzes braucht man zu Mittag eine Stärkung, auch wenn man in einem anderen Viertel wohnt.

Kumari Restaurant INTERNATIONAL €

(Karte S.74; Freak St.; Hauptgerichte 150–300 NPR; ⌚9–21 Uhr; 🛜) Dieser einfache, aber freundliche Treffpunkt in der Nähe der Century Lodge gehört zu den wenigen Lokalen, die sich den warmen Charme vergangener Zeiten bewahrt haben. Wem das Innere zu düster ist, der sucht sich einfach einen Platz draußen. Hier gibt's alle Gerichte, die Traveller mögen – zu den billigsten Preisen Kathmandus.

Snowman Restaurant BÄCKEREI €

(Karte S.74; Freak St.; Kuchen 80–100 NPR) Das alteingesessene und entspannte Lokal wirkt vielleicht schäbig, aber es gehört zu den seltenen Orten Kathmandus, die bei Einheimischen wie bei nostalgischen Ex-Hippies gleichermaßen beliebt ist. Der Schokoladenkuchen wirkt seit über 40 Jahren wie ein Magnet auf die Traveller. Und wenn dann John Lennon „I am the Walrus" vom Band singt, ist der Spirit von 1967 voll wieder da ...

Cosmo de Café Restaurant INTERNATIONAL €€

(Karte S.78; Durbar-Platz; Hauptgerichte 350–500 NPR; ⌚10–20 Uhr) Unter den Touristenrestaurants auf Dachterrassen mit Blick auf den Durbar-Platz dürfte dieses das fairste sein. Natürlich ist der Anblick des zerstörten Maju-Deva-Tempels nicht mehr das, was er früher einmal war, aber die Auswahl der Gerichte ist gut und die Preise sind angemessen.

✖ Kathmandu-Mitte

Die Restaurants in Kantipath und Durbar Marg sind meist teurer als die in Thamel, dafür servieren sie bessere Qualität und einige davon sind ihren Preis wert.

Dudh Sagar INDISCH €

(Karte S.74; ☏01-4232263; Kantipath; Dosas 100–200 NPR; ⌚8–20 Uhr) Dieses Lokal ist genau das Richtige, um sich wieder an die südindische vegetarische Küche zu gewöhnen, beispielsweise mit Dosas, *idly* (Kuchen aus zerstoßenem Reis) und *uthapam* (pizzaartiger Pfannkuchen mit Reis und Dal), und bietet zum Abschluss ein breites Angebot an indischen Süßigkeiten auf Milchbasis. Ein Masala dosa gefolgt von *dudh malai* (Frischkäse in gefrorener Pistazienmilch) für 215 NPR ist ein großartiges Essen.

Baan Thai THAILÄNDISCH €€

(Karte S.74; ☏01-4231931; Durbar Marg; Currys 375–420 NPR; ⌚11–22 Uhr) Dieses einfache Lokal mit Blick auf die Durbar Marg ist

SKURRILES KATHMANDU

Kathmandu hat mehr als genug skurrile Eigenschaften; wie meist auf dem Subkontinent findet man im Umkreis von zehn Gehminuten zahllose Kuriositäten.

Die Flure des naturhistorischen Museums (S. 129) sind voller bizarrer, von Motten zerfressener Tiere, und der Inhalt der Gläser liegt irgendwo zwischen der Biosammlung einer Schule und dem *Blutgericht in Texas*. Eine 6 m lange Phytonhaut und ein neun Monate altes Nashornbaby garantieren Albträume. Die übrigen Exponate wirken wie zufällig zusammengewürfelt – ausgestopfte Vögel, die an ein Brett genagelt wurden, um die Verbreitung zu markieren oder ein Riesenhaufen Elefantendung vorne in der Ecke.

Auch das nahe Nationalmuseum (S. 128) hat reichlich Skurriles zu bieten: die Haut eines zweiköpfigen Kalbs, eine Sammlung gruseliger Puppen und das Porträt von König Prithvi Narayan Shah, der allen den Stinkefinger zeigt (soll wohl die Einheit der Nation symbolisieren ...).

Wenn es nach Reparatur der Erdbebenschäden wieder öffnet, dürfte sich auch das **Tribhuvan-Museum** (Karte S. 78) in Hanuman Dhoka wieder in die Galerie der schrulligen Sammlungen einreihen, mit königlichen Kostbarkeiten, wie der persönlichen Fallschirmspringer-Montur des Königs, seinem Filmprojektor und dem Wanderstock mit einem Schwert, das auf Federdruck herausspringt – total „007".

Kathmandus **Kaiser-Bibliothek** (Karte S. 98; ☎ 01-4411318; Komplex des Ministeriums für Erziehung und Sport, Ecke Kantipath & Tridevi Marg; ⊗ So–Do 10.30–16.30, Fr 10.30–14.30 Uhr) lohnt auf jeden Fall den Besuch. Sie enthält eine Sammlung historischer Reiseberichte und einen sehenswerten Hauptlesesaal mit antiken Globen, einem ausgestopften Tiger und Rüstungen, die jeden Augenblick zum Leben erwachen könnten.

Im Vergleich zu diesen abgefahrenen Highlights wirkt die Altstadt von Kathmandu ziemlich bieder. Hinter einem Gitter westlich der Kreuzung von New Road mit der Sukra Path stehen uralte **Feuerspritzen**. Bei Zahnschmerzen hilft vielleicht ein Besuch beim Gott der Zahnschmerzen (S. 84) gegenüber dem Sikha-Narayan-Tempel in der Altstadt. Der Gott wird durch ein winziges Bildnis in einem alten Holzstumpf repräsentiert, in den Hunderte von Nägeln und Münzen eingeschlagen wurden.

---

eine gute Wahl für authentisches thailändisches Essen. Als Vorspeisen gibt es unter anderem Kalmar-Salat und *som tam thai* (junge Papaya und Salat aus getrockneten Krabben), die Currys sind cremig und das *tom kha ghai* (Hühnersuppe mit Kokosmilch) im Feuertopf reicht für zwei.

Kaiser Café INTERNATIONAL, ÖSTERREICHISCH €€€
(Karte S. 98; ☎ 01-4425341; Garten der Träume, Tridevi Marg; Hauptgerichte 600–1650 NPR; ⊗ 9–22 Uhr) Die Qualität der Gerichte in dem Café-Restaurant im Garten der Träume ist hoch (es wird vom Dwarika's Hotel betrieben). Hier trifft man sich zu einem leichten Essen (saftige Crêpes oder selbst zusammengestellte Sandwiches), einem ruhigen Frühstück oder bei einer Kanne Tee oder etwas Härterem. Viel wichtiger ist jedoch, dass dieses Café vor allem in der Morgendämmerung eine der romantischsten Locations der Stadt ist.

Als Verbeugung vor Österreich, das den Betrieb finanziert und betreibt, gibt's natürlich Wiener Schnitzel und Sachertorte.

Die Betreiber bezeichnen ihre Fleischbällchen als „einen der großartigsten Barsnacks der Welt". Wer hier essen möchte, muss den Eintritt in den Garten bezahlen.

Mezze MEDITERRAN €€€
(Karte S. 74; ☎ 01-4223087; Mercantile Plaza, Durbar Marg; Hauptgerichte 350–700 NPR; ⊗ 10–23 Uhr) Das hippe Bar-Restaurant auf der Dachterrasse über der Durbar Marg hat den Charme eines Kaufhauses. Die offene Küche und die sagenhafte Lage auf dem Dach sorgen jedoch für einen Hauch von Glamour. Auf der Karte stehen gute Salate, Mezzes-Teller, Paninis und Pizza, wobei im Sommer auch eine Sangria oder Cocktails unter den Sternen nicht zu verachten sind.

Old House FRANZÖSISCH €€€
(Karte S. 74; ☎ 01-4250931; www.theoldhouse. com.np; Lal Durbar Marg; Hauptgerichte 800–1250 NPR; ⊗ 9–23 Uhr) Das bezaubernde Restaurant in einem 200 Jahre alten Rana-Palast ist leicht zu übersehen. Es hat sich

auf französisch-nepalesische Gerichte spezialisiert, von leichten Sandwiches zur Mittagszeit (400–500 NPR) und Salaten bis hin zu festen Degustationsmenüs mit fünf Gängen (2900 NPR). Unter den außergewöhnlichen Gerichten finden sich etwa Forelle mit Limette, Hähnchenkeulen mediterran mit Oliven, Speck und Weinsauce und tolle Desserts wie Limettenquark an Mandelcreme.

Außerdem ist das Old House ein stylisher Ort, um im friedlichen Garten einen Kaffee oder in der Patio-Bar etwas Härteres zu trinken.

Koto Restaurant JAPANISCH €€€
(Karte S. 74; ☎01-4226025; Durbar Marg; Sushi 370–690 NPR, feste Menüs 980 NPR; ⏰11.30–15 & 18–21.30 Uhr) Von dem lange eingeführten Koto gib es inzwischen einen Ableger direkt neben dem alten Restaurant auf der Durbar Marg; die südliche Filiale hat mehr Sushi und Nigri auf der Karte, das nördliche mehr Sukiyaki und frische Makrelen. Daneben bieten beide ein breites Spektrum anderer japanischer Gerichte an, außerdem mehrere feste Menüs und Bento-Boxen.

Kotetsu JAPANISCH €€€
(Karte S. 74; ☎01-6218513; Lainchaur; Sushi 800–900 NPR, feste Menüs 1600 NPR; ⏰Mo–Fr 12–14 & 17.30–21.30, So 17.30–21.30 Uhr) Es gehört schon etwas Mut dazu, mitten im Himalaja Sushi zu bestellen, aber wer rohen Fisch kennt und schätzt, hält in der Regel das Koketsu für das beste japanische Restaurant der Stadt. Die Meeresfrüchte werden frisch von Thailand eingeflogen. Die Gäste treffen sich an der Theke zum Teppanyaki-Grill. Das Restaurant befindet sich im Ambassador Hotel am Südrand von Lazimpat.

Ghar-e-Kebab INDISCH €€€
(Karte S. 74; Durbar Marg; Hauptgerichte 550–850 NPR, Reis 300 NPR; ⏰12–22 Uhr) In dem Restaurant im Hotel de l'Annapurna auf der Durbar Marg bekommt man mit das beste nordindische und Tandoori-Essen der Stadt. Indische Miniaturen an der Wand und eine holzgeschnitzte Decke sorgen für ein schönes Ambiente, und abends werden klassische indische Musik gespielt und traditionelle *ghazals* (Liebeslieder) in Urdu gesungen. Ein Tipp für Schleckermäuler: unbedingt das Pistazien-Sorbet als Nachtisch probieren.

 ## Anderswo

Saigon Pho VIETNAMESISCH €€
(☎01-4443330; Lazimpat; Hauptgerichte 350–550 NPR; ⏰10–22 Uhr; 🌐) Das authentische, von Vietnamesen geführte Restaurant in Lazimpat duftet intensiv nach Koriander, Zitronengras und Fischsauce. Es gibt leichte, köstliche Gerichte, wie Wraps mit Reis und Krabben, Frühlingsrolle, Salat aus grüner Papaya, eine große Auswahl *pho-Nudeln* und leckeres *ca kho gung* (Fischeintopf mit Ingwer und Zwiebeln). Die Plätze auf dem oberen Balkon sind toll.

Überall in der Stadt machen neue Filialen auf, eine davon am Südrand von Thamel (2018).

Chez Caroline FRANZÖSISCH €€€
(Karte S. 74; ☎01-4263070; www.chezcarolinenepal.com; Hauptgerichte 600–1600 NPR; ⏰9.30–22 Uhr) Caroline im Baber Mahal Revisited ist ein stilvolles Bistro im Freien, das bei Auswanderern sehr beliebt ist. Auf der Karte stehen französisch beeinflusste Hauptgerichte, wie Tart mit Wildpilzen und Walnusssauce, Roquefortsalat und Crêpes Suzette mit Sorbet von Passionsfrüchten, außerdem köstliche Quiches und Pasteten, täglich wechselnde Spezialitäten und ein entspannter Wochenend-Brunch (1250 NPR) sowie viele Desserts, Tees und Weine. Der ideale Aperitif vor dem Shoppen am Nachmittag ist ein schneller Pastis (Likör mit Anisaroma) mit Minzsirup.

1905 Suites INTERNATIONAL €€€
(Karte S. 74; ☎01-4411348; www.1905suites.com; Naryanchaur; Hauptgerichte mittags 600 NPR, Hauptgerichte abends 1000–1500 NPR; ⏰8–22 Uhr) Dieses noble Restaurant ist die reizvolle Residenz eines ehemaligen Musikers am Rana-Hof. Ein Glaspavillon setzt Akzente im hübschen Garten. Die Gerichte reichen von Snacks wie Tapas und einem ganztägigen Frühstück bis zu Wraps und Salat zu Mittag sowie Umfangreicherem zum Abendessen – äußerst romantisch, um einige Drinks zu schlürfen (zwischen 17 und 19 Uhr mit 30 % Nachlass).

Selbstversorger

Mehrere gut sortierte Supermärkte im Umfeld des zentralen Thamel Chowk bieten Proviant für Trekker an, wie Nudeln, Nüsse, Trockenfrüchte und Käse. Preiswerter sind die Filialen der Supermarktkette **Bluebird Mart** (Karte S. 74; www.bluebirdmart.

com.np; ⊙ 9–21 Uhr), einer liegt direkt östlich des Durbar-Platzes; **Big Mart** (Karte S.74; Lazimpat; ⊙ 7–21 Uhr) in Lazimpat am Radisson Hotel und **Bhat Bhateni Supermarket** (Karte S.74; www.bbsm.com.np; Bhatbhateni; ⊙ 7.30–20.30 Uhr) südlich der Chinesischen Botschaft.

Garet Express   SANDWICHES €
(Karte S.98; Baguettes ab 250 NPR; ⊙ 9–23 Uhr) Es gibt mehrere Sandwichläden in Thamel, doch diese Épicerie im französischen Stil übertrifft sie alle. Empfehlenswert sind Nak-Käse aus Jiri, französische Chorizos oder Schinkenaufstrich. Wer seine Sandwiches lieber selbst zusammenstellt, kann die Feinkostregale plündern und französischen Camembert, Pâté, Biomarmelade und Baguette kaufen.

Bäckerei Weizen   BÄCKEREI €
(Karte S.98; Chaksibari Marg; Gebäck 70–120 NPR, Hauptgerichte 400–500 NPR) Diese Bäckerei bietet vernünftige Kuchen, Brot und Gebäck an; nach 20 Uhr kosten die Backwaren nur noch die Hälfte. In dem daran angeschlossenen, angenehmen Gartencafé **Rickshaw** kann man in Ruhe frühstücken oder sich interessante Gerichte, wie Salat mit Roter Bete, Feta und Walnüssen und einen Feta-und-Walnuss-Burger schmecken lassen.

Curry Kitchen/Hot Bread   BÄCKEREI €
(Karte S.98; Gebäck 70–120 NPR; ⊙ 6–22 Uhr) Diese Bäckerei an der Hauptkreuzung in Thamel führt einen schwunghaften Handel mit Sandwiches, Brötchen, Pizzastücken und Gebäck. Dazu noch einen Espresso, und ab nach oben auf die sonnige Terrasse für ein gemütliches Frühstück; für unterwegs wäre ein Brötchen mit Schinken und Gemüse besser. Nach 21.30 Uhr kosten die Backwaren nur noch die Hälfte.

Organic Farmers Market   MARKT €€
(www.lesherpa.com.np; Restaurant Le Sherpa, Maharajganj; ⊙ Sa 9–12 Uhr) Der Bio-Wochenmarkt im Le Sherpa Restaurant ist unter Einwanderern beliebt, die hier französischen Käse, Marmelade, Brot und Biogemüse kaufen. Der Markt liegt ungünstig für die Besucher, die in Thamel wohnen.

🍷 Ausgehen & Nachtleben

In Thamel gibt es viele Bars, alle in kurzer Gehentfernung voneinander. Am besten schneit man einfach hinein und checkt, ob das Publikum oder Stil passt. In vielen spielen Livebands, wenn auch häufig mit immer denselben Playlisten. Die meisten Bars in Thamel schließen um 23 Uhr, freitags und samstags um Mitternacht.

Ein Bier kostet zwischen 450 und 550 NPR, zusätzlich 23 % Steuer. Die meisten Läden bieten in der Happy Hour zwischen 17 und 20 Uhr zwei Cocktails zum Preis von einem und Bier zu etwas ermäßigten Preisen an.

Bei den schäbigen „Dance Bars" oder „Shower Dance Bars" ist Vorsicht geboten. Auch wenn viele auf den ersten Blick harmlos aussehen, dienen sie tatsächlich als Fassade für Frauen, die zur Prostitution gezwungen werden.

Himalayan Java   CAFÉ
(Karte S.98; ✆ 01-4422519; www.himalayanjava. com; Tridevi Marg; Kaffee/Snacks 130/400 NPR; ⊙ 7–21 Uhr; 🖰) In den Filialen dieses modernen, viel besuchten Cafés kann man sich mit dem Laptop in ein Sofa sinken lassen und mit einem Caffè Americano den Puls hochtreiben. Im Angebot sind Frühstück, Paninis, Salate und Kuchen. Die Hauptfiliale an der Tridevi Marg hat einen Balkon, viele Sofas und einen Großbildfernseher für Sportereignisse, aber eine Atmosphäre wie im Hotelfoyer. Die kleinere **Filiale**, die sich auf der Mandala Street in Thamel befindet (Karte S.98; Mandala St.; ⊙ 7–21 Uhr), ist ruhiger.

Jatra   LOUNGE
(Karte S.98; ✆ 01-4211010; Chaksibari Marg; Cocktails 400 NPR; ⊙ 10–23 Uhr; 🖰) Ein ruhiges, intimes und ziemlich cooles Lokal für ein Bier mit Newar-Snacks oder ein Abendessen (Hauptgerichte 450–600 NPR). Die Sitzplätze drinnen und draußen sind großzügig, der Sound Weltmusik, und freitags spielt Livemusik. In der Happy Hour zwischen 17 und 19 Uhr gibt's zwei Cocktails zum Preis von einem.

Sam's Bar   BAR
(Karte S.98; ⊙ 16–1 Uhr) Hier treffen sich schon seit Langem die Trekkingguides, Bergführer und andere Stammkunden aus Kathmandu. Jeden Samstag wird Reggae gespielt. Die Bar liegt versteckt nördlich der Saatghumti-Kreuzung (die Treppe hochgehen).

Maya Cocktail Bar   COCKTAILBAR
(Karte S.98; Cocktails 600 NPR, Hauptgerichte 570–715 NPR; ⊙ 11–24 Uhr) In der seit Langem beliebten Bar gibt's zwischen 16 und

22 Uhr zwei Cocktails zum Preis von einem (einige nur bis 19 Uhr). Das und die Salsamusik aus der Stereoanlage garantieren auf jeden Fall einen guten Start in den Abend. Gegen den Hunger helfen ordentliche mexikanische Enchiladas und Chimichangas (zu einem Hauptgericht wird wieder ein kostenloser Cocktail serviert). Zur Happy Hour am Wochenende sind die Snacks umsonst.

Tom & Jerry Pub
BAR

(Karte S.98; ☑ 9851072794; www.tomnjerryktm.com; Chaksibari Marg; Bier ab 450 NPR; ☺ So–Do 15–1; Fr & Sa. 15–2 Uhr) In dieser alteingesessenen, etwas chaotischen Bar im Obergeschoss stehen Poolbillards, und es gibt eine Tanzfläche. An den meisten Wochenenden spielt Livemusik, und regelmäßig finden Partys statt; Donnerstag ist Lady's Night.

⭐ Unterhaltung

Die Nepalesen gehen früh ins Bett, und selbst in Kathmandu sind nach 22 Uhr nur wenige Menschen auf der Straße. Das trifft besonders dann zu, wenn die politische Situation der Hauptstadt angespannt ist.

Große Sportveranstaltungen wie Fußballspiele der englischen Premier League und Formel-I-Rennen verfolgen die Gäste in allen größeren Bars im Fernsehen.

Kasinos

Die meisten Kasinos Kathmandus sind den Fünf-Sterne-Hotels angeschlossen und 24 Stunden geöffnet. Wenn es Probleme mit Steuerschulden gibt, werden sie von der Regierung geschlossen. Der Einsatz wird in indischen Rupien oder US-Dollars gemacht, und man darf den Gewinn ausführen (in der gewonnenen Währung). Die wichtigsten Spiele sind Roulette und Blackjack. Die meisten Spieler kommen aus Indien, während Nepalesen die Kasinos offiziell nicht betreten dürfen.

Casino Royale
KASINO

(Karte S.74; ☑ 01-4271244; ☺ 24 Std.) Smoking aus dem Rucksack holen, die beste Sean-Connery-Imitation üben („Aaah, Mish Moneypenny ...") und sich in die Schlange vor dem ehemaligen Rana-Palast im Yak & Yeti Hotel einreihen. Wer lange genug an den Tischen spielt (nicht an den einarmigen Banditen), wird vielleicht von den Angestellten zum Dinnerbüfett geführt – die russischen Tänzerinnen sind aber schon auf dem Weg zurück nach Moskau.

Musik

In der Hochsaison kämpfen freitag- und samstagnachts in einigen Restaurants in Thamel die Coverbands darum, wer am lautesten spielt. Ohren auf und den Sounds von Bryan Adams oder Coldplay-Songs folgen.

In den Restaurants der Spitzenhotels finden gelegentlich kulturelle Veranstaltungen statt. Dann ziehen sich einheimische Jugendliche traditionelle Kleidung über die Jeans und führen die Tänze der ethnischen Minderheiten Nepals auf. Dazu spielt eine Liveband mit Tabla, Harmonium und Gesang.

House of Music
LIVEMUSIK

(Karte S.98; ☑ 9851075172; www.houseofmusic nepal.com; Amrit Marg; Gedeck 300–500 NPR; ☺ Di–So 11–23 Uhr) Wer in Kathmandu original Nepal-Rock, Reggae und R'n'B-Musik hören möchte (meist freitags und samstags), ist in dieser Bierbar genau richtig. Die Musik in dieser Bar im Norden von Thamel ist um Klassen besser als im Zentrum. Die Konzerte werden auf der Facebookseite des Lokals angekündigt (www.facebook.com/houseofmusicnepal). Das House of Music gehört zum Teil übrigens dem Drummer von 1974AD, einer der bekanntesten Bands von Nepal.

Jazz Upstairs
LIVEMUSIK

(Karte S.74; ☑ 01-4416983; www.jazzupstairs.com; Lazimpat; Konzerte 600 NPR; ☺ 12–24 Uhr) Der Weg raus nach Lazimpat lohnt sich an jedem Mittwoch und Samstag. Dann wird in dieser winzigen Bar im Obergeschoss ab 20 Uhr Livejazz gespielt; sie ist vor Kurzem in eine neue Location im obersten Stock umgezogen. Die Bühne ist klein, die Atmosphäre freundlich und die Gäste eine bunte Mischung aus Einheimischen und Expats. Montags wird Blues gespielt.

Kinos

Leider ist das Video-Café, das durch Pico Iyers Buch *Video Night in Kathmandu* berühmt geworden ist, durch DVD-Läden ersetzt worden.

QFX Jai Nepal Cinema
KINO

(Karte S.74; ☑ 01-4442220; www.qfxcinemas.com; 315 Narayanhiti Marg; Tickets 230–340 NPR) Definitiv der beste Ort, um die neuesten Hindu- oder Nepal-Hits im Bollywood-Stil zu erleben. Selbst wenn man kein Wort von den Dialogen versteht, ist der Spaß, den einem diese „Masala-Filme" machen, kaum zu toppen.

QFX Civil Mall KINO

(Karte S.74; ☑01-4442220; www.qfxcinemas.com; 7. OG, Civil Mall, Sundhara; Tickets 310–560 NPR) Das wichtigste Kino für Hollywood-Blockbuster in Englisch; die Vormittagvorstellungen in der Woche kosten nur die Hälfte.

 ## Shoppen

Kathmandu bietet die besten Einkaufsmöglichkeiten des ganzen Landes. Hier ist alles zu finden, was in den Zentren des Tals hergestellt wird. In den neu eingerichteten Fußgängerzonen von Thamel kann man sehr angenehm einkaufen; hoffentlich bleiben die autofreien Zonen bestehen. In anderen Straßen herrscht noch immer das pure Verkehrschaos. Wenn der Stresslevel steigt, zieht man sich besser in ruhige Nebenstraßen oder einen Garten zurück.

In Thamel wird ausgezeichnete Ausrüstung für Trekkingtouren verkauft, solange die Originalprodukte angeboten werden (was auch selbstverständlich ist). Die meisten „Columbia" und „North Face"-Fleecejacken sind chinesische Kopien oder im Land aus importiertem Fleece und Goretex genäht.

Dutzende von hervorragenden Buchläden in Kathmandu haben eine breite Auswahl an Büchern über den Himalaja im Angebot, auch Bücher, die außerhalb des Landes nicht erhältlich sind. Viele der Läden kaufen die Bücher für die Hälfte des Kaufpreises wieder zurück.

Das Angebot für Touristen ist unüberschaubar – Kuriositäten, Kunstobjekte und Trödel. Das meiste kommt nicht aus Tibet, sondern aus der einheimischen Gemeinde Tamang. Gebetsfahnen und -mühlen sind beliebte Souvenirs auf dem Durbar-Platz, Bodhnath und Swayambhunath; die Händler erwarten, dass der Kunde handelt.

In der Regel ist die Auswahl der Handwerksarbeiten oder ungewöhnlichen Objekte in den Herstellungsorten besser: in Jawalakhel (südliches Patan) tibetische Teppiche, in Patan Statuen aus Metallguss, in Bhaktapur Holzschnitzereien und Masken in Thimi. In Patan gibt es auch Fair-Trade-Läden mit gutem Angebot.

Nicht vergessen: Über 100 Jahre alte Antiquitäten dürfen nicht ausgeführt werden, daher sollte man sich bei größeren Anschaffungen eine Rechnung mit Beschreibung aushändigen lassen. Das **Ministerium für Archäologie** (Karte S.74; ☑01-4250683; www.doa.gov.np; Ramshah Path, Kathmandu; ⊙Sa 10–14, So-Do 10–15 Uhr) kann das Objekt in Zweifelsfällen bewerten.

Mahaguthi HAUSHALTSWAREN

(Karte S.74; ☑01-4438760; www.mahaguthi.org; Lazimpat; ⊙So-Fr 10–18.30, Sa 10–17 Uhr) Gute Auswahl von Kunsthandwerk und Hausmobiliar, vieles davon aus Werkstätten für Behinderte oder Minoritäten. Die Preise für Pashminas sind transparent (2325 NPR für ein Pashmina-Seide-Mischgewebe), und Kreditkarten werden akzeptiert. In Kopundol in Patan befindet sich, neben anderen Fair-Trade-Läden, eine größere Filiale (S.165).

One Tree Stop DESIGN

(Karte S.74; www.facebook.com/onetreestop; Durbar Marg; ⊙11–19 Uhr) Es lohnt sich, in der kleinen, aber interessanten Kollektion zu stöbern. Die qualitätsvollen, einzigartigen Geschenke werden von einer handverlesenen Auswahl von Frauengruppen, NGOs und lokalen Design-Studios hergestellt. Um nach der Wühlerei wieder runterzukommen, steigt man die Treppe hinauf ins reizende **One Tree Café** unter einem alten Banyanbaum und genießt einen Kaffee, der von meist schwerhörigen Kellnern serviert wird.

Baber Mahal Revisited KUNSTHANDWERK

(Karte S.74; www.babermahal-revisited.com) Diesen einzigartigen Komplex ließ der Premierminister 1919 für seinen Sohn erbauen. Die klassizistischen Rana-Paläste wurden in ein Gewirr aus Stoffläden, Designer-Galerien und Geschäfte für Kunsthandwerk umgestaltet. Außerdem enthält der Komplex mehrere Spitzenrestaurants und stylishe Bars und wurde damit zur edelsten Shoppingadresse der Stadt – mit Preisen so hoch wie die Qualität.

Paper Park PAPIERPRODUKTE

(Karte S.98; ☑01-4700475; www.handmadepaperpark.com; Chaksibari Marg; ⊙10–21 Uhr) Einer der besten Papierläden in Thamel. Er verkauft Produkte aus handgeschöpftem Papier, von Fotoalben bis zu Papierlampen. Das Papier wird aus der Rinde der *lokta* (Seidelbast) hergestellt: Sie wird gekocht und mit hölzernen Schlegeln bearbeitet, bevor die Papiermasse über einen Rahmen gespannt und getrocknet wird. Das Endprodukt, das für alle offiziellen nepalesischen Dokumente verwendet wird, lässt sich falten, ohne zu knittern.

Shona's Alpine Rental SPORT & OUTDOOR
(Karte S.98; ☑01-4265120; Amrit Marg; ⊙10–
21 Uhr) Der zuverlässige Laden verleiht und
verkauft Ausrüstung; sie stellen einen eigenen Schlafsack her und beraten die Kunden bei der Auswahl der besten Ausrüstung für einen Trek. Man sollte sich
allerdings für wärmere Ausführungen entscheiden, als sie empfehlen. Schlafsäcke
(70–120 NPR pro Tag) und Daunenjacken
(50–60 NPR) kann man leihen; die Kaution beträgt etwa 8000 NPR.

Tibet Book Store BÜCHER
(Karte S.98; ☑01-4415788; Tridevi Marg; ⊙10–
19 Uhr) Der Buchladen gehört der tibeti-

THAMEL: DIE ULTIMATIVE EINKAUFSLISTE

Thamel hat das umfangreichste Ladenangebot des Landes, von Kaschmir-Teppichen
über Wanderstöcke bis zu Seife aus Yakmilch wird hier fast alles verkauft. Also, einen
großen Beutel einstecken (oder hier kaufen) und die Weihnachtsgeschenke früher als
sonst einkaufen.

Gewürze Zahlreiche Läden und Supermärkte in Thamel verkaufen eingepackte Gewürze,
von Momo-Mischungen bis zu *chai*-Gewürzen. Am Asan Tole kaufen die Einheimischen
frisch gemahlenen Masala.

Sticken Die Nähmaschinen in Thamel schnurren bis spät in die Nacht, um Logos und
tibetische Symbole auf Jacken, Hüte und T-Shirts zu nähen. Trekker können hier Labels
und T-Shirts in Auftrag geben, um einen erfolgreichen Trek zu feiern oder ein Geschäfts-
logo aufsticken lassen.

Schmuck In Kathmandu bekommt man großartigen Schmuck, vor allem Silberarbeiten.
Die Juweliere bieten fertige Stücke an, entwerfen auf Wunsch aber auch persönliche
Schmuckstücke oder arbeiten mitgebrachte Stücke nach. Der Silberpreis pro *tola* (11,7g)
steht in der Tageszeitung.

Puppen sind hübsche Geschenke für Kinder; sie werden in Bhaktapur und anderen Vierteln hergestellt. Häufig handelt es sich um vielarmige Gottheiten mit kleinen, hölzernen
Waffen in jeder Hand. Die Köpfe der Puppen bestehen aus zerbrechlichem Ton oder sta-
bilerem Pappmaschee.

Pashminas Schals oder Tücher aus edlem Pashmina (Unterwolle einer Bergziege) sind
beliebte Mitbringsel. Die Preise richten sich nach dem Pashmina-Anteil des Stoffes und
von welchem Körperteil der Ziege die Haare stammen. Die billigste Wolle stammt vom
Rücken und wird über Bauch und Brust bis zum Hals immer teurer – Wolle vom Hals
kostet fünfmal so viel wie Rückenwolle. Die billigsten Schals werden aus 70/30 % Baum-
wolle/Pashmina hergestellt. Eine Seiden-Pashmina-Mischung kostet etwa 30 % mehr,
und reine Pashmina-Schals kosten zwischen 40 und 250 € der Spitzenqualität. Diese
„Ringschals" sind so fein, dass sie sich durch einen Fingerring ziehen lassen (auch als
Wasserschal bezeichnet).

Tee Die besten Tees Nepals stammen aus Ilam, Ontu, Kanyan und dem Mai-Tal im Osten
des Landes in der Nähe zu Darjeeling. Gute Ilam-Tees kosten pro Kilogramm zwischen
600 NPR (in Ilam) bis 3000 NPR (in Thamel). Der Tee mit dem vortrefflichen Namen
„super fine tipi golden flower orange pekoe" ist das Beste, was man kriegen kann. Tee-
kenner wählen zwischen dem First (März) oder Second (Mai) Flush; der Monsoon Flush
ist weniger gut. Sehr beliebt sind auch der mit Zitronengras aromatisierte Lemon-Tee
und der gewürzte Masala-Tee.

Kleidung Auf der kurvenreichen Straße Saatghumti bekommt man unzählige angesagte
Wollhüte, Filztaschen, bestickte T-Shirts (auf unserem Favoriten steht vorn „Same
Same ..." und hinten „... But Different"!), Pullover und mehr; unbedingt erst anprobieren,
dann bezahlen. Die unglaublich niedlichen Baby-Fleecejacken und Daunenjacken von
North Face sind unwiderstehlich.

Gebetsfahnen kauft man am besten auf der Straße vor dem Kathesimbhu-Stupa südlich von Thamel. Käufer haben die Wahl zwischen billigem Polyester und Baumwollfah-
nen von besserer Qualität – nicht knausern, immerhin geht's um das persönliche Karma.

schen Exilregierung und hat die beste Auswahl von Büchern über das Land.

Tara Oriental
KLEIDUNG

(Karte S. 74; 01-4436315; www.taraoriental. com; Lazimpat; 10–18 Uhr) Dieses Designer-Studio verkauft die besten Pashminas von hoher Qualität, Schals und Pullover für etwa 140 €. Die Preise sind hoch, aber die Produkte sind Spitzenklasse. Wer den Lonely Planet Reiseführer vorzeigt, bekommt 20 % Rabatt.

North Face
SPORT & OUTDOOR

(Karte S. 98; Tridevi Marg) Einer von mehreren *pukka* (kein Fake) Ausrüstungsläden auf der Tridevi Marg, der importierte Ware zu Auslandspreisen anbietet. Die Läden verkaufen alles, vom Black-Diamond-Klettergeschirr bis zu amerikanischen Therm-a-Rest-Produkten. Andere Shops in der Nähe verkaufen Mountain Hardwear, Marmot und Produkte der in Kathmandu ansässigen Marke Sherpas.

Sonam Gear
SPORT & OUTDOOR

(Karte S. 98; 01-4259191; Jyatha; 10–21 Uhr) Sonam ist eine Eigenmarke, die Trekkingprodukte von hoher Qualität herstellt. Diese hier ist die größere der beiden Filialen in Thamel.

Holyland Hiking Shop
SPORT & OUTDOOR

(Karte S. 98; 01-4248104; 10–21 Uhr) Am südlichen Stadtrand von Thamel haben sich die hochwertigeren Ausrüster niedergelassen – Holyland ist eine der besseren Alternativen.

Hi-Himal Sports Wear International
SPORT & OUTDOOR

(Karte S. 98; 01-4444085; www.hi-himal.com) Dieser freundliche Ausrüster stellt seine eigenen Produkte her und vermietet Ausrüstungen, wie beispielsweise Daunenjacken (60–100 NPR pro Tag), Schlafsäcke (150–200 NPR) und in China hergestellte Zelte (150 NPR).

Amrita Craft Collection
KUNSTHANDWERK

(Karte S. 98; 01-4240757; www.amritacraft. com; Chaksibari Marg) Das breite Angebot von Handwerk und Kleidung aus Massenproduktion ist ein guter Anfang für Reisende auf Souvenirjagd. Die Qualität ist nicht unbedingt spitzenmäßig, aber wenn man 20 % von den Festpreisen hier abzieht, hat man einen guten Maßstab dafür, was man bei den Straßenhändlern heraushandeln kann.

Aroma Garden
DUFT

(Karte S. 98; 01-4420724; www.aromagarden. biz; 10–20.30 Uhr) Der Name verspricht nicht zu viel – das ist der Laden in Thamel mit dem süßesten Duft. Hier bekommt man *dhoop* (Weihrauch), ätherische Öle, Seife aus dem Himalaja und fast alles, was himmlisch duftet, aus einer Hand.

Pilgrims Book House
BÜCHER

(Karte S. 98; 01-4221546; www.pilgrimsonline shop.com; 10–21 Uhr) Der beste Buchladen Kathmandus brannte 2013 tragischerweise aus. Diese Reinkarnation ist aus der Asche aufgestiegen und bietet wieder eine gute Bücherauswahl an.

Vajra Books
BÜCHER

(Karte S. 98; 01-4220562; www.vajrabooks. com.np; Amrit Marg) Dieser kenntnisreiche lokale Verleger hat eine hervorragende Auswahl von akademischen Büchern; er ist ein Magnet für einheimische Autoren und Forscher. Auf Anfrage darf man in die erweiterte Sammlung oben.

Nepal Book Depot
BÜCHER

(Karte S. 98; 01-4700975; Chaksibari Marg; 9–21 Uhr) Gute Preise, zentrale Lage und eine Riesenauswahl neuer und gebrauchter Bücher.

Curio Arts
KUNSTHANDWERK

(Karte S. 74; 01-4224871; www.devasarts.com; Durbar Marg) Auf der Durbar Marg haben sich mehrere Showrooms niedergelassen, die Statuen, tibetische Möbel und anderes Kunsthandwerk in Spitzenqualität anbieten. Bei Curio Arts mit dem Stöbern anzufangen, ist eine gute Entscheidung.

Praktische Informationen

GELD

In Thamel arbeiten Dutzende von lizenzierten Geldwechslern. Sie haben längere Geschäftszeiten als die Banken (in der Regel bis etwa 20 Uhr), und der Wechselkurs ist ähnlich – ohne Quittung sogar noch etwas besser.

Geldautomaten stehen überall in Thamel, in günstiger Lage beispielsweise der beim Yin Yang Restaurant (S. 111), Ganesh Man Singh Building und dem Roadhouse Café (S. 108).

Die **Himalayan Bank** (Karte S. 98; 01-4250208; www.himalayanbank.com; Tridevi Marg; So–Fr 10–19, Sa 9–12 Uhr) ist die praktischste Bank für Traveller in Thamel. Ihr Schalter auf der Tridevi Marg wechselt gebührenfrei bis 14.30 Uhr Bargeld (Freitag bis 13.30 Uhr); später muss man zur Hauptstelle im Untergeschoss des nahen Sanchaya-Kosh-Bhawan-Einkaufszentrums gehen. Neben dem Schalter steht vor dem Tempel der Drei Göttinnen ein praktischer Geldautomat.

Standard Chartered Bank (Karte S. 74; ☎01-4418456; Lazimpat; ☺So–Do 9.45–19, Fr 9.45–16.30, Sa & Ferienzeit 9.30–12.30) hat einen günstigen Geldautomaten gegenüber dem Third Eye Restaurant und im Komplex des Kathmandu Guest House. Man kann bis zu 35 000 NPR pro Transaktion abheben (gegen eine Gebühr von 500 NPR). Die Hauptstelle in Lazimpat verlangt bei der Ausgabe von Bargeld 200 NPR pro Transaktion.

INTERNETZUGANG

In Thamel gibt es mehrere Internetcafés, doch fast alle Cafés, Restaurants und Hotels haben ohnehin kostenloses WLAN.

MEDIZINISCHE VERSORGUNG

In Dutzenden von Apotheken am Rand von Thamel bekommt man alle Antibiotika, solange man den Namen richtig ausspricht.

CIWEC Clinic Travel Medicine Center (Karte S. 74; ☎01-4435232, 01–4424111; www.ciwec-clinic.com; Kapurdhara Marg, Lazimpat; ☺Notfälle 24 Std., Klinik Mo–Fr 9–12 & 13–16 Uhr) Die seit 1982 bestehende Klinik hat für ihre Forschung an medizinischen Problemen von Reisenden international einen guten Ruf. Die meisten Angestellten sind Ausländer, und ein Arzt steht rund um die Uhr zur Verfügung. Die Klinik bearbeitet auch Versicherungsansprüche und akzeptiert Kreditkarten.

CIWEC Dental Clinic (Karte S. 74; ☎01-4440100, emergency 01–4424111; www.ciwec-clinic.com; Kapurdhara Marg, Lazimpat) Ein amerikanischer Zahnarzt auf der obersten Etage der CIWEC-Klinik.

Healthy Smiles (Karte S. 74; ☎01-4420800; www.healthysmiles.com.np; Lazimpat; ☺So–Fr 10–17 Uhr) Ein in den USA ausgebildeter Zahnarzt, gegenüber dem Hotel Ambassador; eine weitere Filiale in Patan.

Nepal International Clinic (Karte S. 74; ☎01-4435357, 01–4434642; www.nepalinternationalclinic.com; Lal Durbar; ☺9–13 & 14–17 Uhr) Südlich des Neuen Königspalastes, östlich von Thamel. Die Klinik hat einen ausgezeichneten Ruf und ist etwas preiswerter als die CIWEC-Klinik. Kreditkarten werden akzeptiert.

NORVIC International Hospital (Karte S. 74; ☎01-4258554; www.norvichospital.com; Thapathali) Ein privates nepalesisches Krankenhaus mit gutem Ruf in der Kardiologie.

Patan Hospital (S. 166) Das wahrscheinlich beste Krankenhaus im Kathmandu-Tal.

NOTFALL- & WICHTIGE TELEFONNUMMERN

Polizei	☎100
Touristenpolizei	☎01-4247041
Krankenwagen	☎102

POST

Die meisten Buchhandlungen in Thamel verkaufen Briefmarken und bringen Postkarten zur Post. Die **Hauptpost** (Karte S. 74; Sundhara; ☺So–Do 10–17, Fr 10–15 Uhr) befindet sich gegenüber dem Tundikhel bei den Ruinen des Bhimsen-Turmes (Dharahara). Die Schalter im Hof verkaufen Luftpostbriefe und wattierte Umschläge. Pakete unter 2 kg nimmt der Schalter 16 entgegen, schwerere Pakete müssen hingegen im Gebäude nebenan aufgegeben werden. Die Pakete werden von einem Zollbeamten kontrolliert und versiegelt. Unbedingt vor 14 Uhr dort aufkreuzen. Die Preise für **Expressendungen** können sehr unterschiedlich sein und hängen ab vom Anbieter, dem Transportweg und vom Inhalt eines Pakets. Auch Außenmaße und Gewichtsklasse spielen eine Rolle.

Express-Post (EMS; Karte S. 74; Sundhara; ☺So–Do 10–14.30, Fr 10–13.30 Uhr) Für die Expresspost ist das Gebäude nördlich der Hauptpost (im selben Komplex) zuständig.

DHL (Karte S. 74; ☎01-2298124; www.dhl.com.np; Kamaladi; ☺So–Fr 9.30–18 Uhr) Die nächste Annahmestelle von Thamel aus befindet sich in Kamaladi, etwa 15 Gehminuten entfernt.

Fedex (Karte S. 74; ☎01-4269248; www.fedex.com/np; Kantipath; ☺So-Fr 9–19, Sa 9–13 Uhr)

REISEBÜROS

Flight Connection International (Karte S. 98; ☎ Inlandsflüge 01-4258282, internationale Flüge 01-4233111; www.flightconnectionintl.com; Jyatha, Thamel) Gut für Flugtickets; im Hof des Gaia Restaurants.

President Travel & Tours (Karte S. 74; ☎01-4220245; www.pttnepal.com; Durbar Marg) Professionelles Reisebüro, das von Auswanderern und reichen Nepalesen bevorzugt wird; besonders hilfreich, um in stark gebuchten Flügen noch einen Platz zu organisieren.

Wayfarers (Karte S. 98; ☎01-4266010; www.wayfarers.com.np; Chaksibari Marg, Thamel; ☺Mo–Fr 9–18, Sa & So 9–17 Uhr) Tickets ohne Wenn und Aber, maßgeschneiderte Touren in Nepal und Wanderungen im Kathmandu-Tal.

TELEFON

Wenn weder ein Handy noch Zugang zu Skype oder Viber greifbar ist, kann man von den Internetcafés aus für 20 NPR pro Minute internationale Anrufe machen.

Niederlassungen des lokalen Telefonanbieters Ncell gibt es überall in der Stadt; dort kann man entweder seine SIM-Karten wieder aufladen lassen oder neue kaufen.

TOURISTENINFORMATION

Tourist Service Centre (Karte S. 74; 01-4256909 Nebenstelle 223; www.welcomenepal.com; Bhrikuti Mandap; So–Fr 10–13 & 14–17 Uhr, TIMS-Karten 10–17.30 Uhr, Tickets zum Nationalpark So–Fr 9–14 Uhr) Am Ostrand des Tundikhel-Paradeplatzes; trotz der ungünstigen Lage müssen Trekker hier eine TIMS-Karte (S. 39) beantragen und den Eintritt in den Nationalpark und Gebühren für die Schutzgebiete (S. 39) bezahlen.

In Thamel hängen mehrere gute Informationstafeln aus, auf denen Apartments, Reise- und Trekkingpartner, Kurse und Kulturveranstaltungen angezeigt werden. Die Schwarzen Bretter, die sich im Kathmandu Guest House (S. 95), der Pumpernickel-Bäckerei (S. 107) und Fire & Ice Pizzeria (S. 112) befinden, sind besonders empfehlenswert.

VISUM VERLÄNGERN

Im **Central Immigration Office** (Karte S. 74; 01-4429659; www.nepalimmigration.gov.np; Kalikasthan, Dilli Bazaar; So–Do 10–16, Fr 10–15, Sa 11–13 Uhr) wird das Visum ziemlich problemlos um 30 bis 60 Tage verlängert. Man stellt den Antrag online und lädt dabei ein Passfoto hoch (15 Tage im Voraus); wer's vergisst: In der Eingangshalle steht zurzeit ein Computer. Das Ganze dauert meist weniger als eine Stunde.

Die Verlängerung kostet für mindestens 15 Tage 25 €, danach jeweils 1,70 € pro Tag.

WÄSCHEREIEN

Mehrere Wäschereien in Thamel waschen Wäsche in der Maschine für 80–100 NPR pro Kilo. Man bekommt die Wäsche am nächsten Tag zurück; für den doppelten Preis gibt's sogar einen extraschnellen 3-Stunden-Service. Erstaunlicherweise kommt sogar Wäsche, die nach einem dreiwöchigen Trip abgegeben wurde, sauber zurück.

GEFAHREN & ÄRGERNISSE

Kathmandu ist eine ziemlich sichere Stadt, doch der Mangel an Gefahren wird durch mehr als genug Ärgernisse torpediert:

→ Alte Fahrzeuge in Kombination mit schlechtem Treibstoff und fehlenden Abgaskontrollen machen die Straßen von Kathmandu äußerst schmutzig, laut und unangenehm.

→ Die schäbigen Tanzbars und Haschischverkäufer an den Straßenecken möglichst meiden.

Da Fußgänger an mehr als 40 % aller Verkehrsunfälle in Nepal beteiligt sind, sollten die folgenden Warnhinweise ernst genommen werden:

→ Es gibt zwar Verkehrsregeln, die aber selten beachtet oder gar durchgesetzt werden; am gefährlichsten ist es, eine Straße zu überqueren oder mit dem Fahrrad zu fahren.

→ Eigentlich herrscht in Nepal Linksverkehr, aber viele Fahrer entscheiden sich spontan für die jeweils günstigste Fahrbahnseite – wer in Kathmandu zu Fuß unterwegs ist, braucht eiserne Nerven.

→ Gegen den Staub und die Emission hilft eine Gesichtsmaske, vor allem bei Fahrten mit dem Fahrrad oder Motorrad in Kathmandu. Spätestens nach ein paar Tagen in der Stadt kündigt sich eine Halsentzündung an.

→ Die Aufräumarbeiten nach dem Erdbeben laufen immer noch. Der auf den Straßen aufgetürmte Schutt ist eine zusätzliche Belastung für Fußgänger.

Weitere Ärgernisse in Thamel sind verrückte Motorradfahrer und das lästige Trommelfeuer von Straßenhändlern, die Flöten, Tiger Balm, Schachspiele und Musikinstrumente anbieten. Dazu kommen Schlepper der Reisebüros, Haschischdealer, freiberufliche Trekkingguides und Rikschafahrer.

Die farbenfrohen *sadhus* (umherziehende heilige Männer) auf dem Durbar-Platz und der Pashupatinath erwarten ein Bakschisch (Trinkgeld), wenn sie fotografiert werden. Auch die „heiligen Männer" in Thamel, die Touristen ein *tika* auf die Stirn salben, erwarten ein Trinkgeld.

In der Vergangenheit fanden in Kathmandu mehrfach politische Demonstrationen und *bandhs* (Streiks) statt; dann schließen die Läden und die Transportunternehmen.

ℹ️ An- & Weiterreise

AUTO

Ausländer dürfen selbst keine Mietwagen fahren, aber mehrere Reisebüros vermitteln einen Mietwagen mit Fahrer. Die Kosten sind relativ hoch, sowohl der eigentliche Mietpreis als auch für Benzin, und können pro Tag auf bis zu 40 € ansteigen. Auf kürzeren Strecken wird es entsprechend billiger.

BUS

Fernbusse

Der **Busbahnhof Gongabu** (Ring Rd., Balaju) nördlich des Stadtzentrums auf der Ring Road wird auch Kathmandu Bus Terminal oder einfach „New Bus Park" genannt. Hier starten praktisch alle Fernbusse, auch die zu Zielen im Terai. Der Bahnhof ist riesig und unübersichtlich. Es gibt kaum englische Schilder, aber die meisten Ticketverkäufer sind hilfsbereit. Häufig ist mehr als ein Schalter für eine bestimmte Destination zuständig.

Bei Langstreckenfahrten sollte das Ticket bereits einen Tag im Voraus gekauft werden; die Reisebüros in Thamel erledigen das gegen eine Gebühr – das spart Zeit und die Taxikosten. Der Bus 23 (20 NPR) nach Gongabu fährt auf der Lekhnath Marg am Nordrand von Thamel ab, aber das dauert ewig. Bei der Fahrt in die andere Richtung nachfragen, da nur wenige Busse den weg über Thamel nehmen. Die Taxifahrt ab Thamel kostet etwa 250 NPR.

Die Busse in die Region Langtang starten ab der Haltestelle **Pasang Lhamo Transport** (📞 01-4356342) beim Machha Pokhari (Fischteich) schräg gegenüber dem Bahnhof Gongabu auf der anderen Seite der Ring Road Touristenbusse (600 NPR, 6.30 und 8 Uhr) und lokale Busse (450 NPR, 6.20 und 7 Uhr) nach Syabrubesi über Dhunche fahren täglich ab. Die Busse um 6.30 und 7 Uhr fahren weiter nach Rasuwagadhi an der chinesisch-tibetischen Grenze (550–700 NPR).

Die Mini- und andere Busse fahren regelmäßig ab Machha Pokhari nach Kakani (50–100 NPR, alle 30 Min.) und um 7, 9 und 13 Uhr nach Nuwakot (250 NPR).

Die beliebten Touristenbusse nach Pokhara (600–750 NPR; 7 Std.) und Sauraha mit dem Ziel Chitwan-Nationalpark (600 NPR, 6 Std.) starten täglich um 7 Uhr an der günstig gelegenen **Touristenbus-Haltestelle** (Karte S. 98; Kantipath) auf der Thamel-Seite von Kantipath. Die Busse sind bequem, und das Ticket gilt für einen reservierten Sitzplatz (ein bis zwei Tage im Voraus buchen).

Greenline (Karte S. 98; 📞 01-4417199; www.greenline.com.np; Tridevi Marg; ⏰ 6–18 Uhr) hat Deluxe-Busse mit Klimaanlage und gutem Service, die allerdings teurer sind als die Touristenbusse (dafür gibt's einen Lunch). Die Busse fahren täglich um 7.30 Uhr nach Pokhara (20 €, 6 Std.). Die täglichen Fahrten nach Chitwan (17 €, 6 Std.) sollen 2018 wieder aufgenommen werden; mit Mittagspause und Umsteigen in Kurintar (einen oder zwei Tage im Voraus buchen).

Golden Travels (Karte S. 74; 📞 01-4220036; Woodlands Complex, Durbar Marg) bietet einen ähnlichen Service an: Die Busse fahren um 7 Uhr an der Kantipath nach Pokhara (950 NPR) ab. Ankommende Busse halten in Sundhara am Ostrand der Altstadt von Kathmandu. Tickets verkauft jedes Reisebüro.

Ins/aus dem Kathmandu-Tal

Die meisten Busse zu Zielen im Kathmandu-Tal und zum Arniko Highway (nach Jiri und Barabise an der tibetischen Grenze) starten am **Busbahnhof Ratna Park** (Karte S. 74; Durbar Marg), der auch als Altstadt-Busbahnhof bekannt ist, im Stadtzentrum am Ostrand des Tundikhel-Paradeplatzes.

Da der Bahnhof zurzeit als Teil eines mehrstöckigen Komplexes neu gebaut wird, fahren die Busse von einer vorläufigen Haltestelle im Nordwesten davon ab. Die Haltestelle ist pures Chaos, es stinkt nach Diesel und es gibt weder englische Hinweisschilder noch Englisch sprechendes Personal. Am besten brüllt man so lange seinen Zielort in die Gegend, bis sich jemand findet, der auf den richtigen Bus zeigt.

Die Busse nach Banepa (45 NPR, 2 Std.), Dhulikhel (55 NPR, 2 Std.), Panauti (60 NPR, 2 Std.) und Barabise (200 NPR, 4 Std.) fahren häufig. Obwohl auch regelmäßig Busse nach Patan fahren, bevorzugen die meisten ein Taxi. Früh morgens um 6 und 8 Uhr starten Busse nach Jiri (580 NPR) und Shivalaya (690 NPR) für Treks nach Lukla.

Von anderen **Haltestellen** in Kathmandu fahren beispielsweise Busse nach Bhaktapur (25 NPR, 1 Std.) auf der Bagh Bazar (Karte S. 74). Manchmal verlangen die Fahrer auf dieser Route von Ausländern den doppelten Fahrpreis.

Die Busse nach Pharping und Dakshinkali starten an der **Haltestelle** (Karte S. 74) am Shahid Gate (Denkmal der Märtyrer) am Südende des Tundikhel-Paradeplatzes, aber auch am Busbahnhof Ratna Park.

Die Busse nach Bungamati, Godavari und Chapagaon im Süden des Tals fahren am Busbahnhof Lagankhel in Patan ab.

FLUGZEUG

Es ist sinnvoll, die Abflugzeit des Rückfluges rechtzeitig vor dem Flug zu checken, vor allem bei der unzuverlässigen Nepal Airlines, wo man sich den Flug mindestens einmal bestätigen lassen sollte.

Der **Tribhuvan International Airport** (📞 01-4472256; www.tiairport.com.np) etwa 6 km östlich des Stadtzentrums ist in die Jahre gekommen, aber immer noch die wichtigste internationale Drehscheibe in Nepal. Der alte Name Gaucher (wörtlich „Kuhweide") des Flughafens sagt alles über das rasche Wachstum Kathmandus – die ersten Flugzeuge landeten tatsächlich auf einer Wiese zwischen Kühen.

Nationale Fluglinien

Kathmandu ist die wichtigste Drehscheibe für Inlandsflüge nach Pokhara (105 €), Lukla (150 €), Bharatpur (95 €; nach Chitwan) und Bhairawa (96 €; nach Lumbini) sowie andere Destinationen. Der verlässlichsten Fluglinien sind **Buddha Air** (Karte S. 74; ☏ 01-5542494; www.buddhaair.com; Hattisar), **Yeti** (Karte S. 98; ☏ 01-4213012; www.yetiairlines.com; Thamel Chowk) und Tara Air (www.taraair.com); andere scheinen wie das Wetter zu kommen und gehen. Um Stress zu vermeiden und einen besseren Deal zu machen, sollte man die Tickets möglichst über ein Reisebüro buchen. Das Abflugdatum kann bis zu zwei Tage vor dem Abflug kostenlos geändert werden.

Nepal Airlines Domestic Office (Karte S. 74; ☏ 01-4227133; www.nepalairlines.com.np; Kantipath; ⏰ 10–17 Uhr) bietet auch Flüge zu abgelegen Pisten an; einige der Flüge sind nur online buchbar. Wenn man die Wahl hat, sind die anderen Inlandsfluglinien viel verlässlicher; auch hier möglichst über ein Reisebüro buchen. Falls persönliches Erscheinen aus irgendeinem Grund erforderlich ist: Das Zentralbüro ist in einer Gasse neben dem internationalen **Nepal Airlines International Booking Centre** (☏ 01-4248614; www.nepalairlines.com.np; New Rd.; ⏰ 10–13 & 14–17 Uhr).

Nepalesische Fluglinien sind nicht gerade für hohe Sicherheit bekannt (S. 446). Eine Internet-Recherche, wie bestimmte Fluglinien abschneiden, könnte vor der Wahl der Gesellschaft hilfreich sein.

TAXI

Sich ein Taxi für einen vollen Tag zu nehmen, kommt immer noch günstiger als ein Mietwagen, vor allem, wenn sich mehrere Personen die Kosten für längere Fahrten durch das Tal teilen. Der Preis für einen halben/ganzen Tag Sightseeing durch das Tal beträgt ungefähr 1000/1800 NPR.

Für längere Fahrten aus dem Tal heraus sollte man mit etwa 3000 NPR pro Tag zuzüglich Benzin rechnen – immer noch weniger als ein Leihwagen über ein Reisebüro.

BUSSE AB DEM BUSBAHNHOF GONGABU

ZIEL	ENTFERNUNG (KM)	ABFAHRTSZEITEN	FAHRZEIT (STD.)	PREIS (NPR)	FAHR-KARTEN-SCHALTER
Besi Sahar	150	7 (Touristenbus), 8, 8.40 (AC) & 9 Uhr	6	360–430 (AC 500)	26, 27, 30, 32
Beni	290	7 Uhr (Touristenbus)	10	850 (AC)	40
Bhairawa/ Sunauli	282	5–14 & 16–20.30 Uhr alle 30 Min. (normaler Bus); 6, 7 & 8 Uhr (Touristenbus)	8	510 (Touristenbus 675)	28, 29, 30
Bharatpur	150	7, 12 Uhr	5	350	17, 16, 37
Bhulbhule		6.45, 8.30 Uhr	7	450	26, 27, 30
Birganj	300	19 Uhr	8	550	15, 37
Gorkha	140	6–13 Uhr	5	300	38, 39
Hile (über Dharan)	635	14 Uhr	17	1150–1300	13, 39
Kakarbhitta	610	5 Uhr, 13–17 Uhr stündlich	14	1065–1280 (AC 1550)	13, 26, 39
Lumbini	260	6.30 (AC), 7.15, 19.30 Uhr	9–10	550 (AC 790)	28, 29, 30
Nepalganj	530	6 & 18 Uhr (Deluxe); 16, 17 & 19 Uhr (normaler Bus)	12	900–1140 (AC 1350)	11, 24, 25, 20, 36, 39
Pokhara	200	9, 10 & 11 Uhr (Touristenbus); bis 15 Uhr alle 15 Min.	6–8	390 (Touristenbus 550–600)	26, 27, 28
Tansen (Palpa)	300	6.40, 17.30 Uhr	10	560 (AC 770)	29, 30

ⓘ Unterwegs vor Ort

Die meisten Sehenswürdigkeiten in Kathmandu sind locker zu Fuß zu erreichen. Wer zu Fuß unterwegs ist, bekommt auch – trotz des grauenhaften Verkehrs – den besten Eindruck von der Stadt. Wenn man gar keine Lust mehr hat, bleibt noch eines der vielen nicht zu teuren Taxis – vor dem Einsteigen einen Preis ausmachen.

FAHRRAD

Das Fahrrad ist ein gutes Verkehrsmittel, um Teile des Kathmandu-Tals zu erleben. Viele Firmen bieten Leihräder oder Fahrradtouren an. Man sollte sich allerdings genau überlegen, wo man fährt und stark befahrene Straßen meiden.

Einfache Mountainbikes kosten etwa 800 NPR pro Tag. Für längere Touren durch das Tal vermieten die großen Mountainbike-Anbieter, wie Dawn Till Dusk (S. 92) und Nepal Mountain Bike Tours (S. 92), Fahrräder von hoher Qualität mit Gabelfederung und Scheibenbremsen für etwa 8–13 € pro Tag.

Wer früh starten möchte, kann sich bei den meisten Anbietern das Rad schon am Abend vorher abholen. Es lohnt sich bei allen Anbietern, für mehrtägige Touren einen Nachlass auszuhandeln. Ein Helm, Schloss und Flickzeug sollte im Preis inbegriffen sein; vor der Abfahrt die Bremsen kontrollieren und das Fahrrad immer abschließen.

FAHRRAD-RIKSCHAS

Für eine kurze Fahrt durch Thamel oder die Altstadt verlangen Rikschafahrer etwa 80 NPR; hartes Verhandeln ist Pflicht, und man steigt besser erst dann ein, wenn ein Festpreis ausgemacht wurde.

MOTORRAD

Mehrere Firmen in Thamel vermieten Motorräder; der Reisepass muss als Sicherheit hinterlegt werden. Für 800 NPR pro Tag bekommt man eine Hero MotorCorp oder Pulsar (150 ccm) aus indischer Produktion, die für schöne Touren auf den Straßen im Kathmandu-Tal genau richtig sind.

Seriöse Verleiher verlangen für Fahrten in Nepal einen internationalen Motorradführerschein. Während in den letzten Jahren nicht besonders streng kontrolliert wurde, scheint die Verkehrspolizei inzwischen Ausländer stärker im Blick zu haben – Führerscheinkontrollen und Strafen für Verkehrsvergehen –, um das Budget aufzubessern. Eine Strafe kostet etwa 1000 NPR.

Wer mit dem Verkehr zurechtkommt, dürfte auf dem Motorrad viel Spaß haben. Das Hauptproblem ist die Innenstadt von Kathmandu, wo sich Stress und Abgase zur gefährlichen Mischung aufstauen können. Man braucht eine Schutzbrille und eine Atemmaske (gibt's in den meisten Apotheken).

Ein Liter Benzin kostet 100 NPR; ein Tagestrip verbraucht nur wenige Liter. Außerhalb der Ringstraße sind Tankstellen selten und mit großen Abständen dazwischen.

Singh Motorbike Centre (Karte S. 98; ☎01-4418594; singh.motorbike@gmail.com; Bhagawatisthan, Thamel; ◎8–19 Uhr) Eine vertrauenswürdige Adresse für Motorradverleih. Die häufigsten Maschinen sind neue 200-ccm-Pulsar-Motorräder (1500 NPR) aus indischer Produktion; aber auch eine Enfield Bullet (3000 NPR) oder preiswertere Hero Honda (700 NPR).

Pheasant Transportation Service (Karte S. 98; ☎ 01-4701090; www.biketournepal.com; Thamel Chowk) Der winzige Laden in einer Seitenstraße abseits der zentralen Kreuzung in Thamel hat ziemlich elastische Preise: eine Honda (150 ccm) beginnt bei 800 NPR, eine Pulsar (220 ccm) kostet um 1200 NPR und eine Enfield Bullet (350 ccm) 2000 NPR.

TAXI

Taxis verlangen angemessene Preise, obwohl viele Fahrer wegen der steigenden Benzinpreise selten das Taxameter anschalten. Kürzere Fahrten in der Stadt (etwa bis zum Busbahnhof) kosten um 200 NPR, Nachtfahrten (zwischen 22 und 6 Uhr) 50 % mehr.

Die meisten Taxis sind winzige Suzuki Marutis, die gerade für zwei Backpacker und ihr Gepäck ausreichen.

Der nächste **Taxistand** (Karte S. 98; Tridevi Marg) nach Thamel ist auf der Tridevi Marg, in der Nähe der Kreuzung mit der Jyatha Road. Unter 01-4420987 kann man Taxis im Voraus bestellen; nachts 01-4224374.

Eine Übersicht über die Taxigebühren:
➡ Bhaktapur: 700 NPR
➡ Bodhnath: 600 NPR
➡ Budhanilkantha: 700 NPR
➡ Changu Narayan: 1600 NPR
➡ Nagarkot: 3000 NPR
➡ Pashupatinath: 500 NPR
➡ Patan: 500 NPR
➡ Swayambhunath: 300 NPR

ZUM/VOM FLUGHAFEN

Der Weg vom Tribhuvan International Airport in die Stadt kein Problem. Sowohl am internationalen wie am nationalen Terminal warten Taxis, die zu einem Festpreis (zurzeit 750 NPR) nach Thamel fahren.

Sobald Touristen den Fuß aus dem internationalen Terminal gesetzt haben, tauchen die Schlepper auf, oft Taxifahrer, die von Hotels bezahlt werden, die Gäste in ihr Haus zu fahren. Viele halten auch ein Schild mit dem Namen des Hotels hoch; wenn das gesuchte dabei ist, kann die Fahrt sogar kostenlos sein. Dann sind die Hotels allerdings viel seltener bereit, einen

Nachlass zu gewähren, da sie dem Taxifahrer eine hohe Provision zahlen müssen.

Wer im Voraus für mehr als eine Nacht bucht, wird aber von vielen Hotels kostenlos abgeholt.

Etwa 300 m vor dem Flughafen fahren die öffentlichen Busse ab der Hauptstraße ab. Das lohnt sich aber nur mit kleinem Gepäck und wenn man genau weiß, wohin man will.

Eine Taxifahrt von Kathmandu zum Flughafen sollte um die 500 NPR kosten, etwas mehr bei späten oder frühen Flügen.

RUND UM KATHMANDU

Innerhalb der Ringstraße um Kathmandu gibt es mehrere interessante Ziele, die alle mit dem Taxi, einem Leihfahrrad oder -motorrad oder zu Fuß erreichbar sind.

Swayambhunath

Ein Abstecher zu dem buddhistischen Tempel und Weltkulturerbe Swayambhunath gehört zu den eindrücklichsten Erfahrungen in Kathmandu. Der von Affen belagerte „Affentempel" auf einem Hügel oberhalb der Stadt ist ein faszinierendes Puzzle aus buddhistischen und hinduistischen Elementen. Selbst das Erdbeben von 2015 konnte den beliebtesten Tempel von Kathmandu nicht zu Fall bringen, während einige der umliegenden Gebäude zusammenkrachten.

Der Komplex gliedert sich um einen glänzend weißen Stupa, den eine mit den Augen Buddhas bemalte vergoldete Spitze krönt. Abbildungen dieser Augen findet man überall im Kathmandu-Tal. Morgens und abends, wenn die Gläubigen ihren rituellen Rundweg um den Stupa vollziehen und die Gebetsmühlen zu seinen Füßen drehen, ist die Aura des Ortes besonders intensiv spürbar. Von hier aus sieht auch der Sonnenuntergang über Kathmandu großartig aus.

Nach der Legende war das Kathmandu-Tal früher ein See – dafür sprechen auch geologische Befunde – und der Hügel, auf dem heute der Swayambhunath steht, erhob sich spontan aus dem Wasser; *swayambhu* bedeutet „von selbst aufgestiegen".

Kaiser Ashoka soll den Ort schon vor 2000 Jahren besucht haben, doch die älteste Aktivität ist erst für 460 n. Chr. belegt. Die Mogule aus Bengalen, die das Land im 14. Jh. eroberten, brachen den Stupa auf, um nach Gold zu suchen. Er wurde restauriert und in den folgenden Jahrhunderten immer weiter ausgebaut.

⊙ Sehenswertes

Östliche Treppe BUDDHISTISCHES DENKMAL

Zum Swayambhunath-Tempel führen zwei Wege, doch die steinerne Pilgertreppe über den östlichen Hang des Hügels ist der bei Weitem stimmungsvollste der beiden. Die Treppe wurde im 17. Jh. von König Pratap Malla erbaut und ist das Reich der Rhesusaffen, die sich einen Sport daraus machen, die steilen Geländer herunterzurutschen. Wichtiger Tipp: Lebensmittel unsichtbar für die diebischen Primaten aufbewahren!

Die Treppe beginnt bei einer Gruppe bunt bemalter Buddha-Statuen und führt dann vorbei an mehreren Chaityas und Basreliefs steil nach oben. Ein Stein in der Nähe des Zugangs zeigt die Geburt Buddhas; seine Mutter Maya Devi greift nach einem Baumast. Hier warten häufig tibetische Sterndeuter, die Pilgern die Zukunft vorhersagen. Zum oberen Ende hin wird die Treppe paarweise von Garudas, Löwen, Elefanten, Pferden und Pfauen flankiert: die „Reittiere" der Dhyani Buddhas. Fast am Ende der Treppe steht ein Ticketschalter (ein weiterer befindet sich am Westeingang, am Parkplatz für die Touristenbusse). Wenn der Aufstieg geschafft ist, nicht vergessen: Der Stupa muss im Uhrzeigersinn umrundet werden.

Großer Donnerkeil BUDDHISTISCHES DENKMAL

Am oberen Ende der großen Treppe steht der enorme, mit Messing verkleidete *dorje* (Donnerkeil), eines der zentralen Symbole des tibetischen Buddhismus. Der Donnerkeil, *vajra* in Sanskrit, ist ein tantrisches Symbol für die Macht der Erleuchtung; er zerstört die Unwissenheit, ohne selbst zerstört zu werden. In den Ritualen symbolisiert ein *dorje* das männliche Prinzip, während das weibliche Prinzip durch eine zeremonielle Glocke repräsentiert wird.

Rund um den Sockel, auf dem der *dorje* steht, sind die Tiere des tibetischen Kalenders dargestellt. Er wurde früher von Anantapura- und Pratapura-Tempel flankiert, deren schlanke Shikhara-Türme König Pratap Malla im indischen Stil im 17. Jh. erbauen ließ. Beim Erdbeben von 2015 stürzte der Anantapura-Tempel zusammen, wird aber zurzeit wiederaufgebaut. Auf dem Aussichtspunkt in der Nähe stehen Münz-Ferngläser.

Swayambhunath-Stupa BUDDHISTISCHER STUPA (Ausländer/SAARC 200/50 NPR; ⊙ während der hellen Tagesstunden) Der Swayambhunath-Stupa gehört zu den Highlights der Architektur des Kathmandu-Tals. Dieses Bauwerk mit seinen perfekten Proportionen besteht aus einer weißen Kuppel, der ein vergoldeter Turm aufsitzt. Auf jeder seiner vier Flanken blickt ein ikonisches Buddhagesicht in die vier Himmelsrichtungen über das Tal. Beim Erdbeben von 2015 wurde der Hauptstupa glücklicherweise nur oberflächlich beschädigt.

Der gesamte Bau ist von tiefer Symbolik: Die weiße Kuppel symbolisiert die Erde,

der 13-stöckige Turm darauf steht für die 13 Stufen auf dem Weg ins Nirwana. Der nasenartige Schnörkel unter den durchdringenden Augen ist die nepalesische Zahl *ek* (eins), sie symbolisiert die Einheit. Das dritte Auge darüber steht für die Allwissenheit Buddhas.

Rund um die Basis des Stupas stehen Gebetsmühlen mit dem heiligen Mantra *om mani padme hum* („Heil dem Juwel im Lotos"). Pilger, die den Stupa umrunden, drehen jede Gebetsmühle. Oberhalb des Stupas wehen Tausende von Gebetsfahnen mit ähnlichen Mantras – Windpferde sollen die Gebete zum Himmel tragen. Die

Swayambhunath

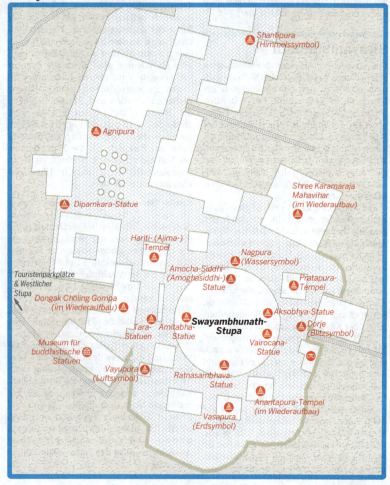

Shantipura (Himmelssymbol)

Agnipura

Dipamkara-Statue

Shree Karamaraja Mahavihar (im Wiederaufbau)

Hariti- (Ajima-) Tempel

Nagpura (Wassersymbol)

Amocha-Siddhi- (Amoghasiddhi-) Statue

Pratapura-Tempel

Touristenparkplätze & Westlicher Stupa

Dongak Chöling Gompa (im Wiederaufbau)

Aksobhya-Statue

Dorje (Blitzsymbol)

Tara-Statuen

Amitabha-Statue

Swayambhunath-Stupa

Vairocana-Statue

Museum für buddhistische Statuen

Vayupura (Luftsymbol)

Ratnasambhava-Statue

Anantapura-Tempel (im Wiederaufbau)

Vasapura (Erdsymbol)

ABSEITS DER ÜBLICHEN PFADE

ZU FUSS ODER MIT DEM FAHRRAD NACH SWAYAMBHUNATH

Zu Fuß oder mit dem Fahrrad ist Swayambhunath auf zwei Wegen erreichbar, die sich in beide Richtungen als Rundkurs kombinieren lassen; Gehen ist wegen des Verkehrs aber ziemlich strsseig.

Die Strecke beginnt an der Chhetrapati-Tole-Kreuzung bei Thamel; die Straße verläuft in westlicher Richtung bis zum Vishnumati-Fluss (Swayambhunath ist in der Entfernung gut sichtbar), vorbei am **Indrani-Tempel**, der beim Erdbeben stark beschädigt wurde, und an Ghats für die Leichenverbrennungen.

Nach der Flussüberquerung biegt man rechts zum **Shobabaghwati-Tempel** mit seinen grellbunt bemalten Statuen von Shiva und anderen Hindu-Gottheiten ab; zurück zur Brücke und weiter auf den Stufen den Hügel hinauf, vorbei am **Bijeshwari-Tempel**, der wie ein Hof angelegt ist. Darauf folgt eine Arkade mit Läden, die *malas* (Gebetsperlen) und fantastische *gau* (Amuletts im tibetischen Stil) verkaufen, bis zu einer von Statuen gesäumten Treppe am Osthang des Swayambhunath-Hügels.

Zurück zum Zentrum des alten Kathmandu geht's am Nationalmuseum vorbei. Unten, am Beginn der Treppe, geht man in westlicher Richtung um den Hügel herum. An der ersten größeren Kreuzung wendet man sich nach links, vorbei am Kloster Benchen Vihar und Café. Anschließend wendet man sich an der großen, T-förmigen Kreuzung nach links bis zum Museum. Die Straße verläuft in südöstlicher Richtung weiter bis zur Tankeshwor, dort geht's nach links auf den Vishnumati zu. Auf der anderen Seite des Flusses ist es nur noch ein kurzer Weg in nördlicher Richtung zum Durbar-Platz.

Statuen in den verzierten Sockeln am Grund des Stupas repräsentieren die fünf Dhyani Buddhas – Vairocana, Ratnasambhava, Amitabha, Amoghasiddhi und Aksobhya – und ihre Gefährtinnen. Diese Gottheiten verkörpern die fünf Qualitäten buddhistischer Weisheit.

Stupa-Plattform   BUDDHISTISCHES DENKMAL
Der große Stupa ist auf allen Seiten von zahlreichen religiösen Bauten und Skulpturen umringt. Mehrere Gebäude wurden beim Erdbeben zerstört; der Wiederaufbau dürfte sich über Jahre hinziehen, aber der Bereich bietet die einzigartige Gelegenheit, in Ruhe zu stöbern.

Hinter dem Stupa steht ein kleines, schlecht beleuchtetes **Museum** mit buddhistischen Statuen. Die nahe Kagyu-Schule **Dongak Chöling Gompa** wurde beim Erdbeben stark zerstört und wird gerade wiederaufgebaut.

Nördlich der Pilgerunterkunft steht die goldene Pagode des **Hariti-(Ajima-)Tempels** mit einem wunderbaren Bildnis von Hariti, der Göttin der Pocken. Die Hindu-Göttin ist auch für Fruchtbarkeit verantwortlich und zeigt die nahtlose Verschränkung von hinduistischem und buddhistischem Glauben in Nepal.

Westlich neben dem Stupa stehen an steinernen Säulen zwei goldene Statuen der Göttin Tara. Angeblich verkörpern die **Weiße und Grüne Tara** die chinesischen und nepalesischen Frauen von König Songtsen Gampo, dem ersten königlichen Förderer des Buddhismus in Tibet; sie sind gleichzeitig auch die Gefährtinnen von zwei der Dhyani Buddhas.

Nordwestlich von diesen Statuen erheben sich mehrere alte Chaityas, und hinter dieser Gruppe eine **schwarze Statue von Dipamkara** aus dem 7. Jh. Dipamkara, der „Buddha des Lichtes", gehört zu den „alten" Buddhas, die bereits vor der Zeit von Siddhartha Gautama, dem historischen Buddha, zur Erleuchtung fanden. Ein weiterer Beleg für die Verzahnung von Hinduismus und Buddhismus sind die schwarzen Chaityas auf einem Yoni.

In der nordöstlichen Ecke des Komplexes stand der buddhistische **Shree-Karmaraja-Mahavihar-Tempel**, der nach dem Erdbeben instabil war. Er wurde im Rahmen einer rituellen Gebetszeremonie abgebaut – die Gläubigen hoffen, dass an derselben Stelle ein neuer Tempel gebaut wird.

Rund um den Hügel finden sich die Symbole der fünf Elemente – Erde, Luft, Wasser, Feuer und Äther. Auch sie wurden beim Erdbeben teilweise stark beschädigt. Hinter dem wiederaufgebauten **Anantapura-Tempel** stehen Schreine für **Vasupura**, dem Symbol der Erde, und **Vayupura**, dem Symbol der Luft. **Nagpura**, das

Symbol für Wasser, ist ein Stein in einem schlammigen Teich nördlich des Stupas; **Agnipura**, das Symbol für Feuer, ist der rotgesichtige Gott auf dem glatt polierten Felsen auf der nordwestlichen Seite der Plattform. **Shantipura**, das Symbol für den Himmel (Äther) ist ein Teil des beschädigten Shantipura-Gebäudes (im Norden der Plattform).

Buddha-Amideva-Park BUDDHISTISCHE STATUE
Tibetische Pilger besuchen häufig diesen 2003 erbauten Komplex mit drei enormen, leuchtend goldenen Statuen des Sakyamuni Buddha, einem vierarmigen Chenresig und Guru Rinpoche.

Westlicher Stupa BUDDHISTISCHER STUPA
Wenn man dem Weg folgt, der von dem Stupa in westlicher Richtung führt, erreicht man einen kleineren Stupa in der Nähe des Touristenparkplatzes. Gleich dahinter steht ein **Gompa** mit Rasthäusern für Pilger und einem wichtigen **Schrein** zu Ehren von Saraswati, der Göttin des Lernens. Wenn die Examina anstehen, kommen viele Studenten in Hoffnung auf besseres Abschneiden her, und während des Basanta Panchami (Festival des Wissens) wimmelt es hier von Schulkindern.

🛏 Schlafen

Benchen Vihar Guest House PENSION €
(☎01-4284204; www.benchen.org; Chhauni, Swayambhunath; Zi. 600–800 NPR; @ 🛜) Wer schon immer mal in einem tibetischen Kloster übernachten wollte, hat hier die Gelegenheit dazu. Die Pension ist dem Kloster Benchen Phuntsok Dargyeling angeschlossen; 10 Min. Fußweg von Swayambhunath entfernt. Die Unterkunft ist verblüffend bequem mit eigenen Bädern, einem Gartencafé und schöner Aussicht von den oberen Stockwerken. Jeweils um 6 und 16 Uhr darf man sich den betenden Mönchen anschließen; die Erlöse kommen dem Kloster zugute.

ℹ An- & Weiterreise

Die Anreise mit dem Taxi nach Swayambhunath kostet ab Thamel 250–300 NPR; man kann es auch mit dem Fahrrad oder zu Fuß (45 Min. ab Kathmandu) erreichen. Die meisten Taxis halten zu Füßen der Pilgertreppe am Osthang des Hügels; Touristenbusse fahren eher den Parkplatz am oberen Westhang des Hügels an.

NICHT VERSÄUMEN

TAGESTOUREN AB KATHMANDU

Kathmandu ist auch deswegen eine tolle Stadt, weil nur wenige Kilometer außerhalb des Zentrums viele fantastische Sehenswürdigkeiten liegen. Jede der folgenden Destinationen ist per Bus, Motorrad oder Taxi einfach zu erreichen, und man ist rechtzeitig zur Happy Hour zurück in Thamel.

➜ Bhaktapur (S.166)

➜ Patan (S.149)

➜ Bodhnath (S.140)

➜ Budhanilkantha (S.147)

Von Kathmandu (Sundhara-Viertel, an der Hauptpost) fahren meist voll besetzte Minibusse und seltener die *safa* (elektrischen) Tempo-20-Shuttlebusse über das Nationalmuseum zur östlichen Treppe von Swayambhunath.

Rund um Swayambhunath

In der Umgebung von Swayambhunath gibt's lohnenswerte Ziele, doch bevor es losgeht, sollte man die Gelegenheit nutzen und die alten Pilger im Uhrzeigersinn (Pilgerpfad) rund um den Hügel begleiten – als Vorgeschmack auf Tibet. Der Weg führt an Spalieren von Gebetsmühlen, mehreren gigantischen Chörten (Stupa-artige Kultbauten), *mani dungkhor* (mannsgroße Gebetsmühlen) und buddhistischen Kapellen entlang.

Der Pilgerweg beginnt an der östlichen Treppe zum Swayambhunath. Man folgt den Gebetsmühlen (nicht der Straße) entlang dem Südwesthang des Hügels, passiert die Zugangsstraße zum Touristenparkplatz und das Museum für Naturgeschichte. Am Buddha-Amideva-Park, einem 2003 erbauten Komplex mit drei enormen, glänzend goldenen Sakyamuni Buddhas, einem vierarmigen Chenresig und Guru Rinpoche, trifft der Weg auf die Ringstraße. Chenresig ist die tibetische Form des Bodhisattva des Mitgefühls – der Dalai-Lama gilt als seine Emanation. Guru Rinpoche war ein wundertätiger Heiliger, der den Buddhismus in Tibet einführte. Zurück geht's vorbei an den Chörten und Kapellen am Nordhang des Hügels.

⊙ Sehenswertes

Nationalmuseum MUSEUM
(☎ 01-4271504; www.nationalmuseum.gov.np;
Chhauni; Ausländer/SAARC 150/50 NPR, Kamera/Videokamera 100/200 NPR; ⊙ Mi–So 10.30–16.30, Mo 10.30–14.30 Uhr) Das weitläufige Museum in Chhauni, etwa 800 m südlich von Swayambhunath, ist ein von Mauern eingeschlossener Gebäudekomplex. Es sieht auf den ersten Blick marode und überwuchert aus, enthält aber in staubiger Umgebung einige großartige Schätze und ist nie überfüllt – absolut lohnenswert.

Nach dem Eintritt wendet man sich nach links zur **Judda-Kunstgalerie** mit exquisiten Statuen nepalesischer Gottheiten aus Stein, Metall und Terrakotta sowie fantastischen *paubha*-Stoffmalereien. Die 1800 Jahre alte, lebensgroße Statue eines stehenden Jayavarma wurde 1992 beim Ausheben eines Hausfundaments entdeckt, wie auch eine Bronzestatue des büffelköpfigen Sukhavara Samvara mit 34 Armen, 16 Füßen und neun Gesichtern.

Die **Buddhistische Kunstgalerie** im Stil eines Tempels befindet sich im hinteren Teil des Komplexes. Hier werden archäologische Funde aus Buddhas Geburtsort Lumbini, ein paar sehr schöne buddhistische Statuen, Votivgaben, Thangkas (Religiöse Malereien) und Manuskripte ausgestellt. Im Obergeschoss sind informative Displays mit Mandalas (geometrische buddhistische Motive) zusammengestellt. Das Highlight ist eine steinerne Darstellung der Geburt Buddhas aus dem 8. Jh.; seine Mutter Maya hält sich an den Zweigen eines Baumes fest.

Auf keinen Fall sollte man den Oldtimer **Hudson Phantom** um die Ecke verpassen; der Wagen aus Detroit, der zu Beginn des 20. Jhs. von Trägern über den Himalaja geschafft wurde, soll das erste Auto sein, das Nepal erreichte.

Nördlich der Hauptgebäude steht ein hübscher Palast aus der Rana-Zeit; er wurde beim Erdbeben von 2015 beschädigt. Die **Galerie für Naturgeschichte** im Erdgeschoss mit arthritisch aussehenden, ausgestopften Tieren und alten Walknochen ist noch geöffnet, die Waffen-, Münz- und Briefmarkensammlung im Obergeschoss ist geschlossen.

Tickets werden bis eine Stunde vor dem Schließen verkauft; die Taschen müssen in den Schließfächern am Eingang eingeschlossen werden (kostenlos). Im Winter (November bis Januar) schließt das Museum eine Stunde früher.

Militärmuseum MUSEUM
(☎ 01-4271504; Tahachal; Ausländer/SAARC 100/40 NPR, Kamera/Videokamera 50/200 NPR; ⊙ Mi–So 10–16, Mo 10–14 Uhr) Das Museum auf einem Militärgelände gegenüber dem Nationalmuseum ist nur für Fans der Militärgeschichte interessant. Vor dem Museum stehen in ordentlicher Reihe ein Zwei-Mann-Panzer, Nepals erster Rolls-Royce, den Queen Elizabeth II. 1961 gestiftet hat, und ein Skyvan-Transportflugzeug.

Im Innern leben in endlosen Gemälden Schlachten Tote und Chaos wieder auf. Die Bilder zeigen die Schlachten, die die Nepalesen im Laufe von Jahrhunderten geschlagen haben, viele gegen die Briten und Tibeter, dazu eine Waffenkammer mit einer Bazooka und einem runden Waffengestell. Sehenswert ist das Porträt der ungewöhnlichen Königin Rajendra Laxmi Devi Shah, die sich im 18. Jh. als Soldatin ausbilden ließ und ihre Armee in drei Feldzügen anführte.

Zwischen November und März schließt das Museum eine Stunde früher.

Museum für Naturgeschichte MUSEUM
(Ausländer/SAARC 50/20 NPR, Kamera 50 NPR; ⊙ So–Fr 10–17 Uhr) Unterhalb von Swayambhunath, an der Zufahrt zum Touristenparkplatz, beherbergt dieses vernachlässigte Museum eine nostalgische, aber skurrile Sammlung von lackierten Krokodilen, Dinosauriermodellen und Tierköpfen, die an die Trophäensammlung eines Jägers erinnern.

Rund um das Kathmandu-Tal

Inhalt ➡

Pashupatinath 134

Bodhnath
(Boudha).....................140

Patan..........................149

Bhaktapur..................166

Gokarna Mahadev.......187

Pharping.....................192

Godavari.....................197

Nagarkot....................199

Dhulikhel....................204

Panauti.......................208

Gut essen

➡ Mayur Restaurant (S. 182)

➡ Peaceful Restaurant
(S. 182)

➡ Newa Lahani Restaurant
(S. 191)

Toll shoppen

➡ Shivapuri Heights Cottage
(S. 147)

➡ Famous Farm (S. 217)

➡ Gästehaus des Klosters
Neydo Tashi Choeling
(S. 195)

➡ Milla Guest House (S. 179)

Auf ins Kathmandu-Tal!

In verschiedener Hinsicht *ist* das Kathmandu-Tal Nepal. Von der Gottheit Manjushri aus dem Bett eines heiligen Sees geschaffen, so die buddhistische Legende, ist das Becken ein Flickenteppich aus Terrassenfeldern und Tempelstädten, in dem nepalesische Architekten und Kunsthandwerker ihr Können bewiesen haben. Leider hat die Gegend am schlimmsten unter dem Erdbeben 2015 gelitten. Die mittelalterlichen Dörfer des Tals sind beschädigt, aber es gibt immer noch viel zu sehen, von jahrhundertealten Tempeln bis zu Himalaja-Panoramen und einer abenteuerlichen Straße nach Tibet.

Neben den Unesco-Welterbestätten Patan und Bhaktapur gibt's zahlreiche newarische Dörfer abseits der Touristenrouten. Viele Attraktionen können per Minibus, Taxi-Mountainbike, Motorrad oder zu Fuß über ein Netz uralter Wege erkundet werden. Nur 10 km außerhalb Kathmandus sind vermutlich weniger Touristen unterwegs, als man auf einem mehrtägigen Trek durch den Himalaja trifft.

Reisezeit

Nagarkot

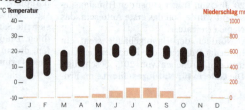

März–April Warmes Wetter, grünes Ackerland und spektakuläre Wagenfeste.

Okt.–Jan. Klare Sicht und sonnige Tage, aber kühle Nächte in Nagarkot und Dhulikhel.

Mai–Sept. Heiß und feucht, regelmäßiger Niederschlag und Temperaturen über 30 °C.

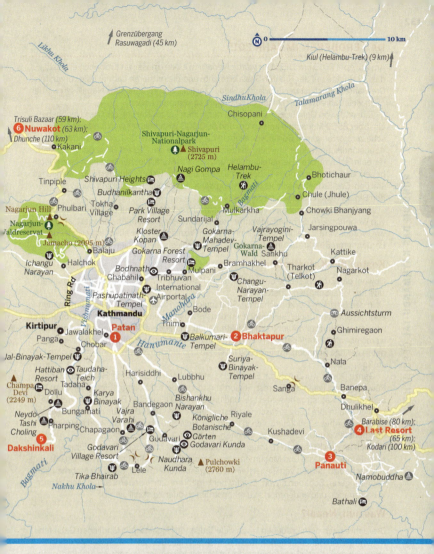

Rund um das Kathmandu-Tal Highlights

1 Patan (S. 149) Herumstreifen in den Höfen von Patan, die glorreiche newarische Architektur des Durbar-Platzes aufsaugen und das Patan-Museum, das beste des Landes, besuchen.

2 Bhaktapur (S. 166) Die faszinierenden Hintergassen von Bhaktapur, Nepals am besten erhaltene mittelalterliche Stadt erkunden.

3 Panauti (S. 208) Auf geht's zu einem mittelalterlichen Miniabenteuer in dieser historischen Stadt, die der Zerstörung durch das Erdbeben entgangen ist.

4 Last Resort (S. 213) Den Puls hochtreiben mit einem Bungee-Sprung, Canyoning oder einer Raftingtour in diesem Abenteuerresort nur einen Steinwurf von der tibetischen Grenze entfernt.

5 Dakshinkali (S. 193) Die spirituelle Seite Nepals an dieser von Klöstern übersäten Straße nach Dakshinkali aufspüren, wo tibetischer Buddhismus und tantrischer Hinduismus verschmelzen.

6 Nuwakot (S. 215) Dem Gewimmel entfliehen und in diesem wenig besuchten, historisch bedeutenden Dorf mit schöner Architektur entspannen.

DAS ERDBEBEN IM JAHR 2015

Am 25. April 2015 um 11.56 Uhr wurde Nepal von einem massiven Erdbeben erfasst, das 7,8 Punkte auf der Richter-Skala erreichte und die mittleren Landesteile verwüstete. Drei Jahre danach ist der Tourismus wieder zurückgekehrt, aber viele Nepalesen werden noch viele Jahre mit den Folgen dieses Tages zu kämpfen haben.

Tausende von Gebäuden stürzten bei der ersten Erschütterung und den Nachbeben ein, über 8500 Menschen kamen um und 600 000 Wohnhäuser wurden zerstört. Erdrutsche zerstörten ganze Dörfer, vor allem in Langtang, wo fast 200 Dorfbewohner und 41 ausländische Trekker starben, während eine Lawine am Everest Base Camp 18 Kletterer beim schlimmsten Bergsteiger-Unglück Nepals tötete. Wochenlang kam es zu Nachbeben, darunter ein großes Beben am 12. Mai, bei dem weitere Hunderte von Menschen starben. Das Erdbeben gilt als die schlimmste Katastrophe in Nepal seit dem verheerenden Bihar-Nepal-Erdbeben im Jahr 1934.

Der Schwerpunkt hat sich von der Katastrophen-Soforthilfe auf den Wiederaufbau von Wohnhäusern, Schulen, Monumenten und Lebensgrundlagen verlagert, aber dies wird voraussichtlich ein langsamer und langer Prozess sein, vor allem angesichts der berüchtigten Bürokratie und der Trägheit der nepalesischen Regierung.

Kosten der Katastrophe

Obwohl das Erdbeben eine der schlimmsten Katastrophen in der Himalaja-Region war, sind nur lokal Schäden entstanden.

In den Bezirken Gorkha, Dhading, Sindapulchowk, Rasuwa und Dolakha entstanden enorme Schäden. Viele Gemeinden wurden verwüstet, und jahrhundertealte Monumente wurden in Schutt und Asche gelegt. Kathmandu und andere Städte im Kathmandu-Tal waren ebenfalls stark betroffen, Pokhara und die Annapurna-Region dagegen verzeichneten geringe Schäden. Im Terai und im Osten und Westen Nepals waren nur leichte Erdstöße spürbar.

Ganze Dörfer wurden durch Erdrutsche und Lawinen in Langtang, Helambu, Manaslu, Rolwaling und Teilen der Everest-Region zerstört, andere Trekkinggebiete wiederum blieben von der Katastrophe weitestgehend unberührt. Die meisten Besitzer von Trekking-Lodges haben ihre Lodges rasch (weitestgehend ohne staatliche Hilfe) wiederaufgebaut, und die wichtigen Trekkingrouten in Langtang, Helambu und Manaslu sind alle wieder funktionsfähig und immer noch so schön wie zuvor.

Auch an den Kulturgütern traten keine flächendeckenden Schäden auf. Einige historische Tempel, Paläste und Monumente am Durbar-Platz von Kathmandu und Bhaktapur zerbrachen zu Bergen von Ziegelsteinen und gesplittertem Holz, doch die Mehrheit kam mit geringeren Schäden davon. Es wird noch mehrere Jahre dauern, all die Monumente in Kathmandu und anderenorts zu rekonstruieren oder zu stabilisieren.

Was nun, Nepal?

Drei Jahre nach dem Erdbeben leben viele Tausende Nepalesen in ländlichen Gebieten immer noch in Behelfsunterkünften. Die meisten Hausbesitzer haben wenigstens die erste von drei staatlichen Zahlungen zum Wiederaufbau von Wohnraum erhalten, nachdem ihre Baupläne von Beamten genehmigt wurden. Jedoch selbst die gesamte Zahlung in Höhe von 2500 € wird nur einen Bruchteil der Wiederaufbaukosten abdecken. Trekking-Lodges und Hotels haben keinen Anspruch auf staatliche Hilfen, ebenso viele Häuser in Nationalparks wie Langtang. In ganz Nepal ändert sich das Gesicht der traditionellen Dörfer, da die Bewohner mit stabilem Beton anstatt mit den traditionellen Ziegelsteinen bauen.

Der Tourismus ist nach dem Erdbeben wieder in Gang gekommen und wirtschaftlich wichtiger als je zuvor. Wer heute Nepal besucht und Geld in einheimischen Betrieben im ländlichen Raum ausgibt, leistet einen direkten Beitrag zum Wiederaufbau, der dann wiederum wertvolles Einkommen generiert, das für die Menschen einen echten Unterschied machen kann.

Geschichte

Die Legende, dass das Kathmandu-Tal entstand, als der buddhistische Gott Manjushri einen heiligen See mit seinem Flammenschwert austrocknete, hat immerhin einen wahren Kern. Denn die Auffaltung des Himalajas schloss Flüsse ein, die südlich von Tibet austrockneten, wodurch ein riesiger See entstand, der seine Ufer schließlich sprengte und vor rund 10 000 Jahren tatsächlich austrocknete.

Als sich Menschen aus dem Norden und Süden ansiedelten, wurde das Tal zur größten Umschlagstelle auf der Handelsstraße von Indien nach Tibet. Missionare aus dem Himalaja und Heilige brachten den Buddhismus über den Himalaja nach Tibet, und Jahrhunderte später trugen herumziehende tibetisch-birmanische Stämme den Buddhismus zurück nach Nepal, wobei das indische Tantra mit der uralten Bön-Religion von Tibet verschmolz. Dies hat zu einer faszinierenden Hybridkultur geführt. Der hinduistische und der buddhistische Glaube beeinflussen das Leben in Nepal gleichermaßen.

Historisch gesehen ist das Kathmandu-Tal die Heimat der Newar, dieser großartigen Händler und Handwerker mit einer gemischten indischen und tibetisch-birmanischen Herkunft. Ein Großteil der Ikonografie, Architektur und Kultur, die heute mit Nepal in Verbindung gebracht wird, basiert tatsächlich auf der newarischen Kultur.

Die ersten Aufzeichnungen zur newarischen Geschichte stammen aus der Licchavi-Ära (400 bis 750 n. Chr.), aber das goldene Zeitalter der Newar sollte erst im 17. Jh. kommen, als das Tal von drei rivalisierenden Stadtstaaten beherrscht wurde – Kantipur (Kathmandu), Lalitpur (Patan) und Bhadgaon (Bhaktapur) –, die darin wetteiferten, sich gegenseitig mit brillanter Architektur zu übertreffen. Unter den Malla-Königen wurden viele der bekanntesten Paläste, Tempel und Monumente erbaut.

Die Vereinigung von Nepal in den Jahren 1768–69 durch Prithvi Narayan Shah beendete das Gerangel der drei Stämme um die Vorherrschaft. Nepalesisch, eine indo-europäische Sprache, die von den Khas in Westnepal gesprochen wurde, ersetzte Newari als Amtssprache, und Kathmandu wurde zur unumstrittenen Hauptstadt der Nation.

HERR DER TIERE

In anderen Orten Nepals wird Shiva in seiner grimmigen Gestalt als zerstörerischer Bhairav verehrt, aber in Pashupatinath wird er als Pashupati, Herr der Tiere, gefeiert. Angeblich streifte Shiva am Ufer des Bagmati-Flusses in der Gestalt eines Hirsches umher, und der Legende nach soll der Lingam des Haupttempels von einem abgebrochenen Geweihstück des göttlichen Hirsches stammen.

Sadhus und Shiva-Jünger reisen aus dem gesamten Subkontinent scharenweise nach Pashupatinath, und viele Nepalesen möchten am Ufer des heiligen Flusses verbrannt werden. Selbst die Könige Nepals kamen hierher, um Pashupati um den Segen zu bitten, bevor sie eine wichtige Reise antraten. Die Dalit (Unberührbaren) Nepals dürfen den Schrein erst seit 2001 betreten.

Tragischerweise wurden viele der historischen Städte im Kathmandu-Tal durch das Erdbeben im Jahr 2015 zerstört, das zudem viele Todesopfer forderte. Der Wiederaufbau läuft, und die Einheimischen schaffen sich wieder eine Lebensgrundlage, aber die Narben des Erdbebens werden in diesem Landstrich noch für lange Zeit sichtbar bleiben.

ℹ Gefahren & Ärgernisse

Insbesondere Frauen sollten nicht allein in abgelegenen Ecken des Tals wandern. Der Nagarjun Hill (S. 148) in der Nähe von Kathmandu und der Pulchowki-Berg südlich von Godavari haben in der Vergangenheit Raubüberfälle und Schlimmeres gesehen.

Wer das Kathmandu-Tal auf einem gemieteten Motorrad erkunden möchte, sollte sich vor der Verkehrspolizei in Acht nehmen, insbesondere in der Dunkelheit. Einheimische kassieren regelmäßig Geldstrafen für erdichtete Verkehrsdelikte, und Ausländer sind stärker ins Visier der Polizei geraten.

Auf den Straßen nach Langtang und Kodari ist mit Erdrutschen zu rechnen.

ℹ Unterwegs vor Ort

Wer vorhat, mit dem Rad, zu Fuß oder mit dem Motorrad in der Gegend unterwegs zu sein, sollte in die nützliche Karte im Maßstab 1:50 000 *Around the Kathmandu Valley* oder 1:60 000

Biking Around Kathmandu Valley von Nepa Maps investieren. Beide sind in Kathmandu im Buchhandel erhätlich.

BUS & TAXI

Vom Busbahnhof Ratna Park in Kathmandu fahren preisgünstige öffentliche Busse in fast jede Stadt des Tals, wenn auch ggf. mit einmal Umsteigen in Patan oder Bhaktapur. Die Busse können jedoch unglaublich voll sein und sind nur unwesentlich schneller als ein Gletscher.

Eine komfortablere Reisemöglichkeit ist ein Mietwagen oder Taxi von Kathmandu aus. Ein Taxi mit Fahrer als Guide kostet pro Tag für einen Ausflug nach Changu Narayan und Bhaktapur oder nach Dakshinkali, Chobar und Kirtipur rund 3500 NPR.

FAHRRAD & MOTORRAD

Weitaus die effizienteste und günstigste Art der Fortbewegung im Tal sind Mietfahrräder und -motorräder. Sobald die Ringstraße von Kathmandu überquert ist, lässt der Verkehr nach, und das Tal bietet schöne Radstrecken, die allerdings sorgfältig gewählt sein wollen.

Nicht überall ist das Radfahren ein Vergnügen. Der Verkehr und die Straßenbedingungen können fürchterlich sein, besonders auf den Hauptstraßen. Die zahlreichen Fahrradverleiher und Reiseveranstalter in Kathmandu beraten gerne zu den besten Routen. Vorsichtig um Ecken und Kurven fahren, denn Busse und Lkws achten nicht auf die Vorfahrt. Bei einem Halt sollte man Räder und Motorräder gut sichern. Es ist ratsam, viel Benzin aus Kathmandu mitzunehmen, da die Tankstellen auf dem Land regelmäßig auf dem Trockenen sitzen. Bei Tagesausflügen sollte man bis zum Einbruch der Dunkelheit wieder in Kathmandu sein – auf diesen Straßen ist niemand gerne im Dunkeln unterwegs.

GEFÜHRTE TOUREN

Viele der Reisebüros in Thamel, ein Stadtteil von Kathmandu, können Tagesausflüge in das Tal organisieren, aber die Qualität schwankt. Wer einen geführten Rundgang bevorzugt, findet bei Wayfarers (S. 120) geführte Tagestouren durch Kirtipur, Khokana und Bungamati (30 € pro Person) samt Lunch und Transfer. Dreitägige Mini-Treks nach Panauti, Namobuddha, Dhulikhel (mit Übernachtung), Nagarkot (mit Übernachtung), Changu Narayan und Sankhu gibt's schon für zwei Personen (150 € pro Person mit Guide, Mahlzeiten und Unterkunft).

WANDERN

Ein Netz aus Fußwegen verbindet die Dörfer und Städte überall im Tal, und es gibt viele interessante Tages- und mehrtägige Wanderungen. Zu Fuß kommen Abkürzungen infrage, die mit dem Rad oder Motorrad nicht befahrbar sind. Problemlos lassen sich mehrere Städte zu Fuß erkunden, sogar eine fünf- oder sechstägige Wanderung über Kakani nach Budhanilkantha, Chisopani, Nagarkot, Dhulikhel, Balthali, Namobuddha und Panauti ist machbar.

Auf der Website der Nepal Environment and Tourism Initiative Foundation (www.netifnepal. org) stehen weitere Informationen zu mehrtägigen Wanderungen rund um das Tal.

RUND UM DIE RINGSTRASSE

Es gibt mehrere interessante Sehenswürdigkeiten direkt außerhalb der Ringstraße von Kathmandu, die alle mit öffentlichen Verkehrsmitteln oder mit dem Mietrad oder -motorrad erreichbar sind. Alle sind ein gemütlicher Tagesausflug ab der Hauptstadt. Pashupatinath und Bodhnath gehören zu Nepals berühmtesten und fesselndsten religiösen Stätten.

Pashupatinath

Nepals wichtigster Hindutempel steht am Ufer des heiligen Bagmati-Flusses, umgeben von einem umtriebigen Markt für religiöses Beiwerk, auf dem Tagetes, *prasad* (Opfergaben), Räucherwerk, *rudraksha*-Perlen, große Muscheln, Bilder hinduistischer Gottheiten und Tempel, *tika*-Pulver in Regenbogenfarben, Glas-Lingams, Modelle vom Mount Meru und andere wichtige Pilger-Utensilien angeboten werden.

Auf den ersten Blick mag Pashupatinath nicht so heilig wirken – der Tempel ist nur wenige Hundert Meter vom Ende der Landebahn des Tribhuvan Airport entfernt und steht an einem besonders stark verschmutzten Abschnitt des Bagmati. Doch für religiöse Menschen ist er ein Kraftwerk an hinduistischer spiritueller Energie und eng mit Shiva in Gestalt von Pashupati, dem Herrn der Tiere, verbunden. Einige der umliegenden kleineren Schreine wurden beim Erdbeben von 2015 beschädigt, aber der größte *mandir* (Tempel) blieb unversehrt.

Nicht-Hindus dürfen den Haupttempel nicht betreten, doch der umliegende Komplex aus shivaistischen Schreinen, Lingams und Ghats (Steintreppen) am Fluss ist faszinierend und äußerst fotogen. Gruppen fotogener Sadhus mit sonderbaren Accessoires hängen hier ab und hoffen darauf, gegen ein Taschengeld für Touristen posieren zu dürfen (50 bis 100 NPR pro Foto). Bitte respekt-

Pashupatinath

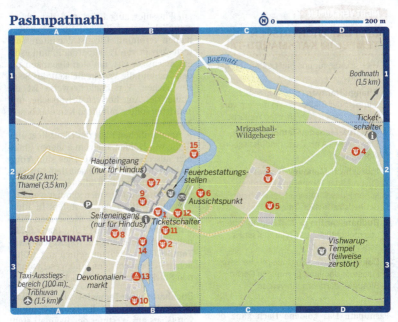

N   0 ————————————— 200 m

Pashupatinath

◉ **Sehenswertes**

1 Bachhareshwari-Tempel.......................B2
2 Östliche Ghats....................................B3
3 Gorakhnath-Tempel............................C2
4 Guhyeshwari-Tempel...........................D2
5 Lingam-Schreine.................................C2
6 Shiva-Lingam......................................C2
7 Nandi-Statue.......................................B2

8 Panch Deval.......................................B3
9 Pashupatinath-Tempel........................B2
10 Raj-Rajeshwari-Tempel.......................B3
11 Ram-Tempel.......................................B3
12 Shiva-Schreine...................................B2
13 Bildnis des stehenden Buddha...........D3
14 Westliche Ghats.................................B3
15 Yogi-Höhlen..B2

voll mit der Kamera bei den Bestattungs-
plätzen an den Ghats umgehen – niemand
würde Schnappschüsse von trauernden Angehörigen im Heimatland machen, also
passt das auch hier nicht. Ein respektvoller
Abstand sollte selbstverständlich sein.

Die Eintrittsgebühr für Ausländer ist
überraschend hoch angesichts der Tatsache,
dass Nicht-Hindus die beiden Haupttempel
überhaupt nicht betreten dürfen. Einige Reisende halten sie daher für überteuert. Alle
Sehenswürdigkeiten sind in der Eintrittskarte für Pashupatinath inbegriffen. Guides vermittelt das Ticketbüro nach einem Dienst-
plan. Eine einstündige Tour schlägt mit rund
500 NPR zu Buche, obwohl die Guides nach
1000 NPR fragen werden. Die beste Zeit für
einen Besuch ist am frühen Morgen oder
um 18 Uhr während des Abendgebets.

◎ Sehenswertes

Pashupatinath-Tempel HINDUISTISCHER TEMPEL
(Karte S.135; Ausländer/SAARC 1000 NPR/frei,
Kind unter 10 Jahren frei; ⊙24 Std.) Der pago-
denartige Tempel von Pashupatinath
stammt aus dem Jahr 1696 und hat das
Erdbeben gut überstanden. Doch Hindus
und Buddhisten beten hier schon viel länger. Nur Hindus ist der Zutritt zur Anlage
des berühmten Haupttempels gestattet,
aber Nicht-Hindus dürfen an verschiedenen Stellen der Außenmauer einen kleinen
Einblick in das Innere erhaschen.

Vom Haupttor an der Westseite schaut
man auf die mächtige, goldene Rückseite
einer riesigen **Nandi-Statue** (Karte S.135),
Shivas Bullen. In dem Schrein, aber vor
den Blicken verborgen, befindet sich ein
schwarzes, vierköpfiges Bildnis von

NICHT VERSÄUMEN

DIE FÜNF WICHTIGSTEN TEMPEL IM KATHMANDU-TAL

Hier sind die für uns fünf besten Tempel des Tals:

Changu Narayan (S. 184) Eine Schatzkammer der Bildhauerei in diesem von der Unesco ausgezeichneten Welterbe.

Gokarna-Mahadev-Tempel (S. 187) Ein visuelles A bis Z der hinduistischen Ikonografie.

Indreshwar-Mahadev-Tempel (S. 209) Ein perfekter Tempel an einer mystischen Flusseinmündung südlich der Schnellstraße nach Tibet.

Budhanilkantha (S. 147) Beeindruckendes monolithisches Steinrelief eines schlafenden Vishnu.

Dakshinkali (S. 193) Unheimliche Bergklause, in der einer grimmigen Göttin Blutopfer dargebracht werden.

Pashupati. Das goldene Dach ganz oben auf den Terrassen an der Ostseite des Bagmati bietet einen herrlichen Ausblick.

Die Straße, die in südlicher Richtung vom Seiteneingang des Tempels wegführt, führt zum **Panch Deval** (Karte S. 135), einer ehemaligen Tempelanlage, die das Erdbeben überstanden hat und heute als soziale Einrichtung für bedürftige ältere Nepalesen dient.

Westliche Ghats (Feuerbestattungsstellen) HINDUISTISCHE STÄTTE

(Karte S. 135) Obwohl der stinkende Bagmati-Fluss voll von Müll und Dreck ist, ist er eigentlich ein besonders heiliger Fluss. Pashupatinath ist das nepalesische Pendant zu Varanasi am heiligen Ganges. Die Ghats am Bagmati sind der wichtigste Ort der Stadt für Feuerbestattungen unter freiem Himmel. Die Feuer brannten hier Tag und Nacht nach dem Erdbeben von 2015, da Hunderte von Familien Tote zu beklagen hatten.

Nur Mitglieder der Königsfamilie können direkt vor dem Pashupatinath-Tempel verbrannt werden. Die Bestattungen von zehn Mitgliedern der nepalesischen Königsfamilie fanden hier nach dem Massaker im Jahr 2001 statt. Bestattungen einfacher Nepalesen finden täglich an den Ghats im Süden des Tempels statt. Die Leichname werden in Tücher gehüllt und am Flussufer aufgebahrt und danach erstaunlich businesslike auf einem Scheiterhaufen verbrannt. Dies ist der interessanteste Aspekt von Pashupatinath, und es ist ein mächtiger Ort, um sich Gedanken um den Tod und die Vergänglichkeit des Seins zu machen. Verständlicherweise ist die Trauer der Angehörigen Privatsache, und Touristen sollten mit ihren Kameras besser Abstand halten.

Am nördlichen Ende der Ghats liegt eine Reihe von Höhlen, die vom anderen Flussufer aus erkennbar sind. Dies sind **Yogi-Höhlen** (Karte S. 135), die seit dem Mittelalter als Unterschlupf dienen und noch heute von Meditierenden genutzt werden.

Weiter entlang des Westufers in Richtung Süden kommt ein **stehendes Buddha-Bildnis** aus dem 7. Jh. (Karte S. 135) neben dem beschädigten **Raj-Rajeshwari-Tempel** (Karte S. 135) mit seinen ungewöhnlichen Nebengebäuden und geschwungenen Stuckverzierungen in Sicht.

Bachhareshwari-Tempel HINDUISTISCHER TEMPEL

(Karte S. 135) Zwischen den beiden Gruppen von Ghats am Westufer des Bagmati steht dieser kleine Tempel aus dem 6. Jh., der mit tantrischen Figuren, Skeletten und erotischen Szenen dekoriert ist. Es heißt, dass in diesem Tempel einst während des Maha-Shivaratri-Festes (S. 138) Menschenopfer dargebracht wurden.

Östliche Ghats HINDUISTISCHE STÄTTE

(Karte S. 135) Die Ghats in Pashupatinath sind oft sehr belebt, und es lohnt sich, all dies in Ruhe zu betrachten. Gläubige nehmen ihre rituellen Bäder im zweifelhaft aussehenden Wasser des Bagmati, heilige Männer führen Rituale auf den Steintreppen durch, und Kinder fischen mit Magneten, die sie an eine Schnur gebunden haben, im trüben Fluss nach Münzen. Manchmal sind auch Familien da, die den Scheiterhaufen für eine Feuerbestattung am anderen Flussufer aufschichten.

Zwei Fußgängerbrücken führen vor dem Pashupatinath-Tempel über den Bagmati, dort beginnt eine Anlage aus Steinterrassen, die mit Dutzenden kleiner **Shiva-Schreine** (Karte S. 135) übersät ist. Diese einräumigen Tempel werden oft von herumziehenden Sadhus als Unterschlupf genutzt, und in jedem davon steht in der Mitte ein Shiva-Lingam. Obwohl die Schreine viele verschiedene Baustile aufweisen, sind doch einige Elemente allen gemeinsam – die Maske von Bhairav, Shivas furchterregender Inkarnation, an der Südwand, die Nandi-Statue im Westen und den Wasserspeier in Form eines Bullenkopfes im Norden.

Zwei Treppen führen den Berg zwischen den Schreinen hinauf, vorbei am beschädigten, aber immer noch mit sehr schönen Fresken verzierten, hölzernen **Ram-Tempel** (Karte S.135), zu dem oft die durchreisenden Sadhus strömen, besonders während des Maha-Shivaratri-Festes. Oben, dort wo der Weg in den Wald führt, führt ein Seitenpfad in nördlicher Richtung an den Terrassen vorbei zu einem ausgezeichneten **Aussichtspunkt** (Karte S.135) über den Pashupatinath-Tempel. Einfach nach dem riesigen goldenen Dreizack an der Nordseite des Tempels und der goldenen Figur eines knienden Königs, der im Schutze einer *naga* (Schlangengottheiten) im Süden betet, Ausschau halten.

Spannend ist auch der **Lingam mit dem Shiva-Gesicht** (Karte S.135) an der Nordseite der Terrasse.

Lingam-Schreine HINDUISTISCHE STÄTTE

(Karte S.135) Die Stufen von den Pashupatinath-Ghats führen bergauf, vorbei an einem gut gelegenen Café und zu einem weitläufigen Komplex mit Lingam-Schreinen am Ende eines Waldes, der ebenfalls eine Erkundung lohnt. Hier stehen insgesamt über 50 Schreine, auch wenn mehrere Gebäude während des Erdbebens zerstört wurden.

Gorakhnath-Tempel HINDUISTISCHER TEMPEL

(Karte S.135) Weiter den Hügel hinauf führt der Weg zu einem hoch aufragenden, rotweißen Shikhara (Tempel mit einem hohen Turm, der wie ein Maiskolben aussieht) des Gorakhnath-Tempels, der das Erdbeben mit geringfügigen Schäden überstanden hat. Er ist einem Yogi aus dem 11. Jh. geweiht, der die Tradition der shivaistischen Mönche begründete und das Hatha-Yoga erfand.

Hinter dem Gorakhnath-Tempel fällt der Weg wieder ab und führt durch den Wald, vorbei am Mrigasthali-Wildgehege, das perfekt in die natürliche und religiöse Landschaft passt, da Shiva hier einst in der Gestalt eines goldenen Hirsches herumgetollt sein soll.

Guhyeshwari-Tempel HINDUISTISCHER TEMPEL

(Karte S.135) Der Weg führt weiter hinab und aus dem Wald hinaus zum großen Guhyeshwari-Tempel im Hofstil, der von König Pratap Malla im Jahr 1653 erbaut wurde und Parvati (Gemahlin von Shiva) in ihrer fürchterlichen Gestalt als Kali geweiht ist. Der Zutritt ist Nicht-Hindus verboten, aber vom Weg aus sieht man vier riesige vergoldete Schlangen, die das

STUPAS

Das Kathmandu-Tal ist mit beeindruckenden Stupas (Chörten auf Tibetisch) übersät. Die eindrucksvollsten stehen in Bodhnath (S.140) und Swayambhunath (S.125), aber es gibt auch bedeutende Exemplare in einem wenig besuchten Chabahil (S.138) und Kathesimbhu (S.83) in Kathmandu. Die ältesten Stupas sind die vier von Patan, die angeblich vom Kaiser Ashoka errichtet wurden. Fast jede Wanderung in Nepal führt an kleineren Chörten und Chörten-förmigen *kani* (bogenartigen Eingängen) vorbei.

Die allerersten Stupas wurden als Aufbewahrungsort der Asche und Relikte von Siddhartha Gautama (dem historischen Buddha) errichtet und wurden zu einem mächtigen frühen Symbol des neuen Glaubens in einer Zeit, in der Bildnisse des Buddha noch nicht populär waren. Viele Chörten im tibetischen Stil beherbergen religiöse Relikte oder die Asche von Lamas. Die Palette an Baustilen ist sehr breit, von den riesigen Plattformen von Bodhnath bis zu den fragilen Stein-Chörten oben auf einem Gebirgspass.

Jedes der Elemente eines Stupas besitzt eine symbolische Bedeutung, von der quadratischen Bodenplatte (Erde) und der hemisphärischen Kuppel (Wasser) zum spitz zulaufenden Turm (Feuer), dessen 13 stufenartige Segmente die Stufen zur Buddhaschaft symbolisieren können. Oben auf der 13. Stufe befinden sich ein halbmondförmiges Ornament (Luft) und eine senkrechte Spitze, die den Himmelsraum oder das heilige Licht des Buddha darstellt.

In Nepal wird der mittlere, rechteckige Turm mit den allsehenden Augen Buddhas bemalt. Was wie eine Nase aussieht, ist in Wirklichkeit das Sanskrit-Zeichen für die Zahl Eins, die für die Absolutheit des Buddha steht.

zentrale Ornament stützen, sowie den Bodhnath-Stupa in der Ferne.

Der kuriose Name des Tempels leitet sich ab von den nepalesischen Wörtern *guhya* (Vagina) und *ishwari* (Göttin) – wortwörtlich ist dies der Tempel der Vagina der Göttin. Der Legende zufolge beleidigte der Vater von Parvati Shiva, und die Göttin war so aufgebracht, dass sie in Flammen aufging, was die Grundlage zur Praxis des *sati*-Rituals lieferte, bei dem Witwen lebendig auf den Scheiterhaufen ihrer verstorbenen Ehemänner verbrannt werden. Der trauernde Shiva wanderte mit dem zerfallenden Leichnam von Parvati durch die Welt, und ihre Genitalien fielen in Guhyeshwari ab. Indische Hindus nehmen dasselbe für sich im Kamakhya-Tempel in Guwahati in Assam in Anspruch.

Das Flussufer vor dem Tempel ist gesäumt von Shiva-Schreinen und achteckigen Pavillons mit Glockendach für das Baderitual.

Feste & Events

Die meisten echten Pilger zieht es gewöhnlich an den *ekadashi*-Tagen, die jeden Monat elf Tage nach dem Vollmond und Neumond liegen, nach Pashupatinath. Bei Nachtanbruch setzen die Pilger dann Butterlampen in kleine Boote aus Blättern auf den Bagmati. Dies ist Teil der *arati* (Licht)-Zeremonie.

Sadhus versammeln sich das ganze Jahr über in Pashupatinath, um in der Nähe des heiligen Schreins zu meditieren, doch die Anzahl der heiligen Männer steigt während des Maha-Shivaratri-Festes im Februar oder März, das wichtigste Shiva-Fest im hinduistischen Kalender, sprunghaft an.

Maha-Shivaratri-Fest   RELIGIÖS
(☉Feb./März) Im nepalesischen Monat Falgun (Februar oder März) strömen Zehntausende von Pilgern aus ganz Nepal und Indien nach Pashupatinath, um Shivas Geburtstag zu feiern. Dies ist ein unglaubliches Spektakel und eine Chance, Mitglieder einiger der asketischeren shivaistischen Sekten bei nächtlichen Ritualen zu beobachten.

Bala Chaturdashi   RELIGIÖS
(☉Nov./Dez.) Während des Neumonds im November/Dezember halten Pilger eine Wache im Schein der Leuchten und baden am folgenden Morgen im heiligen Bagmati. Danach verstreuen die Pilger Süßigkeiten und Samen für ihre verstorbenen Angehörigen in der Anlage, damit diese das Leben nach dem Tod genießen.

ⓘ Praktische Informationen

Die Eintrittskarten für Pashupatinath werden in den Touristenbuden am **Haupteingang** (Karte S. 135) und am **Nordtor** (Karte S. 135) verkauft.

ⓘ An- & Weiterreise

Pashupatinath bietet sich als Halbtagesausflug von der Stadtmitte Kathmandus aus an oder in Verbindung mit dem nahe gelegenen Bodhnath.

Der einfachste Weg von Kathmandu nach Pashupatinath ist mit dem Taxi (500 NPR ab Thamel) – die Taxifahrer setzen ihre Fahrgäste direkt südlich der Tempelanlage ab, in der Nähe der Ringstraße bei Gaushala. Aber auch vom Westen oder Norden aus gibt es eine Zufahrtstraße. Hinterher geht's mit dem Taxi weiter. Der Taxistand befindet sich ein Stück weiter in Richtung Süden.

Wer zu Fuß oder per Rad unterwegs ist, hält sich vom Narayanhiti-Palast aus in Richtung Osten, geradeaus durch Naxal und trifft dann auf die Ringstraße in der Nähe des Jayabageshwari-Tempels mit einem schönen Gemälde von Bhairav. Weiter geht's zum Pashupatinath-Tempel über die Ringstraße und dann durch die kurvigen Gassen mit Verkaufsständen mit religiösen Waren hinunter zum Bagmati.

Wer von Pashupatinath nach Bodhnath laufen möchte, schafft das mit einem angenehmen 20-minütigen Spaziergang durch Dörfer und Ackerland, der Einblick in den Alltag in den Vororten von Kathmandu bietet. Vor dem Guhyeshwari-Tempel führt eine Fußgängerbrücke über den Fluss. Danach verläuft der Weg fünf Minuten in Richtung Norden und biegt dann an einem Tempel, der um eine große Pappelfeige gebaut ist, rechts ab. An der nächsten Kreuzung folgt man Buddhas Beispiel und nimmt den mittleren Weg (geradeaus), der schließlich auf die Hauptstraße nach Bodhnath trifft, direkt gegenüber vom Stupa.

Chabahil

Östlich des Zentrums von Kathmandu liegt auf dem Weg nach Bodhnath der Vorort Chabahil mit einer Reihe historischer Tempel und Schreine, die einen kurzen Halt wert sind.

⦿ Sehenswertes

Chabahil-Stupa   BUDDHISTISCHER STUPA
(Ringstraße) GRATIS Rechts an der Ringstraße steht dieser imposante Stupa, welcher

nach Bodhnath, Swayambhunath und dem Kathesimbhu-Stupa in der Nähe von Thahiti Chowk der viertgrößte in der Region Kathmandu ist. Der Legende zufolge wurde dieser Stupa von Charumati gebaut, der Tochter von Ashoka. Seither wurde der Stupa mehrere Male wiederaufgebaut, zuletzt im Jahr 2015, nachdem er durch das Gorkha-Beben beschädigt worden war.

Der Turm des Stupas ist ringsum mit Messingplatten bedeckt, und der umliegende Hof hat einige anmutige Chaityas aus der Licchavi-Periode.

Chandra-Binayak-Ganesh-Tempel
HINDUISTISCHER TEMPEL

In diesem verehrten Tempel wird ein winziges silbernes Bildnis von Ganesh aufbewahrt, und die Erdbebenschäden von 2015 werden derzeit repariert. Der Hof ist voll von Statuen, die mit Tika-Pulver überzogen sind – sehenswert ist die Statue von Narayan im Budhanilkantha-Stil, der sich auf seinem Schlangenbett zurücklehnt, daneben eine menschliche Figur aus gehämmerten Messingtafeln. Der Weg zum Chabahil-Stupa dauert zwei Minuten, dafür geht man in die Gasse in Richtung Norden vorbei an einem kleinen weißen Stupa und dann durch den weißen Torbogen.

Charumati Vihar
BUDDHISTISCHER TEMPEL

Charumati Vihar ist ein buddhistisches Kloster aus dem Mittelalter, in dem früher Mönche wohnten, die sich um den Chabahil-Stupa kümmerten. Hierher gelangt man vom Chabahil-Stupa aus über die Gasse, die direkt im Norden liegt, dann bei einem kleineren, weißen Stupa links abbiegen.

ⓘ An- & Weiterreise

Chabahil ist entweder mit öffentlichen Verkehrsmitteln oder mit einem Taxi leicht erreichbar und liegt an der Strecke von Kathmandu nach Bodhnath oder Pashupatinath.

BESUCH TIBETISCHER KLÖSTER

Die meisten tibetisch-buddhistischen Klöster heißen Besucher gerne willkommen. Das Betreten dieser stimmungsvollen Bauten kann ein kraftvolles und bewegendes Erlebnis sein. Während des Morgen- und des Abendgebets kommen die Lamas (hohe tibetische buddhistische Mönche) und Novizen zusammen, um buddhistische Texte im Sprechgesang zu rezitieren. Dabei werden sie normalerweise von einer Kakofonie krachender Becken, gewaltiger Trommeln und schallender tibetischer Hörner begleitet.

Von Ladakh bis Lhasa besitzen tibetische Gompas (Klöster) einen bemerkenswert einheitlichen Grundriss. Die Hauptgebetshalle ist stets mit aufwändigen Wandmalereien geschmückt, die das Leben des Buddha darstellen, daneben verschiedene Bodhisattvas und Beschützer, die auch auf den hängenden, in Brokat gefassten *thangkas* (tibetischen religiösen Gemälden) und in Statuenform hinter dem Hauptaltar zu sehen sind.

Viele Gompas besitzen auch eine Bibliothek mit in Tücher gehüllten buddhistischen Manuskripten auf losen Blättern, die als Kangyur und Tengyur bezeichnet werden und sich in Alkoven rund um den Altar befinden. Der Altar selbst ist mit Opfergaben bedeckt, darunter Butterlampen und sieben Schalen Wasser. Der Thron des Abtes ist häufig von Bildern früherer Äbte und des Dalai-Lama umgeben, dem spirituellen Führer des tibetischen Buddhismus und dem irdischen Vertreter von Chenrezig (Avalokiteshvara), der Gottheit des Mitgefühls.

Beim Betreten eines Gompa fallen die Wandmalereien zu den vier Wächtern und Beschützern auf – furchterregende Gottheiten, die die Unwissenheit vertreiben – und ein Lebensrad, ein äußerst komplexes Diagramm, das die Erkenntnisse des Buddha darüber darstellt, wie die Menschen aufgrund ihr Verlangens im endlosen Kreislauf aus Leben, Tod und Wiedergeburt gefangen sind.

Die Vorderseite des Klosters kann auch enorme *mani dungkhor* – riesige Gebetsmühlen aufweisen, die voll von Tausenden von Abschriften des buddhistischen Mantras *om mani padme hum* („Heil, Juwel im Lotos") sein können.

Dieses Mantra erscheint auch auf den kleineren Gebetsmühlen rund um die Außenmauer sowie außen auf den flatternden Gebetsfahnen. Auf dem Klosterdach kann eine Skulptur mit zwei Hirschen zu beiden Seiten des Rads des Gesetzes stehen, welche die erste Predigt des Buddha im Wildpark zu Sarnath symbolisieren.

Bodhnath (Boudha)

🎵 01

Bodhnath ist einfach unvergleichlich. An Asiens größtem Stupa pulsiert das Leben, denn täglich versammeln sich Tausende von Pilgern zu einer *kora* (rituelle Umrundung im Uhrzeigersinn) der Kuppel unter den wachsamen Augen des Buddha, der aus dem vergoldeten Turm in der Mitte zuschaut. Tibetische Mönche in rotbraunen Gewändern wandern durch die beflaggten Straßen, während Pilger damit beschäftigt sind, Gebetsmühlen zu drehen und Yakbutter und *tsampa* (geröstetes Gerstenmehl) als Proviant nachzukaufen.

Bodhnath (Boudha)

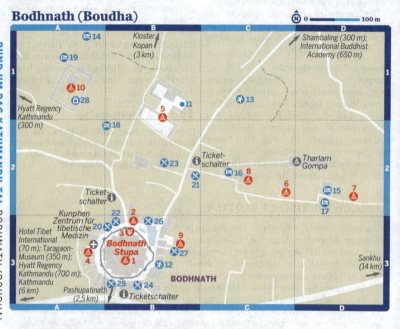

Bodhnath (Boudha)

◎ Highlights
1 Bodhnath-Stupa B3

◎ Sehenswertes
2 Guru Lhakhang B3
3 Harati- (Ajima-) Schrein B3
4 Jamchen Lhakhang A3
5 Ka-Nying Sheldrup Ling Gompa B1
6 Pal Dilyak Gompa...............................C2
7 Pal Nye Gompa...................................D2
8 Sakya Tharig Gompa C2
9 Samtenling Gompa.............................B3
10 Shechen Gompa A1

✦ Aktivitäten, Kurse & Touren
11 Rangjung Yeshe Institute....................B1
12 Responsible Treks..............................B3
13 Seeing Hands C1

🛏 Schlafen
14 Dragon Guest House A1

15 Lotus Guest House D2
16 Pal Rabten Khansar Guest House........C2
17 Pema Guest House D2
18 Rokpa Guest House B2
19 Shechen Guest House.........................A1

⊗ Essen
20 Café du Temple B3
21 Double Dorjee Restaurant..................B2
22 Flavors Café B3
23 Garden Kitchen B2
24 La Casita de Boudhanath B3
25 Pho 99 ....B3
    Rabsel Garden Café ....(siehe 19)
26 Stupa View Restaurant.......................B3
27 White Dzambala Tibetan
    Restaurant...B3

🛍 Shoppen
28 Tsering Art School Shop.....................A1

Es handelt sich hierbei um einen der wenigen Orte weltweit, an denen die tibetische buddhistische Kultur ausgelebt werden kann und nicht beschränkt wird. Die Gassen rund um den Stupa sind voll von Klöstern und Werkstätten, die Butterlampen, tibetische Trommeln, rituelle Kopfbedeckungen für Mönche und sonstige Objekte, die im tibetisch-buddhistischen Alltag gebraucht werden, herstellen.

Viele der Klöster, die rund um den Stupa angesiedelt sind, haben ihre Türen ausländischen Schülern geöffnet, sodass in den Hintergassen auch zahlreiche westliche Dharma-Schüler in rotbraunen Gewändern zu entdecken sind.

Historisch gesehen, war der Stupa ein wichtiger Stützpunkt an der Handelsstraße zwischen Lhasa und Kathmandu, und tibetische Händler beteten hier um eine sichere Reise, bevor sie ihre Yaks über die hohen Pässe des Himalajas trieben. Ursprünglich war dies eine Sidlung der Tamang, doch heute sind die meisten Einwohner von Boudha (bau-da gesprochen) tibetische Flüchtlinge, die nach 1959 aus China gekommen sind. Der Stupa lockt auch viele Sherpas an, Nachfahren der Osttibeter, die im 16. Jh. in die Everest-Region in Nepal migriert sind.

Die beste Zeit für einen Besuch in Bodhnath ist der Spätnachmittag, wenn die Reisegruppen nach Hause abziehen und ältere Menschen in den Stupa hineingehen, um Buttrlampen zu entzünden, Gebetsmühlen zu drehen, Mantras zu singen, und Geselligkeit zu pflegen. Anschließend umrunden sie den Stupa immer und immer wieder im Uhrzeigersinn, um ihrer täglichen spirituellen Praxis Genüge zu tun. Wer kann, kommt am Abend einer Vollmondnacht hier her. Dann ist der Platz rund um den Stupa von Tausenden von Butterlampen erleuchtet.

⊙ Sehenswertes

★ Bodhnath-Stupa   BUDDHISTISCHER STUPA
(Karte S.140; Ausländer/SAARC NPR 400/100) Der erste Stupa wurde in Bodhnath irgendwann nach 600 n. Chr. erbaut, als der tibetische König Songtsen Gampo zum Buddhismus konvertierte. In puncto Anmut und Reinheit der Linienführung kommt kein anderer Stupa in Nepal an Bodhnath heran. Von seiner weißen Kuppel bis zum vergoldeten Turm, der mit den allsehenden Augen Buddhas bemalt ist, ist das Monument perfekt proportioniert.

Jamchen Lhakhang   BUDDHISTISCHES KLOSTER
(Karte S.140) Dieses Kloster der Sakya-Schule westlich des Stupa-Rundwegs beherbergt eine riesige, dreistöckige Statue von Jampa (Maitreya), dem zukünftigen Buddha. Ungewöhnliche Wandmalereien zeigen hier König Tribhuvan und seine Gemahlin.

Guru Lhakhang   BUDDHISTISCHES KLOSTER
(Karte S.140) Diese prominente *lhakhang* (Kapelle) ist der Standort einer eindrucksvollen dreistöckigen Statue von Guru Rinpoche (Padmasambhava), dem Magier und heiligen Mann aus dem 7. Jh., der half, den Buddhismus in Tibet zu etablieren.

Rechts von der *lhakhang* befindet sich die **Wandtafel** zu Ehren von Ekai Kawaguchi, dem japanischen Mönch und Reisenden, der sich hier 1899 aufhielt, bevor er zu einer denkwürdigen Reise nach Mustang und Tibet aufbrach.

Shechen Gompa   BUDDHISTISCHES KLOSTER
(Shechen Tengyi Dargyeling Gompa; Karte S.140; www.shechen.org) Diese riesige Anlage wurde vom berühmten Nyingmapa-Lama Dilgo Khyentse Rinpoche als Ersatz für den zerstörten Shechen Gompa in Osttibet errichtet. Heutzutage umfasst das Kloster eine blühende Gemeinschaft von über 300 Mönchen. Die Hauptgebetshalle mit ihren fabelhaften Wandmalereien von Künstlern aus Bhutan wurde beim Erdbeben im Jahr 2015 beschädigt und wird derzeit repariert. Nachmittags diskutieren die Mönche lautstark in den westlichen Wohngebäuden.

Das Kloster liegt westlich des Bodhnath-Stupas hinter einem Metalltor am Ende der Gasse, die weiter zum Dragon Guest House führt.

Ka-Nying Sheldrup Ling Gompa   BUDDHISTISCHES KLOSTER
(Karte S.140; www.shedrub.org) Der hübsche „weiße Gompa" ist die Heimat von 225 Mönchen und bietet ornamentale Gärten und reich dekorierte Innenräume mit einigen schönen Wandmalereien. Die Hauptgebetshalle wurde beim Erdbeben im Jahr 2015 destabilisiert, die Reparaturen dauern noch an. Das angeschlossene Rangjung Yeshe Institute erteilt Unterricht in Tibetisch, Sanskrit, Nepalesisch und buddhistischen Studien.

Taragaon-Museum   MUSEUM
(☏01-4497505; www.taragaonmuseum.com; ⊙So–Fr 10–17 Uhr) GRATIS Das kleine Museum

zeigt eine Reihe von Karten, Fotos und architektonischen Plänen, die von den ersten ausländischen Architekturberatern gezeichnet wurden, die in den 1970er-Jahren nach Kathmandu kamen. Zu den Highlights gehören das Museumsgebäude selbst, das ursprünglich 1974 als Hostel für ausländische Experten erbaut worden war, sowie die wandgroße Reproduktion von Erwin Schneiders erster Karte des Kathmandu-Tals.

Es gibt außerdem Wechselausstellungen mit zeitgenössischer Kunst, gelegentliche Kulturveranstaltungen, einen Bio-Markt am Samstagmorgen, ein Café und einige sehr gehobene Galerien. Das Museum befindet sich auf dem Gelände des Hotels Hyatt Regency und ist von Bodhnath aus zugänglich.

⊙ Andere Gompas

Seitdem die Chinesen in den 1950er-Jahren Tausende von Soldaten losgeschickt hatten, um ihren Anspruch auf Tibet durchzusetzen, wurden in Bodhnath Dutzende neuer Klöster von den Flüchtlingen erbaut. In allen sind Besucher willkommen, aber viele schließen mitten am Tag ihre Türen. In den meisten Klöstern finden um 5 und 15 Uhr Gebete statt.

Kleinere Klöster in den Hintergassen, die dennoch einen Besuch lohnen, sind **Samtenling Gompa** (Karte S.140), das beschädigt wurde, aber restauriert wird, **Sakya Tharig Gompa** (Karte S.140; www.sakyatharig.org.np), **Pal Dilyak Gompa** (Karte S.140) und **Pal Nye Gompa** (Karte S.140). Sie unterscheiden sich nicht großartig, also einfach dem Klang der schallenden Trompeten und krachenden Becken folgen, um zu sehen, welches geöffnet ist.

Aktivitäten

International Buddhist Academy
GESUNDHEIT & FITNESS
(01-4915218, 9803372212; www.international buddhistacademy.org; Tinchuli) Neben den anspruchsvolleren Kursen finden hier an den meisten Samstagen um 9.30 Uhr 90-minütige Dharma-Vorträge zu Aspekten des Buddhismus statt, die auf ausländische Touristen und Einwohner abgestellt sind. Für aktuelle Termine einfach nach dem Flyern Ausschau halten, mit denen Bodhnath zugepflastert ist. Das Zentrum liegt ungefähr 20 Gehminuten nordöstlich des Bodhnath-Stupas.

Responsible Treks
TREKKING
(Karte S.140; 01-4916101; www.responsible treks.com; Bodhnath) Diese Agentur bietet das volle Programm an Treks, ebenso geführte Touren und Tagewanderungen in der Umgebung von Bodhnath. Erkundigen sollte man sich nach der kostenlosen Wanderung am Donnerstag zu den Klöstern Kopan und Pullahari.

Seeing Hands
MASSAGE
(Karte S.140; 01-4910780; www.seeinghands nepal.org; Massage pro Std. 1500 NPR) Eine Niederlassung des Blindenzentrums von Kathmandu, das klassische Massagen durch blinde Masseure anbietet.

Kurse

Rangjung Yeshe Institute
SPRACHE
(Karte S.140; 01-4483575; www.ryi.org) Dieses buddhistische Institut im Ka-Nying Sheldrup Ling Gompa bietet ein siebentägiges Seminar zur tibetischen buddhistischen Lehre, Praxis und Meditation unter der Leitung des Klostervorstehers Chokyi Nyima Rinpoche. Der beliebte Kurs wird Mitte November abgehalten, und statt Kursgebühren wird um Spenden gebeten. Im Anschluss findet ein dreitägiger Retreat in Nagi Gompa statt (75 €).

Das Institut bietet auch im Juni/Juli von Universitäten anerkannte Sommerkurse in buddhistischer Theorie und Meditation sowie achtwöchige Sommersprachkurse in Tibetisch und Nepalesisch mit Unterbringung in nepalesischen Familien.

⚡ Feste & Events

Buddha Jayanti (Saga Dawa)
RELIGIÖS
(⊙April/Mai) Zum Vollmond im April/Mai gedenken die Buddhisten allerorts der Geburt, Erleuchtung und des Todes von Buddha. Tausende von Butterlampen werden von den Gläubigen entzündet, und ein Bildnis des Buddha wird um den Bodhnath-Stupa getragen. Die Tibeter nennen dieses Fest Saga Dawa.

Losar
RELIGIÖS
(⊙Feb/März) Jedes Jahr im Februar oder März geht Bodhnath in den spirituellen Overdrive, wenn das tibetische Neujahrsfest gefeiert wird. Es werden lange Kupferhörner geblasen, ein Porträt des Dalai-Lama wird herumgetragen, Tausende von Pilgern drängen in die Stupa, und Mönche aus den benachbarten Klöstern führen mit Masken *chaam* (religiöse Tänze) auf.

🛏 Schlafen

Die Pensionen, die sich im Gewirr der Gassen nördlich und östlich des Stupas befinden, bieten eine interessante und friedlichere Alternative zu einer Unterkunft in Kathmandu. Im Oktober ist es am sichersten, vorab zu reservieren.

Auf Flyern und in Online-Foren werden oft Familienaufenthalte und längerfristige Wohnungsvermietungen für Dharma-Studierende angeboten. Airbnb bietet möblierte Apartments in Bodhnath an.

Lotus Guest House
PENSION €

(Karte S.140; ☏01-4915320; lotusguesthouse-boudha@gmail.com; EZ/DZ/3BZ 700/1000/1500 NPR, EZ/DZ ohne Bad 600/1000 NPR; 🛜) Diese ruhige, beschauliche Budgetpension liegt in der Nähe des Pal Dilyak Gompa. Die Zimmer verteilen sich über zwei Stockwerke um einen von Tagetes gesäumten Rasen, und die Gemeinschaftsbäder sind sauber.

Shechen Guest House
PENSION €

(Karte S.140; ☏01-5178209; www.shechenguesthouse.com.np; EZ/DZ/3BZ 1200/1650/2200 NPR; 🛜) Diese angenehme Pension liegt hinter der Anlage des Shechen Gompa und wird von Langzeit-Studierenden der Dharma-Lehre, buddhistischen Gruppen und gewöhnlichen Reisenden genutzt. Die nepalesischen Tagesdecken setzen einen kleinen Farbtupfer in den ansonsten einfach gehaltenen Zimmern, und das Rabsel Garden Café (S.145) nebenan kocht ausgezeichnete vegetarische Gerichte in einem friedlichen Garten.

Hierher geht's durch die Anlage des Klosters Shechen, dann links halten, danach rechts neben einer Reihe riesiger weißer Chörten (Stupas im tibetischen Stil). Die Einnahmen kommen dem Kloster zugute.

Dragon Guest House
PENSION €

(Karte S.140; ☏01-5178162; dragon@ntc.net.np; Mahankal; EZ/DZ ohne Bad 800/1000 NPR; 🛜) Diese freundliche, familiär geleitete Pension liegt an einem friedlichen Ort nördlich des Shechen Gompa. Das Personal hält die Zimmer blitzblank, und im hübschen Garten gibt's ein vegetarisches Restaurant. Im Sommer werden die oberen Zimmer möglicherweise sehr heiß, obendrein gibt's nur in den unteren Etagen WLAN. Hierher geht's durch das Tor neben dem Shechen Guest House in Richtung Norden.

Pal Rabten Khansar Guest House
PENSION €

(Karte S.140; ☏01-4915955; www.sakyatharig.org.np; EZ/DZ 1250/1500 NPR, Deluxe-Zi. 2000 NPR; @🛜) Diese einfache Pension wird vom benachbarten Sakya Tharig Gompa betrieben. Die geräumigen Deluxe-Zimmer mit Teppich sind komfortabel und ihren Preis wert. Die übrigen Zimmer sind kleiner, aber dennoch bequem. An der

CHINAS LANGER ARM

Chinas Einfluss nimmt weltweit zu, und Nepal bildet da keine Ausnahme. China ist zu einem immer bedeutenderen Investor und Geldgeber geworden. Mit chinesischer Hilfe wird alles vom Straßenbau bis zu Wasserkraftwerken finanziert. Im vergangenen Jahrzehnt hat China fünf neue Straßen von Tibet nach Nepal gebaut, und es bestehen sogar Pläne, die tibetische Bahnstrecke bis an die Grenze Nepals zu verlängern.

Eine Gruppe, die diesen zunehmenden wirtschaftlichen und politischen Einfluss besorgt beäugt, ist die 20 000-köpfige Community tibetischer Flüchtlinge in Nepal. Organisationen wie Human Rights Watch behaupten, dass der zunehmende Einfluss Chinas zu stärkerem Druck auf die Tibeter in Nepal geführt hat, dass pro-tibetische Demonstrationen immer gewalttätiger niedergeschlagen werden. Zwischen 2008 und 2013 haben sich über 100 Tibeter selbst in Tibet angezündet, um gegen die dortige Politik Chinas zu protestieren. 2013 haben sich zwei tibetische Protestierende vor dem Bodhnath Stupa angezündet, danach wurde befürchtet, dass die Proteste sich bis ins Ausland ausbreiten könnten.

Chinesische Berater haben angeblich eine Rolle bei der Unterdrückung anti-chinesischer Demonstrationen in Bodhnath gespielt und nepalesische Grenzsoldaten im Festnehmen und Zurücksenden von tibetischen Flüchtlingen ausgebildet, die die Grenze nach Nepal überquert hatten. Der Erfolg der kommunistischen Parteien bei den Wahlen in Nepal im Jahr 2017 wird vermutlich das Band zwischen Nepal und China weiter stärken, was sich auch auf die tibetische Community auswirken wird.

Rückseite liegt ein kleiner, ornamentaler Garten mit einem großen Stupa, außerdem gibt's eine Bibliothek und eine schöne Dachterrasse mit einer Küche für die Gäste der Pension.

Pema Guest House
PENSION €

(Karte S.140; 01-4915862; pemagurung@gmail.com; Zi. ab 1800 NPR, ohne Bad ab 1200 NPR, Deluxe-Zi. 2500 NPR;) Dieses ordentliche Haus liegt in einem hübschen Hof mit Garten. Die geräumigen Zimmer in den oberen Etagen bekommen viel Tageslicht ab, und auf jeder Etage gibt's Terrassen, die dazu einladen, sich zu entspannen und die Sonne oder einen Kaffee aus dem benachbarten Café zu genießen. Die Zimmer im Erdgeschoss hingegen sind dunkler. Es ist nicht die preiswerteste Adresse der Stadt.

★ Rokpa Guest House
HOTEL €€

(Karte S.140; 01-4479705; www.rokpaguesthouse.org; EZ/DZ 20/30 €, Deluxe 30/40 €, Suite 40/50 €;) Selbst wer sich nicht darüber freut, dass aus den Einnahmen ein nahe gelegenes Kinderheim (www.rokpa.org) finanziert wird, findet hier eine tolle Unterkunft vor. Die Zimmer sind modern und geräumig, das Personal ist hilfsbereit, und der erholsame Garten hat sogar seine eigene Bäckerei. In den Preisen sind das Frühstück und die Steuern inbegriffen.

Sieben weitere Zimmer in einem neuen Anbau dürften ab 2018 verfügbar sein. Es gibt gute Monatstarife für Langzeitgäste.

Shambaling
BOUTIQUEHOTEL €€€

(01-4916868; www.shambaling.com; Zi. Standard/Deluxe ab 60/90 €, Suite ab 145 €; @) Dieses ehemalige Pilgerrasthaus ist von seinen tibetischen Besitzern zu neuem Leben als ein überaus stylishes Boutiquehotel erweckt worden. Jedes Stockwerk folgt einem anderen Farbschema, um die Farben der tibetischen Gebetsfahnen widerzuspiegeln. Die geräumigeren Deluxe-Zimmer sind die beste Wahl, vor allem diejenigen mit Blick auf den ruhigen und großzügigen Garten um einen Bodhibaum.

Das Frühstück im ausgezeichneten Gartenrestaurant ist im Preis enthalten. Hier relaxt es sich herrlich bei einem Espresso oder einem Glas hauseigenem Rum, der mit Kardamom und Ingwer aromatisiert ist. Die Adresse ist beim ersten Mal schwer zu finden. Taxis fahren die Mahankal Road vom Norden her an.

Hotel Tibet International
LUXUSHOTEL €€€

(01-4488188; www.hoteltibetintl.com.np; Main Rd.; Zi. ab 170 €; ⊛@) Dieses tibetische Spitzenhotel ist gut durchdacht. Vom stylishen tibetischen Dekor, einschließlich handgeknüpfter Teppiche aus der eigenen Fabrik (eine Verkaufsausstellung gehört zum Anwesen), bis hin zur Auswahl der Kissen in den Zimmern und zum Meditationsraum. Der Ausblick auf den Bodhnath-Stupa vom Frühstücksbüfett im 6. Stock ist grandios. Nach einem Zimmer fragen, das nicht an der hektischen Hauptstraße liegt. Die rabattierten Onlinepreise liegen bei rund 115 € für ein Standardzimmer.

Essen

Das buddhistische Bodhnath ist das Nirwana für Vegetarier. Auf Traveller eingestellte Dachterrassen-Restaurants umringen den Stupa und bieten Ausblicke der Superlative. Wer günstiger essen möchte, versucht es in den Hintergassen, die strahlenförmig ab dem Stupa verlaufen. Jedes Gebäude mit einem Vorhang an einer offenen Tür ist ein einheimisches Café, das tibetische Momos (Teigtaschen) und *thukpa* (Nudelsuppe) serviert. Die meisten Restaurants sind von 8 bis 21 Uhr geöffnet.

Garden Kitchen
INTERNATIONAL €

(Karte S.140; 01-4470760; Hauptgerichte 250–400 NPR; 8–21 Uhr) Ein Lokal, das auch Sitzplätze im Freien hat und das übliche Globetrotter-Menü in einem ruhigen und angenehmen Garten serviert. Angemessene Preise locken viele Langzeit-Studierende der Dharma-Lehre an.

Double Dorjee Restaurant
TIBETISCH €

(Karte S.140; 01-4488947; Hauptgerichte 200–300 NPR) An der Gasse nördlich des Stupas liegt diese alteingesessene tibetische Pension, ein etwas schäbiger Grenzgänger. Hier steigen Backpacker und die Dharma-Meute wegen der unschlagbar günstigen Preise, leckeren tibetischen und westlichen Speisen und weichen Sofas ab, die einem den Abschied schwer machen. Wer es den Einheimischen gleichtun will, nimmt zum Frühstück eine Schale *tsampa* (geröstetes Gerstenmehl) mit Milch.

White Dzambala Tibetan Restaurant
CHINESISCH €

(Karte S.140; 9861988888; Hauptgerichte 250–400 NPR; 8–20.30 Uhr) Es ist schwierig, kein schlechtes Gewissen bei chinesischem Essen im tibetischen Bodhnath zu bekommen, aber das scheint die hiesigen tibetischen Geschäftsleute und Mönche nicht abzuschrecken, die für echtes sichuanesisches *gongbao jiding* (scharfes Hühnchen mit Erdnüssen) hierherkommen oder einen *wanzi*-Früchtetee in den Gartenpavillons schlürfen. Das Lokal liegt nur 40 m vom Stupa entfernt und wird selten von Touristen besucht.

Pho 99 VIETNAMESISCH €€
(Karte S. 140; ☏ 01-2239773; Hauptgerichte 350–550 NPR; ⊙ 11–21 Uhr; 🕿) Dieses neue Lokal ist eine stylishe Option für leichte und frische vietnamesische Kost, wie sommerliche Frühlingsrollen, einen pikanten Salat aus grünen Papayas und reichlich Pho-Nudeln. Es gibt außerdem guten Kuchen, Kaffee und – völlig unerwartet – französischen Käse.

Flavors Café INTERNATIONAL €€
(Karte S. 140; ☏ 01-4495484; Hauptgerichte 400–540 NPR; ⊙ 7.30–21 Uhr; 🕿✐) Hier gibt's für jeden etwas, von gebackenen Pilzen und Spinat bis zu Thai-Currys, Pizza und Steak. Der angenehme Innenhof direkt beim Stupa bietet zwar keinen Ausblick, aber er liegt ruhig und abgeschieden, und der Service ist gut.

Rabsel Garden Café INTERNATIONAL €€
(Karte S. 140; Hauptgerichte 360–500 NPR; ⊙ 7–21 Uhr; ✐) Dieses Restaurant im Shechen Guest House (S. 143) bietet Espresso und serviert ausgezeichnete vegetarische Kost in einem friedlichen Garten.

Café du Temple INTERNATIONAL €€
(Karte S. 140; ☏ 01-4489002; Hauptgerichte 375–500 NPR, Menüs 675–775 NPR; ⊙ 9–20.30 Uhr) Dieses schicke und effiziente Lokal bedient Reisegruppen mit einer großen Auswahl an indischen, chinesischen und tibetischen Gerichten, dazu gibt's unschlagbar schöne Ausblicke von der Dachterrasse im Nachmittagslicht. Die Inhaber betreiben auch das Café du Temple in Patan.

La Casita de Boudhanath SPANISCH €€€
(Karte S. 140; ☏ 9813614384; Hauptgerichte 700–1000 NPR; ⊙ So–Fr 12–21 Uhr) Wer etwas Abwechslung sucht, steigt die schmale Treppe zu diesem winzigen Lokal hinauf und schnappt sich ein romantisches Plätzchen für Wein und Tapas mit Blick auf den Stupa. Zu authentischer Gazpacho, Paella (für zwei) und Toast mit importierter Cho-

ABSEITS DER ÜBLICHEN PFADE

ICHANGU NARYAN

Rund 3 km nordwestlich von Swayambhunath steht der **Ichangu-Narayan-Tempel** (⊙ Morgen- bis Abenddämmerung). Er ist einer von mehreren wichtigen Tempeln, die Vishnu in seiner Inkarnation als Narayan, dem „ewigen Mann", gewidmet sind. Der im zweistufigen Pagodenstil erbaute Tempel wurde ca. im Jahr 1200 n. Chr. errichtet, und sein Hof steht voller alter Garuda-Statuen und anderen vishnuistischen Symbolen. Die Anlage wurde vom Erdbeben im Jahr 2015 durchgeschüttelt, aber die meisten Bauwerke wurden stabilisiert und repariert.

Ungefähr halbstündlich fahren in Kathmandu Microvans (Route 23) an der Station Ratna Park oder am New Road Gate (in der Nähe des Büros der Nepal Airlines) nach Ichangu Narayan (25 NPR) ab. Sie halten am Aadeswor-Tempel, von dort aus sind es noch 2 km zum Tempel. Ein Taxi von Thamel nach Ichangu Narayan kostet 500 NPR.

rizo gibt's ein Glas Rioja, oder man genießt die heiße Schokolade mit Churros. Steuern inbegriffen.

Stupa View Restaurant INTERNATIONAL €€€
(Karte S. 140; ☏ 01-4914962; Hauptgerichte 500–600 NPR, Meze-Platten 915 NPR; ⊙ 8–20.30 Uhr; ✐) Der Ausblick auf den Stupa ist so gut, wie von diesem gehobenen vegetarischen Restaurant für Traveller behauptet, doch nur wer rechtzeitig kommt, ergattert einen der begehrten Plätze im Obergeschoss. Die Meze- und Probierplatten sind ausgezeichnet. Es gibt frische und leckere Gerichte, wie Kichererbsenbällchen in Erdnusssauce.

 Shoppen

Der Stupa ist von Shops umgeben, die tibetisches Kunsthandwerk, *thangkas*, buddhistische Statuen, Schmuck und Souvenirs verkaufen, aber in den gewundenen Seitenstraßen sind die Preise günstiger. Die besten Läden für Mönchsgewänder, Butterlampen, Gebetsfahnen und Wacholderweihrauch sind in der Gasse, die vom Stupa in nördlicher Richtung verläuft. Wer aufmerksam ist, hört das Tap-Tap der Metallhandwerker, die komplizier-

ABSEITS DER ÜBLICHEN PFADE

ASHOKA-STUPAS

Der Legende zufolge markieren die vier alten Stupas die Grenzen von Patan, und sie sollen vom großen buddhistischen Kaiser Ashoka erbaut worden sein, der das Tal vor 2500 Jahren besuchte. Alle davon lohnen einen kurzen Besuch, besonders während des glückverheißenden Vollmonds im August, wenn buddhistische und tibetische Pilger an einem einzigen Tag alle vier Stupas umrunden.

Nördlicher Stupa (Karte S. 150) Gleich hinter dem Kumbeshwar-Tempel auf dem Weg zu den Sankhamul-Ghats.

Lagan (Südlicher) Stupa Direkt südlich des Busbahnhofs Lagankhel krönt der Stupa einen Hügel und bietet einen schönen Ausblick auf das südliche Patan.

Westlicher Stupa (Karte S. 150; Pulchowk) Von Gras bedeckt neben der Hauptstraße in Pulchowk. Einige Stufen führen hinauf zum Aksheshwar Mahavihar, einem buddhistischen Kloster auf dem Hügel im Hofstil.

Östlicher Stupa Ein Stück westlich des Zentrums auf der anderen Seite der Ringstraße von Kathmandu.

te *repoussé*-Designs mit Hämmern und Stanzwerkzeugen schaffen, eine Technik, die seit Jahrhunderten zum Herstellen von Wandschirmen für Nepals Tempel und Klöster verwendet wird.

**Laden der Tsering-
Kunstschule** KUNST & KULTUR
(Karte S. 140; Shechen Gompa; ⊙ Mo–Sa 8–11.15 & 13–17 Uhr) Der Laden im Shechen Gompa hat eine angeschlossene Werkstatt, die bemalte und bestickte *thangkas* und Räucherwerk herstellt. Der Laden verkauft auch Literatur zum Buddhismus.

❶ Praktische Informationen

Eintrittskarten werden in den Büros am **südlichen** (Karte S. 140), **nördlichen** (Karte S. 140) und **nordöstlichen** (Karte S. 140) Zugang zum Stupa-Platz verkauft.

Wer die traditionelle tibetische Medizin ausprobieren möchte, besucht das **Zentrum für tibetische Medizin Kunphen** (Karte S. 140; ☎ 01-4251920; Sprechstunde 300 NPR; ⊙ So–

Fr 14–17 Uhr) an der Westseite des Stupa-Platzes in der Nähe des Tsamchen Gompa. Die Diagnose beruht auf der Geschwindigkeit und Regelmäßigkeit des Pulses und des Zustands der Zunge. Krankheiten werden mit Pillen aus Himalaja-kräutern behandelt, die in der angeschlossenen Apotheke zum Verkauf stehen.

❶ An- & Weiterreise

Von Kathmandu aus ist die einfachste Reisemöglichkeit nach Bodhnath ein Taxi (500 NPR einfache Fahrt), aber es fahren auch Busse vom Busbahnhof Ratna Park (15 NPR, 30 Min.) oder Schnellbusse ab Kantipath (15 NPR, Routen 2 und 28).

Es führt auch ein angenehmer, kurzer Spazierweg (S. 138) von Bodhnath nach Pashupatinath, ansonsten lässt sich Bodhnath auch gut mit einem Besuch im Kloster Kopan und im Gokarna-Mahadev-Tempel (S. 187) verbinden.

Kopan

Auf einem Hügel nördlich von Bodhnath steht das **Kloster Kopan** (☎ 01-4821268; www.kopan-monastery.com). Gegründet wurde es vom Lama Thubten Yeshe, der 1984 starb, was zu einer weltweiten Suche nach seiner Reinkarnation führte. Ein kleiner spanischer Junge, Osel Torres, wurde zum wiedergeborenen Lama erklärt und lieferte die Inspiration für Bernardo Bertoluccis Film *Little Buddha*. Lama Tenzin Osel Rinpoche tritt nicht mehr in Kopan (kürzlich hat er seinem Gelübde abgeschworen, um ein Filmemacher auf Ibiza zu werden!), aber Besucher dürfen gerne das Kloster erkunden. Es gibt Unterkünfte, und viele Menschen kommen hierher, um buddhistische Psychologie und Philosophie zu studieren.

Kopan liegt einen angenehmen Spaziergang von Bodhnath und dem Gokarna-Mahadev-Tempel (S. 187) entfernt und ist sogar ab dem Nagi Gompa im Shivapuri-Nagarjun-Nationalpark erreichbar. Ein Taxi hierher ab Kathmandu kostet rund 600 NPR oder 300 NPR ab Bodhnath.

❷ Kurse

Kloster Kopan GESUNDHEIT & WOHLBEFINDEN
(☎ 01-4821268; www.kopan-monastery.com) Kopan ist vermutlich der beste Ort im Himalaja, um die Grundlagen der Meditation und des tibetischen Buddhismus zu erlernen. Die beliebten zehntägigen Kurse zu zivilen Preisen (120 €) mit einem zweitägigen Schweige-Retreat werden in der Regel

sechs- oder siebenmal pro Jahr von ausländischen Lehrern abgehalten. Jährlich im November gibt's auch einen sehr beliebten einmonatigen Kurs (430 €, Buchung erforderlich), auf den ein optionaler siebentägiger Retreat folgt. Besucher können auch an den täglichen Dharma-Vorträgen um 10 Uhr teilnehmen.

Das Kloster ist für Besucher zwischen dem 11. November und 20. Dezember geschlossen.

DER NORDEN UND WESTEN DES TALS

Es gibt mehrere interessante Abstecher in den Norden und Nordwesten der Hauptstadt, die problemlos per Bus, Schnellbus, Taxi, Mietrad oder -motorrad oder sogar zu Fuß erreichbar sind. Dazu gehören die Tempel von Budhanilkantha und Ichangu Narayan sowie die Wildnis im Shivapuri-Nagarjun-Nationalpark.

Budhanilkantha

Das Kathmandu-Tal ist voller alter Tempel und heiliger Stätten, aber Budhanilkantha ist etwas Besonderes. Zum einen liegt es abseits der Haupttouristenstrecken, sodass die meisten Besucher lokale Gläubige sind. Dies verleiht Budhanilkantha ein einzigartiges mystisches Flair – wenn mal etwas mehr los ist, flackern Butterlampen in der Luft und Gläubige werfen mit *tika*-Pulver wie Konfetti um sich. Sowohl für die Gläubigen als auch für Touristen ist die eindrucksvolle, 5 m lange Statue des liegenden Vishnu, die in einem heiligen Becken in der Mitte des Dorfes treibt, der Höhepunkt des Besuches.

Sehenswertes

Statue des liegenden Vishnu   STATUE
(Morgen- bis Abenddämmerung) GRATIS Budhanilkanthas zentraler Punkt der Verehrung ist eine große Statue des liegenden Vishnu als Narayan, dem Schöpfer aller Wesen. Aus seinem Nabel wuchs eine Lotospflanze, und der Lotos wurde zu Brahma, der wiederum die Welt erschuf. Das 5 m lange Bildnis im Licchavi-Stil wurde im 7. oder 8. Jh. aus einem Brocken schwarzen Gesteins geschaffen und von Gläubigen von außerhalb des Tals hierher transpor-

tiert. Es ist eine der eindrucksvollsten Skulpturen in Nepal, und das will wirklich etwas heißen!

Nur Hindus dürfen sich der Statue nähern, um Früchte oder Blumengirlanden als Opfergaben niederzulegen, aber Besucher können die Statue durch den Zaun betrachten, der das heilige Becken umgibt. Narayan schlummert friedlich auf den verknoteten Armen von Ananta (oder Shesha), der elfköpfigen Schlangengöttin, die für die Ewigkeit steht. In jeder Hand hält Narayan eine der vier Insignien von Vishnu: eine Chakra-Wurfscheibe (die den Geist symbolisiert), ein Schneckenhorn (die vier Elemente), eine Keule (vorzeitliches Wissen) und einen Lotossamen (das veränderliche Universum).

Der Vishnuismus (die Verehrung von Vishnu) war bis zur früheren Malla-Ära die größte nepalesische Sekte in Nepal, bevor Shiva zur beliebtesten Gottheit avancierte. Dem Malla-König Jayasthithi wird die Wiederbelebung des Vishnu-Kultes zugeschrieben, da er behauptete, die letzte Inkarnation dieses oft wiedergeborenen Gottes zu sein. Jeder nachfolgende König von Nepal hat diesen Anspruch erhoben, und deshalb ist ihnen bei Todesstrafe verboten, das Bildnis in Budhanilkantha zu sehen.

Vishnu schläft angeblich in den vier Monsunmonaten, und ein großes Fest findet in Budhanilkantha zu Haribodhini Ekadashi – dem 11. Tag des hinduistischen Monats Kartik (Oktober/November) – statt, wenn Vishnu aus seinem alljährlichen Schlaf erwacht.

Schlafen & Essen

Die Straße zum heiligen Pavillon ist von *bhojanalayas* gesäumt, die *sel roti* (frittierte Kringel aus Reismehl), *channa puri* (gebratenes Brot mit Kichererbsen), Pakora (in Teig frittiertes Gemüse) und übergroße Pappadams servieren.

★ **Shivapuri Heights Cottage** PENSION €€€
(9802012245, 9841371927; www.shivapuricottage.com; Unterkunft jeweils mit Halbpension, Zelt 38 €, Zi. 55–75 € pro Person;) Auf einem Hügel oberhalb von Budhanilkantha bietet das Shivapuri Heights einen friedlichen und einsamen Unterschlupf abseits des Chaos in Kathmandu. Die Zimmer sind auf drei Hütten verteilt, die jeweils ein reizendes Wohnzimmer und eine von Blumen umrankte Terrasse haben, die einen ausgezeichneten Blick über das Kathmandu-Tal

bietet. Es gibt auch Zelte im Safari-Stil für einen rustikaleren Aufenthalt.

Man kann eine ganze Hütte (jeweils für vier bis sechs Gäste, also super für Familien) mieten oder nur ein Zimmer, wenn man sich nicht scheut, das Wohnzimmer zu teilen. Die Hütte mit dem Namen „Jasmine House" bietet den meisten Luxus. Diese Location ist eine tolle Basis für geführte Waldwanderungen zum Kloster Namkha Dzong oder zum Nagi Gompa oder auch einfach zum Ausspannen mit Yoga bei Sonnenaufgang, einer sanften Massage oder beim Eintauchen in das kühle Nass des Whirlpools. Es lohnt sich, zwei oder drei Nächte zu bleiben.

Die Anlage liegt 15 Gehminuten bergauf von Budhanilkantha. Das Personal kann auf Wunsch einen Transfer von Budhanilkantha, Kathmandu oder zum Flughafen organisieren.

Park Village Resort   RESORT €€€
(☎ 01-4375280; www.ktmgh.com; EZ/DZ inkl. Frühstück ab 70/75 €, Suite 150 €; ✳ 🛜 ☒) Dieses entzückende Hotel fühlt sich wie ein Retreat auf dem Land an, obwohl es mitten in Budhanilkantha liegt. Die ordentlichen, aber gemütlichen Standardzimmer und die wesentlich schickeren Super-Deluxe-Zimmer sind von Gärten umgeben, und es gibt einen hübschen Pool (möglicherweise den besten des gesamten Kathmandu-Tals). Das Hotel bietet auch Spa-Anwendungen und Aktivitäten, einschließlich vogelkundlicher Touren zum Shivapuri-Nagarjun-Nationalpark.

❶ An- & Weiterreise

Von Kathmandu aus fährt der Minibus 5 vom nördlichen Ende der Kantipath zur Hauptkreuzung in Budhanilkantha (20 NPR 35 Min.). Es gibt auch Schnellbusse (ab Sundhara) und Busse (ab den Busbahnhöfen Gongabu und Ratna Park). Der Schrein steht ca. 100 m bergauf ab der Kreuzung. Ab Thamel kostet eine einfache Fahrt mit dem Taxi rund 700 NPR bzw. 1000 NPR hin & zurück.

Shivapuri-Nagarjun-Nationalpark

Der nördliche Teil des Kathmandu-Tals zieht sich hinauf zu den weitläufigen Wäldern des **Shivapuri-Nagarjun-Nationalparks** (☎ 01-4370355; Ausländer/SAARC/Nepalesen 565/339/56 NPR, Mountainbike Ausländer/Nepalesen 1000/100 NPR, Guide (Pflicht) halber/ganzer Tag 800/1500 NPR; ⏱ Zutritt 7–14 Uhr, Verlassen bis spätestens 17 Uhr), wurde 2002 zum Nationalpark heraufgestuft, um die Hauptwasserquelle des Tals und 177 Vogelarten sowie zahlreiche seltene Orchideen zu schützen. Dies ist eines der letzten Gebiete des noch im Tal erhaltenen Urwaldes, und der Wald ist voller Affen, manchmal sind sogar Leoparden und Bären zu sehen.

Der Park wird durch die Straßen, die von Kathmandu in den Norden führen, in zwei unterschiedliche Zonen unterteilt. Der Großteil des Parks liegt unmittelbar nördlich von Budhanilkantha, an der Trekkingroute nach Helambu, aber es gibt noch eine zweite Waldzone, den ehemaligen Rani Ban, bergauf von Balaju an der Straße nach Trisuli Bazaar, die um den 2095 m hohen Nagarjun Hill herumführt.

◎ Sehenswertes

Nagarjun Hill   NATIONALPARK
(Rani Ban; Ausländer/SAARC/Nepalesen 565/339/56 NPR, Mountainbike Ausländer/Nepalesen 1000/100 NPR, Guide (Pflicht) halber/ganzer Tag 800/1500 NPR; ⏱ Zutritt 7–14 Uhr, Verlassen bis spätestens 17 Uhr) Der Nagarjun Hill liegt westlich des Hauptparks an der Straße nach Trisuli Bazaar. Früher hieß dieser Teil Rani Ban (Königinpark), heutzutage ist er formal ein Teil des Shivapuri-Nagarjun-Nationalparks. Dieses geschützte Waldgebiet ist die Heimat von Fasanen, Rotwild und Affen. Es handelt sich um einen friedlichen Ort, dennoch ist Sicherheit durchaus ein Thema. Besuchern wird von einer Wanderung auf eigene Faust abgeraten, nachdem im Jahr 2005 zwei ausländische Touristen im Schutzgebiet umgebracht wurden. Seit 2016 ist es Pflicht, einen Guide zu haben.

Der 2095 m hohe Berggipfel – zugänglich über die kurvige, unbefestigte Straße oder eine zweistündige Wanderung auf dem Fußweg direkt den Berg hinauf – ist eine beliebte buddhistische Pilgerstätte, und dort steht ein kleiner Schrein für Padmasambhava. Der Aussichtsturm bietet eines der weitesten Bergpanoramen im ganzen Kathmandu-Tal. Er erstreckt sich vom Annapurna-Massiv bis hin zu Langtang Lirung (eine Tafel kennzeichnet die Gipfel).

Mehrere Abenteuerveranstalter in Kathmandu veranstalten hier Einführungskurse in das Klettern. Astrek Climbing Wall

(S. 91) führt jeden Samstag geführte Klettertouren (5500 NPR) durch, die für alle Stufen geeignet sind.

🏃 Aktivitäten

In der Vergangenheit wurde der Parkabschnitt mit dem Shivapuri-Gipfel hauptsächlich von Trekkern auf dem Weg nach Helambu besucht, aber heute ist das Schutzgebiet ein beliebtes Ziel für vogelkundliche Touren ab Kathmandu. Mehrere Trekking- und Mountainbikerouten führen im Zickzack durch den Park, darunter der anspruchsvolle Scar-Road-Radweg (S. 365).

Dieses Naturerlebnis lässt sich wunderbar mit einem Trip zum tibetischen Nonnenkloster **Nagi Gompa** verbinden, das rund 3 km bergauf ab dem Haupttor oberhalb von Budhanilkantha liegt. Rund 100 Nonnen leben hier, und es gibt schwindelerregende Ausblicke über das Tal. Das Kloster liegt anderthalb Wanderstunden oder 20 Fahrminuten (mit dem Motorrad oder Geländewagen) von Budhanilkantha entfernt.

Ab dem Gompa geht's drei Stunden lang steil bergauf zum **Shivapuri Peak** (2725 m) über Baghdwar (wo die Quelle des heiligen Bagmati-Flusses aus zwei Steintigermäulern herausströmt), dann zurück zum Parkeingang, unterwegs vorbei am Pani-Muhan-Wasserbecken. Dies ist ein langer Wandertag von rund sieben Stunden. Dies ist eine ernst zu nehmende Wanderung, die nicht allein versucht werden sollte (außerdem sind Guides inzwischen Pflicht). An eine Karte, Essen und große Wasservorräte denken!

Es gibt mehrere einfachere Wege ab dem Nagi Gompa. Man kann entweder bequem von Budhanilkantha bergab laufen oder weiter in Richtung Süden entlang des Bergkamms zum Kloster Kopan und nach Bodhnath wandern. Eine weitere gute Option zu Fuß oder mit dem Mountainbike ist die unbefestigte Straße gen Osten nach Mulkarkha und dann hinunter nach Sundarijal – ein weitestgehend ebener Trip von 11 km.

Aufgrund einer 2016 eingeführten Vorschrift müssen Besucher in beiden Teilen des Parks einen Guide buchen (Ausländer 800/1500 NPR pro halbem/ganzem Tag). Ein halber Tag beträgt maximal drei Stunden. Ein ganzer Tag ist jeder Zeitraum über drei Stunden.

ℹ️ An- & Weiterreise

Das Haupttor zum Parkteil mit dem Shivapuri Peak, das Pani-Mohan-Tor, liegt rund 3 km nördlich des Budhanilkantha-Tempels, eine einfache Wanderung von 45 Minuten bergauf. Es führen Wanderwege vom Tor zum Shivapuri Peak und zum Nagi Gompa. Ein Taxi von Thamel zum Tor kostet 700 NPR.

Der Haupteingang zum Parkabschnitt mit dem Nagarjun Hill befindet sich in Phulbari, rund 2 km nördlich von Balaju. Eine Motorradfahrt zum Gipfel ist ein netter Ausflug. Ein Taxi ab Thamel kostet einschließlich etwas Wartezeit 2500 NPR.

PATAN

🔊 01 / 227 000 EW.

Patan (*pah*-tan) war einst ein auf seine Unabhängigkeit bedachter Stadtstaat, doch inzwischen ist es schon fast ein Vorort von Kathmandu und nur noch durch den trüben Bagmati-Fluss davon getrennt. Viele Einheimische nennen die Stadt immer noch bei ihrem ursprünglichen Sanskrit-Namen Lalitpur (Stadt der Schönheit) oder beim newarischen Namen Yala. Fast jeder Besucher von Kathmandu besucht auch den spektakulären Durbar-Platz von Patan – selbst nach dem Erdbeben von 2015 ist dies immer noch die schönste Ansammlung von Tempeln und Palästen in ganz Nepal.

Ein weiterer guter Grund, hierherzukommen, sind die Läden und Restaurants, die mit Blick auf die Mitarbeiter der NGOs eröffnet wurden, die in den umliegenden Vororten wohnen. Außerdem gibt's hier noch die Fair-Trade-Läden von Patan, die hochwertiges Kunsthandwerk zu fairen Preisen verkaufen und Touristendollars an einige der bedürftigsten Menschen Nepals weiterleiten.

Geschichte

Patan hat eine lange buddhistische Geschichte, die sogar die hinduistischen Tempel der Stadt beeinflusst hat. Die vier Ecken der Stadt werden von Stupas markiert, die angeblich vom großen buddhistischen Kaiser Ashoka ca. 250 v. Chr. errichtet wurden. Auch heute gibt's immer noch rund 1200 buddhistische Monumente, die über die ganze Stadt verstreut sind.

Die Stadt wurde von lokalen Adligen regiert, bis König Shiva Malla von Kathmandu 1597 die Stadt eroberte und das Tal vorübergehend vereinigte. Der größte

Kathmandu (500 m)

38
37
28
41
Jwagal Chowk
Kupondol
42

BAKHUNDOL

18
24
20

Sanepa

KUPONDOL

Pulchowk

Inar

National-
bibliothek

Chobar (5,3 km)

Krishna Gali

27 29

30

Jhamsikhel
31

Aksheshwar
Mahavihar

8
Bushaltestelle

17
36

PULCHOWK

Jhamsikhel
33

15

32

9
11

34

Dhobi Ghat

Haltestelle für
Minibusse & Tempos
nach Kathmandu

Gabahal

Mangal Bazar

Purnachandi

Jenbahal

16

26

JAWALAKHEL

KUMARIPATI

Kumaripati

10

Niederländisches
Konsulat

39

Ekantakuna

Patan
Hospital

Busbahnhof
Lagankhel

Tibetisches
Kloster

Ring Rd

Myanmarische (Burmesische)
Botschaft (2,8 km)

Friends in High
Places (1,4 km)

LAGANKHEL

Bauboom in Patan fand unter den Mallas
im 16., 17. und 18. Jh. statt.

Das Erdbeben im Jahr 2015 verschonte
Patan nicht. Viele Tempel wurden zerstört,
und mehrere auf dem Durbar-Platz brachen zusammen, aber wie auch bei früheren Beben kam die Stadt besser davon als
Kathmandu und Bhaktapur.

⊙ Sehenswertes

Die meisten der berühmten Sehenswürdigkeiten befinden sich am Durbar-Platz. Die

◉ Durbar-Platz

Wie auch in Kathmandu befindet sich der alte Königspalast am prachtvollen **Durbar-Platz** (Königlicher Platz; Karte S.154; Ausländer/SAARC 1000/250 NPR; ⊙Ticketverkauf 7–18 Uhr). Der Tempelbau am Platz übertraf sich während der Malla-Periode (14.–18. Jh.) selbst, insbesondere während der Herrschaft von König Siddhinarsingh Malla (1619–60). Trotz des Erdbebens von 2015 ist diese Unmenge von Tempeln auf kleinem Raum die vielleicht beeindruckendste Darstellung newarischer Architektur, die es in Nepal gibt.

Bhimsen-Tempel   HINDUISTISCHER TEMPEL
(Karte S.154) Am nördlichen Ende des Durbar-Platzes (S.151) liegt der Bhimsen-Tempel. Er ist dem Gott des Handels und Geschäfts geweiht, was wohl sein reich anmutendes Äußeres erklärt. Als einem der fünf Pandavas aus dem Mahabharata werden Bhimsen übermenschliche Kräfte zugeschrieben. Er wird oftmals als roter Muskelmann dargestellt, der ein Pferd hochhebt oder einen Elefanten unter seinem Knie zerquetscht.

Die dreistöckige Pagode hat einen ungewöhnlichen rechteckigen Grundriss, der sie von den anderen Tempeln in Patan unterscheidet. Der heutige Tempel wurde 1682 nach einem Brand komplett neu aufgebaut und wurde später nach dem Erdbeben von 1934 und dann erneut 1967 wiederaufgebaut. Wenn die Reparaturen nach dem Erdbeben von 2015 abgeschlossen sind, werden Nicht-Hindus wieder zur oberen Etage hinaufsteigen können (das innere Heiligtum liegt gewöhnlich oben in den Bhimsen-Tempeln), um die Statue von Bhimsen mit den wilden Augen betrachten zu können.

Manga Hiti   RELIGIÖSE STÄTTE
(Karte S.154) Gleich gegenüber vom Bhimsen-Tempel liegt das bodengleiche Manga Hiti, eine der vielen Wasserversorgungseinrichtungen in Patan. Das kreuzförmige Bassin hat ein kleineres Becken und drei wunderschön gemeißelte *dhara* (Wasserspeier) in der Form von Makara (mythologische krokodilartige Bestien).

Die beiden Holzpavillons für Zeremonien über dem Bassin – die als **Mani Mandap** bekannt sind (Karte S.154) – stürzten beim Erdbeben von 2015 ein und werden derzeit repariert.

Ticketschalter an jedem Ende des Platzes verkaufen ein Kombiticket für den Durbar-Platz und das Patan-Museum (S.155). Wer später zurückkommen möchte, muss sich das Gültigkeitsdatum des Visums auf der Rückseite des Tickets eintragen lassen.

Patan

Highlights
1 Goldener Tempel (Kwa Bahal) E4

Sehenswertes
  Gauri-Shankar-Tempel............. (siehe 13)
2 I Baha Bahi E5
3 Kumbeshwar-Tempel......................... E4
4 Mahabouddha-Tempel........................ F6
5 Maru Mandapa Mahavihar E4
6 Minnath-Tempel E5
7 Nördlicher Stupa............................... F3
8 Friedensgalerie.................................D3
9 Pim Bahal Pokhari............................D4
10 Rato-Machhendranath-Tempel............D5
11 Sulima-Platz....................................D4
12 Uku Bahal F6
13 Uma-Maheshwar-Tempel E4
14 Uma-Maheshwar-Tempel E4
15 Westlicher Stupa..............................C3
16 Zoo B5

Aktivitäten, Kurse & Touren
17 Pranamaya Yoga...............................B3
18 Summit Nepal Trekking A1

Schlafen
19 Cosy Nepal E4
20 Hotel Greenwich Village.................... B1
21 Inn Patan.. E4

22 Mahabuddha Guest House F6
23 Nwa Chén E4
24 Summit Hotel B1
25 Traditional Homes Swotha E4

Essen
26 Bakery Café B5
27 Bhat Bhateni Super Store D3
28 Bricks Café C1
29 Café Cheeno....................................D3
  Café Swotha .... (siehe 21)
30 Dhokaima Café.................................D3
31 El Mediterraneo A3
32 Newari Kitchen.................................C3
33 Roadhouse Café B4
34 Sing Ma Food Court B4
35 Yala E4

Unterhaltung
36 Moksh Live.......................................B3

Shoppen
37 Dhankuta Sisters C1
38 Dhukuti C1
  Image Ark ....(siehe 23)
39 Jawalakhel Handicraft Centre............A6
40 Kumbeshwar Technical School...........E3
41 Mahaguthi C1
42 Sana Hastakala C1

Vishwanath-Tempel HINDUISTISCHER TEMPEL
(Karte S.154) Südlich des Bhimsen-Tempels (S.151) steht der Shiva geweihte Vishwanath-Tempel. Dieser ist aufwendig mit einer zweistöckigen Pagode geschmückt, die 1627 erbaut wurde. Darin befinden sich einige besonders dekorative Holzschnitzereien, vor allem am *torana* (Türsturz) über dem Säulengang.

An der Westseite befindet sich eine Statue von Shivas loyalem Reittier, Nandi, dem Bullen, während an der Ostseite zwei Steineelefanten mit Mahuts zu sehen sind, einer der Elefanten zerquetscht einen Mann unter seinem Fuß. Wenn die Türen geöffnet sind, ist der riesige Lingam im Innenraum zu sehen.

★ **Krishna Mandir** HINDUISTISCHER TEMPEL
(Karte S.154) Auf dem Weg zum Durbar-Platz (S.151) ist der prachtvolle Krishna Mandir gar nicht zu verfehlen. Er wurde von König Siddhinarsingh Malla im Jahr 1637 erbaut. Statt der üblichen Bauweise aus Ziegeln und Holz wurde dieses fabelhafte architektonische Zuckerwerk aus Stein mit gemeißelten Verzierungen errichtet. Der Einfluss des indischen Tempelbaus ist eindeutig erkennbar, und dies ist der früheste Steintempel seiner Art in Nepal. Der Tempel hat das Erdbeben im Jahr 2015 unbeschadet überstanden.

Der Tempel besteht aus drei Etagen, davor stehen Säulen. Das Bauwerk wird von einem Shikhara-Turm im nordindischen Stil gekrönt. Der auffällige Tempel ist häufig auf den verzierten Butterlampen aus Messing zu sehen, die in den nepalesischen Wohnungen hängen. Nicht-Hindus dürfen den Tempel nicht betreten, um die Statue von Krishna, dem Ziegenhirten, zu betrachten, aber häufig musizieren dort oben Tempelmusiker. Vishnus Reittier Garuda, halb Mensch, halb Adler, kniet mit gefalteten Armen auf einer Säule gegenüber dem Tempel. Die feinen Steinreliefe entlang des Unterzugs im ersten Stock schildern Ereignisse aus dem Mahabharata, während der kaum erkennbare Unterzug im zweiten Stock Szenen aus dem Ramayana zeigt.

Ein wichtiges Fest, **Krishna Jayanta**, auch bekannt als Krishnasthami, wird hier im nepalesischen Monat Bhadra (August bis September) zu Ehren von Krishnas Geburtstag abgehalten.

Statue des König Yoganarendra Malla
MONUMENT

(Karte S.154) Südlich des **Jagannarayan-Tempels** (Char-Narayan-Tempel; Karte S.154) befindet sich eine hohe Säule, an deren Spitze eine auffällige Messingstatue von König Yoganarendra Malla (reg. 1684–1705) und seinen Königinnen steht. Die im Jahr 1700 aufgestellte Säule stürzte beim Erdbeben von 2015 um, zählte aber zu den ersten Bauwerken, die wiederhergestellt wurden. Über dem Kopf des Königs lauert eine Kobra, und auf dem Kopf der Kobra sitzt ein kleiner Messingvogel.

Der Legende nach besteht immer noch die Möglichkeit, dass der König eines Tages in seinen Palast zurückkehrt – solange der Vogel noch da ist. Deshalb stehen eine Tür und ein Fenster des Palastes stets offen, und eine Wasserpfeife wartet schon auf ihn. Eine weitere Legende ergänzt, dass dann, wenn der Vogel fortfliegt, die Elefanten vor dem Vishwanath-Tempel zum Manga Hiti (S.151) laufen werden, um zu trinken.

Hinter der Statue des Königs stehen drei kleinere **Vishnu-Tempel** (Karte S.154; Durbar-Platz), darunter ein Shikhara-Tempel aus Ziegelsteinen und Gips, der 1590 erbaut wurde, um ein Bildnis von Narsingh, Vishnus Inkarnation als Menschlöwe, aufzubewahren.

Taleju-Glocke
MONUMENT

(Karte S.154) Gegenüber vom Königspalast befindet sich eine riesige, alte Glocke, die zwischen zwei stämmigen Säulen aufgehängt ist, die von König Vishnu Malla im Jahr 1736 errichtet wurden. Bittsteller konnten damals diese Glocke läuten, um den König auf ihre Sorgen aufmerksam zu machen. Es heißt, die Glocke habe auch während des Erdbebens von 2015 unheilvoll geläutet. Hinter dem Glockenpavillon befindet sich außerdem ein kleines, dekoratives Wasserspiel.

Krishna-Tempel
HINDUISTISCHER TEMPEL

(Chyasim Deval; Karte S.154) Dieser attraktive achteckige Steintempel vervollständigt die vorderste Tempelfront am Durbar-Platz (S.151). Er weist eine starke architektonische Ähnlichkeit mit dem Krishna-Tempel an der Nordseite des Platzes auf. Das mehrstöckige Gebäude wurde 1723 in einem Stil erbaut, der unverkennbar von den Steintempeln in Nordindien beeinflusst ist.

Königlicher Palast
PALAST

(Karte S.154) An der gesamten Ostseite des Durbar-Platzes (S.151) erstreckt sich der Königspalast von Patan, der aus dem 14. Jh. stammt und im 17. und 18. Jh. von Siddhinarsingh Malla, Srinivasa Malla und Vishnu Malla erweitert wurde. Der Patan-Palast ist älter als die Paläste in Kathmandu und Bhaktapur und ist eines der architektonischen Highlights von Nepal.

Hinter der extravaganten Fassade mit ihren überkragenden Traufen, geschnitzten Fenstern und feinen Holzschirmen befinden sich eine Reihe verbundener Innenhöfe und ein Rundgang zu Tempeln, die der wichtigsten Gottheit des Tals, der Göttin Taleju geweiht sind. Das geschlossene äußere **Bhairav-Tor** führt in den zentralen Mul-Chowk-Innenhof. Dieser wird von zwei Steinlöwen sowie bunten Wandmalereien von Shiva in seiner zornigen Inkarnation als Bhairav flankiert. Ketten aus Büffeleingeweiden hängen ihm zu Ehren über der Tür.

Das **Goldene Tor** (Sun Dhoka; Karte S.154) (Sun Dhoka) ist der Eingang zum nördlichen Innenhof. Dieses fein gravierte und vergoldete Tor aus dem Jahr 1734 wird von einem goldenen *torana* gekrönt, der Shiva, Parvati, Ganesh und Kumara (eine Inkarnation von Skanda, dem Kriegsgott) zeigt.

RUND UM DAS KATHMANDU-TAL PATAN

ERDBEBENSCHÄDEN IN PATAN

Obwohl Patan das Erdbeben im Jahr 2015 besser überstanden hat als Kathmandu und Bhaktapur – wie auch das Beben im Jahr 1934 –, sind mehrere Tempel mit Kultstatus komplett eingestürzt. Die Regierung hat mithilfe des Auslands und lokaler Organisationen begonnen, die beschädigten Monumente wiederaufzubauen, darunter auch den Jagannarayan-Tempel (S.153), den **Hari-Shankar-Tempel** (Karte S.154), die Mani-Mandap-Pavillons (S.151) und eine Statue von König Yoganarendra Malla (S.153). Letztere war zuerst wiederhergestellt, und der Wiederaufbau der übrigen Elemente war 2017 noch im Gange. Dennoch stehen noch so viele Gebäude am Durbar-Platz in Patan, dass er nach wie vor spektakulär und ein Schatz an mittelalterlicher Kunst und Architektur von Weltklasse ist.

Durbar-Platz (Patan)

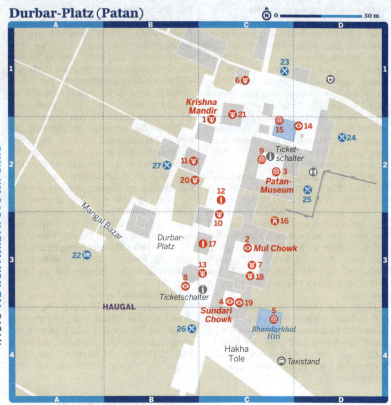

N   0 ————————— 50 m

Durbar-Platz (Patan)

⊙ Highlights

1	Krishna Mandir	C2
2	Mul Chowk	C3
3	Patan-Museum	C2
4	Sundari Chowk	C3

⊙ Sehenswertes

5	Bhandarkhal-Wasserbassin	C4
6	Bhimsen-Tempel	C1
7	Bidyapith-Tempel	C3
8	Durbar-Platz	B3
9	Goldenes Tor	C2
10	Hari-Shankar-Tempel	C3
11	Jagannarayan-Tempel	B2
12	Statue von König Yoganarendra Malla	C2
13	Krishna-Tempel	C3
14	Manga Hiti	D2
15	Mani Mandap	C2
16	Königspalast	C3
17	Taleju-Glocke	C3
18	Taleju-Bhawani-Tempel	C3
19	Tusha Hiti	C3
20	Vishnu-Tempel	B2
21	Vishwanath-Tempel	C1

⊙ Schlafen

22	Café de Patan	A3

⊗ Essen

	Café de Patan	(siehe 22)
23	Café du Temple	C1
24	Casa Pagoda	D2
25	Patan Museum Café	D2
26	Si Taleju Restaurant & Bar	B4
27	Third World Restaurant	B2

Direkt über dem Tor befindet sich ein mit Blattgold überzogenes Holzfenster, an dem der König einst seine öffentlichen Auftritte hatte. Dieses Tor ist jetzt auch der Eingang zum Patan-Museum und das nördliche Ticketbüro.

Die Restaurierungsarbeiten, die nach dem Erdbeben von 2015 eingeleitet wurden, sind sicher nicht die ersten in diesem Palast. Schon nach der Eroberung des Tals durch Prithvi Narayan Shah im Jahr 1768 und dann nach dem Erdbeben von 1934 wurde repariert.

★ Patan-Museum
MUSEUM

(Karte S.154; ☎01-5521492; www.patanmuseum. gov.np; Kombiticket mit Durbar-Platz Ausländer/ SAARC 1000/250 NPR; ⏱8–18 Uhr) In einem Teil der ehemaligen Residenz der Malla-Könige, nämlich in den Gebäuden des Königspalastes um den Keshav Narayan Chowk, ist heute eine der besten Sammlungen religiöser Kunst Asiens untergebracht. Das Museum ist ein nationaler Schatz und eine unschätzbare Einführung in die Kunst, den Symbolismus und die Architektur des Tals. Man braucht mindestens eine Stunde, lieber zwei, um diesem Ort gerecht zu werden. Und es lohnt sich, eine Pause im Museumscafé (S.163) einzulegen, bevor es in die nächste Runde geht.

Die Sammlung wird in einer Flucht von Räumen aus Ziegelsteinen und Holz gezeigt, die über steile und enge Treppen verbunden sind. Es gibt informative Beschriftungen an jeder der Hunderten von Statuen, Schnitzereien und Votivgaben. Die hier erklärten Gottheiten sind auch in jedem anderen Tempel des Tals vertreten.

Es gibt auch einige interessante Ausstellungen zu den Techniken, mit denen diese wundervollen Gegenstände erschaffen wurden, darunter die Kunst des Treibens und das Wachsausschmelzverfahren. Das Obergeschoss zeigt einige faszinierende Fotos von Patan im ausgehenden 19. Jh.

Das Museum hat einen Shop, der Reproduktionen einiger der ausgestellten Werke verkauft. Eine Sneak-Preview zu den Höhepunkten des Museums und der Geschichte seiner Renovierung gibt's unter www.asianart.com/patan-museum. Fotografieren ist erlaubt.

★ Mul Chowk
INNENHOF

(Karte S.154; Durbar-Platz; Kombiticket für Durbar-Platz/Patan-Museum Ausländer/SAARC 1000/ 250 NPR) Südlich des Patan-Museums führt ein Tor zum imposanten Mul Chowk, dem größten und ältesten der drei wichtigen *chowk* (Plätze). Die Originalgebäude wurden durch ein Feuer im Jahr 1662 zerstört, aber schon drei Jahre danach von Srinivasa Malla wiederaufgebaut. Die Tempel im Hof wurden 2014 restauriert, und die umgebenden Mauern und Gebäude wurden nach dem Erdbeben von 2015 rasch wiederaufgebaut.

Im Mittelpunkt des Platzes steht der kleine, vergoldete, zentrale **Bidyapith-Tempel** (Karte S.154) neben einem Holzpfosten, an den die Opfertiere angebunden wurden. Die zentrale Gottheit ist Yantaju, eine Form der Durga und die Schutzpatronin der Malla-Könige.

An der Südseite des Platzes steht der **Taleju-Bhawani-Tempel** (Karte S.154; Durbar-Platz), flankiert von Statuen der Flussgöttinnen Ganga, auf einer Schildkröte sowie Jamuna, auf einem Makara. Die oberen Galerien gehören nun zur Architekturausstellung des Museums, die u. a. mit schönen Beispielen geschnitzter Holzstreben aufwartet.

In der nordöstlichen Ecke des Platzes steht der **Degutalle-Tempel**, auf dem ein achteckiger Turm mit drei Dächern prunkt. Der größere **Taleju-Tempel** hat ebenfalls drei Dächer, steht direkt nördlich mit Blick auf den Durbar-Platz und ist Taleju geweiht, einer weiteren Schutzgöttin der Malla-Könige.

★ Sundari Chowk
INNENHOF

(Karte S.154) Südlich vom Mul Chowk (S.155) befindet sich der kleinere Sundari Chowk, der um ein herrlich verziertes Wasserbassin mit dem Namen **Tusha Hiti** (Karte S.154; Durbar-Platz) angeordnet ist. Der Chowk wurde 2014 restauriert und dann erneut nach dem Erdbeben von 2015. Das 1647 erbaute Wasserbecken hat 72 gemeißelte Steinreliefs, die tantrische Gottheiten darstellen, und wurde von dem König für rituelle Waschungen benutzt. Der Wasserspeier ist neu, denn das Original wurde 2010 gestohlen (und wiedergefunden). Alte, geschnitzte Holzstreben liegen in den Ecken verstreut.

Auf dem Weg nach draußen gibt es noch das restaurierte **Bhandarkhal-Wasserbassin** (Karte S.154) zu sehen, welches einst die Hauptwasserversorgung für den gesamten Palast war und wo heute ein entzückender Meditationspavillon steht.

Zurück am Durbar-Platz (S.151) steht das traditionelle Tor zum Sundari Chowk mit drei prächtigen Statuen von **Hanuman** (kaum noch erkennbar unter den Schichten oranger Farbe), **Ganesh** und Vishnu als **Narsingh**, dem Menschlöwen, der einem Dämon die Eingeweide entreißt.

Patan Dhoka (Stadttor)

Stupa

Krishna-Tempel

Swotha Tole

Mangal Bazar

Wasserbecken

Durbar-Platz

Stadtrundgang
Patan: Nördlich des Durbar-Platzes

START PATAN DHOKA
ZIEL DURBAR-PLATZ
LÄNGE/DAUER 1,5 KM; ZWEI STUNDEN

Von Patan Dhoka läuft man nach Südosten zum zweistöckigen ❶ **Ganesh-Schrein**, dann rechts abbiegen, vorbei am ❷ **Sulima-Platz** zum Bassin ❸ **Pim Bahal Pokhari** (S. 158), an dessen Seite ein großer Stupa steht.

An der Kreuzung an der südöstlichen Ecke des Bassins geht's nach Nordosten, vorbei an schönen Holzfenstern zu einem großen Platz an der Nakabhil. An der Südseite steht ein früheres buddhistisches Kloster im Hofstil ❹ **Lokakirti Mahavihar**. Ein alter, ausrangierter Ausleger des Wagens, der beim Rato-Machhendranath-Fest benutzt wird, steht an der vorderen Tür. Maskentänze werden bei Festen auf der *dabali* (Plattform) vor dem Kloster aufgeführt. Eine Gasse („Bhaskar Varna Mahavihar") führt in Richtung Norden weg zum Platz und Hof des ❺ **Nyakhuchowk Bahal**. Der Weg führt vorbei an einigen Stupas an der Ostmauer, durch den überdachten Eingang (Kopf einziehen!), gera-

deaus durch eine Gasse und in einen Hof voller Chaityas, den ❻ **Naga Bahal**. Nun geht's links, dann rechts vorbei an der hinduistischen Statue eines Bullen zu einem Gemälde einer Naga.

Der Weg führt durch die östliche Passage zum Ilanani-Hof mit der Harayana-Bibliothek hinter einer roten Mauer in der südwestlichen Ecke, dann diagonal über den Hof in die südöstliche Ecke und unter einem hölzernen *torana* hindurch, hinein in den ❼ **Goldenen Tempel** (S. 157). Diesen im Osten verlassen, auf der Straße nach links weitergehen. Einige Türen weiter weist ein blaues Schild zum ❽ **Manjushri-Tempel** im Hofstil auf der linken Seite. Nun geht's nach Norden, vorbei an mehreren uralten ❾ **Megalithen**, vielleicht die ältesten Kultgegenstände des Kathmandu-Tals, und weiter zum ❿ **Kumbeshwar-Tempel** (S. 157).

Nach Osten, dann rechts (südlich) gelangt man zum Durbar-Platz. Die Straße ist gesäumt von Vishnu-Schreinen wie dem zweistufigen ⓫ **Uma-Maheshwar-Tempel** (S. 158). Weiter südlich am Swotha Tole steht der ⓬ **Narayan-Tempel** mit einem Garuda davor. Bis zum Durbar-Platz sind es nur noch wenige Schritte.

⊙ Nördlich des Durbar-Platzes

★ Goldener Tempel
(Kwa Bahal) BUDDHISTISCHER TEMPEL
(Hiranya Varna Mahavihara; Karte S.150; Ausländer/SAARC 50/20 NPR; ⏰5–18 Uhr) Dieses einzigartige buddhistische Kloster liegt gleich nördlich des Durbar-Platzes (S.151). Es wurde angeblich im 12. Jh. gegründet, aber in der heutigen Form existiert es seit 1409. Der Tempel ist nach den vergoldeten Metallplatten benannt, die den Großteil der vorderen Fassade bedecken, und dies ist einer der schönsten Tempel in Patan.

In das Innere des Tempels führt ein prachtvoll geschmückter, enger Eingang aus Stein im Osten oder ein Holztor im Westen von einem der angeschlossenen Innenhöfe an der Nordseite der Nakabhil.

Wer von der Ostseite kommt, sollte auf die farbenprächtigen Löwen und die Signatur von Krishnabir achten, dem Steinmetzmeister aus dem Jahr 1886, der den schönen Eingang mit dem Fries voller buddhistischer Gottheiten geschaffen hat. Dieser zweite Eingang führt zum Hauptinnenhof des Goldenen Tempels. Schuhe und Lederartikel müssen abgelegt werden, um den niedrigeren Innenhof zu betreten. Der Hauptpriester des Tempels ist ein kleiner Junge, der noch keine zwölf Jahre alt ist und der 30 Tage dient, bevor er den Job an einen anderen kleinen Jungen übergibt.

Der Tempel selbst ist ein prachtvolles Beispiel für die Architektur der Tempel-Innenhöfe. Zwei Elefantenstatuen bewachen das Tor, und die Fassade ist mit einer ganzen Reihe glänzender buddhistischer Figuren bedeckt. Im Hauptschrein befindet sich eine schöne Statue von Sakyamuni (Fotografieren verboten). Links vom Innenhof steht eine Statue der Grünen Tara, und in der rechten Ecke ist eine Statue von Bodhisattva Vajrasattva mit einem eindrucksvollen silbernen und goldenen Cape zu sehen. Beide befinden sich in Schreinen im Innenraum.

Gegenüber vom Haupttempel steht ein kleinerer Schrein, der einen „von allein entstandenen" *(swayambhu)* Chaitya enthält. In den vier Ecken des Innenhofs stehen Statuen der vier Lokeshvaras (Inkarnationen von Avalokiteshvara) und vier Affen, die Jackfrüchte als Opfergaben halten. Eine Treppe führt in die Kapelle im Obergeschoss, die einem weißen, achtarmigen Avalokiteshvara geweiht ist. Bemalt

ist sie mit Fresken im tibetischen Stil, darunter auch ein Lebensrad. Vor dem Verlassen des Tempels lohnt sich am östlichen Ausgang noch ein Blick nach oben. Dort hängt ein geprägtes Mandala an der Decke. Mit Ausnahme der Wintermonate laufen Schildkröten in der Anlage herum – dies sind die Tempelwächter.

Es ist lohnenswert, einen Abstecher in Richtung Süden zu machen. Dort am Durbar-Platz stehen der kleine zweistöckige **Uma-Maheshwar-Tempel** (Karte S.150) und der schöne **Gauri-Shankar-Tempel** (Karte S.150) aus Stein im indischen Shikhara-Stil. Auf der gegenüberliegenden Straßenseite steht der buddhistische **Maru Mandapa Mahavihar** (Karte S.150) in einem kleinen Innenhof.

Kumbeshwar-Tempel HINDUISTISCHER TEMPEL
(Karte S.150) Direkt nördlich vom Durbar-Platz (S.151) steht der auffällige Kumbeshwar-Tempel, einer der drei fünfstöckigen Tempel des Tals. Dieser hohe, dünne Mandir (Tempel) besitzt einige besonders kunstvolle Holzschnitzereien und scheint der Schwerkraft zu trotzen, so wie er über den umliegenden Häusern aufragt.

NARSINGH

Das Bildnis von Vishnu in seiner Inkarnation als Narsingh (oder Narsimha) als Menschlöwe ist überall im Kathmandu-Tal zu sehen. Die Gottheit wird normalerweise dargestellt, wie sie vergnügt dem Dämon Hiranyakashipu mit bloßen Händen die Eingeweide entreißt, was auf eine berühmte Legende aus dem Bhagavatapurana zurückgeht. Aufgrund eines Handels mit Brahma erhielt der Dämon besondere Kräfte – er konnte nicht von einem Menschen oder einer Bestie, weder drinnen noch draußen, auf der Erde oder in der Luft, bei Tag oder Nacht, noch mit irgendeiner Waffe getötet werden. Vishnu überwand diesen Schutz, indem er in die Gestalt des Menschlöwens schlüpfte und den Dämon mit seinen Fingernägeln in der Morgendämmerung auf seinem Schoß an einer Türschwelle tötete. Die Statuen von Narsingh bei dieser grausigen Tat stehen im Gokarna-Mahadev-Tempel, vor dem Palast in Patan und gleich hinter dem Eingang zum Hanuman Dhoka in Kathmandu.

BILDER DES KRIEGES

An den zehnjährigen Bürgerkrieg in Nepal erinnert eine Fotoausstellung, die den Konflikt eindrücklich wieder in Erinnerung ruft. Aufgrund des Buches *A People War* eines Redakteurs der *Nepali Times* namens Kunda Dixit wird die Ausstellung in der **Friedensgalerie** (Karte S. 150; ✉Schulsekretariat 01-5522614; ⏲10–16 Uhr) in der Rato-Bangla-Schule gezeigt. Möglicherweise zieht die Ausstellung bald um. Aktuelle Informationen sind dann beim **Bhaktapur Tourism Development Committee** (Karte S. 172; www.btdc.org.np; Taumadhi Tole) erhältlich.

Die Bilder zeigen u. a. Fotos von Schulkindern, die den maoistischen „roten Gruß" erbieten, von Geschwistern, die sich an der Front gegenüberstehen, und von einem Lehrer, der weiter unterrichtete, obwohl ihm seine Hände von den Maoisten abgehackt worden waren. Die Ausstellung ist genau so, wie Fotojournalismus sein sollte – nuanciert, bewegend, überraschend und nie vereinfachend.

Gleich hinter dem Dhokaima Café (S. 164) die Schule betreten und dort nach dem Weg fragen. Die Galerie befindet sich im 4. Stock eines Verwaltungsgebäudes.

Erstaunlicherweise überstand dieses gewagte Bauwerk das Erdbeben, obwohl die oberste Etage im Mai 2015 herabstürzte und der Turm nun etwas schief steht. Eine große Nandi-Statue und ein zentraler Lingam verraten, dass der Schrein Shiva geweiht ist.

Die Tempelplatte hat zwei Bassins, die sich angeblich aus dem heiligen See bei Gosainkund speisen, der eine einwöchige Wanderung in den Norden des Tals entfernt liegt. Das Baden im Bassin des Kumbeshwar-Tempels gilt als ebenso verdienstvoll wie die anstrengende Wanderung nach Gosainkund.

Der umliegende Platz ist mit Tempeln gesprenkelt, die den Gottheiten Bhairav und Baglamukhi (Parvati) geweiht sind. Die Frauen aus der Umgebung treffen sich gerne an diesem Bassin, das auch **Konti Hiti** genannt wird, um zu plaudern, Kleider zu waschen und die Wasserkrüge zu füllen. Am Ende der Gasse nördlich des Tempels befindet sich die Kumbeshwar Technical School (S. 166).

Von hier aus lohnt sich ein Umweg in den Norden, um den Nördlichen Stupa (S. 146) zu sehen, einen der vier Schreine, die die Grenzen der Altstadt von Patan markieren.

Uma-Maheshwar-Tempel
HINDUISTISCHER TEMPEL

(Karte S. 150) Ein Blick in den Tempel zeigt ein sehr schönes Relief aus schwarzem Stein von Shiva und Parvati in der als Uma Maheshwar bezeichneten Pose – der Gott sitzt mit gekreuzten Beinen und seine Gefährtin lehnt sich verführerisch an ihn.

Pim Bahal Pokhari
WASSERBECKEN

(Karte S. 150) Dieses große Wasserbecken ist ein verborgenes Juwel mit einem reizenden Pavillon am Seeufer. An der Nordseite befindet sich der dreistöckige **Chandeswari-Tempel** aus dem Jahr 1663. Wer das Wasserbecken im Uhrzeigersinn umrundet, kommt an einem 600 Jahre alten, weißen Stupa vorbei, der von den muslimischen Eindringlingen im Jahr 1357 beschädigt wurde.

Sulima-Platz
INNENHOF

(Karte S. 150) Nordöstlich vom Pim Bahal Pokhari liegt der Sulima-Platz, ein zerfallender Platz mit Ziegelwänden und einem Mahadev-(Shiva-)Schrein aus dem 17. Jh. An der Ostseite des Platzes steht das heruntergekommene Haus eines berühmten Tantra-Meisters aus dem 16. Jh.

☉ Südlicher Durbar-Platz

Die meisten Sehenswürdigkeiten am Durbar-Platz (S. 151) liegen in den Hintergassen südlich vom Mangal-Basar, der wichtigsten lokalen Einkaufsstraße. Weiter südlich geht's zum geschäftigen Marktplatz rund um den Lagankhel-Busbahnhof.

I Baha Bahi
BUDDHISTISCHES KLOSTER

(Karte S. 150) Nur eine Minute Fußweg südlich vom Durbar-Platz (S. 151) steht ein großes Tor, das von schwarzen, breit grinsenden Löwen flankiert wird. Das Tor führt zu einem ruhigen Innenhof, in dem sich der I Baha Bahi befindet. Dieses schöne buddhistische Kloster wurde 1427 gegründet, und das Bauwerk wurde in den 1990er-Jahren von einem japanischen Architektenteam restauriert.

Minnath-Tempel   BUDDHISTISCHER TEMPEL

(Karte S.150) Nur 200 m südlich von I Baha Bahi markiert ein großes Wasserbecken den Eingang zu einem Hof voller Holzbalken. In der Mitte steht der in leuchtenden Farben bemalte zweistöckige Minnath-Tempel, der Bodhisattva Jatadhari Lokesvara geweiht ist, der als der kleine Bruder von Rato Machhendranath gilt. Der Tempel wurde in der Licchavi-Periode (3. bis 9. Jh.) gegründet, aber die mehrarmigen Göttinnen auf den Dachbalken wurden erst später hinzugefügt.

Sehenswert sind die Metalltöpfe und Pfannen, die von Gläubigen an die Dachsparren genagelt wurden. Die um den Tempel herumliegenden Hölzer werden jedes Jahr in einen Wagen geladen, um die Statue von Minnath im Rahmen des Rato-Machhendranath-Festes durch die Stadt zu fahren (S.159).

Rato-Machhendranath-Tempel   TEMPEL

(Karte S.150) Fast direkt gegenüber vom Minnath-Tempel liegt am Ende einer Gasse ein Tor mit weißen Säulen, das zu einem weiten, offenen Platz führt, auf dem sich der verehrte Rato-Machhendranath-Tempel befindet. Geweiht ist er dem Gott des Regens und der Fülle. Wie bei vielen Tempeln in Nepal verschwimmt auch bei diesem die Grenze zwischen Buddhismus und Hinduismus. Die Buddhisten betrachten den Rato (Roten) Machhendranath als eine Inkarnation von Avalokiteshvara, während die Hindus in ihm eine Inkarnation von Shiva sehen.

Der durch einen Metallzaun abgegrenzte, dreistöckige Tempel datiert aus dem Jahr 1673, aber schon seit 1408 standen auf diesem Gelände andere Tempel. Die vier reich verzierten Eingänge des Tempels werden von steinernen Schneelöwen bewacht, und im Erdgeschoss sind in den vier Ecken am Tempelsockel Yeti-ähnliche Dämonen zu sehen, die als *kyah* bezeichnet werden.

An den frei stehenden Säulen an der Vorderseite des Tempels findet sich eine kuriose Sammlung von Metalltieren in Käfigen, darunter ein Pfau, Garuda, Pferd, Büffel, Löwe, Elefant, Fisch und eine Schlange. Oben an der Decke gibt's reich bemalte Dachbalken zu sehen, die Avalokiteshvara zeigen, der über Figuren steht, die in der Hölle gemartert werden.

Das wichtigste Bild von Machhendranath residiert hier jeweils sechs Monate pro Jahr, bevor es im April/Mai während des spektakulären Rato-Machhendranath-Festes (S.159) nach Bungamati umzieht.

RATO-MACHHENDRANATH-FEST

Das Bildnis im Rato-Machhendranath-Tempel (S.159) mag wie ein grob geschnitztes, bemaltes Stück Holz aussehen, aber einmal pro Jahr wird es zum Mittelpunkt des Rato-Machhendranath-Festes im nepalesischen Monat Baisakh (April/Mai). Machhendranath sagt man die Macht über den Regen nach, und da in dieser Zeit der Monsun bevorsteht, ist dieses Fest im Wesentlichen eine Bitte um großzügigen Niederschlag. Die Buddhisten betrachten den Rato (Roten) Machhendranath als eine Inkarnation von Avalokiteshvara, während die Hindus in ihm eine Inkarnation von Shiva sehen.

Unmittelbar vor dem Fest werden die verteilten Holzteile von Rato Machhendranaths Wagen zusammengesucht und zusammengesetzt, und die Statue wird auf ihrem Ehrfurcht gebietenden Wagen befestigt. Es dauert einen ganzen Monat, um den Wagen durch Patan nach Jawalakhel zu bringen, wo der Wagen schließlich demontiert wird. Der Hauptwagen ist so groß und die Strecke so lang, dass oft die nepalesische Armee zu Hilfe gerufen wird.

Der turmhohe Hauptwagen wird über einen Großteil der Reise von einem kleineren Wagen begleitet, der das Bildnis von Rato Machhendranaths Gefährtin, Jatadhari Lokesvara, enthält, die normalerweise im Minnath-Tempel (S.159) steht. Der Höhepunkt des Festes ist das **Bhoto Jatra** oder das Zeigen der heiligen Weste. Der Legende zufolge wurde die juwelenbesetzte Weste dem Gott zur Verwahrung gegeben, nachdem sich zwei mutmaßliche Besitzer darum gestritten hatten. Jedes Jahr wird die Weste dreimal ausgestellt, um dem Eigentümer die Möglichkeit zu geben, sie sich wiederzuholen.

Von Jawalakhel aus wird Rato Machhendranath auf einer *khat* (Sänfte) zu seinem zweiten Heim im Dorf Bungamati, 6 km weiter südlich, gebracht, wo er die nächsten sechs Monate des Jahres verbringt, bevor er nach Patan heimkehrt.

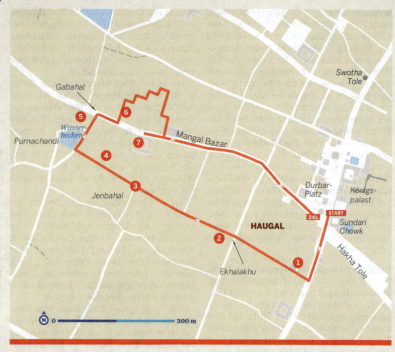

Gabahal

Swotha
Tole

Wasser-
becken

Purnachandi

5

6

Mangal Bazar

7

4

Durbar-
Platz

Königs-
palast

Jenbahal

3

ZIEL START

Sundari
Chowk

HAUGAL

2

Hakha Tole

Ekhalakhu

1

N 0 ――――――――――― 200 m

🏃 Stadtrundgang
Patan: Südlich des Durbar-Platzes

START DURBAR-PLATZ
ZIEL DURBAR-PLATZ
LÄNGE/DAUER 1,25 KM; EINE STUNDE

Gestartet wird Richtung Süden ab dem Durbar-Platz (S. 151), dann in die Gasse nach Westen zum **1** **Bishwakarma-Tempel** einbiegen, dessen Fassade mit geprägtem Kupfer bedeckt ist. Er ist der Schutzgottheit der Zimmerleute und Handwerker geweiht, von denen man hier viele hämmern hört.

Weiter geht's nach Nordwesten, vorbei an den **2** **Vishnu-Schreinen** an der Ekhalakhu-Kreuzung, an einem Ganesh-Schrein, einem Shiva-Schrein und einem **3** **Ganesh-Tempel** an der Jenbahal-Kreuzung, dann zum **4** **Narayan-Tempel** im Shikhara-Stil.

An der Purnachandi-Kreuzung rechts abbiegen, vorbei an einem eingestürzten **5** **vishnuitischen Tempel** bis zur Kreuzung bei Gabahal. Hier rechts abbiegen und nach einem kleinen Tor auf der linken Seite suchen, das von zwei Schneelöwen bewacht wird. Das Tor führt zum **6** **Bubahal**, einem Hof voller buddhistischer

Statuen und Chaityas vor dem verzierten Yasodhar-Mahabihar-Tempel. Nun wird's spannend! Entweder weiter Richtung Osten entlang der Hauptstraße zum Haka Bahal laufen oder den schöneren Umweg durch das Labyrinth von Innenhöfen nehmen. Unserer Beschreibung folgen und im Zweifelsfall rechts abbiegen!

Vom Bubahal-Hof hinten rechts (Nordosten) den Weg durch einen Hof zu einem versteckten Hof mit schönen Holzfenstern nehmen. Diesen bis zur hinteren (nordöstlichen) Ecke überqueren, dort geht's zu einem dritten Hof mit einem schwarzen Chaitya. Der Ausgang an der Ostseite führt durch eine dunkle Gasse in einen weiteren Hof. Diesen durch den südöstlichen Ausgang verlassen und rechts in einen Hof einschwenken, in dem ein Brunnen und eine kleine Druckerpresse stehen. Weiter geht's nach Süden durch einen kleinen in einen größeren Hof mit Vishnu-Tempel. Hier stößt der Weg auf die Hauptstraße Richtung Süden und biegt rechts ab zum **7** **Haka Bahal**, dem restaurierten Hof des Ratnakar Mahavihar. Hier geht der Rundgang weiter über den Mangal-Basar bis zum Ziel am Südende des Durbar-Platzes.

Mahabouddha-Tempel BUDDHISTISCHER TEMPEL
(Karte S. 150; 50 NPR; ◷ 9–17.30 Uhr) Nach
dem Betreten dieses schwer zu findenden
Innenhofes im Südosten von Patan erhebt
sich der Tempel plötzlich vor den Besuchern, eingezwängt wie eine Pflanze, die
sich dem Sonnenlicht entgegenreckt. Der
im indischen Shikhara-Stil erbaute Schrein
ist nach den Hunderten von Terrakottaka-
cheln benannt, die ihn bedecken. Jede davon trägt ein Bild des Buddha. Der Shikhara steht noch, auch wenn er bei unserem
letzten Besuch fast hinter einem Gerüst
verschwand.

Der Tempel datiert aus dem Jahr 1585,
wurde jedoch nach dem Erdbeben von
1934 komplett neu aufgebaut. Leider er-
stellten die Bauarbeiter – so ganz ohne Pläne, die als Vorlage dienen konnten – am
Ende einen anders aussehenden Tempel.
Sie hatten aber genügend Ziegel und Kacheln übrig, um einen kleineren Schrein
für Maya Devi, die Mutter von Buddha, im
Hof zu erstellen. Der Tempel folgt in seiner
Formensprache dem Mahabouddha-Tempel im indischen Bodhgaya, wo Buddha
seine Erleuchtung erlangte.

Die angrenzenden Gassen sind voller
Läden, die hochwertige Metallstatuen im
Patan-Stil verkaufen. Die Dachterrasse des
Ladens am hinteren Ende des Innenhofes
bietet einen schönen Blick auf den Tempel.

Zum Mahabouddha-Tempel geht's ab
dem Durbar-Platz entlang des Hakha Tole
in südöstlicher Richtung, vorbei an einer
Reihe kleiner Tempel für Vishnu und
Shiva. Beim Sundhara Tole mit seinem
Tempel und dem bodengleichen *hiti* (Was-
serbecken) mit den drei Wasserspeiern aus
Messing biegt man rechts ab und hält Aus-
schau nach dem kleinen Eingang zum
Tempel.

Uku Bahal BUDDHISTISCHES KLOSTER
(Rudra Varna Mahavihar; Karte S. 150; 50 NPR;
◷ 9–17.30 Uhr) Südlich des Mahabouddha-
Tempels (S. 161) ist dieses alte buddhistische Kloster eines der bekanntesten in Patan. Der Haupthof ist vollgestopft mit
Bildhauerkunst und Dorje (Blitzsymbole)
aus Metall, Glocken, Pfauen, Elefanten, Garudas, wilden Ziegen, knieenden Gläubigen, einer königlich anmutenden Statue
eines Rana-Generals und, eher unpassend,
einem Paar britischer Löwen im viktoria-
nischen Stil, die aussehen, als ob sie direkt
vom Londoner Trafalgar Square hierher-
versetzt worden seien.

Das Kloster wird schon seit Jahrhunderten genutzt, und die hölzernen Dachbalken
gehören mit zu den ältesten des Tals, aber
viel von dem, was heute noch zu sehen ist,
stammt aus dem 19. Jh. Hinter dem Kloster steht ein Stupa im Swayambhunath-
Stil, der durch einen Seiteneingang zugänglich ist.

◉ Westlich des Durbar-Platzes

Zoo ZOO
(Karte S. 150; ☎ 01-5528323; Erw./Kind Ausländer 750/375 NPR, SAARC 250/125 NPR, Nepalesen 150/90 NPR; ◷ 10–17 Uhr, Dez.–März bis
16 Uhr) Nepals einziger Zoo liegt im Südwesten von Patan am Jawalakhel-Kreisver-
kehr. Die Tiere haben es dort besser als
erwartet, und es gibt stets Scharen einheimischer Kinder zu sehen, die sich von solchen exotischen Kreaturen wie Elefanten,
Tigern, Leoparden, Hyänen, Gaur, Nilgauantilopen, Gangesgavialen, Langurenaffen
und einigen sehr lauten Nilpferden bein-
drucken lassen.

🏃 Aktivitäten

Pranamaya Yoga YOGA
(Karte S. 150; ☎ 9851002920; www.pranamaya
yoga.com; EG, Moksh-Komplex, Gyanmandala, Jhamsikhel; Kurse ab 700 NPR; ◷ 8–20 Uhr)
Zweigstelle einer sehr gut geführten Kette
von Yogazentren in einem Innenhof.
Termine stehen auf der Website.

🎊 Feste & Events

Rato-Machhendranath-Fest RELIGIÖS
Siehe Kasten S. 159.

Janai-Purnima-Fest RELIGIÖS
(◷ Juli/Aug.) Tausende von Pilgern besuchen im Juli/August den Kumbeshwar-
Tempel (S. 157), wenn die Angehörigen der
Brahmanen- und Chhetri-Kaste das heilige
Bändchen ersetzen, das sie über ihre linke
Schulter geschlungen tragen. Ein silber-
goldener Lingam wird in dem Bassin aufgestellt, und die Gläubigen nehmen ein rituelles Bad, während Jhankri (Schamanen)
mit buntem Kopfschmuck im Tempel her-
umtanzen und Trommeln schlagen.

🛏 Schlafen

Die meisten Menschen besuchen Patan bei
einem Tagesausflug von Kathmandu aus.
Das ist wirklich schade, da es hier eine
kleine, aber sehr stylishe Auswahl an

Unterkünften gibt. Darunter einige ganz reizende traditionelle Häuser, vor allem in der oberen Mittelklasse. Die Stadt wirkt ganz anders, wenn sich die Massen der Tagesausflügler wieder über den Bagmati zurückziehen. Wer übernachtet, kann die Unmenge an *tole* (Plätzen) und *bahal* (Innenhöfen) nach Belieben entdecken.

Café de Patan
HOTEL €

(Karte S.154; ☎ 01-5537599; www.cafedepatan. com; EZ/DZ 1490/1865 NPR, ohne Bad 870/ 1120 NPR) Dieses Hofhotel liegt fast am Durbar-Platz (S.151), und es gibt einen Dachgarten und ein nettes Café im Erdgeschoss. Die Zimmer sind einfach, die Matratzen sind dünn, aber es gibt viele Sitzgelegenheiten in den Gemeinschaftsräumen. Sechs Zimmer haben ein eigenes Bad.

Mahabuddha Guest House
PENSION €

(Karte S.150; ☎ 01-5540575; mhg@mos.com.np; EZ/DZ 600/800 NPR, Suite 1200 NPR; ☎) Südöstlich vom Durbar-Platz (S.151) und gegenüber dem Mahabuddha-Tempel (S.161), liegt diese einfache, eher düstere Budgetpension. Der Standort ist etwas ungünstig, und es gibt keine Gemeinschaftsräume mit Sitzgelegenheiten, aber die ordentlichen Zimmer sind akzeptabel. Sogar WLAN gibt's hier. Die Zimmer sind nach den höchsten Gipfeln Nepals benannt, die besseren liegen weiter oben. Im Preis sind alle Steuern enthalten.

Cosy Nepal
ZIMMERVERMITTLUNG €€

(Karte S.150; ☎ 9860111757; www.cosynepal. com; Swotha Sq. 18; EZ 30 €, DZ 40–60 €; ☎) Diese französisch-nepalesische Agentur führt mehrere traditionelle Häuser in der Altstadt, die allesamt mit modernem Einschlag renoviert sind. Die Website führt die verschiedenen Optionen auf, von einfachen Pritschen bis hin zu Familienzimmern mit Küchenzeile. Alle schaffen hervorragend den Brückenschlag zwischen traditioneller Architektur und einem modernen Stil. Preisnachlässe gibt's bei längeren Aufenthalten. Das Büro liegt in einem versteckten Hof neben der Hauptadresse Yala Chhen am Swotha-Platz hinter dem Café Swotha (S.163). Lieber im Voraus buchen.

Newa Chén
BOUTIQUEHOTEL €€

(Karte S.150; ☎ 01-5533532; www.newachen. com; EZ/DZ 30/40 €, ohne Bad 20/35 €, Deluxe 40/50 €; @☎) Das Hotel befindet sich in dem mit Unesco-Mitteln restaurierten Herrenhaus Shestha House. Dieses Haus ist traditioneller als die meisten anderen und bietet einen Einblick in das Leben der wohlhabenden Bürger von Patan vergangener Jahrhunderte. Die Zimmer sind alle unterschiedlich, aber doch traditionell mit einem Diwan und Kokosmatten eingerichtet, und es gibt ein nettes gemeinsames Wohnzimmer.

Die Zimmer zur Straße sind tagsüber laut, und Menschen mit einer Körpergröße von über 1,68 m dürften sich beengt fühlen. Im Preis ist das Frühstück enthalten.

Inn Patan
BOUTIQUEHOTEL €€€

(Karte S.150; ☎ 01-5547834; www.theinnpatan. com; EZ/DZ 70/75 €, Suite EZ/DZ 75/85 €; ☎) Diese uralte Residenz wurde in ein stylishes und gut geführtes Boutiquehotel umgebaut, wenn auch mit den niedrigen Originaltüren und -decken. Der harmonische Einsatz von Cremetönen und Naturfasern strahlt Ruhe aus, während innenarchitektonische Kunstgriffe wie Nischenbeleuchtungen und bodengleiche Duschen für einen Hauch von Luxus sorgen. Die Suite lohnt sich wegen des zusätzlichen Platzes und eigenen Balkons.

Traditional Homes Swotha
BOUTIQUEHOTEL €€€

(Karte S.150; ☎ 01-5551184; www.traditionalhomes.com.np; EZ/DZ 70/75 €, Suite 100–135 €; ☎) Nur 50 m vom Durbar-Platz (S.151) entfernt liegt dieses 70 Jahre alte Haus, das in eine stylishe Unterkunft verwandelt wurde. Anders als in den sonstigen traditionellen Häusern sind die neun Zimmer hier hell und geräumig. Auf dem Boden liegen Betonsteinfliesen, es kommt recyceltes Holz zum Einsatz, geheizt wird mit Gas. Die Bäder sind naturgemäß klein, aber acht der Zimmer verfügen über einen eigenen Balkon. Das dazugehörige Café Swotha ist empfehlenswert.

Summit Hotel
RESORT €€€

(Karte S.150; ☎ 01-5522843; www.summit-nepal. com; Zi. ab 95 €; ✿@☎☀) Expats und Mitarbeiter der NGOs vor Ort halten das Summit gerne geheim, damit immer ein paar Zimmer frei sind, wenn Freunde und Verwandte zu Besuch kommen. Das von Niederländern im Stil eines Resorts gegründete Hotel ahmt den newarischen Stil nach: Viel roter Ziegelstein und geschnitztes Holz, und die Atmosphäre ist überaus romantisch und entspannt. Der Garden Wing und die größeren und günstigeren Zimmer der Kategorie Himalayan View sind äußerst angenehm.

Das Schwimmbecken kommt erst im Sommer zur Geltung, während im Winter mehrere Kamine das Haus und vor allem die gemütliche Bar warm halten. Das Hotel liegt in den ruhigen Gassen westlich von Kupondol versteckt und gestattet einen schönen Ausblick auf Kathmandu. Am Wochenende sind die Grillabende ein weiteres Highlight.

Hotel Greenwich Village HOTEL €€€
(Karte S.150; ☑01-5521780; www.greenwichnepal.com; EZ/DZ ab 70/80 €, Deluxe-Zi. 95 €; ❄☍🏊) Das Hotel mit dem merkwürdigen Namen Greenwich Village liegt friedlich und abgeschieden, ist jedoch weniger luxuriös, als es die Preise vermuten lassen würden. Die modernen Zimmer sind schick und komfortabel, doch auch der nette Hof am Pool und das Café sind einladend. Devisenwechsel und Flughafentransfer auf Nachfrage.

Essen

Mehrere Restaurants mit Blick auf den Durbar-Platz bieten fade Küche, aber magische Ausblicke, und sind vorwiegend auf Tagesausflug-Reisegruppen eingestellt. Allgemein lässt sich sagen, dass das Essen besser wird, je größer die Distanz zum Durbar-Platz ist. Die meisten Lokale sind von 8 bis 20 Uhr geöffnet.

Für ein gehobenes Dinner zu zweit in Patan sind die auf Expats eingestellten Restaurants rund um den Pulchowk eine gute Adresse.

✖ Durbar-Platz

Third World Restaurant INTERNATIONAL €
(Karte S.154; ☑01-5543206; Durbar-Platz; Hauptgerichte 180–350 NPR; ⊙9–20 Uhr) Das Restaurant liegt an der ruhigen Westseite des Durbar-Platzes (S.151). Die Preise sind günstig, es gibt newarische Menüs und einen schönen Blick von der Dachterrasse auf den Krishna Mandir (S.152).

Café im Patan-Museum INTERNATIONAL €€
(Karte S.154; ☑01-5526271; Snacks 200–400 NPR, Hauptgerichte 400–650 NPR, Kaffee 175–225 NPR; ⊙10–17 Uhr) Im Hinterhof des Patan-Museums (S.155) liegt diese angenehme Café-Terrasse, ein toller Ort für eine Pause vom Museum und den Tempelbesuchen. Die Sitzplätze im Garten wirken ele-

gant und vornehm, auch wenn der Service in der Mittagszeit, wenn die Reisegruppen herbeiströmen, ein wenig nachlassen kann. Wer nur im Café essen möchte, braucht kein Museumsticket. Tischreservierungen sind möglich.

Si Taleju Restaurant & Bar INTERNATIONAL €€
(Karte S.154; ☑01-5538358; Durbar-Platz; Hauptgerichte 300–500 NPR; ⊙10–21 Uhr) Ein schmales, hoch aufragendes Haus mit vier Stockwerken, die alle unterschiedlich wirken. Am schönsten ist der Speisesaal im obersten Stockwerk mit zauberhafter Aussicht über den Durbar-Platz (S.151) bis zu den Bergen. Auf der Karte sind alle Leibgerichte vereint (Momos, Burger, Nudeln, Pasta, Currys).

Café de Patan INTERNATIONAL €€
(Karte S.154; ☑01-5537599; www.cafedepatan.com; Gerichte 250–500 NPR; ⊙8–22 Uhr) Das Café liegt südwestlich des Durbar-Platzes und hinter einem kleinen Uma-Maheshwar-Tempel. Es ist schon seit Langem bei Reisenden wegen seiner Sitzgelegenheiten im Hof und eines Dachgartens (leider ohne Aussicht) beliebt. Auf der Speisekarte stehen Momos, chinesische und italienische sowie zahlreichen newarische Gerichte und Menüs.

Café du Temple INTERNATIONAL €€
(Karte S.154; ☑01-5527127; www.cafedutemple.com.np; Hauptgerichte 325–420 NPR, Menüs 675–775 NPR; ⊙9–21 Uhr) Das Café ist bei Reisegruppen beliebt und liegt am nördlichen Ende des Durbar-Platzes (S.151). Die Tische auf der luftigen Dachterrasse werden von rot-weißen Sonnenschirmen überspannt, und auf der Karte stehen chinesischer gebratener Reis, aber auch Dal Bhat (traditionelles nepalesisches Gericht aus Reis und Gemüse) bis hin zu Hühnchen Stroganoff. Das nahe gelegene Schwesterrestaurant **Casa Pagoda** (Karte S.154; ☑01-5538980; Hauptgerichte 295–595 NPR, Menüs 695 NPR; ⊙8–21 Uhr) hat eine ähnliche Karte.

Café Swotha INTERNATIONAL €€€
(Karte S.150; Hauptgerichte 520–1100 NPR; ⊙9–22 Uhr) Das Swotha präsentiert sich frisch und modern mit viel Glas und einem winzigen Garten. Serviert werden leicht bekömmliche Salate, Quiches und Sandwiches mit saisonalen Zutaten, dazu Tagesangebote. Es befindet sich neben den Traditional Homes Swotha.

Yala
INTERNATIONAL €€€

(Karte S.150; ☑01-5522395; www.yalamandala.
com; Hauptgerichte 550–1400 NPR; ☻10–
21.30 Uhr; ☎) Dieses stylishe Café mit
Kunstgalerie ist eine Insel der Ruhe im Hof
des mit Unesco-Mitteln restaurierten Rajbhandari House. Hier gibt's eine ruhige Terrasse hinter dem Haus und eine gute Karte
mit nepalesischer, newarischer und europäischer Kost.

 Anderswo

Bakery Café
CAFÉ €

(Karte S.150; ☑01-5522949; www.nanglo.com.
np; Hauptgerichte 150–400 NPR; ☻10.30–
21.30 Uhr; ☎) Alle Filialen dieser ausgezeichneten Kette schaffen Arbeitsplätze für
taube Nepalesen. Diese hier liegt am größten Kreisverkehr in Jawalakhel und bietet
preisgünstigen Kaffee, Momos, *dosas,*
Pfannengerichte und Sandwiches.

Bhat Bhateni Super Store
SUPERMARKT €

(Karte S.150; www.bhatbhatenionline.com; Krishna Gali; ☻7.30–20.30 Uhr) Baht Bhateni ist
der größte und am besten sortierte Supermarkt der Stadt.

★ Newari Kitchen
NEPALESISCH €€

(Karte S.150; ☑01-5530570; www.newarikitchen.
com.np; Gabahal Rd., Pulchowk; Menüs 170–
520 NPR; ☻12–22 Uhr; ☎) Dieses Lokal serviert newarische Küche, die ihren Preis
mehr als wert ist. Toll für die ersten Expe-
rimente mit dieser Kost. Die Menüs sind
eine gute Wahl. Aber auch die leckeren
Pfannkuchen aus *wo* (Linsen) oder *chata-
mari* (Reis) ergeben zusammen mit dem
ausgezeichneten *pancha kwa* (Eintopf mit
Bambussprossen, Kartoffeln und getrockneten Pilzen) ein leichtes Mittagessen. Die
Stammgäste sind überwiegend einheimische Newar, was für die Küche spricht.

Wer kulinarisch gleich in die Vollen
gehen will, kann das *shapo mhicha* (in
Kutteln eingewickeltes Knochenmark,
frittiert) probieren. Das Lokal liegt direkt neben der Labin Mall, gleich an der
Pulchowk-Kreuzung, nur wenige Gehminuten vom Durbar-Platz entfernt.

Dhokaima Café
INTERNATIONAL €€

(Karte S.150; ☑01-5522113; Hauptgerichte 320–
600 NPR; ☻7–22 Uhr; ☎) Ein gehobenes
Café in einem Lagerhaus aus der Rana-Ära
beim Patan-Dhoka-Tor. Der Hofgarten im

WO EXPATS ESSEN

Die Gegend um die Kupondol, Pulchowk und Jhamsikhel ist ein beliebter Treffpunkt
von Diplomaten, Mitarbeitern von Hilfsorganisationen und anderen Expats, und diese
Gegend wirkt ganz anders als die Touristenmassen am Durbar-Platz in Thamel oder
Patan. Inzwischen gibt's hier so viele Restaurants, dass die Einheimischen für diese
Gegend den Spitznamen „Jhamel" erfunden haben. Und wer sich für den Nahkampf
auf der Straße nicht stark genug fühlt, für den gibt's immer noch **Foodmandu** (☑01-
4444177; www.foodmandu.com; ☻11–20.30 Uhr), das Essen aus über 170 lokalen Restaurants nach Patan oder Kathmandu liefert.

Sing Ma Food Court (Karte 138; ☑01-5509092; Jhamsikhel; Hauptgerichte 320–495 NPR;
☻So–Fr 8.30–21 Uhr) Wer den authentischen Geschmack aus Malaysia sucht, geht zu
diesem geschäftigen Food Court südlich der Pulchowk. Die Nudelsuppen, *nasi lemak*
(Kokosreis mit Anchovis) und Rindfleisch-*rendang* (trockenes Kokosnuss-Curry mit Li-
mettenblättern) sind die einzig wahre *mamak* (malayisch-tamilische) Kost. Im Angebot
ist auch ein überraschend guter Käsekuchen.

El Mediterraneo (Karte S.150; ☑01-5527059; Jhamsikhel; Hauptgerichte 400–700 NPR;
☻12.30–21 Uhr) Diese einheimische Tapas-Bar fühlt sich überraschend echt an, was sie
dem aufmerksamen Inhaber verdankt. Dieser ist ein spanisch sprechender Nepalese,
der mehrere Jahre in Spanien gelebt hat. Die Gerichte reichen von Paella und Risotto zu
Hühnchen mit *pisto* (Sauce aus Tomaten, Paprika, Zwiebeln und Knoblauch) und einem
besonders köstlichen Gazpacho (erhältlich bis Ende Oktober).

Die beste Wahl ist möglicherweise eine Sangria zusammen mit dem 13-gängigen
Tapas-Menü (1080 NPR), zu dem auch importierter *jamón* und Chorizo gehören.

Roadhouse Café (Karte S.150; ☑01-5521755; Jhamsikhel; Pizza 525–675 NPR; ☻11–22 Uhr)
Eine stylishe Filiale des immer beliebteren Pizzaladens in Thamel mit einer relaxten,
familiären Stimmung. Pasta und andere Gerichte sind ebenfalls erhältlich.

Schatten eines ausladenden Walnussbaumes ist ein friedlicher Ort. Hier lässt sich eine schöne Auswahl an leichten und gesunden Gerichten wie Bio-Salate, Momos oder Sandwiches und Combo-Suppen genießen, dazu gibt's guten Kaffee und Kuchen.

Café Cheeno INTERNATIONAL €€
(Karte S.150; Krishna Gali; Hauptgerichte 350–700 NPR; ⊙ 7.30–20 Uhr) Ein toller Fleck direkt außerhalb von Patan Dhoka mit einem reizenden Garten (leider direkt neben einer lauten Bushaltestelle), guten Salaten und Suppen sowie leckeren Frühstücks-Crêpes. Im oberen Stockwerk bietet das „Wellness Sanctuary" kosmetische Behandlungen und Massagen.

Bricks Café INTERNATIONAL €€
(Karte S.150; ☑ 01-5521756; www.brickscafe. com.np; Hauptgerichte 250–650 NPR; ⊙ 12–22 Uhr) Dieses jahrhundertealte traditionelle und umgebaute Haus ist ein tolles Plätzchen für eine Pause vom Shoppen in den nahe gelegenen Einrichtungsgeschäften vor Kupondol. Der ruhige Hof lädt zum Entspannen ein, und das Speiseangebot, das von Holzofenpizzas und *sekuwa* (Grillfleisch) bis zu Salaten und Burgern reicht, ist ausgezeichnet. Guten Kaffee gibt's noch dazu.

☆ Unterhaltung

Moksh Live LIVEMUSIK
(Karte S.150; ☑ 01-5528362; Gyanmandala, Jhamsikhel; ⊙ Di–So 11–23 Uhr) Das Moksh hat mit den besten Live-Rock, -Funk und -Folk der Stadt (nicht nur die normalen Coverbands), meistens am Freitag ab 19.30 Uhr, und dienstags gibt's auch mal Akustikbands. An den anderen Abenden gibt's Pizza aus dem Ofen im Hof.

🛍 Shoppen

Patan ist ein berühmtes Zentrum für die Bronzegießerei, Treibarbeiten und sonstiges Metallkunsthandwerk. Die meisten Statuen, die in Kathmandu zum Verkauf angeboten werden, stammen aus Patan. Wer an der Quelle kauft, kann sparen.

Nördlich und westlich des Durbar-Platzes (S.151) gibt's Dutzende von Metallwerkstätten und weitere rund um den Mahabouddha-Tempel (S.161). Der Preis für die Bronzestatue einer buddhistischen oder hinduistischen Gottheit reicht von 3000 bis über 100 000 NPR, je nach Größe, Komplexität des Gusses und Detailtreue

sowie der Menge an Vergoldung und Emaillierung der fertigen Statue.

Patan ist der beste Ort im Tal für den Kauf von Einrichtungsgegenständen und Fair-Trade-Produkten, vor allem entlang der Kupondol Road, die von Geschäften gesäumt ist, welche die Arbeit der nepalesischen Handwerkskooperativen unterstützen und Geld von den Travellern direkt an benachteiligte und vernachlässigte Communitys weiterleiten.

Das Stadtviertel Jawalakhel, das sich rund um den Zoo erstreckt, hat das beste Angebot an Teppichläden.

Jawalakhel Handicraft Centre TEPPICHE
(Karte S.150; ☑ 01-5521305; ⊙ So–Fr 9–12 Uhr & 13–17 Uhr) Wer Teppiche schätzt, sollte diese Kooperative tibetischer Flüchtlinge besuchen. Hier ist 1960 die enorme Teppichindustrie von Nepal entstanden. Vor dem Einkauf der fertigen Waren im Obergeschoss kann den Teppichknüpfern bei der Arbeit zusehen (das Zentrum beschäftigt 1000 Flüchtlinge). Die Qualität ist hoch, die Auswahl gut, die Preise sind transparent und die Mitarbeiter können den Versand arrangieren.

Die Teppichqualität berechnet sich in Knoten pro Zoll, und der Preis wird pro Quadratmeter angegeben. Die Größe eines traditionellen tibetischen Teppichs liegt bei 1,8 m auf 90 cm (ca. 425 €). Es werden auch Umschlagtücher aus Kaschmir und Yakwolle zum Festpreis angeboten. Bei Kreditkartenzahlungen wird eine Bearbeitungsgebühr von 4 % verlangt.

Image Ark KUNST
(Karte S.150; ☑ 01-5006665; www.image-ark. com; Kulimha Tole; ⊙ So–Fr 10–17 Uhr, Sa 11–16 Uhr) Diese helle und farbenfrohe, moderne Galerie in der Altstadt von Patan beleuchtet die nepalesische Multimedia-Kunst und Pop-Art. Verkauft werden sowohl limitierte Druckauflagen als auch günstigere Karten. Die Galerie befindet sich neben dem Uma-Maheshwar-Tempel (S.158) und ist eine nette Abwechslung zum Bestaunen der Tempel.

Mahaguthi FAIR TRADE
(Karte S.150; ☑ 01-5521607; www.mahaguthi.org; Kupondol; ⊙ 10–18 Uhr) Mahaguthi wurde von einem nepalesischen Schüler von Mahatma Gandhi gegründet, und der Verkaufsraum an der Kupondol ist eine Schatzkammer mit einer Vielzahl von Dhaka-Webwaren, handgeschöpftem Papier,

Keramik, Blockdruck, Pashminas, Holz-kunsthandwerk, Schmuck, Strickwaren, Statuen, Ledertaschen, Stickerei und Mithila-Malerei. Es gibt eine kleinere Filiale im Bezirk Lazimpat in Kathmandu. Das Hotel akzeptiert Kreditkarten.

Dhukuti
FAIR TRADE

(Karte S.150; 01-5535107; Kupondol; 9–19 Uhr) Dhukuti ist über drei Etagen voll von Einrichtungsgegenständen, Textilien, Umschlagtüchern, Halstüchern, Taschen und Teppichen aus der Region Nupri in Manaslu. Sogar Weihnachtsschmuck wird angeboten. Hergestellt werden die Waren von über 1200 Menschen mit geringem Einkommen. Dies ist vermutlich der beste Einzelladen an der Kupondol überhaupt. Der Laden akzeptiert Kreditkarten.

Sana Hastakala
FAIR TRADE

(Karte S.150; 01-5522628; www.sanahastakala.com; So–Fr 9.30–18 Uhr, Sa 10–17 Uhr) Eine gute Adresse für Papier, Batik, Kunsthandwerk aus Mithila, Filzprodukte und Kleidung aus Naturfasern. Kreditkarten werden akzeptiert.

Dhankuta Sisters
FAIR TRADE

(Karte S.150; 9841555990; Kupondol; So–Fr 11–18.30 Uhr) Hier werden Tischdecken, Kissenbezüge und Kleidung aus Stoffen im Dhaka-Stil aus Ostnepal angeboten. Die meisten Waren sind aus Baumwolle, aber auch Seide, Bananen- und Nesselfasern werden verwendet.

Kumbeshwar Technical School
FAIR TRADE

(Karte S.150; 01-5537484; www.kumbeshwar.com; Kumbeshwar 22, Lalitpur; So–Do 9–13 Uhr & 14–17 Uhr, Fr 9–13 Uhr) Diese kleine Werkstatt in der Nähe des Kumbeshwar-Tempels (S.157) in den Hinterstraßen von Patan versorgt benachteiligte Familien aus niedrigeren Kasten (vorwiegend die *pode* oder Straßenkehrerkaste) mit Ausbildung, Bildung und einem Lebensunterhalt. Hergestellt werden Teppiche, Strickwaren und Möbel. Die Verkaufserlöse aus dem Showroom dienen zur Finanzierung der angeschlossenen Grundschule.

Patan Industrial Estate
KUNST & KULTUR

(01-5521367; www.patan.com.np; So–Fr 10–17 Uhr) Trotz des wenig klangvollen Namens befinden sich in diesem auf Touristen ausgerichteten Kunsthandwerkskomplex zahlreiche Werkstattläden, die hochwertige Teppiche, Holzschnitzereien und Metallar-

beiten verkaufen, falls es etwas Besonderes sein soll. Er befindet sich rund 500 m vom Busbahnhof Lagankhel entfernt.

Praktische Informationen

Im Mangal-Basar gibt's Banken mit Geldautomaten, ebenso am südlichen Ende des Durbar-Platzes und am Pulchowk sowie in der Restaurantstraße von Jawalakhel.

Das vermutlich beste Krankenhaus im Kathmandu-Tal ist das **Patan Hospital** (Karte S.150; 01-5522278) im Lagankhel-Bezirk von Patan. Die Mitarbeiter des Hospitals sind zum Teil westliche Missionare.

An- & Weiterreise

Für den Weg von Kathmandu nach Patan stehen alle Transportmittel zur Wahl: Fahrrad, Taxi, Bus oder Schnellbus. Die Taxifahrt kostet rund 400 NPR. Es gibt einen **Taxistand** (Karte S.154) in der Nähe des Hakha Tole. **Minibusse und Schnellbusse** (Karte S.150) nach Kathmandu versammeln sich in Jawalakhel in der Nähe des Zoos.

Lokale Busse und Minibusse verkehren häufig zwischen dem Busbahnhof Ratna Park in Kathmandu und der Dhoka-**Bushaltestelle** in Patan (Karte S.150) oder dem chaotischen **Lagankhel-Busbahnhof** (Karte S.150) (15–20 NPR, 30 Min.).

Busse und schnellere Minibusse in die Städte im Süden des Tals fahren am Busbahnhof Lagankhel ab, wenn sie voll sind. Es gibt regelmäßige Verbindungen nach Godavari (25 NPR, 45 Min.), Bungamati (20 NPR, 40 Min.) und Chapagaon (25 NPR, 45 Min.). Die Busse fahren abends ca. bis 18.30 Uhr. Außerdem gibt's regelmäßige Verbindungen nach Bhaktapur (25 NPR, 30 Min.).

Eine interessante Route zurück nach Kathmandu zu Fuß oder mit dem Fahrrad führt weiter im Nordosten vom nördlichen Stupa (S.146) hinunter zu den Totenverbrennungsplätzen am Fluss bei Sankhamul; auf der Fußgängerbrücke den Bagmati-Fluss überqueren und dann wieder bergauf, bis man in der Nähe des großen Kongresszentrums an den Arniko Highway gelangt. Von dort aus geht's mit dem Taxi oder Minibus zurück nach Thamel.

BHAKTAPUR

01 / 81 728 EW.

Der dritte der mittelalterlichen Stadtstaaten im Kathmandu-Tal ist Bhaktapur. Diese Stadt wurde stets als die am besten erhaltene beschrieben. Tragischerweise hat der Erdbeben von 2015 fürchterliche Verwüstungen angerichtet und viele Todesopfer gefordert. Dennoch wurden nur einige wenige Tempel zerstört, und es gibt immer noch viel zu sehen. Der Tourismus ist für diese Gemeinde von zentraler Bedeutung.

Viele Nepalesen verwenden noch den alten Namen Bhadgaon (badd-gaun gesprochen) oder den newarischen Namen Khwopa, das bedeutet „Stadt der Gläubigen". Der Name passt – Bhaktapur hat drei Hauptplätze voller hoch aufragender Tempel, darunter einige der schönsten religiösen Bauten des Landes.

Das kulturelle Leben wird ebenfalls stolz zur Schau gestellt. In schmalen Gassen weben Handwerker Tuch und bearbeiten Holz mit feinen Werkzeugen, auf den Plätzen steht Keramik zum Trocknen, und die Einheimischen treffen sich in den Höfen zum Baden, Wasserholen, Kartenspielen und generell für ein geselliges Miteinander. Um dieses Wandgemälde des nepalesischen Lebens zu sehen, müssen Besucher für die Stadt Eintritt zahlen. Aus den Einnahmen werden Tempel repariert und instand gehalten.

Auch nach dem Erdbeben sind die Sehenswürdigkeiten noch erhalten: mittelalterliche Plätze voller Tempel, enge Kopfsteinpflasterstraßen, die sich zwischen roten Ziegelhäusern dahinziehen, und versteckte Höfe voller Tempel, Statuen, Zisternen und Brunnen. Ganz anders als Kathmandu und Patan ist Bhaktapur immer noch erfrischend unbelastet von Verkehr und Luftverschmutzung, obwohl immer mehr Motorräder und Autos allmählich das Reich der Fußgänger bedrohen.

Jedoch sind viele traditionelle Gebäude, die das Erdbeben überstanden hatten, seitdem für unbewohnbar erklärt worden und werden nach und nach abgerissen. Die Wunden der Katastrophe sind immer noch klar erkennbar, und es wird noch Jahre dauern, bis sich die Stadt vollständig erholt hat. Bei einem Stadtbummel – die beste Art, Bhaktapur zu erleben – muss man sich möglicherweise den Weg durch kaputte Straßen und Schutt bahnen und sich unter provisorischen Stützen ducken, die bedrohlich schiefe Wände abstützen.

Geschichte

Wie auch alle anderen Städte im Tal entstand Bhaktapur durch die alte Handelsstraße von Indien nach Tibet, aber die Stadt erhielt schon im 12. Jh. unter König Ananda Malla Stadtrechte. Der älteste Teil der Stadt, rund um den Tachupal Tole, wurde zu dieser Zeit angelegt.

Vom 14. bis 16. Jh. entwickelte sich Bhaktapur zum mächtigsten der drei Malla-Königreiche des Tals, und ein neuer Bürgerplatz wurde am Durbar-Platz im Westen der Stadt angelegt.

Viele der ikonenhaftesten Gebäude datieren aus der Regentschaft von König Yaksha Malla (reg. 1428–82), doch während der Regentschaft von König Bhupatindra Malla im 18. Jh. kam es zu einer weiteren Hochzeit des Tempelbaus. In Spitzenzeiten hatte die Stadt 172 Tempel und Klöster, 77 Wasserbassins, 172 Pilgerrasthäuser und 152 Brunnen.

Im 15. Jh. war der Königspalast am Durbar-Platz das Zentrum der Macht im Tal,

---

ℹ EINTRITTSKARTEN

Ein Besuch in Bhaktapur kostet einen heftigen Eintritt von 12 € (oder 1500 NPR). SAARC-Staatsangehörige und Chinesen zahlen 500 NPR, und Kinder unter 10 Jahren sind frei. Diese Gebühr wird an den **Kartenschaltern** (Karte S. 168; Palpasa Marg; ⏲ 6–19.30 Uhr) an über einem Dutzend Eingängen zur Stadt kassiert. Die Eintrittskarten werden an jeder Kontrollstation erneut kontrolliert. Wer hier länger als eine Woche bleibt, muss den Eintritt nur einmal bezahlen, aber am Kassenschalter darum bitten, dass die Reisepassnummer auf der Rückseite des Tickets notiert wird.

Für längere Aufenthalte (bis zu einem Jahr oder je nach Länge des Visums) gibt's einen Bhaktapur-Besucherpass, den die Besucher sich innerhalb einer Woche ab dem Kauf der Eintrittskarte besorgen müssen. Dafür muss man mit zwei Passbildern und einer Fotokopie des Visums sowie Angaben aus dem Reisepass zum **Touristeninformationszentrum** (Karte S. 172; Durbar-Platz; ⏲ 6–19.30 Uhr) neben dem **zentralen Ticketschalter** (Karte S. 172; Durbar-Platz; ⏲ 6–19.30 Uhr) gehen, der auch Karten und 30 Minuten kostenloses Internet bietet. Interessant ist die Broschüre *Bhaktapur: A Guide Book*, die vom Bhaktapur Tourism Development Committee (S. 158) verlegt und in den örtlichen Läden verkauft wird.

Bhaktapur

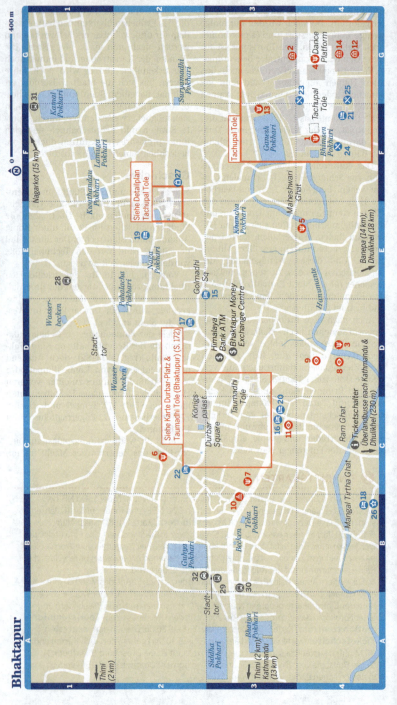

400 m

0

Nagarkot (15 km)

31

Kamal
Pokhari

G

2 🏛
4 🏵 Dance
Platform
14 🏛 **12** 🏛

23 ✕
Tachupal
Tole

13 🏵

1 🏵
Bhimsen
Pokhari
24 🛏

21 🛏 **25** ✕

Ganesh
Pokhari

Tachupal Tole

Siehe Detailplan
Tachupal Tole

27

Suryamadhi
Pokhari

Kwathandau
Pokhari

Lamuga
Pokhari

Pahalachu
Pokhari

Naga
Pokhari

19 🛏

Maheshwari
Ghat

Khenchu
Pokhari

5 🏵

Banepa (14 km);
Dhulikhel (18 km)

F

Wasser-
becken

28 🏛

Golmadhi
Sq.

15 🛏

$ Himalaya
Bank ATM

$ Bhaktapur Money
Exchange Centre

17 🛏

E

Hanumante

D

Stadt-
tor

Wasser-
becken

Siehe Karte Durbar-Platz &
Taumadhi Tole (Bhaktapur) (S. 172)

Königs-
palast

Durbar
Square

Taumadhi
Tole

16 🛏 **20**

11 ⊙

6 🏵

22

7 🏵

10 ⚠

3 🏵
9 ⊙
8 ⊙

Ram Ghat

ℹ Ticketschalter
Überlandbusse nach Kathmandu &
Dhulikhel (230 m)

C

Beko

Teka
Pokhari

18 🛏
26 ✪

Mangal Tirtha Ghat

B

Guhya
Pokhari

32
29
30 🏛

Stadt-
tor

Bhaiya
Pokhari

Thimi (2 km);
Kathmandu
(13 km)

Siddha
Pokhari

Thimi
(2 km)

A

Bhaktapur

◉ Highlights
1 Bhimsen-Tempel F4
2 Messing- und Bronzemuseum G3
3 Verbrennungsplätze D4
4 Dattatreya-Tempel G4
5 Hanuman Ghat E4
6 Indrayani-Temple C2
7 Jaya-Varahi-Tempel....................... C3
8 Universität Kathmandu
   Fachbereich Musik D4
9 Khalna Tole D4
10 Pfauenfenster am B3
   Ni Bahal .... (siehe 12)
11 Töpferplatz C3
12 Pujari Math G4
13 Salan-Ganesh-Tempel F3
14 Museum für Holzschnitzkunst G4

😴 Schlafen
15 City Guest House E3
16 Cosy Hotel C3
17 Ganesh Guest House D2
18 Hotel Heritage B4

19 Milla Guest House E2
20 Nyatapola Guest House.................... C3
21 Peacock Guesthouse F4
22 Thagu Chhen C2

🍴 Essen
   Mayur Restaurant .... (siehe 21)
23 New Café dé Peacock G4
24 Newa Chhen Restaurant F4
25 Peaceful Restaurant....................... G4

✿ Unterhaltung
26 Downtown Pub & Grill..................... B4

🛍 Shoppen
27 Peacock Shop............................. F2

ℹ Transport
28 Busse nach Changu Narayan............... E1
29 Busse nach Kathmandu & Patan B3
30 Busse nach Kathmandu & Thimi B3
31 Busse nach Nagarkot F1
32 Taxis B2

bis die Stadt im Jahr 1768 von Prithvi Narayan Shah eingenommen und wieder zu einer zweitrangigen Marktstadt degradiert wurde. Ein Erdbeben im Jahr 1934 verursachte in der Stadt großen Schaden, aber die Einwohner konnten die meisten der Gebäude wiederaufbauen, obwohl zwischendurch immer wieder einmal ein leerer Tempelsockel steht.

Die Straßen von Bhaktapur wurden in den 1970er-Jahren aus den Mitteln des Bhaktapur-Entwicklungsprojekts (mit deutschen Geldgebern) gepflastert und umfangreich restauriert. Dabei wurden auch die Kanalisation und Kläranlagen angelegt. Der Wiederaufbau nach dem Erdbeben von 2015 verändert das Aussehen von Bhaktapur erheblich, weil Familien beschädigte Häuser abreißen und noch höhere Häuser aus „erdbebensicherem" Stahlbeton errichten.

◉ Sehenswertes

◉ Durbar-Platz

Der Durbar-Platz in Bhaktapur war einst noch viel voller als heute. Abbildungen aus viktorianischer Zeit zeigen den Platz voller Tempel und Gebäude, aber das desaströse Erdbeben im Jahr 1934 reduzierte viele der Tempel auf leere Sockelplatten aus Ziegelstein mit von Löwen bewachten Treppen

ins Nichts. Weitere Bauwerke wurden durch das tödliche Erdbeben von 2015 zerstört, darunter der ikonenhafte Vatsala-Durga-Tempel (S. 171) und der **Fasidega-Tempel** (Karte S.172), auch viele Privathäuser am Eingang zum Platz stürzten ein. Doch auch heute gibt es noch viel beeindruckende Architektur zu sehen.

Beim Rundgang kommen immer wieder freiberufliche Guides auf die Touristen zu. Sie verlangen 300 NPR pro Stunde.

Tempel der sinnlichen Elefanten HINDUISTISCHER TEMPEL
(Karte S.172) Vor dem Haupteingangstor zum Durbar-Platz steht dieses architektonische Kuriosum auf dem Dach des kleinen Shiva-Parvati-Tempels. Frei nach der Geschichte von den Bienchen und den Blümchen zeigen die Dachstreben des Tempeldachs Bilder von Kamelen, Kühen, Gürteltieren und sogar Elefanten beim Liebesspiel. Missionarsstellung!

Shiva-Parvati-Tempel HINDUISTISCHER TEMPEL
(Karte S.172) Die Bodenplatte ähnelt dem Nyatapola-Tempel (S.173), und diese deutlich kleinere Ausgabe hat ebenfalls paarweise Statuen von Elefanten, Löwen und Bullen sowie den Ringkämpfern Jayamel und Phattu entlang der Treppe. Oben wartet derzeit eine einfache Statue von Shiva und Parvati auf die Rekonstruktion des Tempeldachs und der Mauern.

Indrayani-Tempel · HINDUISTISCHER TEMPEL

(Karte S.168) Gleich außerhalb des Durbar-Platzes führt ein Weg neben dem *hiti* hinab, der dann über eine Treppe hinunter zu diesem stimmungsvollen Kali-Tempel führt, der rund um eine knorrige Pappelfeige erbaut wurde. Sonntags fließt bei den Tieropfern Blut.

Statuen von Ugrachandi & Bhairav · MONUMENT

(Karte S.172) Betritt man den Durbar-Platz durch das Westtor, blickt man links auf einen Toreingang, der von zwei gedrungenen Steinlöwen flankiert wird. Errichtet wurde er 1701 von König Bhupatindra Malla. Auf der anderen Seite stehen Statuen des schrecklichen Bhairav (rechts), der zerstörerischen, entzweienden Inkarnation von Shiva, und seiner Gefährtin auf der linken Seite, der nicht weniger schrecklichen Ugrachandi (Durga). Es heißt, der König habe dem unglücklichen Bildhauer hinterher die Hände abschlagen lassen, damit er seine Meisterwerke nicht wiederholen könne.

Ugrachandi hat 18 Arme, die verschiedene tantrische Waffen halten und die unterschiedlichen Aspekte ihres Charakters symbolisieren. Gelegentlich wird sie dargestellt, wie sie einen Dämon mit einem Dreizack tötet, was für den Sieg der Weisheit über die Unwissenheit steht. Bhairav hat nur zwölf Arme, einer davon hält zwei Köpfe, die auf einem Dreizack stecken, und ein anderer hält eine Tasse, die aus einem menschlichen Schädel gefertigt ist. Die Statuen bewachten ursprünglich einen Innenhof, der beim Erdbeben von 1934 zerstört wurde.

Char-Dham-Tempel · HINDUISTISCHER TEMPEL

(Karte S.172) Am westlichen Ende des Durbar-Platzes stehen die vier Char-Dham-Tempel, die zur spirituellen Erbauung jener Pilger errichtet wurden, die nicht die Pilgerfahrt in den indischen Staat Uttaranchal unternehmen konnten, um die dortigen, berühmten Char-Dham-Tempel zu besuchen. Nach dem Erdbeben im Jahr 2015 stehen nun nur noch drei davon. Der Shiva geweihte **Kedarnath-Tempel** im Shikhara-Stil wurde durch das Beben zerstört, befand sich bei unserem Besuch aber im Wiederaufbau.

Auch wenn die übrigen drei Tempel beschädigt sind, lohnt sich der Besuch noch immer. Der **Gopi-Nath-Tempel** (Jagarnath-Tempel; Karte S.172; Durbar-Platz), auch Jagar-

nath genannt, fällt besonders durch die beiden Dächer auf. Er zeigt mehrere Inkarnationen von Vishnu an den Deckenbalken, und eine Garuda-Statue steht auf einer Säule am Eingang.

Der kleine **Rameshwar-Tempel** (Karte S.172; Durbar-Platz), gekrönt von einer aufwendig geschmückten Kuppel, steht immer noch auf seinen zwar instand gesetzten, aber angeknacksten Säulen. Der **Badrinath-Tempel** (Karte S.172; Durbar-Platz) ist Vishnu in seiner Inkarnation als Narayan geweiht.

Nationalgalerie der Kunst · GALERIE

(Karte S.172; Durbar-Platz; Ausländer/SAARC 150/50 NPR, Kamera/Video 100/200 NPR; ☺Mi–So 10–17 Uhr, Mo bis 15 Uhr, Mitte Okt. bis Mitte Jan. Mi–So bis 16 Uhr) Das westliche Ende von Bhaktapurs Königspalast enthält das besten der drei Museen von Bhaktapur. Das Museum zeigt eine umfangreiche Sammlung tantrischer Stoffmalerei – die hinduistische Version der buddhistischen *thangkas* – sowie Manuskripte auf Palmblättern und Votivgaben aus Metall, Stein und Holz, von denen einige auf das 12. Jh. zurückgehen. Das Ticket aufheben, denn es gilt auch für das Museum für Holzschnitzkunst (S.176) und das Messing- und Bronzemuseum (S.176) am Tachupal Tole.

Der Eingang zur Galerie wird von zwei riesigen Löwenwächtern flankiert, einem männlichen und einem weiblichen. Außer den Löwen gibt es einige imposante Statuen aus dem 17. Jh. von Hanuman, dem Affengott, in seiner vierarmigen tantrischen Form, und von Vishnu als Eingeweide entreißender Narsingh.

In der Galerie hängen Porträts aller Shah-Könige, einschließlich eines mürrischen Gyanendra (dem letzten nepalesischen König) nach der Abschaffung der Monarchie im Jahr 2008. In der ersten Galerie sind Darstellungen des schauerlichen Maha Sambhara mit 21 Gesichtern und einer unglaublichen Anzahl von Armen zu sehen. An der gegenüberliegenden Wand fällt der Blick unwillkürlich auf Szenen aus dem Kamasutra.

★ Goldenes Tor · HISTORISCHES GEBÄUDE

(Sun Dhoka; Karte S.172; Durbar-Platz) Das prachtvolle Goldene Tor ist ein visuelles Highlight des Durbar-Platzes. Es ist eingerahmt von einem hellroten Torhaus, das von weißen Palastwänden umgeben ist. Das sehenswerte goldene Portal weist einige der feinsten Treibarbeiten Nepals auf. Der vergoldete *torana* zeigt einen fabelhaften Garuda, der mit einer Reihe übernatürlicher Schlangen ringt. Darunter ist eine vierköpfige und zehnarmige Figur der Göttin Taleju Bhawani zu sehen, der Familiengottheit der Malla-Könige.

Der Bau des Tors begann während der Regentschaft von König Bhupatindra Malla (reg. 1696–1722), und das Projekt wurde von seinem Nachfolger, Jaya Ranjit Malla, 1754 beendet. Der Tod von Jaya Ranjit Malla markierte das Ende der Malla-Dynastie sowie das Ende des goldenen Zeitalters der newarischen Architektur in Nepal.

Das Tor führt zum Innenhof des **Königspalastes**, einer ehemals weitläufigen Anlage, bis das Erdbeben von 1934 von den 99 Höfen nur noch eine Handvoll übrig ließ. Weitere Mauern stürzten beim Beben von 2015 ein. Rechts vom Goldenen Tor steht der **Palast der 55 Fenster** (Karte S.172; Durbar-Platz), der, nicht schwer zu erraten, im Obergeschoss 55 aufwendig gearbeitete Holzfenster hat.

Beim Betreten der Tempelanlage ist an den beiden dunklen Seiten des Innentors ein Paar riesiger **Kriegstrommeln** (Karte S.172; Durbar-Platz) hinter Gittern versteckt, die dazu dienten, die Stadt im Fall eines Angriffs zu wecken. Hinter dem Tor warten die Statuen zweier traditionell gekleideter Wächter, die an beiden Seiten einer reich geschmückten Tür stehen, die aus Rajasthan stammt.

Weiter geradeaus befindet sich der Haupteingang zum Mul Chowk, dem ältesten Palastteil und dem Standort des **Taleju-Tempels** (Karte S.172; Durbar-Platz), der im Jahr 1553 erbaut wurde. Dieser wurde bei dem Erdbeben zwar beschädigt, doch nicht zerstört, und ist einer der heiligsten Tempel von Bhaktapur. Nur Hindus dürfen hinein, aber andere Besucher können immerhin hineinlinsen und den Eingang bewundern, der vorne mit prachtvollen Holzschnitzereien verziert ist. Fotografieren ist verboten.

Geht man am Mul Chowk weiter und um die Ecke, kommt schon das **Naga Pokhari** (Karte S.172), ein Wasserbassin aus dem 17. Jh., das für das rituelle Untertauchen des Kultbildes der Taleju genutzt wurde. Das Bassin ist von einer Steinkobra und anderen Schlangen umgeben, die sich in der Mitte und am Ende des Bassins erheben, wo das Wasser aus einem prachtvollen *dhara* (Wasserspeier) in der Form einer Ziege herausströmt, die von einem Makara gefressen wird.

König-Bhupatindra-Malla-Säule
MONUMENT
(Karte S.172) Mit zum Gebet gefalteten Händen sitzt die Bronzestatue von König Bhupatindra Malla oben auf einer Säule vor dem **Vatsala-Durga-Tempel** (Karte S.172; Durbar-Platz). Die Statue wurde 1699 geschaffen, und ähnliche Statuen wurden an den Durbar-Plätzen in Kathmandu und Patan errichtet. Die beiden Letzteren stürzten 2015 um, die von Patan wurde restauriert, aber die von Kathmandu wartete zum Zeitpunkt der Recherche für dieses Buch noch auf ihre Restaurierung. Bhupatindra war der bekannteste Malla-König von Bhaktapur und tat viel für die Architektur der Stadt.

Taleju-Glocke
MONUMENT
(Karte S.172) Vor dem ehemaligen Vatsala-Durga-Tempel steht eine große Glocke, die von König Jaya Ranjit Malla im Jahr 1737 errichtet wurde, um zum Morgen- und Abendgebet im Taleju-Tempel zu rufen. Eine kleinere Glocke auf der Sockelplatte des Vatsala-Durga-Tempels war als die „bellende Glocke" bekannt. Der Legende zufolge wurde sie von König Bhupatindra Malla im Jahr 1721 aufgrund eines Traums errichtet. Es heißt, Hunde hätten gebellt und gewinselt, wenn die Glocke geläutet wurde. Leider wurde sie beschädigt, als der Tempel 2015 zusammenbrach, und heute steht sie verloren in einer Ecke des Eingangs zum Mul Chowk. Hinter dem Glockenpavillon befindet sich ein in den Boden eingelassenes *hiti* mit einem steinernen *dhara* in der Form eines Makara, darauf ein Krokodil und ein Frosch – der einzige Teil des berühmten Vatsala-Durga-Tempels, das das Erdbeben im Jahr 2015 überstanden hat.

Chyasilin Mandap
MONUMENT
(Karte S.172) „Chyasilin" bezieht sich auf das achteckige Dach dieses Pavillons. Er wurde 1990 anhand alter Fotografien und Gemälde mit Bauteilen des ursprünglichen Gebäudes rekonstruiert, das bei dem Erdbeben im Jahr 1934 zerstört worden war. Dank der modernen Stahlrahmenkonstruktion hat er das Erdbeben im Jahr 2015 überstanden. Das Original diente dem Empfang königlicher Gäste. Das obere Stockwerk diente bei Festen als

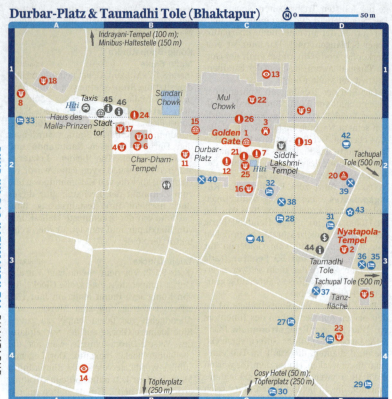

Indrayani-Tempel (100 m);
Minibus-Haltestelle (150 m)

Taxis 45 46
Hiti
Haus des
Malla-Prinzen
Stadt-
tor

Sündari
Chowk

Mul
Chowk

13

8

33

18

24

17

10

4

6

15

Golden
Gate

26 3

22

9

Char-Dham-
Tempel

Durbar-
Platz

11

21 1 7

12

25

Hiti

Siddhi-
Lakshmi-
Tempel

19

42

Tachupal
Tole (500 m)

16

40

32

38

20

39

43

28

31

41

44

Nyatapola-
Tempel

2

36 35

Taumadhi
Tole

Tachupal Tole (500 m)

37

Tanz-
fläche

5

27

34

23

14

Töpferplatz
(250 m)

Cosy Hotel (50 m);
Töpferplatz (250 m)

30

29

Zuschauertribüne, und mindestens einmal war dies auch der Austragungsort eines Dichterwettstreits.

Pashupatinath-Tempel HINDUISTISCHER TEMPEL (Karte S.172) Hinter dem Vatsala-Durga-Tempel steht der Pashupatinath-Tempel. Er ist Shiva in der Gestalt von Pashupati geweiht und ein Replikat des Hauptschreins in Pashupatinath. Ursprünglich wurde er von König Yaksha Malla im Jahr 1475 (oder 1482) erbaut und ist somit der älteste Tempel auf dem Durbar-Platz. Wie bei vielen anderen Tempeln sind die Dachbalken mit erotischen Darstellungen versehen, aber was der Zwerg mit dieser Schüssel tut, bringt eine neue Dimension in diese Geschichten.

Siddhi-Lakshmi-Tempel HINDUISTISCHER TEMPEL (Karte S.172) Dieser ansehnliche, aus Stein erbaute Siddhi-Lakshmi-Tempel aus dem 17. Jh. stand in der südöstlichen Ecke des Palastes von Bhaktapur, bis er 2015 bei dem Erdbeben zusammenbrach. Die Treppen zum früheren Tempel sind noch erhalten und werden von männlichen und weiblichen Dienern flankiert, jeder davon führt ein Kind und einen ziemlich gierig schauenden Hund.

Auf den folgenden Ebenen des Tempels werden die Treppen flankiert von Pferden, Nashörnern mit Girlanden, Löwen mit Menschengesichtern und Kamelen. Der Tempel selbst wurde im klassischen Shikhara-Stil erbaut, wie er häufig in Nordindien anzutreffen ist.

Hinter dem Tempel befindet sich eine ziemlich vernachlässigte Ecke des Durbar-Platzes mit einem Paar massiver, etwas verloren aussehender und lockiger **Steinlöwen** (Karte S.172; Durbar-Platz). Der kleine Vatsala-Tempel, der aus rotem Ziegelstein bestand, wurde beim Erdbeben von 2015 zerstört.

Durbar-Platz & Taumadhi Tole (Bhaktapur)

⊙ **Highlights**
1 Goldenes Tor C2
2 Nyatapola-Tempel D3

⊙ **Sehenswertes**
3 Palast der 55 Fenster C2
4 Badrinath-Tempel B2
5 Bhairabnath-Tempel D3
6 Char-Dham-Tempel B2
7 Chyasilin Mandap C2
8 Tempel der sinnlichen Elefanten...........A1
9 Fasidega-Tempel D1
10 Gopi-Nath -Tempel B2
11 Kedarnath-Tempel B2
12 Säule des Königs Bhupatindra
   Malla C2
13 Naga Pokhari C1
14 Nasamana-Platz A4
15 Nationale Kunstsammlung B2
16 Pashupatinath-Tempel..........................C2
17 Rameshwar-Tempel B2
18 Shiva-Parvati-Tempel............................A1
19 Steinlöwen D2
20 Tadhunchen Bahal D2
21 Taleju-Glockel C2
22 Taleju-Tempel C1
23 Til-Mahadev-Narayan-Tempel..............D4
24 Statuen von Ugrachandi & Bhairab B1
25 Vatsala-Durga-Tempel C2
26 Kriegstrommeln C2

🛏 **Schlafen**
27 Bhadgaon Guest House C4

28 Golden Gate Guest House....................C3
29 Heart of Bhaktapur Guest
   House..D4
30 Khwopa Guest House C4
31 Pagoda Guest House D3
32 Shiva Guest House................................C2
33 Shiva Guest House II.............................A2
34 Siddhi Laxmi Guest House D4
35 Sunny Guest House D3
   Yeti Guest House ....(siehe 35)

✖ **Essen**
36 Namaste Restaurant..............................D3
37 New Café Nyatapola D3
38 New Watshala Garden
   Restaurant..C2
39 No-Name Restaurant D2
40 Temple View Restaurant........................C2

☕ **Ausgehen & Nachtleben**
41 Beans Café C3
   Cosmos Coffee Haus ....(siehe 27)
42 Daily Grind D2
   Garuda Bar ....(siehe 27)

🎭 **Unterhaltung**
43 Dé Ghurkas D2

ℹ **Praktisches**
44 Bhaktapur Tourism
   Development Committee.....................D3
45 Zentraler Ticketschalter B1
46 Touristeninformation............................ B1

Tadhunchen Bahal   BUDDHISTISCHER TEMPEL
(Chatur Varna Mahavihara; Karte S.172) Der Weg vom Durbar-Platz in Richtung Osten führt zum Tor des restaurierten Klosters Tadhunchen Bahal, das sich zwischen den Souvenirläden versteckt. Dieser buddhistische Tempel ist mit dem Kult der Kumari verbunden, Bhaktapurs lebender Göttin. Bhaktapur hat tatsächlich drei Kumaris, aber sie haben nicht dieselbe politische Bedeutung wie die in Kathmandu.

⊙ **Taumadhi Tole**

★ **Nyatapola-Tempel**   HINDUISTISCHER TEMPEL
(Karte S.172; Taumadhi Tole) Das fast himmelhohe Dach des Nyatapola-Tempels ist schon lange vor dem Erreichen des Taumadhi Tole zu sehen. Mit seiner Höhe von 30 m und fünf Stockwerken über dem Platz ist dies der höchste Tempel in ganz Nepal und eines der höchsten Gebäude des Kathmandu-Tals. Dieser perfekt proportionierte Tempel wurde 1702 während der Regentschaft von König Bhupatindra Malla erbaut, und das Bauwerk ist so solide, dass die Erdbeben von 1934 und 2015 nur geringen Schaden anrichteten.

Zum Tempel führt eine Treppe, die von Tempelwächtern aus Stein flankiert wird. Unten stehen die legendären Rajput-Ringkämpfer Jayamel und Phattu, die kniend mit mächtigen Zeptern dargestellt werden. Auf weiteren Ebenen stehen Elefanten mit Blumensatteln, Löwen mit Glocken, Geier mit Widderhörnern und schließlich zwei Göttinnen – Baghini und Singhini. Angeblich ist jede Figur zehnmal so stark wie die auf der Ebene darunter.

Der Tempel ist Siddhi Lakshmi geweiht, einer blutdürstigen Inkarnation der Göttin Durga (Parvati). Das Kultbild der Göttin ist so furchterregend, dass nur die Tempelpriester das innere Heiligste betreten dürfen, doch weniger brutale Inkarnationen der Göttin sind am *torana* über der Tür zu sehen, unter einem Vordach aus verflochtenen Schlangen und ebenso an den 180 geschnitzten Dachbalken des Tempels. Auch hier sind die acht buddhistischen Glückssymbole neben dem Tempeleingang ins Holz geschnitzt – ein klassischer Fall von religiösem Crossover.

Sehenswert sind die geschwungenen Ausleger der Wagen, die an der Nordseite des Tempels übereinandergestapelt sind.

Bhairabnath-Tempel   HINDUISTISCHER TEMPEL
(Kasi Vishwanath, Akash Bhairab; Karte S.172; Taumadhi Tole) Der Bhairabnath-Tempel mit seiner breiten Front und dem dreifachen Dach ist Bhairav geweiht, der furchterregenden Inkarnation von Shiva, dessen Gefährtin im Nyatapola-Tempel gegenüber wohnt. Trotz der imposanten Kräfte von Bhairav und seines massiven Tempels wird die Gottheit hier als körperloser Gott mit einer Höhe von nur 15 cm dargestellt! An der Nordseite des Tempels lehnen an verschiedenen Stellen die enormen Räder und Ausleger des Wagens, mit dem das Bildnis von Bhairav Mitte April während des Bisket-Jatra-Festes (S.175) durch die Stadt gefahren wird.

Der erste Tempel an diesem Standort war ein bescheidenes Bauwerk aus dem frühen 17. Jh., aber König Bhupatindra Malla setzte 1717 ein weiteres Stockwerk darauf. Eine dritte Etage kam dazu, als der Tempel nach dem Erdbeben von 1934 wiederaufgebaut wurde. Die letzte Version des Tempels hat einen ähnlichen rechteckigen Grundriss wie der Bhimsen-Tempel (S.151) am Durbar-Platz von Patan.

Durch ein kleines Loch in der zentralen Tür des Tempels (unter einer Reihe geschnitzter Keilerschnauzen) werden die Opfergaben in das Innere des Tempels geschoben. Vor dem Erdbeben von 2015 betraten die Priester den Innenraum durch den kleinen **Betal-Tempel** an der Südseite der Hauptpagode, doch dieser ist komplett zusammengefallen, und diese Restaurierung läuft noch.

Die Fassade des Tempels wird von zwei Messinglöwen bewacht, die nepalesische Flaggen halten, die einzige Nationalflagge der Welt, die nicht rechteckig oder quadratisch ist. Rechts von der Tür befindet sich ein Bildnis von Bhairav, das auf Rattan gemalt und mit einer grauenvollen Girlande aus Büffeleingeweiden geschmückt ist. Wer in der Morgendämmerung hierherkommt, kann traditionelle religiöse Musik hören.

PERLEN AM FLUSS

Die eindrucksvolle Ansammlung von Chaityas, Shiva-Statuen, shivaistischen Schreinen und Lingams im Südosten der Stadt am **Hanuman Ghat** (Karte S.168) umfasst auch die beiden vermutlich größten Shiva-Lingams (in ebenso großen Yonis) von ganz Nepal. Dieser Ort wurde beim Erdbeben im Jahr 2015 beschädigt, aber die meisten Bauwerke stehen noch. Durch den Torbogen sind weitere Statuen an der stinkenden Flusseinmündung beim Hanuman Ghat erkennbar. Sehenswert sind die exquisit geschnitzten Bildnisse von Ganesh, Sakyamuni, Ram und Sita, Hanuman und Vishnu/Narayan, der sich auf einem Bett aus Schlangen rekelt. Hinduistische Yogis kommen häufig zum Meditieren hierher.

Neben dem Tempel befindet sich ein bodengleiches **hiti** mit einem besonders schönen Wasserspeier, der die Form eines Makara (mythologische krokodilartige Bestie) aufweist.

Til-Mahadev-Narayan-Tempel   HINDUISTISCHER TEMPEL
(Karte S.172; Taumadhi Tole) Dieser äußerst interessante Tempel am Taumadhi Tole versteckt sich hinter den Gebäuden am Südende des Platzes. Der Til-Mahadev-Narayan-Tempel liegt zwar in einem ungepflegten Hof, ist aber tatsächlich ein wichtiges Pilgerziel und zugleich einer der ältesten Tempel der Stadt. Eine Inschrift erläutert, dass diese Stätte bereits seit 1080 genutzt wird und dass das Bildnis von Til Mahadev hier im Jahr 1170 aufgestellt wurde.

Vor dem zweistufigen Tempel steht eine Garuda-Statue auf einer Säule. Zwei weitere Säulen tragen die heiligen Symbole von Vishnu: Chakra (Rad) und Sankha (Schnecke). Damit Shiva sich nicht ausgestoßen vorkommt, steht ein Lingam-Symbol auf einer Yoni-Basis (das shivaistische Symbol für die männlichen und weiblichen Genitalien) hinter einem Holzgitter vor und an einer Seite des Tempels. Eine Wandtafel rechts von der Tür stellt die buddhistische Gottheit Vajrayogini in einer charakteristischen Pose mit dem linken in die Luft gestreckten Bein dar.

⊙ Tachupal Tole

Der Tachupal Tole war ursprünglich der zentrale Platz von Bhaktapur und war bis zum Ende des 16. Jh. außerdem der offizielle Regierungssitz der Königsfamilie von Bhaktapur.

Dattatreya-Tempel   HINDUISTISCHER TEMPEL

(Karte S.168; Tachupal Tole) An der Ostseite des Tachupal Tole wurde der auffallende Dattatreya-Tempel bereits im Jahr 1427 erbaut, und zwar angeblich aus dem Holz nur eines Baumes. Die etwas unpassende vordere Veranda wurde später angefügt. Der Tempel ist Dattatreya geweiht, einer kuriosen Hybridgottheit, die Elemente von Brahma, Vishnu und Shiva vereint. Der Garuda-Statue, der Muschel und dem Rad nach zu urteilen, die von Säulen getragen werden, die vor dem Tempel auf Steinschildkröten stehen, scheint Vishnu das Rennen gewonnen zu haben.

Der dreistöckige Tempel steht erhoben auf einem Fundament aus Ziegelsteinen und Terrakotta, in das erotische Szenen eingearbeitet sind, darunter auch überraschend witzige Darstellungen, wenn eine gelangweilt aussehende Ehefrau ihre Haare wäscht, während sie gleichzeitig von ihrem Mann verwöhnt wird. Die Haupttreppe zum Tempel wird von den Statuen derselben beiden Malla-Ringkämpfer bewacht, die auch am Nyatapola-Tempel (S.173) den ersten Tempelsockel bewachen.

Bhimsen-Tempel   HINDUISTISCHER TEMPEL

(Karte S.168; Tachupal Tole) Am Westende des Tachupal Tole steht dieser zweistöckige Tempel aus dem 17. Jh., der Bhimsen, dem Gott des Handels, geweiht ist. Das gedrungene, rechteckige Bauwerk hat ein offenes Erdgeschoss und ein innerstes Heiliges im zweiten Stock. Innen und seitlich steht eine Säule, auf der ein Messinglöwe mit erhobener rechter Pfote sitzt. Dahinter führen Stufen zu einem tief in den Boden eingelassenen Bhimsen-Pokhari-Becken.

Pujari Math   HISTORISCHES GEBÄUDE

(Karte S.168) Der Tachupal Tole wird flankiert von einer Reihe aufwendig verzierter Gebäude aus Ziegelstein und Holz, die ursprünglich als Wohnhäuser der hinduistischen Priester (math) dienten. Am bekanntesten ist das Pujari Math, in dem heute das Museum für Holzschnitzkunst untergebracht ist. Das Gebäude wurde beim Erdbeben von 2015 beschädigt, aber sein berühmtestes Merkmal – das vortreffliche Pfauenfenster aus dem 15. Jh. (Karte S.168), das allgemein als das schönste geschnitzte Fenster im Kathmandu-Tal gilt – ist noch intakt.

Das Gebäude wurde zuerst im 15 Jh. während der Regentschaft von König Yaksha Malla erbaut, im Jahr 1763 jedoch neu aufgebaut. Deutsche Fachleute haben das Gebäude 1979 als Hochzeitsgeschenk für den damaligen König Birendra renoviert. Viele der umliegenden Shops verkaufen

---

BISKET JATRA AM KHALNA TOLE

Jährlich im nepalesischen Monat Baisakh (in der Regel Mitte April) findet das dramatische Bisket-Jatra-Fest statt, das den Beginn des nepalesischen Neujahrsfestes einläutet. Im Mittelpunkt der Feierlichkeiten steht der mächtige Wagen von Bhairav, der aus den Holzteilen zusammengesetzt wird, die neben dem Bhairabnath-Tempel (S.174) und dem Nyatapola-Tempel (S.173) am Taumadhi Tole liegen. Wenn das Fest so richtig in Gang kommt, wird der schwergewichtige Wagen von Dutzenden Gläubigen durch die Straßen zum Khalna Tole gezogen. Dabei reitet Betal, Bhairavs Handlanger, wie eine Galionsfigur voraus. Bhadrakali, die Gefährtin von Bhairav, folgt dahinter in ihrem eigenen Wagen.

Die quietschenden und schwankenden Wagen rumpeln durch die Stadt, pausieren jedoch für ein riesiges Tauziehen zwischen der Ost- und Westseite der Stadt. Die Siegerseite bekommt die Aufgabe, während ihres einwöchigen Aufenthalts am Khalna Tole auf die Bildnisse der Götter zu achten. Die Wagen schlittern dann die steile Straße zum Khalna Tole hinunter, wo ein 25 m hoher Lingam auf einem Yoni-förmigen Steinsockel errichtet wird.

Wenn am folgenden Tag die Nacht anbricht (Neujahrstag), findet erneut ein gewaltiges „Tauziehen" mit einem Stab statt. Wenn der Stab zu Boden fällt, beginnt offiziell das neue Jahr. Bhairav und Betal kehren zum Taumadhi Tole zurück, während Bhadrakali zu ihrem Schrein am Fluss zurückfährt. Dies übertrifft auf jeden Fall das „Dinner for One".

hölzerne Miniaturkopien des Pfauenfensters als Souvenir.

Museum für Holzschnitzkunst MUSEUM
(Karte S.168; Tachupal Tole; Ausländer/SAARC 150/50 NPR, Kamera/Video 100/200 NPR; ☺Mi–So 10–16 Uhr, Mo bis 15 Uhr, Mitte Jan. bis Mitte Okt. Mi–Mo bis 17 Uhr) Dieses Museum stellt ein paar schöne Beispiele für Holzschnitzereien aus Bhaktapur in dunklen, knarzenden Räumen aus. Es ist dort nicht hell genug, als dass sich die Kameragebühr lohnen würde, aber der Besuch ist schon allein wegen der extravagant geschnitzten Fenster im Innenhof empfehlenswert. Dasselbe Ticket gilt übrigens auch für das nahe gelegene Messing- und Bronzemuseum sowie für die Nationalgalerie der Kunst (S.155).

Messing- und Bronzemuseum MUSEUM
(Karte S.168; Tachupal Tole; Ausländer/SAARC 150/50 NPR, Kamera/Video 100/200 NPR; ☺Mo–Mi 10–16 Uhr, Mo bis 15 Uhr, Mitte Jan.–Mitte Okt. bis 17 Uhr) Direkt gegenüber dem Museum für Holzschnitzkunst (S.176) befindet sich in einem weiteren alten *math* (Haus eines hinduistischen Priesters) dieses Museum mit ausgezeichneten Exemplaren traditioneller Metallarbeiten, darunter Lampen und Gefäße für Zeremonien und Rituale aus dem ganzen Tal. Die Lichtverhältnisse sind hier trotzdem nicht besser. Wer seine Eintrittskarte aufhebt, kommt damit auch in das Museum für Holzschnitzkunst und die Nationalgalerie der Kunst (S.170).

Salan-Ganesh-Tempel HINDUISTISCHER TEMPEL
(Karte S.168; Tachupal Tole) An der Nordseite des Tachupal Tole befindet sich ein offener Bereich mit einem kleinen Tempel, der aus dem Jahr 1654 stammt. Hinter dem offenen Tempel liegt ein großes Bassin, das Ganesh Pokhari. Der Tempel ist aufwendig verziert, und das Bildnis ist ein natürlicher Felsen, der ganz entfernt an einen Elefantenkopf erinnert.

⊙ Töpferplatz & Umgebung

Töpferplatz PLATZ
(Karte S.168) Versteckt in einer von Läden gesäumten Gasse, die von der kurvigen Straße zum Taumadhi Tole hinunterführt, liegt der Töpferplatz, der seinem Namen alle Ehre macht – ein öffentlicher Platz voll von Töpferscheiben und Reihen von Tontöpfen, die in der Sonne trocknen. Die

🏃 Stadtrundgang
Hintergassen von Bhaktapur

START DURBAR-PLATZ **ZIEL** TAUMADHI TOLE **LÄNGE/DAUER** 3 KM; ZWEI STUNDEN

Start ist im Nordosten des Durbar-Platzes. Es geht östlich vorbei am Fasidega-Tempel, an einem ❶ **Ganesh-Schrein**, dessen Kultbild ein Felsen ist, der einem Elefantenkopf gleicht. Hier rechts abbiegen zu einem Platz mit leer stehenden Gebäuden und zerfallendem Tempelsockel. Die Nordseite des Platzes umrunden, den Platz nordöstlich hinter dem *hiti* am ❷ **Tripurasundari-Tempel** mit den auffälligen Dachbalken, der einer Navadurga geweiht ist, verlassen. Weiter nach Osten, vorbei an Süßigkeitenläden, wo die Straße an einem Narayan-Schrein aus Ziegelstein eine Rechtskurve macht. Hinter der nächsten Gasse wartet ein *bahal*, in dem ein kleiner ❸ **Bhimsen-Tempel** steht, der aus den Überresten des Lun Bahal, einem buddhistischen Kloster aus dem 16. Jh., entstanden ist. Gläubige haben Töpfe und Pfannen an die Dachbalken genagelt. Zurück zum Narayan-Schrein, dort rechts und 200 m weiter zur Ziegelsteinfassade eines ❹ **Ganesh-Tempels** mit schönen Figuren der Gottheit an seinem *torana* und Terrakotta-Ganesh-Fenster über der Tür gehen. An der nächsten Kreuzung rechts abbiegen, vorbei an geschnitzten Fenstern, dann links halten und vorbei an einem ❺ **Mahakali-Schrein** mit vergitterten Fenstern und Büffelhörnern und dem Wasserbecken Pohalacha Pokhari. Es geht vorbei an einem Eintrittskartenschalter für die Stadt zur Straße, die Bhaktapur und Nagarkot verbindet. Links abbiegen und die Straße überqueren, um die Stufen zu einem leicht beschädigten ❻ **Mahakali-Tempel** mit exzentrischen Statuen hinaufzusteigen. Über den Wächterstatuen sind Büffeleingeweide drapiert. Zurück zum Eintrittskartenschalter, dort links halten, bis man zu einem Ziegelsteinplatz kommt, auf dem ein winziger ❼ **Mahalakshmi-Tempel** mit gelbem Dach steht, der der Göttin des Wohlstands geweiht ist. Nun rechts (Süden) abbiegen und geradeaus zum Wasserbecken ❽ **Naga Pokhari** (S.171), neben dem Docken gefärbten Garns auf Trockengestellen hängen. Jetzt entlang der Nordseite des Beckens halten, links abbiegen und nach

einer kleinen Öffnung in einer wiederaufgebauten Mauer rechter Hand suchen. Darüber steht „Dipankar & Prsaannasilar Mahavir". Sie führt in einen Hof, den man am hinteren Ende verlässt, um in einen weiteren Hof zu gelangen. Links stehen weiße Stucksäulen am Eingang zum **9 Mul Dipankar Bihar**, in dem ein Bildnis von Dipankar, einem Buddha der Vergangenheit, verwahrt wird. Richtung Osten zur Straßenkreuzung ist links der mit weißem Lotos gedeckte Vishnu-Schrein zu finden, dahinter das Kwathandau Pokhari. Am anderen Ende des Wasserbeckens geht's Richtung Süden vorbei am tantrisch-shivaistischen **10 Nava-Durga-Tempel** mit vergoldetem *torana*. Nur Hindus haben Zutritt. Der Weg führt nach Südosten über einen Platz, vorbei an einer Galerie im **11 Toni-Hagen-Haus**, das zu Ehren des Schweizer Geologen restauriert wurde. Geradeaus kommt eine Kreuzung an einem Stupa und einer Tanzfläche an der in Ost-West-Richtung verlaufenden Hauptstraße. Rechts abbiegen, dort ist links der auffällige Eingang zum 1667 erbauten **12 Wakupati-Narayan-Tempel**. Trotz Schäden an den Nachbarhäusern überstand der goldene Mandir das Erdbeben von 2015. Auffallend ist die Entourage von fünf Garudas auf von Schildkröten

getragenen Säulen. Die jahrhundertealte Holzfassade des **13 Brahmayani-Tempels** passieren, der von zwei Löwen bewacht wird und der Schutzpatronin von Panauti geweiht ist, und den **14 Tachupal Tole** (S. 175). Dort links abbiegen und bergab zur Seite des Pujari Math laufen, vorbei am **15 Pfauenfenster** (S. 175). Weiter geht's durch die Gasse nach Süden, an einem kleinen Platz mit **16 Vishnu-Tempel** auf einer achteckigen Sockelplatte rechts abbiegen. Es folgt eine hübsche, von Ziegelsteinhäusern gesäumte Gasse, dann geradeaus, dem Linksschlenker folgen und rechts auf einen großen Platz einbiegen. Nun gibt's einen optionalen Abstecher nach Süden auf einer Kopfsteinpflasterstraße bis zu einer großen **17 Sakyamuni-Statue**. Hinter dem Buddha liegen das Wasserbecken Khancha Pokhari und weiter unten der Fluss. Zurück am Platz links abbiegen und nach Westen zur Hauptstraße, die den Taumadhi Tole und Tachupal Tole verbindet. Kurz vor der Kreuzung führt ein Tor auf der linken Seite zum Inacho Bahal, in dem der **18 Sri Indravarta Mahavihar**, ein buddhistischer Tempel aus dem 17. Jh., steht, den ein schiefes Miniatur-Pagodendach behütet. Zurück zum Taumadhi Tole gehen oder weiter zum Hanuman Ghat am Fuße des Hügels.

umliegenden Gebäude wurden beim Erdbeben von 2015 beschädigt, aber das Leben – und die Töpferei – auf dem Platz gehen weiter.

Dies ist das Zentrum von Bhaktapurs Keramikindustrie, und es ist auch dadurch ein faszinierender Ort zum Bummeln. Mehrere Läden verkaufen die fertigen Produkte, und man kann den Brennvorgang am hinteren Ende des Platzes beobachten, an dem sich mit Lehm bedeckte Strohöfen aneinanderreihen.

An der Nordseite des Platzes stehen auf einem kleinen Hügel eine schattige Pappelfeige und ein **Ganesh-Schrein** inmitten von Bergen von Stroh für die Brennöfen. Auf dem Platz selbst stehen ein solide aus Ziegelsteinen gebauter **Vishnu-Tempel**, der aus den Überresten der beim Beben von 1934 zerstörten Tempel errichtet wurde, sowie der **Jeth-Ganesh-Tempel** mit den zwei Dächern, dessen Priester aus der Kumal-Kaste (der Töpfer) auserwählt wird. Während der Erntezeit im Oktober ist jeder Quadratzentimeter, der gerade nicht mit Töpfen bedeckt ist, von trocknendem Reis bedeckt.

Khalna Tole
PLATZ

(Karte S.168) Südöstlich des Töpferplatzes und über dem Fluss befindet sich der weite, offene Platz Khalna Tole, der Schauplatz des spektakulären Bisket-Jatra-Festes. Die meisten angrenzenden Gebäude wurden beim Erdbeben von 2015 beschädigt, aber die Restaurierung ist im Gange. In der Mitte des Platzes befindet sich eine riesige Stein-Yoni, auf der der riesige Lingam während des Festes errichtet wird. Zu manchen Zeiten ist es etwas schwierig, sich einen Weg durch Berge von trocknendem Reis und Getreide zu bahnen.

Direkt südlich der Brücke, hinter einer orangefarbenen Hanuman-Statue am Flussufer, befindet sich der Campus der **Fakultät für Musik der Universität Kathmandu** (Karte S.168; ☺ Sa geschl.), wo der Klang traditioneller Musik durch die friedliche Gartenanlage schwingt.

Auf der anderen Seite des Flusses befinden sich die modernen **Verbrennungsplätze** (Karte S.168) am Chuping Ghat.

Nasamana-Platz
PLATZ

(Karte S.172) Dieser Platz befindet sich direkt nordwestlich des Töpferplatzes. Er hat seine Tempel bereits beim Erdbeben von 1934 verloren, aber es steht noch eine große **Garuda-Statue** dort, die einen verschwundenen Vishnu-Schrein anbetet. Hier gibt's außerdem einen großen Shikhara mit einem wichtigen Lingam und zwei kleine **Shiva-Schreine** an einem Becken, das voll von geradezu beunruhigend grünen Algen ist.

Jaya-Varahi-Tempel
HINDUISTISCHER TEMPEL

(Karte S.168) Rund 200 m westlich vom Töpferplatz gelegen, ist der Tempel Jaya Varahi aus rotem Ziegelstein Parvati in der Gestalt der eberköpfigen Varahi geweiht. Sehenswert sind die beiden sehr unterschiedlichen Darstellungen der Göttin am *torana* über dem mittleren Eingang und am *torana* über dem Fenster darüber. Der eigentliche Haupteingang des Tempels befindet sich am Ostende der Fassade und ist von glänzenden Metalllöwen und Bannern flankiert.

Ni Bahal
BUDDHISTISCHER TEMPEL

(Jetbarna Maha Bihar; Karte S.168) Der winzige, tunnelartige Eingang zu diesem kleinen buddhistischen Tempel für Maitreya Buddha, dem zukünftigen Buddha, ist direkt neben einem Friseurladen ausgeschildert. Der Hof enthält einen sehr alten, gekalkten Chaitya und mehrere buddhistische Schreine. Gleich östlich davon steht dieses etwas wackelig wirkende Pilgerrasthaus mit schönen Holzschnitzereien.

⚒ Feste & Events

Gai Jatra
RELIGIÖS

(☺ Aug. oder Sept.) Bhaktapur ist der beste Ort, um die Possen des Gai-Jatra-Festes mitzuerleben, wenn Kühe und als Kuh verkleidete Jungen einen Umzug veranstalten. Es kommt nicht ganz an die Stiere in Pamplona heran, macht aber Spaß. Das Fest findet in der Regel im August oder September statt.

🛏 Schlafen

Ganesh Guest House
PENSION €

(Karte S.168; ☑ 01-6611550; Sakudhoka; Zi. 600 NPR, ohne Bad 500 NPR, B 200 NPR; @ 🛜) Diese entspannte Pension zieht Traveller mit knappem Budget magisch an. Backpacker schwärmen von den günstigen Preisen, freundlichen Mitarbeitern und nicht zuletzt den heißen Duschen. Als Bett gibt's nur eine Matratze auf dem Boden, und die Bäder sind winzig. Dafür hat das Restaurant auf der Terrasse die besten Preise der Stadt und ist toll, um etwas abzuhängen.

Heart of Bhaktapur Guest House PENSION €
(Karte S.172; 01-6612034; www.heartofbhakta
pur.com; Kulmanani; EZ inkl. Frühstück 1600 NPR,
DZ ab 2200 NPR) Diese moderne Pension mit
13 Zimmern unterstützt die Suvadra Foundation (www.sfnepal.org), eine lokale Pri-
vatstiftung, die Kinder mit Behinderung
unterstützt. Die Gäste kommen eher wegen des guten Zwecks als wegen der Zimmer mit ihren harten Matratzen und winzigen Bädern. Aber dies ist eine freundliche
Unterkunft mit einer schönen Dachterrasse, und die Flure werden von Kunstwerken
und Fotos von Kindern belebt. Im Preis
sind alle Steuern enthalten.

Shiva Guest House PENSION €
(Karte S.172; 01-6613912; www.bhaktapurho
tel.com; Durbar-Platz; EZ/DZ ab 20/25 €, ohne
Bad 5/10 €;) Eine gepflegte Unterkunft
am Durbar-Platz mit gemütlichen Zimmern (wenn auch winzigen Badezimmern)
und einem guten Restaurant und Coffee-
Shop im Erdgeschoss. Wer auf eine schöne
Aussicht steht, muss nach einem der größeren Eckzimmer fragen. Ansonsten lieber
nach den größeren und ruhigeren Zimmern zum selben Preis im **Anbau** an der
Westseite des Durbar-Platzes fragen.

Golden Gate Guest House PENSION €
(Karte S.172; 01-6610534; www.goldenga
teguesthouse.com; EZ/DZ 12/17 €, Deluxe
20/30 €, ohne Bad 600/900 NPR;) Ein
friedlicher Hof und aufmerksame Mitarbeiter sind die Trumpfkarten dieses aus
Ziegelstein erbauten Gasthauses zwischen
dem Durbar-Platz und Taumadhi Tole (die
Dachterrasse überblickt beide Plätze). Die
Zimmer sind nicht preisverdächtig, aber
sie sind sauber, und manche haben sogar
einen Balkon. Die Deluxe-Zimmer im
obersten Stockwerk sind hell und gerä-
mig. Unbedingt auf das 400 Jahre alte
Fenster zwischen dem Restaurant und der
Küche achten, das reich mit Holzschnitzereien verziert ist. Steuern inbegriffen.

City Guest House HOTEL €
(Karte S.168; 01-6613038; www.cityguest
house.com.np; Golmadhi-Platz; EZ 1500 NPR, DZ
2200–2500 NPR;) Wem Funktionalität
wichtiger als architektonischer Charme ist,
der dürfte hier richtig sein. Die zeitgenössischen, sauberen Zimmer haben nichts
vom newarischen Stil, aber sie sind hell,
haben moderne Bäder und befinden sich
genau im Zentrum der Altstadt. Im Preis
sind alle Steuern enthalten.

Khwopa Guest House PENSION €
(Karte S.172; 01-6614661; www.khwopa-guest-
house.com.np; EZ/DZ ab 1000/1500 NPR;)
Direkt südlich vom Taumadhi Tole liegt
diese kleine, knarrende Familienpension,
eine der wenigen Budgetunterkünfte im
kostspieligen Bhaktapur. Die Atmosphäre
ist relaxed und freundlich, und es gibt nette Extras wie Handtücher. Leider wirkt sie
etwas beengt, da es keine Gemeinschaftsräume gibt. Mountainbikes werden für
1000 NPR pro Tag an Hausgäste verliehen.

Nyatapola Guest House PENSION €
(Karte S.168; 01-6611344; www.nyatapola
guesthouse.com; EZ/DZ inkl. Frühstück 1200/
1600 NPR;) Das Nyatapola befindet sich
über einem einheimischen Handwerkerla-
den in einer Straße mit viel newarischem
Flair. Die Zimmer sind klein und haben
niedrige Decken, die Betten haben die traditionellen Baumwollmatratzen. Die Badezimmer wurden reingequetscht. Die Pension gehört einer Familie von Holzschnitzern,
die Kurse in dieser Handwerkskunst organisieren kann.

Peacock Guesthouse HERITAGEHOTEL €€
(Karte S.168; 01-6611829; www.peacockguest
housenepal.com; Tachupal Tole; EZ/DZ inkl. Frühstück 35/45 €, Deluxe 60/70 €;) Dieses
wunderbare Haus direkt am Tachupal Tole
aus dem 15. Jh. erfüllt viele Wünsche auf
einmal. Es hat acht komfortable, traditionelle Zimmer und einen historischen
Charme – auch wenn Menschen mit einer
Körpergröße von 1,80 m mit den niedrigen
Decken und winzigen Bädern zu kämpfen
haben. Dazu gibt's einen schönen Vorhof,
in dem sich Holzarbeiter abrackern, und
ein gehobenes Restaurant-Café im Hof, das
Illy-Kaffee serviert, einen echten Puls-
beschleuniger. Im Preis sind alle Steuern
enthalten.

Die geräumigen Deluxe-Zimmer mit
Blick auf den Platz haben die schönste
Aussicht, aber bekommen auch den meisten Straßenlärm mit. Die billigeren Zimmer nach hinten sind dunkler, aber ruhiger. Das Hotel akzeptiert Kreditkarten.

Milla Guest House BOUTIQUEHOTEL €€
(Karte S.168; 9851024137; www.millaguest
housebhaktapur.com; Devli-Platz 4; Zi. inkl. Frühstück 60–70 €;) Für dieses Haus ist der
Architekt verantwortlich, der auch das Patan-Museum (S.155) entworfen hat. Dieses
Hotel bietet viele stylishe Elemente, von
runden Duschen, die wie traditionelle

Bäder geformt sind, bis zu den gepflegten, klaren Linien des warmen Ziegelstein- und Terrakotta-Dekors. Es gibt nur vier Zimmer, daher unbedingt vorher reservieren. Das Hotel liegt gleich nördlich des Dattatraya-Platzes in einem schwer zu findenden Hof. Ohrenstöpsel mitbringen!

Cosy Hotel
HOTEL €€

(Karte S.168; ☏01-6616333; www.cosyhotel.com.np; Töpferplatz; Standard/Superior/Deluxe-Zi. inkl. Frühstück ab 25/50/55 €; ❄@☎) Das Cosy liegt versteckt in einer schmalen Zufahrt zum Töpferplatz. Mit der Aussicht ist es hier zwar schwierig, aber dieses moderne Hotel im newarischen Stil wird seinem Namen definitiv gerecht mit seinen ordentlichen Zimmern, großen Betten, Badewannen und doppelt verglasten Fenstern. Ein kostenloser Waschsalon, Mineralwasser und im Winter Heizöfen sind sehr aufmerksame Gesten der Betreiber. Die Zimmer mit Blick auf den Innenhof sind deutlich ruhiger. Die hier angegebenen Preise gelten für die Hauptsaison und verstehen sich inkl. Steuern. Rabatte sind möglich.

Yeti Guest House
HOTEL €€

(Karte S.172; ☏01-6615434; yetibhaktapur@gmail.com; Taumadhi Tole; Zi. inkl. Frühstück 2500–3500 NPR; ☎) Die Zimmer im Yeti sind gar nicht gräulich, sondern tatsächlich modern (mit Flachbildfernsehern) und komfortabel. In einige davon sind Badezimmer reingequetscht worden. Vor der endgültigen Entscheidung lieber mal ein paar Zimmer ansehen. Das Hotel hat ein Restaurant auf der Dachterrasse mit Blick auf die Tempel. Im Preis sind alle Steuern enthalten.

Pagoda Guest House
PENSION €€

(Karte S.172; ☏01-6613248; www.pagodaguesthouse.com; EZ/DZ 17/20 €, Deluxe 30/40 €, ohne Bad 8/10 €; ☎) Ein Familienbetrieb in der nordwestlichen Ecke des Taumadhi Tole, das ein Stück vom Trubel entfernt liegt und bis oben hin voller Topfpflanzen ist. Die sechs Zimmer im Altbau sind sauber, wenn auch etwas klein. Das beste Preis-Leistungs-Verhältnis bieten die Zimmer mit dem Bad auf der anderen Seite des Flurs. Dazu gibt's ein anständiges Restaurant auf der Dachterrasse. Der neuere Mittelklasse-

BHAKTAPURS WASSERBECKEN

Entlang des Stadtrands von Bhaktapur befindet sich eine Reihe gigantischer Becken, die im Mittelalter angelegt wurden, um Wasser zum Trinken, Baden und für religiöse Rituale zu speichern. Die Becken spielen immer noch eine wichtige Rolle im gesellschaftlichen Leben von Bhaktapur – morgens und abends versammeln sich die Einheimischen an den Bassins zum Baden und Plaudern. Sie unternehmen romantische Spaziergänge und füttern die Riesenkarpfen und Schildkröten, die irgendwie in dem trüben Wasser überleben.

Das eindrucksvollste Becken ist das von Ghats gesäumte **Siddha Pokhari** in der Nähe des Hauptbusbahnhofs. Diese rechteckige Zisterne ist von einer massiven Mauer umgeben – nur von Rasthäusern und Türmen unterbrochen, die von den Wurzeln riesiger Feigenbäume verschlungen wurden. Wer die Fische füttern möchte, bekommt Tüten voller Mais und Reis für wenige Rupien.

Während des jährlichen Festes **Naga Panchami** im nepalesischen Monat Saaun (Juli bis August) bringen die Einwohner von Bhaktapur den Nagas im Siddha Pokhari (Schlangengottheiten, die über den Regen herrschen) eine Schüssel Reis. Der Legende zufolge versuchte einst ein heiliger Mann, eine böse Naga zu töten, die in einem See lebte, indem er sich selbst in eine Schlange verwandelte. Ein Diener wartete mit einer Schale Zauberreis, um den Yogi wieder in die menschliche Gestalt zu verwandeln, aber als der siegreiche heilige Mann sich aus dem Wasser schlängelte, floh sein erschreckter Helfer, nahm den heiligen Reis mit sich und ließ den Yogi für alle Zeiten im Schlangenkörper zurück. Bis heute stellen die Einheimischen eine Schale Reis zu Naga Panchami hinaus, falls sich der Schlangen-Yogi zur Rückkehr entschließen sollte.

Weitere wichtige Becken sind das nahe gelegene **Bhaiya Pokhari** (auf der anderen Straßenseite in Richtung Süden), das **Guhya Pokhari** (auf der anderen Straßenseite in Richtung Osten) und das **Kamal Pokhari** (am nordöstlichen Ende von Bhaktapur an der Straße nach Nagarkot).

Block ist die bessere Option. Die Zimmer sind geräumiger, und die Terrassen im obersten Stockwerk bieten tolle Ausblicke auf die Tempel.

Siddhi Laxmi Guest House
PENSION €€
(Karte S.172; ☎01-6612500; siddhilaxmi.guesthouse@gmail.com; Taumadhi Tole; EZ/DZ ab 1500/2500 NPR, Deluxe mit Klimaanlage 3500 NPR; ❋☎) Diese vom newarischen Stil inspirierte Pension teilt sich den Hof mit dem Til-Mahadev-Narayan-Tempel (S.174) und hat sehr komfortable Zimmer, auch wenn die Matratzen hart und die Badezimmer winzig sind. Die meisten Zimmer haben Fernseher, kleine Balkone und eine brauchbare Aussicht, und es gibt eine Dachterrasse sowie ein Restaurant im Erdgeschoss. Ohrstöpsel sind hier praktisch, da hier Hunde bellen und obendrein ab 4 Uhr morgens die Tempelglocken läuten.

Bhadgaon Guest House
PENSION €€
(Karte S.172; ☎01-6610488; www.bhadgaon.com.np; Taumadhi Tole; EZ 45 €, DZ 50–60 €; ❋☎) Dies ist die Neuauflage eines traditionellen newarischen Bauwerks mit einem Café, einem Restaurant im Hof, einer Bar auf der Dachterrasse und einem begehrten Deluxe-Zimmer (Zimmer 505) mit eigenem Balkon und Blick auf das Taumadhi Tole. Die Zimmer sind eher modern als traditionell mit TVs und Parkett ausgestattet. Der Anbau auf der anderen Seite des Platzes ist weniger ansprechend, aber dafür 8 € günstiger.

Sunny Guest House
PENSION €€
(Karte S.172; ☎01-6616094; www.sunnyguesthousenepal.com; Taumadhi Tole; EZ/DZ inkl. Frühstück 27/37 €; ☎) Diese alteingesessene Pension punktet hauptsächlich mit ihrer stimmungsvollen Lage am Nordende des Taumadhi Tole und dem aufmerksamen Personal. Das moderne Gebäude liegt ein Stück vom Platz weg und ist relativ ruhig. Auf der Dachterrasse gibt's ein sonniges Frühstück. Die Zimmer sind mit Tagesdecken geschmückt, die im Siebdruckverfahren bedruckt wurden. Im Preis sind alle Steuern enthalten.

Thagu Chhen
APARTMENT €€€
(Karte S.168; ☎01-6613043; www.thaguchhen.com; Itachhen; Apt. inkl. Frühstück 75 €; ❋@☎) Das Thagu Chhen bietet Apartments mit Sitzgelegenheiten und Küchenzeilen, die mit recycelten Ziegelsteinen und geschnitztem Holz ein paar stilvolle Akzente

KÖNIG DER GERONNENEN MILCH

Ein Aufenthalt in Bhaktapur ist nicht komplett ohne eine Kostprobe des großartigen Beitrags dieser Stadt zur Welt der Desserts – *juju dhau*, „der König der geronnenen Milch". Was soll schon so besonders an Joghurt sein? Nun, dies könnte durchaus der leckerste, cremigste Joghurt der Welt sein! Aber Achtung, er ist gesüßt und leicht gewürzt. Diese Delikatesse gibt's in vielen Touristen-Restaurants, aber die besten Orte, um ihn zu probieren, sind die Minirestaurants zwischen dem Durbar-Platz und der öffentlichen Bushaltestelle (einfach draußen auf die Bilder mit den Schalen voller Joghurt achten). Das Königsdessert wird in einer Tonschale zu 200 NPR serviert oder eine Einzelportion kostet 40 NPR.

erhalten haben. Jedes der Zimmer erstreckt sich über ein ganzes Stockwerk, und alle bis auf eines haben einen Balkon mit Blick über den Norden des Kathmandu-Tals. Es ist perfekt für Familien und gewährt in der Nebensaison Preisnachlässe. Steuern inbegriffen.

Hotel Heritage
BOUTIQUEHOTEL €€€
(Karte S.168; ☎01-6611628; www.hotelheritage.com.np; Barahipith; EZ/DZ ab 120/130 €; ❋@☎) Außerhalb des südlichen Randes der Altstadt bietet dieses mehrstöckige Gebäude im newarischen Stil eine eklektische Mischung aus Alt und Neu – darunter auch recycelte Fenster und Ziegelsteine. Auch wenn es deutlich überteuert ist, ist es dennoch die exklusivste Option in Bhaktapur mit allen modernen Annehmlichkeiten und einer netten Sitzecke im Garten und auf der Dachterrasse.

 Essen

No-Name Restaurant
NEPALESISCH €
(Karte S.172; Tadhunchen Bahal; Pfannkuchen 100–150 NPR; ⊙9–19 Uhr) Dieses namenlose Minirestaurant besteht aus nicht viel mehr als einer heißen Platte und einem Eimer Pfannkuchenteig, aber es serviert köstliches Streetfood. Der wichtigste Posten auf der Speisekarte ist *wo* (auf Nepalesisch *bara*), ein leckerer Linsenpfannkuchen. Er kann „einfach", als zwei Pfannkuchen mit

einer Kichererbsensuppe oder „gemischt" mit Eiern und Fleisch serviert werden.

Einfach auf das Schild mit dem Hinweis „Nepal bara-wo available here" achten und sich dann in das Kämmerchen mit den zwei Tischen neben dem Tadhunchen Bahal (S. 173) zwängen.

Mayur Restaurant
INTERNATIONAL €€

(Karte S. 168; ☑ 01-6611829; Tachupal Tole; Hauptgerichte 350–500 NPR; ☺ 7.30–20.30 Uhr; ☎) Das Mayur ist ein stimmungsvolles Lokal zum Wiederauftanken – die Gäste speisen an Tischen in einem versunkenen Hof, umgeben von geschnitzten Fenstern und möglicherweise in Gegenwart des Holzschnitzers. Tagessuppe, frische Momos, Currys, reichhaltige thailändische oder nepalesische Menüs … alles sehr lecker, ebenso die Kuchen aus der Himalayan Backery und der Espresso.

Namaste Restaurant
CAFÉ €€

(Karte S. 172; Taumadhi Tole; Hauptgerichte 250–300 NPR; ☺ 7.30–20.30 Uhr; ☎) Dieses winzige Café im ersten Stock mit niedrigen Decken ist attraktiv eingerichtet und bietet eine tolle Aussicht auf den Taumadhi Tole. Die nepalesischen Currys mit Reis sind besonders lecker, das Frühstück ist seinen Preis wert, und im Erdgeschoss befindet sich eine Kaffeebar.

Peaceful Restaurant
NEPALESISCH, INTERNATIONAL €€

(Karte S. 168; ☑ 9840275877; Tachupal Tole; Hauptgerichte 200–500 NPR; ☺ 8–20 Uhr) Dieses entzückende Restaurant erstreckt sich über zwei Innenhöfe hinter einem Souvenirladen an der Südseite des Tachupal Tole. Kopf einziehen und bis zum zweiten schattigen und friedlichen Hof durchgehen. Auf der Karte stehen italienische, mexikanische, indische, chinesische und nepalesische Gerichte, die ziemlich gut zubereitet werden. Zu blöd, dass das Bier etwas teuer ist. Steuern inbegriffen.

New Watshala Garden Restaurant
NEPALESISCH, INTERNATIONAL €€

(Karte S. 172; ☑ 01-6610957; Durbar-Platz; Hauptgerichte 300–450 NPR, Menüs 700 NPR; ☺ 8.30–21.30 Uhr; ☎) Das New Watshala befindet sich in einem Hof voller Topfpflanzen hinter dem Shiva Guest House (S. 179) und bietet eine wahre Zuflucht vor den Massen am Durbar-Platz, auch wenn die Küche eher fade und auf Reisegruppen abgestimmt ist. Unser Tipp: einfach mit einem kalten ne-

palesischen oder belgischen Bier in einen Sessel sinken lassen und sanft ausatmen …

New Café dé Peacock
NEPALESISCH, INTERNATIONAL €€

(Karte S. 168; Tachupal Tole; Hauptgerichte 350–550 NPR) ☺ 7–21 Uhr) Die Antwort des Tachupal Tole auf das New Café Nyatapola ist das ehemalige Haus eines Priesters mit Holzfassade an der Nordseite des Platzes. Es hat sicherlich viel Atmosphäre und einen tollen Blick auf den Platz. Das Essen ist ordentlich und das Bier kalt.

Newa Chhen Restaurant
NEPALESISCH €€

(Karte S. 168; Tachupal Tole; Hauptgerichte 250–450 NPR; ☺ 9–19 Uhr) Leicht runtergekommen und schäbig, aber das Essen ist hier billig und lecker. Es punktet mit ausgezeichneten newarischen Snacks und Menüs und einem Ecktisch mit Blick auf den Platz.

New Café Nyatapola
NEPALESISCH, INTERNATIONAL €€€

(Karte S. 172; ☑ 01-6614246; Taumadhi Tole; Hauptgerichte 350–550 NPR, Menüs 900–1000 NPR; ☺ 8.30–19 Uhr) Dieses Wahrzeichen der Stadt liegt in erstklassiger Lage am Taumadhi Tole, ist jedoch ein touristisches und teures Café. Aber was für eine Lage! Die Tische stehen auf den Balkonen eines historischen Pagodentempels – an den Dachbalken sind sogar erotische Schnitzereien zu sehen. Auf der Karte stehen die üblichen Standardgerichte aus Nepal, China und Europa.

Temple View Restaurant
NEPALESISCH, INTERNATIONAL €€€

(Karte S. 172; ☑ 01-6614815; Durbar-Platz; Hauptgerichte 300–570 NPR, Menüs 700–800 NPR; ☺ 9–21 Uhr) Gegenüber vom Königspalast bietet dieses königliche Lokal mit einem langen Balkon in einem historischen Gebäude eine Gelegenheit, mit einem Ausblick zu speisen, der früher den Malla-Königen vorbehalten war.

 ## Ausgehen & Nachtleben

★ Garuda Bar
BAR

(Karte S. 172; Taumadhi Tole; Cocktails 400–700 NPR, Bier 550 NPR; ☺ 9–22 Uhr; ☎) Garuda ist eine gemütliche Bar auf einer Dachterrasse und für einen Cocktail und Snacks mit atemberaubendem Blick über den Taumadhi Tole zum Nyatapola-Tempel (S. 173) bestens geeignet.

Beans Café   CAFÉ
(Karte S.172; Espresso 85–200 NPR, Kuchen 110 NPR; ⊙7–21 Uhr; 🛜) Preiswerter, ausgezeichneter nepalesischer Bio-Espresso, kostenloses WLAN und leckere Backwaren abseits des Durbar-Platzes machen dieses Café zu einem unserer Lieblingsstopps für eine Kaffeepause.

Daily Grind   CAFÉ
(Karte S.172; Durbar-Platz; Espresso 100–180 NPR, Pizza 435–600 NPR; ⊙7–21 Uhr; 🛜) Dieses nette kleine Café befindet sich am Ostende des Durbar-Platzes und ist eine prima Adresse für einen schnellen Kaffee oder eine anständige Pizza an einem der niedrigen Tische. Außerdem eine gute Wahl für kalte Getränke, Smoothies, Momos und Sandwiches.

Cosmos Coffee Haus   CAFÉ
(Karte S.172; Taumadhi Tole; Kaffee 100–160 NPR; ⊙7–21 Uhr; 🛜) Dieses geschmackvolle Café lädt zu einem heißen oder kalten Kaffee ein. Es liegt abseits der Massen am Rand des Taumadhi Tole.

☆ Unterhaltung

Downtown Pub & Grill   LIVEMUSIK
(Karte S.168; ☎01-6613264; Barahipith; Hauptgerichte 300–600 NPR; ⊙10–22 Uhr, Fr Bands 18.30–22 Uhr; 🛜) Dieses vornehme Lokal mit Essen, Getränken und Unterhaltung liegt gleich außerhalb des südlichen Rands der Altstadt. Das Essen, die Cocktails und Unterhaltung (derzeit nur freitags) haben eine Lücke im verschlafenen Bhaktapur geschlossen.

Dé Ghurkas   LIVEMUSIK
(Karte S.172; Taumadhi Tole; Hauptgerichte 300–500 NPR; ⊙bis 21.30 Uhr; 🛜) Freitagabends treten hier Livebands auf. Dies ist auch eine anständige Adresse für ein Bier oder eine Mahlzeit auf der Dachterrasse im Schatten des hoch aufragenden Nyatapola-Tempels (S.173).

Shoppen

Bhaktapur ist für seine Töpferwaren berühmt, die in einer erdrückenden Anzahl von Souvenirläden rund um die wichtigsten Plätze verkauft werden, insbesondere am Tachupal Tole und Taumadhi Tole. Es werden auch einige gute Metallarbeiten angeboten. Augen auf für die getriebenen Metallschalen mit buddhistischen Symbolen und die verzierten Messing-Butterlampen in der Form des Krishna-Tempels am Durbar-Platz von Patan.

Zahlreiche kleine Fabriken in Bhaktapur stellen handgeschöpftes Papier aus dem Zellstoff des *lokta*-Strauchs (Seidelbast) her, das überall in der Stadt in der Form von Karten, Notizblöcken, Fotoalben, Umschlägen und sonstigen Papierwaren angeboten wird.

Bhaktapur ist schon lange für seine Holzschnitzereien bekannt, und diese Handwerkskunst dient heutzutage in erster Linie dazu, Gegenstände herzustellen, die gut in westliche Wohnungen passen. Einige der besten Arbeiten werden an den Ständen rund um den Tachupal Tole und in der Gasse neben dem Pujari Math (S.175) verkauft. Miniaturmodelle des berühmten Pfauenfensters (S.175) sind stets ein beliebtes Souvenir.

Peacock Shop   KUNST & KUNSTHANDWERK
(Karte S.168; ☎01-6610820; ⊙10–17 Uhr, Werkstatt Sa geschl.) Dieses Papier-Emporium befindet sich in der Nähe des Pfauenfensters (S.175), seitlich am Pujari Math (S.175) hinab. Obwohl die Papierwerkstatt durch das Erdbeben im Jahr 2015 stark beschädigt wurde, läuft der Betrieb jetzt wieder, sodass Besucher beim Papierschöpfen zuschauen und hochwertige nepalesische Papierwaren kaufen können.

ℹ Praktische Informationen

Das **Bhaktapur Money Exchange Centre** (Karte S.168; Golmadhi; ⊙9–18 Uhr) und der **Money Exchange** (Karte S.172) sind nur zwei von mehreren Stellen, die Bargeld wechseln. Die **Himalaya Bank** (Karte S.168; Sukuldhoka) hat einen Geldautomaten.

ℹ An- & Weiterreise

Die einfache Taxifahrt von Kathmandu hierher kostet 1000 NPR. **Busse** (Karte S.168; Guhya Pokhari) verkehren häufig ab der Bushaltestelle Bagh Bazar in Kathmandu (25–30 NPR, 1 Std.) bis ca. 18 Uhr, aber halten unglaublich oft. Sie setzen die Fahrgäste am Guhya Pokhari ab, westlich vom Durbar-Platz, der nur wenige Gehminuten entfernt liegt. Reisende nach Thimi (15 NPR, 20 Min.) nehmen einen **lokalen Bus** (Karte S.168; Bharwacho) entlang der alten Straße nach Kathmandu statt über die Expressbusse über die Schnellstraße.

Busse zur Gongabu-Busstation in Kathmandu fahren auch an einer Bushaltestelle am nördlichen Ende von Bhaktapur am Lamuga Pokhari ab, aber die Busse zum Bagh Bazar sind viel praktischer.

Die Bushaltestelle für **Busse nach Nagarkot** (Karte S. 168; Kamal Pokhari) (50 NPR, 1½ Std., 7–17.30 Uhr) ist ganz in der Nähe am Kamal-Pokhari-Becken. Eine Taxifahrt dorthin dauert 45 Minuten und kostet rund 1500 NPR.

Busse nach Changu Narayan (Karte S. 168; Dekocha) (15 NPR, 30 Min.) fahren ungefähr halbstündlich an der Kreuzung mit der Straße nach Changu Narayan ab. Die Alternative ist ein **Taxi** (Karte S. 168) ab dem Hotel für 1000 NPR.

Wer nach Dhulikhel (40 NPR, 1 Std.) oder weiter östlich reisen will, muss zuerst 20 Minuten in Richtung Süden laufen und den Fluss zum Arniko Highway überqueren, um einen (wahrscheinlich vollen) Überlandbus von Kathmandu zu erwischen. Ein **Taxi** (Karte S. 172; Durbar-Platz) nach Dhulikhel kostet rund 1500 NPR.

RUND UM BHAKTAPUR

Suriya-Binayak-Tempel

Südlich von Bhaktapur und am südlichen Rand des Arniko Highway liegt Suria Binayak, ein vielseitiger Ganesh-Tempel, der aus dem 17. Jh. stammt. Der weiße Tempel im Shikhara-Stil enthält einige interessante Statuen, aber die Hauptattraktionen sind die friedvolle Lage und die Wanderung über dem Tempel weiter bergauf zu einem Hügel mit weiter Sicht über Bhaktapur. Rechts und links des Tempels stehen Statuen der Malla-Könige und eine große Statue des Reittieres von Ganesh, der Ratte.

Hierher geht's über die Straße südlich vom Töpferplatz zum Ram Ghat (mit Bereichen für das rituelle Baden und für Verbrennungen), danach weiter über den Fluss zum Arniko Highway. Auf der anderen Seite läuft man 1 km entlang der Straße bis zum Anfang der Treppe zum Tempel. Ab dem Taumadhi Tole dauert der Weg rund 30 Minuten.

Thimi

Thimi, das früher Madhyapur hieß, war einst die viertgrößte Stadt im Kathmandu-Tal. Heutzutage handelt es sich um ein verschlafenes Städtchen im Hinterland. An den mit Ziegelsteinen gepflasterten Straßen stehen mittelalterliche Tempel. Die Stadt leitet ihren neuzeitlichen Namen von dem newarischen Ausdruck für „fähige Menschen" ab, was gut passt, da die Stadt ein wichtiges Zentrum der Herstellung von Töpferwaren und Papiermaschee-masken ist. An der Straße, die durch das nördliche Ende der Stadt in Richtung Bhaktapur verläuft, gibt's eine ganze Reihe von Maskenläden.

Sehenswertes

Der am besten bekannte Tempel von Thimi ist der **Balkumari-Tempel** aus dem 16. Jh., der einer von Bhairavs Shaktis geweiht ist. Das Pfauengefährt der Göttin ist auf einer Säule vor dem Tempel sowie in jeder Ecke des Tempels dargestellt. Dies ist der Mittelpunkt des **Balkumari Jatra**, ein Fest, mit dem Thimi das neue Jahr (ca. Mitte April) mit tumultartigen Szenen begrüßt. Die 32 *khats* (Sänften) wirbeln um den Tempel, während sie mit rotem Pulver beworfen werden.

Eine Passage an der Südseite des Platzes am Balkumari-Tempel führt zum **Töpferplatz** von Thimi, der voll von Brennöfen ist, die aus Stroh errichtet und mit Asche bedeckt sind.

1 km nördlich von Thimi liegt das Dorf **Bode** mit seinem **Mahalakshmi-Tempel** aus dem 17. Jh., der ein kleines Bild von Narayan bewahrt, der sich auf seinem Schlangenbett rekelt. Das Dorf ist berühmt für sein jährliches **Zungenpiercing-Fest**, bei dem ein glücklicher Freiwilliger seine Zunge mit einem 33 cm langen Stab durchbohrt. Das Fest schützt das Dorf angeblich vor Naturkatastrophen und findet jedes Jahr Mitte April direkt nach nach Bisket Jatra statt.

An- & Weiterreise

Jeder der Minibusse von Kathmandu nach Bhaktapur kann Fahrgäste in Thimi absetzen (15 NPR, 40 Min.), entweder am südlichen Tor am Arniko Highway oder an der kleineren Straße am nördlichen Ende von Thimi.

Wer mit dem Rad nach Bhaktapur unterwegs ist, erlebt auf der nördlichen (alten) Straße eine weitaus schönere Tour. Die Straße zweigt vom Arniko Highway an der Landebahn des Tribhuvan Airports nach Osten ab.

Changu-Narayan-Tempel

Oben auf einem schmalen Berggrat genau nördlich von Bhaktapur liegt der schöne und historische Changu-Narayan-Tempel. Er ist ein lebendes Museum der Schnitzereien aus der Licchavi-Periode. Der Tempel wurde von der Unesco zum Welterbe erklärt, und das zu Recht, denn die Statuen und der Tempel selbst sind echte Kunstwerke. Jedoch wurde diese Stätte vom Erdbeben im Jahr 2015 stark erschüttert: Mehrere Gebäude und Statuen in der Tempelanlage wurden stark beschädigt, und im benachbarten Dorf stürzten Häuser ein. Zum Zeitpunkt der Recherche war der Tempel geöffnet und die Restaurierung im Gange.

Sehenswertes

Changu-Narayan-Tempel
HINDUISTISCHER TEMPEL

(Ausländer/SAARC 300/200 NPR; ⊙ 6.30–18 Uhr) Dieser Tempel gilt als der älteste hinduistische Tempel des Kathmandu-Tals, der heute noch in Betrieb ist. Der Tempel ist im zweistufigen Pagodenstil erbaut. Der Hauptschrein wird an allen Seiten von Paaren echter und mythischer Bestien bewacht – Elefanten, Löwen, geflügelte Löwen und Geier mit Widderhörnern – und seine Dachbalken zeigen einige beeindruckend komplizierte Schnitzereien zu tantrischen Gottheiten. Changu Narayan und die dazugehörigen Bauten waren vom Erdbeben im Jahr 2015 stark betroffen, doch die Restaurierung der Anlage läuft.

NAVADURGA-TÄNZER

Die bunten Masken, die überall in Bhaktapur und Thimi verkauft werden, sind nicht nur Souvenirs. Jedes Jahr führen Einheimische im Rahmen der Dasain-Feierlichkeiten im September oder Oktober frenetische Tänze auf den öffentlichen Plätzen von Bhaktapur auf, bei denen sie angeblich von den Geistern der Navadurga, den neun Inkarnationen der furchterregenden Gefährtin von Shiva, besessen sind. Die von den Tänzern getragenen Masken werden jedes Jahr verbrannt, und aus der Asche, die mit schwarzem Ton aus den Feldern rund um Bhaktapur vermischt wird, werden neue Masken gefertigt. Obwohl die meisten der in Bhaktapur erhältlichen Masken für den Touristenmarkt gefertigt werden, sind sie voller tantrischer Symbole. Beliebte Figuren sind Ganesh, Kali, Bhairav, die eberköpfige Varahi, die rotgesichtige Kumari und die brüllenden Sima und Duma, die gespenstischen Vorboten des Todes.

Die Statue im Inneren zeigt Vishnu als Narayan, den Schöpfer aller Wesen, aber die schön geschmückten, mit Metall beschlagenen Türen werden nur für Rituale geöffnet, und dann haben ausschließlich Hindus Zutritt.

Die Garuda-Statue gegenüber der Westtür stammt angeblich aus dem 5. Jh., und vor dieser Statue befindet sich die älteste Steininschrift des Tals. Sie stammt aus dem Jahr 464 n. Chr. und erinnert daran, wie der König seine Mutter überredete, nicht den *sati* (rituellen Selbstmord) nach dem Tod seines Vaters zu begehen. Zwei große Säulen tragen eine Muschel und eine Chakra-Wurfscheibe, die traditionellen Symbole von Vishnu.

Überall im Hof finden sich außergewöhnliche Schnitzereien aus der Licchavi-Ära, die Vishnu in seinen verschiedenen Avataren (Inkarnationen) zeigen. So erscheint Vishnu etwa in der südwestlichen Ecke der Anlage als Narsingh (seine Inkarnation als Menschlöwe), der gerade einen Dämon die Eingeweide mit seinen Krallen herausreißt, und dann als Vikrantha (Vamana), der sechsarmige Zwerg, der sich in einen Riesen verwandelte und das Universum in drei Schritten durchquerte, um König Bali (mit dem ausgestreckten Bein) zu schlagen.

Neben diesen Bildern befindet sich eine zerbrochene Steinplatte, die einen zehnköpfigen und zehnarmigen Vishnu zeigt, unter dem Ananta auf einer Schlange ruht. Die Tafel ist in drei Abschnitte unterteilt – die Unterwelt, die Welt der Menschen und der Himmel. In der nordwestlichen Ecke der Anlage steht ein exquisites Bild aus dem 7. Jh., das Vishnu auf Garuda sitzend darstellt und das auch auf der 10-Rupien-Banknote abgebildet ist.

Der gedrungene Tempel in der südöstlichen Ecke der Anlage ist der tantrischen Göttin Chhinnamasta geweiht, die sich selbst enthauptete, um die blutdürstigen Gottheiten Dakini und Varnini zu nähren.

Von der Tempelanlage führt eine Treppe in Richtung Osten hinab, die zum einstöckigen **Bhimsen Pati** mit seinen Steinwächtern und den Überresten eines Königspalastes aus der Malla-Ära führt.

Changu-Museum
MUSEUM

(Ausländer/SAARC/Nepalesen 300/100/50 NPR; ⊙ 9–11 Uhr) Die einzige mit Ziegelsteinen gepflasterte Straße im Dorf Changu führt vom Parkplatz und von der Bushaltestelle

Changu-Narayan-Tempel

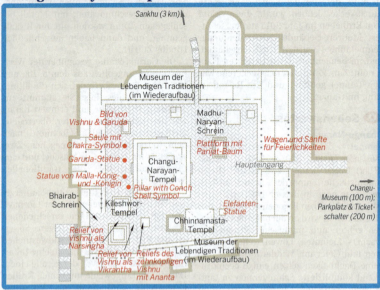

Sankhu (3 km)

Museum der Lebendigen Traditionen (im Wiederaufbau)

Bild von Vishnu & Garuda

Madhu-Narayan-Schrein

Säule mit Chakra-Symbol

Plattform mit Parijat-Baum

Wagen und Sänfte für Feierlichkeiten

Garuda-Statue

Changu-Narayan-Tempel

Statue von Malla-König- und -Königin

Haupteingang

Pillar with Conch Shell Symbol

Bhairab-Schrein

Kileshwor-Tempel

Elefanten-Statue

Chhinnamasta-Tempel

Changu-Museum (100 m); Parkplatz & Ticket-schalter (200 m)

Relief von Vishnu als Narsingha

Relief von Vishnu als Vikrantha

Reliefs des zehnköpfigen Vishnu

Museum der Lebendigen Traditionen (im Wiederaufbau)

Vishnu mit Ananta

vorbei am privat geführten Changu-Museum, das einen skurrilen Einblick in das traditionelle Dorfleben gewährt. Der Besitzer veranstaltet Kurzführungen und erklärt auf Nachfrage solche Kuriositäten wie ein Schild aus Nashornhaut, einen aus Blättern gefertigten Regenmantel, ein 500 Jahre altes Abtropfgestell für Geschirr und 225 Jahre alten Reis. Nicht zu vergessen den Gallenstein einer Kuh und den Nabel eines Moschushirsches.

Daneben gibt's eine faszinierende Münzsammlung, darunter die kleinste Münze der Welt, Ledermünzen aus dem 2. Jh. sowie eine Münze, die einem Achtel einer Paise entspricht, d.h. 800 dieser Münzen ergeben eine Rupie.

Museum der Lebendigen Traditionen

MUSEUM

(www.livingtraditionsmuseum.org; Ausländer/SAARC/Nepalesen 250/100/60 NPR; ⊙Di–So 10–16 Uhr) Dieses gut kuratierte Museum, das sich in einem restaurierten Gebäude südlich des Changu-Narayan-Tempels befindet, zeigt über 400 Exponate, darunter Artefakte und Ausstellungen zu ethnischen Gruppen aus dem Kathmandu-Tal, dem Terai, dem Mittelgebirge und dem Himalaja-Hochland. Allerdings wurde diese Stätte beim Erdbeben im Jahr 2015

schwer beschädigt und war zum Zeitpunkt der Recherche noch wegen Restaurierungsarbeiten geschlossen.

🛏 Schlafen & Essen

Changu Guest House

PENSION €

(☏01-5141052, 9841652158; Zi. 2000–3000 NPR, ohne Bad 1500 NPR; ☎) Diese Familienpension am Tempeleingang hat drei sonnige Zimmer mit festen Matratzen (zwei Zimmer haben ein angrenzendes Bad). Dazu gibt's ein Restaurant auf der Dachterrasse mit herrlichem Ausblick und eine Espresso-Theke. Die Besitzer, deren Familie 400 Jahre lang die Tempelpriester stellte, bewerben ihre Stadt leidenschaftlich und bieten geführte Touren an, darunter auch lokale Radtouren und *thangka*-Malkurse.

ℹ An- & Weiterreise

Es pendeln regelmäßig öffentliche Busse auf der 6 km langen Strecke zwischen Changu Narayan und Bhaktapur (15 NPR, 30 Min.). Der letzte Bus fährt ungefähr bei Sonnenuntergang los. Eine Taxifahrt von Kathmandu hierher und zurück kostet rund 2000 NPR oder 1000 NPR ab Bhaktapur.

Per Rad oder zu Fuß geht's ab Bhaktapur eine Stunde steil bergauf, aber dafür geht's dann auf dem Rückweg nur noch bergab. Wer nach Nagarkot unterwegs ist, kann den Fußweg in Richtung Osten nach Tharkot nehmen und dann mit dem Bus das letzte Stück bergauf fahren. Die Wanderung nach Bodhnath im Westen dauert rund 90 Minuten.

DAS NORDÖSTLICHE TAL

Die meisten Traveller lassen diese Ecke des Kathmandu-Tals aus. Dies ist ein großartiges Reiseziel für Mountainbike-, Motorrad- und Wanderausflüge Das Erdbeben im Jahr 2015 hat in diesem Gebiet erheblichen Schaden angerichtet.

Gokarna Mahadev

Der Gokarna-Mahadev-Tempel (Gokarneshwar oder Herr von Gokarna) steht neben dem Bagmati-Fluss, der an dieser Stelle ein verhältnismäßig klarer Gebirgsfluss ist. Der Tempel steht an der Straße nach Sundarijal, lockere 5 km von Bodhnath entfernt. Ein schöner Tagesausflug verbindet den Tempelbesuch mit der interessanten Wanderung zum Kloster Kopan und dann zurück nach Bodhnath.

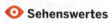 Sehenswertes

Gokarna-Mahadev-Tempel
HINDUISTISCHER TEMPEL
(Ausländer/SAARC 100/50 NPR; ⊙Morgen- bis Abenddämmerung) Dieser schöne dreistufige Tempel ist Shiva als Mahadeva (Großer Gott) geweiht und ein schönes Exemplar des newarischen Pagodenstils. Der Hauptgrund für den Weg hierher sind die exquisiten Steinreliefs, die überall in der Anlage zu sehen sind. Einige davon sind älter als tausend Jahre.

Die Skulpturen sind ein A bis Z der hinduistischen Gottheiten, von Aditya (Sonnengott), Brahma und Chandra (Mondgott) bis zu Ganga (mit vier Armen und einem Gefäß aus dem Kopf, aus dem der Ganges herausströmt) und Indra (der auf einem Elefanten reitende Kriegs- und Wettergott). Vishnu wird als Narsingh dargestellt, der dem Dämon Hiranyakashipu die Eingeweide ganz besonders gründlich rausreißt, während sich Shiva mehrfach erscheint, darunter auch als Kamadeva, der Gott der Liebe, zusammen mit einem passend erigierten himmlischen Körperteil.

Der Gott Gauri Shankar ist interessant, weil er Elemente von Shiva und Parvati in

sich vereint. Die Göttin erscheint allein in einem Kleid und auf einem Schneelöwen stehend. Dies ist eine besonders elegante Statue in der nordwestlichen Ecke der Anlage. Die Brahma-Figur in der südwestlichen Ecke scheint nur drei Köpfe zu haben (obwohl es eigentlich vier sein sollten), und erst auf der Rückseite ist der fehlende Kopf zu erspähen. Viele der Gottheiten haben einen Fuß auf ihrem *vahana* (spirituellen Transportmittel). Shivas Reittier Nandi erscheint als eine große Messingstatue, die vor dem Haupttempel auf einem Steinsockel liegt, und Shiva wird in der Form eines enormen Lingams in der Hauptkammer verehrt. An den Tempelbalken sind einige schöne Holzschnitzereien zu entdecken.

Hinter dem Tempel, direkt oberhalb des Flusses, steht der **Vishnu Paduka**, ein niedriger Pavillon, der eine Metallplatte mit einem Fußabdruck von Vishnu beherbergt. Direkt davor ist ein Bild von Narayan, der auf einem Bett aus Schlangen liegt, so wie auch auf den Bildern in Budhanilkantha und Balaju. Nördlich des Pavillons steht ein **Schrein** mit Erdbebenschäden, der schon fast von einem Feigenbaum verschlungen wurde, der wohl einst ein Samenkorn auf seinem Dach war.

Häufig besuchen Nepalesen, die vor Kurzem ihren Vater verloren haben, den Tempel, vor allem zu Gokarna Aunsi, dem nepalesischen Pendant des Vatertages, der in den September fällt.

❶ An- & Weiterreise

Für einen Besuch des Gokarna-Mahadev-Tempels kann man entweder dorthin laufen (2–3 Std. ab Bodhnath), einen Minibus ab dem Busbahnhof Ratna Park in Kathmandu (30 NPR, 45 Min.) oder ab Bodhnath (oder Jorpati) nehmen oder ein Taxi (einfache Fahrt ab Kathmandu 800 NPR, ab Bodhnath 400 NPR) mieten. Der Tempel liegt 4 km von der Kreuzung bei Jorpati entfernt.

Gokarna-Wald

Der 188 ha große Wald bei Gokarna war früher das Jagdrevier der nepalesischen Königsfamilie, was den Wald vor den Baumfällern rettete. Heute hallt hier nicht mehr das Krachen der Gewehrkugeln, sondern der Aufprall von Schlägern auf einem Ball wider. Der Wald gehört zum Golfplatz des Gokarna Forest Resort.

Gokarna-Mahadev-Tempel

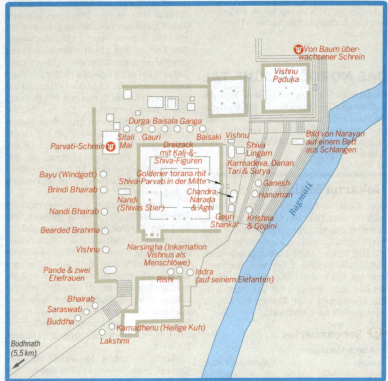

Von Baum über-
wachsener Schrein

Vishnu
Paduka

Durga Baisala Ganga

Sitali Gauri   Baisaki Vishnu
Mai   Bild von Narayan
Parvati-Schrein   auf einem Bett
Dreizack   Shiva   aus Schlangen
mit Kali-&-   Lingam
Shiva-Figuren   Karmadeva, Danan
Bayu (Windgott)   Goldener torana mit   Tari & Surya
Brindi Bhairab   Shiva-Parvati in der Mitte   Ganesh
Chandra,   Hanuman
Nandi   Narada
Nandi Bhairab   (Shivas Stier)   & Agni
Gauri   Krishna
Bearded Brahma   Shankar   & Gopini

Vishnu   Narsingha (Inkarnation
Vishnus als
Menschlöwe)
Pande & zwei   Indra
Ehefrauen   Rishi   (auf seinem Elefanten)

Bhairab
Saraswati
Buddha
Kamadhenu (Heilige Kuh)
Bodhnath   Lakshmi
(5,5 km)

Bagmati

🏃 Aktivitäten

Golfplatz des Gokarna Forest Resort GOLF
(01-4451212; www.gokarna.com; abseits der
Straße nach Sankhu, Rajnikunj, Thali) Dieser
Golfplatz, der von dem Team entworfen
wurde, das auch den berühmten Gleneag-
les-Platz in Schottland geplant hat, ist der
beste in ganz Nepal. Die Benutzungsge-
bühr für den 18-Loch-Golfplatz beträgt
5000/7000 NPR an Wochentagen/Wochen-
enden für Nicht-Gäste. Schläger, Schuhe
und Caddys werden hier für weitere
2700 NPR vermietet.

🛏 Schlafen

Gokarna Forest Resort RESORTHOTEL €€€
(01-4451212; www.gokarna.com; abseits der
Straße nach Sankhu, Rajnikunj, Thali; EZ/DZ inkl.
Frühstück ab 150/170 €) Wer einen absolut ex-
klusiven Zufluchtsort auf dem Land sucht,
kommt an diesem unglaublich friedlichen

Anwesen nicht vorbei. Korbmöbel auf der
Gartenterrasse sorgen für Kolonialflair,
und der umliegende Wald ist voller Rotwild und Affen. Wer nicht auf Golf steht,
kann sich mit Spa-Anwendungen verwöhnen. Das Hotel vermittelt geführte Touren
durch den Wald, Mountainbikes und Aus-
ritte auf dem Pferderücken.

Der neue Block ist luxuriös, aber richtig
viel Charakter haben die Zimmer in der
Hunter's Lodge aus der Rana-Ära.

Die Club-Zimmer lohnen den Aufpreis,
aber bei allen Zimmern wird explizit darauf hingewiesen, „keine Affen in die Zimmer zu lassen". Nach dem Frühstück geht's
in eine Ecke der Gartenanlage. Dort steht
die 200 Jahre alte Pappelfeige, unter der
Buddha (gespielt von Keanu Reeves) in
Bertoluccis Film *Little Buddha* vom Dämon Mara in Versuchung geführt wurde
und die Erde als Zeugin seiner Standhaf-
tigkeit anrief.

WANDERWEG GOKARNA–KOPAN–BODHNATH

Es gibt eine nette Wander- oder Radstrecke zwischen Gokarna und Bodhnath, die über das Kloster bei Kopan führt. Der gut erkennbare Weg beginnt gegenüber vom Gokarna-Mahadev-Tempel, führt dann rechts neben vier Statuen an der Straße vorbei (ausgeschildert mit „Sahayogi Multiple College") und zweigt schließlich beim College links ab. Nach fünf Minuten stößt der Weg auf die Asphaltstraße, die seitlich an einem von Kiefern bewachsenen Hügel entlangführt. Weiter geht's bergauf auf der befestigten Straße mit Blick auf das Tal unterhalb und die gelben Mauern des Klosters Kopan voraus oben auf dem Hügel.

Nach weiteren zehn Minuten kommt links eine Abzweigung in eine unbefestigte Straße, aus der bald ein Fußweg wird. Nach einigen Minuten links abbiegen, vorbei an Rato Gompa und dann bergab zu einem Bergsattel. An der Weggabelung geht's weiter bergauf auf dem rechten Weg, vorbei an einem weiteren kleinen Kloster bis zum Eingang des Klosters Kopan (45 Min.).

Von Kopan führt die Hauptstraße in Richtung Süden nach Bodhnath. Zu Fuß dauert der Weg etwa 40 Minuten, oder man nimmt einen der häufig verkehrenden Minibusse. Wer zu Fuß unterwegs ist, zweigt vor der Bebauung von Bodhnath links ab, um zum Stupa zu gelangen.

Die einfache Taxifahrt von Kathmandu hierher kostet 1000 NPR.

Sankhu

Die rote Ziegelsteinstadt Sankhu war einst ein wichtiger Rastplatz an der alten Handelsstraße von Kathmandu nach Lhasa (Tibet), aber diese historische Siedlung wurde durch das Erdbeben im Jahr 2015 stark in Mitleidenschaft gezogen. Der beschädigte, dachlose Vajrayogini-Tempel steht noch und empfängt Gläubige am Hügel nördlich des Dorfes, aber die gewundenen, kleinen Ziegelsteinstraßen und traditionellen Plätze der Altstadt wurden verwüstet.

◉ Sehenswertes

Vajrayogini-Tempel HINDUISTISCHER TEMPEL
Der Hauptgrund für einen Besuch des Vajrayogini-Tempels ist nicht der Tempel an sich, sondern die ziemlich einsame Wanderung hinauf bis Sankhu. Der stattliche Tempel wurde beim Erdbeben 2015 beschädigt. Er hat sein dreistufiges Dach eingebüßt, wurde jedoch nicht zerstört. Neben dem vergoldeten Eingang befinden sich Bildnisse von Bhairav, Garuda und anderen Himmelswesen. Das Bildnis der verehrten weiblichen Yoni ist nur sichtbar, wenn der Priester die Türen für Gläubige öffnet (keine Fotos).

Der andere Tempel im Haupthof umgibt einen riesigen Chaitya, und seine Dachbalken sind mit Bildnissen buddhistischer Schutzgötter verziert. Unmittelbar hinter diesem Tempel befindet sich ein Chaitya mit vier Buddha-Bildnissen, die auf einem Yoni-Sockel stehen – eine auffallende Verschmelzung der hinduistischen und buddhistischen Ikonografie.

Der Weg zum Tempel ist ein Spaziergang in nördlicher Richtung ab der Bushaltestelle. Es geht unter einem bunten, mit Gottheiten bedeckten Torbogen hindurch, dann am zentralen Dhunla Tole scharf links abbiegen. Am Ortsausgang zeigt eine interessante Ansammlung von Lingam-Schreinen (halb von einem Baum zerstört) und schön gearbeiteten Statuen von Ganesh, Vishnu und Hanuman den richtigen Weg an. Kurz darauf verzweigt sich die Straße an einer Kurve. Hier links abbiegen und bergab gehen bis zur Fußgängertreppe zum Tempel. Oder mit dem Rad rechts abbiegen und bis zum Parkplatz fahren.

Der 40-minütige Anstieg vom Busbahnhof die Steintreppe zu den Tempeln hinauf ist steil und heiß, aber Wasserspeier entlang der Strecke helfen beim Abkühlen. Ungefähr auf halber Strecke steht eine Schutzhütte mit Schnitzereien einer sehr dünnen Kali und eines übergewichtigen, orangefarbenen Ganesh. Ein Lingam aus einem natürlich geformten Stein steht für Bhairav, und zu seinen Füßen werden Opfer dargebracht. Wer die Treppe oberhalb des Vajrayogini-Tempels hinaufsteigt, kommt zu einem Rasthaus für Pilger und mehreren kleinen Teeständen.

❶ An- & Weiterreise

Es verkehren Minibusse vom Busbahnhof Ratna Park in Kathmandu nach Sankhu (50 NPR, 1 Std.). Der letzte Bus zurück nach Kathmandu fährt gegen 18 Uhr in Sankhu los. Einige Minibusse fahren auch nach Patan. Eine einfache Taxifahrt ab Kathmandu kostet 2000 NPR.

Die Strecke von Kathmandu nach Sankhu ist eine relativ leichte, 20 km lange Radtour oder noch leichter mit dem Motorrad zu bewältigen. Das erste Ziel ist Bodhnath, dann bei Jorpati rechts abbiegen und den Gokarna-Wald umrunden. Wer zu Fuß unterwegs ist, kann von Sankhu aus nach Changu Narayan weiterziehen. Dafür überquert man den Manohara-Fluss bei Bramhakhel.

DAS SÜDLICHE TAL

Im südlichen Teil des Kathmandu-Tals befinden sich ein paar faszinierende Tempel und buddhistische Klöster, aber es ist schwierig, viele davon an nur einem Tag zu besichtigen, da die Dörfer an vier verschiedenen Straßen liegen, die in südlicher Richtung von der Ringstraße von Kathmandu abzweigen. Es gibt eine nützliche Abkürzung über eine unbefestigte Straße, welche die Straßen nach Godavari und Chapagaon verbindet. Außerdem gibt's eine nur zu Fuß passierbare Strecke, die die Straße nach Bungamati und die Straße nach Chobar auf dem Weg nach Dakshinkali verbindet.

Kirtipur

✔ 01 / 67 171 EW.

Nur 5 km südwestlich von Kathmandu liegt die verschlafene Stadt Kirtipur. Dank der eindrucksvollen, mittelalterlichen Tempel, die überall in ihren Hintergassen verstreut stehen, besitzt diese Stadt ein wundervolles Flair verblassender Grandesse. Als Prithvi Narayan Shah das Tal 1768 stürmte, wollte er unbedingt Kirtipur einnehmen, um die Stadt als Ausgangsbasis für seine Vernichtungsschläge gegen die Malla-Königreiche zu nutzen. Der Widerstand in Kirtipur war stark, aber nach einer hartnäckigen Belagerung wurde die Stadt letztlich eingenommen. Die Bewohner mussten einen schrecklichen Preis für ihren tapferen Widerstand zahlen, denn der König ordnete an, dass jedem männlichen Einwohner der Stadt die Nase und Lippen abgeschnitten werden sollten. Er

verschonte einzig diejenigen, die Blasinstrumente zu seiner Unterhaltung spielen konnten.

Aus Richtung der Ringstraße kommend, liegt die Altstadt von Kirtipur geradeaus oben auf dem Hügel. Am besten kommt man über die Hauptstraße nach rechts dorthin und dann zu Fuß über eine breite Treppe den Hügel hinauf.

◉ Sehenswertes

Alles, was in Kirtipur von Interesse ist, liegt oben auf dem Berg oberhalb der Zufahrtsstraße zur Stadt.

Bagh-Bhairav-Tempel HINDUISTISCHER TEMPEL
In einem Hof abseits der Nordseite des Hauptplatzes steht der imposante Bhairav-Tempel, zu dem ein unglaubliches Arsenal an *tulwars* (Schwertern) und Schilden gehört, die einst den von Prithvi Narayan Shah geschlagenen Soldaten gehörten. Passend zum militaristischen Flair hier werden am frühen Dienstag- und Samstagmorgen Tieropfer dargebracht.

Hauptplatz PLATZ
Dieser Platz ist umgeben von den früheren Residenzen der Königsfamilie von Kirtipur, von denen etliche leichte Erdbebenschäden aufweisen. Heutzutage ist der Platz ein bei den Einheimischen beliebter Treffpunkt. In seiner Mitte befinden sich ein großes Becken und ein gekalkter **Narayan-Tempel**, der von Löwen und Geiern bewacht wird.

Uma-Maheshwar-Tempel HINDUISTISCHER TEMPEL
Vom Hauptplatz aus läuft man in westlicher Richtung durch das Dorf zu einem Ganesh-Schrein und zu einer Steintreppe, die zum Uma-Maheshwar-Tempel mit den drei Dächern hinaufführt. Er wird von zwei Steinelefanten flankiert, deren Sättel mit Stacheln versehen sind, damit sich keine Kinder daraufsetzen! Der Tempel wurde ursprünglich 1673 mit vier Dächern erbaut, doch eines ging beim Erdbeben von 1934 verloren. Dies ist die Stelle, an der die Einwohner von Kirtipur bei der Belagerung von 1768 ihren letzten Widerstand leisteten.

Nagar Mandap Sri Kirti Vihar BUDDHISTISCHER TEMPEL
Unten am Hügel führt der linke Abzweig der Hauptstraße um den Fuß des Hügels zu diesem klassischen *wat* (buddhistisches

Kloster) im thailändischen Stil, das vom Obersten Mönchspatriarchen Thailands im Jahr 1995 eingeweiht wurde.

Lohan Dehar   HINDUISTISCHER TEMPEL
Am Hauptplatz rechts abbiegen, den Platz an der südöstlichen Ecke verlassen. Dieser Weg führt zum Steinkloster Lohan Dehar aus dem 16. Jh. im Shikhara-Stil. Hier finden den oft religiöse Zeremonien und zurückhaltende Segnungen statt.

Chilanchu Vihara   BUDDHISTISCHER STUPA
Der im Jahr 1515 erbaute Stupa krönt die Bergspitze. Der *harmika* (viereckige Turm) über der Kuppel wurde in einem satten Blau gestrichen, aber dieses wurde im Zuge der Reparaturen nach dem Erdbeben im Jahr 2015 entfernt und war bei unserem letzten Besuch noch nicht wiederhergestellt. Der Hauptstupa ist von einem Garten aus Chaityas umgeben, davor befindet sich ein riesiges Dorje-Symbol (Blitz). Der Weg hierher führt hinter dem Lohan-Dehar-Tempel entlang und dann links durch eine schmale Passage. Anschließend der Gasse zum Stupa folgen.

Kurse

Kagyu-Institut für Buddhistische Studien   GESUNDHEIT & WELLNESS
(KIBS; ☑ 01-4331679; www.kirtipur.org; Dev Doka) Das Institut in diesem friedlichen Gompa auf dem Berg bietet verschiedene Kurse für angehende Gelehrte des Buddhismus an – von einem dreitägigen Dharma-Kurs bis hin zu einem dreijährigen Zertifikatkurs. Persönliche Retreats und Kurse in *thangka*-Malerei werden ebenfalls veranstaltet. Entsprechende Bewerbungsformulare stehen im Netz.

🛏 Schlafen & Essen

Die Kirtipur Guide Association kann Familienaufenthalte (Zimmer mit Halbpension ab 2000 NPR) vermitteln, die gute Kritiken von Travellern erhalten, die tiefer in das Leben einer newarischen Stadt eintauchen möchten.

Kirtipur Hillside Hotel   HOTEL €€
(☑ 01-4334010; www.kirtipurhillside.com.np; EZ/DZ 17/25 €; ☏) Eine tolle Option mit großen und sauberen Zimmern für alle, die aus dem Dunst von Kathmandu rausmöchten – die besten davon mit Blick auf das Tal und dem sich in der Ferne auftürmenden Himalaja. Manche Zimmer haben einen Balkon, und diese werden an diejenigen vergeben, die zuerst kommen. Im Hotel gibt's einige schöne (von der Managerin gemalte) Kunstwerke und ein angenehmes Restaurant auf der Dachterrasse.

Newa Lahani Restaurant   NEPALESISCH €
(Hauptgerichte 60–180 NPR, Menüs 250 NPR; ⊙ 10–19 Uhr) Dieses Restaurant mit authentischer newarischer Küche befindet sich im wenig überzeugenden Museum der Newarischen Kultur. Die Gäste sitzen auf Bodenmatten und das Zubehör wird gestellt. Die Mahlzeiten bestehen aus saisonalen Hülsenfrüchten und Gemüse, und als Beilage gibt's in der Regel Reisflocken. Traditionelle Kochgeräte zieren die Wände als Teil der Ausstellung dieses Museums.

ⓘ DAS SÜDLICHE TAL ERKUNDEN

Die Städte und Dörfer im südlichen Tal lassen sich mit den örtlichen Bussen erkunden – sie sind billig, verkehren häufig, sind voll und langsam. Die Alternative wäre eine Tagestour mit dem Taxi ab Kathmandu. Während die meisten Siedlungen beim Erdbeben von 2015 einigen Schaden nahmen, wurden nur ein paar Tempel komplett zerstört, sodass es immer noch viel zu sehen gibt.

Wer sich ein Taxi mietet, sollte besser früh aufbrechen. Bei einer langen Tagestour ist wahrscheinlich ein Besuch von Kirtipur, Chobar, Pharping und Dakshinkali drin. Ein Taxi ab Kathmandu dürfte ungefähr 4000 NPR kosten. In der Vergangenheit war die angenehmste Reisemöglichkeit von Kathmandu in einige der Städte im südlichen Tal allerdings ein Mietfahrrad. Doch heute ist diese Aussicht aufgrund des steigenden Verkehrsaufkommens und der rasch wachsenden Stadt deutlich weniger angenehm geworden, auch wenn der Abschnitt zwischen Pharping und Dakshinkali immer noch eine schöne Radtour ist.

Wer Abwechslung sucht, kann auch bei **Vespa Valley's** (www.vespavalley.com; geführte Touren 60 €; ⊙ 10 Uhr) nach Touren nach Kirtipur, Bungamati und Khokana per Vespa-Roller fragen.

View Point Restaurant NEPALESISCH, TIBETISCH €
(📞 9860429070; Hauptgerichte 90–260 NPR;
⏱ 11–21 Uhr) Leckere newarische und tibetische Kost, billiges Bier und fantastische Ausblicke laden in diesem Restaurant zu einer herrlichen Rast ein. Die Dachterrasse bietet die besten Ausblicke auf die Berge voraus oder seitlich auf den Uma-Maheshwar-Tempel (S. 190).

Die Mittagsmenüs des View Point Restaurant, zu denen verschiedene Currys gehören, sind ein geeigneter Crashkurs in newarischer Küche.

❶ Praktische Informationen

Der Eintritt in das Dorf kostet 100 NPR, die im Büro der **Kirtipur Guide Association** (📞 01-4334817; Chlthu; ⏱ 9–17 Uhr) zu bezahlen sind. Die von der Gemeindeverwaltung geführte Vereinigung unterhält auch eine äußerst nützliche Touristeninformation an der Hauptstraße in der Altstadt. Die Mitarbeiter vermitteln Familienaufenthalte und geführte Stadtrundgänge (ab 500 NPR) und verteilen kostenlose, fotokopierte Informationsbroschüren in englischer Sprache.

❶ An- & Weiterreise

Minibusse fahren regelmäßig vom Bushahnhof Ratna Park in Kathmandu nach Kirtipur (20 NPR, 30 Min.) ab. Der letzte Bus fährt um 19 Uhr. Taxifahrer verlangen für die Strecke rund 700 NPR.

Pharping
📞 01

Ungefähr 19 km südlich von Kathmandu befindet sich Pharping, eine blühende newarische Stadt, deren alte buddhistische Pilgerstätten von einer großen Anzahl von Tibetern übernommen wurden. Ein Rundgang durch die religiösen Stätten ergibt einen verlockenden Tagesausflug von Kathmandu aus.

Pharping liegt an der Straße nach Dakshinkali. Beide Dörfer zusammen eignen sich problemlos für einen Tagesausflug mit dem Taxi, Bus oder Motorrad (wer mit der Kombination aus Verkehr und Staub klarkommt, kann auch das Fahrrad nehmen). Die Strecke führt am Wasserbecken von Taudaha vorbei, in dem angeblich die Nagas aus dem Kathmandu-See wohnen. Jedes Jahr machen in dieser Gegend noch weitere buddhistische Klöster auf, von denen einige auch ausländische Dharma-Schüler aufnehmen.

◉ Sehenswertes

Shesh-Narayan-Tempel HINDUISTISCHER TEMPEL
Rund 600 m von der Hauptkreuzung in Pharping abwärts in Richtung Kathmandu steht der Tempel Shesh (oder Sekh) Narayan. Dabei handelt es sich um einen hochverehrten Vishnu-Schrein, der von Bassins und Statuen umgeben ist. Er befindet sich unterhalb einer Felsklippe und eines **tibetischen Klosters**. Der Haupttempel wurde im 17. Jh. erbaut, aber es wird angenommen, dass die Höhle rechts davon (die heute Padmasambhava oder Guru Rinpoche geweiht ist) schon viel länger als Pilgerziel genutzt wird.

◉ Der Pilgerweg

Die definitiv beste Art, die Sehenswürdigkeiten von Pharping zu besuchen, besteht darin, sich den anderen Pilgern auf dem leicht zu gehenden Pilgerweg im Uhrzeigersinn (ein *parikrama* auf Nepalesisch oder *kora* auf Tibetisch) anzuschließen. Der Weg um das Stadtzentrum dauert eine bis zwei Stunden.

Dharma-Zentrum von Dzongsar Glückverheißender Gipfel BUDDHISTISCHES KLOSTER
Wer auf der Hauptstraße in die Stadt kommt, nimmt die erste Abbiegung rechts und läuft dann geradeaus bergauf, vorbei an **der Statue des Guru Rinpoche** in einem Glaskasten. Neben der Statue befindet sich dieses Dharma-Zentrum, ein großer Chörten, der insgesamt 16 riesige Gebetsmühlen enthält.

Ralo Gompa BUDDHISTISCHES KLOSTER
Das große weiße Kloster Ralo Gompa hat einen hell angestrichenen Chörten. Es liegt oben auf dem Berg, vorbei an einer Reihe tibetischer Restaurants, in Richtung des Drölma Lhakhang.

Sakya Tharig Gompa BUDDHISTISCHES KLOSTER
Dieses Kloster fällt durch einen riesigen und bunt bemalten Chörten auf. Wer eintritt, entdeckt gleich Hunderte von Chörtenminiaturen und Statuen von Guru Rinpoche in den Alkoven in den Wänden. Mit etwas Glück singen dazu drinnen gerade Dutzende von Mönchen. Zu solchen Zeiten wird ein Besuch zu einem absolut magischen Erlebnis.

Drölma Lhakhang BUDDHISTISCHES KLOSTER
(Ganesh-Saraswati-Tempel oder Grüner-Tara-Tempel) Dieser Schrein gilt sowohl bei den Hin-

dus als auch bei den Buddhisten als heilig, bei denen Saraswati Tara heißt. Hierher geht's über eine Treppe im Westen des Sakya Tharig Gompa.

Rigzu Phodrang Gompa
BUDDHISTISCHES KLOSTER

Neben dem Drölma Lhakhang liegt das Kloster Rigzu Phodrang Gompa. Der Besuch lohnt sich wegen der eindrucksvollen Statuenfriese. Guru Rinpoche ist umgeben von seinen furchterregenden Inkarnationen als Dorje Drolo (auf einem Tiger reitend) und Dorje Phurba (mit drei Gesichtern, Flügeln ähnlich denen von Garuda und einer anhänglichen Gefährtin).

Höhle des Guru Rinpoche
BUDDHISTISCHER SCHREIN

(Goraknath-Höhle) Die Stufen hinter dem Drölma Lhakhang hinaufsteigen, vorbei an einer Felsspalte voller *tsha tsha* (Opfergaben aus Ton in Form von Stupas) und Ritzen, in die kleine Wunschbeutel und Menschenhaare gestopft wurden. Schließlich kommt die Mauer eines großen, weißen Klosters in Sicht, darin befindet sich diese kleine Höhle. Die Schuhe bitte ausziehen. In geduckter Haltung gelangt man zwischen den Klostergebäuden zur rußgeschwärzten Höhle, die von Butterlampen und einer Reihe bunter Lichter erhellt wird.

Vajrayogini-Tempel
BUDDHISTISCHER SCHREIN

Dieser heilige Tempel aus dem 17. Jh. im newarischen Stil ist der tantrischen Göttin Vajrayogini geweiht. Als eine von wenigen weiblichen Gottheiten der buddhistischen Mythologie war Vajrayogini eine wandernde Asketin, die einen Grad der Erleuchtung erlangte, der fast jenem der männlichen Buddhas entsprach. Traurigerweise sind mehrere historische Gebäude im Rana-Stil, die zuvor den Hof flankierten, beim Erdbeben von 2015 eingestürzt.

Architektonisch unterscheidet sich der Varja-Yogini-Tempel stark von den übrigen Tempeln der Stadt, denn er folgt eher den klassischen newarischen Vorgaben. Eine Treppe führt von der Guru-Rinpoche-Höhle hinunter zum Tempel.

🛏 Schlafen & Essen

Entlang der Hauptstraße oberhalb vom Basar in Pharping gibt's zahlreiche tibetische Restaurants, die Momos, *thukpa* (tibetische Nudelsuppe) und Buttertee für hungrige Pilger auftischen.

Family Guest House
PENSION €

(📞 01-4710412; Zi. 1000 NPR, ohne Bad 600 NPR) Diese gut geführte Pension ist die einzige Adresse mitten in Pharping, gegenüber der Guru-Rinpoche-Statue. Das Haus steht direkt am Pilgerrundweg und hat ein gutes Restaurant auf der Dachterrasse.

Himalayan Height Resort
RESORTHOTEL €€€

(📞 01-4371537; www.everestlodges.com; Hattiban; Zi. 90–120 €; @🛜) Auf einem Bergkamm hoch über dem Tal steht dieses kleine Resort in einem Kiefernwald. Es hat 28 Zimmer guter Qualität, die meisten davon mit Balkonen, die den bestmöglichen Blick auf den Himalaja gewähren. Die Zimmer sind riesig und mit großen, bequemen Betten, Heizungen und modernen Badezimmern ausgestattet.

Vom Resort aus ist der Gipfel des Champa Devi (2249 m) gut erreichbar. Die schöne Wanderung dauert (hin & zurück) drei Stunden. Der einzige Nachteil ist, dass der Weg hierher schwer ist. Für den Weg braucht man ein Auto, um eine 2 km lange, steile, unbefestigte und zerfurchte Straße zu überwinden, die 3 km nördlich von Pharping abzweigt. Der Straßenzustand schwankt, daher besser im Hotel nachfragen, ob ein Transfer arrangiert werden kann.

ℹ An- & Weiterreise

Die Busse der Linie 22 fahren den ganzen Tag über vom Busbahnhof Ratna Park in Kathmandu nach Pharping (40 NPR, 1½ Std.) und dann weiter nach Dakshinkali. Der letzte Bus zurück nach Kathmandu fährt gegen 17.30 Uhr los.

Rund um Pharping

Dakshinkali

Die Straße von Pharping führt ein paar Kilometer weiter in Richtung Süden zum blutgetränkten Tempel von Dakshinkali, einem beliebten Pilgerziel der Hindus. Abgesehen von der tiefen Schlucht, in der sich der Tempel und die dazugehörigen Essensstände befinden, gibt's hier wenig zu sehen.

◎ Sehenswertes

Dakshinkali-Tempel
HINDUISTISCHER TEMPEL

Dieser Tempel liegt am Zusammenfluss zweier heiliger Ströme in einer Felsspalte

KALI ZU GEFALLEN SEIN

Die Gefährtin von Shiva, Kali, ist eine der blutrünstigsten der hinduistischen Gottheiten. Sie ist die Göttin der Macht und des Wandels, der Zeit und Zerstörung. Ihre berühmteste Pose ist die der Dakshinkali, bei der sie in zerstörerischem Wahn tanzt, mit heraushängender Zunge und berauscht vom Blut ihrer Opfer. Der Dakshinkali-Tempel (S. 193) ist ihr in dieser Erscheinungsform geweiht, und Tieropfer sind in diesem und anderen Kali-Tempeln keine Seltenheiten.

Die Opfer werden dargebracht, um das Verlangen der Göttin nach Blut zu stillen, und es gibt strenge Vorschriften für dieses Opferritual. Es ist ein grausames Spektakel, dem manche Leute wohl lieber aus dem Weg gehen. Während in gewissen hinduistischen Tempeln Nepals häufig geopfert wird, kommt dies in weiten Teilen Indiens deutlich seltener vor (auch wenn es immer noch im Süden und Bengalen üblich ist). Wer meint, das Opfern eines Tieres sei grausam, sollte sich freuen, dass er nicht vor rund 200 Jahren den größten Kali-Tempel in Kolkata (früher: Kalkutta, Indien) besuchte, als angeblich noch jeden Tag ein Knabe geopfert wurde.

im Wald. Geweiht ist er der Göttin Kali, der blutdürstigsten Inkarnation von Parvati. Um die Blutgier der Göttin zu stillen, schleppen die Pilger eine ganze Menagerie von Tieren den Pfad zum Tempel hinunter, damit diese dort geköpft und von den Tempelpriestern, die zugleich geschickte Metzger sind, in Fleischstücke zerlegt werden.

Nachdem die Opfergabe erledigt ist, wandert das Fleisch in den Topf. Die Pilger bringen alle Zutaten für ein Barbecue im Wald mit und verbringen den Rest des Tages dann bei einem Festschmaus im Schatten der Bäume. Samstag ist ein großer Opfertag, und das Blut strömt auch am Dienstag. An den übrigen Wochentagen ist es in Dakshinkali ziemlich ruhig. Während der alljährlichen Feierlichkeiten zum Dasain im Oktober wird der Tempel von einer blutroten Flut durchspült, und das Bildnis von Kali wird in dem geronnenen Blut gebadet.

Von der Bushaltestelle schlängelt sich der Weg zum Tempel durch einen religiösen Basar, der schon mal im Qualm der Grillstellen verschwinden kann. Die örtlichen Bauern verkaufen ihre Erzeugnisse hier für die Festmahle nach dem Opfergang, dazu haufenweise Tagetes, Kokosnüsse und weitere Opfergaben für die Göttin. Den Tempelhof, in dem das Bildnis der Kali wohnt, dürfen nur Hindus betreten, aber die anderen Besucher können von den umliegenden Terrassen aus zusehen. Bitte beachten Sie, dass die Opfer ein religiöses Ereignis mit tiefer spiritueller Bedeutung für die Einheimischen sind … und nicht nur ein Vorwand für ein paar schauerliche Schnappschüsse.

Ein Weg führt hinter dem Haupttempel weiter bergauf zum kleinen **Mata-Tempel** oben auf dem Berg, der einen schönen Ausblick über den Wald bietet. Mehrere Snackstände am Busparkplatz von Dakshinkali servieren belebenden Tee und Pappadams.

ⓘ An- & Weiterreise

Die Busse der Linie 22 fahren regelmäßig vom Shahid-Tor (Märtyrerdenkmal) und vom Busbahnhof Ratna Park (50 NPR, 2½ Std.) in Kathmandu nach Dakshinkali. Dienstags und samstags werden für die Pilgerscharen zusätzliche Busse eingesetzt. Von Pharping geht's zu Fuß oder mit dem Fahrrad auf einem einfachen Weg weiter, aber in der Gegenrichtung ist es dann ein steiler, harter Anstieg.

Dollu

3 km vor Pharping zweigt von der Straße aus Kathmandu eine Seitenstraße in nördlicher Richtung entlang des kleinen Tals zum Dorf Dollu ab. Unterwegs stehen noch mehrere riesige tibetisch-buddhistische Klöster. Darunter ist z. B. das **Rigon Tashi Choeling**, das einige schöne Wandmalereien und Plastiken enthält, u. a. ein furchterregendes Bildnis des Guru Dorje Drolo und seines Tigers.

Weiter nördlich blickt eine hoch aufragende Statue von **Guru Rinpoche** auf die Klöster und das Tal von Dollu herab.

Wer ab der Kreuzung bei Dollu noch einige Hundert Meter weiter entlang der Hauptstraße nach Kathmandu läuft, kommt zu einer Ansammlung von Häusern in einer Haarnadelkurve, wo eine Piste bergauf zum riesigen Kloster **Neydo Tashi Choeling** führt. Dieser moderne Gompa thront über der umliegenden Landschaft, und die Hauptgebetshalle enthält einige beeindruckende Wandmalereien sowie eine 15 m hohe Statue von Sakyamuni. Hier gibt's fast 200 Mönche, sodass die Zeremonie des Morgen- und Abendgebets ein echtes Erlebnis ist.

🛏 Schlafen & Essen

★ Kloster-Gästehaus Neydo Tashi Choeling
PENSION €€

(☏ 01-6924606; www.neydohotel.com; EZ/DZ inkl. Frühstück 65/75 €; 🛜) Dieses Gästehaus, das zum Kloster Neydo Tashi Choeling gehört, stellt eine andere Welt dar – eine ganz wundervolle. Es bietet höchst komfortable Zimmer in ruhigen Farben, die Ruhe ausstrahlen, aber das Beste am Aufenthalt ist die Chance, die 200 hier wohnhaften Mönche kennenzulernen: Die Gäste dürfen mit ihnen essen und am täglichen Klosterleben teilnehmen. Im Preis sind alle Steuern enthalten.

Das Gästehaus liegt ein paar Kilometer außerhalb von Pharping an der Straße nach Kathmandu.

Solid Rock Lodge & Restaurant
PENSION €€

(☏ 9823233093; https://solidrock.np.com; Zi. 3000 NPR; 🛜) Die Pension wird von einem dänischen Expat geführt. Diese adrette Lodge hoch über dem Dollu-Tal ermöglicht eine schöne Auszeit von den anstrengenden Menschenmassen. Inmitten schöner Landschaft und buddhistischer Klöster ist ein ruhiger Aufenthalt garantiert. Die Zimmer sind erfindungsreiche, erdbebensichere Bambushütten, und es gibt ein vegetarisches Restaurant mit fabelhaftem Blick über das Tal.

Bungamati

☏ 01 / EW. 5720

Bungamati war einst eines der hübschesten Dörfer im Kathmandu-Tal, bekam dann jedoch die volle Wucht des Erdbebens im Jahr 2015 ab, und viele Gebäude und Tempel sind eingestürzt Die Spuren der Katastrophe werden noch lange sichtbar sein. Dennoch haben einige Monumente die Katastrophe überdauert, während andere wiederaufgebaut werden.

Dieses historische Dorf ist der Geburtsort von Rato Machhendranath, dem

Schutzpatron von Patan, aber der riesige Shikhara-Tempel, der die Gottheit auf dem Hauptplatz beherbergte, zerfiel beim Erdbeben zu Bauschutt. Dennoch wird hier weiterhin das Rato-Machhendranath-Fest (S. 24) gefeiert, zu dem die berühmte Wagenparade zwischen Bungamati und Patan gehört.

Viele Einheimische verdienen ihr Geld als Holzschnitzer, und die Werkstätten und Ladengeschäfte liegen rund um den Hauptplatz verteilt. Überall erklingt das Tak-Tak der Beitel. Von der Bushaltestelle geht's über die breite Straße in Richtung Süden zum Platz. Dort rechts abbiegen an einer größeren Kreuzung an einem Ganesh-Schrein.

◉ Sehenswertes

Durch die Zerstörung des **Rato-Machhendranath-Tempels** und des **Bhairab-Tempels** beim Erdbeben von 2015 hat Bungamati einen Teil seiner Seele verloren. Diese Schreine haben eine sehr wichtige Rolle im religiösen Leben des Tals gespielt, und ihr Verlust ist für die Einheimischen schwer. Die spirituelle Bedeutung der Tempel liegt jedoch in ihren Gottheiten. Beide konnten gerettet werden, und das religiöse Leben geht weiter. Während die Tempel wiederaufgebaut werden, was noch eine Weile dauern kann, müssen Besucher sich mit den Wiederaufbauarbeiten, den provisorischen Schreinen für die Gottheiten und einer Handvoll kleinerer Tempel in den Hintergassen zufriedengeben.

Kulturmuseum von Bungamati
MUSEUM

(25 NPR; ⊙ Sa–Do 10–16 Uhr) An der schmalen Gasse, die vom Hauptplatz der Stadt wegführt, liegt dieses unauffällige, staubige Museum, das Kulturobjekte aus der Gegend ausstellt.

Dey Pukha
WASSERBECKEN

(Zentrales Wasserbecken) Der Weg durch das Nordtor des Hauptplatzes führt zu einem zerfallenen, buddhistischen Kloster im Hofstil und vorbei an einer Auswahl von Chaityas und Schreinen, bevor man das von einer Ziegelsteinmauer umgebene Wasserbecken von Dey Pukha erreicht.

Karya-Binayak-Tempel
HINDUISTISCHER TEMPEL

Der Tempel auf halber Strecke zwischen Bungamati und Khokana ist Ganesh geweiht. Einheimische Pilger versammeln sich hier samstags zu einem *bhoj* (Festmahl) und etwas *bhajan* (Andachtsmusik) – die newarische Version von Barbecue und Lagerfeuergesang. Für diesen Tempel biegt man an der Stelle links ab, wo der Weg von Bungamati auf einen größeren Weg an einer Schule trifft.

ⓘ An- & Weiterreise

Die Busse nach Bungamati fahren regelmäßig an der Haltestelle Lagankhel in Patan (25 NPR, 40 Min.) ab. Es gibt auch einige Direktbusse zum Busbahnhof Ratna Park in Kathmandu (35 NPR). Bungamati ist bequem per Motorrad (oder für unerschrockene Radfahrer per Fahrrad) erreichbar. Wer das vorhat, biegt von der Ringstraße in Kathmandu bei Nakhu ab.

Khokana
🗺 01 / 12 786 EW.

Die mittelalterliche newarische Stadt Khokana ist kleiner und verschlafener als Bungamati, aber lohnt dennoch einen Kurzbesuch, auch wenn die altehrwürdigen Gebäude beim Erdbeben von 2015 stark beschädigt wurden. Die Hauptstraße führt durch das Dorf, das wie ein Fenster zur Vergangenheit ist, mit seinen Matratzenmachern, die Hüllen mit Baumwolle ausstopfen, Bauern, die Stroh zu Ballen formen, nähenden Schneidern und Frauen, die Wolle spinnen und Reis sortieren. Auf dem Hauptplatz des Dorfes steht der drei-

---

ABSEITS DER ÜBLICHEN PFADE

DAS LELE-TAL
• •

Wer noch etwas mehr vom Tal sehen möchte, kann in das Lele-Tal fahren, das in östlicher Richtung vom Tal des Nakhu Khola abgeht, rund 5 km südlich von Chapagaon. Nur wenige Touristen kommen hierher, und das Tal ist wie ein Fenster zu der Lebensweise, die in anderen Teilen des Kathmandu-Tals rasch verschwindet.

Nach Lele geht's über die Lkw-Piste südlich von Chapagaon zum **Tika Bhairab**, einem großen Felsenschrein mit einem mehrfarbigen Gemälde von Bhairav am Zusammenfluss zweier Flüsse. Es fahren auch Busse von Chapagaon aus hierher, die sich die Straße mit lauten Lastwagen teilen, die Kies für Bauarbeiten nach Kathmandu transportieren.

---

stufige **Shekala-Mai-Tempel** (Rudrayani) (auch Rudrayani genannt), der bei der Katastrophe beschädigt wurde, aber noch steht. Die verzierten Balkone verstecken sich hinter Holzgittern. Das fünftägige **Khokana-Jatra-Fest** mit Maskentänzen findet in der Regel im Oktober statt und ist ein guter Zeitpunkt für den Besuch.

Der Zutritt zum Dorf kostet eine Gebühr von 100 NPR, die in der Touristeninformation kassiert wird. Mit diesen Geldern wird die allgemeine Instandhaltung der Dorfstraßen finanziert.

Chapagaon

Chapagaon hat beim Erdbeben von 2015 einigen Schaden an seinen hohen newarischen Häusern verzeichnet, aber seine Tempel standen noch, als der Staub sich legte. An der Hauptstraße, die auf dem Weg nach Tika Bhairav direkt über den Platz in der Dorfmitte führt, steht eine Reihe von Schreinen, darunter auch Tempel für Bhairav, Krishna und Narayan, aber die Hauptattraktion ist hier der Vajra-Varahi-Tempel.

◉ Sehenswertes

Vajra-Varahi-Tempel   HINDUISTISCHER TEMPEL (Parken 20 NPR) Dieser bedeutende tantrische Tempel liegt in einem schattigen, aber leider von Müll verschandelten Waldgebiet. Er wurde 1665 erbaut und lockt samstags Scharen von Hochzeitsgesellschaften, Pilgern und Picknickfreunden an. Die Besucher schütten Milch und Opfergaben über die Statue von Nandi, dem Bullen, vor dem Tempel und bringen dem Bildnis von Vajra Varahi, einer Inkarnation des „weiblichen Buddha" Vajrayogini, ähnliche Opfer dar.

Der Vajra-Varahi-Tempel liegt rund 500 m östlich der Hauptstraße an der Strecke zurück nach Godavari (beim Narayan-Tempel links abbiegen).

ⓘ An- & Weiterreise

Lokale Minibusse fahren in Patan an der Bushaltestelle Lagankhel nach Chapagaon (20 NPR, 45 Min.) oder direkt zum Vajra-Varahi-Tempel (20 NPR) ab.

Die Straße zum Tempel verläuft weiter durch eine friedliche Landschaft und stößt dann südlich von Bandegaon auf die Straße nach Godavari. Die Strecke ist zu Fuß in einer Stunde oder in 20 Min. per Rad zu schaffen.

PULCHOWKI-BERG

Dieser 2760 m hohe Berg ist der höchste Punkt um das Tal, und der Ausblick vom Gipfel ist herrlich. Hier befindet sich auch der heilige **Pulchowki-Mai-Tempel**. Hier stehen über 570 Sorten blühender Pflanzen, und der Ort ist beliebt für **Vogelbeobachtungen**, da in dieser Region ein Drittel aller Vogelarten Nepals heimisch ist. Seit Jahren kursieren Gerüchte, dass die Regierung dieses Gebiet zum Nationalpark erklären werde. Der Berg ist berühmt für die Blüte im Frühling (März bis April), vor allem der prachtvollen roten und weißen Rhododendren.

Hierher führen nur noch Trampelpfade ab Naudhara Kundan, eine Tageswanderung, oder eine sehr holprige, unbefestigte Straße, die nur für Geländewagen, Mountainbikes oder Trial-Bikes geeignet ist. Es gibt keine Infrastruktur – also Wasser, Essen, einen Kompass und Weggefährten mitbringen (in der Vergangenheit wurden Trekker schon ausgeraubt). Die Wanderung dauert rund sechs Stunden, aber bevor es losgeht, besser noch einmal den Zustand der Wege abklären.

Godavari

Godavari ist berühmt für den kollektiven grünen Daumen seiner Einwohner. In dem Dorf befindet sich der Nationale Botanische Garten von Nepal, und die Zufahrtsstraße wird von Gärtnereien gesäumt, die Kathmandu mit Blumen und Topfpflanzen versorgen.

Die 10 km lange Strecke von der Ringstraße von Kathmandu gabelt sich mitten in Godavari – der linke Abzweig führt zum botanischen Garten, während der rechte Abzweig bergauf am Naudhara-Kundan-Tempel vorbeiführt und dann in eine unbefestigte Straße mündet, die zum Pulchowki-Berg hinaufführt.

◉ Sehenswertes

Da die Einheimischen vor Raubüberfällen warnen, ist es ratsam, einen Guide für eine Wanderung auf den abgelegenen Wegen rund um Godavari anzuheuern. Hotels oder Restaurants dürften in der Lage sein, einen Guide zu vermitteln.

Nationaler Botanischer Garten GÄRTEN
(Ausländer/SAARC/Nepalesen 226/57/34 NPR, Kamera/Video 20/150 NPR, Kind unter 10 Jahren halber Preis; ⊙10–17 Uhr, Nov.–Jan. bis 16 Uhr) Der grüne botanische Garten ist ein ruhiger und friedlicher Ort für einen Spaziergang oder ein Picknick, allerdings nicht freitags oder samstags, wenn er von Schulkindern überrannt wird. Das Besucherzentrum zeigt Exponate zu Nepals Flora, und in der Mitte befindet sich das dekorative **Krönungsbassin** mit seiner 7 m hohen Gedenksäule.

Godavari Kunda HINDUISTISCHE STÄTTE
An der Kreuzung vor dem Nationalen Botanischen Garten führt eine Straße weiter geradeaus zu einer Ansammlung lokaler Restaurants, Godavari Kunda – eine heilige Quelle rechts neben der Straße – und linker Hand zu einem Wasserbecken, das von einer ordentlichen Reihe shivaistischer Schreine gesäumt wird. Alle 12 Jahre (nächstes Mal 2027) kommen Tausende von Pilgern zu der Quelle, um zu baden und ihr spirituelles Guthaben zu erhöhen. Nebenan befindet sich das große tibetische Kloster **O Sal Choling Godavari**.

Naudhara Kunda HINDUISTISCHER TEMPEL
(Pulchowki-Mai-Tempel) Dieser Tempel ist einer der tantrischen Muttergöttinnen geweiht, und die beiden großen Becken vor der Tempelanlage werden aus neun Wasserspeiern (Naudhara Kundan genannt) gespeist, die für die neun Ströme stehen, die am Pulchowki-Berg entspringen. Der Tempel befindet sich an der Straße bei der Kreuzung mit der St.-Xavier-Schule, die rechts liegt.

Obwohl der Eintritt in den Tempel kostenlos ist, stehen die Chancen gut, dass die Naudhara-Gemeindewald-Gruppe um 100 NPR bittet, da der Tempel direkt an den Wald angrenzt.

Naudhara-Gemeindewald WALD
(100 NPR, Parken 20 NPR; ⊙7–16 Uhr) Der Naudhara-Gemeindewald umfasst insgesamt 147 ha Wald unter kommunaler Verwaltung und wurde mit Unterstützung von Bird Conservation Nepal (www.birdlifenepal.org) eingerichtet. Guides (die mit hoher Sicherheit kein Englisch sprechen) können durch das Ticketbüro zum Preis von 500 NPR für einen zwei- oder

dreistündigen Rundgang vermittelt werden. Einige der Trails waren von Erdrutschen betroffen, daher muss erst vor Ort nachgefragt werden, ob die einzelnen Touren möglich sind.

Shanti Ban Buddha   BUDDHISTISCHE STATUE

Am Hügel oberhalb von Godavari steht ein riesengroßes goldenes Buddha-Bildnis, das von Buddhisten geschaffen wurde, die von der japanischen Friedenspagoden-Bewegung inspiriert waren. Die Statue steht gleich westlich des eigentlichen Dorfes und ziemlich hoch über der Hauptstraße, aber vermutlich muss man zwischendurch nach dem Weg fragen. Ab dem Abzweig geht's 20 Minuten auf einer unbefestigten Straße weiter. Ganz am Ende des Dorfes nach dem grünen Tor mit einem Schild mit der Aufschrift „Shanti" Ausschau halten, das Tor einfach aufdrücken und die Stufen zur Statue hinaufklettern.

Bishankhu Narayan   HINDUISTISCHER SCHREIN

(Godamchowr) Wer einen Grund sucht, um die eingefahrenen Wege zu verlassen, dürfte mit dem Schrein von Bishankhu Narayan gut bedient sein. Er ist Vishnu geweiht. Dieser von Kettengeflecht bedeckte Schrein ist über eine steile Treppe erreichbar, die zum Tempel hinaufführt und dann wieder hinunter zu einer schmalen Felsspalte, an der die Pilger den Umfang ihrer Sünden testen, indem sie sich durch die winzige Lücke quetschen. Wer stecken bleibt, hat den Beweis, sich entweder der Völlerei oder des Hochmuts schuldig gemacht zu haben …

Die unbefestigte, 3 km lange Straße nach Bishankhu Narayan beginnt in Bandegaon an der Godavari-Straße und verläuft in südöstlicher Richtung an einem kleinen Strom. Im Dorf Godamchowr gabelt sich der Weg am Fußballplatz. Der linke Abzweig steigt rund 2 km zum Schrein hinauf.

Harisiddhi-Bhagwan-Tempel   HINDUISTISCHER TEMPEL

(Harisiddhi) Rund 7 km nordwestlich von Godavari liegt Harisiddhi an der Hauptstraße. Es ist bemerkenswert wegen des hoch aufragenden, vierstöckigen Harisiddhi-Bhagwan-Tempels auf dem mit Ziegelsteinen gepflasterten Marktplatz. Geweiht ist dieser Tempel einer der furchtbaren Inkarnationen von Durga. Er ist von einheimischen Gläubigen in leuchtenden Farben bemalt worden und trotz der Erdbeben-schäden immer noch imposant. Jeder Bus auf dem Weg nach Godavari kann Passagiere hier absetzen.

🛏 Schlafen & Essen

In Sachen Budgethotels ist hier Ebbe. Das gehobene **Godavari Village Resort** (☏ 01-5560675; www.facebook.com/godavarivillageresort; 🛜🖵) wurde beim Erdbeben im Jahr 2015 beschädigt, hat Anfang 2018 jedoch wiedereröffnet. Es gibt ein paar billige Restaurants vor dem Godavari Kunda, wo Tagesausflügler für wenige Rupien etwas zu essen bekommen.

Hotel View Bhrikuti   HOTEL €€

(☏ 01-5174071; www.hotelviewbhrikuti.com.np; EZ/DZ einschließlich Frühstück ab 60/75 €; ❄🛜) Ein kitschiges, aber gut geführtes Businesshotel. Die Zimmer hier sind groß und überraschend exklusiv mit modernen Annehmlichkeiten wie Minibars, modernen Bädern und Kabel-TV ausgestattet. Es gibt außerdem ein ansprechendes Restaurant auf dem Dach, und bei klarem Wetter ist das Bergpanorama wirklich einer Postkarte würdig.

ℹ An- & Weiterreise

Lokale Minibusse (Nr. 5) und Busse (Nr. 14) pendeln zwischen Lagankhel in Patan und Godavari (25 NPR 45 Min.). Die Straße ist in einem passablen Zustand für Radfahrer oder Motorradfahrer, aber Vorsicht vor den Lastwagen, die zu den Minen in der Nähe von Tika Bhairab unterwegs sind.

DER TALRAND

Hinter Bhaktapur beginnt die Landschaft anzusteigen, eröffnet (an klaren Tagen) Ausblicke gen Norden auf die gezackte Gebirgswand des Himalajas, der nur selten vom Grund des Tals aus sichtbar ist. Folglich sind die Städte an diesem Ende des Tals traditionelle Wochenendausflugsziele für die Einwohner von Kathmandu, die aber nicht nur wegen des Ausblicks kommen, sondern auch wegen des Wegenetzes, das diese Orte verbindet. Die Traveller sind ihnen gefolgt.

Der Talrand ist eine Reiseroute für zwei anstrengende oder drei lockere Tage, insbesondere für Wanderer: Der Rundwanderweg am Talrand (S. 201) bietet in diesem Gebiet die schönsten Erlebnisse in der verfügbaren (meist kurzen) Zeit.

Nagarkot

🎵 01 / 4500 EW. / 2175 M. Ü. D. M.

Nagarkot steht in dem Ruf, einer der besten Orte für Himalaja-Ausblicke vom komfortablen Hotelbalkon aus zu sein. Das nur 32 km von Kathmandu entfernte Dorf ist voll von Hotels entlang eines Bergkamms. Dieser Punkt gibt die Sicht frei auf eines der breitesten Himalaja-Panoramen überhaupt. Acht Gebirgszüge liegen vor den Betrachtern: Annapurna, Manaslu, Ganesh Himal, Langtang, Jugal, Rolwaling, Everest und Numbur. Jedoch kommt es auf das Timing an, da die Berge dafür bekannt sind, dass sie hinter den Wolken verschwinden. Am besten stehen die Chancen im Oktober bis Dezember und März bis April, wenn mit klarer Sicht zu rechnen ist.

Abgesehen von der Aussicht hat der Ort wenig zu bieten, wer also noch etwas außer seinem Hotel sehen möchte, muss zu einem Resort gehen oder sich draußen aufhalten. Wer gerade erst am Tribhuvan Airport angekommen ist, kann direkt nach Nagarkot kommen und sich in der Natur erholen, falls die Stadt noch zu anstrengend erscheint. Ab Mitte Oktober sollte warme Kleidung im Koffer sein.

🔴 Sehenswertes & Aktivitäten

Nagarkot besteht nur wegen der Aussicht – aber was für eine Aussicht! Von jedem freien Fleck an diesem Bergkamm ist der Himalaja sichtbar: vom Dhaulagiri (8167 m) im Westen zum Mount Everest (8848 m) und Kanchenjunga (8586 m) im Osten, über den Ganesh Himal (7406 m), Langtang Lirung (7227 m), Shisha Pangma (8012 m), Dorje Lakpa (6966 m) und Gauri Shankar (7134 m).

Die besten Plätze, um diese Aussicht zu genießen, sind die Grundstücke in erster Lage, die die Hotels sich unter den Nagel gerissen haben. Die besten Optionen sind das Hotel Country Villa (S. 204) oder der Club Himalaya Resort (S. 202), die beide gerne ein Bier oder einen Kaffee zum Ausblick anbieten – oder die Kälte lindern. Alternativ gibt's noch den Aussichtsturm.

Aussichtsturm   AUSSICHTSPUNKT
Ein beliebter Platz zum Aufsaugen der Pracht des Himalajas ist dieser Turm, der in 2164 m Höhe auf einem Bergkamm steht. Die Aussicht könnte allerdings von

Nagarkot

🟢 Aktivitäten, Kurse & Touren
1 Nature Trail A2

🛏 Schlafen
2 Club Himalaya Resort A3
3 Fort Resort B2
4 Hotel at the End of the
  Universe B2
5 Hotel Country Villa B1
6 Hotel Green Valley B1
7 Nagarkot B&B A3
8 Peaceful Cottage B2
9 Resort Eco-Home Nagarkot B2
10 Serene Resort B2
11 Sherpa Alpine Cottage B2

✖ Essen
12 Berg House Café A3
   Café du Mont .... (siehe 8)

der wachsenden Vegetation versperrt werden. Der Turm ist eine Stunde zu Fuß (4 km) vom Dorf entfernt und am schönsten bei Sonnenaufgang. Wer nicht auf Wanderungen in der Dunkelheit und Kälte steht, kann sich von jedem der Hotels oder den Touristeninformationen ein Taxi oder einen Privatwagen (1200 NPR hin & zurück) vermitteln lassen.

ABSTECHER

DER RIESIGE SHIVA

Über dem kleinen Dorf Sanga an der Hauptstraße zwischen Bhaktapur und Dhulikhel thront der **Kailashnath Mahadev** (Sanga; 100 NPR), eine 43,5 m hohe Shiva-Statue, die angeblich die höchste der Welt ist. Die erst 2010 fertiggestellte Statue mag etwas kitschig sein, aber die Kupferfarbe und die Zwillingskobra sind dennoch bemerkenswert, wie zahlreiche Selfies beweisen. Der Zugang führt durch das Resorthotel Hilltake mit eigenem Spa.

Nagarkot-Buddha-Friedensgarten
BUDDHISTISCHE STATUE

(Straße nach Nagarkot) GRATIS Wer gerne Maya-Pyramiden hinaufklettert, wird sich auch über diesen steilen Aufstieg über die Steintreppe hoch zum Garten oberhalb des Schreins freuen. Die zentrale Attraktion ist eine massive goldene Buddha-Statue, obwohl die Ausblicke auf das benachbarte Tal, einen Gemeindewald, auch nicht schlecht sind. Es gibt Pläne für den Bau eines Klosters weiter oben am Berg.

Naturwanderweg
WANDERN

Dieser einfache Rundwanderweg von zwei oder drei Stunden rund um Nagarkot führt vorbei an terrassenförmigen Hügeln, Wäldern, Feldern voller Senfblüten und rustikalen Lehmziegelhäusern, die von Tamang bewohnt werden. Der Trail wurde vom Dorf Kartike bis nach Dhanda Gaun verlängert, was noch mehr Panorama-Ausblicke verspricht. Jedoch ist die Verlängerung nicht beschildert, deshalb lieber einen Guide anheuern, wenn man die gesamten 12 km wandern möchte.

🛏 Schlafen

Nagarkot hat zahlreiche Pensionen und Hotels, die aus dem Ausblick nach Norden auf den Gebirgskamm Kapital schlagen und für dieses Privileg zur Kasse bitten. Ein paar Hotels weisen noch Spuren des Erdbebens von 2015 auf, aber die Stadt hat sich weitestgehend davon erholt.

Nagarkot ist bei einheimischen und indischen Touristen beliebter als bei Ausländern und kann ziemlich voll werden (und laut, wenn junge Nepalesen bis spät in die Nacht mit lauter Musik Partys feiern). Die Hotelpreise sind viel höher und die Standards niedriger als in Gebieten, die bei ausländischen Touristen beliebt sind. Jedoch bieten die meisten der Hotels erhebliche Preisnachlässe, deshalb einfach bei der Buchung oder beim Check-in nachfragen, vor allem in der Nebensaison (Sommer/Winter).

Sherpa Alpine Cottage
PENSION €

(📞 9841265231; sherpacottage@gmail.com; Zi. 1200 NPR, ohne heißes Wasser 800 NPR; 🛜) Einfache Hütten mit allen Einrichtungen zum wahrscheinlich günstigsten Preis in Nagarkot. Die meisten bieten unvergessliche Ausblicke. Dazu gibt's ein angenehmes Restaurant im Freien mit Tischen in kleinen Hütten in einem terrassierten Garten mit Blick auf das Tal.

Nagarkot B&B
HOTEL €

(📞 01-6680111; EZ/DZ einschl. Frühstück 15/18 €; 🛜) Wer eine Budgetunterkunft in der Altstadt sucht, ist mit diesen einfachen Zimmern über einigen Läden gut bedient, sofern man sich nicht am Lärm des Generators stört. Die Dachterrasse ist der Chillout-Bereich für Gäste.

⭐ Mystic Mountain
RESORTHOTEL €€

(📞 01-4426646; www.hotelmysticmountain.com; Zi. inkl. Frühstück 7500 NPR; 🅿✳🛜🛆) Das einzige Fünf-Sterne-Haus in Nagarkot, der neu eröffnete Zauberberg, ist ein echtes Schnäppchen. Für diesen Preis gibt's sonst nur Zimmer der oberen Mittelklasse. Ausgenommen einiger zunehmender Schwachstellen in der Küche ist hier alles erste Sahne, insbesondere das Personal. Am besten aber sind die dramatische Lage am Berg und der Blick auf den Nebel darunter. Der Infinity-Pool ist der ideale Platz zum Betrachten dieses Phänomens.

⭐ Resort Eco-Home Nagarkot
PENSION €€

(📞 01-6680180; www.ecohomenagarkot.com; EZ/DZ 25/30 €; 🛜) 🍃 Diese Pension unter deutsch-nepalesischer Leitung ist das lokale Zentrum für progressives Reisen mit Schwerpunkt auf Nachhaltigkeit, einheimischer Handwerkskunst, Bio-Essen und Chancengleichheit für Frauen. Ein Teil des Gewinns fließt in lokale Gemeinschaftsprojekte – eine Rarität in Nepal. Gleichzeitig ist dies ein sehr gut geführtes Unternehmen mit viel Liebe zum Detail und einem Nachlass von 25 % in der Nebensaison. Steuern inbegriffen.

Ein offenes Herdfeuer ist der Mittelpunkt des gemeinschaftlichen Speisezim-

RUNDWANDERWEG AM TALRAND

Der Talrand ist von einem komplexen Netz an Wanderwegen überzogen. Von jeder Stadt des Tals ist die nächste zu Fuß erreichbar, sodass man die Qual der Wahl hat. Unter dem Strich empfehlen die lokalen Guides die Runde gegen den Uhrzeigersinn. Ausgangspunkt ist Panauti, dann geht's weiter über Balthali und Namobuddha nach Dhulikhel. Eine ideale Wegstrecke ist eine dreitägige Exkursion mit zwei Übernachtungen ab Kathmandu, wie hier beschrieben:

Erster Tag Mit einem frühen Bus geht's vom Busbahnhof Ratna Park direkt nach Panauti (1½ Std.). Vormittags steht eine Besichtigung von Panauti auf dem Programm, dann geht's weiter mit einem lokalen Bus zur Khopasi-Brücke (zu Fuß 40 Minuten, aber die Strecke verläuft entlang der staubigen Straße). Auf der anderen Seite dieser malerisch schönen Hängebrücke geht's weiter in das grüne Balthali (1½ Std.), wo jede der malerischen Berglodges eine gute Wahl ist.

Zweiter Tag Mit einem von der Lodge vermittelten Guide geht's weiter nach Namobuddha. Dies ist ein großartiger dreitägiger Trek mit einer landschaftlich schönen Wanderung entlang des Bergzugs und einer weiteren fotogenen Hängebrücke. Übernachtung im Namobuddha Resort (S. 211) oder sogar im Kloster Thrangu Tashi Yangtse (S. 211).

Dritter Tag Wanderung von Namobuddha nach Dhulikhel (drei Std.). Nach der Besichtigung der Sehenswürdigkeiten lädt das Himalayan Restaurant (S. 208) zur Rast ein, danach geht's mit dem Bus zurück nach Kathmandu.

Dies ist nur ein Vorschlag, der flexibel an die eigenen Bedürfnisse angepasst werden kann. Wer möchte, kann überall auf diesem Rundweg eine weitere Übernachtung einschieben oder sich beeilen und die Tour mit nur einer Übernachtung bewältigen. Egal wie, mit dieser Beschreibung als Grundgerüst für die eigene Tour holt man das meiste aus seiner Zeit in diesem Gebiet heraus. Da der Talrand in der Regel nicht stark vom Monsunregen betroffen ist, ist dieser Rundweg das ganze Jahr über begehbar.

mers und der Inbegriff dieses Hauses, das Menschen aller Art zusammenführen möchte. Und das tut es erfolgreich.

⭐ **Nagarkot Farmhouse Resort** RESORT €€
(☎ 01-6202022; www.nagarkotfarmhouse.com; EZ/DZ einschl. Halbpension 5000/7500 NPR; ⓟ ✳ 🛜) Wer mal richtig abschalten möchte, ist in diesem ruhigen Waldhotel genau richtig. Ohne TV oder Funksignal sind die Gäste gezwungen, auf dem Balkon zu sitzen und den sensationellen Blick über Gipfel und hübsche Täler zu genießen. Alternativ lädt der Meditationsraum ein, etwas Yoga auszuprobieren. Ein engagierter Inhaber sorgt für einen großartigen Aufenthalt. Steuern inbegriffen.

Die besten Zimmer sind die vom newarischen Stil inspirierten Zimmer im Ziegelsteinbau am Rand des Gartens. Die Bäder haben makellose Badezimmer, Holzöfen, hohe Matratzen und Liegestühle. Es befindet sich ca. 2 km hinter dem Hotel Country Villa (S. 204) an der unbefestigten Straße nach Sankhu – in der Monsunzeit wird die Anreise zu einer äußerst schwierigen Angelegenheit.

Serene Resort HOTEL €€
(☎ 01-6680189; www.serene-resort.com; Zi. 70 €; ⓟ 🛜) Dieses Resort hebt die örtliche Messlatte in Sachen Stil. Die angeschlossenen Villen bieten moderne, nett eingerichtete Zimmer mit hohen Decken in einer privaten und abgeschlossenen Anlage. Der benachbarte Turm war zum Zeitpunkt der Recherche noch im Bau und wird später kleine Zimmer mit umwerfender Aussicht sowie ein neues Restaurant bieten. Im Preis sind die Steuern und eine Servicegebühr enthalten.

Peaceful Cottage HOTEL €€
(☎ 01-6680077; www.peaceful-cottage.com; Zi. inkl. Frühstück mit/ohne Aussicht 50/30 €, Familienzimmer 60 €; 🛜) Dieses einzigartige achteckige Hotel wird von einem unbezähmbaren lokalen Unternehmer geführt. Es bietet eine Berglage am Rand einer Klippe, ausgezeichnete Aussicht und das angenehme Café du Mont zum Ausspannen. Das Hotel hat Zimmer für jeden Geldbeutel, bei allen gehört ein kostenloser Yogakurs dazu.

Die Eckzimmer sind die besten, aber wer auf den Ausblick verzichten kann,

WANDERUNG UND RADFAHREN VON/NACH NAGARKOT

Es gibt eine Reihe von Wander- und Radrouten in diesem Gebiet. Wer in Nagarkot startet, läuft bergab. Die Karte von Nepa Maps im Maßstab 1:25 000 *Nagarkot – Short Trekking on the Kathmandu Valley Rim* ist nützlich, obwohl die Ausgabe im Maßstab 1:50 000 *Around the Kathmandu Valley* vermutlich ausreicht.

Mountainbikes verleiht das Nagarkot Naldum Tourism Development Committee (S. 204) für 600 NPR pro Stunde.

In Flaschen abgefülltes Wasser ist auf diesen Routen kaum erhältlich, also besser viel Wasser einpacken. Einige Merkmale dieser Routen könnten sich seit dem Erdbeben verändert haben, deshalb vor dem Start besser noch einmal bei Einheimischen nachfragen.

Nach Dhulikhel (4 bis 7 Std. ab Nagarkot)

Der **Kathmandu Valley Cultural Trekking Trail**, eingerichtet vom NETIF (www.netif nepal.org), ist ein 20 km langer Direktweg nach Dhulikhel. Insgesamt ist der Weg gut beschildert, aber es gibt immer noch ein paar verwirrende Abschnitte. Unterwegs einfach vorbeikommende Dorfbewohner nach dem richtigen Weg fragen. Der Weg startet hinter dem Club Himalaya Resort (S. 202) und folgt der Straße vorbei an den Kasernen. Dann geht's weiter in das Dorf Rohini Bhanjyang Sera. Dafür folgt man den Schildern nach Dhulikhel. Von hier aus geht's geradeaus weiter (keinen der Wege links oder rechts nehmen) und bergauf, an der Kreuzung links abbiegen.

Nach 1 km führt der kleine Weg rechter Hand steil bergab ins Tal und zum Dorf Tanchok. In Tanchok der Hauptpiste für Jeeps bis nach Tusal hinauf folgen. Rechts geht's nach Opi, wo der Weg die wichtigste Jeeppiste kreuzt, und dann weiter auf die letzte, 5 km lange Etappe nach Dhulikhel. 500 m vom Busparkplatz entfernt liegt das Himalayan Horizon Hotel (S. 208) auf der anderen Seite des Arniko Highway.

Nach Changu Narayan (4½ Std. ab Nagarkot)

Von Nagarkot ist die Strecke entlang der ausgetretenen Pfade nach Changu Narayan ein leichter Spaziergang. Der Weg verläuft parallel zur Straße nach Bhaktapur entlang des Bergzugs und zweigt an der scharfen Haarnadelkurve bei Telkot ab (das in manchen Karten als Deurali Bhanjhang eingezeichnet ist). Wer einen Bus von Nagarkot hierhernimmt, spart sich die mühsame erste Hälfte des Weges.

bekommt günstige Zimmer mit großen eigenen Balkonen und Blick auf den Wald. Es gibt auch ein Familienzimmer mit acht Betten oben im achteckigen Turm, aber erst mal gut durchlüften!

Hotel at the End of the Universe PENSION €€ (☎01-6680011; www.endoftheuniverse.com.np; Zi. 20–35 €, ohne Bad 12 €, Suite 50 €; ☎) 🏃 Abgesehen von einem tollen Namen bietet dieses Resort eine eklektische Auswahl an Unterkünften, darunter Zimmer, Bambushütten, Lebkuchenhäuschen und Trekkingzelte, all dies in einem grünen Garten. Die Suiten bieten Platz für bis zu acht Personen. Ein stimmungsvolles Restaurant mit Steinwänden und großen Fenstern erwartet die Gäste zu großartigen Mahlzeiten und tollem Ausblick.

Am besten daran ist jedoch die flippige, relaxte Atmosphäre. Diese Unterkunft auf dem Berg fühlt sich fast wie ein freundli-ches Hostel an. Das mag vielleicht an diesen witzigen Pflanzen im Garten liegen …

Hotel Green Valley HOTEL €€ (☎01-6680078; www.hotelgreenvalley.com.np; EZ/DZ ab 3000/3500 NPR; P❋☎) Dieses Hotel musste nach dem Erdbeben von 2015 vollständig renoviert werden und soll im April 2018 wiedereröffnet werden. Dann wird es 25 neue Zimmer mit viel Glas und einem denkwürdigen Ausblick auf den Himalaja geben.

⭐**Club Himalaya Resort** RESORTHOTEL €€€ (☎01-6680046; www.clubhimalaya.com.np; EZ/DZ inkl. Frühstück ab 70/95 €, Economy EZ/DZ exkl. Frühstück 40/65 €; ⊘Restaurant 6.30–10 Uhr, 12.30–17 Uhr & 18.30–22 Uhr; P❋☎☼) Diese schön gestaltete Berglodge ist rund um einen riesigen runden Glasraum angeordnet, in dem sich die Rezeption, ein schicker beheizter Pool und ein fähiges

Von der Kurve führt die mittlere unbefestigte Straße hinauf zum Telkot-Wald. Dann links halten. Der Weg steigt ungefähr 20 Minuten durch einen Kiefernwald an, bis der Bergkamm erreicht ist. Nun geht's weiter oben auf dem Kamm, der sanft nach Changu Narayan abfällt. An klaren Tagen ist der Ausblick auf den Himalaja fantastisch. Dieser Weg ist für Wanderer, Mountainbiker und Motorradfahrer geeignet.

In umgekehrter Richtung startet der Weg in der Nähe des Changu Narayan Hill Resorts. An der Weggabelung der mittleren Straße folgen. Es lässt sich auch noch eine Wanderung bis nach Bodhnath oder Sankhu dranhängen.

Nach Sundarijal (1 oder 2 Tage ab Nagarkot)

Eine Wanderung am Talrand nach Sundarijal dauert zwei leichte – oder einen sehr langen Tag. Dort geht's auf der Straße weiter nach Gokarna, Bodhnath und Kathmandu, dann noch mal ein Tagestrek entlang des Talrandes nach Budhanilkantha. Alternativ starten hier auch die Treks nach Helambu oder Gosainkund. Unterkunft gibt's in Bhotichaur und Sundarijal in von Einheimischen geführten Pensionen, aber die Wege können verwirrend sein, deshalb häufig nach dem Weg fragen.

Los geht's auf dem Sankhu-Trail bis nach Kattike (rund eine Stunde), dann hält man sich rechts (Norden) nach Jorsim Pauwa. Hier geht's weiter runter durch Bagdhara nach Chowki Bhanjyang (rund eine Stunde) und eine weitere Stunde weiter nach Nagle durch Bhotichaur. Ein Dorfgasthaus bietet sich für die Übernachtung an.

Am zweiten Tag geht's auf demselben Weg zurück nach Chowki Bhanjyang und dann an der Weggabelung weiter auf dem Abzweig, der vorbei an einem *chautara* (Rastplatz der Träger) bergauf führt. Dieser Weg steigt weiter an, bis er den Kamm überquert, bevor er wieder zum mittleren der drei Wege nach Chule (oder Jhule) hinabgeht. Hier führt der Weg in den Shivapuri-Nagarjun-Nationalpark und verläuft mehrere Stunden lang am Talrand, bevor er nach Mulkarkha abfällt. Dies ist auch die erste Etappe des Helambu-Treks. Hinter Mulkarkha folgt ein einfacher Abstieg entlang der Wasserleitung nach Sundarijal.

Eine alternative Route verläuft nordwestlich von Bhotichaur nach Chisopani. Dies ist das Ende der ersten Etappe des Helambu-Treks, und es gibt mehrere Trekking-Lodges. Am nächsten Tag führt die Wanderung in Südwest-Richtung über den Bergkamm durch den Shivapuri-Nagarjun-Nationalpark nach Sundarijal.

Restaurant mit indischer, chinesischer und europäischer Karte befinden. Dazu gibt's eine Bar samt Tanzfläche mit einem Rock-and-Roll-Thema. Doch der eigentliche Grund für den Besuch ist die Aussicht, mit der sich über ganz Nagarkot.

Seien es die öffentlichen Terrassen oder die Zimmer mit Balkon: Dies ist ein ausgezeichneter Fleck zum Ausspannen, egal ob als Hotel- oder Restaurantgast. Zehn barrierefreie Zimmer heißen auch Traveller mit Behinderung willkommen – eine Seltenheit in Nepal. Bitte beachten, dass die Economy-Zimmer keine Aussicht haben, die Standard- und Deluxe-Zimmer allerdings doch. Davon abgesehen wird keines der Zimmer enttäuschen.

Nepal Yoga Retreat RESORT €€€
(☏9851092635, 9851037083; www.yogaretreat nepal.com; 1 km außerhalb von Telkot (Tharkot) in Richtung Sankhu; EZ/DZ all-inclusive 3 Tage/ 2 Nächte 120/230 €; ☎) Dies ist eines der angesehensten Zentren für Yoga-Retreats in Nepal. Es bietet ein Komplettprogramm an Yogakursen, Ayurveda-Massagen, Dampfbäder und mehr unter fachkundiger Leitung. Die Unterbringung in den Bambushütten ist ziemlich einfach, daneben gibt's erhöhte Zimmer mit schönem Talblick. Dies ist die passende Adresse für ernsthafte Yogaschüler.

Fort Resort RESORTHOTEL €€€
(☏01-6680069; www.fortretreat.com; EZ/DZ/ Suite 75/95/130 €; @☎) Dieses weitläufige, newarische Ziegelsteinhotel wird seinem Namen durchaus gerecht. Seine grandiosen Eingänge, seine kurvigen Korridore und sein tadellos gepflegter Garten mit Terrasse geben den Blick frei auf eine natürliche Arena aus Berggipfeln. Obwohl ein Teil des Hotels beim Erdbeben im Jahr 2015 einstürzte, konnten 80 % gerettet und

als neuer Flügel mit klassischer Architektur und schönen Ausblicken wiederhergestellt werden.

Die würdevollen Zimmer verteilen sich auf diesen Flügel und mehrere sehr gemütliche Hütten, die an einem bewaldeten Hang darunter stehen. Die Hütten haben rustikale Kaminfeuer (lieber überprüfen, ob die anvisierte Hütte in der Nebensaison auch mal gelüftet wurde). Der Zugang zu den Hütten erfordert einen kurzen Fußweg, daher lieber im Hauptgebäude buchen, falls diese Kurzwanderung nicht erwünscht ist. Das stimmungsvolle Restaurant mit selbst angebauten Zutaten dürfte allen gefallen.

 Essen

Die eigenständigen Restaurants in der Stadt sind beinahe austauschbar, denn alle kochen die gleiche lokale Kost. Die meisten Besucher essen in den Lodges. Die besten Optionen sind das Fort Resort, **Hotel Country Villa** (☏01-6680128; www.hotelcountryvilla.com; EZ/DZ inkl. Frühstück ab 70/90 €; P✳️🛜) (für Frühstück), Club Himalaya Resort, Peaceful Cottage (Café du Mont) und, wenn es etwas Luxus sein darf, das neue Mystic Mountain (S. 200) mit seinen fünf Sternen.

Café du Mont   INTERNATIONAL €€
(☏01-6680077; Peaceful Cottage; Hauptgerichte 200–600 NPR; ⏰6–21.30 Uhr) Das Restaurant im Hotel Peaceful Cottage steht auch Nicht-Hausgästen offen. Es befindet sich in einem achteckigen Turm und führt eine eklektische Speisekarte mit lokalen, chinesischen, indischen und europäischen Gerichten, die mit einem großen Klacks liebevoller Bergaussicht serviert werden. Probieren sollte man den Sagarmatha-Kaffee in der neuen Bäckerei.

Berg House Café   INTERNATIONAL €€
(Gerichte 180–400 NPR; ⏰7–21 Uhr) An der Hauptkreuzung der Schnellstraße liegt dieser farbenfrohe und beliebte Treffpunkt, der mit Fossilien, knorrigen Baumwurzeln und einer Reihe anderer kurioser Fundstücke vollgestopft ist.

Die auf Traveller abgestellte Speisekarte bietet Pizza, Sandwiches und Steaks, obwohl das Personal so entspannt ist, dass es ewig dauern kann, bis das Essen auf dem Tisch steht. Die acht Gästezimmer sind nicht erwähnenswert. Hoffentlich ist die Küche sauberer.

ℹ️ **Praktische Informationen**

In der Nähe der Bushaltestelle gibt's mehrere **Geldautomaten**. Internet gibt's unter Nagarkot Guide.com.

Nagarkot Naldum Tourism Development Committee (NNTDC; ☏01-6680122; ⏰So–Fr 10–17.30 Uhr) Sehr hilfsbereit und hat gute Informationen zu Wanderungen in dieser Gegend. Das Büro kann Wander-Guides für rund 3000 NPR pro Tag vermitteln.

NagarkotGuide.com (☏9851016655, 9841412762; www.nagarkotguide.com) Das privat geführte NagarkotGuide.com ist ein Touristeninformationsservice, der auch geführte Touren vor Ort vermittelt und den Transfer nach Kathmandu organisiert. Dies ist eine ausgezeichnete Informationsquelle für Nagarkot und Umgebung.

ℹ️ **An- & Weiterreise**

Bis dieser Reiseführer in den Handel kommt, dürfte NargakotGuide.com (S. 204) seine tägliche Minibus-Direktverbindung direkt nach Kathmandu (450 NPR, 2 Std.) schon wieder aufgenommen haben. Die Busse starten in Nagarkot um 10 Uhr am **Busbahnhof** und holen zuvor Passagiere von den örtlichen Hotels ab, wenn man diese Leistung über das Hotel oder die Touristeninformation (S. 204) bucht. In Kathmandu fahren die Busse um 13.30 Uhr von einem Parkplatz vor dem Hotel Malla in Lainchaur ab. Es gibt jedoch keine offizielle Bushaltestelle, also hilft nur durchfragen. Auf jeden Fall vorab NagarkotGuide.com kontaktieren und nachfragen, ob es diese Verbindung schon wieder gibt.

Wer mit dem öffentlichen Bus von Kathmandu nach Nagarkot fahren will, muss in Bhaktapur umsteigen. Von hier aus fahren Busse zwischen 5 und 17 Uhr alle 45 Minuten nach Nagarkot (55 NPR, 1½ Std.). In der Hauptsaison (Herbst/Frühling) gibt's auch Busse nach Sankhu und Bodhnath.

Eine einfache Fahrt von Kathmandu nach Nagarkot kostet rund 4000 NPR, hin & zurück kommt man für 5500 NPR.

Dhulikhel

☏011 / 16 000 EW. / 1550 M Ü. D. M.

Dhulikhel ist einer der beliebteren Aussichtspunkte für das Himalaja-Hochgebirge. Von diesem Gebirgskamm aus entfaltet sich ein atemberaubendes Gipfelpanorama von Langtang Lirung (7227 m) im Westen, über Dorje Lakpa (6966 m) zum riesigen Massiv des Gauri Shankar (7134 m) und dem nahe gelegenen Melungtse (7181 m) bis hin zum Numbur (5945 m) im Osten. Die meisten Besucher entscheiden sich für einen Ausflug mit zwei Übernachtungen und einem Abstecher zum heiligen Stupa bei Namobuddha (S. 210), der eine 12 km lange Fahrt oder eine dreistündige Wanderung in den Süden bedeutet.

Anders als der andere beliebte Aussichtspunkt Nagarkot ist Dhulikhel auch ein echt newarischer Ort mit einem von Tempeln gesäumten Dorfplatz und einem Leben außerhalb des Tourismus.

Sehenswertes

Die Altstadt ist ein lohnenswertes Ziel für einen Bummel. Auf dem Hauptplatz stehen ein **Hari-Siddhi-Tempel** mit drei Dächern und ein dreistufiger **Vishnu-Tempel** aus dem 16. Jh., vor dem zwei anbetungswürdige Garudas in ganz unterschiedlichen Stilen und Größen stehen. Nordwestlich des Platzes steht ein **Ganesh-Tempel**. Ein Stück weiter liegen der moderne **Gita-Tempel** und der angrenzende dreistufige **Bhagwati-Shiva-Tempel** im newarischen Stil.

Shiva-Tempel   HINDUISTISCHER TEMPEL
Die Straße, die unten vom Dorfplatz in südöstlicher Richtung wegführt, passiert nach 2 km ein Spielfeld und stößt auf den Abzweig zum Kali-Tempel. Gleich hinter dieser Kreuzung markiert ein Ganesh-Schrein den Weg hinunter zu einem malerischen kleinen Shiva-Tempel am Grund einer Schlucht, durch die ein Flüsschen tröpfelt.

Der Tempel beherbergt einen viergesichtigen Lingam mit einer Metallkuppel und vier Nagas, die sich von der Spitze hinabkrümmen. Häufig halten sich hier heilige Männer auf, die spirituelle Ratschläge erteilen. Sehenswert sind die Statuen einer Malla-Königsfamilie im Hof.

Kali-Tempel   HINDUISTISCHER TEMPEL
(100 NPR) Wer nichts gegen einen steilen, halbstündigen Aufstieg hat, erreicht über eine Reihe von Betontreppen und Spitzkehren diesen modernen Tempel auf dem Berg (auch „Tempel der Tausend Stufen" genannt, der Name ist wohl selbsterklärend). Die Aussicht auf die Berge ist hier ausgezeichnet. Der Aussichtsturm wurde zur Zeit der Recherche rekonstruiert. Auf dem Weg dorthin kommt man an **Shanti Ban**, einer massiven goldenen Buddha-Statue vorbei.

Liegt übrigens ebenfalls auf dem Weg nach Namobuddha. Wer also dorthin un-

terwegs ist, sollte sich den Aufstieg lieber bis dahin aufsparen.

Aktivitäten

Die Wanderung oder Mountainbiketour von Dhulikhel nach Namobuddha geht ganz schön in die Beine und ist bei den Besuchern sehr beliebt. Pro Strecke dauert sie rund drei Stunden.

Von Dhulikhel führt der erste Weg zum Aussichtspunkt am Kali-Tempel hinauf, dann bergab und hinter dem Deurali Restaurant links, bis man nach einer halben Stunde zum Dorf **Kavre** an der Straße nach Sindhuli kommt. Die Straße überqueren und dann eine Stunde bis in das Dorf **Faskot** weiterlaufen. Dahinter kommen endlich der Bergkamm und ein tibetisches Kloster auf einem Hügel in Sicht. Namobuddha liegt genau darunter. Zum Stupa geht's über den rechten Abzweig hinter der Weggabelung. Der Weg ist gut ausgeschildert und auch ohne Guide zu schaffen. Von hier aus erreicht man auch Panauti über Sunthan (zwei Std.) oder Balthali (drei Std.).

Aus Richtung Namobuddha entspricht dieser Weg in umgekehrter Richtung der letzten Etappe des Rundwanderwegs am Talrand (S. 201).

Schlafen

Allgemein hat die Qualität der Unterkünfte seit dem Erdbeben im Jahr 2015 nachgelassen, da deutlich weniger Besucher kamen. Die meisten der teuren Häuser mit guter Aussicht liegen an unbefestigten Straßen abseits der Schnellstraße. Die billigen Optionen liegen an der kurvigen Hinterstraße, die in südöstlicher Richtung vom Hauptplatz wegführt.

Padma Guesthouse   PENSION €
(☑9808992383, 9843567446; Zi. 1200 NPR, ohne Bad 1000 NPR) Wem die 15 Gehminuten ab dem Busbahnhof nichts ausmachen, der wird sich in dieser ruhigen, familiär geführten Pension wohlfühlen. Sie gehört dem Küchenchef des Dwarika, das sich in derselben Straße befindet. Die Zimmer mit Balkon sind sauber und erstrecken sich über mehrere Stockwerke. Dazu gibt's selbst gekochtes Essen (200–500 NPR). Einige Zimmer haben vier Betten.

Shiva Guest House   PENSION €
(☑9841254988; B 800 NPR, ohne Bad 700 NPR) Dieses Bauernhaus im Familienbesitz hat

Dhulikhel & Umgebung

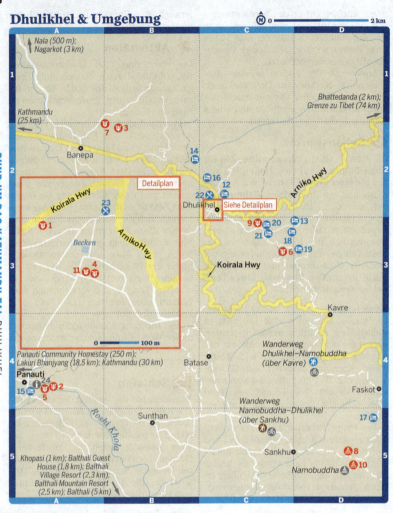

vier sehr einfache, aber saubere Zimmer und eine tolle Aussicht von den oberen Stockwerken und der Dachterrasse. Das Essen kommt frisch aus dem Biogarten. Das Obst hängt bereit zum Pflücken an den Bäumen. Hierher geht's über die Stufen am Shiva-Tempel (S. 205). Ab dem Busbahnhof läuft man 15 Minuten, dann folgt man dem tückischen Pfad entlang der Klippe. Nachts nicht ratsam.

Snow View Guest House — PENSION €
(☎ 9841482487; Zi. 1000 NPR) Dieses Fremdenzimmer könnte etwas mehr Komfort vertragen, ist aber wohl die günstigste Unterkunft mit richtigem Bergpanorama und liegt direkt neben einem angenehmen Gartenrestaurant. Nur zwei Zimmer haben den direkten Ausblick auf die Berge, aber die Dachterrasse bietet genügend Aussicht für alle.

★ Dhulikhel Lodge Resort — HOTEL €€
(☎ 011-490114, Kathmandu 01-4991353; www. dhulikhellodgeresort.com; EZ/DZ ab 50/60 €; ❄ ☎) Dieses äußerst beliebte Hotel, in dem sich auch das ebenso beliebte Himalayan Restaurant (S. 208) befindet, ist DAS Aus-

Dhulikhel & Umgebung

🎯 Highlights
1 Bhagwat-Shiva-Tempel.......................A3
2 Brahmayani-Tempel............................A4
3 Chandeshwari-Tempel......................B2
  Gita-Tempel ....(siehe 1)
4 Hari-Siddhi-Tempel A3
5 Indreshwar-Mahadev-Tempel A4
6 Kali-Tempel.......................................C3
  Krishna-Narayan-Tempel ....(siehe 2)
7 Chandeshwari-Tempel......................B2
8 Namobuddha-Stupa..........................D5
  Panauti -Friedensgallerie...........(siehe 5)
9 Shiva-Tempel....................................C3
10 Thrangu-Tashi-Yangtse-Kloster...........D5
11 Vishnu-Tempel..................................A3

🛏 Schlafen
12 Dhulikhel Lodge Resort C2
13 Dwarika's Resort Dhulikhel D3
14 Himalayan Horizon Hotel B2

15 Hotel Panauti.......................................A4
16 Mirabel Resort....................................C2
17 Namobuddha Resort D5
18 Padma Guesthouse C3
19 Panorama Resort & Spa.....................D3
20 Shiva Guest House.............................C3
21 Snow View Guest House....................C3
  Thrangu Tashi Yangtse
  Monastery Guesthouse...........(siehe 10)

🍴 Essen
  Café Lampati ....(siehe 15)
22 Chapro...C2
  Himalayan Restaurant ....(siehe 12)
  Namaste Café ....(siehe 5)
23 Newa Kitchen B2

ℹ Praktisches
24 Panauti Tourism Development
  Center...A4

RUND UM DAS KATHMANDU-TAL DHULIKHEL

flugsziel für Wochenendausflügler aus Kathmandu. Hier wird der traditionelle newarische Stil modern interpretiert. Die Aussicht (besonders vom Obergeschoss) ist großartig, und die Zimmer sind komfortabel. Der Spa-Bereich ist allerdings wenig beeindruckend. Ohne Reservierung ist kaum ein Zimmer zu bekommen.

Mirabel Resort HOTEL €€
(☎011-490972; www.mirabelresorthotel.com; EZ/DZ inkl. Frühstück 40/60 €; ❀🛜) Der attraktive Grundriss dieses Hotels mit einem langen Kolonnadengang, der die Rezeption und die Zimmer verbindet, ergibt eine friedliche Anlage am Hang mit einem gewissen Empire-Flair. Die in die Jahre gekommenen Zimmer haben Holzbalkone mit Blick auf den Himalaja. Aber auch die Dachterrasse und der Garten bieten eine wunderbare Aussicht. Dies ist ein großartiger Schauplatz für einen Historienroman, und die eklektischen Gäste würden zweifellos zustimmen.

Panorama Resort & Spa HOTEL €€
(☎ 011-490887; Zi. 3000 NPR; ❀🛜) Eine Option für alle, die wirklich mal abtauchen möchten. Dieses abgelegene Hotel bietet den vollen „Panoramablick" aus einigen Zimmern, dazu gutes Essen, das in einem überraschend eleganten Speisesaal serviert wird. Leider ist in diesem Hotel recht wenig los. Das Hotel liegt 2 km oberhalb der Stadt an einer unbefestigten Straße zum Kali-Tempel (S. 205), ohne eigenes Trans-

portmittel ist dies eine echte Wanderung. Die Fahrt hin & zurück ab der Bushaltestelle kostet 1500 NPR.

⭐**Dwarika's Resort Dhulikhel** LUXUSHOTEL €€€
(☎011-490612; www.dwarikas-dhulikhel.com; EZ/DZ all-inclusive ab 350/375 €, Royal Suite 1700 €, Butler extra; ❀🛜🏊) Eine der vornehmsten und exklusivsten Adressen in Nepal. Dieses schön angelegte Boutiqueresort aus roten newarischen Ziegelsteinen erstreckt sich über 22 üppig grüne Morgen. Es bietet Infinity-Pools mit Blick auf die Berge, Meditationsräume, Massagesalons, mehrere Restaurants und Bars sowie riesige, aber schlicht gehaltene Räume im Terracotta-Stil, die von den einfachen Junior Suiten bis zur luxuriösen zweistöckigen Royal Suite reichen.

Nicht versäumen sollte man das Crystal House mit Wänden voller hinterleuchteter Kristalle. Es gibt dort auch einen rüstigen Ayurveda-Anhänger, der im Garten auftaucht, die menschliche Seele diskutiert und dann wieder im Wald verschwindet. Die Gäste können unter verschiedenen Kursangeboten zu Keramik, Mandalamalerei, Bioküche, Yoga und mehr wählen. Dazu gibt's zwei Hubschrauberlandeplätze für den Direktflug in die Berge. Das einzige Problem daran ist, dass dieser Luxus für die wenigsten Menschen in Nepal bezahlbar ist. Wer ohne Vorausbuchung erscheint, kann nur für ein Mittag- und Abendessen reservieren.

Himalayan Horizon Hotel
HOTEL €€€

(☎011-490296; www.himalayanhorizon.com; EZ/DZ inkl. Frühstück ab 70/85 €; ☎) Auch unter dem Namen Hotel Sun-n-Snow bekannt. Diese riesige Hotelanlage in Hanglage schafft mit traditionellen Ziegelwänden und Holzschnitzereien ein newarisches Ambiente. Dies ist zwar nicht unbedingt das „alte Dhulikhel", aber das Restaurant und die Gartenterrasse verströmen ein historisches Flair. Die Zimmer bieten eine grandiose Aussicht auf die schneebedeckten Gipfel, sollten aber dringend mal renoviert werden.

 Essen

Bei den Speiselokalen gibt's keine große Auswahl. Die meisten Traveller entschließen sich, in ihren Hotels zu essen. Wer lieber rausgehen möchte, wählt am besten das beliebte Restaurant im Dhulikhel Lodge Resort (S. 206).

Chapro
NEPALESISCH €

(Dal Bhat 150–200 NPR; ☺7–20 Uhr) Wer das Dal Bhat noch nicht satthat, bekommt in diesem lokalen Emporium ein Essen zu Schnäppchenpreisen. Das Restaurant serviert 500 Portionen pro Tag, ein echtes lokales Phänomen. Einfach nach dem nepalesischen Schild mit den beidseitigen blauen Pepsi-Logos in der Nähe der Bushaltestelle Ausschau halten.

Newa Kitchen
INTERNATIONAL, NEPALESISCH €

(Gerichte 100–300 NPR; ☺7–20 Uhr) Billiges und lustiges Speiselokal im ersten Stock an der Bushaltestelle mit einer gemischten Karte voller nepalesischer, indischer, chinesischer und europäischer Standards.

★ Himalayan Restaurant
VERSCHIEDENE KÜCHEN €€

(www.dhulikhellodgeresort.com; Dhulikhel Lodge Resort; Hauptgerichte 400–500 NPR; ☺7–21 Uhr; ☎) Dieses Restaurant im Dhulikhel Lodge Resort (S. 206) ist die einzige gute Restaurantadresse im Zentrum von Dhulikhel und so gut, dass die Menschen sogar aus Kathmandu hierherkommen. Wenn das Wetter es zulässt, schnappt man sich einen Sitz am Geländer und genießt den fantastischen Blick auf die Berge bei einem indischen, chinesischen oder europäischen Mahl. Am Wochenende unbedingt vorher reservieren. Falls das Wetter nicht mitspielt, gibt's drinnen einen großartigen runden Kamin mit Après-Ski-Atmosphäre.

ⓘ An- & Weiterreise

Es verkehren regelmäßig Busse nach Dhulikhel ab dem Bushahnhof Ratna Park in Kathmandu (55 NPR, 2 Std.) mit Zwischenstopp in Bhaktapur (35 NPR, 45 Min.). Der letzte Bus zurück nach Kathmandu fährt gegen 17 Uhr los. Ein Taxi nach Kathmandu kostet 2500 NPR.

Busse nach Namobuddha (50 NPR) fahren alle zwei Stunden zwischen 8 und 16 Uhr ab.

Die Wanderung von Nagarkot nach Dhulikhel (S. 202) ist eine interessante Alternative.

Panauti
☎ 011 / 10 000 EW.

Panauti ist eine der ältesten Städte Nepals und bietet einen ergreifenden Einblick in den Wandel der Zeiten. Vom überlaufenen Busbahnhof in der weitläufigen Betonwüste der Neustadt läuft man eine Ziegelsteinstraße in den Alten Basar hinunter. Dies sind die Überreste einer geordneten und wohlhabenden mittelalterlichen Stadt, die in ihrer Blütezeit sicherlich ein Augenschmaus war. Panauti liegt am heiligen Zusammenfluss des Roshi Khola und Pungamati Khola und ist mit alten Tempeln übersät.

Die Stadt war einst ein wichtiges Handelszentrum, wie mehrere Herrenhäuser aus der Rana-Ära verraten, die vom französischen Staat restauriert wurden. Blinzelt man zu den Händlern entlang der Straße hinüber, kann man sich vorstellen, wie es hier vor Hunderten von Jahren zugegangen sein mag. Wer jedoch seine Augen für den heutigen weit verbreiteten Zerfall öffnet, wird zweifellos melancholisch. Zwar gibt's in dieser newarischen Stadt einige interessante Sehenswürdigkeiten, doch die stammen alle aus früheren, wohlhabenderen Jahrhunderten.

◉ Sehenswertes

Der Alte Basar ist an seinen Ziegelsteinstraßen erkennbar. Nach rund 200 m ab dem Busbahnhof in Richtung Stadtzentrum führt der erste Ziegelsteinweg links zu einem Torbogen. Weitere 100 m dahinter befindet sich links das Café Lampati (S. 210), die beste Adresse für das Mittagessen. Auf der gegenüberliegenden Straßenseite ist ein kleiner Kunsthandwerkladen, der vor allem Holzschnitzereien verkauft. Die Straße ist voll von Händlern, die Seide und Baumwolle auf ihren Ladentheken in der vorderen Hausfassade feilbieten.

Weiter geradeaus und direkt vor der Nepal Vocational Academy (Berufsschule) rechts abbiegen. An der Ecke befindet sich ein Souvenirladen, und darüber gibt's zahlreiche Fremdenzimmer. Hier geht's immer weiter geradeaus, bis man zum berühmten Indreshwar-Mahadev-Tempelkomplex gelangt. Darin liegt das **Panauti-Museum**, das den historischen Hintergrund der Stadt erläutert.

Hinter dem Indreshwar-Mahadev-Komplex steht am Zusammenfluss der beiden Flüsse der **Krishna-Narayan-Tempel**. Der **Brahmayani-Tempel** steht gegenüber des nördlichen Pungamati-Flusses. Zwei Fußgängerbrücken führen über den Fluss. Wenn die wichtigsten Sehenswürdigkeiten abgegrast sind, bliebt noch Zeit zum Bummeln, Schauen und Betrachten.

Indreshwar-Mahadev-Tempel
HINDUISTISCHER TEMPEL

(Ausländer/SAARC inkl. Guide & Eintritt ins Museum 300/100 NPR; ☉ Okt.–März 7.30–17 Uhr, April–Sept. bis 17.30 Uhr) Der berühmteste Tempel von Panauti steht in einem riesigen Hof voller Bildhauerkunst auf der Landenge zwischen dem Roshi und dem Pungamati. Einige Erdbebenschäden sind erkennbar. Mit seinem dreistöckigen Pagodendach ist der Tempel ein prachtvolles Exemplar newarischer Architektur und einer der höchsten Pagodentempel Nepals. Der erste Tempel wurde hier im Jahr 1294 über einem Lingam errichtet, aber der Schrein wurde in seiner heutigen Form im 15. Jh. neu erbaut.

Der Lingam soll von Shiva persönlich erschaffen worden sein. Die Holzschnitzereien an den Tempelfenstern, Türen und Dachbalken sind besonders fein, und die erotischen Motive sind hier eher dezent und romantisch als pornografisch. Der obere Bereich des Tempels hängt voller Töpfe und Pfannen – Gaben von frisch vermählten Paaren, die auf ein erfolgreiches Familienleben hoffen.

Im Süden des Tempels steht der rechteckige **Unamanta-Bhairav-Tempel** mit drei Gesichtern, die aus den Fenstern im Obergeschoss hervorschauen. Darin befindet sich eine Statue von Bhairav in Begleitung von Göttinnen. In einer Ecke des Hofes steht ein kleiner Shiva-Tempel mit Doppeldach, und ein zweiter Schrein, der ein riesiges schwarzes Bildnis von Vishnu als Narayan enthält, steht dem Tempel an der Westseite gegenüber.

Innerhalb der Tempelanlage befindet sich auch das gut gemachte **Panauti-Museum**, eine interessante Sammlung von Artefakten aus der Region – Messingwaren, Bildhauerkunst – einschließlich von Originalabschnitten des Indreshwar-Mahadev-Tempels.

Panauti-Friedensgalerie
MUSEUM

(☉ So–Fr 10.30–17.30 Uhr) GRATIS Das Museum ist in einem wackeligen Gebäude neben der Touristeninformation (S. 210) untergebracht. Es enthält eine ausschweifende Sammlung, darunter ein antiker Degen, der in einem Gehstock verborgen ist, ein Kamm mit Borsten und die Gallenblase eines Elefanten. Wer hier falsch abbiegt, steht in einem Privathaus!

Feste & Events

Wagenfest
RELIGIÖS

(☉ Mai/Juni) Findet zu Beginn der Monsunzeit (Mai/Juni) statt, wenn die Bildnisse der Götter aus den verschiedenen Tempeln der Stadt in Holzwagen durch die Stadt gezogen werden. Ausgangspunkt ist der Hauptplatz.

Magh Sankranti
RELIGIÖS

Jedes Jahr kommen im nepalesischen Monat Magh (in der Regel Januar) Pilger nach Panauti, um am Zusammenfluss der beiden Flüsse zu baden und das Ende des Monats Pus zu feiern, eine dunkle Zeit, in der religiöse Zeremonien verboten sind: Alle zwölf Jahre – nächstes Mal im Jahr 2022 – findet außerdem eine riesige *mela* (Messe) statt, die Gläubige und Sadhus aus ganz Nepal anzieht.

Schlafen

Unterkünfte gibt es nur wenige, und die meisten Besucher machen nur einen Tagesausflug hierher. Abgesehen von einem ordentlichen Hotel gibt's mehrere Fremdenzimmer, die im Alten Basar beworben werden, aber einige sind nur sporadisch geöffnet und die Qualität kann echt problematisch sein. Wer nichts Passendes findet, geht zum Panauti Tourism Development Center oder zum Panauti Community Homestay nördlich der Bushaltestelle.

Panauti Community Homestay
ZIMMERVERMITTLUNG €

(☎ 11-441015, 9849318778, 9803387171; www.fb.com/panauti.homestay) Örtliche Vermittlung für Fremdenzimmer beziehungsweise

Familienaufenthalte. Hierher geht's entlang der Straße, die von der Ecke der Bushaltestelle, neben der Janata Bank, wegführt. Das Büro liegt 1 km entfernt auf der rechten Seite.

Hotel Panauti   HOTEL €

(☏011-440055; www.facebook.com/Hotel-Panauti 140104812677698; Zi. 1500 NPR, ohne Bad 500 NPR; ☎) Die einzige Option in dieser Stadt. Das Hotel liegt in der Nähe der Altstadt und ist in passablem Zustand.

 Essen

Panauti hat zwei anständige Restaurants im Alten Basar, aber nur eines ist länger als 18 Uhr geöffnet. Wer wirklich in die lokale Kultur eintauchen möchte, geht durch die purpurrote Tür gegenüber vom Hotel Panauti …

Café Lampati   NEPALESISCH €

(Hauptgerichte 100–400 NPR; ☺8–21.30 Uhr) Diese Restaurantbar strahlt wie ein Leuchtturm im Nebel unter einem Dach eines ehemaligen Tempelvorbaus hervor. Dies ist der perfekte Stopp für eine Mittagspause beim Bummeln über den Alten Basar. Noch besser: Hier gibt's eine Auswahl nepalesischer Whiskysorten, ein kulturelles Erlebnis der anderen Art. Schaut man vom Haupteingang des Alten Basars ca. 100 m nach links, sieht man die schmalen Fenster über der Straße.

Namaste Café   NEPALESISCH €

(Hauptgerichte 100–300 NPR; ☺8–18 Uhr) Typisch nepalesisches Restaurant mit Tischen im Freien in der Nähe des Eingangs zum Indreshwar-Mahadev-Tempel (S. 209).

❶ Praktische Informationen

Das Panauti Tourism Development Center
(☏9841360750, 011-440093; www.facebook.com/panautitourismdevelopment.centre; ☺So–Fr 10.30–16 Uhr) am Anfang der Altstadt hat Broschüren und kann Fremdenzimmer vermitteln.

❶ An- & Weiterreise

Panauti liegt in einem Seitental abseits des Arniko Highways rund 7 km südlich von Banepa. Busse verkehren alle 15 Min. zwischen Panauti und dem Busbahnhof Ratna Park in Kathmandu (70 NPR, 1½ bis 2 Std.). Der letzte Bus verlässt Panauti um 17.30 Uhr. Wer nach Dhulikhel reist, muss in Banepa umsteigen (15 NPR, 20 Min.). Es ist auch möglich, von Dhulikhel aus nach Panauti zu laufen (3–4 Std.), obwohl der Weg nun größtenteils über eine staubige Straße führt.

Namobuddha

Mit seinem riesigen, buddhistischen Kloster, einem berühmten Stupa und einem wundervollen Öko-Resort, all dies in einem grünen Wald gelegen, wirkt Namobuddha wie ein Ort, in dem Siddhartha Gautama sich sofort wohlfühlen würde.

ABSTECHER

CHANDESHWARI-TEMPEL

Wer immer noch nicht genug von den hinduistischen Tempeln in Dhulikhel hat, der findet noch einen weiteren berühmten im benachbarten Banepa. Der Legende zufolge wurden die Menschen in diesem Tal einst von einem Dämon terrorisiert, der Chand hieß und von einer der furchterregenden Inkarnationen von Parvati geschlagen wurde. Dies brachte der Göttin einen neuen Beinamen ein – Chandeshwari, „Schlächterin des Chand".

Der **Chandeshwari-Tempel** besitzt ein Wandgemälde von Bhairav und ist ein beliebtes Pilgerziel, an dem an Festtagen Tiere geopfert werden. Der Haupt-Mandir, der im abgestuften newarischen Stil errichtet wurde, ist noch intakt, aber der Shikhara-Tempel aus Ziegelsteinen im Hof stürzte beim Erdbeben von 2015 ein. Nur das Fundament steht noch. Vor dem Tempel steht eine Reihe von Säulen, die eine bunte Mischung von Statuen tragen. Die Dachbalken des dreistufigen Daches zeigen die acht Ashta Matrikas und acht Bhairavs. An der Nordseite der Zufahrtsstraße steht ein kleinerer Tempel, welcher der **Mutter von Chandeshwari** geweiht ist.

Banepa liegt acht Minuten per Bus von Dhulikhel entfernt. Die mit Ziegelsteinen gepflasterte Straße führt in nördlicher Richtung vom höllischen Highway hinunter in die Altstadt. Hier stehen ein paar andere Tempel, die zwischen dem 14. und 16. Jh. erbaut wurden, als Banepa ein wichtiger Stopp an der Handelsstraße nach Tibet war.

BETRUG UND REUE IN PANAUTI

Der Legende nach wurde Ahilya, die schöne Gattin eines vedischen Weisen, vom Gott Indra verführt, der sie austrickste, indem er die Gestalt ihres Gatten annahm. Als der Weise zurückkehrte und entdeckte, was geschehen war, nahm er Rache, indem er dafür sorgte, dass Indras Körper von Yonis – weiblichen Geschlechtsorganen – bedeckt wurde! Natürlich war Indra dadurch etwas gehandicapt, und viele Jahre lang sühnten er und seine Frau Indrayani am Glück verheißenden *sangam* (Zusammenfluss zweier Flüsse) bei Panauti.

Parvati, Shivas Gefährtin, hatte Mitleid mit Indrayani und verwandelte sie in einen unsichtbaren Fluss, Padmabati, aber es dauerte noch einige Jahre, bis Shiva beschloss, Indra von seinem merkwürdigen Leiden zu erlösen. Der Gott erschien in Panauti in der Form eines gigantischen Lingams, und als Indra im Fluss badete, verschwanden seine Yonis. Die Einheimischen behaupten, dieser wundersame Shiva-Lingam sei derjenige, der im Indreshwar-Mahadev-Tempel verwahrt wird.

⊙ Sehenswertes

Kloster Thrangu Tashi Yangtse
BUDDHISTISCHES KLOSTER

(☎ 01-1683183; http://namobuddha.org) Das prachtvolle Kloster Thrangu Tashi Yangtse oben auf dem Namobuddha-Berg ist eine weitläufige tibetisch-buddhistische Klosteranlage mit goldglänzenden, geschwungenen Dächern, das offiziell im Dezember 2008 eröffnet wurde. Über 250 Mönche leben hier, darunter viele junge Mönche, die hier die Schule besuchen. Tagesbesucher dürfen bei den Meditationen hinten in der Haupthalle sitzen. Einfach mitsingen ...

Namobuddha-Stupa
BUDDHISTISCHER STUPA

Neben Bodhnath und Swayambhunath ist der Namobuddha-Stupa eine der drei wichtigsten buddhistischen Pilgerstätten Nepals, die große Scharen von Tibetern aus Nepal, Indien und Tibet selbst anlockt.

Die Stätte ist heilig, weil es heißt, dass der Buddha, der in seinem früheren Leben ein Prinz war, eine Tigerin fand, die dem Hungertod nahe war und ihre Jungen nicht ernähren konnte. Aus Mitleid ließ er sich von der hungrigen Tigerin fressen, eine Tat, die ihn in die höheren Sphären des Seins brachte. Eine Marmortafel in einer kleinen Höhle stellt das Ereignis dar. Zur Höhle geht's über den Waldweg links vom Stupa.

🛌 Schlafen

★ Nagarkot Farmhouse Resort
RESORTHOTEL €€

(☎ 9851106802; www.namobuddharesort.com; EZ/DZ 40/65 €; @ 🕿) ✈ Dieses entzückende Ökohotel liegt 30 Gehminuten vom Namo-

buddha-Stupa entfernt. Seine reizenden, gehobenen nepalesischen Hütten haben Steinmauern mit Schieferdächern, Hochbetten, niedrige Holztüren und Ausblicke auf den Himalaja. Die funkelnde Bauernhausküche serviert nur vegetarische Kost, darunter frisch gebackenes Sauerteigbrot, Gemüse aus dem Garten, Hüttenkäse und sogar selbst gemachtes Eis. Wer seine gemütliche Hütte noch einmal verlassen möchte, findet hier auch eine Sauna, Floating sowie eine Yoga-/Meditationshalle. Unbedingt vorher reservieren.

Gästehaus im Kloster Thrangu Tashi Yangtse
KLOSTER €€

(☎ 9808786043; http://namobuddha.org; Zi. inkl. Mahlzeiten pro Person 3000 NPR) Das Gästehaus des Klosters bietet Übernachtungen im Einzelzimmer an, vegetarische Mahlzeiten inbegriffen, aber es hilft, wenn man sich wirklich für den Buddhismus interessiert, da die Mönche auf die Besucherzahlen zu achten scheinen. Von unten gesehen, liegt das Gästehaus ganz links. Falls niemand da ist, einfach den Manager unter der an der Rezeption ausgehängten Telefonnummer anrufen. Keine Elektronik.

❶ An- & Weiterreise

Eine stilechte Pilgerreise führt natürlich zu Fuß nach Namobuddha, entweder von Dhulikhel (S. 204) oder von Balthali als Teil des Rundwanderwegs am Talrand (S. 201). Es führt auch von Dhulikhel aus eine Straße hierher, auf der zwar unangenehm überfüllte Busse verkehren (50 NPR, 45 Min., alle 90 Min.). Sie fahren am Fuße des Berges in der Nähe des Stupas ab.

Vom Namobuddha-Stupa aus dauert der Fußweg nach Panauti zwei Stunden, wobei man allerdings das schöne Balthali auslässt. Ein Weg führt rechts durch den Wald durch das kleine Dorf Sankhu (nicht zu verwechseln mit dem anderen Dorf Sankhu im Nordosten des Tals) hinab, das Tempel und Ghats am Fluss bietet. Kurz danach teilt sich der Weg: Der rechte Abzweig führt nach Batase und Dhulikhel, während der linke Abzweig sich durch die Terrassenfelder nach Sunthan und Panauti schlängelt. Kurz vor Panauti führt eine Hängebrücke zu den Ghats auf der anderen Flussseite. Dann geht's weiter auf der Straße, die sich um den Indreshwar-Mahadev-Tempel (S. 209) windet, Panautis Hauptsehenswürdigkeit.

Balthali

5000 EW.

Balthali ist ein paradiesisches Tal inmitten bewaldeter Hügel, die Talsohle ist mit golfplatzgrünen Reisfeldern überzogen, deren wabernde Konturen sich zu einem Kunstwerk zusammenfügen. Das gleichnamige Dorf hat kein Zentrum, sondern zieht sich an der Straße entlang und verzweigt sich. Die Morgennebel sind hier ganz besonders entzückend, ihr Frieden wird nur durch das Krähen der Hähne gestört. Dies ist eine noch weitestgehend unentdeckte Destination. Dies ist Nepal wie vor 50 Jahren.

Schlafen

Hier gibt's eine überraschend hohe Dichte ausgezeichneter Lodges mit ähnlichen Namen, eine Pension und zwei Fremdenzimmer im Dorf.

Pension Balthali PENSION €
(9841442614, 9851106360; www.facebook.com/Balthali-Guest-House-1715743521991054; EZ/DZ inkl. Frühstück & Abendessen 2500/ 5000 NPR, ohne Bad 2000/4000 NPR) Einfache Zimmer mit schönem „Speisesaal" auf dem Dach mitten im Dorf. Dies ist das lachsfarbene Haus, aber jeder im Dorf kann den Weg beschreiben.

Balthali Village Resort LODGE €€
(Kathmandu 01-4108210; www.balthalivillage-resort.com; EZ/DZ inkl. Frühstück ab 55/60 €; ☎) Liegt gleich unterhalb vom Balthali Mountain Resort und gehört derselben Familie. Dieses Haus war die erste Lodge in Balthali. Es gibt eine Auswahl an unterschiedlich alten Zimmern und einen schönen gemeinsamen Speisesaal. Die Balkone bieten vortreffliche Ausblicke auf das Tal und die Berge.

★ **Balthali Mountain Resort** LODGE €€€
(977011691191; www.balthalimountainresort.com; EZ/DZ ab 70/75 €; ☎) Die Hütten aus rotem Ziegelstein mit Blechdach stehen in schöner Lage auf einem Hügel. Sie mögen einfach wirken, sind aber mit den gemütlichen Betten und Badewannen perfekt für müde Trekker ausgestattet. Zwei Aussichtsterrassen, eine mit 360-Grad-Ausblick, sind ein toller Ort, um einen Drink an der Bar zu nehmen. Die große Überraschung jedoch ist das hervorragende Essen. Unbedingt das besondere Balthali-Brot probieren!

An Wochenenden tummeln sich hier ganze Gruppen von Trekkern. Glücklich werden hier diejenigen Traveller, die auf Karaoke spät nachts und nepalesische Volkslieder stehen.

An- & Weiterreise

Nach Balthali geht's per Geländewagen ab Panauti oder zu Fuß auf dem Rundwanderweg am Talrand (S. 201). Die größeren Lodges holen Gäste kostenlos an der Khopasi-Brücke ab. Die Busse ab Panauti erreichen die Brücke nach zehn Minuten. Aber von dort aus dauert die schöne Wanderung nach Balthali auch nur anderthalb Stunden.

JENSEITS DES TALS

Die Straßen in nördlicher Richtung nach Syabrubesi und Kodari an der tibetischen Grenze führen die Traveller zu Zielen außerhalb des Kathmandu-Tals. Beide Strecken wurden beim Erdbeben im Jahr 2015 stark beschädigt. Zum Zeitpunkt der Recherche war die Straße nach Syabrubesi und weiter nach Kyrong in Tibet geöffnet, aber der Grenzübergang bei Kodari war geschlossen. Vor dem Start besorgt man sich besser aktuelle Infos zur Straßenlage. Die Einreise nach Tibet ist nur mit einer geführten Tour möglich, aber angesichts des Straßenzustands fliegen immer mehr Traveller von Kathmandu nach Lhasa. Diese Region ist auch der Ursprung von Nepals Abenteuersportbranche.

Arniko Highway nach Tibet

Der Arniko Highway ist eine von Nepals Straßenverbindungen mit Tibet und China, aber die Straße wurde in der Vergangenheit oft durch Erdrutsche blockiert, besonders in den Monsunmonaten (Mai bis August). Durch einen großen Erdrutsch im Jahr 2014 ist ein See entstanden, der den Highway über einen Monat lang nördlich der Stadt Khadu Chaur blockierte, und die Instandsetzungsarbeiten liefen noch, als die Erdbeben im Jahr 2015 weitere Verwüstungen anrichteten.

Zum Zeitpunkt der Recherche war es möglich, bis zum Dorf Larcha zu reisen, wo eine vom Erdbeben beschädigte Brücke über den Bhote Kosi im Jahr 2017 bei einem Erdrutsch nachgab. Die Grenze wurde daraufhin geschlossen, und viele Orte entlang der Route sind seither nur noch per Geländewagen oder zu Fuß erreichbar. Dies ist eine bei Mountainbikern beliebte Strecke, obwohl hier auch ziemlich viele Busse und Lastwagen fahren – sogar bei geschlossener Grenze. Das liegt am Bau eines Wasserkraftprojekts und an der Sandgewinnung.

🛏 Schlafen

Sunkoshi Beach Camp　　ZELTLAGER €€
(☑01-400023, Kathmandu 01-4381214; http://
sunkoshibeach.com; Vollpension pro Person Camping/Zi. 2000/2500 NPR) Das Sunkoshi Beach Camp ist das am nächsten an Kathmandu gelegene Lager am Arniko Highway, an dem sich mehrere Resorts und Lager befinden. Es richtet sich weniger an die Extremsportler als an Riesende, die etwas ruhigere Aktivitäten suchen, darunter auch familienfreundliches Rafting (Erw./Kind 50/25 €) und Kajakfahren (60 € pro Person). Unterbringung in einfachen Zelten und Zimmern.

Borderlands Resort　　RESORTHOTEL €€
(☑Kathmandu 01-4700894; www.borderland
resorts.com; Canyoning-/Rafting-Paket über 2 Tage mit einer Übernachtung pro Person ab 130/110 €) Versteckt in einer Kurve des Bhote-Kosi-Flusses liegt 97 km von Kathmandu und 15 km von Tibet entfernt das vorzügliche Borderlands Resort. Es handelt sich um eines der Top-Resorts für Abenteuersportarten. Sportarten wie Rafting, Trekking und Canyoning sorgen für einen hohen Adrenalinausstoß, und das Resort am Flussufer ist um eine attraktive Bar und einen Speisebereich herum gruppiert. Darum stehen Safarizelte in einem üppigen subtropischen Garten verstreut.

Die meisten Gäste des Resorts buchen schon vorab ein Aktivitätenpaket einschließlich Unterkunft, Mahlzeiten und Transfer ab Kathmandu – das Büro des Resorts in Kathmandu in der Nähe des Northfield Café in Thamel gibt Auskunft zu den verschiedenen Optionen und Kombinationsangeboten. Das Resort unterstützt mehrere lokale Schulen.

Last Resort　　RESORTHOTEL €€
(☑Kathmandu 01-470124; www.thelastresort.
com.np; Bungee-Jumping-Tagesausflug 85 €, Unterkunft mit Transfer & Mahlzeiten 45 €, Übernachtung mit Aktivitäten 50–120 €; ☎) Abenteuerlustige verlassen den Arniko Highway – im wahrsten Sinne des englischen Namens – an der letzten Zuflucht. Das Resort befindet sich an einem großartigen Fleckchen auf einem Bergzug über dem Bhote Kosi, nur 12 km von der tibetischen Grenze entfernt. Zum Resort führt eine schwindelerregende Hängebrücke, die gleichzeitig auch der Startplatz für das Bungee-Jumping ist. Die Unterbringung in den Safarizelten für zwei oder vier Personen ist komfortabel. In der Mitte der Anlage steht ein Speisesaal mit Bar aus Stein und Schiefer.

Die meisten Gäste kommen im Rahmen einer All-inclusive-Pauschalreise hierher – neben dem Schaukeln an einem gigantischen Gummiband sind auch Rafting, Trekking, Mountainbiking und Canyoning im Angebot.

Reisende, die weniger Wert auf einen Endorphinschub legen, finden hier solarbeheizte Duschen, einen Whirlpool und eine Sauna mit Spa. Damit ist dieses Hotel das luxuriöseste an dieser Strecke und ein toller Ort für eine Auszeit von der Stadt. Die Pauschalangebote umfassen Unterkunft, Mahlzeiten und Transfer nach und von Kathmandu – weitere Informationen und Buchung über das Büro in Kathmandu in Thamel.

ℹ An- & Weiterreise

Die Resorts bieten alle einen Transfer ab Kathmandu als Serviceleistung. Das ist billiger und dem Versuch, einen eigenen Geländewagen zu buchen oder einen geländegängigen Bus zu nehmen, deutlich vorzuziehen.

Der Grenzübergang war zum Zeitpunkt der Recherche für den grenzüberschreitenden Verkehr geschlossen. Sollte er wieder geöffnet werden, ist wie gehabt mit Restriktionen zu rechnen. Ausländer durften die Grenze nach Tibet zuletzt nur als Teilnehmer einer geführten Tour passieren.

RUND UM DAS KATHMANDU-TAL ARNIKO HIGHWAY NACH TIBET

Kodari

Das Dorf Kodari ist der ehemalige Hauptgrenzposten zwischen Nepal und Tibet. Bei den Erdbeben vom 25. April und 12. Mai 2015 hat es erhebliche Schäden erlitten, und der Grenzübergang nach Tibet musste nach einem Erdrutsch, der eine wichtige Brücke über den Bhote Kosi zerstörte, vollends geschlossen werden. Es ist noch unklar, ob der Grenzübergang zukünftig wieder geöffnet wird. Ein Abstecher hierher ist wenig sinnvoll, falls die Grenze geschlossen bleibt.

Straße nach Langtang

Die holprige Piste, die nordwestlich aus dem Kathmandu-Tal hinausführt, bietet fantastische Ausblicke über den Ganesh Himal auf dem Bergzug bei Kakani. Hinter Trisuli Bazaar wird die Straße schlechter und hauptsächlich noch von Trekkern genutzt, die in die Langtang-Region unterwegs sind.

Die Langtang-Region war eines der am stärksten vom Erdbeben im Jahr 2015 betroffenen Gebiete, aber die Lodges wurden wiederaufgebaut, und die ausgezeichneten Treks der Region stehen den Trekkern wieder zur Verfügung. Dieses Gebiet braucht Einnahmen dringender denn je, sodass jetzt ein perfekter Zeitpunkt für eine Wanderung in dieser Region ist.

Ende 2017 wurde der Grenzübergang nach China/Tibet bei Rasuwagadhi endlich für Ausländer geöffnet. Das bedeutet, dass Traveller, die über Kyerong aus Tibet kommen, einen Teehaus-Trek in den Regionen Langtang und Gosainkund anhängen können, bevor sie weiter nach Kathmandu ziehen.

❶ An- & Weiterreise

Es verkehren Busse zwischen Kathmandu, Trisuli Bazaar, Dhunche, Syabrubesi (zum Trekking im Langtang-Tal) und Rasuwagadhi. Durch die Erdbebenschäden und den Anstieg des Lastwagenverkehrs von der chinesischen Grenze sind die Straßen jetzt in einem schlechten Zustand, und die Instandsetzung verläuft quälend langsam. Die meisten Busse fahren über Baireni am Kathmandu–Pokhara Highway, nicht über Kakani.

Manche Traveller tun sich zusammen, um einen bequemen Geländewagen zu mieten. Ein Jeep für zehn Personen von Syabrubesi nach Kathmandu kostet 13 000 NPR.

Eine neuere Straße zwischen Syabrubesi und Trisuli Bazaar steht kurz vor der Fertigstellung. Sie umgeht Dhunche und dürfte die Fahrt weniger anstrengend machen.

In Trisuli Bazaar zweigt eine annehmbare Straße in südwestlicher Richtung nach Dhading und Malekhu am Kathmandu–Pokhara (Prithvi) Highway ab. Dies ist eine weniger befahrene Abkürzung nach Bandipur und Pokhara und auch als Radtour mit Stopp in Kakani, Trisuli Bazaar, Dhading und Malekhu machbar.

Kakani

Die meisten Städte rund um Kathmandu liegen unten im Tal – wer eine ordentlichen Ausblick auf den Himalaja haben möchte, muss zum Talrand hinauffahren. Oben auf einem Bergkamm in 2073 m Höhe, gleich abseits der Straße nach Trisuli Bazaar, liegt Kakani. Das ist der ruhigere, gemächlichere Vetter von Dhulikhel und Nagarkot. Eine Reihe von Spitzen entlang des Bergzugs bietet prächtige Ausblicke auf die Himalaja-Skyline: Vom Annapurna-Massiv zum Everest über den Manaslu, Ganesh Himal, Gauri Shankar, Dorje Lekpa und Shishapangma.

Kakani ist ein wichtiges Tor zu den Wander- und Mountainbikerouten im angrenzenden Shivapuri-Nagarjun-Nationalpark (S. 148).

◎ Sehenswertes

Abgesehen davon, dass einem hier vor Staunen der Mund offen steht, gibt's nicht viel zu tun. Der hübsche Kolonialbau am Anfang des Dorfes wurde als Sommervilla für die britische Botschaft gebaut, kann aber nicht besichtigt werden.

🛏 Schlafen & Essen

Ein paar Hotels wurden an diesem Bergzug wegen der tollen Aussicht errichtet, aber dies ist ein sehr unaufgeregter Ort im Vergleich zu anderen Teilen des Kathmandu-Tals.

View Himalaya Resort HOTEL €
(☎ 01-6915706; viewhimalaya.resort@gmail.com; Zi. inkl. Frühstück 2000–3000 NPR; 🖥) Dieses Hotel hat einfache, aber komfortable Zimmer und ein entzückendes Restaurant, wodurch es zur besten Option der Stadt wird. Die Ausblicke vom Garten und vom Dach aus sind unvergesslich. Das große Familienzimmer mit einem kleinen Balkon bietet am meisten.

ABENTEUERSPORT AN DER STRASSE NACH TIBET

Ultimatives Bungee-Jumping

Der Bungee-Sprung am Last Resort bedeutet einen gewaltigen Sturz von 160 m in die Schlucht des Bhote Kosi. Diese Stelle gehört zu den zehn höchsten Bungee-Jumping-Plätzen der Welt. Das Brüllen und Kreischen der Touristen im freien Fall schallt meilenweit durch das Tal.

Als ob der höchste Bungee-Sprung in Südasien noch nicht reichen würde, haben sich die Teufelsbraten im Resort auch noch eine „Schaukel" ausgedacht, einen acht Sekunden langen freien Fall, der einem den Magen umdreht, gefolgt Pendelschwüngen durch die Schlucht über dem Flusslauf wie an Tarzans Liane. Dieses Erlebnis gibt es als Solo- oder Tandemsprung. Uns wird schon beim bloßen Schreiben schlecht.

Einmal Schaukeln oder Bungee-Jumping kostet 85 € ab Kathmandu (einschließlich Rücktransfer). Im Preis ist alles inbegriffen, was der Magen noch verkraftet. Sinnvollerweise gibt's das Essen erst *nach* dem Sprung.

Canyoning

Diese spannende Sportart ist eine wilde Mischung aus Abseilen, Klettern, Rutschen und Schwimmen, die zuerst in den Canyons und Wasserfällen in der Nähe des Last Resort und Borderlands praktiziert wurde.

Beide Veranstalter bieten zweitägige Canyoning-Trips für rund 130 € an. Das Paket umfasst die Fahrt von Kathmandu, Lunch, eine Einführung ins Abseilen und Übungen an den nahe gelegenen Kaskaden am ersten Tag. Am zweiten Tag geht es raus zu aufregenderen Wasserfällen. Die maximale Abseilstrecke beträgt 90 m. Die meisten Canyons erfordern zuerst eine kurze Wanderung.

Die wichtigsten Ausrüstungsgegenstände sind ein Paar geschlossene Schuhe (sind Sandalen unbedingt vorzuziehen), die nass werden dürfen, Wanderschuhe für den Weg zum Wasserfall, eine Wasserflasche und Badebekleidung. Eine wasserdichte Kamera ist von großem Vorteil. Bitte beachten, dass das Canyoning in der Monsunzeit nicht möglich ist und dass ab November Neoprenanzüge benötigt und gestellt werden.

Tara Gaon Resort Hotel   HOTEL €
(☏01-6227750; EZ/DZ inkl. Frühstück 10/13 €)
Dieses altehrwürdige staatliche Hotel hat definitiv schon bessere Tage gesehen. Die Farbe blättert mittlerweile von den Wänden, und der Service erinnert an *Fawlty Towers*, aber es hat immer noch einen Hauch von Kolonialcharme bewahrt, und die Ausblicke vom Rasen sind und bleiben grandios. Eines der vier müden Zimmer bietet den Blick auf die Berge direkt vom Bett aus. Nicht-Hausgäste bekommen hier auch ein Mittagessen oder ein Bier zum Sonnenuntergang.

ⓘ An- & Weiterreise

Kakani liegt anderthalb Stunden von Kathmandu per Bus oder Motorrad entfernt. Fitte Radfahrer nehmen diesen Anstieg oft auf dem Weg nach Shivapuri noch mit, doch bis zur Fertigstellung der Straßenverbreiterung dürfte dies noch eine schwere Tour bleiben. An der Strecke liegen zahlreiche Forellenrestaurants, die zur Rast einladen. Die Abfahrt zurück nach Kathmandu ist der Wahnsinn, aber trotzdem unbedingt an unübersichtlichen Stellen auf Busse und Lastwagen achten.

Die Straße nach Kakani zweigt von der Straße zwischen Kathmandu und Trisuli Bazaar kurz vor dem Polizeiposten von Kaulithana am Bergkamm ab. Täglich fährt nur ein Bus von der Bushaltestelle Machha Pokhara in Kathmandu um 15.30 Uhr nach Kakani (60 NPR) ab und fährt dann am nächsten Tag um 8 Uhr von Kakani aus wieder zurück. Alternativ fahren auch Busse nach Ranipauwa. Die Busse fahren gleich nördlich der Bushaltestelle Machha Pokhari ab. Aussteigen am besten an der Kreuzung bei Kaulithana. Von dort aus sind es noch 3 km bis ins Zentrum von Kakani.

Nuwakot

Das kleine Dorf Nuwakot (Neun Festungen) liegt südöstlich von Trisuli Bazaar und steht verdientermaßen im Ruf, einer der besten Reisegeheimtipps Nepals zu sein. Dies ist eine Zeitkapsel irgendwo zwischen dem 17. und 21. Jahrhundert.

Die Festung *(kot)* aus der frühen Malla-Ära war ein strategischer Haltepunkt an der alten Handelsstraße nach Tibet. Sie wurde von Prithvi Narayan Shah eingenommen, der von hier aus im Jahr 1768 seinen Feldzug zur Vereinigung des Kathmandu-Tals unternahm.

Nuwakot war vom Erdbeben im Jahr 2015 stark betroffen. Viele Häuser des Dorfes brachen zusammen, und die wichtigsten historischen Tempel wurden schwer beschädigt. Die Gebäude am Durbar-Platz sollen noch von einem chinesischen Team stabilisiert und renoviert werden. Die Fertigstellung ist für 2021 geplant.

◉ Sehenswertes

Saat Tale Durbar PALAST
(Durbar-Palast) Den Ortsmittelpunkt bildet die Saat Tale Durbar, eine siebenstöckige Festung, die Prithvi Narayan Shah 1762 als Palast für seine Familie erbaute, nachdem er die Stadt eingenommen hatte. Die Stadt diente als Nepals Hauptstadt, bis Shah sechs Jahre später das Kathmandu-Tal besiegt hatte. Dies ist auch der Ort, an dem der große König 1775 verstarb. Das Gebäude erlitt bei dem Erdbeben starke Risse, und zum Zeitpunkt der Recherche waren die Innenräume für Besucher gesperrt.

Taleju-Tempel HINDUISTISCHER TEMPEL
Der Taleju-Tempel ist der prachtvollste Tempel am ganzen Durbar-Platz, kann jedoch nicht besichtigt werden. Selbst Hindus haben nur bedingt Zutritt. Sie dürfen den Tempel nur kurz während des alljährlichen Dasain- und Sinduri-Jatra-Festes betreten. Der 35 m hohe Tempel wurde 1564 von Mahendra Malla erbaut. Die

Rückseite des Gebäudes ist beim Erdbeben teilweise zusammengebrochen.

Taleju Bhawani war ursprünglich eine Göttin aus Südindien, aber im 14. Jh. wurde sie eine Haus- oder königliche Göttin der Malla-Könige.

Bhairavi-Tempel HINDUISTISCHER TEMPEL
An anderen Ende des Tempels und mit einem eindrucksvollen Blick über das Tal steht der Bhairavi-Tempel mit seinem goldenen Dach. Er wird beim jährlichen Sinduri-Jatra-Fest für Tieropfer genutzt. Die kleine Statue wird bei der Gelegenheit in einem Wagen zu ihrer Schwester im nahe gelegenen Devighat gefahren. Der Tempel wird von zwei Pilgerunterkünften flankiert und wurde seit dem Erdbeben schon wiederaufgebaut.

🏃 Aktivitäten

Rund um Nuwakot gibt's mehrere Wanderwege, darunter einen zum **Aussichtsturm** am Kalika-Tempel. Ein weiteres beliebtes Ziel ist der nahe gelegene **Malika-Tempel** auf dem Berg, ein einfacher Schrein aus Steinen. Beide kann man auf einem Rundweg von drei oder vier Stunden sehen.

🛏 Schlafen & Essen

Hotel Nuwakot View HOTEL €
(☏010-413045; hotelnuwakotview@gmail.com; Zi. 1500 NPR; 📞) Dieser Betonbau gleich oberhalb des Zentrums von Nuwakot ist zwar ziemlich öde, aber dennoch eine gute Budgetunterkunft für Backpacker, die übernachten wollen. Das Restaurant bietet Menüs und kaltes Bier. Es gibt kein warmes Wasser.

WIEDERAUFBAU VON NUWAKOT

Nuwakot war vom Erdbeben im Jahr 2015 stark betroffen. Von den 450 Wohnhäusern hier im Dorf wurden schätzungsweise 420 beschädigt. Die Eigentümer der Famous Farm, die eine wesentliche Rolle bei der Rettung der Stadt Bandipur vor der Abwanderung der Einwohnerschaft spielten, sind wieder führend bei den Bemühungen um den Wiederaufbau. Sie versuchen, die Einwohner zu überzeugen, dass sie ihre Häuser in einem architektonisch kohärenten Stil wiederaufbauen sollen, um den traditionellen Charakter des Dorfes zu wahren.

Doch Charme kostet Geld, und so haben sie Mittel für diejenigen bereitgestellt, die ihre Häuser mit den teuren traditionellen Ziegelsteinen verkleiden, und kostenlose Architektenleistungen angeboten. Langfristig hofft man, die Attraktivität der Stadt für Touristen zu erhalten, und zwar sowohl im Interesse der Einheimischen als auch der Famous Farm. Dies ist ein wunderbares Beispiel dafür, wie Tourismusunternehmer ihre Gemeinden in einem Land unterstützen können, in dem staatliche Unterstützung oder Planung oft bitter notwendig wäre.

★ **Famous Farm** BOUTIQUEHOTEL €€€

(📞 Kathmandu 01-4422617, Nuwakot 010-413044; www.rural-heritage.com; EZ/DZ mit Vollpension 110/130 €; ☎) 🅿 Eine reizende Lodge in drei kunstvoll umgebauten alten Dorfhäusern lädt zum Ausruhen nach langer Wanderung ein. Ein noch idyllischerer Ort ist kaum vorstellbar. Die 13 komfortablen Zimmer sind von einem friedlichen und heiteren Garten mit Blick über Nuwakot und das Trisuli-Tal umgeben. Die offene Küche serviert vorzügliches nepalesisches Essen (Kochkurse sind möglich).

Dies ist einer der gelassensten Rückzugsorte Nepals. Dieser Fleck bietet sich für einen Aufenthalt von mindestens zwei Nächten an, um die Ruhe zu genießen und kleine Wanderungen vor Ort zu unternehmen. Die Inhaber unterstützen eine örtliche Schule und ein Heim für gehörlose Kinder und können dort einen Besuch ermöglichen, wenn man Schulsachen spenden möchte.

ℹ️ An- & Weiterreise

Von der Bushaltestelle Machha Pokhara in Kathmandu fahren täglich drei Direktbusse (250 NPR, 4 Std.) nach Nuwakot. Um 9.30, 10 und 11 Uhr fahren die Busse zurück in die Hauptstadt. Das Fahrtziel heißt korrekt Nuwakot Durbar, nicht nur Nuwakot (der Name des Bezirks). Ansonsten kann man auch einen der stündlichen Busse nach Trisuli Bazaar (220 NPR) nehmen und sich in Bidur abholen lassen.

Wer mit öffentlichen Verkehrsmitteln in die Region Langtang unterwegs ist, kann auf Abkürzungen bergab zur Hauptstraße in Bidur (1 Std.) laufen. Dieser Ort liegt an den Busstrecken nach Trisuli Bazaar, Kathmandu und Syabrubesi.

Kathmandu nach Pokhara

Inhalt ➡

Die Trisuli bis
Abu Khaireni 220
Manakamana 221
Gorkha 222
Bandipur 224
Dumre 229

Schlafen

➡ Old Inn Bandipur (S. 228)

➡ River Side Springs Resort (S. 220)

➡ Gorkha Gaun (S. 224)

➡ Bandipur Adventure Camp (S. 227)

Abenteuer pur

➡ Rafting auf der Trisuli (S. 220)

➡ Gleitschirmfliegen in Bandipur (S. 226)

➡ Höhlen erkunden in Siddha Gufa (S. 225)

Der Weg ist das Ziel

Der berüchtigte Prithvi Highway führt 206 km auf mittlerer Höhe durch die Berglandschaft und bietet mehr als nur eine anstrengende Busfahrt. Alle diejenigen, die einfach nur direkt von Kathmandu nach Pokhara fahren, verpassen einige schöne Attraktionen Nepals. Hierzu gehört eines der architektonischen Juwele des Landes, die Altstadt von Bandipur, ein liebevoll restauriertes, pittoreskes Dorf mit europäischer Anmutung mitten in einer überwältigenden nepalesischen Berglandschaft. Am mächtigen Flusslauf der Trisuli, an der entlang der Prithvi Highway verläuft, finden sich viele Flussresorts mit Sandstränden, entspannter Atmosphäre und abenteuerlichen Rafting-Angeboten. Hinzu kommen die kulturellen Highlights in Gorkha und Manakamana, sodass es mehr als nur einen Grund gibt, auch einmal aus dem Bus auszusteigen.

Reisezeit

➡ Die beste Zeit für die Strecke Kathmandu–Pokhara sind die Wintermonate November bis Januar. Dann ist die Chance am größten, an einem wunderbar sonnigen, milden Tag das ganze Panorama des Himalajas zu sehen.

➡ Wer einen Rafting-Ausflug auf der Trisuli unternehmen möchte, sollte dies entweder von Oktober bis Dezember oder von März bis Mai einplanen, um aufregende Stromschnellen und die Camps an den Sandstränden genießen zu können.

➡ Die ganz Mutigen können mit einem Gleitschirm im Tandemflug in Bandipur zwischen September und Juni hoch in die Lüfte steigen.

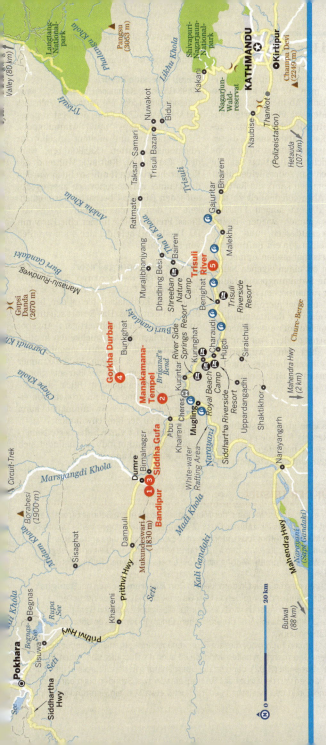

Von Kathmandu nach Pokhara

1 Bandipur (S. 224) Eine Reise in die Vergangenheit: historische Häuser der Newar in einer Stadt, die früher an der Handelsroute nach Indien lag.

2 Manakamana-Tempel (S. 221) Fahrt mit der majestätischen Häuser der Newar zu der Pagode auf dem Berg.

3 Siddha Gufa (S. 225) Einstieg in die Dunkelheit der größten Höhle in Nepal mit spektakulären Stalaktiten und Stalagmiten.

4 Gorkha Durbar (S. 222) Erkundung der grandios gelegenen historischen Stätte, die Festung, Palast und Tempel in einem ist.

5 Trisuli (S. 220) Ritt durch die Stromschnellen des Flusses in Nepal, der am besten für Rafting-Touren erreichbar ist, danach Ausspannen in einem der Beachcamps.

Die Trisuli bis Abu Khaireni

Einige Zeit nachdem man Kathmandu verlassen hat, trifft man auf den mächtigen Flusslauf der Trisuli. Ab hier begleitet sie die Straße, nachdem sie über Jahrtausende einen serpentinenreichen Canyon geformt hat. Von Kathmandu aus ist dieses Zentrum für günstige Raftingtouren recht einfach zu erreichen. Allerdings ist die Straße immer sichtbar, sodass leider nicht das Gefühl aufkommen kann, die Raftingtour in völliger Abgeschiedenheit zu machen. Aber an diesem langen Flussabschnitt gibt es immer wieder kleine Geheimnisse zu entdecken, und dafür muss man nicht einmal in ein Raftingboot steigen. Die Hotels hier stehen immer am Fluss und bieten oft einen eigenen Sandstrand und sogar Swimmingpools. Kaum hat man eine der romantischen Hängebrücken über die Trisuli überquert, ist man in einer anderen Welt. Wer Kathmandu hinter sich lassen möchte oder eine Ruhepause von einer anstrengenden Trekkingtour braucht, findet hier eine wunderbare Landschaft und ein reichhaltiges Angebot an Abenteuersportarten. Hier gibt es Entspannung pur.

🛌 Schlafen

Am Fluss gibt es eine große Auswahl unterschiedlicher Resorts für jeden Geldbeutel. Allerdings ist zu beachten, dass die wirklich günstigen Unterkünfte eher für Einheimische sind, die dort am Wochenende in großen Gruppen zusammenkommen – und ausgiebig feiern.

Trisuli Riverside Resort　　　LODGE €
(☎ 9841534122, Kathmandu 01-4416032; www.trsresort.com; Lodge pro Person mit Frühstück und Abendessen 17 €) Eines der besten günstigen Flusscamps mit Swimmingpool, Spaßrestaurant und breitem Angebot für Abenteuersportarten (Kajakfahren, wandern, Canyoning, Rafting). Während der Recherchearbeiten für dieses Buch wurden die Zimmer gerade renoviert; aber es gibt auf jeden Fall die Übernachtungsmöglichkeit in den strohgedeckten Lodges am Fluss. Freitags gibt's immer eine Party mit DJ. Das Resort befindet sich 4 km westlich von Malekhu.

★ **River Side Springs Resort**　　LODGE €€
(☎ 056-410029; www.rsr.com.np; B 10 €, EZ/DZ Dauerzelt 40/50 €, Lodge 60/70 €; ✳ 🛜 🏊) Das Resort im Kolonialstil bietet den besten Blick auf den Fluss. Das Resort schafft den Spagat zwischen hochwertigem Angebot und Übernachtungsmöglichkeiten in allen Preiskategorien, so auch in japanisch inspirierten Lodges, einem 12-Bett-Zimmer und Dauerzelten. Von der Bar aus gibt es einen atemberaubenden Blick auf die Flussbiegung, und in dem großen, von einer Quelle gespeisten Swimmingpool kann man sogar zu der Bar schwimmen.

Das Resort ist einfach die beste Naherholung von Kathmandu. Es befindet sich 10 km vor Manakamana.

RAFTING AUF DER TRISULI

Die Trisuli hat zwei Gesichter: Während der Monsunzeit ist sie ein reißender Strom, das übrige Jahr zeigt sie sich als ein zahmer Fluss. Wildwasserfahrer mögen beide Facetten. Wer zum ersten Mal eine Raftingtour unternimmt, bevorzugt eher die sanfte Variante. Wer es gerne wilder hat, sollte zwischen August und Mitte Oktober zu einem aufregenden Ritt auf den Wellen kommen. Wichtig ist es, bei einem erfahrenen Raftingunternehmen zu buchen.

Die Raftingtouren starten meist in dem kleinen Dorf **Bhaireni**. Später, bei **Benighat**, vereinigen sich die Trisuli und der reißende Buri Gandaki und lassen beeindruckende Stromschnellen entstehen. Abends wird die Tour für die Nacht zwischen Benighat und **Charaudi**, etwa 20 km flussabwärts, unterbrochen. Einige Touren fahren dann weiter bis zum Chitwan-Nationalpark.

Hotels vor Ort können Touren auf diesem Streckenabschnitt organisieren oder bei der Suche nach einem Unternehmen helfen. Möglich ist auch die Buchung über einen Tourveranstalter in Kathmandu (S. 92), dann ist die Übernachtung in dem Tourpaket inbegriffen. Die Kosten hängen von der Dauer der Tour ab, die von zwei Stunden bis mehrere Tage reichen kann. Ein kurzer zweistündiger Trip kostet etwa 17 €, ein vierstündiger Trip etwa 30 €.

River Fun Beach Resort
RESORT €€

(☎01-4443533, 9801035699; www.riverfunbeach resort.com; Zi. 3500 NPR) Das gepflegte Gelände des Beach Resort ist sehr schön und bietet auch einen Swimmingpool am Fluss mit wunderbarem Ausblick. Die Zimmer haben gute Betten, wirken aber ein wenig wie Gefängniszellen. Zwar ist das Resort am Nordufer des Flusses gelegen, aber man hört die Straße doch noch sehr stark.

Hinweis: Um zum Resort zu gelangen, muss man über eine Hängebrücke laufen, die nur für Fußgänger ist. Sie befindet sich etwa 500 m östlich des Resorts. Von der Brücke aus führt dann ein gut ausgeschilderter Weg entlang des Flusses zu dem Resort, die Gehzeit beträgt ungefähr 15 Minuten.

Royal Beach Camp
HOTEL, CAMPINGPLATZ €€

(☎9741010866, Kathmandu 01-6913767; www. royalbeachnepal.com; Zelt mit Vollverpflegung 20 €, Bungalow 25 €, Zi. mit/ohne Bad 60/50 €; 🍽) An den Sandstränden, in den Hängematten sowie im offenen Restaurant und der Bar des Royal Beach Camp finden sich vor allem Leute ein, die auf Rafting- oder Kajaktour sind, aber auch andere Reisende können sich hier für ein oder zwei Entspannungstage sehr wohlfühlen. Für die Gäste stehen Hotelzimmer, Dauerzelte oder einfache Bungalows am Wasser zur Verfügung. Das Camp liegt bei Charaudi.

Shreeban Nature Camp
LODGE €€

(☎Kathmandu 01-4258427; www.shreeban.com. np; außerhalb von Dhading; Paket 2 Tage/1 Übernachtung pro Person 45 €) Das etwas abgelegene und einfache Unternehmen liegt zwar nicht an der Trisuli, aber bietet ein ansprechendes Programm mit Trekking, Vogelbeobachtung und kulturellen Aktivitäten für alle, die etwas Ausgefalleneres suchen. Der Fußweg dorthin dauert zwei bis drei Stunden, ein Führer holt die Gäste am Highway ab. Eine Reservierung vorab ist notwendig.

❶ An- & Weiterreise

Die Zufahrten zu allen Resorts an der Trisuli, die entlang der Straße fließt, zweigen vom Prithvi Highway ab. Befinden sie sich auf der zum Highway gelegenen Seite des Flusses, sind sie gut sichtbar. Zu den Resorts auf der anderen Seite des Flusses muss man über eine Hängebrücke und dann am Ufer entlanglaufen. Die Busse halten an allen größeren Siedlungen entlang des Flusses.

Manakamana

Von dem kleinen Dorf **Cheres** (6 km vor Mugling) führt eine von österreichischen Ingenieuren gebaute Seilbahn einen schwindelerregenden Steilhang hinauf zu dem alten **Tempel von Manakamana** (⊙ Sonnenaufgang–Sonnenuntergang), ein Höhepunkt für hinduistische Pilger aus nah und fern. Der Tempel selbst ist etwas enttäuschend – er ist relativ klein und wird nach dem Erdbeben 2015 wohl nur noch durch das Gerüst zusammengehalten. Aber die Fahrt nach oben und das kulturelle Leben dort lohnen definitiv den Aufwand. Nach dem hinduistischen Glauben hat die Göttin Bhagwati, die hier verehrt wird, die Macht, Wünsche zu erfüllen, und viele frisch verheiratete Paare kommen hierher und beten für männliche Nachkommen. Leider herrscht hier aber auch die Göttin der schlechten Werbung, denn bei der Fahrt mit der Seilbahn sind riesige am Berg verankerte Werbetafeln zu sehen. Fremde bekommen hier einen guten Einblick in hinduistisches Leben und treffen auch viele andere Reisende, darunter ganze Familienclans aus Indien.

◎ Sehenswertes

Manakamana Cable Car
SEILBAHN

(Erw./Kind hin & zurück 17/12 €, Gepäck pro 1 kg 15 NPR; ⊙9–12 Uhr & 13.30–17 Uhr, Sa ab 8 Uhr) Die Seilbahn von Manakamana wurde erst lange Zeit nach dem Erdbeben wieder geöffnet; sie überwindet einen Höhenunterschied von über 1000 m auf einer Länge von 2,8 km vom Prithvi Highway bis zum Bergkamm von Manakamana. Von den Glasgondeln hat man einen wunderbaren Blick auf das Bergpanorama. Hinweis: Am späteren Nachmittag entstehen oft lange Warteschlangen, daher sollte man mit der Rückfahrt nicht zu lange warten.

Einzelreisende sollten immer ganz nach vorne an die Schlange gehen, denn viele wollen als Gruppe fahren und damit können immer noch einzelne Plätze besetzt werden. Das heißt natürlich nicht, dass man sich vordrängen soll, aber man kann bereitstehen.

🛏 Schlafen

Manakamana Fulbari Resort
HOTEL €€

(☎064-460056; Zi. 2500 NPR; 🕾) Es ist das beste Hotel bei dem Tempel, das allerdings mal einen Neuanstrich bräuchte; aber die

Zimmer sind sauber und hell, haben einen Balkon und bieten einen wunderbaren Ausblick – was bei den anderen Hotels eher selten vorkommt. Am Tempel links abbiegen; es ist das orangefarbene Gebäude 50 m zur Linken.

ℹ An- & Weiterreise

Alle Busse, die zwischen Kathmandu (400 NPR, 3 Std., alle halbe Stunde) und Pokhara (300 NPR, 3 Std., alle halbe Stunde) oder Chitwan (200 NPR, 1½ Std., alle halbe Stunde) verkehren, fahren die Talstation der Seilbahn von Manakamana in Cheres an. Man erkennt sie an einem Torbogen aus rotem Backstein.

Wer zum Tempel hinaufwandern möchte (etwa 4 Std.), muss in Abu Khaireni aussteigen, das – aus Kathmandu kommend – einer der nächsten Orte ist. Zunächst geht es auf der Straße nach Gorkha und am Manakamana Hotel rechts ab. Über die Hängebrücke geht es dann weiter hinauf durch die terrassierten Felder und kleinen Dörfer zum Bergkamm.

Gorkha

📞 064 / 32 000 EW. / 1135 M. Ü. D. M.

Das etwa 24 km nördlich von Abu Khaireni gelegene Gorkha macht vier Dinge berühmt. Es ist der Geburtsort von Prithvi Narayan Shah, der 1769 die rivalisierenden Königreiche von Nepal vereinte und eine Dynastie gründete, die bis 2008 andauerte; es ist auch der Standort des Gorkha Durbar, dem früheren Palast der Shahs, der hoch über Gorkha auf einem Bergrücken steht; außerdem stammt von hier das berühmte Gurkha-Bataillon der britischen Armee, und hier beginnt offiziell das jährliche Dasain-Fest mit einer Prozession nach Kathmandu. Die Stadt ist nach wie vor ein wichtiger Pilgerort für die Newar, die die Shahs als lebende Inkarnationen von Vishnu betrachten.

Im Jahr 2015 gelangte Gorkha zu trauriger Berühmtheit, weil dort das Epizentrum des schlimmsten Erdbebens lag, das Nepal seit fast hundert Jahren heimsuchte. Allerdings blieben erstaunlicherweise viele Gebäude unbeschädigt.

◎ Sehenswertes

Gorkha Durbar   PALAST
(50 NPR, Kamera 200 NPR; 🕓 6–18 Uhr Feb.–Okt., 17 Uhr Nov.–Jan.) Der Gorkha Durbar aus dem 16. Jh. gilt für viele als das Glanzstück der Newar-Architektur; er ist zu-

Gorkha

◎ Sehenswertes
1 Bhimsen-Tempel B1
2 Ganesh-Tempel A1
3 Gorkha-Museum B1
4 Mahadev Tempel A1
5 Vishnu-Tempel A1

🛏 Schlafen
6 Gurkha Inn...B2
7 Hotel Gorkha Bisauni.........................B2

ℹ Transport
8 Bushaltestelle A1
9 Bustickets nach Kathmandu..................A1
10 Bustickets nach Pokhara &
   Chitwan..A1

gleich Palast und Tempel. Wie durch ein Wunder hat das Hauptgebäude das Erdbeben von 2015 überstanden, aber trotzdem gab es schwere Schäden, und zum Zeitpunkt der Recherche für dieses Buch waren die Reparaturarbeiten noch in vollem Gange. Der Tempel-Palast steht hoch über Gorkha auf einem schmalen Bergkamm, von hier hat man einen wunderbaren Blick über das Trisuli-Tal und auf das großartige Bergpanorama mit Annapurna, Manaslu und Ganesh Himal.

Als der Geburtsort von Prithvi Narayan Shah besitzt der Durbar eine große Bedeutung für die Menschen in Nepal. Der große Shah wurde hier um 1723 geboren, als Gorkha noch ein unbedeutendes, feudales Königreich war. Nachdem Prithvi Narayan auf den Thron kam, arbeitete er sich durch das Kathmandu-Tal und unterwarf die rivalisierenden Königreiche; damit schuf er ein Reich, das sich bis weit nach Indien und Tibet erstreckte.

Der Durbar ist ein wichtiger religiöser Ort, daher muss man Lederschuhe, Ledergürtel und Ähnliches ausziehen. Die meisten Pilger betreten ihn durch das Westtor, das auf eine große Freifläche vor dem eleganten **Kalika-Tempel** führt, mit fantastisch mystischen Schnitzarbeiten von Pfauen, Dämonen und Schlangen aus dem 17. Jh., die jeden Millimeter Holz bedecken. Nur Brahmanenpriester und der König dürfen den Tempel betreten, alle Nicht-Hindus dürfen ihn von der Freifläche aus betrachten.

Im Ostflügel des Palastkomplexes steht der ehemalige Palast von Prithvi Narayan Shah, der **Dhuni Pati**, der auch mit wunderbaren Holzschnitzarbeiten überzogen ist. Dieser Bau wurde durch das Erdbeben stark beschädigt und ist daher immer noch eingerüstet. Daneben ist das **Mausoleum des Guru Gorakhnath**, des zurückgezogen lebenden Heiligen, der die spirituelle Führer von Prithvi Narayan war.

Wer den Komplex durch das Nordtor verlässt, kommt an dem ehemaligen **Königlichen Gästehaus** vorbei – bemerkenswert hier sind die erotisch verzierten Dachstreben und die in die Fensterrahmen geschnitzten Krokodile.

Etwas weiter unten befindet sich die bunt angemalte **Hanuman-Statue**, und ein kleiner Weg führt zu einer großen **Chautara** (Plattform aus Stein zum Ausruhen) an einem felsigen Steilhang mit einer atemberaubenden Aussicht und mit Fußspuren im Stein, die Sita, Rama, Gorakhnath und Guru Padmasambhava zugeschrieben werden.

Um zum Durbar zu gelangen, muss man einen ermüdenden gewundenen Pfad mit 1500 Steinstufen hinaufsteigen, oder man nimmt ein Taxi (450 NPR, inklusive Wartezeit), das die Serpentinen zum Parkplatz unter dem Nordtor hinauffährt.

◉ Altstadt

Die Sehenswürdigkeiten in Gorkha konzentrieren sich auf die Altstadt und lassen sich gut in einen kurzen Rundgang einbinden. Folgt man der Straße von der Bushaltestelle hinauf, gelangt man zu dem zweistufigen **Vishnu-Tempel** (⊙24 Std.). Danach kommt der **Mahadev-Tempel** (⊙24 Std.), ein gedrungener weißer Shiva-Tempel mit einer Nandi-Statue und darauf der **Ganesha-Tempel** (⊙24 Std.), ein kleiner weißer *Shikhara* (Tempel im indischen Stil mit einem Maiskolben-förmigen Turn) neben einem Wassertank. Ein Stück weiter öffnet sich die Straße zu einem kleinen Platz mit einer Mini-Pagode. Dieser **Bhimsen-Tempel** (⊙24 Std.) ist dem Newar-Gott des Handels gewidmet. Etwas südlich von hier in Richtung Park befindet sich das Gorkha Museum.

Gorkha-Museum　　　　　　　　MUSEUM

(Ausländer/SAARC 50/20 NPR, Kamera 200/100 NPR; ⊙10.30–14.30 Uhr Mo bis 15.30 Mi–So Nov.–Jan., bis 16.30 Uhr Feb.–Okt.) Die Sammlung dieses Museums ist in dem großen Tallo Durbar, einem Newar-Palast aus dem Jahr 1835, untergebracht und wird von dem Gebäude überstrahlt, das einen schönen Innenhof mit geschnitzten Fenstern und Türen besitzt. Auch wenn die Sammlung nur wenig bietet, so ist es doch ein Vergnügen, durch die alten Hallen, die mit kunsthandwerklichen und historischen Exponaten gefüllt sind, und durch den 3,5 ha großen Park zu laufen. Es ist der erste sinnvolle Halt nach der nahe gelegenen Touristeninformation.

🛏 Schlafen & Essen

Für Reisende stehen eigentlich nur die Hotelrestaurants zur Verfügung. Eine sehr gute Wahl, insbesondere bei Sonnenuntergang, ist die Freiterrasse des Hotels Gorkha Bisauni.

Hotel Gorkha Bisauni　　　　　HOTEL €

(☑064-420107; www.hotelgorkhabisauni.com; Zi. 800–1500 NPR, mit Klimaanlage 2500 NPR, ohne Bad ab 500 NPR; ☎) Das Hotel mit seinem Restaurant steht in einem schön angelegten Park etwa 500 m unterhalb der Bushaltestelle und besitzt eine vielversprechende Fassade und Lobby, aber sehr unterschiedliche Zimmer, wobei derzeit auch viel renoviert wird. Immer nach einem hellen Zimmer mit Balkon fragen und sich nicht mit einem dunklen Loch zufriedengeben. Das Highlight ist die Freiterrasse, ein beliebter Ort, um den Sonnenuntergang zu genießen.

Gurkha Crown Resort　　　　　HOTEL €

(☑9846356011, 064-411132; aryalgokul54@yahoo.com; Zi. mit Frühstück 20 €) Dieses angenehme Hotel steht 6 km außerhalb der Stadt auf dem Land und bietet einfache,

KATHMANDU NACH POKHARA GORKHA

aber geräumige, helle Zimmer im Wald an. Mit dem fröhlichen und engagierten Eigentümer macht man gerne Geschäfte. Am besten vor der Anreise anrufen und sich eine Wegbeschreibung zum Hotel geben lassen.

Gurkha Inn
HOTEL €€

(📞 064-420206; Zi. 25 €; @ 📶) Die Gänge dieses überteuerten Hotels würden sich hervorragend als Verlies eignen, aber der Garten ist ebenso schön wie das Patio-Restaurant; die Zimmer sind überraschend sauber und hell (besonders zu empfehlen: Zimmer 304).

⭐ Gorkha Gaun
BOUTIQUEHOTEL €€€

(📞 9801010557, 9849776022; www.gorkhagaun. com; EZ/DZ mit Frühstück 93/97 €; 📶) ⚡ Dieses 6 km südlich der Stadt und wunderschön auf einem Berg gelegene Hotel ist der absolut beste Übernachtungsort in dieser Gegend und ein Musterbeispiel für Tourismus auf dem Land. Die Eigentümer sind nach mehreren Jahren Aufenthalt in den USA nach Nepal zurückgekehrt und haben sich ihr eigenes *Gaun* (kleines Dorf) aus Cottages für die Gäste gebaut; sie nutzten dafür lokale Materialien und kluge Ingenieurstechniken, wodurch diese erdbebensicher sind.

Hier sind auch die kleinen Details mit Bedacht gewählt, so etwa eine Feuerstelle mit Blick auf den Manaslu, Schiefer in den Bädern und lange Betten für Reisende aus dem Westen. Im großen Speisezimmer wird ein wunderbares familiäres Büfett angeboten. Alle Aktivitäten sind im Preis enthalten, so etwa Touren von Manakamana zum Hotel (5 Std.) und weiter zur Gorkha Durbar (3½ Std.) sowie Ausflüge zu den Dörfern der Magar im benachbarten Tal (4-5 Std.). Die Detailverliebtheit reicht sogar bis zum Geschirr, das in Bandipur handgefertigt wird. Am besten vorher anrufen und sich eine Wegbeschreibung zum Hotel geben lassen.

❶ Praktische Informationen

In der **Touristeninformation** (Gorkha Tourism Development Center; 📞 064-421592; www. visitgorkha.com; 🕐 10–17 Uhr So–Fr) stehen zahlreiche Mitarbeiter zur Verfügung, die gerne weiterhelfen. Hier erhält man auch gute Karten für die Umgebung. Die Information befindet sich hinter dem Zaun gegenüber der Bushaltestelle. Ein Geldautomat ist unterhalb vom Hotel Miracle, etwa 1 km südöstlich der Stadt an der Straße nach Abu Khaireni.

❶ An- & Weiterreise

Auf dem Prithvi Highway erreicht man im wenig beliebten Abu Khaireni den Bus nach Gorkha (65 NPR, 1 Std.).

Die belebte **Bushaltestelle** in Gorkha ist mitten in der Stadt. Das **Büro für die Tickets** für die Busse nach Kathmandu ist am östlichen Ende; das **Büro für die Tickets** am westlichen Ende verkauft Fahrkarten für Busse nach Pokhara und Chitwan.

Täglich fahren zwischen 6.15 Uhr und 14.20 Uhr Kleinbusse nach Pokhara (240 NPR, 5 Std.) und zahlreiche Busse (300 NPR, 5 Std.) und Kleinbusse (380 NPR, 4 Std.) nach Kathmandu. Ein Kleinbus fährt um 7 Uhr von Gorkha nach Bhairawa (430 NPR, 6 Std.), und regelmäßig fährt bis 12 Uhr ein Bus nach Narayangarh (155 NPR, 2 Std.).

Bandipur

📍 065 / 16 000 EW. / 1030 M. Ü. D. M.

Eine von Nepals hübschesten Städten ist Bandipur, ein lebendes Museum der Kultur der Newar. Das Dorf ist gut erhalten und steht hoch oben auf einem Bergrücken, und entlang der Hauptstraße reihen sich traditionelle Häuser. Hier scheint jemand die Uhr der Entwicklung angehalten zu haben, wobei es allerdings ein großer Kraftakt war, den besonderen Zauber zu erhalten und den Ort gleichzeitig als Touristenziel zu entwickeln. Aus heruntergekommenen Gebäuden wurden Cafés und Unterkünfte, und Tempel und öffentliche Gebäude wurden aus Ruinen wiederhergestellt. Durch die schöne Architektur aus dem 18. Jh., die Fußgängerzone und die Möglichkeiten, im Freien zu sitzen, fühlt man sich fast wie in einer europäischen Kleinstadt.

Bandipur war mehrere Jahrhunderte lang eine wichtige Station auf der Route zwischen Indien und Tibet, bis in den 1960er-Jahren der Prithvi Highway gebaut wurde und der Ort ins Abseits geriet. Trotz der stark touristischen Ausrichtung ist es immer noch ein sehr lebendiger Ort, und Bauern und Händler gehen dort weiter ihren Geschäften nach. Diese einzigartige Atmosphäre sollte man sich nicht entgehen lassen.

◉ Sehenswertes

Aussichtspunkt
Thani-Mai-Tempel
AUSSICHTSPUNKT

Der Hauptgrund, zum Thani Mai aufzusteigen, ist der spektakuläre Blick auf den

Bandipur

Tundikhel (100 m);
Bandipur Mountain
Resort (150 m)

Siddha-Gufa-Höhle
(3.5 km)

Dumre (7 km)

Ramkot (5 km)

Busse nach
Dumre

Touristen-
information

Seidenraupen-Farm (2 km)

KATHMANDU NACH POKHARA BANDIPUR

Sonnenaufgang vom **Gurungche Hill**. An einem klaren Morgen bietet sich hier ein unvergesslicher Panoramablick, wie er von kaum einer anderen Stelle im Land zu erleben ist: Am Horizont erstreckt sich der Himalaja, und das Tal ist in dichten Nebel gehüllt und wirkt wie ein weißer See. Der Weg beginnt an der Schule am südwestlichen Ende des Basars und führt 30 Minuten lang steil bergauf.

Siddha-Gufa-Höhle   HÖHLE
(Erw. 200 NPR; ◷ Sonnenaufgang–Sonnenuntergang) Mit einer Tiefe von 437 m und einer Raumhöhe von 50 m gilt Siddha Gufa als die größte Höhle in Nepal. Im Inneren ragt sie hoch auf wie eine Kathedrale und ist voller Stalaktiten und Stalagmiten sowie Hunderten von Fledermäusen, die über die Köpfe der Besucher schwirren. Die Wanderung zu der Höhle und zurück nach Bandipur ist eine beliebte (wenn auch matschige) Halbtagestour; der einfache Fußweg dauert etwa 1½ Std. Wer möchte, kann im Tourist Information Centre von Bandipur (S. 228) einen Führer organisieren. Man kann auch von Bimalnagar am Prithvi Highway zu der Höhle laufen, auf diesem Weg dauert es nur 45 Minuten.

Von Bandipur folgt man ab dem Startpunkt am Nordende des Dorfes den Weg-

Bandipur

◉ Highlights
1	Bindebasini-Tempel	C3
2	Khadga-Devi-Tempel	C2
3	Padma-Bibliothek	C3
4	Aussichtspunkt Thani-Mai-Tempel	A3

◷ Aktivitäten, Kurse & Touren
| 5 | Blue Sky Paragliding | B3 |

◉ Schlafen
6	Bandipur Adventure Camp	D3
7	Bandipur Village Resort	B3
8	Gaun Ghar	C3
9	Heritage Guest House	B3
10	Hotel Depche	B3
11	Hotel Maya	B3
12	Hotel Red Rose	C3
13	Newa Guest House	B3
14	Old Inn Bandipur	C3

◉ Essen
15	Hill's Heaven	B3
	Himalayan Café	(siehe 8)
16	Old House Café	B3
17	Samay Baji	C3

zeichen. Sie führen auf einem unbefestigten Weg Richtung Norden zum Rand des Bergrückens, an der gut sichtbaren Kreuzung biegt man rechts ab. Der Steinweg kann sehr rutschig sein, daher sollte man vorsichtig laufen. Das Betreten der Höhle ist nur mit einem Führer (200 NPR) möglich; sie warten am Eingang der Höhle auf die Besucher. Taschenlampen kann man ebenfalls am Eingang mieten.

Tundikhel
AUSSICHTSPUNKT

In früheren Jahrhunderten versammelten sich die Händler auf diesem von Menschen geschaffenen Plateau, es war der Umschlagplatz für Waren aus Indien und Tibet, bevor man sich auf den langen Weg nach Lhasa oder hinab in die Ebene Indiens aufmachte. Es war auch der ehemalige Aufmarschplatz der Gurkha-Soldaten. Heute ist es ein beliebter Picknickplatz und Aussichtspunkt. An klaren Tagen bietet sich ein atemberaubendes Panorama der Gipfel des Himalajas, zu sehen sind Dhaulagiri (8167 m), Machhapuchhare (6997 m), Langtang Lirung (7246 m), Manaslu (8162 m) und Ganesh Himal (7406 m). Besonders stimmungsvoll ist es hier bei Sonnenauf- und untergang.

Bindebasini-Tempel
HINDUISTISCHER TEMPEL

(⊙24 Std.) Am Nordostende des Basars (dem Haupteinkaufsort) steht dieser reich geschmückte, zweistöckige, der Durga gewidmete Tempel. Die alten Wände sind voller Skulpturen. Dem Tempel gegenüber auf der anderen Seite des Platzes befindet sich die **Padma-Bibliothek**, ein beeindruckendes Gebäude aus dem 18. Jh. mit kunstvoll geschnitzten Fensterrahmen und Balken.

Khadga-Devi-Tempel
HINDUISTISCHER TEMPEL

(⊙24 Std.) Eine breite Treppe führt hinauf zu diesem scheunenähnlichen Tempel, in dem das Schwert von Mukunda Sen, dem König von Palpa (Tansen) aus dem 16. Jh., aufbewahrt wird. Es soll ein Geschenk von Shiva sein, und die Klinge wird als ein Symbol für Shakti (Energie der Gefährtin beziehungsweise des Weiblichen) verehrt, und einmal im Jahr während des Dasain wird darauf etwas Opferblut verteilt.

Seidenraupen-Farm
FARM

(☎9846453502; kein Eintritt, aber Spenden erwünscht; ⊙10–16 Uhr So–Fr) Eher weniger Reisende besuchen die Seidenraupenfarm, die einen Einblick in den faszinierenden Herstellungsprozess von Seide bietet. Zu der Farm gehört eine Plantage mit Maulbeerbäumen, die den Raupen als Futter dienen – die Raupen selbst sind in der Regel von August bis Dezember und von

März bis Mai in Gebäuden untergebracht. Aber der Besuch ist jederzeit möglich, und es ist immer jemand da, der den Prozess mit viel Anschauungsmaterial erklärt.

Um zur Farm zu laufen, verlässt man den Ort und biegt am Heritage Guest House links ab, folgt dann dem Steinweg bis zu der geteerten Straße und geht 2,5 km nach unten. Die Farm ist links, 50 m nachdem die Straße wieder unbefestigt wird, ausgeschildert.

🏃 Aktivitäten

In Bandipur und Umgebung kann man gut ein paar entspannte Tage verbringen. Vor der grandiosen Kulisse des Himalajas verteilen sich Reisterrassen, Felder mit Senfpflanzen und kleine Obstgärten. Die meisten Unterkünfte organisieren Wanderungen mit Führern für 1000 NPR bis 1500 NPR pro Tag.

Neben der Siddha-Gufa-Höhle ist eine weitere interessante Wanderung zum Dorf der Magar **Ramkot**. Die schöne vierstündige Tour führt zu diesem lieblichen und freundlichen kleinen Dorf, wo es noch einige traditionelle Rundhäuser gibt. Da man hier weder Essen noch Trinken kaufen kann, muss man Proviant mitbringen und kann dann die Pause unter den zwei Banyanbäumen oben auf dem Berg zusammen mit dem Bergpanorama des Himalajas genießen. Das Old Inn in Bandipur (S. 228) organisiert auch Homestay-Möglichkeiten in diesem Dorf.

Blue Sky Paragliding
GLEITSCHIRMFLIEGEN

(☎9846721920; www.blue-sky-paragliding.com; 30 Min/1Std. 9000/13 000 NPR) Blue Sky (mit Sitz in Pokhara) ist der Hauptanbieter für Gleitschirmfliegen in Bandipur. Bei Interesse wendet man sich am besten direkt an das Unternehmen oder fragt in dem kleinen Laden in Bandipur mit dem Blue-Sky-Paragliding-Schild nach. Gestartet wird direkt oberhalb des Dorfes, der Blick ist atemberaubend.

Wichtig: Vorher immer den Piloten nach seiner Tandem-Lizenz und dem passenden Logbuch dazu fragen. Drei Jahre Tandemflugerfahrung sind eine vernünftige Grundlage.

Hardcore Nepal
KLETTERN, HÖHLENWANDERN

(☎9803010011; www.hardcorenepal.com; 2 Tage, all-inclusive Klettern und Höhlenwandern 120 €, 3-Tage-Paket ab 170 €) Erfahrene Kletterer können die 40 m hohe Kalksteinwand neben dem Highway in Bimalnagar, ein paar Kilometer östlich von Dumre, erklimmen. Hardcore Nepal kann auch Höhlenwanderungen in der Siddha-Gufa-Höhle organisieren, wozu auch das Abseilen 70 m tief durch den Höhleneingang und ein Abseilen am Wasserfall im Jalbire-Canyon, 10 km südlich von Mugling, gehören. Die Abfahrt ist in Thamel, Pokhara und Bandipur möglich.

🛏 Schlafen

In Bandipur gibt es jede Menge Übernachtungsmöglichkeiten in allen Preiskategorien. Insbesondere auf der Hauptstraße finden sich mehrere schön restaurierte Häuser, die zu Hotels umgebaut wurden. Sie haben schöne Innenhöfe, offene Balken, Holzbalkone und einen wunderbaren Blick auf die Berge – man muss nur auf den Kopf aufpassen! Die Durchgänge hier sind deutlich niedriger als normal.

★ Bandipur Adventure Camp ZELT-CAMP €
(☎ 065-520184, 9841235636; www.bandipuradventurecamp.com; 4-Personenzelt 2000 NPR, Halbpension 2500 NPR; 🛜) Die neue, günstige Übernachtungsmöglichkeit ist eine eigene Kategorie – ein Zelt oben auf einem Berg mit großartigem Blick auf den Manaslu, der sich mächtig über der Trisuli erhebt. Das engagierte junge Team bietet den perfekten Aufenthalt für Rucksackreisende. Im Restaurant mit reichhaltigem Angebot werden Brot, Pasta und Pizza selbst gemacht, und in der kleinen Bar gibt es dann das passende Bier dazu.

An den Wochenenden in der Hochsaison wird auch Livemusik gespielt. Außerdem werden alle Arten von Abenteuersportarten angeboten: Wandern, Höhlenwandern, Paintball, Klettern, Canyoning und sogar Off-road-Motocross. Die Zelte sind schlicht, es gibt Gemeinschaftsbäder und Sonnendächer. In ein Zelt passen vier Personen, die sich dann aber relativ gut kennen sollten. Eine zweckmäßige Lodge befindet sich gerade im Bau. Es dauert 10 Minuten, um in die Stadt zu laufen; wer sich an dem höchsten Mobilfunkmast der Gegend orientiert, kann sich nicht verlaufen.

Hotel Red Rose HOTEL €
(☎ 065-520139; Zi. 1500–2000 NPR; 🛜) Dieses Hotel ist die beste Wahl für alle, die günstig in einem historischen Gebäude übernachten möchten. Es befindet sich mitten im Basar, bietet schlichte Zimmer mit Schaumstoffbetten, netten Balkonen und einem Restaurant im Erdgeschoss.

Newa Guest House PENSION €
(☎ 9846117596, 065-520079; kpbandipur@gmail.com; Zi. ohne Bad 800 NPR; 🛜) Ein wirklich günstiges Hotel mit schönen Zimmern zur Straße mit Balkon und Gemeinschaftsbadezimmer zu einem guten Preis.

Hotel Maya PENSION €
(☎ 065-520106; EZ 400 NPR, DZ 800–900 NPR) Eine preisgünstige Unterkunft rechts vom Hauptbasar mit einem gemütlichen Straßencafé. Die Zimmer in dem traditionellen Gebäude sind winzig, bieten aber viel Atmosphäre, offene Balkendecken, einen großartigen Blick und sogar warmes Wasser in einem Eimer.

Heritage Guest House PENSION €
(☎ 065-520042; heritageguesthouse60@gmail.com; Zi. mit/ohne Bad 1500/500 NPR; 🛜) Das einladende Heritage Guest House ist in einem etwas baufälligen Wohngebäude am südwestlichen Ende des Basars untergebracht und wirkt zunächst wie ein Souvenirladen. Aber die Zimmer 5 und 6 sind die besten günstigen Zimmer in der Stadt mit einem großartigen Blick und einem Gemeinschaftsbad direkt vor der Tür.

Das angegliederte Restaurant bietet gutes Essen, darunter Spezialitäten der Newar wie *jhwai khattee* (warmer lokaler Wein mit Hirse, Ghee, Reis und Honig).

Bandipur Mountain Resort HOTEL €€
(☎ 065-520125; www.islandjungleresort.com.np; EZ/DZ 42/46 €, mit Vollpension 70/100 €; 🛜) Dieses Hotel hat zwei Standorte, jeweils an einem Ende des Tundikhel. Der westliche Standort befindet sich an einem bewaldeten Steilhang. Im Gegensatz zu anderen Hotels in Bandipur wirkt es wie eine Lodge im Dschungel. Die Zimmer sind frisch gestrichen und besitzen eine Terrasse mit atemberaubendem Blick. Auch die Zimmer am anderen Standort bieten einen schönen Blick, sind aber eher moderner gehalten und bieten nicht das besondere Lodge-Feeling. Für eine Übernachtung in der Hauptsaison muss man im Voraus buchen.

Hotel Depche LODGE €€
(☎ 9841226971; www.hoteldepche.com.np; EZ/DZ mit Frühstück 25/50 €; 🛜) Das attraktive Cottage aus Lehmziegeln ist ein Schmuckstück am Rand von Bandipur, versteckt in den Feldern 300 m westlich des Basars.

Zum Zeitpunkt der Recherche wurden gerade ein neues Restaurant und ein Speisesaal gebaut und die Zimmer renoviert. Standort, Kerzen im Innenhof und auf dem Dach sowie ein engagierter geschäftstüchtiger Eigentümer machen dieses Hotel zu einer hervorragenden Wahl.

Bandipur Village Resort
HOTEL €€

(☏065-520143; bandipurvillageresort@gmail.com; Zi. mit Frühstück 35 €; ☎) Das Village Resort besitzt eine schöne alte Fassade und befindet sich beim Jeep-Stand, aber die Zimmer selbst sind in einem Betongebäude im rückwärtigen Bereich. Wer modernen Komfort statt historisches Ambiente sucht, ist hier bestens aufgehoben. Zimmer 302 bietet ebenso wie die Dachterrasse einen großartigen Blick auf die Berge. Die Mitarbeiter sind freundlich und hilfsbereit.

★ Old Inn Bandipur
LODGE €€€

(☏065-520110; www.theoldinnbandipur.com; immer mit Frühstück EZ/DZ/Zi. 90/120/180 €, ohne Bad 80/110/150 €; ☎) Diese geschmackvoll restaurierte Villa mitten im Basar bietet hübsche Zimmer, die mit buddhistischer und Newar-Kunst dekoriert sind und um eine Terrakotta-Terrasse mit Blick auf die Berge liegen. Man kann sich kaum entscheiden, ob man nun auf die Berge oder über die beeindruckende Altstadt blicken möchte. Einige Zimmer sind lauschig klein (und auch niedrig – daher Vorsicht), aber die neueren Zimmer sind geräumig und mit Bad und Balkon ausgestattet. In allen sind wunderbare Holzarbeiten zu sehen.

Wenn das Hotel ausgebucht ist, wird möglicherweise das Panche Baja empfohlen, ein restauriertes Gebäude am Nordostende des Platzes, das vom selben Eigentümer betrieben wird. Auch hier ist der Atem der Geschichte zu spüren, aber es fehlt der wunderbare Blick.

Gaun Ghar
HOTEL €€

(☏065-520129; www.gaunghar.com; EZ/DZ Vollpension 190/255 €; ☎) Das Gaun Ghar ist ein renoviertes historisches Gebäude mit einem wundervollen Innenhof und nach innen gerichteten Balkonen; hier gibt es auch die hervorragende Gelegenheit, klassische Speisen der Newar zu probieren. Einige Zimmer besitzen Balkone mit Blick auf die schöne Hauptstraße. Zum Zudecken gibt es elektrische Heizdecken für kalte Winternächte. Die Ähnlichkeit zum

Old Inn nebenan ist augenfällig, allerdings sind hier die Preise deutlich höher.

Essen

Samay Baji
NEPALESISCHE KÜCHE

(☏9841226971; samay baji 350 NPR; ☉7.30–22 Uhr) Das gemütliche, familiengeführte Restaurant ist nach dem dort angebotenen Hauptgericht benannt, eine gemischte Platte mit traditionellen Speisen. Die Auswahl ist hervorragend! Der engagierte Besitzer ist außerdem eine gute Informationsquelle. Das Restaurant ist am östlichen Ende des Basars.

Himalayan Café
CAFÉ €

(☏9818712232; Chocolate-Brownie 300 NPR; ☉7.30–21.30 Uhr) In dieser neuen Bäckerei mit Café auf der Hauptstraße mit reichhaltigem Angebot gibt es auch eine kleine Bar, in der gelegentlich auch Livemusik spielt (in der Hochsaison freitags).

Old House Café
INTERNATIONALE KÜCHE €

(☏9846438274; oldhousecafe01@gmail.com; thali 200–300 NPR; ☉7–22.30 Uhr; ☎) Ein tolles Restaurant im Basar mit hervorragenden Momos, Pizzen und köstlichen *khaja* der Newar (*thali* und auch Menüs). Es bietet auch sechs einfache, saubere Zimmer mit Bad im hinteren Bereich mit einem schönen Blick (Preis bei etwa EZ/DZ 900/1200 NPR).

Hill's Heaven
NEPALESISCHE KÜCHE €

(Hauptgerichte 100–380 NPR; ☉7–21 Uhr; ☎) Beliebt im Hill's Heaven auf der Hauptstraße sind das günstige Bier und die Käse-*Pakoda* (fritierte Käsebällchen). Auch hier gibt es im Obergeschoss Zimmer mit Bad (600 NPR bis 1000 NPR).

❶ Praktische Informationen

Die **Touristeninformation** (Bandipur Tourist Information Counter; www.bandipurtourism.com; ☉10–17 Uhr So–Fr) hat Broschüren und bietet Grundinformationen über die Gegend. Ein Führer kann für etwa 1000 NPR für einen halben Tag organisiert werden. Die Öffnungszeiten sind *sehr* flexibel.

Auf der Hauptstraße sind etwas versteckt zwei Geldautomaten, einer neben dem Old Inn und der andere neben dem Himalayan Café.

❶ An- & Weiterreise

Die Straße nach Bandipur zweigt vom Prithvi Highway etwa 2 km westlich von Dumre ab; Busse (305 NPR, 30 Min., alle 45 Minuten) und Taxis (500 NPR, 30 Min., alle 45 Minuten oder wenn sie voll sind) fahren an der Kreuzung zwischen 7 und 18 Uhr ab. Hotels können einen Wagen und Fahrer nach Pokhara für 35 NPR organisieren.

Wer Bandipur über Dumre verlassen möchte, sollte einen Platz im Touristenbus einen Tag im Voraus buchen, damit der Bus auch sicher in Dumre hält. Busse nach Dumre fahren in Bandipur am westlichen Ende des Basars ab.

Manche Leute laufen nach oder von Bandipur über Bimalnagar auf dem Prithvi Highway und kommen auf diesem Weg an der Siddha-Gufa-Höhle (S. 225) vorbei.

Von Bandipur nach Bimalnagar führt ein angenehmer Weg bergab, aber in die andere Richtung ist es ziemlich anstrengend, da es 1000 m nach oben geht.

Dumre

Etwa 17 km westlich von Abu Khaireni liegt die schlichte Straßensiedlung Dumre. Dabei handelt es sich eigentlich nur um einen Durchgangsort, der aber immerhin mehrere Geldautomaten bietet.

Wer gezwungen sein sollte, dort zu übernachten, meidet besser die Hotels im Zentrum und wählt stattdessen das **Hotel New Star** (☑9825107383, 065-580345; Zi. 1500 NPR; ❄🛜). Empfehlenswerter ist es allerdings, die 12 km nach Bandipur zurückzulegen, wo es viele gute Übernachtungsmöglichkeiten gibt.

Vom Prithvi Highway gibt es regelmäßig fahrende Busse (350 NPR) und Kleinbusse (400 NPR) nach Kathmandu (5 Std., alle 15 Minuten) sowie regelmäßig fahrende Busse (200 NPR) und Kleinbusse (250 NPR) nach Pokhara (2 Std., alle 15 Minuten).

Örtliche Busse (250 NPR) und Kleinbusse (300 NPR) fahren zudem in Richtung Norden nach Besi Sahar (3 Std., alle 30 Minuten), dem Ausgangspunkt für den Annapurna-Trek.

Pokhara

061 / 265 000 EW. / 884 M. Ü. D. M.

Inhalt ➜

Pokhara 232
Sarangkot 255
Begnas-See &
Rupa-See 257
Von Pokhara nach Beni .. 258
Von Beni nach Tatopani .. 259
Tatopani 259
Von Tatopani nach
Marpha 261
Marpha 262
Jomsom 263
Rund um Jomsom 264

Gut essen

➜ Moondance Restaurant
(S. 247)

➜ AoZoRa (S. 247)

➜ Caffe Concerto (S. 248)

➜ Krishna's Kitchen (S. 249)

➜ Metro (S. 246)

Schön übernachten

➜ Temple Tree Resort & Spa
(S. 244)

➜ Nanohana Lodge (S. 241)

➜ Hotel Adam (S. 241)

➜ Dhaulagiri Lodge (S. 260)

Auf nach Pokhara!

Pokhara hat einfach alles: eine spektakuläre Landschaft, Abenteuersport-Angebote sowie Unterkünfte und Lokale in Hülle und Fülle. Nach einer dreiwöchigen Trekkingtour oder einer höllischen Busfahrt ist Lakeside Pokhara der perfekte Ort, um die Batterien wieder aufzuladen.

Der Uferstreifen, der sich an einem ruhigen See voller Paddelboote erstreckt, ist eine gechillte Version des Thamelviertels in Kathmandu. Vom Ufer – und möglicherweise auch vom Hotelzimmer aus – ist der Blick auf die nur etwa 20 km entfernten schneebedeckten Berge herrlich.

Doch Pokhara bietet mehr als entspannten Charme. Hier boomt auch die Abenteuersport-Industrie mit der vermutlich besten Paragliding-Location weltweit und zahlreichen Wildwasserflüssen rundum. Außerdem gibt es ein beeindruckendes Museum, das den weltberühmten Gurkha-Soldaten gewidmet ist, und nicht zuletzt liegt hier der Zugang zu den weltberühmten Trekkingrouten in und um die Annapurna.

Reisezeit

Pokhara

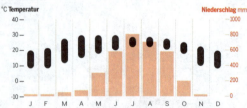

Oktober–März: Eine ideale Zeit: Der Blick auf die Berge ist klar, und es gibt nur wenige Regentage.

28. Dezember–1. Januar: Das Pokhara Street Festival bietet leckeres Essen und tolle Shows.

April: Touristen und Einheimische feiern gemeinsam den Beginn des Neuen Nepalesischen Jahres.

Map labels

▲1054 m

1 **Sarangkot** *(4 km);*
5 **Paragliding** *(4 km);*
6 **Jangchub Choeling Gompa** *(5 km);*
Siedlung tibetischer Flüchtlinge Tashi Palkhel (5 km)

Gurkha-
Museum
(1 km);
Seti-Schlucht
(1 km)

Newar-
Häuser

Tersapati Rd

Nadipur Patan

METHLAN

CHAUR

*Khude
Pokhari*

Pokhara-Baglung Hwy

Bhairab Tole

**ALTSTADT VON
POKHARA**

GUPHA

Mahendrapul

**NEW
BAZAAR**

LAKESIDE
NORTH
(KHAHAREY)

Chipledhunga

LAKESIDE
(BAIDAM)

Phewa Marg

*Shreejana
Chowk*

*Prithvi
Chowk*

**Moondance
Restaurant**
4

CENTRAL LAKESIDE
(PALLO PATAN)

*Königspalast
(Ratna-Tempel)*

Simalchaur

Penjoling

Prithvi Hwy

7 **Begnas-See**
(13 km)

Stadion

Ratnapuri

2 **Phewa-See**

LAKESIDE
EAST
(MULTHOK)

*Basundhara-
Park*

Nagdhunga

Rani Ban

▲967 m

Pode Tole

*Flughafen
Pokhara*

3 **World Peace
Pagoda** *(1 km)*

DAMSIDE
(PARDI)

Seti

*Devi's
Falls*

Pardi

Khola

Pardi Bazaar (Siddhartha Hwy)

N 0 — 1 km

Pokhara Highlights

1 **Sarangkot** (S. 255) Beim Aufwachen den herrlichen Ausblick auf die aufgehende Sonne über dem Himalaja genießen.

2 **Phewa-See** (S. 232) Mit einem farbenfrohen Boot auf den See hinausrudern und die zauberhafte Spiegelung des Machhapuchhare und seiner Nachbargipfel bestaunen.

3 **World Peace Pagoda** (S. 235) Durch den Wald zu der weißen Pagode hinaufwandern und Pokhara von oben betrachten.

4 **Moondance Restaurant** (S. 247) Sich nach einer Wanderung mit einem köstlichen Mahl in Lakeside belohnen.

5 **Paragliding** (S. 238) Wie ein Adler auf den Thermalwinden am Himmel kreisen und dabei die Landschaft unter sich genießen.

6 **Jangchub Choeling Gompa** (S. 260) Dem Gesang der Mönche lauschen und mehr über die tibetischen Flüchtlinge erfahren.

7 **Begnas-See** (S. 257) Raus aus den Zentren und auf zu den Kaffeeplantagen und den ruhigen Ufern dieses stillen Sees.

Klima

Pokhara liegt 400 m tiefer als Kathmandu, sodass die Temperaturen im Herbst und Winter hier im Allgemeinen milder ausfallen. Sogar im Winter reicht tagsüber oft ein T-Shirt – Jacken oder Sweatshirts sind eigentlich nur abends oder am frühen Morgen im Einsatz. Die Regenzeit dauert von Juni bis September, dann sind die Berge meistens hinter dicken Wolkendecken versteckt.

POKHARA

 **Sehenswertes**

Das Annapurna-Massiv bildet den eindrucksvollen Hintergrund von Pokhara. Am markantesten ist der Machhapuchhare, dessen massiges Dreieck hoch über die Stadt ragt. Er ist der einzige noch nicht bezwungene Berg Nepals, denn seine Besteigung ist verboten.

Von West nach Ost erstrecken sich die Gipfel von Annapurna Süd (7219 m), Hiunchuli (6441 m), Annapurna I (8091 m), Machhapuchhare (6997 m), Annapurna III (7555 m), Annapurna IV (7525 m) und Annapurna II (7937 m). Es sollte bedacht werden, dass die Berge manchmal tagelang

hinter Wolken verschwinden, insbesondere in der Regenzeit.

Phewa-See   SEE

(Karte S. 234) Die Besucher Pokharas konzentrieren sich rund um den zweitgrößten See Nepals, den Phewa-See. Anders als das touristische Lakeside ist das steile Südwestufer des Sees dicht bewaldet und bietet zahlreichen Vögeln eine Heimat. Der üppige Rani Ban, oder Queen's Forest, verleiht dem See einen Smaragdton, und an klaren Tagen spiegeln sich die Berge des Annapurna-Massivs makellos in seiner Oberfläche.

In Lakeside lassen sich leuchtend bunte *doongas* (Boote) mieten, um damit auf den See hinauszufahren. Am Seeufer gehen zahlreiche Menschen spazieren oder fahren Rad. Eine Wanderung zur World Peace Pagoda ermöglicht außerdem einen atemberaubenden Blick über den See und auf die Berge.

Varahi Mandir   HINDUISTISCHER TEMPEL

(Karte S. 242) Auf einer kleinen Insel in der Nähe des früheren Königlichen Palastes, Ratna Mandir, steht Pokharas berühmtester, im Stil einer zweistufigen Pagode erbauter Hindutempel, Varahi Mandir. Der aus dem 18. Jahrhundert stammende und über die Jahre hinweg ausführlich reno-

---

POKHARA IN ...

zwei Tagen

Nach dem Frühstück geht es in die Kunsthandwerksläden und Cafés von Lakeside und danach mit einem farbenfrohen Boot auf den Phewa-See. Nach dem Mittagessen auf der Vergnügungsmeile folgt eine Wanderung zur wunderschönen World Peace Pagoda (S. 235) um noch weitere unglaubliche Aussichten genießen zu können. Am zweiten Tag heißt es früh aufstehen, um von Sarangkot (S. 255) aus den Sonnenaufgang zu sehen, danach folgt ein Besuch im Gurkha-Museum in der Altstadt von Pokhara.

vier Tagen

Der Morgen beginnt mit einer Fahrt mit dem Leihfahrrad Richtung Norden am Seeufer entlang, danach folgt ein Besuch der Siedlung tibetischer Flüchtlinge und der Devi's Falls und schließlich mit etwas Mut eine Runde Tandemparagliding oder ein Rundflug mit dem Ultralightflugzeug vor dem Hintergrund des Himalajas. Im International Mountain Museum gibt es Hintergrundinformationen zu den Treks, und ein Besuch in der Fledermaushöhle (S. 235) sorgt für Abwechslung.

einer Woche

Wie wäre es mit einer kurzen Wanderung nach Poon Hill, Ghandruk oder Panchase Danda? Oder mit einer ruhigen Nacht zwischen den Kaffeeplantagen des Begnas-Sees und einer anschließenden Entdeckungstour durch die Dörfer, die am Nordufer des Phewa-Sees liegen?

DIE BESTEN DER BESTEN

Die British Army unterhält tatsächlich noch ein Rekrutierungszentrum am Stadtrand von Pokhara – ein seltsames Überbleibsel aus der Kolonialzeit. Jedes Jahr kommen Hunderte junger Männer aus ganz Nepal nach Pokhara, um sich dem strengen Auswahlverfahren für Ghurka-Soldaten zu unterziehen.

Die zukünftigen Rekruten müssen eine ganze Reihe wirklich schwerer körperlicher Aufgaben erfüllen, darunter etwa einen Fünf-Kilometer-Dauerlauf den Berg hinauf – und das mit 25 kg Steinen in einem traditionellen *doko* (Korb). Nur die Stärksten und Entschlossensten von ihnen werden ausgewählt – es gibt Geschichten von Rekruten, die selbst mit Knochenbrüchen noch weiterliefen, weil sie die Prüfung unbedingt bestehen wollten.

Die Ghurkas mit ihren gebogenen Khukuri-Messern gelten noch heute als eine der stärksten Kampftruppen der Welt. Die britischen Ghurkas haben Friedensmissionen in Afghanistan, Bosnien und Sierra Leone durchgeführt, und auch Elite-Einheiten der indischen Armee, der Polizei in Singapur und die Bodyguard-Truppe des Sultans von Brunei bestehen aus Ghurka-Soldaten.

Die Hauptmotivation für die Bewerbung als Ghurka ist das Geld. Der durchschnittliche Tageslohn in Nepal liegt bei 3 €, während Ghurka-Soldaten westliche Gehälter bekommen, mit bis zu 16 Jahre langen Aufträgen und einer lebenslangen Pension der British Army rechnen können – und dazu noch die Möglichkeit haben, sich nach Renteneintritt in Großbritannien niederzulassen.

vierte Tempel ist Vishnu in seiner Erscheinungsform als Eber geweiht und wird von einer Schar gurrender Tauben bewohnt. Vom Varahi Ghat in Lakeside aus fahren Ruderboote zum Tempel (Rückfahrkarte pro Person 100 NPR).

Altstadt von Pokhara VIERTEL
(Karte S. 234) Um einen Eindruck davon zu bekommen, wie Pokhara ausgesehen hat, bevor Verkehr, Chaos und Touristenrestaurants das einstige Dorf in Beschlag genommen haben, empfiehlt sich ein Besuch der Altstadt nördlich des pulsierenden Mahendra Pul. Am Besten lässt sie sich zu Fuß erkunden.

Der Weg führt vom Gebäude der Nepal Telecom in der Mahendra Pul aus nordwestlich entlang der Tersapatti, vorbei an **religiösen Lädchen**, in denen hinduistische und buddhistische Gegenstände verkauft werden. An der Kreuzung mit der Nala Mukh lohnt sich ein Blick auf die **Newar-Häuser** mit ihrem malerischen Ziegelbau und den kunstvoll geschnitzten Holzfenstern.

Nun geht es auf der Bhairab Thole Richtung Norden weiter bis zu dem kleinen, zweistufigen **Bhimsen-Tempel** (Karte S. 234), einem zweihundert Jahre alten, Newari, dem Gott des Handels und der Wirtschaft, geweihten Schrein, der mit erotischen Schnitzereien verziert ist und sich

auf einem von Korb- und Keramikläden gesäumten Platz befindet.

Ungefähr 200 m weiter nördlich befindet sich ein kleiner Hügel, auf dem der alte **Bindhya-Basini-Tempel** (Karte S. 234) thront. Er wurde im 17. Jh. erbaut und ist Durga geweiht, der kriegerischen Erscheinung Parvatis, die hier in Form eines Shaligrams verehrt wird.

International Mountain Museum MUSEUM
(Karte S. 234; 061-460742; www.international mountainmuseum.org; Ghari Patan; Ausländer/SAARC/Nepalesen 400/200/80 NPR; 9–17 Uhr) Dieses umfangreiche Museum ist den Gebirgen Nepals, ihren Besteigern sowie ihren Bewohnern gewidmet. Dort sind Originalausrüstungen der Erstbesteiger des Himalajas ebenso zu besichtigen wie Ausstellungsstücke zur Geschichte, Kultur, Geologie sowie zur Fauna und Flora der Himalajaregion.

Wer sich durch die Bergsteiger der Vergangenheit inspiriert fühlt, kann vor dem Museum eine 21 m hohe Kletterwand und ein 9,5 m hohes Modell des Manaslu besteigen. Eine Taxifahrt von Lakeside aus kostet hin und zurück ungefähr 800 NPR.

Gurkha-Museum MUSEUM
(Karte S. 234; 061-441762; www.gurkhamuse um.org.np; Mahendra Pul; Ausländer/SAARC 200/100 NPR, Kamera 20 NPR; 8–16.30 Uhr) Das Ghurka-Museum liegt nördlich der

Großraum Pokhara

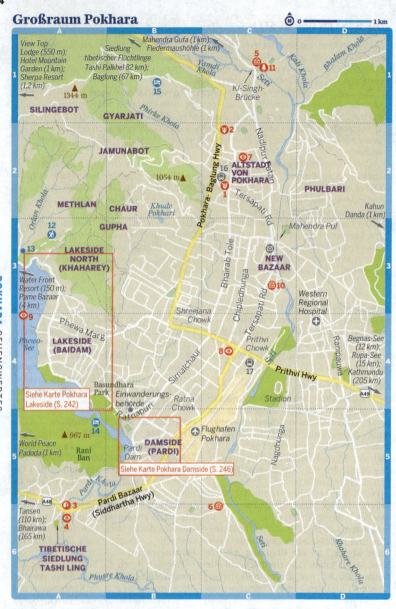

View Top Lodge (550 m); Hotel Mountain Garden (1 km); Sherpa Resort (1,2 km)

Mahendra Gufa (1 km); Fledermaushöhle (1 km)

Siedlung tibetischer Flüchtlinge Tashi Palkhel 82 km); Baglung (67 km)

SILINGEBOT

1344 m

GYARJATI

Phirke Khola

Yamdi Khola

KI-Singh-Brücke

JAMUNABOT

1054 m

Pokhara-Baglung Hwy

ALTSTADT VON POKHARA

Nadipur Patan

PHULBARI

METHLAN

CHAUR

Khude Pokhari

Tersapati Rd

Mahendra Pul

Kahun Danda (1 km)

Orlan Khola

GUPHA

Bhairab Tole

Mahendra Pul

LAKESIDE NORTH (KHAHAREY)

NEW BAZAAR

Water Front Resort (150 m); Pame Bazaar (4 km)

Phewa-See

Phewa Marg

Chipledhunga

Western Regional Hospital

LAKESIDE (BAIDAM)

Shreejana Chowk

Tersapati Rd

Prithvi Chowk

Begnas-See (12 km); Rupa-See (15 km); Kathmandu (205 km)

Simalchaur

Seti

Prithvi Hwy

Rampauwa

A49

Basundhara Park

Einwanderungsbehörde

Ratna Chowk

Stadion

Nagdhunga

Siehe Karte Pokhara Lakeside (S. 242)

Patnapuri

967 m

Flughafen Pokhara

World Peace Padoda (1 km)

Rani Ban

Pardi Dam

DAMSIDE (PARDI)

Siehe Karte Pokhara Damside (S. 246)

Pardi Khola

A48

Pardi Bazaar (Siddhartha Hwy)

Tansen (110 km); Bhairawa (165 km)

Khahare Khola

Seti

TIBETISCHE SIEDLUNG TASHI LING

Phusre Khola

N   0 — 1 km

Kaki Khola

Bhalam Khola

Mahendra Pul in der Nähe der KI-Singh-Brücke und erinnert an die Errungenschaften des berühmten Ghurka-Regiments. Begleitet von Soundeffekten, wird dort die Geschichte der Ghurka-Soldaten vom indischen Aufstand im 19. Jh. über die beiden Weltkriege bis hin zu den aktuellen Auseinandersetzungen und Friedensmissionen erzählt. Besonders beeindruckend ist die Darstellung von Ghurka-Soldaten, die das Victoriakreuz verliehen bekommen.

Großraum Pokhara

◎ Sehenswertes
1 Bhimsen-Tempel C2
2 Bindhya-Basini-Tempel C2
3 Devi's Falls A6
4 Gupteshwor-Mahadev-Höhle A6
5 Gurkha-Museum C1
6 International Mountain
   Museum C6
7 Altstadt von Pokhara C2
8 Tibetische Flüchtlingssiedlung
   Paljorling C4
9 Phewa-See A4
10 Regionalmuseum Pokhara C3
11 Seti-Schlucht C1

◎ Aktivitäten, Kurse & Touren
12 Purna Yoga & Treks A3
13 Sadhana Yoga Retreat A3

◎ Schlafen
14 Fish Tail Lodge A5
15 Himalayan Front Resort B1

◎ Transport
16 Busbahnhof Baglung C2
17 Haupt-Busbahnhof von Pokhara C4

Seti-Schlucht PARK
(Karte S. 234; Park Erw. 25 NPR; Park 7–18 Uhr) Der wilde Seti-Fluss fließt mitten durch Pokhara hindurch, er ist aber trotzdem nicht leicht zu entdecken. Der Fluss hat eine tiefe, schmale Schlucht mitten durch die Stadt gegraben, wobei sich sein Wasser milchig weiß gefärbt hat. Der beste Ort, um einen Blick auf den Seti zu werfen, ist der **Park**, der sich nördlich der Altstadt in der Nähe des Gurkha-Museums erstreckt.

Devi's Falls WASSERFALL
(Karte S. 234; Pardi Bazaar, Damside; Erw. 30 NPR; 6–18 Uhr) Der Pardi-Khola-Strom verschwindet als Wasserfall, der auch unter dem Namen Patale Chango benannt ist, unter der Erde. Nach dem Monsunregen stürzt der Strom dann mit ohrenbetäubendem Tosen in die Tiefe. Der Wasserfall liegt ungefähr 2 km südwestlich des Flughafens an der Straße nach Butwal, direkt vor der Siedlung tibetischer Flüchtlinge, Tashi Ling.

Der Name Devi's Falls geht der lokalen Legende nach auf eine Verballhornung von David's Fall zurück, eine Erinnerung an einen Schweizer, der zusammen mit seiner Freundin in den Wasserfall gefallen und ertrunken sein soll.

World Peace Pagoda BUDDHISTISCHE PAGODE
(Karte S. 256) Auf einem schmalen Grat hoch über dem Phewa-See steht die strahlend weiße World Peace Pagoda, die von buddhistischen Mönchen der japanischen Nipponzan-Myohoji-Organisation erbaut wurde. Es führen drei Wege zur Pagode hinauf, wo den Wanderer bei seiner Ankunft mehrere kleine Cafés erwarten. Leider haben auf den Wegen in der Vergangenheit Raubüberfälle stattgefunden. Es ist also empfehlenswert, sich vor einer Wanderung mit der aktuellen Lage vertraut zu machen.

Gupteshwor-Mahadev-Höhle HÖHLE
(Karte S. 234; Pardi Bazaar, Damside; Ausländer/SAARC 100/50 NPR; 6–19 Uhr) Den Devi's Falls (S. 235) gegenüber, auf der anderen Straßenseite, befindet sich die Gupteshwor-Mahadev-Höhle, in der ein riesiger Stalagmit als Shiwas Lingam verehrt wird. Die Eintrittskarte gilt auch für den hinter dem Schrein gelegenen Tunnel, der in eine feuchte Höhle hinter den tosenden Wassern der Devi's Falls führt.

Pokhara-Regionalmuseum MUSEUM
(Karte S. 234; 061-520413; New Bazaar; Ausländer/SAARC 100/50 NPR, Kamera 50/30 NPR; 10–17 Uhr, Di geschlossen) Dieses kleine Museum befindet sich nördlich der Busstation an der Straße zum Mahendra Pul und ist der Geschichte und der Kultur des Pokhara-Tals bis hin zu den mystisch-schamanischen Glaubensinhalten der ursprünglichen Talbewohner gewidmet.

Fledermaushöhle HÖHLE
(Chameri Gufa; Erw. 100 NPR; 6–18 Uhr) In den gruseligen, dunklen Fledermaushöhlen lungern weder Adam West noch Christian Bale herum, sondern Tausende von Hufeisennasenfledermäusen, die dort von der feuchten, glitschigen Decke herabhängen und dann und wann in der Dunkelheit zirpen. Dieser Ausflug ist absolut nichts für Klaustrophobiker! Ganz Mutige können sich am Ende der Höhle durch einen engen Schacht an die Oberfläche kämpfen. Am Eingang werden Fackeln verteilt, und es gibt Führer (300 NPR), die den Weg zu dem schmalen Tunnelausgang weisen. Hier gibt es auch Infos über Ausflüge zu weiteren Höhlen in der Nähe.

Mahendra Gufa HÖHLE
(Chameri Gufa; Erw. 50 NPR; 6–18 Uhr) In der Nähe der Fledermaushöhle befindet sich die eher enttäuschende Mahendra Gufa,

NICHT VERSÄUMEN

DER WEG ZUR WORLD PEACE PAGODA

Auf einem schmalen Grat hoch über dem Phewa-See liegt die strahlend weiße World Peace Pagoda (S. 235), die von buddhistischen Mönchen der japanischen Nipponzan-Myohoji-Organisation erbaut wurde, um den Weltfrieden zu fördern. Neben der Zufahrtsstraße führen auch drei Fußwege zur Pagode, wo mehrere kleine Cafés die Wanderer mit Snacks und Getränken empfangen.

Der direkte Weg (eine Stunde)

Der einfachste Weg zur Pagode beginnt am Südufer des Phewa-Sees hinter dem Lychee Garden Resort in Anadu. Ein Taxiboot kostet ungefähr 350/420 NPR (Nepalesen/Ausländer) für eine einfache Fahrt zum Ausgangspunkt des Wanderwegs vom Varahi Ghat, Lakeside aus. Der Pfad führt auf Steinstufen geradewegs den Hügel hinauf, unterwegs zweigt zwar bei einem kleinen Tempel ein kleiner Pfad nach rechts ab, aber der Weg führt immer geradeaus weiter durch den Wald bis zur Pagode. Zurück nach Pokhara geht es entweder über den Panoramaweg (unten beschrieben), mit dem Bus oder Taxi, oder aber über den gleichen Weg (erst zu Fuß, dann mit dem Boot) wie hinauf.

Der Panoramaweg (zwei Stunden)

Der interessantere Weg zur Pagode beginnt in der Nähe einer Fußgängerbrücke über den Pardi Khola direkt südlich des Pardi-Damms. Hinter der Brücke führt der Weg an Reisfeldern und einem hohen grauen Zaun entlang, hinter einem kleinen Tempel vorbei und dann durch ein Tor im Zaun hindurch hinauf in den Wald. Das Tor befindet sich kurz hinter einer Geflügelfarm. Von hier aus steigt der Weg 2 km bergan durch einen herrlichen Wald, der die ehemaligen Reisterrassen zurückerobert hat. Der Hauptweg führt mehr oder weniger geradeaus Richtung Westen zur Südseite des Grats. Ungefähr 600 m nach dem Tor wird der Hauptweg von einem Pfad gekreuzt, der auch eine Möglichkeit bietet, zur Pagode zu gelangen. Dieser führt einen zum Hauptgrat, bevor man nach Westen abbiegt, sodass man den Grat von Norden aus erreicht. Von hier aus hat man einen von Bäumen umrahmten Ausblick auf die Berge. Am Ende treffen sich beide Wege wieder und führen zu einem Restaurant, an dem auch der Pfad von den Devi's Falls ankommt. Je näher die Pagode rückt, desto schöner wird der Blick. Das letzte Wegstück ist von Cafés gesäumt, die mit kalten Getränken und Kaffee locken.

Der einfache Weg (20 Minuten)

Wer den Ausblick genießen will, ohne sich anzustrengen, nimmt ein Taxi (600 NPR) oder den Nahverkehrsbus (20 NPR) vom öffentlichen Busbahnhof aus zum Parkplatz südlich der Pagode. Die holprige Zufahrtsstraße zur Pagode biegt im Süden hinter der Stadt vom Siddhartha Highway ab. Vom Parkplatz aus führt eine steile Treppe zum Eingang der Pagode. Der Rückweg lässt sich dann auch zu Fuß in Angriff nehmen, und zwar Richtung See, wo bereits die Boote nach Lakeside warten.

---

die erste größere Höhle, die in Pokhara entdeckt wurde. Die ersten 125 m der Höhle sind beleuchtet, wobei nichts zu sehen ist als staubige, zerstörte Kalksteinformationen, von denen manche als Shivas Lingam verehrt werden. Im nicht beleuchteten Teil verstecken sich Fledermäuse.

🏃 Aktivitäten

In den niedrigen Gebirgsausläufern rund um Pokhara gibt es zwei faszinierende kurze Trekkingstrecken, mit traumhaftem Blick auf das Annapurna-Massiv.

Zip-Flyer Nepal　　ABENTEUERSPORT
(Karte S. 242; ☎ 061-466399; www.highground nepal.com; Central Lakeside; Ausländer pro Bungeesprung oder Seilrutschenfahrt/Combo 70/120 €, Nepalesen pro Bungeesprung/pro Seilrutschenfahrt/Combo 4200/4500/7500 NPR). Diese coole Seilrutsche führt von Sarangkot aus über 1,8 km und bei einer Geschwindigkeit von 120 km/h 600 m nach unten. Es heißt, es sei die dritthöchste, längste und schnellste Seilrutsche der Welt. Zum gleichen Preis gibt es auch einen Bungeesprung von einem 70 m hohen Turm hinunter. Abholung und Rückfahrt

von und nach Lakeside sind im Preis inbegriffen. Es können auch beide Erlebnisse zusammen gebucht werden (Combo). Zu beachten: Bezüglich Gewicht und Alter gibt es Beschränkungen.

Bootsfahrten

Eine Bootsfahrt auf den ruhigen Wassern des Phewa-Sees ist die perfekte Art, einen spektakulären Blick auf die sich spiegelnden Berge zu werfen. Farbenfrohe Holz-*doongas* können an mehreren Bootsstationen gemietet werden, darunter Varahi Ghat und Phewa Ghat. Die Leihgebühren variieren von Ghat zu Ghat, die günstigsten sind für 500 NPR pro Stunde mit Bootsführer zu haben oder für 450/1000 NPR pro Stunde/Tag ohne Bootsführer. Außerdem werden auch Tretboote aus Aluminium (klein/groß 610/810 NPR pro Stunde) und Segelboote (710 NPR pro Stunde, oder 910 NPR pro Unterrichtsstunde) verliehen. Rettungswesten können für 10 NPR ausgeliehen werden, sie sind ebenso Pflicht wie die Naturschutzgebühr (10 NPR). Und dann gibt es noch eine beliebte Art, den Phewa-See zu erkunden, und zwar mit dem Kajak (S. 237).

Stand Up Paddle Nepal WASSERSPORT
(Karte S. 246; ☏ 9817105012; Damside; pro Stunde/Tag 700/3500 NPR) Stand Up Paddle Nepal ist einer der wenigen Anbieter für Stehpaddeln am Phewa-See. Im Preis enthalten ist die vollständige Ausrüstung inklusive Schwimmweste und sogar ein paar persönliche Tipps, wie's geht. Die Einstiegsstelle im Damside Park ist nur einen kurzen Weg vom Laden entfernt.

Fahrrad- & Mountainbiketouren

Das Fahrrad ist eine gute Wahl, um Pokhara kennenzulernen, egal ob man damit von Museum zu Museum radelt, zum Basar fährt oder einfach nur Lakesides Straßen erkundet. Indische Mountainbikes werden an Dutzenden Plätzen in Lakeside vermietet – die Preise liegen ungefähr bei 150/500 NPR pro Stunde/Tag.

Außerdem gibt es in allen Reisebüros in Lakeside Infos zu Mountainbiking-Trips in den Hügeln rund um Pokhara.

Chain 'n' Gear Mountain Bikes RADFAHREN
(Karte S. 242; ☏ 061-463696; www.chainngearmtb.com; Gaurighat Marg, Lakeside Ost; pro Tag ab 12 €) Wer qualitativ hochwertige Trekking- und Giant-Mountainbikes mieten und/oder kurze oder längere Moun-

tainbiketouren organisieren möchte, wird von den Experten von Chain 'n' Gear in Pokhara Lakeside fachmännisch beraten.

Pokhara Mountain Bike RADFAHREN
(Karte S. 242; ☏ 061-466224; www.nepalmountainbike.com; Hallan Chowk, Lakeside; pro Stunde/Tag 200/1000 NPR) Hier werden sowohl Mountainbikes als auch Mountainbiketouren angeboten.

Reiten

In Pokhara bieten Reisebüros Ponytrekking zu verschiedenen Aussichtspunkten rund um die Stadt an, darunter Sarangkot, Kahun Danda und die World Peace Pagoda. Halbtagstrips (2500 NPR) führen nur am Seeufer entlang. Um die Aussichtspunkte zu erreichen, muss man einen ganzen Tag (4000 NPR) einplanen.

Kanu- und Kajaktouren & Rafting

Pokhara ist ein toller Ausgangspunkt für Raftingtouren, besonders auf dem Kali Gandaki und dem Seti. Halbtagsrafting-/kajaktouren werden ab 50/45 € pro Person angeboten. All-inclusive-Raftingtouren mit Übernachtung sind ab 105 € pro Person zu haben. Die Touren können bis zu zehn Tagen dauern.

Auf dem Seti wird Kajakunterricht (für Anfänger und Fortgeschrittene) angeboten, außerdem lassen sich malerische Fahrten den Narayani hinunter zum Chitwan-Nationalpark buchen.

Paddle Nepal RAFTING
(Karte S. 242; ☏ 061-465730; www.paddlenepal.com; Centre Point Complex, Lakeside) Das in Pokhara angesiedelte Unternehmen bietet neben mehreren Wildwasser-Rafting-Angeboten auch Kajakstunden für Anfänger und kombinierte Kanu/Rafting-Expeditionen an.

Rapidrunner Expeditions RAFTING
(Karte S. 242; ☏ 061-462024; www.rapidrunnerexpeditions.com; Central Lakeside; 2 Tage Familien-Rafting Erw./Kind ab 93,50/76,50 €) Das ebenfalls in Pokhara angesiedelte Unternehmen bietet neben echten Wildwasser-Raftingtouren auch Kajakunterricht und „ducky trips" (leichtes Rudern in gemäßigten Wildwassern) an.

Kajak Shack KAJAKTOUREN
(Karte S. 242; ☏ 061-465730; Central Lakeside; 1 Std./halber Tag/Tag 300/700/1400 NPR; ⊙ 7–18 Uhr) Der Kajak Shack ist eine am Seeufer gelegene Filiale von Paddle Nepal. Hier

238

ABSEITS DER ÜBLICHEN PFADE

PHEWA-SEE-RUNDWEG

Frühaufsteher können den Phewa-See zu Fuß umrunden. Der Rundweg beginnt mit dem Pfad zur World Peace Pagoda. Von der Pagode aus geht es dann über den Grat weiter bis nach Lukunswara und dann an der Weggabelung rechts bis nach Pumdi. Dort lässt sich der Weg nach dem unten am Seeufer gelegenen Margi erfragen. Von Margi aus gibt es die Möglichkeit, entweder direkt über eine Reihe von Pfahlbrücken über die Marschen zu gehen oder am Talrand entlang bis zur Hängebrücke beim Pame Bazaar, von wo aus eine schmutzige Straße am Nordufer entlang nach Pokhara führt. Ungefähr einmal pro Stunde kommen hier Busse vorbei, die fußmüde Wanderer nutzen können.

lassen sich Kajaks für eine, drei oder sechs Stunden mieten. Rettungswesten sind im Preis inbegriffen.

Adrenaline Rush Nepal   RAFTING
(Karte S.242; ☎061-466663; www.adrenalinene pal.com; Hallan Chowk, Lakeside) Hier werden großartige Wildwasser-Raftingtouren, River Tubing (Wildwasser-Reifenfahrten) und Kanufahren angeboten. Es gibt auch die Möglichkeit, zusätzliche Ausflüge zu buchen.

Ganesh Kajak   KAJAKTOUREN
(Karte S.242; ☎061-462657; www.ganeshkayak. com; Central Lakeside; Kajaks pro Stunde/halber Tag/Tag 300/700/1000 NPR, viertägige Kajakund Campingsafari 233,50 €) Ganesh Kajak befindet sich neben dem Moondance Restaurant und vermietet Kajaks, mit denen man auf dem Phewa-See fahren kann. Außerdem lassen sich hier Angeltouren buchen (am Besten von März bis April und von Oktober bis November).

Massage
Wenn nach dem Trekking die Muskeln schmerzen, stehen in Lakeside erfahrene Masseure (auch unter den Friseuren) zur Verfügung. Die meisten von ihnen sind seriös, aber es gibt auch ein paar zwielichtige Anbieter. Frauen sollten auf jeden Fall auf einer weiblichen Masseurin bestehen.

Seeing Hands Nepal   MASSAGE
(Karte S.242; ☎061-464478; www.seeinghands nepal.org; Lakeside East; 60/90 Min. Massage 1800/2600 NPR; ⊘10–17.30 Uhr) Bei Seeing Hands Nepal massieren ausgebildete blinde Masseure, die dank ihrer erhöhten Sinneswahrnehmung ausgezeichnete Schwedische Massagen geben. Die ehrenamtlich betriebene Organisation Seeing Hands unterstützt Blinde in einer Gesellschaft, in der diese häufig an den Rand gedrängt werden.

Jiva Café & Spa   MASSAGE
(Karte S.242; ☎061-465379; Central Lakeside; Massage 2000–3500 NPR; ⊘7–21 Uhr) Im Jiva gibt es ausgezeichnete Massagen von Kopf bis Fuß, inklusive einer speziellen Trekker-Massage. Außerdem werden Gesichts- und Körperpeeling angeboten und im Café Snacks und gesunde Smoothies.

Paragliding
Lautlos, die Thermik nutzend, vor dem schneebedeckten Annapurna schweben ... Das ist eine einmalige Erfahrung. Allerdings ist diese Erfahrung mittlerweile so begehrt, dass der Himmel über Sarangkot heutzutage ziemlich voll ist. In der Regel werden 20- oder 45-minütige Flüge angeboten. Bei entsprechendem Wetter wird das Paragliding ganzjährig angeboten, auch in der Regenzeit. In den letzten Jahren sind zahlreiche Anbieter auf den Markt gedrungen. Wir empfehlen hier erfahrene Anbieter, die sich bereits bewiesen haben.

Frontiers Paragliding   ABENTEUERSPORT
(Karte S.242; ☎061-466044; www.facebook. com/Frontiers-paragliding-713458375411579; Hallan Chowk, Lakeside; 15–20 Min. 8500 NPR, 30–45 Min. 11500 NPR) Frontiers gehört zu den Pionierunternehmen und bietet Paraglidingkurse, mehrtägige Touren und natürlich die beliebten Tandemflüge an.

Sunrise Paragliding   ABENTEUERSPORT
(Karte S.242; ☎061-463174; www.sunrise-para gliding.com; Central Lakeside; 20–30 Min. 8500 NPR, 45–60 Min. 11500 NPR) Seit langer Zeit bietet Sunrise Kurse und Touren an.

Schwimmen
An einem heißen Tag mag der kühle Phewa-See reizvoll erscheinen – sie sind aber ganz schön verschmutzt. Wer baden will, sollte sich also von einem Bootsführer auf den See hinausfahren lassen. Dort heißt es

dann noch auf Strömungen achten und dem Damm in Damside nicht zu nahe zu kommen.

In ein paar der gehobeneren Hotels können auch Nicht-Gäste gegen eine Gebühr den Pool nutzen. Dazu gehören das Mt Kailash Resort (S. 245; 745 NPR), das Hotel Barahi (S. 243; 625 NPR), die Fish Tail Lodge (S. 245; 650 NPR) und das Temple Tree Resort & Spa (S. 244; 650 NPR).

Kurze Trekkingrouten

Wer keine Energie für oder keine Lust auf den Annapurna-Rundwanderweg hat, für den gibt es viele kurze Wanderrouten in den Hügeln rund um Pokhara. Ein Spaziergang entlang der Nordküste des Phewa-Sees reicht schon aus, um sich ein wenig die Beine zu vertreten und den Massen zu entkommen.

Das Ufer entlang führt ein gepflasterter Pfad westwärts zu dem Dorf Pame Bazaar, von wo aus ein Bus zurück nach Pokhara fährt. Eine weitere Möglichkeit besteht darin, dem Pfad weiter zu folgen und den Phewa-See zu umrunden.

Dann gibt es noch den dreistündigen Wanderweg zum Aussichtspunkt auf dem **Kahun Danda** (1560 m) auf der Ostseite des Seti. Auf dem Hügelkamm wurde über den Ruinen eines aus dem 18. Jh. stammenden Forts ein Aussichtsturm errichtet. Der einfachste Weg beginnt in der Nähe des Manipal Teaching Hospital in Phulbari – die Richtung lässt sich einfach am Fuß des Hügels erfragen. Zu den beliebtesten Wegen rund um Pokhara gehört der Weg zur World Peace Pagoda (S. 235).

Ultraleicht- & Helikopterflüge

An klaren Tagen ist das laute Summen der Ultralightflugzeuge über Pokhara nicht zu überhören. Die Insassen genießen einen unschlagbaren Ausblick auf die Berge.

Avia Club Nepal RUNDFLÜGE
(Karte S. 242; 061-462192; www.aviaclubnepal.com; Hallan Chowk, Lakeside; Ultraleichtflüge 15/30/60/90 Min. 80,60/144,30/229,20/331 €) Der Avia Club bietet atemberaubende Rundflüge über das Pokhara-Tal an. In 15 Minuten geht es rund um die World Peace Pagoda und das Seeufer. Aber um über Sarangkot hinauszukommen und das ganze Himalaja-Panorama genießen zu können, braucht es mehr Zeit.

Außerdem hat der Avia Club Paragliding und Ultraleichtflug-Paragliding-Combos im Angebot.

Pokhara Ultralight RUNDFLÜGE
(Karte S. 242; 061-466880; www.flypokhara.com; Central Lakeside; Ultraleichtflüge 15/30/60/90 Min. 85/149/234/336 €) Pokhara Ultralight hat eine breite Palette an Angeboten: von einem Kurzflug über Pokhara bis hin zu atemberaubenden Flügen in Richtung Gebirge.

Pokhara Heli Services RUNDFLÜGE
(Karte S. 242; 061-467241; www.pokharaheli.com; Central Lakeside; mind. 6 Personen, pro Person 297 €; 8–20 Uhr) Warum wandern, wenn es Hubschrauberflüge zum Annapurna Base Camp gibt? Nichts symbolisiert den Wandel in der Tourismuszene Pokharas besser als dieses Angebot. Die einstündige Tour umfasst auch 25 Minuten im ABC – dieser kurze Höhenaufenthalt gilt als sicher, aber der sicherste Weg zum ABC ist und bleibt doch der altmodische: nämlich zu Fuß.

Kurse

Pokhara ist der perfekte Ort, um über die Geheimnisse des Universums nachzudenken, und es gibt zahlreiche Zentren, die einem dabei behilflich sind.

Ganden Yiga Chopen Meditation Centre MEDITATION
(Pokhara Buddhist Meditation Centre; Karte S. 242; 061-462923; www.pokharabuddhistcentre.com; Lakeside North; 3-tägiger Kurs inkl. Unterkunft und Verpflegung, 6500 NPR, tägliche Kurse 400 NPR) Die dreitägigen Meditations- und Yogakurse in dem heiteren Retreat beginnen freitags um 14.30 Uhr. Außerdem finden von Montag bis Freitag täglich von 7.30 bis 9.00 Uhr Kurse statt.

Sadhana Yoga Retreat YOGA
(Karte S. 234; 061-694041; www.sadhana-asanga-yoga.com; Sedi Bagar; ab 22 €, inkl. Unterkunft ab 71 €) Das Retreat liegt etwas abseits in dem Dorf Sedi Bagar, 2,5 km nordwestlich von Lakeside. Zu den 21-tägigen Hatha-Yoga-Kursen gehören Unterrichtsstunden, Dampf- und Schlammbäder, Unterkunft und Mahlzeiten. Außerdem werden auf Nachfrage Yoga-Treks angeboten.

Himalayan Yogini YOGA
(9846185540; www.himalayanyogini.com; Khapaudi-2, Happy Village; ab 800 NPR; Kurse 7.30–9.30 Uhr & 16.30–18 Uhr) Das Programm beinhaltet tägliche Meditations- und Hatha-Yogakurse. Außerdem werden ein- bis fünftägige Kurse angeboten.

👉 Touren

In den Reisebüros in Pokhara lassen sich Touren und Aktivitäten vor Ort organisieren. Man kann sich alternativ aber auch einfach ein Fahrrad leihen und selbst etwas arrangieren.

Tibetan Encounter TOUREN
(Karte S.242; ☎061-466486; www.tibetan-en counter.com; Lakeside East; halber Tag/Tagestour 4500/6500 NPR) Eine gute Möglichkeit, die Flüchtlingssiedlungen in Pokhara kennenzulernen und mehr über die tibetische Kultur, Küche und Medizin sowie über das Alltagsleben der tibetischen Flüchtlinge in Nepal zu erfahren.

✨ Festivals & Events

Pokhara Street Festival STRASSENKARNEVAL
Jedes Jahr (vom 28. Dezember bis 1. Januar) kommt in den Straßen von Lakeside Festtagsstimmung auf: Die Hauptstraßen werden für den Verkehr geschlossen, die Restaurants stellen ihre Tische auf die Straßen, die voller Besucher sind, die Essen, Paraden, Vorführungen und Karnevalszüge genießen.

Bagh Jatra KULTUR
(August) Immer im August feiert die Newar-Gemeinde in Pokhara ein dreitägiges Fest, um der Tötung eines mörderischen Tigers zu gedenken.

Phewa Festival NEUJAHR
(April) Um Touristen anzulocken, organisiert die Hotelvereinigung Pokharas im April eine Feier zum Beginn des neuen Nepalesischen Jahres.

Losar RELIGIÖS
(Tibetisches Neujahr; Jan/Feb) In den Gompas rund um Pokhara feiern die tibetischen Buddhisten im Januar/Februar den Beginn ihres neuen Jahres mit Maskentänzen.

🛏 Schlafen

Die meisten Reisenden übernachten in Lakeside, wo sich Hotels, Reise- und Trekkingbüros, Restaurants und Souvenirshops aneinanderreihen. Als Haupttreisezentrum ist Lakeside voll mit Unterkünften – von billig-verkommen bis zum Drei-Sterne-Luxus. Wer Friede und Stille sucht, begibt sich am besten zum südlichen Ende dieser Touristenmeile, nach Damside. In allen Hotels ist es möglich, das Gepäck während einer Trekkingtour dort zu lagern.

🛏 Central Lakeside

Hotel Travel Inn HOTEL €
(Karte S.242; ☎061-462631; www.hoteltravelin. com; EZ/DZ inkl. Frühstück 8,50/19 €, Zi. mit Klimaanlage 25,50–36, 42,50 €; ❄🕾) Hier ist für jedes Budget etwas zu haben, und auch die günstigsten Räume sind makellos sauber. Der Luxus kuscheliger Betten und Badewannen ist aber einen Aufpreis wert. Das Motto des Besitzers ist, dass Touristen drei Dinge wollen: Sauberkeit, Freundlichkeit und Ruhe – und dieses moderne Hotel befriedigt alle drei Wünsche aufs Beste. Selbst UN-Angehörige wählen es, wenn sie vor Ort sind. Steuern und Abgaben sind in den Preisen enthalten.

Lake City Hotel HOTEL €
(Karte S.242; ☎061-464240; www.lakecityhotel. com; Bett 300 NPR, EZ/DZ 1000/1200 NPR, ohne Bad 660/800 NPR, Suite 3300 NPR; ❄🕾) 🌿 Die Zimmer im Lake City liegen um einen Hof herum, ähnlich wie in einem Motel, und sind erstaunlich komfortabel. Zu manchen Zimmern gehören gut ausgestattete Badezimmer mit Steinfliesen. Auf dem Dach gibt es ein Restaurant mit Feuerstelle und Blick auf den See. Die Recyclingtonnen und die wiederbefüllbaren Wasserbehälter (10 NPR pro Flasche) sind vorbildlich.

Little Tibetan Guest House PENSION €
(Karte S.242; ☎061-461898; littletibgh@yahoo. com; Phewa Marg, Lakeside; EZ/DZ ab 8,50/15 €; 🕾) Diese östlich von Hallan Chok gelegene Lodge unter tibetischer Leitung ist wegen ihrer entspannten und ruhigen Atmosphäre ziemlich beliebt. Die Zimmer sind geschmackvoll mit tibetischen Wandbehängen und Tagesdecken ausgestattet. Die Balkone bieten Ausblick auf einen heiteren Garten, und auch wenn es kein Restaurant gibt, werden Zimmer mit Frühstück angeboten.

Mountain Villa HOTEL €
(Karte S.242; ☎061-461954; prabindwa@gmail. com; Phewa Marg, Lakeside; EZ/DZ 1200/1500 NPR, Zi. mit Klimaanlage 2200 NPR; ❄🕾) Die 22 Zimmer der Mountain Villa liegen an der belebten Phewa Marg, wobei sich das Anwesen, begleitet von einem schmalen Garten, auf einem langen Streifen von der Straße fort erstreckt. Die Zimmer im hinteren Teil sind ruhig und ungestört. Insgesamt sind die Zimmer unterschied-

POKHARA TOUREN

lich ausgestattet, aber die meisten haben kühle, saubere Böden aus Steinfliesen oder Parkett und Badezimmer nach westlichem Standard. Unten befindet sich das empfehlenswerte japanische Restaurant AoZoRa (S. 247).

★ Hotel Adam
HOTEL €€

(Karte S. 242; ☎ 061-462844; www.hoteladamne pal.com; Lakeside; alles inkl. Frühstück und Abgaben EZ/DZ 21/25,50 €, EZ/DZ mit Klimaanlage 38/42,50 €; ❄ ☎) Dieses Juwel unter den Hotels beherbergt freundliches, ruhiges und hilfreiches Personal. Unten befindet sich ein respektables, schon lange Jahre tätiges Reisebüro unter der gleichen Leitung. Die Räume sind sauber, die Badezimmer modern und die Betten komfortabel. Manche Zimmer bieten einen herrlichen Ausblick auf den See und die Berge. Auf dem Dach befindet sich ein hervorragendes Restaurant mit außergewöhnlich schönem Blick.

Butterfly Lodge
HOTEL €€

(Karte S. 242; ☎ 061-461892; www.butterfly -lodge.org; Lakeside; Frühstück EZ/DZ Standard 17/25,50 €, Deluxe 25,50/34 €, Suite 42,50/51 €; ❄ ☎) In der Butterfly Lodge sind selbst die Standardzimmer groß und supersauber. Alle Zimmer sind Nichtraucherzimmer. Auf dem Gelände gibt es einen hübschen Rasen mit Bananalounges und zwei Restaurants, einem chinesischen und einem indischen. Das Personal ist hilfsbereit, und ein Teil des Gewinns geht an die Butterfly-Stiftung, die Kinder vor Ort unterstützt.

Hotel Peace Plaza
HOTEL €€

(Karte S. 242; ☎ 061-461505; www.hotelpeacepla za.com; Lakeside; EZ/DZ Standard 21/30 €, mit Klimaanlage AC 42,50/51 €, Suite 76,50 €; ❄ ☎) Dieses zentral gelegene, moderne vierstöckige Mittelklassehotel hat einiges zu bieten. In den Zimmern, von denen einige Balkone mit Seeblick haben, gibt es weiche Betten, einen Schreibtisch, eine Kühlschrankbar und einen LED-Satellitenfernseher. Manche haben sogar eine Badewanne. Unten befindet sich ein Restaurant mit herrlichem Seeblick und einer Bar zur Straße hin.

Blue Planet Lodge
HOTEL €€

(Karte S. 242; ☎ 061-465706; www.blueplanet lodge.com; Central Lakeside; Zi. inkl. Frühstück 21–43 €; ❄ ☎) Zu den verschiedenen Zimmern der Blue Planet Lodge gehören auch

sieben „Chakra"-Zimmer, die mit den Farben des Regenbogens, besonderen Steinen und Klangschalen energetisiert sind. Außerdem gibt es einen Yogasaal mit einem nepalesischen Yogameister. Im friedlichen Garten steht ein farbenfroher Ganesh. In den hier aufgeführten Preisen sind alle Abgaben schon enthalten. Für Einzelreisende und langfristige Gäste gibt es Rabatte.

Kotee Home Hotel
HOTEL €€

(Karte S. 242; ☎ 061-464008; www.koteehome hotel.com; Central Lakeside; EZ/DZ 1800/2200 NPR, DZ inkl. Frühstück 2500 NPR; ❄ ☎) Das mitten in Lakeside gelegene Kotee ist ein komfortables Mittelklassehotel mit einer Auswahl an unterschiedlich großen Zimmern. Alle sind mit LED-Fernsehern und richtig guten Badezimmern ausgestattet; wenn nicht zu viel los ist, lässt sich für die kleineren Zimmer ein Preisnachlass aushandeln. Im hoteleigenen Restaurant Red Tomato gibt es eine Bar und eine internationale Speisekarte.

Hotel Fewa
HOTEL €€

(Karte S. 242; ☎ 061-463151; www.hotelfewa.com; Central Lakeside; EZ/DZ 13/21 €, EZ/DZ Cottage 30/38 €; ☎) Das Hotel Fewa verfügt über rustikale, direkt am See gelegene Steincottages und ein schönes Restaurant am Seeufer. Ein Aufenthalt in den Cottagelofts mit Feuerstelle und buddhistischen Verzierungen wird in Erinnerung bleiben. Die Zimmer im Hinterhaus besitzen leider nicht den gleichen Charme.

Hotel Barahi
HOTE €€€

(Karte S. 242; ☎ 061-460617; www.barahi.com; Central Lakeside; EZ/DZ Standard 48/67 €, Deluxe 98/123 €; ❄ @ ☎) Das mit Stein verkleidete Hotel Barahi besitzt gut eingerichtete Räume mit kleinen Balkonen. Es gibt einen 24-Stunden-Zimmerservice, einen erfrischenden Pool und ein ausgezeichnetes Restaurant. Abends gibt es sogar kulturelle Veranstaltungen und Shows. Viele Zimmer bieten einen unglaublichen Blick auf die Berge, wobei die Standardzimmer ziemlich winzig sind.

🛏 Lakeside East

★ Nanohana Lodge
HOTEL €

(Karte S. 242; ☎ 061-464478; www.nanohana lodge.com; Lakeside East; Zi. 12–19 €, mit Klimaanlage 25,50–29 €; ☎) Dieses renovierte Hotel ist makellos und wird gut geleitet. In jedem Stockwerk gibt es einen gemeinsa-

Pokhara Lakeside

POKHARA SCHLAFEN

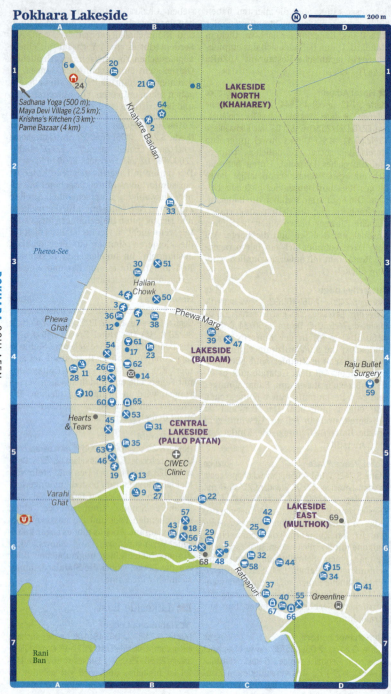

Sadhana Yoga (500 m);
Maya Devi Village (2,5 km);
Krishna's Kitchen (3 km);
Pame Bazaar (4 km)

Khahare Baidan

Phewa-See

LAKESIDE
NORTH
(KHAHAREY)

Hallan
Chowk

Phewa
Ghat

Phewa Marg

LAKESIDE
(BAIDAM)

Raju Bullet
Surgery

Hearts
& Tears

CENTRAL
LAKESIDE
(PALLO PATAN)

CIWEC
Clinic

Varahi
Ghat

LAKESIDE
EAST
(MULTHOK)

Ratnapuri

Greenline

Rani
Ban

Pokhara Lakeside

⊙ Sehenswertes
1 Varahi Mandir A6

✪ Aktivitäten, Kurse & Touren
2 3 Sisters Adventure Trekking B2
3 Adrenaline Rush Nepal B3
4 Avia Club Nepal B3
5 Chain 'n' Gear Mountain Bikes C6
6 Cosmic Brontosaurus Language
   School..A1
7 Frontiers Paragliding B4
8 Ganden Yiga Chopen Meditation
   Centre B1
9 Ganesh Kayak B5
10 Jiva Café & Spa A4
11 Kayak Shack A4
12 Paddle Nepal B4
   Pokhara Heli Services .... (siehe 13)
   Pokhara Mountain Bike ....(siehe 3)
13 Pokhara Ultralight B5
14 Rapidrunner Expeditions.....................B4
15 Sieheing Hands Nepal D6
16 Sisne Rover Trekking...........................B4
17 Sunrise Paragliding..............................B4
18 Tibetan Encounter B6
19 Zip-Flyer Nepal.....................................B5

🛏 Schlafen
20 3 Sisters Guest House B1
21 Banana Garden Lodge......................... B1
22 Blue Planet Lodge................................C5
23 Butterfly Lodge.....................................B4
24 Freedom Café & Bar A1
25 Gauri Shankar Guest House................C6
26 Hotel Adam...B4
27 Hotel Barahi..D5
28 Hotel Fewa A4
29 Hotel Nirvana C6
30 Hotel Peace Plaza B3
31 Hotel Travel Inn....................................B5
32 Hotel Trekkers Inn C6
33 Hotel Tropicana....................................B2
34 Hotel Yeti..D6
35 Kotee Home Hotel................................B5
36 Lake City Hotel.....................................B4
37 Lake View Resort..................................C6
38 Little Tibetan Guest House..................B4
39 Mountain Villa.......................................C4
40 Mt Kailash Resort.................................C7
41 Nanohana Lodge...................................D6
42 Peace Eye Guest House C6
43 Sacred Valley Inn.................................B6
44 Temple Tree Resort & Spa C6

✕ Essen
   AoZoRa .... (siehe 39)
45 Boomerang Restaurant & German
   Bakery..B5
46 Byanjan...B5
47 Café in the Garden C4
48 Caffe Concerto.....................................C6
49 China Town B4
50 Desi Tadka B3
   Everest Steak House................ (siehe 50)
51 Godfather's Pizzeria B3
52 Marwadi Restaurant C6
53 Maya Pub & Restaurant........................B5
54 Metro B4
   Moondance Restaurant.............(siehe 9)
55 Natssul D7
   Old Mike's Kitchen .... (siehe 28)
   OR2K Restaurant ....(siehe 12)
   Pokhara Thakali Kitchen...........(siehe 32)
56 Potala Tibetan Restaurant...................B6
   Saleways.....................................(siehe 12)
57 Tibetan Pema Restaurant....................B6

🍺 Ausgehen & Nachtleben
58 Am/Pm Organic Café C6
59 Bullet Basecamp..................................D4
60 Busy Bee Café B4
61 Old Blues Bar B4
62 Olive Café...B4
63 Paradiso Sports Bar & Grill B5

✪ Unterhaltung
   Boomerang Restaurant &
   German Bakery....................... (siehe 45)
   Fewa Paradise Garden
   Restaurant............................... (siehe 45)
   Hotel Barahi..............................(siehe 27)
64 Movie Garden B1

🛍 Shoppen
   Helping Hands..........................(siehe 19)
   Nepal Mandala Bookshop .... (siehe 63)
65 North Face B4
66 Sherpa Adventure C7
   Tibetan Mini Market................ (siehe 56)
67 Women's Skills Development
   Organisation...C7

ℹ Praktisches
   24-Stunden-Geldautomat........ (siehe 12)
   Adam Tours & Travels .... (siehe 26)
   Blue Sky Travel & Tours .... (siehe 13)
68 Trekking Adventure Nepal C6
69 Trekking Agencies Association of
   Nepal...D6

POKHARA SCHLAFEN

men Balkon mit Tischen und Stühlen, und viele der Zimmer haben einen wunderschönen Ausblick auf den Annapurna. In den Zimmern mit Klimaanlagen gibt es richtig gute Matratzen, aber im Grunde genommen sind alle Zimmer komfortabel. Obwohl das Hotel ruhig gelegen ist, sind die Restaurants von Lakeside und die Seeing-Hands-Klinik, mit der es zusammenarbeitet, nicht weit. (S. 238).

Sacred Valley Inn HOTEL €

(Karte S.242; ☏061-461792; www.sacredvalley inn.com; Lakeside East; Zi. mit/ohne Bad 13/8,50 €, oben 21–25,50 €; ☎) Das in einem schattigen Garten gelegene Sacred Valley Inn ist ein langjähriger Publikumsliebling (deshalb gilt hier die Devise: früh buchen!). Alle Zimmer des Hotels sind gut gepflegt, und die oberen Zimmer sind sogar mit glänzendem Marmorboden ausgelegt und – weil sie Fenster nach zwei Seiten haben – lichtdurchflutet. Es gibt einen Dachgarten und unten das hübsche Sacred Valley Café.

Hotel Nirvana HOTEL €

(Karte S.242; ☏061-463332; hotelnirvana@hotmail.com; Lakeside East; Zi. EG/1. OG/2. OG 1200/2000/2500 NPR; ☎) Das Hotel Nirvana versteckt sich in einem üppigen Garten. Es ist eine beliebte, peinlich saubere Unterkunft mit diesem wirklich traumhaft schönen Garten und geräumigen Zimmern mit farbenfrohen Bettdecken und Vorhängen. Die Hotelleitung ist freundlich und hilfsbereit. Nach oben hin werden die Zimmer teurer.

Peace Eye Guest House HOTEL €

(Karte S.242; ☏061-461699; www.peaceeye guesthouse.com; Lakeside East; EZ/DZ 800/ 1000 NPR, ohne Bad 500/600 NPR, Deluxe-Zi. 1200 NPR; ☎) Das 1977 eröffnete, chillige Peace Eye besitzt immer noch all die Eigenschaften, die es schon vor vierzig Jahren bei den Pokhara-Reisenden so beliebt gemacht hat: Das Hotel ist günstig, entspannt und freundlich. Seine in strahlenden Farben gehaltenen Zimmer sind gut instand gehalten und sauber. Die Zimmer für den kleinen Geldbeutel sind klein, die anderen geräumig. Es gibt auch ein vegetarisches Restaurant und eine kleine deutsche Bäckerei.

Gauri Shankar Guest House HOTEL €

(Karte S.242; ☏061-462422; www.gaurishankar. com; Lakeside East; Bett/EZ/DZ 300/700– 1350/850–1800 NPR; ☎) Im ruhigen, entspannten und obendrein günstigen Gauri Shankar gibt es gemütliche, helle Zimmer in einem ein wenig abseits gelegenen, grünen Steingarten. Die oberen Zimmer sind etwas besser und teurer. Im Garten befindet sich ein Frühstückscafé, außerdem gibt es eine Dachterrasse, einen gemeinsamen Fernsehraum sowie eine Bibliothek. Die Atmosphäre hier ist gemeinschaftlich und freundlich.

Hotel Trekkers Inn HOTEL €

(Karte S.242; ☏061-463244; Gaurighat, Lakeside East; Klimaanlage 4000/2000 NPR; ❄☎) Im frisch renovierten Trekkers Inn gibt es geräumige Zimmer mit komfortablen Matratzen und Flachbildfernsehern. Die meisten Zimmer blicken auf den See oder die Berge (je höher, desto besser die Aussicht). Der Rest der Ausstattung ist recht einfach, aber die Bäder wurden modernisiert. Im Preis für die teureren Zimmer mit Klimaanlage ist das Frühstück bereits inbegriffen.

Hotel Yeti HOTEL €

(Karte S.242; ☏061-462768; www.hotelyeti.com. np; Lakeside East; Zi. 11–25,50 €; ☎) Die Fassade des Hotel Yeti ist mit Wein überrankt und leuchtet je nach Jahreszeit strahlend rot und gelb, was gleich auf den ersten Blick einen tollen Eindruck hinterlässt. Die Räume unterscheiden sich in Preis und Größe, aber sie sind alle hell und sauber. Es gibt einen kleinen Garten, und der Hotelleiter ist bei den weiteren Reiseplänen gerne behilflich.

Lake View Resort HOTEL €€

(Karte S.242; ☏061-461477; www.pokharahotels. com; Lakeside East; EZ/DZ Deluxe 42/51 €, Superdeluxe 51/60 €, Hütten 68/85 €; P❄@☎) Das Lake View Resort gehört zu den ältesten Hotels in Lakeside und bietet geräumige, altmodische Zimmer in einem gepflegten Garten. Die mit Klimaanlage ausgestatteten Deluxe-Zimmer und die Hütten sind wirklich großartig: Die Betten und auch die übrige Einrichtung sind von hoher Qualität. Sehr beliebt ist außerdem das Restaurant, das obendrein auch noch Seeblick und abendliche Kulturveranstaltungen zu bieten hat. Im Sommer sind große Preisnachlässe möglich. Außerdem gibt es noch Optionen für den kleinen Geldbeutel im nahe gelegenen Hotel Lakeside (EZ/DZ 13/17 €).

★ Temple Tree Resort & Spa LUXUSHOTEL €€€

(Karte S.242; ☏061-465819; www.templetreene pal.com; Lakeside East; EZ/DZ ab 136/153 €; ❄@☎≋) Das raffinierte Temple Tree hängt die Latte für die anderen Unterkünfte in Lakeside wirklich hoch. Alles ist in Holz-, Schiefer- und Strohfarben gehalten – eine herrliche Mischung aus Erdtönen. Die Standardzimmer sind nicht sehr groß, aber außergewöhnlich komfortabel, und die meisten sind mit Badewanne und eigenem Balkon ausgestattet. Die Superdeluxe-Zimmer sind geräumig. Es gibt zwei Restaurants, ein Gesundheits-Spa und eine Bar neben einem hübschen Pool.

Fish Tail Lodge
LUXUSHOTEL €€€

(Karte S. 234; ☑ 061-465071; www.fishtail-lodge. com; Zi. ab 145 €; ✸@🛜🏊) Die Fish Tail Lodge ist mit einer von Seilen gehaltenen Pontonbrücke mit dem Basundhara Park verbunden. Die Lodge glänzt durch charmantes Understatement. Die Zimmer sind traditionell eingerichtet und befinden sich in niedrigen, schiefergedeckten Bungalows in einem üppigen Garten. Die Zimmer 16, 17 und 18 bieten eine herrliche Aussicht auf See und Berge, allerdings muss man sie weit im Voraus buchen. Für gewöhnlich lassen sich Preisnachlässe aushandeln. Der Gewinn geht an eine Stiftung, die Krebspatienten in Nepal unterstützt.

Mt Kailash Resort
HOTEL €€€

(Karte S. 242; ☑ 061-465703; www.mountkailash resort.com; Lakeside East; EZ/DZ ab 128/153 €; ✸@🛜🏊) Dieses komfortable und professionell geleitete Hotel ist auf Gruppenreisende ausgerichtet. Für längere Aufenthalte lassen sich Rabatte aushandeln. Die Zimmer sind modern und gut ausgestattet; es gibt Doppel- und Einzelbetten und wirklich ordentliche Matratzen. Die hellen, luftigen Zimmer im oberen Stockwerk blicken auf die Berge. Es gibt ein Gesundheits-Spa, einen großen Pool und ein Restaurant.

🛏 Lakeside North

Banana Garden Lodge
PENSION €

(Karte S. 242; ☑ 061-464901; www.bananaga rdenlodge.com; Lakeside North; Zi. ohne Bad 400 NPR; 🛜) Die Banana Garden Lodge gehört zu einer Gruppe wirklich netter, günstiger Pensionen, die alle von der gleichen tollen Familie geleitet werden. Die Gästezimmer in der Banana Garden Lodge sind sauber und teilen sich vier Warmwasserduschen aus Solarbetrieb. In den Terrassenfeldern neben der Lodge liegen die vergleichbaren Lodges Palm Garden und Lemon Tree und das etwas gehobenere Green Peace Hotel.

Hotel Tropicana
HOTEL €

(Karte S. 242; ☑ 061-462118; www.hoteltropicana. com.np; Lakeside North; Zi. 9,50–19 €; 🛜) Das zwanzigjährige Traditionshaus verfügt über große, makellos saubere Zimmer. Der

Blick von den oberen Stockwerken auf den See und die Berge ist toll. Die Zimmer im dritten Stock sind die besten (14,50 €). Oben gibt es einen Schaukelstuhl, in dem es sich herrlich lesen und auf den See blicken lässt.

Freedom Café & Bar
HÜTTEN €

(Karte S. 242; ☑ 061-464135; freedomcafe@hot mail.com; Lakeside North; Zi. ohne Bad 800 NPR; 🛜) Die Hütten sind sehr einfach und klein – ein Bett, ein Fenster, ein Schreibtisch – und kein Badezimmer. In den Hütten zum See hin gibt es Hängematten; aber was hier toll ist, sind die Gemeinschaftsbereiche: gechillte Alkoven, in denen die Leute Gitarre spielen, sich mit einem Buch hineinkuscheln oder sich einen Drink zum Runterkommen genehmigen. Es gibt einen Billardtisch und an den meisten Wochenenden Livemusik.

3 Sisters Guest House
HOTEL €€

(Karte S. 242; ☑ 061-466883; www.3sisters adventuretrek.com; Lakeside North; EZ/DZ inkl. Frühstück 17/25,50 €; 🛜) Diese saubere Lodge aus rosa Ziegelsteinen ist sehr viel cooler als die umstehenden Hotels und wird von den gleichen Leuten geleitet wie das 3 Sisters Adventure Trekking (S. 429). Die Zimmer sind geschmackvoll eingerichtet, und die Atmosphäre ist friedlich. Das Hotel ist sehr beliebt, daher ist es empfehlenswert, weit im Voraus zu buchen. Nach vorheriger Absprache ist eine Abholung vom Flughafen oder vom Busbahnhof möglich.

Maya Devi Village
HÜTTEN €€

(Karte S. 256; ☑ 9814125635; www.mayadevivilla ge.com; Khapaudi, Happy Village; Zi. ab 34 €; 🛜) Diese ultra-entspannte Location liegt am nördlichen Ende des Sees an der Straße nach Pame. Die raffinierten Rundhütten sind mit Stroh gedeckt und verfügen über einen Balkon, ein Badezimmer und erstrecken sich über zwei Etagen.

Water Front Resort
RESORT €€€

(Karte S. 256; ☑ 061-466304; www.ktmgh.com/ waterfront-resort; Lakeside North; Zi. ab 94 €; ✸@🛜🏊) Das Water Front Resort gehört zur Kathmandu-Guest-House-Kette. Es liegt an der Nordküste des Phewa-Sees in der Nähe der Paraglider-Landestelle. Die geräumigen Zimmer blicken auf See und Berge, und es gibt einen herrlichen Pool zum Abkühlen. Außerdem gibt es ein paar Restaurants, eines davon mit Seeblick und herrlicher Luft durchflutet.

🛏 Damside & anderswo

Park Anadu Restaurant & Lodge   HOTEL €

(Karte S.256; ☎9846025557; Anandu; Zi. inkl. Bootsfahrt 1000 NPR; 🛜) Abseits, hoch über der Westküste des Phewa-Sees liegt das Park Anadu mit unschlagbarem Blick über den vom Gebirge umrahmten See. Es ist mit dem Boot eine zwanzigminütige Fahrt von Lakeside entfernt (Hin- und Rückfahrt sind kostenlos). Die Zimmer sind mit Balkonen ausgestattet, und es gibt ein günstiges Restaurant.

Hotel Mona Lisa   HOTEL €€

(Karte S.246; ☎061-463863; www.hotelmonalisa.com.np; Damside; EZ/DZ 20/30 €, mit Klimaanlage 34/43 €; ❄🛜) Unter den zahlreichen ähnlichen Locations in dieser friedlichen Gegend ist dieses das Beste. Das Hotel Mona Lisa zieht vor allem japanische Besucher mit seinen farbenfrohen Zimmern und den Lounges mit den niedrigen *kotatsu*-Tischen und Kissen an. Die Zimmer sind makellos sauber, und die besten haben Balkone, die auf die Berge, Rani Ban und den See blicken.

Tiger Mountain Pokhara Lodge   HOTEL €€€

(Karte S.256; ☎061-691887, in Kathmandu 01-4720580; www.tigermountainpokhara.com; Cottages 400 €; ❄@🛜💧) 🖊 Diese Lodge liegt auf einem hohen Hügelkamm ungefähr 10 km östlich von Pokhara. Die Besitzer haben sich wirklich Mühe gegeben, die Lodge in die Umgebung einzupassen. Die Zimmer sind in stylishen Steinbungalows untergebracht, und es gibt einen beeindruckenden Pool mit Bergblick. Mahlzeiten und der Transfer nach/von Pokhara sind im Preis inbegriffen. Tiger Mountain wirbt für sich mit einem unabhängigen Audit zu nachhaltigem Tourismus.

🍴 Essen

In Lakeside finden hungrige Reisende und Wanderer zahlreiche Restaurants, Bars und Cafés, die westliche, nepalesische, indische und chinesische Speisen anbieten.

🍴 Central Lakeside

⭐ **Metro**   CRÊPES €

(Karte S.242; Lakeside; Crêpes 185–375 NPR; 🕐7–21 Uhr; 🛜) Im Metro dreht sich alles um Crêpes, die unfassbar lecker und in vielen Varianten erhältlich sind: Zitrone und Zucker, Zimt und Zucker, Apfel und Kara-

Pokhara Damside

Pokhara Damside

⊕ Aktivitäten, Kurse & Touren
1   Stand Up Paddle Nepal A2

🛏 Schlafen
2   Hotel Mona Lisa A2

🍴 Essen
3   Don't Pass Me By A2
4   German Bakery A2

ℹ Praktisches
   Annapurna Conservation
   Area Project...............................(siehe 5)
5   Touristeninformation.............................A1

ℹ Transport
6   Buddha Air.. B1
7   Busse zum Begnas-See B1
8   Golden Travels......................................A1
9   Mountain Overland A2
10   Nepal Airlines B1
11   Simrik Airlines B1
12   Busbahnhof für Touristenbusse B1
13   Yeti Airlines & Tara Air.......................... B1

mellsauce und so weiter. Auf der Speisekarte finden sich neben den köstlichen Crêpes auch Espressos, Eis und Slushs.

Saleways   SUPERMARKT €

(Karte S.242; Centre Point Complex, Lakeside; 🕐8–22 Uhr) Ein hervorragender Supermarkt (mit Untergeschoss), der alles Nötige anbietet und sogar einen Getränkeshop beherbergt.

Desi Tadka   INDISCH €

(Karte S.242; ☎9856033809; Phewa Marg, Lakeside; Hauptspeisen 140–490 NPR; 🕐7–23 Uhr;

☎) Unter den zahlreichen Tandoori-Restaurants in dieser Gegend haben wir das Desi Tadka ausgewählt, weil es so ein köstliches Tandoori Chicken, 1-a-Biryanis und hervorragende Currys anbietet. Es gibt auch einige sehr gute Gerichte aus der südindischen Küche.

China Town
CHINESISCH €

(Karte S.242; Central Lakeside; Hauptspeisen 200–650 NPR; ⏰11–22 Uhr; ☎) Dieses Restaurant sorgt mit seinen Laternen mit roten Quasten und seinen Goldfischgemälden für ein echtes Chinatown-Erlebnis. Der chinesische Koch bereitet authentische kantonesische Speisen und scharfe Traditionsgerichte aus der Sichuanküche zu, darunter eine Auswahl köstlicher Enten- oder Schweinefleischgerichte. Wir empfehlen das scharfe *mapo dofu* (Tofu) und das *gong bao* (Huhn, Chili und Erdnüsse).

Boomerang Restaurant & German Bakery
INTERNATIONAL €

(Karte S.242; Central Lakeside; Hauptgerichte 195–795 NPR; ⏰7–22 Uhr; ☎) Dieses Restaurant bietet die beste „garden and dinner show". Es befindet sich in einem großen, schattigen Garten, und auf jedem Tisch stehen frische Blumen. Die internationale Speisekarte ist sehr gut, ebenso wie die Lage in Lakeside. Jeden Abend gibt es ab 19 Uhr eine kulturelle Vorführung. Die zur Straße hin gelegene deutsche Bäckerei bietet Buttergebäck und Donuts an und ist gut dazu geeignet, nach einer Wanderung neue Energie zu tanken.

Tibetan Pema Restaurant
TIBETISCH €

(Karte S.242; Tibetan Mini Market, Central Lakeside; Hauptgerichte 180–200 NPR; ⏰7.30–22 Uhr) Dieses gemütliche kleine Restaurant mit seinen ziegelfroh gestrichenen Wänden in der hintersten Ecke des Tibetan Mini Market bietet köstliche, günstige Momos (Kartoffeln und Käse, Gemüse, Huhn und Rind) und andere traditionelle tibetische Gerichte an.

★Moondance Restaurant
INTERNATIONAL €€

(Karte S.242; www.moondancepokhara.com; Central Lakeside; Hauptgerichte 240–1400 NPR; ⏰7–22.30 Uhr; ☎) Das beliebte Moondance gehört zu den Lakeside-Institutionen, und das zu Recht. Hochwertiges Essen, guter Service und ein knisterndes, offenes Feuer … All das trägt zur Beliebtheit des geschmackvoll eingerichteten Restaurants bei. Auf der Speisekarte finden sich

Salate, Pizzas, Importsteaks und ausgezeichnete indische und thailändische Currys. Die Zitronenmeringue ist ein legendärer Nachtisch des Hauses.

★AoZoRa
JAPANISCH €€

(Karte S.242; ✉061-461707; Phewa Marg, Lakeside; Hauptgerichte 250–490 NPR; ⏰8–21 Uhr; ☎) Das AoZoRa ist ein mit Bambus ausgekleidetes, winziges Restaurant mit traditioneller japanischer Speisekarte, auf der Gerichte wie Donburi, Ramen, Sushi usw. zu finden sind, unter anderem auch Chicken Teriyaki mit Reis, Miso und Pickles. Das japanischsprachige Personal begrüßt die Besucher mit einem Glas *mugi* (Tee aus gerösteter Gerste) und empfiehlt die saisonalen Speisen auf der Tafel. Wenn die Tische vorne alle voll sind, gibt es hinten weitere Sitzplätze.

OR2K Restaurant
VEGETARISCH €€

(Karte S.242; ✉061-467114; www.or2k.net; Centre Point Complex, Lakeside; Hauptgerichte 325–595 NPR; ⏰8–23 Uhr; ☎) Das Restaurant im obersten Stock des Centre Point Complex gehört zur beliebten Thamel-Kette. Hier lassen sich – mit herrlichem Blick auf See und Berge – orientalische Gerichte, Pasta, Pizza und Gegrilltes genießen. Es gibt Bier, Cocktails und Wein im Glas und sogar Sitzplätze im Freien, für die man nicht die Schuhe ausziehen muss.

Pokhara Thakali Kitchen
NEPALESISCH €€

(Karte S.242; Gaurighat, Lakeside East; Thali veg. 290–350 NPR, nicht veg. 340–600 NPR; ⏰11–22 Uhr; ☎) Dieses gemütliche und stimmungsvolle Restaurant hat sich auf regionale Thakali-Küche, *thalis*, spezialisiert und bietet jeweils drei Currys an – zur Wahl stehen vegetarische und nicht vegetarische Currys sowie Standard- und Spezialvarianten. Außerdem gibt es Snacks mit exotischen Zutaten wie Mustang-Kartoffeln, Buchweizenpommes und gebratene Ziegenfleischstreifen.

Byanjan
INTERNATIONAL €€

(Karte S.242; Central Lakeside; Hauptgerichte 325–495 NPR; ⏰8–22 Uhr; ☎) Dieses Lokal gehört zum gehobenen Hotel Barahi und ist in ruhigen Blau- und Weißtönen eingerichtet. Mit seinen rohen Felswänden und dem gedämmten Licht wirkt es modern, weltoffen und elegant. Die Speisekarte bietet eine breite Palette an chinesischen, thailändischen, indischen und nepalesischen Gerichten. Wer die niedrigen Tische ungemütlich findet, kann oben oder im Hintergarten bequemere Sitzgelegenheiten ergattern.

Old Mike's Kitchen
INTERNATIONAL €€

(Karte S. 242; ☑ 061-463151; Lakeside; Hauptgerichte 280–550 NPR; ⏱ 7–21 Uhr; 🛜) Unter den weit ausgestreckten Zweigen einer Pappelfeige lässt sich in dem schönen Lakefielder Restaurant Old Mike ein herzhaftes Frühstück, Mittag- oder Abendessen genießen. Zu den zahlreichen Angeboten auf der Speisekarte gehören auch ein paar mexikanische Gerichte, wie Quesadillas und Tostadas. Besonders schön ist es, abends an den Tischen am See ein Gläschen zu trinken.

Café in the Garden
INTERNATIONAL €€

(Karte S. 242; www.annapurnaactivities.com; Phewa Marg, Lakeside; Hauptgerichte 280–650 NPR; ⏱ 8.30–21 Uhr; 🛜) In diesem hübschen Gartenrestaurant werden die Speisen direkt vor den Augen der Gäste zubereitet. Es gibt extra Speisekarten für Frühstück, Snacks, Mittagessen und Abendessen sowie jeden Tag eine internationale Spezialität, wie zum Beispiel amerikanischen Buff Burger (dienstags) oder, ganz britisch, Würstchen mit Kartoffelbrei (samstags). Das nepalesische Dal Bhat gibt es in acht verschiedenen Varianten. Außerdem stehen hier auch drei einfache Zimmer als Unterkunft zur Verfügung.

Maya Pub & Restaurant
INTERNATIONAL €€

(Karte S. 242; Central Lakeside; Hauptgerichte 275–430 NPR; ⏱ 7–23 Uhr; 🛜) Im stimmungsvollen Maya werden Reisende seit 1989 verköstigt. Heute ist es immer noch gut im Geschäft, ebenso wie die fast identische Filiale ganz in der Nähe. Das Maya ist mit farbenprächtigen Bildern hinduistischer Gottheiten und Korbmöbeln ausgestattet und ein hervorragender Ort, um Leute zu beobachten und dabei Pizza, Pasta, Momos oder nepalesische *thali* mit einem kühlen Bier zu genießen.

Everest Steak House
STEAK €€€

(Karte S. 242; ☑ 061-466828; Phewa Marg, Lakeside; Hauptgerichte 400–1400 NPR; ⏱ 9–22 Uhr; 🛜) Dieses alte Steakhaus ist wegen seiner 5 cm dicken, aus Westbengalen eingeflogenen, frisch gegrillten Rindersteaks eine wahre Pilgerstätte für Fleischesser. Zur Auswahl stehen 31 verschiedene Steaksaucen, z. B. zum beliebten „Trekkers Steak mit Gemüse und Pommes" oder die „Really red

wine sauce". Neben den Steaks werden auch Fisch, Schweinefleisch und Huhn angeboten.

🍴 Lakeside East

Marwadi Restaurant
INDISCH €

(Karte S. 242; ☑ 9856027322; Lakeside East; Hauptgerichte 160–300 NPR; ⏱ 7.30–22 Uhr; 🛜🍽) Im einfachen, aber kunterbunten, rein vegetarischen Marwadi gibt es günstige Gerichte aus der nord- und südindischen Küche. Das Essen mit der großzügigen Gewürz- und Chilibeigabe ist hier etwas authentischer als in den in Lakeside vorherrschenden internationalen Lokalen. Besonders nett sind die karierten Tischdecken, die aufmerksame Bedienung und das Dawa- und Tandooribrot zum Sauberwischen der Curryteller.

Potala Tibetan Restaurant
TIBETISCH €

(Karte S. 242; Tibetan Mini Market, Lakeside East; Momos 100–270 NPR, Hauptgerichte 190–450 NPR; ⏱ 8–21 Uhr) Das über dem Tibetan Mini Market gelegene Potala Tibetan ist im Familienbesitz und bietet mit die besten Momos in Lakeside (Gemüse, Rind, Huhn, Käse). Lecker sind dort aber auch *thukpa, tingmo, sha bak ley* und andere nudelige Schlürfgerichte und natürlich das *tongba* (tibetisches Hirsebier).

Natssul
KOREANISCH €€

(Karte S. 242; ☑ 98066743394; www.natssul.com; Lakeside East; Hauptgerichte 450–700 NPR; ⏱ 12–22 Uhr; 🛜) Nach einem *bonicha* (Tee) als Willkommenstrunk kommen im Natssul ein leckeres koreanisches Barbecue, Kimchi oder etwas aus der riesigen Auswahl der Schwein- und Huhngerichte auf den Tisch. Wir empfehlen das *samgyeopsal* – Schweinebauchscheiben, die am Tisch gebraten und dann in Sesam oder rote Sojasauce getunkt und in frische Salatblätter gewickelt werden. Vegetarier genießen hier *bibimbap* (in Sesamöl gebratener Reis mit Gemüse und Rührei).

⭐ Caffe Concerto
ITALIENISCH €€€

(Karte S. 242; ☑ 061-463529; Lakeside East; Hauptgerichte 500–680 NPR; ⏱ 7–22.30 Uhr; 🛜) Diese gemütliche italienische Pizzeria bietet mit ihrer offenen Feuerstelle und Stereojazz ein rustikales Bistroambiente. Hier gibt es reichhaltige, leckere Frühstücksangebote und 24 unterschiedliche Pizzasorten (aus denen man auswählen kann, wenn man sich nicht selbst etwas zusammenstellt) mit dünnem, knusprigem Boden – den besten in Lakeside. Die Nudelgerichte und Salate sind authentisch, Wein gibt es im Glas oder in der Flasche, und Espresso und Eiscreme sind hervorragend. *Bellissimo!*

Lakeside North

Nördlich des ehemaligen Campingplatzes (Hallan) Chowk wird alles ein bisschen schlichter, aber es gibt immer noch zahlreiche gemütliche, rustikale Restaurants mit verträumtem Charme und ein unerwartet exzellentes Thai-Restaurant.

Godfather's Pizzeria   ITALIENISCH €€

(Karte S.242; ☎061-466501; Lakeside; Pizzas 350–790 NPR; ☺8–23 Uhr; ☏) Die aromatischen Düfte aus der offenen Küche mit dem Holzfeuerofen locken viele Vorübergehende an, die dann die vegetarischen oder nichtvegetarischen Pizzen mit viel Käse genießen. Bei den Einheimischen gilt diese Pizza als die beste von Lakeside – und das, obwohl es heute wirklich einiges an Konkurrenz gibt. Natürlich gibt es auf der Speisekarte auch Nudelgerichte und Salate. Die Pizzeria ist so erfolgreich, dass es mittlerweile eine Filiale in Central Lakeside gibt.

★ Krishna's Kitchen   THAILÄNDISCH €€€

(Karte S.256; ☎9846232501; www.krishnaskitchen.com; Khapaudi; Hauptgerichte 510–630 NPR; ☺10–23 Uhr; ☏) Das wirklich hervorragende Thai-Gartenrestaurant Krishna's liegt eingebettet am nördlichen Ende des Phewa-Sees. Die professionell angerichteten Speisen mit hausgemachtem Tofu und Biokräutern würden dieses Thairestaurant überall auf der Welt hervorstechen lassen. Die feinen Tees und hochwertigen Weine entsprechen dem exzellenten Essen. Das 3 km von Lakeside entfernte Hotel lässt sich zu Fuß, mit dem Fahrrad oder dem Taxi erreichen. Eine Hin- und Rückfahrt mit dem Taxi kann auch vom Restaurant organisiert werden.

Damside

In Damside gibt es einen ganzen Haufen *sekuwa*- oder *jhir*-Restaurants, in denen vor den Augen der Gäste saftige Hähnchen-, Schweine- und Rinderstücke gegrillt und mit scharfer Sauce serviert werden. An einem warmen Nachmittag lassen diese sich gut mit einem kühlen Bier hinunter-

spülen. Die Restaurants sind leicht an den rauchenden Grills und der Menge an Motorrädern, die die Einheimischen vor dem Eingang geparkt haben, zu erkennen. Geöffnet sind sie nur nachmittags.

German Bakery   BÄCKEREI €

(Karte S.246; Damside; Kuchen 40–210 NPR; ☺7–21 Uhr) Hierbei handelt es sich um eine der original „German bakeries", die Cafés von Pokhara bis nach Jomsom beliefern. Hier gibt es Frühstück, süße Käsekuchen, Plundergebäck sowie Apfel- und Streuselkuchen. Leider servieren sie dort heute nur noch Instantkaffee.

Don't Pass Me By   INTERNATIONAL €

(Karte S.246; Damside; Hauptgerichte 120–300 NPR; ☺8–21 Uhr) Dieses gemütliche, genau am Seebogen gelegene Restaurant gehört zu den besten in Damside. Es bietet eine vernünftige – oder besser eine aufregende – Auswahl an italienischen, indischen und europäischen Gerichten, die auf den Außenplätzen am See zwischen bunten Blumen sogar noch besser schmecken. Ein friedlicher und angenehmer Ort.

Ausgehen

In der Regel endet das Nachtleben in Pokhara gegen 23 Uhr, aber es gibt ein paar Bars, die diese Regel missachten und es noch bis um Mitternacht herum krachen lassen. Einheimische Bands tingeln Nacht für Nacht durch die Lokale und spielen Coverversionen von westlichen Rockhits.

Busy Bee Café   BAR

(Karte S.242; www.cafebusybee.com; Central Lakeside; ☺9–spät; ☏) Im Busy Bee haben jeden Abend ab 20 Uhr Rockbands Liveauftritte, wobei die Freitag- und Samstagabende in der Regel die besten sind, weil dann die Einheimischen und die Reisenden in Massen auftauchen. Es gibt ein Restaurant, eine Bar und einen Hof mit Feuerstelle, der sich sehr gut dafür eignet, andere Reisende kennenzulernen. Außerdem findet sich noch ein verrauchter Billardsaal unten im Lager.

Olive Café   CAFÉ

(Karte S.242; Central Lakeside; Espressospezialitäten ab 80 NPR, Hauptgerichte 350–1390 NPR; ☏) Ein elegantes, aber entspanntes Café, das zum Moondance Restaurant (S.247) gehört. Hier gibt es italienischen und einheimischen Espresso, Baskin Robbins Eiscreme und den hausgemachten, verboten süßen Machhapuchhare-Eiskuchen. Ein toller Ort für eine Shopping-Pause. Nachts verwandelt es sich in ein romantisches Restaurant.

Paradiso Sports Bar & Grill BAR
(Karte S. 242; Central Lakeside; ⊘ 10–spät; 📶) Das manchmal ganz schön laute Paradiso ist eine aufpolierte Version des altehrwürdigen Clubs Amsterdam an der Vergnügungsmeile in Lakeside. Hier gibt es alles: von Livemusik (ab 19.45 Uhr) über Billardtische, Cocktails und Mocktails bis hin zu Fußball auf einer Riesenleinwand. Wer nach einem Gesprächspartner sucht, wird an der Feuerstelle im Hinterhof fündig.

Am/Pm Organic Café CAFÉ
(Karte S. 242; Lakeside East; Espressospezialitäten ab 100 NPR; ⊘ 6–22 Uhr; 📶) Dieses gemütliche, in einer Seitenstraße gelegene Café wird von einem Nepalesen geleitet, der in London eine Ausbildung zum Barista gemacht hat und ökologisch angebauten Gebirgskaffee aus Palpa (Tansen) sowie leckere Plunderstückchen aus der German Bakery anbietet. Empfehlenswert sind hier auch das Frühstück, die Smoothies und die kleinen Mittagsgerichte.

Old Blues Bar BAR
(Karte S. 242; Lakeside; ⊘ 16–23.30 Uhr) Die super gechillte Blues Bar mit Riesenpostern von Jimi Hendrix und John Lennon ist nicht nur unter Cannabiskonsumenten sehr beliebt. Hier spielen oft einheimische Coverbands (ab 19.30 Uhr).

Bullet Basecamp BAR
(Karte S. 242; Jarebar; ⊘ 16–23.30 Uhr; 📶) Jenseits des Lakeside-Glamour und neben einer Motorradwerkstatt liegt das Bullet Basecamp mit seinem ganz unverwechselbaren Gesicht. Kettenräder, Antriebswellen und Kühlergrills von Tata-Trucks wurden zu Lampen und Barmöbeln umfunktioniert. Für Enfield-Fahrer ist diese ungefähr 1 km östlich des Campingplatzes (Hallan) Chowk an der Phewa Marg gelegene Bar ein Muss.

⭐ Unterhaltung

In mehreren der auf der Vergnügungsmeile gelegenen Restaurants gibt es abends Shows mit traditionellem nepalesischem Gesang und Tanz, die sehr enthusiastisch, wenn auch nicht völlig authentisch dargeboten und für gewöhnlich nicht extra berechnet werden.

Movie Garden KINO
(Karte S. 242; Lakeside North; 350 NPR) Dieses provisorische Freilichtkino ist eine echte Gaudi. Es wurde auf einer alten Reisfeldterrasse angelegt, ist aber von billigen Hotels umgeben – ein gutes Beispiel für den nepalesischen Unternehmergeist und Erfindungsreichtum. Die Filme beginnen um 19 Uhr, also ist es gut, gegen 18.30 schon einen Platz zu suchen und sich dort mit einem Getränk und Popcorn (oder Pizza) niederzulassen. Der Weg ins Kino und wieder hinaus ist ein wenig umständlich und führt über eine grob gehauene Steintreppe unter einem niedrigen Wellblechdach. Also: Vorsicht!

Hotel Barahi TANZ
(Karte S. 242; Central Lakeside; ⊘ Shows 19–21 Uhr) Für das Büfett und die Show ab 18.30 Uhr (1240 NPR) ist eine Reservierung nötig.

Boomerang Restaurant & German Bakery TANZ
(Karte S. 242; Central Lakeside; ⊘ Shows um 19 Uhr) Ein beliebtes Traditionsrestaurant mit Show.

Fewa Paradise Garden Restaurant TANZ
(Karte S. 242; Central Lakeside; ⊘ Shows um 19 Uhr) Hier hat die Küche durchgehend den ganzen Tag über geöffnet, und ab 19 Uhr abends gibt es eine Show mit Tanz und Gesang.

Shoppen

In den Boutiquen in Lakeside werden hinduistische und buddhistische Utensilien wie Gebetsfahnen angeboten, aber auch gefälschte Markenausrüstung fürs Trekking, Wandbehänge, Khukuri-Messer und Antiquitäten zweifelhaften Alters. Außerdem ist Pokhara ein guter Ort, um Saligram-Fossilien zu kaufen.

In Lakeside stehen auch zahlreiche Supermärkte zur Verfügung, in denen man seine Schokoladen-, Keks-, Kosmetik- und anderen Bestände aufstocken kann, bevor es auf Tour geht.

Neben den Läden in Lakeside bieten auch die tibetischen Flüchtlingsfrauen ihre Waren, wie zum Beispiel tibetischen Schmuck, im Schatten der Bäume an. Eine größere Auswahl an tibetischen Kunsthandwerksgegenständen, zum Beispiel auch Teppichen, gibt es bei den tibetischen Gemeinden in Tashi Palkhel und Tashi

Ling, nördlich bzw. südlich von Pokhara, oder aber im Tibetan Mini Market in Lakeside East.

Helping Hands KUNSTHANDWERK
(Karte S. 242; www.yeshelpinghands.com; Central Lakeside; ☺8–20 Uhr) Mehr als 80 Prozent der hier angebotenen Webwaren wurden vor Ort von tauben und blinden Männern und Frauen hergestellt, um behinderte Menschen vor Ort zu unterstützen.

Women's Skills Development Organisation KUNSTHANDWERK
(Karte S. 242; www.womenssskillsdevelopment.org; Lakeside East; ☺8–20 Uhr) Hier gibt es meisterhaft und mit Liebe gewobene und bestickte Taschen, Gürtel und Spielsachen, die sich herrlich als Souvenir eignen. Die Verkäufe ermöglichen benachteiligten Frauen im ländlichen Nepal ein Einkommen. Eine weitere Filiale befindet sich in Lakeside Central.

Tibetan Mini Market KUNSTHANDWERK
(Karte S. 242; Lakeside East; ☺8–20 Uhr) Diese Kunstgalerie in Lakeside East wird von der kooperativen Vereinigung der Bewohner Tashi Palkhels betrieben und bietet tibetanische Handwerkskunst, Touren zu den Siedlungen der tibetischen Flüchtlinge und dampfende Momos an.

North Face SPORT & OUTDOOR
(Karte S. 242; Central Lakeside; ☺10–20 Uhr) Das einzige Outlet, in dem tatsächlich Markenware verkauft wird. Auch die Preise sind original.

Sherpa Adventure SPORT & OUTDOOR
(Karte S. 242; Lakeside East; ☺10–20 Uhr) Sherpa Adventure bietet Fälschungen von besserer Qualität an als die meisten Verkäufer auf dem Markt. Außerdem verkaufen sie Originalware von Osprey, Keen, Ice Breaker und Exped.

Nepal Mandala Bookshop BÜCHER
(Karte S. 242; Central Lakeside; ☺8–20 Uhr) In Lakeside herrscht kein Mangel an Buchhandlungen, aber Nepal Mandala hat wahrscheinlich die beste Auswahl an Büchern und Karten.

ⓘ Praktische Informationen

GELD
In Lakeside gibt es zahlreiche Wechselbüros, die Bargeld in die wichtigsten Währungen umtauschen. Alle sind täglich geöffnet. Außerdem be-

finden sich entlang der Hauptstraße von Lakeside mehrere Geldautomaten und ein 24-Stunden-**Geldautomatenraum** (Kasse S. 216; Centre Point Complex, Lakeside), in dem Automaten stehen, die ausländische Karten akzeptieren.

MEDIZINISCHE VERSORGUNG
In Lakeside gibt es mehrere Apotheken, die Alltagsmedikamente, Antibiotika und Erste-Hilfe-Ausrüstungen verkaufen. Wegen seltenerer Medikamente oder in Notfällen kann man sich an die CIWEC Clinic wenden.

CIWEC Clinic (Karte S. 242; ☑061-463082; www.ciwec-clinic.com; Mansarovar Path, Central Lakeside; ☺24 Std.) Hier gibt es Notfallmedizin und medizinische Reiseberatung. Wenn eine ärztliche Behandlung nötig ist, ist diese Klinik in Pokhara die erste Wahl. Bezahlen kann man mit Kreditkarte. Die Klinik ist daran gewöhnt, mit Versicherungen zusammenzuarbeiten.

Western Regional Hospital (Gandaki Hospital; Karte S. 234; ☑061-520066; Ram Ghat) Das große Western Regional Hospital liegt in Pokhara am Ostufer des Seti.

NOTFÄLLE
Die Touristenpolizei (Karte S. 246; ☑061-462761; Damside) sitzt in Damside im gleichen Gebäude wie die Touristeninformation. Eine kleine Polizeidienststelle gibt es auch gegenüber dem Moondance Restaurant.

POST
Die Hauptpost (Karte S. 234; New Bazaar; ☺10–17 Uhr So–Do, – 15 Uhr Fr.) ist nur einen Fußweg von Lakeside entfernt an der Mahendra Pul. In Lakeside East gibt es noch eine viel kleinere Filiale, außerdem bieten die meisten Buchläden in Lakeside Briefmarken an und haben auch einen Postkasten für Briefe und Karten.

Wer Wertvolles verschicken möchte, findet in Lakeside einen vertrauenswürdigen **UPS-Laden** (Karte S. 242; ☑ 061-463209; Central Lakeside; ☺9–20 Uhr).

REISEBÜROS
In den meisten Reisebüros in Lakeside können Touren, Flüge und Busfahrkarten gebucht werden. Die unten genannten Unternehmen sind alle vertrauenswürdig.

Adam Tours & Travels (Karte S. 242; ☑061-461806; www.adamnepal.com; Central Lakeside; ☺9–21 Uhr) IATA-zertifiziert für internationale Flüge.

Blue Sky Travel & Tours (Karte S. 242; ☑061-462199; www.blue-sky-tours.com; Central Lakeside; ☺9–20 Uhr) Hier gibt es nicht nur Tickets, sondern auch einen eigenen Kathmandu-Pokhara-Shuttle-Service.

Wayfarers (Karte S. 242; ☑061-463774; shankhara@hotmail.com; Lakeside East;

9–20 Uhr) Hier lassen sich jegliche Art von Tickets und Trekkingtouren buchen.

SICHERHEIT

Pokhara ist im Allgemeinen für Reisende recht sicher, aber natürlich muss man die übliche Vorsicht walten lassen.

→ Hin und wieder gibt es Berichte über Wanderer, die allein unterwegs waren und auf dem Weg zur World Peace Pagoda und rund um Sarangkot ausgeraubt wurden.

→ Außerdem wurde von Angriffen auf alleinstehende Frauen bei Trance-Partys berichtet.

→ Den Schlüssel zur Sicherheit scheinen Gruppen zu bieten.

TOURISTENINFORMATION

Der nepalesische Tourismusverband unterhält in Damside eine hilfreiche **Touristeninformation** (Karte S. 246; ☑ 061-465292; Damside; ⊙10–13 Uhr & 14–17 Uhr So–Fr), die sich das Gebäude mit dem **Annapurna Conservation Area Project** teilt (ACAP; Karte S. 246; ☑ 061-463376; Damside; ⊙10–17 Uhr So–Fr, –16 Uhr Sa, –16 Uhr Winter). Hier ist die TIMS-Karte (www.timsnepal.com) für diejenigen erhältlich, die keine organisierte Reise unternehmen.

VISAVERLÄNGERUNG

Die Einreisebehörde (Karte S. 234; ☑ 061-465167; www.nepalimmigration.gov.np; Sahid Chowk, Damside; ⊙10–15 Uhr So–Do, –13 Uhr Fr) befindet sich in Damside. Visaverlängerungen müssen online unter www.nepalimmigration.gov.np beantragt werden. Hierzu wählt man „Online Application" und „Tourist Visa", lädt ein Foto hoch (indem man auf die Fotobox klickt) und notiert sich die Übertragungsidentifikationsnummer, die innerhalb von 15 Tagen der Einreisebehörde vorgelegt werden muss. Eine Verlängerung um 15 Tage kostet 30 €, jeder weitere Tag 2 € (es

können maximal 15 weitere Tage beantragt werden). Für mehrere Ein- und Ausreisen werden zusätzlich 20 € berechnet. Nicht vergessen: Für die Verlängerung den Pass und die Visagebühren in nepalesischen Rupien mitbringen.

❶ An- & Weiterreise

BUS

In Pokhara gibt es drei Busbahnhöfe. Touristenbusse nach Kathmandu und zum Chitwan-Nationalpark fahren vom **Touristenbusbahnhof** (Karte S. 246; Damside) in der Nähe vom Mustang Chowk ab. Von dem staubigen und chaotischen **Bushauptbahnhof Pokhara** (Karte S. 234) am nordöstlichen Ende der Landebahn in Pokhara aus fahren Busse nach Kathmandu und in Städte in der Terai-Ebene. Die Hauptstelle für den Fahrkartenverkauf liegt hinten, die Tickets für die Nachtbusse gibt es am Ende der Treppe in der Nähe der wichtigsten Hauptverkehrsstraße.

Busse zu den Ausgangspunkten der Wanderwege durch das Annapurna-Schutzgebiet fahren vom **Busbahnhof Baglung** (Karte S. 234; Baglung) ab, der ungefähr 2 km nördlich des Zentrums an der wichtigsten Hauptverkehrsstraße liegt.

Nach/von Kathmandu

Die Busfahrt von Kathmandu nach Pokhara (und umgekehrt) dauert je nach Straßenlage zwischen sechs und acht Stunden. Die unkomplizierteste Reisemöglichkeit sind die Touristenbusse (700–1000 NPR). Sie fahren um 7.30 Uhr von Touristenbusbahnhof aus. Wenn die Touristenbusse ankommen, warten bereits Taxis – da heißt es, sich nicht überrumpeln lassen, weil diese oft von Hotelschleppern gefahren werden.

Greenline (Karte S. 242; ☑ 061-464472; www.greenline.com.np; Lakeside East) bietet täglich einen klimatisierten Bus nach Thamel (21 € mit

---

❶ TREKKING-PERMITS

Wer innerhalb des Annapurna-Schutzgebiets wandern möchte, benötigt dazu eine Genehmigung (Permit) vom Annapurna Conservation Area Project in Damside.

Die Eintrittsgebühr in das Naturschutzgebiet beträgt 2000/200 NPR (Ausländer/SAARC), die Genehmigungen werden vor Ort ausgestellt (dafür werden zwei Passfotos benötigt). Es gibt im ganzen Gebiet ACAP-Checkpoints, und wer ohne Genehmigung erwischt wird, muss eine erhöhte Eintrittsgebühr von 4000/400 NPR (Ausländer/SAARC) zahlen.

Wanderer, die ohne Führer unterwegs sind, müssen sich im **Trekkers Information Management System** (TIMS; www.timsnepal.com) registrieren. Diese Registrierung ist im Büro des nepalesischen Touristenverbands möglich oder aber im Büro der **Trekking Agencies Association of Nepal** (TAAN; Karte S. 242; ☑ in Kathmandu 01-463033; Central Lakeside; ⊙10–17 Uhr So–Fr, –16 Uhr Sa). Für die TIMS-Registrierung sind weitere zwei Passfotos nötig. Sie kostet bei Beantragung über ein lokales Reisebüro die Entsprechung von 1000 NPR in nepalesischer Währung oder aber 2000 NPR bei persönlicher Beantragung.

Mittagessen,6–7 Std.) an, der um 7.30 Uhr am Büro in Lakeside East losfährt. **Golden Travels** (Karte S. 246; ☎ 061-460120; Damside; ⊙6.30–17 Uhr) hat vom Touristenbusbahnhof aus ein ähnliches Angebot für eine Fahrt nach Durbar Marg (13 € mit Mittagessen) im Zentrum von Kathmandu. Weitere vertrauenswürdige Touristenbusunternehmen sind unter anderem: **Mountain Overland** (Karte S. 246; ☎ 061-466703; Damside; ⊙7–18 Uhr), mit einem Preis von 14,50 € inkl. Mittagessen, und **Blue Sky Travel** (S. 251), mit einem Preis von 700 NPR und Zwischenhalten für Frühstück und Mittagessen.

Öffentliche Busse nach Kathmandu (Tag/Nacht 600/650 NPR) fahren vom Hauptbusbahnhof aus. Außerdem gibt es schnelle Kleinbusse nach Kathmandu (Kalanki) für 650 NPR, die von der öffentlichen Bushaltestelle an der Hauptverkehrsstraße aus fahren.

Auf dem Weg nach Kathmandu liegen unter anderem die folgenden Haltestellen: Dumre (Umsteigemöglichkeit nach Bandipur, 150 NPR, 2 Std.), Abu Khaireni (250 NPR, 3 Std.) und Mugling/Manakamana (350 NPR, 4 Std.). Außerdem fahren vier Mal am Tag vom Hauptbusbahnhof aus Busse direkt nach Gorkha (400 NPR, 5 Std.).

Zum/vom Chitwan-Nationalpark

Die beste Möglichkeit zum Chitwan-Nationalpark zu kommen, ist der Touristenbus, der sieben Stunden unterwegs ist. Die Busse nach Sauraha fahren täglich um sieben Uhr vom Touristenbusbahnhof ab (mit Klimaanlage ab 600 NPR) und kommen in Bachhauli an, das einen viertelstündigen Fußweg von der Stadt entfernt liegt. An der Haltestelle warten aber auch Taxis, um die Reisenden in ihre Hotels zu bringen.

Greenline bietet täglich einen Bus mit Klimaanlage nach Sauraha (22 € inkl. Mittagessen, 5½ Std.) an, der um 7.30 Uhr vor dem Büro in Lakeside East abfährt (die Rückfahrt endet am Touristenbusbahnhof). Mountain Overland bietet Fahrten für 750 NPR an, die um sieben Uhr vom Touristenbusbahnhof aus starten.

Zur/von der indischen Grenze

Von Pokhara aus ist der nächste Grenzübergang Belahiya/Sunauli direkt südlich von Siddharthanagar (Bhairawa).

Wer nach Indien will, muss fast immer an der Grenze den Bus wechseln. Allerdings gibt es auch einen klimatisierten Bus, der jeden Montag, Donnerstag und Samstag um 12 Uhr vom Touristenbusbahnhof aus nach New Delhi fährt (3700 NPR, 31 Std.).

Es gibt zwei (manchmal auch drei) Busse nach Siddharthanagar (Bhairawa; 800 NPR, 7–9 Std.), über Narayangarh (Abfahrt 7.15 Uhr) oder den Siddhartha Highway (die schnellere Variante, Abfahrt 8.30 Uhr vom Touristenbusbahnhof). Vom Hauptbusbahnhof Pokhara aus fahren täglich fast 20 Tag- und Nachtbusse

---

POKHARA MIT KINDERN

Pokhara ist ein kinderfreundliches Reiseziel, das anders als Kathmandu nicht von chaotischem Verkehr und Luftverschmutzung heimgesucht ist.

Die Fußwege sind in der Regel für Kinderwagen geeignet, und in Restaurants sind Familien willkommen – viele bieten Kinderhochstühle, Kinderteller sowie vertraute internationale Gerichte für die kleinen Gäste an.

---

nach Siddharthanagar (Bhaiwara; Tag/Nacht 450/500 NPR, acht Stunden), von wo aus ein Nahverkehrsbus zum Grenzübergang Sunauli verkehrt.

Es gibt außerdem Busse nach Birganj (650 NPR, 9 Std.), Nepalganj (1300 NPR, 12 Std.), Bhimdatta (Mahendranagar; 1500 NPR, 16 Std.) und Kakarbhitta (1650 NPR, 17 Std.).

Nach/von Terai

Ebenso wie zur indischen Grenze gibt es auch regelmäßige Tag/Nacht-Busse nach Narayangarh (450 NPR, 5 Std.). Auf der Strecke gibt es Umsteigemöglichkeiten zu Bussen nach Osten und Westen entlang des Mahendra Highway. Alle Busse fahren vom Hauptbusbahnhof Pokhara ab. Die meisten fahren über Mugling, aber es gibt auch Busse, die über den spannenden Siddhartha Highway nach Butwal (650 NPR, 6 Std.) über Tansen (550 NPR, 5 Std.) fahren.

Zu/von den Wanderwegen

Vom Busbahnhof Baglung aus gibt es Busse zu den meisten Ausgangspunkten der Wanderwege im Annapurna-Schutzgebiet. Die Busse fahren alle halbe Stunde von 5.30 bis 15.30 Uhr vom Busbahnhof Baglung ab.

Eine wichtige Ausnahme bildet der Ausgangspunkt für den Annapurna-Rundwanderweg, der vom östlich gelegenen Besi Sahar aus zu erreichen ist. Nach Besi Sahar (450 NPR, 5 Std.) fährt um 6.30 Uhr ein Touristenbus vom Touristenbusbahnhof ab, ansonsten gibt es noch die Möglichkeit, einen der Busse nach Kathmandu zu nehmen und in Dumre umzusteigen.

Vom Hallan Chowk aus fährt täglich um 7 Uhr ein direkter Bus nach Jomsom (1300 NPR, 8–9 Std.). In die andere Richtung gilt die gleiche Abfahrtszeit, in diesem Fall fährt der Bus vom nahe gelegenen Flughafen aus. Die Tickets lassen sich in einem der Reisebüros in Lakeside buchen.

FLUGZEUG

Der Flughafen (Karte S. 234) liegt in Damside. 2020 soll ein neuer internationaler Flughafen eröffnet werden.

Wenn es das Wetter erlaubt, gibt es täglich zahlreiche Flüge von/nach Kathmandu (121 €, 25 Minuten), die von folgenden Fluglinien geflogen werden: **Buddha Air** (Karte S. 246; ☎061-465998; www.buddhaair.com; Mustang Chowk, Damside; ☺8–17.30 Uhr), **Yeti Airlines** (Karte S. 246; ☎061-464888, Flughafen 061-465888; www.yetiairlines.com; Mustang Chowk, Damside; ☺9–18 Uhr), **Nepal Airlines** (Karte S. 246; ☎061-465021, Flughafen 061-465040; www.nepalairlines.com.np; Mustang Chowk, Damside) und **Simrik Airlines** (Karte S. 246; ☎061-465887; www.simrikairlines.com; Mustang Chowk, Damside; ☺8.30–17 Uhr). Beim Flug Richtung Pokhara bieten die rechten Plätze einen herrlichen Blick auf den Himalaja (auf dem Weg nach Kathmandu also die linken).

Buddha Air (Karte S. 246; ☎ 061-465998; www.buddhaair.com; Mustang Chowk, Damside; ☺8–17.30 Uhr) bietet auch täglich Flüge nach/von Bharatpur (Umsteigemöglichkeit nach Chitwan, 78 €, 20 Minuten) und Siddharthanagar (Bhairawa; Umsteigemöglichkeit nach Lumbini, 83 €, 40 Minuten) an.

Aktuell bietet nur **Tara Air** (S. 264; eine Abteilung von Yeti Airlines) täglich (fünf) Flüge nach Jomsom (106 €, 20 Minuten) an. Simrik Airlines und Nepal Airlines sind diese Route allerdings in der Vergangenheit auch geflogen und nehmen sie eventuell wieder in ihr Angebot auf. Nepal Airlines ist früher auch nach Manang (25 Minuten) geflogen, aber auch diese Flüge waren in der Zeit, in der wir für dieses Buch recherchiert haben, nicht im Angebot.

Alle Airlines haben Büros in der Nähe des Flughafens und am Mustang Chowk, aber es ist oft einfacher, sich an die Reisebüros in Lakeside zu wenden.

TAXI

Es ist auch sinnvoll, eine Gruppe zusammenzustellen und gemeinsam ein Taxi zu den Ausgangspunkten der Wanderwege zu nehmen. Von Lakeside aus liegen die Kosten dafür bei ungefähr: Hyangja (800 NPR), Phedi (1400 NPR), Naya Pul/Birethanti (2500 NPR), Baglung (3500 NPR), Beni (4200 NPR).

ⓘ Unterwegs vor Ort

BUS

Es gibt Nahverkehrsbusse, die Lakeside, den Flughafen, die öffentliche Bushaltestelle und Mahendra Pul verbinden, aber die Verbindungen (und der Fahrstil) sind nicht gerade berauschend und es gibt wenig Platz für Gepäck. Fahrkarten gibt es ab 15 NPR.

Nahverkehrsbusse zum Pame Bazaar (20 NPR) und anderen Orten am Nordufer des Phewa-Sees fahren bis zum Nachmittag ungefähr stündlich vom Hallan Chowk aus. **Busse** (Karte S. 246) zum Begnas-See (40 NPR) fahren vom Hauptbusbahnhof und vom Mustang Chowk (50 NPR) in Damside aus.

FAHRRAD

In Lakeside gibt es zahlreiche Fahrradverleihe, die für 150/500 NPR pro Std./Tag Fahrräder vermieten. Es lohnt sich, für qualitativ hochwertige Fahrräder etwas mehr auszugeben (bis zu 1500 NPR pro Tag).

MOTORRAD

In Lakeside gibt es auch mehrere Motorradverleihe (Scooter/Motorräder/Royal Enfields 1200/1400/3000 NPR pro Tag ohne Tankfüllung). Ein Helm wird zur Verfügung gestellt, und wer ihn nicht trägt, für den stehen die Chancen gut, dass die Polizei ihm Strafgebühren aufbrummt und das Motorrad einzieht. Vor dem Losfahren sollte man auf jeden Fall überprüfen, ob sich die Motorräder leicht starten lassen, sicher bremsen und ob die Lichter funktionieren.

Hearts & Tears (Karte S. 242; ☎061-464846; www.heartsandtears.com; Central Lakeside) ist ein toller Laden für alle, die das Motorradfahren noch lernen müssen (Motorräder können hier ab 5000 NPR pro Tag gemietet werden) oder eine Motorradtour durch Nepal unternehmen möchten. **Raju Bullet Surgery** (Karte S. 242; ☎9804164839; Phewa Mard) ist, wie der Name vermuten lässt, eine Motorradwerkstatt, die sich auf Royal Enfield Bullets spezialisiert hat.

HALTESTELLEN AUF DER FAHRT VON POKHARA NACH BENI

HALTE-STELLE	FAHRPREIS (NPR)	DAUER (STD.)	STRECKE
Hyangja	65	1	Ghachok-Trek
Phedi	90	1½	Annapurna-Sanctuary-Trek
Naya Pul	240	2	Ghorepani (Poon Hill) nach Ghandruk-Trek, Annapurna-Sanctuary-Trek, Annapurna Circuit-Trek; Busstrecke nach Jomsom
Baglung	350	3	Busstrecke nach Jomsom
Beni	400	4	Busstrecke nach Jomsom

TAXI

Taxis stehen am Touristenbusbahnhof bereit (Mustang Chowk), es kann aber gut sein, dass am Steuer ein Hotelschlepper sitzt. Eine Fahrt nach Lakeside kostet 200 NPR, unabhängig davon, ob man das Angebot des Schleppers annimmt oder nicht, insofern sollte man darauf bestehen, dahin gebracht zu werden, wo man hinwill. Fahrten von Lakeside zum Hauptbusbahnhof Pokhara und zum Flughafen kosten 300 NPR und zum Busbahnhof Baglung 400 NPR. Taxis vom Flughafen nach Lakeside kosten mindestens 300 NPR.

ZUM/VOM FLUGHAFEN

Der Preis für ein Taxi vom Flughafen in ein Hotel in Lakeside liegt bei 300 NPR.

RUND UM POKHARA

Wandern im Annapurna-Schutzgebiet ist auf jeden Fall die größte Attraktion rund um Pokhara – das Wunderbare daran: Auch unerfahrene Wanderer können die herrlichen Gipfel genießen. Die beeindruckenden Aussichtspunkte am oberen Rand des Pokhara-Tals lassen sich von Pokhara aus zu Fuß, mit dem Taxi, mit dem Mountainbike oder mit einem gemieteten Motorrad erreichen.

Sarangkot

Der Blick auf das Annapurna-Gebirge von Sarangkot (Ausländer/Nepalesen 50/20 NPR) aus ist ein schon fast religiöses Erlebnis. Er bietet ein Panorama der Himalaja-Gipfel, vom Dhaulagiri (8167 m) im Westen über die perfekte Pyramide des Machhapuchhre (6997 m), den zeltartigen Gipfel des Annapurna II (7937 m) bis hin zum Lamjung (6983 m) im Osten. Die meisten kommen hier in der Morgen- oder Abenddämmerung hinauf, wenn die Sonne die Gipfel von dunklem Rosa bis zu strahlendem Gold leuchten lässt. Wenn lärmende Teenager die Stimmung verderben, bietet der etwas abseits gelegene, grasbewachsene Helikopterlandeplatz einen Rückzugsort.

Das Hauptdorf liegt direkt unter dem oberen Talrand, von dort aus führen Treppenstufen zu dem beeindruckenden Aussichtspunkt, an dem einst ein altes Kot (eine Festungsanlage) stand. In dem eine Stunde Fußweg entfernten Kaskikot (1788 m) westlich von Sarangkot sind sogar noch die Ruinen einer Festungsanlage zu sehen. Der Weg führt die Straße am Talrand entlang und bietet ebenfalls einen atemberaubenden Ausblick.

🛏 Schlafen & Essen

In Sarangkot gibt es mehrere Unterkunftsmöglichkeiten und Lokale. Die günstigsten davon liegen direkt an den Stufen, die zum Aussichtspunkt hinaufführen, die etwas gehobeneren Möglichkeiten liegen hinter dem Aussichtspunkt. Der riesige Bau dort ist ein neu eröffnetes, von Japanern finanziertes Hotel, das mit einer Seilbahn ausgestattet ist!

View Top Lodge   HOTEL €
(Karte S.256; ☑9846292257; bikithapa@gmail.com; Zi. mit/ohne Bad 1500/800 NPR; ☎) Dieses direkt unter dem Aussichtssturm gelegene, einladende Hotel besitzt eine helle Lobby und gemütliche, einfache Zimmer mit Teppichen. Am schönsten ist die sonnige Veranda mit Blick auf See und Berge – ein herrlicher Ort zum Frühstücken.

Sherpa Resort   HOTEL €
(Karte S.256; ☑061-691171, in Kathmandu 01-4259769; www.sherparesort.com; Zi. mit/ohne Aussicht 1700/1300 NPR; ☎) Ein paar Hundert Meter westlich des Aussichtssturms liegt dieses altehrwürdige, lichtdurchflutete Hotel mit breiten Fluren und einfachen, altmodischen Zimmern. Die Zimmer haben unterschiedliche Größe, ebenso wie die Badezimmer, und ein paar der Betten sind wirklich hart, aber beim Aufwachen auf den Himalaja zu blicken, ist das kleine Opfer wert. Zimmer 201 und 202 sind eine gute Wahl.

Hotel Mountain Garden   HOTEL €
(Karte S.256; ☑9806748684; sh.rajkumar25@hotmail.com; Bhumare Gaira; EZ/DZ 1200/1500 NPR; ☎) Das freundliche Hotel westlich des Aussichtssturms verfügt über einen Garten mit beeindruckendem Ausblick. Die Zimmer sind hell und sauber, manche mit eigenem Balkon. Beim Abendessen kann man vom Dach aus noch mehr von dem tollen Ausblick genießen.

⭐Himalayan Front Resort   RESORT €€
(Karte S.234; www.ktmgh.com/himalayanfront; Zi. Inkl. Frühstück 98 €; ❄@☎🏊) Das an der Straße nach Sarangkot gelegene Himalayan Front Resort gehört zur gleichen Hotelgruppe wie auch das Water Front Resort

Rund um Pokhara

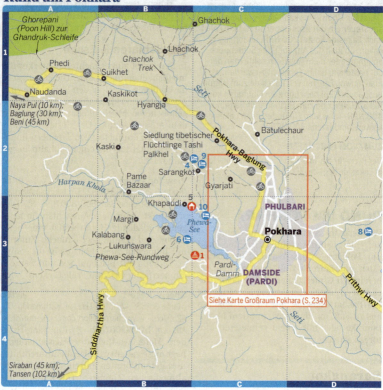

Siehe Karte Großraum Pokhara (S. 234)

(S. 245) am Phewa-See. Die großen, luxuriösen Zimmer sind äußerst komfortabel mit weichen Betten und LED-Fernsehern ausgestattet, aber das Tollste hier ist der Blick durch die Panoramafenster auf den Himalaja, der mit einem Drink in der Hand in der Earth-Watch-Lounge sogar noch schöner wird.

Es gibt einen riesigen, erfrischenden Pool und die Möglichkeit, alle Adventure-Aktivitäten zu buchen, die Sarangkot zu bieten hat. Gebühren und Abgaben sind in den Preisen eingeschlossen.

ℹ An- & Weiterreise

Die Taxifahrer in Lakeside bieten für ungefähr 2000 NPR frühmorgendliche Fahrten zum Blick auf den Sonnenaufgang vom Talrand aus an. Der Preis bleibt der gleiche, egal ob man mit dem Taxifahrer wieder hinunterfährt oder aber selbst läuft. Es kann vorkommen, dass plötzlich ein Führer ins Taxi springt und versucht, einen davon zu überzeugen, seine Dienste in Anspruch zu nehmen – das ist allerdings völlig unnötig, denn der Weg nach oben bereitet keinerlei Schwierigkeiten.

Der Weg mit dem Motorrad oder dem Mountainbike führt die Straße entlang, die in der Nähe des Bindhya-Basini-Tempels vom Pokhara–Baglung Highway abzweigt. Wenn die Steigung unter dem Talrand schwächer wird, heißt es Ausschau nach dem auf der rechten Seite gegenüber einer Ansammlung von Schulgebäuden mit Blechdächern gelegenen Abzweig nach Sarangkot zu halten.

Eine größere Herausforderung ist der (steile) drei- bis vierstündige Fußweg von Pokhara aus. Der beliebteste Weg beginnt am Highway gegenüber dem Busbahnhof Baglung. Der gut erkennbare Pfad verläuft westlich über die Felder und den Gyarjati hinauf und trifft ungefähr 1 km östlich des Abzweigs nach Sarangkot in Silangabot auf die schmutzige Straße.

Es gibt auch einen landschaftlich sehr schönen Weg vom Phewa-See aus, aber dieser ist

Rund um Pokhara

👁 Sehenswertes
1 World Peace Pagoda C3

🛏 Schlafen
2 Begnas Coffee House & Hotel F4
3 Begnas Lake Resort & Villas F4
4 Hotel Mountain Garden C2
5 Maya Devi Village B3
6 Park Anadu Restaurant & Lodge B3
7 Rupa View Point F4
  Sherpa Resort .... (siehe 4)
8 Tiger Mountain Pokhara Lodge D3
9 View Top Lodge C2
10 Water Front Resort C3

✖ Essen
  Krishna's Kitchen .... (siehe 5)

sich rund um die beiden Seen schmiegen. Begnas ist der größere der Zwillingsseen. Neben dem rustikalen Begnas Bazaar gibt es hier eine große Fischfarm und einen Verleih für Paddelboote, die entspannte Fahrten auf dem See ermöglichen. Das Dorf Begnas liegt nördlich der Seen zwischen den Terrassenfeldern.

Das Dorf Pachabhaiya erstreckt sich zwischen den beiden Seen, und die dortigen Unterkünfte bieten immer einen Ausblick auf einen der beiden Seen, manche sogar über einen See hinweg auf die Gipfel des Himalajas.

🛏 Schlafen & Essen

Es gibt zwar auch in der Nähe vom Begnas Bazaar Hotels, aber wer Ruhe sucht, tut besser daran, eine Unterkunft auf dem schmalen Streifen zwischen den beiden Seen zu suchen. Hier in Pachabhaiya gibt es exklusive Lodges, aber auch einige Pensionen für den schmalen Geldbeutel. Im Vergleich zum Basar liegt das Dorf ein wenig abseits, aber die Landschaft, die freundlichen Unterkünfte und der atemberaubende Blick sind das wert.

⭐ **Begnas Coffee House & Hotel** PENSION € (Karte S.256; ☑9846046028, 0919101056; www.nepaliorganiccoffee.com; Pachabhaiya; Deluxe-Zi. inkl. Frühstück 2000 NPR, Zi. mit/ohne Bad 800/500 NPR; ☎) Dieses hübsche Familienunternehmen ist idyllisch gelegen und verfügt über ein Dutzend Zimmer, die alle makellos sauber und mit solargeheizten Duschen ausgestattet sind. Der Ausblick ist wundervoll, das Essen ist

nicht einfach zu erkennen und es hat auch schon Überfälle dort gegeben, sodass ein Alleingang nicht empfehlenswert ist. Der Weg beginnt in der Nähe des an der Straße nach Pame Bazaar gelegenen Dorfes Khapaudi (das ungefähr 50 m hinter der Green Peace Lodge ausgeschildert ist) und trifft westlich des Abzweigs nach Sarangkot auf die Straße. Nach unten hin ist es einfacher, diesem Pfad zu folgen.

Begnas-See & Rupa-See

Ungefähr 10 km südöstlich von Pokhara geht vom Prithvi Highway eine Straße in Richtung Norden ab, die zu den wunderbaren, ruhigen Seen Begnas Tal und Rupa Tal führt, an denen sich trotz ihrer Nähe zu Pokhara meist nur wenige Besucher aufhalten.

Hinter der Hauptverkehrsstraße führt eine schmale Straße durch ein flaches Gelände voller Reisfelder zu den Hügeln, die

wundervoll, und auch der Kaffee ist wundervoll – hier ist die Heimat des Machhapuchhare Flying-Bird-Kaffees. Die Kaffeebohnen stammen direkt von den Hügeln rund um das Hotel, und sie werden vor Ort aufbereitet und geröstet. Für längere Aufenthalte gibt es Rabatte.

Die Betreiberfamilie besitzt auch Bienenstöcke und stellt je nach Blüte unterschiedliche Honigsorten her, darunter auch Kaffeehonig!

Rupa View Point PENSION €
(Karte S.256; ☑9856023828; rupaview@hotmail.com; Pachabhaiya; Zi./Cottage 1000/800 NPR; ☎) Dieses höher gelegene rote Ziegelgebäude mit Blick über den Rupa-See ist ebenfalls ein Familienunternehmen. Die Zimmer sind ordentlich, das Wasser ist solargeheizt. Es werden auch zwei ältere Zimmer in einem separaten Cottage angeboten. Zu allen Zimmern gehören Badezimmer. Zum Abendessen gibt es hausgemachte Mahlzeiten mit Gemüse aus dem eigenen Garten.

Begnas Lake Resort & Villas HOTEL €€€
(Karte S.256; ☑061-560030; www.begnaslakeresort.com; Sundari Danda; EZ/DZ inkl. Frühstück ab 102/110,50 €, Suite 169 €; ❄☎❄) Dieses wunderschön luxuriöse Resort liegt an den sanft abfallenden Ufern des Begnas-See. Alle Zimmer befinden sich in von Gärten umgebenen Cottages aus Stein und Holz und bieten Blicke auf den See und die Berge. Zu den Mahlzeiten trifft sich alles im Restaurant, das mit Balkonen, Grill und Bar ausgestattet ist. Zwischen den Mahlzeiten laden ein Pool und ein Ayurveda-Spa zum Relaxen ein. Außerdem gibt es einen Bring- und Abholservice zum/vom Flughafen (17 €).

❶ An- & Weiterreise

Die Busse zum Begnas-See (40 NPR, 1 Std.) fahren von der Hauptverkehrsstraße gegenüber des öffentlichen Hauptbusbahnhofs in Pokhara und vom **Mustang Chowk** (S. 254) (50 NPR) in Damside ab. Außerdem gibt es ein paar Busse, die vom Varahi Chowk (60 NPR) in Lakeside abfahren.

Mit dem Fahrrad oder dem Motorrad führt der Weg über den Prithvi Highway Richtung Mugling und dann an der Kreuzung am Tal Chowk links. Eine einfache Taxifahrt nach ‚Begnas Bazaar kostet 1300 NPR und nach Pachabhaiya 1800 NPR.

Pachabhaiya liegt 3 km Fußweg entfernt, ist aber auch mit einem Fahrzeug über eine Straße zu erreichen, die sich direkt von der Bushaltestelle in Begnas Bazaar den Berg hinaufschlängelt.

VON POKHARA NACH JOMSOM

Wenn sich der Pfad nach Jomsom (Dzongsam) zu einer Straße auswächst, nimmt die Zahl der Reisenden zu, die nach Norden in die Berge ziehen, um die Aussicht und die saubere Bergluft zu genießen. Diese Straße erlaubt es, schnell zu Bergdörfern wie Tatopani und Muktinath zu gelangen, für deren Besuch früher mehrtägige Wanderungen nötig waren. Außerdem führt die Straße zu zahlreichen Ausgangspunkten für Wanderwege.

Fast das ganze Jahr über besteht die Gefahr von Erdrutschen, da das Gelände steil ist, der Straßenbau noch zur Destabilisierung beigetragen hat und es heftige Regenfälle gibt. Der Kali-Gandaki-Fluss war im Mai 2015 kurzfristig durch einen Erdrutsch gestaut, was zu weiträumigen Evakuierungen führte.

Von Pokhara nach Beni

Auch wenn der Weg von Pokhara nach Beni vornehmlich über Asphaltstraßen führt, braucht ein Taxi für die 80 km lange Strecke drei bis vier Stunden und der Bus noch länger. Der landschaftlich schöne Weg durch die Berge führt an den Ausgangspunkten der Annapurna-Wanderwege in Phedi, Kande und Naya Pul entlang. In Kusum mündet der Weg ins Kali-Gandaki-Tal. Die nächste größere Stadt ist Baglung, wo man unter Umständen umsteigen muss, um weiter nach Norden zu gelangen.

Beni (830 m) ist eine kurze Fahrt durchs Kali-Gandaki-Tal von Baglung entfernt. In der etwas verwahrlosten Siedlung laufen Wege und Straßen aus Dolpo, Mustang und Pokhara zusammen. Es ist ein Verkehrsknotenpunkt, aber ohne jede Sehenswürdigkeiten. Wer doch eine Nacht dort verbringen muss, findet gegenüber der Bushaltestelle bzw. ein paar Schritte entfernt mehrere Hotels.

In Beni gibt es mehrere Geldautomaten, die ausländische Karten akzeptieren, und Banken, die ausländische Währungen umtauschen, darunter die **Machhapuchhre Bank**.

🛏 Schlafen & Essen

In Beni gibt es zahlreiche günstige einheimische Unterkünfte, die meisten davon befinden sich westlich des Busbahnhofs oder darüber. Je nachdem, in welche Richtung man unterwegs ist, bietet es sich jedoch unter Umständen an, nach Pokhara oder Tatopani weiterzureisen.

Hotel Yeti   HOTEL €
(☎069-520142; www.hotelyeti.com; Zi. 1000 NPR; P🛜) Das Yeti ist eines der besten Hotels in Beni, es verfügt über saubere und ausreichend komfortable Zimmer, einen freundlichen Betreiber und gutes Essen im dazugehörigen Thakali-Restaurant. Es liegt einen kurzen Weg vom Busbahnhof entfernt in der Nähe der Machhapuchchhre Bank.

Hotel Yak   HOTEL €€
(☎9857640009; www.hotelyak.com.np; EZ/DZ ab 8,50/25,50 €; 🛜) Im größtenteils chaotischen Beni verspricht das verlässliche Hotel Yak eine ordentliche Mahlzeit und gute Schlafgelegenheit.

ℹ An- & Weiterreise

Von Pokhara nach Beni fahren regelmäßig Busse (400 NPR, 4 Std.) vom Busbahnhof Baglung in Pokhara ab, und ebenso viele kommen von Beni aus dort an. Für die Strecke Pokhara–Jomsom empfiehlt sich jedoch eine direkte Verbindung. Der Bus von/nach Jomsom fährt von Pokhara (Hallan Chowk) aus bzw. kommt dort an. Von Beni aus fahren Busse und Sammeltaxis (Jeeps) über Ghasa nach Jomsom (800 NPR). Bei dieser Variante muss man unter Umständen das Fahrzeug wechseln.

Von Beni nach Tatopani

Hinter Beni verschlechtert sich die Straße, und die Fahrt kann, wenn es kürzlich geregnet hat, zu einer ganz schönen Herausforderung werden. Wenn es gerade am Regnen ist, wird sie geradezu beängstigend. Häufig handelt es sich bei der „Straße" nur um eine Bulldozerspur, die sich in den Berg gegraben hat, und es scheint so, als ob Mutter Natur diese Wunde bei jeder Gelegenheit heilen möchte. Während der Regenzeit wird die Straße immer wieder durch Erdrutsche, Flüsse und Wasserfälle unterbrochen, die eine Reise aber letztlich eher verlangsamen als verhindern. Um weiterzukommen, sind Ersatzfahrzeuge auf jeder Seite der Straßenblockade nötig.

Die überraschten Reisenden müssen dann schon mal ihr Gepäck schultern und durch das Wasser oder über eine hastig errichtete Fußgängerbrücke zu den auf der anderen Seite wartenden Fahrzeugen gehen. In der Regenzeit kann so eine Prozedur mehrfach erforderlich sein.

Je nach Witterungsbedingungen kann die insgesamt nur 25 km lange Fahrt von Beni nach Tatopani also auch zwei bis drei Stunden dauern. Der Blick auf dem Weg von den Terrassenfeldern in Richtung der bewaldeten Hügel ist jedenfalls beeindruckend.

Tatopani

Tatopani (1190 m) bedeutet auf Nepalesisch so viel wie „heißes Wasser". Das Dorf verdankt seinen Namen den Thermalquellen, die aus den Felsen neben dem Kali Gandaki entspringen. Für müde Wanderer war Tatopani lange Zeit ein beliebter Ort für einen Zwischenstopp. Mittlerweile hat die neue Straße einige von ihnen vom Dorf weggelockt – dafür bringt die Straße Tatopani jetzt öfter Besucher aus Pokhara, die kurze Ausflüge mit Übernachtung hierher unternehmen.

Nachdem der **Annapurna-Circuit-Trek** bei Tatopani über den Fluss geführt hat, verläuft er nach oben bis **Ghorepani** (2750 m). Dieses Stück ist der steilste Aufstieg des ganzen Weges. In der Gegenrichtung führen der Wanderweg und die Straße nördlich bis nach Jomsom, wobei sie die meiste Zeit jeweils auf der gegenüberliegenden Seite des Flusses verlaufen. Unabhängig davon, aus welcher Richtung man kommt, ist Tatopani auf jeden Fall ein toller Zwischenstopp. Am südlichen Ende der Stadt liegt neben der Straße ein TIMS-Checkpoint.

Bei den **Thermalquellen** (150 NPR) gibt es zwei in Stein gefasste Becken, die abwechselnd genutzt werden, sodass jedes von ihnen regelmäßig gesäubert werden kann. Außerdem gibt es dort eine Snackbar (in der Happy Hour am Nachmittag gibt es Bier und Popcorn für 500 NPR). Also: Badeanzüge nicht vergessen und Vorsicht bei der Akklimatisierung in dem erstaunlich heißen Wasser – 37°C klingt nicht unbedingt gefährlich, aber es vermittelt einem ein Gefühl dafür, wie sich ein Hummer in einem Topf mit kochendem Wasser fühlen muss!

🛏 Schlafen & Essen

⭐ Dhaulagiri Lodge   HOTEL €

(📞 9741194872; Zi. 1000 NPR, Zi. ohne Bad 200–500 NPR; 🛜) Die hübsche Dhaulagiri Lodge liegt direkt über den Thermalquellen, die nur einen kurzen Weg vom Hinterausgang der Anlage entfernt sind. Die komfortablen Zimmer sind rund um einen sonnigen Garten voller Orangen- und Bananenbäume angeordnet. Das zugehörige Restaurant bekommt gute Kritiken für seine – unter anderem – mexikanischen, italienischen, europäischen, indischen und nepalesischen Gerichte. WLAN kostet 100 NPR.

Hotel Himalaya   HOTEL €

(📞 9936950006; Zi. mit/ohne Bad 1000/300 NPR) Das Hotel Himalaya befindet sich in dem alten Basargebäude über der neuen Straße und den Thermalquellen, die nur einen kurzen Spaziergang entfernt liegen. Die Zimmer hier sind sauber und komfortabel, außerdem gibt es eine Bäckerei, ein Restaurant, einen Wäscheservice und die Möglichkeit zum Geldtauschen – also eigentlich alles.

Hotel Annapurna   HOTEL €

(📞 9847611928; Tatopani; Zi. mit/ohne Bad 600/300 NPR; 🛜) Dieses Hotel steht neben der Straße am Nordende des Dorfes. Der Betonriese besitzt nicht den Charme des Hotels im alten Basargebäude, aber es ist eine komfortable und zuverlässige Wahl. Es gibt dort ein vernünftiges Restaurant, und natürlich ist die Straße auch praktisch zum Parken.

ℹ An- & Weiterreise

Busse und Sammeltaxis mit Allradantrieb fahren von Beni aus nördlich nach Tatopani (500 NPR). Wer weiter nach Jomsom möchte, muss in Ghasa (an der Distriktgrenze) unter Umständen den Bus wechseln. Die Fahrt von Tatopani nach Jomsom kostet 800–900 NPR. Diese Preise gelten für Ausländer und liegen sehr viel höher als die Preise für die Einheimischen und sind unter Umständen verhandelbar.

SIEDLUNGEN TIBETISCHER FLÜCHTLINGE

Viele der tibetischen Flüchtlinge, die in Lakeside Souvenirs verkaufen, leben in den tibetischen Flüchtlingssiedlungen in und um Pokhara. Die größte von diesen Siedlungen in der Nähe von Pokhara ist Tashi Palkhel, das sich ungefähr 5 km nordwestlich der Stadt an der Straße nach Baglung in Hyangja befindet. Beim Anblick der bunten Gebetsfahnen, die in dem steinigen Tal im Wind flattern, fühlt es sich fast so an, als befinde man sich hier tatsächlich in Tibet. Das farbenfrohe Kloster Jangchub Choeling Gompa in der Ortsmitte beherbergt ungefähr 200 Mönche. Nachmittags können die Besucher den Gesängen und Hörnern der Mönche während der Gebetszeit lauschen (15.30–17 Uhr).

Im Januar/Februar werden hier im Rahmen der jährlichen Losar-Feierlichkeiten (Tibetisches Neujahrsfest) Maskentänze aufgeführt. Um zum Gompa zu gelangen, muss man erst einen Spießrutenlauf vorbei an sehr beharrlichen Souvenirverkäufern hinter sich bringen. Ein „tashi delek" (tibetischer Gruß) wird hier viele zum Lächeln bringen. In der Nähe befindet sich auch ein Chörten (tibetischer Stupa) mit Mani-Steinen, in die buddhistische Mantras geschnitzt sind, und im Webteppichzentrum, in dem alle Stufen der Webteppichherstellung bis hin zu den fertigen Produkten zu bestaunen sind. Es gibt ein paar winzige Restaurants, wie zum Beispiel das Rita's (keine englische Ausschilderung), in denen es hervorragende thukpa (tibetische Nudelsuppe) und Momos (Teigtaschen) gibt. Der Weg von Lakeside nach Tashi Palkhel dauert mit dem Rad 30 Minuten und zu Fuß eine Stunde. Außerdem gibt es Busverbindungen (30 NPR) und Taxis (500 NPR). Die Leute aus Tashi Palkhel betreiben den Tibetan Mini Market (S. 251) in Lakeside, in dem es mehrere Läden, die Kunsthandwerk verkaufen, und Restaurants gibt.

Ungefähr 3 km von Lakeside entfernt an der Straße nach Butwal liegt in der Nähe der Devi's Falls die kleine Siedlung Tashi Ling. Nah am Eingang gibt es einen kleinen, offenen Platz, an dem Kunsthandwerker ihre Stände aufgestellt haben und den Besuchern Bargeld entlocken wollen. Außerdem gibt es eine kleine Teppichweberei mit einem Vorführungsraum. Im Stadtzentrum in der Nähe des Prithvi Chowk liegt die kleine Siedlung Paljorling (Karte, S. 210; Prithvi Highway).

Wenn Tatopani der Zielpunkt der Reise ist, diese also nicht weiter nach Norden oder in Richtung Ghorepani führt, wird keine ACAP-Genehmigung benötigt.

Von Tatopani nach Marpha

Von Tatopani aus führt die Straße in das „tiefste Tal der Welt". Diese Behauptung wird damit begründet, dass zwischen dem Gipfel von Annapurna I und dem Gipfel von Dhaulagiri I (beide über 8000 m hoch und nur 38 km voneinander entfernt) das Gelände auf unter 2200 m abfällt. Die Straße führt am Westufer des Kali Gandaki entlang, vorbei an den Dörfern Guithe und Dana bis zum berühmten, wirklich beeindruckenden **Rupse Chhahara** (Schöner Wasserfall).

Die Versuche, dieses Naturwunder mit einem Fahrzeug zu überqueren, sind in der Regenzeit häufig überflüssig. Vor Oktober kann es also gut sein, dass man aus dem Bus steigen und auf einer Fußgängerbrücke über die tosenden Wasserfälle gehen muss, wo dann der nächste Bus wartet. Unter der Straße, gleich am Rupse-Khola-Fluss, befindet sich ein farbenfrohes Teahouse. Eine 2017 fertiggestellte neue Brücke soll dem provisorischen „Saisonbrücken" ein Ende bereiten. Der nächste Straßenabschnitt führt durch den steilsten und schmalsten Teil des Kali-Gandaki-Tals; ein Großteil der Straße wurde durch massiven Fels gehauen und wird häufig durch Erdrutsche blockiert.

Dieser obere Teil des Kali Gandaki wird oft Thak Khola genannt, und die Menschen der Region werden dementsprechend als Thakalis bezeichnet. **Ghasa** (2010 m) ist das erste Thakalidorf an der Straße nach Norden und die südlichste Grenze des tibetanischen Buddhismus im Tal. In Ghasa gibt es einen ACAP-Checkpoint, an dem man seine Genehmigung vorweisen und unter Umständen – weil hier auch die Gerichtsbarkeit wechselt – in ein anderes Fahrzeug umsteigen muss. Als die Recherchen für dieses Buch gemacht wurden, war dies nicht der Fall, aber es kann sein, dass dieses Vorgehen wieder eingeführt wird.

Die besten Übernachtungsmöglichkeiten gibt es in den Städten Tukuche und Marpha südlich von Jomsom. **Tukuche** (2580 m) war einer der Hauptpunkte an der Handelsroute, auf der die Händler mit Salz und Wolle aus Tibet reisten und auf der es im oberen Thaktal von Getreidehändlern aus dem Süden wimmelte. Die Hotels in Tukuche befinden sich in wunderschönen Thakalihäusern mit geschnitzten Fensterrahmen, Balkonen und Türen aus Holz. Die **Tukuche Distillery** und die vier buddhistischen Gompas im Ort sind einen Besuch wert.

Hinter Tukuche verändert sich die Landschaft dramatisch: Die grünen Nadelwälder sind verschwunden, stattdessen führt der Weg nun durch eine trockene, windgepeitschte Wüstenlandschaft. Ein Merkmal dieser aufregenden Umgebung ist der heftige Aufwind, der vom späten Morgen bis zum Nachmittag durch das Tal heult. Von hier bis nach Jomsom (und auch weiter noch bis nach Mustang) bläst dieser starke Wind Staub und Sand in jede Falte und Ritze des Fahrzeugs, wenn nicht sogar des Körpers.

Auf ihrem Weg nach Norden führt die Straße an den Obstgärten eines erfolgreichen landwirtschaftlichen Projekts vorbei, das im Jahre 1966 begonnen wurde. In den meisten Geschäften in der Gegend gibt es nicht nur Früchte von dort, sondern auch vor Ort gebrannte Äpfel-, Aprikosen- und Pfirsichschnäpse zu kaufen.

🛏 Schlafen

In dem lang gezogenen Örtchen Ghasa mangelt es nicht an Unterkunftsmöglichkeiten, gleiches gilt für die dahinterliegenden Orte am Weg wie Lete, Kalopani, Larjung, Kobang, Tukuche oder Marpha – bei all diesen Unterkünften handelt es sich um einstige Haltepunkte auf der großen Handelsstraße am Kali Gandaki und später dann Teahouses auf dem Annapurna-Rundwanderweg.

High Plains Inn HOTEL €
(☎9756703091; www.highplainsinn.com; Tukuche; Zi. mit/ohne Bad 700/300 NPR; ☎) Dieses nepalesisch-niederländische Hotel, das am nördlichen Ende des Dorfes liegt, ist eine wahre Freude. Es verfügt über supersaubere Zimmer und Badezimmer, über eine Feuerstelle, eine niederländische Bäckerei sowie ein Restaurant, das mit großartigen internationalen und nepalesischen Gerichten aufwartet.

Tukuche Guest House PENSION €
(☎9741170035; Tukuche; Zi. mit/ohne Bad 700/500 NPR; ☎) Dieses zauberhafte gekalkte

Gebäude in dem Dorf voller Steinhäuser und Steinwege verfügt über makellos saubere, komfortable Zimmer, die rund um einen zentralen Innenhof angelegt sind, sowie über einen gemütlichen Speisesaal in tibetischem Stil. Im Eingangsbereich gibt es eine faszinierende Infotafel zur Ortsgeschichte.

Eagle Nest Guest House   HOTEL €
(☎9857650101; Ghasa; Bett 150 NPR, Zi. mit/ohne Bad 1000/400 NPR) Am südlichen Ende des Dorfes liegt die beste Unterkunft in Ghasa, das Eagle Nest. Die Zimmer sind sauber und komfortabel, es gibt einen hübschen Garten, ein gutes Restaurant und eine Bäckerei. Der Besitzer informiert gerne über Möglichkeiten der Vogelbeobachtung in der Gegend.

Lodge Thasang Village   HOTEL €€€
(☎019-446514; www.lodgethasangvillage.com; Larjung; EZ/DZ 183/212 €; ☎) Diese luxuriöse Lodge liegt hoch über Larjung und punktet mit außergewöhnlichem Blick über Dhaulagiri, Nilgiri und den Thak Khola. Wie aus den Preisen ersichtlich wird, handelt es sich hier nicht um ein gewöhnliches

---

❶ TIMS-KARTEN

Um weiter als bis Tatopani zu reisen, sind eine Genehmigung des Annapurna Conservation Area Projects (ACAP-Permit) und eine Trekkers' Information Management System-Karte (TIMS-Karte) nötig, die jeweils an den ACAP- bzw. TIMS-Checkpoints erhältlich sind. Wenn man ohne ACAP-Permit am Checkpoint in Ghasa ankommt, muss man für die Genehmigung den doppelten Preis bezahlen (4000 NPR).

Zur der Zeit, als für dieses Buch recherchiert wurde, war die TIMS-Karte an den TIMS-Checkpoints in Tatopani und Jomsom zum gleichen Preis erhältlich wie in Pokhara oder Kathmandu. Wie für alle Regelungen gilt auch hier, dass es ständige Neuerungen gibt. Es empfiehlt sich also, sich in diesem Punkt in Damside im ACAP-Büro (S. 252) und der Touristeninformation (S. 252) über den aktuellen Stand zu informieren. Am Besten ist es, sich den ACAP-Permit und die TIMS-Karte in Pokhara (S. 252) zu besorgen, bevor man nach Jomsom weiterreist.

Teahouse: Nein, hier gibt es Luxusbetten, eine mit Feuer beheizte Lobby, und zudem wird die Möglichkeit geboten, kurze Spaziergänge oder Jeepfahrten zu den umliegenden Dörfern und Aussichtspunkten zu organisieren.

❶ An- & Weiterreise

Richtung Süden und Norden fahren Busse und Sammeljeeps. Die Preise sind ähnlich. Von Tatopani nach Jomsom beträgt der Fahrpreis 800–900 NPR. Von Ghasa nach Jomsom 700–900 NPR. Diese Preise gelten für Ausländer und liegen sehr viel höher als die Preise für die Einheimischen – sie sind unter Umständen aber verhandelbar.

Marpha

Die alte Stadt Marpha (2680 m) kauert vor den Aufwinden Schutz suchend hinter einem Bergkamm. Die Häuser sind im typischen Stil der Thak-Khola-Gegend erbaut, mit flachen Dächern und schmalen Pflasterwegen. In dem regenarmen Gebiet sind die Flachdächer praktisch: Sie dienen auch als Trockenstelle für Getreide und Gemüse. Zum Glück führt die staubige Straße nicht über den gepflasterten Hauptweg im Dorf, sodass die historische Atmosphäre der Stadt gewahrt blieb.

Die meisten Reisenden verbringen keine Zeit in Marpha, dabei ist die hübsche Stadt wirklich einen Blick wert. Hier lässt sich einiges unternehmen, zum Beispiel den Bergkamm im Westen der Stadt erklimmen, auf dem die ursprüngliche Siedlung **Old Marpha** liegt. Das große Kloster **Samtenling Gompa** (Tashi Lhakang) in Marpha ist 1996 renoviert worden. Es handelt sich dabei um einen buddhistischen Gompa, in dem im Herbst das Mani-Rimdu-Fest begangen wird. Wie alle Gebäude in Marpha ist es aus lokalem Gestein erbaut und gekalkt. Wer Zeit hat, sollte unbedingt den Blick auf die Stadt von den ockerfarbenen Naturstein-Chörten auf den Bergen nördlich der Stadt aus genießen.

🛏 Schlafen & Essen

Neeru Guest House   HOTEL €
(☎069-400029; Zi. mit/ohne Bad 500/1000 NPR; ☎✉) Das ausgezeichnete Neeru Guest House hat eine schöne Atmosphäre, ein gutes Restaurant und ordentliche Zimmer mit Warmwasserduschen und kostenlosem WLAN.

CHHAIRO

Zwischen Tukuche und Marpha führt eine Fußgängerbrücke über den Kali Gandaki in die Siedlung für tibetische Flüchtlinge Chhairo. Das 300 Jahre alte Kloster **Chhairo Gompa** wird gerade renoviert. Wer dabei helfen will, findet Infos unter www.chhairogompa.org. Im Guru Rinpoche Lhakhang gibt es besonders schöne alte Statuen, Thangkas (religiöse tibetische Gemälde) und Wandmalereien.

Jomsom

🎵 069 / 1755 EW.

Jomsom (2760 m), oder genauer Dzongsam (Neue Festung), erstreckt sich an beiden Ufern des Kali Gandaki. Die Stadt ist der Verwaltungshauptort des Distrikts und ein Verkehrsknotenpunkt für die Weiterreise ins Obere Mustang oder nach Muktinath. Der Flughafen liegt am Südwestrand der Stadt, ebenso wie der Busbahnhof und die Fahrkartenverkaufsstelle. Dort finden sich zudem die Hotels, Restaurants, Läden und die Büros der unterschiedlichen Fluglinien.

Außerdem führt am Südrand der Stadt eine Betontreppe hinauf zum **Mustang Eco Museum** (100 NPR; ⊗ 10–17 Uhr Di–Do, Sa & So –15 Uhr, Fr –16 Uhr im Winter), das einen Besuch wert ist. Hier gibt es Informationen und Ausstellungsstücke zur tibetanischen Kräutermedizin *(amchi)* und eine wiedererbaute buddhistische Kapelle.

Wer hier mit dem Bus oder mit dem Flugzeug ankommt, ist den Gipfeln schon sehr nah. Zu Fuß bis ins südlich gelegene Marpha oder in die nordöstlich gelegenen Orte Kagbeni und Muktinath sind es nur ein paar Tagesmärsche. In den Hotels können Träger für ungefähr 1500 NPR pro Tag engagiert werden.

🛏 Schlafen & Essen

Die großen Hotels reihen sich entlang des Flughafens im Südwesten Jomsoms. Auf der anderen Seite des Flusses, in der Altstadt, gibt es einige kleinere Unterkünfte. In den billigeren kann es nachts wirklich kalt werden, es lohnt sich also, einen Schlafsack mitzunehmen. In allen Hotels gibt es ordentliche Restaurants, und die Cafés von Xanadu Guesthouse und Om's Home bieten auch leckeren Kaffee und Kuchen an.

Alka Marco Polo Hotel   HOTEL €
(🖰 069-440007; Zi. mit/ohne Bad ab 1500/ 800 NPR; @📶) Das Alka Marco Polo hat eine ganze Reihe komfortabler Zimmer zu bieten. Außerdem verfügt es über eine Sauna und ein Internet-Café in der Lobby, das schnellere Verbindungen erlaubt als das kostenlose WLAN-Angebot.

Xanadu Guesthouse   HOTEL €
(🖰 069-440060; Zi. mit/ohne Bad ab 800/ 500 NPR; 📶) Diese freundliche Unterkunft ist berühmt für ihre sauberen Zimmer, das ausgezeichnete Restaurant (in dem sowohl Yaksteaks als auch heißer Schokoladen-Apfelkuchen serviert werden!) und den Wäscheservice. Im unten gelegenen Caféshop gibt es zudem Bücher, Espresso, Kuchen und guten Nak-Käse. Außerdem kann hier ein Wagen mit Allradantrieb gemietet werden.

Hotel Majesty   HOTEL €
(🖰 069-440057, 9843509222; Zi. 800–2000 NPR; 📶) Das Majesty ist eine weitläufige Anlage mit 32 Zimmern, die auf zwei Häuser verteilt sind. Die günstigeren Zimmer liegen im alten Flügel, die besseren Zimmer und das Restaurant im neuen Flügel. Die Gebäude haben nichts Majestätisches oder Palastähnliches an sich, aber das Hotel ist eine gute Wahl für alle, die saubere Zimmer und freundliches Personal schätzen.

Thak Khola Lodge   HOTEL €
(🖰 069-440003; Zi. 300 NPR) Die sehr einfache Thak Khola Lodge liegt jenseits der Brücke auf dem Weg zum nordöstlichen Stadtrand. Die Zimmer sind düster und verfügen über eine gemeinsame Dusche.

Zu Berühmtheit gelangt ist die Lodge wegen eines Graffitispruchs hinter dem Fernseher im Speisesaal, der aufgrund übereifriger Übertünchungsversuche fast nicht mehr zu lesen ist und der Legende nach 1967 von Jimi Hendrix hinterlassen wurde: „Wenn wir uns in dieser Welt nicht mehr sehen, dann in der nächsten, lass mich nicht warten."

★ Om's Home   HOTEL €€
(🖰 069-440042; www.omshomejomsom.com; EZ/ DZ ab 2600/3000 NPR; 📶) Das riesige Om's Home besitzt 26 komfortable Zimmer, die allesamt mit Fernsehern und gefliesten

Bädern, die über warmes Wasser verfügen, ausgestattet sind. Außerdem bietet das Hotel seinen Gästen einen sonnigen Innenhof mit einer Espressobar, ein ordentliches Restaurant, einen Fahrradverleih und eine Tischtennisplatte.

ⓘ Praktische Informationen

Die **Machhapuchchhre Bank** (☉9–14.30 Uhr So–Do, –12.30 Uhr Fr) tauscht Bargeld und verfügt über einen Geldautomaten (nur Visa), der funktioniert, wenn Strom da ist, was nicht verlässlich der Fall ist. Außerdem tauscht die Nepal Bank Bargeld.

Das **ACAP Tourist Information Centre & Checkpost** (☉6–18 Uhr, Winter 7–17 Uhr) befindet sich auf der gegenüberliegenden Straßenseite des Om's Home Hotel und eines **TIMS Checkpost**. Hier müssen jeweils sowohl die ACAP- als auch die TIMS-Karte registriert und gestempelt werden. Neben dem ACAP-Büro gibt es eine Safe Drinking Water Station (40 NPR/l).

ⓘ An- & Weiterreise

Die **Tara Air** (☏069-440069; www.taraair. com) bietet Flüge zwischen Pokhara und Jomsom (105,50 €, 20 Minuten) an. Tickets können in den Büros der Fluglinie gebucht und bestätigt werden. Alle Flüge fliegen zwischen 7 und 10 Uhr ab. Es gibt bis zu fünf Flüge am Tag. Vor nicht allzu langer Zeit sind auch **Simrik Airlines** (☏069-440167; www.simrikairlines.com) und **Nepal Airlines** (☏069-440081; www.nepalairlines.com.np) diese Strecke geflogen und werden das vielleicht auch wieder tun. Während der Recherche zu diesem Reiseführer haben sie jedoch keine Flüge nach Jomsom angeboten.

Nach Jomsom fährt täglich um 7 Uhr ein Direktbus (1300 NPR, 8 Std.). In die Gegenrichtung fährt ein Bus ebenfalls um 7 Uhr vom Hallan Chowk in Pokhara aus. Richtung Süden fahren Busse und Sammeltaxis mit Allradantrieb nach Marpha (150–200 NPR), Tukuche (300–350 NPR), Larjung (400–500 NPR), Kalopani (600–700 NPR) und Ghasa (800–900 NPR). Busse fahren um 7, 8, 12 und 16 Uhr vor der Fahrkartenverkaufsstelle neben dem Alka Marco Polo Hotel ab.

Unter Umständen ist es nötig, in Ghasa umzusteigen, um nach Beni (800 NPR) zu gelangen. Von dem ungefähr 80 Straßenkilometer westlich von Pokhara gelegenen Beni aus fährt ein Bus nach Pokhara (400 NPR, 4 Std.). Besonders nach starken Regenfällen kommt es recht häufig zu Straßenblockaden (was bedeutet, dass man sein Gepäck schnappen und zu Fuß über einen Erdrutsch zu einem anderen Fahrzeug klettern muss).

Rund um Jomsom

Muktinath

Der Tempel und die religiösen Schreine von Muktinath (3800 m) gehören zu den wichtigsten hinduistischen und buddhistischen Pilgerstätten, die es im Himalaja gibt. Der Pilgerpfad ist ein über die Jahrhunderte ausgetretener Weg. Die tibetanischen Händler und die Sadhus (hinduistische Mönche auf Wanderschaft) machen sich sogar aus Südindien auf den Weg hierher. Muktinath, das zum Verwaltungsbereich der Nachbargemeinde **Ranipauwa** gehört, ist eine staubige, überladene Stadt, in der es ganzjährig nur so vor Pilgern wimmelt.

In einem kleinen Baumbestand befinden sich die Schreine, darunter ein buddhistisches Kloster, ein Vishnu-Tempel und der **Jwalamai-Tempel** (Göttin des Feuers), in dem eine Quelle sprudelt und ein natürliches Gasvorkommen die berühmte ewige Flamme Muktinaths nährt. Diese konzentrierte Kombination von Erde, Wasser und Feuer ist der Grund für Muktinaths große religiöse Bedeutung. Weitere Informationen finden sich unter www.muktinath.org.

Im Zentrum der Nachbarstadt Ranipauwa gibt es eine Polizeistation, bei der man sich registrieren muss, und ein ACAP-Besucherzentrum, das sauberes Trinkwasser bietet.

🛏 Schlafen & Essen

Hotel Bob Marley   HOTEL €
(☏9857650097; Ranipauwa; Zi. ohne Bad 200–400 NPR; ☎) Dieses coole Hotel verfügt über 25 saubere Zimmer und hat auf jedem Stockwerk ein Badezimmer mit solargeheiztem Wasser und Duschen mit Steinfußboden. Alle schwärmen zudem vom köstlichen Essen im Bob Marley, besonders von den Nudelgerichten, die der erfahrene Chef mit selbst angebauten Kräutern zubereitet. Die Zimmerpreise variieren je nach Belegung.

Hotel North Pole   HOTEL €
(☏9847670336; Ranipauwa; Zi. mit/ohne Bad 450/300 NPR; ☎) Das North Pole ist eine gute Wahl mit komfortablen Zimmern, einer freundlichen Gastgeberin und einem sehr guten Restaurant.

THINI

Vom Tal in Jomsom aus ist das kleine Dorf Thini, oder Thinigaon, (2860 m) zu sehen, das für diejenigen, die noch so viel Energie besitzen, ein hervorragendes Ziel für eine kurze Wanderung bietet. Hier gibt es einen kleinen See und einen wunderschönen Gompa zu besichtigen. Der halbstündige Weg führt von der Brücke, die die Altstadt von Jomsom vom neuen Teil der Stadt trennt, über einen ausgeschilderten Wanderweg durch Terrassenfelder nach Südwesten.

In Thini, dem ältesten Dorf im Tal, gibt es einen alten Gompa (erbaut von Bon-Anhängern, heute ist er buddhistisch). Vom Dorf aus führt ein gut erkennbarer Pfad den Berg hinauf zum **Tilicho-See**, aber das ist dann schon mehr ein Tagesausflug. Wer nicht so viel Zeit mitbringt, kann Richtung Süden weiter bergab gehen, den Lungpuhyun Khola überqueren und dann auf der anderen Seite zu den auf dem Hügel gelegenen Ruinen von **Gharab Dzong** hinaufsteigen, einer Festung, die von König Thing Migchen erbaut wurde. Darunter liegt der hübsche, mit Gebetsfahnen geschmückte **Dhumba-See** (2830 m).

Von dem Hügelkamm über dem See aus führt ein Weg zum Kloster Katsapterenga Gompa (2920 m), das eine beeindruckende 360-Grad-Sicht auf den Nilgiri-Gipfel, den Tilicho-Pass, Syang, Thini und Jomsom bietet.

❶ An- & Weiterreise

Muktinath ist von Jomsom aus ein gutes Ziel für einen Übernachtungsausflug. Die Fahrzeuge nach Muktinath fahren in der Altstadt von Jomsom in der Nähe des großen Klosters im Norden der Stadt ab. Wenn die Straßen passierbar sind, fahren die Allradfahrzeuge von 7 bis 18 Uhr, immer wenn sie voll sind (12 Passagiere). Die Fahrt dauert eine bis anderthalb Stunden und kostet 400 NPR.

Kagbeni

Bei einem Ausflug von Jomsom nach Muktinath lohnt es sich auf jeden Fall, noch einen Abstecher in das faszinierende und schöne Dorf Kagbeni (2840 m) zu unternehmen. Kagbeni (oder Kag) liegt stromaufwärts am Kali Gandaki, auf der Straße beziehungsweise dem Pfad nach Lo Manthang. Die ungefähr 10 km von Jomsom aus lassen sich zu Fuß am Fluss entlang oder mit einem Sammeltaxi mit Allradantrieb zurücklegen. Wer hinter Kagbeni noch weiter nach Norden vordringen möchte, benötigt eine Genehmigung für das Obere Mustang, aber es ist möglich, das Dorf zu erkunden und über den hoch gelegenen Weg am Westhang über das Dorf Phalyak nach Jomsom zurückzuwandern (sieben bis acht Stunden).

Mit seinen schmalen, gepflasterten Gässchen, den alten Chörten und dem großen, ockerfarbenen Kloster, das über dem Dorf emporragt, wirkt Kagbeni immer noch mittelalterlich. In der Stadt verste-

cken sich hier und da Tonfiguren, die die Schutzpatrone des Dorfes darstellen: „Evi" (Großmutter) ist eine kleine Figur, die an einer Wand angebracht wird, „Meme" (Großvater) dagegen ist riesig, schwingt ein Messer und ist stets auf der Hut. Außerdem lohnt sich ein Besuch des **Kagchode Thubten Sampheling Gompa** (Kagbeni; 200 NPR; ☺6–18 Uhr), einem 1429 gegründeten Saykapa-Kloster. In der Haupthalle sind sehr schöne Festmasken und *kangling* (Trompeten) sowie ein 500 Jahre alter, in Gold geschriebener Text ausgestellt.

Wer einen Eindruck vom verbotenen Mustang bekommen möchte, kann den Kali Gandaki auf der Brücke unterhalb des Gompa überqueren und eine Stunde in Richtung Norden zum Dorf Tiri auf dem Westhang wandern. Auf dieser Flussseite ist bis Tiri noch keine Genehmigung erforderlich. Über Tiri liegt das Kloster **Sumdu Choeden Gompa**, dessen Eingang von den vier in Schiefer geschnitzten Wächterkönigen bewacht wird.

Kagbeni liegt ungefähr 10 km von Jomsom entfernt, die Strecke wird von Sammeljeeps (20 NPR) befahren.

🛏 Schlafen & Essen

New Asia Trekkers Home HOTEL €
(☏9847680504; Zi. mit/ohne Bad 800/500 NPR; ☏) Eine komfortable Wahl mit warmen Duschen und einem tollen Ausblick über das Tal von den hinteren Zimmern im

oberen Stockwerk aus. WLAN ist nur im Speisesaal verfügbar.

Hotel Shangri-La   HOTEL €

(☎ 9841163727; Zi. mit/ohne Bad 500/300 NPR; 🌐) Das ehrwürdige Shangri-La wird von warmherzigen Gastgebern geleitet. Es verfügt über solargeheiztes Wasser und einen beheizten Esstisch. Die Zimmer sind gemütlich und komfortabel und mit vielen warmen Decken ausgestattet. Besonders schön ist es, wenn sich die Möglichkeit ergibt, ein Essen bei einem Plausch mit den Trägern und der Familie in der gemütli-

chen Küche einzunehmen. Empfehlenswert sind die Bratkartoffeln im Sesammantel mit Sauce und Gemüse.

Red House Lodge   HOTEL €€

(☎ 9851038325; www.redhouselodge.com; Zi. ohne Bad 21 €, EZ/DZ ab 34/38 €; 🌐) Die weitläufige Red House Lodge mit ihrer eigenen, 350 Jahre alten Kapelle im tibetischen Stil und den buddhistischen Wandgemälden im Speisesaal ist wahrscheinlich die interessanteste Unterkunft vor Ort. Die Zimmer sind unterschiedlich groß und luftig, aber alle gepflegt und komfortabel.

Das Terai & die Mahabharat-Kette

Highlights ➡

Chitwan-Nationalpark 273

Lumbini 291

Tansen (Palpa) 299

Nepalganj 305

Bardia-Nationalpark ... 307

Sukla-Phanta-Nationalpark 313

Bhimdatta (Mahendranagar) 313

Birganj 316

Janakpur 317

Koshi-Tappu-Schutzgebiet 320

Ilam 326

Kakarbhitta 328

Auf ins Terai!

Wer an Nepal denkt, hat die Nordhälfte vor Augen, den weltbekannten Himalaja. Aber was ist mit der Südhälfte des Landes? Sie ist zum Großteil sehr gegensätzlich, eine heiße, subtropische Ebene, das Terai, das sich nördlich der Grenze zu Indien erstreckt. Die Mahabharat-Kette und die Chure-Berge liegen in der Mitte, als wollten sie zwischen den schneebedeckten Gipfeln und dem flachen Horizont vermitteln.

Für Reisende hat diese Region zwei Gesichter. Von West nach Ost bietet das Terai eine Abfolge schöner, relativ gut organisierter Nationalparks: Sukla Phanta, Bardia, Chitwan und Koshi Tappu. Die wichtigsten Bevölkerungszentren hingegen sehen aus, als seien sie Opfer von Luftangriffen geworden mit kaputten, von Müll übersäten Straßen, planloser Bebauung und einer allgegenwärtigen Staubwolke. Die Menschen sind so fröhlich wie eh und je, aber abgesehen von den Bergdörfern sind die Städte des Terai hauptsächlich Transitstädte zu den Nationalparks, nach Indien oder sonst wohin.

Gut essen

➡ KC's Restaurant (S. 286)

➡ Nanglo West (S. 301)

➡ Candy's Place (S. 306)

➡ Ghaari (S. 328)

Gut übernachten

➡ Tiger Tops Tharu Lodge (S. 284)

➡ Sapana Village Lodge (S. 281)

➡ Kasara Resort (S. 284)

Reisezeit

Bhairawa

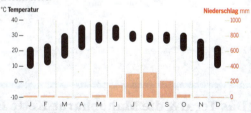

Okt.–März Ideales Klima fürs Terai – Wildtiere lassen sich ab Januar am besten beobachten.

Ende Sept. Beim Dashain-Festival finden Nachtschwärmer den Weg selbst in die kleinsten Dörfer.

April/Mai Busladungen von Pilgern weisen den Weg zu den Feiern in Lumbini zu Buddhas Geburtstag.

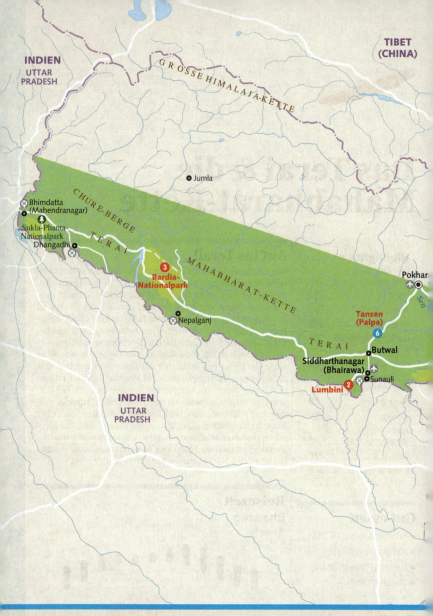

Das Terai & die Mahabharat-Kette Highlights

1 Chitwan-Nationalpark
(S. 273) Auf Streifzug im Elefan-
tengras auf der Suche nach
Tigern und Nashörnern.

2 Lumbini (S. 291) Direkt am
Geburtsort von Buddha einen erstaunlichen buddhistischen Tempel nach dem nächsten erkunden.

3 Bardia-Nationalpark (S. 307)
Rafting durch die außergewöhnliche Naturschönheit dieser ausgedehnten Wildnis, dabei Ausschau
halten nach Sumpfnashörnern!

TIBET
(CHINA)

Mt. Everest
(8850 m)

GROSSE HIMALAJA-KETTE

ndipur
Narayangarh
aratpur
KATHMANDU
Daman
Saurāha
Chitwan-Nationalpark
MAHABHARAT-KETTE
Hetauda
Parsa-Schutzgebiet
CHURE-BERGE
Sun
Kosi
Arun
Tamur
Hile
Darjeeling
**ger Tops
aru
dge**
Pathlaiya
Simara
Birganj
TERAI
Ilam
Koshi-Tappu-Schutzgebiet
Chatara
Dharan
Kakarbhitta
Panitanki
Janakpur
Mahanpur
Rajbiraj
Itahari
Bhadrapur
Birpur
Jogbani
Biratnagar
Sapt Kosi

**INDIEN
BIHAR**

❹ Tiger Tops Tharu Lodge
(S. 284) Gemeinsam mit ein paar
Elefanten einen Sonnenuntergang
genießen.

❺ Koshi-Tappu-Schutzgebiet
(S. 320) Fernglas einpacken und
auf dem außergewöhnlichen Vo-
gelbeobachtungspfad des Natur-
schutzgebietes wandern.

❻ Tansen (S. 299) Tageswanderung mit Erkundung der Dörfer
und Tempel der Magar in der
Umgebung dieser historischen
Bergstadt.

Geschichte

Zwar findet das Terai international wenig Beachtung, hat jedoch bei der Geburt zweier bedeutender Religionen eine wichtige Rolle gespielt. 563 v. Chr. brachte die Königin des winzigen Königreichs Kapilavastu einen Sohn zur Welt, der den Namen Siddhartha Gautama erhielt. 35 Jahre später wurde unter einem Bodhibaum (Pappelfeige) im indischen Bodhgaya der Buddhismus geboren. Der indische buddhistische Kaiser Ashoka kam 249 v. Chr. auf einer berühmten Pilgerreise hierher und hinterließ an Buddhas Geburtsort in Lumbini eine Gedenksäule.

Auch bei der Entstehung des Hinduismus spielte das Terai eine Schlüsselrolle. Sita, die Frau von Rama und Heldin des Ramayana, war die Tochter des historischen Königs Janak, der von seiner Hauptstadt Janakpur aus über weite Teile der Ebenen regierte. Janak gründete mit Mithila ein blühendes Königreich, bis es im 3. Jh. n. Chr. von den Guptas aus Patna erobert wurde.

Im 14. Jh. fegten die Moguln über die nordindischen Ebenen und lösten die Entvölkerung des Terai aus. Hunderttausende Hindus und Buddhisten flohen ins Bergland, viele ließen sich im Tal von Kathmandu nieder, der Stadt, die später als Hauptstadt der Shah-Dynastie Bekanntheit erlangte. Mit Unterstützung durch Legionen der furchterregenden Ghurka-Krieger eroberten die Shahs die Ebenen zurück und dehnten die Grenzen Nepals auf das Doppelte ihrer heutigen Größe aus.

Die Briten haben Nepal zwar nie erobert, hatten jedoch regelmäßig Scharmützel mit den Shahs. 1816 wurde ein Abkommen unterzeichnet, mit dem das Königreich etwa auf die heutigen Grenzen zurückgestutzt wurde. Später erhielt Nepal – als Belohnung für seine Unterstützung der Briten beim Indischen Aufstand von 1857 – wieder einige Gebiete dazu (beispielsweise die Stadt Nepalganj).

Bis in die 1950er-Jahre hinein war ein Großteil des Terai noch stark bewaldet. Das eingeborene Volk der Tharu lebte weit über die gesamte Region verstreut in kleinen Dörfern. Im Jahr 1954 konnten die Malariafälle durch Trockenlegungsprogramme und das Versprühen von DDT deutlich reduziert werden, sodass eine Massenmigration aus Indien und dem Bergland einsetzte. Die fruchtbaren Böden und die gute Erreichbarkeit hatten eine rasche Entwicklung zur Folge. Tatsächlich ging es zu schnell: Die heutigen Städte des Terai sind weitgehend das Ergebnis eines überbordenden Bevölkerungswachstums.

Heute sind die Tharu eine der am stärksten benachteiligten Gruppen Nepals, und große Waldgebiete wurden gerodet, um landwirtschaftliche Flächen zu gewinnen. Von dieser einst großartigen Wildnis sind nur noch einige Flecken übrig geblieben, die in einer Reihe von Nationalparks und Gemeindewäldern erhalten werden. Diese Bereiche sind für den Subkontinent relativ groß und werden als Quelle für Nepals kostbarste natürliche Ressource zunehmend wichtig: Wasser.

Klima

Das Klima des Terai ist ähnlich wie in den nördlichen Ebenen Indiens: von Mai bis Oktober heiß wie ein Backofen und von Juni bis September vom Monsunregen unter Wasser gesetzt. Der Winter (November bis Februar) ist hingegen eine gute Reisezeit, denn der Himmel ist in dieser Zeit meistens klar und es herrschen gemäßigte Temperaturen.

ℹ An- & Weiterreise

Das Terai ist von Kathmandu und Pokhara in Nepal und von indischer Seite aus von Westbengalen, Bihar und Uttar Pradesh problemlos zu erreichen. Das Streckennetz der Indischen Eisenbahngesellschaft führt in der Nähe mehrerer wichtiger Grenzübergänge vorbei, und häufige Bus- und Flugverbindungen verbinden das Terai mit Städten und Dörfern in ganz Nepal.

Siehe Informationen zu Grenzübertritten im Kapitel Verkehrsmittel & -wege (S. 443).

ℹ Unterwegs vor Ort

Die jährlichen Monsun-Regenfälle können den Verkehr in der Region stark beeinträchtigen – unbefestigte Straßen verwandeln sich in Schlammpisten, ausgetrocknete Flussbetten werden zu reißenden Strömen, und regelmäßig werden Straßen und Brücken fortgespült.

Das flache Gelände des Terai und der gerade Mahendra Highway sorgen dafür, dass Autos in der Ebene schneller fahren als im Bergland, wodurch es zu einigen hässlichen Unfällen kommt. Andererseits ist kein Sturz in eine Schlucht zu befürchten.

BUS

Das Hauptverkehrsmittel im Terai sind Busse und Kleinbusse. Die Straßenverkehrssicherheit kann jedoch problematisch sein, insbesondere bei Nachtfahrten. Zur Erhöhung der Sicherheit sind Fahrten bei Tageslicht empfehlenswert, und die vordersten Sitze sollten besser gemieden werden.

Im Kathmandu-Tal ist Mitfahren auf dem Dach verboten, im Terai gelten solche Einschränkungen hingegen nicht. Auf dem Gepäckträger zu sitzen und die Haare im Wind flattern zu lassen, kann durchaus ein berauschendes Erlebnis sein, hat mit Fahrsicherheit allerdings nicht das Geringste zu tun.

FAHRRAD

Oberflächlich betrachtet, ist das Terai zum Radfahren hervorragend geeignet: Ein Großteil des Geländes ist flach wie ein Brett, und alle paar Kilometer liegt ein Dorf auf dem Weg. Die Kombination aus Straßenzustand, Verkehrsdichte und unberechenbaren Autofahrern verlangt von Radfahrern jedoch, äußerst wachsam und supervorsichtig zu fahren. Falls Kondition oder Mut unterwegs flöten gehen, kann das Fahrrad normalerweise bei einem Bus aufs Dach geladen werden. Mit dem Fahrrad den Mahendra Highway zu befahren, ist auf jeden Fall eine grottenschlechte Idee.

ZENTRALES TERAI

Das zentrale Terai ist der meistbesuchte Teil der Ebenen. Die Schnellstraße von Mugling nach Narayangarh ist südlich von Kathmandu und Pokhara die Hauptroute, während sich bei Sunauli der beliebteste Grenzübergang zwischen Nepal und Indien befindet. Die beiden Hauptattraktionen sind der weltbekannte Chitwan-Nationalpark und Lumbini, der Ort, wo Buddha das Licht der Welt erblickte.

Narayangarh & Bharatpur

✓ 056 / 280 000 EW.

Narayangarh (auch Narayangadh und Narayanghat) liegt am Ufer des Narayani-Flusses, wo der Narayangarh–Mugling Highway – er ist die Hauptroute über die Berge nach Kathmandu und Pokhara – auf den Mahendra Highway trifft, die Hauptverkehrsader zwischen dem Osten und dem Westen Nepals. Kein wirklich himmlisches Zusammentreffen, aber ein sehr praktisches. Gemeinsam mit seiner Zwillingsstadt Bharatpur, die einen Flughafen zu bieten hat, ist Narayangarh ein wichtiger Verkehrsknotenpunkt für Besucher auf ihrem Weg vom oder zum Chitwan-Nationalpark, von oder nach Indien und Kathmandu. Im Gegensatz zu anderen Städten des Terai bieten Bharatpur und Narayangarh auch einige Spitzenoptionen für Unterkunft und Essen sowie Sehenswertes in der Nähe, sodass es sich bei guter Planung lohnt, mindestens einmal zu übernachten.

◎ Sehenswertes

★ **Shashwat Dham**   HINDUISTISCHER TEMPEL
(Karte S. 274; www.cgshashwatdham.org; Eintritt 100 NPR, Museum 100 NPR; ☺ 8–20 Uhr) Schon genügend Altertümer gesehen? Hier gibt es eine zeitgenössische und sehr eindrucksvolle Version einer Tempelanlage zu bewundern. Das Kernstück ist ein Shiva-Tempel, der einer riesigen Sandburg ähnelt und bei dem jeder Quadratzentimeter kunstvoll verziert wurde. Im Untergeschoss ist ein religiöses Museum untergebracht mit einer interessanten visuellen Zusammenfassung der Top-Hindustätten

Zentrales Terai

DEVGHAT

Versteckt im Wald, 6 km nordöstlich von Narayangarh, markiert Devghat den Zusammenfluss der Flüsse Kali Gandaki und Trisuli, die anschließend den Narayani bilden, einen wichtigen Nebenfluss des Ganges. Bei den Hindus gilt die Stelle, wo beide Flüsse zusammentreffen, als besonders heilig, und viele ältere Nepalesen der höheren Kaste kommen hierher, um ihre letzten Jahre hier zu verbringen und schließlich an den Ufern zu sterben. Die beschauliche Atmosphäre ist alles andere als traurig, sie ist vielmehr wunderbar beruhigend nach dem hektischen Tempo auf den Ebenen.

Man erreicht das Dorf über eine Hängebrücke für Fußgänger hoch über dem rauschenden Wasser der Trisuli. Die beste Art, Devghat zu erleben, ist, durch die Straßen zu spazieren, die von Ashrams und Tempeln gesäumt werden, aus denen es singt und klingt mit Gesängen und Becken, die geschlagen werden. Am ersten Tag des nepalesischen Monats Magh (Mitte Januar) strömen Tausende Pilger nach Devghat, um in den Fluss einzutauchen und das Hindufest Magh Sankrankti zu feiern.

Nahverkehrsbusse nach Devghat (20 NPR, 20 Min.) fahren vom Busbahnhof Pokhara in Narayangarh ab.

in Nepal, alles mit englischen Beschriftungen. Ein Geschenkeladen und ein vegetarisches Restaurant vervollständigen das 5 ha große Gelände. Durch seine Lage am Mahendra Highway, 23 km westlich von Narayangarh, ist es gar nicht zu verfehlen.

🛏 Schlafen & Essen

Hotel Image Palace HOTEL €€
(☎ 056-530731, 9807200474; www.imagepalace.com.np; Narayangarh; Zi. mit/ohne Klimaanlage 1500/1000 NPR; P) Dieses neue Hotel bietet saubere Zimmer in verschiedenen Gebäuden beidseits der ruhigen Straße hinter dem Busbahnhof. Zuerst im großen senf- und lachsfarbenen Gebäude fragen, dort gibt es Zimmer mit Blick auf den Fluss. Noch kann man hier zu den ersten ausländischen Gästen zählen.

★ Hotel Global HOTEL €€
(☎ 056-525513; www.hotel-global.com.np; Chaubiskoti Chowk, Bharatpur; EZ 17–34 €, DZ 21–42,50 €; ❄ @ ☎ ⛲) Das überraschend angenehme Hotel, nur einen kurzen Fußweg vom Flughafen entfernt, punktet mit gepflegten Gartenanlagen, Fitnessraum, Sauna und einem von Palmen gesäumten Sprudelpool. Die Standardzimmer sind eher unterdimensioniert, während die nicht sehr viel teureren Deluxe-Zimmer großartig sind, mit Fliesenboden und Veranda zum begrünten Innenhof. Nach Zimmer 40 fragen (34 €).

★ New Kitchen Café INTERNATIONAL €
(☎ 056-520453; Hauptgerichte 200–425 NPR, Thali 300–4000 NPR; ⏱ 8–21.30 Uhr; ❄) In diesem lebhaften Restaurant gleich südlich der Brücke über den Narayani wird das beste Essen der Stadt serviert, entweder innen mit Klimaanlage oder auf der Außenveranda. Umfangreiche Speisekarte, wobei die Menüs (indische und nepalesische *Thalis*) wahrscheinlich die beste Wahl sind.

🍷 Ausgehen

★ Chulho DACHTERRASSENBAR
(☎ 056-570151; www.chulhorestaurant.com.np; Sangam Chowk, Narayangarh; Bamboo Biryani 350–600 NPR; ⏱ 12–23 Uhr) Ein Besuch in dieser sehr gut besuchten Bar mit Restaurant ist zweifellos ein Muss in Narayangarh – hier steppt der Bär. Das Lokal in der obersten Etage eines Gebäudes mit Blick über den geschäftigen Sangam Chowk (besonders interessant sind die Glaswände) bietet eine gut sortierte Bar mit Longdrinks und ein multinationales Restaurant mit kreativen Gerichten, die es im Terai sonst nirgendwo gibt.

Die Spezialität des Hauses ist Bamboo Biryani, das in langen Bambusröhren serviert wird. Die Pizza ist ein Gedicht. Von Freitag bis Sonntag spielen Live-Bands aktuelle Musik. Vom langen Balkon aus kann man zusehen, wie es unten auf der Straße dunkel wird: Die Straßenbeleuchtungen wurden seit Jahren nicht ersetzt.

ℹ Praktische Informationen

Nabil Bank (⏱ So–Do 10–17, Fr 10–15 Uhr) wechselt Bargeld und hat einen Geldautomaten, der ausländische Bankkarten akzeptiert.

ℹ An- & Weiterreise

BUS

Der Haupt-Busbahnhof in Narayangarh wird **„Pokhara Bus Stand"** genannt und befindet sich am östlichen Stadtrand von Narayangarh an der Schnellstraße nach Mugling. Es gibt regelmäßige Busverbindungen nach Pokhara (350 NPR, 4–5 Std., alle 30 Min.), Kleinbusse fahren ebenfalls (600 NPR, 4–5 Std., alle 20 Min.). Auch nach Kathmandu fahren regelmäßig Busse (350 NPR, 5 Std., alle 30 Min.) und Kleinbusse (600 NPR, 5 Std., stündl.). Ein paar Busse fahren nach Gorkha (250 NPR, 3 Std., 2–3 Mal pro Tag), und Nahverkehrsbusse steuern Devghat an (20 NPR, 20 Min.). Busse nach Kathmandu sind auch an der verkehrsreichen Pulchowk-Kreuzung zu erwischen.

Der **Bharatpur-Busbahnhof** liegt etwa 1 km südlich vom Flughafen. Von hier fahren Busse nach Kathmandu (350 NPR, 5 Std.), Butwal (300 NPR, 3 Std., alle 30 Min.), Sunauli/Siddharthanagar (Bhairawa; 350 NPR, 3 Std., alle 30 Min.), Birganj (300 NPR, 3 Std., alle 30 Min.), Janakpur (600 NPR, 6 Std., stündl.), Biratnagar (1000 NPR, 9 Std.), Nepalganj (1200 NPR, 10 Std.), Kakarbhitta (1500, 12 Std.) und Bhimdatta (Mahendranagar; 1500 NPR, 12 Std.).

Nach Sauraha nimmt man den Nahverkehrsbus neben dem Mahendra Highway südlich von Pulchowk (direkt vor der nächsten Kreuzung) nach Tandi Bazaar/Sauraha Chowk (30 NPR, 20 Min.). Von hier geht es weiter mit einem Gemeinschaftsjeep (60 NPR) zum Bachhauli-Busbahnhof (S. 288), der Sauraha bedient. Sehr viel schneller geht es für die komplette Strecke nach Sauraha mit einem Taxi (1800–2000 NPR) ab Pulchowk oder dem Flughafen Bharatpur.

FLUGZEUG

Bharatpur Airport (2 km südl. von Narayangarh) ist der nächste Flughafen zum Chitwan-Nationalpark. Es gibt täglich mehrere Flüge nach/von Kathmandu (93 €, 30 Min.) mit **Buddha Air** (☏ Bharatpur 056-528790; www.buddhaair. com), **Yeti Airlines** (☏ Bharatpur 056-523136; www.yetiairlines.com) und **Nepal Airlines** (☏ Bharatpur 056-530470; www.nepalairlines. com.np).

Chitwan-Nationalpark

♫ 056

Der Chitwan-Nationalpark ist einer der wichtigsten Besuchermagneten in Nepal. Dieses Reservat gehört zum Unesco-Welterbe und schützt über 932 km² Wälder, Feuchtgebiete und Grasland. Dort leben beträchtliche Tierpopulationen, sodass es für die Wildtierbeobachtung einer der bes-

ten Nationalparks in Asien ist. Die Chancen stehen sehr gut, Panzernashörner, Hirsche, Affen und einige der über 500 Vogelarten zu entdecken. Mit besonders viel Glück zeigt sich sogar ein Leopard, Wildelefant oder Lippenbär – und hier besteht einmal im Leben die Chance, vielleicht sogar die Hauptattraktion zu Gesicht zu bekommen, einen Königstiger. Sogar domestizierte Elefanten können hier zu erleben sein, allerdings sorgen tierrechtliche Bedenken inzwischen für einen Paradigmenwechsel bei der Art der Abwicklung dieser Begegnung. Es wird eine tägliche Eintrittsgebühr erhoben, die normalerweise in den Gesamtkosten einer Tour enthalten ist.

Direkt im Park gibt es keine Lodges mehr, die nepalesische Regierung ließ sie 2012 entfernen. Hartnäckigen Gerüchten zufolge soll sich diese Politik irgendwann wieder ändern, aber das kann auf jeden Fall dauern.

Viele Besucher des Chitwan-Nationalparks kommen im Rahmen einer Pauschalreise, die durch Reisebüros in Kathmandu, Pokhara oder Übersee organisiert werden. Dies ist das einfachste Vorgehen, wenn ein Aufenthalt in einem der Lodges außerhalb von Sauraha geplant ist, zu denen die An- und Abreise nicht ganz einfach ist. Für Reisende jedoch, die direkt in Sauraha bleiben, ist eine organisierte Tour unnötig und teuer. Von hier aus lassen sich Unterkunft und Aktivitäten problemlos selbst organisieren. In der Nebensaison, insbesondere von Mai bis September, gibt es Preisnachlässe von 20–50 %. Für den Nationalpark sind mindestens zwei Tage erforderlich. Die beliebten 4-Tagestouren mit 3 Übernachtungen, die ab Kathmandu und Pokhara organisiert werden, enthalten einen An- und Abreisetag.

Geschichte

Es ist eine Ironie des Schicksals, dass die Geschichte des Chitwan-Nationalparks im 19. Jh. mit seiner Einrichtung als Jagdreservat begann. Der britische König Georg V. und sein Sohn, der junge künftige Eduard VIII., schossen während nur einer einzigen blutigen Safari 1911 die gigantische Anzahl von 39 Tigern und 18 Nashörnern. Trotz solcher gelegentlicher Massaker schützte der Status als Reservat wahrscheinlich mehr Tiere, als getötet wurden.

Als größere Bedrohung erwies sich das Bevölkerungswachstum. Bis Ende der

Chitwan-Nationalpark

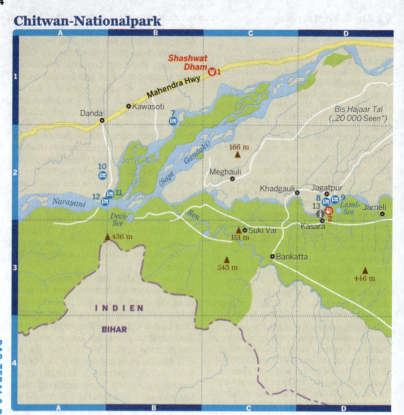

Chitwan-Nationalpark

◎ Highlights
1 Shashwat Dham.................................C1

◎ Sehenswertes
2 Krokodilzucht-Projekt.........................D2
3 Museum der Tharu-Kultur F2
4 Museum der Tharu-Kultur &
   Forschungszentrum............................F2

◎ Aktivitäten, Kurse & Touren
5 Bird Education Society E2

◎ Schlafen
6 Green Park...E2
7 Island Jungle Resort B1
8 Jagatpur Lodge D2
9 Kasara Resort.....................................D2
10 Machan Country Villa A2
   Sapana Village Lodge.................(siehe 5)
11 Temple Tiger Green Jungle Resort......B2
12 Tiger Tops Tharu Lodge A2

◎ Praktisches
13 Parkverwaltung (Kasara) D2

1950er-Jahre waren die einzigen Bewohner des Chitwan-Tals kleine Gemeinschaften von Tharu, die in Dörfern lebten und mit einer gewissen Widerstandskraft gegenüber Malaria gesegnet waren. Nach einem gewaltigen Programm zur Ausrottung der Malaria 1954 drängten landhungrige Bauern aus dem Bergland in die Region, und riesige Waldgebiete wurden gerodet, um landwirtschaftliche Flächen zu schaffen. Mit dem Schrumpfen ihres natürlichen Habitats starben viele Tiere aus. Mitte der 1960er-Jahre waren nur noch weniger als 100 Nashörner und 20 Tiger übrig. Als König Mahendra die Nachricht vom dramatischen Rückgang zu Ohren kam, erklärte er

Narayangarh

Bharatpur

C h u r e - B e r g e

Tandi Bazaar
(Sauraha Chowk)

Gemeindewald
von Chitrasen

Gemeindewald
von Baghmara

Mahendra Hwy

Chitrasali

Bhandara

Bachhauli
6 Gemeindewald
von Kumrose
5 **4**
Sauraha **3**

Rapti Sunachuri

Siehe Karte Sauraha (S. 282)

Dumariya Harnari
Gemeindewald
von Jankauli
Bhawanipur Padampur
Amrite

▲
195 m

▲
215 m

S o m e s h w a r - B e r g e

▲ ▲
736 m 738 m

▲
564 m

0   10 km

den Bereich zu einem königlichen Reservat. 1973 erhielt es den Status eines Nationalparks. 22 000 Bauern wurden umgesiedelt. Aber erst nachdem Armeepatrouillen eingesetzt wurden, um die Wilderei zu unterbinden, begann die Anzahl der Tiere wieder zu steigen. 1984 wurde Chitwan in die Welterbeliste der Unesco aufgenommen, und 2012 mussten sechs Lodges innerhalb der Parkgrenzen zwangsweise nach außerhalb umsiedeln.

In der Zwischenzeit erlebte der Park eine dunkle Phase. Chitwan bedeutet „Herz des Dschungels" und während des zehnjährigen Maoistenaufstands (1996–2006) kam es zu einem Herzstillstand. Die Armee war mit dem Konflikt beschäftigt und konnte keinen angemessenen Schutz vor Wilderern gewährleisten, die Teile dieser Tiere an Mittelsmänner in China verkauften. Der Bestand an Nashörnern und Tigern ging um 25 % zurück. Durch die Wiederaufnahme regelmäßiger Armeepatrouillen und mehrere wichtige Festnahmen wurde der Schutz wiederhergestellt, und die Tierzahlen stiegen erneut. Bis 2017 hatte sich der Bestand an Nashörnern deutlich erholt, man zählte mehr als 600 Tiere, und die Anzahl Tiger stieg Schätzungen zufolge auf rund 140 Tiere, das ist eine Zunahme um 15 % im Vergleich zur Zählung von 2013.

Geografie

Der Chitwan-Nationalpark bedeckt eine eindrucksvolle Fläche von 932 km². Weitere 499 km² stellt das Parsa-Schutzgebiet bereit. Mehrzweck-Naturschutzgebiete wurden auch in den Gemeindewäldern von Baghmara, Chitrasen, Jankauli und Kumrose ausgewiesen, dort wurden wieder Bäume angepflanzt, um die Dörfer mit Feuerholz und Futter zu versorgen. Die Topografie sorgt dafür, dass sich die meisten touristischen Aktivitäten auf die Überschwemmungsebenen des Flusses Rapti beschränken.

Abgesehen von dem Fluss, liegen im Wald auch zahlreiche verstreute *tal* (kleine Seen). Die interessantesten, insbesondere für Vogelbeobachtungen, sind der Devi-See in der Nähe der Tiger Tops Jungle Lodge und Lami-See in der Nähe von Kasara. Eine weitere Gruppe von Seen und Teichen befindet sich direkt außerhalb der Parkgrenzen, sie werden gemeinsam als „Bis Hajaar Tal" bezeichnet (wörtlich übersetzt: „20 000 Seen").

Pflanzen

Rund 70 % des Nationalparks sind von Sal-Wäldern bedeckt. Der Salbaum ist ein großblättriger Hartholzbaum, dessen schweres Nutzholz gerne zum Möbel- und Bootsbaum verwendet wird. Es gibt auch breite Phanta-Schneisen (Grasland), insbesondere an den Flussufern von Rapti und Narayani. Das bis zu 8 m hoch wachsende Elefantengras bietet Nashörnern und Tigern ausgezeichneten Sichtschutz und den Elefanten Futter. Bei Waldwanderungen sieht man u.a. Shisham (ein geschätztes Nutzholz, andere Bezeichnung: Indischer Palisander), hoch gewachsene Kapokbäume (Seidenbaumwollbäume), Würgefeigen und den Currybaum mit seinen würzigen Blättern.

Tiere

Chitwan kann auf 68 verschiedene Säugetierarten stolz sein, darunter Nashörner, Tiger, Hirsche, Affen, Elefanten, Leoparden, Lippenbären, Schwarzwild und Hyänen. Vogelbeobachter können 544 verschiedene Vogelarten abhaken, während Schmetterlingsbeobachter auf mindestens 67 Arten kommen, von denen einige handgroß sind.

Das Indische Panzernashorn ist der Star in Chitwan, und die Chancen stehen gut, im Laufe einer Safari ein Exemplar zu Gesicht zu bekommen. Auch bedeutende Populationen von Gangesgavialen sind in Chitwan vertreten.

Neben diesen herausragenden Tieren sind hier auch Muntjaks, Sikahirsche, Schweinshirsche, Pferdehirsche und gewaltige Gaurbullen (Indischer Bison) zu entdecken. Der am häufigsten gesichtete Affe im Chitwan-Nationalpark ist der stämmige Rhesusaffe, aber die Chancen stehen auch sehr gut, einen größeren und eleganteren Indischen Languren zu sehen. Sikahirsche folgen häufig den Languren und profitieren von deren verschwenderischen Fressgewohnheiten. Sie arbeiten auch insofern zusammen, als sie sich gegenseitig warnen, wenn Räuber in der Nähe sind: Die Schreie von Affen oder Hirschen sind ein guter Hinweis, auch selbst aufmerksam auf einen lauernden Tiger zu achten.

Zu den Vögeln, die in Chitwan zu sehen sind, gehören Bülbül, Mynah (Beo), Reiher, Sittich, Kammhuhn, Pfau, Eisvogel, Pirol und verschiedene Drongos. Begeisterte Vogelbeobachter sollten nach seltenen Arten Ausschau halten wie Rubinwangen-Nektarvogel, Smaragdtaube, Dschungelkauz und Weißschopf-Hornvogel.

Reisezeit

Die angenehmste Zeit für einen Besuch des Chitwan-Nationalparks ist zwischen Oktober und März, wenn der Himmel relativ klar ist und die durchschnittlichen Tagestemperaturen bei angenehmen 25 °C liegen. Die beste Zeit für Tierbeobachtungen allerdings ist von Ende Januar bis März, wenn das hoch wachsende Elefantengras von den Dorfbewohnern gekürzt wurde, wodurch die Tiere viel besser zu sehen sind. Zu anderen Zeiten kann das Gras bis zu 8 m hoch werden, wodurch es sogar schwierig wird, Tiere auszumachen, die vielleicht nur ein paar Schritte entfernt sind. Safaris im Jeep sind während des Monsuns (Juni–September) praktisch unmöglich, wenn die Pfade im Park unpassierbar werden. In den Pufferzonen entlang der Parkgrenzen sind sie weiterhin möglich.

Sauraha ist während der Monsunmonate ebenfalls anfällig für Überschwemmungen. Im Sommer 2017 waren die Wasserstände ungewöhnlich hoch, was viele Resorts zum Schließen veranlasste. Während einige Gebäude weggeschwemmt wurden, trockneten die meisten wieder, wurden neu gestrichen und der Betrieb lief weiter.

Gefahren & Ärgernisse

Tiger, Leoparden, Elefanten und Nashörner sind durchaus in der Lage, Menschen zu töten, und es hat in der Vergangenheit einige schwere Angriffe auf Touristen gegeben. Die meisten machen auf ihren Dschungelwanderungen gute Erfahrungen, aber jeder sollte sich darüber im

Klaren sein, dass ein kleines, aber signifikantes Risiko besteht – von einem Nashorn verfolgt zu werden, wirkt deutlich weniger lustig, wenn einem der Satz „zu Tode getrampelt" einfällt.

Insekten sind ein weiterer unliebsamer Aspekt des Dschungellebens. Vor der großen Anzahl von Stechmücken gibt es das ganze Jahr über kein Entrinnen. In einigen Bereichen des Parks kann Malaria vorkommen, daher auf jeden Fall an ein Insektenschutzmittel denken. Während des Monsuns bringen im Wald Blutegel *(jukha)* Leben in die Bude.

⊙ Sehenswertes

In Sauraha stehen die Safaris im Mittelpunkt, es gibt aber auch im Dorf ein paar Dinge zu sehen und 3 km westlich des Dorfes existiert auf der anderen Seite des Flusses Bhude Rapti ein eher enttäuschendes Zentrum für Elefantenzucht. Die Tiere werden unter schlechten Bedingungen gehalten, der Abstecher ist daher nicht lohnend und wird nicht empfohlen.

Krokodilzucht-Projekt ZOO
(Karte S.274; ☑ 056-521932; Kasara; Gangesgavialzucht-Projekt Eintritt 100 NPR; ⊙ 6–18 Uhr) Wenige Hundert Meter hinter der Parkverwaltung in Kasara gibt es ein Krokodilzucht-Projekt, wo aus nächster Nähe Gangesgaviale und Sumpfkrokodile zu sehen sind. Das Zehnjahresprogramm war sehr erfolgreich, beide bedrohte Arten konnten wieder ausgewildert werden.

Ausstellung & Informationszentrum zu Tieren & Pflanzen MUSEUM
(Karte S.282; Sauraha; 100 NPR; ⊙ 7–17 Uhr) Dieses Bildungszentrum, das eher auf Schulklassen als Touristen ausgerichtet ist, zeigt Exponate von Tieren und Pflanzen, darunter recht makabre Tierpräparate in Formaldehyd, Schädel, Fußabdrücke in Gips und eine Sammlung Tierkot. Wer damit nichts anfangen kann, wird nach

DAS WOHLERGEHEN DER ELEFANTEN

Viele Besucher von Chitwan sind bestürzt vom Anblick angeketteter Elefanten im Zuchtzentrum, und die Stimmen gegen die Nutzung von Elefanten für Safaris werden lauter. Tierschützer machen darauf aufmerksam, dass Elefanten im Rahmen ihres Trainings oft misshandelt werden und dass ihre Wirbelsäule durch das Tragen zu vieler Menschen Schaden nehmen kann, sodass sie später im Leben verkrüppelt sind.

Das kommerzielle Modell des Elefantentourismus in Nepals Nationalparks ist ebenfalls umstritten. Trotz örtlicher Zuchtzentren werden noch immer Elefanten in Indien gefangen und nach Nepal geschmuggelt, um die Nachfrage der Touristen zu befriedigen. Tierschutzorganisationen haben erschütternde Berichte veröffentlicht über die traditionellen Desensibilisierungsmethoden im Training und die weitere Behandlung domestizierter Elefanten.

Der WWF hat eine Initiative zur Einführung weniger schädlicher Methoden gestartet. Elephant Aid International (www.elephantaidinternational.org) arbeitet mit der nepalesischen Regierung weiter daran, in Chitwan eine mitfühlende Elefantenversorgung und kettenfreie Gehege einzuführen. Mit zunehmendem öffentlichem Bewusstsein verzichten inzwischen viele Touristen auf Elefantenritte und bewegen sich stattdessen per Jeep, Kanu oder zu Fuß im Park.

Durch die Verbreitung dieser Veränderungen taucht als neue Sorge die Sicherheit der Menschen auf. Wenn die Elefantentreiber die traditionellen Disziplinierungsmaßnahmen für Elefanten nicht anwenden dürfen, wie werden sie die Tiere in gefährlichen Situationen stattdessen beruhigen? Wenn wild lebende und domestizierte Elefanten miteinander Umgang haben, kann eine frühere Konditionierung weiter aufgehoben werden. Ein beinahe tödlicher Angriff 2017 auf einen Elefantentreiber in Suklha Phanta wurde diesem Phänomen zugeschrieben.

Das Wohlergehen der Elefanten ist daher ein vielschichtiges Problem, aber eines ist klar: Die Art, wie Menschen diese großartigen Tiere erleben, entwickelt sich in eine neue Richtung. Möglicherweise ist das neue Modell (S.285), das von Tiger Tops propagiert wird – dabei liegt die Betonung auf ethischen Interaktionen von Mensch und Elefant, die das natürliche Verhalten zu respektieren und zu beobachten versucht (anstatt es zu kontrollieren) – das Modell der Zukunft.

einem Blick auf einen ausgestopften Gangesgavial nie wieder in Nepal zum Schwimmen gehen.

Museum der Tharu-Kultur & Forschungszentrum
MUSEUM

(Karte S.274; Bachhauli; Eintritt 25 NPR; ☺7–17 Uhr) Das informative Museum der Tharu-Kultur & Forschungszentrum befindet sich in Bachhauli, dem von Sauraha aus nächstgelegenen Tharu-Dorf. Gezeigt werden bunte Wandmalereien und Exponate von Artefakten und der örtlichen Tracht. Die Sammlung ist zwar recht klein, aber ein Muss für jeden, der sich für die Tharu-Kultur interessiert.

Museum der Tharu-Kultur
MUSEUM

(Karte S.274; Harnari; Eintritt gegen Spende; ☺wechselnde Öffnungszeiten) Alle, die sich ernsthaft für die Tharu-Kultur interessieren, finden in Harnari ein winziges Museum dazu. Gezeigt werden Ornamente und ein Destillerie-Topf für Rakshi. Falls geschlossen ist, einfach herumfragen, dann schließt irgendjemand auf.

Aktivitäten

Die Hauptbeschäftigung in Chitwan ist die Beobachtung von Wildtieren. Es sind auf jeden Fall Tiere zu entdecken, wie diese allerdings heißen, ist der Ratefähigkeit des Einzelnen überlassen. Dichter Dschungel und hohes Gras verbergen aber auch viele Tiere vor neugierigen Blicken. Einige Tiere sind sehr viel scheuer als andere und einige einfach seltener. Um diese Hindernisse zu überwinden, braucht es Geduld, ein Fernglas und die richtige Einstellung dazu. Am besten geht man an die Tierbeobachtung heran wie ans Angeln: An manchen Tagen beißen viele Fische an, an anderen Tagen kein einziger. Es geht im Land der Tiger und Nashörner vor allem um den Kick der Verfolgung.

Bei einigen Aktivitäten muss die Gruppe eine Mindestanzahl erreichen, damit die angegebenen Kosten pro Person erreicht werden. Zu den Preisen kommt immer noch die tägliche Eintrittsgebühr in den Park in Höhe von 1695 NPR dazu.

Bird Education Society
VOGELBEOBACHTUNG

(Karte S.274; ☎056-580113, 9745003399; www.besnepal.org; Leihgebühr Fernglas pro Stunde/Tag 50/100 NPR) Die Bird Education Society wird von freundlichen örtlichen Ehrenamtlichen geführt und durch Spenden

finanziert. Sie ist die erste Anlaufstelle für ernsthafte Vogelbeobachter, die kompetente Beratung vor Ort oder geführte Exkursionen suchen oder Ferngläser ausleihen möchten. Im Gebäude der Gesellschaft (an der Straße zum Elefantenzucht-Zentrum) gibt es eine kleine Bibliothek, die untere Etage wurde durch das Hochwasser von 2017 jedoch vernichtet. Den aktuellen Stand sollte man sicherheitshalber durch einen Anruf vorab klären.

Elefantensafaris

Das prägende Erlebnis im Chitwan-Nationalpark war lange Zeit, auf dem Rücken eines Fünftonner-Elefanten durch den Dschungel zu rumpeln, um Wildtiere zu beobachten. Die Zeiten haben sich jedoch schnell geändert, aufgrund zunehmender Bedenken, was Tierrechte und Tierwohl betrifft. Während das Elefantenreiten klassisch sowohl von Regierungsstellen als auch Privatunternehmern angeboten wurde, hat sich die Regierung aus dem Geschäft komplett zurückgezogen. Zur Zeit unserer Recherchen waren private Elefantensafaris auf die Pufferzonen des Parks oder Gemeindewälder beschränkt, während einige wichtige Lodges (wie Tiger Tops; S.284) und Guide-Services (wie United Jungle Guide Service; S.280) diese Touren komplett aus dem Programm genommen haben.

Inzwischen liegen erdrückende Nachweise vor, die die Behauptungen von Fachleuchten für das Tierwohl unterstützen, wonach das Elefantenreiten für die Elefanten schädlich ist. Wir empfehlen, das Elefantenreiten zugunsten der vielen anderen tierfreundlichen Aktivitäten, die im Park möglich sind, zu meiden.

Dschungelwanderungen

Eine Erkundungstour des Nationalparks zu Fuß in Begleitung eines Guides ist eine fantastische Möglichkeit, den Tieren nahe zu kommen. Die meisten Wanderungen beginnen mit einem sachten Gleiten stromabwärts im Kanu, anschließend wird losmarschiert. Beim Eindringen in den Park besteht das reale Risiko, schlecht gelaunten Muttertieren (wie Nashörnern, Tigern oder Lippenbären) zu begegnen, die ihre Jungen beschützen. Im Allgemeinen gilt: Je größer die Gruppe, desto sicherer die Wanderung, aber auch die Erfahrung des Guides zählt sehr viel. Die Guides haben sehr unterschiedlich große Erfahrung, einige legen eine beunruhigend leichtsinnige Art an den Tag, sich an Nashörner anzuschleichen. Leuten mit schwachen Nerven werden Dschungelwanderungen daher nicht empfohlen. Die Vorschriften besagen, dass immer zwei Guides mitgehen müssen, selbst wenn sie nur einen Kunden haben. Bevor eine ganztägige Dschungelwanderung gebucht wird, sollten die sehr realen Risiken bedacht werden, die damit verbunden sind,

sich tief in den Park hineinzuwagen und weitab von Hilfe und medizinischen Einrichtungen zu sein, möglicherweise sogar ohne Kommunikationsmöglichkeit.

Dschungelwanderungen können über jede Lodge oder jedes Reisebüro in Sauraha organisiert werden. Selbstständige Guides sind am Besucherzentrum des Nationalparks anzutreffen (S. 288). Keine Sorge, sie machen sich bemerkbar! Sie können zwar lästig sein, wenn sie Jobs an Land

---

DSCHUNGEL UND SICHERHEIT

Die Chitwan- und der Bardia-Nationalpark gehören zu den wenigen Wildparks der Welt, die (in Begleitung eines Guides) zu Fuß erkundet werden können. Das Erlebnis, Tieren in ihrer natürlichen Umgebung auf Augenhöhe zu begegnen, ist beeindruckend. Der einzige Schutz ist der Bambusstock des Guides (der erstaunlich wirksam sein kann beim Vertreiben anrückender Tiere). Das Geräusch eines brechenden Astes im Wald oder der Warnruf von Hirschen und Affen, die sich gegenseitig vor Räubern in der Nähe warnen, lassen das Herz schneller schlagen.

Dschungelwanderungen sind ein echtes Risiko. Während gefährliche Zusammenstöße nicht sonderlich häufig vorkommen, gibt es genug Geschichten von Touristen, die erschreckende Begegnungen mit Tieren erlebt haben und es ratsam machen, einen Rückzugsplan zu haben, sollte ein wütendes Nashorn mit Tempo 40 km/h auf einen zukommen. Bei nahezu allen Zwischenfällen sind beschützende Muttertiere in Begleitung ihrer Jungen beteiligt. Der wichtigste Rat lautet: Niemals ohne Guide in den Park wagen und auch nie außerhalb der Besichtigungszeiten.

Nashörner

Ein Angriff von Nashörnern ist die häufigste gefährliche Begegnung, die Touristen im Park haben. Nashörner haben ein schlechtes Sehvermögen und verlassen sich auf ihren Geruchssinn, mit dem sie Bedrohungen wahrnehmen können, zu denen auch der Mensch gehört. Bei einem Angriff ist es am besten, auf einen Baum zu klettern. Alternativ kann es auch wirken, sich hinter einem Baum zu verstecken, allerdings ist mit mehreren wiederholten Angriffen durch das Nashorn zu rechnen. Wenn es nur wenige Bäume gibt, im Zickzack wegrennen und etwas als Köder abwerfen (ein Kleidungsstück oder die Kamera).

Lippenbären

Lippenbären gehören wegen ihres unvorhersehbaren Temperaments zu den gefürchtetsten Tieren in Chitwan. Sie sind nachtaktiv, daher bekommt man sie selten zu Gesicht, aber Mütter und ihre Jungen sind gelegentlich auch tagsüber unterwegs. Die beste Reaktion ist, sich als Gruppe zusammenzudrängen und völlig ruhig zu stehen, während der Guide auf den Boden schlägt, um den Bären zu verscheuchen.

Tiger

Tiger sind dafür bekannt, extrem scheu zu sein. Für den unwahrscheinlichen Fall, die Wege eines Tigers zu kreuzen, lautet der beste Rat, Augenkontakt zu halten und zurückzuweichen – leichter gesagt, als getan!

Elefanten

Da jedes Jahr zahlreiche Dorfbewohner zu Tode kommen, fürchten die Einheimischen mit Recht die wild lebenden Elefanten. Besonders verletzlich ist jeder nachts in einem Zelt. In einer bedrohlichen Situation ist das wirksamste Fluchtmittel, einfach um sein Leben zu rennen!

ziehen wollen, sind in der Regel aber wohlmeinende, mit einer Lizenz ausgestattete, gut informierte örtliche Tharu. Eine weitere Option ist, die Dienste einer Kooperative in Anspruch zu nehmen wie **United Jungle Guide Service** (S. 280) und **Nepal Dynamic Eco Tours** (Karte S. 282; ☏ 9845107720; Halbtages-Dschungelwanderung ohne die Eintrittsgebühren 1300–1500 NPR). Es handelt sich dabei um organisierte Gruppen örtlicher Guides, die zahlreiche Optionen für Dschungelwanderungen anbieten. Fragen Sie nach den abenteuerlicheren mehrtägigen Dschungelwanderungen, bei denen der Park jeden Abend verlassen wird und man in einem Tharu-Dorf übernachtet. Die Kosten für solche Dschungelwanderungen liegen bei drei Teilnehmern für einen halben Tag bei 1300 NPR.

Kanufahren

Ganz relaxed lässt sich der Park bei einer Kanufahrt auf den Flüssen Rapti oder Narayani erkunden. Die Chancen, Wasservögel und Krokodile zu sehen, stehen sehr gut. Typische Kanufahrten (pro Person ab 1500 NPR) starten in Sauraha und umfassen eine einstündige Fahrt flussabwärts, gefolgt von einer zweistündigen geführten Wanderung zurück nach Sauraha mit einem Stopp im Zentrum für Elefantenzucht. Kanufahrten können problemlos über das Hotel oder eine Buchungsstelle in Sauraha organisiert werden.

Längere Exkursionen sind ideal für Reisende, die keine Pauschalreise gebucht haben, da sie von den Menschenmassen fortführen. Eine empfehlenswerte Option ist eine zweistündige Kanufahrt, gefolgt von einer 16 km langen Wanderung nach Kasara (Hauptverwaltung des Nationalparks) und einer Jeepfahrt zurück. Bei einer Gruppe von drei oder mehr Teilnehmern liegen die Kosten pro Person bei etwa 4000 NPR (5000 NPR pro Person für zwei Personen).

Allradsafari

Als Alternative zu Elefantensafaris sind Allradsafaris eine beliebte Möglichkeit, den Park zu erkunden. Die Tiere lassen sich durch das Gerumpel der Fahrzeuge weniger stören, als man vermuten würde, und es bietet sich die Gelegenheit, tiefer in den Dschungel hineinzukommen.

Safaris können entweder über das Hotel oder über eine eine Agentur in Sauraha gebucht werden. Die Kosten liegen normalerweise bei 11 000/13 000 NPR für einen halben Tag/ganzen Tag für bis zu sieben Personen pro Jeep.

Radfahren

Im Park ist Radfahren nicht möglich, aber die Umgebung ist ideal für Radtouren, auf denen Dutzende kleiner landwirtschaftlicher Gemeinschaften der Tharu besucht werden können.

👉 Geführte Touren

United Jungle Guide Service   SAFARI
(Karte S. 282; ☏ 056-693691; www.unitedjungle guide.com; Halbtages-Dschungelwanderung 2500 NPR) Dies ist eine Vermittlungsstelle für alle Arten von geführten Touren. Die Kosten für Dschungelwanderungen liegen pro halbem/ganzem Tag bei 2500/ 4000 NPR. Jeep-Safaris für vier/acht Stunden kosten 1800/4000 NPR. Übernachtungen im Dschungel kosten 3000 bis 5000 NPR. Es gibt auch Touren mit Vogelbeobachtung, dem Besuch von Tharu-Dörfern und mehr. Elefantensafaris werden nicht mehr angeboten. Die Preise hängen von der Größe der Gruppe ab.

🛏 Schlafen

Chitwan bietet großartige Unterkünfte, da gibt es alles: von Übernachtungen in Privathäusern in einem Tharu-Dorf über Resorts am Flussufer bis zu luxuriösen Dschungel-Lodges. Budgetreisende ziehen Sauraha mit seiner quirligen Backpacker-Szene vor, es gibt dort aber auch einige ausgezeichnete mittelteure Optionen. Die Luxus-Lodges weiter westlich von Sauraha bieten nicht nur die beste Qualität, sondern auch mehr Abenteuer, weniger Menschenmassen und Zugang zu entlegenen Gegenden, sodass sie die beste Option sind, um den Park zu erleben.

🛏 Sauraha

★ Hotel Shiva's Dream   HOTEL €
(Karte S. 282; ☏ 056-580488; www.hotelshivas dream.com; Zi. 800 NPR, mit Klimaanlage 1500– 2000 NPR; ❄) Nach einer eindrucksvollen Renovierung 2016 erstrahlt das Shiva's Dream in neuem Glanz. Die Zimmer wurden renoviert, und ein völlig neues Gebäude mit hübscher Architektur kam hinzu, darin lassen Eckfenster viel Licht in die Zimmer. Dieses Budgethotel trifft überall den richtigen Ton: frisch gestrichen, große makellos saubere Bäder, sehr

gute Matratzen, Restaurant mit Dachterrasse, gute Ortskenntnisse und alles an Touren im Angebot, was man so braucht. Es wird von derselben Familie geführt wie das super bewertete Hotel Forest Hideaway in Bardia (S. 310).

⭐Chitwan Gaida Lodge   LODGE €
(Karte S. 282; ☎ 056-580083, in Kathmandu 01-4444527; www.chitwangaidalodge.com; Zi. 500–800 NPR, mit Klimaanlage 1200–2000 NPR; 🕾) Die Gaida Lodge wird von einem führenden Ornithologen Nepals geleitet, von Tika Ram Giri, und bietet eine Reihe von Zimmern sowie einige originale Bungalows und neuere moderne Zimmer in einem vierstöckigen Gebäude am Wald an. Alle Zimmer sind für mindestens drei Personen, die Preise sind attraktiv. Die Zimmer im 4. Stock sind mit Blick auf die Baumwipfel und bekommen eine kühle Brise ab.

Im kühlen grünen Garten gibt es einen Vogelteich und zahlreiche Hängematten zum Chillen. Genau der richtige Ort für Vogelbeobachter. Ein Teil der Einnahmen fließt in Vogelschutzprogramme.

Travellers Jungle Camp   HOTEL €
(Karte S. 282; ☎ 9855055845, 056-580013; www.nepaljunglecamp.com; Zi. 1000 NPR, Deluxe 1500–2000 NPR; ❋🕾) Dieses familienbetriebene Innenhofhotel bereitet seinen Gästen einen herzlichen Empfang, diese können den entspannenden Garten genießen und sogar dem Dickhäuter begegnen, der hier zu Hause ist, Chanchal Kali. Die Zimmer sind bequem und sauber. Der Besitzer ist auf die Bedürfnisse der Reisenden gut eingestellt und bietet auf seiner Website Pauschalangebote für Einzelreisende an.

Sauraha Resort   HOTEL €
(Karte S. 282; ☎ 056-580114, 9855066114; www.sauraharesort.com; Zi. 1000–2000 NPR; ❋🕾) Das familienbetriebene Hotel liegt stadtnah, aber von der Straße zurückversetzt. Es gibt gepflegte Zimmer, vom einfachen Zweibettzimmer und größeren Doppelzimmer (mit extra Einzelbett und TV) bis zu Doppelzimmern mit Klimaanlage. Alle sind mit Moskitonetz und Ventilator ausgestattet. Trotz der Einfachheit können alle Dschungelaktivitäten organisiert werden. Das Restaurant hat in der Mitte des Innenhofs einen hübschen Pavillon.

Hotel Nature Heritage   HOTEL €
(Karte S. 282; ☎ 9855062899, 056-580432; www.hotelnatureheritage.com; Zi. 1800–2200 NPR; ❋🕾) Dieser recht stattliche Betonturm bietet eine Reihe sauberer und komfortabler Zimmer, alle mit TV, Klimaanlage und fließend warmem Wasser. Die Matratzen gehören allerdings zur dünneren Variante. Die Zimmerpreise steigen, je höher gelegen die Zimmer sind und Ausblick auf den Fluss bieten. Dennoch sind die Zimmer im obersten Stockwerk für 1800 NPR ein gutes Angebot.

Jungle Adventure World   HOTEL €
(Karte S. 282; ☎ 056-580064, 9845065985; www.jungleadventureworld.com; Zi. 1500 NPR, mit Klimaanlage 2000 NPR) Die rustikale Lodge vermittelt das entspannte Feeling einer tropischen Insel. Zahlreiche Bungalows ähnlicher Bauweise mit kleinen Veranden stehen verstreut in einem schattigen Park. Innen in den Bungalows ist es etwas eng, aber es finden drei Leute Platz. Im Park kann man der Hitze wunderbar entfliehen.

Hotel River Side   HOTEL €
(Karte S. 282; ☎ 056-580009, in Kathmandu 01-4249416; www.hotelriversidenepal.com; Zi. 1500–4500 NPR; 🕾) Mit seinen breiten Veranden vermittelt dieses Hotel ein liebenswertes neokoloniales Feeling. Es kann gewählt werden zwischen entzückenden Hütten mit Terrakottafliesen oder modernen holzvertäfelten Zimmern mit Balkon und unschlagbarer Aussicht auf den Fluss. Die billigsten Zimmer im Parterre sind ordentlich, aber unscheinbar. Zum Fluss hin gibt es ein Restaurant, das Personal ist hilfsbereit.

Chitwan Rest House   HOTEL €
(Karte S. 282; ☎ 056-580261; ro.chaudhary@yahoo.com; Zi. 600–1000 NPR) Diese superpreiswerte und freundliche Unterkunft, 500 m nördlich vom Gaida Chowk, bietet einfache Zimmer (kein fließendes warmes Wasser) in Lehmziegelhäuschen, einen kleinen, aber grünen Garten und ein preiswertes Restaurant. Die Außenanlagen sind chaotisch und ungepflegt, aber im neuen Anbau gibt es saubere und helle Zimmer mit Balkon.

⭐Sapana Village Lodge   LODGE €€
(Karte S. 274; ☎ 056-580308, 9855056498; www.sapanalodge.com; mit Frühstück, EZ 30 €, DZ 38–51 €; ❋🕾) Diese friedliche Lodge liegt 1,5 km nördlich von Sauraha und ist eine ausgezeichnete Option für jeden, besonders aber für Reisende, die sich für die

Sauraha

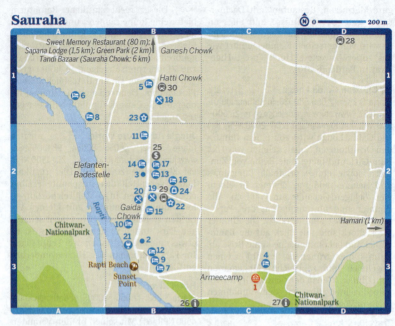

Ⓝ 0 ━━━━━━ 200 m

Sweet Memory Restaurant (80 m);
Sapana Lodge (1,5 km); Green Park (2 km);
Tandi Bazaar (Saurah Chowk; 6 km)

Ganesh Chowk

Hatti Chowk

Elefanten-Badestelle

Gaida Chowk

Chitwan-Nationalpark

Rapti Beach

Sunset Point

Armeecamp

Hamari (1 km)

Chitwan-Nationalpark

Rapti

Sauraha

Ⓞ Sehenswertes
1 Informationszentrum zu
Tieren & Pflanzen C3

✈ Aktivitäten, Kurse & Touren
2 Nepal Dynamic Eco Tours B3
3 United Jungle Guide Service B2

🛏 Schlafen
4 Chitwan Gaida Lodge C3
5 Chitwan Rest House B1
6 Chitwan Riverside Resort A1
7 Chitwan Tiger Camp B3
8 Hotel Hermitage A1
9 Hotel Nature Heritage B3
10 Hotel River Side B3
11 Hotel Shiva's Dream B2
12 Jungle Adventure World B3
13 Jungle Safari Lodge B2
14 River View Jungle Camp B2
15 Royal Park Hotel B2
16 Saurah Resort B2
17 Travellers Jungle Camp B2

✕ Essen
18 Friends Café B1
19 Jungle View Restaurant B2

20 KC's Restaurant B2

☕ Ausgehen & Nachtleben
21 Sunset View Restaurant & Bar B3

✿ Unterhaltung
Accoustica .... (siehe 3)
Gig House .... (siehe 19)
22 Haus der Tharu-Kultur Saurah B2
23 Tharu-Kulturprogramm B1

🛍 Shoppen
24 Happy House B2
Women Art & Handicrafts
Shop .... (siehe 19)

ⓘ Praktisches
25 Wechselstube Chitwan B2
26 Besucherzentrum des Nationalparks
(geschlossen) B3
27 Büro des Nationalparks (Saurah) C3

ⓘ Transport
28 Busbahnhof Bachhauli D1
29 Greenline B2
30 Rose Cosmetics B1

Tharu-Kultur interessieren. Der engagierte Eigentümer hat sich das Ziel gesetzt, die örtliche Tharu-Gemeinschaft zu unterstützen, insbesondere eine örtliche Schule, und fördert neben den üblichen Aktivitäten hinsichtlich der Wildtiere verschiedene Aktivitäten, um die Tharu und die Touristen zusammenzubringen. Dazu gehören Spaziergänge durchs Dorf, das Reisanpflanzen auf den Feldern, Angelausflüge, Kochkurse und Kurse für künstlerische Aktivitäten.

Die Zimmer sind in einem bezaubernden dörflichen Stil herausgeputzt – mit lebhaften Gemälden und kleinen Teppichen. Die hervorragende Lounge mit Restaurant im Freien sowie Blick auf den Fluss Budhi Rapti und die Reisfelder ist einer der besten Orte zum Essen oder Trinken in Sauraha. Genaue Angaben zur Unterkunft und den Aktivitäten sind auf der Website zu finden.

★ River View Jungle Camp   HOTEL €€
(Karte S.282;   ☎ 056-580096, 9855080096; www.rvjcnepal.com; B&B Cottage 13–30 €, B&B Deluxe Zi. 25,50–55 €; ❋🛜) Die Lage dieses Hotels am Ufer ist schwer zu toppen mit der großartigen Aussicht auf die breite Flussebene. Die Zimmer verteilen sich auf saubere kakifarbene Ziegel-Cottages in einem großen Garten, sie sind ausgestattet mit Ventilator, Klimaanlage und Moskitonetzen. Die luxuriöseren Zimmer haben Flussblick, moderne Bäder, TV mit Flachbildschirm, exklusive Matratzen und Privatbalkon. Mit etwas Glück lässt sich in der Dämmerung ein Nashorn blicken.

Royal Park Hotel   HOTEL €€
(Karte S.282; ☎ 056-580061, in Kathmandu 01-4412987; www.royalparkhotel.com.np; Zi. mit Frühstück 39 €; ❋🛜🏊) Die attraktiven Bungalows aus Lehmziegeln mit Strohdächern stehen in einem weitläufigen parkähnlichen Garten und bieten sehr große Zimmer und wunderschöne Bäder mit Stein- oder Marmorfliesen. Am besten sind die Zimmer im oberen Stockwerk, sie haben hohe Decken und einladende Balkone. Es gibt ein Restaurant und, wenn Gruppen beherbergt werden, auch kulturelle Veranstaltungen.

Chitwan Riverside Resort   HOTEL €€
(Karte S.282; ☎ 056-580297, in Kathmandu 01-4256696; www.chitwanriverside.com; Zi. 21–25,50 €; ❋🛜) Hier dreht sich alles um die idyllische Lage am Ufer, fernab vom hektischen Betrieb des Basars von Sauraha. Zur Wahl stehen wunderhübsche Cottages ohne Aussicht oder Zimmer im neueren Gebäude mit herrlichem Blick auf den Fluss. Die schattige Aussichtsplattform über dem Flussufer ist ein großartiger Platz, um sich bei Sonnenuntergang mit einem Bierchen niederzulassen, und mit etwas Glück tauchen sogar ein paar durstige Wildtiere auf.

Jungle Safari Lodge   HOTEL €€
(Karte S.282; ☎ 056-580500; www.junglesafari lodge.com; Zi. mit Frühstück 2500 NPR, Suite 5000 NPR; ❋@🛜) Ein langjähriges, zentral gelegenes Hotel mit erfahrenem Personal und freundlichem Empfang. Kürzlich wurde einiges renoviert, die Zimmer unterscheiden sich daher je nach Alter. Die neuen Deluxe-Zimmer sind die beste Wahl: sauber und hell mit Komfortbetten, modernen Bädern und im oberen Stockwerk mit Blick in den Innenhof. Hübsche Terrasse, auf der man beim Essen sitzen kann. Die muffigen älteren Zimmer sollten gemieden werden.

Hotel Hermitage   HOTEL €€
(Karte S.282; ☎ 056-580090, in Kathmandu 01-4424390; www.nepalhotelhermitage.com; Cottage 2500 NPR, Boathouse 3500 NPR; ❋@🏊) Obgleich diese Lodge scheinbar auf Pauschaltouristen abgestimmt ist, verfügt sie über sehr erfahrene Guides und eine der besseren erhöhten Lagen am Flussufer, während sie dennoch nur einen kurzen Spaziergang von der Stadt entfernt ist. Die Zimmer im „Boathouse", das von einem Wassergraben umgeben ist, sind geräumig und kühl, das Restaurant und der Bereich, wo man etwas trinken kann, sind hingegen perfekt am Ufer gelegen.

Chitwan Tiger Camp   HOTEL €€
(Karte S.282; ☎ 056-580060, in Kathmandu 01-4441572; www.chitwantigercamp.com; EZ/DZ 21/34 €, Deluxe 34/51 €; 🛜) Das Hotel liegt in der Nähe des ruhigen Stadtrands von Sauraha, Sunset Point, und vom erhöhten Restaurant aus genießt man einen schönen Blick über den Fluss. Ein Strand und ein kühles Bier warten gleich auf der anderen Straßenseite. Unten liegen die günstigen Standardzimmer, während die Zimmer im Obergeschoss mit Badewanne (die eine Reinigung vertragen könnten) und Bambusdekor viel besser sind, wenn auch etwas überteuert sind.

THARU-DÖRFER

Chitwan ist umgeben von kleinen landwirtschaftlichen Dörfern, in denen die Tharu leben, die vorherrschende ethnische Gruppe im Terai. Die Dörfer sind bekannt für ihre Lehmhäuser, die manchmal mit Mithila-Gemälden (S.324) und Basreliefs aus Lehm mit Tierdarstellungen verziert sind. Widerstehen Sie dem Drang, Süßigkeiten, Stifte und Geld zu verteilen. Wer den Menschen vor Ort helfen möchte, kann dies am besten, indem er die örtlichen Geschäfte fördert, dazu gehört auch die Anwerbung örtlicher Guides.

Das nächstgelegene Tharu-Dorf ist Bachhauli, das mit dem Fahrrad oder auf einem 20-minütigen Spaziergang von Sauraha durch die Reisfelder oder kräftig gelben Ackersenffelder schön zu erreichen ist. Hier gibt es das informative Museum der Tharu-Kultur & Forschungszentrum (S.278).

Harnari ist eines der besten Dörfer, um in die Tharu-Kultur hineinzuschnppern. Es grenzt an den Gemeindewald Kumrose und wird weniger besucht als Bachhauli, wodurch es authentischer wirkt. Hier gibt es ein kleines Museum der Tharu-Kultur (S.278), 20 Minuten mit dem Fahrrad von Sauraha.

Die Sapana Village Lodge (S.281) bietet ausgezeichnete Touren in diese und weitere Tharu-Dörfer an. In Sauraha gibt es auch kulturelle Darbietungen der Tharu.

★ Green Park
RESORT €€€

(Karte S.274; ☎9801207111, 056-580510, in Kathmandu 01-4256612; www.greenparkchitwan. com; Baghmara; Zi. mit Frühstück 119 €; ❊☎❄) Wer ein traditionelleres Hotel bevorzugt, trifft mit diesem Hotel in der Gegend von Sauraha die beste Wahl. Das friedliche Green Park besteht aus mehreren Gebäuden mit jeweils vier Zimmern, jedes in schöner Umgebung im Norden der Stadt. Die geräumigen Zimmer haben große Balkone, hübsche Holzarbeiten, Fliesenböden und Matratzen zum Niederknien.

Der große Pool ist auch für Kinder schön, obwohl er recht schlicht gehalten ist, und es gibt eine Bar. Im klimatisierten Speisesaal wird das makellose Essen serviert. Hohe Rabatte von bis zu 40 % machen den Aufenthalt zu einem Schnäppchen (nachfragen). 2 km nördlich von Sauraha gelegen.

🏠 Anderswo

★ Tiger Tops Tharu Lodge
LODGE €€€

(Karte S.274; in Kathmandu 01-4411225; www. tigertops.com; Amaltari; inklusive Pauschalarrangement pro Person/Nacht im Safarizelt 127,50 €, Zi. 170 €; @❊☎❄) 🌿 Chitwans führende Lodge ist noch immer top. Tiger Tops war die erste Lodge überhaupt im Park, noch bevor dieser wirklich existierte, und setzte sich später mit für seine Einrichtung ein. Als die Lodges 2012 aus dem Park verbannt wurden, baute man diese neue Lodge, die schwer zu toppen ist. Die Unterkunft ist sehr stimmungsvoll, der Service ist tadellos und die Land-Rover-Oldtimer passen perfekt dazu.

Die Zimmer aus regionalen Materialien im traditionellen Tharu-Stil befinden sich in zwei Langhäusern. Zimmer 1 am Ende ist besonders hübsch. Neben Naturführungen mit erfahrenen Guides gibt es Dorftouren und kulturelle Veranstaltungen. Besonders bemerkenswert ist, dass Tiger Tops erneut eine führende Rolle übernimmt und die Art der Erlebnisse mit Elefanten (S.285) im Mittelpunkt des Chitwan-Tourismus neu definiert. Dazu gehören sechs Safarizelte mit Bädern beim neuen Elephant Camp.

Die Lodge befindet sich in der Nähe des Flusses Narayani am Westrand des Parks (speziell Amaltari, Nawalparashi, 7 km vom Mahendra Highway in Danda, einer kleinen Stadt gleich hinter Kawasoti), die Gäste werden normalerweise jedoch am Flughaften Bharatpur abgeholt und wieder dort abgeliefert. Auf dem ausgedehnten Gelände befindet sich auch der eigene Bio-Bauernhof der Lodge, und in einem großen, neuen Gehege werden Elefanten unter guten Bedingungen gehalten. Tiger Tops unterstützt die Gemeinde vor Ort außerdem mit einer Klinik und einer Schule.

★ Kasara Resort
LODGE €€€

(Karte S.274; ☎056-411001, in Kathmandu 01-443757; www.kasararesort.com; Patihani; Pauschalarrangement pro Person/Nacht 153 €; ❊☎❄) Kasara Resort bietet in minimalistischer Bauweise den Luxus eines Grand Hotels auf einem üppigen Grundstück und gewinnt mit Leichtigkeit den Preis für die beste Architektur aller Chitwan-Lodges. Wo sonst hat der Zugang zu einer Villa eine eigene Privatbrücke? Die Bäder mit einer großen Freiluftdusche sind ein weiteres hübsches Detail, während der riesige Speisepavillon jeden beeindruckt. Die Pauschalangebote umfassen das Essen und bestimmte Aktivitäten wie Safaris. Bedenkt man dies alles, ist der Preis wirklich angemessen. Das Resort liegt an der Westgrenze des Parks.

Temple Tiger Green Jungle Resort
LODGE €€€

(Karte S. 274; ☎ 9845089992, in Kathmandu 01-4263480; www.greenjungleresort.com; Amaltari Ghat; Pauschalarrangements pro Person/Nacht 191 €; ❄@✿) Während auch die landschaftliche Gestaltung Aufmerksamkeit verdient, bietet diese umweltfreundliche Lodge vor allem schöne Ferienhäuser auf Pfählen mit Strohdächern und ländlichen Ausblicken. Hartholzböden, große Bäder und tolle Matratzen sind nur einiges an Komfort. Fußabdrücke von Tigern im Badezimmerboden sorgen für eine pfiffige Note. Vorträge zu den Wildtieren sowie die Mahlzeiten finden im zentralen Restaurant mit Bar statt. Wasserbasierte Safaris sind ein weiterer Pluspunkt.

Jagatpur Lodge
LODGE €€€

(Karte S. 274; ☎ in Kathmandu 01-4223602; www.jagatpurlodge.com; Jagatpur; 7i mit Frühstück EZ/DZ 187/255 €, Zelt EZ/D/ 620/722 €; ❄✿❚)

Die Unterkünfte sind hier recht eigenartig auf fünf Blöcke mit modernen und geräumigen Zimmern verteilt, die ein bisschen wie ein Motel der Extraklasse wirken, und es gibt einige sehr schöne und luxuriöse Safarizelte aus Südafrika, die mit ihren großen Terrassen und Innenbädern am Fluss aufgereiht stehen. Alle üblichen Aktivitäten sind so ausgelegt, dass sie auch Exkursionen zu den nahe gelegenen Seen mit einschließen. Der Tarif sollte unbedingt ausgehandelt werden.

Die Lodge liegt am Westrand des Parks in der Nähe des Dorfes Jagatpur, ihre Sicherheit sollte auch jeden paranoiden Milliardär zufriedenstellen.

Machan Country Villa
LODGE €€€

(Karte S. 274; ☎ 9855055293, Kathmandu 01-4225001; www.machanwildliferesort.com; Gauchhada; Pauschalarrangement für ½ Übernachtungen pro Person 161/323 €, jede weitere Nacht 115 €; ❄@✿❚) Hier werden Preise wie für eine Luxus-Lodge verlangt, aber das Management bleibt doch eine Stufe darunter. Die modernen und geräumigen Unterkünfte verteilen sich auf Zimmer im Langhaus und auf hübsche Beton-Cottages mit Veranda, enttäuschend sind hingegen die Schaumstoffmatratzen. Der stimmungsvolle Speisesaal wiederum zeigt Mithila-Gemälde (S. 324).

Die Anlage befindet sich am Nordufer des Flusses Narayani im Dorf Gauchhada, Richtung Westende des Parks.

EIN NEUES ELEFANTENERLEBNIS

Als Reaktion auf die zunehmenden Sorgen über das Wohlergehen der Elefanten war die Pionierarbeit leistende Tiger Tops Tharu Lodge (S. 284) erneut wegweisend und hat ein völlig neues Elefantenerlebnis für die Gäste entwickelt, zusammen mit neuen Standards zur Gefangenschaft und Behandlung der Tiere. Die Lodge hat ein Elefantencamp mit großen Gehegen entwickelt, in denen ihre zwölf Elefanten sich frei bewegen können. Die Tiere sind weiterhin „Arbeitselefanten", die den Gästen eine interaktive Begegnung bieten. Anstatt jedoch in einer schaukelnden Sänfte auf dem Rücken eines Elefanten zu reiten (wobei das Risiko besteht, dass diese freundlichen Riesen sich verletzen), gehen die Besucher jetzt neben ihnen durch den Dschungel. Im Grunde sind Elefanten das ultimative Sicherheitselement und können den Weg bei Bedarf sehr effizient frei machen.

Das reizvollste neue Programm ist ein Sundowner mit Elefanten, eine neue Variante des Elefantenbadens, bei der den Besuchern am Ufer ein stilvoller Happy-Hour-Drink serviert wird, während die Elefanten bei Sonnenuntergang vor ihnen baden. Ein wirklich rührendes Erlebnis, denn die Elefanten sind überaus liebevolle Wesen, die ihre Körper mit großen Dickhäuterumarmungen umeinanderschlingen. Elefantentreiber leisten auch bei diesem neuen Erlebnis einen wichtigen Beitrag, sodass dieses Programm auch weiterhin den Menschen vor Ort ein Einkommen verschafft. Tiger Tops führt ein ähnliches Programm auch in der Lodge in Bardia ein (S. 312).

Island Jungle Resort
LODGE €€€

(Karte S.274; ✆9847073718, Kathmandu 01-4220162; www.islandjungleresort.com.np; Kawaswati; Pauschalarrangement für 3 Tage/2 Übernachtungen pro Person 212,50 €, jede weitere Nacht 76,50 €; ❄️📶) Diese Lodge liegt am Fluss Narayani am Westende des Parks und bietet einfache, aber komfortable Cottages, die um den Hauptspeisesaal herum angeordnet sind. Die Aussicht vom Beobachtungsturm auf den Uferbereich ist großartig. Die Anlage ist ziemlich ab vom Schuss – und genau deshalb kommen die Gäste hierher.

🍴 Essen

Die meisten Lodges und Hotels in Sauraha haben ein Restaurant, das beste von allen gehört zur Sapana Village Lodge (S.281). In allen Restaurants sind auch externe Gäste willkommen. Für Reisende ohne All-inclusive-Pauschalarrangement gibt es auch mehrere selbstständige Restaurants an der Hauptstraße. Die meisten Touristenrestaurants bieten von 6 bis etwa 22 Uhr eine multinationale Speisekarte.

Sweet Memory Restaurant
NEPALESISCH €

(Ganesh Chowk, Sauraha; Hauptgerichte 170–500 NPR; ⊙7–21 Uhr) Ein expandierendes, familienbetriebenes Hüttenrestaurant mit vielen Blumen und Topfpflanzen. Das Sweet Memory rühmt sich seiner Hausmannskost. Die Momos und das Hähnchencurry sind zu empfehlen, es gibt auch guten Filterkaffee, Kaffeecocktails und Saft von der Süßen Limette *(Mausambi)*. Das Lokal liegt versteckt in einer Seitengasse und hat auf zwei Stockwerken Freiluftbereiche zum Essen. Auf dem Weg dorthin gibt es auch Unterkünfte.

⭐ Friends Café
ITALIENISCH, MEXIKANISCH €€

(Karte S.282; ✆056-580403; Sauraha; Hauptgerichte 300–550; ⊙7–22 Uhr) Dieses Dachterrassen-Restaurant ist leicht zu übersehen, aber das sollte keinesfalls passieren! Es ist zu jeder Tageszeit der beste Ort, um in der Innenstadt von Sauraha abzuhängen, mit cooler Atmosphäre und passender Musik. Die auf Bierdeckelkarton handgeschriebenen Speisekarten spiegeln den persönlichen Touch der kreativen Eigentümer wider, die hauptsächlich mexikanischen und italienischen Gerichten einen neuen Kick verpasst haben. Das Friends Café ist auch zum Kaffeetrinken oder für Cocktails ein klasse Lokal.

⭐ KC's Restaurant
MULTINATIONALE KÜCHE €€

(Karte S.282; Gaida Chowk, Sauraha; Hauptgerichte 350–550 NPR; ⊙6.30–22.30 Uhr) KC, ein Klassiker in Sauraha, befindet sich in einem coolen Bungalow mit Strohdach und einer offenen Terrasse mit Blick auf einen gepflegten Garten und mit einer Feuerstelle für Wintertage. Die Köche haben das passende Aussehen, und die gut zusammengestellte Speisekarte reicht von nepalesischen und indischen Currys bis zu Pizza und Pasta. Wir empfehlen das Thalis, bei dem man sich nachnehmen kann, und die authentischen Tandoori-Gerichte, die mit einem Lassi hinuntergespült werden. Dieses angesagte Lokal ist ein super Ort, um Leute zu treffen, darunter den freundlichen Eigentümer, der verspricht, auf der Speisekarte werde auch bald das Sherpa Craft-Bier aus Kathmandu zu finden sein.

Jungle View Restaurant
INTERNATIONAL €€

(Karte S.282; Gaida Chowk, Sauraha; Hauptgerichte 250–550 NPR; ⊙6.30–22 Uhr; 📶) Angenehmes Dachterrassen-Restaurant mit Blick über Gaida Chowk. Es gibt gute Currys und Barbecue-Gerichte, aber auch alle käsereichen Touristenlieblinge wie Pizza und Enchilada. Zur Happy Hour (17–22 Uhr) wird Popcorn zum Cocktail serviert.

Ausgehen

Sunset View Restaurant & Bar
BAR

(Karte S.282; Sauraha; ⊙7–23 Uhr) Die Tiki-Hütte am Ufer bei Sunset Point war eines der ersten Lokale, das nach den Monsun-Überschwemmungen in der Gegend 2017 wiederaufgebaut wurde. Wie der Name schon sagt, ist es der perfekte Ort für einen frühen Kaffee oder ein Sundowner-Bier.

Unterhaltung

In Sauraha veranstalten die meisten großen Lodges für ihre Gäste Shows mit traditionellen Gesängen und Tänzen der Tharu, darunter auch den beliebten Stocktanz, bei dem im Kreis laufende Männer ihre Stöcke taktmäßig aneinanderschlagen. In erster Linie etwas für Touristen, aber amüsant. Im Tharu-Kulturhaus in Sauraha und im Rahmen des Tharu-Kulturprogramms gibt es abendliche Vorführungen.

Gig House
LIVEMUSIK

(Karte S.282; Sauraha; ⊙Musik 19–22 Uhr) Wer am Abend in Saurahas Innenstadt den Klängen von Livemusik folgt, landet wahrscheinlich im Gig House. Es ist nicht die

ÜBER DIE GRENZE: VON BELAHIYA NACH SUNAULI

Grenzöffnungszeiten

Die Einreisebehörden auf beiden Seiten der Grenze sind für Fußgänger rund um die Uhr geöffnet, der indische Grenzposten ist für Fahrzeuge jedoch von 22 bis 6 Uhr geschlossen. Nach 19 Uhr und vor 7 Uhr muss auf beiden Seiten der Grenze möglicherweise erst ein Einreisebeamter gesucht werden.

Geldwechsel

Auf der indischen Seite von Sunauli gibt es keine Geldwechsler. Mehrere Geldwechsler auf der nepalesischen Seite der Grenze wechseln nepalesische und indische Rupien sowie Bargeld und Reiseschecks in US-Dollar, UK-Pfund und Euro. Geschäfte und Hotels auf beiden Seiten der Grenze akzeptieren indische und nepalesische Rupien zum festen Wechselkurs von 1,6 nepalesischen Rupien für eine indische Rupie.

Weiterreise nach Indien

Linienbusse fahren von Sunauli nach Gorakhpur (94 ₹, 3 Std., alle 15 Min. 4–19 Uhr), von dort fahren Züge nach Varanasi. Einige wenige Busse fahren morgens (4.30, 5.30, 6.30 und 7.30 Uhr) und nachmittags (16.30, 17.30 und 18.30 Uhr) direkt nach Varanasi (271 ₹, 11 Std.), die Fahrt ist aber lang und holprig. Um 8 und um 9 Uhr fährt ein Bus mit Klimaanlage (400 NPR). Schnellere Gemeinschaftsautos und Jeeps nach Gorakhpur stehen hinter der indischen Einreisebehörde an der Straße und fahren los, sobald sie voll sind (150–300 NPR, 2 Std.).

Man sollte sich davor in Acht nehmen, „durchgehende" Tickets von Kathmandu oder Pokhara nach Varanasi zu kaufen. Einige Reisende berichten, man habe sie unter Druck gesetzt, noch ein Ticket zu kaufen, sobald sie über der Grenze waren. Bei Reisen in beide Richtungen ist es besser, einen Nahverkehrsbus bis zur Grenze zu nehmen, zu Fuß die Grenze zu passieren und dann wieder einen Bus für die Weiterfahrt zu nehmen (den Fahrer an Bord bezahlen). Reisende haben sich auch beklagt, gedrängt worden zu sein, in Bussen, die aus Sunauli abfahren, für das Gepäck einen Aufschlag zu zahlen. Das müssen Sie nicht, also höflich ablehnen.

gewohnte Club-Szene, aber allemal besser als ein weiterer Abend im Hotel. Die Speisekarte ist multinational (350–450 NPR).

Accoustica　　　　　　　　LIVEMUSIK
(Karte S.282; ☑9855046238; Sauraha; ⊘7–23 Uhr, Livemusik ab 19 Uhr) Das abgefahrene Restaurant definiert sich über seine Livemusik, ergänzt durch Veggie-, Chicken- oder Buffalo-Burger. Angeboten werden auch ähnliche Elefanten-Wanderungen wie die, für die Tiger Tops der Vorreiter war.

Sauraha Tharu Culture House　　　　　LIVE-VORFÜHRUNGEN
(Karte S.282; Sauraha; 100 NPR; ⊘Show 19.30 Uhr) Abendliche Vorführung traditioneller Gesänge und Tänze der Tharu, gezeigt wird auch der populäre Stocktanz.

Tharu Culture Program　　LIVE-VORFÜHRUNGEN
(Karte S.282; ☑9845024469; 100 NPR; ⊘Show Okt.–Mai 19, Juni–Sept. 20 Uhr) Abendliche Vorführungen des Stocktanzes der Tharu.

 Shoppen

Auch wenn es nicht mit Thamel vergleichbar ist, bietet Sauraha im Terai eindeutig die besten Möglichkeiten zum Shoppen. Einfach die Hauptstraße von einem Ende zum anderen entlangbummeln und dabei auch einen Blick in die Seitenstraßen werfen, dabei lässt sich ein breites Angebot an tibetischem und nepalesischem Kunsthandwerk finden. Zu den Highlights zählen Tharu-Schmuck, Batikarbeiten, Mithila-Gemälde, Papierprodukte aus Elefantenmist, Holzschnitzereien und schöne bunte Textilien.

Happy House　　　　　　KUNSTHANDWERK
(Karte S.282; ☑056-580026; Gaida Chowk, Sauraha; ⊘7–21 Uhr) Kleines, familiengeführtes Geschäft mit einer guten Auswahl an Souvenirs, das auch eigenen Honig in verschiedenen leckeren Geschmacksrichtungen produziert. Außerdem im Angebot sind Batikkunst und farbenfrohe Mithila-

Gemälde (S. 324) auf handgefertigtem Papier, das von Handwerkskooperativen von Frauen in der Nähe von Janakpur hergestellt wird.

Women Art & Handicrafts Shop
KUNSTHANDWERK

(Karte S. 282; Sauraha; ⏱7–10 Uhr) Für Batik-bekleidung, Schmuck, handbemalte T-Shirts und Papier aus Elefantenmist, das sehr viel schöner ist, als es klingt. Es gibt kein Geschäftsschild: Der Laden ist direkt unterhalb vom Gig House.

ℹ Praktische Informationen

Die **Parkverwaltung** (Karte S. 274; ☎056-521932; Ausländer/Reisende aus der SAARC/Kinder unter 10 Jahren pro Tag 1500/1000/kostenlos plus 13 % Steuer; ⏱6–18 Uhr) befindet sich in Kasara, das etwa 13 km westlich von Sauraha liegt. In Sauraha gibt es ein gesondertes **Parkbüro** (Karte S. 282; ☎056-521932; Ausländer/Reisende aus der SAARC/Kinder unter 10 Jahren pro Tag 1500/1000/kostenlos plus 13 % Steuer; ⏱Ticketbüro 6–9 & 12–16 Uhr) für den östlichen Parkbereich. An beiden Verkaufsstellen sind Tagestickets für den Park erhältlich, die meisten Besucher müssen sich jedoch nicht selbst zu einer dieser Verkaufsstellen begeben, weil dies normalerweise vom Reiseveranstalter erledigt wird.

Zum Zeitpunkt unserer Recherchen war das **Nationalpark-Besucherzentrum** (Karte S. 282) wegen Renovierung nach den großen Schäden durch die Überschwemmungen beim Monsun 2017 geschlossen.

In der Stadt gibt es zahlreiche Geldautomaten, nicht alle akzeptieren jedoch ausländische Bankkarten. Die folgenden Automaten akzeptierten zum Zeitpunkt unserer Recherchen ausländische Karten, ihnen ging jedoch häufig das Geld aus. Die Prabhu Bank hat einen Geldautomaten in der Nähe des Travellers Jungle Camp und einen weiteren südlich vom Gaida Chowk, dort befindet sich auch ein Geldautomat der Himalaya Bank. Der Geldautomat der Kumari Bank befindet sich direkt nördlich des Hotels Shiva's Dream, gleich nebenan steht der Geldautomat der Nabil Bank.

Mehrere private Geldwechsler akzeptieren ebenfalls ausländische Währungen und Reiseschecks. Bei **Chitwan Money Changer** (Karte S. 282; Sauraha; ⏱7–20 Uhr) kann Bares gewechselt werden.

ℹ An- & Weiterreise

AUTO

Reisebüros und Hotels können ein Privatauto von Pokhara oder Kathmandu aus nach Chitwan organisieren. Die Kosten dafür belaufen sich auf rund 85 €. Die Fahrt dauert einfach etwa fünf Stunden.

BUS

Chitwans wichtigster Busbahnhof ist der **Bachhauli Bus Park** (Karte S. 282) im Nordosten der Stadt. Am einfachsten ist der Chitwan-Nationalpark von Kathmandu aus mit einem Touristenbus/klimatisierten Bus (500/650 NPR, 5–7 Std.) erreichbar. Die Busse fahren in Kathmandu gegen 7 Uhr an dem Ende der Kantipath ab, an dem Thamel liegt.

Von Pokhara fahren Touristenbusse (400–450 NPR, 5–7 Std.) um 7.30 Uhr an der Touristenbus-Haltestelle ab. Endhaltestelle ist der Touristenbus-Parkplatz Bachhauli, 15 Minuten zu Fuß von Sauraha. Jeeps und die gefürchteten Hotelschlepper warten dort, um Neuankömmlinge für 50 NPR zu einem Hotel zu bringen. Egal, was die Schlepper behaupten, es gibt keinerlei Verpflichtung, in einem bestimmten Resort einzuchecken.

Ein Touristenbus (600 NPR) fährt an die indische Grenze bei Sunauli/Belahiya. Ab Sauraha fahren alle Touristenbusse um 9.30 Uhr von Bachhauli ab. Buchungen kann jedes Hotel oder jedes Reisebüro vornehmen.

Eine komfortablere Option ist der täglich fahrende klimatisierte Bus, der von **Greenline** (Karte S. 282; ☎056-560267; www.greenline.com.np) betrieben wird und für 17 € inklusive Brunch von/nach Kathmandu oder Pokhara fährt. Von Kathmandu oder Pokhara fährt der Bus um 7.30 Uhr ab, von der Greenline-Haltestelle in Sauraha um 9.15 Uhr. Während des Monsuns ist der Betrieb unregelmäßig oder wird eingestellt. **Rose Cosmetics** (Karte S. 282; ☎9845024203; Hathi Chowk, Sauraha) in Sauraha betreibt einen täglichen Kleinbus (500 NPR) nach Kathmandu (Kalanki), der um 5 Uhr abfährt und vor 12 Uhr mittags ankommt. Rückfahrt ab Kathmandu um 13 Uhr.

Es fahren auch öffentliche Busse mit Zusteigemöglichkeit in Tandi Bazaar (auch bekannt als Sauraha Chowk) auf dem Mahendra Highway, etwa 6 km nördlich von Sauraha. Angefahrene Ziele sind Kathmandu, Pokhara und Siddharthanagar (Bhairawa)/Sunauli (300 NPR, 5–6 Std., alle 30 Min.). Zum Flughafen in Bharatpur fährt ein Nahverkehrsbus von Tandi Bazaar bis Narayangarh (40 NPR).

FLUGZEUG

Wer nach Chitwan unterwegs ist, fliegt am besten nach Bharatpur und nimmt dort ein Taxi (1800 bis 2000 NPR bis Sauraha). Buddha Air und Yeti Airlines bieten tägliche Flüge von Kathmandu nach Bharatpur an (93 €, 30 Minuten). Reisebüros und Hotels können Buchungen vornehmen.

RAFTING

Auf interessantere Weise gelangt man auf einer Raftingtour auf dem Fluss nach Chitwan. Die meisten großen Raftinganbieter in Kathmandu haben Raftingtouren auf den Flüssen Trisuli und Narayani im Angebot, wobei der Nationalpark, normalerweise im Rahmen einer Pauschalreise, das Highlight der Tour bildet. Das Raftingerlebnis ist eher ein gemächliches Dahingleiten – es bieten sich aber einige schöne Ausblicke, und auf den Sandstränden am Ufer lässt es sich bestens campen.

Mugling ist der Hauptanlegeplatz am Prithvi Highway, etwa auf halber Strecke zwischen Kathmandu und Pokhara. Eine Raftingtour von hier nach Chitwan dauert einen Tag. Die meisten Leute verbinden das Rafting mit einer pauschalen Safari im Nationalpark – pro Person muss man für den Raftingabschnitt ungefähr 76,50 € hinlegen. Raftinganbieter können in aller Regel entsprechende Arrangements organisieren.

ZU FUSS

Vom winzigen Hugdi aus, auf halber Strecke zwischen Benighat und Mugling, führt eine Trekkingroute in fünf Tagen südlich nach Sauraha, dabei wird das Stammesgebiet der Chepang durchquert. Unterwegs können Forts und Aussichtspunkte in die Berge besucht, Vögel beobachtet und verschiedene kulturelle Aktivitäten wahrgenommen werden. Diese Route wird von zahlreichen Trekkinganbietern in Kathmandu und Pokhara promotet.

ⓘ Unterwegs vor Ort

FAHRRAD

Mehrere Shops in Sauraha, insbesondere rund um Gaida Chowk, verleihen Fahrräder zur Erkundung der umliegenden Dörfer. Die übliche Leihgebühr liegt zwischen 250 und 300 NPR pro Tag.

JEEP & PONYWAGEN

Ab Sauraha kostet es mit einem reservierten Jeep (d.h. keinem Gemeinschaftsfahrzeug) zur Bushaltestelle Bachauli 300 NPR. Mit einem Gemeinschafts-*Tonga* (Ponywagen) liegen die Kosten bei 100 NPR. Ein Taxi nach Tandi Bazaar am Mahendra Highway kostet 700 NPR, bis zum Flughafen Bharatpur 1800 bis 2000 NPR.

Siddharthanagar & Sunauli

☎ 071 / 165 000 EW.

Der Grenzübergang Sunauli zwischen Nepal und Indien wird von Touristen am meisten frequentiert und sieht viele Menschen, die Richtung Süden nach Varanasi oder Delhi oder nach Norden Richtung Lumbini, Pokhara und Kathmandu unterwegs sind. Die meisten sprechen diesseits und jenseits der Grenze von Sunauli, offiziell heißt die nepalesische Grenzstadt jedoch Belahiya.

Wie so viele Grenzstädte ist auch diese staubig und chaotisch. Die meisten Reisenden lassen sich nur ihren Pass abstempeln und ziehen weiter. Wer hier übernachten muss, findet an der unattraktiven Geschäftsstraße Hotels, sinnvoller ist es jedoch, sich für die entspanntere Stadt Siddharthanagar zu entscheiden. Sie liegt 4 km weiter nördlich und ist auch unter dem Namen Bhairawa bekannt.

Busse fahren direkt von der Grenze in die meisten größeren Städte Nepals, wer also nicht plant, hier zu übernachten, oder nach Lumbini unterwegs ist, muss Siddharthanagar (Bhairawa) nicht unbedingt ansteuern, denn es gibt dort nichts Nennenswertes zu sehen.

🛏 Schlafen & Essen

🛏 Sunauli

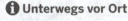

Hotel Mamata   HOTEL €
(☎ 071-418011; www.hotelmamata.com; Siddhartha Hwy., Belahiya; Zi. 1200 NPR, mit Klimaanlage 2000 NPR) Hotel Mamata dürfte das beste Hotel nahe der Grenze sein mit ordentlichen Zimmern und einem professionellen Management, Luxus sollte man jedoch nicht erwarten. Es hat ein gutes Restaurant, und vor dem Gebäude stehen zwei Geldautomaten, die ausländische Bankkarten akzeptieren. Der Eigentümer weiß über die Reisemöglichkeiten vor Ort sehr gut Bescheid.

Hotel Aakash   HOTEL €
(☎ 071-418072; aakashshahi@hotmail.com; Siddhartha Hwy., Belahiya; EZ/DZ 800/1000 NPR, mit Klimaanlage 1400/1600 NPR; ❋ 🛜) Obgleich die Lobby, die Klimaanlage und die Zimmerpreise einen Quantensprung gegenüber Belahiyas typischen Spelunken vorgaukeln, sind die düsteren und schmuddeligen Zimmer dieses Hotels in Wirklichkeit nur eine geringfügige Verbesserung. Das Hotel liegt in der Nähe der Einreisebehörde, hat einen guten Reisebüroschalter direkt vor der Tür, wo Busse für die Weiterreise gebucht werden können, und es gibt einen Geldautomaten der State Bank of India.

Siddharthanagar (Bhairawa)

Hotel Glasgow
HOTEL €

(☎ 071-523737; www.theglasgowhotel; Bank Rd., Siddharthanagar; EZ/DZ 1200/1400 NPR, mit Klimaanlage 1600/1800 NPR; ❄☎) Dieses Hotel hat das beste Preis-Leistungs-Verhältnis im Stadtzentrum, die Zimmer sind komfortabel, wenn auch unterschiedlich in der Größe, aus der Dusche kommt kochend heißes Wasser, das Personal ist sehr aufmerksam, Restaurant und Bar sind in Ordnung. Das Haus leidet weniger unter dem Straßenlärm als benachbarte Optionen.

Hotel Nirvana
HOTEL €€

(☎ 071-520516; www.nirvana.com.np; Paklihawa Rd., Siddharthanagar; EZ/DZ inkl. Frühstück 42,50/51 €; ❄@☎) Dies ist das bei Weitem hochwertigste Hotel in der Stadt. Es bietet dicke Matratzen, Badewanne, ein professionelles Personal und ein elegantes Restaurant zum Garten hin. Es wird ein Abholservice vom Flughafen angeboten (500 NPR), es gibt eine Bar und das Beste von allem ist die ruhige Lage, sodass ein guter Schlaf in diesen wunderbaren Betten garantiert ist. Es können Autofahrten nach/von Lumbini organisiert werden. Nach Rabatten fragen kann sich lohnen.

White Lotus
HOTEL €€

(☎ 071-520276; www.hotelwhitelotus.com; Siddhartha Hwy., Siddharthanagar; EZ/DZ 2000/2500 NPR; ❄☎) Durch die sehr stilvollen, bequemen Zimmer ist das Hotel ein Schnäppchen. Das klimatisierte Restaurant bietet eine multinationale Küche.

🍷 Ausgehen

⭐TNT Rock Bar
BAR

(☎ 9857022021; Bank Rd., Siddharthanagar; Bier 350 NPR; ⏰7–22 Uhr) Eine Rock-Bar im Terai? Ja, tatsächlich, dank der heldenhaften Bemühungen der jungen Eigentümer. Hier spielt immer Livemusik, keine Coverversionen, und die Gäste sind sehr jung, zumindest bis die Polizei einschreitet (gegen 23 Uhr). An der Bank Road 100 m westlich vom Devkot Chowk. Nach dem Schild im Obergeschoss Ausschau halten.

ℹ Praktische Informationen

In Siddharthanagar (Bharaiwa) gibt es mehrere Banken, normalerweise ist es jedoch einfacher, an der Grenze Geld zu wechseln. Der Geldautomat der State Bank of India neben dem Hotel Aakash, Belahiya, akzeptiert nur Visa-Kreditkarten,

die Geldautomaten der Nabil Bank und der Siddhartha Bank beim Hotel Mamata hingegen akzeptieren die meisten ausländischen Bankkarten. Es gibt insgesamt viele Geldautomaten in Siddharthanagar, die Automaten der Nabil und Standard Chartered Bank akzeptieren die meisten ausländischen Bankkarten.

Die Regierung von Nepal betreibt eine kleine **Touristeninformation** (☎ 071-520304; Belahiya; ⏰ So–Fr 10–17 Uhr) auf der nepalesischen Seite der Grenze.

ℹ An- & Weiterreise

BUS

Busse nach Kathmandu und Pokhara fahren ab Sunauli/Belahiya und Siddharthanagar (Bharaiwa). Von Sunauli fahren die Busse nach Kathmandu (550 NPR, 8 Std.) um 5.30 Uhr ab. Klimatisierte Busse der Touristenklasse kosten 800–1200 NPR. Busse nach Pokhara (500 NPR, 8 Std.) fahren stündlich ab 5 Uhr. Zu späteren Zeiten und allen anderen Reisezielen fahren die Busse ab Siddharthanagar (Bharaiwa). Misstrauen ist vor Reisebüros in Indien oder Nepal geboten, die behaupten, „durchgehende Tickets" zwischen beiden Ländern anzubieten: An der Grenze muss immer umgestiegen werden.

Die komfortabelste Option ist der klimatisierte Salina-Bus nach Kathmandu (800–1200 NPR, 6–7 Std.). Ein Bus fährt um 7 Uhr los, und vier Busse fahren zwischen 18 und 20 Uhr. Die Busse fahren in Kathmandu an der Kreuzung Kalinka und südöstliche Ringstraße um 7 und um 7.30 Uhr ab und in Sunauli um 7 Uhr. Die Verbindungen finden täglich statt, und zwar in Zusammenarbeit mit den Reiseveranstaltern Baba Bhairav Travels und Buddha Darshan, keine Sorge also, falls auf dem Bus einmal einer dieser Namen steht.

Von der Bushaltestelle in Siddharthanagar (Bharaiwa) fahren häufig Kleinbusse nach Kathmandu (700 NPR, 8 Std., stündl.) über Narayangarh (350 NPR, 3 Std.). Busse nach Pokhara (500 NPR, 9 Std.) fahren stündlich zwischen 6 und 12 und wieder zwischen 16 und 20 Uhr. Sie fahren über Tansen (250 NPR, 5 Std.) auf dem Siddhartha Highway und auch über Mugling (650 NPR, 8 Std.).

Ebenfalls von Siddharthanagar (Bharaiwa) aus gibt es alle 15 Minuten Verbindungen nach Butwal (80 NPR, 45 Min.). Von dort gibt es dann viele weitere Verbindungen Richtung Westen und den Siddhartha Highway hinauf. Von Siddharthanagar (Bharaiwa) Richtung Osten fährt ein Bus nach Janakpur (900 NPR, 8 Std.) um 6.10 Uhr.

Nahverkehrsbusse nach Lumbini (50 NPR, 1 Std.) und Taulihawa (100 NPR, 3 Std.) fahren stündlich ab der Kreuzung Siddhartha Highway mit der Straße nach Lumbini, etwa 1 km nördlich der Bank Road.

FLUGZEUG

Die Eröffnung des Gautam Buddha International Airport, etwa 1 km westlich der Stadt, ist für Anfang 2019 geplant. Bis dahin bieten **Buddha Air** (☎ 071-526893; www.buddhaair.com), **Yeti Airlines** (☎ 071-527527; www.yetiairlines.com) und **Nepal Airlines** (www.nepalairlines.com.np) tägliche Flüge (115 €, 35 Min.) zwischen Kathmandu und Siddharthanagar (Bhairawa) an, ebenso wie die kleineren Gesellschaften Saurya Airlines (www.sauryaairlines.com), Shree Airlines (www.shreeairlines.com) und Simrik Airlines (simrikairlines.com). Büros und Vertreter der Airlines sind in Siddharthanagar an der Kreuzung von Bank Road und Siddhartha Highway beim Hotel Yeti zu finden. Tickets können auch in den Hotels gebucht werden.

Ein Taxi nach/von Siddharthanagar (Bharaiwa) und Sunauli kostet 400/500 NPR.

ⓘ Unterwegs vor Ort

Sehr volle Gemeinschaftsjeeps und Nahverkehrs-Shuttlebusse verkehren zwischen der Grenze und Siddharthanagar (Bharaiwa) für 15 NPR. Eine Fahrt mit der Rikscha kostet mindestens 100–150 NPR.

Lumbini
☎ 071

Lumbini liegt 22 km westlich von Siddharthanagar (Bhairawa) und ist eine einzigartige religiöse Stätte mit besonderer Ausstrahlung, deren Besuch, beabsichtigt oder nicht, nachdenklich stimmt. Hier wurde um das Jahr 563 v. Chr. eine der am meisten verehrten Persönlichkeiten der Geschichte geboren, Siddhartha Gautama

DIE GEBURT BUDDHAS

Der historische Buddha, Siddhartha Gautama, war der Sohn von Suddhodana, Herrscher von Kapilavastu, und Maya Devi, einer Prinzessin aus dem benachbarten Königreich Devdaha. Der Legende nach war die schwangere Maya Devi zwischen beiden Ländern unterwegs, als sie an einen stillen Teich gelangte, der von blühenden Salbäumen umgeben war. Nachdem sie in dem kühlen Wasser gebadet hatte, setzten plötzlich die Wehen ein, und sie hatte gerade noch genügend Zeit, um 25 Schritte zu gehen und als Stütze den Ast eines Bodhibaums zu ergreifen, bis das Baby geboren war. Das war um das Jahr 563 v. Chr., und die Örtlichkeit der Geburt wurde ohne jeden Zweifel als Lumbini identifiziert.

Nach der Geburt sagte ein Seher voraus, der Junge würde ein bedeutender Lehrer oder bedeutender König werden. Begierig auf Letzteres, schirmte König Suddhodana ihn von der Außenwelt außerhalb des Palastes ab. Im Alter von 29 Jahren verließ Siddhartha erstmals die Stadt und wurde mit einem alten Mann, einem kranken Mann und einem Leichnam konfrontiert. Von dieser unerwarteten Erfahrung menschlichen Leidens schockiert, gab der Prinz sein luxuriöses Leben auf, um ein Asket zu werden, zu fasten und über die Natur des Lebens zu meditieren. Nach einigen schweren Entbehrungen erkannte der einstige Prinz, dass das Leben als hungernder Armer ebenso wenig zur Weisheit führte wie das Leben als verwöhnter Prinz. So wurde der „Mittlere Weg" geboren.

Nachdem er schließlich 49 Tage unter einem Bodhibaum an der Stelle des heutigen Bodhgaya in Indien meditiert hatte, erreichte Siddhartha die Erleuchtung – ein fundamentales Verständnis für die Natur menschlichen Lebens. Er begab sich nach Sarnath, in der Nähe von Varanasi, um seine erste Predigt zu halten, damit war der Buddhismus geboren. Umbenannt in Buddha („der Erleuchtete"), verbrachte Siddhartha die nächsten 46 Jahre damit, den Mittleren Weg zu lehren – einen Weg der Mäßigung und Selbsterkenntnis, durch den der Mensch dem Kreislauf von Geburt und Wiedergeburt entkommen und das Nirwana erreichen konnte, einen Zustand ewiger Seligkeit.

Der Buddha starb im Alter von 80 Jahren in Kushinagar, in der Nähe von Gorakhpur in Indien. Obgleich er Göttlichkeit und Materialismus ablehnte, sind alle Stätten, die mit Buddhas Leben in Verbindung gebracht werden, Pilgerzentren geworden, und er wird heute in der buddhistischen Welt als Gottheit verehrt. Seine Anhänger reisen über Kontinente, um Lumbini, Bodhgaya, Sarnath und Kushinagar zu besuchen.

Die Ruinen von Kapilavastu wurden in der Nähe von Lumbini in Tilaurakot ausgegraben, und in jüngerer Zeit wurde auch die Stätte von Devdaha, der Heimat von Maya Devi, in einem Außenbezirk der nepalesischen Stadt Butwal identifiziert.

Lumbini

N 0 ———— 500 m

4 World Peace Pagoda
11

Taulihawa (26 km);
Tilaurakot (Kapilavastu)
(29 km)

Siddharthanagar
(Bhairawa)
(21 km)

Markt
für Pilger
30
Haupt-
tor
12
Busse nach
Taulihawa
Parsu
Chowk
25

Lumbini-
Entwicklungs-
zone
21

8
16

Westliche
Klosterzone
18 **19**
Chinesisch-Buddhis-
tisches Kloster
Zhong Hua
5 **14**
9 **7**

3
Königlich-thailändisches
buddhistisches Kloster
Östliche Klosterzone
1 Kambodschanisches
Kloster
15
17
10

13
22
20
Zeremonielle
Glocke

Ewige
Flamme
Goldene
Buddha-
Statue

Telar

Lumbini
Bazaar
28
Busse nach
Kathmandu
27
29 **26**
24

Heiliger
Garten
6 **2** Maya-Devi-
Tempel
Heiliger
Teich

23

DAS TERAI & DIE MAHABHARAT-KETTE LUMBINI

– besser bekannt als Buddha. An der Stelle steht der ergreifende Maya-Devi-Tempel, benannt nach Buddhas Mutter. Seine Ursprünge reichen weiter als zwei Jahrtausende zurück.

Heute ist der Maya-Devi-Tempel Teil eines riesigen, 3 mal 2 km großen Parks, der unter dem unschönen Namen Lumbini-Entwicklungszone bekannt ist. Es ist ein Entwurf des japanischen Architekten Kenzo Tange von 1978 und besteht aus einem langen Kanal in der Mitte, flankiert von Straßen klösterlicher Tempel, die buddhistische Gemeinden aus aller Welt beigesteu-

ert haben, sodass sich darin verschiedene regionale Architekturstile widerspiegeln. Die Arbeiten befinden sich noch immer in Ausführung, aber beim Betreten stellt sich ein eigenartiges Gefühl ein, weil dieses Modellzentrum des Buddhismus sehr viel mehr Besucher aufnehmen könnte, als wegen seiner Abgelegenheit kommen. Einige der Tempel sind absolut verblüffend, allen voran die aus Südostasien. Tanges eigenes, brutal modernistisches Gebäude, das Ähnlichkeit mit aufeinandergestapelten Röhren hat, passt überhaupt nicht ins Bild. Der Erhaltungszustand der einzelnen Tempel

Lumbini

Highlights
1 Kambodschanisches Kloster C3
2 Maya-Devi-Tempel B4
3 Königlich-thailändisches Kloster B3
4 World Peace Pagoda B1
5 Chinesisches Kloster
   Zhong Hua...B3

Sehenswertes
6 Ashoka-Säule B4
7 Drubgyud Chöling Gompa....................B3
8 Großer Lotos-Stupa der
   Drigung Kagyu......................................B3
9 Koreanischer Tempel B3
10 Lokamani-Pula-Pagode B4
11 Kranichreservat Lumbini......................B1
12 Museum Lumbini B2
13 Manang-Samaj-Stupa B4
14 Muttertempel des Stufenwegs
   zur Erleuchtung B3
15 Goldener Tempel aus Myanmar...........B3
16 Nepalesischer Vajrayana-
   Mahavihara-Tempel B3
17 Sri-lankisches Kloster..........................C3
18 Kloster Thrangu Vajra Vidhya..............B3

19 Phat-Quoc-Tu-Tempel B3

Aktivitäten, Kurse & Touren
20 Anapana Meditation B4
21 Bootsfahrten auf dem Kanal...............B2
   Holiday Pilgrims Care Tour &
   Travels ....(siehe 27)
22 Panditarama International
   Vipassana Meditation Centre..............B4

Schlafen
23 Buddha Maya Garden Hotel.................C5
24 Hotel Lumbini Garden New
   Crystal C5
25 Lumbini Buddha Garden D2
26 Lumbini Guest House C4
27 Lumbini Village Lodge...........................C4
28 Sunflower Travellers Lodge C4

Essen
29 Lumbini Invitation 365 ....C4

Praktisches
   Ticketverkauf............................ (siehe 30)
30 Touristeninformation B2

ist sehr unterschiedlich und die Anlage ist noch immer im Bau, mit der Besichtigung aller Tempel nacheinander ist man jedoch einen ganzen Tag lang beschäftigt.

Endlich am bescheidenen Maya-Devi-Tempel angekommen, drängt sich die Überlegung auf, was Buddha über all dies wohl denken würde. Der Buddhismus ist so, wie er ursprünglich verstanden wurde, keine Religion, sondern ein psychologischer Ansatz, um sich selbst vom Leid der Welt zu befreien. Es gibt im Buddhismus weder einen Gott noch irgendeinen Hinweis darauf, dass Buddha den Wunsch gehabt hätte, vergöttlicht zu werden. Und dennoch zeigt sich genau dieser Prozess überall. In der Geburtsgeschichte des Babys Gautama und der Heiligung seiner Mutter sind starke Parallelen zur christlichen Theologie zu sehen. Und genau das ist in Lumbini am faszinierendsten: Auf dem Weg von einem Ende der Entwicklungszone zum anderen spürt man, wie sich der Buddhismus zu einer echten Religion entwickelt.

Geschichte

Nach langjährigen Arbeiten in Lumbini sind sich die Archäologen recht sicher, dass Siddhartha Gautama, der historische Buddha, tatsächlich hier geboren wurde.

Seine Anhänger errichteten an dieser Stelle einen gewaltigen Komplex aus Klöstern und Stupas. Der indische Kaiser Ashoka unternahm 249 v. Chr. eine Pilgerreise hierher und errichtete eine seiner berühmten Säulen. Kurze Zeit später suchte eine unbekannte Katastrophe Lumbini heim. Als der chinesische Pilger Fa Hsien (Fa Xian) 403 n. Chr. zu Besuch kam, fand er die Klöster verlassen vor, und die Stadt Kapilavastu lag in Trümmern. 200 Jahre später beschrieb ein anderer chinesischer Pilger, Hsuan Tang (Xuan Zang), 1000 verfallene Klöster und Ashokas Säule, die, durch einen Blitzschlag getroffen, zerbrochen auf dem Boden lag.

Die Stätte war jedoch nicht völlig in Vergessenheit geraten. Der nepalesische König Ripu Malla unternahm 1312 eine Pilgerreise hierher, wobei er möglicherweise die Bildsäule der Geburtsszene zurückließ, die noch heute im Maya-Devi-Tempel verehrt wird.

Ende des 14. Jhs. fielen Moguln in der Region ein und zerstörten in Kapilavastu und in Lumbini die verbliebenen „heidnischen" Denkmäler. Die Region wurde wieder der Wildnis überlassen, und die Stätten gingen der Menschheit verloren, bis der Gouverneur von Palpa, Khadga Shumsher Rana, Ende 1896 mit der Ausgrabung von Ashokas Säule begann.

🎯 Sehenswertes

⭐ Maya-Devi-Tempel BUDDHISTISCHER TEMPEL

(Ausländer/Reisende aus der SAARC 200/100 NPR; ⏱6–18 Uhr) Das spirituelle Herz Lumbinis, der Maya-Devi-Tempel, kennzeichnet die Stelle, wo Königin Maya Devi um 563 v. Chr. Siddhartha Gautama zur Welt brachte. Im angrenzenden heiligen Garten befinden sich Ashokas Säule sowie alte Überreste von Stupas, und Mönche in weinroten und safrangelben Gewändern versammeln sich unter einem ausladenden Bodhibaum (Pappelfeige), der mit Gebetsfahnen geschmückt ist. Eintrittstickets können 50 m nördlich vom Tor zum heiligen Garten gekauft werden, am Tor werden die Schuhe ausgezogen.

Ausgrabungen, die 1992 durchgeführt wurden, legten eine Abfolge von Ruinen frei, die mindestens 2200 Jahre zurückreichen, darunter einen Gedenkstein auf einem Ziegelsockel, auf den die Beschreibung eines Steines passt, der im 3. Jh. v. Chr. von Kaiser Ashoka niedergelegt wurde. Es gibt Pläne, an dieser Stelle ein großes Denkmal zu errichten, vorerst jedoch schützt ein massiver Ziegelpavillon die Tempelruinen.

Die Ruinen können auf einem erhöhten Bretterweg umrundet werden. Das Zentrum für Pilger ist eine in Sandstein geschnitzte Geburtsszene Buddhas. Sie soll im 14. Jh. vom Mallakönig Ripu Malla hier zurückgelassen worden sein, als Maya Devi als Inkarnation der hinduistischen Muttergöttin verehrt wurde. Die Schnitzereien wurden in den Jahrhunderten der Verehrung so abgenutzt, dass sie weitgehend flach geworden sind, aber die Figur von Maya Devi ist noch erkennbar: Sie greift nach einem Ast des Baumes und bringt Buddha zur Welt, während Indra und Brahma zuschauen. Direkt unterhalb steht ein Markierungsstein, umschlossen von Panzerglas, der genau die Stelle anzeigt, an der Buddha geboren wurde.

In dem heiligen Teich neben dem Tempel soll Maya Devi gebadet haben, bevor sie Buddha zur Welt brachte. Auf dem Gelände verteilt sind die Ruinen der Grundmauern einiger Ziegel-Stupas und Klöster aus der Zeit zwischen dem 2. Jh. v. Chr. und dem 9. Jh. n. Chr. zu sehen.

Ashoka-Säule MONUMENT

Der indische Kaiser Ashoka besuchte 249 v. Chr. Lumbini und ließ zur Erinnerung daran eine beschriftete Säule aus Sandstein zurück. Nachdem die Ashoka-Säule jahrhundertelang verschollen war, wurde sie 1896 vom Gouverneur von Palpa, Khadga Shumsher Rana, wiederentdeckt. Heute steht die 6 m hohe Säule aus rosa Sandstein wieder an ihrem ursprünglichen Standort vor dem Maya-Devi-Tempel.

Lumbini Museum MUSEUM

(☎071-404053; Ausländer/Reisende aus der SAARC 50/20 NPR; ⏱Mi–Mo 10–16 Uhr) Versteckt am Nordende der Anlage befindet sich das Museum, das sich dem Leben Buddhas widmet. Gezeigt wird eine hübsche Sammlung von Artefakten und Fotos von Buddha-Stätten aus aller Welt. Auch ein ausgezeichnetes Modell des Masterplans der Entwicklungszone von Lumbini ist zu bewundern.

⭐ World Peace Pagoda BUDDHISTISCHER TEMPEL

(⏱Sonnenaufgang–Sonnenuntergang) Die eindrucksvolle, schimmernd weiße World Peace Pagoda liegt außerhalb der Hauptanlage, ist jedoch mit dem Fahrrad leicht zu erreichen. Es ist einer der größten Stupas der Welt, für 850 000 € von japanischen Buddhisten erbaut. Die glänzende goldene Statue stellt Buddha in der Haltung dar, die er bei seiner Geburt eingenommen hatte. Neben dem Sockel des Stupas befindet sich das Grab eines japanischen Mönchs, der während des Baus dieses Denkmals von antibuddhistischen Extremisten ermordet wurde.

Lumbini-Kranich-reservat NATURSCHUTZGEBIETE

Die Feuchtgebiete im Umkreis der World Peace Pagoda stehen als Kranichreservat unter Naturschutz. Die Chancen sind gut, hier einige der seltenen Saruskraniche über die Felder stolzieren zu sehen, vielleicht aber auch eine große Nilgauantilope zu entdecken. Der Eingang ist rechts, direkt vor dem Tor zur Pagode. Ein Weg führt zu einem Aussichtsturm mit ausgezeichneten Ausblicken über die Feuchtgebiete.

Buddhistische Klöster

Kenzo Tanges Masterplan unterteilt die Entwicklungszone in vier Hauptbereiche. Der Maya-Devi-Tempel (S. 294) begrenzt den Heiligen Garten im Süden. Die glänzend weiße World Peace Pagoda (S. 294) steht am Nordende, zusammen mit Ver-

waltungs-, Wohn- und Forschungsgebäu-
den. In der Mitte befindet sich die Klosterzone, die in Nord-Süd-Richtung durch
den 1,6 km langen zentralen Kanal geteilt
wird. Die westliche Klosterzone ist für
Klöster der Mahayana-Schule bestimmt.
Man erkennt sie an Mönchen in weinroten Gewändern und einem lauteren Ge-
betsstil mit Hörnerklang und Becken-
schlag. Die östliche Klosterzone ist für
Klöster der Theravada-Schule bestimmt,
die in ganz Südostasien und Sri Lanka
weit verbreitet ist und an Mönchen in safrangelben Gewändern zu erkennen ist.
Durch beide gemeinsam entsteht eine faszinierende Landkarte der buddhistischen
Philosophie der Welt, die sehr lebendig
ist, denn viele Mönche wohnen hier ständig. Ein Modell des Masterplans wird im
Lumbini Museum (S. 294) gezeigt.

Soweit nicht anders angegeben, sind
die Klöster täglich von 8 bis 12 und 13 bis
17 Uhr geöffnet. Vor dem Betreten müssen
die Schuhe ausgezogen werden, daher
lohnt es sich, ein Paar Socken dabeihaben,
um im Innenhof nicht in der sengenden
Sonne über die glühend heißen Fliesen
sprinten zu müssen.

WESTLICHE KLOSTERZONE

★ Chinesisch-Buddhistisches Kloster Zhong Hua BUDDHISTISCHES KLOSTER

(☉8–12 & 13–17 Uhr) Dieses formschöne
Kloster ist eines der eindrucksvollsten
Bauwerke in Lumbini und wirkt durch den
eleganten Stil nach Art einer Pagode wie
eine kleine Verbotene Stadt. Betreten wird
das Kloster durch ein Tor, das von Fo-Hun-
den flankiert wird. Der perfekt gepflegte
Innenhof ist eine Oase des Friedens.

Koreanisch-Buddhistischer Tempel BUDDHISTISCHER TEMPEL

(☉8–12 & 13–17 Uhr) Zum Zeitpunkt unserer
Recherchen schloss die südkoreanische
Regierung gerade den Bau dieses gewaltigen Tempels ab. Das Innere ist prachtvoll,
noch immer können Arbeiter gesehen
werden, die mit der kunstvollen Decken-
bemalung beschäftigt sind, bis zu deren
Fertigstellung noch mehr als ein Jahr ver-
gehen wird.

Manang-Samaj-Stupa BUDDHISTISCHER TEMPEL

(☉8–12 & 13–17 Uhr) Dieser große, geschmackvolle Chörten (Tibetanischer Stupa für Reliquien) wurde von Buddhisten
aus Manang im Norden Nepals errichtet,
benötigt jedoch noch einiges an Arbeit. Im
Inneren des Tempels steht eine goldene
Buddha-Statue, die von bunten Wandmalereien umgeben ist.

Drubgyud Chöling Gompa BUDDHISTISCHES KLOSTER

(☉8–12 & 13–17 Uhr) Dieses buddhistische
Kloster der Drubgyud-Schule im klassischen tibetischen Stil wurde 2001 von
Buddhisten aus Singapur und Nepal erbaut. Die Wandgestaltung im Inneren ist
recht kunstvoll. Nebenan steht ein riesiger, goldener Stupa mit ringförmigen
Verzierungen.

Muttertempel des Stufenweges zur Erleuchtung BUDDHISTISCHER TEMPEL

(☉8–12 & 13–17 Uhr) Die österreichische Stiftung Geden International erbaute diesen
Komplex aus Stupas und Klöstern, Letztere im klassisch griechischen Stil.

Vietnamesischer Phat-Quoc-Tu-Tempel BUDDHISTISCHER TEMPEL

(☉8–12 & 13–17 Uhr) Vietnams Beitrag hat
ein prachtvolles Dach, aber einen kitschigen Rasen: Die künstlichen Berge wirken
eher wie ein Minigolfplatz. Die verblasste
Herrlichkeit erinnert daran, dass eine
komplizierte Anlage auch konsequente
Pflege verlangt.

Nepalesischer Vajrayana-Mahavihara-Tempel BUDDHISTISCHER TEMPEL

Dieser schöne Newar-Tempel mit zentra-
lem Innenhof näherte sich zur Zeit unserer
Recherchen seiner Fertigstellung.

Kloster Thrangu Vajra Vidhya BUDDHISTISCHES KLOSTER

(☉8–12 & 13–17 Uhr) Der von Kanadiern fi-
nanzierte Klostertempel eröffnete 2014
und wird zu 80 % von Nonnen bewohnt.
Bemerkenswert ist der Tempel wegen der
nahezu 3000 Buddha-Statuen, die vor den
Innenwänden stehen. Jede Statue steht für
einen anderen Spender.

Großer Lotos-Stupa der Drigung Kagyu BUDDHISTISCHER TEMPEL

(☉8–12 & 13–17 Uhr) Dieser ausgesprochen
extravagante Stupa, den die deutsche Ta-
ra-Stiftung errichtet hat, enthält eine hoh-
le Krone, die teilweise verglast ist und einen kleinen Buddha im Inneren zeigt. Die
kuppelförmige Decke des Hauptgebets-
raumes ist mit buddhistischen Wandmalereien bedeckt.

ÖSTLICHE KLOSTERZONE

★ Königlich-thailändisches buddhistisches Kloster
BUDDHISTISCHES KLOSTER

(☉8–12 & 13–17 Uhr) Dieser überwältigend eindrucksvolle Wat (Kloster im thailändischen Stil) in der Nähe des Nordendes des Teiches ist aus weiß schimmerndem Marmor erbaut. Gleich nebenan ist das Meditationszentrum mit dem blauen Dach ein weiteres architektonisches Kunstwerk. Dies ist wohl die großartigste Anlage in der Klosterzone.

Goldener Tempel aus Myanmar
BUDDHISTISCHER TEMPEL

(☉8–12 & 13–17 Uhr) Der Goldene Tempel aus Myanmar ist eines der ältesten Bauwerke auf dem Gelände. Es gibt drei Gebetshallen – die eindrucksvollste wird nach dem Vorbild der Tempel von Bagan von einem Shikhara (Turm) in Form eines Maiskolbens gekrönt.

Lokamani-Pula-Pagode
BUDDHISTISCHE STÄTTE

Auf dem Gelände des Goldenen Tempels aus Myanmar steht dieser riesige vergoldete Stupa, der im südbirmanischen Stil und inspiriert vom Shwedagon Paya in Yangon erbaut wurde.

Sri-lankisches Kloster
BUDDHISTISCHES KLOSTER

(☉8–12 & 13–17 Uhr) Das großartige sri-lankische Kloster, das von einem Wassergraben umgeben wird, enthält kunstvolle bunte Wandmalereien, die das Leben Buddhas erzählen.

★ Kambodschanisches Kloster
BUDDHISTISCHES KLOSTER

Dieses farbenprächtige fantastische Kloster mit starken Anklängen an Angkor Wat soll 2018 endgültig fertiggestellt werden. Es handelt sich bereits jetzt um einen der faszinierendsten Tempel in Lumbini.

Der Tempel wird von einer quadratischen Brüstung umgeben, getoppt von vier 50 m langen grünen Schlangen, deren Schwänze sich an den Ecken umschlingen. Die Anlage selbst ist von einer ausgedehnten Außenmauer umgeben, die kunstvoll verziert ist.

🏃 Aktivitäten

Panditarama International Vipassana Meditation Centre
MEDITATION

(☎071-580118; www.panditarama-lumbini.info) Ein Meditationszentrum, in dem die Gläubigen gegen eine symbolische Spende meditieren können. Erreicht wird das Zentrum auf der unbefestigten Straße, die von der Ewigen Flamme aus (gleich nördlich vom Maya-Devi-Tempel) am Westufer des Teiches entlangführt.

Anapana Meditation
MEDITATION

GRATIS Das von Thailand gesponserte, attraktive Besucherzentrum für Weltfrieden und Harmonie in Lumbini (Lumbini World Peace and Harmony Visitor Center) bietet den Besuchern zwischen 9.30 und 17.30 Uhr regelmäßige Sitzungen in Anapana-Meditation von 30 Minuten Dauer an. Hier sind zudem die hübschesten Toiletten in Lumbini zu finden (10 NPR), eine nicht unwichtige Information auf dem langen Weg.

Bootsfahrten auf dem Kanal
BOOTSFAHRTEN

(pro Person 70 NPR) Klassische südostasiatische Longtailboote (d.h. mit einem Motor mit langer Propellerwelle) bieten gemütliche Fahrten auf dem zentralen Kanal an. Am Nordende des Kanals beim Haupttor an Bord gehen.

👉 Geführte Touren

Es hat sich bewährt, einen Guide zu engagieren, der die verschiedenen Sehenswürdigkeiten der Entwicklungszone erklärt. Der aktuell geltende Tarif liegt bei 2000–3000 NPR pro Tag, eine Rikscha kostet extra. Ansonsten verleihen auch viele Hotels und Reisebüros Fahrräder für etwa 150 NPR pro Tag.

Holiday Pilgrims Care Tour & Travels
GEFÜHRTE TOUREN

(☎071-580432; www.pilgrimsnepal.com; Lumbini Bazaar) Dieses Unternehmen, das der Lumbini Village Lodge angegliedert ist, organisiert geführte Touren, die den Teilnehmern das Leben im Terai nicht nur oberflächlich nahebringen. Dorftouren (500 NPR, plus 150 NPR fürs Frühstück) können per Fahrrad unternommen werden, dabei wird eine kostenlose Landkarte zur Verfügung gestellt, sodass man selbstständig herumfahren kann. Es wird auch eine geführte Tour zur Vogelbeobachtung angeboten, zu der der Besuch eines „Geier-Restaurants" gehört. Dort wird den vom Aussterben bedrohten Geiern sauberes Fleisch angeboten, das frei ist von Diclofenac. Diclofenac-Rückstände in Tierkadavern sind für ein verheerendes Geiersterben verantwortlich.

TILAURAKOT

29 km westlich von Lumbini wurde Tilaurakot als die historische Stätte von Kapilavastu identifiziert, wo Siddhartha Gautama die ersten 29 Jahre seines Lebens verbrachte. Die Stätte befindet sich auf einer friedlichen Wiese am Ufer des Banganga River. Auch wenn die Fundamente einer großen Wohnanlage noch zu sehen sind, ist doch ein gewisses Maß an Fantasie nötig, um sich den extravaganten Luxus vorzustellen, der Buddha dazu brachte, die Natur des Lebens zu hinterfragen. Der auffallende Schrein in unmittelbarer Nähe mit mehreren geschnitzten Dickhäutern ist Maya Devi gewidmet.

Bei der letzten Abzweigung nach Tilaurakot gibt es ein kleines **Museum** (Ausländer/ Reisende aus der SAARC 100/50 NPR; ☉ Mi–So 10–17 Uhr, Mo 10–15 Uhr), das einige Artefakte zeigt, die bei der Stätte gefunden wurden. Ein neues und größeres Museumsgebäude, das zum Zeitpunkt unserer Recherchen im Bau war, soll 2020 fertiggestellt sein.

Um von Lumbini nach Tilaurakot zu gelangen, mit einem Nahverkehrsbus vom Busbahnhof Lumbini an die Kreuzung am Parsu Chowk fahren (15 NPR, 10 Min., alle 30 Min.) und in einen Bus nach Tilaurakot umsteigen (50 NPR, 1½ Std., alle 30 Min.), 3 km nördlich von Taulihawa. An die Stätte Tilaurakot kann für 100/175 NPR einfach/ hin und zurück mit einer Rikscha gefahren werden. Die beste Möglichkeit ist jedoch über die Lumbini Village Lodge, die für 800 NPR ein Fahrzeug für einen Tag organisieren kann. Ansonsten kann für die Rückfahrt von Lumbini für etwa 3000 NPR ein Taxi genommen werden.

🐾 Feste & Events

Buddha Jayanti
RELIGIÖS

(☉ April/Mai) Die wichtigste buddhistische Feierlichkeit in Lumbini ist das jährlich im April oder Mai veranstaltete Fest, zu dem Busladungen voller Buddhisten aus Indien und Nepal kommen, um die Geburt Buddhas zu feiern. Es kommen auch Pilger, um jede Purnima (Vollmondnacht) und Astami (die achte Nacht nach dem Vollmond) feierlich zu begehen.

Rupa Devi
RELIGIÖS

(☉ April–Mai) Viele Hindus betrachten Buddha als Inkarnation von Vishnu, und so kommen Tausende hinduistischer Pilger zum Vollmond des nepalesischen Monats Baisakh, um Maya Devi als Rupa Devi, die Muttergöttin von Lumbini, anzubeten.

🛏 Schlafen & Essen

Die meisten Budgetoptionen sind in Lumbini Bazaar zu finden (auch bekannt als Buddhanagar), das kleine Dorf gegenüber dem Osteingang zur Lumbini-Entwicklungszone. Die gehobeneren Hotels stehen in der Entwicklungszone nördlich der Bhairawa-Taulihawa Road oder an der Peripheriestraße an der Ostseite der Entwicklungszone.

⭐ Lumbini Village Lodge
HOTEL €

(☎ 071-580432; lumbinivillagelodge@yahoo.com; Lumbini Bazaar; Bett 400 NPR, EZ 550–740 NPR, DZ 850–950 NPR; ☎) Charmante und gastfreundliche Budgetlodge mit kühlem Innenhof, dem ein Mangobaum Schatten spendet, mit großen, makellosen Zimmern mit Ventilator und Insektenschutz an den Fenstern (das Eckzimmer 306 ist der Hit) und einem kleinen Dachterrassen-Café. Jedes Jahr wird frisch gestrichen, sodass alles immer hell und fröhlich ist. Die Eigentümer bieten Touren in die umliegenden Dörfer an.

Lumbini Guest House
HOTEL €

(☎ 071-580142; www.lumbiniguesthouse.com; Lumbini Bazaar; EZ/DZ 500/600 NPR, Deluxe-Zi. mit/ohne Klimaanlage 2000/1200 NPR; ❄@☎) Das Lumbini Guest House ist eine komfortable Budgetoption in Lumbini Bazaar mit einem ordentlichen Restaurant mit multinationaler Küche. Alle Zimmer sind geräumig und sauber mit Bad und LCD-TV. In mehreren klimatisierten Räumen kann man der Hitze entfliehen.

Lumbini Buddha Garden
HOTEL €€

(☎ 9851100566, 071-4442016; www.lumbinibuddhagarden.com; Telar River; EZ/DZ inkl. Frühstück 60/68 €; ❄☎) Das Hotel verteilt sich über 4 ha mit einem Mix aus Zimmern und strohgedeckten Cottages mit Kathedraldecke. Beide Varianten sind gut ausgestattet mit Klimaanlage, Deckenventilatoren und Komfortbetten und ähneln sich im Stil, wobei die Cottages aber etwas altmodisch sind. Zelte mit Dusche/WC für ein/zwei Personen gibt es für 17/21 €. Naturpfade führen von hier in die Region.

Hotel Lumbini Garden New Crystal
HOTEL €€

(📞 071-580145; www.newcrystalhotels.com; Lumbini Bazaar; EZ/DZ 53/60 €; ❄@🛜) Komfortables Drei-Sterne-Hotel für Pilger, die gut bei Kasse und normalerweise in Reisegruppen unterwegs sind. Die Zimmer bieten alle Annehmlichkeiten, die man sich wünschen kann. Restaurant mit multinationaler Küche und Bar, und in der Lobby sind reichlich religiöse Requisiten erhältlich. Das Hotel bietet 72 Zimmer im überwiegend westlichen Stil sowie eine Handvoll im japanischen Stil.

Sunflower Travellers Lodge
HOTEL €€

(📞071-580004; www.sunflower-tl.com; Lumbini Bazaar; Zi. 2400 NPR, mit Klimaanlage 2700 NPR; ❄🛜) Diese helle Pension an der östlichen Peripheriestraße hat fröhliche Zimmer und ein effizientes chinesisches Management. Die Zimmer sind von der kleinen Sorte, aber tadellos. Fernseher gibt es keine. Im Obergeschoss ist ein kleines Restaurant mit ausgezeichnetem chinesischem Essen (Hauptgerichte 160–380 NPR) untergebracht, im Erdgeschoss gibt es einen Souvenir Shop, und nach einem anstrengenden Besichtigungstag kann man sich eine Stunde Akupressur-Massage für 17 € gönnen.

Buddha Maya Garden Hotel
HOTEL €€€

(📞 071-580220, in Kathmandu 01-4434705; www.ktmgh.com; EZ/DZ ab 104/121 €; ❄🛜🏊) Das gut geführte Resort auf einem großen Gelände in der südöstlichen Ecke der Entwicklungszone bietet elegante, geschmackvolle und geräumige Zimmer in ruhiger dörflicher Umgebung. Es gibt ein ausgezeichnetes Restaurant (das Abendbüfett wird allerdings besser gemieden), und das Personal ist hilfsbereit. Es lohnt sich, nach Rabatten zu fragen.

Lumbini Invitation 365
INTERNATIONAL €

(Fusian Garden; 📞071-580211; Lumbini Bazaar; Hauptgerichte 150–250 NPR; 🛜) Dieses beliebte, kleine Restaurant muss man einfach lieben mit seinen Schirmen vor der Tür und einer breit gefächerten Speisekarte, auf der alles vom Burger über Pancakes und Momos bis zum üblichen Thali zu finden ist. Die rührigen Eigentümer betätigen sich auch noch mit einer Budgetunterkunft, einer Pension gleich um die Ecke (Zi. 1000–1200 NPR).

ℹ️ Praktische Informationen

Ein **Touristeninformationszentrum** (🕐6–18 Uhr) gibt es neben dem Ticketverkauf, gleich auf der Innenseite des Haupttors.

In Lumbini Bazaar gibt es fünf Geldautomaten, am zuverlässigsten akzeptiert der Automat der Everest Bank ausländische Bankkarten. Wer Bargeld wechseln möchte, versucht es am besten in seinem Hotel.

ℹ️ An- & Weiterreise

Nahverkehrsbusse verkehren regelmäßig zwischen Lumbini und dem Busbahnhof in Siddharthanagar (Bhairawa) (50 NPR, 1 Std., stündl.). Taxis von Lumbini Bazaar kosten bis zum Hauptbusbahnhof von Siddharthanagar (Bhairawa) 1000 NPR und bis zur Grenze bei Sunauli (Belahiya) 1500 NPR. Lumbini Village Lodge ist dabei behilflich, Gemeinschaftstaxis zu organisieren, sodass sich Reisende die Kosten teilen können.

Um von Lumbini nach Taulihawa zu kommen, mit einem Nahverkehrsbus bis zur Kreuzung mit der Siddharthanagar (Bhairawa) Road fahren (20 NPR) und in einen Bus nach Taulihawa umsteigen (130 NPR, 1½ Std., halbstündl.).

Ein Linienbus nach Kathmandu (550 NPR, 9–10 Std.) fährt zwischen 6 und 7 Uhr in Lumbini Bazaar ab. Sakura Travels betreibt einen halbtouristischen Bus (d.h. nicht klimatisiert) zum Busbahnhof Kakani in Kathmandu (750 NPR, 9 Std.). Salinas klimatisierter Touristenbus nach Kathmandu kostet 850 NPR. Bustickets gibt es in jedem Reisebüro oder gegen eine kleine Gebühr im Hotel.

ℹ️ Unterwegs vor Ort

Am besten kommt man auf dem Gelände mit dem Fahrrad herum. Lumbini Village Lodge (S. 297) in Lumbini Bazaar berechnet 150 NPR pro Tag für zuverlässige Fahrräder der Marke Hero.

Eine gute Alternative ist das Mieten einer Elektro-Riksha. Am Haupttor (Norden) zur Entwicklungszone lungern viele Riksha-Typen herum, sie nehmen pro Stunde etwa 200 NPR.

DER SIDDHARTHA HIGHWAY

Die meisten Reisenden von Sunauli nach Pokhara folgen dem Mahendra Highway bis Narayangarh und setzen ihre Reise von Mugling bis Pokhara auf dem Prithvi Highway fort. Eine interessantere Route bietet der Siddhartha Highway, der sich nördlich durch die dramatische Tinau-Schlucht über das idyllische Bergdorf Tansen (Palpa) Richtung Pokhara windet. Eine spektakuläre Strecke an den nahezu senkrechten Wänden der Schlucht mit Ausblicken auf Gipfel, Täler und Wasserfälle und damit eine der großartigsten Autofahrten in Nepal. Von Anfang bis Ende dauert die Fahrt im Auto rund fünf Stunden.

Butwal
🕿 071 / 121000 EW.

Überfüllt, trocken und staubig – Butwal hat alle Kennzeichen einer typischen Stadt im Terai, auf den betriebsamen Straßen haben die klingelnden Rikschas das Sagen. Mit ihrer Lage an einer antiken Handelsroute von den indischen Ebenen in den Himalaja ist die Stadt noch immer ein wichtiger Knotenpunkt für Verkehr und Handel an der Kreuzung des in Nord-Süd-Richtung verlaufenden Siddhartha Highway und des in Ost-West-Richtung führenden Mahendra Highway. Dennoch ist Butwal, was den Tourismus angeht, ein unbeschriebenes Blatt, daher reisen die meisten nur durch.

Archäologen haben 15 km östlich von Butwal ein Dorf als die Stätte des Königreichs Devdaha identifiziert, die Heimat von Maya Devi, der Mutter von Siddhartha Gautama, bekannt als Buddha. An der Ausgrabungsstätte befindet sich ein kleiner Gedenkpark, am Mahendra Highway steht ein Wegweiser Richtung Narayangarh.

🛏 Schlafen & Essen

Hotel Kandara   HOTEL €
(🕿 071-540175; Traffic Chowk; EZ/DZ 600/800 NPR, Zi. mit Klimaanlage 1600 NPR; ✳🛜) Das Hotel Kandara am belebten Highway beim Traffic Chowk ist eine vernünftige Wahl für eine günstige Unterkunft. Das luftige, offene Gefühl wird durch die hohen Zimmerdecken gefördert. Zur Wahl stehen einfache Zimmer mit Bad und Deluxe-Zimmer mit Badewanne und Klimaanlage. Das Hotel hat ein ordentliches Restaurant und sichere Parkmöglichkeiten weg von der Straße.

De Novo   HOTEL €€
(🕿 071-438885; www.clubdenovo.com; EZ/DZ 36/41 €; ✳🛜♨) Das moderne Hotel ist das beste in Butwal. Hier herrscht eine Busi-

ness-Atmosphäre, aber das Hotel hat auch eine vergnügliche Seite mit Pool und Karaoke-Bar. Die Zimmer sind hübsch möbliert.

★ Olive Garden Family Restaurant   MULTINATIONALE KÜCHE €
(🕿 071-544455; Siddhartha Highway; 150–300 NPR; ⊗8–22 Uhr; ✳🛜) Butwals beliebtestes Restaurant bietet eine multinationale Küche, großzügige Räumlichkeiten, man kann draußen essen, und freitags ab 18 Uhr gibt es Livemusik. Das Restaurant befindet sich gleich rechter Hand, wenn man von Norden her nach Butwal kommt.

❶ Praktische Informationen
Es gibt in der Umgebung des Traffic Chowk mehrere Geldautomaten; der Automat gegenüber vom Hotel Royal akzeptiert internationale Bankkarten.

❶ An- & Weiterreise
Alle Fernbusse fahren vom Hauptbusparkplatz gleich südlich vom Traffic Chowk ab. Es fahren Busse nach Kathmandu (510 NPR, 8–10 Std., halbstündl.) und Pokhara (490 NPR, 9 Std., alle 2–3 Std.) über Mugling und den Prithvi Highway. Es fahren auch ein oder zwei Busse morgens über die landschaftlich schöne Straße nach Pokhara (450 NPR, 6 Std.) über Tansen (100 NPR, 2½ Std.). Nahverkehrsbusse fahren alle 10 Minuten nach Sunauli/Siddharthanagar (Bhairawa; 80 NPR, 45 Min.).

Auf dem Mahendra Highway fahren Linienbusse Richtung Osten nach Narayangarh (250 NPR, 3 Std., alle 15 Min.) und Richtung Westen nach Dhangadhi (845 NPR, 10 Std., 3–5 Mal pro Tag) und Bhimdatta (Mahendranagar; 955 NPR, 12 Std., 2–3 Mal pro Tag). Anschlussmöglichkeiten gibt es nach Nepalganj (in Kohalpur aussteigen) und zum Bardia-Nationalpark (in Ambassa aussteigen – ein Moment die Augen geschlossen und schon ist es verpasst).

Tansen (Palpa)
🕿 075 / 1372 M. Ü. D. M.

Hoch über dem Fluss Kali Gandaki gelegen, ist Tansen eine untouristische Stadt, und genau darum ist ein Aufenthalt lohnend. Beim Zutagefördern der reichen Geschichte kommt Entdeckergeist auf, während man den Alltag in diesem Bergdorf erlebt. Hier sind kunstvoll geschnitzte Fenster im Newar-Stil zu sehen, hier ist das Klappern von Webstühlen zu hören. Die Stadt hat zwar nicht das hübsche Gesicht von Bandipur, ihre tiefgründigeren Reize erschließen sich jedoch mit der Zeit. Einer davon ist mit etwas Glück der Nebel, der morgens häufig über dem Madi-See liegt und bei den Einheimischen als „Weißer See" bekannt ist. Unbedingt Wanderschuhe mitbringen: Die steilen Straßen bringen einen sportlich auf Trab.

Die Einwohner von Tansen sind mächtig stolz auf ihre Heimatstadt, was sicher von ihren ruhmreichen Jahren als Hauptstadt des Magar-Königreichs Tanahun herrührt. Bis zum Aufstieg der Shahs war Tanahun eines der mächtigsten Königreiche in Nepal. Im 16. Jh. hätten die Truppen unter Führung von König Mukunda Sen beinahe Kathmandu erobert. Die Macht der Magar schwand jedoch im 18. Jh., und Tansen wurde letztlich als Handelsposten der Newar auf der Route zwischen Indien und Tibet neu erfunden. Heute ist es die Hauptverwaltung des Distrikts Palpa. Einige Nepalesen nennen die Stadt Palpa.

Sehenswertes

Sitalpati
PLATZ
Der Hauptplatz in Tansen wird von einem achteckigen Pavillon beherrscht (und ist nach ihm benannt), der in den Zeiten, als Tansen von den Gouverneuren der Shahs regiert wurde, für öffentliche Funktionen genutzt wurde. Heute ist es ein beliebter Treffpunkt der Einheimischen, um sich zu unterhalten. Der kleine zweistöckige **Bhimsen Mandir** in der Nordwestecke des Platzes, ist dem Newar-Gott des Handels und der Wirtschaft geweiht. Im Süden steht das große Tor **Baggi (Mul) Dhoka**.

Tansen Durbar
PALAST
Am Südende des Sitalpati steht das beeindruckende rote Tansen Durbar, das schön restauriert wurde, nachdem es während einer der gewaltsamsten Kämpfe während des Maoistenaufstands zerstört worden war. Das ursprüngliche Bauwerk wurde 1927 für den Provinzgouverneur errichtet.

In neuerer Zeit diente das Gebäude als Sitz der Hauptverwaltung des Distrikts, wodurch sich auch erklärt, warum es die Maoisten darauf abgesehen hatten. Heute enthält es ein Museum für Heimatkultur und -geschichte. Zum Zeitpunkt unserer Recherchen wurde gerade damit begonnen, die Sammlung zu bestücken.

Amar Narayan Mandir
HINDUISTISCHER TEMPEL
(rund um die Uhr) Am unteren Ende der Asan Tole (der steilen Straße im Osten des

Tansen (Palpa)

Sehenswertes
1 Amar Narayan Mandir B2
2 Baggi (Mul) Dhoka A2
3 Sitalpati B2
4 Tansen Durbar A2

Schlafen
5 City View Homestay A2
6 Hotel Gauri Shankar Guest House A3
7 Hotel the White Lake A3
8 Palpali Chhen B2

Essen
9 Nanglo West A2
10 Royal Inn A2

Sitalpati) steht der Amar Narayan Mandir, ein klassischer dreistöckiger Holztempel im Pagodenstil. Der Mandir wurde im Jahr 1807 von Amar Singh Thapa erbaut, dem ersten Gouverneur von Tansen, und er gilt als einer der schönsten Tempel, der außerhalb des Kathmandu-Tals zu finden ist. Seine aus Holz geschnitzten Gottheiten sind wunderschön gearbeitet, bemerkenswert sind außerdem die erotischen Szenen an den Dachstreben und die abwechselnden Schädel und Tierköpfe, die sich am Oberbalken befinden.

Anhänger kommen jeden Abend, um zu Ehren des höchsten Gottes Vishnu Butterlampen zu entzünden.

Am Beginn der Stufen zum Amar-Narayan-Tempel steht der ähnliche, aber kleinere **Mahadev Mandir**, ein Shiva-Tempel.

Schlafen

★ City View Homestay   PRIVATUNTERKUNFT €
(075-520563, 9847028885; shrestha.manmohan@gmail.com; Zi. 500–700 NPR) Die beste Budgetoption sind die vier Zimmer im Haus von Mohan Shrestha, dem betriebsamen Mann hinter GETUP, einem ehrenamtlichen Touristeninformationsdienst. Vom Dach aus bietet sich eine großartige Aussicht auf die Stadt und weiter in die Ferne. Die Zimmer sind einfach, aber geräumig und tadellos. Falls alles belegt ist, kann Mohan ähnliche Privatunterkünfte in der Nähe finden. Einen Block nördlich vom Sitalpati.

Hotel Gauri Shankar Guest House   HOTEL €
(9847043540; Silkhan Tole; alte Zimmer 800–1000 NPR, ohne Bad 400 NPR, neue Zimmer 1500–3500 NPR) Das Hotel verteilt sich auf alte, gerade noch erträgliche Budgetzimmer und einen neuen Anbau mit einem tadellosen Restaurant, das eine der seltenen Küchen beherbergt, in die Glaswände Einblick gewähren, und eine Bandbreite verschiedener, großartig verbesserter Zimmer mit viel Licht. Die Umgebung ist unverändert ungehobelt.

★ Hotel Srinagar   HOTEL €€
(075-520045; www.hotelsrinagar.com; Asan Tole; EZ/DZ 37/49 €;) Diese gehobene Option befindet sich etwa 2 km von der Stadt entfernt auf dem Höhenzug, 20 Minuten zu Fuß westlich des Gipfels Shreenagar Danda. Das Hotel ist also recht abgelegen, aber die Ausblicke auf den Dhaulagiri und die Annapurna-Kette sind dafür einfach sensationell, insbesondere aus dem Eckzimmer mit der Nummer 503. Die holzgetäfelten Zimmer sind komfortabel und haben renovierte Bäder. Die Restaurantterrasse bietet zu einer Seite Aussicht auf die Berge und zur anderen Seite auf den „Weißen See".

Hotel the White Lake   HOTEL €€
(075-520291; Silkhan Tole; EZ/DZ 13/15 €, Deluxe 25,50/30 €;) Das ausgedehnte White Lake hat verschiedenartige Zimmer – die Standardzimmer sind recht einfach und

überteuert, im neuen Flügel jedoch gibt es komfortablere Deluxe-Zimmer mit viel Licht und gemütlichen Balkonen. Am besten nach einem Eckzimmer fragen. Aus dem Restaurant und von der Terrasse sowie aus einigen Zimmern bieten sich schwindelerregende Ausblicke auf den „Weißen See".

Palpali Chhen   B&B €€
(075-521845; www.palpalichhen.com.np; Bank Rd.; inkl. Frühstück EZ/D/ 2400/2800 NPR, Deluxe 3000/3400 NPR;) Ein neuer Geschäftszweig der Betreiber des Restaurants Nanglo West. Es ist ein helles, tadelloses Hotel mit recht beengten Standardzimmern. Die Zimmer, die wir gesehen haben, waren ohne Fenster. Die gehobeneren Zimmer haben dickere Matratzen und TV mit Flachbildschirm. Vorsicht vor muffigen Zimmern, die länger nicht benutzt wurden.

Essen

Royal Inn   NEPALESISCH €
(075-522780; Hauptgerichte 170–350 NPR; 10–21 Uhr;) Das stimmungsvolle Restaurant befindet sich etwa 300 m nordwestlich der Stadt. Untergebracht ist es in einem herrlich restaurierten Newar-Haus (beim Betreten den Kopf einziehen!) und wird von jungen, dynamischen Einheimischen geführt. Neben dem empfehlenswerten nepalesischen Thali gibt es auch Pizza, Burger, Thukpa (tibetische Nudelsuppe) und großartige Momos. Man kann auf dem Boden oder auf Stühlen sitzen.

★ Nanglo West   NEPALESISCH €€
(075-520184; Hauptgerichte 175–425 NPR, Newar-Menü 315–415 NPR; 10–19 Uhr;) Ohne die nepalesischen Köstlichkeiten in dieser stimmungsvollen Oase im Zentrum von Tansen probiert zu haben, ist ein Besuch der Stadt nicht vollständig. Neben dem großartigen Newar-Menü Thali, entweder vegetarisch, mit Huhn oder Hammelfleisch, werden regionale Gerichte serviert wie *choela* (getrocknetes Büffel- oder Entenfleisch mit Chili und Ingwer), dazu gibt es *chiura* (flacher Reis) und gewürzte Kartoffeln in Quark. Es gibt auch eine internationale Speisekarte.

Nebenan ist die Nanglo West Bakery (geöffnet von 7 bis 19 Uhr) mit köstlichen Butterkeksen, Sahnekuchen und Gebäck. Frische Backwaren kommen gegen 10 Uhr in die Theke.

ℹ️ Praktische Informationen

Die ausgezeichnete **GETUP** (Group for Environmental & Tourism Upgrading Palpa; ☎ 075-520563, 9847028885; shrestha.manmohan@gmail.com; 🕐 So–Fr 9–17 Uhr) ist die erste Anlaufstelle für Touristeninformationen.

Es gibt Geldwechsler und am Südende der Bank Road mehrere Banken, darunter die **Nepal Bank Limited** (🕐 So–Fr 10–15 Uhr) und die **Himalayan Bank**.

ℹ️ An- & Weiterreise

Der Busbahnhof befindet sich unten in der Stadt an der Südeinfahrt nach Tansen, der Fahrkartenverkauf ist am Ostende des Busbahnhofs. Busse nach Pokhara (350 NPR, 5 Std.) fahren um 6 und um 10 Uhr ab. Es fahren auch Busse/Kleinbusse nach Kathmandu (620/850 NPR, 11 Std.) um 6 und um 18.45 Uhr.

Linienbusse fahren zwischen 6.30 und 17 Uhr Richtung Süden nach Butwal (100 NPR, 2½ Std., alle 30 Min.). Es fahren auch Busse nach Bhairawa (140 NPR, 2½ Std., vormittags), dort kann man nach Lumbini umsteigen. Ein Touristenbus von Pokhara nach Lumbini (300 NPR) fährt gegen Mittag durch Bartung (auf dem Highway), die genauen Zeiten bitte erfragen. Nahverkehrsbusse nach Ridi Bazaar (120 NPR, 2 Std., alle 20 Min.) fahren ziemlich regelmäßig zu denselben Zeiten – wer am selben Tag wieder zurückfahren möchte, sollte frühmorgens starten.

Wer von einem Bus in Bartung an der Schnellstraße abgesetzt wird und nicht am Busparkplatz, sollte entweder ein Taxi nach Tansen hinauf nehmen oder nach dem Fußweg oder einer Abkürzung nach Tundikhel fragen, denn auf der kurvenreichen Straße dauert es ewig.

Rund um Tansen

Neben den beliebten Wanderungen in und um Tansen gibt es zwei weitere interessante Orte, die zu Fuß oder mit dem Bus gut erreichbar sind, nämlich Ranighat Durbar und Ridi Bazaar.

Ranighat Durbar

Die berühmteste Sehenswürdigkeit in der Nähe von Tansen ist der gespenstisch wirkende Ranighat Durbar am Ostufer des Kali Gandaki. Der zerfallende Barockpalast, der fantasievoll als Nepals Tadsch Mahal bezeichnet wird, wurde 1896 von Khadga Shamsher Rana zur Erinnerung an seine geliebte Frau Tej Kumari erbaut. Khadga war ein ambitionierter Politiker, der wegen eines Komplotts gegen den Premierminister aus Kathmandu verbannt

worden war. Er startete 1921 einen weiteren erfolglosen Versuch, die Macht zu übernehmen, und wurde erneut verbannt, dieses Mal nach Indien. Nach seiner Abreise wurde alles Wertvolle aus dem Durbar demontiert, aber das Gebäude selbst steht noch immer, langsam verfallend, am Ufer des Kali Gandaki, was kürzlich den Beginn von Renovierungsarbeiten veranlasste.

Außerhalb des Monsuns, der zu schrecklichen Bedingungen führt, kann auf einem einfach begehbaren Pfad in drei bis vier Stunden nach Ranighat gewandert werden (hin und zurück acht Stunden). Der Weg beginnt in Gorkhekot, am Ostende von Shreenagar Danda. GETUP in Tansen verkauft einen Führer mit Karte (50 NPR). Der Hinweg zum Fluss hinunter führt weitgehend bergab, durch Reisfelder und Wald, aus dem der verfallene Palast auftaucht. Der Rückweg ist recht anstrengend auf einem steil ansteigenden Pfad auf dem nächsten Bergrücken, der beim Hotel Srinagar herauskommt. Es ist empfehlenswert, vor 8 Uhr zu starten und vor 13.30 Uhr zurückzugehen. Eine Taschenlampe sollte im Gepäck sein, um in dem dunklen Palast etwas zu sehen und für den Fall, noch nach Sonnenuntergang unterwegs zu sein. In Ranighat gibt es auch eine einfache Unterkunft für Besucher, die hier übernachten wollen.

Einige Raftingtouren auf dem Kali Gandaki führen ebenfalls bis zum Palast.

Ridi Bazaar

28 Straßenkilometer nordwestlich von Tansen auf der Straße (oder 13 km zu Fuß) liegt das Newar-Dorf Ridi Bazaar am heiligen Zusammenfluss von Kali Gandaki und Ridi Khola. Ridi ist ein beliebtes Ziel von Pilgerreisen und erhält eine weitere heilige Note durch das Vorhandensein von Saligrams (S. 305) – fossilen Ammoniten, die als Symbole für Vishnu verehrt werden. Dementsprechend ist das wichtigste religiöse Denkmal der **Rishikesh Mandir**, der im 16. Jh. von Mukunda Sen gegründet wurde. Der Legende nach wurde Vishnus Kultbild im Inneren vollständig geformt im Fluss gefunden und alterte wie durch ein Wunder vom Jungen zum Mann. Der Tempel steht am Südufer des Ridi Khola in der Nähe der Bushaltestelle und enthält einen Raum voller Saligrams.

Der Fußpfad beginnt beim Hotel Srinagar in Tansen und führt von der Tamghas

WANDERUNGEN RUND UM TANSEN

Tansen ist umgeben von einem ausgezeichneten Wandergebiet. Das Touristenbüro **GETUP** (S. 302) kann Wanderungen empfehlen, Wanderkarten und Broschüren zum Selbstkostenpreis zur Verfügung stellen und dabei helfen, vor Ort Guides zu organisieren. Es ist ausgesprochen empfehlenswert, vor dem Start die geplante Route mit GETUP zu überprüfen.

Eine der nettesten Kurzwanderungen ist der einstündige Spaziergang hinauf auf den **Shreenagar Danda**, den 1492 m hohen Berg direkt nördlich der Stadt. Der Wanderweg beginnt bei dem kleinen **Ganesh Mandir** (Tempel) oberhalb von Tansen und klettert steil durch offenen Wald auf den Bergkamm. Auf dem Kamm angekommen, nach rechts gehen: Nach 35 Minuten kommt man zu einer modernen **Buddha-Statue** und einem Aussichtspunkt mit einer fantastischen Aussicht über die Schlucht des Kali Gandaki River auf den Himalaja.

Eine andere kurze und einfache Wanderung ist der zweistündige Spaziergang zum **Bhairab-Sthan-Tempel**, 9 km westlich von Tansen. Im Hof vor dem Tempel steht ein riesiger Dreizack aus Bronze. Im Inneren des Tempels ist eine Silbermaske von Bhairab zu sehen, die angeblich von Mukunda Sen in Kathmandu geplündert wurde. Der Spaziergang folgt der Straße von Tansen nach Ridi Bazaar.

Lust auf etwas mehr Herausforderung? Die dreistündige Wanderung in das Dorf **Ghansal** führt über mehrere Aussichtspunkte auf Bergkuppen, die an der Schnellstraße 3 km südlich von Tansen auftauchen. Die Wanderung führt hauptsächlich bergab und bietet spektakuläre Ausblicke ins Tal von Bhut Dada aus, etwa auf halber Strecke.

Eine ganztägige Wanderung beginnt in **Bagnaskot**, auf dem Kamm östlich von **Gorkhekot**, einem wunderbar exponierten Aussichtspunkt auf einer Bergkuppe mit einem kleinen Devi-Tempel. Von hier geht es weiter nach **Aryabhanjyang** am Siddhartha Highway. Für den Rückweg kann ein nach Süden fahrender Bus aus Richtung Pokhara genommen werden. Eine gute Option zwischen Dezember und März ist es, bei der Bio-Kaffeeplantage bei Bartung auszusteigen, an der Abzweigung von der Schnellstraße nach Tansen.

Alle diese Wanderungen lassen sich an einem Tag unternehmen, wenn früh gestartet wird. Wer keine Eile hat, findet unterwegs aber auch einfache Pensionsunterkünfte.

Wer gerne länger wandern und die Pensionen eines Magardorfs erleben möchte, unternimmt die Wanderung mit Übernachtung nach **Baugha Gumha** oder eine viertägige Trekkingtour nach **Kaudelake** und **Remigha** (Rimgha). Es besteht auch die Möglichkeit, der alten Handelsroute von Tansen nach Butwal zu folgen – GETUP hat Wanderkarten (50 NPR) mit genauen Beschreibungen dieser Wege und kann Rat und örtliche Guides liefern.

Road nach Nordwesten. Busse nach Ridi (100 NPR, 2 Std.) fahren halbstündlich am Busbahnhof der Linienbusse in Tansen ab. Für beide Varianten ist der Zeitaufwand beträchtlich. Als Gegenleistung gewinnt man ein Gefühl von Abgeschiedenheit an einem schönen Ort und ein freundliches, gut funktionierendes Dorf, in dem viele einem Fremden noch nachschauen und es kinderleicht ist, Menschen kennenzulernen. Wer hier übernachten möchte, ist mit dem **Hotel Sunrise & Guest House** (☎ 079-400009, 9857068454; Ridi Bazaar; EZ/DZ 700/900 NPR) am besten beraten, gleich um die Ecke beim Busbahnhof. Wegen der Lichtverhältnisse ein Zimmer zur Straße hin wählen.

DER TRIBHUVAN HIGHWAY

Die einfachste und schnellste Route von Birganj nach Kathmandu oder Pokhara führt auf dem Mahendra Highway nach Narayangarh und dann Richtung Norden nach Mugling, aber wann waren die besten Reiseerlebnisse jemals einfach? Wem die endlosen Schlaglöcher nichts ausmachen, der hat eine sehr viel vergnüglichere Fahrt auf dem kurvenreichen und spektakulären Tribhuvan Highway, der bei Hetauda, östlich vom Chitwan-Nationalpark, vom Mahendra Highway abzweigt. Während des Monsuns ist die Straße für Erdrutsche anfällig, aber die Kulisse ist atemberaubend.

Außerdem bietet sich unterwegs bei Daman ein Stopp an, um sich die Beine zu vertreten und einige der besten Ausblicke in ganz Nepal auf den Himalaja auf sich wirken zu lassen.

Hetauda

📞 057 / 153 000 EW.

Die geschäftige Stadt Hetauda markiert die Verbindungsstelle zwischen dem flachen Mahendra Highway und dem steilen und spektakulären Tribhuvan Highway. Der einzige Grund, sich hier aufzuhalten, ist das Umsteigen in einen anderen Bus oder das Vorbereiten von Fahrrad und Beinen für den steilen Anstieg nach Daman.

🛏 Schlafen & Essen

Motel Avocado & Orchid Resort HOTEL €
(📞 057-520429; www.orchidresort.com; Tribhuvan Highway; Nissenhütte EZ/DZ 1000/1300 NPR, EZ/DZ ab 1500/2000 NPR, Deluxe ab 2000/2500 NPR; ❄) Diese lokale Institution liegt in einem Garten voller Orchideen, Rhododendren und Avocadobäumen und ist für Reisende mit jeglichem Geldbeutel eine großartige Wahl. Die Budgetzimmer befinden sich in umfunktionierten Nissenhütten mit Bad, Kaltwasserdusche und Eimern mit heißem Wasser, während die „Motel"-Zimmer gut ausgestattet und komfortabel sind. Die multinationale Küche tischt ausgezeichnete Currys, Tandoori und im Garten BBQs auf.

Radfahrer und Motorradfahrer, die hier seit Jahrzehnten absteigen, haben zu den Zeitungen beigetragen, die im Restaurant vorrätig gehalten werden und interessant zu lesen sind (an der Theke nachfragen). Für Orchideenfreunde und Vogelbeobachter werden vor Ort entsprechende Touren angeboten.

ℹ An- & Weiterreise

Buddha Air (www.buddhaair.com) bietet zwei bis vier Flüge pro Tag nach Kathmandu (86 €, 10 Min.) vom Flughafen Simara an, der sich 35 Autominuten südlich von Hetauda befindet.

Der Haupt-Busbahnhof ist direkt westlich vom Buddha Chowk. Es gibt vormittags und nachmittags Linienbusse nach Pokhara (450 NPR, 6 Std., alle 45 Min.) und Kathmandu (400 NPR, 6 Std.) über Narayanghat (120 NPR, 1 Std.). Es gibt auch Verbindungen zu anderen Zielen östlich und westlich vom Mahendra Highway. Nahverkehrsbusse und Minibusse fahren regelmäßig nach Birganj (80 NPR, 2 Std.).

Busse, die auf dem Tribhuvan Highway fahren, starten an einem kleineren Busbahnhof, der gleich nördlich vom Tor des Motels Avocado liegt. Bis 14 Uhr fahren ungefähr stündlich Busse nach Kathmandu (400 NPR, 8 Std.) über Daman (150 NPR, 4 Std.). Kleinbusse mit Ziel Palung kosten bis Daman 240 NPR. Autorikschas fahren für 500 NPR aus der Stadt zum Busbahnhof.

Es gibt auch einen Jeep-Fahrdienst nach Kathmandu (400 NPR, 4 Std., alle 15 Min.) über Bimphedi und Pharping, aber die Gebirgsstraße ist schmal und es kommt oft zu Verspätungen.

Daman

📞 057 / 8500 EW.

In 2322 m Höhe gelegen und mit klarer Sicht nach Norden, Osten und Westen, kann sich das kleine Dorf Daman, in ganz Nepal die wohl spektakulärste Aussicht auf den Himalaja zu haben. Ungehindert ist die gesamte Kette vom Dhaulagiri bis zum Mount Everest zu sehen.

Das Städtchen selbst scheint leider weitgehend in Vergessenheit geraten zu sein. Nach einer langen Fahrt auf dem Tribhuvan Highway bietet es jedoch eine willkommene Pause, um sich die Beine zu vertreten oder möglicherweise Shangri-La zu finden – in Gestalt seines bemerkenswerten Resorts.

🔴 Sehenswertes

Daman Mountain Resort View Tower AUSSICHTSPUNKT
(30 NPR) Eine der besten Aussichten in Nepal auf den Himalaja bietet sich von dem Aussichtsturm aus Beton innerhalb des Daman Mountain Resort. Leider ist das Resort geschlossen und auf der Suche nach einem neuen Eigentümer, der Aussichtsturm ist jedoch weiterhin geöffnet. Wenn in dem kleinen Ticketbüro niemand anwesend ist, was ziemlich wahrscheinlich der Fall sein wird, einfach hinaufsteigen.

Shree Rikheshwar Mahadev Mandir HINDUISTISCHER TEMPEL
1 km südlich des Dorfes führt ein schmaler Pfad nach Westen durch den Wald zu dem kleinen Shiva-Tempel. Unterwegs kann ein prächtiger kleiner Gompa auf einer Waldlichtung besucht werden, deren umliegende Bäume mit Tausenden von Gebetsfahnen geschmückt sind. Von der Schnellstraße ist es 1 km bis zum Gompa und 1,5 km bis zum Tempel.

Mountain Botanical Gardens PARK

(☺10–17 Uhr; 🅿) Der Botanische Berggarten umfasst 15 ha Wald. Für alle Nichtbotaniker ist dies einfach eine Waldwanderung, für die Führer erhältlich sind. Februar bis März ist die beste Zeit für den Besuch, dann stehen die Rhododendren (die Nationalblume Nepals) in voller Blüte und bilden einen schönen Kontrast zum Himalaja im Hintergrund. Vom Aussichtsturm des Daman Mountain Resorts geht es einfach linker Hand bergauf.

🛏 Schlafen

Es gibt an der Schnellstraße in der Dorfmitte ein paar rustikale Pensionen mit sehr einfachen Zimmern (ab 300 NPR) und zum Essen Dal Bhat.

⭐Everest Panorama Resort HOTEL €€€

(☎057-621480, Kathmandu 01-4412864; www.
facebook.com/Everestpanoramaresort; EZ/DZ
82/102 €; 🕾) Das Everest ist ein Resort in den Bergen, das tatsächlich die Bezeichnung Shangri-La verdient. Der lange Weg, der zum Eingang führt, erinnert an die Filmversion von *Der verlorene Horizont,* das Buch, dem das bleibende Bild des verlorenen Tals im Himalaja zu verdanken ist. Am Ende der Straße verläuft ein 200 m langer Pfad an einem steilen Abhang entlang und erreicht schließlich eine Spalte in der Felswand – den Eingang zum Hotel.

Nachdem man hindurchgegangen ist, öffnet sich ein Tal mit der Himalajawand im Hintergrund. Das Hotel ist an einem Hang erbaut und setzt sich aus einzelnen Cottages zusammen, die im Angesicht des Gebirges der Länge nach auf einer Steinplattform angeordnet sind.

Das Highlight ist das zweistöckige Restaurant mit Bar (Hauptgerichte 200–550 NPR), das sich dem Himmel entgegenstreckt: ein wenig bekannter Klassiker. Hochglanz sollte man hier jedoch nicht erwarten – es gibt keine warmen Handtücher zur Begrüßung. Außerhalb der Saison kann es sogar vorkommen, dass man den Platz ganz für sich allein hat. Aber es gibt westliches Essen, ein verhalten aufmerksames Personal und diese grandiosen Ausblicke als ständige Begleiter. Geführte Wanderungen und Mountainbiketouren können organisiert werden. Oder einfach mal zurücklehnen und *Der verlorene Horizont* in perfekt passender Atmosphäre lesen.

ℹ An- & Weiterreise

Täglich fahren drei Busse nach Kathmandu: ein Minibus (200 NPR, 4 Std.) und drei Busse (220 NPR), die Abfahrtzeiten sind 7.30 Uhr (am besten), 9, 12 und 15 Uhr. Die späteren Busse haben die Angewohnheit, nicht zu kommen. Es gibt auch Busse nach Hetauda (250 NPR, 4 Std.), sie fahren um 7, 9, 10.30 und 13 Uhr ab. Alternativ ist dies eine der spektakulärsten (und mörderischsten) Mountainbikerouten Nepals.

WESTLICHES TERAI

Der Mahendra Highway verläuft von Butwal nach Westen und erreicht die indische Grenze bei Bhimdatta (Mahendranagar). Die Hauptattraktion dieser Region ist der spektakuläre Bardia-Nationalpark, der steigende Besucherzahlen anlockt. Oberhalb liegt der Äußerste Westen, Nepals letzte Grenze mit Jumla und dem Khaptad-Nationalpark. Die Anreise erfolgt normalerweise über den Flughafen Nepalganj. Abenteurern winken zur Belohnung Naturschönheiten und Einsamkeit.

Nepalganj

📞 081 / 138 950 EW.

Nepalganj ist die Heimat von Nepals größter Muslimgemeinde und eine düstere Grenzstadt mit indischem Flair (man fühlt sich vor allem an Uttar Pradesh erinnert). Hier ist mehr Hindi als Nepali zu hören.

SALIGRAMS

Saligrams sind schwarze Steine, die, wenn man sie aufbricht, die fossilen Überreste von Ammoniten freilegen, einer Molluskenart, die vor 140 Millionen Jahren im Tethysmeer lebte. Während der geologischen Kollision, die den Himalaja entstehen ließ, trocknete das Meer aus und die Fossilien gelangten mit den Bergen nach oben. Heute hebt sich der Himalaja noch immer, und der Kali Gandaki und seine Nebenflüsse spülen das alte Sediment durch und fördern diese Fossilien zutage. Die Hindus verehren Saligrams als Manifestation des Gottes Vishnu, der in einen Stein verwandelt wurde, nachdem er versucht hatte, die schöne und tugendhafte Vrinda zu verführen.

Zudem ist die Stadt ein wichtiger Verkehrsknotenpunkt, der den Bardia-Nationalpark ebenso bedient wie viele entlegene Start- und Landebahnen im nordwestlichen Bergland Nepals. Wegen seiner erdrückenden Hitze und des Staubs sehen viele die Stadt nur als notwendiges Übel auf dem Weg zu einem anderen Ziel. Und damit liegen sie ziemlich richtig. Bei der Einfahrt auf der Hauptstraße präsentiert sich die Stadt als lange Abfolge willkürlicher Bauten, die wie durch einen weißen Schleier wahrgenommen werden, mit Fahrzeugen, die in alle Richtungen ausscheren. Auch bei näherem Hinsehen bessert sich der Eindruck nicht.

Nepalganj breitet sich zwar in alle Richtungen aus, dennoch ist es nicht einfach, hier etwas Interessantes zu finden. Ein halbes Dutzend kleiner Tempel stehen an der Hauptstraße, die durch den Basar führt, wobei der auffallende **Bageshwari Mandir**, der Kali geweiht ist, am interessantesten ist. Auch lokal hergestellte Kleider oder Silberschmuck der Tharu lassen sich hier finden.

🛏 Schlafen & Essen

⭐ Galaxy Durbar   HOTEL €
(☎ 081-523213; www.thegalaxydurbar.com; Surkhet Rd. 1; EZ/DZ 2100/2300 NPR; ❀ 🕿) Es ist besonders erfreulich, ein designbewusstes Hotel wie dieses in einer Staubwolke wie Nepalganj zu finden. Die Zimmer sind supergemütlich mit dicken Matratzen und vielen Himmelbetten. Zwei Restaurants mit hübschem und passendem Dekor stehen zur Wahl. Das Restaurant mit Glasfront auf Straßenhöhe bietet ein Menü zum Festpreis von 350 NPR an. Der Preis ist unschlagbar. Nach der gewellten Glasfront Ausschau halten.

Hotel Maruti Nandan   HOTEL €
(☎ 081-527551; www.hotelmarutinandan.com; New Rd.; EZ/DZ 1000/1200 NPR) Dieses farbenfrohe, familiengeführte Hotel bietet zum Schnäppchenpreis geräumige und gut beleuchtete Zimmer mit steinharten Matratzen. Angeschlossen ist ein betriebsames Restaurant. Zu finden ist es 400 m östlich des Dhamboji Chowk.

Traveller's Village   HOTEL €€
(☎ 081-550329; travil2000@gmail.com; Surkhet Rd.; EZ/DZ 21/30 €; ❀ @ 🕿) Das bezaubernde Hotel ist die erste Wahl für Mitarbeiter von der UN und NGOs. Es liegt 2 km nordöstlich vom Birendra Chowk, fast genau gegenüber vom Unicef-Gelände. Eigentümerin ist Candy, eine freundliche amerikanische Lady, die seit 40 Jahren hier lebt. Die Zimmer sind gemütlich und makellos, mit Klimaanlage, Warmwasser und TV. Das einzigartige hausinterne Restaurant, Candy's Place, ist erste Sahne. Unbedingt reservieren.

Kitchen Hut   HOTEL €€
(☎ 081-551231; www.kitchenhut.com.np; Surkhet Rd.; EZ/DZ 2000/2500 NPR; ❀ @ 🕿) Das moderne Businesshotel, 3 km nordöstlich des Birendra Chowk, begann ursprünglich als eines der besten Restaurants in Nepalganj. Die Qualität der Zimmer ist unterschiedlich, zum Zeitpunkt unserer Recherchen wurden sie aber renoviert und ein Anbau war in Arbeit. Im Tripti Restaurant werden sehr gute multinationale Gerichte serviert.

⭐ Candy's Place   INTERNATIONAL €€
(☎ 081-550329; Surkhet Rd.; Hauptgerichte 300–600 NPR; ⏲ 6.30–21.30 Uhr) Ein Stapel Blaubeerpfannkuchen zum Frühstück gefällig? Echte Cheeseburger mit Bacon? Gefülltes Backofenhähnchen – und Filetsteak? Wer hätte erwartet, in Nepalganj amerikanische Hausmannskost zu bekommen? Und dann sitzt man in diesem gemütlichen Imbiss mit sechs Tischen oberhalb des Traveller's Village. Der Himmel auf Erden für alle, denen Dal Bhat gerade zum Hals heraushängt. Keinesfalls Candys berühmten Lemon Meringue Pie versäumen.

ℹ Praktische Informationen

Die Nabil Bank (Ratna Rajmarg; ⏲ So–Do 10 – 16.30, Fr 10–14.30 Uhr) wechselt ausländische Währungen und hat einen Geldautomaten rund um die Uhr direkt südlich vom Karkado Chowk in Betrieb.

ℹ An- & Weiterreise

BUS

Der Busbahnhof liegt 1 km nordöstlich vom Birendra Chowk. Busse nach Kathmandu (1180–1230 NPR, 12 Std., 10 Fahrten pro Tag) und Pokhara (1100 NPR, 12 Std., 3 Fahrten pro Tag) fahren frühmorgens oder am frühen Nachmittag ab. Die Busse nach Kathmandu fahren über Narayangarh (920 NPR, 10 Std.). Busse nach Bhimdatta (Mahendranagar; 600 NPR, 5 Std.) fahren zwischen 5.30 und 13 Uhr stündlich ab. Busse nach Butwal (500 NPR, 7 Std.) fahren stündlich.

Nahverkehrsbusse nach Thakurdwara (mit Ziel Bardia-Nationalpark) fahren um 11.20 und

ÜBER DIE GRENZE: VON NEPALGANJ NACH JAMUNAHA/ RUPAIDHA BAZAAR

Grenzöffnungszeiten

Die Grenze ist von 6 bis 22 Uhr geöffnet. Die Einreisebehörde befindet sich 1 km hinter der Grenze.

Geldwechsel

Auf der nepalesischen Seite der Grenze gibt es mehrere Geldwechsler, die allerdings nur indische und nepalesische Rupien wechseln. Die Nabil Bank und die Standard Chartered Bank in Nepalganj wechseln auch andere Währungen.

Weiterreise nach Indien

Für 200 bis 300 NPR kann eine Rikscha vom Busbahnhof in Nepalganj an die Grenze bei Jamunaha und weiter bis zum Busbahnhof in Rupaidha Bazaar genommen werden. Von hier aus fahren Busse und Gemeinschaftstaxis regelmäßig nach Lucknow (5 Std). Der nächste Bahnhof des indischen Eisenbahnnetzes ist in Nanpara, der Ort befindet sich 17 km von der Grenze.

13.30 Uhr ab (350 NPR, 3 Std.). Es gibt zudem häufige Busverbindungen nach Jumla, Surkhet, Dang, Biratnagar und Bhatrapur.

FLUGZEUG

Es gibt täglichen Linienverkehr zwischen Nepalganj und Kathmandu (127 €, 45–60 Min. 9 Flüge pro Tag) von **Yeti Airlines** (☑ 081-526556; www.yetiairlines.com) und **Buddha Air** (☑ 081-525745; www.buddhaair.com). Man kann es auch mit den kleineren Fluggesellschaften versuchen, das sind Saurya Airlines (www.saurya airlines.com) und Shree Airlines (www.shreeair lines.com).

Nepalganj ist der wichtigste Luftverkehrsknotenpunkt für den Westen Nepals. **Nepal Airlines** (☑ 081-520727; www.nepalairlines.com.np) und **Tara Air** (☑ 081-526556) fliegen beide nach Jumla (111 €, 45 Min.), die erste montags um 11 Uhr, die zweite mittwochs und freitags um 11.45 Uhr. Beide bedienen auch Dolpo (93,50 €, 35 Min., 7–8 Flüge pro Tag) und Simikot (119 €, 50 Min., 7–8 Flüge pro Tag), wegen schlechten Wetters muss jedoch mit Verspätungen und Annullierungen gerechnet werden. Tara Air bietet freitags um 11.45 Uhr einen Flug nach Rara an (157 €, 40 Min.).

❶ Unterwegs vor Ort

Gemeinschafts-Tempos (Dreiradfahrzeuge) verkehren für 25 NPR zwischen dem Busbahnhof und der Grenze; Tongas (Pferdegespanne) werden derzeit ausgemustert.

Eine Elektro-Riksha zum Flughafen kostet pro Person 70 NPR und nach Rupaidha Bazaar in Indien etwa ebenso viel. Ein Taxi zum Flughafen kostet 200 NPR.

Bardia-Nationalpark
☑ 084

Der **Bardia-Nationalpark** (☑ 084-429719; www.bardianationalpark.gov.np; Eintritt für Ausländer/Reisende aus der SAARC/Kinder unter 10 Jahren 1130/500 NPR/kostenlos; ☉ So–Fr Sonnenaufgang–Sonnenuntergang) ist der größte Nationalpark im Terai, eine schöne, unberührte Wildnis mit Salbaumwäldern, Grasland und Schwemmland durch die vielen Arme des Flusses Karnali. Der Park ist weitgehend menschenleer und wird häufig als das beschrieben, was der Chitwan-Nationalpark vor 30 Jahren war, bevor seine kommerzielle Entwicklung einsetzte. Man kann stundenlang durch den Park raften, ohne einer Menschenseele zu begegnen.

Während des Maoistenaufstands in den 1990er-Jahren hat der Park stark gelitten. Der Tourismus versiegte, die Lodges wurden stillgelegt und das Leben der Wildtiere durch Wilderei stark bedroht. Besonders betroffen war davon die Nashornpopulation. Die gute Nachricht ist, dass sie sich von diesem Schaden inzwischen erholt hat, 2014 wurden 31 Nashörner gezählt, und 2017 wurden weitere fünf Tiere von Chitwan hierherverlegt.

Geduldigen Wildtierbeobachtern bietet der Park ausgezeichnete Gelegenheiten. Bengalische Tiger, Panzernashörner, Leoparden und wild lebende Elefanten gehören zu den 30 Säugetierarten, die hier leben. Beim Rafting und bei Kanutouren auf dem Geruwa, dem östlichen Kanal des

DAS TERAI & DIE MAHABHARAT-KETTE BARDIA-NATIONALPARK

Westliches Terai

Karnali, sind gelegentlich Gangesdelfine zu sehen, diese Tiere sind jedoch auf eine gefährlich niedrige Zahl zurückgegangen. Anders als in Chitwan gibt es viele Gangesgaviale, und auch die passend benannten Sumpfkrokodile sind häufig zu sehen. In Bardia leben zudem über 250 Vogelarten, darunter die bedrohten Barttrappen und Saruskraniche.

Wegen Überflutung kann der Park von Mai bis September unzugänglich sein.

Sehenswertes

Die Hauptverwaltung des Bardia-Nationalparks befindet sich 13 km südlich des Mahendra Highway in dem Dorf Thakurdwara. Die holprige Zufahrtsstraße zweigt in Ambassa von der Schnellstraße ab, etwa 500 m vor dem Armee-Kontrollpunkt Amreni. Sie führt zu einem ummauerten Gelände mit einer Reihe von Attraktionen. Gleich hinter dem Tor ist eine einfache **Touristeninformation** (☉10–16 Uhr), bestehend aus zwei großen Räumen mit Plakaten über die Tierarten im Park. Gegenüber befindet sich das **Museum der Tharu-Kultur** (Erwachsene 50 NPR; ☉Di–So 10–16 Uhr), dort werden verschiedene Artefakte des Tharu-Lebens gezeigt, darunter einige interessante Schmuckstücke. Wessen Interesse dadurch geweckt wurde, kann sich in den meisten Hotels kulturelle Touren durch Tharu-Dörfer organisieren lassen oder sich ein Fahrrad leihen und auf eigene Faust auf Erkundungstour aufmachen. Ein Stück weiter gibt es ein kleines **Aufzuchtzentrum** (Erwachsene 125 NPR; ☉So–Fr Sonnenaufgang–Sonnenuntergang) für

Sumpfkrokodile und Gangesgaviale sowie für Schildkröten. In einem angrenzenden Gehege lebt Shivaram, ein Nashorn, das als Baby in Chitwan verletzt wurde. Das Tier ist auf einem Auge blind und spazierte frei in der Umgebung der Parkverwaltung herum, bis es einen Mann tötete, also besser nicht streicheln.

Wenn man die Eintrittserlaubnis für den Park mitbringt, wird auf die Eintrittsgebühr für den Besuch der Tierausstellungen verzichtet. Andernfalls kann mit dem Ticket für die Tierausstellung auch das Kulturmuseum besichtigt werden.

2 km südwestlich der Hauptverwaltung gibt es auch ein **Elefantenzuchtzentrum** (Erwachsene 50 NPR; ☉Sonnenaufgang–Sonnenuntergang). Die beste Zeit für einen Besuch dort ist morgens und nachmittags, wenn die Elefanten vom Grasen im Park zurück sind (10–16 Uhr). Die Mütter und ihre Kälber werden gelegentlich von frei laufenden und wild lebenden Männchen besucht – in diesem Fall sollte man sich von den Männchen unbedingt fernhalten!

Aktivitäten

Für einige Aktivitäten ist eine Mindestgröße der Gruppe erforderlich, damit die angegebenen Preise pro Person eingehalten werden.

Wild Planet Tour & Guide Office SAFARI (☎9848070831, 084-402082; e.westnepal@gmail.com) Durch dieses Angebot einiger langjährig tätiger örtlicher Guides soll eine von den Lodges unabhängige Organisation von Touren gewährleistet werden – die daher deutlich preiswerter sind. Eintrittsge-

bühr in den Park, Frühstück, Mittagessen und ein Guide für einen ganzen Tag kosten pro Person 3000 NPR, bei mehr als drei Teilnehmern gibt es einen Preisnachlass.

Neben Jeep- und Rafting-Safaris werden auch 12-tägige Weitwander-Trekkingtouren nach Jumla und zum Rara-See angeboten. Außerdem werden Scooter (800 NPR pro Tag), Fahrräder (300 NPR pro Tag) und Krafträder (1000 NPR pro Tag) verliehen. Gleich links vor der Hauptverwaltung des Parks zu finden.

Vogelbeobachtung
Dreistündige Vogelbeobachtungstouren führen in die Pufferzone (1500 NPR). Für ganztägige Ausflüge in den Park zur Vogelbeobachtung wird ein Lunchpaket zur Verfügung gestellt (7000 NPR).

Elefantensafari
Eine Möglichkeit der Parkerkundung ist auf dem Rücken eines Elefanten. Die Stimmung hat sich jedoch wegen Problemen des Tierwohls gegen diese Praxis gewendet – die Elefanten werden normalerweise einem harten Training unterzogen, um zu „lernen", Reiter zu akzeptieren, und können auch Verletzungen erleiden, wenn sie zu viele Menschen auf ihrem Rücken tragen. Führende Lodges wie Tiger Tops und Forest Hideaway fördern dies nicht mehr. Wir empfehlen, stattdessen einer der vielen anderen, tierfreundlichen Aktivitäten nachzugehen, die hier angeboten werden.

Angeln
Die Flüsse Karnali und Babai sind berühmt für den Tor tor, den riesigen südasiatischen Flusskarpfen, der ein Gewicht von bis zu 80 kg erreichen kann. Angler können einen **Angelschein** (2000 NPR) in der Hauptverwaltung des Parks bekommen, ein Guide wäre aber sicher hilfreich, solange man sich mit den Gewässern vor Ort nicht auskennt. Auch eine Genehmigung für den Park wird benötigt. Wegen ihrer gefährdeten Bestände müssen alle gefangenen Fische wieder ins Wasser zurückgesetzt werden.

Geführte Wanderungen
Eine tolle und potenziell auch die spannendste Möglichkeit, die Wildtiere im Park zu beobachten, bietet sich bei einer geführten Wanderung. Wenn Sie sich mit einem Guide zu Fuß in den Park wagen, geschieht dies selbstverständlich auf eigene Gefahr. Die Kosten belaufen sich einschließlich Parkeintritt, Lunchpaket und Guide für einen halben Tag auf 3500 NPR und für einen ganzen Tag auf 5500 NPR.

Allradsafari
Allradsafaris (halber Tag/ganzer Tag 5000/6000 NPR pro Person, mindestens vier Teilnehmer) können direkt durch die Lodges organisiert werden. Im Preis inbegriffen sind der Parkeintritt und ein Guide sowie bei einer ganztägigen Safari ein Lunchpaket. Ein alternativer Halbtagesausflug führt zu den Hirschziegenantilopen, die außerhalb des Parks leben. Die beste Zeit für diese Safaris ist von März bis einschließlich Mai.

Rafting
In einem Schlauchboot flussabwärts zu treiben (5000–8000 NPR pro Person, zwei bis vier Teilnehmer), ist eine entspannende Art, den Park zu erleben, und bietet die Gelegenheit, Wildtiere zu entdecken. Eine typische Tour beginnt am Karnali, direkt oberhalb der Chisapani-Brücke und führt dann links in einen der Flussarme, den Geruwa, der die westlichste Grenze des Parks markiert. Bei einer Lunchpause zeigen die vielen Fußabdrücke von Tieren bei einem Spaziergang am sandigen Flussufer, dass hier oft tierischer Hochbetrieb herrscht. Auch Streifzüge tiefer in den Dschungel hinein bis zu Tiger-Hotspots sind möglich. Kreuz und quer über die kraterförmigen Abdrücke von Elefanten und Nashörnern führen deutlich erkennbare Pfotenabdrücke von Tigern und feinere Spuren von Affen und Hirsche. Selbst

NEPALS ÄUSSERSTER WESTEN

Nepals äußerster Westen ist noch immer ein Reiseziel abseits ausgetretener Pfade, was sich jedoch ändern könnte, da Unternehmer aktiv werden, um ihn für den Massentourismus zu öffnen. Eine dieser Gruppen ist die in Dhangadhi ansässige **Tourism Development Society** (www.farwestnepal.org). Diese gemeinnützige Organisation kann nicht nur örtliche Unterkünfte fördern, sondern ist auch dabei behilflich, Kulturreisen zu hinduistischen Pilgerstätten und Tharu-Dörfern zu organisieren, wo in Familien vor Ort in traditionellen Pensionen übernachtet wird. Es werden auch abenteuerlichere mehrtägige Trekkingtouren in die Region angeboten. Wer von Bardia in den äußersten Westen wandern möchte, kann das Wild Planet Tour & Guide Office (S. 308) dort kontaktieren.

Der entlegene **Khaptad-Nationalpark** ist im äußersten Westen eines der besten Trekkingziele mit Eichen- und Kiefernwäldern, hügeligen Wiesen voller Wildblumen und mehreren Seen. Es gibt dort auch eine Vielfalt an Tieren wie den Goral (eine Ziegenantilope), Asiatische Schwarzbären, Buntmarder, Muntjaks, Schwarzwild sowie Rhesusaffen und Languren. Trekkingtouren starten normalerweise in der Stadt Silghadi, mit dem Auto acht Stunden vom Flughafen Dhangadhi entfernt, und dauern eine Woche oder länger. Im Park wohnen die Besucher im **Bichpani Camp** und im **Khaptad Camp**, die durch einen schönen, 15 km langen Pfad miteinander verbunden sind. In dem Park, der nach Khaptad Baba benannt ist, einem hinduistischen Asketen, gibt es auch einen **Khaptad Baba Ashram** in der Nähe der Parkverwaltung, der Pilger anlockt, die Shiva verehren. Neben Wild Planet gibt es zahlreiche in Kathmandu ansässige Trekkingreiseanbieter, die inzwischen Khaptad im Angebot haben für 1295 € all-inclusive. Die beste Reisezeit ist September bis Dezember und März bis Mai.

wenn man kein Tier zu Gesicht bekommt, ist der friedliche Ausflug in malerischer Kulisse bereits absolut lohnend. Mit Wildwasserrafting hat dies nichts zu tun, auch wenn es ein paar sanfte Gefälle gibt. Wegen der Krokodile im Fluss ist es nicht ratsam, dort zu schwimmen, wie einige Einheimische leider erfahren mussten.

🛏 Schlafen & Essen

Die meisten Lodges liegen nah beieinander in der Nähe des Dorfes Thakurdwara, am Rand der Pufferzone des Parks, 13 km vom Mahendra Highway entfernt. Die Zimmerqualität ist überall in etwa gleich, sodass es sich lohnt, die Preise zu vergleichen.

⭐ Forest Hideaway   LODGE €
(☎ 9758001414, 084-402016, in Kathmandu 01-4225973; www.foresthideaway.com; Safarizelte 400 NPR, Bett 600 NPR, Zi. 1000–1200 NPR, Deluxe-Zi. inkl. Frühstück 1800 NPR; @ 📶) Dieses Resort mit bezaubernder Atmosphäre wird von dem überaus engagierten Mohan Aryal betrieben, der seine tiefen Ortskenntnisse mit einbringt. Das friedvolle Gelände umfasst geräumige, blitzblanke Tharu-Cottages mit Lehmwänden, ausgestattet mit Ventilator, Moskitonetzen, Warmwasser, Bad und liebenswerten Veranden. Gut abhängen lässt es sich auch beim Essen in

den entzückenden Outdoor-Cabanas oder einer der zahlreichen Hängematten. Die Mahlzeiten werden in Form eines Büfetts in einem Speisesaal serviert, der eine perfekte Filmkulisse abgäbe.

Der Transport kann von Mohan organisiert werden. Bei einem Aufenthalt von mindestens zwei Nächten ist der Hol- und Bringservice von/nach Ambassa kostenlos.

Bardia Jungle Cottage   LODGE €
(☎ 084-402014; www.bardiajunglecottage.com.np; Zi. 400–2500 NPR; 📶) Gegenüber dem Eingang zum Armeecamp bietet diese einfache, seit vielen Jahren bestehende Lodge eine breite Palette an Zimmern, vom einfachen Einzelzimmer mit Lehmwänden bis zu Beton-Cottages mit gefliesten Bädern. Über eine kleine Bambusbrücke gelangt man in den zentralen Speisesaal, um Geschichten des Eigentümers Premi zu hören, einem früheren Parkwärter, der zahlreiche Aktivitäten von Angeln bis zu freiwilliger Mitarbeit anbietet. Zum Zeitpunkt unserer Recherchen war ein neues Gebäude im Bau.

Tharu Home   LODGE €
(☎ 084-402035; www.tharuhomeresort.com.np; Zi. 1200–2200 NPR) Mit einem prasselnden Lagerfeuer und jugendlichen Eigentü-

mern, die als Guides gearbeitet haben, seit sie 11 Jahre alt waren, ist dies eine der geselligeren Unterkünfte in der Stadt und auch eine der am besten geführten, denn alles ist in ausgezeichnetem Zustand. Die Zimmer für 1200 NPR haben ein Bad, aber eine Gemeinschaftswarmwasserdusche. Die teureren Zimmer haben ihren eigenen Warmwasserboiler und hübsche Steinbäder. Alle Zimmer sind mit reizenden Vorhängen, Bettüberwürfen und dicken Teppichen ausgestattet.

Bardia Wildlife Resort   LODGE €
(☑ 084-402041; https://bardiawildliferesort.com; Zi. 500–1200 NPR; 🛜) Diese familiengeführte Lodge befindet sich in geruhsamer Lage an einem Flussarm des Karnali, 1,5 km südlich der Parkverwaltung, und bietet ein sehr gutes Preis-Leistungs-Verhältnis. Die Zimmer mit Bad und Solarwarmwasserbereiter kosten nur halb so viel wie in gleichwertigen anderen Unterkünften. Es gibt außerdem ein Lagerfeuer und einen hübschen Garten mit Papayabäumen. Hut ab vor der Wirtin, Bardias erstem weiblichen Safariguide!

Bardia Adventure Resort   LODGE €
(☑ 084-402023; www.bardia-adventure.com; Zi 800–1500 NPR) Das Resort in Top-Lage mit Ausblick auf den Dschungel hat einfache Hütten im Tharu-Stil mit Strohdach und Lehmböden sowie komfortablere Cottages mit Teppichen und gefliesten Bädern. Das Highlight ist der eigene Beobachtungsturm des Resorts, von dem aus man bei einem kalten Bier die Augen offen halten kann,

um im Umkreis des Parks auf einen Leoparden zu lauern.

Samsara Safari Camp   LODGE €
(☑ 084-402064; www.samsarasafari.com; EZ/DZ 1000/1500 NPR) Spezialisiert hat sich diese Lodge auf Vogelbeobachtungen, willkommen sind aber alle Gäste. Die Unterkünfte befinden sich in sauberen und gepflegten Cottages mit geblümtem Bettzeug, Moskitonetzen und Veranden (mit Nachbarn). Es gibt auch ein gemütliches kleines Restaurant in einem Cottage.

Racy Shade Resort   LODGE €
(☑ 084-402020; www.racyshaderesort.com; Zi. 1000–1500 NPR; 🛜) Hübsch aufpolierte Lodge mit ordentlich gemähten Wiesenpfaden, die von dem reizvollen offenseitigen Restaurant mit Bar über das begrünte Anwesen zu den Zimmern in strohgedeckten Cottages führen. Die billigeren Zimmer sind absolut komfortabel, während die Deluxe-Zimmer mit Veranda und großem Bad auftrumpfen, einige haben sogar eine Badewanne.

Mango Tree Lodge   LODGE €€
(☑ 084-402008; www.mangotreelodge.com; Zi. 1000–3000 NPR; 🛜) 🍴 Die Mango Tree Lodge ist führend im umweltfreundlichen Trend Bardias, es hat eine Biogasanlage, einen Biogarten und Solarwarmwasserbereiter. Der offenseitige Gemeinschaftsessbereich ist einer der besten in der Gegend. Die Zimmer im Tharu-Stil sind von den geräumigen Suiten bis hinunter zu den Cottages mit Steinwänden und Strohdach ein Vergnügen. Es gibt sogar einen

---

DEM TIGER AUF DER SPUR

Gemeinsam mit dem angrenzenden, 550 km² großen Banke-Nationalpark bildet der Bardia-Nationalpark mit seinen 968 km² inzwischen eines der größten Tigerhabitate der Welt mit schätzungsweise über 50 Tigern allein in Bardia. Auch wenn dies weniger sind als in Chitwan, stehen die Chancen wahrscheinlich sehr viel besser, hier einen Tiger zu Gesicht zu bekommen, wenn einige Stunden bei einem der „Hotspots" für Tigersichtungen zugebracht werden: **Tinkuni** (drei Ecken), **Kingfisher** (Eisvogel) und **Balcony**. Alle Guides kennen diese Plätze gut und führen ihre Gäste auf einer Safari mit Sicherheit dorthin. Nicht wundern, dort bereits eine große Gruppe von Tigerbeobachtern vorzufinden, die Stellung bezogen haben. Manche verbringen den ganzen Tag damit, dort zu sitzen und zu warten (und zu flüstern), ausgestattet mit einem Lunchpaket, um wenigstens einen flüchtigen Blick zu erhaschen. Die beste Jahreszeit, um Tiger zu beobachten, ist von Februar bis Mai, und die beste Taktik ist, an einem der Hotspots zu sitzen und zu warten. Nicht vergessen, ein Fernglas oder ein Teleobjektiv für die Kamera mitzubringen, vielleicht auch noch ein Buch, um die Wartezeit zu überbrücken. Raftingtouren halten gegebenenfalls auch an einem oder mehreren Hotspots der Route, auch wenn das von der Zeit abgeht.

mit Holz befeuerten Pizzaofen, eine sehr akzeptable Unterbrechung vom traditionellen Essen.

★ **Tiger Tops Karnali Lodge** LODGE €€€
(📞 in Kathmandu 01-4361500; www.tigertops. com; Komplettpaket pro Person/pro Nacht 216 €, Vorzeigezimmer 297 €; 📞) 🖋 Diese hochklassige Lodge wird von demselben Vorreiterteam betrieben wie Tiger Tops in Chitwan. Sie befindet sich am Südrand der Pufferzone in der Nähe von Thakurdwara und hat die erfahrensten Wildtierguides in Bardia zu bieten. Die Unterkunft ist auf stylishe Cottages im Tharu-Stil verteilt. Die Vorzeigezimmer könnten als Kulisse für ein Fotoshooting mit Safarimode dienen. Und erst das Essen! Jeder Gang ist überdurchschnittlich gut.

Die Komplettpakete beinhalten alle Mahlzeiten und Aktivitäten (Parkgebühren und Transfer vor Ort ausgenommen), wie Jeepfahrten, Rafting und Dschungelwanderungen. Dem Team ist dafür zu danken, dass es mutig eine führende Rolle für das Wohlergehen der Elefanten übernommen hat (S. 285).

Ausgehen

★ **Sunset View Café & Jungle Bar** BAR
(🕙 10–open end) Kann das wirklich wahr sein? In dieser als Terais Nachtleben bekannten Wüste gibt es eine bemerkenswerte Ausnahme ... und das mitten im Dschungel! Diese gute bestückte, strohgedeckte Hütte, die eine etwas andere Art von Wildlife anbietet, serviert vormittags Kaffee, nachmittags Irish Coffee und später dann Whisky. Wer es braucht, um sich zu amüsieren, findet auch eine kleine Bibliothek. Gegenüber dem Elefantenzuchtzentrum.

❶ Praktische Informationen

Der Ticketschalter (S. 307) befindet sich gleich hinter dem Tor zur Parkverwaltung. Die Eintrittsgebühren für den Park werden hier normalerweise vom Reiseveranstalter für die Gäste bezahlt und mit auf die Rechnung gesetzt, sodass die meisten Besucher keinen Grund haben, hierherzukommen.

❶ An- & Weiterreise

Die meisten Lodges sind in der Nähe von Thakurdwara, wegen des schlechten Zustands der Straßen werden die Besucher üblicherweise mit Allradfahrzeugen zu den Lodges gebracht. Wer auf eigene Faust zum Park gelangen möchte, sollte auf jeden Fall im Voraus anrufen, um sicherzugehen, dass die Lodge offen hat und die Abholung von Ambassa organisieren kann (einfache Fahrt 1200 NPR). Der nächste Flughafen ist in Nepalganj, und die Lodge wird für das Holen oder Bringen 6000 NPR (7000 NPR mit Klimaanlage) in Rechnung stellen. Bei einem Pauschalangebot sollte man sichergehen, dass der Transfer enthalten ist.

Mit öffentlichen Verkehrsmitteln ist Bardia mit Bussen erreichbar, die in Pokhara (1500 NPR, 14–16 Std.) um 13 und 13.30 Uhr abfahren; von Kathmandu (1500 NPR, 14–18 Std.) fahren fünf Busse zwischen 13 und 17 Uhr ab. Zwei Busse fahren von Narayangarh nach Bardia (750 NPR, 9 Std.), einer um Mitternacht, der andere um 16 Uhr.

In der Gegenrichtung fahren Busse um 15 und 16.30 Uhr von Ambassa nach Pokhara. Mehrere Busse aus Bhimdatta (Mahendranagar) und Danghadi in Richtung Kathmandu fahren durch Ambassa, und die Lodge sollte dabei behilflich sein können, eine entsprechende Verbindung zu organisieren. Diese Busse sind normalerweise besser als die Linienbus (1500 NPR), der in Ambassa um 16 Uhr abfährt.

Nahverkehrsbusse, deren Langsamkeit an der Schmerzgrenze ist, fahren in Thakurdwara um 7,

ÜBER DIE GRENZE: VON DHANGADHI NACH GAURIPHANTA

Der wenig genutzte Grenzübergang von Dhangadhi nach Gauriphanta, Uttar Pradesh, ist nützlich für eine Weiterreise nach Lucknow, Neu-Delhi oder zum Dudhwa-Nationalpark. Der Bahnhof der Eisenbahn in Gauriphanta ist dauerhaft geschlossen. Eine Weiterreise ist vom Busbahnhof aus möglich.

Die nepalesische Einreisestelle ist von 7 bis 20 Uhr geöffnet. Einen Geldautomaten und Geldwechsel bietet die Nabil Bank in der Nähe des Busbahnhofs, 4 km von der Grenze. Wenn es in Nepal Richtung Osten gehen soll, gibt es eine stündliche Busverbindung nach Ambassa, den Eingang zum Bardia-Nationalpark (300 NPR, 3½ Std.) und weiter nach Nepalganj (350 NPR, 4 Std.). Richtung Westen nach Bhimdatta (Mahendranagar) fahren ebenfalls stündliche Busse (200 NPR, 2 Std.). Falls übernachtet werden muss, ist das zentral gelegene **Hotel Flora** (📞 091-417544, EZ/DZ 3200/4200 NPR) in unmittelbarer Nähe der Hauptstraße zu empfehlen.

GHODAGHODI-TAL

Diese malerische Ansammlung von Altwasserseen ist bekannt für Vogelbeobachtungen. Die Kulisse des Tals, 40 km westlich von Chisopani, könnte direkt aus einem impressionistischen Gemälde stammen mit Lotosblumen, Wasserlilien und Lichtsprenkeln. Die Seen sind Heimat für 142 verschiedene Vogelarten, darunter den Graukopf-Seeadler. Über das Hotel kann ein Allradwagen mit Klimaanlage und Guide für 16 000 NPR (für bis zu fünf Leute) organisiert werden, oder man nimmt ab Ambassa einen Bus (700 NPR Hin- und Rückfahrt).

8 und 9 Uhr nach Nepalganj (400 NPR, 5 Std.) und fahren über Ambassa (70 NPR). In Ambassa umsteigen in einen Bus nach Bhimdatta (Mahendranagar; 400 NPR, 4 Std., halbstündl.).

Sukla-Phanta-Nationalpark

Der Sukla-Phanta-Nationalpark liegt an der Grenze zu Indien und erstreckt sich über 305 km² Salbaumwälder und Elefantengras an den Ufern des Bahini-Flusses. Die Ausstattung ist einfacher als im Bardia-Nationalpark, es gibt hier jedoch etwa 20 Tiger, eine Handvoll Nashörner, Krokodile, wild lebende Elefanten, Nepals größte Population an Barasinghas und zahlreiche Zugvögel.

Die beste Zeit für einen Besuch ist zwischen November und Februar, der wichtigste befahrbare Weg ist wegen Überschwemmungen während des Monsuns von Juni bis September unpassierbar. Im September 2017 wurde der gesamte Park auf unbestimmte Zeit geschlossen, da eine Herde von mehr als 50 aggressiven, wild lebenden Elefanten von Indien aus in den Park eingedrungen war.

🛏 Schlafen & Essen

Shuklaphanta Jungle Cottage LODGE €
(📞099-414223; shuklaphantajc@gmail.com; Zi. 13 €, mit Klimaanlage 21 €; ❄🛜) Diese neue Lodge, die in der Pufferzone in der Nähe der Hauptverwaltung des Parks liegt, bietet komfortable Zimmer in Betongebäuden, die in einem Garten stehen. Für das

an ein Warenlager erinnernde Restaurant wird eigenes Biogemüse angebaut, die Lodge organisiert zudem Safaris, Vogelbeobachtungen und sogar Ausflüge nach Nainital in Indien.

Suklaphanta Wildlife Camp LODGE €€
(2-Nächte- & 3-Tage-Pauschalangebote ab 149 €) Dieses permanente Camp mit einfachen Safarizelten und Gemeinschaftsbädern liegt 500 m von der Hauptverwaltung des Naturschutzgebiets entfernt und wird betrieben von der **Suklaphanta Nature Guides Association** (📞9741060150). Die Preise beinhalten Mahlzeiten, Unterkunft, Eintrittsgebühren für den Park und Jeeptransfer von/nach Bhimdatta (Mahendranagar). Ein Transfer vom/zum Flughafen Dhangadhi und nach Neu-Delhi kann organisiert werden.

ℹ Praktische Informationen

Der **Ticketschalter** (📞099-521309; Ausländer/Reisende aus der SAARC pro Tag 1000/500 NPR) ist im Hauptgebäude der Parkverwaltung untergebracht. Normalerweise muss hier jedoch kein Ticket gekauft werden, da das Hotel/der Reiseveranstalter den Reisenden die Eintrittsgebühr einfach mit in Rechnung stellt.

ℹ An- & Weiterreise

Die wenigen Besucher, die in diesen Park kommen, befinden sich normalerweise auf einer Pauschalreise bei einem der hier aufgeführten Unterkünfte oder auf einem Tagesausflug von Bhimdatta (Mahendranagar) mit einem Mietwagen und Fahrer (5000 pro Jeep).

Bhimdatta (Mahendranagar)
📞099 / 105 000 EW.

Bhimdatta – das früher Mahendranagar hieß und noch immer verbreitet unter diesem Namen bekannt ist – ist der westlichste Grenzübergang nach Indien und bietet eine interessante alternative Reiseroute nach Delhi sowie die Gebirgsorte des Bundesstaats Uttarakhand. Auch wenn dies kein Ort ist, an dem man sich unbedingt länger aufhalten möchte (also nur, bis der Bus abfährt), ist er doch weniger chaotisch als andere Grenzübergänge zwischen Indien und Nepal. Wer hier genügend Zeit hat, kann die Stadt auch als nützlichen Ausgangspunkt für einen Besuch des Sukla-Phanta-Nationalparks nutzen, auch wenn

ÜBER DIE GRENZE: VON BHIMDATTA (MAHENDRANAGAR) NACH BANBASSA

Grenzöffnungszeiten

Die nepalesische Seite der Grenze (Gaddachauki) ist für Touristen rund um die Uhr geöffnet, vor 5 Uhr und nach 22 Uhr muss aber vielleicht nach einem Einreisebeamten gesucht werden. Die indische Seite der Grenze (Banbassa) ist rund um die Uhr geöffnet, für Fahrzeuge jedoch nur von 6 bis 8, 10 bis 12, 14 bis 16 und 18 bis 19 Uhr.

Geldwechsel

Beim nepalesischen Zollposten gibt es einen kleinen Bankschalter, er wechselt jedoch nur indische und nepalesische Rupien. In Bhimdatta (Mahendranagar) bietet die Nabil Bank (S. 314) Geldwechsel ausländischer Währungen an und hat einen Geldautomaten.

Weiterreise nach Indien

Vom Busbahnhof Bhimdatta (Mahendranagar) fährt um 17.30 Uhr ein Bus mit Klimaanlage (600 INR) nach Delhi ab. Alternativ kann eine Rikscha vom indischen Grenzposten zum Busbahnhof in Banbassa genommen werden, von wo Fernbusse fahrplanmäßig nach Delhi fahren (300 INR, 10 Std.). Nahverkehrsbusse und Gemeinschaftsjeeps bedienen von hier aus Almora, Nainital und weitere Städte in Uttaranchal.

In Banbassa gibt es auch einen Bahnhof der Eisenbahn, die nach Bareilly fährt. Dort kann in Züge zu anderen Zielen in Indien umgestiegen werden. Der neue Bahnhof in Banbassa, der im November 2018 eröffnet werden soll, wird die Strecken nach Delhi und Dehradun ausweiten.

Für weitere Informationen kann auf shop.lonelyplanet.com ein PDF des Delhi-Kapitels aus dem Lonely Planet Indien zum Herunterladen gekauft werden.

---

es bei Weitem vorzuziehen ist, dort zu übernachten.

Bhimdatta (Mahendranagar) liegt direkt südlich vom Mahendra Highway, bis zur indischen Grenze sind es noch 5 km. Vom nepalesischen Grenzposten Gaddachauki ist es etwa 1 km bis zum indischen Grenzposten Banbassa.

🛏 Schlafen & Essen

Hotel Sweet Dream HOTEL €
(☏ 099-522313; Mahendra Hwy.; Zi. 850 NPR, mit Klimaanlage 1700 NPR; ❄☎) Das Hotel ist 100 m östlich vom Busbahnhof günstig gelegen. Die geräumigen Zimmer haben Bad und Teppiche, allerdings gehören sie mal frisch gestrichen. Das zugehörige Restaurant serviert indische und chinesische Gerichte und hat einen angenehmen Innenhof zum Sitzen. Das Lokal ist etwas abgelegen vom Straßenlärm.

Hotel Opera HOTEL €€
(☏ 099-522101; www.hoteloperanepal.com; Zi. 1500 NPR, Deluxe 2500–3500 NPR; ❄☎❁) Pavarotti würde dieses Hotel wohl kaum besingen, aber es ist wahrscheinlich das beste Hotel in der Stadt mit Pool, Fitnessraum, Casino und einem ordentlichen Restaurant, das herzhafte nepalesische und indische Gerichte serviert. Unbedingt eines der renovierten Zimmer nehmen, da es in den alten Zimmern Probleme mit den Sanitäreinrichtungen gibt.

❶ Praktische Informationen

Die **Einreisebehörde** (☏ 099-523773; ⏱10–17 Uhr) fungiert auch als inoffizielle Touristeninformation, obgleich kein Schild darauf hinweist. Hier wird Touristen gerne geholfen.

Eine Geldwechselstelle und einen Geldautomaten findet man bei der **Nabil Bank** (☏ 099-525450; ⏱So–Do 10–17, Fr 10–15 Uhr), 15 Minuten mit einer Autoriksha (120 NPR) von der Grenze.

❶ An- & Weiterreise

BUS

Der Busbahnhof befindet sich 1 km vom Zentrum entfernt am Mahendra Highway. Fernbusse nach Kathmandu (1200 NPR, 15 Std.) fahren um 5, 13.30, 14.30, 14.45 und 15.45 Uhr ab. Ein klimatisierter Bus kostet 1680 NPR. Eine Fahrt geht um 14.20 Uhr nach Pokhara (1100 NPR, 16 Std.); im klimatisierten Bus kostet sie 1400 NPR.

Nahverkehrsbusse fahren alle 30 Minuten nach Nepalganj (600 NPR, 5 Std.), sie kommen an der Abzweigung zum Bardia-Nationalpark in Ambassa vorbei (350 NPR, 4 Std.).

FLUGZEUG

Der Flughafen Bhimdatta (Mahendranagar) ist geschlossen. Der nächste Flughafen ist in Dhangadhi, 60 km östlich. Flüge nach Kathmandu (183 €, 1 Std.) gibt es täglich um 9, 13, 15 und 17 Uhr. Folgende Airlines bieten ihre Dienste dort an: **Buddha Air** (☑ Dhangadhi 091-417445; www.buddhaair.com), **Yeti Airlines** (☑ Dhanghadi 091-520004; www.yetiairlines.com), **Nepal Airlines** (☑ Dhanghadi 091-575314; www.nepalairlines.com), Tara Air (www.taraair.com) und Saurya Airlines (www.sauryaairlines.com). Ein Taxi von Bhimdatta zum Flughafen Dhangadhi kostet je nach Fahrzeug 3500–4000 NPR. Alternativ fahren aber auch alle 10 Minuten Busse nach Dhangadhi (120 NPR), dabei kann allerdings eine zusätzliche Verbindung zum Flughafen nötig werden.

 Unterwegs vor Ort

Busse und Autorikschas fahren für 100 NPR planmäßig zwischen dem Busbahnhof und der Grenze. Von der Grenze in den Hauptort kostet eine Rikscha etwa 100 NPR, ein Motorrad 200 NPR.

Taxis können für Fahrten zum Sukla-Phanta-Nationalpark für 6000–7000 NPR pro Tag angeheuert werden.

ÖSTLICHES TERAI

Begrenzt von den indischen Bundesstaaten Bihar, Sikkim und Westbengalen, ist das östliche Terai weitgehend ein Spiegelbild des westlichen. Die Hügellandschaft der Mahabharat-Kette ist zwischen den trockenen Ebenen im Osten und dem Himalaja wie eingezwängt. Der Mahendra Highway biegt nach Osten ab und trifft bei Kakarbhitta auf die Grenze zu Indien. Auf dieser Route sind Sikkim und Darjeeling leicht erreichbar. Hier wird weniger Englisch gesprochen, und das Leben ist generell noch etwas verschlafener. Häufig fühlt man sich in dieser Gegend in eine andere Zeit zurückversetzt.

ÜBER DIE GRENZE: VON BIRGANJ NACH RAXAUL BAZAAR

Grenzöffnungszeiten

Die nepalesische Seite der Grenze ist offiziell von 5 bis 22 Uhr geöffnet, das Personal macht aber manchmal früher Feierabend und man muss jemanden suchen, der einem den Stempel zur Ein- oder Ausreise nach/von Nepal gibt. Die indische Seite ist ebenfalls von 5 bis 22 Uhr besetzt, aber auch außerhalb dieser Zeiten kann man jemanden finden. Nepalesische Visa sind bei der Ankunft in Nepal in der Einreisebehörde erhältlich, müssen aber in US-Dollar bezahlt werden.

Geldwechsel

An der Grenze gibt es keine Gelegenheit, Geld zu wechseln, beim Ganeshman Chowk gibt es jedoch Banken und einen Geldwechsler. Die indische Rupie wird in Birganj weitgehend akzeptiert.

Weiterreise nach Indien

Die Grenze verläuft 3 km südlich von Birganj, von dort sind es weitere 2 km zum Busbahnhof in Raxaul Bazaar. Die meisten nehmen eine durchgehende Riksha ab Birganj (300 NPR).

Von Raxaul fahren Linienbusse nach Patna (ohne Klimaanlage/mit Klimaanlage 180/230 INR, 6 Std.) oder auch der tägliche Mithila-Expresszug zum Bahnhof Howrah in Kalkutta, der um 10 Uhr in Raxaul abfährt. Die Sitzplätze kosten Schlafwagen/3. Klasse mit Klimaanlage/2. Klasse mit Klimaanlage 365/990/1425 INR (die Preise für Schlafwagen und 2. Klasse beinhalten die Klimaanlage), die Fahrt dauert 18 Stunden. Es gibt donnerstags und samstags um 20.30 auch einen Nachtzug von Raxaul nach Kalkutta. Der Satyagrah Express fährt täglich nach Neu-Delhi (Schlafwagen/3. Klasse mit Klimaanlage/2. Klasse mit Klimaanlage 455/1215/1765 INR, 24 Std., Abfahrt 9.05 Uhr). Von Raxaul nach Neu-Delhi fährt auch ein neuer Luxusbus, Abfahrt ist um 12.30 Uhr (Schlafsitz 1300 INR, 18½ Std.).

Östliches Terai

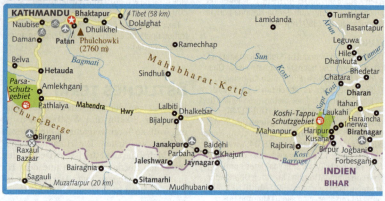

Birganj

📞 051 / 140 000 EW.

In der hektischen Grenzstadt Birganj lässt nur sehr wenig vermuten, man sei nicht in Indien. Als Haupttransitstelle für Güter zwischen Indien und Nepal wird die Stadt von Lastwagen geradezu belagert, Autohupen machen einen ohrenbetäubenden Lärm und Rikschas drängeln durch den Verkehr. Meist wird die Stadt von Reisenden besucht, die von/nach Kalkutta unterwegs sind. Dennoch ist die Stadt sauberer und freundlicher als erwartet.

Der erstaunliche mehrstöckige und schön restaurierte Uhrturm an der Hauptstraße, der so gar nicht dorthin passt, dient als nützlicher Orientierungspunkt. Von hier aus geht es Richtung Osten zum Busbahnhof und Richtung Süden ins Stadtzentrum und zur indischen Grenze. Ein belebter Basar erstreckt sich an der Hauptstraße beim Mahabirsthan Chowk, hier lässt es sich auf der Suche nach regionaler Kleidung gut shoppen.

🛏 Schlafen & Essen

⭐ Hotel Makalu   HOTEL €

(📞 051-523054; hmakalu@gmail.com; Alakhiya Rd.; Zi. ab 2200 NPR; ❄🛜) Nach einer langen Fahrt durch das Terai ist dieses Hotel ein überraschender Glücksfall. Die alten Zimmer sind so lala, aber die renovierten Zimmer sind erstklassig mit moderner Möblierung, hübschen Bädern und Satelliten-TV: Da muss man erst einmal ungläubig blinzeln. Alles fühlt sich ruhig und entspannt an – genau das, was man im hektischen

Birganj braucht – und ein gutes indisches Restaurant gibt es auch noch. Es empfiehlt sich, im Voraus zu buchen.

Hotel Vishuwa   HOTEL €€

(📞 051-417003; www.vishuwa.com; Bypass Rd.; EZ/DZ 4000/5000 NPR; ❄🛜) Am Stadtrand ist das Drei-Sterne-Hotel Vishuwa eine gute Wahl für alle, die sich etwas Komfort wünschen. Es hat auch das beste Restaurant der Stadt, eine kleine Bar und sogar einen seltenen Pool, in dem man die Augen am besten geschlossen hält.

❶ Praktische Informationen

In der Stadt gibt es mehrere Banken mit Geldautomaten, darunter den Geldautomaten der Nabil Bank ATM am Hotel Vishuwa.

❶ An- & Weiterreise

Birganj wird vom Flughafen Simara bedient, der 22 km nördlich der Stadt liegt. Ein Taxi kostet etwa 1500 NPR.

Buddha Air (📞 Kathmandu 01-5542494) bietet bis zu fünf Flüge pro Tag zwischen Simara und Kathmandu (85 €, 20 Min.). Nepal Airlines (www.nepalairlines.com) steuert einen Flug pro Tag bei, und zwar um 10.15 Uhr. Er kostet zwischen 80 und 85 €.

Busse fahren von dem ausufernden, großen und ohrenbetäubend lauten Busbahnhof am Ende der Ghantaghar Road (New Road) ab. Nach Kathmandu fahren zwischen 5 und 20.30 Uhr sehr viele Busse (einfache/Deluxe/mit Klimaanlage 600/725/900 NPR, 6–7 Std.). Die bequemste und schnellste Option ist jedoch, einen Tata-Sumo-Allradwagen zu ergattern (550–800 NPR, 4–5 Std.). Diese fahren bis etwa 17 Uhr alle 20 Minuten. Es gibt morgens auch Busse nach

Pokhara (600 NPR, 8 Std.) über Narayangarh (250 NPR, 4 Std.) um 5, 6.30 und 7.30 Uhr sowie drei Abendbusse von 17 bis 19 Uhr. Linienbusse fahren bis 16 Uhr alle 20 Minuten nach Janakpur (300–400 NPR, 5 Std.).

❶ Unterwegs vor Ort

Rikschas kosten etwa 300 NPR aus der Stadt bis an die nepalesische Grenze und weiter bis Raxaul Bazaar. Alternativ mit einer Rikscha für 25 NPR vom Busbahnhof an die nepalesische Grenze fahren und die 500 m nach Indien zu Fuß gehen, wahrscheinlich wird für das Gepäck aber ein Aufschlag verlangt.

Janakpur

📞 041 / 170 000 EW.

Offene Abwasserkanäle mitten in der Stadt, Müll, der auf den Straßen verbrennt, verdreckte grüne Tümpel, überall kaputte Straßen – wir sagen es nicht gerne, aber Janakpur ist eine Jauchegrube. Das ist sehr schade, denn hinter dieser abstoßenden Fassade verbergen sich interessante Sehenswürdigkeiten.

Janakpur ist wegen seiner Verbindung zum hinduistischen Epos Ramayana vor allem als wichtige Pilgerstadt für Hindus bekannt. Der Legende nach soll hier Sita geboren worden sein und Rama geheiratet haben. Dies gibt der Stadt eine leidenschaftliche Atmosphäre, in der die Bewohner über Personen aus dem Ramayana häufig so sprechen, als würden sie noch heute dort auf den Straßen spazieren.

Obwohl Janakpurs Kultur überwiegend indisch geprägt ist, war dies einst die Hauptstadt des antiken Königreichs Mithila, einem Gebiet, das heute zwischen Nepal und Indien aufgeteilt ist. Über zwei Millionen Menschen sprechen hier noch immer Maithili. Das Maithili-Volk ist berühmt für seine sehr farbenfrohen Gemälde (S. 324).

Janakpur ist tatsächlich die dritte Stadt an dieser Stelle. Die im Ramayana mythologisierte Stadt gab es um 700 v. Chr., sie wurde später jedoch aufgegeben und ging wieder im Wald unter. Simaraungarh entstand an ihrer Stelle, aber auch diese Stadt wurde zerstört, dieses Mal von muslimischen Eroberern im 14. Jh. Der Bau der heutigen Stadt begann im späten 18. Jh.

◉ Sehenswertes

Die Zuckerrohrfelder und Maithili-Dörfer rund um Janakpur bilden ein üppiges und zauberhaftes Mosaik. Viele Dörfer sind im traditionellen Mithila-Stil erbaut mit Lehmwänden, die mit bunten Gemälden und mit Wandgravuren nach Art von Halbreliefs dekoriert sind, die Menschen und Tiere darstellen. Die Menschen sind sehr freundlich, solange man nicht zu aufdringlich fotografiert oder filmt.

Am leichtesten erreichbar ist das Dorf **Kuwa**, 1 km südlich vom Murali Chowk. Hier kann in einem der Women's Development Centres Janakpurs vorbeigeschaut werden (S. 324). Wer Lust hat auf größere Entfernungen, besucht **Dhanushadham**, 15 km nordöstlich von Janakpur. Das Dorf markiert den Ort, wo es Rama angeblich gelang, Shivas Zauberbogen zu spannen. Anhänger glauben, dass hier ein versteinertes Fragment dieses Bogens liegt. Weitere ländliche Abenteuer und Wandkunstwerke warten im Dorf **Phulgama**, 30 Minuten mit dem Bus (20 NPR) südlich von Janakpur.

★ Janaki Mandir   HINDUISTISCHER TEMPEL

(☉ 4.30–23 Uhr) Im Zentrum von Janakpur steht der Marmortempel Janaki Mandir, eines der größeren architektonischen Werke Nepals und unter den Sehenswürdigkeiten der Stadt das „Muss". Der Tempel im extravaganten, barocken Mogul-Stil ist Sita geweiht, der Frau von Rama und Heldin des Ramayana. Er soll an der Stelle stehen, wo König Janak Sita als Säugling, in einer Ackerfurche liegend, gefunden hat.

Ein beständiger Pilgerstrom ergießt sich durch das Torhaus, um die Sita-Statue im Allerheiligsten anzubeten. Der Tempel ist besonders bei Frauen beliebt, die sich für

Janakpur

Janakpur

⊙ **Highlights**
1 Janaki Mandir C2

◎ **Sehenswertes**
2 Ram Mandir & Danush Sagar C2
3 Ram Sita Bibaha Mandap C2

🛏 **Schlafen**
4 Hotel City Star C2
5 Hotel Welcome C2
6 Rama Hotel C1

🍴 **Essen**
Rooftop Family Restaurant ....(siehe 4)

den Besuch dort in ihren besten und buntesten Sari werfen. Besonders stimmungsvoll ist ein Besuch am frühen Abend, wenn der Tempel bunt erleuchtet ist und massenweise Pilger hierherkommen. Man kann vorher nie wissen, was man zu sehen bekommen wird!

Der Tempel wurde erst im Jahr 1910 erbaut, er wirkt mit seinen weißen Marmorbögen, Kuppeln und Türmen jedoch um einiges älter.

Auf der Rückseite der Anlage gibt es ein kleines **Museum** (Eintritt 15 NPR) mit einigen amüsant nostalgischen und beweglichen Figuren, die die Geschichte von Rama und Sita erzählen.

Ram Sita Bibaha Mandap HINDUISTISCHER TEMPEL (Eintritt 5 NPR, Foto/Video 5/21 NPR; ⊙4.30-23 Uhr) Dieser recht bizarre Tempel neben dem Janaki Mandir markiert die Stelle, an der Rama und Sita heirateten. Den Tempel krönt die moderne Interpretation eines mehrstöckigen Pagodendachs, und die Wände sind aus Glas gestaltet, sodass man die kitschigen, lebensgroßen Figuren von Sita und Rama im Inneren auch von außen sehen kann.

Ram Mandir & Danush Sagar HINDUISTISCHER TEMPEL (⊙4.30-23 Uhr) Versteckt in einem steinernen Innenhof südöstlich des Janaki Mandir, steht der älteste Tempel Janakpurs, der Ram Mandir aus dem Jahr 1782. Er ist im klassischen mehrstöckigen Pagodenstil des Berglandes erbaut. Der Haupttempel ist Rama geweiht, aber es gibt auch mehrere kleinere Schreine für Shiva, Hanuman und Durga, die verstreut auf dem Gelände stehen. Am meisten ist frühabends los, wenn der Hof von Weihrauch und Musik erfüllt ist.

Gegenüber dem Eingang führt eine Reihe von Ghats (Stufen für rituelle Waschungen) hinunter in den **Danush Sagar**, das größte zeremonielle Wasserbecken in Janakpur. Im Umkreis stehen kleine Schreine, und davor bieten Verkäufer Blumengirlanden, Tikapuder, heilige Schnüre und weitere rituelle Gegenstände für die Pujas (Gebete) an.

Feste & Events

Maha Ganga Aarati
KULTURELL

(Ganga Sagar; ⏱ März–Sept. 19 Uhr, Okt.–Feb. 18 Uhr) Jeden Abend findet an dem großen zentralen Badebecken **Ganga Sagar** eine kleine Pujazeremonie statt, dabei wird viel und kräftig auf Becken geschlagen, Glocken werden geläutet und Kerzen geschwenkt. Mitmachen darf jeder.

Sita Bibaha Panchami
RELIGIÖS

(⏱ Nov./Dez.) Die mit Abstand interessanteste Zeit für einen Besuch in Janakpur ist der fünfte Tag des zunehmenden Mondes im November/Dezember, wenn Zehntausende Pilger in die Stadt hereinbrechen, um eine Nachstellung der Hochzeit von Sita und Rama zu feiern (auch bekannt als Vivaha Panchami). Es finden Prozessionen statt, und auf den Straßen werden Szenen aus dem Ramayana nachgespielt.

Rama Navami
RELIGIÖS

(⏱ März/April) Die Feierlichkeiten zu Ramas Geburtstag im März/April werden von einer gewaltigen Prozession begleitet, die viele Sadhus (umherziehende heilige Männer) anzieht.

Dasain
RELIGIÖS

(⏱ Sept./Okt.) Bei einem Besuch am Ende des Dasain-Festes (Ende September bis Anfang Oktober) hat man zusammen mit der gewaltigen Menschenmenge die Chance, die rituelle nächtliche Verbrennung eines riesigen Rama aus Papier auf dem Danush Sagar mitzuerleben.

Holi
RELIGIÖS

(⏱ März) Im März wird es laut in Janakpur bei dieser ausgelassenen und farbenfrohen Angelegenheit, aber Achtung: Ausländer werden von dem rituellen Bespritzen mit Farbpulver und Wasser keineswegs ausgenommen.

Tihar
RELIGIÖS

(⏱ Okt./Nov.) Während eines Besuchs im Oktober/November sind Maithili-Frauen zu sehen, die ihre Häuser mit neuen Wandgemälden bemalen.

🛏 Schlafen & Essen

Rama Hotel
HOTEL €

(☎ 041-520059; arunc581@gmail.com; Zi. mit/ohne Klimaanlage 1600/800 NPR; 🅿 @ 🛜) Wer auch immer hier das Bettzeug wäscht, hat von Bleichen noch nichts gehört. In Anbetracht der Straße, die hinter diesem Innenhofhotel vorbeiführt, sind die relative Ruhe und Ordnung wahnsinnig beglückend, auch wenn die Matratzen dünn wie Papier sind und der Empfang eiskalt.

Das Restaurant City Pride ist die beste Wahl in der Stadt und äußerst beliebt, was allerdings auch an fehlenden Alternativen liegen könnte.

Hotel City Star
HOTEL €

(☎ 041-530327; hotelcitystarjnp@gmail.com; Shiv Chowk; Zi. mit Klimaanlage/Ventilator nur 2000/1000 NPR; ❄ 🛜) Eine solide Wahl für eine Budgetunterkunft im Stadtzentrum mit einem guten Restaurant. Das City Star hat kleine Zimmer in schrecklichen Farben, die sehr sauber gehalten werden und Bäder mit Warmwasser haben. Die Zimmer nach innen sind ohne Fenster, aber sehr viel ruhiger. Es gibt auch einige überteuerte Suiten für 6000 NPR.

★ Hotel Welcome
HOTEL €€

(☎ 9801620064, 041-520646; www.nepalhotelwelcome.com; Station Rd.; Zi. 2500 NPR, 3BZ 3500 NPR; ❄ 🛜) Das Hotel mit dem Slogan „where welcome never ends" hat die letzten Jahre damit verbracht, sich ernsthaft aufzumöbeln, sodass die 60 Zimmer heute die besten in der Stadt sind: geräumig, hell und mit Kunst dekoriert. Weitere Pluspunkte sind das hilfsbereite Management und ein Restaurant im Haus.

Rooftop Family Restaurant
INDISCH €€

(Station Rd.; Hauptgerichte 300–500 NPR; ⏱ 10–21.30 Uhr) Dieses Restaurant im Obergeschoss ist die beste und wirklich einzige erfreuliche Option für ein Restaurant in Janakpur außerhalb der Hotels. Die ausgezeichnete Auswahl an vegetarischen Currys wird mit einem kalten Bier hinuntergespült, wirklich bekannt ist das Restaurant aber für seine Handvoll Tische im Freien gegenüber dem nördlichen Ende des Danush Sagar.

❶ Praktische Informationen

Die Everest Bank hat einen **Geldautomaten** etwas versteckt innerhalb des Osteingangs zum Janaki Mandir. Auch direkt im Hotel Welcome

(S. 319) gibt es einen Geldautomaten und einen weiteren **Geldautomaten** bei der Polizeistation.

 **An- & Weiterreise**

BUS

Täglich fahren Linienbusse nach **Kathmandu** (Deluxe/Klimaanlage 700/1000 NPR, 10 Std.) über Narayangarh (450–700 NPR, 5 Std.), Abfahrt alle 15 Minuten an der Schnellstraße beim Ramanand Chowk. Der erste Bus fährt um 5.30 Uhr, der letzte um 17.30 Uhr. Kleinbusse und Jeeps fahren auf der Sindhuli Road zwischen 7 und 15 Uhr nach Kathmandu (800 NPR, 7 Std., stündl.). Es fährt ein Bus um 17 Uhr nach Pokhara (700 NPR, 12 Std.). Nahverkehrsbusse fahren bis etwa 15 Uhr stündlich nach Birganj (250–340 NPR, 4 Std.).

Vier Busse fahren Richtung Osten nach **Kakarbhitta** (525 NPR, 7 Std.) von 6 bis 16 Uhr ab dem staubigen Busbahnhof beim Zero Mile Chowk. Es gibt auch bis 10.30 Uhr mehrere morgendliche Busse nach Biratnagar (350 NPR, 5 Std.). Zu jedem dieser Busse kann auch am Ramanand Chowk zugestiegen werden, dem bevorzugten Busbahnhof. Eine Fahrt mit der Riksha aus dem Stadtzentrum von Janakpur dorthin kostet 50 NPR.

FLUGZEUG

Buddha Air (☑ 041-420522; www.buddhaair.com) und **Yeti Airlines** (☑ 041-520047; www.yetiairlines.com) bieten abwechselnd drei tägliche Flüge von Janakpur nach Kathmandu an (99 €, 20 Min.). Der Weg zum Flughafen südlich des Stadtzentrums kostet mit einer Riksha 175 NPR. Bei der Ankunft am Flughafen von Janakpur sind die Rikshas ein paar Schritte außerhalb des Flughafens deutlich billiger. Mit einem klimatisierten Taxi kostet eine Fahrt ins Hotel 800–2000 NPR.

ZUG

Eine sehr langsame Meterspur-Eisenbahn fährt über die Grenze nach Indien und in die staubige Stadt Jaynagar in der Ebene. Zum Zeitpunkt unserer Recherchen war die Strecke jedoch wegen einer längerfristigen Nachrüstung außer Betrieb. Frühestens 2018 werden wieder Züge aus Janakpur hinausrattern. Eisenbahnfans werden möglicherweise dennoch gerne zum Bahnhof pilgern, um sich die paar rostigen, alten Züge anzuschauen, die langsam in der Vegetation verschwinden.

Koshi-Tappu-Schutzgebiet

☑ 025

Der kleinste Nationalpark des Terai, das Koshi-Tappu-Schutzgebiet, ist ein Paradies für Vogelbeobachter. Man muss aber kein ausgeprägter Liebhaber der gefiederten Kreaturen sein, um diesen Park zu mögen, denn die hinreißende Wanderung wissen alle zu schätzen.

Der Park bietet eine ideale Mischung aus Flüssen, Teichen, Feuchtgebieten und Reisfeldern, durch die ein langer, gerader Pflasterweg führt, der die Orientierung zu einem Kinderspiel macht. Das spärliche Laub ermöglicht außerdem eine weite Sicht. Bei einer einzigen, 90-minütigen, 6 km langen Wanderung bekommt man viele verschiedene Vogelarten zu Gesicht. Es ist das Äquivalent an Land zur Beobachtung tropischer Fische in einem Korallenriff.

Ein weiteres Plus ist die Abzweigung an den nahe gelegenen Sapt Kosi, wo die bedrohten Arni in ihrem letzten Habitat unterwegs sind. Diese schwarzen Tiere, eine wilde Wasserbüffelart, sind für den gewaltigen Umfang ihrer Hörner bekannt und leben in Herden.

Koshi Tappu („Inseln im Fluss") wurde 1976 gegründet, um ein kleines Dreieck mit Elefantengras und *tappu* (kleinen Inseln) in der Überflutungsebene des Sapt Kosi zu schützen – einem der drei Hauptnebenflüsse des Ganges. Der Park umfasst 175 km^2 Habitat aus Feucht- und Grasland und ist die Heimat von mindestens 527 Vogelarten, darunter auch seltener Arten wie Sumpffrankolin und Barttrappe. Zugvögel aus Sibirien und Tibet beziehen hier von November bis Februar Quartier.

Im Park gibt es zwar keine Prominenz in Form von Tigern und Nashörnern, aber dennoch eine Vielzahl von Säugetieren und Reptilien, wie Nilgauantilopen, Hirsche, Goldschakal, Sumpfkrokodile, Fischkatzen, Mungos, Zibetkatzen und Stachelschweine. Von der Brücke beim Koshi-Stauwehr wurden Gangesdelfine entdeckt, aber leider ist ihre Zahl so gering, dass niemand mit Sicherheit sagen kann, wie viele Exemplare es noch gibt. Im Park leben auch 12 Wildelefanten, von denen einige das Leben örtlicher Dorfbewohner auf dem Gewissen haben.

Sehenswertes

Die Parkverwaltung befindet sich in Kusaha, in der Nähe des Vogelbeobachtungscamps Koshi Tappu Birdwatching Camp, und umfasst einiges Sehenswertes. Der Weg vom Haupttor führt zuerst zum **Informationszentrum** (Kusaha; ☺ 6–18 Uhr), einem kleinen Museum, in dem neben einem ausgetrockneten Gangesgavial die Schädel eines Elefanten, eines Hirsches und eines Arni gezeigt werden.

So wie überall im Terai nutzen die Ranger Elefanten für ihre Patrouillen durch den Park. Der Weg führt weiter zu einem **Elefantencamp**. Der Anblick der fünf dort lebenden Elefanten, die an Pfosten angebunden sind, ist leider sehr deprimierend. Wenn wild lebende Elefanten in der Nähe sind, ist Vorsicht geboten. Männliche Elefanten kommen aus dem Wald, um sich mit den Parkelefanten zu paaren und können sich dabei gegenüber Besuchern sehr feindselig verhalten (außerdem kann vermutet werden, dass auch Elefanten ihre Privatsphäre gewahrt wissen wollen).

Von hier geht es zum **Beobachtungsturm**. Abgesehen davon, dass man hier am sichersten ist, wenn männliche Elefanten in der Nähe sind, bietet sich eine weite und schöne Aussicht über die Felder und Wälder in der näheren Umgebung der Parkverwaltung.

In Kürze soll die Parkverwaltung eine Tierrettungsstation für den Osten Nepals bekommen.

Aktivitäten

Der Koshi wird gerne auf dem Rücken eines Elefanten erkundet. Überlegen Sie dennoch, den Park lieber auf eine der vielen anderen, tierfreundlichen Arten zu erkunden, beispielsweise mit einem Flussschiff oder Jeep, da es inzwischen überwältigende Beweise für die Behauptung von Tierschützern gibt, dass Elefantensafaris den Elefanten schaden.

Vogelbeobachtung

Jede Lodge verfügt über einen dort ansässigen Ornithologen, der Parkwanderungen zur Vogelbeobachtung leitet (normalerweise bei Pauschalpreisen inbegriffen). Frühmorgens, wenn die Luft kühl ist und sich der Nebel hebt, und spätnachmittags, wenn die Sonne das Wasser rosa färbt, sind die besten Zeiten für Vogelbeobachtungen, und ob Vogelliebhaber oder nicht, dieses Erlebnis erfreut jeden.

In einigen Lodges gibt es Vogelbeobachtungstürme, hier können ein paar Vogelarten auf der Suchliste abgehakt werden.

Jeep-Safaris

Viele Lodges bieten morgens oder spätnachmittags als Teil eines Pauschalangebots Jeep-Safaris an. Auch wenn kaum sehr viele Wildtiere zu sehen sein werden, ist dies eine gute Möglichkeit, ein Gefühl für den Park und sein Habitat zu bekommen. Die Jeep-Safaris werden normalerweise auch mit einer kleinen Wanderung zur Vogelbeobachtung kombiniert.

Flussfahrten

Die Erkundung des Parks vom Fluss aus, sei es nun gemütlich paddelnd in einem Gummi-Dinghy, Kanu oder Dhunga (Holzboot), eignet sich wunderbar, um mehr von den Wildtieren zu sehen, vor allem Arni. Für Vogelbeobachtungen ist dies allerdings weniger geeignet. Der Preis dafür ist normalerweise im Pauschalpaket der Lodge enthalten. Ist dies nicht der Fall, liegt der Preis für ein Holzboot mit Fahrer derzeit bei 1500 NPR, oder die Lodge kann für 42,50 € pro Stunde ein Gummi-Dinghy bereitstellen.

🛏 Schlafen & Essen

Es ist wichtig, die Unterkunft im Schutzgebiet im Voraus zu buchen. Die Preise mögen sehr hoch erscheinen, dabei ist jedoch zu bedenken, dass alle Mahlzeiten und Aktivitäten inbegriffen sind. Während des Monsuns (Juni bis September) schließen die Lodges.

In der Nähe der Parkverwaltung gibt es zwei Privatunterkünfte, eine in Prakashpur und eine in Madhuban; im Parkbüro nachfragen.

Aquabirds Unlimited ZELTLAGER **€**
(☑ 9741370325, 9852830280; www.facebook.com/Aquabirds.Unlimited; Vollpension inkl. Vogelbeobachtung 3500 NPR) So könnte ein Budgetbesuch des Parks aussehen. Dieses Saisonlager am Rand eines Reisfelds bietet zehn einfache Zelte (abgesehen von den klimatisierten Einheiten!) mit Gemeinschaftsbädern in einer gewissen Entfernung. Zum Zeitpunkt unserer Recherchen bot das örtliche Management Vollpension und Aktivitäten für nur 3500 NPR pro Person an, was ein äußerst günstiger Preis ist. Wie lange er gelten wird, sei dahingestellt. 1,5 km von der nationalen Schnellstraße entfernt, gleich hinter dem Schutzgebiet.

★ Koshi Camp ZELTLAGER **€€€**
(☑ 9851003677; www.koshicamp.co.uk; Halbpension EZ/DZ 81/115 €, Pauschalpreis pro Person und Nacht 132 €) Das Koshi Camp in dem entzückenden Dorf Madhuban, 7 km von der Schnellstraße entfernt, hat eine attraktive

Lage am Rand des Parks mit eigenem Teich und Vogelbeobachtungsturm. Die Gäste sind in Zelten mit richtigen Betten und großen Bädern untergebracht, was für einen angenehmen Aufenthalt sorgt. Die Guides sind hervorragend. Von September bis Mai geöffnet.

Die Vogelguides hier sind erstklassig, das Restaurant verbreitet eine Safariatmosphäre und es gibt viel ornithologisches Lesematerial.

Koshi Tappu Birdwatching Camp
ZELTLAGER €€€

(📞9804020868, 9800930709; www.koshitappu.net; Vollpension inkl. Vogelbeobachtung pro Person 130 €) Gleich neben den Parkbüros und dem Informationszentrum hat dieses Camp fünf kleine makellose Zelte mit gesonderten Gemeinschaftsbädern auf einer Insel in einem kleinen künstlichen Teich. Außerdem gibt es ein paar Zimmer in Häusern mit Lehmwänden (zum selben Preis wie die Zelte). Alle Unterkünfte und das Gelände selbst sind gut in Schuss. Von November bis April geöffnet.

Koshi Tappu Wildlife Camp
ZELTLAGER €€€

(📞01-4226130; www.koshitappu.com; Halbpension EZ/DZ 106/119 €, all-inclusive mit Aktivitäten EZ/DZ 191/289 €) Dieses Camp besteht am längsten im Park, es hat hübsch angelegte Gärten, einen wackligen Vogelbeobachtungsturm mit Blick über das Sumpfgebiet und Zelte, für die die hohen Preise nicht wirklich gerechtfertigt sind. Gemeinschaftsbäder in separaten Blöcken. Das Camp ist im Dorf Prakashpur und öffnet im November.

❶ Praktische Informationen

Der **Ticketschalter** (📞9852055405; pro Tag Ausländer/Reisende aus der SAARC/Kinder unter 10 Jahren 1000/500 NPR/kostenlos; 🕐7–17 Uhr) befindet sich gleich hinter dem Eingangstor zur Parkverwaltung, wird aber wahrscheinlich gar nicht benötigt, da der Eintritt bei organisierten Touren bereits enthalten ist. Nur daran denken, das Ticket dabeizuhaben, wenn Sehenswertes im Gebäude der Parkverwaltung zur Besichtigung ansteht.

❶ An- & Weiterreise

Die meisten Besucher kommen im Rahmen einer Pauschalreise mit organisierter Abholung vom Flughafen Biratnagar, es ist jedoch auch völlig problemlos möglich, hier als Einzelreisender unterwegs zu sein. Am besten ist es, von Kathmandu nach Biratnagar zu fliegen und dort ein Taxi (500–600 NPR, 1½ Std.) zum Park zu nehmen.

Mit öffentlichen Verkehrsmitteln gibt es die Möglichkeit, am Mahendra Highway einen Bus nach Laukahi (150 NPR ab Biratnagar) zu erwischen, 15 km östlich vom Stauwehr Koshi Barrage. An der Polizeistation aussteigen, von dort bedienen Rikschas sowohl das Koshi Camp als auch das Koshi Tappu Wildlife Camp. Ansonsten kann im Voraus die Lodge angerufen werden, die einen für etwa 1000 NPR abholt. Wer zur Parkverwaltung und zum Koshi Tappu Birdwatching Camp möchte, steigt in Jamuha aus, von dort sind es noch 2,5 km zu Fuß.

Eine Busfahrt von Kathmandu (12 Std.) kostet im normalen Bus 1000 NPR und im Deluxe-Bus 1200 NPR (der, um ehrlich zu sein, nur dem Namen nach Deluxe ist). Von Osten kommend, kann jeder Bus genommen werden, der auf dem Mahendra Highway fährt.

Biratnagar

📞 021 / 210 000 EW.

In Biratnagar, das mit Nepalganj und Janakpur um den Titel von Terais ausgedehntestem Staubchaos konkurriert, sieht es aus wie nach einem Raketeneinschlag. Das ungeordnete Wachstum und der Mangel an Basisdienstleistungen wurden noch verschlimmert durch den Massenzustrom, der ab 2015 einsetzte, weil Biratnagar als sicherer Hafen vor Erdbeben galt. Die Stadt ist jedenfalls ein reiner Transitpunkt: Abgesehen vom Busbahnhof und dem Flughafen gibt es für Reisende nichts von Interesse.

🛏 Schlafen

Hotel Panchali
HOTEL €

(📞021-472520; www.hotelpanchali.com.np; Nawa Jyoti Marg; EZ/DZ mit Ventilator 1200/1500 NPR, EZ/DZ mit Klimaanlage 2200/2500 NPR; ❄🔊) Dieses grellbunt gestrichene Businesshotel ist eines von drei ähnlichen Angeboten im Viertel. Die Zimmer sind ziemlich schmucklos, aber alles ist tadellos in Ordnung, und die Bäder sind ausnahmsweise recht ansprechend. Die beiden anderen Hotels sind das Xenial und das Everest ein Stück weiter unten an der Straße. Das Hotel liegt in der Nähe des Busbahnhofs.

Hotel Eastern Star
HOTEL €€

(📞021-471626; www.hoteleasternstar.com; Roadcess Chowk; EZ/DZ mit Ventilator 1500/1900, EZ/DZ mit Klimaanlage ab 2400/2800 NPR; 🅿❄🔊) Eastern Star ist ein Hotel in ruhiger Lage südlich vom Busbahnhof, das Personal spricht etwas Englisch, und alles lässt eine frühere Pracht erahnen. Die großen, gut möblierten Zimmer haben bequeme Betten, Satelliten-TV und saubere Bäder. Es gibt ein farbenfrohes indisches Restaurant und eine gut bestückte Bar.

Ratna Hotel
HOTEL €€

(☎021-470399; www.ratnahotel.com.np; Mahendra Chowk; EZ/DZ mit Ventilator 1800/2200 NPR; EZ/DZ mit Klimaanlage 2500/2800 NPR; P ❄ 🔊) In einem Land, in dem Hotels oft jahrzehntelang ohne frische Farbe auskommen müssen, fällt das neue Ratna auf. Es ist ein neues Gebäude auf der anderen Seite der Hauptstraße umgezogen und bietet nun stark verbesserte Zimmer – sauber, hell und preislich angemessen. Ein großer weiterer Anbau mit 52 Zimmern sowie ein Pool und zwei Restaurants sollen 2019 eröffnen.

Im Außenbereich nährt die Evening Round-Up Bar mit Grill die Hoffnung auf ein Buffalo-Steak.

Hotel Swagatam
HOTEL €€

(☎021-472450; www.hotelswagatam.com; Roadcess Chowk; EZ/DZ mit Klimaanlage 3000/3500 NPR, ohne Klimaanlage 1500/2000 NPR) Dieses alte Businesshotel hat einen gewissen Charme, zu dem das freundliche Personal beiträgt. Es gibt eine breite Palette an Zimmern, darunter einige überraschend gute mit Badewanne und Holzboden. Das hochwertige Zimmer 311 (4000 NPR) ist seinen Preis wert. Das Beste an dem Hotel ist die ruhige Lage abseits der Schnellstraße, 50 m südlich vom Roadcess Chowk.

 ## Essen

Angan
INDISCH €

(Main Rd.; Hauptgerichte 200–400 NPR; ⊗8–21 Uhr) Das Restaurant mit Süßigkeitenshop, das zu einer indischen Kette gehört, bietet Kühle, klimatisierten Komfort und Sauberkeit. Es gibt eine schöne Auswahl an vegetarischen Currys und Tandoori-Gerichten, bekannt ist es jedoch für seine Dosas und das Gulab Jamun.

★Unique Sweet & Snack
VEGETARISCH, INDISCH €€

(Main Rd.; Hauptgerichte 320–380 NPR; ⊗9–21 Uhr) Dieses zweistöckige Lokal ist perfekt für eine Lunchpause geeignet. Dosa-Fans werden den beliebten südindischen vegetarischen Imbiss im Obergeschoss ansteuern, wo es eine eindrucksvolle Auswahl an Dosas gibt – die „einzigartige Dosa spezial" ist einfach genial! Anschließend im Erdgeschoss aus dem Süßigkeitenshop ein Dessert wählen. Befindet sich am Traffic Chowk.

ℹ Praktische Informationen

Es gibt an der Main Road oder in unmittelbarer Nähe mehrere Banken mit Geldautomaten.

ℹ An- & Weiterreise

BUS

Der Busbahnhof befindet sich südwestlich vom Traffic Chowk im Stadtzentrum, die Fahrt mit der Rikscha dorthin kostet 30 NPR. Zwischen 6 und 16 Uhr fahren stündlich Busse nach Kathmandu (normal/Deluxe/mit Klimaanlage 1050/1200/1500 NPR, 15 Std.) über Narayangarh und zwei Busse nach Pokhara (1500 NPR, 15 Std.) um 6 und 16 Uhr. Mehrere Busse fahren zwischen 7 und 11 Uhr nach Janakpur ab (800–1000 NPR, 6 Std.). Es gibt auch Linienbusse nach Kakarbhitta (200–250 NPR, 3 Std., alle 30 Min.), die am Mahendra Highway abfahren.

Nahverkehrsbusse fahren den ganzen Tag über nach Dharan (80 NPR, 1½ Std., alle 10 Min.). Es gibt von 5 bis 14 Uhr auch stündlich Busse nach Dhankuta (300–400 NPR, 3 Std.) und nach Hile (300–500 NPR, 3½ Std.).

FLUGZEUG

Buddha Air (☎021-526901; www.buddhaair.com), Yeti Airlines (☎021-536612; www.yetiairlines.com), Saurya Airlines (www.sauryaairlines.com) und Tara Air (www.taraair.com) bieten täglich zahlreiche Flüge zwischen Biratnagar und Kathmandu an (127–161 €, 35 Min.). Nepal Airlines (☎021-470675; www.nepalairlines.com) bedient dienstags, donnerstags und samstags um 10.30 Uhr Bhojpur und montags und samstags um 8.30 Uhr Khanidanda. Eine Rikscha zum Flughafen kostet 400–500 NPR.

Von Dharan nach Hile

Dharan, das 17 km nördlich der verkehrsreichen und ereignislosen Transitstadt Itahari liegt, markiert den Beginn einer weiteren dramatischen Bergstraße. Eine ordentlich gepflasterte Straße führt von hier Richtung Norden in die Ausläufer des Himalajas und bietet Zugang zu einer Reihe attraktiver Bergstädte und Ausgangspunkte für Trekkingtouren.

MITHILA-KUNST

Die lebenssprühenden Kunstwerke, die von den Frauen der Maithili hergestellt werden, können bis ins 7. Jahrhundert zurückverfolgt werden, und die Fertigkeit wurde seither von Generation zu Generation weitergegeben. Als ehemalige Hauptstadt des Königreichs Mithila ist Janakpur (S. 317) zum Zentrum für den Erhalt und die Förderung dieser alten Kunst geworden.

Die Mithila-Malerei ist teils Dekoration und teils gesellschaftlicher Kommentar, der das Leben der Bauersfrauen in einer Gesellschaft aufzeichnet, in der Lesen und Schreiben den Männern der hohen Kasten vorbehalten ist. Die Szenen der Mithila-Gemälde verzeichnen farbenfroh die weibliche Lebenserfahrung im Terai – Arbeit, Geburt, Hochzeit und das soziale Netzwerk der Dorffrauen. Heute sind auch mehr moderne Gegenstände zu sehen wie Flugzeuge und Busse, gemischt mit traditionellen Themen wie hinduistische Mythologie und Dorfleben.

Traditionell wurden die Mithila-Gemälde als vorübergehende Dekoration bei Festen verwendet, wobei die Lehmwände der Dorfhütten in Weiß und Ocker mit abstrakten Mustern oder komplizierten Alltagsszenen des Dorflebens bemalt wurden. Noch immer sieht man in den Dörfern rund um Janakpur Häuser mit bemalten Wänden und Halbreliefs. In neuerer Zeit hat sich die Mithila-Malerei weiterentwickelt zu einer zeitgenössischeren und sammelfähigen Kunstform, wobei die Künstlerinnen auf Leinwand aus grobem, handgeschöpftem Papier malen, dessen Textur den Lehmwänden entspricht. Mithila-Gemälde werden nicht nur in Galerien aller Welt ausgestellt, sondern, was viel wichtiger ist, die Kunst hat den Frauen in den verarmten ländlichen Gemeinden ein neues Gewerbe eröffnet.

Eines der bekanntesten sozialen Projekte ist das **Janakpur Women's Development Centre** (JWDC, Nare Bekas Kendra; ☏ 041-620932, 9808205576; ⊙ April–Sept. So–Do 10–17 Uhr, Okt.–März So–Fr 10–16 Uhr), direkt südlich von Janakpur im Dorf Kuwa. Rund 40 Maithili-Frauen sind in diesem Zentrum angestellt, sie stellen Malereien auf Papier, Schachteln und Spiegel aus Pappmaschee, im Siebdruck bedruckte Stoffe und handgetöpferte Keramik her. Das eingenommene Geld wird direkt für die Verbesserung der weiblichen Lebensbedingungen auf dem Land verwendet. Eine Fahrt mit der Rikscha von Janakpur zu dem Zentrum kostet 150–200 NPR.

Dharan

☏ 025 / 125 000 EW.

Die ausufernde Stadt Dharan hat drei unterschiedliche Gesichter. Der äußerste Westen wirkt wie ein wohlhabender Vorort mit ruhigen Straßen, die von gepflegten Bungalows gesäumt werden, mit ordentlichem Straßenpflaster, Mülltonnen sowie einem Golf Club. Bis 1990 war Dharan noch Rekrutierungsbereich für Gurkhas, und der relative Wohlstand hier ist dem Geld zu verdanken, das die weltberühmten nepalesisch-britischen Soldaten mit nach Hause brachten. Im Gegensatz dazu hat die Ostseite der Stadt steile Straßen und eine entspannte Dorfatmosphäre mit Bananen, mit bambusbewaldeten Hügeln und rustikalen Hütten. Getrennt werden die beiden Bereiche vom lebhaften Dharan-Basar, der mit seinem flachen, staubigen Markt eher das typische Flair des Terai verströmt.

Dharan gehört zu den *Shakti Peeths*, die einen Ort kennzeichnen, wo ein Teil des Körpers von Sati herabfiel, der ersten Frau Shivas, nachdem sie ein Raub der Flammen geworden war. Mehrere bedeutende Shaivite-Tempel stehen nordöstlich des Stadtzentrums in dem Dorf **Bijayapur**. Einen kurzen Fußmarsch von hier steht der **Budha Subba Mandir** in einem Bambusdickicht, das sich den Weg entlangzieht, und inmitten einer sonderbaren Sammlung lehmbedeckter Gesteinsbrocken – sie sollen den sich zurücklehnenden Körper von Mahadev (Shiva) darstellen. Es ist ziemlich wahrscheinlich, hier die Opferung von Hühnern mitzubekommen.

Um nach Bijayapur zu gelangen, am Chata Chowk rechts abbiegen (10 Minuten zu Fuß vom Dharan-Basar) und dann bis zu den Stufen am Fuß des Hügels gehen. Von hier sind es noch 20 Minuten zu Fuß. Eine Autoriksha kostet hin und zurück 300 NPR.

🛏 Schlafen & Essen

⭐ **New Dreamland Hotel & Lodge** HOTEL €
(☏025-525024; Dhankute Rd.; Zi. mit/ohne Bad
1200/700 NPR, mit Klimaanlage 2300 NPR;
🅿❄🛜) Das außergewöhnliche Schnäppchen mit zwei Stockwerken mit Rundumveranda, geräumigen Sälen und gepflegten Gärten versteht es mit seinem charmanten, tropisch-kolonialen Ambiente, seine Gäste für sich zu gewinnen. Gut vorstellbar, wie W. Somerset Maughams Figuren hier bei Sonnenuntergang einen Gin schlürfen. Das Hotel liegt im besten Stadtteil von Dharan, sein einziger Minuspunkt sind die Schaumstoffmatratzen. Drei Häuserblocks vom Bhanu Chowk Richtung Westen befindet sich der Clock Tower Square (Uhrturmplatz) in der Stadtmitte.

Hotel Nava Yug PENSION €
(☏025-524797; www.facebook.com/hotelnavayug; Dhesi Line; Zi. mit/ohne Klimaanlage 2400/1800 NPR; ❄🛜) Dieses neu renovierte Hotel hat einen lustigen Eingang: Nachdem das gesamte vorherige Hotel aus einem Häuserblock wie durch einen betrunkenen Baggerfahrer abgerissen worden war, hat man die neue Einangstür einfach hinten in die Überreste eingepasst. Es ist, als würde man einen Zahn durch ein Loch darin betreten. Die Zimmer mit Ventilator sind aber sehr hübsch, haben große Bäder und neue Möbel, die Matratzen sind allerdings etwas hart.

Die neue Unterkunft ist sicher ruhiger als die vorherige. Nur das hauseigene Restaurant leidet: Es wirkt wie eine Höhle.

⭐ **Olive Café &
Restaurant** PIZZERIA, INTERNATIONAL €€
(Putali Line; Pizzas 295–330 NPR, Hauptgerichte 300 NPR; ⏱10–22 Uhr) Dieses Lokal ist wohl auf dem Weg nach Thamel, dem Touristenzentrum von Kathmandu, verloren gegangen, aber darüber kann man nur froh sein. Es bietet sehr anständige Pizzas aus dem Holzofen sowie einige regionale Gerichte und Pasta-Kreationen. Serviert wird das Essen in einem mit Holzmasken verzierten Lokal, das dazu einlädt, auch nach dem Essen noch hier abzuhängen.

🍷 Ausgehen

Nectar Juice Bar SAFTBAR
(Putali Line; Säfte 150–250 NPR; ⏱9–21 Uhr; 🛜) Dieser Geschmacksspritzer ist genau die Art von modernem Impuls, den Dharan braucht – und wird auch von Touristen nach einem langen Reisetag sehr geschätzt. Zur Wahl steht ein wildes Sortiment an Säften und Smoothies, vom Kiwi Mint Punch bis zum Kokos Banane Smoothie. An der Putali Line, gegenüber dem Baskin Robbins. Etwas Geduld mit den Zubereitern der Getränke sollte mitgebracht werden.

ℹ An- & Weiterreise

Pro Tag fahren zwei Busse vom Bhanu Chowk nach Kathmandu (normal/Deluxe 800/1000 NPR, 14 Std.), der erste um 4 Uhr und der letzte um 17 Uhr. Um 7 Uhr fährt zudem ein Minibus über die Sindhuli Road (1250 NPR, 7–8 Std.).

In Richtung Süden fahren Busse nach Biratnagar (80 NPR, 1½ Std.). Nahverkehrsbusse Richtung Norden fahren planmäßig von 5 bis 16 Uhr nach Bhedetar (55 NPR, 45 Min., alle 15 Min.), Dhankuta (150 NPR, 3 Std.) und Hile (250 NPR, 4 Std.). Auch Richtung Osten zur indischen Grenze bei Kakarbhitta fahren Busse (350 NPR, 4–5 Std.).

Bhedetar

☏ 026 / 2750 EW.

Das kühle Klima des kleinen, entspannten Ortes Bhedetar sorgt bei der Ankunft von den heißen und staubigen Ebenen des Terai für eine erfrischende Abwechslung. Durch die Lage auf 1420 m Höhe sind die Ausblicke auf Everest und Makalu an klaren Tagen spektakulär. Das Dorf existiert im Grunde als Aussichtspunkt im Gebirge für die Touristen vor Ort. Leider ist der wichtigste Aussichtspunkt, der **Charles Tower**, seit dem Erdbeben von 2015 geschlossen, und mit einer Wiedereröffnung ist frühestens 2019 zu rechnen. Das Glück des Ortes scheint entsprechend abgenommen zu haben.

Die Busse, die häufig in den Bergen zwischen Dharan und Hile pendeln, halten alle in Bhedetar.

🛏 Schlafen & Essen

Hotel Arun Valley PENSION €
(☏9842450740; Zi. 1200–1600 NPR, ohne Bad 600 NPR; 🛜) Im Hotel Arun Valley lässt es sich angenehm übernachten. Die Zimmer in einem Garten mit bunten Blumen sind hübsch eingerichtet mit dicken Teppichen, Korbmöbeln und bequemen Betten mit warmen Bettdecken. Das Restaurant ist das beste in Bhedetar. Der oberen Straße

folgen, die von der Schnellstraße in Richtung Hile abzweigt.

Hile

📌 026 / 2500 EW.

Hile war früher einmal der Ausgangspunkt für das Zelttrekking zum Makalu und der Endpunkt des Lodgetrekkings von Lukla. Inzwischen führt die Straße jedoch weiter ins Tal hinein bis Basantapur. Infolgedessen ist Hile nicht mehr der geschäftige Knotenpunkt für Trekkingtouren, und die Hotels waren daher etwas verlassen. Dennoch verbreitet das Dorf ein umtriebiges Basarfeeling, insbesondere während des wöchentlichen Donnerstagmarktes. Etwa 30 Minuten zu Fuß oberhalb des Ortes gibt es einen guten Aussichtspunkt ins Gebirge (der Basantapurstraße bis zum Armeeposten folgen und dann nach Norden wenden auf dem Wanderweg nach Hattikharka). Wenn nichts davon verlockt, ist es einfach ein guter Ort, um die ausgetretenen Pfade zu verlassen.

🛏 Schlafen & Essen

Die meisten Hotels servieren sättigendes tibetisches Essen und wärmende Holzschüsseln mit *Tongba* (warmes Hirsebier).

Kanjirowa Makalu Hotel HOTEL €
(📞 026-540509; Zi. mit/ohne Klimaanlage 1500/2500 NPR; 📶) Dieses adrette Backsteinhotel hat die besten Zimmer in Hile, was jedoch weiche Matratzen und funktionierende Warmwassererhitzer nicht beinhaltet. Glücklicherweise sind 12 neue Zimmer in Arbeit. Das Restaurant mit Bar hat eine gute eindrucksvolle Speisekarte und eine eindrucksvolle Liste an Cocktails, es dauert jedoch sehr lange, bis das inzwischen kalte Essen kommt.

Linker Hand an der Hauptstraße gelegen, 500 m vor dem Ortseingang. Das Hotel hat zwei Tore, genutzt wird jedoch nur das zweite.

Hotel Mountain HOTEL €
(📞 026-540403; Zi. mit/ohne Bad 700/500 NPR) Diese Lodge ist geringfügig besser als die anderen unvollkommenen Optionen im Ortszentrum. Die nach hinten gelegenen Balkone bieten Aussicht ins Tal, und das Restaurant serviert die Basics (Hauptgerichte 120–200 NPR). Das Zimmer sorgfältig auswählen. Das Hotel liegt an der Hauptstraße, gleich südlich vom Stadtzentrum auf der gegenüberliegenden Straßenseite der Rastriya Banijya Bank und in der Nähe vom Busbahnhof.

ℹ An- & Weiterreise

Häufig fahren Nahverkehrsbusse von Dharan nach Hile (250 NPR, 2 Std., alle 20 Min.), der letzte Bus fährt um 16.30 Uhr ab. Ein paar wenige Busse fahren im Arun-Tal weiter bis Leguwa (120 NPR, 3 Std., alle 3–4 Std.) Einige Busse von Dharan feiern weiter bis Basantapur (100 NPR ab Hile, 1½ Std.).

Ilam

📌 027 / 20 000 EW.

Ilam (gesprochen „i-lam") liegt im fernen Osten Nepals, 90 km von der Grenze bei Kakarbhitta entfernt, und wird über den Mechi Highway erreicht, eine der großen Gebirgsstraßen im Terai mit vielen Spitzkehren, schwindelerregenden Abhängen und Ausblicken ins Tal. Die Straße ist in ausgezeichnetem Zustand. Bei der Einfahrt in das Bergdorf fallen die bezaubernden Holzhäuser auf, deren Balkone sich über die geschäftige Straße vorstrecken – was für das Terai ungewöhnlich ist.

Genau wie sein Nachbarort Darjeeling jenseits der Grenze ist Ilam gleichbedeutend mit – Tee. Klima und Topografie sind bei beiden praktisch identisch, auch wenn der Darjeelingtee sehr viel bekannter ist. Die Teefelder, die die umliegenden Hügel bedecken, eignen sich für einen friedlichen Spaziergang in der erfrischenden Bergluft.

◉ Sehenswertes

Ilam View Tower AUSSICHTSPUNKT
(150 NPR) Von diesem Turm bieten sich hinreißende Ausblicke auf Ilam Bazaar und die entlegenen Dörfer der umliegenden Täler. Es gibt auch ein Dal-Bhat-Restaurant (Mahlzeiten 250–300 NPR), wo ein Getränk gekauft werden kann.

🛏 Schlafen

Chiyabari Cottage Ilam PENSION €
(📞 027-520149, 9842636512; www.ilamchiyabari. com; Zi. 1700 NPR; 📶) Diese fröhliche Pension auf dem Hügel mit zauberhafter Aussicht auf die Teeplantagen und umliegenden Hügel hat geräumige Zimmer, die durch kleine Aquarien aufgelockert sind. Und das ist neu! Es ist auch eine Topadresse für ein Essen oder einen Drink bei Sonnenuntergang. Am besten dort anrufen

und sich kostenlos abholen lassen, um den schweißtreibenden Aufstieg zu umgehen. Nur wenige Hundert Meter südlich vom Aussichtsturm.

Green View Guest House   HOTEL €
(☏9842627063, 027-520616; www.greenview ilam.com; Campus Rd.; im alten Haus, Zi. mit/ohne Bad 1000/500 NPR, im neuen Haus Zi. 1500–3000 NPR; ☏) Green View ist der Albtraum jedes Innenarchitekten. In den einfachen Zimmern harmoniert nichts, aber alles ist gepflegt, das Personal ist freundlich und die Lage am Rand eines Teegartens ist erklassig. Einige Zimmer nach hinten hinaus haben tatsächlich Aussicht ins Grüne (die beste Wahl). Billigere Zimmer mit Gemeinschaftsbädern sind auf der anderen Straßenseite in einem eigenen Gebäude, Zimmer 502 hat einen tollen Balkon.

Summit Hotel   HOTEL €€
(☏027-520972; www.summithotelilam.com; Narayansthan Marg; Zi. mit/ohne Klimaanlage 4000/1500 NPR) Das Summit ist das schönste Hotel in Ilam, es hat eine Glasfront, sodass die Zimmer dahinter Sitzbereiche und schöne Ausblicke haben (4000 NPR), einige davon sind Vierbettzimmer. Andere Zimmer in der Preisklasse von 2000 NPR sind auch recht gemütlich, für 5000 NPR gibt es die Honeymoon Suite.

 Shoppen

⭐**Ilam Tea House**   TEE
(☏9842646121; www.ilamteahouse.com; ◷7–19 Uhr) Dieser hervorragende kleine Laden hat jedes Teeprodukt, das man sich wünschen könnte, und verkauft werden die Waren von einigen charmanten alten Damen. In der Nähe vom Green View Guest House, die Verkaufstheke liegt direkt zur Straße hin.

ℹ **Praktische Informationen**

Im Basar gibt es mehrere Geldautomaten, ein Stück die Straße hinauf befindet sich die Bank of Asia, die ebenfalls einen Geldautomaten hat und ausländisches Geld tauscht.

ℹ **An- & Weiterreise**

Der staubige Bus-/Jeepbahnhof ist im Westen der Stadt, während der Taxistand in unmittelbarer Nähe des Hauptplatzes liegt.

Die Straße nach Ilam zweigt an zwei Stellen vom Mahendra Highway ab. Busse und Jeeps fahren an beiden, sowohl Charali (wenn man von Kakarbhitta kommt) oder Birtamod (wenn man

von Kathmandu kommt). Mit dem Jeep dauert die Fahrt von beiden Stellen aus kaum mehr als 3 Std. (250 NPR). Täglich fährt um 14 Uhr ein Bus direkt nach Kathmandu (1700 NPR, 16 Std.).

Wer hoch hinauf will, um die Pfade des Kanchenjunga zu erobern, bekommt den ganzen Vormittag über recht häufig einen Jeep nach Taplejung (1200 NPR, 6–7 Std.).

Rund um Ilam

Ein angenehmer halbtägiger Ausflug führt von Ilam an den attraktiven See bei **Mai Pokhari**. Auf einer 1½-stündigen Jeepfahrt auf steiniger Strecke wird dieser friedliche Ort erreicht, der 2008 zum Kulturerbe ernannt wurde. Der See, ein wichtiger Pilgerort für Hindus und Buddhisten, hat eine eindrucksvoll smaragdgrüne Farbe, ist von Wasserlilien bedeckt, und es wimmelt darin von Goldfischen. Die Umgebung mit Nadelbäumen und Rhododendren (sie blühen im März) eignet sich für einen schönen Spaziergang und beherbergt 300 Vogelarten.

Am besten kommt man hierher mit einem Jeep oder Taxi bis Biblate (50 NPR), von dort lässt sich die Weiterfahrt nach Mai Pokhari organisieren. Außerdem gibt es die Möglichkeit, von Ilam aus eine wunderschöne achtstündige Rundwanderung dorthin zu unternehmen.

Zu einigen weiteren Ausflügen von Ilam aus gehören die **Kanyam-Teegärten**, 46 km von Ilam entfernt (Taxi 200 NPR), wo die Teefabrik besichtigt werden kann. Wer mit dem Bus kommt, hat einen 15-minütigen Weg bergab zu der Fabrik vor sich. Hier gibt es auch einen Picknickplatz, der bei Gruppen fröhlicher nepalesischer Teenager sehr beliebt ist.

Eine weitere ausgezeichnete Option ist ein Besuch auf dem **Sandakpur** an der Grenze zu Indien. Hier kann ein unglaublich schöner Sonnenaufgang über vier der fünf höchsten Gipfel der Welt beobachtet werden, zudem ist das Gebiet ein Habitat des Roten Pandas. Allerdings ist die Erreichbarkeit nicht sehr einfach: Zuerst wird ein Taxi von Ilam Bazaar nach Biblate benötigt (35 NPR, 15 Min.), dann ein weiteres Taxi für die 2½ Stunden nach Khorsanitar (250 NPR, falls man das Glück hat, ein Gemeinschaftstaxi zu finden, ansonsten kostet ein privat angeheuerter Jeep von Ilam bis Khorsanitar etwa 6000 NPR für eine Sonderfahrt). Endlich in Khorsanitar angekommen, wartet eine sechsstündige

Wanderung zum Sandakpur. Es gibt mehrere einfache Lodges, und ohne warme Bekleidung geht gar nichts.

Kakarbhitta

023 / 22 000 EW.

Kakarbhitta (Kakarvitta) ist der östlichste Übergang zwischen Indien und Nepal und nur wenige Autostunden von Siliguri und Darjeeling in Westbengalen und Gangtok in Sikkim entfernt. Dennoch ist es nicht einfach nur eine weitere staubige Grenzstadt im Terai. Möglicherweise liegt es an den Tee- und Reisfeldern in der Umgebung oder an der friedlichen Lage am Fluss, auf jeden Fall wirkt die Stadt in sich geschlossener und intimer. Und sie ist definitiv sauberer. Trotz des sehr umtriebigen Stadtzentrums kommt hier nicht so viel Stress auf, und es ist durchaus möglich, hier eine Weile zu bleiben, um die Gegend zu erkunden. Da es kaum Tourismus gibt, kann in eine authentische Teegegend eingetaucht werden.

🛏 Schlafen & Essen

Hotel Rajat
HOTEL €

(☎09851089479; 2BZ 2000–2500 NPR, Zi. mit Klimaanlage 1600 NPR; ❋☎) Der Empfang ist freundlich, und die Zimmer sind einfach, aber gut beleuchtet. Die teureren Zimmer rechtfertigen den Mehrpreis. Ob jedoch billig oder teuer, alle Zimmer sind sehr rosa. Im Erdgeschoss gibt es ein Restaurant im Bistro-Stil mit Gingham-Tischdecken. Das Hotel befindet sich gleich hinter dem Busbahnhof, und es kann etwas laut sein.

Hotel Darbar
HOTEL €€

(☎023-562384; www.facebook.com/hoteldarbar.nepal; EZ/DZ 2500/3500 NPR; ❋☎) Das Darbar bietet große, gut möblierte Zimmer mit Teppichböden, Ventilator und Klimaanlage sowie Bädern mit Warmwasser. Das Haus verfügt über einen Generator, der auch während der häufigen Stromausfälle in der Stadt für Licht sorgt. Der gebildete Eigentümer spricht hervorragend Englisch und ist im Terai viel herumgekommen. Das Hotel liegt im Stadtzentrum an der Hauptstraße.

⭐ Ghaari Restaurant
NEPALESISCH €€

(Hauptgerichte 150–600 NPR; ☺9–21 Uhr) Dieses überaus beliebte Restaurant am Fluss ist sicher das beste Ort in Kakarbhitta zum Essen und Trinken und so schön, dass es einen fast umhaut. Es liegt 1 km nördlich der Grenze etwas erhöht mit Blick über das Wasser nach Indien. Einzelne Speisepavil-

---

ÜBER DIE GRENZE: VON KAKARBHITTA NACH PANITANKI

Grenzöffnungszeiten

Beide Seiten der Grenze sind von 7 bis 22 Uhr besetzt. Wenn es allerdings kalt/nass ist, können die Grenzöffnungszeiten flexibler gehandhabt werden, und die Grenze ist manchmal schon um 19 Uhr dicht. In diesen Fällen kommt man oft dennoch über die Grenze, muss sich jedoch auf die Suche nach einem Einreisebeamten machen.

Geldwechsel

Es gibt auf beiden Seiten der Grenze zahlreiche Geldwechselstellen, darunter die Nepal Bank, die auch einen Geldautomaten hat.

Weiterreise nach Indien

Vom Busbahnhof in Kakarbhitta sind es 100 m bis zur Grenze und etwas weniger als 1 km bis zum indischen Grenzposten Panitanki (alias Raniganj) – mit der Riksha kostet es etwa 100 NPR vom Busbahnhof in Kakarbhitta zur indischen Grenze, die Wartezeit bei der nepalesischen Einreisebehörde ist inbegriffen. Alternativ kann mit einem Gemeinschaftstaxi oder Gemeinschaftsjeep von der nepalesischen Einreisebehörde aus nach Siliguri gefahren werden für 200 INR (oder 1200 INR für eine Sonderfahrt). Von Siliguri nach Darjeeling gibt es Gemeinschaftsjeeps (200–300 INR, 3 Std.). Es gibt auch Züge nach Kalkutta, den Kanchanjunga Express (Schlafwagen/3A 350/950 INR, 11½ Std.), der um 7.50 Uhr abfährt, und den Darjeeling Mail (Schlafwagen/3A 400/1200 INR, 10 Std.). Abfahrt ist um 20 Uhr.

lons inmitten von Bambusgruppen sorgen für Privatsphäre. Große Barkarte.

❶ Praktische Informationen

Touristeninformationszentrum (⊙ So–Fr 6–19 Uhr) Die Regierung von Nepal betreibt unmittelbar vor der Grenze eine kleine Touristeninformation. Die Informationen gelten eher landesweit als lokal, aber das Personal ist sehr freundlich.

Die **Nepal Bank** (⊙ 10–17 Uhr) hat in Grenznähe einen Geldautomaten. Es gibt mehrere Geldwechselstuben.

❶ An- & Weiterreise

BUS

Reisebüros in Kathmandu und Pokhara bieten „durchgehende" Tickets nach Darjeeling an, man muss jedoch in Kakarbhitta umsteigen. Es ist ebenso einfach und billiger, die Fahrt in Etappen zu absolvieren. Ein Jeep oder Bus von Karkarbhitta nach Darjeeling kostet 110 NPR.

Es gibt einen Bus nach Kathmandu (Standard/ Deluxe 1145/1375 NPR, 14–16 Std.) um 4 Uhr, dann halbstündlich von 16 bis 18 Uhr. Busse nach Pokhara (1140 NPR, 15 Std.), fahren zu denselben Zeiten ab.

Um nach Ilam zu gelangen, gibt es viele Busse bis Birtamod (50 NPR, 25 Min., alle 15 Min. bis 18 Uhr), von dort mit einem Bus oder Jeep weiterfahren. Um 4 Uhr fahren Busse nach Janakpur (750 NPR, 7 Std.), Biratnagar (300 NPR, 3½ Std.) und Birganj (1200 NPR, 10 Std.) ab.

FLUGZEUG

Der nächste Flughafen ist in Bhadrapur, 10 km südöstlich von Birtamod, das wiederum 13 km westlich von Kakarbhitta liegt. Ein Taxi vom Busbahnhof Kakarbhitta zum Flughafen kostet 1500 NPR. Alternativ mit einem Nahverkehrsbus nach Birtamod fahren, von dort mit einem anderen Bus weiterfahren nach Bhadrapur, anschließend mit einer Rikscha zum Flughafen. **Yeti Airlines** (☑ Bhadrapur 023-455232; www. yetiairlines.com) und **Buddha Air** (☑ Bhadrapur 023-455218; www.buddhaair.com) fliegen täglich nach Kathmandu (etwa 115 €, 50 Min.). **Nepal Airlines** (☑ Bhadrapur 023-456638; www.nepalairlines.com) bietet ähnliche Flüge sonntags, mittwochs und freitags jeweils nachmittags. Jedes Reisebüro in der Umgebung des Busbahnhofs kann Tickets ausgeben, darunter **Jhapa Travels** (☑ 023-562820, 023-562020; www.jhapatravel.com.np).

Trekkingrouten

Inhalt ➜

Einen Trek auswählen .. 331

Das Leben auf dem
Trail.............................332

Everest-Base-
Camp-Trek...................334

Annapurna-
Circuit-Trek.................341

Annapurna-
Sanctuary-Trek 348

Sonstige
Wanderungen
in Annapurna 350

Langtang-Tal-Trek 352

Tamang Heritage Trail .. 356

Gosainkund-Trek.........358

Gesperrtes Gebiet &
andere Treks 360

Die besten Everest-Abstecher

➜ Gokyo-Seen (S. 340)
➜ Chhukung (S. 339)
➜ Khunde & Khumjung (S. 337)

Die besten Abstecher in Annapurna

➜ Milarepa-Höhle (S. 345)
➜ Oberer Pisang (S. 345)
➜ Jhong & Purang (S. 347)
➜ Praken Gompa (S. 345)

Auf zum Trekking!

Einfach der beste Weg, um Nepal zu erleben, ist zu Fuß über Wege zu wandern, auf denen seit Jahrhunderten Träger, Händler, Pilger, Bergsteiger und Einheimische von Dorf zu Dorf, aus der Ebene in die Berge, von Nepal nach Tibet unterwegs sind. Nichts geht über das Wandern in der eigenen Dampfwolke unter einem kristallklaren Himalaja-Himmel, vorbei an Sherpa-, Gurung- und Thakali-Dörfern, tibetischen Klöstern und heiligen Seen im Anblick einer Bergkette aus Achttausendern.

Treks in den Regionen Langtang, Annapurna und Everest sind ideal für Traveller, die ohne große Vorausplanung wandern wollen – Genehmigungen sind leicht zu organisieren und Trekking-Lodges säumen die Wege. Dort gibt's Mahlzeiten und Unterkunft.

Unser wichtigster Tipp ist, nicht zu schnell zu laufen. Wer sich ein paar Tage mehr Zeit lässt, kann kleine Abstecher und Ausflüge machen, Klöster besichtigen oder sich auch nur gelegentlich einen Ruhetag gönnen. Diese könnten durchaus die Highlights der Reise werden.

Reisezeit

➜ Das beste Wetter und die angenehmsten Temperaturen, aber auch die größten Besucherzahlen bescheren die Monate Oktober und November.

➜ Von März bis Anfang Mai blüht der Rhododendron in den Bergen, aber in der Ebene ist es heiß.

➜ Eine gute Zeit für das Obere Mustang und das Dolpo sind die Monate Juli bis September, obwohl dann Monsunzeit ist und überall Blutegel auftauchen.

EINEN TREK AUSWÄHLEN

Teehaus-Treks machen den größten Teil der Trekkingtouren in Nepal aus, einfach weil es bequem ist, alle paar Stunden entlang des Weges Essen und Unterkunft zu finden. Die beliebtesten Touren sind der Annapurna-Circuit-Trek und der Everest-Base-Camp-Trek. Beide Treks bieten spektakuläre Landschaft, das Eintauchen in die Kultur und viele Möglichkeiten für Abstecher, aber auch viele Mitwanderer.

Seit einigen Jahren besuchen immer mehr Menschen die Everest-Region in der Hochsaison, während die Annapurna-Region sowohl am Anfang als auch am Ende von Straßenbauarbeiten betroffen ist. Der Annapurna-Circuit-Trek hat den Vorteil, dass dies ein Rundweg ist. Zum Everest dagegen geht es auf derselben Strecke hin und zurück. Abwechslungsreicher wird der Rückweg nach Lukla durch ein paar tolle Umwege zu den Gokyo-Seen oder über die Drei Pässe. Für den Everest braucht man einen Hin- und Rückflug (oder läuft eine Woche dorthin), wodurch er teurer wird als Annapurna.

Eine ausgezeichnete Alternative zu diesen beiden großen Treks ist die Langtang-Region im Norden von Kathmandu. Die Treks im Langtang-Tal, bei Gosainkund und Helambu waren allesamt stark vom Erdbeben im Jahr 2015 betroffen, aber die Lodges sind wiederaufgebaut und die Trekkingrouten sind wieder geöffnet. Wer in dieser Region wandert, leistet einen unmittelbaren Beitrag zur wirtschaftlichen Wiederbelebung dieser Region, und dies in einigen der schönsten und abwechslungsreichsten Berglandschaften Nepals.

Wenn dies noch nicht reichen sollte, lassen sich die Trekkingtouren untereinander auch kombinieren. Der Weg durch das Annapurna-Schutzgebiet lässt sich problemlos an den Annapurna-Circuit-Trek anhängen, um einen ganzen Monat lang Trekking vom Feinsten zu erleben. Verbindet man die Treks bei Langtang und Gosainkund, dauert die Wanderung zwei Wochen und endet schließlich wieder im Kathmandu-Tal.

Weitere Informationen zu diesen Touren und zu Camping- und Teehaus-Treks in den abgelegeneren Regionen bietet der Lonely Planet Führer *Trekking in the Nepal Himalaya*.

Kürzere Treks

Wer keine Zeit für einen großen Trek hat, kann auf mehreren kürzeren Treks von Pokhara in die südlichen Ausläufer der Annapurnas einen reizvollen Eindruck vom Leben auf Nepals Trails gewinnen. Der Ghandruk-Rundweg (drei Tage) und der Rundweg um Ghorepani und Ghandruk (sechs Tage) bieten schöne Ausblicke auf die Berge, Dörfer und Trekking-Lodges, während Trips nach Ghachok und Panchase ruhigere Wege abseits der Hauptwanderrouten der Annapurna-Region bieten. Alle Wege sind ausgezeichnete Strecken für Winterwanderungen oder wenn niedrigere Höhenlagen bevorzugt werden.

Es ist auch möglich, einen mehrtägigen Mini-Trek entlang des Randes des Kathmandu-Tals über Chisopani, Nagarkot und Dhulikhel zusammenzustellen. Hier geht's vorbei an mittelalterlichen Städten, Himalaja-Aussichtspunkten und der tibetischen Pilgerstätte Namobuddha.

Wer ab und zu einen Flug einstreut, kann das Trekking enorm beschleunigen. Zum Beispiel kann man nach Jomsom fliegen, in Marpha (zwecks Akklimatisierung) übernachten und ein paar Tage lang in den umliegenden Dörfern Kagbeni, Thini und Muktinath wandern, bevor es für eine vier- oder fünftägige Tour mit dem Flieger zurück nach Pokhara geht.

ERDBEBENSCHÄDEN IN DEN TREKKINGGEBIETEN

Da die meisten Trekking-Lodges in Nepal in traditioneller Bauweise errichtet wurden, ist es nicht verwunderlich, dass sie durch das Erdbeben im Jahr 2015 beschädigt wurden. Die Region Annapurna und das östliche und westliche Nepal blieben weitestgehend verschont. Die Region Everest ist ebenfalls dem Schlimmsten entgangen, auch wenn viele Menschen durch eine Lawine im Everest Base Camp umkamen und Häuser und Lodges rund um Namche Bazaar und Thame zerstört wurden. Hunderte von Trekkern und Einheimischen verloren ihr Leben in Langtang, Helambu und Manaslu, aber die meisten Lodges sind wiederaufgebaut, und diese Wanderwege sind wieder geöffnet.

Treks in Nepal

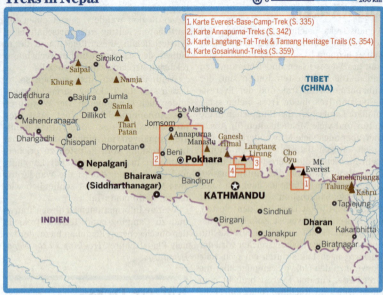

1. Karte Everest-Base-Camp-Trek (S. 335)
2. Karte Annapurna-Treks (S. 342)
3. Karte Langtang-Tal-Trek & Tamang Heritage Trails (S. 354)
4. Karte Gosainkund-Treks (S. 359)

Ein einwöchiger Kennenlerntrip zum Everest könnte über eine entzückende Runde durch Namche Bazaar, Thame, Khunde, Khumjung sowie zum Kloster Tengboche führen. Dies ist eine besonders gute Variante im Winter (Dezember bis Februar) oder wenn es nicht ganz so hoch hinauf gehen soll.

DAS LEBEN AUF DEM TRAIL

Routen & Bedingungen

Die meisten Teehaus-Trails sind gut ausgeschildert und leicht zu finden, obwohl sie häufig steil und anspruchsvoll sind und über lange Serpentinenstrecken oder die Knie strapazierende Steintreppen führen. Ein typischer Wandertag dauert zwischen fünf und sieben Stunden. Die wenigste Zeit davon ist das Terrain eben. Rasch zeigt sich, dass die Entfernungen, die auf der Karte angegeben sind, angesichts der vielen An- und Abstiege, Kurven und Biegungen der nepalesischen Wanderwege nur wenig aussagen.

Rudimentäre Kenntnisse der nepalesischen Sprache machen den Trek einfacher und interessanter, obwohl es auf den Hauptwanderstrecken selten schwierig ist, den Weg zu finden, und viele Menschen Englisch sprechen.

Schlafen & Essen

Auf den Wanderrouten im Everest- und Annapurna-Gebiet steht spätestens nach einer oder zwei Stunden Wanderung schon das nächste Teehaus, das Essen und Unterkunft anbietet. Dies erlaubt eine flexible Zeitplanung und hilft, den Menschenmengen zu entgehen. Diese Lodges reichen von Sperrholzanbauten an ein traditionelles Wohnhaus einer Familie bis zu recht luxuriösen Häusern mit eigenen Zimmern, mehrseitigen Speisekarten, fest installierten Toiletten und WLAN.

Die meisten Matratzen sind aus Schaumstoff, und irgendwelches Bettzeug findet sich immer. Dennoch ist es eine gute Idee, einen Schlafsack mitzunehmen, besonders in höheren Höhenlagen und während der Hauptsaison.

Solarbeheizte Duschen oder ein Eimer heißes Wasser sind oft für 100 bis 400 NPR erhältlich, und die meisten Unterkünfte laden Akkus für rund 250 NPR auf. Solarbeleuchtung ist in den höheren Höhenlagen die Norm.

Die Kriterien für die Auswahl eines Zimmers sind:

➡ Stärke der Schaumstoffmatratze

➡ Nähe zur rauchigen, lauten Küche oder auch zum geruchsintensiven, lauten Badezimmer

➡ Das Eckzimmer bietet mehr Licht, ist in den höheren Höhenlagen jedoch in der Regel kälter.

Das Essen in Teehäusern besteht vornehmlich aus endlosen Kohlenhydrat-Varianten: Pasta, Nudeln, Kartoffeln, Reis und Gemüse, dazu Momos (Teigtaschen), Frühlingsrollen und ein halbes Dutzend Sorten Tee, die in der Tasse oder Kanne serviert werden. Das Frühstück besteht in der Re-gel aus Eiern, Porridge oder Müsli mit heißer Milch. Das einheimische Grundnahrungsmittel Dal Bhat (Reis, Linsen und Gemüse) ist nahrhaft, überall erhältlich und erfordert nur ein Minimum an Brennstoff bei der Zubereitung. Da die meisten Lokale einen kostenlosen Nachschlag bei Reis und *daal* anbieten, ist es auch das einzige Gericht, das nach einer Tagestour richtig satt macht.

Die Lodges an den Hauptwanderwegen haben teure Snickers-Riegel, Toilettenpapier etc. vorrätig, aber es ist ratsam, seine eigenen Notreserven an Lebensmitteln mitzuführen wie z. B. Müsliriegel, Trockenobst oder Schokolade. Wer seinen eigenen Instant-Kaffee mitbringt, kann etwas Geld sparen, obwohl die meisten Unterkünfte eine Gebühr für eine Tasse heißes Wasser verlangen.

TREKKINGROUTEN DAS LEBEN AUF DEM TRAIL

LUXUSTREKKING

Wer sich auf dem Trek etwas Luxus anstelle von Zeltnächten wünscht, der findet bei mehreren Veranstaltern Deluxe-Lodges in der Annapurna- und der Everest-Region. Die besten Tarife gibt's über die Reiseveranstalter (also lieber nicht alles auf eigene Faust organisieren).

Ker & Downey (Karte S. 74; ☎ 01-4435686; www.keranddowneynepal.com; Bhatbhateni) vermittelt Treks inklusive Übernachtungen in seiner Deluxe-Kette von Lodges in Dhampus, Ghandruk, Majgaun, Landruk und Birethanti auf den Wegen zum Annapurna-Schutzgebiet.

Es gibt eine genügend große und gute Auswahl an Luxus-Lodges in den unteren Regionen der Everest-Region für eine einwöchige Tour nach Namche Bazaar und in die direkte Umgebung. Die Lodges bevorzugen die Gäste des eigenen Unternehmens, aber auch selbstorganisierte Trekker können buchen.

Everest Summit Lodges (☎ 01-4371537; www.everestlodges.com; Dhumbarahi, Kathmandu; Zi. 110–170 €) Betreibt die luxuriösen Everest Summit Lodges in Lukla, Monjo, Tashinga (in der Nähe von Photse), Mende (in der Nähe von Thame) und Pangboche sowie die Annapurna Lodge in Kagbeni auf dem Annapurna-Circuit-Trek.

Yeti Mountain Home (☎ 01-4413847; www.yetimountainhome.com; Zi. mit Halbpension 112–230 €) Eine Kette von sechs attraktiven Steinhäusern in Lukla, Monjo, Phakding, Namche Bazaar, Thame und Kongde, Letzteres auf einem besonders abgelegenen und spektakulären Bergkamm. Eine neue Lodge soll 2019 in Debuche eröffnen.

Himalayan Eco Resorts (Karte S. 98; ☎ in Kathmandu 01-4424249, in Lobuche 9841984132; www.himalayanecoresort.com; Bhagwan Bahal, Thamel; DZ 13–21 €) Mittelklasse-Resorthotels unter der Leitung von Asian Trekking in Phakding (im Wiederaufbau), Khumjung, Lobuche und Gokyo; weitere sind geplant für Namche Bazaar, Debuche, Dingboche, Dole und Macchermo.

Hotel Everest View (☎ 038-540118, in Kathmandu 01-5180047; www.hoteleverestview.com; Shyangboche; EZ/DZ 119/185 €, einschl. Mahlzeiten 218/344 €) Liegt auf einem Grat oberhalb von Namche Bazaar und gilt als das höchste Hotel der Welt.

Beyul Hermitage & Farm (☎ 9813766450; www.thebeyul.com; Chhuserma; Zi. pro Person mit drei Mahlzeiten 85 €) Eine stylische und abgelegene Luxusoption abseits des Everest-Hauptwanderweges zwischen Ghat und Phakding mit sechs Zimmern und gelegentlichen zehntägigen Vipassana-Retreats.

Die Spezialität der Lodges und Cafés rund um Jomsom, Namche Bazaar und sogar Kyanjin Ri ist ein köstlicher Apfelkuchen, heutzutage ein Grundnahrungsmittel der Trekker. Dazu gibt's einheimische Pizza-Variationen. Nach einer Woche oder mehr auf dem Trail wird es zunehmend schwieriger, den Verlockungen eines Snickers-Brötchens (Snickers in ein *chapati* eingewickelt und gebraten) oder Mustang-Kaffees (versetzt mit einem Schuss *rakshi*) zu widerstehen.

Es ist überraschend, wie viele Lokale auch kaltes Bier haben. Bevor man über den Preis meckert (bis zu 700 NPR), sollte man jedoch daran denken, dass jemand diese Flasche Bier den ganzen Weg hochgetragen hat und wahrscheinlich auch die leere Flasche wieder den gesamten Weg zurücktragen wird!

Mitbringen sollte man seine eigenen Mittel zur Wasseraufbereitung, entweder Chemie in Tablettenform, einen Filter oder einen SteriPen.

EVEREST-BASE-CAMP-TREK

Dauer 14 bis 20 Tage

Höchste Erhebung 5545 m

Beste Jahreszeit Oktober bis November

Start Lukla

Ziel Lukla

Genehmigungen Eintritt zum Sagarmatha-Nationalpark, örtliche Wandererlaubnis

Kurzbeschreibung Spektakuläre Hochgebirgslandschaften, Sherpa-Kultur, ausgezeichnete Lodges und Ausblicke auf die schöne Ama Dablam sind die Highlights dieser beliebten und stark frequentierten Wanderroute.

Jeder möchte einen Blick auf den höchsten Berg der Erde werfen, und deshalb ist die Route zum Everest Base Camp so beliebt. Die Route bietet eine Reihe atemberaubender Attraktionen, nicht zuletzt, weil die Besucher sagen können, sie haben den höchsten Berg der Erde besucht. Der Trek führt dabei bis in das hohe Herz des hohen Himalajas, deutlich höher als jeder andere Teehaus-Trek. Es gibt einige hübsche Dörfer und Gompas (Klöster), und die freundlichen Sherpas der Solu-Khumbu-Region lassen das Trekking in dieser Region zu einer wahren Freude werden.

Der Großteil des Treks führt durch den **Sagarmatha-Nationalpark** (Monjo; Erw. 3000 NPR; ⊙ 6–18 Uhr), ein Unesco-Welterbe (Sagarmatha ist der nepalesische Name des Everests) und ein Refugium für Moschushirsche, Schneeleoparden, Himalaja-Tahre, Schwarzbären und viele spektakuläre Arten schillernder Fasane.

Die Wanderung von der Landepiste in Lukla zum Everest Base Camp und zurück dauert mindestens 14 Tage, aber es ist klüger, eine weitere Woche einzuplanen, um die atemberaubenden und seltener besuchten Seitentäler bestaunen zu können. Wer mehr Zeit hat und auf einer Strecke den Massen entgehen sowie sich langsam akklimatisieren möchte, könnte von Shivalaya aus loslaufen (sechs Tage). Wer direkt nach Lukla fliegt, sollte unbedingt Akklimatisierungstage in Namche und Pheriche einlegen, um die Höhenkrankheit zu vermeiden.

Der Trek erreicht einen 5545 m hohen Punkt am Kala Pattar, einem kleinen Gipfel mit Aussicht auf den Mount Everest und den Khumbu-Eisfall. Ironischerweise sind die Ausblicke auf den Everest vom Basislager aus wenig beeindruckend (der Bergschriftsteller Ed Douglas schrieb, der „Everest ist wie ein sehr fetter Mann in einem Raum voll schöner Frauen"). Weitaus bewegender sind die anmutigen Konturen der umliegenden Gipfel, wie der Ama Dablam, des Pumori und Nuptse. Die vielleicht schönste Landschaft dieser Tour findet sich im benachbarten Gokyo-Tal abseits der Hauptstrecke.

Im letzten Jahrzehnt sind die Touristenmassen in der Region Khumbu auf Rekordzahlen angewachsen. Jährlich machen sich 36 000 Menschen auf den Weg. Dies ist ein Trek, der lieber nicht in den Monaten Oktober oder November unternommen werden sollte, wenn es so ein Gerangel um Betten und Flugtickets gibt.

Die Einrichtungen auf dem Everest-Trek sind ausgezeichnet. Die oberen Teile des Treks führen durch kaum bewohnte Gebiete, aber die ganze Trekkingsaison über sind hier Lodges geöffnet. Heutzutage sind Trekking und Bergsteigen die wichtigste Einnahmequelle der Sherpas. Über die Hälfte der Bevölkerung in der Region arbeitet inzwischen im Tourismus, und angesichts der Buch- oder Ausrüstungsläden,

Everest-Base-Camp-Trek

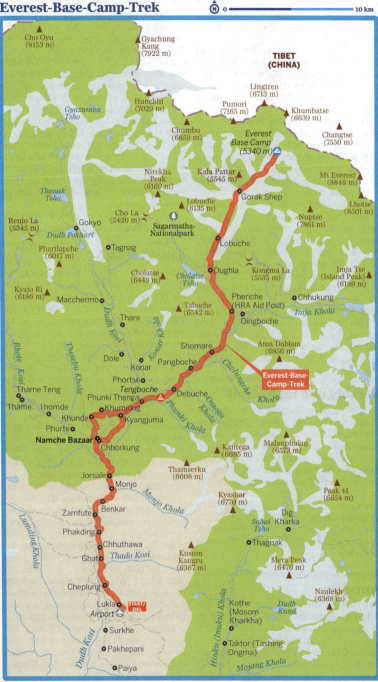

N 0 ▬▬▬▬▬▬▬▬▬▬ 10 km

Cho Oyu (8153 m)

Gyachung Kang (7922 m)

TIBET (CHINA)

Gyazumba Tsho

Hunchhi (7029 m)

Lingtren (6713 m)

Pumori (7165 m)

Khumbatse (6639 m)

Chumbu (6859 m)

Everest Base Camp (5340 m)

Changtse (7550 m)

Thonak Tsho

Nirekha Peak (6169 m)

Kala Pattar (5545 m)

Mt Everest (8848 m)

Renjo La (5345 m)

Gokyo

Cho La (5420 m)

Gorak Shep

Lhotse (8501 m)

Dudh Pokhari

Lobuche (6135 m)

Sagarmatha-Nationalpark

Nuptse (7861 m)

Pharilapche (6017 m)

Tagnag

Lobuche

Kyajo Ri (6186 m)

Cholatse (6443 m)

Cholatse Tsho

Dughla

Kongma La (5535 m)

Imja Tse (Island Peak) (6189 m)

Macchermo

Thare

Dudh Kosi

Taboche (6542 m)

Pheriche (HRA Aid Post)

Chhukung

Imja Khola

Bhote Kosi

Theschu Khola

Dole

Konar

Konar Khola

Shomare

Dingboche

Ama Dablam (6856 m)

Phortse

Tengboche

Pangboche

Cholangsche Khol

Thame Teng

Phunki Thenga

Debuche

Omoga Khola

Everest-Base-Camp-Trek

I homde

Khumjung

Phunki Khola

Thame

Khunde

Kyangjuma

Phurte

Chhorkung

Namche Bazaar

Kantega (6685 m)

Malanphulan (6573 m)

Jorsale

Monjo

Thamserku (6608 m)

Peak 41 (6654 m)

Monjo Khola

Zamfute

Benkar

Kyashar (6770 m)

Dig Kharka

Lumding Khola

Phakding

Sabai Tsho

Thagnak

Chhuthawa

Thado Kosi

Ghat

Kusum Kangru (6367 m)

Mera Peak (6476 m)

Cheplung

Naulekh (6368 m)

Lukla Airport

START/ ZIEL

Kothe (Mosom Kharkha)

Dudh Kund

Surkhe

Hinku (Inkeu) Khola

Dudh Kosi

Pakhepani

Taktor (Tashing Ongma)

Paiya

Mojang Khola

Bäckereien und Internetcafés in Namche Bazaar fühlt es sich eher an, als sei man in einem Ski-Ort in den Alpen als in einem Sherpa-Dorf gelandet.

Die Dörfer Khumjung, Pheriche und Thame haben beim Erdbeben von 2015 schwer gelitten, aber die meisten Lodges sind mittlerweile wieder aufgebaut, und an allen wichtigen Übernachtungsstopps gibt's Unterkünfte.

Das Laufen auf diesem Trek ist (überraschenderweise) gar nicht so anstrengend, insbesondere deshalb, weil Neuankömmlinge jeden Tag nur wenige Stunden laufen können, bevor sie sich zum Akklimatisieren über Nacht einquartieren. Falls Trekker ihr Ziel nicht erreichen, dann liegt es gewöhnlich daran, dass sie sich nicht genügend Zeit zum Akklimatisieren genommen haben. Die Versuchung, am Ende einer dreistündigen Tour noch weiterzugehen, mag groß sein, aber es ist überaus wichtig, die ersten zehn Tage dieses Treks sehr langsam anzugehen.

Die Einführung einer Eintrittsgebühr für die Everest-Region in Höhe von 2000 NPR durch die örtlichen Sherpa-Behörden hat hier im Grunde die TIMS-Karte ersetzt. Wer nur in die Everest-Region reisen möchte, kann sich das Besorgen der TIMS-Karte (S. 39) in Kathmandu sparen.

Versorgung im Notfall

Es gibt kleine Krankenhäuser in Jiri, Phaplu und Khunde (direkt nördlich von Namche Bazaar). Die Himalayan Rescue Association (HRA) hat außerdem eine medizinische Versorgungsstation in Pherichen und im Everest Base Camp. Im Gokyo-Tal unterhält die International Porters Protection Group Kliniken in Machhermo und Gokyo. In allen dreien arbeiten auch ausländische Ärzte, und täglich um 15 Uhr gibt's einen empfehlenswerten Vortrag zur Höhenkrankheit (AMS: Acute Mountain Sickness).

Anreise

Die meisten Everest-Trekker entscheiden sich, von Kathmandu nach Lukla (150 €) zu fliegen, um möglichst viel Zeit im Hochgebirge zu haben. In der Hauptsaison landen hier bis zu 75 Flüge täglich. Tara Air hat die meisten Verbindungen und ist die beste Wahl. Warteschlangen von Hunderten von Trekkern (im Oktober 2011 waren es 7000!) können sich bei Schlechtwetterperioden bilden. Daher für die Rückreise nach Kathmandu lieber einen oder zwei Tage Zeitpuffer einplanen.

Die Flugsicherheit in Lukla ist nicht gut. 2008 stürzte ein Flugzeug der Yeti Airlines wegen schlechter Sicht ab, und alle 18 Passagiere kamen ums Leben. 2010 stürzte ein Flugzeug der Agni Air zwischen Lukla und Kathmandu ab, dabei kamen 14 Menschen ums Leben. 2012 stürzte ein Flug der Sita Air nach Lukla in der Nähe von Kathmandu ab, und alle Insassen kamen ums Leben. Im Mai 2017 stürzte ein Frachtflugzeug der Goma Air (jetzt Summit Air) bei Lukla ab, dabei starben zwei Menschen.

Alternativ kann man auch in einer Woche von Shivalaya nahe Jiri aus herlaufen.

Shivalaya-Trek

Obwohl die meisten Leute heutzutage nach und ab Lukla fliegen, ist es möglich, die Wanderung auch am Ausgangspunkt in Shivalaya, kurz hinter Jiri, zu beginnen. Der Trek von Shivalaya nach Lukla ist ein Gewaltmarsch und in der Abteilung der atemberaubenden Aussichten eher dürftig besetzt, aber dafür sind die Wege einsam. Der Weg folgt nicht den Tälern, sondern führt quer durch sie hindurch, sodass es tagelang talauf und talab geht. Bei der Ankunft im Basislager hat man bereits 9000 m an Steigungen in den Beinen – die gesamte Höhe des Everests ab dem Meeresniveau!

Entlang dieser Route wurden beim Erdbeben von 2015 Dörfer beschädigt, und in Jiri und Shivalaya wurden Gebäude zerstört. Die Lodges sind anscheinend wieder funktionsfähig und geöffnet, aber es wäre eine gute Idee, vorab zu klären, dass Unterkünfte an den geplanten Haltepunkten verfügbar sind.

Am Busbahnhof Ratna Park (City) in Kathmandu fahren um 6 und 8 Uhr Busse nach Jiri (580 NPR, 6 Std.) und Shivalaya (690 NPR, 8 Std.) ab. Mit etwas Glück findet man auch einen Direktbus nach Bhandar. Bustickets gibt's am Vortag am Busbahnhof. Gut auf das Gepäck aufpassen!

Die geplante Straße von Jiri nach Surkhe (kurz vor Lukla) dürfte in den kommenden Jahren diesen Trek verändern. Gegenwärtig führen unbefestigte Straßen nach Bhandar und Kinja.

Die Etappen dieser Tour fallen gewöhnlich folgendermaßen aus:

Erster Tag: Von Shivalaya nach Bhandar

Zweiter Tag: Von Bhandar nach Sete

Dritter Tag: Von Sete nach Junbesi

Vierter Tag: Von Junbesi nach Nunthala

Fünfter Tag: Von Nunthala nach Bupsa

Sechster Tag: Von Bupsa nach Lukla

Die Wanderung

Erster Tag: von Lukla nach Phakding

Nach der Ankunft in Lukla ordnet man sein Gepäck und besorgt sich evtl. einen Träger. Danach geht's bergab zu den Lodges bei Cheplung (Chablung). Von hier aus zieht sich der Weg am Rand des Dudh-Kosi-Tales entlang, bevor er nach Ghat (Lhawa; 2530 m) ansteigt. Der Weg führt wieder hinauf nach Phakding, einer geräuschvollen Ansammlung von 25 Lodges und mehreren Bars in einer Höhe von 2610 m. Wer möchte, kann auch noch bis Zamfute oder Benkar weitergehen.

Zweiter Tag: von Phakding nach Namche Bazaar

Der Weg überquert den Fluss auf einer langen, schwankenden Brücke und führt dann entlang des Flusses hinauf nach Benkar (2700 m), einer ordentlichen Alternative für die erste Übernachtung. Kurz hinter Benkar überquert der Weg den Dudh Kosi auf einer Hängebrücke zum Ostufer und führt dann nach Chumoa hinauf.

Von Chumoa aus ist es nur ein kurzer Aufstieg durch die Wälder nach Monjo (2800 m), wo trotz deutlicher Erdbebenschäden einige gute Unterkünfte warten. Am Eingang zum Sagarmatha-Nationalpark wird das Nationalparkticket kontrolliert. Wer noch keines hat, muss es hier für 3390 NPR kaufen (vermutlich wird zusätzlich eine Ende 2017 eingeführte Eintrittsgebühr in Höhe von 2000 NPR kassiert). Danach geht's bergab, um den Dudh Kosi zu überqueren. Auf der anderen Seite liegt Jorsale (Thumbug; 2830 m) nicht weit entfernt, die letzte Siedlung vor Namche Bazaar. Dies ist ein guter Platz für die Mittagspause, auch wenn mehrere Lokale vom Erdbeben beschädigt wurden. Der Weg führt dann wieder zurück an das Ostufer des Flusses, bevor er zur hohen Hängebrücke über den Dudh Kosi ansteigt.

Von hier aus folgt ein schwieriger zweistündiger Aufstieg nach Namche Bazaar (3420 m). Da dies der erste Aufstieg zu einer Höhenlage ist, in der die Höhenkrankheit (AMS, Acute Mountain Sickness) zum Problem werden kann, gilt: Locker bleiben und nicht hetzen. Auf dem halben Weg nach oben gibt's eine öffentliche Toilette. Dies ist der erste Aussichtspunkt auf den Everest. Es gibt einen weiteren Eingang zum Nationalpark gleich unterhalb von Namche, wo die Genehmigungen ebenfalls überprüft werden.

Dritter Tag: Akklimatisierungstag in Namche Bazaar

Namche Bazaar ist das wichtigste Handels- und Verwaltungszentrum für die gesamte Solu-Khumbu-Region. Hier gibt's Ausrüstungsläden, Restaurants, Bäckereien, Apotheken, Hotels mit heißen Duschen, Bars, Massagen, ein Postamt, eine Geldwechselstube, eine Bank, einen Geldautomaten und überall WLAN. Sehenswert sind das **Museum der Sherpa-Kultur** (📞038-540005; www.sherpa-culture.com.np; Chhorkhung; Eintritt 100 NPR; ⊙6 Uhr–Sonnenuntergang) am Bergkamm östlich oberhalb der Stadt und das nahegelegene **Besucherzentrum des Sagarmatha-Nationalparks** (Chhorkhung; ⊙So–Fr 8–16 Uhr) `GRATIS` wegen seiner Ausstellungen und der Ausblicke auf den Himalaja. Samstags findet hier ein farbenprächtiger Markt statt.

Rund um Namche Bazaar gibt's viel zu erkunden. Wer nicht an diese Höhenlagen gewöhnt ist, sollte sich hier einen Tag lang akklimatisieren. Immer daran denken: Opfer der Höhenkrankheit werden oft die gesündesten, fittesten Menschen, die sich unklugerweise übernehmen. Ein anstrengender Marsch in eine höhere Höhenlage begünstigt die Akklimatisierung, wenn man abends zum Schlafen wieder nach Namche zurückkehrt. Ein beliebter Tagesausflug ist eine siebenstündige Wanderung (hin & zurück) zum Dorf Thame und seinem vom Erdbeben beschädigten Kloster. Alternativ lädt auch die anstrengende, aber landschaftlich schöne, sechsstündige Schleife im Norden zu den reizenden Dörfern Khunde und Khumjung zur Erkundung ein.

EVEREST-SPINNER

Der höchste Gipfel der Welt hat viele ruhmreiche Leistungen hervorgebracht: Der erste Aufstieg ohne Sauerstoff (1978), die erste Gipfelbesteigung mit Beinprothese (1998), die erste Skiabfahrt (2000), der erste blinde Bergsteiger (2001), die größte Gruppe (21), der jüngste Bergsteiger (13 Jahre), der älteste Bergsteiger (78 Jahre) und der schnellste Aufstieg (acht Stunden). Der Sherpa Babu Chiru verbrachte 1999 besonders beeindruckende 21 Stunden ohne Sauerstoff oben auf dem Everest.

Aber es gab auch ein paar bewundernswert abgedrehte Glanzleistungen. Der vielleicht Ehrgeizigste war der Brite Maurice Wilson, der plante, mit seinem Flugzeug Gypsy Moth auf halber Berghöhe abzustürzen und von dort zum Gipfel aufzusteigen. Seine praktisch nicht vorhandene Berg- oder Flugerfahrung konnten ihn nicht von seinem offensichtlich fehlerbehafteten Plan abbringen. Er ist im Lager III mit einem leichten Pullover bekleidet erfroren (und, so heißt es, in Damenwäsche).

Vielleicht hat es mit der nationalen Psyche zu tun (schließlich hat uns diese Nation *Monty Python* beschert), denn es war auch ein britisches Team, das bis zum Everest Base Camp gelaufen ist, um das „höchste Rugby-Match der Welt" auf einer Höhe von 5140 m ü. M. zu spielen. Das Team scheiterte.

Unsere persönlichen Everest-Helden sind ein (natürlich) britisches Gespann, das ein Bügelbrett den Everest bis auf 5440 m hinauftrug, um Extrembügeln zu praktizieren („teils Hausarbeit, teils Extremsport"). Falls jemand diese Expedition wiederholen möchte, hat das Duo enthüllt, dass sich die Expeditionsvorbereitungen auf drei wesentliche Faktoren eingrenzen lassen: „Ein paar Bier, eine Wette im Rausch und ein gestohlenes Bügelbrett."

Vierter Tag: von Namche Bazaar nach Tengboche

Die etwas längere Strecke von Namche Bazaar nach Tengboche über Khumjung und Khunde ist interessanter als der direkte Weg. Die Tour beginnt mit dem Aufstieg zum Behelfsflugplatz bei Syangboche. Oberhalb des Behelfsflugplatzes liegt das Hotel Everest View, das im Guinness-Buch der Rekorde als das höchste Hotel der Erde geführt wird.

Vom Hotel oder von der Landepiste aus geht's erst hinauf nach Khunde (3840 m), dann auch Khumjung (3790 m), das bei dem Erdbeben etliche Häuser verloren hat. Von hier aus geht's bergab und wieder zurück auf die direkte Strecke nach Tengboche. Der Weg führt weiter hinunter zum Dudh Kosi (3250 m), wo mehrere kleine Lodges und eine Reihe malerischer, wassergetriebener Gebetsmühlen stehen. Ein steiler Aufstieg über 400 m führt zurück nach Tengboche (3870 m).

Der berühmte Gompa, mit der Ama Dablam, dem Everest und anderen Gipfeln im Hintergrund, brannte 1989 ab, ist jedoch wie Phönix aus der Asche wieder auferstanden. Es gibt mehrere Lodges, die in der Regel gut ausgelastet sind. Wer kein Bett bekommt, geht noch 30 Minuten weiter bergab nach Debuche.

Während des Vollmonds im Oktober/ November findet hier im Klosterhof das farbenprächtige Mani-Rimdu-Festival mit Maskentänzen und tibetischer Oper statt – Unterkünfte sind dann nur sehr schwer zu ergattern.

Fünfter Tag: von Tengboche nach Pheriche/Dingboche

Hinter Tengboche macht sich die Höhe erst bemerkbar. Der Weg fällt ab nach Debuche, überquert den Imja Khola und klettert anschließend hinauf durch Rhododendronwälder und vorbei an prächtigen Mani-Häusern (in die das tibetische buddhistische Mantra *om mani padme hum* gemeißelt ist) nach Pangboche (3860 m). Der Gompa im oberen Dorf oberhalb des Hauptweges ist der älteste in Khumbu und beherbergt den Schädel eines Yetis. Das Dorf eignet sich ausgezeichnet für eine Mittagspause.

Danach klettert der Weg vorbei an Shomare und Orsho nach Pheriche (4240 m), wo sich eine Erste-Hilfe-Station der HRA für Trekker befindet, die auch weitere medizinische Versorgung bietet. Unterkünfte sind hier vorhanden, aber es gibt auch welche in Dingboche (4410 m), das macht weitere 30 Minuten über den Hügel.

Sechster Tag: Akklimatisierungstag in Pheriche/Dingboche

Für einen weiteren (empfohlenen) Akklimatisierungstag empfehlen sich Pheriche oder Dingboche. Wie auch in Namche ist ein strammer Tagesmarsch in eine größere Höhenlage besser als nur Ruhe. Nangkartshang Gompa, eine Stunde bergauf zum Gebirgskamm oberhalb von Dingboche, bietet einen guten Ausblick auf die Gegend östlich vom Makalu (8462 m), dem fünfthöchsten Berg der Welt.

Die Wanderung nach Chhukung (4730 m) dauert hin und zurück ab dem Imja-Khola-Tal sechs Stunden, man wird aber mit atemberaubenden Ausblicken belohnt. In Chhukung gibt's Essen und Unterkunft und ein paar tolle Ganztagesausflüge nach Chhukung Ri und in das Island Peak Base Camp, doch bevor man dort übernachtet, lieber einmal in Dingboche übernachten.

Siebter Tag: von Pheriche/ Dingboche nach Duglha

Von Pheriche aus steigt der Weg hinauf nach Phulang Kala (4340 m), dann weiter nach Duglha (4620 m). Die Wanderung nach Duglha dauert nur zwei Stunden, und viele Trekker sind versucht weiterzulaufen, aber die HRA-Ärzte in Pheriche empfehlen allen Trekkern dringend, eine Nacht in Duglha zu verbringen, um sich weiter zu akklimatisieren. Dort stehen zwei Lodges zur Wahl.

Achter Tag: von Duglha nach Lobuche

Von Duglha aus führt die Route zunächst eine Stunde lang direkt hinauf zur schotterigen Endmoräne des Khumbu-Gletschers, dann geht's nach links zu einer Gruppe von Gedenkstätten für verschollene Kletterer und Sherpas, einschließlich Scott Fischer, der 1996 bei der Everest-Katastrophe umkam. Danach folgt eine kurze Kletterpartie mit schönen Ausblicken auf den Pumori zum Sommerdorf von Lobuche (4930 m). Die Höhe, dazu kalte und miese Betten versprechen in dieser Nacht einen unruhigen Schlaf.

Neunter Tag: von Lobuche nach Gorak Shep

Der Rückweg ab Lobuche nach Gorak Shep (5160 m) nimmt nur wenige Stunden in Anspruch, sodass genug Zeit bleibt, um weiter zum Gipfel des Kala Pattar (drei Stunden hin & zurück) zu laufen – oder man kann in Gorak Shep übernachten und den Kala Pattar früh am nächsten Morgen erreichen, wenn die Aussichten auf gutes Wetter am besten sind. Mit einer Höhe von 5545 m bietet dieser kleine Gipfel die beste Sicht auf den Everest während dieser Wanderung.

Gorak Shep war das Basislager für die Schweizer Expedition zum Everest im Jahr 1952. Es gibt eine gute Unterkunft, in dieser Höhe ist der Aufenthalt unangenehm. Wer die Höhe nicht verträgt, wird sich nach dem Abstieg nach Lobuche oder besser noch Pheriche oder Dingboche deutlich besser fühlen.

Zehnter Tag: von Gorak Shep zum Everest Base Camp und nach Lobuche

Wer das Everest Base Camp (5360 m) besuchen möchte, plant dafür eine sechsstündige Rundwanderung ab Gorak Shep ein. Das EBC ist in der Klettersaison im April/ Mai mit Zelten übersät, aber außerhalb dieser Monate gibt's hier außer dem Ausblick auf den Khumbu-Eisfall nicht viel zu sehen. Der Everest selbst bleibt hinter den umliegenden Gipfeln verborgen. Während des Erdbebens im Jahr 2015 tötete eine Lawine 18 Kletterer und Guides, die bisher schlimmste Katastrophe an diesem Berg. Wer noch Energie für einen Abstecher hat, sollte sich Kala Pattar ansehen.

Die zweistündige Wanderung zurück nach Lobuche erscheint nach all der Kletterei einfach, und manche Trekker laufen noch am selben Tag weiter hinunter nach Dingboche oder Pheriche.

Elfter Tag: von Lobuche nach Dingboche

Die Nacht verbringt man weiter unten entweder in Pheriche oder Dingboche, das Nepals höchstgelegenes Internetcafé und schöne Ausblicke auf den Island Peak (Imja Tse; 6189 m) und Lhotse (8516 m) zu bieten hat.

GIPFELWANDERUNGEN

Wer seine ersten Gehversuche im Trekking oder Bergsteigen unternehmen möchte, sollte einen kurzen Bergsteigerkurs belegen, zu dem auch das Besteigen eines von Nepals „Trekkinggipfeln" gehört. Verschiedene Veranstalter organisieren Anfängerkurse und Aufstiege in der Solu-Khumbu-Region und können diese zu einem organisierten Trek zum Everest Base Camp oder einem anderen Trek hinzufügen. Alle davon sind körperlich anstrengend, aber nicht technisch anspruchsvoll.

Der beliebteste ist der viertägige Aufstieg zum **Island Peak**, besser bekannt als Imja Tse (6189 m), ab einem Lager in Chhukung. Nach der Akklimatisierung, Einweisung, Schulung und einer halbtägigen Wanderung zum Basislager wird der Gipfel in der Regel an einem Tag innerhalb von sechs bis acht Stunden bestiegen. Los geht's schon am frühen Morgen. Es müssen möglicherweise einige Gletscherspalten überquert werden, obwohl Guides berichten, dass die abschmelzenden Gletscher inzwischen mehr Felsklettern bedeuten. Die Touren werden in der Saison (Mitte Oktober bis Mitte November, Ende März bis Mai) angeboten und kosten 637 bis 765 € von Chhukung nach Chhukung.

Die zweitbeliebteste Tour ist der falsche Gipfel des **Lobuche Ost** (6119 m), ein technisch anspruchsvollerer Aufstieg, der eine zweitägige Schulung erfordert. Die drei- oder viertägige Rundtour ab Dzongla kostet 552 € (einschließlich Bergstiefel und Ausrüstung) bei **Astrek Climbing Wall** (S. 91), das hier ein fest installiertes Camp betreibt und auch Gäste ohne Voranmeldung akzeptiert. Die Touren werden von Mitte September bis Mitte November und von Mitte April bis Ende Mai angeboten.

Der ebenfalls in der Everest-Region gelegene **Mera-Gipfel** (6476 m) hat mehr mit Trekking als mit Klettern zu tun, ist allerdings der höchste der Trekkinggipfel und vielleicht der mit dem breitesten Himalaja-Panorama. Die Reise ab Lukla dauert mindestens 15 Tage und beinhaltet einen Trek hinauf zum 5415 m hohen Gipfel des Mera La. Hier beginnt das Klet-

Zwölfter bis vierzehnter Tag: von Dingboche nach Lukla

Die nächsten drei Tage geht's auf demselben Weg zurück hinunter nach Lukla über Tengboche und Namche Bazaar. Wer von Lukla aus zurückfliegt, sollte am Vortag zwischen 15 und 16 Uhr am Büro der Fluglinie sein, um den Rückflug zu bestätigen. Die Inhaber der Lodges übernehmen das oft für ihre Gäste. Wenn das Wetter schlecht ist, konkurrieren oft Hunderte von Trekkern um einen Flug, aber in der Regel sollte alles reibungslos verlaufen.

Alternative Routen & Abstecher

Die Abstecher vom Everest Base Camp zählen zu den Highlights dieser Region, sodass es sich lohnt, mindestens eine weitere Woche einzuplanen, um mehr von der Region zu sehen.

Ein besonders landschaftlich schöner Abstecher ist eine sechstägige Tour ab Namche Bazaar zu den verschiedenen blauen Seen im **Gokyo-Tal**, das am spektakulärsten Gletscher der Everest-Region endet und einen Aussichtspunkt auf den See bei Gokyo Ri (5360 m) bietet. Es ist wichtig, langsam in das Tal hinaufzusteigen, mit Übernachtungen in Phortse Thenga, Dole, Machhermo und Gokyo zur besseren Akklimatisierung. Hinter Gokyo stößt der Weg in der Nähe von Khumjung oder am Oberen Pangboche wieder auf den Hauptweg zum Everest Base Camp.

Die Wanderung in das Gokyo-Tal lässt sich gut mit dem Everest Base Camp kombinieren, wenn man den Cho La (5420 m) über Dzongla überquert. Insgesamt dauert das 17 Tage, aber man muss diese Route ernst nehmen und sich vor dem Start nach den aktuellen Bedingungen erkundigen. Einige Monate lang ist der Pass schneefrei, in der übrigen Zeit sind in dieser Höhe Steigeisen erforderlich. An den meisten Lodges warten Guides (2000 NPR) auf Wanderer, die sie über den Gletscher und Pass führen können.

Hängt man noch die Passüberquerung am Renjo La (5345 m) zwischen Thame und Gokyo sowie den Kongma La (5535 m) zwischen Lobuche und Chhukung hinterdran, dann ergibt das zusammen den

tern mit einer Übernachtung im Basislager und einer Bergbesteigung bei Nacht. Teehaus-Treks ab Kathmandu kosten rund 1270 € und einige Agenturen bieten nun unabhängigen Trekkern einen viertägigen Klettertrip ab Khare für rund 850 € an. Bergstiefel aus Kunststoff können inzwischen in Khare gemietet werden. Die Touren werden im Oktober, November, April und Mai angeboten.

Für die meisten dieser Trips muss man sich Kletterstiefel aus Kunststoff und Stulpen leihen, entweder in Kathmandu oder in Namche Bazaar, und man braucht eine Daunenjacke, einen Schlafsack und Handschuhe sowie eine Reiseversicherung, die auch das Klettern über 6000 m abdeckt. In den Preisen sind die Genehmigungen, Ausrüstung, Guides, Zeltunterkunft und Mahlzeiten enthalten. Die Gruppen bestehen in der Regel aus sechs bis acht Kletterern.

Im Annapurna-Massiv sind der Pisang-Gipfel (6091 m), Chulu Far East (6059 m) und Chulu East (6584 m) jeweils eine viertägige Exkursion ab Manang und lassen sich gut in den Annapurna-Circuit-Trek integrieren, auch wenn man seine Ausrüstung aus Kathmandu oder Pokhara mitbringen muss.

Himalayan Ecstasy (Karte S. 98; ☎ 01-4700001; www.himalayanecstasynepal.com; Chaksibari Marg) ist eine der besten Optionen für gut organisierte Kurse und Gipfelbesteigungen. Für einen Aufschlag von 170 € auf die oben genannten Preise gibt's eine empfehlenswerte zweitägige Einweisung in Gletscherwanderungen und Seilarbeit. Einfach Anil Bhattarai kontaktieren.

Die folgenden Veranstalter in Kathmandu organisieren ebenfalls Aufstiege.

Climb High Himalaya (Karte S. 98; ☎ 01-4701398; www.climbhighhimalaya.com; Mandala St)

Equator Expeditions (S. 50)

Mountain Monarch (☎ 01-4373881; www.mountainmonarch.com; Hattigauda)

Drei-Pässe-Trek, eine 20-tägige Wanderung für erfahrene Kenner.

Ein weiterer dreitägiger Abstecher führt hinauf ins Imja-Khola-Tal nach **Chhukung** wegen der grandiosen Bergpanoramen. Chhukung ist auch der Stützpunkt für Kletterer auf dem Weg zum Island Peak.

Wer noch nicht gleich nach Kathmandu zurückfliegen möchte, findet einsame Wege auf dem neuntägigen Teehaus-Trek im Südosten von **Lukla nach Tumlingtar**, von wo aus es Flug- oder Busverbindungen nach Kathmandu gibt. Weitere Informationen bietet der Lonely Planet Führer *Trekking in the Nepal Himalaya*.

ANNAPURNA-CIRCUIT-TREK

Dauer 10 bis 17 Tage

Höchste Erhebung 5416 m

Beste Jahreszeit Oktober bis November

Start Dharapani oder Chame

Ziel Jomsom oder Naya Pul

Genehmigungen TIMS-Karte, ACAP-Permit

Kurzbeschreibung Die anspruchsvolle Überquerung eines Hochpasses und die Optionen für ausgezeichnete Tagesausflüge zu Klöstern und Bergseen machen diese Tour trotz der Straßenverkehrslage zu einem Himalaja-Klassiker. Unter den Aspekten der Landschaft und kultureller Vielfalt gilt diese Route schon lange als der beste Trek in Nepal und weltweit. Er folgt dem Marsyangdi-Tal in den Norden der Hauptkette des Himalajas und überquert einen 5416 m hohen Pass, um dann in eine dramatische, wüstenähnliche Landschaft, die an Tibet erinnert, in das obere Kali-Gandaki-Tal abzufallen.

Der Weg führt vorbei an malerischen Dörfern, in denen Gurung, Manangi und Thakali wohnen, bietet spektakuläre Ausblicke auf zahlreiche Annapurna-Gipfel von über 7000 m Höhe und bietet einige der besten Trekking-Lodges Nepals.

Das Wichtigste an diesem Trek: Die Abstecher und Ausflüge aus Orten wie Manang, Muktinath und Jomsom zählen zu den Highlights dieser Route. Es lohnt sich, ein paar Tage extra einzuplanen, um einige dieser Wege zu erkunden. Damit klappt es

Annapurna-Treks

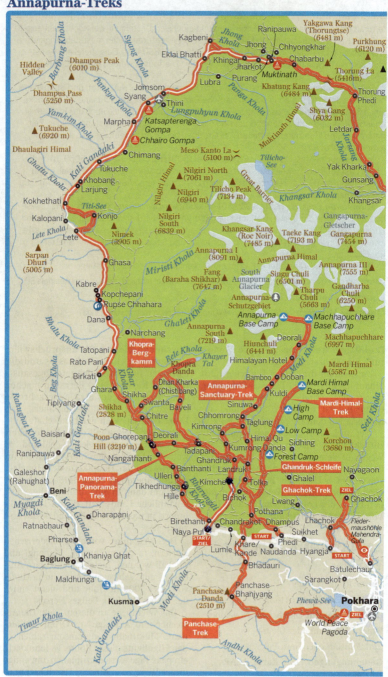

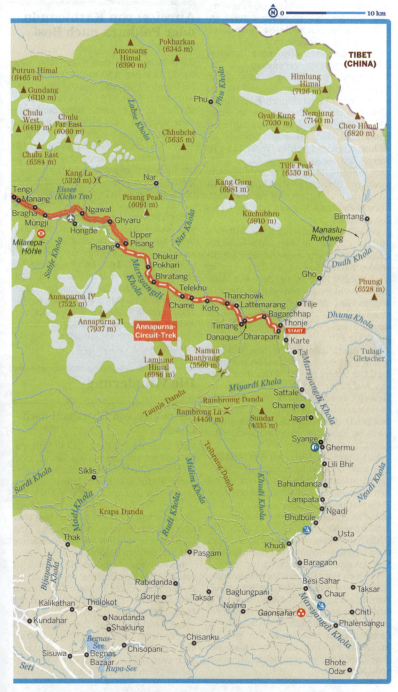

N 0 ▬▬▬▬▬ 10 km

TIBET
(CHINA)

Putrun Himal
(6465 m)

Gundang
(6110 m)

Chulu
West
(6419 m)

Chulu
Far East
(6060 m)

Chulu East
(6584 m)

Amotsang
Himal
(6390 m)

Pokharkan
(6345 m)

Phu

Phu Khola

Chhubche
(5635 m)

Himlung
Himal
(7126 m)

Gyaji Kung
(7030 m)

Nemjung
(7140 m)

Cheo Himal
(6820 m)

Tilje Peak
(6530 m)

Kang La
(5320 m)

Labse Khola

Nar

Pisang Peak
(6091 m)

Kang Guru
(6981 m)

Kuchubhro
(5910 m)

Bimtang

Tengi

Manang

Eissee
(Kicho Tso)

Bragha

Mungji

Milarepa-
Höhle

Subje Khola

Ngawal

Hongde

Ghyaru

Upper
Pisang

Pisang

Manaslu-
Rundweg

Dudh Khola

Dhukur
Pokhari

Bhratang

Telekhu

Marsyangdi Khola

Nar Khola

Gho

Phungi
(6528 m)

Thanchowk

Chame

Koto

Lattemarang

Tilje

Bagarchhap

Annapurna IV
(7525 m)

Annapurna II
(7937 m)

**Annapurna-
Circuit-Trek**

Timang

Danaque

Dharapani

Thonje

START

Karte

Dhuna Khola

Tulagi-
Gletscher

Lamjung
Himal
(6986 m)

Namun
Bhanjyang
(5560 m)

Tal

Marsyangdi Khola

Taunja Danda

Miyardi Khola

Rambrong Danda

Rambrong La
(4450 m)

Sundar
(4335 m)

Sattale

Chamje

Jagat

Syange

Ghermu

Lili Bhir

Telbrung Danda

Midim Khola

Rudi Khola

Bahundanda

Lampata

Bhulbule

Ngadi

Ngadi Khola

Sardi Khola

Madi Khola

Siklis

Krapa Danda

Thak

Pasgam

Khudi

Usta

Baragaon

Rabidanda

Gorje

Taksar

Baglungpani

Nalma

Besi Sahar

Chaur

Taksar

Bijayapur Khola

Kalikathan

Thulokot

Naudanda

Shaklung

Kundahar

Begnas-
See

Begnas
Bazaar

Chisopani

Gaonsahar

Marsyangdi Khola

Chiti

Phalensangu

Sisuwa

Rupa-See

Chisanku

Bhote
Odar

Seti

dann auch besser mit der Akklimatisierung für den Pass und man entgeht zugleich den Menschenmassen. Diese Landschaft lädt zum Genießen ein.

Die Runde wird gewöhnlich entgegen dem Uhrzeigersinn genommen, da die Kletterpartie zum Thorung La (5416 m) vom Westen her zu anstrengend ist und wegen des zu bezwingenden Höhenunterschieds nicht als Tagesetappe in Frage kommt. Der Thorung La ist von Mitte Dezember bis März oft wegen Schnees geschlossen, und schlechtes Wetter kann jederzeit aufziehen. Seitdem Straßen bis nach Manang führen, ist es verführerisch, direkt von dort aus zu starten, es ist unbedingt erforderlich, sich zur Akklimatisierung zwischen Manang und dem Pass Zeit zu lassen.

Diese Route wurde durch das Erdbeben im Jahr 2015 nur an einer Stelle leicht beschädigt, viel mehr Auswirkungen auf die Trekker hat der Ausbau des Straßennetzes. Die holperige Piste auf der Seite von Marsyangdi reicht jetzt schon bis nach Manang, während auf der Seite von Kali Gandaki eine saisonal befahrbare Straße auf der gesamten Strecke von Jomsom bis nach Muktinath verläuft.

Der Ausgangspunkt für den Trek hat sich in den letzten Jahren wiederholt geändert. Der untere Abschnitt des alten Pfads von Besi Sahar nach Ngadi ist wegen des Straßen- und Dammbaus nicht attraktiv. Die meisten Leute nehmen einen Bus nach Besi Sahar und steigen dann in ein Allradfahrzeug entweder nach Dharapani oder nach Chame um.

Es ist auch möglich, von den Steindörfern Jagat oder Tal loszulaufen. Der jeweilige Einstiegspunkt in diesen Trek richtet sich nach dem Straßenzustand und den Transportmöglichkeiten. Es ist möglich, einige Straßenabschnitte zu meiden (nach den rot-weißen Wegmarkierungen Ausschau halten), aber die Straße ist trotzdem nicht zu übersehen. Wer in Chame losläuft, verkürzt seine Tour um einen Tag.

Wer sich seine Genehmigung vom Annapurna Conservation Area Project (ACAP-Permit) noch nicht in Kathmandu oder Pokhara besorgt hat, kann eine in Besi Sahar für 2000 NPR beim ACAP-Schalter für Eintrittskarten bekommen. Wer sich bis zur ACAP-Kontrollstation in Dharapani ohne Genehmigung vorarbeitet, zahlt dort 4000 NPR dafür.

Anreise: von Kathmandu oder Pokhara nach Besi Sahar

Busse fahren von Besi Sahar (400 NPR, 6 Std.) zwischen 6.30 und 10 Uhr ab dem Busbahnhof Gongabu in Kathmandu, Touristenbusse (450 NPR) gibt's um 7, 8 und 10 Uhr. Es gibt auch Busverbindungen nach Bhulbule (475 NPR) um 6.45 und 8.30 Uhr.

Von Pokhara aus (450 NPR, 5 Std.) gibt's einen Touristenbus, der um 6.30 Uhr an der Touristenbusstation losfährt, aber auch jeder Bus oder Microbus nach Kathmandu passt, wenn man in Dumre umsteigt.

Von Besi Sahar aus fahren vollbesetzte Allradfahrzeuge nach Chame (1500 NPR) und weiter nach Manang (3000 NPR), wenn die unbefestigte Straße nicht aufgrund von Erdrutschen in der Monsunzeit geschlossen ist. Den Fahrern scheint es eine besondere Freude zu machen, Ausländer auf dieser Strecke abzuzocken, daher also um den Fahrpreis feilschen. Die Transportmöglichkeiten werden sich verändern, wenn sich die Straßenverhältnisse verbessern, daher die Situation nach der Ankunft vor Ort erkunden!

Die Wanderung

Erster Tag: von Dharapani nach Chame

Viele Leute starten ihren Trek in Dharapani (1960 m). Ein Chörten mit Steineingang (tibetischer buddhistischer Stupa), der typisch ist für die tibetisch beeinflussten Dörfer von hier ab in Richtung Norden, markiert den Ausgangspunkt. Doch gleich danach schon führt der heutige Weg über oder entlang der neuen unbefestigten Straße, sodass es möglich ist, die Wanderung erst in Chame zu beginnen.

Im oberen (nördlichen) Dharapani ist eine ACAP-Kontrollstation, bei der sich die Trekker registrieren müssen. Kurz danach treffen sich der Dudh-Khola-Trail und der Manaslu-Rundweg in Thoche.

Ein Erdrutsch raste Ende 1995 durch das Zentrum von Bagarchhap (2160 m) und löschte den Großteil aus, darunter auch zwei Lodges. In der Nähe von Danaque gibt's zwei weitere Lodges.

Der Weg steigt steil von Danaque an, gewinnt 500 m an Höhe bis nach Timang und führt dann durch einen Wald, vorbei am traditionellen Dorf Thanchowk nach Koto (2640 m) an der Kreuzung mit dem Nar-Pu-Tal.

Im nahe gelegenen Chame (2710 m) befindet sich die Hauptverwaltung des Manang-Distrikts. Hier gibt's Lodges, Internetcafés, Ausrüstungsläden, ein Gesundheitszentrum und eine Bank. Am Dorfeingang steht eine große Mani-Mauer, die mit Gebetsmühlen verziert ist. Auf dem Weg nach Chame gibt's tolle Ausblicke auf Annapurna II (7937 m).

Zweiter Tag: von Chame zum Oberen Pisang

Der Weg von Chame verläuft durch einen Wald in einem steilen und schmalen Tal und überquert dann wieder den Marsyangdi Khola auf 3080 m zum Südufer. Zu sehen gibt's den ersten Blick auf die himmelhohe Felswand des Paungda Danda, einem ehrfurchtgebietenden Zeugnis der Macht der Gletschererosion.

Der Weg bzw. die Straße steigt weiter an zum beliebten Mittagsrastplatz in Dhukur Pokhari. Nach dem Dorf einfach den rotweißen Wegmarkierungen folgen, um die Straße zu verlassen und ans nördliche Flussufer zu wechseln. Dieser Weg führt hinauf zum Oberen Pisang (3310 m), wo es erstaunliche Ausblicke und eine anständige Unterkunft gibt.

Dritter Tag: vom Oberen Pisang nach Manang

Die Wanderung führt nun durch den trockeneren oberen Teil des Manang-Bezirks, der durch die Annapurna-Kette vor der vollen Wucht des Monsunregens geschützt ist. Die Menschen im oberen Teil des Manang-Bezirks halten Yakherden und bauen über einige Monate des Jahres hinweg Feldfrüchte an, aber sie genießen auch immer noch besondere Handelsrechte, die ihnen 1784 zugesprochen wurden. Heutzutage nutzen sie diese Rechte, um Waren in Bangkok und Hongkong einzukaufen, die sie in Nepal weiterverkaufen.

Vom Oberen Pisang aus gibt's zwei Wege, nördlich und südlich des Marsyangdi Khola, die sich wieder bei Mungji treffen. Die Südroute über die Straße und Landepiste bei Hongde (3420 m) bedeutet einen Abstieg zum Unteren Pisang. Sie beinhaltet auch deutlich weniger Kletterpartien als die Nordroute, aber auf der oberen Route über Ghyaru und Ngawal (3660 m) sind die Ausblicke auf die Berge unendlich besser, und diese Wanderung trägt zur Akklimatisierung bei. Sowohl Ghyaru als auch Ngawal haben gute Lodges und bieten Alternativen bei den Übernachtungsmöglichkeiten.

Der Weg geht weiter nach Mungji (3500 m) vorbei an dem malerischen Dorf Bragha mit seinem Gompa (3470 m) in der Nähe von Manang (3540 m), wo es zahlreiche Lodges, Shops, ein Museum und eine HRA-Station gibt (der Besuch eines kostenlosen Vortrags über die Höhenkrankheit lohnt sich). Bragha bietet ebenfalls gute Lodges und dazu einige ausgezeichnete Abstecher. Dies ist ein ruhigerer Standort als das Dorf Manang.

Vierter und fünfter Tag: Akklimatisierungstag in Manang

Man sollte sich unbedingt mindestens einen Tag lang in Manang akklimatisieren, bevor es zum Thorung La (5416 m) weitergeht. Tatsächlich sind zwei Tage empfehlenswert, da es viele schöne Tagestouren und herrliche Aussichtspunkte rund um Manang gibt.

Der Blick auf den Gangapurna-Gletscher ist sagenhaft, entweder vom Aussichtspunkt am See oder vom Kloster Praken Gompa aus, ein Gehstunde oberhalb von Manang. Es gibt auch eine Reihe anstrengender Tagestouren, darunter die zur Milarepa-Höhle an der Südseite des Tals und die zum Eissee hoch über der Talsohle an der Nordseite auf 4600 m.

Manang ist ein wichtiges Handelszentrum. Hier gibt's Akkus, Sonnenlotion, Schokolade und so ziemlich alles, was auf einem Trek kaputt oder verloren gehen kann oder wonach es Trekker gelüstet.

Sechster Tag: von Manang nach Yak Kharkha oder Letdar

Von Manang aus geht es nach Thorung La fast 2000 m bergauf, die drei Tagesetappen ergeben. Der Wanderweg (keine Straße!) klettert stetig durch Tengi und Gunsang, verlässt das Marsyangdi-Tal und verläuft weiter entlang des Jarsang-Khola-Tals. Die Vegetation wird kürzer und dürftiger nach dem Erreichen der Lodges in Yak Kharkha

SICHERHEIT AUF DEM THORUNG LA

Der 5416 m hohe Thorung La ist einer der höchsten Pässe in Nepal und die Überquerung birgt Gefahren. Im Hinblick auf die Akklimatisierung ist die Ost-West-Überquerung am sichersten. Der Trek hinauf von Manang zum Pass ist nicht schwierig, aber es ist eine weite Strecke in einer hohen Höhenlage, die zu Problemen führen kann. Vor der Reise sollte man sich unbedingt über die Höhenkrankheit informieren, damit man die Symptome erkennt. Falls die Überquerung des Thorung La unmöglich oder zu gefährlich ist, ist es am sichersten, den ganzen Weg nach Besi Sahar zurückzugehen. Es sind schon Trekker am Thorung La durch die Höhenkrankheit, Belastung, Kälte und Lawinen umgekommen. Alle Trekker, auch die Träger, müssen angemessen für die strenge Kälte und den Schnee ausgerüstet sein.

Genaue Daten lassen sich nicht angeben, aber der Thorung La liegt in der Regel von Mitte Dezember bis März unter einer Schneedecke und ist geschlossen. Der Weg zum Pass kann bei Neuschnee extrem schwer zu finden sein, und bei schlechtem Wetter bedeutet das entweder Umkehren oder Abwarten in einer Lodge. Lokale Stürme oder Wirbelstürme aus der Arabischen See oder dem Golf von Bengalen können jederzeit plötzlichen und massiven Schneefall bedeuten, nach dem der Pass geschlossen wird. Unter solchen Umständen kann in diesen Höhenlagen die Entscheidung, das schlechte Wetter einfach auszusitzen, lebensrettend sein.

Dies wurde auf tragische Weise deutlich, als im Oktober 2014 in zwölf Stunden fast 1,8 m Neuschnee fielen. An den folgenden Tagen wurden über 500 Menschen aus der Nähe des Thorung La und Muktinath gerettet, aber 43 Menschen kamen ums Leben. Die Todesopfer wurden draußen von Lawinen, extremer Kälte und schlechten Sichtverhältnissen *(white-out)* überrascht.

(4020 m) und Letdar (4230 m). Eine Nacht in Yak Kharka oder Letdar ist wichtig für die Akklimatisierung, auch wenn Manang nur drei oder vier Stunden entfernt ist.

Siebter Tag: von Letdar nach Thorung Phedi

Den Fluss auf 4310 m überqueren und dann durch trostlose Landschaft und Lawinengebiet hinaufsteigen nach Thorung Phedi (4540 m). Hier gibt's zwei Lodges – in Spitzenzeiten überqueren schon mal bis zu 200 Trekker den Thorung La, daher können die Betten knapp werden. Manche Trekker stellen in Phedi fest, dass sie an der Höhenkrankheit leiden. Wer davon betroffen ist, muss sich bergab begeben. Selbst der Abstieg nach Letdar kann schon einen Unterschied machen. Trinkwasser muss man hier abkochen oder aufbereiten, denn die Sanitärversorgung in Letdar oder Thorung Phedi ist schlecht. In Thorung Phedi gibt's ein Telefon, das im Notfall benutzt werden darf.

Es gibt eine weitere Lodge, das Thorung High View Camp, eine Stunde oberhalb vom Thorung Phedi auf 4850 m, aber es ist unbequem und nicht gerade ungefährlich, eine Nacht in dieser Höhe zu verbringen.

Achter Tag: von Thorung Phedi nach Muktinath

Phedi bedeutet „Bergausläufer" und genau dort befindet es sich: am Fuße des 5416 m hohen Thorung La. Der Wanderweg steigt steil an, aber er wird so häufig begangen, dass er leicht zu finden ist. Angesichts der Höhe wird der Sauerstoff knapp, und der Schnee kann Probleme verursachen. Wenn der Pass unter einer frischen Schneeschicht liegt, ist die Überquerung oft unmöglich – jeder Versuch ist zwecklos. Dann besser abwarten, bis es aufhört zu schneien und ein Muli-Gespann eine Schneise in den Schnee geschnitten hat.

Bis zur Passhöhe dauert der Weg vier bis sechs Stunden. Den Pass markieren Chörten und Gebetsfahnen. Unterwegs kommt man an einigen Teehäusern vorbei, sogar oben am Pass steht eines. Die Mühe lohnt sich, denn der Blick von der Spitze – von den Annapurnas entlang des Great Barrier bis zum kargen Kali-Gandaki-Tal – ist großartig. Ab dem Pass folgt ein 1600 m langer Abstieg nach Muktinath (3800 m), der die Knie strapaziert und gelegentlich rutschig ist.

Manche Leute brechen um 3 Uhr zum Pass auf, aber das ist nicht nur unnötig, sondern durchaus auch gefährlich. In der Dunkelheit passieren Unfälle und so mancher Kletterer hat sich schon Erfrierungen zugezogen. Eine bessere Startzeit ist zwischen 5 und 6 Uhr.

Muktinath (S. 263), eine Pilgerstätte für Hindus und Buddhisten, bietet Unterkunft in Ranipauwa, das nur zehn Minuten entfernt liegt und wo sich auch eine ACAP-Kontrollstation befindet.

Neunter Tag: von Muktinath nach Kagbeni

Von Ranipauwa führt die Straße hinab durch eine wüstenähnliche Trans-Himalaja-Landschaft zum dramatisch schönen Dorf Jharkot (3500 m) mit seinem großen Chörten, dem Gompa und stimmungsvollen animistischen Totems. Die Strecke führt weiter nach Khingar (3400 m) und folgt dann der Straße, die steil in das mittelalterlich wirkende Dorf Kagbeni (2840 m) führt.

Wer einen halben Tag übrig hat, sollte unbedingt den kleinen Abstecher auf die andere Seite des Tals in die traditionellen Dörfer der Chhyongkhar, Jhong und Purang machen, die alle zum kulturellen Schatz von Mustang gehören, aber ohne gesonderte Genehmigungen besucht werden können.

Es gibt eine interessante alternative Route (Wegmarkierung mit blau-weißen Streifen) nach Jomsom, die die Straße umgeht und über das Dorf Lubra führt. Aber erst in Ranipauwa nachfragen, denn die Route ist unpassierbar, wenn der Fluss viel Wasser führt.

Zehnter Tag: von Kagbeni nach Jomsom

Die tibetisch beeinflusste Siedlung Kagbeni (S. 265) hat mehrere gute Lodges und liegt ganz in der Nähe von Lo Manthang, der Hauptstadt des legendären Königreiches von Mustang weiter im Norden. Genehmigungen für Mustang kosten 432 € für zehn Tage.

Von Kagbeni aus ist es ein staubiger, aber vorwiegend flacher Spaziergang entlang der Straße oder des Flussbetts nach Jomsom (2760 m). Jomsom (S. 263) ist das größte Zentrum dieser Region und hat Einrichtungen wie ein Krankenhaus, ein ACAP-Besucherzentrum und einen Polizeiposten (wo Trekker sich melden und ihr

ACAP-Permit abstempeln lassen müssen). Ab Jomsom gibt's morgens regelmäßige Flüge nach Pokhara (105 €) und einen Direktbus nach Pokhara, aber auch andere Transportmöglichkeiten nach Ghasa Beni und darüber hinaus, deshalb beenden manche Traveller ihren Trek hier.

Wer Zeit hat, sollte weiterreisen in das traditionelle gekalkte Steindorf Marpha (S. 262) (2680 m), das einen Gompa und mehrere kleinere Schreine hat. Der Ort bietet einige der besten Unterkünfte des gesamten Trails, sodass er eine gute Alternative zur Übernachtung in Jomsom ist.

Wer zu Fuß weiterzieht, sollte schon frühmorgens im Kali-Gandaki-Tal unterwegs sein, denn nach 11 Uhr kommt in der Regel ein starker Wind auf.

Elfter bis siebzehnter Tag: von Jomsom nach Naya Pul

Der Annapurna-Circuit-Trek südlich von Jomsom folgt der neuen Straße südlich durch das Kali-Gandaki-Tal nach Naya Pul. Dieser Abschnitt der Route ist weniger beliebt, seitdem die Straße gebaut wurde, aber es ist immer noch eine dankbare Wanderung, wenn man die Umwege am Ostufer mitnimmt, bei denen man so wenig wie möglich von der Straße mitbekommt. Außerdem führt der Trail bei Tatopani ganz weit von der Straße weg, um den Bergkamm in Ghorepani zu überqueren und dann nach Naya Pul hinabzusteigen. Der ACAP macht große Fortschritte beim Bau von Trails und Brücken am Ostufer, damit Trekker die Straße meiden können. Bis nach Tatopani sollte man drei oder bis nach Ghorepani vier bis fünf Tage einplanen. Es gibt ausgezeichnete Unterkünfte in Marpha, Tukuche, Larjung, Lete, Kalopani, Ghasa und Tatopani.

Südlich von Jomsom lohnt sich der Umweg entlang des Ostufers über den Dhumba-See zum Kloster Katsapterenga Gompa, bevor es bei Syang wieder auf die Straße zurück und dann weiter nach Marpha geht.

Gleich südlich von Marpha führt ein weiterer Umweg entlang des Ostufers zu der tibetischen Siedlung um Chhairo Gompa (S. 263) und dann nach Chimang, das einen wunderschönen Blick auf den Dhaulagiri, den sechstgrößten Berg der Welt, ermöglicht.

Zurück am Westufer ist Tukuche (S. 261) auf 2580 m Höhe eines der wichtigsten Thakali-Dörfer. Dies war einst ein Depot

DÄMME, STRASSEN UND FAHRZEUGE

Der Straßenbau beeinträchtigt den Annapurna-Circuit-Trek zwar, aber dies ist sicher nicht so katastrophal, wie von manchen behauptet wird. Auch jetzt noch überquert man reißende Flüsse auf schwindelerregenden Hängebrücken, trifft freundliche Einheimische, und es verschlägt einem angesichts unglaublich steiler Pfade und der Bergpanoramen die Sprache.

Die erste Hälfte der Runde auf der Manang-Seite ist weniger stark vom Verkehr betroffen als das Kali-Gandaki-Tal an der Westseite, aber die Bauarbeiten (einschließlich Straßen) im Zusammenhang mit Wasserkraftprojekten verändern das Landschaftsbild durchaus. Wenn manche Trekker ihren Weg nun in Jomsom beenden und dann nach Pokhara zurückfahren oder -fliegen, verpassen sie ein paar vorzügliche Trekkingerlebnisse.

Beim Trekken auf ein Netzwerk alternativer Trails achten, die mit rot-weißen Wegmarkierungen gekennzeichnet sind und von der Straße weg und hinein in die Landschaft führen! Außerdem führen die Wege mit der blau-weißen Markierung zu einigen der schönsten Umwege und Abstecher. Die Landschaft der neuen Wanderwege ist ebenso, wenn nicht sogar noch spektakulärer als auf den alten Strecken, und die Lodges sind ausgezeichnet. Das Wesen der Trails hat sich verändert, dennoch war diese Route in Wirklichkeit noch nie ein „Wildnis"-Erlebnis. Es kann immer noch die gesamte Strecke erwandert werden und dazu gibt's zahlreiche Tagestouren an den Etappenzielen.

und eine Zollstation für Salzhändler aus Tibet. Mehrere Herrenhäuser und Gompas blicken auf eine wohlhabendere Vergangenheit zurück.

Die Straße führt weiter nach Khobang und Larjung (2560 m), vorbei an Stellen mit guten Ausblicken auf den Dhaulagiri (8167 m) und Nilgiri Nord (7061 m). Larjung ist der Ausgangspunkt für einen anstrengenden Tagesausflug hinauf zum Dhaulagiri-Eisbruch.

Ein weiterer Ausflug zweigt von der Straße bei Kokhethati ab, führt zum Titi-See (2670 m) für einen Blick auf die Ostflanke des Dhaulagiri und dann hinunter in die Dörfer Konja und Taglung mit ihren spektakulären Ausblicken auf den Nilgiri-Gipfel. Die Trails treffen direkt südlich von Lete (2480 m) wieder auf die Straße.

Die Straße führt weiter in den Süden nach Ghasa (2000 m), dem letzten Thakali-Dorf im Tal, und dann zweigt ein Fußweg ab zur Ostseite einer sich verengenden Schlucht hinunter. Nach einigen Stunden stößt der Weg am Wasserfall von Rupse Chhahara (1560 m) wieder auf die Straße. Die Straße führt nach Dana und Tatopani auf 1190 m hinab, das für seine heißen Quellen bekannt ist.

Von Tatopani zweigt man von der Straße ab und geht in das steile Seitental vom Ghar Khola hinauf, wobei man spektakuläre 1600 m nach Ghorepani in den Annapurna-Ausläufern überwindet. Dies ist einer der anstrengendsten Tage der Runde,

aber es ist möglich, die Tagestour unterwegs in Shikha oder Chitre zu unterbrechen. Ein Seitenpfad in der Nähe von Chitre zweigt links zum Trek auf dem Khopra-Bergkamm ab.

Nach einer Stunde Aufstieg vom Gebirgskamm am oberen Ghorepani (auch als Deorali bekannt) erreicht man Poon Hill (3210 m), einen der besten (und beliebtesten!) Aussichtspunkte auf den Himalaja in den unteren Regionen.

Von Ghorepani aus führen lange Steintreppen nach Nangathanti (2460 m), Banthanti (2250 m) und weiter unten Ulleri, ein großes Magar-Dorf auf 1960 m, bevor es steil hinunter nach Tikhedhunga, Birethanti (1000 m) und zum nahegelegenen Straßenkopf in Naya Pul geht.

Eine zweitägige Wandertour verbindet Ghorepani und Ghandruk, wo der Weg wieder auf die Route durch das Annapurna-Schutzgebiet stößt.

ANNAPURNA-SANCTUARY-TREK

Dauer 10 bis 14 Tage

Höchste Erhebung 4095 m

Beste Jahreszeit Oktober bis November

Start Phedi

Ziel Naya Pul

Genehmigungen TIMS-Karte, ACAP-Permit

Kurzbeschreibung Klassische Wanderung durch Gurung-Dörfer hinauf zu einem Amphitheater, das von atemberaubenden Gipfeln und Gletschern umgeben ist.

Der Trek durch das Annapurna-Schutzgebiet führt mitten in das gefrorene Herz des Annapurna-Massivs hinein, eine prachtvolle Arena aus Fels und Eis von schwindelerregenden Ausmaßen. Die Route beginnt in Reisfeldern und führt durch eine Schlucht voller Bambus und Wälder, um zwischen Gletschern und hoch aufragenden Gipfeln zu enden – dies ist ein einmaliges Bergabenteuer. Es ist ein beeindruckendes Erlebnis, unter freiem Himmel zu frühstücken und dabei inmitten von Sieben- oder Achttausendern zu sitzen.

Weitere Highlights umfassen grandiose Ausblicke auf den fischschwänzigen Machhapuchhare (6997 m) und eines von Nepals größten und hübschesten Gurung-Dörfern in Ghandruk, das nur einen kleinen Umweg vom Hauptweg erfordert.

Der Rückweg ist in nur zehn Tagen machbar, wer sich 14 Tage Zeit lässt, hat mehr von der Landschaft. Wer dann noch nicht genug hat, kann eine Wanderung ins Schutzgebiet und den Annapurna-Circuit-Trek anhängen, um insgesamt 25 bis 30 Tage unterwegs zu sein, oder das Annapurna-Schutzgebiet mit dem Mardi-Himal-Teehaus-Trek verbinden.

Es gibt mehrere mögliche Routen zum Schutzgebiet, die alle bei Chhomrong zusammentreffen. Eine Alternative ist der Start in Naya Pul und eine Fahrt mit dem Jeep bis nach Kimche. Die Abzweigung vom Annapurna-Circuit-Trek verlässt die Route bei Ghorepani und führt über Tadapani wieder nach Chhomrong zurück. Diese Route war nicht vom Erdbeben im Jahr 2015 betroffen.

Anreise: von Pokhara nach Phedi

Busse fahren ca. alle 40 Minuten an der Busstation Baglung in Pokhara nach Phedi (90 NPR, 1½ Std.), einer Ansammlung von Bretterbuden, ab, wo der Trail mit einer Reihe von Steinstufen beginnt. Alternativ fahren Busse nach Naya Pul (240 NPR, 2 Std.) und dann geht's weiter mit einem Geländewagen nach Kimche (500 NPR), bevor man nach Ghandruk wandert.

Die Wanderung

Erster Tag: von Phedi nach Tolka

Von Phedi (1130 m) aus führt der Weg steil hinauf nach Dhampus (1750 m), das sich über mehrere Kilometer zwischen 1580 und 1700 m erstreckt. Die Aussicht ist umwerfend. In Dhampus gibt's eine Reihe von Hotels entlang des Bergkamms und der Ort hat einen Straßenanschluss.

Der Pfad klettert hinauf zu Lodges im hübschen Pothana (1990 m) und führt dann wieder steil hinunter durch einen Wald nach Bichok. Er mündet in das Modi-Khola-Tal, anschließend führt der Weg weiter bergab nach Tolka (1810 m). Wer die Energie hat, läuft noch 45 Minuten weiter zur besseren Unterkunft in Landruk.

Zweiter Tag: von Tolka bis Chhomrong

Von Tolka aus führt der Weg über eine lange Steintreppe hinunter und folgt dann einem Grat zum Gurung-Dorf Landruk (1620 m). Zehn Minuten später teilt sich der Weg – in Richtung Norden geht's nach Chhomrong und zum Schutzgebiet.

Der Weg zum Schutzgebiet führt hoch durch das Modi-Khola-Tal bis zum Himal Qu (auch als Naya Pul bekannt, 1340 m). Dann geht's weiter hinauf nach Jhinu Danda (1750 m) und zu den nahe gelegenen

---

LAWINEN AUF DEM ANNAPURNA-SANCTUARY-TREK

Es besteht eine erhebliche Lawinengefahr entlang der Strecke zum Annapurna-Schutzgebiet zwischen Doban und dem Machhapuchhare Base Camp. Es sind bereits Trekker umgekommen und Trekkinggruppen in dem Schutzgebiet tagelang festgesteckt, wenn der Weg von Tonnen an Eis und Schnee blockiert war. Daher unbedingt beim ACAP-Büro in Chhomrong und den Lodges in Deorali nach dem aktuellen Streckenzustand fragen und nach Starkregen oder Schneefall nicht weiter in das Schutzgebiet vordringen.

heißen Quellen, darauf folgt ein steiler Anstieg nach Taglung (2190 m), wo man wieder auf den Weg von Ghandruk nach Chhomrong stößt.

Chhomrong (2210 m) ist die letzte ständige Siedlung im Tal. Dieses große und weitläufige Gurung-Dorf hat ausgezeichnete Lodges, tolle Ausblicke und ein ACAP-Büro, das Auskunft über den Zustand der Wege im Schutzgebiet gibt.

Dritter Tag: von Chhomrong nach Bamboo

Der Weg führt über ein paar Steinstufen zum Chhomrong Khola hinab und steigt dann hinauf nach Sinuwa und weiter durch die Rhododendronwälder nach Kuldi (2470 m) Der Trek verläuft nun im oberen Modi-Khola-Tal, wo der ACAP das Gelände und die Anzahl der Lodges überwacht und deren Größe beschränkt. Dieser Abschnitt des Trails ist ein Flaschenhals, und die Lodges in Bamboo (2310 m) können in der Hauptsaison voll sein. In diesem Fall muss man möglicherweise noch eine Stunde zur nächsten Unterkunft in Doban weiterlaufen oder im Speisesaal schlafen. Im Winter liegt ab diesem Punkt häufig Schnee.

Vierter Tag: von Bamboo zum Himalayan Hotel

Der Trail steigt durch die Rhododendronwälder hinauf nach Doban (2540 m) und weiter zu den beiden Lodges am Himalayan Hotel auf 2840 m. Dieser Streckenabschnitt führt durch ein Gebiet mehrerer Lawinenabgänge. Wer früh ankommt, kann noch nach Deorali weiterziehen, um es am nächsten Tag leichter zu haben.

Fünfter Tag: vom Himalayan Hotel zum Machhapuchhare Base Camp

Vom Himalayan Hotel geht's weiter nach Hinko (3100 m), dann zu Lodges in Deorali (3140 m), am Tor zum Schutzgebiet. Der nächste Streckenabschnitt ist am anfälligsten für Lawinen, und gegenwärtig machen die Wanderer einen Umweg an der Ostseite des Tals, um eine gefährliche Rinne zu umgehen.

Im Machhapuchhare Base Camp (das nicht wirklich ein Basislager ist, da Bergsteigen nicht erlaubt ist) auf 3700 m gibt's eine anständige Unterkunft. Vor dem Ab-marsch zum Annapurna Base Camp sollte man unbedingt auf Anzeichen von Höhenkrankheit achten.

Sechster Tag: vom Machhapuchhare Base Camp zum Annapurna Base Camp

Der Aufstieg zum Annapurna Base Camp auf 4130 m dauert ungefähr zwei Stunden und empfiehlt sich für die frühen Tage, bevor Wolken aufziehen. Wenn Schnee liegt, kann der Weg schwer zu finden sein. Die Lodges hier können in der Hochsaison sehr voll werden. Die frostige Dämmerung lässt sich am besten von der Gletschermoräne aus beobachten, die nur einen kurzen Spaziergang von der gemütlichen Lodge entfernt ist.

Siebter bis vierzehnter Tag: Vom Annapurna Base Camp nach Naya Pul

Auf dem Rückweg hält man sich südlich in Richtung Chhomrong (zwei Tage) und dann weiter nach Ghandruk (ein Tag) durch das tiefe Tal des Khumnu Khola. Von Ghandruk aus geht's immer durch das Tal direkt runter bis nach Kimche, Birethanti und Naya Pul an nur einem Tag. Transportmöglichkeiten gibt's von Kimche nach Naya Pul (500 NPR).

Als Alternative bietet sich ein westlicher Abstecher nach Ghorepani an. Nach einem Besuch am Poon Hill geht's hinunter nach Birethanti (vier Tage) und Naya Pul. Die Busse von Pokhara stoppen in Naya Pul (240 NPR, 2 Std.).

SONSTIGE WANDERUNGEN IN ANNAPURNA

Ghachok-Trek (zwei Tage)

Dieser interessante zweitägige Trek steigt an den Hügeln nördlich von Pokhara hinauf zu den traditionellen Gurung-Dörfern rund um Ghachok (1260 m). Er beginnt in Hyangja, nahe der tibetischen Siedlung Tashi Palkhel, und überquert den Mardi Khola nach Lhachok, bevor er zum Dorf Ghachok mit seiner Steinmauer hinaufsteigt.

Hier ist die Übernachtung in einem Teehaus möglich, bevor man in Richtung Süden weitergeht und über Batulechaur nach Pokhara zurückkehrt. Wer genug Zeit hat, sollte diese Wanderung ausdehnen und noch einige abgelegenere Dörfer in dem Tal besuchen, das von Ghachok in nördlicher Richtung verläuft.

Ghandruk-Schleife (drei Tage)

Ein kurzer, aber steiler dreitägiger Trek, der Bergpanoramen und Gurung-Dörfer mit zahlreichen hochwertigen Lodges mit tollen Ausblick über die Berge bei Ghandruk bietet. Der Weg beginnt bei Phedi und folgt der ersten Etappe des Wegs durch das Annapurna-Schutzgebiet bis zur Übernachtung in Tolka (1810 m). Von Tolka aus geht's in 45 Minuten nach Landruk (eine Alternative für die erste Übernachtung) und dann steil bergab über eine Steintreppe zum Modi Khola auf 1315 m. Dann folgt ein sehr steiler Anstieg über weitere Steintreppen, glücklicherweise vorbei an einer Erfrischungsständen, nach Ghandruk (1970 m).

Am dritten Tag geht's hinunter auf die Straße bei Kimche. Dort gibt's Transportmöglichkeiten nach Birethanti und Naya Pul. Wer fit genug ist, läuft zurück.

Panchase-Trek (drei bis vier Tage)

Panchase ist eine Region in der Nähe von Pokhara, die einige tolle Ausblicke auf die Berge von Annapurna Süd und die Machhapuchhare-Gipfel zu bieten hat. Außerdem bietet dieser Trek den Vorteil, dass er leicht von der Seeseite aus erreichbar und hierfür keine ACAP-Permit oder TIMS-Karte erforderlich ist. Es gibt mehrere Variationen dieser Route rund um den höchsten Punkt Panchase Danda (2500 m), die in jede Richtung begehbar sind. In Panchase Bhanjyang gibt's fünf Trekking-Lodges. In einem gemächlichen Tempo nimmt diese Strecke drei bis vier Tage in Anspruch. Ein Guide ist hilfreich, um den Trail zwischen Panchase Bhanjyang und Bhumdi zu finden.

Die Wanderwege nach Panchase starten westlich von Pokhara, entweder in Naudanda oder Khare am Baglung Highway oder westlich des Phewa-Sees bei Ghatichina. Der Weg führt bergauf durch traditionelle Dörfer nach Panchase Bhanjyang (2030 m), wo die meisten Leute übernachten. Am nächsten Morgen geht's früh raus und hinauf zum Gipfel und zum hinduistischen Tempel Panchase Danda für einen Blick auf den Himalaja bei Sonnenaufgang. Der Trek kann dann über eine von mehreren Tagestouren zurück nach Pokhara führen. Eine der Routen führt zu einem Teehaus bei Palyam Chauteri (westlich von Bhumdi), vorbei an der Peace Pagoda (Hotel) und zur Seeseite in Pokhara per Bootstour auf dem Phewa-See.

Annapurna-Panoramaweg (sechs Tage)

Dieser Rundweg bietet den Besuch von Gurung-Dörfern, sagenhafte Ausblicke vom beliebten Aussichtspunkt auf dem Poon Hill (3210 m) und ist auch eine gute Wahl im Winter. Auch dieser Weg ist in beide Richtungen möglich. Die Übernachtungsmöglichkeiten auf diesem Trek teilt man sich mit den Trekkern vom Annapurna-Circuit-Trek und aus dem Schutzgebiet, und deshalb stehen zahlreiche Teehaus-Unterkünfte zur Verfügung.

Der Weg beginnt in Naya Pul, an der Straße von Pokhara nach Baglung, und folgt dann dem Annapurna-Circuit-Trek an den ersten beiden Tagen, allerdings in entgegengesetzter Richtung. Übernachtet wird in Tikhedhunga und Ghorepani. Am dritten Tag brechen die meisten Leute vor der Dämmerung zum kurzen, 1,5 km langen Weg zum Poon Hill und dem tollen Blick vor verschneite Gipfel auf, darunter den des Annapurna Süd (7273 m) und Machhapuchhare (6997 m). Für den Rest dieses dritten Tages ist dann Faulenzen in Ghorepani angesagt.

Der vierte Tag bringt einen sanften Abstieg nach Tadapani, und der fünfte Tag führt weiter bergab nach Ghandruk, einem hübschen Gurung-Dorf mit Häusern aus Stein und Schiefer und einem farbenprächtigen buddhistischen Kloster. Der letzte Tag ist ein leichter Abstieg zurück nach Kimche, Birethanti oder Naya Pul. In allen drei Orten stehen Jeeps oder Busse für den Transfer zurück nach Pokhara bereit. Alternativ geht's auf die andere Talseite nach Landruk mit einer Übernachtung in Tolka, bevor man auf dem Baglung Highway weiter nach Phedi läuft.

Mardi-Himal-Trek (sieben bis acht Tage)

Dieser relativ neue einwöchige Teehaus-Trek ist eine weitere tolle Option ab Pokhara. Der Trail startet in Khare/Kande (1770 m) oder vielleicht in Dhampus (1650 m) und steigt dann vorbei am australischen Camp hinauf zu Lodges in Pothana (1890 m) oder Deurali (2100 m). Am zweiten Tag geht's hinauf zum Grat des Gorujure Danda zum Forest Camp (2520 m) bei Kokar. Von hier aus sind es relativ kurze Tagesetappen zum Low Camp (2970 m) und High Camp (3540 m).

Im High Camp geht's früh los zu einer Tageswanderung zum Mardi Himal Base Camp West (4250 m), das einen tollen nahen Blick auf den Machhapuchhare, Himchuli und das Annapurna-Massiv bietet.

Für den Rückweg wählt man entweder denselben Weg oder steigt zum Mardi Khola hinab, um die Straßenköpfe bei Sidhing, Ghalel oder Lwang zu erreichen, an denen es jeweils Fremdenzimmer gibt. Alternativ führt ein Weg in südwestlicher Richtung vom Forest Camp nach Landruk, der dort auf den Weg nach Ghandruk und den Trail durch das Annapurna-Schutzgebiet stößt.

Khopra-Bergkamm (acht bis neun Tage)

Dieser Trek ist ein Abstecher von den stärker frequentierten Annapurna-Trails und führt zu einigen hervorragenden Aussichtspunkten. Er ist in beide Richtungen und über eine Reihe verschiedener Routen begehbar und kann auch entweder an den Annapurna-Circuit-Trek oder die Annapurna-Sanctuary-Treks angehängt werden. Früher waren hier nur Camping-Gruppen unterwegs, heute gibt es aber auch kommunal betriebene Lodges und private Pensionen, die das Teehaus-Trekking ermöglichen.

Der Trek beginnt in Naya Pul oder Kimche (oder Phedi), um nach einem oder zwei Tagen Ghandruk zu erreichen. Am zweiten Tag führt der Weg nach Tadapani, während der dritte Tag einen Abstecher nach Norden für eine Übernachtung in Bayeli (3450 m) macht. Gut akklimatisierte Trekker können die Strecke an einem Tag schaffen. Von hier aus lohnt sich ein halbstündiger Umweg zum Muldai-Aussichtspunkt.

Ein schwer zu findender oberer Trail verläuft von Bayeli zum höchsten Punkt des Treks bei Khopra Danda (3660 m). Von Khopra Danda (*danda* bedeutet Bergrücken) führt ein ambitionierter optionaler ganztägiger Abstecher zum heiligen See Khayer Tal (4830 m).

Der Rückweg führt über das Dorf Dhan Kharka (Christibang; 2990 m) nach Swanta (sechster Tag), bevor der Weg bei Chitre wieder auf den Annapurna-Circuit-Trek stößt. Weiter geht's in östlicher Richtung nach Ulleri (siebter Tag) über Ghorepani und dann nach Birethanti oder Naya Pul am folgenden Tag.

Eine interessantere Alternative endet mit einer Kletterpartie von Swanta zur fabelhaften Lodge und zum Aussichtspunkt bei Mohare Danda, bevor es an den nächsten beiden Tagen nach Nangi, Bankkharka und zum Straßenkopf in Galeshwar, nicht weit von Beni, hinuntergeht. Es gibt kommunale Fremdenzimmer oder Pensionen entlang dieser Route.

LANGTANG-TAL-TREK

Dauer sieben bis acht Tage

Höchste Erhebung 3870 m

Beste Jahreszeit September bis Mai

Start Syabrubesi

Ziel Syabrubesi

Genehmigungen TIMS-Karte, Eintrittskarte für den Langtang-Nationalpark

Kurzbeschreibung Eine wundervoll abwechslungsreiche Landschaft und gut zu erreichende hochalpine Landschaften, auch wenn die Busfahrt zur Einstiegsstelle in den Trail harte Arbeit ist.

Das Langtang-Tal ist eine herrliche Kurzwanderung, die durch eine Vielzahl von Landschaften auf einer kurzen Strecke führt. Der Weg steigt durch das Langtang-Tal von nur 1470 m bei Syabrubesi bis auf 3870 m bei Kyanjin Gompa auf, folgt dem rauschenden Langtang-Khola-Fluss vorbei an saftigen Wäldern und Bambushainen zu einer Ansammlung hochalpiner Almen, Gletscher und Gipfel an der Grenze zu Tibet.

Vor allem die vorzüglichen Tagestouren ab Kyanjin Gompa bieten spektakuläre Blicke aus nächster Nähe auf die umliegenden Gipfel und Gletscher des Langtang

Lirung (7246 m), Kimshung (6781 m) und Langshisha Ri (6370 m). Es lohnt sich, hier ein paar Tage einzuplanen, um die fabelhaften Abstecher in landschaftlich schöne Gebiete machen zu können.

Nach den schweren Schäden durch das Erdbeben im Jahr 2015 ist das Tal nun wieder voll im Geschäft. Wer hier trekkt, trägt unmittelbar zur Erholung der Gemeinden bei, die an jenem dunklen Tag so viel verloren haben.

Mögliche Ergänzungen für einen Trek in Langtang sind ein Besuch der Gosainkund-Seen, wonach man entweder nach Dhunche (12 Tage insgesamt) zurückkehren oder über Laurebina La entlang der Helambu-Trekkingroute nach Kathmandu zurückkehren kann (14 Tage insgesamt).

Eine weitere mögliche Verlängerung ist der sechstägige Trek entlang des Tamang Heritage Trails, der ebenfalls in Syabrubesi startet.

Die beschriebenen Treks münden alle in den Langtang-Nationalpark (Eintrittsgebühr 3390 NPR).

Versorgung im Notfall

Einrichtungen für Mobiltelefonie gibt's an den meisten Stopps entlang des Weges, meistens über das Sky-Phone-Netz, sodass es nicht zu schwer sein dürfte, im Notfall einen Helikopter zu rufen. Das Yak Guest House in Kyanjin Gompa hält einen Überdrucksack für Höhenkrankheit-Notfälle bereit, und in der Nähe von Munji gibt's eine einfache Klinik.

Anreise: von Kathmandu nach Syabrubesi

Die Busfahrt von Kathmandu nach Syabrubesi ist vermutlich das Schlimmste am Langtang-Trek.

Die Busse fahren an der Bushaltestelle Machha Pokhari in Kathmandu ab. Es gibt täglich Touristenbusse (600 NPR) um 6.30 und 8 Uhr und lokale Busverbindungen (450 NPR) um 6.20 und 7 Uhr nach Syabrubesi über Dhunche.

Auf dem Rückweg fahren die Busse jeweils um 7, 7.15, 8 und 11 Uhr. Es sollte unbedingt spätestens am Nachmittag zuvor gebucht werden! Überfüllte Geländewagen (700 NPR) fahren ebenfalls um 7 und 7.30 Uhr los. Ein Allradfahrzeug gibt's für 13 000 NPR zu mieten.

In Syabrubesi stehen mehrere gute Lodges entlang der Straße zur Verfügung. Das **Peaceful Guest House** (☎010-541009;

DAS ERDBEBEN IN LANGTANG

Nur einige Sekunden nach dem Erdbeben am 25. April 2015 in Nepal ist eine riesige Wand aus Schnee, Felsen und Eis vom Langtang Lirung abgebrochen und in das Tal hinabgerast. Innerhalb von Sekunden wurden das große Dorf Langtang und alle Menschen, die sich dort aufhielten, darin verschüttet. Rund 155 Dorfbewohner waren auf der Stelle tot, dazu rund 40 internationale Trekker und viele nepalesische Träger und Guides. Bewohner aus dem nahe gelegenen Kyanjin Gompa eilten zu dem Dorf – sie konnten jedoch nur noch feststellen, dass ihre Häuser und Familien ohne Vorwarnung unter 20 m Schutt verschwunden waren. Die meisten Leichname wurden nie geborgen.

Ein Chörten, eine Gedenkstätte im neuen Dorf Langtang, listet die Namen der Todesopfer auf: Dorfbewohner aus Langtang, Gumba und Sindum, mehrere Trekker aus Spanien und vier französische Wanderer aus einer Familie. Einzelne Gedenkstätten für verschollene Trekker stehen auch an anderen Abschnitten des Trails.

Es ist bedrückend, mit Lodge-Besitzern über diesen schrecklichen Tag zu sprechen, denn fast jeder im oberen Tal hat mehrere Angehörige verloren. Die gute Nachricht ist, dass die Überlebenden so autark sind, dass sie auch zwei Jahre fast ohne Trekkinggeschäft überstanden und die Lodges wiederaufgebaut haben. Der Trek ist nun wieder für Gäste geöffnet. Der Weg wurde verlegt, um das Gebiet eines Erdrutsches zu umgehen, aber er ist immer noch in einem guten Zustand.

Wer hier unterwegs ist, weiß, dass jede Tasse Tee und jedes Dal Bhat, das er oder sie bestellt, einer Gemeinschaft hilft, die sich von der schlimmsten Katastrophe seit Menschengedenken erholt.

Langtang-Tal-Trek

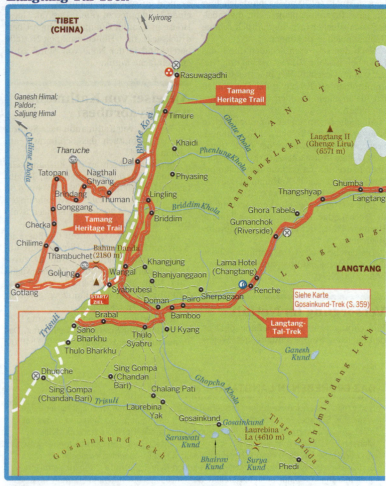

Syabrubesi; Zi. mit/ohne Bad 600/300 NPR; ☎) liegt ein Stück von der Hauptstraße entfernt und ist daher tatsächlich etwas friedlicher als die anderen Unterkünfte. Hier gibt's einen Biergarten und lauwarme Duschen. Das **Hotel Namaste** (☎ 9843534282, 010-541012; getmechheten@yahoo.co.in; Syabrubesi; Zi. 500–800 NPR; ☎) auf der anderen Straßenseite bietet gute Zimmer mit separaten Bädern. Die Inhaberin Chheten Lama ist außerdem eine gute Informationsquelle rund um Fragen zu den Wegen. Daneben gibt's noch ein paar andere gute Unterkünfte.

Die Wanderung

Erster Tag: von Syabrubesi zum Lama Hotel

Nach dem Registrieren beim Polizeiposten am oberen Ortsende geht's für rund 1 km weiter entlang der Hauptstraße und dann zweigt man rechts ab, um eine Hängebrücke über den Bhote Kosi zu überqueren. Links abbiegen und dann sofort rechts am östlichen Ende der Brücke, um das Dorf Old Syabru zu durchqueren. Weiter geht's

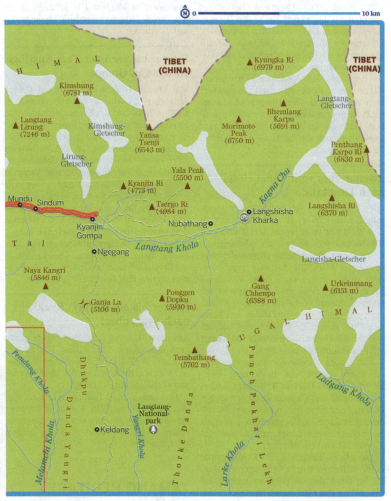

N 0 ————————— 10 km

TIBET (CHINA)

Kyungka Ri (6979 m)

TIBET (CHINA)

Langtang-Gletscher

H I M A L

Kimshung (6781 m)

Langtang Lirung (7246 m)

Kimshung-Gletscher

Lirung-Gletscher

Yansa Tsenji (6543 m)

Morimoto Peak (6750 m)

Bhemlang Karpu (5691 m)

Penthang Karpo Ri (6830 m)

Kasna Chu

Yala Peak (5500 m)

Kyanjin Ri (4773 m)

Mundu   Sindum

Tsergo Ri (4984 m)

Kyanjin Gompa

Nubathang

Langshisha Kharka

Langshisha Ri (6370 m)

T a l

Langtang Khola

Ngegang

Langisha-Gletscher

Naya Kangri (5846 m)

Ganja La (5106 m)

Ponggen Dopku (5930 m)

Gang Chhenpo (6388 m)

Urkeinmang (6151 m)

J U G A L   H I M A L

Pemdang Khola

Dhukpu

Danda Yangri

Tembathang (5702 m)

P a n c h   P o k h a r i   L e k h

Ladgang Khola

Melamchi Khola

Langtang-National-park

Janeri Khola

Keldang

T h o r k e   D a n d a

Larke Khola

---

bergauf an der Nordseite des Langtang Khola (nicht die erste Brücke hinter dem Dorf nehmen). Nach 30 Minuten überquert man den Fluss in der Nähe des tibetischen Camps auf einer Hängebrücke aus Metall zum Südufer und folgt dann dem Weg ins Tal hinauf.

Der Trek wird zu einer angenehmen Wanderung durch Bäume, in denen Languren herumtollen, über eine Brücke, vorbei an einem kleinen Wasserfall und *bhattis* (Dorfgasthäuser) entlang des Flusses in Doman (1680 m). Der Weg steigt dann steil über einen Felsgrat bis zu dem Knoten-

punkt, wo die Route von Thulo Syabru herunterkommt (wer von Gosainkund kommt, würde ab hier den Langtang-Trek nehmen).

Danach folgt ein langer Anstieg in einem Wald vorbei an Wasserfällen und zwei einfachen Lodges bei Pairo (was „Erdrutsch" bedeutet, 1800 m) nach Bamboo, einer Ansammlung von Lodges auf 1930 m. Hinter den Lodges von Bamboo (die sich perfekt für die Mittagspause eignen) kreuzt der Weg den Dangdung Khola, dann geht's hinauf zu einer Stahlhängebrücke über den Langtang Khola auf 2000 m.

Am Nordufer des Langtang Khola steigt die Route entlang einer Reihe von Wasserfällen, die durch einen Haufen hausgroßer Felsbrocken entstanden sind. Steil hinaufklettern zu einem Erdrutsch und zur Ganesh View Lodge in Renche (2400 m), diese liegt an der Kreuzung mit einem alternativen Rückweg nach Syabrubesi über Sherpagaon. Der Hauptpfad klettert sanft zu einer Ansammlung von einem halben Dutzend Lodges in Changtang auf 2480 m hinauf, die auch als Lama Hotel bezeichnet wird.

Zweiter Tag: vom Lama Hotel nach Langtang

Der Pfad führt weiter entlang am Langtang Khola, klettert steil hinauf durch einen Wald mit Hemlocktannen, Ahorn und Rhododendron, vorbei an abgelegenen Lodges in Gumanchock (Riverside) und Ghunama. Zehn Minuten (ein paar Hundert Meter) hinter dem Hotel Woodland überquert der neue Pfad eine Brücke zur Südseite, hinauf vorbei an schönen Ausblicken auf den Langtang Lirung, um dann den Fluss erneut zu kreuzen und bei den Lodges von Ghora Tabela (2970 m) wieder auf den Hauptpfad zu stoßen.

Von Ghora Tabela aus steigt der Pfad langsamer durch ein U-förmiges Gletschertal zu den Dörfern Thangshyap (drei gute Lodges) und Ghuma an, dessen halbes Dutzend neu erbauter Lodges in viel schönerer Ort für eine Übernachtung sind als das nahegelegene Langtang, das noch 20 Minuten (1 km) entfernt ist.

Das Dorf Langtang (3430 m) wurde beim Erdbeben von 2015 komplett ausgelöscht. Über das Gelände zu laufen, auf dem früher das Dorf stand, ist ein gespenstisches Erlebnis. Seit damals haben die Einheimischen ein gutes Dutzend neuer Lodges in dem neuen Dorf hinter dem Erdrutschgebiet erbaut.

Dritter Tag: von Langtang nach Kyanjin Gompa

Es dauert nur ein paar Stunden, um an den Lodges bei Mundu vorbei nach Kyanjin Gompa (3860 m) hinaufzusteigen, wo sich ein Kloster, über ein Dutzend neuer Lodges und eine Käserei (1800 NPR pro Kilo) befinden. Es lohnt sich, hier zwei oder drei ganze Tage zu verbringen, um die Landschaft bei verschiedenen Abstechern voll

auskosten zu können. Die Bäckerei Dorje mit ihrem Café serviert hier einen guten Apfelkuchen.

Vierter bis sechster Tag: Ausflüge ab Kyanjin Gompa

Von Kyanjin Gompa aus führt ein kleiner Abstecher zu einem Aussichtspunkt in 4300 m Höhe auf der Gletschermoräne im Norden, der einen grandiosen Blick auf den Langtang Lirung verspricht. Der beliebteste Tagesausflug ist die halbtägige Tour zum Aussichtspunkt Kyanjin Ri (4600 m), während die härtere Variante die ganztägige Kletterpartie nach Tsergo Ri (4984 m) ist. Eine weitere beliebte Tageswanderung führt das Tal hinauf vorbei an den Weiden rund um Langshisha Kharka, dort ist die Aussicht noch spektakulärer.

Für eine weniger anstrengende, aber ebenso malerische Variante überquert man die Brücke bei Kyanjin Gompa für ein Picknick an den fünf reizenden Tsona-Seen.

Siebter bis achter Tag: Rückkehr nach Syabrubesi

Auf dem Rückweg nach Syabrubesi geht's zwei Tage lang auf demselben Weg zurück hinunter ins Tal. Der Umweg über den oberen Weg von Renche über das Dorf Sherpagaon führt zu guten Lodges.

Den Gosainkund-Trek erreicht man wieder, indem man an der Kreuzung kurz vor Doman abzweigt und von dort zu rund einem Dutzend Lodges in Thulo Syabru hinaufklettert.

TAMANG HERITAGE TRAIL

Dauer Sechs Tage

Höchste Erhebung 3700 m

Beste Jahreszeit September bis Mai

Start Syabrubesi

Ziel Syabrubesi

Genehmigungen TIMS-Karte, Eintrittskarte für den Langtang-Nationalpark

Kurzbeschreibung Traditionelle Tamang-Dörfer und tolle Ausblicke nach Tibet machen diesen wenig begangenen Kulturtrek zu einer lohnenswerten Erweiterung des Langtang-Treks.

Dieser relativ neue Weg ist eine ausgezeichnete Wanderung, sowohl für sich alleine als auch in Verbindung mit einem Trek durch das Langtang-Tal. Er zieht deutlich weniger Trekker an und ist weniger kommerzialisiert als die meisten übrigen Trails, sodass es viele Leute gibt, die ihn mit dem Nepal-Trekking von vor 30 Jahren vergleichen.

Dieser Trek ist keinesfalls einfach, er hat viele steile Auf- und Abstiege, aber die Tagesetappen sind in der Regel recht kurz. Die durchschnittliche Gehzeit beträgt fünf bis sechs Stunden. Wer kulturelle Interaktionen und private Herbergen den großen Bergpanoramen vorzieht, könnte hier bestens bedient sein.

Dies ist einer der Treks, auf denen ein Guide besonders nützlich ist. Allerdings nicht so sehr wegen der Orientierung, sondern um mit den Einheimischen in Kontakt zu kommen und Übernachtungen in Privatunterkünften zu ermöglichen, in denen sehr wenig Englisch gesprochen wird.

Viele Traveller haben uns geschrieben, um Durga Tamang, einen Einwohner von Gotlang und Guide, zu empfehlen, der **Himalayan Unforgettable Adventure** leitet (www.nepalmountaintrekking.com). Ein einheimischer Träger/Guide schlägt mit rund 17/21 € pro Tag zu Buche.

Die Wanderung

Erster Tag: von Syabrubesi nach Gotlang

Ab Syabrubesi sollte man auf die Abkürzungen in westlicher Richtung achten, um die langgestreckten Serpentinen der Straße zu vermeiden. Der steile Pfad steigt 720 m zu zwei Teehäusern und einem Aussichtspunkt (15-minütiger Umweg) am Bahun-Danda-Pass (Rongga Bhanjyang, 2180 m) an. Unter einem liegt das Dorf Goljung. Dieser steile Aufstieg lässt sich vermeiden, indem man in den Nachmittagsbus steigt, der gegen 15 Uhr auf dem Weg nach Chilime oder Thambuchet durch Syabrubesi kommt.

Auf der oberen unbefestigten Straße geht's ein paar Stunden lang zum hübschen traditionellen Dorf Gotlang (2240 m), der größten Tamang-Siedlung in der Gegend. Viele Gebäude wurden beim Erdbeben 2015 beschädigt und der Wiederaufbau läuft noch. Von hier aus führt ein 45-minütiger Umweg bergauf zum friedlichen gelegenen Parvati-Kund-See und seinem nahe gelegenen beschädigten Gompa und der Käserei. An Unterkünften gibt's in Gotlang das private Paldor Peak und die Gotlang-Pensionen (Zi. mit/ohne Bad 800/400 NPR) sowie ein halbes Dutzend Fremdenzimmer. Die wiederaufgebaute Lodge der Gemeinde wird momentan in ein Ortsmuseum umgewandelt.

Zweiter Tag: von Gotlang nach Tatopani

Nach einem Vormittag in Gotlang geht's die entzückende Reihe von 108 steinernen Chörten (einige davon mit Erdbebenschäden) ins Tal hinunter, wo der Weg nach einer Stunde (ca. 4 km) abbiegt und schließlich den Fluss vor dem Dorf Chilime (1760 m) überquert. Am entgegengesetzten Ende von Chilime führt eine Hängebrücke über den Fluss, und dann geht's steil bergab vorbei an Teehäusern in Cherka und Gonggang (2230 m, Lodges vorhanden) zu dem halben Dutzend Lodges in Tatopani (2600 m), was einen Anstieg von 840 m bedeutet. Die gleichnamigen heißen Quellen von Tatopani haben durch das Erdbeben im Jahr 2015 ihre Wärme verloren.

Dritter Tag: von Tatopani nach Nagthali Ghyang

Gut auf den Trail achten, denn auf dem ersten Stück kann das Finden der Route schwierig sein. Es geht 560 m über die Siedlung und den Gompa von Brimdang hinauf zu den Wiesen am Grat und den Lodges bei Nagthali Ghyang (5 Häuser; 3 Zi.; 3165 m). Bei klarem Wetter gibt's schöne Ausblicke auf den Langtang Lirung, Ganesh Himal, Paldor, Saljung Himal und hinüber nach Tibet. Es lohnt sich sehr, früh aufzustehen, um die dreistündige Wanderung entlang des von Rhododendron übersäten Bergzuges zum wunderschönen Aussichtspunkt bei Tharuche (3700 m) und zurück zu unternehmen. Die besten Lodges sind vermutlich das Great Wall oder Mountain View.

Vierter Tag: von Nagthali Ghyang nach Thuman

Wer die Tour noch nicht gestern unternommen hat, startet heute früh zum Aussichtspunkt bei Tharuche, weil der Himmel dann am klarsten ist. Von Nagthali aus geht's 820 m durch einen Wald hinunter zu dem hübschen Tamang-Dorf Thuman (10 Minuten nach dem Verlassen von Nagthali rechts abzweigen). Thuman (2240 m) hat einen kleinen Gompa, ein halbes Dutzend angenehmer Lodges und ein paar schwer zu findende Fremdenzimmer zu bieten. Außerdem gibt's hier genug für einen ganzen Nachmittag voller Erkunden zu sehen.

Fünfter Tag: von Thuman nach Briddim

In der Vergangenheit sind die meisten Wanderer von Thuman nach Timure (1760 m) und dann weiter zur tibetischen Grenze (nur 45 Minuten entfernt) gelaufen, aber heutzutage sorgen eine Reihe riesiger Wasserkraftprojekte und starker LKW-Verkehr durch den neuen Grenzübergang nach China bei Rasuwagadhi dafür, dass dieser Weg nicht mehr so angenehm zu begehen ist.

Stattdessen ist es jetzt besser, steil von Thuman direkt zum Bhote Khosi hinabzusteigen, über den eine Hängebrücke führt, danach hinauf zum Dorf Lingling, wo es Essen und reizende Quartiere in den traditionellen Lingling-Fremdenzimmern gibt. Von Lingling aus erreicht man nach zwei Stunden und 400 Höhenmetern über das Pelko View Restaurant das landschaftlich schöne Tamang-Dorf Briddim (2230 m), oberhalb dessen ein Kloster steht. Das Lhasa Guest House, Tibet Homestay und Family Homestay am oberen Dorfende sind ausgezeichnet.

Angesichts der Busse und Jeeps, die inzwischen häufig auf der Strecke zwischen Syabrubesi und Timure verkehren, wäre es ein Leichtes, diesen Trek schon an der Straße unterhalb von Briddim oder Lingling zu beenden.

Sechster Tag: von Briddim nach Syabrubesi

Es geht bergab durch einen Kiefernwald nach Syabrubesi (2½ Std., ca. 4 km, 770 m Abstieg), und im letzten Abschnitt befindet sich eine Abkürzung hinter der unbefestigten Straße. Alternativ kann man auf den Langtang-Trek wechseln, indem man die höhere nördliche Route über Khangjim und Sherpagaon nimmt.

GOSAINKUND-TREK

Dauer sieben bis acht Tage

Höchste Erhebung 4610 m

Beste Jahreszeit Oktober bis November, März bis April

Start Dhunche oder Thulo Syabru

Ziel Sundarijal

Genehmigungen TIMS-Karte, Eintrittskarten für den Langtang-Nationalpark und Shivapuri-Nagarjun-Nationalpark

Kurzbeschreibung Hochgebirgsseen und Himalaja-Panoramen sind die Highlights, ebenso die Chance, die ganze Strecke bis nach Kathmandu zurückzulaufen.

Die Gosainkund-Seen sind eine Ansammlung landschaftlich schöner heiliger Seen in einer Höhe von 4400 m in einer Bergmulde. Die Seen sind eine wichtige Pilgerstätte für Hindus und ziehen zum Vollmondfest Janai Purnima im August 20 000 Pilger an. Die Ausblicke auf den Himalaja oberhalb von Laurebina Yak reichen vom Manaslu und den Gipfeln des Ganesh Himal bis nach Tibet und zählen mit zu den besten in Zentralnepal.

Ein entscheidender Vorteil der Wanderung auf dieser Route durch Helambu zurück bis nach Kathmandu ist, dass einem so die Busfahrt von Dhunche zurück in die Hauptstadt erspart bleibt. Die Freude über die zurückgelegte Strecke macht außerdem zufrieden.

Es stehen zahlreiche Routen für einen Besuch beim heiligen See in Gosainkund zur Auswahl. Die beliebteste Option ist die Verbindung der Treks bei Langtang, Gosainkund und Helambu zu einer 16-tägigen Wanderung.

Es ist auch möglich, einfach nur diese Route zu erwandern (wie hier beschrieben), oder die Seen auf dem Rückweg von Dhunche (7 Tage) zu besuchen, obwohl die zu überwindenden Höhenmeter in beiden Fällen zu Akklimatisierungsproblemen führen können (wer bereits den Trek durch das Langtang-Tal hinter sich hat, ist gut akklimatisiert). Die Akklimatisierung ist ein besonders wichtiger Faktor, wenn man diese Strecke in umgekehrter Richtung laufen möchte.

Wer den Langtang- und Gosainkund-Trek miteinander verbindet, biegt kurz vor Doman vom Langtang-Trek ab und klettert von dort hinauf zu den Lodges bei Thulo Syabru.

Gosainkund-Trek

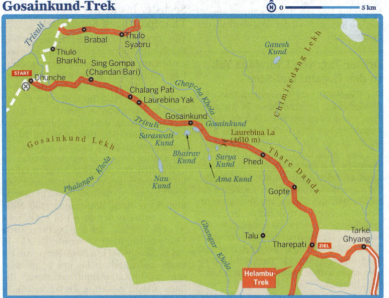

Lodges gibt's auf der gesamten Strecke, sodass es nicht schwierig ist, Essen und Unterkunft zu finden. Die Lodges in Thulo Syabru, Sing Gompa und Tharepati sind gut, aber die Zimmer in Phedi und Gopte sind einfach.

Diese Route über den Laurebina La wird im Winter unpassierbar und ist bei Neuschnee nicht empfehlenswert.

Anreise: von Kathmandu nach Dhunche

Die Busse von Kathmandu nach Syabrubesi fahren durch Dhunche (500 NPR, 10 Std.). Die Busse zurück nach Kathmandu fahren in Dhunche um 7, 7.30 und 8 Uhr ab und es gibt außerdem ein paar Geländewagen (600 NPR) Ein eigenes Allradfahrzeug nach Kathmandu kostet 12 000 NPR.

Dhunche hat ein paar einfache Hotels. Das **Hotel Langtang View** (☎ 010-540191; Dhunche; EZ/DZ 800/1000 NPR; ☎) behauptet, das „wahrscheinlich beste Hotel der Stadt" zu sein, was stimmt, aber nicht wirklich großartig ist. Anscheinend logierte Jimmy Carter als Wahlbeobachter in Zimmer 107.

Die Zimmerpreise in den Trekking-Lodges entlang des Trails reichen von 200 bis 500 NPR.

Die Wanderung

Erster Tag: von Dhunche nach Sing Gompa

Der erste Tag ist anstrengend. Es geht von Dhunche auf 1950 m nach Sing Gompa (Chandan Bari) auf 3330 m, vorbei an Lodges in Deorali. Es gibt ein halbes Dutzend guter Lodges in Sing Gompa.

Wer vom Langtang-Trek kommt, sollte beachten, dass der Anstieg von Thulo Syabru (2260 m) nach Sing Gompa über Phobrang Danda einfacher ist als die direkte Route nach Chalang Pati.

Zweiter Tag: von Sing Gompa nach Laurebina Yak

Der Weg führt steil hinauf, bietet schöne Ausblicke auf das Ganesh-Himal-Massiv und gelangt dann bei den Teehäusern von Chalang Pati (3550 m) an einen Bergsattel. Der Pfad führt weiter hinauf zu den vier einfachen Lodges bei Laurebina Yak (3920 m). In der Dämmerung ist der Ausblick auf das Annapurna-Massiv, Manaslu (8156 m), die vier Gipfel des Ganesh Himal und den Langtang Lirung umwerfend. Zur besseren Akklimatisierung sollte man in Laurebina Yak eine Übernachtung einplanen. Ab jetzt verläuft der Weg oberhalb der Baumgrenze.

Dritter Tag: von Laurebina Yak zu den Gosainkund-Seen

Der Weg führt hinauf zu einem Pass (Auf Wiedersehen, ihr grandiosen Bergpanoramen!) und führt anschließend auf einem ungeschützten Weg weiter, der den Blick auf Saraswati Kund auf 4100 m Höhe öffnet, den ersten der Gosainkund-Seen. Der zweite See ist der Bhairav (oder Bhairab) Kund und der dritte ist der Gosainkund, auf einer Höhe von 4380 m. Es stehen ein halbes Dutzend Lodges zur Verfügung, es gibt einen Schrein und zahlreiche Pilgerunterkünfte an der Nordwestseite des Sees. Eine Runde um den See dauert eine Stunde. Wer auf den Berggrat oberhalb der Lodges (20 Min.) klettert, wird mit einem sagenhaften Ausblick auf Berge und Seen belohnt.

Vierter Tag: von den Gosainkund-Seen nach Gopte

Von den Gosainkund-Seen führt der Weg zu vier weiteren Seen in der Nähe des Laurebina La (4610 m) hinauf, beispielsweise zum Surya-See neben dem Pass. Dann fällt der Weg steil ab und führt vorbei an der nicht mehr aktiven Lodge Bera Goth zu zwei einfachen Lodges bei Phedi (3740 m), in der Nähe einer Absturzstelle eines Flugzeugs der Thai Airways im Jahr 1992. Weiter geht's in Seitentäler hinein und hinaus (nicht das Haupttal hinunter), um den Kasturee Danda (Moschushirsch-Bergzug) zu erklimmen, bevor es schließlich bergab zu zwei einfachen Lodges bei Gopte (3440 m) geht.

Fünfter Tag: von Gopte nach Tharepati

An diesem Tag ist die Bewegungsrichtung nach unten zu einem Strom, dann wieder hinauf zu drei Lodges bei Tharepati (3640 m), wo der Weg auf den Helambu-Trek trifft. Tharepati ist nur ein paar Stunden Gehweg von Gopte entfernt, aber die Ausblicke am frühen Morgen sind großartig. Falls Wolken die Sicht versperren, einfach zu den Lodges bei Mangengoth, 90 Minuten weiter bergab, weiterlaufen.

Sechster bis achter Tag: von Tharepati nach Sundarijal

Von Tharepati führt der Helambu-Trail hinab zum Berggrat südlich von Mangengoth, Khutumsang, Gul Bhanjyang, Chipling, Thankhune Bhanjhang, Pati Bhanjhang, Chisopani, Mulkharka und Sundarijal (2 bis 3 Tage). Es gibt überall Teehaus-Unterkünfte, aber die schönsten stehen in Mangengoth, Khutumsang und Chipling. Der Abschnitt von Gul Bhanjyang nach Chipling folgt bis auf den letzten Abstieg einer unbefestigten Straße.

Wer den Trek vorzeitig beenden möchte, kann den etwas unzuverlässigen Bus von Thagani in der Nähe von Thankhune Bhanjhang nach Kathmandu (130 NPR, 5 Std.) nehmen, der um 8 Uhr abfährt. Es ist auch möglich, auf den Dorfwegen von Khutumsang nach Chunaute (3 Std.) in das Melamchi-Tal hinabzusteigen, von wo Busse halbstündlich bis um 2 Uhr morgens nach Kathmandu verkehren. Die Busse haben evtl. ihre Endhaltestelle in Jorpati, in der Nähe von Bodhnath, daher lieber vorher nachfragen!

Am letzten Tag durchquert man den Shivapuri-Nagarjun-Nationalpark (Eintritt 565 NPR) von Chisopani oder von Pati Bhanjhang aus.

Die Rückfahrt nach Kathmandu mit dem Bus (der letzte Bus startet um 18.30 Uhr) dauert von Sundarijal aus weniger als eine Stunde.

GESPERRTES GEBIET & ANDERE TREKS

Die Teehaus-Treks sind die Routen, welche die große Mehrheit der Trekker in Nepal wählt. Wer eher abseits der ausgetretenen Pfade unterwegs sein möchte, kann auch abgelegene Gebiete wie Makalu und Kanchenjunga im Osten oder Humla und Dolpo im Westen erkunden, muss dann jedoch Selbstversorger sein und wird wahrscheinlich seine Zeltplätze vorab durch ein Trekkingunternehmen buchen müssen. Dabei gilt es zu beachten, dass es in diesen relativ unberührten Gebieten wenig Überschuss an Nahrungsmitteln gibt, die zu verkaufen wären, und die Versorgung von Trekkern hat sich noch nicht etabliert.

Während der Hauptsaison gibt's Trekking-Lodges entlang der Routen am

GROSSER HIMALAJA-TRAIL

Wer eine Herausforderung sucht, sollte sich den Großen Himalaja-Trail, eine 2500 km lange Wanderung über den gesamten Rücken des nepalesischen Himalaja, genauer ansehen. Die Route beginnt am Kanchenjunga im Osten und endet im Westen am Humla. Es gilt verschiedene logistische Hürden zu überwinden, nicht zuletzt das Koordinieren einer ganzen Handvoll befristeter Trekking-Permits. Zumindest ein Trekkinganbieter (World Expeditions) bietet die Wanderung kommerziell an. Sie dauert 157 Tage und kostet coole 25 908 €. Mehrere Extremsportler haben die Strecke (auf eigene Faust) in nur 47 Tagen zurückgelegt.

Dieser Trail ist teilweise ein bereits bestehendes Netz aus Trekkingrouten und teils eine clevere Marketingkampagne, um Trekker in Regionen zu locken, die gegenwärtig noch nicht vom Tourismus profitieren. Der vielleicht beste Weg, sich an diesen Trail heranzuwagen, ist, ihn in kleinere Abschnitte zu stückeln. So kann man Abschnitte wie den Weg zwischen Annapurna und Manaslu oder den Abschnitt zwischen Jiri und dem Everest sehen und die Wanderung auf mehrere Jahre anlegen.

Weitere Informationen enthält die Website The Great Himalaya Trail (www.thegreat himalayatrail.org). Und viel Glück!

Manaslu, Tsum, Nar-Phu, Mustang und Makalu, aber insbesondere die Lodges am Makalu sind recht einfach.

Für die meisten dieser Regionen ist eine Trekkinggenehmigung erforderlich, die es gegen eine Gebühr bei einer Trekkingagentur gibt. Rechnet man dann die Flüge für sich selbst und die Träger hinzu, leuchtet es sofort ein, dass die Treks umso teurer werden, je weiter man sich von der Zivilisation entfernt.

Weitere Informationen bietet der Lonely Planet Führer *Trekking in the Nepal Himalaya*. Darin finden sich umfassende Ratschläge zur Auswahl der Ausrüstung, ein eigenes Kapitel zur Gesundheit und Sicherheit sowie umfangreiche Routenbeschreibungen sowohl für die beliebten Treks als auch für die interessanten weniger stark frequentierten Routen. Die folgenden Treks sind die beliebtesten Touren durch das gesperrte Gebiet.

Nar-Phu Eine siebentägige Ergänzung zum Annapurna-Circuit-Trek führt zu den fotogenen traditionellen Dörfern Nar und Phu an der tibetischen Grenze. Auf dem Rückweg geht's über den 5320 m hohen Kang-La. Trekking-Lodges sind verfügbar.

Mustang Der beliebteste Trek in den gesperrten Gebieten führt in dieses lange verbotene tibetische Königreich in einem abgelegenen und trockenen Landstrich mit spektakulären tibetischen Klöstern, Canyons und Höhlensystemen, die an Tibet grenzen. Die neue Straße von Jomsom zur chinesischen Grenze verändert

die Region rasch. Möglich als geführte Teehaus- oder Campingtour.

Manaslu-Rundweg Dieser 16-tägige Teehaus-Trek wird von den Kennern häufig als der beste Trek Nepals überhaupt bezeichnet. Die Halbrunde führt von Arugghat im Gorkha-Bezirk hinauf in das Buri-Gandaki-Tal und das kulturell interessante tibetische Dorf Sama, wo man den 5100 m hohen Larkya La überquert, um den Annapurna-Circuit-Trek bei Dharapani zu beenden. Es gibt schöne Ausblicke auf den Manaslu, den achthöchsten Berg der Welt, und dazu einige tolle Abstecher zu Seen und Gletschern. Die Anfangsetappen dieser Tour waren stark vom Erdbeben betroffen, aber die Lodges wurden wiedereröffnet und einige Streckenabschnitte wurden verlegt.

Tsum-Tal Der Manaslu-Rundweg führt in dieses abgelegene und kulturell interessante tibetische Tal. Er kann als Ergänzung zur Manaslu-Runde oder als eigenständiger zweiwöchiger Trek unternommen werden. Das Tal wurde beim Erdbeben von 2015 stark beschädigt, aber die Lodges und Klöster wurden wiederaufgebaut.

Tarap-Tal-Runde Beliebter zwölftägiger Rundweg im abgelegenen Dolpo, der dem Tarap-Tal zu Dörfern und Klöstern im tibetischen Stil rund um Do Tarap folgt, dann die atemberaubenden Pässe von über 5000 m Höhe am Numa La und Baga La überquert, bis er am türkisgrünen Phoksumdo-See ankommt, dem vermutlich schönsten See in Nepal. Nur Camping.

Beni nach Dolpo Ausgezeichnete zwölftägige Durchquerung von Beni, nordwestlich von Pokhara, nach Tarakot im entlegensten Teil des Dolpo, wobei sechs Pässe und ein riesiges Stück des mittleren Westens von Nepal auf den Spuren des Buches *Der Schneeleopard* durchquert werden. Nur Camping.

Kanchenjunga Der ferne Osten wird von allen Gebieten am wenigsten besucht. Hier führen zwei lange Routen zum nördlichen und südlichen Fuß des dritthöchsten Berges der Welt. Für die spektakuläre Nordroute sollten drei Wochen eingeplant werden, zwei Wochen für den Süden oder ein Monat für beide.

Zum Übernachten nur Camping, aber über den größten Teil der Strecke stehen Teehäuser am Wegesrand.

Makalu Base Camp Ein weiterer Trek, der direkt in das Herz der Bergwelt führt, folgt dem Barun-Tal hinauf zum Basislager auf rund 5000 m und bietet schöne Ausblicke auf den Everest und Lhotse. Der 15-tägige Trek beginnt mit einem Flug nach Tumlingtar, danach per Bus nach Num. Wer fit ist, kann von Lukla aus in elf Tagen hierherlaufen. Als einfacher Teehaus-Trek ist diese Route herrlich, jedoch nur in der Hauptsaison. Und dann lieber zur Sicherheit ein Zelt als Notlösung mitnehmen.

Biken, Rafting & Kajakfahren

Inhalt ➡

Mountainbiketouren ... 365

Rafting- und
Kajaktouren 370

Ideal für Anfänger

➡ Trisuli (S. 370)

➡ Von Pokhara nach Sarangkot und Naudanda (S. 370)

➡ Oberer Sun Kosi (S. 371)

Ideal für Adrenalin-Junkies

➡ Oberes Mustang: von Jomsom nach Lo Manthang
(S. 367)

➡ Marsyangdi (S. 372)

➡ Karnali (S. 373)

Auf ins Abenteuer!

Obwohl Nepal für viele gleichbedeutend mit Trekking sein mag, sind seine erstklassigen Stromschnellen und atemberaubenden Bergabfahrten wie geschaffen für Wildwasser-Rafting und Mountainbiking. Viele der Radwege eignen sich eher für sehr erfahrene Radwanderer mit guter Kondition. Obwohl die meisten Touren auch auf eigene Faust organisiert werden können, ist man doch oft auf Auskünfte der Einheimischen angewiesen. Wer also einen Guide anheuert oder eine organisierte Tour bucht, hat es deutlich leichter. Nepal ist voll von Rafting- und Kajakrouten, die gleichermaßen für Anfänger und Profis geeignet sind. Ein Kriterium für die Auswahl könnte die Menge an Touristen sein, die ebenfalls auf diesen Wegen unterwegs sind.

Da sich das Mountainbiking und Rafting in der freien Natur abspielen, sind diese sportlichen Aktivitäten nicht wesentlich von den Erdbeben im Jahr 2015 betroffen. Doch vor dem Aufbruch zu einer Tour sollte man sich vergewissern, dass die Wege wirklich frei sind und die Flüsse ungehindert fließen.

Reisezeit

➡ Für Radfahrer sind die Monate Oktober bis November eine gute Zeit, da der Himmel in dieser Zeit gewöhnlich klar ist. Tagsüber ist es warm und nachts nicht zu kalt.

➡ Von Mitte bis Ende Oktober und dann bis Ende November ist die beste Zeit zum Rafting und Kajakfahren, da das Wasser dann am wärmsten ist und die Stromschnellen aufregend, aber noch nicht lebensbedrohlich sind. Die Monate März bis Mai sind gut für Familien geeignet.

Biken, Rafting & Kajakfahren in Nepal

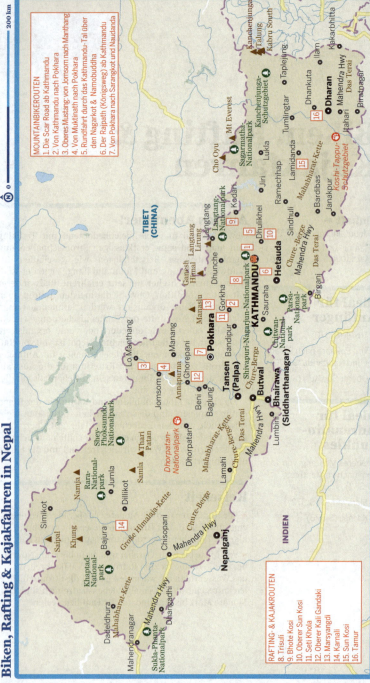

MOUNTAINBIKEROUTEN
1. Die Scar Road ab Kathmandu
2. Von Kathmandu nach Pokhara
3. Oberes Mustang: von Jomsom nach Manthang
4. Von Muktinath nach Pokhara
5. Rundfahrt durch das Kathmandu-Tal über den Nagarkot & Namobuddha
6. Der Rajpath (Königsweg) ab Kathmandu
7. Von Pokhara nach Sarangkot und Naudanda

RAFTING- & KAJAKROUTEN
8. Trisuli
9. Bhote Kosi
10. Oberer Sun Kosi
11. Seti Khola
12. Oberer Kali Gandaki
13. Marsyangdi
14. Karnali
15. Sun Kosi
16. Tamur

MOUNTAINBIKETOUREN

Die Scar Road ab Kathmandu

Strecke 65 km
Dauer Sieben Stunden oder zwei Tage mit Übernachtung in Kakani
Start Kathmandu
Ziel Kathmandu
Kurzbeschreibung Schöne Ausblicke und eine schwierige Abfahrt durch einen Nationalpark nach einem harten Anstieg von rund 700 m zu Beginn der Tour.

Dieser Trip nordwestlich von Kathmandu kann ziemlich anspruchsvoll sein und eignet sich daher eher für erfahrene Biker. Es wird dringend empfohlen, einen Guide mitzunehmen.

Nach dem Verlassen von Kathmandu (1337 m) geht's auf der Ringstraße 2 km nördlich von Thamel in Richtung Balaju. Danach führt die Strecke auf der asphaltierten Straße in Richtung Trisuli Bazaar nach Kakani, 23 km entfernt und auf einer Höhe von 2073 m. Der Weg schraubt sich vorbei am Nagarjun Hill aus dem Tal hinauf, die Straße hat hier ein Blätterdach. Nach dem Passieren des ersten Passes und dem Verlassen des Tals führt die Straße weiter in Richtung Nordwesten und bietet linker Hand einen Blick auf endlose Terrassenfelder. (Wer keine Lust auf den Anstieg hat, kann sich die Radtour ersparen. Einfach das Rad auf das Dach des Morgenbusses nach Dhunche verladen und dort aussteigen.) Nach dem Erreichen des Berggrats (an einer klar markierten T-Kreuzung) rechts abbiegen, anstatt weiter hinunter nach Trisuli Bazaar zu fahren. (Wer zu weit fährt, erreicht 100 m weiter geradeaus eine Kontrollstation.) An dieser Stelle sorgen die prächtigen Ausblicke auf Ganesh Himal (*himal* bedeutet „Hügelkette mit ewigem Schnee") für die nötige Inspiration für die verbleibenden 4 km steiler und zerfallender Asphaltstraße zur Bergkrone bei **Kakani** und der ersten wohlverdienten Pause. Es ist eine ausgezeichnete Idee, hier im Tara Gaon (S. 215) oder in einer anderen Pension zu übernachten und den Blick auf den Himalaja in der Morgendämmerung zu genießen.

Nach dem Bewundern des Ausblicks geht's hinter dem Tor 30 m bergab, dann am ersten Abzweig links in eine Piste für Geländewagen einbiegen. Diese Piste führt durch die beliebten Picknickplätze, auf denen sich samstags die Einwohner von Kathmandu tummeln. Weiter geht's in östlicher Richtung gen Shivapuri. Nach einigen Kilometern verengt sich die Piste in der Nähe eines Metalltores auf der linken Seite. Hinter diesem Tor warten einige grobe Steinstufen, und dann geht's zehn Minuten bergauf und über die Bergkuppe zu einem Militärposten. Radfahren ist hier utopisch: Entweder tragen oder schieben. Hier zahlen Ausländer 556 NPR Eintritt zum Shivapuri-Nagarjun-Nationalpark (S. 148) plus 1000 NPR für ihr Fahrrad. Am Ausgang des Armeestützpunktes rechts abbiegen, und hier liegt die Scar Road unübersehbar vor den Travellern. Nun ist der höchste Punkt des Tages erreicht – rund 2200 m.

Die Piste rechter Hand führt steil bergab auf einem extrem steilen, ausgefahrenen und schmalen Pfad, der verschiedene Gewässer überquert. Der Trail wurde buchstäblich in den Berghang geschnitten, teilweise geht es rechts steil bergab. Auf dieser Strecke müssen die Fahrer ihr Können und gute Nerven beweisen. Auf der schnellen Abfahrt sollte Zeit bleiben, um die Aussicht über das weite Kathmandu-Tal weiter unten zu genießen – dies ist einer der schönsten Ausblicke. In den letzten Jahren ist der Trail ziemlich zugewuchert, sodass man das Rad streckenweise tragen und den richtigen Weg suchen muss. In diesem Abschnitt ist ein Guide praktisch.

Der Weg wird nach einem langen krassen Anstieg, der sich am besten im Stehen fahren lässt, wieder breiter. Dann geht's relativ eben durch das geschützte Gebiet der Wasserscheide am Shivapuri. Dieser schöne Mountainbiking-Abschnitt erstreckt sich über fast 25 km, bevor sich der Weg über eine Kiespiste 7 km lang ins Tal hinunterschraubt. Diese Piste geht in **Budhanilkantha** in eine asphaltierte Straße über, eine Wohltat für die durchgeschüttelten Handgelenke. Dort gibt's auch Erfrischungen zu kaufen. Wer einen Moment lang hält, sieht an der Hauptkreuzung den Schlafenden Vishnu gleich links oben. Von hier geht's über die asphaltierte Straße für die restlichen 15 km sanft bergab und zurück in das Gewimmel von Kathmandu, wobei dieser Teil der Fahrt in der Regel durch hektischen Stadtverkehr führt und nicht so viel Spaß macht.

Von Kathmandu nach Pokhara

Strecke 263 km

Dauer Fünf Tage

Start Kathmandu

Ziel Pokhara

Kurzbeschreibung Schöne Ausblicke und anspruchsvolle Trails abseits der ausgetretenen Pfade, die durch historische Städte der Newar führen.

Es ist möglich, in 12 bis 14 Stunden entlang dem hektischen Prithvi Highway von Kathmandu nach Pokhara zu fahren, aber wer es nicht eilig hat, nimmt lieber die für das Mountainbiken viel besser geeigneten Straßen im Hinterland. Die verschiedenen Anbieter bieten unterschiedliche Strecken an, manche davon dauern bis zu acht Tage. Diese Strecke führt über einige ziemlich ländliche Trails, auf denen nur wenige Ausländer unterwegs sind, sodass ein Guide oder eine geführte Tour eine große Hilfe sein können. Andernfalls muss man sich darauf verlassen, dass die Dorfbewohner einem die richtige Richtung weisen. Hotels und Speiselokale können stellenweise rar sein, und viele Touranbieter empfehlen diese Tour komplett als Camping-Trip.

Am ersten Tag geht's ab Thamel in nördlicher Richtung entlang der stark befahrenen und geteerten Straße, an der Ausfahrt Kantipath links abbiegen. Auf dieser Straße geht's 3 km weiter, vorbei an der amerikanischen Botschaft, und bei Maharajgani die Ringstraße überqueren. Von hier aus geht's 6 km stetig bergauf nach **Budhanilkantha**. Zeit für eine Pause, um den Schlafenden Vishnu zu sehen. Weiter geradeaus, bis die geteerte Straße hinter einem in einer Staubwolke verschwindet. Der Weg beginnt mit einem 3,5 km langen Anstieg zum Militärposten, wo der Eintritt (560 NPR für den Fahrer, 1000 NPR für das Fahrrad) zum Shivapuri-Nagarjun-Nationalpark (S. 148) kassiert wird. Auf dem felsigen Pfad geht's für 4 km weiter durch den Wald bis zu einer Lichtung. Die erste kleine Straße rechts liegenlassen und stattdessen die nächste Straße rechts dahinter nehmen, auf der es 18 km bergab geht. Die Kreuzungen einfach nicht beachten und immer geradeaus halten. Wer sich unsicher ist, fragt entweder einen Einheimischen nach dem Weg nach Bidur oder – noch besser – nimmt sich einen Guide.

Nach der Abfahrt geht's entlang einer überwiegend flachen Straße links vom Likhu Khola. Nach 8 km überquert man den Fluss und hält sich dann weiter auf einer gepflasterten Straße, ca. 5 km lang rechts vom Fluss, bis zur Trisuli. Die rechts liegende Brücke überqueren und links durch das Dorf fahren, immer geradeaus durch die Bebauung, bis links eine kleine gepflasterte Straße abzweigt. Nach dem Erreichen der Hauptstraße rechts abbiegen und 3 km nach **Bidur** weiterfahren. Ab jetzt nach einem kleinen Abzweig auf der rechten Seite Ausschau halten. Am besten fragt man die Einheimischen nach dem Weg nach Nuwakot Durbar, einem steilen 1½-stündigem Anstieg ab Bidur.

Der zweite Tag führt über 65 km ständig rauf und runter. Los geht's mit einem allmählichen Anstieg auf einer geteerten Straße ab Trisuli Bazaar, nach einer 12 km langen Steigung ist Samari erreicht. Ab hier ist der Trail uneben und führt durch Taksar, bis er schließlich an einer asphaltierten Straße endet, die nach **Dhadhing Besi** (über Ratmate) führt, wo es Übernachtungsmöglichkeiten gibt.

Am nächsten Tag geht's los auf der geteerten Straße hoch nach Muralibhanjyang, von dort aus führt eine unbefestigte Straße durch Nepals zweigrößte *tar* (Flussebene) bei Tallo Rampur. Weiter geht's entlang des Budhi-Gandaki-Flusses. Nach der Überquerung geht's dann weiter durch Bunkghat. Das letzte Stück des Weges ist ein gemächlicher Anstieg in die newarische Stadt **Gorkha**, die für ihren Shah-Palast am Gorkha Durbar berühmt ist (S. 222).

Der vierte Tag beginnt mit einer 10 km langen Abfahrt. Unterwegs kreuzt man den Daraudi-Fluss in Chhepetar. Ab hier wird der Trail zu einer relativ leichten, 35 km langen Geländetour, vorbei an noch mehr *tar* und Dschungel. Der Tag endet in **Sundarbazar**.

Die schönsten Ausblicke bietet diese Tour erst am jetzigen letzten Tag. Vorbei geht's hier an den hoch aufragenden Gipfeln des Himalajas. Die 63 km lange Tour führt durch hügeliges Gebiet und endet mit einem Partyabend in **Pokhara**, um den Abschluss dieser Tour zu feiern.

Oberes Mustang: von Jomsom nach Lo Manthang

Strecke 210 km

Dauer 12 Tage, einschließlich eines Ruhetags

Höchste Erhebung 5545 m

Start Jomsom

Ziel Jomsom

Kurzbeschreibung Eine abenteuerliche Reise durch abgelegene und atemberaubende Gegenden des Landes. Dies ist eine anstrengende Fahrt, die viel Technik erfordert und daher nur für erfahrene Fahrer geeignet ist. Entlang dieser Strecke gibt's Teehäuser.

Das erste Hindernis dieser Tour besteht im Hinblättern der 425 € für die Besuchsgenehmigung der nur beschränkt zugänglichen Region des Oberen Mustangs (10 Tage gültig). Außerdem ist die Teilnahme an einer geführten Tour Pflicht – aber dafür reicht es schon, einen Guide anzuheuern, was letztendlich auch ganz praktisch ist, um sich nicht zu verfahren. Angesichts der nicht unerheblichen Menge an zu bewältigenden Steigungen ist auch ein Träger sehr zu empfehlen.

Nach der Landung in **Jomsom** (außer man ist so verrückt und fährt mit dem Rad von Pokhara aus hierher, was eine immer populärer werdende Gebirgstortur ist) beginnt die Reise mit einer leichten zweistündigen Fahrt zur ersten Übernachtung im buddhistischen Dorf **Kagbeni** (2801 m). Am zweiten Tag geht es bergauf entlang der Jeeppiste nach **Muktinath**. Es ist ratsam, langsam zu starten, damit sich der Körper erst einmal an die Höhe gewöhnen kann. Umso mehr hat man so auch von den atemberaubenden Gebirgspanoramen. Am folgenden Tag führt die Tour in die zugangsbeschränkte Region des Oberen Mustangs. Los geht's mit dem Anstieg nach Gyu La (4077 m). Hier muss das Rad gelegentlich getragen werden, aber zur Belohnung gibt's danach eine 1 km lange Abfahrt auf einer einspurigen Piste. Auf der letzten Etappe warten ein leichter Anstieg und eine Flussüberquerung. Für die Übernachtung bietet sich **Chele** (3050 m) an.

Der nächste Tag ist kürzer, aber nicht weniger anstrengend, wenn es in die Berge und über nicht weniger als vier Pässe geht, die allesamt über 3600 m hoch sind. Der Weg führt über Jeep- und einspurige Pisten und besteht aus vielen steilen Anstiegen und Abfahrten, und auch hier muss das Rad gelegentlich hochgetragen werden. Die Nacht verbringt man am besten in Syangboche La (3800 m) am **Syangboche-Fluss**.

Obwohl es am fünften Tag schon wieder bergauf geht (seufz), verläuft der Rest dieser Tagestour vorwiegend in ebenem Gelände, sobald der Syangboche La und Nyi La (4010 m) passiert sind. Hier gibt's auch mit die schönsten Landschaften dieser Tour – mit großartigen Ausblicken auf den Himalaja, Täler und hellgelbe Senffelder. Für die Übernachtung bietet sich **Charang** (Tsarang) mit seinem 400 Jahre altem Kloster der Gulpa-Sekte an.

Der sechste Tag führt zum Kronjuwel dieser Reise, der Königsstadt **Lo Manthang** mit ihrer Stadtmauer. Den ersten Blick auf die Stadt gibt's beim Überqueren des „Windigen Passes" von Lo La (3950 m). Heute geht es zwar bergauf, aber die Strecke führt über eine gut befahrbare Jeeppiste und ist insgesamt nur 25 km lang. Ankunft in Lo Manthang gegen Mittag, und danach gibt's eine wohlverdiente Pause. Für die Atmosphäre dieses erstaunlichen mittelalterlichen Königreichs sollte man sich ruhig ein bis zwei Tage Zeit lassen. Eine Option für den „Ruhetag" ist ein kleiner Abstecher nach Garphu entlang des Kali-Gandaki-Flusses zur Ghom-Höhle.

Nachdem sich die Beine einen Tag lang erholen konnten, ist es Zeit, Lo Manthang zu verlassen. Los geht's mit einem anspruchsvollen Anstieg über Pangga (Samduling) auf 4090 m, einer zu 75 % befahrbaren einspurigen Piste. Von hier aus kommt eine aufregende Abfahrt nach Dhakmar durch dramatisch schöne Landschaften. Weiter geht's nach **Ghemi** (Ghami) für die Nacht. Dies ist der letzte Halt in Mustang.

Am neunten Tag geht es auf demselben Weg zurück. Zuerst kommt ein Anstieg auf einer einspurigen Piste, gefolgt von einer Abfahrt nach Syangboche mit Übernachtung in **Samar**. Am zehnten Tag geht's über den Dajori La (3735 m) und Taklam La (3624 m) und unterwegs vorbei an Himmelsbestattungsstätten. Danach führt die Strecke weiter ins Tal hinunter für eine Übernachtung in **Chhu-sang**. An dieser Stelle endet die Region des Oberen Mustangs und beginnt wieder die Annapurna-Region. Entlang des Flusses geht's zügig nach Kagbeni. Entweder übernachtet man hier oder fährt weiter hinab nach Jomsom, von wo aus man entweder nach Pokhara oder nach Kathmandu fliegt oder sogar mit dem Rad weiter nach Pokhara fährt.

Von Muktinath nach Pokhara

Strecke 164 km
Dauer Sechs Tage
Höchste Erhebung 3710 m
Start Jomsom
Ziel Pokhara
Kurzbeschreibung Eine Tour, bei der es vorwiegend bergab geht. Dies ist eine Hälfte des Annapurna-Circuit-Treks, häufig geht's über die Jeeppisten ab Jomsom.

Während Wanderer seit dem Bau der Straße von Jomsom den Tod der alten Annapurna-Wanderroute betrauern, freuen sich die Mountainbiker über die neuen Möglichkeiten, die dieser Trail erschließt. Die meisten Leute starten diese immer populärer werdende Route in Jomsom.

Von Jomsom aus folgt überwiegend flaches Gelände bis hinab nach **Kagbeni**, das Übernachtungsmöglichkeiten bietet. Am zweiten Tag geht es 1000 m von Kagbeni hinauf nach **Muktinath** durch eine trockene Landschaft und vorbei an spektakulären Ausblicken auf den Dhaulagiri und weitere Achttausender. Am nächsten Tag führt ein hügeliger Pfad über Lupra nach **Marpha**, ein Drittel dieses Tages muss man sein Rad schieben oder tragen. Der vierte Tag bringt wieder eine Abfahrt nach **Tatopani**, hier laden die natürlichen heißen Quellen zum Verwöhnen der schmerzenden Beinmuskeln ein. Zurück auf dem Rad am fünften Tag, führt eine Abfahrt am Kali-Gandaki-Fluss nach **Beni**. Von hier führt eine Schnellstraße nach **Naudanda** und dann eine Jeeppiste nach **Sarangkot**. Wer hier über Nacht bleibt, erlebt am nächsten Morgen einen spektakulären Sonnenaufgang im Himalaja und kann dann die Fahrt am sechsten Tag über den steilen engen Pfad nach **Pokhara** beenden.

Rundfahrt durch das Kathmandu-Tal über den Nagarkot und Namobuddha

Strecke 110 km
Dauer Drei Tage
Start Kathmandu
Ziel Kathmandu
Kurzbeschreibung Ein Rundweg entlang einer klassischen Auswahl an kulturellen Sehenswürdigkeiten des Tals. Es stehen zahlreiche Routen zur Auswahl, sodass man sich die Tour nach eigenem Gusto zusammenstellen kann. Eine weitere beliebte Variante führt über Bhaktapur und Chanu Narayan.

Die Route führt durch Gebiete, die stark vom Erdbeben im Jahr 2015 betroffen waren, doch die Radwege selbst blieben weitestgehend verschont. Von Thamel aus geht's in östlicher Richtung vorbei am Königspalast, weiter geradeaus durch Naxal und dann die Ringstraße für einen Besuch im Pashupatinath-Tempel (S.135) überqueren. Weiter geht's auf einer hektischen Straße nach **Bodhnath**. Hier lohnt sich ein Halt zum Erkunden dieser faszinierenden tibetisch-buddhistischen Stadt. Die Tour geht weiter nach Jorpati. Dort rechts abbiegen, vorbei am Rand des Gokarna-Waldes. Weiter geht's nach Sankhu auf der alten Handelsstraße von Kathmandu nach Lhasa, wo ein weiterer Tempel und Erfrischungen warten. Ab hier geht's weiter auf einer Jeeppiste, die größtenteils ansteigt, am Vajrayogini-Tempel (S.189) und am Dorf Lapsiphedi vorbeiführt und in Jarsingpauwa endet. Die Strecke ist von hier bis Kattike überwiegend flach. Dann gilt es, 10 km lang die Zähne zusammenzubeißen, bis endlich oben **Nagarkot** erreicht ist, wo man die Nacht verbringt.

Hier geht's auf dem Trail von Nagarkot nach Dhulikhel. Die Fahrt auf dem holprigen Pfad dauert eine bis zwei Stunden. Der Zugang zum Trail führt über die geteerte Straße zum Aussichtsturm, vorbei an einem Militärlager und hinunter zum Dorf Rohini Bhanjyang. Hier bietet sich der ausgeschilderte Pfad auf der linken Seite an. Nach 1 km zweigt rechts ein kleiner Pfad bergab ab, der durch die Dörfer Kankre und Tanchok führt. Von hier aus führt der Pfad weiter nach Opi, vorbei an Bauernhäusern. Nach weiteren 5 km kommt **Dhulikhel** in Sicht. Dies ist ein guter Halt für ein Mittagessen, Erfrischungen und hypnotisierende Bergpanoramen. Die letzte Etappe führt zwei Stunden lang hoch und runter durch herrliche Landschaften nach **Namobuddha**, dem Standort eines monumentalen tibetisch-buddhistischen Klosters oben auf einem Hügel.

Morgens geht's schon früh los zu einer Erkundung des Klosters Namobuddha, bevor man sich auf das Rad schwingt und bergab saust, bis es querfeldein zur newarischen Stadt **Panauti** geht. Wer vor der Weiterfahrt die Altstadt besichtigt, braucht dafür ungefähr eine Stunde. Die himmlischen ersten 4,5 km geteerter Straße täuschen leider. Der Straßenzustand verschlechtert sich bald, die letzten 3 km vor dem Dorf Kushadevi sind unbefestigt, danach kommt eine 2,5 km lange steinige Piste nach Riyale. Ab hier wird das Tal immer enger und die Gegend einsamer – kein guter Ort für einen Platten! Es ist erstaunlich, wie wenig auf dieser Strecke los ist, obwohl sie doch so nah an Kathmandu ist. Unerfahrene Mountainbiker sind hier sicher mit einem Motorrad besser bedient.

Die nächsten 8,5 km führen über eine glatte, unbefestigte Straße, die sich in Serpentinen an den Hängen des **Lakuri Bhanjyang** (1960 m) hinaufschlängelt. Möglicherweise stehen hier ein paar einfache Essensstände, aber der eigentliche Gipfel ist gegenwärtig von der Armee besetzt. In der Vergangenheit haben Reiseveranstalter hier in der Nähe Zeltunterkünfte aufgestellt, doch das hängt von den Touristenzahlen und der Stärke der Armeepräsenz ab. Die Fahrt hierher dauert etwa zwei bis drei Stunden.

Ab dieser Stelle geht's nur noch bergab. Der erste Abschnitt führt an der Rückseite des Hügels hinab, leider versperrt der Hang die Aussicht. Doch schon bald gibt's dafür großartige Ausblicke auf das Annapurna- und Ganesh-Himal-Massiv – besonders spektakulär ist das rosafarbene Glühen bei Sonnenuntergang.

Nach einer weiteren 5 km langen Abfahrt, die teilweise ruppig ist, kommt links der Abzweig nach Sisneri und dem ersten Dorf diesseits des Passes. Schon bald ist wieder Asphalt in Sicht, bald darauf das nette Dorf **Lubbhu** mit seinem beeindruckenden dreistufigen Mahalakshmi-Mahadev-Tempel in der Ortsmit-

te. Auf den letzten 5 km zur Ringstraße von Kathmandu nimmt der Verkehr bei Patan zu. Die Rückkehr in die Zivilisation ist nach dieser schönen, friedlichen Tour leicht verstörend.

Der Rajpath (Königsweg) ab Kathmandu

Strecke 150 km
Dauer Zwei Tage
Start Kathmandu
Ziel Hetauda
Kurzbeschreibung Klassische, aber strapaziöse und (wegen des Verkehrs) gefährliche Straßentour über einen 2488 m hohen Pass, der mit einem einmalig schönen Blick auf den Himalaja bei Daman endet.

Die Fahrt beginnt auf der Schnellstraße von Kathmandu nach Pokhara (Prithvi), dem einzigen Zugang zum Tal. Nach dem Verlassen des Tals führt die Straße hinab nach Naubise unten im Mahesh-Khola-Tal, 27 km von Kathmandu, wo der Königsweg den Prithvi Highway kreuzt. Hier nimmt man den Königsweg, der nach links abzweigt und gut ausgeschildert ist, um nach Hetauda zu kommen. Ab hier geht es 35 km bergauf nach Tistung (2030 m) vorbei an Terrassenfeldern, die in die steilen Berghänge gegraben wurden. Nach dem Erreichen des Passes bei Tistung geht's 7 km hinab in das schöne Palung-Tal, danach kommt der letzte steile Anstieg von 9 km nach **Daman** auf einer Höhe von 2322 m.

Bei dieser Tagestour (fast nur bergauf) sitzt man zwischen sechs und neun Stunden im Sattel. Frühaufsteher können in Daman übernachten. Der besondere Kick hierbei ist das Aufwachen mit dem weitesten Himalaja-Panorama, das Nepal zu bieten hat. Am Tag darauf führt die Straße weitere 3 km noch oben zum Pass auf einer Höhe von 2488 m. An dieser Stelle ist die sehr reale Aussicht auf eine berauschende Abfahrt über 60 km und 2300 Höhenmeter eine wahre Wonne!

Bei der Abfahrt hinab zur nepalesischen Terai-Ebene im Süden fällt der Kontrast zu der anderen Seite auf, denn die Südseite ist saftig und subtropisch. Angesichts zahlloser Serpentinen und des Tempos unbedingt auf die zahlreichen Busse und Lastwagen achten, die hinter uneinsehbaren Ecken lauern. Die Straße wird nach der ersten Rechtskurve allmählich flacher und führt dann über eine neu erbaute Brücke und den ersten großen Fluss. Der Rest der Reise ist eine Tour durch sanfte Hügel entlang eines Flusses. Nach weiteren 10 km ist **Hetauda** erreicht. (Hinweis: Es gibt nützliche Notizbücher für Radfahrer im Motel Avocado (S. 304)). Ausgeruht geht's am nächsten Tag weiter entlang des Königsweges nach Indien oder an der Königsstatue in der Stadtmitte rechts abbiegen und weiter zum Chitwan-Nationalpark.

Von Pokhara nach Sarangkot und Naudanda

Strecke 54 km

Dauer Sieben Stunden oder zweitägig

Start Pokhara

Ziel Pokhara

Kurzbeschreibung Im Schweiße seines Angesichts hoch zu zwei der besten Himalaja-Aussichtspunkte von Pokhara und danach eine Abfahrt wie auf einer Rodelbahn.

Morgens geht's gleich früh heraus und vorbei an Lakeside (in Richtung der Berge) bis zur letzten großen Kreuzung und befestigten Straße. Dort rechts in die Straße einbiegen, die in das Zentrum von Pokhara führt. Nach 2 km links abbiegen und immer geradeaus (in nördlicher Richtung) halten. Diese Kreuzung ist der Kilometer Null dieser Straße. Nach weiteren 2 km zweigt links eine kleine befestigte Straße ab, die als Straße nach Sarangkot ausgeschildert ist.

Diese Straße windet sich an einem Gebirgskamm entlang nach Sarangkot und bietet hervorragende Ausblicke auf den Himalaja, der zum Greifen nahe zu sein scheint. Nach 6 km bieten sich einige Teehäuser für eine Erfrischungspause an. Ein paar Steinstufen markieren hier den Einstieg in den Wanderweg zum Gipfel. Ab hier geht es über eine Holperpiste entlang dem Abgrund mit Blick auf den Phewa-See. Weiter geht's bis zu einer Weggabelung, die rechts eine enge Kehrtwende macht. Hier beginnt der letzte Anstieg vor **Sarangkot**. Wer in einer dieser Lodges übernachtet, kann diese Tour ganz gemütlich in zwei Tagen fahren.

Von Sarangkot aus geht es geradeaus weiter auf den schmaleren Motorradstrecken nach Kaski und Naudanda. Nach dem Abzweig bei Sarangkot beginnt der Weg bald in Richtung Kaski anzusteigen. Der Berg liegt direkt vor einem. Der Streckenabschnitt nach Kaski dauert ca. 30 bis 60 Minuten, und an den steileren Stellen in der Nähe der Gipfelkrone muss das Rad schon mal geschoben werden. Nach der Passüberquerung dem Weg nach **Naudanda** folgen. Hier befindet man sich auf ca. 1590 m. Pokhara liegt ca. 840 Höhenmeter weiter unten. Der Weg ist teilweise felsig und das Equipment wird extrem auf die Probe gestellt, daher ist dieser Weg nichts für billige Mietfahrräder.

Ab Naudanda geht's 32 km bergab nach Pokhara auf einer glatten Asphaltstraße. Die Route beginnt mit einer kurvigen Abfahrt über 6 km in das Mardi-Khola-Tal, dann langsam weiter runter zum Fluss. Fast die gesamte Strecke nach Pokhara fährt sich wie von selbst.

RAFTING- UND KAJAKTOUREN

Trisuli

Strecke 40 km

Dauer Ein bis zwei Tage

Start Baireni oder Charaudi

Ziel Verschiedene Orte

Kurzbeschreibung Sehr beliebte Einsteigertour und eine wilde Raftingtour in der Monsunzeit.

An der Trisuli gibt's gleich außerhalb von Kathmandu eine gute Einstiegsstelle, deshalb starten hier viele billige Flusstouren. Dieser Ort bietet sich an, wenn man für kleines Geld einen ersten Eindruck vom Rafting gewinnen möchte.

Nach dem Eintritt in das Tal westlich von Kathmandu folgt der Prithvi Highway dem Lauf der Trisuli. Die meisten Stromschnellen auf dieser Strecke sind Klasse II bis III, aber in der Monsunzeit kann das Wasser bis zur Klasse IV ansteigen.

Die Trisuli bietet einige schöne Landschaften, doch durch die stark befahrene Hauptstraße nach Kathmandu entlang des Flusses hat das Rafting hier nichts mit

Wildnis zu tun. Einige Touranbieter haben ihre eigenen festen Campingplätze oder Lodges, die von Resorthotels im Safaristil bis zu windigen Dorfstränden samt bettelnder Kinder und aasfressender Hunde reichen.

Beim Buchen nach der Einstiegsstelle fragen: Alle Touren ab Kuringhat oder Mugling sind eher wie eine beschauliche Floßfahrt. In der Mitte der Monsunzeit (August bis Anfang Oktober) verwandelt sich die Trisuli komplett. Riesige Wassermengen aus den Bergen lassen den Fluss zu einer ungeheuren aufgewühlten Wasserfläche anschwellen, vor allem hinter dem Zusammenfluss mit dem Bhodi Gandaki. Bei diesem Wasserstand entsteht ein klassischer, tosender Himalaja-Fluss, für eine solche Tour sind die renommierten Touranbieter eindeutig die bessere Wahl.

Mehrtägige Touren führen flussabwärts bis nach Narayangarh und in den Chitwan-Nationalpark, aber die Stromschnellen unterhalb von Kurintar sind viel sanfter.

Bhote Kosi

Strecke 9 km
Dauer Ein Tag
Start 95 km von Kathmandu entfernt, in der Nähe der tibetischen Grenze.
Ziel Barabise
Kurzbeschreibung Nur drei Stunden von Kathmandu entfernt ist der Bhote Kosi, einer der besten Kurztrips für Rafting weltweit.

Der Bhote Kosi ist der Fluss mit dem größten Gefälle, auf dem man in Nepal raften kann – technisch und insgesamt sehr fordernd. Dennoch können sich auch Anfänger hier ausprobieren. Mit seiner Neigung von 16 m pro km ist der Fluss achtmal so steil wie der Sun Kosi, in den er weiter flussabwärts mündet. Die Stromschnellen sind steil und durchweg Klasse IV, dazwischen noch viele der Klasse III.

Dieser Fluss ist eines der größten Vergnügen vor den Toren Kathmandus und toll für einen Adrenalinstoß in den Niedrigwassermonaten. Dennoch empfiehlt sich die Buchung bei einem erfahrenen Veranstalter, der die absolut beste Guides, beste Sicherheitsausrüstung und Sicherheitskajakfahrer hat.

Leider haben Mitte 2014 ein starker Erdrutsch und der dadurch entstandene natürliche Damm dem Fluss vorläufig seine Schönheit genommen, und gegenwärtig wird er nur wenig befahren. Die Agenturen in Kathmandu kennen den aktuellen Stand.

Oberer Sun Kosi

Strecke 20 km
Dauer Ein Tag
Start Khadichour
Ziel Dolalghat oder Sukute-Strand
Kurzbeschreibung Ein toller Ort für einen kurzen Familienausflug oder für Anfänger im Kanu bzw. Kajak. Wer zwei Tage Zeit hat, kann diese Tour mit dem Bhote Kosi kombinieren.

Der obere Abschnitt des Oberen Sun Kosi, also unterhalb des Damms bis zum nahen Sukute-Strand, ist ein Wildgewässer der Klasse III, auf dem man prima ein Gefühl für das Rafting bekommen kann.

Der untere Abschnitt ist ein sanftes Sich-treiben-Lassen in schöner Landschaft zwischen Wäldern, die bis ans Ufer reichen, und sehr beliebt bei Kajak- und Kanuschulen. Bei Hochwasser während des und gleich nach dem Monsunregen ergibt der Obere Sun Kosi einen anstrengenden Tagesausflug mit viel Adrenalin in den Klassen III bis IV.

Seti Khola

Strecke 32 km
Dauer Zwei Tage
Start Damauli
Ziel Gaighat
Kurzbeschreibung Ein ruhigerer Fluss, perfekt für Anfänger, Vogelkundler, Familien sowie Anfänger im Kajak- und Kanufahren geeignet.

Der Seti ist ein ausgezeichneter zweitägiger Ausflug in eine abgelegene Gegend mit schönem Dschungel, weißen Sandstränden und zahlreichen Stromschnellen der Klasse II und III. Durch das warme Wasser ist er auch im Winter und bei Kajak- und Kanuanfängern sehr beliebt. Während der Monsunzeit verändert sich der Fluss radikal, denn durch das Wasser aus den Bergen entstehen Stromschnellen der Klassen III bis IV.

Der logische Startpunkt ist Damauli am Prithvi Highway, der sich zwischen

Mugling und Pokhara befindet. Bis zum Zusammenfluss mit der Trisuli bleibt also eine Raftingstrecke von 32 km. Von der Ausstiegsstelle bei Gaighat ist es dann nur noch eine Stunde Fahrtzeit bis zum Chitwan-Nationalpark.

Oberer Kali Gandaki

Strecke 60 km

Dauer Drei Tage (zwei Tage Rafting)

Start Beni oder Baglung

Ziel Andhi Khola

Kurzbeschreibung Abwechslungsreicher Trip den heiligen Fluss hinab durch tiefe Schluchten und vorbei an Wasserfällen.

Der Obere Kali Gandaki ist eine ausgezeichnete Alternative zur Trisuli (S. 370), da daneben keine Straße verläuft und der Fluss zusammen mit der Landschaft, den Dörfern und Tempeln einen tollen Ausflug ergibt.

Die zahlreichen Stromschnellen auf dem Kali Gandaki sind technisch anspruchsvoll (Klasse III bis IV, manchmal sogar V, je nach Wasserpegel), und bei Hochwasser sollten sich das nur Kajakfahrer mit viel Erfahrung mit großen Strudeln zutrauen. Bei mittlerem und niedrigem Wasserpegel macht der Fluss Spaß und bietet anstrengende Stromschnellen, bei denen keine Langeweile aufkommt.

Der Kali Gandaki ist einer der heiligsten Flüsse in Nepal, und jede Einmündung ist mit Feuerbestattungsstellen und Grabhügeln übersät. Wer sich fragt, was sich unter den Steinhaufen befinden könnte, schaut besser nicht nach! Durch den kürzlich erbauten Damm am Zusammenfluss mit dem Andhi Khola ist aus einer einst vier- bis fünftägigen Tour nun eine Dreitagestour geworden, die entweder bei Beni oder Baglung (je nach Touranbieter) startet und am Damm bei Marmi endet. Bei sehr niedrigem Wasserstand könnte die Fünftagestour nach Ramdhighat machbar sein, wenn die Boote um den Damm herumgetragen werden. Diese Variante bedeutet mehr Wildwasser und ermöglicht einen Besuch des wunderbar verfallenen Palastes in Ranighat.

Wenn die Möglichkeit besteht, entlang des Siddhartha Highway nach Ramdhighat zwischen Pokhara und Sunauli zu raften, kann man die Reise zum Zusammenfluss mit der Trisuli bei Devghat über den Unteren Kali Gandaki fortsetzen. Das bedeutet 130 km und drei oder vier Tage mehr. Der untere Abschnitt zwischen Ramdhighat bietet nicht viel Wildwasser, wird jedoch wenig befahren und ist entsprechend menschenleer, dafür aber voller Tiere und Pflanzen.

Marsyangdi

Strecke 27 km

Dauer Vier Tage (zwei Tage Rafting)

Start Ngadi

Ziel Phaliya Sanghu (Phalesangu)

Kurzbeschreibung Ein prachtvoller blauer Wildwasserfluss mit spektakulärer Gebirgskulisse. Am besten für erfahrene Rafter geeignet.

Der Marsyangdi ist steiler und bietet mehr durchgängiges Wildwasser als die meisten anderen Flüsse in Nepal. Nicht umsonst heißt er „Wütender Fluss"! Es fahren Busse nach Khudi oder Bhubule, von dort ist es ein kurzer Fußweg hinauf in das Dorf Ngadi. Auf dieser Strecke hat man schon die ganze Zeit über den Manaslu im Blick.

Von Ngadi flussabwärts zum Damm oberhalb von Phaliya Sanghu gibt's fast durchgehend Wildwasser. Die Stromschnellen sind steil, technisch anspruchsvoll und kommen kurz hintereinander, den Marsyangdi sollte man also ernst nehmen. Für die erfolgreiche Navigation auf dem Marsyangdi brauchen die Veranstalter Erfahrung mit dem Fluss, die besten Guides und das beste Equipment. Die Rafts müssen selbstlenzend sein, und es sollte nur ein Minimum an Gewicht und Ausrüstung an Bord sein. Professionelle Sicherheitskajakfahrer sollten auf diesem Fluss eine standardmäßige Sicherheitsmaßnahme sein.

Ein Wasserkraftprojekt ist von großem Nachteil für das Rafting und Kajakfahren auf diesem einstigen Weltklassefluss, aber es bleiben immer noch zwei Tage Spaß auf den Stromschnellen bis zum Staudamm. Wer den Staudamm umgeht, kann auf dem unteren Flussabschnitt noch zwei Tage weiterfahren, derzeit ist es jedoch schwer vorherzusagen, wie viel Wasser ins Tal gelassen wird und ob es sich lohnt. Weitere Staudämme sind für diesen Fluss geplant, daher diese Tour lieber nicht mehr so lange aufschieben.

Karnali

Strecke 180 km
Dauer 10 Tage (sieben Tage Rafting)
Start Dungeshwar
Ziel Chisopani
Kurzbeschreibung Ein klassischer Trip weit draußen auf dem größten und längsten Fluss in Westnepal.

Der Karnali ist ein Juwel, das eine kurze (zweistündige) Wanderung mit einigen der schönsten Canyons und Dschungelandschaften in Nepal kombiniert. Die erfahrensten Flussmenschen, die auf dem Karnali gepaddelt haben, halten ihn für das beste Allround-Flussabenteuer, das sie je erlebt haben. Bei Hochwasser ist dies eine ernstzunehmende Angelegenheit, die beides hat: riesige, wenn auch ziemlich einfache Stromschnellen und eine sehr einsame Gegend. Der Fluss fließt durch einige steile und enge Gebirgsschluchten, in denen die Stromschnellen dichter aufeinanderfolgen, was wenig Raum zum Korrigieren möglicher Fehler lässt. Seine Mitfahrer sollte man daher sorgfältig auswählen.

Auch bei Niedrigwasser bietet der Karnali noch ein tolles Erlebnis. Die Stromschnellen werden kleiner, wenn der Flusspegel fällt, aber durch das größere Gefälle und die schmale Fahrrinne bleibt die Sache spannend.

Die Fahrt beginnt mit einer langen, aber interessanten zweitägigen Busfahrt in das ferne Westnepal. Wer allergisch gegen Busfahrten ist, kann auch nach Nepalganj fliegen und den Bustransfer auf dem Hinweg auf vier Stunden und auf dem Rückweg auf zwei Stunden eindampfen. Die neue Straße verläuft nun von Surkhet nach Dungeshwar am Fluss. Nach dem Start auf dem Karnali sind es 180 km bis zum nächsten Zugang zu einer Straße bei Chisopani an der nördlichen Grenze des Bardia-Nationalparks (S. 307).

Der Flussabschnitt nimmt sieben Tage in Anspruch, sodass man viel Zeit zum Erkunden der seitlichen Canyons und Wasserfälle hat, die in das Flusstal rauschen. Die besser organisierten Trips enthalten auch einen Ruhetag, an dem die Expedition zwei Nächte lang auf ein und demselben Campingplatz bleibt. Die Kombination aus langen Busfahrten und Wandern schreckt manche Leute ab, doch alle, die diese Reise unternommen haben, schwär-

men davon. Ein Besuch im Bardia-Nationalpark rundet das Ganze zu einem unschlagbaren Erlebnis ab.

Abenteurer können auf dem sogar noch einsameren **Seti Karnali** raften, einem selten befahrenen und wunderschönen Flussabschnitt, der in Gopghat startet. Die Tour bis Chisopani dauert rund sieben Tage.

Sun Kosi

Strecke 270 km
Dauer Acht bis neun Tage (sechs bis sieben Tage Rafting)
Start Dolalghat
Ziel Chatara
Kurzbeschreibung Eine Expedition für Selbstversorger durch Zentralnepal vom Himalaja zur Gangesebene.

Dies ist die längste Flusstour, die in Nepal angeboten wird. Auf 270 km geht es durch die wunderschöne Mahabharat-Gebirgskette und durch viele Flussschleifen von der Einstiegsstelle bei Dolalghat bis zur Ausstiegsstelle ganz im Osten des Landes. Es ist ein ziemliches Erlebnis, eine Flussreise nur drei Stunden von Kathmandu entfernt, knapp 60 km von der tibetischen Grenze entfernt, zu beginnen und die Reise nur acht oder neun Tage später mit Blick auf die heiße, staubige Mündung der nordindischen Ebene zu beenden. Da dies in puncto Logistik eine der einfachsten Reisen ist, ist dies auch der günstigste Weg, um ein paar Tage auf einem Fluss zu verbringen.

Der Sun Kosi (Goldfluss) beginnt ziemlich entspannt. In den ersten Tagen kommen nur Stromschnellen der Klasse II und kleine Stromschnellen der Klasse III zum Aufwärmen. Clevere Guides nutzen diese Gelegenheit, um die Teams auf die präzise Zusammenarbeit zu trimmen.

Der Fluss schwillt mit steigender Lufttemperatur an, da mehrere große Nebenflüsse in den Fluss münden. Ab dem dritten Tag werden die Stromschnellen kräftiger und häufiger. Bei Hochwasserfahrten erlebt man hier unglaublich hohe Flusswellen. Während die unteren Abschnitte großer Flüsse gewöhnlich eher flach sind, spart sich der Sun Kosi einige seiner größten und besten Stromschnellen für die letzten Tage auf. Der letzte Abschnitt ist durchgängig eine Klasse IV, bevor es dann auf dem Sapt Kosi sehr ruhig wird. Manche Veranstalter hängen einen zusätzlichen Tag zum Raften auf dem unteren Abschnitt des Tamur-Flusses ab Mulghat dran. Beim richtigen Wasserstand ist dies eine unglaubliche Kombination aus Wildwasser, Landschaft, Dörfern und ruhigen, beschaulichen Abenden.

Hinweis: Eine neue Straße verläuft jetzt auf den ersten 40 km neben dem Fluss bis zu der großen Stromschnelle bei Harkapur. Deshalb ist es möglich, erst dort zu starten und nur sechs Tage auf dem Fluss zu verbringen.

Tamur

Strecke 131 km
Dauer 12 Tage
Start Dobhan
Ziel Chatara

Kurzbeschreibung Die weite Expedition in die Ausläufer des Kanchenjunga ganz im Osten des Landes kombiniert eine viertägige Wanderung mit tollen Stromschnellen.

Weit draußen im Osten kombiniert dieses Flussabenteuer die besten Kurzwanderungen Nepals mit echten Herausforderungen zu Wasser. Die Logistik dieses Trips macht ihn zu einer echten Expedition. Und obwohl der Fluss etwas komplizierter zu befahren ist als die meisten anderen Flüsse Nepals, ist dieses Erlebnis doch die Mühe wert.

Zuerst kommt der Transfer nach Basantapur. Dafür fährt man ab Kathmandu 16 Stunden oder fliegt in einer Stunde nach Biratnagar und fährt dann noch einmal sechs weitere Stunden. Die meisten Expeditionen beginnen mit einem atemberaubenden drei- bis viertägigen Trek von Basantapur hoch über die Milke-Danda-Gebirgskette, vorbei am Gebirgssee Gupha Pokhari nach Dobhan. In Dobhan

treffen sich drei Nebenflüsse des Tamur. Hier sammelt sich das Wasser aus den Bergen im Norden (einschließlich das vom Kanchenjunga, dem drittgrößten Berg der Welt.) Die ersten 16 km Stromschnellen sind intensiv, eine Stromschnelle nach der anderen, und das Wildwasser schießt nur so durch die hoch aufragenden Canyons bis zum großen Finale. Die beste Zeit für Raftingtouren ist bei mittlerem Wasserpegel zwischen Mitte Oktober und Mitte November.

Sonstige Flüsse

Der **Obere Seti-Fluss**, gleich vor den Toren von Pokhara, ist bei hohem Wasserstand ein toller Halbtagesausflug. Ausflüge werden von Mitte September bis November angeboten (Klasse III+).

Der **Balephi Khola** (oberhalb vom Bhote Kosi) wird von ein paar Veranstaltern aus Jalbire bis zum Zusammenfluss mit dem Oberen Sun Kosi befahren. Die Touren finden normalerweise nur statt, wenn der Fluss von Mitte September bis Anfang November und im Mai genügend Wasser führt. Die zweitägige Tour kombiniert diesen Fluss mit dem Oberen Sun Kosi.

Der **Bheri-Fluss** im Westen verspricht eine großartige Flussfahrt inmitten einer überwältigenden Dschungellandschaft und mit vielen wilden Tieren, sodass er auch für Familien interessant ist. Dies ist auch einer der besten Flüsse Nepals zum Angeln. Die Tour kann mit einem Besuch im Bardia-Nationalpark (S.307) kombiniert werden.

Der mächtige **Arun-Fluss** ergibt ab Tumlingtar einen ausgezeichneten dreitägigen Ausflug in die Wildnis mit guten Stromschnellen der Klasse III und unberührten Canyons, obwohl der Flug zum Startplatz am Fluss und der Transport der Ausrüstung dorthin die Logistikkosten für diesen Trip in die Höhe treiben.

Nepal verstehen

NEPAL AKTUELL 376
Nepal wird nach dem vernichtenden Erdbeben wiederaufgebaut und erneuert seine politische Struktur. Welche Herausforderung erwartet die krisengeschüttelte Himalaja-Nation als nächstes?

GESCHICHTE 379
Intrigen, Revolution, Mord und Krieg haben die Vergangenheit von Nepal bestimmt – und das sind nur die letzten 20 Jahre.

MENSCHEN & KULTUR 392
Von den Newar bis zu den Sherpas ist Nepal ein überlappender Flickenteppich aus Völkern und Lebensweisen des Himalajas.

RELIGION 401
Die Himalaja-Region auf nepalesischem Boden ist ein Ort, an dem sich tibetischer Buddhismus, indischer Hinduismus und Schamanismus der Berge treffen und nahtlos ineinanderfügen.

KUNST & ARCHITEKTUR 408
Informationen zu den künstlerischen Einflüssen und dem tiefen Symbolismus, der sich hinter den spektakulären Tempeln und Palästen Nepals verbirgt.

NATUR & UMWELT 415
Als Heimat der Tiger, Nashörner, Yaks und Yetis ist Nepal geografisch unglaublich vielfältig, und die Spanne des Landes reicht vom Dschungel in den Tiefebenen bis hin zu den höchsten Gipfeln der Welt.

Nepal aktuell

In den letzten paar Jahrzehnten hat Nepal einen maoistischen Aufstand überstanden, der in einem Bürgerkrieg endete, den Zusammenbruch einer jahrhundertealten Monarchie und die Gründung einer föderalen demokratischen Republik erlebt. Die größte Krise der letzten Jahrzehnte war jedoch das vernichtende Erdbeben im Jahr 2015, das über 8500 Todesopfer forderte. Der Wiederaufbau geht langsam voran und die Bevölkerung hat wenig Einkommen, aber der Tourismus kehrt zurück und bringt wieder die dringend benötigten Devisen und den wirtschaftlichen Optimismus ins Land.

Top-Filme

Himalaya (1999) Atemberaubend gefilmt von Eric Valli in Dolpo; auch unter dem Titel *Caravan* veröffentlicht.
Everest (1998) IMAX-Film von David Breashears, der in der desaströsen Klettersaison 1997 gedreht wurde.

Top-Bücher

Auf der Spur des Schneeleoparden (Peter Matthiesen; 1978) Klassischer und tiefgründiger Bericht über eine Wanderung nach Dolpo.
Arresting God in Kathmandu (Samrat Upadhyay; 2001) Neun Kurzgeschichten vom ersten nepalesischen Autor, der auf Englisch verlegt wurde.
Snake Lake (Jeff Greenwald; 2010) Memoiren mit dem Schwerpunkt Familienbande inmitten der politischen Revolution in Nepal.
Little Princess (Connor Grennan; 2011) Inspirierender Bericht über Freiwilligenarbeit in einem nepalesischen Waisenhaus.
While the Gods were Sleeping (Elizabeth Enslin; 2014) Teils autobiografischer, teils anthropologischer Bericht über das Leben in einer brahmanischen Familie in Westnepal.
Kathmandu (Thomas Bell; 2016) Impressionistisches historisches Porträt von Kathmandu.

Zerstörung und Wiederaufbau

Die Beben, die das Tal von Kathmandu im April und Mai 2015 erschütterten, bewirkten einen Grad an Zerstörung, den das Land fast ein Jahrhundert lang nicht erlebt hatte. Tempel und Paläste zerfielen zu Staub, Häuser stürzten ein, Straßen zerbrachen und Erdrutsche und Lawinen zerstörten ganze Dörfer. Die volkswirtschaftlichen Kosten der Katastrophe werden auf 8,7 Mrd. € geschätzt, fast die Hälfte von Nepals Bruttoinlandsprodukt, doch die menschlichen Opfer waren noch viel tragischer. Tausende von Familien verloren Angehörige und Hunderttausende wurden obdachlos.

Nepals größte Herausforderung in den kommenden Jahren wird der Wiederaufbau der Infrastruktur, Häuser und Erwerbsquellen sein. Die Besucherzahlen waren nach dem Erdbeben drastisch gesunken, doch inzwischen sind sie wieder auf dem Niveau wie vor dem Erdbeben. Die Einnahmen aus dem Tourismus machen fast 10 % des BIP aus.

Es sind zwar internationale Spendenmittel nach Nepal geflossen, aber das Land wird noch lange brauchen, um die geschätzten 5,8 Mrd. € für den Wiederaufbau aufzubringen. Nepals Erholung wird von der Resilienz seiner Bevölkerung und vom Goodwill ausländischer Regierungen sowie der Bereitschaft ausländischer Traveller abhängen, über die Tragödie hinwegzusehen und in die Hotels, Restaurants und Trekking-Lodges von Nepal zurückzukehren.

Wirtschaftliche Höhen und Tiefen

Trotz der politischen Wirren gibt's in Nepals Volkswirtschaft Lebenszeichen. Eine Flut von milliardenschweren Verträgen sowohl mit China als auch mit Indien wird mehrere Wasserkraft- und Straßenbauprojekte ermöglichen, die in den kommenden Jahren Früchte tragen werden. Indiens Rolle in der wirtschaftlichen

Nutzung von Nepals Flüssen und Chinas Einfluss auf die tibetische Flüchtlingsgemeinschaft in Nepal bleiben heiße Eisen, solange Nepal mit dem Einfluss seiner übergroßen Nachbarn jongliert.

Insbesondere Chinas Präsenz in Nepal wird offensichtlicher. Da Straßen, Flugzeuge und zukünftig vielleicht sogar Bahnverbindungen helfen, den Himalaja zu überwinden, sind chinesische Touristen heute ein wesentlicher Teil der nepalesischen Volkswirtschaft. Der Tourismus ist für Nepal nach wie vor wirtschaftlich äußerst wichtig, da in diesem Sektor direkt oder indirekt rund eine Million Menschen beschäftigt sind. Es werden Mittel in Hotelbauten gepumpt, da mit weiterem Wachstum gerechnet wird.

Jedoch bringt der Tourismus ein weiteres Problem mit sich: Die Infrastruktur muss entsprechend ausgebaut werden. Touristen, die in weit abgelegene Gegenden fahren, stellen eine zunehmende Belastung der lokalen Ressourcen dar, auch für die Träger und Guides, welche die Traveller durch die Berge führen. Im April 2014 kamen 16 Sherpas am Khumbu-Eisfall ums Leben, wonach der Aufstieg zum Everest für eine Saison geschlossen wurde, während die Sherpa-Familien mit der Regierung um Entschädigung stritten. Nur sechs Monate später tötete ein Schneesturm in Zentralnepal 43 Wanderer und Guides in der Annapurna-Region, was die Bergsicherheit in den Mittelpunkt des öffentlichen Interesses rückte. Erneut wurden Rufe nach strengeren Kontrollen für Nepals Trekkingbranche laut.

Ein weiteres Merkmal von Nepals Volkswirtschaft ist die große Anzahl von Nepalesen, die im Ausland nach Arbeit suchen. Heimatüberweisungen bleiben die wichtigste Quelle für ausländische Devisen in Nepal, der Tourismus nimmt sich im Vergleich dazu klein aus. Doch der Stopp der Talentabwanderung und des Braindrains wird für die Zukunft des Landes immer wichtiger.

Vom Krieg zu Wahlen

Vor dem Hintergrund der Erdbeben im Jahr 2015 nehmen sich die üblichen Mühen des politischen Alltags ziemlich gering aus, aber Nepal kämpft immer noch mit dem Erbe eines Jahrzehnts bewaffneter Konflikte. Die Inflation galoppiert vor sich hin, und die zerbröselnde Infrastruktur, gehemmt durch ein jahrelanges Investitionsdefizit, macht das Leben der meisten Nepalesen zu einem Kampf. Insbesondere die Einwohnerzahl von Kathmandu ist im Bürgerkrieg sprunghaft angestiegen, und die Stadt steht nun kurz vor dem Kollaps durch den Verkehrsstillstand, die Luftverschmutzung und tägliche Stromknappheit.

Seit dem Ende des Bürgerkriegs sind die Maoisten spektakulär in Ungnade gefallen. 2008 hatten sie noch die nationalen Wahlen gewonnen, im Jahr 2013 wurden sie nur drittstärkste Partei. Da die ehemaligen Kämpfer an politischem Einfluss verlieren und

BEVÖLKERUNG: **29 MIO. (SCHÄTZUNG 2016)**

FLÄCHE: **147 181 KM²**

ALPHABETISIERTE ERWACHSENE: **64 %**
MÄNNER 76 %
FRAUEN 53 %

LEBENSERWARTUNG:
71 JAHRE

INDEX DER MENSCHLICHEN ENTWICKLUNG DER VEREINTEN NATIONEN:
PLATZ 144 VON 188 LÄNDERN (2016)

Gäbe es nur 100 Nepalesen, wären …

17 Chhetri   7 Tharu
12 Brahman-Hill   6 Tamang
7 Magar   51 Newar, Rai & andere Gruppen

Religion
(% der Bevölkerung)

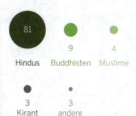

81 — Hindus
9 — Buddhisten
4 — Muslime
3 — Kirant
3 — andere

Einwohner pro km²

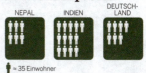

NEPAL   INDIEN   DEUTSCHLAND

≈ 35 Einwohner

sich Streitthemen wie die Immunität für die während des Bürgerkriegs begangenen Straftaten zuspitzen, besteht ständig Gefahr, dass Streik und politische Gewalt wieder Einzug in die nepalesische Politik halten.

Enttäuschend wenig wurde seit dem Kriegsende erreicht. Die jahrelange Pattsituation sowie das Gerangel zwischen den Kommunisten und der Kongresspartei haben in nur zehn Jahren neun Regierungen zu Fall gebracht.

Dank der neuen Verfassung aus dem Jahr 2015 ist Nepal eine immer noch junge „föderale demokratische Republik". Es wurden mehrere Wahlsysteme auf den verschiedenen Ebenen der Volksvertretung, von der Präsidentenwahl bis zur untersten Wahlkreisebene, eingeführt. Die Demokratie in Nepal hat sich zu einem komplizierten System aus Kommunal-, Bezirks- und Provinz- bzw. Bundesstaatswahlen entwickelt. Und dieser Mix aus Mehrheits- und proportionalem Wahlentscheid wird die Gelehrten noch eine Weile beschäftigen.

Bei der Wahl zum Repräsentantenhaus und für die Provinzparlamente im Dezember 2017 erzielte die CPN, eine kommunistisch-maoistische Allianz, einen durchschlagenden Erfolg, wodurch die Maoisten erneut an die Macht kamen.

Geschichte

Eingezwängt zwischen der tibetischen Hochebene und den Ebenen des Subkontinents – den heutigen Giganten China und Indien – hat Nepal lange von seiner Lage als Rastplatz für Berghändler, Reisende und Pilger profitiert. Als ein Schmelztiegel der Ethnien hat es Kulturen verbunden und Elemente seiner Nachbarn aufgenommen, sich aber dennoch einen einzigartigen Charakter bewahrt. Trotz seiner uralten Wurzeln ist der moderne Staat Nepal erst im 18. Jh. entstanden und arbeitet immer noch an seiner Weiterentwicklung zu einem modernen Nationalstaat.

Die Kirati und die buddhistischen Anfänge

Nepals Geschichtsaufzeichnungen tauchen aus dem Nebeln der Antike mit den hinduistischen Kirati auf. Diese um das 7. oder 8. Jh. v. Chr. aus dem Osten gekommenen Mongoliden waren die ersten bekannten Herrscher über das Tal von Kathmandu. König Yalambar, der erste ihrer 29 Könige, wird im Mahabharata, dem Hindu-Epos, erwähnt, über die Kirati ist jedoch wenig bekannt.

Im 6. Jh. v. Chr. wurde Prinz Siddharta Gautama in die Sakya-Königsfamilie von Kapilavastu, in der Nähe von Lumbini, geboren. Später begab er sich auf den Weg der Meditation und suchte neue Denkweisen, wodurch er die Erleuchtung als Buddha erlangte, d.h. zum „Erleuchteten" wurde. Die Religion, die um ihn herum entstand, prägt Asien noch heutzutage.

Um das 3. Jh. v. Chr. besuchte der große buddhistische indische Kaiser Ashoka Lumbini und errichtete eine Säule am Geburtsort des Buddhas. Der Legende zufolge besuchte er danach das Kathmandu-Tal und errichtete vier Stupas um Patan (die immer noch existieren), aber es gibt keine Beweise dafür, dass er tatsächlich persönlich dort war. Wie auch immer, sein Maurya-Reich (321–184 v. Chr.) spielte eine wesentliche Rolle bei der Verbreitung des Buddhismus in der Region. Diese Rolle wurde anschließend vom nordindischen buddhistischen Reich Kuschana übernommen, das vom 1. bis zum 3. Jh. existierte.

Im Laufe der Jahrhunderte stellte der wieder erstarkende Hinduismus den Buddhismus auf dem gesamten Subkontinent in den Schatten.

> Die Quellen zu den meisten Dingen in Nepal sind bekanntermaßen uneinheitlich. In der Rechtschreibung, Statistik, bei historischen Daten und Tempelnamen gibt's stets mehrere Varianten. Wir verwenden die am häufigsten verwendete Angabe und setzen alternative Angaben in Klammern dahinter.

ZEITLEISTE

60 Mio. v. Chr.	100 000 v. Chr.	ca. 563 v. Chr.
Der Himalaja faltet sich auf, als die indo-australische tektonische Platte auf die eurasische prallt. Das Tethysmeer wird hochgedrückt– es finden sich Muscheln auf dem Mount Everest und Ammonitenfossilien im Kali-Gandaki-Tal.	Das Kathmandu-Tal entsteht aus einem ausgetrockneten See. Legenden zufolge schuf der buddhistische Bodhisattva Manjushi das Tal, als er die Chorbar-Schlucht in den Felsen schnitt und das Wasser des Sees ablaufen ließ.	Siddharta Gautama wird in Lumbini in die Königsfamilie geboren und lebt erst als Prinz, später als Asket in Nepal, bevor er unter einem Bodhi-Baum (Pappelfeige) Erleuchtung erlangt und zum Buddha wird.

Zu dem Zeitpunkt, an dem die chinesischen buddhistischen Pilger Fa Xian (FaHsien) und Xuan Zang (Hsuan Tsang) im 5. und 7 Jh. durch die Region kamen, war Lumbini bereits zu Ruinen zerfallen.

Licchavi, Thakuri, dann Dunkelheit

Der Hinduismus gewann nach der Ankunft der Licchavi aus Nordindien auch in Nepal wieder an Boden. Im Jahr 300 n. Chr. stürzten sie die Kirati, die sich weiter im Osten ansiedelten und die Vorfahren der heutigen Rai und Limbu wurden.

Zwischen dem 4. und. 9. Jh. leiteten die Licchavi ein goldenes Zeitalter des kulturellen Glanzes ein. Ihre strategische Position brachte ihnen Wohlstand durch den Handel zwischen Indien und China. Die Chaityas (eine Art Stupa) und Monumente aus dieser Ära sind immer noch im Tempel Changu Narayan (S.184), nördlich von Bhaktapur, und in den Seitensträßchen in der Altstadt von Kathmandu zu sehen. Es wird angenommen, dass die Original-Stupas in Chabahil, Bodhnath und Swayambhunath aus der Licchavi-Ära stammen.

Amsuvarman, der erste Thakuri-König, folgte 602 seinem Schwiegervater vom Stamm der Licchavi auf den Thron. Er konsolidierte seine Macht im Norden und Süden, indem er seine Schwester mit einem indischen Prinzen und seine Tochter Bhrikuti mit dem großen tibetischen König Songsten Gampo vermählte. Gemeinsam mit der chinesischen Gemahlin Wencheng des tibetischen Königs gelang es Bhrikuti, den tibetischen König um 640 zum Buddhismus zu bekehren, was das Leben in Tibet und im Himalaja erheblich veränderte. Als der Buddhismus in Indien an Boden verlor, kehrten die wichtigsten buddhistischen Texte und Glaubensinhalte nach und nach über die hohen Himalaja-Pässe wieder von Tibet nach Nepal zurück.

Vom Ende des 7. Jhs. bis zum 13. Jh. rutschte Nepal in die „Dunkelheit" ab, über die wenig bekannt ist. Tibet marschierte 705 ein und Kaschmir fiel 782 ein. Die strategische Lage und der fruchtbare Boden des Kathmandu-Tals stellte jedoch das Wachstum und Überleben des Königreichs sicher. König Gunakamadeva wird die Gründung von Kantipur, dem heutigen Kathmandu, um das 10. Jh. zugeschrieben.

Das goldene Zeitalter der Malla

Der erste König der Malla (die wörtliche Übersetzung aus dem Sanskrit lautet „Ringkämpfer") kam um 1200 im Kathmandu-Tal an die Macht, nachdem er von Indien aus ins Exil geschickt worden war. Diese Periode war ein goldenes Zeitalter, das sich über 550 Jahre erstreckte, auch wenn die wertvollen Handelsstraßen nach Tibet immer wieder umkämpft waren.

Traveller können die archäologische Stätte von Kapilavastu in Tilaurakot besuchen, wo Siddharta Gautama (Buddha) die ersten 29 Jahre seines Lebens verbrachte.

ca. 250 v. Chr.	57 v. Chr.	464 n. Chr.	629
Kaiser Ashoka vom Stamm der Maurya (reg. 268–231 v. Chr.) besucht Lumbini, eignet sich den Buddhismus an und soll vier Stupas bei Patan erbaut haben – ein goldenes Zeitalter für den Buddhismus beginnt.	Die Zeitrechnung nach Nepals offiziellem Vikram-(Bikram-)Samwat-Kalender beginnt im Frühjahr. Somit leben die Nepalesen im Jahr 2018 bereits im Jahr 2075.	Nepals älteste erhaltene Inschrift wird auf Weisung von König Mandeva in den schönen Changu-Narayan-Tempel im Kathmandu-Tal gemeißelt.	Der chinesische Pilger Xuan Zang (Hsuan Tsang) besucht Lumbini und beschreibt die Ashoka-Säule, die Buddhas Geburtsort markiert. Sein Text hilft Archäologen, den verlorenen Ort 1895 zu finden und auszugraben.

Die ersten Malla-Herrscher mussten mehrere Katastrophen überwinden. Ein riesiges Erdbeben im Jahr 1255 tötete rund ein Drittel von Nepals Bevölkerung. Eine vernichtende muslimische Invasion des Sultans Shams-ud-din von Bengalen weniger als ein Jahrhundert später hinterließ eine Spur aus Hunderten schwelender und geplünderter hinduistischer und buddhistischer Schreine, auch wenn die Invasion keine nachhaltige kulturelle Auswirkung hatte (anders als die Invasion des Kaschmir-Tals, das heute immer noch muslimisch ist). In Indien waren noch größere Bereiche betroffen, und viele Hindus wurden in die Hügel und Berge von Nepal vertrieben, wo sie kleine Rajputen-Fürstentümer gründeten.

Davon abgesehen waren die frühen Malla-Jahre (1220–1482) weitestgehend stabil. Sie erreichten einen Höhepunkt unter der dritten Malla-Dynastie von Jayasthithi Malla (reg. 1382–95), der das Tal vereinte und sein Gesetz, einschließlich des Kastensystems, kodifizierte.

Nach dem Tod von Yaksha Malla, dem Enkel von Jayasthithi Malla, im Jahr 1482 wurde das Kathmandu-Tal unter seinen Söhnen in die drei Königreiche Bhaktapur (Bhadgaon), Kathmandu (Kantipur) und Patan (Lalitpur) aufgeteilt. Der Rest des heutigen Nepals bestand aus einem Flickwerk aus fast 50 eigenständigen Staaten, die sich von Palpa und Jumla im Westen bis zu den halbautonomen Staaten Banepa und Pharping erstreckten, von denen die meisten ihre eigenen Münzen prägten und stehende Heere unterhielten.

Die Rivalität zwischen den drei Königreichen des Kathmandu-Tals äußerte sich nicht nur in Kriegen, sondern auch im Mäzenatentum in der Architektur und Kultur, die in diesem Klima des Wettstreits prächtig gediehen. Die herausragenden Sammlungen exquisiter Tempel und Bauten am Durbar-Platz jeder Stadt legen Zeugnis von den ungeheuren Geldsummen ab, die die Könige aufwandten, um sich gegenseitig zu übertreffen.

Der Bauboom wurde durch den Handel mit allem von Moschus und Wolle bis zu Salz und chinesischer Seide finanziert. Das Kathmandu-Tal lag am Ausgangspunkt zwei verschiedener Routen nach Tibet über Banepa im Nordosten und über Rasuwa und das Kyirong-Tal in der Nähe von Langtang im Nordwesten. Die Händler durchquerten das vom Dschungel bedeckte Terai im Winter, um Malariainfektionen zu entgehen, und warteten dann in Kathmandu, bis die Gebirgspässe später im Sommer wieder passierbar waren. Kathmandu wurde reich, und seine Herrscher erschufen mit ihrem Reichtum goldene Pagoden und reich geschmückte Königspaläste. In der Mitte des 17. Jhs. erlangte Zentralnepal das Recht, Tibets Münzen aus tibetischem Silber zu prägen, was die Schatullen des Königreiches noch weiter füllte.

A History of Nepal von John Whelpton ist einer der wenigen Buchtitel zu diesem Thema. Er konzentriert sich auf die letzten 250 Jahre und erläutert nicht nur politische Ereignisse, sondern auch, wie sich die Lebensumstände der Menschen verändert haben. In Nepal wird es zum günstigeren örtlichen Preis verkauft.

ca. 1260	13. bis 15. Jh.	1349	1380
Der nepalesische Architekt Arniko reist nach Lhasa und in Kublai Khans Hauptstadt Dadu (Beijing) und bringt die Gestaltungsform der Pagode mit nach Hause, wodurch sich die religiösen Tempel in ganz Asien verändern.	Das Khasa-Reich der westlichen Malla erreicht seinen Höhepunkt in weit westlich gelegenem Karnali-Becken rund um Jumla. Davon ist bis heute noch die nepalesische Nationalsprache erhalten.	Die muslimischen Truppen von Sultan Shams-ud-din plündern das Kathmandu-Tal, zerstören den Stupa von Swayambhunath und nehmen Wagenladungen an Kriegsbeute mit.	Ame Pal gründet das Königreich Lo (Mustang). Der letzte König von Mustang, Jigme Palbar Bista verfolgte seine Abstammung über 25 Generationen bis zu diesem König zurück. Mustang bleibt bis 1951 unabhängig.

In Kathmandu wachte König Pratap Malla (reg. 1641–1674) über den kulturellen Höhepunkt der Stadt mit dem Bau des Hanuman-Dhoka-Palastes (S. 80) und des Rani-Pokhari-Wasserbeckens (S. 89). Er erbaute außerdem die ersten einer ganzen Reihe von Säulen, die eine Statue des Königs trugen, der auf den Schutztempel der Taleju blickte, welche die Malla zu diesem Zeitpunkt zu ihrer Schutzgottheit erklärt hatten. Die Mitte des 17. Jhs. stellte auch einen Höhepunkt der Bautätigkeit in Patan dar.

Die Malla-Ära prägte sowohl die religiöse als auch die künstlerische Landschaft. Es entstanden die jährlichen dramatischen Wagenfeste für Indra Jatra und Machhendranath. Die Malla-Könige stützten ihren göttlichen Herrschaftsanspruch auf die Behauptung, sie seien Reinkarnationen des hinduistischen Gottes Vishnu, und sie führten den Kult der Kumari ein, einer lebenden Göttin, die bei einer jährlich stattfindenden Feier die Herrschaft der Malla zu segnen sollte.

Die kosmopolitischen Malla übernahmen auch ausländische Einflüsse. Der indische Mogulenhof beeinflusste die Kleidung und Malerei der Malla, machte die Nepalesen mit Feuerwaffen bekannt und exportierte das Vasallentum, ein System, das sich in späteren Jahren stark auswirken sollte. Aber die Veränderung kam nicht nur aus dem Ausland. Ein Sturm braute sich in Nepal selbst zusammen, nur 100 km östlich von Kathmandu.

Vereinigung unter den Shahs

Im Jahr 1768 war der Prithvi Narayan Shah, Herrscher des winzigen Bergkönigreichs Gorkha (auf halber Strecke zwischen Pokhara und Kathmandu) am Rand des Kathmandu-Tals, bereit, seinen Traum von einem vereinigten Nepal zu verwirklichen. Über ein Vierteljahrhundert an Eroberungen und Konsolidierungen hatte es gebraucht, um bis zu diesem Punkt zu gelangen, aber Shah würde schon bald die politische Landschaft des Himalajas neu kartografieren.

Shah hatte die strategische Bergfestung Nuwakot im Jahr 1744 eingenommen, aber nachdem er die Verstärkung der britischen Ostindien-Kompanie zurückgeworfen hatte, dauerte es noch einmal 24 Jahre, bis er Kathmandu einnahm. Schließlich schlich er sich hinein, als während des Indra-Jatra-Festes alle betrunken waren. Ein Jahr später nahm er schließlich Kirtipur ein, nachdem zuvor drei längere Anläufe gescheitert waren. Als grausame Vergeltungsmaßnahme hackten seine Truppen den Einwohnern von Kirtipur über 50 kg Nasen und Lippen ab; es überrascht nicht, dass der Widerstand angesichts dieser Gräueltat dahinschmolz. 1769 rückte er gegen die drei handlungsunfähigen Malla-Könige vor und beendete die Malla-Herrschaft, womit Nepal vereint war.

Im Jahr 2013 legten Archäologen einen Schrein aus dem 6. Jh. v. Chr. unter dem Maya-Devi-Schrein in Lumbini frei, dies ist der älteste jemals entdeckte buddhistische Schrein. Im Schrein befanden sich die Überreste eines Baumes, möglicherweise des Baumes, an dem sich Maya bei der Geburt von Siddharta (dem Buddha) festhielt.

In der Mitte des 14. Jhs. regierte de facto die Malla-Königin Maya Devi, die mächtigste Frau in Nepals Geschichte.

1428–1482	1531–1534	1641–1674	18. Jh.
Die Herrschaft von Yaksha Malla, der Höhepunkt der Malla-Regierung, endet mit der Aufteilung des Kathmandu-Tals in die drei rivalisierenden Königreiche Kathmandu, Patan und Bhaktapur.	Sherpas (wörtlich „Ostvolk") lassen sich in der Region Solu-Khumbu in der Nähe vom Mount Everest nieder. Der Nangra La bleibt die wichtigste Sherpa-Handelsstraße mit Tibet.	Regentschaft des Malla-Königs Pratap Malla, eines Tänzers, Dichters und Kunstmäzens, der das Erscheinungsbild von Kathmandu formt und einen Großteil des Hanuman-Dhoka-Palastes erbaut.	Kapuzinermissionare durchqueren Nepal auf dem Weg nach Tibet und versorgen später den Westen mit ihren ersten Berichten über das exotische Kathmandu.

Shah verlegte seine Hauptstadt von Gorkha nach Kathmandu und errichtete damit die Shah-Dynastie, deren Linie noch bis 2008 andauerte. Shah selbst lebte nicht mehr lange nach seiner Eroberung. Er starb in Nuwakot im Jahr 1775, nur sechs Jahre nach der Vereinigung, wird jedoch immer noch als Gründer der Nation verehrt.

Shah hatte sein Reich auf Eroberungen gegründet, und seine unersättliche Armee brauchte immer mehr Kriegsbeute und Land, damit sie zufrieden war. Innerhalb von sechs Jahren hatten die Gurkha-Soldaten Ostnepal und Sikkim erobert. Die Expansion wandte sich dann gen Westen nach Kumaon und Garhwal, und wurde nur an der Grenze von Punjab von den Armeen des mächtigen einäugigen Herrschers Ranjit Singh aufgehalten.

Die expandierenden Grenzen von „Großnepal" erstreckten sich zu dieser Zeit von Kaschmir bis nach Sikkim, wodurch es schließlich auf Kollisionskurs mit dem weltweit mächtigsten Reich geriet, mit Britisch-Indien. Trotz frühzeitiger Abkommen mit den Briten führten Streitigkeiten über das Terai zum ersten Anglo-Nepalesischen Krieg, den die Briten nach zweijährigem Kampf gewannen. Die Briten waren so von ihrem Gegner beeindruckt, dass sie beschlossen, die Gurkha-Söldner in ihre eigene Armee einzugliedern. Dies ist heute noch der Fall.

Das Sugauli-Abkommen von 1816 brachte Nepals Expansion abrupt zum Stillstand und schrieb seine heutigen Grenzen fest. Nepal verlor Sikkim, Kumaon, Garhwal und einen Großteil des Terai, obwohl es einen Teil dieses Landes 1858 als Gegenleistung für die Unterstützung zurückerhielt, die es den Briten während des Indischen Aufstands (indischer Unabhängigkeitskrieg) geleistet hatte. Ein britischer Resident wurde nach Kathmandu entsandt, um die Lage im Blick zu behalten, aber die Briten wussten, dass es zu schwierig sein würde, dieses unmögliche Bergterrain zu kolonialisieren, und gaben sich mit Nepal als Pufferstaat zufrieden. Bis heute sind die Nepalesen stolz darauf, dass ihr Land nie von den Briten kolonialisiert wurde – im Gegensatz zu den benachbarten Gebirgsstaaten in Indien.

Nach seiner demütigenden Niederlage kappte Nepal von 1816 bis 1951 alle Kontakte mit dem Ausland. Die britischen Residenten in Kathmandu waren über ein Jahrhundert lang die einzigen Westler, die Nepal zu sehen bekamen.

Im kulturellen Bereich wurde der Tempelbau rasch fortgesetzt. Den einfachen Leuten war jedoch möglicherweise die revolutionäre Einführung von Chilis, Kartoffeln, Tabak und anderen Nutzpflanzen der Neuen Welt über Indien wichtiger.

Die Herrschaft der Shahs verwandelte sich derweil von einer ineffektiven in eine sadistische. An einem Punkt wurde das Königreich von einer zwölfjährigen Regentin regiert, die für einen neunjährigen König

Nepal soll nach Nepa benannt sein, dem Namen des newarischen Königreichs im Kathmandu-Tal. Das Wort Newa wiederum stammt vom Namen eines mythologischen Heiligen, Ne, der einst im Tal lebte.

GESCHICHTE VEREINIGUNG UNTER DEN SHAHS

1750	1768–1769	1790–1792	1814–1816
König Jaya Prakash Malla erbaut den Kumari-Tempel in Kathmandu, gefolgt vom Nyatapola-Tempel in Bhaktapur, im wahrsten Sinne des Wortes der absolute Höhepunkt der Stupa-Architektur in Nepal.	Nepal wird unter Prithvi Narayan Shah (1723–75) vereinigt, der auch als Vater der nepalesischen Nation gilt. Es entsteht die Shah-Dynastie. Kathmandu wird Hauptstadt.	Nepal fällt in Tibet ein und plündert Shigatse. Chinesische Truppen stoßen bis ins Kyirong-Tal nach Nuwakot vor. In der Folge eines Abkommens leisten die Nepalesen bis 1912 Abgaben an den chinesischen Kaiser.	Die Briten siegen im Anglo-Nepalesischen Krieg. Das Abkommen von Sugauli legt Nepals Grenzen fest und erlaubt den Briten, Gurkha-Soldaten zu rekrutieren und einen Residenten nach Kathmandu abzuordnen.

verantwortlich war, während Kronprinzessin Surenda (reg. 1847–81) den Horizont des menschlichen Leidens erweiterte, indem sie Untertanen befahl, in Brunnen zu springen oder Klippen hinunterzurutschen, um zu sehen, ob sie überlebten.

Die Ranokratie

Der Tod von Prithvi Narayan Shah im Jahr 1775 löste eine Kettenreaktion an Nachfolgekämpfen aus, interne Machtkämpfe, Morde, Verrat und Intrigen, die im Kot-Massaker von 1846 gipfelten. Diese blutgetränkte Nacht wurde von dem jungen Chhetri-Adeligen Jung Bahadur eingefädelt. Sie katapultierte seine Familie an die Macht und drängte die Shah-Dynastie ins Abseits.

Der ehrgeizige und skrupellose Jung Bahadur befahl (mit Zustimmung der Königin) seinen Soldaten, unter 55 der wichtigsten Adligen des Königreiches in nur einer Nacht ein Blutbad anzurichten, wenn sie sich Kot-Hof am Durbar-Platz in Kathmandu versammeln würden. Er schickte 6000 Mitglieder ihrer Familien ins Exil, um Racheaktionen zu verhindern.

Jung Bahadur nahm den Titel des Premierministers an und änderte seinen Familiennamen in den angeseheneren Namen „Rana". Später stockte er seinen Titel auf in *maharajah* (König) und erklärte ihn kurzerhand für vererbbar. Die Ranas wurden so zu einer parallelen „Königsfamilie" im Königreich und hielten die Zügel der Macht, während die Shah-Könige zu apathischen, irrelevanten Galionsfiguren degradiert wurden, die sogar eine Genehmigung brauchten, um ihren Palast zu verlassen.

Die Familienlinie der Rana-Premierminister blieb für über ein Jahrhundert an der Macht, bis sie schließlich mit den Shahs Ehen einging. Die Entwicklung in Nepal stagnierte, obwohl es dem Land zumindest gelang, seine Unabhängigkeit zu wahren.

Jung Bahadur Rana reiste 1850 nach Europa, besuchte die Oper und Rennen in Epsom und brachte eine Vorliebe für neoklassizistische Architektur mit nach Hause, die man heute immer noch in Kathmandu sehen kann. Unter den Ranas wurde das *sati* (hinduistische Praxis des Verbrennens der Witwe auf dem Scheiterhaufen ihres Mannes) abgeschafft, 60 000 Sklaven wurden freigelassen, und in der Hauptstadt wurden eine Schule und ein College eingerichtet. Trotz dieser Fortschritte verharrte die Landbevölkerung in den Bergen weiterhin in einem mittelalterlichen Zustand, während die Ranas und ihre Verwandten in opulentem Luxus lebten.

Die Modernisierung hielt in Kathmandu Einzug, als das Bir Hospital, Nepals erstes Krankenhaus, im Jahr 1889 eröffnet wurde. In den nächsten 15 Jahren erlebte Kathmandu sein erstes Wasserleitungs-

Der Gründer Nepals, Prithvi Narayan Shah, nannte Nepal „eine Süßkartoffel zwischen zwei Schultern" – nämlich China und Indien – eine Metapher, die geologisch wie auch historisch zutrifft.

1815	1846	1854	1856
Fünftausend nepalesische Soldaten treten in die Truppen der Ostindien-Kompanie ein, da die Briten von ihrer Tapferkeit und Loyalität beeindruckt sind.	Das Kot-Massaker endet mit dem Tod der wichtigsten Adligen des Königreiches, läutete die Rana-Ära (1846–1951) ein und degradierte die Shahs zu Marionetten.	Der Rechtskodex von Muluki Ain formalisiert das nepalesische Kastensystem, definiert Regeln für Nahrung, Recht und Geschlechterrollen und untermauert die staatliche Diskriminierung der niedrigeren Kasten.	Peak XV wird zum höchsten Gipfel der Welt erklärt. Später wird er in Everest umbenannt, nach dem Leiter der Großen Trigonometrischen Vermessung, George Everest (der seinen Namen *ief*rest aussprach).

system, eine begrenzte Elektrifizierung und den Bau des Singh Durbar, der einst als der größte Palast Asiens galt. Vor allem die 29-jährige Regierungszeit (1901–29) von Premierminister Chandra Shumsher brachte große Umbrüche, darunter die Elektrifizierung und das Verbot der Sklaverei. 1923 wurde Nepals Unabhängigkeit formal von Großbritannien bestätigt, und 1930 wurde das Königreich Gorkha in das Königreich Nepal umbenannt, was das zunehmende Nationalbewusstsein widerspiegelte.

Andernorts gingen in der Region dramatische Veränderungen vonstatten. Die Nepalesen leisteten logistische Hilfestellung während der britischen Invasion in Tibet im Jahr 1903 und über 300 000 Nepalesen kämpften im Ersten und Zweiten Weltkrieg und erhielten insgesamt 13 Victoria-Kreuze – Großbritanniens höchste Militärauszeichnung – für ihre Leistungen.

Nach dem Zweiten Weltkrieg erlangte Indien seine Unabhängigkeit, und China erlebte die kommunistische Revolution. Die erste von mehreren Wellen tibetischer Flüchtlinge erreichte Nepal, als die neue

Man kann den Geburtsort und Ausgangspunkt von Nepals Vereiniger, Prithvi Narayan Shah, in Gorkha besichtigen und seinen zweiten Königspalast in Nuwakot sehen.

HANDEL ÜBER DEN HIMALAJA HINWEG

Jahrhundertelang überquerten kühne Karawanen mit Yaks und Ziegen im Zickzackkurs den hohen Himalaja und brachten Salz, das an den großen Binnenseen Tibets geerntet worden war, im Austausch gegen Reis und Gerste, die aus den Mittelgebirgen Nepal hochgetragen worden waren. Wolle, Vieh und Butter aus Tibet wurden gegen Zucker, Tee, Gewürze, Tabak und indische Manufakturwaren getauscht. Zwölf wichtige Pässe verbinden Nepal und Tibet, die einfachsten befanden sich in Mustang, wodurch das Kali-Gandaki-Tal zum Hauptumschlagsplatz wurde. Waren wurden hier auch gelagert und besteuert.

Im Laufe des letzten halben Jahrhunderts ist der Großteil des grenzüberschreitenden Handels weggebrochen. Als die indische Eisenbahn die nepalesische Grenze erreichte, wurde der Transport des billigen indischen Salzes deutlich einfacher: die Totenglocke für den Transport per Karawane. Der endgültige Sargnagel für den lokalen Handel war die Schließung der chinesischen Grenze im Jahr 1960.

Ironischerweise treiben derzeit die Chinesen das Wiederaufleben des Handels und des Straßenbaus voran. Chinesische Lastwagen fahren nun über die Pässe nach Lo Manthang in Mustang, und 2012 wurde ein weiterer Grenzübergang bei Rasuwaghadhi eröffnet, der das tibetische Kyirong-Tal mit Nepals Langtang-Region verbindet und auf einer Route liegt, die seit langer Zeit für Karawanen und Invasionen genutzt wurde. Gelegentlich sieht man noch Yakkarawanen auf dem Weg zur tibetischen Grenze, die mit Holz und dem medizinisch nutzbaren Pilz *yartse gumba* beladen sind, sowie die verräterischen Dosen Lhasa-Bier, die entlang der Trekkingrouten in den Regionen Manaslu, Everest und Mustang liegen.

1914–1918	1934	1949	1951
Rund 100 000 Nepalesen kämpfen im Ersten Weltkrieg und 10 000 verlieren dabei ihr Leben. 30 Jahre später dienen 200 000 Gurkhas und Streitkräfte im Zweiten Weltkrieg, vorwiegend in Myanmar (Birma).	Ein gewaltiges Erdbeben zerstört den Großteil des Kathmandu-Tals, fordert in weniger als einer Minute 8000 Todesopfer, 16 000 Verletzte und zerstört ein Viertel aller Wohnungen und Häuser in Nepal.	Bill Tilman erhält die Erlaubnis zum Trekking in Nepal von König Tribhuvan, einschließlich der Regionen Kali Gandaki, Helambu und Solu Khumbu. Er ist der erste Ausländer, der zum Everest Base Camp wandert.	König Tribhuvan und die nepalesische Kongresspartei stürzen mit indischer Unterstützung das Rana-Regime und errichten eine neue Regierungskoalition. Nepal öffnet sich der Außenwelt.

Volksrepublik China entschiedener nach Tibet griff. Nepal wurde zur Pufferzone zwischen den beiden rivalisierenden asiatischen Riesen. Währenddessen wurde der in seinem Palast vergessene König Tribhuvan instruiert, die Ranas zu stürzen.

Wiedereinsetzung der Shahs

Ende 1950 saß König Tribhuvan auf dem Weg zu einem Jagdausflug in Nagarjun selbst am Steuer, als er plötzlich in James-Bond-Manier in die indische Botschaft abbog, wo er politische Immunität beanspruchte und danach einen Jet der Indian Air Force nach Delhi nahm. Gleichzeitig gelang es der gerade erst gegründeten nepalesischen Kongresspartei unter der Führung von BP Koirala, den Ranas den größten Teil des Terai mit Gewalt abzunehmen. Es wurde eine provisorische Regierung eingesetzt, die von der Grenzstadt Birganj aus regierte. Indien übte seinen beträchtlichen Einfluss aus und verhandelte eine Lösung für den Tumult in Nepal, sodass König Tribhuvan glanzvoll im Jahr 1951 nach Nepal zurückkehrte, um eine neue Regierung zu bilden, die aus degradierten Ranas und Mitgliedern der nepalesischen Kongresspartei bestand.

Obwohl Nepal allmählich seine lange verschlossenen Tore öffnete und Beziehungen zu anderen Nationen aufbaute, wurden die Träume von einem neuen demokratischen System nie richtig verwirklicht. Tribhuvan starb 1955, ihm folgte sein vorsichtiger Sohn Mahendra nach. Eine neue Verfassung sah ein parlamentarisches Staatssystem vor, sodass 1959 die allerersten allgemeinen Wahlen in Nepal stattfanden. Die nepalesische Kongresspartei siegte eindeutig, und BP Koirala wurde der neue Premierminister. Ende 1960 beschloss der König jedoch, dass ihm diese Regierung überhaupt nicht zusagte, ließ das Kabinett verhaften und tauschte seine repräsentative Rolle gegen direkte Kontrolle ein (wie es auch König Gyanendra 46 Jahre später tun sollte).

1962 beschloss Mahendra, dass ein parteiloses, indirektes Regierungssystem mit einem *panchayat* (Beirat) für Nepal besser geeignet sei. Die echte Macht verblieb beim König, der 16 Mitglieder aus dem 35-köpfigen Nationalen Panchayat auswählte und sowohl den Premierminister als auch sein Kabinett ernannte. Politische Parteien wurden verboten.

Mahendra starb 1972, sein Nachfolger war sein 27-jähriger Sohn Birendra, der in Großbritannien ausgebildet worden war. Nepals Hippie-Gemeinde wurde ohne viel Federlesen aus dem Land geworfen, als die Visumgesetze im Vorfeld von Birendras spektakulärer Krönung im Jahr 1975 verschärft wurden. Der schwelende Unmut wegen der Korruption, der langsamen Entwicklung und der steigenden Le-

Die ersten Autos wurden in Einzelteilen auf dem Rücken von Trägern in das Kathmandu-Tal transportiert, noch bevor es Straßen oder Benzin im Königreich gab. Eines davon, einer der ersten Hudsons, steht im Nationalmuseum von Kathmandu.

Es ist leicht verwirrend, dass drei Koirala-Brüder in Nepal Premierminister wurden. BP Koirala im Jahr 1959, MP Koirala 1951 und 1953 und GP Koirala viermal, zuletzt im Jahr 2006. Ihr Cousin Sushil Koirala wurde 2015 Premierminister.

1953	1955–1972	1959	1960
Der Everest wird zum ersten Mal vom Neuseeländer Edmund Hillary und dem tibetischen Sherpa Tenzing Norgay am 29. Mai bezwungen, genau rechtzeitig zur Krönung von Königin Elizabeth II.	Unter König Mahrendra werden Wahlen eingeführt, die allerdings für ungültig erklärt werden, als der König die Macht ergreift und das *panchayat*-Regierungssystem einführt.	Nepals erste allgemeine Wahl findet statt. Der Dalai-Lama flieht aus Tibet. China schließt die Grenze zwischen Tibet und Nepal, was den Handel mit Salz und Getreide erschwert und im Himalaja große soziale Veränderungen bewirkt.	Die Ausrottung der Malaria erschließt das Terai für eine rasche Besiedlung. Heute lebt rund die Hälfte der Einwohner Nepals im Terai und dies ist der Schwerpunkt der Industrie und Landwirtschaft.

benshaltungskosten brach sich 1979 mit gewalttätigen Aufständen in Kathmandu seinen Weg. König Birendra kündigte ein Referendum an, bei dem zwischen dem *panchayat*-System und einem System mit politischen Parteien gewählt werden sollte. Das Ergebnis fiel 55 zu 45 % zugunsten des *panchayat*-Systems aus; die Demokratie war überstimmt worden.

Der Militär- und Polizeiapparat von Nepal zählte zu den weltweit am wenigsten vertrauenswürdigen, und es wurde eine strenge Zensur praktiziert. Massenverhaftungen, Folter und Verprügeln mutmaßlicher Aktivisten sind gut dokumentiert, und die Führer der größten Oppositionspartei, der nepalesischen Kongresspartei, verbrachten die Jahre 1960 bis 1990 immer wieder einmal im Gefängnis.

Während dieser Zeit zogen über eine Million Menschen auf der Suche nach Land aus den Bergen in das Terai, und mehrere Millionen überquerten die Grenze, um in Indien zu arbeiten (Nepalesen dürfen die Grenze ungehindert überqueren und in Indien arbeiten), was zu einer großen demografischen Veränderung zugunsten des inzwischen Malaria-freien Terai führte.

Volksmacht

Als im Jahr 1989 in Europa ein kommunistischer Staat nach dem anderen zerbrach und in China bei prodemokratischen Demonstrationen der Tiananmen-Platz besetzt wurde, bildeten die nepalesischen Oppositionsparteien eine Koalition zum Kampf für eine konstitutionelle Monarchie mit einem Mehrparteiensystem. Die Protestwelle nannte sich Jana Andolan oder Volksbewegung.

Anfang 1990 reagierte die Regierung auf eine gewaltfreie Versammlung von über 200 000 Menschen mit Geschossen, Tränengas und Verhaftungen. Nach mehreren Monaten wiederholter Aufstände und Druck seitens ausländischer Geldgeber war die Regierung zum Rücktritt gezwungen. Am 9. April verkündete König Birendra die Aufhebung des Verbots der politischen Parteien und war bereit, die Rolle als konstitutioneller Monarch zu akzeptieren. Nepal sollte eine Demokratie werden.

Im Mai 1991 gewann die nepalesische Kongresspartei die allgemeinen Wahlen, und zwei Jahre später führte eine Zwischenwahl zu einer Regierungskoalition unter der Führung der kommunistischen Partei. Dies war einer von wenigen Fällen weltweit, bei denen eine kommunistische Regierung durch eine Volksabstimmung an die Macht gekommen war.

Die politische Stabilität währte nicht lange, und die ausgehenden 1990er-Jahre litten unter Dutzenden geplatzter Koalitionen, aufgelöster Regierungen und gefeuerter Politiker.

Nepals Flagge ist einzigartig. Sie besteht aus zwei überlappenden roten Dreiecken, die einen weißen Mond und eine weiße zwölfzackige Sonne zeigen (die ersten mythologischen Könige von Nepal gelten als Abkömmlinge der Sonne und des Mondes).

1963	1965	1975	1990
Das Kastensystem wird von der Regierung für nichtig erklärt, alle Nepalesen sind offiziell vor dem Gesetz gleich. Allerdings ist dieses Denken tief in der Gesellschaft verankert, und Diskriminierungen finden bis heute statt.	Colonel James „Jimmy" Roberts gründet Mountain Travel, Nepals erstes Trekking-Unternehmen, und führt eine Gruppe von Frauen in das Kali-Gandaki-Tal hinauf. Damit legt er den Grundstein für Nepals Trekking-Branche.	Birendra wird im Hanuman-Dhoka-Palast in Kathmandu zum König gekrönt, drei Jahre nach dem Tod seines Vaters Mahendra. Der König trägt die traditionelle mit Juwelen und Federn besetzte Krone der Shah-Könige.	Massendemonstrationen der Volksbewegung zwingen König Birendra, eine neue Verfassung zu akzeptieren, die die Demokratie wiederherstellt und ihn auf die Rolle eines konstitutionellen hinduistischen Monarchen reduziert.

Forget Kathmandu: Eine Elegie auf die Demokratie von Manjushree Thapa beginnt mit dem königlichen Massaker, bietet einen Abriss von 200 Jahren politischer Geschichte und endet mit der Beschreibung eines Treks durch maoistisch besetzte Gebiete im Jahr 2003.

Im Jahr 1996 riefen die Maoisten, eine kommunistische Splittergruppe, einen „Krieg des Volkes" aus, weil sie über die staatliche Korruption, die Auflösung der kommunistischen Regierung sowie die ausgebliebenen Verbesserungen für das Volk durch die Demokratie verärgert waren.

Der Aufruhr begann im mittleren Westen Nepals und gewann an Stärke, wurde jedoch anfangs von den Politikern in Kathmandu ignoriert. Die Auswirkungen dieser Gleichgültigkeit spitzten sich im November 2001 zu, als die Maoisten ihren Waffenstillstand brachen und eine Kaserne westlich von Kathmandu angriffen. Anfangs waren die maoistischen Truppen mit nicht mehr als alten Musketen und *khukuris* (Ghurka-Messern) bewaffnet, doch schon bald brachten sie Gewehre in ihren Besitz, die sie in Polizeistationen geplündert hatten. Sie finanzierten sich durch Raub und Erpressung und profitierten von der offenen Grenze mit Indien.

Das anfängliche harte Durchgreifen der Polizei führte zu einem Kreislauf von Gewalt und Vergeltung, der nur eines erreichte: die Entfremdung der Bevölkerung. Die politische Entmündigung, Armut der Landbevölkerung, Unmut wegen des Kastensystems, Probleme mit der Landreform und mangelnder Glaube an die zankenden, selbstverliebten Politiker im fernen Kathmandu bescherten den Maoisten reichlich Zulauf. Die Angriffe weiteten sich auf fast alle der 75 Bezirke Nepals aus, darunter auch Kathmandu. In Spitzenzeiten kontrollierten die Maoisten effektiv rund 40% des Landes.

Das politische Klima erreichte seinen Siedepunkt, als der König im Jahr 2001 die Armee und bewaffnete, regierungstreue Milizen einschaltete. Die USA nannten die nepalesischen Maoisten eine Terrorgruppe und machten Millionen an Dollar locker, um Nepal im „Kampf gegen den Terror" zu unterstützen. Ironischerweise wurde der bewaffnete Kampf des „Volkes" von zwei Intellektuellen aus einer hohen Kaste geführt: Pushpa Kamal Dahal (auch unter seinem Kriegsnamen Prachanda bekannt, was „der Grimmige" bedeutet) und Baburam Bhattarai, die beide später einmal nepalesischer Premierminister werden sollten.

Einen Hintergrund zur maoistischen Rebellion bietet *Himalayan People's War: Nepal's Maoist Rebellion*, hrsg. von Michael Hutt.

Mehrere maoistische Waffenruhen, vor allem im Jahr 2003 und 2005, brachten eine kurze Atempause. Allerdings waren sie nicht nur die Vorzeichen eines dauerhaften Friedens, sondern dienten auch dazu, sich neu zu organisieren und für Waffennachschub zu sorgen. Bis 2005 waren schon fast 13 000 Menschen, darunter viele Zivilisten, bei den Unruhen getötet worden. Amnesty International warf beiden Seiten grauenvolle Menschenrechtsverletzungen vor, darunter Massenexekutionen, Verschleppungen, Folter und Zwangsrekrutierung von Kindern. Nepal versank in der Dunkelheit.

1996–2006	Mai 1996	1999	Juni 2001
Ein Jahrzehnt maoistischer Unruhen zwingt das Land in die Knie, 13 000 Nepalesen sterben. Entwicklungsprojekte kommen zum Erliegen, und die Touristen bleiben aus.	Acht Kletterer sterben an nur einem Tag, am 11. Mai, am Everest. Ein IMAX-Film und Jon Krakauers Buch *Into Thin Air* schildern das Unglück.	Der Leichnam des britischen Kletterers George Mallory wird in der Nähe des Everest-Gipfels gefunden, wodurch wieder Spekulationen laut wurden, dass er schon gut 30 Jahre vor Hillary auf dem Dach der Welt gewesen sei.	Prinz Dipendra tötet zehn Mitglieder der Königsfamilie im Narayanhiti-Palast, auch seinen Vater König Birendra, bevor er sich selbst erschießt. Der Bruder des Königs, Gyanendra, wird zum König von Nepal gekrönt.

Entwicklungsstillstand und ausbleibende Hilfe

Während der zweiten Hälfte des 20. Jhs. erlebte Nepal einen eindrucksvollen Entwicklungsschub, insbesondere im Bildungswesen und Straßenbau, und die Zahl der Schulen stieg von 300 im Jahr 1950 auf über 40 000 im Jahr 2000. Seitdem hat das unaufhaltsame Bevölkerungswachstum (Nepals Bevölkerung ist von 8,4 Mio. im Jahr 1954 auf 26 Mio. im Jahr 2004 gestiegen) viele dieser Fortschritte aufgehoben, sodass Nepal innerhalb nur einer Generation vom Lebensmittelexporteur wieder zum Nettoimporteur wurde.

Der maoistische Aufstand hat das Elend der Landbevölkerung nur noch verschlimmert, da Brücken und Telefonleitungen zerbombt wurden, der Straßenbau zum Erliegen kam und die dringend benötigten staatlichen Mittel aus Entwicklungsprojekten abgezogen und Hilfsprogramme aufgrund von Sicherheitsbedenken ausgesetzt wurden. Die Maoisten zerstörten während des jahrzehntelangen Konflikts öffentliche Infrastruktur im Wert von 30 Mrd. NPR., während die Regierung 94 Mrd. € an Militäretat in die Luft jagte. Zwischen den Fronten verpasste eine ganze Generation nepalesischer Kinder auf dem Land ihre Ausbildung.

Nach einem halben Jahrhundert Hilfe von außen und über 3,5 Mrd. € Entwicklungshilfe aus den USA (60 % des Entwicklungshilfetopfes) ist Nepal immer noch eines der ärmsten Länder der Welt. Die Einkommensschere klafft hier am stärksten von ganz Asien auseinander, und die Gesundheitsausgaben sind mit auf dem niedrigsten Niveau. Sieben Millionen Nepalesen haben nicht genug zu essen oder keinen Zugang zu Gesundheitsversorgung und Bildung.

Drama in der königlichen Familie und politische Veränderungen

Am 1. Juni 2001 erlitt die nepalesische Psyche einen harten Schlag, als Kronprinz Dipendra bei einem Familientreffen in Kathmandu fast alle Familienangehörigen erschoss und die Waffe dann gegen sich selbst richtete. Ironischerweise starb Dipendra nicht sofort und wurde zum König von Nepal ausgerufen, obwohl er im Koma lag. Seine Herrschaft endete zwei Tage später, als er für tot erklärt wurde. Der Bruder von König Birendra, Gyanendra, wurde daraufhin gekrönt. Für ihn dürfte das ein Déjà-vu gewesen sein, denn er war bereits zuvor im Alter von drei Jahren gekrönt worden und hatte drei Monate lang regiert, als sein Großvater Tribhuvan 1950 nach Indien geflohen war.

In den Tagen, die auf das Massaker folgten, raste eine Welle an Emotionen über die Nepalesen hinweg: Schock, Trauer, Fassungslosigkeit,

Wer ein eindrucksvolles historisches Porträt von Kathmandu lesen möchte, sollte das kaleidoskopartige *Kathmandu* des Journalisten Thomas Bell lesen, das in Indien verlegt wurde und in Kathmandu erhältlich ist.

2002	Februar 2005	2006	Mai 2008
Im Mai 2002 wird das Parlament aufgelöst. Im Oktober desselben Jahres wird eine Übergangsregierung eingesetzt, die jedoch von vielen Parteien abgelehnt wird.	König Gyanendra entlässt die Regierung und übernimmt selbst die Macht über ein Land im Ausnahmezustand. Er begründet dies damit, dass die maoistischen Rebellen vernichtet werden müssen.	Nach Protesten setzt König Gyanendra das Parlament wieder ein, das seine Befugnisse beschränkt. Maoisten und Regierungsvertreter unterzeichnen ein Friedensabkommen, die Rebellen sind Teil einer Übergangsregierung.	Das Parlament schafft die nepalesische Monarchie ab, damit endet die 240-jährige Regentschaft.

DAS KÖNIGLICHE MASSAKER

Die Nacht des 1. Juni 2001 ist als eine der größten Tragödien in die Annalen von Nepals Geschichte eingegangen, ein Blutbad, das direkt aus einem Shakespeare-Drama stammen könnte. In dieser Nacht starben zehn Mitglieder der nepalesischen Königsfamilie in einem Kugelhagel, darunter König Birendra und Königin Aishwarya. Sie alle wurden bei einer Zusammenkunft im Narayanhiti-Palast von dem geistig verwirrten und betrunkenen Kronprinzen Dipendra erschossen, der die Waffe schließlich gegen sich selbst richtete. Das wahre Motiv hinter dem Massaker wird man wohl nie erfahren, aber viele glauben, dass Dipendra so wütend wurde, weil seine Eltern die Frau ablehnten, die er heiraten wollte.

Die anfängliche Ungläubigkeit und der Schock wichen Argwohn und einer Unmenge an Verschwörungstheorien, von denen viele den neuen König, Gyanendra (der sich zum Zeitpunkt des Massakers in Pokhara aufhielt), und dessen Sohn Paras (der dem Blutbad unverletzt entkam) betrafen. Dass eine offizielle Untersuchung zu dem Schluss kam, die Automatikwaffe habe sich versehentlich gelöst, oder die Tatsache, dass die Opfer vor dem Ende der Trauerzeit sehr schnell verbrannt wurden und der Palast dem Erdboden gleichgemacht wurde, war dagegen nicht gerade hilfreich. Andere Theorien kreisten um die üblichen Verdächtigen: Ein Geheimplan der CIA oder des indischen Geheimdienstes stecke dahinter.

Ein surrealer königlicher Exorzismus folgte am elften Tag der Staatstrauer: ein Priester einer hohen Kaste, in einem goldenen Anzug, mit goldenen Schuhen, eine Brille mit schwarzer Fassung von König Birendra tragend, auf dem Haupt eine Papierkrone, auf einem Elefanten sitzend, der langsam aus dem Tal stapfte, um den Geist des toten Königs mitzunehmen. Derselbe Sündenbockritus (auch *katto*-Zeremonie genannt) wurde für Dipendra abgehalten, nur dass eine schwangere Frau unterwegs unter seinem Elefanten hindurchrannte, weil sie glaubte, dadurch sei ihr die Geburt eines Jungen sicher. Sie wurde von dem Elefanten zertrampelt und starb, was der Tragödie eine weitere dramatische Wendung verlieh.

Zweifellos wird man nie erfahren, was in jener Nacht wirklich passiert ist.

Nichtwahrhabenwollen. Es wurde eine 13-tägige Trauerzeit ausgerufen und in Kathmandu wurden spontan Schreine errichtet, damit die Menschen für ihren König und ihre Königin beten konnten. Über 400 kahlgeschorene Männer fuhren auf Motorrädern durch die Straßen um den Palast und führten Bilder des Monarchen mit sich. Über eine halbe Million Nepalesen säumten beim Trauerzug die Straßen. Als der Schock wegen dieses Verlustes allmählich nachließ, rückte die Unsicherheit bezüglich der Zukunft ins Bewusstsein.

Zu Beginn des 21. Jhs. geriet das Land vom Regen in die Traufe. Sechsmal wurden Premierminister zwischen 2000 und 2005 gefeuert

2010	2012	Mai 2012	April 2014
Der mehrfache Premierminister und in den Jahren 2007–2008 amtierende Staatschef Nepals, Girija Prasad Koirala, stirbt im Alter von 85 Jahren in Kathmandu.	Beim Anflug auf den Jomsom Airport verunglückt ein Flugzeug der privaten Fluglinie Agin Air. Einige Monate später stürzt in Kathmandu kurz nach dem Start ein weiteres Flugzeug ab.	Der britische Gitarrist Oz Bayldon stellt in Nepal einen Guiness-Rekord auf: Er spielt auf dem Mera Peak (6654 m) mit befreundeten Musikern das Konzert in der größten Höhe.	Am 25. April sterben 16 Sherpa-Guides am Khumbu-Eisfall, eine der schlimmsten Katastrophen in der nepalesischen Bergsteigergeschichte.

und ersetzt. In zehn Jahren erhielt das Land insgesamt neun Regierungen. Ein gutes Beispiel für die fragile Position nepalesischer Politiker ist Sher Bahadur Deuba, der 2001 zum zweiten Mal zum Premierminister ernannt wurde, bevor er 2002 entlassen, 2004 wieder ins Amt eingesetzt und 2005 erneut gefeuert, wegen Korruptionsvorwürfen verhaftet und wieder freigelassen wurde. 2017 wurde er erneut Premierminister.

Nepals enttäuschendes Experiment mit der Demokratie erlitt im Februar 2005 einen starken Rückschlag, als König Gyanendra im Ausnahmezustand die Regierung auflöste und die Rückkehr zur Demokratie innerhalb von drei Jahren versprach. Die Pressefreiheit wurde eingeschränkt, und die Telefonleitungen wurden zeitweise unterbrochen, um Demonstrationen zu verhindern. Die Touristenzahlen gingen stark zurück und im Land herrschte eine pessimistische Stimmung.

All das änderte sich im April 2006, als tagelange Massendemonstrationen und Ausgangssperren sowie der Tod von 16 Demonstranten den König zwangen, die parlamentarische Demokratie wiederherzustellen. In den folgenden Monaten stimmte das neu errichtete Parlament dafür, den König zu einer Galionsfigur zu degradieren, womit die königliche Shah-Linie die Macht verlor, die sie über 200 Jahre gehabt hatte. Die Entmachtung des Königs war der Preis, um die Maoisten wieder an den Verhandlungstisch zu holen. Ein Friedensabkommen wurde zum Jahresende unterzeichnet, wodurch ein Schlussstrich unter ein Jahrzehnt blutiger Unruhen gezogen werden konnte.

Das anschließende Tempo des politischen Wandels in Nepal war schwindelerregend. Einen Monat, nachdem die Maoisten bei den Wahlen im April 2008 eine Mehrheit errungen hatten, schaffte das Parlament die Monarchie komplett mit einem Abstimmungsergebnis von 560 zu vier Stimmen ab, sodass 240 Jahre Monarchie endgültig beendet waren. In der neuen Regierung traten der ehemalige Guerillaführer Pushpa Kamal Dahal als Premierminister und Dr. Baburam Bhattarai als Finanzminister an. Im Jahr 2009 trat Pushpa Kamal Dahal aufgrund interner Streitigkeiten zurück, was schon auf die bevorstehenden Tumulte hindeutete.

Ehemalige maoistische „Terroristen" wurden Kabinettminister, Mitglieder der Volksbefreiungsarmee traten in die nationale Armee ein und eine neue Verfassung wurde in Auftrag gegeben (und letztendlich 2015 verabschiedet). All dies war Teil eines Prozesses, durch den ehemalige Guerillas in den politischen Mainstream eingebunden werden sollten. Nach einem Jahrzehnt der Dunkelheit, Gewalt und sozialen Unruhen war in der politischen Landschaft Nepals wieder Optimismus spürbar. Es bleibt abzuwarten ob diese optimistische Stimmung die laufenden politischen Machtkämpfe und die andauernde volkswirtschaftliche Ungewissheit überdauert.

Massacre at the Palace: The Doomed Royal Dynasty of Nepal, von Jonathan Gregson, sieht sich die nepalesischen Königsfamilie umfassender an und enthüllt, dass Morde und Attentate die Königsfamilie seit Jahrhunderten begleiteten. Auch das jüngste Massaker wird behandelt. Auch erschienen unter dem Namen *Blood Against the Snows*.

Nach der Abschaffung der Monarchie im Jahr 2008 wurde das Antlitz des Königs vom 10-Rupien-Schein entfernt. Das Wort „königlich" verschwand aus den Namen der staatlichen Fluggesellschaft und der Nationalparks. Daneben wurde der Geburtstag des Königs als Feiertag gestrichen.

Oktober 2014	**April 2015**	**Mai 2015**	**2017**
Eine zweite Katastrophe trifft die Berge Nepals: 43 Trekker und Träger kommen nach starken Schneefällen im Annapurna-Massiv ums Leben.	Ein Erdbeben der Stärke 7,8 trifft am 25. April Zentralnepal. Es sterben 8500 Menschen, große Teile des Kathmandu-Tals werden zerstört.	Einige Wochen nach dem verheerenden Beben ereignet sich ein weiteres Erdbeben der Stärke 7,3 in der Nähe des Everest Base Camp und fordert weitere Todesopfer.	Aus der historischen Parlamentswahl, die den Übergang von der Monarchie zur Demokratie markieren soll, gehen die beiden kommunistischen Parteien als klare Sieger hervor.

Menschen & Kultur

Nepals spektakuläre und körperlich herausfordernde Geografie hat sicherlich die Kultur und die Einstellung der robusten und einfallsreichen Bewohner des Landes beeinflusst. Dennoch ist es schwierig, generell von einem „nepalesischen Volk" zu sprechen, wenn man die Vielfalt seiner gut 60 Ethnien und Kastengruppen und die zahlreichen (bis zu 123) Sprachen betrachtet. Vom Tiefland an der Grenze zu Indien bis zu den Gipfeln des Himalaja an der Grenze zu Tibet bietet Nepal ein komplexes Mosaik von Bräuchen und Glaubenssätzen, die Reisende gleichzeitig verwirren, faszinieren und verzaubern.

Die nationale Psyche

Der Tourismus erwirtschaftet jedes Jahr rund 430 Mio. € an ausländischen Einkünften für Nepal und es wird geschätzt, dass das von jedem Touristen ausgegebene Geld 10 oder 11 Nepalesen unterstützt.

Die am stärksten dominierenden nepalesischen Kulturbegriffe sind wohl die von Kaste und Status, die beide zu einem streng definierten System sozialer Hierarchie und Ehrerbietung beitragen. Die Kaste bestimmt nicht nur den Status einer Person, sondern auch ihren beruflichen Weg und ihren Ehepartner, wie diese Person mit anderen Nepalis interagiert und wie andere sie im Gegenzug behandeln. Dieses Hierarchiesystem erstreckt sich sogar bis in die Familie, in der jeder einen klar definierten Rang einnimmt. Die nepalesische Sprache hat ein halbes Dutzend Wörter für „du" oder „Sie", die jeweils unterschiedliche Schattierungen des Respekts ausdrücken.

Wenn es um ihre religiösen Ansichten geht, sind die Nepalesen bewundernswert flexibel, pragmatisch und vor allem tolerant – in Nepal gibt es kaum religiöse oder ethnische Spannungen. Nepalesen sind im Allgemeinen gut gelaunt und geduldig, sie lächeln gerne und werden selten zornig, obwohl sie auch einen Ruf als erbitterte Kämpfer haben.

Die nepalesische Weltanschauung wird dominiert von Gebet und Ritual und dem Wissen, dass die Götter keine entfernten, abstrakten Konzepte sind, sondern lebende, gegenwärtige Wesen, die menschliche Angelegenheiten auf sehr direkte Weise beeinflussen können. Nepalesen nehmen das Göttliche überall wahr, von der Begrüßung *namaste,* was wörtlich „Ich grüße das Göttliche in dir" bedeutet, bis zu den Geistern und Göttern, die in Bäumen, Pässen, heiligen Flussmündungen und Berggipfeln präsent sind.

TIGER BEWEGEN

Das nationale Brettspiel Nepals heißt *Bagh Chal,* was wörtlich „Tiger bewegen" bedeutet. Das Spiel wird auf einem linierten Brett mit 25 sich kreuzenden Punkten gespielt. Ein Spieler hat vier Tiger, der andere hat 20 Ziegen. Der Tigerspieler muss fünf Ziegen „fressen", indem er über sie springt, bevor der Ziegenspieler die Tiger einkreisen und somit am Bewegen hindern kann. In Kathmandu und Patan, dem Herstellungsort, gibt es attraktive Messingsets von *Bagh Chal* zu kaufen.

Nepals anderes beliebtes Spiel ist *Carrom*, das aussieht wie Fingerbillard. Die Spieler benutzen runde Spielsteine, die über ein Kreidebrett gleiten, um andere Steine in die Ecktaschen zu befördern.

Die Vorstellungen von Karma und Kaste, in Verbindung mit einer verworrenen Bürokratie und tief verwurzelter Korruption, führen zu einem endemischen Gefühl des Fatalismus in Nepal. Bei Problemen reagieren viele Nepalesen einfach mit einem Achselzucken und dem Satz *khe garne?*, „Was kann man schon machen?", was Westler oft frustrierend, aber auch sonderbar anziehend finden.

Traditioneller Lebensstil

Die Eckpfeiler des nepalesischen Lebens sind die Ansprüche (und auch die Anerkennung) der Familie, der ethnischen Gruppe und der Kaste. Wer diese altehrwürdigen Traditionen zu brechen wagt, riskiert den Ausschluss aus Familie und Gemeinschaft. Während junge Nepalesen, besonders in städtischen Gebieten, zunehmend von westlichen Werten und Lebensweisen beeinflusst werden, lebt die Mehrheit der Menschen nach wie vor nach traditionellen Bräuchen und Prinzipien.

In den meisten ethnischen Gruppen leben Großfamilien unter einem Dach. In einigen kleineren Dörfern bilden ausgedehnte Clans die gesamte Gemeinschaft. Das traditionelle Familienleben ist verdrängt worden, da viele nepalesische Männer sich gezwungen sahen, eine Arbeit fern der Heimat zu suchen, sei es in Kathmandu oder im Terai oder gar im Ausland in Indien, Malaysia oder den Golfstaaten.

Arrangierte Ehen bleiben in der nepalesischen Hindugesellschaft die Norm und finden normalerweise zwischen Angehörigen derselben Kaste oder ethnischen Gruppe statt, obwohl es immer mehr „Liebeshochzeiten" gibt. Kinderehen sind seit 1963 illegal und heute liegt das durchschnittliche Heiratsalter für Mädchen mit Schulbildung bei knapp 19 Jahren. Bei Mädchen ohne Schulbildung liegt es bei knapp 17 Jahren. Die familiären Verbindungen, die durch eine Ehe entstehen, sind ebenso eine persönliche Angelegenheit wie ein gesellschaftlicher Vertrag, und die meisten Familien konsultieren Heiratsvermittler und Astrologen, wenn sie eine so wichtige Entscheidung treffen.

Keine eigenen Kinder haben zu wollen, ist aus nepalesischer Sicht nahezu unvorstellbar, und nepalesische Frauen zeigen oft Mitleid mit Kinderlosen. Einen Sohn zu haben ist wichtig, besonders für Hindufamilien, da einige religiöse Riten (wie das Anzünden des Scheiterhaufens, um einen friedlichen Übergang in das nächste Leben zu gewährleisten) nur vom ältesten Sohn ausgeführt werden können. Mädchen werden von vielen Gruppen als finanzielle Belastung betrachtet, deren Ehre geschützt werden muss, bis sie verheiratet sind.

Kinder gehen bis zu zwölf Jahre lang in die Schule. 70 % der Kinder beginnen mit dem Schulbesuch, aber nur 15 % erreichen ihr zehntes Schuljahr, das Jahr der Abschlussprüfung. Viele Dörfer haben nur eine Grundschule, was bedeutet, dass die Kinder entweder jeden Tag weite Strecken laufen oder in einer größeren Stadt eine weiterführende Internatsschule besuchen müssen. Das Verhältnis von Jungen zu Mädchen an weiterführenden Schulen kann fast 2:1 zugunsten von Jungen betragen.

Trotz der rasanten Verstädterung – über 40 % der Nepalesen leben heute in städtischen Zentren – gibt es immer noch eine beträchtliche Anzahl von ländlichen und armen Menschen. Die Landwirtschaft ist nach wie vor ein wichtiger Beruf, und die Verschuldung ist ein Faktor im Leben der meisten Menschen. Große Flächen sind immer noch im Besitz der *zamindars* (Verpächter) und bis zu 50 % der Produktion eines landlosen Bauern können als Pacht an den Grundeigentümer gehen.

Die meisten nepalesischen Familien im ländlichen Raum sind bemerkenswert selbstversorgend und verkaufen überschüssige Lebensmittel in der nächsten Stadt, wo sie sich mit Zucker, Seife, Zigaretten, Tee, Salz, Kleidung und Schmuck eindecken. In ganz Nepal hat dieser

Christoph von Fürer-Haimendorf untersuchte in *Himalayan Traders* die Veränderungen der Handelsmuster und der traditionellen Kultur der nepalesischen Himalajavölker.

MENSCHEN & KULTUR TRADITIONELLER LEBENSSTIL

Bis zu drei Millionen Nepalesen arbeiten im Ausland – über 40 % in Indien, 38 % in den Golfstaaten, andere in Malaysia und anderswo. Im Fiskaljahr 2015/16 schickten Überseearbeiter/-innen über 5 Mrd. € nach Hause, was ungefähr 29 % des nepalesischen BIP entspricht und Nepals größte Einzelquelle für Devisen darstellt.

Warenaustausch ein dichtes Netz von Wegen geschaffen, die von Händlern und Trägern bis hin zu Maultierkarawanen und Trekkinggruppen genutzt werden.

Die Rhythmen des dörflichen Lebens sind von den Jahreszeiten bestimmt und durch Feste gekennzeichnet, von denen Neujahr, Ernte und religiöse Feste die wichtigsten sind. Dashain ist das größte Kalenderereignis im Mittelgebirge. Zu diesem Anlass kommen die meisten nepalesischen Familien zusammen.

Ältere Menschen sind angesehene Mitglieder der Gemeinschaft und werden von ihren Kindern versorgt. Das Alter ist eine Zeit für Entspannung, Gebet und Meditation. Die Toten werden in der Regel eingeäschert und die Söhne der Verstorbenen rasieren nach dem Tod ein Jahr lang ihre Köpfe und tragen weiße Kleidung.

Einwohner

Die Website www.mountainvoices.org/nepal.asp.html enthält eine interessante Sammlung von Interviews mit nepalesischen Bergvölkern zu einer Vielzahl von Themen.

Nepal hat derzeit eine Bevölkerung von etwa 30 Millionen (Schätzung 2017), eine Zahl, die jährlich um 1,35 % zunimmt. Über 2,5 Millionen Menschen leben im Kathmandu-Tal und rund eine Million in Kathmandu selbst. Vier Millionen Nepalesen leben in Indien. Etwa die Hälfte der Bevölkerung Nepals lebt in den fruchtbaren Flachlandgebieten des Terai, das gleichzeitig die industrielle Basis des Landes bildet, und die Bevölkerungszahlen hier nehmen rasant zu.

Menschen

Die menschliche Geografie Nepals ist ein bemerkenswertes kulturelles Mosaik von Völkern, die sich nicht so sehr assimiliert, aber dafür gelernt haben, nebeneinander zu existieren. Die ethnischen Spaltungen sind komplex und zahlreich; es ist nicht ganz einfach, Limbu, Lepcha, Lhopa und Lhomi voneinander zu unterscheiden – und das sind nur die Ls!

Nepal ist der Schmelztiegel der indisch-arischen Völker aus Indien und der mongolischen Völker des Himalaja. Es gibt in der Hauptsache drei physische und kulturelle Zonen, die von Ost nach West verlaufen: der Norden einschließlich Himalaja, das Mittelgebirge und das Terai. Die Völker, die in diesen Zonen leben, haben ihren jeweiligen Lebensstil und ihre Anbaumethoden an die jeweilige Umgebung angepasst, aber dank der zerklüfteten Topografie Nepals hat jedes seine eigenen Traditionen beibehalten. Soziale Tabus, besonders unter den kastenzugehörigen Hindus, haben die weitere Assimilation zwischen den Gruppen eingeschränkt.

NEPALESISCHE NAMEN

Der Name einer nepalesischen Person sagt sehr viel über sie aus, einschließlich ihrer Kaste, ihres Berufes, ihrer ethnischen Zugehörigkeit und ihres Wohnorts. Gurung und Sherpa sind ethnische Gruppen und gleichzeitig Nachnamen. Der Nachname Bista oder Pant weist darauf hin, dass die Person ein Brahmane ist und ursprünglich aus Westnepal stammt. Devkota weist hingegen auf einen Ursprung im Osten hin. Thapa, Pande und Bhasnet sind Namen von Mitgliedern der ehemaligen Rana-Herrscherfamilie. Shrestha ist ein hochkastiger Newar-Name. Die Initialen KC stehen oft für Khatri Chhetri, einen gemischten Kastennamen. Der Familienname Kami ist das nepalesische Pendant zu Schmidt.

Sherpa-Namen verraten sogar, an welchem Wochentag die Person geboren wurde: Dawa (Montag), Mingmar (Dienstag), Lhakpa (Mittwoch), Phurba (Donnerstag), Pasang (Freitag), Pemba (Samstag) und Nyima (Sonntag). Das einzige, was sich von einem Sherpa-Namen nicht ableiten lässt, ist das Geschlecht: Lhakpa Sherpa könnte ein Mann oder eine Frau sein!

Nepals verschiedene ethnische Gruppen sprechen zwischen 24 und 123 Sprachen und Dialekte, je nachdem, wie fein unterschieden wird. Nepali fungiert als verbindende Sprache, obwohl weniger als die Hälfte der Bevölkerung Nepali als Muttersprache spricht.

Menschen des Himalaja

Die robusten tibetischen Völker, die den hohen Himalaja bewohnen, sind in Nepal als Bhotias (Bhotiyas) bekannt, ein leicht abwertender Begriff unter den Kasten-Hindus. Die einzelnen Gruppen sind verschieden, aber ihre Sprachen gehen allesamt auf tibetische Wurzeln zurück und mit wenigen Ausnahmen handelt es sich um tibetische Buddhisten.

Die Namen der Bhotiyas verbinden die Region, aus der sie kamen, mit dem Suffix „pa" und umfassen die Sherpas (wörtlich „Menschen aus dem Osten") der Everest-Region, die Dolpopas des Westens und die Lopas oder Lobas (wörtlich „Südländer") aus der Region Mustang.

Das Verwelken der Handelsrouten des Trans-Himalaja und die Widrigkeiten der Landwirtschaft und der Viehhaltung in großer Höhe treiben diese Menschen im Winter in tiefere Lagen, entweder um ihre Tiere zu weiden oder um in Indien und im Terai Handel zu betreiben. Neben dem Tourismus bleiben Yak-Hüten und die Gerstenernte die wirtschaftlichen Grundlagen des Himalaja-Hochlands.

Thakali

Die Thakali stammen aus dem Kali-Gandaki-Tal in Zentralnepal und haben sich zu den Geschäftsleuten von Nepal gemausert. Einst spielten sie eine wichtige Rolle im Salzhandel zwischen dem Subkontinent und Tibet. Heute treffen Reisende sie am ehesten in ihren modernen Rollen als Hoteliers und Lodgebesitzer, besonders rund um den Annapurna Circuit. Die pragmatischen Thakali waren ursprünglich Buddhisten, viele haben aber mittlerweile den Hinduismus übernommen.

Tamang

Die Tamang sind eine der größten Volksgruppen des Landes. Sie leben hauptsächlich in den Hügeln nördlich von Kathmandu und haben einen bemerkenswert starken tibetischen Einfluss, von ihren Klöstern, bekannt als *ghyang,* zu den Mani-Mauern, die den Eingang zu ihren Dörfern markieren. Entlang des Tamang Heritage Trail können Reisende in traditionellen Tamang-Dörfern unterkommen.

Erzählungen zufolge waren die Vorfahren der Tamang Pferdehändler und Kavalleristen einer eindringenden tibetischen Armee, die sich in Nepal niederließ. Sie sind für ihre Unabhängigkeit und ihre Abneigung gegen Autoritäten bekannt, was wahrscheinlich darauf zurückzuführen ist, dass sie im 19. Jh. in einen niedrigen Status zurückversetzt wurden, während ein großer Teil ihres Landes an Bahun und Chhetri verteilt wurde. Als Zwangsarbeiter waren sie auf niedere Arbeiten wie das Lastentragen angewiesen. Viele der „tibetischen" Souvenirs, Teppiche und Thangkas (religiöse Gemälde), die in Kathmandu zu sehen sind, stammen von Tamang.

Tibeter

Ungefähr 20 000 der weltweit 130 000 Tibeter im Exil leben in Nepal. Die meisten von ihnen wurden hier geboren und sind offiziell staatenlos. Obwohl ihre Zahl gering ist, haben die Tibeter ein hohes Ansehen, nicht zuletzt wegen ihrer wichtigen Rolle im Tourismus und in der tibetischen Teppichindustrie.

Tibeter sind fromme Buddhisten und ihre Ankunft im Tal hat eine Reihe von wichtigen religiösen Stätten verjüngt, vor allem die Stupas in Swayambhunath (S.125) und Bodhnath (S.141). An diesen beiden Orten liegt ein ständiges Summen in der Luft von Tibetern, die hier beten, Gebetsmühlen drehen und gemächlich die großen Stupas umkreisen.

Jahrzehntelang begingen tibetische Flüchtlinge in Nepal den Jahrestag des gescheiterten Aufstands von 1959 gegen die chinesische Herrschaft in Tibet mit alljährlichen Protesten. In den letzten Jahren haben die nepalesischen Behörden jedoch aufgrund des zunehmenden Einflusses chinesischer Investitionen und politischer Macht begonnen, die Demonstranten zu unterdrücken. Die Polizei beruhigt jetzt schnell die Proteste in wichtigen Gebieten wie in der Nähe der chinesischen Botschaft und Bodhnath, was die Beziehungen zwischen der tibetischen Gemeinschaft und der nepalesischen Regierung weiter belastet.

Sherpas

Die Sherpas, die hoch in den Bergen Ost- und Zentralnepals leben, sind wahrscheinlich die bekannteste Ethnie in Nepal. Diese nomadischen tibetischen Hirten zogen vor 500 Jahren aus Osttibet in die Region Solu Khumbu in Nepal, brachten ihre tibetisch-buddhistische Religion mit und errichteten die wunderschönen Gompas (Klöster), die die steilen Hügel zieren. Traditionell erkannte man Sherpas an ihrer tibetischen Kleidung, aber moderne Sherpas haben einen westlichen Kleidungsgeschmack entwickelt, der ihren relativ hohen Verdiensten entspricht. Sie sind mit der Khumbu-Region rund um den Mount Everest verbunden, obwohl nur ein kleiner Prozentsatz der Sherpas tatsächlich im Khumbu lebt. Der Rest lebt in den unteren Tälern der Region Solu. Im späten 19. Jh. wurden Kartoffeln in der Region eingeführt; sie sind heute die wichtigste Nutzpflanze der Sherpas.

Der Tourismus kam nach dem Zusammenbruch des Handels über den Nangpa La im Jahr 1959, als die Chinesen Tausende Soldaten entsandten, um ihren Anspruch auf Tibet durchzusetzen. Heutzutage ist der Begriff „Sherpa" ein Synonym für Bergsteigen und Trekking, und Sherpas arbeiten häufig als Bergführer und als Inhaber von Reisebüros und Trekking Lodges.

Menschen des Mittelgebirges

Das Mittelgebirge von Nepal ist ideal, um das Dorfleben in seiner traditionellsten Form kennenzulernen. Im Osten leben die Kirati, die in die Rai und Limbu unterteilt sind. Die Newar dominieren die zentralen Hügel rund um das Kathmandu-Tal, während die Magar und Gurung die Hügel des Kali Gandaki nordwestlich von Pokhara bewohnen.

Im Westen sind die Bahun und Chhetri die dominanten Gruppen, obwohl die Grenzen zwischen den Kasten im Laufe der Zeit verschwommen sind.

Rai und Limbu

Es wird vermutet, dass die Rai und Limbu im 7. Jh. v.Chr. im Kathmandu-Tal herrschten, bis sie um 300 n.Chr. besiegt wurden. Anschließend zogen sie sich in das steile Hügelland im Osten Nepals zurück, vom Arun-Tal bis zur Sikkim-Grenze, wo viele noch heute leben. Andere sind als Wirtschaftsmigranten in das Terai oder nach Indien gezogen. Viele Rai arbeiten als Träger im Mittelgebirge.

Diese Stämme, die sich selbst als Kirati bezeichnen, lassen sich aufgrund ihrer mongolischen Züge leicht erkennen. Sie sind tibetisch-burmesischer Herkunft und ihre traditionelle Religion unterscheidet sich vom Buddhismus und Hinduismus, obwohl Letzterer einen wachsenden Einfluss ausübt. Diese Jäger-Krieger aus dem Himalaja gelten

Sherpas: Reflections on Change in Himalayan Nepal von James F. Fisher bietet eine anthropologische Momentaufnahme, wie Tourismus und Modernisierung das religiöse und kulturelle Leben der Sherpas beeinflusst haben. Fisher arbeitete in den 1960er-Jahren mit Edmund Hillary im Khumbu-Gebiet und brachte die ersten Schulen und die erste Flugzeuglandebahn in die Region.

Trotz klischeehafter westlicher Überzeugungen sind Sherpas eigentlich nur sehr wenig als Gepäckträger tätig und konzentrieren sich vor allem auf Expeditionsarbeiten in großer Höhe. Die meisten Träger, die man unterwegs sieht, sind Tamang oder Rai oder andere Volksgruppen.

immer noch als hervorragende Soldaten und sind in den Gurkha-Regimentern gut vertreten.

Viele der Männer tragen auch heute noch ein großes *khukuri* (traditionelles gebogenes Messer) im Gürtel und eine *topi* (traditionelle Mütze) auf dem Kopf. Einige Gemeinden im oberen Arun leben in Bambushäusern.

Newar

Die Newar des Kathmandu-Tals zählen etwa 1,3 Millionen und machen 5 % der Bevölkerung aus. Ihre Sprache, Newari, unterscheidet sich von Tibetisch, Nepali oder Hindi und gilt als eine der schwierigsten Sprachen der Welt. Die Newar sind ausgezeichnete Bauern und Kaufleute sowie begabte Künstler, die sich in ganz Asien einen Namen gemacht haben. Das Kathmandu-Tal ist mit spektakulären Beispielen ihrer künstlerischen Arbeit gespickt und ihr ästhetischer Einfluss gelangte bis nach Lhasa.

Ihre Herkunft ist geheimnisumwittert: Die meisten Newar haben sowohl mongolische als auch kaukasische physische Eigenschaften. Es ist allgemein anerkannt, dass ihre Vorfahren Migranten unterschiedlicher ethnischer Herkunft waren, die sich über Jahrhunderte im Kathmandu-Tal niederließen – möglicherweise waren dies die Kirati oder eine noch frühere Gruppe.

Die Newar führen eine gemeinschaftliche Lebensweise und haben mehrere einzigartige Bräuche entwickelt, darunter die Verehrung der Kumari, eines Mädchens, das als lebende Göttin gilt, und die jährlichen Wagenfeste, die den Höhepunkt des kulturellen Lebens im Tal darstellen. Das Leben in der Nähe des Machtzentrums bedeutete auch, dass viele Newar in den Bürokratien von Kathmandu tätig wurden.

Traditionell tragen Newar-Männer eine *suruwal* (Hose, die an der Hüfte locker sitzt und nach unten schmaler wird, wie eine Reithose), ein *daura* (oberschenkellanges zweireihiges Hemd), eine Weste oder einen Mantel sowie die traditionelle Kopfbedeckung *topi*. Newar-Kasten sind u. a. die Sakya (Priester), Tamrakar (Metallgießer) und die Jyapu (Bauern). Jyapu-Frauen tragen einen schwarzen Sari mit roter Umrandung, während die Männer oft die traditionelle Hose und das Hemd mit einem langen Stück Baumwolle um die Taille tragen.

Gurung

Die Gurung, ein tibetisch-burmesisches Volk, leben hauptsächlich im zentralen Mittelland, von Gorkha und Baglung bis nach Manang und zu den Südhängen der Annapurnas rund um Pokhara. Eine der größten Gurung-Siedlungen ist Ghandruk mit ihrem weitläufigen Blick auf die

Das traditionelle Vorurteil gegen Töchter spiegelt sich im bitteren nepalesischen Sprichwort wider: „Ein Mädchen aufzuziehen ist wie den Garten des Nachbarn zu wässern."

GURKHAS: DIE TAPFERSTEN DER TAPFEREN

Gurkhas sind berühmte Soldaten, die mit unübertroffener Tapferkeit, Hartnäckigkeit und Loyalität in Verbindung gebracht werden und ein sehr großes, sehr scharfes Messer mit sich tragen – das *khukuri*. Nepalesen, die nach dem anglo-nepalesischen Krieg in die britische Ostindienarmee eintraten und sich später bei den britischen und indischen Armeen einschrieben, wurden als Gurkhas bekannt. Die Briten prägten den Namen, abgeleitet von der Stadt Gorkha zwischen Kathmandu und Pokhara, die die Heimat von Prithvi Narayan Shah, dem Gründerkönig von Nepal, war.

Großbritannien unterhält immer noch Gurkha-Rekrutierungszentren in Nepal, vor allem in Pokhara, wo es ein Gurkha-Museum gibt (S. 233). Die meisten Gurkhas sind Rai, Limbu, Gurung und Magar in ungefähr gleicher Anzahl, obwohl Gurkha-Regimenter auch Rekruten anderer ethnischer Gruppen aufnehmen.

MADHESI

Wer sind die Madhesi? Im Allgemeinen bezieht sich der Begriff auf mehrere identifizierbare Gruppen (basierend auf Sprache und Religion), die ihren Ursprung in Indien haben und sich im Terai niedergelassen haben. Er umfasst Muslime und Abadhi sprechende Menschen im westlichen Terai, Maithili-Sprecher des östlichen Terai und Bhojpuri sprechende Menschen aus dem zentralen Terai. Tharu und Migranten aus den Bergen identifizieren sich im Allgemeinen nicht als Madhesi.

Die Migration von Indien in den Terai wurde bereits Ende des 18. Jhs. von Nepals Herrschern gefördert. Dennoch hatten diese nepalesischen Bürger lange das Gefühl, nicht vollständig gleichgestellt mit den Menschen aus den Bergen zu sein. Daher ist der Begriff eher politisch als auf eine bestimmte Rasse oder Kultur bezogen. Dies wurde besonders deutlich, als Madhesi-Aktivisten im Jahr 2015 die lebenswichtigen Brennstoffimporte Nepals aus Indien blockierten. Madhesi-Gruppen haben seither Zugeständnisse in der nepalesischen Verfassung erhalten, was möglicherweise eine größere politische Vertretung bei den Wahlen 2017 ermöglicht.

Annapurnas und den Machhapuchhare. Gurung-Frauen tragen *phuli* genannte Nasenringe und Korallenketten.

Die Gurung (die sich selbst als Tamu oder Hochländer bezeichnen) wanderten ursprünglich aus Westtibet ein und brachten ihren animistischen Bön-Glauben mit. Ein markanter Aspekt des Dorflebens ist die *rodi,* eine Mischung aus Rathaus und Jugendzentrum, wo die Jugendlichen abhängen und gemeinsame Dorfaufgaben geplant werden. In den 1970er-Jahren gingen Fotografien der beängstigend tapferen Kunst des Honigsammelns von Gurung-Männern um die Welt. Die Honigernte wird immer noch durchgeführt, aber die wachsende Nachfrage durch Touristen hat Fragen zu ihrer Nachhaltigkeit aufgeworfen.

> Sowohl Magar als auch Gurung haben eine große Anzahl von Gurkha-Regimentern gebildet, und die Militäreinkommen haben wesentlich zur Wirtschaft ihrer Regionen beigetragen.

Magar

Die große Bevölkerungsgruppe der Magar (etwa 8 % der Gesamtbevölkerung) sind ein tibetisch-burmesisches Volk, das in vielen Teilen des Mittellands von West- und Zentralnepal lebt. Bei einer derart großen geografischen Verbreitung bestehen erhebliche regionale Unterschiede.

Die Magar sind hervorragende Soldaten und kämpften mit Prithvi Narayan Shah für die Vereinigung Nepals. Ihr Königreich Palpa (mit Sitz in Tansen) gehörte zu den letzten, die in ein vereintes Nepal eingegliedert wurden.

Die Magar leben gewöhnlich in zweistöckigen rechteckigen oder quadratischen, mit rotem Lehm getünchten Häusern. Sie sind stark vom Hinduismus beeinflusst, und in Bezug auf Religion, Landwirtschaft, Unterkunft und Kleidung sind sie nur schwer von den Chhetri zu unterscheiden.

Bahun & Chhetri

Die hinduistischen Kastengruppen der Bahun und Chhetri dominieren das Mittelgebirge und machen 30 % der Bevölkerung des Landes aus.

Obwohl das Kastensystem 1963 formell abgeschafft wurde, stehen diese beiden Gruppen nach wie vor an der Spitze der Kastenhierarchie. Im Hinduismus gibt es zwar keine formale Beziehung zwischen Kaste und ethnischer Zugehörigkeit, aber Nepals Bahun und Chhetri (Brahmanenpriester bzw. Kshatriya-Krieger) gelten als ethnische Gruppen wie auch als die beiden obersten Kasten.

> Bahun- und Chhetri-Männer können an ihrem heiligen Garnstück erkannt werden – dem Janai, getragen über der linken Schulter und unter dem rechten Arm – der einmal jährlich während des Janai-Purnima-Fests gewechselt wird.

Bahun und Chhetri spielten eine wichtige Rolle am Hof und in den Armeen von Prithvi Narayan Shah; nach der Vereinigung wurden sie mit Landstrichen belohnt. Ihre Sprache, Khas Kura, wurde dann zur

Nationalsprache Nepals und ihre im Kastenwesen hochrangige Stellung wurde religiös, kulturell und rechtlich gestärkt. Seitdem dominieren Bahun und Chhetri die Regierung in Kathmandu und stellen über 80 % der Mitarbeiter im öffentlichen Dienst.

Einige Bahun und Chhetri waren in den Schah- und Rana-Dynastien als Steuereintreiber tätig, und bis heute sind viele von ihnen einflussreiche Geldverleiher. Außerhalb des Kathmandu-Tals sind die meisten dieser Gruppen einfache Bauern, die sich kaum von ihren Nachbarn unterscheiden lassen.

Die Bahun sind tendenziell kastenbewusster und orthodoxer als andere nepalesische Hindus, was manchmal zu Schwierigkeiten in Beziehungen mit „unberührbaren" Westlern führen kann. Viele sind Vegetarier und trinken keinen Alkohol. Ehen werden ausschließlich innerhalb der eigenen Kaste arrangiert.

Menschen des Terai

Bis zur Ausrottung der Malaria in den 1950er-Jahren lebten in den Tälern des inneren Terai und entlang eines großen Teils des eigentlichen Terai nur Tharu und einige kleine Gruppen, die eine natürliche Immunität gegen diese Krankheit hatten. Nach der Öffnung des Terai für die Entwicklung siedelten viele Völker aus dem Mittelland hier an – jede Gruppe ist vertreten und rund 50 % der Nepalesen leben in der Region.

Mehrere große Gruppen besiedeln einen anderen Teil des Terai – das Grenzgebiet zwischen Indien und Nepal. Im östlichen Terai dominiert das Maithili-Volk; im zentralen Terai leben viele Bhojpuri-Sprecher und im westlichen Terai vor allem Abadhi-Sprecher. Alle sind im Grunde Kulturen der Gangesebene, und die hinduistische Kastenstruktur wird strikt eingehalten.

Tharu

Eine der sichtbarsten Gruppen sind die Tharu, von denen man annimmt, dass sie die frühesten Bewohner des Terai sind und entweder von Rajputs aus Rajasthan oder dem königlichen Clan von Sakya, der Familie des Buddha, abstammen. Mehr als 1,5 Millionen Tharu-Sprecher bewohnen den gesamten Terai, einschließlich des inneren Terai rund um die Region Chitwan, obwohl die Mehrheit im Westen lebt.

Tharu-Clans lebten traditionell in strohgedeckten Hütten mit Flechtwerk- und Lehmwänden oder in traditionellen Langhäusern. Ihr Glaube ist weitgehend animistisch und beinhaltet die Verehrung von

MENSCHENHANDEL IN NEPAL

Der Handel mit Mädchen ist ein großes Problem in den verarmten ländlichen Gebieten Nepals. Es wird angenommen, dass jedes Jahr 10 000 bis 15 000 Mädchen durch Täuschung oder Verkauf in einem Leibeigenenverhältnis als Hausangestellte, Fabrikarbeiterinnen oder Prostituierte landen. Zudem wird angenommen, dass über 100 000 nepalesische Frauen in indischen Bordellen arbeiten, oft unter sklavenähnlichen Bedingungen, und etwa die Hälfte dieser Frauen wird für HIV-positiv gehalten. Wenn offensichtliche AIDS-Symptome diese Frauen in die Arbeitslosigkeit zwingen, schaffen es einige, nach Nepal zurückzukehren. Sie werden jedoch von ihren Familien ausgestoßen und es gibt praktisch keine Unterstützung für sie oder ihre Kinder.

In den Tharu-Gebieten von Dang und Bardia war es einst üblich, junge Töchter im Alter von sieben bis zehn Jahren zu verkaufen, damit diese als *kamlaris*, vertraglich verpflichtete Sklavinnen, in den Familien wohlhabender Haushalte hoher Kastenzugehörigkeit arbeiteten. Diese Praxis wurde 2000 für illegal erklärt und dies in einer Proklamation aus dem Jahr 2006 bekräftigt.

Waldgeistern und angestammten Gottheiten; der Hinduismus nimmt jedoch zunehmend Einfluss.

Über Generationen hinweg wurden viele Tharu von *zamindars* ausgebeutet und verschuldet oder in Schuldknechtschaft genommen. Im Jahr 2000 wurden die *kamaiyas* (Zwangsarbeiter) durch staatliche Gesetze befreit, aber es wurde wenig getan, um diesen Menschen zu helfen, die jetzt ohne Land und Arbeit sind. Folglich finden sich in den meisten Terai-Städten im Westen Nepals daher Hausbesetzersiedlungen von ehemaligen *kamaiyas*. Besucher des Chitwan- oder des Bardia-Nationalparks können Tharu-Dörfer besichtigen, bei Gastfamilien in den Dörfern übernachten und sich von traditionellen Tänzen unterhalten lassen. Viele Tharu arbeiten als Wildtierführer in der Tourismusbranche.

Maithili

Mithila war ein altes Königreich, auch als Videha bekannt, das sich um die heutige Stadt Janakpur in Ostnepal ausbreitete. Die Bewohner der Region Mithila, die Maithili, sprechen ihre eigene Sprache und ihr einstiges Königreich ist heute zwischen Indien und Nepal aufgeteilt. Maithili sind orthodoxe Hindus, die neben einigen althergebrachten animistischen Einflüssen hauptsächlich Shiva, Shakti und Vishnu verehren. Heute sind sie am bekanntesten für die rätselhafte naive Kunst (S.324), die von den Frauen der Gemeinschaft angefertigt wird.

Frauen in Nepal

Frauen haben es in Nepal schwer. Weibliche Sterblichkeitsraten sind höher als bei Männern, Alphabetisierungsraten sind niedriger und Frauen arbeiten im Allgemeinen härter und länger als Männer – bei geringerer Entlohnung. Frauen gewinnen in der traditionellen Gesellschaft nur dann wirklich an Status, wenn sie ihrem Ehemann einen Sohn schenken. Kinder zu haben ist so wichtig, dass ein Mann legal eine zweite Frau nehmen kann, wenn die erste nach zehn Jahren kein Kind bekommen hat.

Die nepalesische Gesellschaft ist stark patriarchalisch geprägt, obwohl dies bei Himalaja-Gemeinschaften wie den Sherpas, wo Frauen oft das Sagen haben (und die Lodge managen), weniger der Fall ist. Jungen werden stark bevorzugt gegenüber Mädchen. die oft als Letzte essen und als Erste aus der Schule genommen werden, wenn finanzielle Schwierigkeiten auftreten. Nepal hat eine nationale Alphabetisierungsrate von 64%, wobei die Rate bei Frauen nur 53% beträgt.

Selbst im kosmopolitischen Kathmandu unterliegen Themen wie Menstruation noch immer Tabus in der konservativen nepalesischen Gesellschaft. Während ihrer ersten Periode gelten Mädchen als „unantastbar" und Frauen können während der Menstruation von männlichen Familienmitgliedern isoliert werden, da sie als „unrein" gelten. 2017 wurde eine Frauenrechtlerin von ihren konservativen Nachbarn angegriffen und der Hexerei beschuldigt. Zu ihren Angreifern gehörten auch andere Frauen.

Das jährliche Teej-Fest ist das größte Fest für Frauen, obwohl es ironischerweise ihre Ehemänner ehrt. Die Aktivitäten umfassen Schlemmerei, Fasten, rituelles Baden (in den roten und goldenen Saris, in denen sie geheiratet haben) und rituelle Opfergaben.

Das aufschlussreiche *The Violet Shyness of their Eyes: Notes from Nepal* von Barbara J. Scot und *Nepali Aama* von Broughton Coburn, das von einer bemerkenswerten Gurung-Frau handelt, beschreiben das Leben und die Rolle der nepalesischen Frauen.

Religion

Religion durchdringt die meisten Aspekte des nepalesischen Lebens. Von den einfachen frühmorgendlichen Opfergaben eines Ladenbesitzers in Kathmandu bis hin zu den rhythmischen Gesängen buddhistischer Mönche in einem Bergkloster – religiöse Rituale prägen den Alltag und stärken die jahrhundertealte Tradition. Indische und tibetische Einflüsse verschmelzen nahtlos in der nepalesischen religiösen Sphäre, wo Hinduismus und Buddhismus Tempel und Gottheiten teilen und wo antike Elemente des Animismus und geheimnisvolle tantrische Praktiken in einer fabelhaften, extravaganten und vor allem toleranten Mischung bestehen.

Hinduismus

Der Hinduismus ist eine polytheistische Religion, deren Ursprung auf die arischen Stämmen Zentralindiens vor etwa 3500 Jahren zurückgeht. Hindus glauben an einen Kreislauf von Leben, Tod und Wiedergeburt, mit dem Ziel von *moksha* (Befreiung) aus diesem Zyklus. Mit jeder Wiedergeburt kann man sich *moksha* nähern oder sich davon entfernen; der entscheidende Faktor ist das Karma, buchstäblich ein Gesetz von Ursache und Wirkung. Der Buddhismus adaptierte dieses Konzept später als eines seiner Kernprinzipien.

Das Leben eines nepalesischen Hindus wird von 16 großen Riten (*sanskar* oder *samskara*) bestimmt, von der Haarschneidezeremonie

> Die Könige von Nepal genossen lange Zeit eine zusätzliche Legitimität ihrer Herrschaft, weil sie als Inkarnationen von Vishnu angesehen wurden.

PUJA & OPFERGABEN

Jeden Morgen kann man überall in Nepal Hindufrauen sehen, die mit einem Teller (meistens aus Kupfer) voller Leckereien durch die Straßen laufen. Diese Frauen tragen kein Frühstück aus, sondern nehmen an einem wichtigen täglichen Ritual teil, der *puja*. Der Teller kann Blütenblätter, Reis, Joghurt, Obst oder Süßigkeiten enthalten und ist ein Opfer für die Götter im lokalen Tempel. Die einzelnen Opfergaben werden in einer festgelegten Reihenfolge auf eine Tempelgottheit gestreut und eine Glocke wird geläutet, um die Götter wissen zu lassen, dass ein Opfer dargebracht wird. Sobald eine Opfergabe dargebracht wurde, verwandelt sie sich in einen heiligen Gegenstand und ein kleiner Teil (als *prasad* bezeichnet) wird dem Geber von der Gottheit als Segen zurückgegeben. Wenn sie von ihrem Morgenausflug nach Hause kommt, übergibt die Frau jedem Mitglied des Haushalts einen kleinen Teil der gesegneten Opfergaben.

Ringelblumen und Süßigkeiten sind den schrecklicheren Göttern Nepals – allen voran Kali und Bhairab – nicht genug. Sie benötigen ein wenig mehr Beschwichtigung in Form von blutigen Tieropfern. Die blutigen Schlachtungen von Hühnern bis Wasserbüffeln finden in Dakshinkali (S. 193) im Kathmandu-Tal, im Manakamana-Tempel (S. 221) und im Kalika-Tempel in Gorkha statt sowie während des jährlichen Dasain-Fests (S. 319) im Oktober, wenn diese Tempel buchstäblich vom Blut der Opfertiere getränkt werden.

Das umstrittene fünfjährliche Gadhimai-Festival beinhaltete traditionell die Schlachtung von Zehntausenden Büffeln, Ziegen, Hühnern und sogar Ratten innerhalb weniger Stunden, doch im Juli 2015 wurde bekannt gegeben, dass das Festival ab 2019 frei von Blutvergießen sein wird.

Sita soll in Janakpur geboren worden sein, und ein Tempel dort markiert den Ort, an dem sie und Rama heirateten. Im November/Dezember findet ein großartiges Festival auf dessen Gelände statt.

im Kleinkindalter über die Feier der ersten Reismahlzeit bis hin zu den Todesritualen. Die Kernkonzepte des rituellen Badens, der Reinigung und des Opferns gehen auf die frühesten Wurzeln der Religion zurück.

Trotz üblicher Missverständnisse ist es möglich, ein Hindu zu werden, obwohl der Hinduismus selbst keine missionierende Religion ist. Sobald man einmal Hindu ist, lässt sich die Kaste nicht mehr ändern – man wird in sie hineingeboren und ist für den Rest seines Lebens mit seinem Schicksal verbunden.

Hinduismus in der Praxis

Die hinduistische Religion hat drei grundlegende Praktiken: die *puja* (religiöses Opfer oder Gebet), die Einäscherung der Toten sowie die Regeln und Vorschriften des Kastensystems.

An vielen Flüssen in Nepal sieht man Feuerbestattungen, die heiligsten davon sind die in Pashupatinath. Vor einer Verbrennung wird der tote Körper gewaschen, auf eine Bahre gelegt und mit einem Leichentuch bedeckt. Danach wird die Asche in den Fluss Bagmati gefegt. Vor der Verbrennung des Körpers nimmt der Haupttrauernde (normalerweise der älteste Sohn) ein rituelles Reinigungsbad; zehn Tage später badet die ganze Familie und das Haus wird rituell gereinigt.

In hinduistischen Tempeln kreuzen sich die spirituelle und die profane Welt. Nepalesen besuchen einen Tempel aus vielen Gründen: um Hingabe zu zeigen, für eine *puja*, um einen Segen zu erbitten oder um *darshan* zu erreichen, was bedeutet, eine Gottheit zu sehen, aber auch, von ihr gesehen zu werden. Das zentrale Bild in einem Tempel wird wie ein königlicher Gast behandelt: geweckt, gewaschen, angezogen, gefüttert und vom Priester wieder ins Bett gelegt. Anhänger geben der Gottheit Opfergaben, von Kokosnüssen und Girlanden aus Ringelblumen bis zu Milch, Zinnoberpulver und Weihrauch.

Es gibt vier hinduistische Hauptkasten: Brahmanen (brahmanische Ethnie, Priesterkaste); Kshatriya (Chhetri auf Nepali, Soldaten und Gouverneure); Vaisya (Handwerker und Bauern) und Sudra (niedere Arbeiter und Handwerker). Diese Kasten werden dann unterteilt, obwohl dies in Nepal nicht so extrem ist wie in Indien. Unter allen Kasten sind die Harijans oder „Unberührbaren" – die unterste, kastenlose Klasse, die die niederen und entwürdigenden Aufgaben ausführen.

Hinduistische Götter

Die Pappelfeige, unter der der Buddha die Erleuchtung erlangte, ist auch unter dem sehr passenden lateinischen Namen *Ficus religiosa* bekannt.

Westler haben oft Schwierigkeiten, den Hinduismus zu verstehen, vor allem wegen seines riesigen Pantheons von Göttern. Der beste Weg, die zahlreichen hinduistischen Gottheiten zu betrachten, ist einfach als bildliche Darstellung der vielen Attribute des Göttlichen. Der eine allgegenwärtige Gott hat normalerweise drei physische Darstellungen: Shiva der Zerstörer und Reproduzierer, Vishnu der Erhalter und Brahma der Schöpfer. Die meisten Tempel sind einem dieser Götter geweiht, aber die meisten Hindus sind entweder Vaishnaviten (Anhänger von Vishnu) oder Shaiviten (Anhänger von Shiva).

LINGAM & YONI

Lingam und Yoni sind die häufigsten religiösen Symbole in Nepal, von denen Tausende im ganzen Land zu finden sind. Der phallische Lingam repräsentiert die männliche Energie und insbesondere Shiva, während die vaginale Yoni die weibliche Energie und Parvati symbolisiert. Zusammen symbolisieren sie Hell und Dunkel, Passiv und Aktiv, die Vereinigung von Mann und Frau und die Gesamtheit der Existenz.

TIKA

Ein Besuch in Nepal ist nicht vollständig, ohne eine *tika* von einem der vielen Sadhus (wandernde hinduistische Heilige) oder *pujari* (Hindupriester) angeboten bekommen zu haben. Die allgegenwärtige *tika* ist ein Symbol des Segens der Götter und wird von Frauen und Männern getragen. Sie kann lediglich aus einem kleinen Punkt bestehen oder aus einer Mischung aus Joghurt, Reis und *sindur* (ein rotes Pulver und Senf-Öl-Gemisch), das auf die Stirn geschmiert wird. Die *tika* repräsentiert das allsehende, allwissende dritte Auge, platziert auf einem wichtigen *chakra* (Energiepunkt), und das Empfangen dieses Segens ist ein Bestandteil der meisten hinduistischen Zeremonien. Sie ist ein Zeichen für die göttliche Präsenz bei der jeweiligen Gelegenheit sowie für den Schutz ihres Empfängers. In den Geschäften findet man heutzutage eine riesige Auswahl an winzigen *tikas* aus Kunststoff namens *bindi*, die für nepalesische Frauen zu einem ikonischen Modestatement geworden sind.

Die ältesten Gottheiten sind die elementaren indoeuropäischen vedischen Götter, wie etwa Indra (der Gott des Krieges, der Stürme und des Regens), Suriya (die Sonne), Chandra (der Mond) und Agni (das Feuer). Hinzu kommt eine Reihe alter lokaler Berggeister, die der Hinduismus schnell übernahm. Das Annapurna- und das Ganesh-Himal-Massiv sind nach Hindugottheiten benannt, und Gauri Shankar und der Berg Kailash in Tibet gelten als die Residenzen von Shiva und seiner Parvati.

Shiva

Als Erschaffer und Zerstörer ist Shiva wahrscheinlich der wichtigste Gott in Nepal – also ist es wichtig, ihn an seiner Seite zu haben! Man erkennt Shiva am Dreizack in seiner Hand und an seinem *vahana* (Reittier), dem Stier Nandi, der oft vor Shiva-Tempeln wacht.

Shiva erscheint auch als Nataraja, dessen Tanz den Kosmos erschütterte und die Welt erschuf, und als die schreckliche Manifestation Bhairab, die in 64 verschiedenen Formen auftreten kann, keine von ihnen hübsch.

Shivas Zuhause ist der Berg Kailash in Tibet. Im Kathmandu-Tal wird Shiva am häufigsten als Pashupati verehrt, der „Herr des Viehs". Der Tempel von Pashupatinath (S.135), außerhalb von Kathmandu, ist der wichtigste Hindutempel des Landes. Außerhalb des Kathmandu-Tals wird Shiva am häufigsten als Mahadeva verehrt (Großer Gott), die höchste Gottheit.

Vishnu

Vishnu ist der Bewahrer im hinduistischen Glauben. In Nepal erscheint er oft als Narayan, schlafend im kosmischen Ozean, aus dessen Nabel Brahma erscheint, der Schöpfer des Universums.

Vishnu hat vier Arme und kann oft durch die Symbole identifiziert werden, die er bei sich trägt: die *sankha* (Muschelschale), die scheibenförmige Waffe *chakra*, die stabförmige Waffe *gada* und eine Lotosblume (*padma*). Vishnus Gefährte ist der treue Mann-Vogel Garuda; oft kniet ein geflügelter Garuda ehrfürchtig vor einem Vishnu-Tempel. Garuda hat einen starken Hass auf Schlangen und wird oft abgebildet, wie er diese zerstört. Vishnus *shakti* (weibliche Energie) ist Lakshmi, die Göttin des Reichtums und des Wohlstands.

Vishnu hat zehn Inkarnationen, darunter Narsingha (halb Mann und halb Löwe), Krishna, der lebenslustige, sanfte und beliebte Kuhhirte, und Rama, der Held des Ramayana, der die Göttin Sita in Janakpur im östlichen Terai heiratete.

Brahma

Trotz seiner höchsten Stellung erscheint Brahma viel seltener als Shiva oder Vishnu. Wie diese Götter hat Brahma vier Arme, aber er hat auch vier Köpfe, um auf seine allsehende Gegenwart zu verweisen. Die vier Veden sollen aus seinen Mündern ausgeströmt sein.

Parvati

Shivas *shakti* ist Parvati, die Schöne. So wie Shiva auch als Mahadeva (der Große Gott) bekannt ist, ist Parvati Mahadevi (oder nur Devi), die Große Göttin. Ihre Beziehung ist eine sexuelle, und oft ist es Parvati, die der dynamische und dominante Partner ist.

Shivas *shakti* hat so viele Formen wie Shiva selbst: die friedliche Parvati, Uma oder Gauri, aber auch die furchterregende Kali, die schwarze Göttin, oder Durga, die Schreckliche. In diesen furchterregenden Formen hält sie eine Vielzahl von Waffen in ihren Händen, kämpft mit Dämonen und reitet einen Löwen oder Tiger. Als Skelett-Kali fordert sie Blutopfer und trägt eine Girlande aus Schädeln um den Hals.

Ganesh

Ganesh mit dem Elefantenkopf ist wahrscheinlich der am leichtesten zu erkennende und beliebteste der hinduistischen Götter. Er ist der Gott des Wohlstands und der Weisheit, und es gibt Tausende von Ganesh-Schreinen und -Tempeln in ganz Nepal. Seine Eltern sind Shiva und Parvati, und er hat seinen Elefantenkopf dem Temperament seines Vaters zu verdanken. Nach einer langen Reise fand Shiva Parvati im Bett mit einem jungen Mann, den er nicht als Ganesh erkannte. Shiva war nicht klar, dass sein Sohn während seiner Abwesenheit größer geworden war, und schlug daher dem vermeintlichen Liebhaber Parvatis den Kopf ab. Daraufhin zwang Parvati Shiva, ihren Sohn wieder zum Leben zu erwecken, aber er musste dafür den Kopf des ersten Lebewesens verwenden, das er sah – was zufällig ein Elefant war.

Der pummelige Ganesh liebt Süßes und wird oft mit dem Rüssel in einem Berg Süßigkeiten und einem gebrochenen Stoßzahn dargestellt. Eine Geschichte erzählt, wie er ihn selbst abbrach und gegen den Mond schleuderte, weil dieser sich über sein Gewicht lustig gemacht hatte. Eine andere Geschichte besagt, dass Ganesh den Stoßzahn benutzte, um das Mahabharata zu schreiben.

Die Schauspielerin Uma Thurman erhielt ihren Namen von der schönen Hindugöttin Uma, einer Manifestation von Parvati. Uma bildet die Hälfte des Uma-Maheshwar-Bildes, eine gemeinsame Darstellung von Shiva und Parvati.

Sowohl Hindus als auch Buddhisten sehen das Land als etwas Heiliges. Zusammenflüsse und Quellen von Flüssen, Bergseen, hohe Pässe und Gipfel gelten als besonders heilig, während Wasserquellen von heiligen *naga* (Schlangengottheiten) bevölkert sind.

SYMBOLE DES TIBETISCHEN BUDDHISMUS

Gebetsfahnen Diese bunten Stoffquadrate sind mit buddhistischen Sutras und einem Bild des Windpferds *(lungta)* bedruckt, welches die Gebete zum Himmel trägt. Verwurzelt im vorbuddhistischen Glauben, sind sie auf Pässen und Häusern aufgereiht, um die Luft zu heiligen und die Götter zu befrieden. Die fünf Farben repräsentieren die Elemente Feuer, Wasser, Luft, Holz und Erde (manche sagen Äther).

Mani-Steine Diese Steine sind mit tibetischen Mantren beschriftet. Sie werden als Zeichen des Verdiensts in Mauern von mehreren Hundert Metern Länge eingesetzt. Das gebräuchlichste Mantra ist *om mani padme hum*, was ungefähr „Heil dem Juwel im Lotos" bedeutet.

Gebetsmühlen Gebetsmühlen enthalten bis zu einer Million zusammengerollter, gedruckter Gebete. Sie werden als Akt der Hingabe und der Andacht gedreht. Die Mühlen variieren in ihrer Größe. Sie können die Größe einer Faust haben oder die eines kleinen Gebäudes (bekannt als *mani lhakhang*).

Hanuman

Der Affengott Hanuman ist eine bedeutende Figur aus dem Ramayana. Hanumans zuverlässiger und aufmerksamer Natur wird in Form seiner zahlreichen Statuen gedacht, die Palasteingänge bewachen. Am bekanntesten ist der Hanuman Dhoka (S. 80), der auf Kathmandus Durbar-Platz zu sehen ist.

Machhendranath

Machhendranath (auch bekannt als Bunga Dyo) ist ein Hindugott, der ausschließlich in Nepal vorkommt. Er besitzt die Macht über den Regen und den Monsun und gilt als Beschützer des Kathmandu-Tals. Machhendranath ist, was typisch ist für die Vermischung von hinduistischem und buddhistischem Glauben in Nepal (bzw. zumindest im Kathmandu-Tal), zu einer Inkarnation von Avalokiteshvara geworden, dem buddhistischen Bodhisattva des Mitgefühls. Unter den tibetischen Buddhisten gilt der Dalai-Lama als eine irdische Inkarnation von Avalokiteshvara.

Saraswati

Saraswati ist die Göttin des Lernens und die Gefährtin von Brahma. Sie reitet auf einem weißen Schwan und hält das als *vina* bekannte Streichinstrument in der Hand. Vor allem Schüler und Studenten ehren Saraswati während des Frühlingsfestes Vasant Panchami, wenn die Einheimischen zu ihrem Schrein in Swayambhunath (S. 125) außerhalb von Kathmandu strömen.

Buddhismus

Streng genommen ist der Buddhismus eher eine Philosophie als eine Religion, da er sich nicht auf einen Gott, sondern auf ein Denksystem und einen Moralkodex konzentriert. Der Buddhismus wurde im 6. Jh. v. Chr. in Nordindien gegründet, als Prinz Siddhartha Gautama die Erleuchtung erlangte.

Der Buddha („Erwachte") wurde vor über 25 Jahrhunderten in Lumbini in Nepal geboren, aber die buddhistische Religion kam erst später, um 250 v. Chr., dank des großen indisch-buddhistischen Kaisers Ashoka ins Land. Der Buddhismus verlor schließlich an Boden gegenüber dem Hinduismus, obwohl die tantrische Form des tibetischen Buddhismus schließlich im 8. Jh. nach Nepal zurückkehrte. Heute wird der tibetische Buddhismus hauptsächlich von den Menschen des hohen Himalaja, wie den Sherpas, Tamang und Manangi, und von tibetischen Flüchtlingen ausgeübt, die in den letzten 50 Jahren die religiöse Praxis in der Region wiederbelebt haben.

Der Buddha wurde als Prinz geboren, verzichtete jedoch auf sein privilegiertes Leben, um nach Erleuchtung zu suchen. Seine Einsicht war, dass strenge Askese nicht mehr zur Erleuchtung führte als materieller Komfort und dass die beste Vorgehensweise darin bestand, dem Mittleren Weg zu folgen (Mäßigung in allen Dingen). Der Buddha lehrte, dass alles Leben Leiden ist und dass Leiden von unseren Wünschen und der Illusion ihrer Wichtigkeit herrührt.

Indem wir dem „achtfachen Pfad" folgen, können wir diese Wünsche auslöschen und einen Zustand des Nirwana erreichen, wo wir frei sind von Verblendungen. Buddhisten glauben, dass das Leben eine Reihe von Reinkarnationen mit sich bringt, bis das Nirwana schließlich erreicht ist und keine weiteren Wiedergeburten in die Welt des Leidens notwendig sind. Der Weg, der durch diesen Kreislauf der Wiedergeburten führt, ist Karma, was sich nicht einfach mit unserem Konzept von „Schicksal" gleichsetzen lässt. Karma ist ein Gesetz von

SADHUS & SADHVIS

Sadhus sind hinduistische Asketen, die ihre Häuser, Jobs und Familien verlassen und sich auf eine spirituelle Suche begeben haben. Die meisten sind männlich, aber es gibt eine kleine Anzahl von weiblichen *sadhvis*. Sie sind eine leicht erkennbare Gruppe, die oft halbnackt herumwandert, mit verfilzten Haaren voller Asche und keinem Besitz außer einem *trisul* (Dreizack) und einer Bettelschale.

Sadhus/*sadhvis* wandern über den ganzen Subkontinent und treffen sich gelegentlich bei großen religiösen Veranstaltungen wie dem Maha Shivaratri Festival (S. 138) in Pashupatinath in Kathmandu und dem Janai Purnima Festival (S. 161) an den heiligen Hinduseen von Gosainkund. Sie wandern auch in Thamel und in Kathmandus Durbar-Platz umher und posieren dort für Fotos.

Manche sind einfach nur Bettler, die einen raffinierteren Ansatz zum Sammeln von Spenden verwenden, aber die meisten sind echt in ihrer Suche. Wer ein Foto von einem Sadhu oder einer *sadhvi* macht oder ihren *tika*-Segen annimmt, von dem wird erwartet, dass er etwas *bakschisch* (Trinkgeld) bezahlt. Die Preise also am besten im Voraus aushandeln, um Unannehmlichkeiten zu vermeiden.

Ursache und Wirkung: Die eigenen Handlungen im Leben bestimmen, was man im nächsten Leben erfahren wird. Nur man selbst ist der Meister des eigenen Schicksals.

Buddhistische Gottheiten

Die ersten Bilder des Buddha stammen aus dem 5. Jh. n. Chr., 1000 Jahre nach seinem Tod (davor waren Stupas das Hauptsymbol des Buddhismus). Der Buddha wollte keine Abbilder von sich selbst, aber ungeachtet dessen entstand ein Pantheon buddhistischer Gottheiten mit starken ikonografischen Einflüssen aus dem Hinduismus. Wie im Hinduismus spiegeln die vielen buddhistischen Gottheiten verschiedene Aspekte der göttlichen oder „Buddhanatur" wider. Mehrere Köpfe verweisen auf mehrere Persönlichkeiten, *mudra* (Handpositionen) vermitteln verschlüsselte Botschaften, und sämtliche Details, von den Augenbrauen bis zu Körperhaltungen, weisen auf die Natur der jeweiligen Gottheit hin.

Es gibt viele verschiedene Arten von Buddha-Abbildern, wobei die häufigsten die der vergangenen (Dipamkara), gegenwärtigen (Sakyamuni) und zukünftigen (Maitreya) Buddhas sind. Der Buddha wird durch 32 physische Zeichen erkannt, darunter eine Beule auf seinem Kopf, sein drittes Auge und die Bilder des Gesetzesrads auf seinen Fußsohlen. In seiner linken Hand hält er eine Bettelschale und seine rechte Hand berührt die Erde im Zeugen-*mudra*. Er wird oft von seinen beiden Jüngern flankiert.

Bodhisattvas sind Wesen, die Erleuchtung erlangt haben, aber beschließen, allen anderen auf dem Weg zur Erleuchtung behilflich zu sein, bevor sie ins Nirwana gehen. Der Bodhisattva der Weisheit, Manjushri, ist eng mit dem Kathmandu-Tal verbunden. Der Dalai-Lama gilt als Reinkarnation von Avalokiteshvara (Chenresig auf Tibetisch), dem Bodhisattva des Mitgefühls.

Der tibetische Buddhismus kennt daneben noch eine Vielzahl von grimmigen Beschützergöttern, genannt *dharmapala*, die auf einer Ebene zumindest die Dämonen des Ego symbolisieren. Diese entsetzlichen Gottheiten haben – typisch für tantrische Gottheiten (und mit Wurzeln tief in der hinduistischen Ikonografie) – mehrere Arme und Waffen, tanzen auf einem toten Körper und tragen einen Kopfschmuck aus Totenköpfen.

Padmasambhava (Guru Rinpoche) ist ein gängiges Bild in den Nyingmapa-Klöstern und ist an seinem *khatvanga*-Stab aus Menschenköpfen und seinem fabelhaft lockigen Schnurrbart erkennbar.

Tibetischer Buddhismus

Der Buddha hat sein *dharma* (seine Lehren) nie niedergeschrieben, und ein später entstandenes Schisma sorgte dafür, dass es heute zwei große buddhistische Schulen gibt: Hinayana und Mahayana. Ein Ableger des Mahayana ist Vajrayana, der tibetische Buddhismus, der in Nepal vorrangig ist.

Es gibt vier große Schulen des tibetischen (Vajrayana-)Buddhismus, die alle im Kathmandu-Tal vertreten sind: Nyingmapa, Kagyüpa, Sakyapa und Gelugpa. Der Nyingmapa-Orden ist der älteste und dominanteste im nepalesischen Himalaja. Seine Ursprünge gehen auf den indischen Weisen Padmasambhava (Guru Rinpoche) zurück, der manchmal als der „zweite Buddha" bezeichnet wird und dem die Etablierung des Buddhismus im 8. Jh. in Tibet und im Himalaja zugeschrieben wird.

Der Dalai-Lama ist der Leiter der Gelugpa-Schule und damit der spirituelle Anführer der tibetischen Buddhisten. In einigen Texten werden die Gelugpa als Gelbhüte bezeichnet und die anderen Schulen mitunter als Rothüte.

Dank der Tendenz zur Assimilation und Synthese gibt es in Nepal wenig religiöse Spannungen, und die Religion spielt in der Politik des Landes schon lange keine Rolle mehr. In Kathmandu beten tibetische Buddhisten und nepalesische Hindus oft in denselben Tempeln.

RELIGION ISLAM

Islam

Nepals kleine muslimische Bevölkerung (etwa 4 % der Gesamtbevölkerung) lebt hauptsächlich in der Nähe der indischen Grenze, mit einem großen Bevölkerungsanteil in Nepalganj. Die ersten Muslime, meist Händler aus Kaschmir, kamen im 15. Jh. in das Kathmandu-Tal. Eine zweite Gruppe kam im 17. Jh. aus Nordindien und fertigte vor allem Waffen für die kleinen Bergstaaten an. Nepals Muslime sind eng mit muslimischen Gemeinschaften in den indischen Bundesstaaten Bihar und Uttar Pradesh verbunden.

Die bescheidene Kuh ist das heiligste Tier des Hinduismus und das Töten einer Kuh in Nepal bringt eine Gefängnisstrafe mit sich.

Schamanismus

Der Schamanismus wird von vielen Bergvölkern im Himalaja praktiziert und reicht ungefähr 50 000 Jahre zurück. Seine alten Heiltraditionen basieren auf einer Kosmologie, die die Welt in drei Hauptebenen unterteilt: die obere Welt, in der Sonne, Mond, Sterne, Planeten, Gottheiten und Geister wohnen, die für die Heilarbeit des Schamanen wichtig sind, die mittlere Welt des menschlichen Lebens und die untere Welt, in der eher bösartige Gottheiten und Geister existieren.

Glaubensheiler schützen vor einer Vielzahl von Geistern, darunter kopflose *mulkatta,* die Augen in der Brust haben und den unmittelbar bevorstehenden Tod bedeuten, *pret,* die Geister der kürzlich Verstorbenen, und *kichikinni,* der Geist einer schönen und sexuell unersättlichen Sirene, die sich an ihren schlaffen Brüsten und der Tatsache, dass ihre Füße rückwärts sitzen, erkennen lässt.

Während der Zeremonien verwenden die *dhami* oder *jhankri* (Schamanen oder Glaubensheiler) Trommeltechniken, Wahrsagen, Trancen und Opfergaben, um Gottheiten und Geister anzurufen, die sie beim Ritual unterstützen sollen. Der Schamane fungiert im Wesentlichen als Vermittler zwischen der menschlichen und der geistigen Welt.

Kunst & Architektur

Trotz der verheerenden Auswirkungen der Erdbeben von 2015 ist Nepal immer noch mit einer erstaunlichen Vielfalt an antiken Tempeln und Palästen gesegnet. Unzählige komplizierte Holzschnitzereien und Steinskulpturen sind in den Gassen des Landes zu finden. Bei einem Spaziergang durch die historischen Städte des Kathmandu-Tals lässt sich auf Schritt und Tritt die prächtige mittelalterliche Architektur bestaunen. Nepals künstlerische Meisterwerke sind nicht in verstaubten Museen versteckt, sondern Teil einer lebendigen Kultur, die berührt, verehrt, gefürchtet – oder schlichtweg nicht beachtet werden will.

Architektur & Bildhauerei

Unesco-Welterbe-stätten im Kathman-du-Tal

Durbar-Platz (Kathmandu)

Durbar-Platz (Patan)

Durbar-Platz (Bhaktapur)

Swayambhunath-Stupa

Bodhnath-Stupa

Pashupatinath

Changu Narayan

Die Disziplinen der Architektur und der Bildhauerkunst sind in Nepal untrennbar miteinander verbunden. Oftmals finden sich an Gebäuden und als Bestandteil davon die feinsten Holzschnitzereien und Steinskulpturen. In der Tat ist ein nepalesischer Tempel einfach kein richtiger Tempel ohne seine Gottheitsstatue und die fein geschnitzten Verzierungen.

Die früheste Architektur im Kathmandu-Tal ist im Laufe der Geschichte verblasst. Die vier Ashoka-Stupas von Patan standen einst auf Grashügeln, und die beeindruckenden Stupas von Swayambhunath (S. 125) und Bodhnath (S. 141) wurden im Laufe der Jahrhunderte viele Male wieder aufgebaut.

Die Licchavi-Zeit vom 4. bis 9. Jh. n. Chr. war ein goldenes Zeitalter für Nepal, und während die Tempel verschwunden sein mögen, haben großartige Steinskulpturen den Verwüstungen der Zeit standgehalten und sind immer noch zu finden. Wunderschöne Stücke liegen verstreut um die Tempel des Kathmandu-Tals. Die Licchavi-Skulpturen im Tempel von Changu Narayan (S. 184) bei Bhaktapur sind besonders gute Beispiele, ebenso die Statue in Budhanilkantha von Vishnu, der auf einem Bett voller Schlangen schläft.

Aus dieser Zeit oder sogar noch bis vor dem 12. Jh. sind in Nepal keine Holzbauten und Schnitzereien bekannt. Im Jokhang-Tempel von Lhasa gibt es jedoch geschnitzte Holzbalken und Säulen aus der Zeit vor dem 9. Jahrhundert, die eindeutig von newarischen Handwerkern stammen.

In der Malla-Zeit blühte die nepalesische Holzkunst auf, vor allem zwischen dem 15. und 17. Jh., als die berühmten Fähigkeiten der Newar ihren Höhepunkt erreichten. Zankerei und Überheblichkeit zwischen den Stadtstaaten Kathmandu, Patan und Bhaktapur sorgten für einen wettbewerblichen Bauboom, da jeder versuchte, den anderen mit immer prächtigeren Palästen und Tempeln zu übertreffen.

Das große Zeitalter der nepalesischen Architektur kam zu einem dramatischen Ende, als Prithvi Narayan Shah 1769 in das Tal eindrang. In Kathmandu, Patan und Bhaktapur zeigt sich heute noch die traditionelle Baukunst in den laufenden Restaurierungsprojekten. Darüber hinaus integrieren die heutigen Architekten oft traditionelle Merkmale in ihre Gebäude, insbesondere Hotels.

Newar-Pagodentempel

Der nepalesische Architekt Arniko kann als der Vater der asiatischen Pagode bezeichnet werden. Er begann mit der Einführung und Neuinterpretation der Pagode in China und Ostasien, als er im späten 13. Jh. den nepalesischen Pagoden-Stil mit mehreren Dächern an den Hof des Kublai Khan brachte.

Die charakteristischen Newar-Pagodentempel sind ein wesentliches Merkmal der Silhouette des Kathmandu-Tals und erinnern an die pyramidenförmigen Berggipfel des Horizonts, von denen sie möglicherweise auch angeregt wurden. Obwohl sie streng genommen weder ganz newarisch noch Pagoden sind, ist der Begriff weit verbreitet, um die Tempel des Tales zu beschreiben.

Die Tempel sind im Allgemeinen quadratisch und können entweder hinduistisch oder buddhistisch sein (oder beides, wie es die Natur der nepalesischen Religion ist). Gelegentlich sind die Tempel auch rechteckig oder achteckig – Krishna beispielsweise kann einen achteckigen Tempel haben, aber Ganesh, Shiva und Vishnu können nur quadratische Tempel bewohnen.

Das Hauptmerkmal der Tempel ist das gestaffelte Dach, das ein bis fünf Etagen haben kann, wobei die meisten Tempel zwei oder drei Dächer haben. Im Kathmandu-Tal gibt es zwei Tempel mit vier Dächern.

Das Patan-Museum und das Nationalmuseum in Kathmandu bieten einen guten Überblick über die buddhistische und nepalesische Kunst. Beide erklären die Konzepte der buddhistischen und hinduistischen Kunst und Ikonografie auf zugängliche Weise.

KUNST & ARCHITEKTUR ARCHITEKTUR & BILDHAUEREI

DIE VERGANGENHEIT WIEDERHERSTELLEN

Besucher der wichtigsten architektonischen Sehenswürdigkeiten im Kathmandu-Tal – der drei großen Durbar-Plätze und der zahlreichen Tempel in der Umgebung – werden feststellen, dass viel getan wird, um diese wunderbaren Bauwerke wiederherzustellen. Aber es gibt noch viel, viel mehr zu tun.

Die Regierung wird in der Presse regelmäßig dafür kritisiert, dass sie keine ausreichenden Mittel für die Erdbebenhilfe – insbesondere für die Unterbringung von Vertriebenen und wichtige Infrastrukturen – bereitgestellt hat. Und das gilt auch für die Tempelrestaurierung. Zum Glück sind ausländische Regierungen, Privatleute, Wohltätigkeitsorganisationen und NGOs dort eingesprungen, wo die Regierung ins Stocken geraten ist.

Zahlreiche Tempel und Bauwerke wurden (oder werden momentan noch) restauriert. Bemerkenswerte Beispiele sind der Stupa in Bodhnath, wo Einheimische und buddhistische Organisationen aus der ganzen Welt bereitwillig Geld, Goldbarren und Arbeitszeit zur Verfügung stellten. Der weltberühmte Stupa war eines der ersten unter den mehr als 700 vom Beben zerstörten Kulturdenkmäler des Landes, die zu ihrem Zustand von vor dem Erdbeben restauriert wurden.

Die unabhängige Hilfsorganisation Kathmandu Valley Preservation Trust (KVPT; www.kvptearthquakeresponse.org) ist seit 1991 für die Wiederherstellung von Anlagen im Tal verantwortlich und ist die Hauptquelle von Geldmitteln und Fachwissen für die Restaurierungsarbeiten. Sie hat Experten, traditionelle Handwerker und ausländische Gelder erworben und kann bereits einige abgeschlossene Restaurierungen vorweisen, insbesondere auf dem Durbar-Platz von Patan.

Unter den zerstörten Bauwerken in Patan war der Jagganarayan (Char Narayan) aus dem 16. Jh. Die KVPT geht davon aus, dass dieser Tempel bis 2019 wiederhergestellt ist. Dank der Stiftung und der Horden von einheimischen Freiwilligen konnten viele der Schnitzereien in diesem Tempel (wie auch in anderen Tempeln) schnell gerettet, katalogisiert und sicher aufbewahrt werden. All dies zeigt den Respekt der Nepalesen für ihr kulturelles Erbe – trotz der tragischen und turbulenten Zeiten, die unmittelbar nach dem Beben folgten. Die Stiftung beschäftigt traditionelle Handwerker, die zuvor touristische Repliken angefertigt hatten. Allerdings gibt es derzeit einen Mangel an Geldern, und mehr als 50 % der Bauwerke in Kathmandu benötigen zum Zeitpunkt der Drucklegung noch eine Finanzierung.

Der Nyatapola-Tempel (S. 173) in Bhaktapur und der Kumbeshwar-Tempel (S. 157) in Patan haben fünf Dächer, obwohl letzterer im Jahr 2015 schwere Schäden am oberen Dach erlitt. Die schrägen Dächer sind in der Regel mit markanten *jhingati* (gebrannte Tonziegel) bedeckt, obwohl reichere Tempel oft ein Dach aus vergoldetem Kupfer haben. Die glockenförmige Spitze (*gajur*) besteht aus gebranntem Ton oder vergoldetem Kupfer.

Die Tempel sind normalerweise auf einem abgestuften Sockel errichtet, der so hoch wie oder sogar höher als der Tempel selbst sein kann. In vielen Fällen entspricht die Anzahl der Stufen im Sockel der Anzahl der Dächer auf dem Tempel.

Das Tempelgebäude selbst hat ein kleines Heiligtum namens *garbha-griha* (wörtlich „Raum des Mutterleibs"), das die Gottheit beherbergt. Die Gläubigen beten individuell, indem sie vor der Tür stehen und ihre Gebete sprechen. Die einzigen Leute, die das Allerheiligste betreten dürfen, sind die *pujari* (Tempelpriester).

Das vielleicht interessanteste Merkmal der Tempel ist ihre detailreiche Dekoration, die nur aus der Nähe wirklich zu erkennen ist. Unter jedem Dach befinden sich oft Messing- oder andere Metalldekorationen, wie z. B. *kinkinimala* (Glöckchenreihen) oder geprägte Metallbanner. Der Metallstreifen, der oft vom obersten Dach bis unter das unterste Dach hängt (wie am Goldenen Tempel (S. 157) in Patan), wird *pataka* genannt. Seine Aufgabe ist es, der Gottheit einen Weg zur Erde zu ermöglichen.

Die anderen wichtigen dekorativen Elemente sind die Holzstreben *tunala*, die die Dächer stützen. Die komplizierten Schnitzereien bilden normalerweise diejenigen Gottheiten ab, auf die der Tempel Bezug nimmt, oder deren *vahana* (Reittiere), aber einige stellen auch explizite sexuelle Handlungen dar.

Zahlreiche Tempel, sowohl große als auch kleine im gesamten Kathmandu-Tal und darüber hinaus, erlagen den Erdbeben von 2015. Einige werden wieder aufgebaut werden, viele werden als Orte der Andacht fortbestehen, und manche werden zweifellos weiter zerfallen.

Shikhara-Tempel

Die zweithäufigsten Tempel sind die Shikhara-Tempel, die einen starken indischen Einfluss haben. Die Tempel heißen so, weil ihre sich verjüngenden Türme einem *shikhara* (Berggipfel in Sanskrit) ähneln. Obwohl der Stil im 6. Jh. in Indien aufkam, tauchte er erstmals in der späten Licchavi-Periode in Nepal auf.

Der sich verjüngende, pyramidenförmige Turm ist das Hauptmerkmal. Er wird häufig von vier ähnlichen, aber kleineren Türmen umgeben. Diese können sich auf Portalen über den Eingängen des Schreins befinden.

Der Turm des Mahabouddha-Tempels (S. 161) in Patan sowie der Krishna-Mandir (S. 152) und der achteckige Krishna-Tempel (S. 153), die beide auf Patans Durbar-Platz stehen, sind hervorragende Beispiele für diesen Stil.

Mehrere markante Shikhara-Tempel fielen den Erdbeben von 2015 zum Opfer, einschließlich derjenigen, die die Hauptstupa in Swayambhunath und den Vatsala-Durga-Tempel auf Bhaktapurs Durbar-Platz flankierten.

Der buddhistische Gompa

Das Kloster der tibetischen Buddhisten wird als Gompa (oder Gönpa) bezeichnet, und in den Bergen Nepals gibt es viele lebhafte Gompas, in denen das Summen von Gebeten und der Klang von Zimbeln in der Luft liegt. Die meisten historischen Gompas befinden sich auf einem

Nepal von Michael Hutt ist ein ausgezeichneter Leitfaden für die Kunst und Architektur des Kathmandu-Tals. Es skizziert die wichtigsten Formen von Kunst und Architektur und beschreibt spezifische Orte im Tal, oft mit Grundrissen. Es enthält tolle Farbtafeln und Schwarz-Weiß-Fotos.

Hügel mit schöner Aussicht, was ihre strategische Bedeutung unterstreicht und den Wunsch der Mönche nach Frieden und Einsamkeit widerspiegelt. Neuere, üppigere Gompas, wie die in Jomsom, zeigen den zunehmenden Reichtum der tibetischen Buddhisten in Nepal und liegen oft in der Nähe der Stadt. Auf dem Dach der meisten Gompas fällt das goldene Dharmarad auf, das von zwei Rehen flankiert wird. Das Rad steht für die Lehren Buddhas und die Rehe symbolisieren die erste Predigt des Buddha in Sarnath nach Erlangen der Erleuchtung – in einem Rehpark.

Man betritt einen Gompa durch eine Eingangshalle mit farbenfrohen Malereien von *bhavachakra*, dem Rad des Lebens, das von dem furchterregenden Yama umklammert wird, und den vier Wächtern, die über die vier Himmelsrichtungen wachen. Die meisten kleinen Gompas haben nur einen Raum, die *dukhang* (Versammlungshalle), die mit hellen Wandgemälden und Thangkas (religiöse Gemälde auf Stoff) dekoriert ist. Der Hauptaltar wird von einer zentralen Statue dominiert, die von zwei oder mehr anderen flankiert wird – die Statuen könnten Sakyamuni, den historischen Buddha, Jampa, den zukünftigen Buddha oder den in Lotos geborenen Heiligen Guru Rinpoche umfassen. Eine weitere bekannte Figur ist der Dichter Milarepa aus dem 11. Jh., der durch den Himalaja reiste, unter anderem nach Shey Gompa und in das Manang-Tal.

Auf dem Altar finden sich in der Regel Fotos von wichtigen Linienhaltern wie dem Dalai-Lama sowie Wasserschalen, flackernde Butterlampen und bunte *torma*-Figuren aus Mehl- und Buttertteig. An der Seite hängen dämonische Festmasken und zeremonielle Trompeten.

Die Website www.mountainmusicproject.com enthält Links zu Radio- und Videoclips von mehreren nepalesischen Musikern, darunter Rubin Gandharba – der „Bob Dylan Nepals".

KUNST & ARCHITEKTUR ARCHITEKTUR & BILDHAUEREI

Die Kunst des Göttermachens

Die künstlerischen und handwerklichen Fertigkeiten der Newar gehen weit über die Holzarbeiten hinaus, für die sie so bekannt sind, und umfassen Keramik, Mauerarbeiten, Steinskulpturen und komplexe Metallarbeiten. Zu den feinsten Metallarbeiten gehören die atemberaubenden Werke der beiden Tara-Göttinnen in Swayambhunath (S.127) und des goldenen Tors (S.170) in Bhaktapur.

Statuen entstehen durch zwei Haupttechniken: die Repoussé-Methode (Treibarbeit), bei der dünne Metallbleche gehämmert werden, und

NEPALS GESTOHLENES ERBE

In den letzten Jahrzehnten wurde eine erstaunliche Menge des künstlerischen Erbes Nepals von Kunstdieben außer Landes geschafft, und dieses Problem wird nach der Zerstörung zahlreicher Denkmäler in den Beben von 2015 wahrscheinlich noch zunehmen. Praktisch sämtliche nepalesischen Antiquitäten, die in den letzten drei bis vier Jahrzehnten auf den internationalen Markt gelangt sind, wurden gestohlen. Ein Großteil der gestohlenen Kunst verstaubt in Museen oder Privatsammlungen in Europa und in den USA, während in Nepal verbliebene Tempelstatuen zunehmend unter Verschluss gehalten werden.

Einer der Gründe, warum das Fotografieren in manchen Tempeln verboten ist, ist, dass Diebe oft Fotos von Tempelartefakten in ihre „Einkaufskataloge" einfügen. Die Teile werden dann auf Bestellung gestohlen, oft mithilfe korrupter Beamter, um auf dem lukrativen internationalen Kunstmarkt hohe Preise zu erzielen. Es existieren UN-Konventionen gegen den Handel, aber diese werden nur schwach durchgesetzt.

Es wurden Kataloge mit gestohlener nepalesischer Kunst erstellt, um diese Schätze wiederzufinden, und mehrere Stücke wurden dem Nationalmuseum in Kathmandu zurückgegeben, darunter eine Buddha-Statue aus Patan, nachdem ein Händler versucht hatte, sie für 200 000 US-Dollar an ein Museum in Österreich zu verkaufen.

das „Wachsausschmelzen". Bei Letzterer wird die Statue in Wachs geformt, das dann in Ton eingehüllt und getrocknet wird. Das Wachs wird dann geschmolzen, Metall wird in die Tonform gegossen und die Form wird gebrochen, woraufhin die Statue zum Vorschein kommt. Zu den letzten Feinheiten gehören Schleifen, Polieren und Bemalen, bevor die Statue geweiht werden kann.

Repoussé-Metallarbeiten

Viele der reich verzierten Gegenstände, die in Nepal für religiöse Rituale verwendet werden, bedienen sich der alten Technik des Repoussé, bei der mit Hammer und Punze von hinten ein Muster in das Metall geschlagen wird. Zuerst wird die Metallform in ein Bett aus *jhau* (eine Mischung aus Harz und Ziegelstaub) gesetzt, dann wird das Design sorgfältig aufgetragen und das Harz weggeschmolzen, sodass von vorne mithilfe von Gravierwerkzeugen der letzte Schliff gegeben werden kann. Diese Art der Metallbearbeitung wird seit mindestens dem 2. Jahrtausend v. Chr. verwendet und wird auch heute noch in den Gassen des Kathmandu-Tals praktiziert.

Malerei

In den nepalesischen Malstilen sind chinesische, tibetische, indische und mogulische Einflüsse zu erkennen. Die frühsten Newar-Gemälde waren illuminierte Handschriften, die aus dem 11. Jh. stammen. Die *pauba*-Werke der Newar sind ikonische religiöse Gemälde, die den tibetischen Thangkas ähneln. Auffällig an beiden sind der Mangel an Perspektive, die symbolische Verwendung von Farbe und strenge ikonografische Regeln.

Moderne nepalesische Künstler haben Mühe, ihren Lebensunterhalt zu bestreiten, obwohl es in Kathmandu einige Galerien mit lokalen Künstlern gibt. Einige Künstler haben das Glück, eine gesponserte Ausstellung im Ausland oder eine Stelle an einer Kunsthochschule außerhalb des Landes zu bekommen, um ihre Fähigkeiten zu vermitteln. Die Beauftragung eines Gemäldes durch einen lokalen Künstler ist eine Möglichkeit, die Kunst zu fördern und ein einzigartiges Souvenir mit nach Hause zu nehmen.

Das östliche Terai hat seine eigene Form der farbenfrohen Wandmalerei namens Mithila-Kunst (S. 324).

Musik & Tanz

Die letzten Jahrzehnte haben eine Wiederbelebung der nepalesischen Musik und Lieder, sowohl der Volksmusik als auch der „nepalesischen Moderne", erlebt. Die allgegenwärtigen Hindi-Filmlieder wurden teilweise durch eine lebendige lokale Musikszene verdrängt.

Auf dem Land sorgen die meisten Dorfbewohner für ihre eigene Unterhaltung. Tanz und traditionelle Musik beleben Feste und Familienfeiern, wenn ganze Dörfer in die lebhaften Klänge von *bansari* (Flöten), *madal* (Trommeln) und Becken ausbrechen oder zu den bewegenden, gefühlvollen Klängen des religiösen Gesangs und dem sanften Zupfen des viersaitigen *sarang* schunkeln. Das Singen ist eine wichtige Methode der Interaktion und des Flirtens für Mädchen und Jungen in den Bergen. Sie zeigen ihre Anmut und ihren Witz in Tänzen und improvisierten Liedern.

Es gibt mehrere Musikerkasten, einschließlich der *gaine*, einer schwindenden Kaste reisender Minnesänger, der *ghandarba*, deren Musik man in Kathmandu hören kann, und der *damai*, die oft als Hochzeitsbands auftreten. Frauen machen generell keine musikalischen Darbietungen in der Öffentlichkeit.

TIBETISCHE TEPPICHE

Eine der erstaunlichsten Erfolgsgeschichten der letzten Jahrzehnte ist die lokale tibetische Teppichindustrie. Obwohl die Teppichproduktion seit Langem ein Heimgewerbe in Tibet ist, begann das Nepal International Tibetan Refugee Relief Committee 1960 mit Unterstützung des renommierten Schweizer Geologen Toni Hagen und der Schweizer Regierung, tibetische Flüchtlinge in Patan zur Herstellung und zum Verkauf von Teppichen anzuregen.

Für die Herstellung der Teppiche wird tibetische und neuseeländische Wolle verwendet. Die überschwänglichen Farben und lebhaften Entwürfe der traditionellen Teppiche sind für den internationalen Markt abgeschwächt worden, aber die alten Methoden der Teppichherstellung blieben bestehen. Die Feinheiten der tibetischen Knotenmethode lassen sich nur schwer erkennen, weil sich die Hände in den Teppichwerkstätten so schnell bewegen. Jeder Faden wird um eine Spurstange geschlungen, die die Höhe des Teppichflors bestimmt. Dann werden die einzelnen Reihen mit einem Hammer niedergeschlagen und die Fadenschlaufen gespalten, um die Stange freizugeben. Abschließend wird der Flor zugeschnitten, damit das Design zum Vorschein kommt.

Die nepalesischen Tanzstile sind so zahlreich und vielfältig wie Nepals ethnische Gruppen. Sie reichen von den Stocktänzen der Tharu im Terai bis zum Line-Dance-Stil der Bergsherpas. Am Ende einer Wanderung mit einer begeisterten Gruppe von Trägern zu tanzen, ist eine großartige Möglichkeit, einige der Bewegungen zu lernen. Maskierte Tänze sind ebenfalls üblich, von den Cham-Tänzen, die von tibetisch-buddhistischen Mönchen aufgeführt werden, bis hin zu den maskierten Hindutänzen von Nava Durga in Bhaktapur.

Eine gute Einführung in die nepalesische Volksmusik ist die Gruppe Sur Sudha (www.sursudha.com), Nepals eigentliche musikalische Botschafter, deren stimmungsvolle Aufnahmen einen noch lange nach einer Nepalreise zurück in die Region versetzen. Zwei ihrer Alben sind *Festivals of Nepal* und *Images of Nepal*.

Eine der bekanntesten Sängerinnen Nepals ist die tibetische Nonne Choying Drolma (www.choying.com). Ihre CDs *Cho* und *Selwa*, aufgenommen mit Gitarrist Steve Tibbetts, sind transzendental schön und sehr empfehlenswert.

Das Volkslied, das in Nepal überall zu hören ist, heißt „Resham Pheeree Ree" („Mein Herz flattert wie Seide im Wind").

Das Kathmandu International Mountain Film Festival (www.kimff.org) zeigt jeden Dezember über 60 nepalesische und internationale Filme. Film South Asia (www.filmsouthasia.org) ist ein zweijährliches (ungerades Jahr) Festival südasiatischer Dokumentarfilme.

Film

Die nepalesische Filmindustrie hat sich seit den 80er- und frühen 90er-Jahren, als nur vier bis fünf Filme pro Jahr produziert wurden, gut weiterentwickelt. Laut John Whelptons Buch *History of Nepal* zeigte der erste Film, der in Kathmandu gespielt wurde, die Hochzeit des Hindugottes Rama. Das Publikum warf Blütenblätter und Opfergaben auf den Bildschirm, als wäre es in einem Tempel oder als wäre der Gott selbst anwesend.

Der Oscar-nominierte nepalesisch-französische Film *Himalaya – Die Kindheit eines Karawanenführers* des Regisseurs Eric Valli ist der bekannteste „Nepali"-Film, der in ausverkauften Häusern in Kathmandu gezeigt wurde. Es zeigt großartige Aufnahmen aus dem Oberen Dolpo im Westen Nepals und erzählt die Geschichte von Yakzüchtern während eines Generationenwechsels. Der vielleicht bekannteste in Nepal gedrehte Film ist Bernardo Bertoluccis *Little Buddha*, der teilweise auf dem Durbar-Platz von Bhaktapur und in den Wäldern von Gokarna gefilmt wurde.

Kagbeni von Bhusan Dahal ist Nepals allererster High-Definition-Film. Die gruselige übersinnliche Geschichte, die von der Kurzgeschichte *The Monkey's Paw* von W. W. Jacobs adaptiert wurde, spielt in den Ausläufern rund um die Annapurnas.

Der Film *White Sun* aus dem Jahr 2016 von Deepak Rauniyar (Drehbuch und Regie) zeigt die Nachwirkungen des nepalesischen Bürgerkriegs auf eine Familie, in der zwei Brüder für gegnerische Seiten kämpften. Der Film erhielt mehrere internationale Preise und wurde bei den Academy Awards 2017 in die Auswahl der besten fremdsprachigen Filme aufgenommen.

Literatur

Nepals Literaturgeschichte ist kurz und reicht nur bis ins 19. Jh. zurück. Die Schriftsprache wurde bis dahin kaum verwendet, wobei es religiöse Verse, Folklore, Lieder und Übersetzungen von Sanskrit und Urdu aus dem 13. Jh. gibt.

Einer der ersten Autoren, die Nepali als literarische Sprache etablierten, war Bhanubhakta Acharya (1814–1868), der sich vom Einfluss der indischen Literatur abwandte und das Ramayana auf Nepali verfasste. Es handelte sich dabei nicht einfach um eine Übersetzung, sondern eine nepalesische Version des hinduistischen Epos. Motiram Bhatta (1866–1896) spielte eine wichtige Rolle in der Literatur des 19. Jhs. und Lakshmi Prasad Devkota (1909–59) im 20. Jh.

In einem Land mit niedriger Alphabetisierungsrate hatte es die literarische Gemeinschaft Nepals immer schwer. Heute existiert jedoch eine lebendige und enthusiastische literarische Gemeinschaft, die sich in Teestuben und an Buchständen in Kathmandu und anderen städtischen Zentren trifft.

Himalayan Voices: an Introduction to Modern Nepali Literature von Michael Hutt enthält Arbeiten von zeitgenössischen Dichtern und Kurzgeschichtenschreibern.

Nepalesische Romane

In den letzten Jahren kamen zahlreiche Romane von nepalesischen Schriftstellern auf den Markt. Aus ihnen lassen sich zusätzliche Einblicke in das Land ziehen.

Arresting God in Kathmandu von Samrat Upadhyay ist eine einnehmende und lesenswerte Serie von Kurzgeschichten, die in Kathmandu spielen. Der Autor gilt als erster nepalesischer Schriftsteller, der auf Englisch geschrieben hat (er lebt heute in den USA). Später schrieb er den Roman *Guru of Love* und *The Royal Ghost*, eine Reihe von Kurzgeschichten vor dem Hintergrund des maoistischen Aufstands.

Mountains Painted with Turmeric von Lil Bahadur Chettri ist ein klassischer Kurzroman von 1958, der von Michael Hutt ins Englische übersetzt wurde. Der Roman porträtiert realistisch die Widrigkeiten einer Bauernfamilie, die in einem Kreislauf von Armut und sozialem Konservatismus im Osten Nepals gefangen ist.

Mehrere Romane haben versucht, das politische Chaos in der jüngeren Geschichte Nepals zu verstehen. *Palpasa Café* von Narayan Wagle erzählt die Geschichte eines Künstlers, einer im Ausland lebenden Nepalesin und eines Guerilla vor dem Hintergrund des Krieges, der Revolution und der politischen Gewalt, die das Leben im ländlichen Nepal in der jüngsten Vergangenheit beherrscht haben. Der Autor ist ein ehemaliger Herausgeber der Zeitung *Kantipur*.

Seasons of Flight von Manjushree Thapa ist ein Roman über die junge Nepalesin Prema, die auf der Suche nach dem Glück ihr Dorf in Nepal für Los Angeles verlässt. Thapa ist auch der Autor von *The Tutor of History*, einem Porträt eines Dorfes in Westnepal im Vorfeld der Wahlen. Die Lektüre lohnt sich für einen Einblick in das moderne Nepal.

Umwelt & Wildtiere

Für Nepal ist seine unglaublich vielfältige und faszinierende Umwelt gleichzeitig ein Segen und eine Belastung. Wirtschaft, Geschichte, Ressourcen und Kultur des Landes sind untrennbar mit der Kette herrlicher Berge verbunden, die eine kontinentale Kollisionszone darstellen. Diese oft abschreckende Landschaft hat aufgrund der logistischen Probleme, Straßen, Elektrizität, Gesundheitsversorgung und Bildung in abgelegene Gemeinden in Berggebieten zu bringen, eine Rolle bei der verzögerten Entwicklung gespielt. Da die Technologie jedoch die Entwicklung einst abgelegener Ökosysteme fördert, sind der Himalaja und die Ebenen mit enormen Umweltbedrohungen konfrontiert.

Geografische Lage

Nepal ist ein kleiner Landstreifen von 800 km Länge und 200 km Breite. Auf nur 147181 km² passt jedoch viel Gelände. Von der indischen Grenze aus in Richtung Norden erhebt sich die Landschaft von nur 70 m über dem Meeresspiegel auf 8848 m am Gipfel des Mount Everest. Diese dramatische Landschaft bietet eine beispiellose Vielfalt an Lebensräumen und eine unglaubliche Vielfalt an Pflanzen und Tieren.

Nepalesen teilen das Jahr in sechs, nicht vier Jahreszeiten: Basanta (Frühling), Grisma (Hitze vor dem Monsun), Barkha (Monsun), Sharad (Postmonsun), Hemanta (Herbst) und Sheet (Winter).

Kollidierende Kontinente

Man stelle sich das von Nepal bedeckte Land als offene Wasserfläche vor und das tibetische Hochplateau als Küste. Genau das war die Situation bis vor 60 Millionen Jahren, als die indo-australische Platte mit dem eurasischen Kontinent kollidierte, die Erdkruste in

ERDBEBENANFÄLLIGES NEPAL

Die massiven Erschütterungen, die Zentralnepal am 25. April und 12. Mai 2015 heimsuchten, waren nicht die ersten großen Erdbeben für das ehemalige Himalaja-Königreich. Der gewaltige Druck, der durch die Kollision der indo-australischen und eurasischen Platten entsteht, hat im Laufe der Jahrhunderte eine Reihe katastrophaler Erdbeben verursacht.

Das Bihar-Nepal-Erdbeben von 1934, das auf der gleichen Verwerfungslinie wie das Erdbeben von 2015 stattfand, tötete schätzungsweise 10 000 Menschen, während ein Drittel der Bevölkerung von Kathmandu bei dem tödlichen Beben von 1255 ums Leben gekommen sein soll. In all diesen Fällen wurde der Schaden durch die Geologie des Kathmandu-Tals verstärkt – eine tiefe Basis aus weichem Ton macht das Gebiet sehr anfällig für Bodenverflüssigung unter Erdbebenbedingungen.

Wissenschaftler glauben, dass die Beben im Jahr 2015 einen erheblichen Druck entlang der Verwerfungslinie gemildert haben, aber da die indo-australische Platte immer noch mit einer Geschwindigkeit von 27 mm pro Jahr unter die eurasische Platte gleitet, sind weitere Erschütterungen und Beben unvermeidlich.

mächtige Bergrücken stürzte und die Berge bildete, die wir heute Himalaja nennen.

Das Aufstreben der Berge führte zur vorübergehenden Behinderung von Flüssen, die einst ungehindert von Eurasien ins Meer flossen. Gleichzeitig entstanden an den Südhängen dieser jungen Berge neue Flüsse, als sich feuchte Winde aus den tropischen Meeren nach Süden erhoben und niederschlugen. Im Lauf der nächsten 60 Millionen Jahre wuchsen die Berge nach oben, während Flüsse und Gletscher nach unten schnitten. So formten sich die Gipfel und Täler, die heute in Nepal zu sehen sind.

Die moderne Landschaft Nepals – ein Raster aus vier großen Gebirgssystemen, eingerahmt von den Nord-Süd-Schluchten der Flüsse – ist nicht das Ende der Geschichte. Die indo-australische Platte gleitet immer noch mit einer Geschwindigkeit von 27 mm pro Jahr unter die eurasischen Himalaja und treibt die Gipfel weiter nach oben. So schnell, wie die Berge aufsteigen, werden sie von Gletschern, Flüssen und Erdrutschen erodiert und durch Erdbeben und die Auswirkungen von Kälte und Hitze abgetragen.

Nepal ist nach wie vor eine aktive Erdbebenzone, wie die massiven Erdbeben in Zentralnepal im April und Mai 2015 zeigten.

> Das Terai macht nur 17 % der Fläche Nepals aus, hält aber etwa 50 % seiner Bevölkerung und 70 % seiner landwirtschaftlichen Flächen.

Tiefe Täler & hohe Berge

Nepals Zonentopografie besteht aus mehreren physiografischen Regionen oder Naturräumen: den südlichen Ebenen, den vier Gebirgszügen und den Tälern und Hügeln dazwischen. Die meisten Menschen leben in den fruchtbaren Ebenen oder an den sonnigen Südhängen der Berge. Über 4000 m sind die einzigen Bewohner Yakhirten, die sich zum Wintereinbruch in die Täler zurückziehen.

Das Terai & die Siwaliks

> Das Sanskritwort Himalaja bedeutet Bleibe *(alaya)* des Schnees *(himal)*.

Das einzige wirklich flache Land in Nepal ist das Terai (oder Tarai), ein Flickenteppich aus Reisfeldern, Salz- und Auenwäldern, kleinen reetgedeckten Dörfern und ausgedehnten Industriestädten. Die weitläufige Gangesebene erstreckt sich über 40 km bis nach Nepal, bevor das Land zur Vorgebirgskette der Siwaliks aufsteigt. Mit einer durchschnittlichen Höhe von 1000 m verläuft dieser kleine Grat über die gesamte Länge des Landes und trennt das Terai von einem zweiten Tiefgebiet, dem inneren Terai oder Dun.

Mahabharat-Gebirgskette

Nördlich des inneren Terai erhebt sich das Land wieder zur Mahabharat-Gebirgskette bzw. dem „Mittelgebirge". Deren Gipfel variieren zwischen 1500 m und 2700 m Höhe und bilden das Zentrum des bewohnten Hochlands von Nepal. Die Einheimischen bauen auf spektakulären Terrassenfeldern zwischen subtropischen und gemäßigten Wäldern Reis, Gerste, Hirse, Weizen, Mais und andere Feld-

MENSCHEN VS. WILDTIERE

Der Mensch-Tier-Konflikt ist eine Tatsache, mit der die verbliebenen Wildtiere in den Schutzgebieten Nepals und die zunehmende menschliche Bevölkerung zurechtkommen müssen. In den Jahren 2016–17 verloren 19 Menschen ihr Leben bei Begegnungen mit Wildtieren in oder in der Nähe des Chitwan- und des Bardia-Nationalparks. Die Vorfälle betrafen Tiger, Elefanten und Nashörner. Die Parks zahlten fast 15 Millionen Rupien Entschädigung aus, obwohl die meisten dieser tragischen Interaktionen auf unbefugtes menschliches Eindringen in die Parks zurückzuführen waren.

MOUNT EVEREST

Der Mount Everest hatte im Laufe der Geschichte bereits eine Reihe von verschiedenen Namen. Das indische Kartografieamt Survey of India taufte den Berg „Peak XV", aber er wurde 1865 nach Sir George Everest umbenannt, dem damaligen Hauptlandvermesser von Indien. Später fand man heraus, dass der Berg bereits einen Namen hatte – Sherpas nennen den Gipfel Chomolungma, die einen roten Tiger reitet und eine der fünf Schwestern des langen Lebens ist. Bis 1956 gab es keinen nepalesischen Namen für den Berg. Erst dann schuf der Historiker Babu Ram Acharya den Namen Sagarmatha, was „Himmelsspitze" bedeutet.

Mit Hilfe von Triangulation aus den Ebenen Indiens ermittelte Survey of India die Höhe des Everestgipfels auf 8839 m. Im Jahr 1954 wurde dies auf 8848 m revidiert, wobei Daten von zwölf verschiedenen Vermessungsstationen rund um den Berg verwendet wurden. 1999 nutzte ein von National Geographic gesponsertes Team GPS-Daten, um eine neue Höhe von 8850 m zu ermitteln, aber 2002 führte ein chinesisches Team vom Gipfel aus Messungen mit Eisradar und GPS-Systemen durch und errechnete eine Höhe von 8844,43 m.

Schrumpft der Everest also? Nein. Die Chinesen berechneten die Höhe des Grundgebirges ohne die darauf liegenden Mengen an Schnee und Eis. Tatsächlich wächst der Mount Everest immer noch mit einer Geschwindigkeit von 6 mm pro Jahr, da die Plattentektonik den indischen Subkontinent unter Eurasien treibt. Im Jahr 2011 stimmten die Chinesen den Nepalesen zu, dass die offizielle Höhe 8848 m beträgt.

Eine chinesische Studie nach dem Erdbeben von 2015 kam zu dem Schluss, dass der gesamte Hauptteil des Mount Everest um 3 cm nach Südwesten wanderte, aber gleich hoch blieb! 2017 nahm Nepal ein Projekt zur Vermessung des Berges wieder auf. Außerdem schlug der Survey of India, der sein 250-jähriges Bestehen feierte, eine gemeinsame Untersuchung mit den Nepalesen vor. Was wird das bedeuten? Mit der neuesten Technologie liegt der Genauigkeitsbereich bei plus/minus 30 cm. Die neuen Zahlen werden also zur Verbesserung der Genauigkeit beitragen, können aber möglicherweise keine Veränderungen am Berg aufgrund des Bebens von 2015 bestätigen.

Auch im Jahr 2017 bestätigten Bergsteiger, dass ein berühmter Felsvorsprung am Mount Everest, der Hillary Step, teilweise eingestürzt war, was den Aufstieg nun möglicherweise gefährlicher macht. Der 12 m hohe Felsvorsprung war ein fast senkrechter Anstieg auf dem Südostrücken des Berges.

früchte an. Diese Hügel sind von drei großen Flusssystemen durchzogen: Karnali, Narayani und Sapt Kosi.

Pahar-Zone

Zwischen der Mahabharat-Gebirgskette und dem Himalaja liegt ein breiter, extensiv bewirtschafteter Gürtel, die Pahar-Zone. Dazu gehören die fruchtbaren Täler von Kathmandu, Banepa und Pokhara, die einst Seen waren, die von eingeschlossenen Flüssen gebildet wurden. Nach dem Terai ist dies der bevölkerungsreichste Teil Nepals, und die wachsende Einwohnerzahl belastet die natürlichen Ressourcen massiv.

Der Himalaja

Ein Drittel der Gesamtlänge des Himalaja liegt innerhalb der Grenzen Nepals, und das Land beansprucht 10 der 14 höchsten Berge der Welt. Aufgrund der südlichen Breite (ähnlich wie von Florida) und der zuverlässigen Niederschläge sind die Berge bis zu einer Höhe von 3500 bis 4000 m mit Vegetation bedeckt. Menschen bewohnen hauptsächlich die Gebiete unterhalb von 2700 m.

Das Kali-Gandaki-Tal zwischen den Annapurna- und Dhaulagiri-Massivs gilt als das tiefste der Welt mit einem Höhenunterschied von 7 km.

> ## KROKODILE
> ....
>
> Nepal ist die Heimat von zwei Arten von Krokodilen. Der bedrohte und auffallend aussehende Gangesgavial (auch Gharial) bewohnt Flüsse und jagt mit seiner länglichen, von scharfen Zähnen gesäumten Schnauze nach Fischen. Es wurden Fossilien ähnlicher Krokodile gefunden, die 100 Millionen Jahre alt sind, was die Praxistauglichkeit seines seltsam aussehenden Designs unter Beweis stellt. Der Gangesgavial wurde schon fast ausgerottet, aber seit der Einrichtung von Brutstationen haben sich die Populationen erholt.
>
> Das stämmige Sumpfkrokodil bevorzugt hingegen stehende Gewässer und ist ein Allesfresser, der wirklich alles schluckt, was in seine Reichweite kommt – einschließlich Menschen.

Saligrams (versteinerte Ammoniten) sind im ganzen Himalaja zu finden und gelten als Symbole Vishnus – sie beweisen auch, dass der Himalaja einst unter dem alten Tethysmeer lag.

Der Trans-Himalaja

Nördlich des ersten Bergrückens des Himalaja befindet sich eine hoch gelegene Wüste, die der tibetischen Hochebene ähnlich ist. Dieses Gebiet umfasst die wasserarmen Täler von Mustang, Manang und Dolpo. Die feuchtigkeitsbeladenen Wolken des Monsuns lassen all ihren Regen auf der Südseite der Berge fallen, während der Trans-Himalaja im dauerhaften Regenschatten zurückbleibt. Surreale Felswände, Gipfel und Ödlandschaften, die durch den Wind erodiert werden, sind charakteristisch für diese wunderschöne Landschaft.

Tierwelt

Nepal ist eine Region von außergewöhnlicher Artenvielfalt mit einer seltenen Konzentration unterschiedlicher Landschaften und klimatischer Bedingungen. Für Naturliebhaber lohnt es sich, einen Naturführer mit sich zu tragen.

Säugetiere & Vögel

Die vielfältigen Umgebungen des Himalaja und der Mittelgebirge bieten ein Zuhause für ein bemerkenswertes Spektrum an Vögeln, Reptilien, Amphibien und Säugetieren. Wilderei und Jagd bedrohen jedoch viele der heimischen Säugetier- und Vogelarten. Die besten Chancen, Wildtiere zu sehen, gibt's in Nationalparks und Naturschutzgebieten oder hoch in den Bergen – weit entfernt von menschlicher Besiedlung.

Charakteristische Arten

Nepal hat eine Reihe von charakteristischen Tierarten, die jeder Besucher gern sehen möchte. Leider sind dies aber auch genau diejenigen Arten, die am stärksten von Wilderei und dem Verlust ihres Lebensraums bedroht sind. Die Möglichkeit, die folgenden Tiere zu beobachten, beschränkt sich in der Regel auf Nationalparks, Reservate und dünn besiedelte Gebiete im Westen Nepals. Im Chitwan-Nationalpark leben die meisten Arten wie Tiger, Leoparden, Nashörner und Lippenbären.

Nepal bedeckt nur 0,1 % der Weltoberfläche, ist aber Heimat für fast 10 % der weltweiten Vogelarten, darunter 72 vom Aussterben bedrohte Arten.

An der Spitze der Dschungel-Nahrungskette steht der Königstiger (*bagh* in Nepali), der als territorialer Einzelgänger lebt. Der Chitwan-, der Bardia- und der Banke-Nationalpark sowie der Sukla-Phanta-Nationalpark im Terai schützen genügend Lebensraum, um lebensfähige Zuchtpopulationen zu erhalten. Neben dem Verlust von Lebensraum ist eine große Bedrohung für Tiger die Wilderei, die Körperteile für traditionelle chinesische Medizin und Kleidung liefert.

Der gefleckte Leopard *(chituwa)* ist häufiger als der Tiger und stellt eine signifikante Bedrohung für das Vieh dar. Wie der Tiger ist auch dieses nachtaktive Raubtier bekannt dafür, dass es den Menschen angreift, wenn es durch Alter oder Krankheit nicht in der Lage ist, seine übliche Beute zu jagen. Der gefährdete Schneeleopard *(heung chituwa)* ist so selten und scheu, dass er kaum gesichtet wird, aber es wird angenommen, dass 350 bis 500 Schneeleoparden im hohen Himalaja, besonders in Dolpo, leben. Schneeleoparden sind so schwer fassbar, dass viele Einheimische glauben, die Tiere könnten nach Belieben verschwinden.

Das Panzernashorn *(gaida)* lebt in den Grasflächen *(phanta)* der Region Terai und ist die größte der drei asiatischen Nashornarten. Die Nashornpopulationen sind aufgrund der Wilderei während des maoistischen Aufstands zurückgegangen, aber sie haben sich seit 2005 allmählich erholt – heute gibt es etwa 600 Nashörner in Chitwan und kleinere Populationen im Bardia-Nationalpark und im Sukla-Phanta-Nationalpark.

Der schwerfällige und zottige Lippenbär *(bhalu)* verfügt über eine beeindruckende vordere Krallenreihe, mit der er Termitenhügel einreißt. Das schlechte Sehvermögen des Bären und seine Neigung, diese Krallen zu schwingen, wenn er erschreckt wird, haben ihm den Ruf eines schlechtgelaunten Gesellen eingebracht.

Die einzigen wilden asiatischen Elefanten *(hathi)* in Nepal leben im westlichen Teil des Terai und der Siwaliks. Domestizierte Elefantenherden sind jedoch in allen Nationalparks des Terai zu finden, wo sie für Anti-Wilderer-Patrouillen und Touristen auf Safaris eingesetzt werden. Je mehr Informationen jedoch über die Grausamkeiten bei der Konditionierung dieser intelligenten Tiere ans Tageslicht kommen, desto stärker verliert diese Aktivität an Attraktivität und wir empfehlen, diese Praxis nicht zu unterstützen.

Das vielleicht ungewöhnlichste Tier von allen ist der vom Aussterben bedrohte Gangesdelfin *(susu)*. Dieses säugende Raubtier hat keine Linsen in den Augen und ist fast blind. Es jagt mit Sonar durch die schlickigen Gewässer der Tieflandflüsse. Es wird angenommen, dass weniger als 50 Delfine in Nepal leben, die meisten davon im Fluss Karnali.

Kleinere Säugetiere

Hirsche sind in den Tiefland-Nationalparks reichlich vorhanden und stellen eine lebenswichtige Nahrungsquelle für Tiger und Leoparden dar. Zu den am weitesten verbreiteten Arten gehören der Sambar und der Axishirsch. In Wäldern bis 2400 m Höhe hört man den unglaublich hundeartigen Ruf des Indischen Muntjaks. In

UMWELT & WILDTIERE TIERWELT

Bis Hajaar Tal (wörtlich „20 000 Seen") im Chitwan-Nationalpark und das Koshi-Tappu-Schutzgebiet sind beides Ramsar-Gebiete (www. ramsar.org), die als Feuchtgebiete von internationaler Bedeutung ausgewiesen sind.

AFFENCHAOS

Wegen Hanuman, dem Affengott aus dem Ramayana, gelten Affen als heilig und werden in Nepal geschützt, wenn auch nicht verwöhnt. Oft sieht man Truppen von muskulösen, rotbürzigen Rhesusmakaken, die Touristen und Pilger an Kathmandus Denkmälern und Tempeln wegen Essensresten belästigen. Diese Affen können aggressiv und tollwütig sein, also unbedingt Abstand halten (und zur Not einen Stock in der Hand halten).

In bewaldeten Gebieten bis 3700 m sieht man auch die schlanken Languren mit ihrem kurzen grauen Fell und dem schwarzen Gesicht. Diese Art ist sanfter als der aggressive Makake, aber auch bei den Languren sollte man seine Bananen außer Sicht- und Reichweite halten.

GEIERRESTAURANTS

Drei der neun nepalesischen Geierarten sind vom Aussterben bedroht. Tausende von Geiern sterben jedes Jahr, weil sie die Kadaver von Kühen gefressen haben, die mit dem entzündungshemmenden Medikament Diclofenac behandelt wurden. Als das Problem erkannt wurde, wurde das Medikament bald verboten (2006) und ein Ersatz gefunden. Leider gibt es in Nepal und Indien aber immer noch einen illegalen Konsum ähnlicher Medikamente.

Dennoch hat ein System zur Fütterung von Geiern mit unbelastetem Fleisch bemerkenswerte Ergebnisse gebracht. Das Projekt mit dem Spitznamen „Geierrestaurant" verdoppelte die Geierpopulation im Distrikt Nawalparashi (in der Nähe der Tiger Tops Tharu Lodge) im westlichen Terai in nur zwei Jahren. Alte Rinder, die den Hindus heilig sind, werden nicht getötet und können zu einer Belastung für die Bauern werden. Jetzt können sie an das Geierrestaurant verkauft werden, wo sie auf Kontamination getestet werden, ihr restliches Leben verbringen dürfen und erst nach einem natürlichen Tod an die Geier verfüttert werden. Fünf weitere Geierrestaurants wurden in ganz Nepal eingerichtet, darunter eines in der Nähe von Lumbini und eines in der Nähe von Pokhara.

Birds of Nepal von Robert Fleming Sr., Robert Fleming Jr. und Lain Singh Bangdel ist ein Feldführer zu Nepals vielen Hundert Vogelarten. Birds of Nepal von Richard Grimmett und Carol Inskipp ist ein umfangreiches Taschenbuch mit Strichzeichnungen.

höheren Lagen lebt der Moschushirsch mit einer Schulterhöhe von nur 50 cm. Leider wurden diese Tiere durch die Jagd stark dezimiert. Jäger haben es auf die Moschusdrüse im Bauch des Hirsches abgesehen.

In großen Höhen sieht man den Himalaja-Tahr, eine zottelige Bergziege, und das Blauschaf (*naur* auf Tibetisch, *bharal* auf Nepali), das genetisch irgendwo zwischen Ziege und Schaf positioniert ist. Die Geröllfelder und verkümmerten Wälder der hohen Himalajas bieten auch Schutz für einige kleine Nagetiere. Der Pfeifhase (*pika*) flitzt häufig nervös über Trekkingwege. Um das Himalaja-Murmeltier zu sehen, das mit dem amerikanischen Murmeltier verwandt ist, muss man noch höher in die Trans-Himalaja-Zone in Westnepal aufsteigen.

Vögel

Mehr als 850 Vogelarten sind in Nepal bekannt und fast die Hälfte davon kann im Kathmandu-Tal gesichtet werden. Die Hauptbrutzeit und die beste Zeit, um Vögel zu beobachten, ist März bis Mai. Die Zahl der ansässigen Vogelarten nimmt zu, wenn zwischen November und März die Zugvögel aus Tibet und Sibirien im Terai eintreffen. Die besten Orte für die Vogelbeobachtung in Nepal sind das Koshi-Tappu-Schutzgebiet und der Chitwan-Nationalpark. Die besten Spots im Kathmandu-Tal sind die Berge Pulchowki und Nagarjun sowie der Shivapuri-Nagarjun-Nationalpark.

Bird Conservation Nepal (www.birdlifeenepal.org) ist eine ausgezeichnete nepalesische Organisation mit Sitz in Kathmandu, die Vogelbeobachtungsreisen organisiert und Bücher, Vogelbeobachtungslisten und einen guten vierteljährlichen Newsletter herausgibt.

Acht Storchenarten wurden entlang der Wasserläufe des Terai identifiziert, und während des Winters fliegen Jungfernkraniche den Kali Gandaki und den Dudh Kosi hinab, bevor sie im Frühjahr zu ihren tibetischen Nistplätzen zurückkehren. Der gefährdete Saruskranich kann im Bardia-Nationalpark und im Lumbini Crane Sanctuary beobachtet werden.

In Nepal kommen Greif- und Raubvögel aller Größen vor. Im Kathmandu-Tal und im Terai sieht man die fliegenden Silhouetten von Geiern und gabelschwänzigen Milanen, die ominös im Dunst kreisen. In den Bergen bekommt man Steinadler, den riesigen Schneegeier und Lämmergeier zu sehen.

Es gibt sechs Fasanarten in Nepal, darunter der Nationalvogel *danphe*, auch Himalaja-Glanzfasan oder Rotschwanzmonal genannt. Die Weibchen haben ein mattbraunes Gefieder, während die Männchen in allen Farben des Regenbogens strahlen. In Gebieten mit vielen Trekkern sind diese Vögel oft recht zahm, obwohl sie sich in einem fallenden, unregelmäßigen Flug vom Berg stürzen, wenn sie gestört werden.

Nepal beherbergt 17 Kuckucksarten, die als Vorboten des Frühlings im März auftauchen. Der Ruf des Kurzflügelkuckucks wird mit dem nepalesischen Ausdruck *kaphal pakyo* gleichgesetzt, der bedeutet „Die Frucht der Myrte ist reif". Der Ruf des Wechselkuckucks klingt wie das englische Wort für „Gehirnfieber" – so zumindest beschrieben ihn die britischen *sahibs* (Herren), wenn sie im Malariafieber schwitzten.

Beim Wandern durch die Wälder sieht man mitunter Mitglieder der Timalien-Familie. Der Igeldrossling ist Nepals einzige endemische Art, und die Schwarzkappentimalie mit ihrem ständigen Zwitschern und Singen ist in den feuchten, gemäßigten Wäldern häufig zu hören. In der Pokhara-Region fällt die Hinduracke auf, die beim Fliegen das schillernde Türkis auf ihren Flügeln zeigt. Laut lokalem Aberglauben ist es ein gutes Omen, wenn jemand, der sich auf eine Reise begibt, eine Racke in seine Richtung fliegen sieht.

Ein weiterer farbenfroher Charakter ist der Wiedehopf mit seinem einziehbaren Kamm, dem langen, geschwungenen Schnabel, dem auffälligen orangefarbenen Gefieder und den schwarz-weißen Streifen an den Flügeln. In Nepal gibt es außerdem 30 Fliegenschnäpper- und 60 Grasmückenarten sowie Bienenfresser, Drongos, Mennigvögel, Sittiche und Nektarvögel.

An Wasserläufen bekommt man häufig Drosseln, wie den hübschen Weißkopfschmätzer und den Wasserrotschwanz, zu Gesicht. In den umliegenden Bäumen sieht man mitunter den schwarz-weißen Graufischer und den Braunliest mit seinem schillernden türkisfarbenen Gefieder.

Verschiedene Arten von Krähen haben sich an die unterschiedlichen Höhen angepasst. Die Gelbschnabelkitta und die Graubrust-Baumelster sind besonders in der gemäßigten Zone häufig anzutreffen. Über der Baumgrenze versammeln sich Alpenkrähen und -dohlen, vor allem in Gebieten, die von Menschen frequentiert werden. In der Trans-Himalaja-Region trifft man auch auf den bedrohlichen schwarzen Raben, der die Täler auf potenzielle Plünderungsziele durchkämmt.

Pflanzen

Es gibt ungefähr 6500 bekannte Arten von Bäumen, Sträuchern und Wildblumen, die in Nepal wachsen, aber die wahrscheinlich

---

Nepals berühmte und weniger bekannte Nationalparks und Naturschutzgebiete werden ausführlich beschrieben auf www.welcomenepal.com/places-to-see/must-see-national-parks-of-nepal.html.

Himalayan Flowers & Trees von Dorothy Mierow und Tirtha Bahadur Shrestha ist der beste verfügbare Feldführer zu den Pflanzen Nepals.

UMWELT & WILDTIERE PFLANZEN

BANKE-NATIONALPARK

Mit der Schaffung des 550 km² großen Banke-Nationalparks im Jahr 2010 hat Nepal seinen zehnten Nationalpark gewonnen und kann sich seitdem eines der größten Tigerlebensräume Asiens rühmen. Banke grenzt an das Suhelwa Wildlife Sanctuary in Indien und ist durch Gemeindewälder und Pufferzonen mit dem Bardia-Nationalpark verbunden. Zusammen mit dem indischen Katerniaghat Wildlife Sanctuary stellen diese Reservate einen wichtigen Korridor für wilde Elefanten und Nashörner dar, und es ist zu hoffen, dass sie den Schutz von Tigern erheblich verbessern. Dieser Zuwachs an offiziell geschütztem Tigerlebensraum war Teil von Nepals Versprechen, die Tigerpopulation des Landes bis 2022 (dem nächsten chinesischen Tierkreisjahr des Tigers) zu verdoppeln.

berühmteste Pflanze ist *Rhododendron arboreum* (*lali gurans* auf Nepali), die zugleich die Nationalblume Nepals ist. Man könnte sie eigentlich als Baum bezeichnen, weil sie immerhin 18 m hoch wird und im Himalajagebiet ganze Wälder bildet. In den Ausläufern des Himalaja finden sich insgesamt noch mehr als 30 andere Arten von Rhododendren. Die Rhododendronwälder blühen im März und April und färben die Landschaft dann in herrlichen weißen, rosafarbenen und roten Streifen.

Die beste Zeit, um die anderen Wildblumen des Himalaja in voller Blüte zu sehen, ist während des Monsuns. Die Bergblicke sind dann häufig verdeckt, aber der Boden unter den Füßen ist ein farbiger Teppich. Viele der alpinen Arten oberhalb der Baumgrenze tragen im Herbst Blüten, darunter Schwertlilien, Enziane, Anemonen und das flaumige Edelweiß.

In den Ausläufern des Himalaja sowie in den Ebenen sieht man die prächtigen, pilzförmigen Dächer der Banyanbäume und Pappelfeigen, die oftmals den Mittelpunkt der Dörfer bilden. Die Pappelfeige hat eine besondere religiöse Bedeutung in Nepal – der Buddha erlangte unter einer Pappelfeige Erleuchtung, und die Hindus verehren zudem verschiedene Pappelfeigen als Symbole der Gottheiten Vishnu und Hanuman.

Sal, ein breitblättriges, halbheidiges Hartholz, dominiert die tief liegenden Wälder der Terai. Sal-Blätter werden als Einwegteller verwendet und das schwere Holz kommt im Haus- und Bootsbau zum Einsatz. Im Flachland sind viele Ebenen von *phanta* bedeckt. Dieses Gras kann bis zu 2,5 m hoch werden und wird von den Dorfbewohnern zum Reetdachdecken und von Elefanten als Zwischensnack genutzt.

NATIONALPARKS & SCHUTZGEBIETE

NG = Naturschutzgebiet, JR = Jagdreservat, NP = Nationalpark, WR = Wildreservat

NAME	ORT	KLASSIFIKATION UND BESONDERHEITEN	BESTE BE-SUCHSZEIT	EINTRITTSPREIS FÜR AUSLÄN-DER (NPR)
Annapurna (S. 12)	nördlich von Pokhara	NG, beliebtestes Trekkinggebiet in Nepal, hohe Gipfel, abwechslungsreiche Landschaften, abwechslungsreiche Kultur	Okt.–April, Mai	2000
Banke (S. 421)	weit westliches Terai	NP, Salzwald, Tiger, Panzernashörner	Okt. bis Anfang April	500
Bardia (S. 307)	weit westliches Terai	NP, Fluss Geruwa, Tiger, Nashörner, über 250 Vogelarten	Okt. bis Anfang April	1000
Chitwan (S. 273)	zentrales Terai	NP, Salzwald, Nashörner, Tiger, Gaviale, 450 Vogelarten, Welterbe	Okt.–Feb.	1500
Dhorpatan	West-Zentral-Nepal	JR, Nepals einziges Jagdrevier (schwer zu erreichen), Blauschafe	März–April	3000
Kanchenjunga (S. 360)	im fernen Osten von Nepal	NG, dritthöchster Berg der Welt, Blauschafe, Schneeleoparden	März–April, Okt.–Nov.	2000
Khaptad (S. 310)	im fernen Westen von Nepal	NP, Kernbereich ist eine wichtige religiöse Stätte	März–April	3000
Koshi Tappu (S. 320)	östliches Nepal	WR, Fluss Sapt Kosi, Grasland, 439 Vogelarten	März–April, Okt.–Nov.	1000

Nationalparks & Schutzgebiete

Nepals erster Nationalpark, Chitwan, wurde 1973 im Terai gegründet. Heute gibt es zwölf Nationalparks, ein Wildreservat, sechs Naturschutzgebiete und, etwas unpassend, ein Jagdreservat, die insgesamt 18 % des Landes in Nepal schützen. Für alle Nationalparks und Reservate wird Eintritt erhoben, einschließlich der geschützten Gebiete auf Trekkingrouten in den Bergen.

Die Hauptaufsichtsbehörde für Nationalparks und Naturschutzgebiete ist das Department of National Parks & Wildlife Conservation (www.dnpwc.gov.np). In den letzten Jahren ist jedoch eine Verlagerung des Managements auf internationale Nichtregierungsorganisationen (NGOs) und gemeinnützige Organisationen mit einer gewissen Autonomie gegenüber der Regierung Nepals erfolgt. Der National Trust for Nature Conservation (www.ntnc.org.np) betreibt das Annapurna- und das Manaslu-Schutzgebiet. Das Mountain Institute (www.mountain.org) betreibt eine Reihe von Naturschutzprojekten im Himalaja.

Die Regierung führte die ersten Schutzgebiete mit wenig Zusammenarbeit mit den Einheimischen und zunächst ohne deren Mitwirkung ein. Neuere Initiativen haben sich darauf konzentriert, die lokale Bevölkerung zu erziehen und ihre Bedürfnisse zu befriedigen, anstatt sie vollständig zu vertreiben.

Besonders erfolgreich ist das Gemeindewaldmodell in Nepal – viele Schutzgebiete sind von Pufferzonen aus gemeindeeigenen Wäldern umgeben, deren Eigentümer natürliche Ressourcen ernten und damit am Fortbestand beteiligt sind. Weitere Informationen finden sich auf der Website der Federation of Community Forestry Users Nepal (www.fecofun.org.np).

> Nepals Terai-Nationalparks sind von einem außerirdischen Eindringling bedroht – dem südamerikanischen Kletterkraut *Mikania micrantha*, das wegen seiner enormen Wachstumsrate als „Meile pro Minute" bezeichnet wird.

UMWELT & WILDTIERE NATIONALPARKS & SCHUTZGEBIETE

NAME	ORT	KLASSIFIKATION UND BESONDERHEITEN	BESTE BE-SUCHSZEIT	EINTRITTSPREIS FÜR AUSLÄN-DER (NPR)
Langtang	nordöstlich von Kathmandu	NP, abwechslungsreiche Topografie, Kultur, Zugvogel	März–April	3390
Makalu-Barun (S. 360)	östliches Nepal	NP, angrenzender Sagarmatha-NP, Schutz verschiedener Berglandschaften	Okt.–Mai	3390
Manaslu	West-Zentral-Nepal	NG, zerklüftetes Gelände, 11 Waldarten, angrenzend an Annapurna NG	März–April, Okt.–Nov.	2000
Parsa	zentrales Terai	NP, angrenzend an Chitwan-NP, Salzwälder, wilde Elefanten, 300 Vogelarten	Okt.–April	1000
Rara	nordwestliches Nepal	NP, Nepals größter See, wenige Besucher, Zugvögel	März–Mai, Okt.–Dez.	3000
Sagarmatha (S. 334)	Everestregion	NP, höchste Berge des Planeten, Welterbe, Klöster, Sherpakultur	Okt.–Mai	3390
Shey Phoksumdo	Dolpo, Westnepal	NP, Trans-Himalaja-Ökosystem, Bergblumen, Schneeleoparden, Blauschafe	Juni–Sept.	3390
Shivapuri Nagarjun (S. 148)	nordöstlich von Kathmandu	NP, in der Nähe von Kathmandu, viele Vogel- und Schmetterlingsarten, gut zum Wandern und Fahrradfahren	Okt.–Mai	565
Sukla Phanta (S. 313)	südwestliches Nepal	NP, Flussebene, Wiesen, gefährdete Sumpfhirsche, wilde Elefanten	Okt.–April	1000

KLIMAWANDEL IM HIMALAJA

Jedes Jahr während des Monsuns steht das Terai vor schweren Überschwemmungsproblemen, die durch die Abholzung der Wälder an den Berghängen und in der Ebene selbst verstärkt werden.

In den Bergen hat das Hochwasserrisiko andere Ursachen. Steigende globale Temperaturen schmelzen die Gletscher im Himalaja, wodurch die Gletscherseen auf ein gefährliches Niveau anschwellen.

1985 brach im Thame-Tal ein natürlicher Damm, der die eingeschlossenen Gewässer des Dig-Tsho-Sees freisetzte und verheerende Überschwemmungen im Dudh-Kosi-Tal zur Folge hatte.

Wissenschaftler beobachten nun voller Sorge den Imja Tsho im Chhukung-Tal. Seit 1960 ist der See um mehr als 34 Mio. Kubikmeter Wasser angeschwollen – wenn sein Damm bricht, sagen Experten einen „vertikalen Tsunami" durch einen am dichtesten bevölkerten und am stärksten bewanderten Teile des Himalaja voraus. 2016 konstruierte die nepalesische Armee einen Auslass und leitete über vier Millionen Kubikmeter Wasser aus dem See ab. Die Finanzierung wurde von den Vereinten Nationen zur Verfügung gestellt.

Obwohl es etwas wie einen „normalen" Monsun nicht gibt, geben die jüngsten verheerenden Monsune von 2013, 2014 und 2017 auch Anlass zur Sorge über den Klimawandel. In diesen Jahren überschwemmten massive Regenfälle große Teile des nepalesischen Terai sowie Indiens und führten zu massiven Erdrutschen und zum Verlust von Menschenleben und Eigentum.

Umweltherausforderungen

Die Umwelt in Nepal ist zerbrechlich und die schnell wachsende Bevölkerung erhöht ständig die Umweltbelastung. Ein großer Teil des Landes zwischen dem Himalaja und dem Terai wurde stark verändert, um Platz für Feldfrüchte, Tiere und Häuser zu schaffen. Wälder wurden gerodet, die Wildtierpopulationen dezimiert und Straßen haben sich in Täler gefressen, die zuvor nur zu Fuß erreichbar waren. Daher ist Shangri La nicht immun gegen die ökologischen Herausforderungen, mit denen ein schrumpfender Planet konfrontiert ist.

Das Bevölkerungswachstum ist das größte Problem für die Umwelt in Nepal. Mehr Menschen brauchen mehr Land für die Landwirtschaft und mehr natürliche Ressourcen zum Bauen, Heizen und Kochen. Die Bevölkerung Nepals wächst jährlich um 1,2 % (Stand 2017), und Ernährungssicherheit und Wachstum sind der wirtschaftliche Anreiz für die Besiedlung bisher unbewohnter Gebiete. 2017 erhielt Kathmandu die zweifelhafte Auszeichnung, die Stadt mit der siebtstärksten Verschmutzung der Welt zu sein.

Es gab jedoch auch einige Umwelterfolge in Nepal. Ausländische und nepalesische Nichtregierungsorganisationen haben Solarzellen, Biogas- und Kerosinöfen sowie Parabol-Solarkocher für Tausende von Farmen, Trekking-Lodges, Schulen und Klöster in ganz Nepal bereitgestellt.

Mehrere Organisationen können weitere Informationen zu Umweltthemen in Nepal bereitstellen.

Bird Conservation Nepal (www.birdlifenepal.org)
Himalayan Nature (www.himalayannature.org)
International Centre for Integrated Mountain Development (www.icimod.org)
International Union for Conservation of Nature (www.iucn.org)
National Trust for Nature Conservation (www.ntnc.org.np)
Resources Himalaya (www.resourceshimalaya.org)

Nature Treks (www.naturetreks.com) bietet organisierte Wanderungen mit erfahrenen Naturschützern in den Nationalparks Shivapuri Nagarjun, Chitwan, Bardia und im Langtang-Gebiet.

Wildlife Conservation Nepal (www.wcn.org.np)
World Wildlife Fund Nepal (www.wwfnepal.org)

Entwaldung

Über 80 % der nepalesischen Bevölkerung sind zum Heizen und Kochen auf Brennholz angewiesen, vor allem in den Bergen, was zu massiven Problemen aufgrund von Abholzung führt. Nepal hat in der Neuzeit mehr als 70 % seiner Waldfläche verloren, und Reisende tragen zu diesem Problem bei, indem sie die Nachfrage nach Brennholz in den Trekkinggebieten erhöhen.

Die Abholzung führt nicht nur dazu, dass einheimische Arten ihren natürlichen Lebensraum verlieren, sondern auch dazu, dass die Tiere direkt in Konflikt mit dem Menschen geraten. Der Verlust der Baumbedeckung ist ein wesentlicher Faktor für die Erdrutsche, die die Täler des Himalaja nach jedem Monsun heimsuchen.

Die Situation ist jedoch längst nicht aussichtslos – in den letzten Jahren sind an den Grenzen der Nationalparks eine Reihe von Gemeindewäldern entstanden. Die Wälder sind in gemeinschaftlichem Besitz und die nachhaltige Ernte von Holz und anderen natürlichen Ressourcen bietet eine wirtschaftliche Alternative zur Wilderei und zur Ressourcenbeschaffung in den Parks. Weitere Informationen finden sich auf der Website der Federation of Community Forestry Users (www.fecofun.org.np).

Informationen über alternative Energieprojekte in Nepal finden sich auf den Websites des Centre for Rural Technology (www.crtnepal.org), der Foundation for Sustainable Technologies (www.fostnepal.org) und von Drokpa (www.drokpa.org).

Wilderei

Nepals zehnjähriger maoistischer Aufstand hat nicht nur die Menschen getroffen. Die Soldaten wurden von den Checkpoints der Nationalparks zurückgezogen, was zu einem massiven Aufschwung der Wilderei führte. Nepals Nashornpopulation ging zwischen 2000 und 2005 um 30 % zurück; Elefanten, Tiger, Leoparden und andere gefährdete Arten wurden ebenfalls ins Visier genommen.

Die Haupttriebwerke der Wilderei sind der Handel mit Tierteilen für die traditionelle chinesische und tibetische Medizin und in geringerem Maße der Handel mit Tierfellen nach Tibet für die traditionellen Trachten, die als *chubas* bekannt sind. Reisende können vermeiden, zu dem Problem beizutragen, indem sie Souvenirs aus tierischen Produkten ablehnen.

Wasserkraft

Auf den ersten Blick klingt es wie eine Win-win-Situation, die Kraft der nepalesischen Flüsse für die Elektrizitätserzeugung zu nutzen. Aber die Umweltauswirkungen des Baus neuer Wasserkraftwerke können verheerend sein. Ganze Täler können überflutet werden, um Stauseen zu schaffen, und der größte Teil der Energie kann in das überbevölkerte Kathmandu-Tal umgeleitet oder nach China und Indien exportiert werden.

Neben der Verdrängung der lokalen Bevölkerung und den Auswirkungen auf die Umwelt beeinträchtigen große Wasserkraftwerke den Wasserfluss stromabwärts und verhindern den Übergang des nährstoffreichen Schlamms in die landwirtschaftlichen Flächen im Tiefland. Gegenwärtig gibt es große Wasserkraftwerke an den Flüssen Babai, Bhote Kosi, Kali Gandaki, Marsyangdi, Rapti, Roshi, Trisuli und West Seti. Im Jahr 2017 befanden sich fünf Wasserkraftprojekte im Bau und über 30 neue Projekte wurden aktiv geprüft.

Tourismus

Der Tourismus hat Gesundheit, Bildung, Elektrizität und Wohlstand zu einigen der entlegensten, isoliertesten Gemeinschaften des Planeten gebracht, aber er hatte auch massive Auswirkungen auf die lokale Umwelt. Wälder werden gerodet, um Holz für den Bau von Hütten und Brennstoff zum Kochen und Heizen bereitzustellen, und Wanderer tragen massiv zur Zunahme von Müll und zur Erosion der Bergpfade bei.

Selbst die offensichtlichen Vorteile des Tourismus können negative Auswirkungen auf die Umwelt haben – der Reichtum, den der Tourismus den Dörfern im Himalaja gebracht hat, hat es vielen Bauern ermöglicht, ihre Ziegen-, Kuh- und Yakherden zu vergrößern, was letztlich zu noch mehr Entwaldung führt, um vorübergehende Weiden zu schaffen.

Wasserversorgung

Trotz des natürlichen Wasserreichtums ist Wassermangel ein weiteres chronisches Problem in Nepal, insbesondere im Kathmandu-Tal. Wo Wasser verfügbar ist, ist es oft mit Schwermetallen, Industriechemikalien, Bakterien und menschlichen Exkrementen verunreinigt. Der heilige Bagmati-Fluss in Kathmandu ist mittlerweile einer der am stärksten verschmutzten Flüsse der Welt, obwohl es Bemühungen gab, den Fluss von sichtbarem Müll zu befreien.

Im Terai ist Arsenvergiftung durch verunreinigtes Trinkwasser tatsächlich eines der größten Probleme. Bis zu 1,4 Millionen Menschen gelten als gefährdet durch dieses tödliche Gift, das aus kontaminierten Grundwasserleitern in Brunnen und Reservoirs gelangt.

Praktische Informationen

ALLGEMEINE INFORMATIONEN.. 428

Aktivitäten............. 428
Botschaften & Konsulate 428
Essen 428
Fotografie 429
Frauen unterwegs 429
Geld 429
Gesetzliche Feiertage 431
Internetzugang..........431
Kinder..................431
LGBT-Reisende 432
Öffnungszeiten..........432
Post....................432
Rechtsfragen............ 433
Reisen mit Behinderung . 433
Sicheres Reisen 434
Sprachkurse 435
Strom 435
Telefon 436
Toiletten............... 436
Touristeninformation.... 436
Unterkunft..............437
Versicherung........... 438

Visa.................. 438
Zeit 439
Zoll 439

VERKEHRSMITTEL & -WEGE............ 441

AN- & WEITERREISE ... 441

Einreise 441
Flugzeug 442
Auf dem Landweg 443

UNTERWEGS VOR ORT . 446

Auto & Motorrad 446
Bus 447
Fahrrad................ 448
Flugzeug 448
Nahverkehr 449
Zug 450

GESUNDHEIT 451

Vor der Reise........... 451
In Nepal 453

SPRACHE......... 458

Glossar............... 462

Allgemeine Informationen

Aktivitäten

Nepal ist bekannt als das größte Trekkingland der Welt, aber es gibt auch viele schöne Tagesausflüge, besonders im Kathmandu-Tal und in Bandipur, Tansen und Pokhara. Außerdem bietet das Land Rafting, Kajak, Canyoning und Klettern von Weltklasse. Nepal eignet sich hervorragend, um einen neuen Abenteuersport zu lernen.

Weitere Informationen siehe Outdoor-Aktivitäten (S. 44) und Wanderung planen (S. 31).

Botschaften & Konsulate

Wer außer Nepal noch weitere Länder besuchen möchte, benötigt möglicherweise Visa für Bangladesch, China, Indien, Myanmar (Birma) und Thailand.

Die einzigen Visa, die es in Kathmandu für Tibet gibt, werden für Reisegruppen ausgestellt – eigentlich gibt es kein „Visum für Tibet", sondern lediglich ein chinesisches Gruppenvisum und eine Reisegenehmigung für Tibet. Personen, die direkt nach China (nicht nach Tibet) reisen möchten, müssen ein Flugticket nach Chengdu, Peking, Shanghai oder Guangzhou vorlegen, um zu beweisen, dass sie nicht nach Tibet reisen.

Eine Liste nepalesischer Botschaften und Konsulate in anderen Ländern ist auf den Websites des nepalesischen **Außenministeriums** (www.mofa.gov.np) oder der **Einwanderungsbehörde** (www.nepalimmigration.gov.np) zu finden. Zu den wichtigsten Botschaften und Konsulaten in Nepal gehören die folgenden:

Chinesische Botschaft (Karte S. 74; ☑01-4440286; http://np.china-embassy.org/eng; Hattisar, Kathmandu; ◷Mo–Fr 9.45–11 Uhr) Visaanträge werden Montag bis Freitag von 9.45 bis 11.00 Uhr angenommen. Visa werden in der Regel innerhalb von drei Arbeitstagen ausgestellt, können aber gegen eine zusätzliche Gebühr auch in nur einem Tag bearbeitet werden. Die Visastelle befindet sich in Hattisar; die eigentliche **Botschaft** (Karte S. 74; ☑01-4411740; np.china-embassy.org; Baluwatar; ◷Mo–Fr 9–12 Uhr und 14–17 Uhr) ist in Baluwatar.

Deutsche Botschaft (Karte S. 74; ☑01-4217200; www.kathmandu.diplo.de; Gyaneshwar Marg 690, Kathmandu; ◷9–11.30 Uhr)

Indische Botschaft (Karte S. 74; ☑01-4410900; www.indianembassy.org.np; 336 Kapurdhara Marg, Lainchaur; ◷Mo–Fr 9.30–12 Uhr & 13.30–17 Uhr) Die meisten Touristen erhalten jetzt ein E-Visum für

bis zu 60 Tage, wenn sie es im Voraus beantragen. Ein indisches Touristenvisum in Nepal zu bekommen, ist teurer und zeitaufwendig.

Österreichisches Honorarkonsulat (☑01-443451522; 2 Manakamana Marg, Nagpokhari, Naxal, Kathmandu; ◷Mo, Mi, Fr 12.00–15.00)

Schweizerische Botschaft (☑01-4217008; www.eda.admin.ch/kathmandu; Ekantakuna, Jawalakhel, Lalitpur, Kathmandu; ◷Mo–Fr 9.00–12.30 & 13.00–17.00)

Essen

Besonders in Kathmandu und in Pokhara kann man speisen wie ein König. Die Restaurants in diesen Städten bilden eine Weltkarte der Kochrichtungen an mit Gerichten aus Tibet, China, Indien, Japan, Thailand, Mexiko, Italien, Frankreich und dem Nahen Osten. Diese Angebote sollte man nutzen – denn sobald man mit dem Trekking beginnt, wird die Auswahl merklich begrenzter.

Das Grundnahrungsmittel der Nepalesen ist *daal bhaat tarkari* – wortwörtlich übersetzt: Linsensuppe, Reis und Currygemüse. Es ist ein erprobter und gut bewährter Treibstoff für ausgiebiges Wandern.

Mehr über nepalesisches Essen auf S. 62.

Fotografie

Es ist kein Problem, eine Videokamera nach Nepal mitzubringen, und es gibt keine Videogebühren. Eine Ausnahme ist die obere Mustang-Region, wo theoretisch eine erstaunliche Gebühr von 850 € für die Aufnahme von Videomaterial erhoben wird. In der Praxis ist es jedoch sehr unwahrscheinlich, dass man darauf angesprochen wird, es sei denn, man ist offensichtlich als professionelles Filmteam erkennbar.

Beschränkungen

➜ Es ist nicht ungewöhnlich, dass Tempelwächter keine Fotos von ihrem Tempel zulassen, und dieser Wunsch sollte respektiert werden.

➜ Außerdem nicht fotografieren sollte man Armeelager, Checkpoints oder Brücken.

Kurse

Für angehende Blogger, Foto- und Bürgerjournalisten könnte der alljährlich stattfindende achttägige Fotokurs von **Kathmandu Inside Out** (www.kathmanduinside out.com) interessant sein, der sich auf das Erzählen von Geschichten durch Fotos konzentriert. Die Gebühr von 1360 € beinhaltet den Kurs und die Finanzierung für zwei angehende nepalesische Journalisten. Der Kurs findet normalerweise im November oder Dezember statt.

Menschen fotografieren

Die meisten Nepalesen lassen sich bereitwillig fotografieren, aber man sollte immer vorher um Erlaubnis bitten. Das Sherpa-Volk ist eine Ausnahme und kann sehr kamerascheu sein.

➜ Wenn ein Sadhu (heiliger Mann) für ein Foto posiert, verlangt er im Anschluss wahrscheinlich *bakschisch* (Trinkgeld).

Speicherkarten & Ausrüstung

In Kathmandu sind fast alle Arten von USB-Sticks, Speicherkarten, Akkus usw. erhältlich. Reisende berichten mitunter, dass billige Karten aus Kathmandu oft nicht so viel Speicherplatz enthalten, wie auf der Verpackung steht.

Frauen unterwegs

Generell ist Nepal ein sicheres Land für weibliche Reisende. Frauen sollten jedoch immer noch vorsichtig sein. Einige nepalesische Männer mögen merkwürdige Vorstellungen über die Moral westlicher Frauen haben, da westliche Filme Frauen in „unanständiger" Kleidung zeigen. „Anständige" Kleidung bedeutet, dass Schultern und Oberschenkel bedeckt sind – Einheimischen können Tipps geben, was in der jeweiligen Gegend akzeptabel ist. Mehrere Frauen haben geschrieben, dass ein langer Rock

sehr nützlich für improvisierte Toilettenausflüge ist, besonders beim Trekking.

Sexuelle Belästigung ist wenig ausgeprägt, kommt aber vor. Dass Trekking-Guides ihre Position des Vertrauens und der Verantwortung ausnutzten, ist schon vorgekommen, und einige Solo-Trekkerinnen, die einen Guide anheuerten, mussten sich mit wiederholten sexuellen Belästigungen abfinden. Der beste Rat ist, niemals alleine mit einem einheimischen Führer wandern zu gehen.

3 Sisters Adventure Trekking (Karte S. 242; ☏061-462066; www.3sisters adventuretrek.com; nördliches Seeufer) in Pokhara wird von Frauen geführt und schickt weibliche Mitarbeiter mit auf Wanderungen.

Geld

Die Nepalesische Rupie (NPR) ist in 100 Paisa unterteilt. Es gibt Münzen für Stückelungen von 1, 2, 5 und 10 Rupien und Banknoten in Stückelungen von 1, 2, 5, 10, 20, 50, 100, 500 und 1000 Rupien. Seit der Abschaffung der Monarchie im Jahr 2008 haben Bilder des Mount Everest den König auf allen Banknoten abgelöst.

Außerhalb der großen Zentren kann es schwierig sein, eine 1000-Rupien-Note zu wechseln, daher ist es immer eine gute Idee, auch einen Vorrat an Banknoten mit kleinem Nennwert dabeizuhaben.

Geldautomaten

Die Standard Chartered Bank betreibt 24-Stunden-Geldautomaten in Kathmandu und Pokhara. Andere Banken, wie die Himalaya Bank und die Nabil Bank, haben Geldautomaten und sind in den meisten Städten von ausreichender Größe vorhanden, aber einige akzeptieren keine ausländischen Bankkarten (trotz Visa-Schildern, die darauf hinweisen). Viele Automaten scheinen ein Limit von 15 000 NPR pro Transaktion zu haben, aber es gibt keine wirkliche Regel, welche Automaten das tun und welche nicht. Die Gebühren betragen etwa 500 NPR pro Auszahlung.

Häufige Stromausfälle können die Arbeitszeiten der Automaten einschränken, am besten nutzt man also ein vorhandenes Automatenangebot, wenn man eines findet. Wer während der Geschäftszeiten einen Geldautomaten verwendet, der an eine Bank angeschlossen ist, minimiert den Aufwand für den seltenen Fall, dass der Automat die Karte frisst.

Es kann sinnvoll sein, die eigene Bank zu Hause darüber zu informieren, dass man die Karte in Nepal verwenden wird, da ansonsten eine Betrugsvermutung aufkommen und die Karte gesperrt werden könnte.

Geld wechseln

Offizielle Wechselkurse werden von der Nepal Rastra Bank der Regierung festgelegt und in den Tageszeitungen aufgeführt. Die Preise bei den Privatbanken variieren, sind aber in der Regel nicht weit von den offiziellen Kursen entfernt.

Es gibt Wechselstuben am internationalen Terminal von Kathmandus Flughafen Tribhuvan und Banken und/oder Geldwechsler an den verschiedenen Grenzübergängen. Pokhara und die großen Grenzstädte bieten auch offizielle Wechselstuben, aber anderswo, selbst

in anderen größeren Städten, kann das Einlösen von Reiseschecks zeitaufwendig sein. Beim Wandern sollte man ausreichend Geld für den gesamten Weg in kleinen Rupienstückelungen mit sich tragen.

Die besten Privatbanken sind die Himalaya Bank, die Nepal Bank und die Standard Chartered Bank. Einige Hotels und Resorts haben eine Lizenz zum Geldwechseln, aber ihre Kurse sind schlechter. Reiseschecks von den wichtigsten Unternehmen können gegen eine Gebühr von 2 % in Banken in Kathmandu und Pokhara eingelöst werden. Für Euro-Reiseschecks wird eine Gebühr von 8,50 € pro Scheck berechnet. Mit jedem Jahr wird es schwieriger, Reiseschecks einzulösen.

In offiziellen Wechselstuben muss der Reisepass vorgezeigt werden und man erhält eine Quittung über den Wechsel von Devisen. Darauf sind die Identität des Wechselnden und der Betrag der gewechselten Währung angegeben. Diese Belege aufheben! Sie werden benötigt, um restliche Rupien bei Banken in Fremdwährung zurückzuwechseln. Die meisten Geldwechsler tauschen Rupien jedoch ohne Quittung wieder in Fremdwährung um.

Viele gehobene Hotels und Geschäfte sind von der Regierung verpflichtet, Zahlungen in harter Währung (Euro oder US-Dollar) zu verlangen; sie akzeptieren auch Rupien, aber nur, wenn man einen Deviseneinzugsbeleg vorlegen kann, der den geschuldeten Betrag abdeckt. In der Praxis scheint diese

Regelung weitestgehend unberücksichtigt zu bleiben. Auch die Fluggesellschaften müssen Touristen Hartwährung in Rechnung stellen, entweder in US-Dollar, Reiseschecks oder Kreditkarten, und diese Regel wird allgemein befolgt.

Neben den Banken gibt es lizenzierte Wechselstuben in Kathmandu, Pokhara, Birganj, Kakarbhitta und Sunauli/Bhairawa. Die Preise sind oft geringfügig niedriger als bei den Banken, aber es gibt keine Provisionen; sie haben viel längere Öffnungszeiten (normalerweise von 9 bis 19 Uhr täglich) und sie sind auch viel schneller, der gesamte Vorgang dauert oft nur ein paar Minuten.

Die meisten lizenzierten Wechselstuben stellen eine Wechselquittung aus. Wenn sie dies nicht tun, lässt sich vielleicht ein besserer Preis aushandeln als der auf den Tafeln veröffentlichte.

Internationale Überweisungen

Im Allgemeinen ist es am einfachsten, Geld über Unternehmen wie Western Union (www.westernunion.com) oder Moneygram (www.visitnepal.com/moneygram) zu senden, die Überweisungen innerhalb von Minuten arrangieren können. Um Geld in einer Filiale von Western Union abzuholen, werden der Reisepass sowie ein 10-stelliger Überweisungscode benötigt.

Oft wird nicht in Euro ausgezahlt, sondern in nepalesischen Rupien.

Kreditkarten

Die gängigsten Kreditkarten werden ausschließlich in Hotels, Restaurants und Geschäften der Mittel- und Oberklasse im Kathmandu-Tal und in Pokhara akzeptiert. Die meisten erheben einen Zuschlag von 3 bis 4 %, um die Gebühren des Kreditkartenunternehmens abzudecken.

Filialen der Standard Chartered Bank und einiger anderer Banken, wie der Nabil Bank und der Himalaya Bank, gewähren Barvorschüsse nur für Kreditkarten von Visa und MasterCard und dies nur in nepalesischen Rupien (es wird aber keine Provision erhoben). Sie verkaufen auch ausländische Reiseschecks gegen Bezahlung mit diesen Kreditkarten bei einer Provision von 2 %.

Trinkgeld

Taxis Den Fahrpreis für Taxis kann man getrost aufrunden. Und auch Rikshafahrer freuen sich über ein bescheidenes Trinkgeld.

Restaurants Trinkgeld für Kellner ist ungewöhnlich, wird aber gerne angenommen.

Führer & Träger Trekking-Guides und Träger erwarten generell ein Trinkgeld von 10 bis 15 % für eine gute Arbeit.

Gesetzliche Feiertage

Eine bemerkenswerte Anzahl von Feiertagen und Festen beeinflussen die Arbeitszeiten der nepalesischen Behörden und Banken, die gefühlt alle zwei Tage und definitiv an Feiertagen und einigen oder allen Festtagen geschlossen haben. Die genauen Zeiten der Feste (und damit ihrer Feiertage) ändern sich jährlich entsprechend dem nepalesischen Mondkalender. Nachfolgend aufgeführt sind nur die wichtigsten Feiertage.

Geburtstag von Prithvi Narayan Shah 10. Januar

Basanta Panchami (Beginn des Frühlings) Januar/Februar

Maha Shivaratri (Shivas Geburtstag) Februar/März

Bisket Jatra (Nepalesisches Neujahr) 14. April

Janai Purnima Juli/August

Teej (Fest der Frauen) August/September

Tag der Verfassung 19. September

Indra Jatra (Indra-Fest) September

Dasain September/Oktober

Tihar (Divali) Oktober/November

Internetzugang

Nahezu jedes Hotel, Restaurant und Café in Kathmandu, Pokhara und anderen größeren Städten bietet kostenloses WLAN und die Verbindung ist normalerweise recht gut. Man bekommt sogar WLAN (bezahlt) an Orten wie Namche Bazaar entlang des Everest-Base-Camp-Treks.

Internetcafés sind in kleineren Städten verfügbar

und kosten in der Regel rund 50 NPR pro Stunde.

Kinder

Immer mehr Menschen reisen mit ihren Kindern in Nepal, und mit ein wenig Planung kann dies bemerkenswert stressfrei sein. Viele wandern mit älteren Kindern. Generell ist es nicht zu empfehlen, mit kleineren Kindern längere Zeit oder mit Kindern aller Altersstufen auf höher gelegenen Wegen zu laufen.

Travel with Children von Lonely Planet enthält praktische Hinweise und Tipps über die Vor- und Nachteile von Reisen mit Kindern.

Praktisch & konkret

➡ In den wichtigsten Touristenzentren (Kathmandu und Pokhara) haben die meisten Hotels Dreibettzimmer und oft eine Suite mit vier Betten, die ideal für Familien mit kleinen Kindern sind. Zimmer mit Badewanne sind im unteren Preissegment selten.

➡ Viele Hotels in Kathmandu haben einen Garten oder eine Dachterrasse, die sich gut als Spielbereiche eignen. Man sollte

---

NEPALESISCHE KALENDER

Nepalesische Feiertage und Feste werden hauptsächlich anhand des Mondkalenders bestimmt und am Neu- oder Vollmond errechnet. Der Mondkalender ist in vierzehn helle und dunkle Tage unterteilt. Die zwei hellen Wochen sind die zwei Wochen des zunehmenden Mondes, der zum *purnima* (Vollmond) anwächst. Die zwei dunklen Wochen sind die zwei Wochen des abnehmenden Mondes bis zum *aunsi* (Neumond).

Das nepalesische Neujahr beginnt am 14. April mit dem Monat Baisakh. Der nepalesische Kalender ist dem Gregorianischen Kalender, der im Westen verwendet wird, 57 Jahre voraus, sodass das Jahr 2018 im Westen dem nepalesischen Jahr 2075 entspricht.

Die Newar im Kathmandu-Tal hingegen beginnen ihr neues Jahr am Tag nach Deepawali (dem dritten Tag von Tihar), der auf die Neumondnacht Ende Oktober oder Anfang November fällt. Ihr Kalender liegt 880 Jahre hinter dem Gregorianischen Kalender. 2018 im Westen entspricht also 1138 bei den Newar.

sie jedoch gründlich kontrollieren, da einige für kleine Kinder definitiv nicht sicher sind.

➡ Die gedrängten, engen und ungepflasterten Straßen von Kathmandu und anderen Städten können zu Fuß ein Problem für kleine Kinder sein, es sei denn, man kann sie vom Boden hochheben – ein Rucksack oder ein Tragetuch ist ideal. Ein Kinderwagen kann mehr Arbeit machen, als man denken würde, es sei denn, er hat übergroße Räder, die für holprige Straßenoberflächen geeignet sind.

➡ Mahlzeiten lassen sich stressfrei gestalten, wenn man im Hotel frühstückt, in einem Restaurant mit Garten zu Mittag isst (es gibt viele davon) und in einem Restaurant mit Malbüchern und anderen Ablenkungen zu Abend isst.

➡ In Kathmandu und Pokhara sind Einwegwindeln erhältlich, aber zu einem hohen Preis – wenn möglich, bringt man sie besser mit.

➡ Kinderbetten sind im Allgemeinen in Budget- oder Mittelklasse-Hotels nicht verfügbar. Ebenso sind Wickeltische und Hochstühle eine Seltenheit.

➡ Trekking ist mit Kindern möglich, aber die Höhe sollte so begrenzt werden und man kann in Erwägung ziehen, einen Träger einzustellen, der jüngere Kinder in einem *doko*-Korb trägt.

LGBT-Reisende

Nepal ist das einzige Land in ganz Südasien, das gleichgeschlechtliche Beziehungen nicht kriminalisiert. Eine richtungsweisende Entscheidung des Obersten Gerichtshofs im Dezember 2007 befal der Regierung, die Diskriminierung sexueller Minderheiten zu beenden und gleiche Rechte zu gewährleisten. Allerdings gibt es in Nepal keine große offene Schwulenszene, und schwule Nepalesen sind immer noch gefährdet, von Polizeischikanen und Erpressungen betroffen zu sein.

Homosexuelle Paare, die in der Öffentlichkeit Händchen halten, werden keine Schwierigkeiten bekommen, weil dies gesellschaftlich akzeptabel ist, aber die öffentliche Zurschaustellung von Intimität ist hier generell verpönt.

Nepal erkennt auch ein drittes Geschlecht in seinen offiziellen Dokumenten an, einschließlich Pässen. Kathmandu blickt auf eine lange Tradition von *hijra* (Transsexuellen) zurück, obwohl viele von Polizeischikanen berichten.

Pink Mountain Travels (☎9851018660; www.gaytourinnepal.com) ist eine LGBT-freundliche Agentur in Kathmandu, die Wanderungen und Touren organisieren kann.

Öffnungszeiten

Die standardmäßigen Öffnungszeiten sind wie folgt.

ORT	ÖFFNUNGS-ZEITEN
Büros von Fluggesellschaften	So–Fr 9–13 & 14–18 Uhr, Sa 9–13 Uhr
Banken	So–Fr 9–12 & 14–16 Uhr, Sa 10–12 Uhr
Bars & Clubs	schließen in der Regel um Mitternacht (1 Uhr in Kathmandu)
Botschaften	Mo–Fr 9–13 & 14–17 Uhr
Behörden	Mo–Do 10–13 & 14–17 Uhr (im Winter bis 16 Uhr), Fr 10–13 Uhr (So außerhalb des Kathmandu-Tals auch 10–17 Uhr)
Museen	generell 10.30–16.30 Uhr, oft dienstags geschlossen
Restaurants	8–22 Uhr
Geschäfte	10–20 Uhr (einige Geschäfte sind am Samstag geschlossen)

Post

Der Postverkehr von und nach Nepal ist im besten Fall unberechenbar, kann aber gelegentlich auch erstaunlich effizient sein. Die meisten Sendungen erreichen ihr Ziel ... irgendwann.

Briefmarken

Ein Brief bis 20 g oder eine Postkarte per Luftpost innerhalb Nepals kostet 5/2 NPR; nach Indien und die umliegenden Länder 25/20 NPR; nach Europa und Großbritannien 40/30 NPR; in die USA und Australien 50/35 NPR.

Kurierdienste

In Kathmandu gibt's Vertretungen mehrerer Express-Dienste, darunter **FedEx** (Karte S. 74; ☎01-4269248; www.fedex.com/np; Kantipath; ⊙So–Fr 9–19 Uhr , Sa bis 13 Uhr) und **DHL** (Karte S. 74; ☎01-2298124; www.dhl.com.np; Kamaladi; ⊙So–Fr 9.30–18 Uhr). Die Versanddauer und Kosten variieren, es gibt reguläre und Schnellsendungen (*Priority Mail*).

Paketpost

Nachdem sie sich in Nepal mit Geschenken und Souvenirs eingedeckt haben, schicken viele Reisende diese von Kathmandu aus nach Hause. Paketpost ist weder billig noch schnell, aber der Service ist zuverlässig. Die Paketpreise können sehr unterschiedlich sein. Büchersendungen beispielsweise sind 25 % günstiger als andere Pakete.

Der Inhalt der Sendung muss *vor* dem Einwickeln von Beamten überprüft werden. Im Auslandspostamt von Kathmandu gibt es Packer, die ihn gegen eine kleine Gebühr einpacken. Das maximale Gewicht für Seepost beträgt 20 kg; für Luftpost sind es 10 kg bzw. 5 kg für Büchersendungen.

Wenn man selbst Empfänger einer Sendung in Nepal ist, können die Gebühren für Zollabfertigung und Abholung am Ende höher sein als die ursprünglichen Portokosten. Oft lohnt es sich, einfach Übergepäck im Flugzeug zu zahlen und es selbst mitzunehmen.

Rechtsfragen

Haschisch ist seit 1973 illegal, aber in Nepal immer noch leicht erhältlich. Thamel ist voll vom verschlagenen Gesäusel der Dealer. In der Praxis interessiert sich die nepalesische Polizei nicht für kleine Mengen Marihuana (sie konzentriert sich eher auf den Schmuggel), aber die reguläre Strafe für Drogenbesitz liegt bei etwa fünf Jahren Gefängnis. Potenzielle Kiffer sollten also den der Gesundheit nicht so zuträglichen Zustand der nepalesischen Gefängnisse im Hinterkopf behalten. Auf keinen Fall sollte der Versuch unternommen werden, etwas außer Landes zu bringen – es wurden bereits Reisende bei der Abreise am Flughafen festgenommen.

Wer beim Schmuggeln von Drogen oder Gold er wischt wird, landet wahrscheinlich ohne Prozess im Gefängnis und bleibt dort, bis jemand für die Freilassung bezahlt. Die Haftbedingungen in Nepal sind Berichten zufolge entsetzlich. Manchmal wird Bestechung angewendet, um einen Gefängnisaufenthalt zu vermeiden. Dies ist illegal und kann die Strafe noch verschärfen. Die einzig mögliche Verteidigung ist, abzustreiten, dass ein Bestechungsgeld angeboten wurde – indem der Angeklagte glaubhaft machen kann, er habe gedacht, eine legal korrekte Gebühr zu entrichten.

Kühe sind im mehrheitlich hinduistischen Nepal heilig. Das Töten einer Kuh ist deshalb illegal und wird mit zwei Jahren Gefängnis bestraft.

Reisen mit Behinderung

Rollstuhlgerechte Anlagen, Rampen und Aufzüge (und sogar Bürgersteige!) gibt es praktisch in ganz Nepal nicht, und es kann eine echte Herausforderung sein, sich in den überfüllten, gewundenen Straßen traditioneller Städte fortzubewegen, wenn man im Rollstuhl sitzt. Hotels sind meistens mehrstöckig und viele Zimmer liegen in den oberen Stockwerken. Nur wenige Gebäude – selbst Einrichtungen der Mittelklasse – haben Aufzüge. Badezimmer mit Griffen und Handläufen sind nirgends zu finden, außer vielleicht in einigen der Top-Hotels.

Es gibt keinen Grund, weshalb ein Besuch in Nepal und sogar eine Trekkingtour nicht durch einen zuverlässigen Agenten für Behinderte mit nicht allzu großer Mobilitätseinschränkung angepasst werden könnte. Als Inspiration dienen Erik Weihenmayer, der 2001 als erster blinde Bergsteiger des Everest wurde (und ein Buch mit dem Titel *Ich fühlte den Himmel* schrieb), oder Thomas

---

PRAKTISCH & KONKRET

Gewichte und Maße Nepal verwendet das metrische System neben einigen traditionellen Maßeinheiten.

TV Die meisten Hotelzimmer bieten Satelliten-Fernsehen, was in der Regel Star TV, BBC World und CNN umfasst.

Zeitschriften *ECS* (www.ecs.com.np) ist ein auf Expats ausgelegtes Hochglanz-Monatsmagazin mit interessanten Artikeln über Reisen und Kultur sowie Wohnungsangeboten. *Himal*-Magazin (www.himal mag.com) ist auch gut.

Zeitungen Nepals wichtigste englischsprachige Zeitungen sind die Tageszeitungen *Kathmandu Post* (www.kathmandupost.ekantipur.com), *Himalayan Times* (www.thehimalayantimes.com) und *Republica* (www.myrepublica.com). Die *Nepali Times* (www.nepalitimes.com) erscheint wöchentlich.

Whittaker, der 1998 im Alter von 50 Jahren mit einem künstlichen Bein den Gipfel bestieg.

Unter https://lptravel.to/AccessibleTravel kann der kostenlose „Accessible Travel Guide" von Lonely Planet heruntergeladen werden.

Weitere nützliche Online-Ressourcen sind Access-Able Travel Source (http://access-abletravel.com.au) und Accessible Journeys (www.disabilitytravel.com).

Sicheres Reisen

In politischer Hinsicht ist Nepal stabiler als in den vergangenen Jahren, und Kriminalität ist kein großes Risiko für Reisende. Es macht Sinn, vor einer Nepalreise lokale und internationale Nachrichtenquellen zu konsultieren, um sich der Probleme bewusst zu sein.

➡ Schäden durch das Erdbeben haben das Reisen in vielen Gebieten beeinträchtigt. Einige Straßen sind immer noch beschädigt und Experten warnen nach der Katastrophe vor einem erhöhten Risiko von Erdrutschen und Lawinen.

➡ Statistisch gesehen ist das Gefährlichste, das man in Nepal machen kann, die öffentlichen Verkehrsmittel entlang der belebten Autobahnen des Landes zu nutzen.

Folgende allgemeine Hinweise für Reisen in Nepal sollten beachtet werden:

➡ Vor allem Trekker sollten sich bei ihrer jeweiligen Botschaft in Kathmandu anmelden.

➡ Niemals alleine wandern gehen! Frauen, die solo unterwegs sind, sollten auch nicht alleine mit einem männlichen Guide reisen.

➡ Man sollte sich vorab ausführlich über die Symptome der Höhenkrankheit beim Trekking informieren und den Richtlinien zur sicheren Akklimatisierung folgen.

➡ Fahrten mit Nachtbussen vermeiden, da diese zu Unfällen neigen.

➡ Kopien des Reisepasses, des Visums, der Flugtickets und der Trekking-Genehmigungen mitnehmen und diese immer getrennt von den Originalen aufbewahren.

Demonstrationen & Streiks

Nepal hat eine lange Geschichte von Demonstrationen und Streiks – einige durch Politiker, einige durch Studenten, einige durch Maoisten und einige von allen dreien! Die politische Situation hat sich stark verbessert, aber gelegentlich finden immer noch Demonstrationen statt, die gewalttätig werden können.

Eine normale Demonstration ist ein *julus*. Wenn die Dinge eskalieren, kann es zu einem *chakka jam* („Stau der Räder") kommen, wenn alle Straßen (durch Fahrzeuge) blockiert werden, oder zu einem *bandh*, wenn sämtliche Geschäfte, Schulen und Büros geschlossen bleiben. Bei einem Streik verkriecht man sich am besten mit einem guten Buch in seinem Hotel. In diesem Fall muss man wahrscheinlich auch im Hotel essen.

Wenn die politische Instabilität zurückkehrt, lohnt es sich, die folgenden Punkte zu beachten:

➡ Die lokalen Presse- und Nachrichtenwebsites informieren über bevorstehende Streiks, Demonstrationen und Ausgangssperren, beispielsweise www.kathmandupost.ekantipur.com, www.thehimalayantimes.com und www.nepalitime.com.

➡ Ausgangssperren auf keinen Fall ignorieren und während *bandhs* oder Blockaden keine Straßen benutzen, insbesondere nicht in einem Mietwagen, da Fahrzeuge, die Reiseverbote verletzen, häufig mutwillig zerstört werden. Festzustellen, dass das eigene Auto das einzige auf den Straßen von Kathmandu ist, ist ein guter Grund, nervös zu werden!

➡ Wenn die Straßen gesperrt sind, fährt die Regierung in der Regel Busse mit bewaffneter Polizei vom Flughafen zu den großen Hotels und von Tridevi Marg am östlichen Ende von Thamel zum Flughafen zurück.

Diebstahl

Während Diebstahl nicht so häufig vorkommt wie in vielen anderen Ländern, errei-

---

STILLSTAND RUND UM DASAIN

Dasain (15 Tage im September oder Oktober) ist das wichtigste aller nepalesischen Feste. Zehntausende Nepalesen machen sich auf den Weg, um mit ihren Familien zu feiern. Und während in den Dörfern der Bär steppt, sind Busse und Flugzeuge ausgebucht und überfüllt, Träger für Treks schwer zu finden (oder teurer als sonst) und kaum Mietautos erhältlich. Viele Hotels und Restaurants in regionalen Städten schließen komplett, und Einkaufen in Kathmandu (außerhalb von Thamel) wird fast unmöglich. Die meisten Restaurants führen zu dieser Zeit eine begrenzte Speisekarte.

Die wichtigsten Tage, an denen wirklich alles stillsteht, sind der neunte Tag (wenn Tausende von Tieren geopfert werden) und der zehnte Tag (wenn Segnungen von älteren Verwandten und Vorgesetzten empfangen werden). Banken und Ämter sind in der Regel vom achten bis zum zwölften Tag des Fests geschlossen.

chen uns hin und wieder Berichte von Diebstählen aus Hotelzimmern in touristischen Gebieten (einschließlich entlang von Trekking-Routen). Auch Diebstahl mit Gewaltanwendung ist nicht unbekannt. Daher niemals Wertsachen oder Geld im Hotelzimmer aufbewahren.

Eine der häufigsten Formen des Diebstahls: wenn Rucksäcke auf Busdächern durchwühlt werden. Dagegen hilft es, das Gepäck so diebstahlsicher wie möglich zu machen – kleine Vorhängeschlösser und Hüllen sind eine gute Abschreckung.

Es besteht kaum eine Chance, dass man seine Ausrüstung jemals zurückbekommt, wenn sie einmal gestohlen wurde. Und es kann sogar schwierig sein, einen Polizeibericht für einen Versicherungsfall zu bekommen. Die Touristenpolizei kann hier eventuell behilflich sein, oder, wenn es keine gibt, die örtliche Polizeiwache. Wenn all dies nichts bringt, kann man es bei **Interpol** (Karte S. 74; ☏01-4412836; www.nepalpolice.gov.np; Naxal) im Hauptquartier der Polizei in Naxal, Kathmandu, probieren.

Gaunereien

Während die überwältigende Mehrheit der Nepalesen nicht netter sein könnte, gibt es einige, die in ihrer Bandbreite an fantasievollen Betrügereien beeindruckend erfinderisch sind. Folgendes beachten:

➜ Superangebote von Edelsteinhändlern, bei denen man Steine kauft, die zu Hause angeblich für einen „enormen Gewinn" weiterverkauft werden können. In der Regel behaupten die Händler, dass sie für das Exportieren der Steine Unsummen von Steuern bezahlen müssten. Deshalb soll die ausländische Tourist die Steine mit in sein Land nehmen, wo er einen anderen Händler trifft, der sie an einen lokalen Kontakt verkauft.

Am Ende teilen sich beide den Gewinn. Außer dass es nie dazu kommen wird.

➜ Kinder oder junge Mütter, die um Milch bitten. Der Reisende kauft die Milch in einem bestimmten Geschäft zu einem überhöhten Preis, das Kind gibt die Milch später zurück und erhält einen Teil des Aufschlags für sich.

➜ Kinder, die die Hauptstadt aller möglichen Länder kennen. Sie sind süß und charmant, aber irgendwann fangen sie an, um Geld zu bitten.

➜ „Heilige Männer", die einem unbedingt eine *tika* (eine rote Paste, die einen Segen bedeutet) auf die Stirn geben wollen, um anschließend eine hohe Bezahlung dafür zu verlangen.

➜ Kreditkartenbetrug; Reisende haben Souvenirs gekauft und später Abonnements für Internetpornos im Wert von Tausenden von Dollar auf ihrer Rechnung gefunden.

Sprachkurse

Nepali ist nicht schwer zu lernen, und in ganz Kathmandu sieht man Werbung für Sprachkurse. Die meisten Schulen bieten Kurse oder Einzelunterricht an. Ein zweiwöchiger Kurs kostet etwa 42 € bzw. Privatunterricht etwa 2 bis 5 € pro Stunde.

Es gibt oft Flyer rund um Bodhnath, die tibetischen Sprachunterricht anbieten, sowie die Möglichkeit, tibetischen Flüchtlingen freiwillig Englisch beizubringen.

In Kathmandu und Pokhara gibt's eine Reihe von Sprachzentren.

Rangjung Yeshe Institut (Karte S. 140; ☏01-4483575; www.ryi.org) Diese Zweigorganisation der Universität Kathmandu bietet eine Vielzahl von Langzeitkursen über buddhistische Studien und tibetische Sprache.

Cosmic Brontosaurus Language School (Karte S. 242; ☏9846069834; www.cosmicbrontosaurus.com; Nördliches Seeufer; 500 NPR pro Stunde; ⏱7–19 Uhr) Das eher primitive Klassenzimmer in einer Holzhütte am See ist umgeben von Bananenplantagen und der perfekte Ort, um Nepali zu lernen. Die Schule bietet Einzel- oder Gruppenunterricht vom Anfänger bis zum Fortgeschrittenen. Prem, der Schulleiter, ist ein liebenswerter Kerl, der mehrere Jahre als Übersetzer für die Vereinten Nationen gearbeitet hat.

Intercultural Training & Research Centre (ITK; Karte S. 98; ☏01-4414493; Kathmandu) Dieses angesehene Sprachzentrum arbeitet mit zahlreichen NGOs zusammen, einschließlich des britischen Voluntary Service Overseas (VSO). Es bietet Crashkurse (drei Stunden), 60-Stunden-Kurse für Anfänger sowie sechswöchige Kurse für Fortgeschrittene. Der Einzelunterricht kostet etwa 400 NPR pro Stunde.

Kathmandu Environmental Education Project (KEEP; Karte S. 98; ☏01-4267471; www.keepnepal.org; Jyatha, Thamel; ⏱So–Fr 10–17 Uhr; ☎) Bietet in jeweils der letzten Woche eines Monats sechstägige Nepali-Sprachkurse an. Die Kosten belaufen sich auf 42 € pro Person.

Strom

Die Netzspannung beträgt 230 V bei einer Frequenz von 50 Hz. Steckdosen sind normalerweise für Stecker mit drei runden Stiften ausgelegt: manchmal die kleine, manchmal die große Variante. Einige Steckdosen nehmen Stecker mit zwei runden Stiften auf. Lokale Elektrogeschäfte verkaufen günstige Adapter. Abbildung umseitig

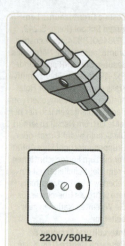

220V/50Hz

220V/50Hz

Telefon

Das Telefonsystem in Nepal funktioniert ziemlich gut und es ist einfach, lokale, STD- und Auslandsanrufe zu tätigen. R-Gespräche können nur nach Großbritannien, die USA, Kanada und Japan getätigt werden.

Um einen Anruf zu tätigen, hält man nach Schildern für STD/ISD-Dienste Ausschau. Viele Hotels bieten internationale Direktwahlen an, aber hier sollte man vor dem Tätigen der Anrufe immer die Gebühren prüfen. In ländlichen Gegenden kann es vorkommen, dass man in einem öffentlichen Callcenter das Mobiltelefon eines Einheimischen angeboten bekommt. Die meisten Menschen in ländlichen Gebieten verwenden zum Kommunizieren Mobiltelefone anstelle von Festnetzanschlüssen.

Handys

Für lokale nepalesische Netzwerke ist ein entsperrtes GSM-900-kompatibles Telefon erforderlich.

Im Gegensatz zum Festnetz muss bei einem Ortsgespräch auf dem Handy die Ortsvorwahl gewählt werden.

Ncell (www.ncell.com.np) ist der beliebteste und praktischste Anbieter für Touristen, aber in den Bergen gibt's oft keinen Ncell-Empfang. Um eine SIM-Karte zu erhalten, muss in einer Ncell-Niederlassung eine Kopie des Reisepasses und ein Foto vorgelegt werden. Ncell bietet ein „Traveller Package" für 1000 NPR an, mit dem man lokale Gespräche im Wert von 600 NPR, internationale Gespräche im Wert von 500 NPR und 500 MB Daten für 15 Tage erhält. Andernfalls kosten Ortsgespräche 2 bis 3 NPR pro Minute und eingehende Anrufe sind kostenlos. Internationale Anrufe kosten je nach Zielland zwischen 5 und 15 NPR pro Minute. Man kann einfach eine Rubbelkarte (in Stückelungen von 50 bis 1000 NPR) kaufen, um sein Guthaben aufzuladen.

Wer länger als 15 Tage bleibt, kann eine SIM-Karte für 150 NPR kaufen und dann sein Guthaben mit Rubbelkarten aufladen. Unter *101# kann man das Guthaben abrufen, und unter *102# neues Guthaben von einer Rubbelkarte hinzufügen.

Für die Datennutzung ist es besser, ein Prepaid-Datenpaket hinzuzufügen; ein 2,5-GB-Paket kostet 800 NPR für 30 Tage.

Mit einer 3G-Verbindung kann man sogar auf dem Everest Base Camp Trek ins Internet gehen! (Der erste Tweet vom Gipfel des Everest wurde im Mai 2011 gesendet ...)

Nepal Telecom (www.ntc.net.np) betreibt das Mobilnetz Namaste, aber die Anmeldung für eine SIM-Karte ist aufwendiger als für Ncell. Namaste hat jedoch einen viel besseren Empfang in den Bergen und ist daher die erste Wahl für Reisende, die viel Zeit beim Wandern verbringen und Kontakt mit der Welt halten möchten.

Toiletten

➡ Außerhalb von Kathmandu und Pokhara sind Hocktoiletten die Norm, außer in Hotels und Pensionen für Touristen.

➡ Neben einer Hocktoilette (*charpi* auf Nepali) steht ein Eimer und/oder Wasserhahn, der eine zweifache Funktion hat: das Spülen der Toilette und das Reinigen der unteren Körperbereiche (nur mit der linken Hand), während man noch über der Toilette hockt.

➡ In touristischen Gebieten gibt's westliche Toiletten und wahrscheinlich Toilettenpapier (je nachdem, wie elegant der Ort ist). Benutztes Toilettenpapier allgemein in den separaten Behälter geben und nicht in der Toilette hinunterspülen.

➡ Auf dem Land gibt's meistens kein Toilettenpapier, also immer einen Notfallvorrat mitnehmen.

➡ Rustikalere Toiletten in ländlichen Gegenden können aus ein paar Brettern über einer Grube im Boden bestehen.

Touristeninformation

Der **Nepalesische Tourismusverband** (www.welcome nepal.com) betreibt einen Stand in Kathmandus Tribhuvan-Flughafen und ein größeres Büro im **Tourist Service Center** (Karte S. 74; ☏ 01-4256909 Durchwahl 223; www.welcomenepal.com; Bhrikuti Mandap; ⏱ So–Fr 10–13 Uhr & 14–17 Uhr, TIMS-Karte 10–17.30 Uhr, Karten für Nationalparks So–Fr 9–22 Uhr) im Zentrum von Kathmandu, die beide einfache Broschüren und Karten anbieten.

Die anderen Touristenbüros in Pokhara, Bhairawa, Birganj, Janakpur und Kakarbhitta sind praktisch nutzlos, außer man hat eine spezielle Frage.

Unterkunft

In Kathmandu und Pokhara gibt es eine große Auswahl an Übernachtungsmöglichkeiten, von billigsten Flohschleudern bis hin zu internationalen Fünf-Sterne-Hotels. Einige der besten Angebote Nepals finden sich unter den stylischen Mittel- und Oberklasse-Unterkünften. Lediglich in der Hauptsaison (Oktober bis Dezember) muss die Unterkunft (weit) im Voraus gebucht werden.

Gastfamilien Immer beliebter; ein Einblick in das wahre Leben.

Teehäuser Entlang der großen Trekkingrouten stehen diese einfachen Unterkünfte, in denen man ein Bett und Mahlzeiten bekommt.

Hotels Die gebräuchlichste Form der Unterbringung in Nepal, von wirklich sehr einfachen Einrichtungen bis hin zu Luxushotels ist alles verfügbar.

Meistens sind sie jedoch preiswert, komfortabel und sauber. Die meisten Hotels haben eine große Auswahl an Zimmern unter einem Dach, darunter größere Deluxe-Zimmer (oft im obersten Stockwerk), die sich gut für Familien und kleine Gruppen eignen. Budgetzimmer befinden sich oft in den dunkleren unteren Etagen und verfügen über solarbeheizte Warmwasserduschen, die morgens oder an bewölkten Tagen kein heißes Wasser bereitstellen. Zimmer der mittleren Preisklasse verfügen über bessere Matratzen, Satellitenfernsehen und eine Badewanne. Fast alle Hotels bieten heutzutage einen WLAN-Zugang an.

Die meisten Hotels haben unterschiedliche Preise für Einzel- und Doppelbelegung, aber das „Einzelzimmer" kann viel kleiner sein als das Doppelzimmer. Das beste Angebot für Alleinreisende ist ein Doppelzimmer zum Einzelpreis.

Rabatte

Nepals Hotelpreise sind stark saisonabhängig, wobei die Hauptsaison von Oktober bis November und von März bis April geht. Aber auch unabhängig davon schwanken die Zimmerpreise je nach der touristischen Nachfrage. Während der Monsunzeit (Juni bis September) fallen die Preise noch weiter.

Der genaue Preis hängt von der Jahreszeit und der aktuellen Touristenanzahl ab. In vielen Hotels sind die gedruckten Preise reine Fiktion, die veröffentlicht wird, um die behördlichen Anforderungen für Sterneauszeichnungen zu erfüllen – und in der Hoffnung, dass sich Dumme finden, die sie bezahlen. Einige Mittelklasse-Hotels bieten Rabatte für Online-Buchungen (und einen kostenlosen Flughafentransfer), aber das oder (noch ein besseres Angebot) erhält man meistens auch vor Ort.

Wenn wenig los ist, lässt sich oft ein Deluxe-Zimmer für den Preis eines Standardzimmers oder inklusive Steuern aushandeln. Wenn das Geschäft anzieht, muss man sich wohl mit dem zufrieden geben, was übrig geblieben ist.

Für längere Aufenthalte lassen sich mitunter günstigere Preise aushandeln. Im kühlen Herbst und Frühling kann man eine weitere Ermäßigung auf klimatisierte

Zimmer erhalten, indem man vereinbart, die Klimaanlage nicht einzuschalten.

Versicherung

Eine Reiseversicherung gegen Diebstahl und Verlust sowie für den Krankheitsfall ist eine ausgezeichnete Idee für eine Nepalreise. Es gibt sehr viele Versicherungsangebote, daher sollte man das Kleingedruckte aufmerksam lesen und vergleichen. Einige Policen schließen „gefährliche Aktivität" aus, die Motorradfahren und Trekking einschließen kann (und definitiv Bungee-Jumping und Rafting).

Empfehlenswert ist eine Police, die medizinische und Notfall-Rückführung abdeckt, einschließlich Helikopter-Evakuierung für Trekker und allgemeine medizinische Evakuierung nach Bangkok oder Delhi, was alleine schon mehr als 30 000 € kosten kann.

Es kann hilfreich sein, wenn die Versicherung direkt mit dem Arzt oder Krankenhaus abrechnet und man nicht erst selbst bezahlen und später von der Versicherung rückfordern muss. In Nepal muss die medizinische Behandlung meist am Ort der Erbringung bezahlt werden. Wenn die eigene Versicherungsgesellschaft keine Vorauszahlung leistet, sollte man Belege aufheben, um sie später einzureichen.

Eine weltweite Reiseversicherung ist unter http://www.lonelyplanet.com/travel-insurance verfügbar. Diese kann man online kaufen, verlängern und bei Ansprüchen kontaktieren – selbst wenn man bereits unterwegs ist.

Visa

Alle Ausländer, außer Inder, benötigen ein Visum. Nepalesische Botschaften und Konsulate im Ausland geben Visa ohne viel Aufhebens aus. Man kann sie auch direkt bei der Ankunft in Nepal erhalten, entweder am Tribhuvan-Flughafen von Kathmandu oder an den Grenzübergängen in Nepalganj, Birganj/Raxaul Bazaar, Sunauli, Kakarbhitta, Mahendranagar, Dhangadhi und sogar dem Rasuwagadhi-Grenzposten an der Grenze zwischen China und Tibet.

Ein nepalesisches Visum ist ab dem Ausstellungsdatum für drei bis sechs Monate gültig. Kinder unter zehn Jahren benötigen ein Visum, müssen aber keine Visagebühren bezahlen. Bürger südasiatischer Länder (außer Indien) und China benötigen Visa, aber wenn sie nur einmal im Kalenderjahr einreisen, sind diese kostenlos.

Um ein Visum bei der Ankunft in Nepal zu erhalten, muss man ein Antragsformular an einem der automatischen Registrierungsautomaten ausfüllen, der auch ein digitales Foto aufnimmt. Etwas Zeit sparen lässt sich, indem man das Formular vorher online unter http://online.nepalimmigration.gov.

INDISCHE VISA IN NEPAL

Viele Reisende lassen ihr indisches Visum jetzt online ausstellen und fliegen nach Neu-Delhi. Wer jedoch über Land nach Indien reisen möchte und noch kein Visum hat, muss sich eines in Nepal ausstellen lassen, und das ist nicht so einfach.

Visumanträge müssen beim **India Visa Service Center** (Karte S. 74; ☑01-4001516; www.nepalsbi.com.np/content/indian-visa-service-center-ivsc.cfm; Kapurdhara Marg, Lainchaur; ⊙Mo–Fr 9.30–12 Uhr) gestellt werden, die sich im Gebäude der State Bank of India rechts neben der Botschaft befindet, nicht in der Botschaft selbst. Bewerbungen werden nur zwischen 9.30 und 12.00 Uhr angenommen, aber es lohnt sich, vor 9.30 Uhr dort zu sein, um als einer der ersten an die Reihe zu kommen. Benötigt werden eine gedruckte Kopie des ausgefüllten Online-Visumsformulars (https://indianvisaonline.gov.in), der Reisepass, eine Kopie der Reisepass-Infoseiten und eine Kopie des nepalesischen Visums. Außerdem müssen zwei Passfotos mit 51 x 51 mm (das ist größer als ein Standardpassfoto, aber die meisten Passbildstellen in Kathmandu kennen die indischen Visabestimmungen) und die Visagebühr mitgebracht werden. Fünf Arbeitstage später kehrt man zwischen 9.30 und 13.00 Uhr mit dem Reisepass und dem Zahlungsbeleg zur Botschaft zurück. Zu diesem Zeitpunkt lässt man den Pass bei der Botschaft. Am folgenden Arbeitstag kann er zwischen 17 und 17.30 Uhr abgeholt werden – hoffentlich mit einem glänzenden, neuen indischen Touristenvisum.

Die Visagebühren für ein sechsmonatiges Touristenvisum variieren je nach Nationalität, aber für die meisten Nationalitäten sind es 4350 NPR.

Transitvisa (2300 NPR für die meisten Nationalitäten) werden am selben Tag ausgestellt, beginnen allerdings mit dem Datum der Ausstellung, und sie sind nicht verlängerbar.

> **UNTERKÜNFTE ONLINE BUCHEN**
>
> Mehr Bewertungen und Empfehlungen zu Unterkünften von den Lonely Planet Autoren gibt's unter http://lonelyplanet.com/hotels/. Hier gibt's unabhängige Berichte und Empfehlungen zu den besten Unterkünften. Und das Beste daran: Die Buchung kann gleich online erledigt werden.

np/tourist-visa ausfüllt und ein digitales Foto hochlädt, aber dies muss weniger als 15 Tage vor der Einreise geschehen.

Ein Einreisevisum, das für 15/30/90 Tage gültig ist, kostet 31/34/85 €. Am Tribhuvan-Flughafen in Kathmandu kann die Gebühr in jeder wichtigen Währung entrichtet werden, aber an den Landgrenzen verlangen die Beamten Zahlungen in bar in US-Dollar; kleine Banknoten mitbringen.

SAARC-Länder können bei der Ankunft kostenlos ein 30-Tage-Visum erhalten. Inhaber eines indischen Passes benötigen für die Einreise nach Nepal kein Visum.

Mehrfachvisa sind nützlich, wenn ein Abstecher nach Tibet, Bhutan oder Indien geplant ist. Sie kosten 17 € extra. Für die gleiche Gebühr von 17 € kann man sein Einzelvisum bei der Zentralen Einwanderungsbehörde von Kathmandu zu einem Visum für mehrere Einreisen umschreiben lassen.

Visa nicht überziehen! Man kann eine Geldstrafe von 2,50 € pro Tag am Flughafen zahlen, wenn man weniger als 30 Tage überzogen hat (plus eine Gebühr von knapp 2 € pro Tag für die Verlängerung des Visums). Aber es ist viel besser, alles im Voraus bei der **Zentralen Einwanderungsbehörde in Kathmandu** (Karte S. 74; ☎ 01-4429659; www.nepalimmigration.gov.np; Kalikasthan, Dilli Bazaar; ⊙ So–Do 10–16 Uhr, Fr 10–15 Uhr, Sa 11–13 Uhr) zu klären, da eine Verzögerung dazu führen kann, dass man seinen Flug verpasst.

Es ist eine gute Idee, eine Reihe von Passfotos bei sich zu haben, damit sie sofort für Trekking-Genehmigungen, Visumanträge und andere offizielle Dokumente zur Verfügung stehen.

Visaverlängerungen

Visaverlängerungen werden nur bei den Einwanderungsbehörden in Kathmandu und Pokhara ausgestellt und kosten mindestens 25 € (zahlbar nur in Rupien) für eine 15-tägige Verlängerung plus knapp 2 € pro weiteren Tag. Eine 30-tägige Verlängerung kostet 42 €, bei einem Mehrfachvisum kommen 17 € dazu. Wer einen Aufenthalt von mehr als 60 Tagen in Nepal plant, besorgt sich bei der Ankunft am besten ein 90-Tage-Visum, kein 60-Tage-Visum, das dann verlängert werden muss.

Jede Visaverlängerung erfordert den Reisepass, die Gebühr, ein Foto und ein Antragsformular, das zuerst online ausgefüllt werden muss. Eine der Fragen in diesem Online-Bewerbungsformular betrifft die nepalesische Adresse mit Haus-/Gebäudenummer. Kaum eine Straße hat eine Hausnummer, also kann man sich dieses Detail einfach ausdenken. All diese Dokumente sollte man beisammen haben, bevor man sich in der Warteschlange einreiht. Zahlreiche Fotogeschäfte in Kathmandu und Pokhara erstellen für rund 250 NPR acht digitale Passfotos.

Visaverlängerungen sind am selben Tag erhältlich, normalerweise innerhalb von zwei Stunden, obwohl einige Reisende eine zusätzliche Gebühr von 300 NPR bezahlt haben, um ihre Verlängerungen innerhalb von zehn Minuten zu erhalten. Gegen eine Gebühr können Trekking- und Reisebüros bei der Verlängerung des Visums behilflich sein, was einem Zeit und Langeweile des Anstehens erspart.

Ein Touristenvisum kann bis zu einem Gesamtaufenthalt von 150 Tagen innerhalb eines Kalenderjahres verlängert werden. Wenn sich dieses Maximum nähert, muss jedoch ein Flugticket vorgelegt werden, um zu zeigen, dass man das Land tatsächlich verlassen wird.

Auf der Website der Einwanderungsbehörde (www.nepalimmigration.gov.np) finden sich stets aktuelle Informationen zu Visa.

Zeit

Nepal ist 5¾ Stunden vor GMT/UTC; diese merkwürdige Zeitdifferenz soll deutlich machen, dass Nepal ein separater Ort von Indien ist, wo die Zeit 5½ Stunden vor GMT/UTC liegt. In Nepal gibt es keine Sommerzeit.

Wenn es in Nepal Mittag ist, ist es 1.15 Uhr in New York, 6.15 Uhr in London, 7.15 in Berlin, 13.15 Uhr in Bangkok, 14.15 Uhr in Tibet, 16.15 Uhr in Sydney und 22.15 Uhr am Vortag in Los Angeles (ohne Sommerzeit oder andere lokale Variationen zu berücksichtigen).

Zoll

Alle Gepäckstücke werden bei Ankunft und Abreise geröntgt, obwohl es ein recht willkürlicher Vorgang ist. Neben der Ein- und Ausfuhr von Drogen befasst sich der Zoll mit der illegalen Ausfuhr von Antiquitäten.

➡ Nepalesische Rupien dürfen nicht importiert werden, und nur Staatsangehörige von Nepal und Indien dürfen indische Währung einführen.

→ Es gibt keine weiteren Einschränkungen für die Einfuhr von Bargeld oder Reiseschecks, aber der Betrag, der bei der Abreise mitgeführt wird, sollte den bei der Einreise nicht übersteigen.

→ Offiziell müssen Bargeld oder Reiseschecks im Wert von über 1700 € (oder Äquivalent in anderer Währung) deklariert werden, aber niemand scheint sich wirklich damit zu befassen.

Antiquitäten

In erster Linie soll der Zoll den Export von antiken Kunstwerken verhindern, und zwar aus gutem Grund: Nepal war in den letzten 20 Jahren ein besonderes Opfer des internationalen Kunstdiebstahls.

Es ist sehr unwahrscheinlich, dass Touristensouvenirs antik sind (trotz der Behauptungen der Verkäufer), aber wenn es irgendwelche Zweifel gibt, sollten diese ausgeräumt und ein Zertifikat von

der **Abteilung für Archäologie** (Karte S. 74; ☏ 01-4250683; www.doa.gov.np; Ramshah Pfad, Kathmandu; ☺ Sa 10–14 Uhr, So–Do bis 15 Uhr) im zentralen Gebäude des Nationalarchivs von Kathmandu eingeholt werden. Wer die Abteilung zwischen 10 und 13 Uhr aufsucht, erhält in der Regel am selben Tag bis 17 Uhr ein Zertifikat. Diese Kontrollen gelten auch für den Export von Edelsteinen und Halbedelsteinen.

Verkehrsmittel & -wege

AN- & WEITER-REISE

Nepal ist nach wie vor ein sehr beliebtes Reiseziel. Trotzdem gibt es nur überraschend wenig Direktflüge aus dem Ausland nach Kathmandu, und die Preise für solche Flüge sind in der Regel deutlich höher als die für Flüge in gar nicht so weit davon entfernte indische Städte wie Delhi. Für die meisten Langstreckenflüge muss man über Südasien, Südostasien oder den Nahen Osten fliegen. Wer in der Hauptreisezeit und den besten Trekkingmonaten Oktober und November nach Nepal reisen möchte, sollte sowohl den Langstreckenflug als auch die Inlandsflüge weit im Voraus buchen.

Allerdings gibt es viele Überland- und Flugverbindungen nach Indien, sodass sich für die Traumreise sowohl Nepal und Indien verbinden lassen und auch Abstecher nach Bhutan und Tibet möglich sind. Wichtig: Tickets für die Reise von Kathmandu nach Lhasa können nur über einen Veranstalter einer Gruppenreise gebucht werden. Wer von Bhutan nach Paro fliegen möchte, muss sich ebenfalls einer organisierten Tour anschließen. Für die Weiterreise ab Indien sind gute Online-Agenturen unter anderem Cleartrip (www.cleartrip.com), Make My Trip (www.makemytrip.com) und Yatra (www.yatra.com).

Flüge, Touren und auch Trekkingtouren können online unter lonelyplanet.com/bookings gebucht werden.

Einreise

Das Reisen in Nepal ist für ausländische Reisende einfach. Ein Visum erhält man

KLIMAWANDEL UND REISEN

Der Klimawandel stellt eine ernste Bedrohung für unsere Ökosysteme dar. Zu diesem Problem tragen Flugreisen immer stärker bei. Lonely Planet sieht im Reisen grundsätzlich einen Gewinn, ist sich aber der Tatsache bewusst, dass jeder seinen Teil dazu beitragen muss, die globale Erwärmung zu verringern.

Fast jede Art der motorisierten Fortbewegung erzeugt CO_2 (die Hauptursache für die globale Erwärmung), doch Flugzeuge sind mit Abstand die schlimmsten Klimakiller – nicht nur wegen der großen Entfernungen und der entsprechend großen CO_2-Mengen, sondern auch, weil sie diese Treibhausgase direkt in hohen Schichten der Atmosphäre freisetzen. Die Zahlen sind erschreckend: Zwei Personen, die von Europa in die USA und wieder zurück fliegen, erhöhen den Treibhauseffekt in demselben Maße wie ein durchschnittlicher Haushalt in einem ganzen Jahr.

Die englische Website www.climatecare.org und die deutsche Internetseite www.atmosfair.de bieten sogenannte CO_2-Rechner. Damit kann jeder ermitteln, wie viele Treibhausgase seine Reise produziert. Das Programm errechnet den zum Ausgleich erforderlichen Betrag, mit dem der Reisende nachhaltige Projekte zur Reduzierung der globalen Erwärmung unterstützen kann, beispielsweise Projekte in Indien, Honduras, Kasachstan und Uganda.

Lonely Planet unterstützt gemeinsam mit Rough Guides und anderen Partnern aus der Reisebranche das CO_2-Ausgleichs-Programm von climatecare.org. Alle Reisen von Mitarbeitern und Autoren von Lonely Planet werden ausgeglichen. Weitere Informationen gibt's auf www.lonelyplanet.com.

bei der Einreise über den internationalen Flughafen in Kathmandu und an allen Grenzstationen des Landes, über die Ausländer einreisen dürfen. Man braucht allerdings Passbilder (dies gilt nicht für die Einreise am Flughafen in Kathmandu), und man muss die Visumgebühr in einer ausländischen Währung bezahlen (bei manchen Grenzübergängen bestehen die Beamten auf einer Zahlung in US-Dollar). Der vorgelegte Pass muss noch sechs Monate gültig sein, und es muss noch eine ganze Seite frei sein.

Flugzeug

Während der Trekking-Saison im Herbst im Oktober und November können Flüge nach und von Kathmandu ausgebucht sein; eine Ausweichmöglichkeit ist dann, über Land nach Indien zu reisen und von dort dann weiterzufliegen. Daher ist dringend zu empfehlen, Flüge weit im Voraus zu buchen und auch viel Zeit zwischen dem Ende der Trekkingtour und dem Flug nach Hause einzuplanen. Wer einen Flug in Kathmandu buchen möchte, sollte dies am Beginn der Reise und nicht erst am Ende tun.

Wer in Delhi umsteigt und zwei getrennte Flugtickets hat, muss in der Regel sein Gepäck dort holen und es dann für den Weiterflug wieder einchecken, wofür man ein Transit- oder ein Touristenvisum im Voraus beantragen muss. Manchmal

können auch Vertreter der Fluggesellschaft das Gepäck holen und wieder einchecken, aber diese Möglichkeit muss vorab geprüft werden. Manche Fluggesellschaften verweigern Passagieren, die in Delhi umsteigen möchten und kein indisches Visum vorweisen können, die Mitnahme.

Flughäfen und Fluglinien

In Nepal gibt es einen internationalen Flughafen, **Tribhuvan International Airport** (☎01-4472256; www.tiairport.com.np), etwas östlich von Kathmandu. Es gibt einige Direktflüge nach Nepal – aber die meisten Reisenden aus Europa, Amerika oder Australien müssen im Nahen Osten oder in Asien umsteigen.

2014 kam der Flughafen Tribhuvan bei einer Umfrage über die Flughafenqualität auf den drittletzten Platz. Aus heutiger Sicht ist das ziemlich ungerecht, da es sehr viele schlechte internationale Flughäfen gibt, aber diese werden nicht von sehr vielen ausländischen Reisenden besucht. Ein neuer internationaler Flughafen wird in Pokhara gebaut und soll im Juli 2020 eröffnet werden. Darüber hinaus wird der Flughafen Bhairawa ausgebaut, um ihn 2019 als internationalen Flughafen eröffnen zu können. Außerdem ist für Hetauda ein noch größerer Flughafen geplant, auf dem dann auch eine A380 landen kann. Bei allen drei Projekten gab es in der Vergangenheit größere Verzögerungen.

Das Angebot auf dem Tribhuvan International Airport ist überschaubar – vor und nach der Einreisekontrolle kann man Geld wechseln, und neben dem Ausgang des Terminals ist eine staubige Touristeninformation. Vor der Einreise muss ein Antrag für das Visum ausgefüllt werden, dann kann man sich in die Schlange stellen.

An einem kleinen Stand gibt es Sofortpassbilder, aber es empfiehlt sich, zur Sicherheit eigene Bilder mitzubringen.

Bei der Ausreise wird jedes Gepäckstück durchleuchtet, wenn man den Flughafen betritt. Wichtig: Immer darauf achten, dass der Zoll alle Gepäckanhänger des Handgepäcks abstempelt. Im Abflugbereich nach dem Sicherheitscheck gibt es ein paar Cafés.

FLUGLINIEN

Da Nepal nicht auf einer der Haupttransitrouten liegt, sind Flüge nach Kathmandu teuer, insbesondere während der Haupttrekkingzeit (Oktober und November). Wer günstig reisen möchte, fliegt zunächst nach Indien und bucht einen billigen Flug nach Kathmandu, was aber bedingt, dass man ein Visum für Indien benötigt. Diese zusätzlichen Kosten machen dann die Ersparnisse für den Flug manchmal auch wieder wett.

Nepals wichtigste Fluggesellschaft **Nepal Airlines** (☎081-520727; www.nepalairlines.com.np) ist ein kleines Unternehmen; erstaunlicherweise kann man auf der Website keinen Flug buchen. Verspätungen und Flugstreichungen sind üblich: 2011 hatten Reisende von Hongkong nach Kathmandu eine Verspätung von zwei Tagen, nachdem eine Maus als blinder Passagier im Flugzeug entdeckt worden war; 2007 wurden nach einem Defekt an einem der Flugzeuge zwei Ziegen geopfert, um Akash Bhairav, den hinduistischen Gott für Sicherheit und Schutz, zu besänftigen. Trotz der Ziegen gab es bei der Fluglinie bereits einige ernste Zwischenfälle, und die EU hat für sie, wie auch für alle anderen nepalesischen Fluglinien, ihren Luftraum nicht freigegeben. Es gibt Flugverbindungen nach Delhi, Dubai, Doha, Hongkong, Bangkok, Kuala Lumpur, Mumbai und Bangalore.

Einige andere Linien fliegen nach Nepal, allerdings ändert sich diese Liste sehr schnell:

Air Arabia (www.airarabia.com) Bedient die Golfstaaten und Russland.

Air Asia (www.airasia.com) Günstige Airline für Asien über Kuala Lumpur.

Air China (www.airchina.com) Täglich Flüge nach Lhasa, Chengdu und in China.

Air India (www.airindia.in) Bedient den indischen Subkontinent inklusive Kalkutta und Delhi.

Bhutan Airlines (www.bhutan airlines.bt) Bedient Paro mehrmals täglich.

Biman Bangladesh Airlines (www.biman-airlines.com) Tägliche Flüge nach Dhaka.

Cathay Dragon (www.cathay pacific.com) Vier bis fünf Flüge pro Woche nach Beijing.

China Eastern Airlines (en. ceair.com) Bedient Lhasa, Kunming und Shanghai.

China Southern Airlines (www. flychinasouthern.com) Bedient Guangzhou und Lhasa.

Drukair (www.drukair.com.bt) Bedient täglich Paro.

Etihad Airways (www.etihad. com) Täglich Verbindungen über Abu Dhabi in die ganze Welt.

Fly Dubai (www.flydubai.com) Mehrere Flüge täglich.

Himalaya Airlines (www.hima laya-airlines.com) Fliegt bis in die Golfregion und nach Malaysia.

IndiGo (www.goindigo.in) Bietet günstige Flüge nach Delhi.

Jet Airways (www.jetairways. com) Täglich Verbindungen nach Bangalore, Delhi, Mumbai und Kalkutta.

Malaysia Airlines (www.malay siaairlines.com) Nach Kuala Lumpur.

Malindo Air (www.malindoair. com) Nach Kuala Lumpur.

Oman Air (www.omanair.com) Nach Muscat.

Qatar Airways (www.qatarair ways.com) Täglich Verbindungen über Doha, mit exzellenten Verbindungsflügen in die USA und nach Europa.

Sichuan Airlines (www.sichuan air.com) Nach Chengdu und Lhasa.

Thai Airways (www.thaiair ways.com) Bietet die beliebteste südostasiatische Route nach Nepal über Bangkok.

Turkish Airlines (www.turkish airlines.com) Täglich Verbindungen über Istanbul.

Auf dem Landweg

Über Land kann man an sieben Grenzstationen – sechs von Indien und eine von Tibet – nach Nepal einreisen.

Grenzübergang
INDIEN
Alle Grenzstationen zwischen Indien und Nepal befinden sich im Terai und waren vom Erdbeben nicht betroffen. Die beliebteste Grenzstation ist Sunauli bei

Bhairawa, das von Delhi und Varanasi in Indien gut zu erreichen ist.

Die Delhi Transport Corporation betreibt Buslinien direkt von Kathmandu nach Delhi und umgekehrt. Sie fahren um 10 Uhr in Delhi und um 9 Uhr in Kathmandu (Swayambhu) ab. Die Fahrt kostet 2300 INR. Sie dauert 27 bis 28 Stunden, sofern es keine Verspätung gibt.

Ein Zug für eine Inlandsfahrt in Indien kann im Voraus bei **Cleartrip** (www. cleartrip.com) oder **IRCTC** (www.irctc.co.in) gebucht werden. Fahrpläne und Preise von Indian Railways gibt es im **National Train Enquiry System** (www.trainenqui ry.com). Bei Man in Seat 61 (www.seat61.com/India. htm) finden sich gute Informationen.

BELAHIYA NACH SUNAULI
Der Grenzübergang von Belahiya nach Sunauli (S. 287) ist bei Weitem die beliebteste Route zwischen Indien und Nepal. Es gibt einen regelmäßigen Busverkehr zwischen Sunauli und Gorakhpur, wo man in den Zug nach Varanasi und Delhi umsteigen kann.

Nach der Einreise in Nepal kann man das buddhistische Pilgerzentrum Lumbini besuchen, bevor man die Reise fortsetzt. Von der nahegelegenen Stadt Siddharthanagar (Bhairawa) fahren regelmäßig Busse nach Kathmandu und Pokhara, die meist durch Narayangarh fahren, wo man in einen Bus zum Chitwan-Nationalpark umsteigen kann. Es gibt auch

GRENZÜBERGÄNGE NEPAL – INDIEN

GRENZÜBERGANG (NEPAL NACH INDIEN)	NÄCHSTGELEGENE INDISCHE STÄDTE
Belahiya nach Sunauli	Gorakhpur, Varanasi, Agra und Delhi
Bhimdatta (Mahendranagar) nach Banbasa	Delhi und die Bergorte in Uttarakhand
Kakarbhitta nach Panitanki	Darjeeling, Sikkim und Kalkutta
Birganj nach Raxaul Bazaar	Patna und Kalkutta
Nepalganj nach Jamunaha/Rupaidha Bazaar	Lucknow
Dhanghadi nach Gauriphanta	Lucknow, Delhi und Dudhwa-Nationalpark

täglich Flüge von Sid-
dharthanagar (Bhairawa)
nach Kathmandu.

BHIMDATTA (MAHENDRANAGAR) NACH BANBASA

Der westliche Grenzübergang
bei Bhimdatta (Mahendranagar; S. 314) ist auch relativ
gut von Delhi erreichbar. Täglich fahren Busse vom Busbahnhof Anand Vihar in Delhi
nach Banbasa (10 Std.), das
der Grenzstation nächstgelegene indische Dorf. In Banbasa gibt es auch Busverbindungen zu den meisten Städten in Uttarakhand.

Von Bhimdatta (Mahen-
dranagar) fahren recht langsame Nachtbusse nach Ka-
thmandu (15 Std.), aber es
ist besser, die Fahrt bei Tag
zu machen und die Reise im
Bardia-Nationalpark, in Nepalganj oder Narayanghar
zu unterbrechen. Wichtig:
Vorher prüfen, ob die Straße
offen ist, denn manchmal
ist sie wegen des Monsunregens nicht befahrbar.

KAKARBHITTA NACH PANITANKI

Der östliche Grenzübergang
bei Kakarbhitta bietet gute
Verbindungen nach Darjee-
ling, Sikkim, Kalkutta und zu
den nordöstlichen Bundes-
staaten Indiens.

Von Darjeeling gibt es
Sammeljeeps nach Siliguri
(3 Std.), weiter geht es mit
einem weiteren Sammeljeep
oder -taxi (1 Std.) nach Panitanki auf der indischen Seite
der Grenze. Jeeps fahren
auch zu den Grenzstädten
Kalimpong und Gangtok in
Sikkim. Von Kalkutta kann
man mit den Nachtzügen
Darjeeling Mail oder Kan-
chankaya Express vom
Bahnhof Sealdah nach New
Jalpaiguri (NJP) bei Siliguri
und dann mit dem Bus wei-
ter zur Grenze fahren.

Von Kakarbhitta gibt es
Tag- und Nachtbusse nach
Kathmandu (14 bis 16 Std.)
oder Pokhara (15 Std.), aber
statt durchzufahren unter-
bricht man die Reise besser
im Chitwan-Nationalpark.

(Zugang von Sauraha
Chowk am Mahendra Hwy.).
Yeti Airlines und Buddha Air
bieten täglich Flüge nach
Kathmandu vom nahegele-
genen Flughafen Bhadrapur
(etwa 115 €, 50 Min.).

BIRGANJ NACH RAXAUL BAZAAR

Der Grenzübergang zwi-
schen Birganj und Raxaul
Bazaar (S. 315) bietet sich
bei einer Anreise aus Patna
und Kalkutta an. Es fahren
Busse vom Busbahnhof in
Patna direkt nach Raxaul
Bazaar (6 Std.). Von Kalkut-
ta fährt täglich der Mithila
Express.

Von Birganj fahren täglich
Tag- und Nachtbusse nach
Kathmandu (6–7 Std.) so-
wie die schnelleren Tata
Sumo Jeeps (4–5 Std.). Es
gibt auch Frühbusse nach
Pokhara (8 Std.) über Narayangarh (4 Std.). Buddha Air
bietet täglich bis zu fünf Flüge vom nahegelegenen Flughafen Simara nach Kath-
mandu (85 €, 20 Min.).

NEPALGANJ NACH JAMUNAHA

Nur wenige reisen über den
Grenzübergang bei Nepal-
ganj (S. 307) im westlichen
Nepal ein, da man die Stadt
nur sehr schlecht erreicht.
Die nächstgelegene indische
Stadt ist Lucknow, von dort
kann man mit einem langsamen Bus nach Rupaidha Ba-
zaar (7 Std.) in der Nähe der
Grenzstation bei Jamunaha
weiterreisen. Möglich ist
es auch, mit dem Zug nach
Nanpara, 17 km von der
Grenze entfernt, zu fahren.

Auf der nepalesischen
Seite in Nepalganj gibt es regelmäßige Tag- und Nacht-
busse nach Kathmandu
(12 Std.) und Busse nach
Pokhara (12 Std.), die durch
Narayanghar (10 Std.) fahren. Yeti Airlines und Buddha Air bieten Flügen von
Nepalganj nach Kathmandu
(159 €).

DHANGADHI NACH GAURIPHANTA

Der wenig genutzte Grenz-
übergang zwischen Dhanga-

dhi und Gauriphanta (S. 312),
Uttar Pradesh, ist sinnvoll,
wenn man nach Lucknow
und New Delhi weiterreisen
oder den Dudhwa-National-
park besuchen möchte. Der
nepalesische Grenzübergang
ist von 7 bis 20 Uhr geöffnet.
Von Dhangadhi gibt es täglich Flüge nach Kathmandu
und Busse zum Mahendra
Hwy., die Richtung Westen
nach Mahendranagar und
Richtung Osten nach Ambas-
sa (zum Bardia-Nationalpark), Nepalganj und darüber hinaus weiterfahren.

TIBET

Offiziell dürfen nur organisierte „Gruppen" von Nepal
nach Tibet einreisen. Zum
Glück sind die Reisebüros in
Kathmandu wahre Experten
im Zusammensammeln von
Reisegruppen, um diese Be-
stimmung zu umgehen. Im
Allgemeinen gibt es für Reisende, die über China nach
Tibet einreisen, weniger Einschränkungen, daher ist es
sinnvoller, Tibet zuerst zu
besuchen und von dort nach
Nepal einzureisen, als umgekehrt. Die Bestimmungen
ändern sich beständig, daher
sollte man der Agentur drei
Werktage Bearbeitungszeit
für die notwendigen Reisegenehmigungen geben.

Über Land von Nepal nach
Tibet einzureisen ist nicht
einfach. Die Höhenkrankheit
stellt ein ernst zu nehmen-
des Risiko dar: Die Straße
führt auf eine Höhe von bis
zu 5140 m, und bei der Fahrt
gibt es nicht ausreichend
Zeit für eine angemessene
Akklimatisierung. Darüber
hinaus wurde die Straße
zum Hauptgrenzübergang
bei Kodari von dem Erdbe-
ben 2015 schwer in Mitleidenschaft gezogen und ist
auf unbestimmte Zeit ge-
schlossen. Der neue Grenzübergang bei Rasuwagadhi
nördlich von Kathmandu an
der Langtang-Straße ist seit
August 2017 für Ausländer
geöffnet; auf der tibetischen
Seite liegt Kyirung. Die
Grenzstation ist von 10 bis
17 Uhr tibetische Zeit (nepa-

lesische Zeit plus 2¼ Stunden) geöffnet.

Während der Monsunzeit (Mai bis August) muss mit Erdrutschen gerechnet werden, und aufgrund der politischen Spannungen kommt es immer wieder auch zu zusätzlichen Reisebeschränkungen. Die anderen Grenzübergänge, auch diejenigen an der Straße von Tibet nach Mustang, dürfen von Ausländern nicht genutzt werden, allerdings können organisierte Touren von Simikot durch den westlichsten Teil von Nepal zum Mount Kailash wandern.

REISEBESCHRÄNKUNGEN

Während der Recherchen für dieses Buch konnte man immer nur mit einem Tibet Tourism Permit (Reisegenehmigung für Tibet) einreisen, das man nur über ein Reisebüro erhält, wenn man ein komplettes Paket für eine Tour nach Lhasa bucht. Wer nur mit einem chinesischen Visum zur Grenzstation bei Rasuwagadhi kommt, wird abgewiesen, und Air China verkauft nur ein Ticket für den Flug nach Lhasa, wenn man die Genehmigung vorweisen kann. Die Genehmigungen sind 21 Tage lang gültig (manchmal kann man auch eine 28-Tage-Genehmigung erhalten) und können für eine oder mehrere Personen ausgestellt werden.

Um das Tibet Tourism Permit (Reisegenehmigung für Tibet) zu erhalten, muss man entweder ein Flug- oder Zugticket für die Ausreise aus Tibet vorweisen – der Zielort muss entweder in China liegen, oder es ist die Rückfahrt nach Nepal. Tourveranstalter in Kathmandu können dies organisieren. Die Beantragung der Genehmigung dauert ungefähr 15 Tage, wer allerdings bereit ist, eine Extragebühr zu bezahlen, erhält sie bereits nach drei Tagen. Es ist praktisch unmöglich, die Gruppe, auf die das Visum ausgestellt ist, in Lhasa zu verlassen, wobei es Einzelnen mit viel Mühe schon gelungen ist, um von Tibet nach Chengdu zu fliegen und dann mit dem üblichen chinesischen Touristenvisum in China weiterzureisen.

Wichtig: Zwischen Ende Februar und Ende März werden generell keine Tibet Tourism Permits (Reisegenehmigungen für Tibet) ausgestellt, und ausländische Reisende dürfen in dieser Zeit nicht in Tibet unterwegs sein. Darüber hinaus ist die chinesische Botschaft in Kathmandu vom 1. bis zum 8. Oktober geschlossen. Somit werden dann auch keine Visa ausgestellt, obwohl man zu dieser Zeit nach Tibet reisen darf.

TOURENVORSCHLÄGE

Die einfachste Möglichkeit, von Nepal nach Tibet zu reisen, ist die Teilnahme an einer Tour, bei der man von Kathmandu aus mit einem Jeep über Land nach Lhasa fährt und von dort wieder zurückfliegt, übernachtet wird in Nyalam, Dingri/Lhatse, Shigatse, Gyantse und Lhasa. Mehrere Agenturen bieten 8-Tage-Touren für etwa 680 € inklusive aller Genehmigungsgebühren, Fahrt in einem vollgepackten Land Cruiser oder Minibus, Unterkunft in Mehrbett- oder Zweibettzimmern sowie Sightseeing (aber ohne Verpflegung) an. Die Fahrten beginnen zwischen April und Oktober immer dienstags und samstags, im übrigen Jahr einmal pro Woche. Bei solchen günstigen Touren sollte man seine Erwartungen nicht zu hoch schrauben. Eine privat organisierte Tour für vier Personen in einem Land Cruiser kostet etwa 765 bis 1000 € pro Person. Hinzu kommen hier noch die Kosten für ein Gruppenvisum, die von der Nationalität der Teilnehmer anhängen: 150 € für US-Bürger, 104 € für kanadische Staatsangehörige und 77 € für sonstige Nationalitäten. Ein Flug von Tibet nach Kathmandu kostet derzeit etwa 358 bis 388 €.

Einige Agenturen bieten auch recht hochpreisige Touren mit einem Umweg über das Mount Everest Base Camp (auf der tibetischen Seite) an. Es gibt auch sehr teure Trekkingtouren von Simikot im äußersten Westen von Nepal nach Purang im äußersten Westen von Tibet und dann zum Mount Kailash sowie Land-Cruiser-Touren zum Mount Kailash. Die Preise liegen in der Zeit vom Juli bis September höher; zwischen Dezember und Februar gibt es weniger Touren.

Die Agenturen brauchen ein bis zwei Wochen, um die Visa und Genehmigungen zu organisieren. Diejenigen, die nach China weiterreisen möchten, müssen von der Agentur auf ein separates „Gruppenvisum" gebucht werden. Weitere Informationen dazu in den Lonely Planet Reiseführern *Tibet* und *China*.

Die meisten Unternehmen, die in Kathmandu mit Tibettouren werben, sind Agenturen für andere Unternehmen: **Explore Nepal** (Karte S. 74; ☎01-4226130; www.xplorenepal.com), **Royal Mount Trekking** (Karte S. 74; ☎01-4241452; www.royal mountaintrekking.com; Durbar Marg) und **Tibet Tashi Delek Treks** (Karte S. 98; ☎01-4410746; www.tibettour.travel; Thamel) organisieren eigene Touren, somit kann man relativ sicher sein, dass die Mitarbeiter dort wissen, wovon sie sprechen.

Auto & Motorrad

Immer wieder gibt es einige Reisende, die mit ihrem Motorrad oder dem eigenen Fahrzeug von Europa nach Nepal fahren, wofür sie ein internationales Carnet benötigen. Wer sein Fahrzeug in Nepal lassen möchte, muss entweder Einfuhrzoll bezahlen oder es dem Zollbehörden übergeben. Es ist nicht möglich, Autos, die älter als fünf Jahre sind, einzuführen. Unbedingt erforderlich ist auch ein internationaler Führerschein.

FLUGSICHERHEIT IN NEPAL

Flugsicherheit ist ein Thema, das man vor Augen haben sollte, wenn man Inlandsflüge in Nepal plant; allerdings gilt es hier, das Risiko gegen die Gefahren im Straßenverkehr und die durch das Fliegen eingesparte Zeit abzuwägen. Vor die Wahl gestellt, 45 Minuten zu fliegen oder 17 Stunden in einem Bus auf schlechten Bergstraßen unterwegs zu sein, entscheiden sich doch viele für den Flug.

Trotzdem sollte man sich der möglichen Gefahren bewusst sein. Seit 2008 gab es acht tödliche Unfälle bei Inlandsflügen in Nepal, im Durchschnitt fast ein Absturz pro Jahr. Beim jüngsten Unfall 2016 stürzte eine Maschine von Tara Air von Pokhara nach Jomsom bei Myagdi ab, es starben drei Besatzungsmitglieder und 20 Passagiere. 2014 starben 18 Menschen, als ein Flugzeug von Nepal Airlines aus Kathmandu kommend auf dem Weg nach Jumla gegen einen Berg flog. Aufgrund dieser Unfälle hat die EU ihren Luftraum für keine der nepalesischen Fluggesellschaften freigegeben.

Bei den Untersuchungen wurde bei vielen Unfällen „fehlendes Situationsbewusstsein" als Hauptgrund genannt, denn die Piloten flogen bei schlechter Sicht zu niedrig über dem Gelände, eine Gefahr, die immer besteht, wenn man in den Bergen fliegt. Wer lieber auf das Fliegen verzichten möchte, kann auch über die vielen Wege, die von Bussen angefahren werden, oder durch den Beginn der Wanderung auf einem tieferen Niveau nach oben gelangen, eine Möglichkeit, durch die man sich auch besser akklimatisiert.

UNTERWEGS VOR ORT

Wer in Nepal unterwegs sein möchte, steht vor vielen Herausforderungen. Aufgrund der geografischen und klimatischen Bedingungen und des Zustands der Fahrzeuge verlaufen nur wenige Touren genau wie geplant. Die durch das Erdbeben von 2015 verursachten Straßenschäden verstärken diese Probleme nur noch. Der Erfindungsreichtum der Menschen in Nepal bringt letztlich alle Reisenden an ihr Ziel, aber dafür ist Zeit notwendig und man muss Verspätungen und kleinere Zwischenfälle als Teil der Reiseerfahrungen in Nepal zeitlich immer einplanen.

Eine kluge Reiseplanung vermeidet eine Weiterreise während eines der großen Festtage, denn dann sind Busse, Flüge und Hotels in der Regel ausgebucht.

Auto & Motorrad

Mieten

In Nepal kann man kein Auto mieten, um es dann selbst zu fahren, allerdings kann man über ein Reisebüro sehr gut ein Auto oder einen Jeep mit einem Fahrer mieten. Inklusive Benzin kostet dies zwischen 60 und 85 € am Tag. Taxis sind billiger, aber nicht so bequem, und außerdem muss man mit dem Fahrer den Preis verhandeln. Auf jeden Fall muss man die Rückfahrt des Fahrers bezahlen, auch wenn man selbst nicht mit zurückfährt, außerdem muss man die Verpflegung und bei einer Mehrtagestour die Übernachtung für den Fahrer übernehmen.

Motorräder kann man in Kathmandu und Pokhara für etwa 600 bis 1500 NPR pro Tag je nach Modell mieten. Man braucht einen internationalen Führerschein oder einen Führerschein des Heimatlandes, auf dem die Fahrerlaubnis für ein Motorrad eingetragen ist – der Führerschein für ein Auto reicht nicht aus. Außerdem muss man den Pass als Pfand abgeben. Es ist sinnvoll, ein paar Aufnahmen von dem Motorrad zu machen, damit man nicht für Schäden, die es bereits vorher schon gab, verantwortlich gemacht wird.

Wichtig: Benzin ist in Nepal ein rares Gut. An einzelnen Tankstellen gibt es tagelang kein Benzin, und dann hat man nur die Wahl, sich stundenlang in eine Schlage zu stellen oder vorab Benzin in eine Flasche abzufüllen.

Touren

Die kurvigen Straßen in Nepal sind wunderbar für Bergtouren mit dem Motorrad (sofern sie nicht voller Schlaglöcher sind), und mehrere internationale Unternehmen bieten umfassend organisierte Motorradtouren an, so auch Asia-Bike-Tours (www.asiabiketours.com) und Blazing Trails (www.blazingtrails tours.com).

Vor Ort organisieren folgende Agenturen eine Tour:

Himalayan Enfielders (Karte S. 74; ☎01-4440462; www.hi malayanenfielders.com; Lazimpat, Kathmandu)

Himalayan Offroad (Karte S. 98; ☎01-4700770; www. himalayanoffroad.com; Chaksibari Marg, Thamel)

Himalayan Roadrunners (☎01-5570051; www.ridehigh. com)

Wild Tracks Adventure (Karte S. 74; ☎01-4439590; www.wild tracksnepal.com; Baluwatar, Kathmandu)

Verkehrsregeln

Wer fährt, sollte sich bewusst machen, dass in Nepal

Linksverkehr herrscht; nach links darf ohne anzuhalten abgebogen werden, und in einem Kreisverkehr hat der einfahrende Verkehr Vorfahrt gegenüber dem Verkehr im Kreisel. Einheimische Fahrer blinken selten und Fahrzeuge scheren aus, egal ob jemand kommt oder nicht – wichtig ist eine defensive Fahrweise. Von der Verkehrspolizei sollte man sich nach Möglichkeit fernhalten: Einheimische werden regelmäßig angehalten und müssen ein Bestechungsgeld bezahlen; zunehmend geraten aber auch Ausländer ins Visier.

Der abschließende Rat: Traue nichts und niemandem auf der Straße. Man muss gewärtig sein, dass Kinder, Hühner, Enten, Frauen, alte Männer, Babys, Kühe, Hunde und sonst alles Mögliche plötzlich und ohne Vorwarnung vor einem stehen. Viel Glück.

Versicherung

Wer in Nepal mit einem Motorrad fahren möchte, sollte vorab klären, ob dies von der Reiseversicherung abgedeckt ist. Die Vermietungen bieten selten eine Versicherung an, und man ist im Falle eines Unfalls für Schäden am eigenen wie am fremden Fahrzeug verantwortlich. Wichtig ist in diesem Zusammenhang auch, dass man tatsächlich die Fahrerlaubnis für ein *Motorrad* besitzt, sonst bezahlt die Versicherung vielleicht nicht.

Bus

Das öffentliche Verkehrsmittel schlechthin in Nepal ist der Bus; und das Busfahren ist unglaublich billig. Aber oft ist es auch unglaublich unbequem. Busse fahren fast überall hin und halten auch immer, allerdings bekommt man in der Regel leichter einen Sitzplatz, wenn man gleich am Anfang der Fahrt zusteigen kann und nicht erst zwischendrin. Die Fahrt in einem Fernbus bucht man am besten ein paar Tage im Voraus.

Öffentlicher Busverkehr

Die meisten Städte in den tieferen Lagen von Nepal erreicht man mit einem Bus von Kathmandu oder Pokhara; aber die Busse in Nepal sind langsam, laut und unbequem, und fast immer gibt es irgendwelche Probleme, auch bei den sogenannten „Deluxe-Bussen". Zum Glück fahren sehr häufig Busse, sodass man immer in einen anderen Bus umsteigen kann, wenn der erste Bus auf der Stecke liegenbleibt.

Auf längeren Fahrten legen die Fahrer regelmäßig eine Pause ein; eine Fahrt nach Einbruch der Dunkelheit ist nicht zu empfehlen – die Fahrer nutzen dann nämlich die leeren Straßen und fahren extrem schnell, sodass schwere Unfälle leider keine Seltenheit sind. Das Risiko, bei einem Verkehrsunfall getötet zu werden, ist in Nepal 30 Mal größer als in einem Industrieland. Manche Nachtbusfahrer machen auf der Strecke eine Pause und schlafen ein paar Stunden, aber andere heizen mit voll aufgedrehter Musik durch die Nacht. Die einzige Sicherheitsmaßnahme, die man selbst ergreifen kann, ist der Verzicht auf eine Fahrt bei Nacht.

Eine Vielzahl privater Busunternehmen bietet Fahrten mit „normalen Bussen" und mit schnelleren, teureren „Express-Bussen", deren Sitze besser gepolstert sind und in denen es beispielsweise den Luxus von Vorhängen an den Fenstern gibt. Die Fahrkarten können im Voraus an dem jeweiligen Schalter (einfach fragen, da die Schilder oft nur auf Nepali sind) oder im Bus beim Fahrer gekauft werden. „Deluxe-Busse" besitzen häufig eine Klimaanlage, und manche behaupten, dass sie eine Nonstop-Verbindung zwischen zwei Zentren bieten (was aber selten auch so stimmt).

Große Gepäckstücke werden auf dem Dach befördert – der Busbegleiter erledigt das für ein Trinkgeld, oder man macht es selbst. Diebstähle aus dem Gepäck kommen durchaus häufig

DIE E-RIKSCHA

Vergessen Sie Tesla – die E-Rikschas (elektrisch betriebene Rikschas) halten weltweit Einzug! Beziehungsweise zumindest in Nepal.

Am Anfang stand die einfache Riksha, ein Karren mit zwei Rädern, gezogen von einem Mann. Der erste Fortschritt waren mit Pedalen angetriebene Fahrzeuge in Form von Fahrrad-Rikshas. Dann kamen die mit Benzin betriebenen Auto-Rikshas. Und jetzt gibt es schließlich die mit dem Strom aus Batterien betriebenen E-Rikshas, das perfekte Gefährt für mehr Nachhaltigkeit.

Seit 2012, als sie in Nepal eingeführt wurde, ist die E-Riksha allgegenwärtig. Abgesehen von den Vorteilen für die Umwelt hat sie auch das Leben von Tausenden von Rikshafahrern revolutioniert, die jetzt bis zu 20 km weit fahren können – und damit deutlich mehr Geld einnehmen – ohne die hohen Kosten für Benzin. Die Taxifahrer sind mit dieser neuen Konkurrenz nicht ganz so zufrieden. Aber bei allen technologischen Fortschritten gibt es eben Gewinner und Verlierer.

KLIMAANLAGE DER GÖTTER

Da die nepalesischen Busse häufig überfüllt sind, reisen viele Einheimische und auch Ausländer lieber auf dem Dach. Aus rechtlichen Gründen muss darauf hingewiesen werden, dass dies möglicherweise keine so gute Idee ist – aber es ist vielleicht nicht deutlich gefährlicher, als im Bus zu fahren. Man bekommt auch einen unmittelbareren Eindruck von der Gegend, durch die man fährt, als wenn man nur durch ein staubiges Fenster schauen kann.

Wer auf dem Dach fahren möchte, sollte sich auf jeden Fall gut verkeilen, um nicht heruntergeschleudert zu werden, wenn der Bus in eine Kurve fährt, bremst oder ins Schlingern kommt. Es ist auch am besten, nach vorne zu schauen – so sieht man, wenn mal ein Kabel tief hängt oder Äste in die Straße ragen, und kann sich ducken. Auf jeden Fall muss man gut Sonnenschutz auftragen und warm angezogen sein, denn dort oben kann es erstaunlich kalt werden.

vor, daher sollte das Gepäck mit einem Schloss verschlossen werden und die Riemen an der Dachreling festgebunden werden. Hält der Bus für eine Pause an, sollte man sein Gepäck immer ein wenig im Auge behalten – gerade Rucksäcke lassen sich von Dieben leicht davontragen.

Die schnellen, häufig verkehrenden und überfüllten „lokalen Busse", die zwischen kleineren Städten fahren, sind praktisch für Tagesfahrten, aber es ist schon sehr mühevoll, mit einem Rucksack in den Bus zu steigen. Die Preise für Ausländer werden oft von skrupellosen Busbegleitern in die Höhe getrieben.

Wichtig: Im äußersten Osten sowie Westen von Nepal sind die Straßen in der Monsunzeit manchmal nicht passierbar. Jedes Jahr werden vom Regen sowohl Straßen als auch Brücken zerstört.

Touristenbusse

Reisebüros bieten einige gute Buslinien zu beliebten touristischen Zielen an; sie fahren vom Tourist Bus Park in Pokhara und am Bereich Thamel des Busbahnhofs Kantipath in Kathmandu ab.

Die Busse sind bequemer und nicht so voll wie die lokalen Busse, aber sie kosten auch etwas mehr.

Greenline (Karte S. 98; ☎01-4417199; www.greenline.com.np; Tridevi Marg; ⊕6–18 Uhr) mit Deluxe-Bussen zwischen Kathmandu, Pokhara und Sauraha (zum Chitwan-Nationalpark).

Fahrrad

In Kathmandu und Pokhara gibt es viele Möglichkeiten, ein Fahrrad zu mieten – es bietet eine günstige und angenehme Art der Fortbewegung. Angeboten werden meist Fahrräder aus Indien oder China, sie kosten etwa 350 bis 450 NPR Miete pro Tag, allerdings lässt die robuste Ausstattung sogar die Fahrt bergab zu harter Arbeit werden.

Es gibt auch Fahrrad-Agenturen in Kathmandu, die importierte Mountainbikes für 10 € pro Tag verleihen. Radfahren in und um Kathmandu sowie in weiten Teilen des Kathmandu-Tals war früher einmal sehr verbreitet, aber immer mehr Verkehr und das Anwachsen der Stadt machen es heute weniger attraktiv.

Flugzeug

Trotz der schwierigen geografischen Verhältnisse gibt es in Nepal ein ausgezeichnetes Netz aus Inlandsflügen. Bauingenieure haben Flugfelder tief im Dschungel und hoch oben in den Bergen vor den steilen Gipfeln des Himalajas gebaut. Allerdings müssen die Piloten immer auf Sicht zu diesen Pisten fliegen und nur selten vergeht ein Jahr, in dem es keine Unfälle mit Flugzeugen in den Bergen gibt. Alle Inlandsflughäfen in Nepal sind auch nach dem Erdbeben von 2015 intakt.

Da für die Flüge eine klare Sicht notwendig ist, gibt es selten einen pünktlichen Abflug, und viele Flüge werden wegen der schlechten Sichtverhältnisse auch noch in letzter Minute gestrichen. Daher ist es extrem wichtig, die Reisezeit nicht zu knapp zu planen und Extrazeiten vorzusehen. Auch wenn man pünktlich startet, heißt das nicht, dass man auch am gewünschten Zielflughafen landet, der vielleicht wegen Nebels gesperrt ist. Zwischen dem Heimflug von Kathmandu aus und dem Flug zurück nach Kathmandu sollten mindestens drei Tage liegen.

Wird ein Flug gestrichen, bemüht sich die Fluggesellschaft, einen Platz in der nächsten Maschine zu buchen (manchmal gibt es auch zusätzliche Flüge, wenn das Wetter aufklart, um die Warteliste abzubauen). Wer nicht warten möchte, sollte das Ticket ohne Zuzahlung stornieren können, allerdings kann die Rückerstattung ziemlich lange dauern.

Fluglinien in Nepal

Die drei großen Fluglinien, die Inlandsflüge anbieten, sind: **Nepal Airlines,** (Karte S. 74; ☎01-4227133; www.nepalairlines.com.np; Kantipath; ⊕10–17 Uhr) **Buddha Air**

(Karte S. 74; 📞01-5542494; www.buddhaair.com; Hattisar) und **Yeti Airlines** (Karte S. 98; 📞01-4213012; www.yeti airlines.com; Thamel Chowk). Es gibt auch kleinere Anbieter, die allerdings auch immer wieder vom Markt verschwinden. Hierzu gehören Saurya Airlines (www.saurya airlines.com), Shree Airlines (www.shreeairlines.com), Simrik Airlines (www.simrik airlines.com), Tara Air (www.taraair.com) und Summit Air (www.summit air.com.np).

Nepal Airlines ist die nationale Fluggesellschaft und bekanntermaßen unzuverlässig. Insgesamt betrachtet ist der Sicherheitsstandard dort wie bei den anderen; sollte es für das gewünschte Ziel noch eine private Fluglinie geben, sollte man sich im Allgemeinen eher für diese entscheiden. Nepal Airlines bietet derzeit Flüge nach Biratnagar, Pokhara, Lukla, Phaplu, Bhojpur, Lamidanda, Tumlingtar, Dolpo und Jumla sowie zu kleineren Landebahnen an.Die privaten Fluglinien in Nepal fliegen zwar zuverlässiger, allerdings sind ihre Preise auch etwas höher. Der Hauptflughafen ist Kathmandu, aber es gibt auch kleinere Drehkreuze in Pokhara, in Nepalganj im Südwesten und in Biratnagar im Südosten. Darüber hinaus gehören zu den gängigen Zielen auch unter anderem Dhangadi, Bhairawa, Janakpur, Bhadrapur, Jumla, Jomsom, Juphal und Lukla. Die meisten Fluglinien bieten morgendliche Rundflüge mit wunderbarem Bergpanorama an – wer von Kathmandu aus fliegen möchte, muss gelegentlich auf seinen Inlandsflug warten, bis die Flugzeuge von diesen „Aus-Flügen" zurückkehren.

Alle inländischen Fluglinien Nepals haben eine Niederlassung in Kathmandu.

Tickets

Sowohl bei den Fluglinien als auch bei den Flugplänen gibt es ständig Veränderungen; daher bucht man am besten über ein Reisebüro, eine Trekking-Agentur oder das Hotel. Ausländische Reisende müssen ihr Ticket in harter Währung, in der Regel US-Dollar, bezahlen. Bürger von und dauerhaft in Nepal Lebende erhalten einen Rabatt von etwa 40 % auf den Touristenpreis, was sich auszahlt, wenn der Führer oder Träger nach Lukla zur Everest-Tour mitfliegt.

Alle Reisenden müssen einen Versicherungsaufschlag von 1,70 € pro Bein sowie einen Treibstoffzuschlag bezahlen. In den genannten Preisen sind in der Regel alle diese Zuzahlungen enthalten.

Hinweis: Auf Inlandsflügen darf das aufgegebene Gepäck nur bis zu 15 kg wiegen – und bei manchen Flügen kann man auch gegen einen Aufpreis ein zusätzliches Gepäck mitnehmen. Noch einmal weniger (10 kg aufgegebenes Gepäck, 5 kg Handgepäck) ist es bei Flügen zu manchen Pisten in den Bergen wie Lukla, Jomsom und Juphal. Messer, Feuerzeuge, Gaskartuschen und Wanderstöcke sind im Handgepäck nicht erlaubt.

Nahverkehr
Auto-Rikscha & Fahrrad-Rikscha

In der Altstadt von Kathmandu und in den Städten im Terai fahren viele Fahrrad-Rikschas, sie bieten eine schöne Art, die belebten und engen Straßen zu erkunden. Bei den Preisen muss man immer verhandeln. Nepals knatternde dreirädrige Auto-Rikschas werden immer seltener; sie werden ersetzt durch Elektromodelle, aber in ein paar Städten im Terai gibt es sie noch.

Taxi

Taxis mit einem Taxameter gibt es in den größeren Städten wie Kathmandu und Pokhara, man kann sie für kurze und auch für längere

Inlandsflugverbindungen

Fahrten buchen. Taxis mit einem Taxameter haben schwarze Nummernschilder; private Autos, die als Taxis für längere Strecken zur Verfügung stehen, haben rote oder grüne Nummernschilder.

Taxis kann man überall vom Straßenrand aus anhalten, und sie stehen auch häufig an touristischen Zielen wie Bhaktapur und Patan. Meistens möchten die Taxifahrer ihr Taxameter nicht einschalten – der Grund kann der Versuch sein, so mehr Geld von den Touristen einzufordern, es kann aber auch eine Reaktion auf die steigenden Benzinkosten und die Staus sein. Wenn der Fahrer das Taxameter nicht einschalten will, einfach bei einem anderen Taxi fragen. Wenn auch das nicht gelingt, muss man um einen vernünftigen Preis handeln. Eine persönliche Bemerkung: Wir können uns nicht daran erinnern, wann ein Taxifahrer das letzte Mal freiwillig sein Taxameter eingeschaltet hat.

In Kathmandu gibt es eine neue Motorrad-Taxi-App, Tootle (https://tootle.today), das ist eine billigere und schnellere Alternative zum Taxi, allerdings arbeiten sie nur bis 20 Uhr.

Tempo

Tempos sind übergroße Auto-Rikschas, die in größeren Städten auf festen Routen fahren. Kathmandus alte, die Luft verpestende Diesel-Tempos wurden durch elektrisch oder mit Gas betriebene *safa*-(saubere)Tempos und mit Benzin betriebene Minibusse ersetzt. Man kann überall auf der Strecke aus- und einsteigen; wer aussteigen möchte, klopft einfach mit einer Münze auf das Dach.

Zug

Eine neue Schmalspurbahn zwischen Janakpur und Jaynagar, jenseits der indischen Grenze, soll 2018 ihren Betrieb aufnehmen. Geworben wird schon jetzt mit einer wunderbaren Strecke durch das Terai und der grenzüberschreitenden Fahrt von Janakpur nach Indien.

Gesundheit

Die besten medizinischen Einrichtungen des Landes gibt es in Kathmandu, die allgemeinen Standards in Kliniken und Krankenhäusern werden allerdings immer schlechter, je weiter man sich von der Hauptstadt entfernt. In den Bergregionen gibt es bisweilen keinerlei medizinische Versorgung. In den Bergen erkrankte Trekker werden in der Regel nach Kathmandu gebracht oder in schlimmen Fällen ausgeflogen. Daher ist eine Auslandskrankenversicherung, die alle stationären Behandlungen und im Notfall einen Krankenrücktransport beinhaltet, absolut notwendig.

Viele der bei den Reisenden sehr beliebten Gebiete sind abgelegen und schwer zugänglich, daher ist es wichtig, sich vorab über mögliche Gesundheitsrisiken zu informieren. Alle Wanderer sollten eine Notfallapotheke dabei haben, um eine Erstbehandlung durchführen zu können, bis eine medizinische Versorgung zur Verfügung steht.

VOR DER REISE

Versicherung

Angesichts der Reisegebiete, möglicher Gesundheitsrisiken und hoher Kosten für einen Krankenrücktransport sollte man nicht ohne eine entsprechende Auslandskrankenversicherung nach Nepal reisen.

Empfohlene Impfungen

Offiziell gibt es keine Pflicht für eine Impfung, um in das Land einreisen zu dürfen, es sei denn, man kommt aus einem Gelbfiebergebiet – in diesem Fall muss man eine entsprechende Impfung vorweisen.

Am besten ist es, mindestens sechs Wochen vor Abreise einen Arzt aufzusuchen, da manche Impfungen aus mehreren Teilimpfungen über einen längeren Zeitraum bestehen. Wichtig: Einige Impfungen sind während einer Schwangerschaft oder bei Allergikern nicht zu empfehlen.

Folgende Impfungen können sinnvoll sein:

Diphtherie und Tetanus Hierbei handelt es sich um eine Kombiimpfung, die für jeden empfehlenswert ist. Nach einer Grundimmunisierung durch drei Impfungen (meist bei Kindern) sollte alle zehn Jahre eine Auffrischung erfolgen.

Gelbfieber Diese Virusinfektion ist nicht typisch für Nepal und eine entsprechende Impfung nur erforderlich, wenn man aus einem Gelbfiebergebiet einreist. Der Impfnachweis sollte in dem Gelben Impfbuch der WHO geführt werden und ist lebenslang gültig.

Hepatitis A Die Impfung gegen Hepatitis A (z. B. Avaxim, Havrix 1440 oder VAQTA) bietet einen Langzeitschutz (möglicherweise lebenslang) nach der Erstimpfung und einer zweiten Impfung nach sechs bis zwölf Monaten.

Hepatitis B Die Grundimmunisierung besteht aus drei Impfungen, die im schnellsten Fall über drei Wochen erfolgen oder bis zwölf Monate reichen können.

Influenza Grippe gilt für die meisten Reisenden als Krankheit, gegen die man sich impfen lassen sollte. Die Impfung erfolgt jährlich.

Japanische Enzephalitis Diese Hirnhautentzündung ist eine von infizierten Stechmücken übertragene Viruserkrankung, die im Terai und gelegentlich im Kathmandu-Tal insbesondere in der Monsunzeit (August bis früher Oktober) vorkommt. Die Impfung erfolgt über zwei Gaben im Zeitraum von vier Wochen; die Auffrischung erfolgt bei fortbestehendem Risiko innerhalb von zwei Jahren. Sie ist nur bei längeren Aufenthalten im Terai (insbesondere im Westen) oder im Kathmandu-Tal empfohlen.

Meningokokkenmeningitis Diese Impfung wird Reisenden in der Regel nicht empfohlen. Eine Einzelimpfung sowie eine drei- bis fünfjährige Wiederholungsimpfung empfehlen sich nur für Hochrisikopersonen und Bewohner der Region.

Polio Nepal wurde im Jahr 2014 von der WHO offiziell für poliofrei erklärt, nachdem es innerhalb von drei Jahren keine Neuerkrankungen gegeben hat. Dennoch sollte jeder eine Impfung haben, die normalerweise bei Kindern erfolgt.

Tollwut Die Impfung sollte von allen Reisenden, die sich länger im Land aufhalten wollen, in Erwägung gezogen werden, insbesondere wenn sie in abgelegene Gebiete reisen möchten. In Nepal wird Tollwut von streunenden Hunden und Affen übertragen. Insbesondere für Kinder empfiehlt sich diese Impfung sehr. Vor der Reise wird der Impfstoff in drei Impfungen über einen Zeitraum von 21 bis 28 Tagen verabreicht. Wer geimpft ist und von einem Tier gebissen oder gekratzt wird, benötigt dann zwei weitere Impfungen, während nicht geimpfte Personen insgesamt fünf Impfungen sowie Immunglobuline (teuer) benötigen. Für den normalen Reisenden wird keine Auffrischungsimpfung benötigt.

Tuberkulose (TB) Die Infektionskrankheit ist in Nepal weit verbreitet, aber sie tritt bei Reisenden extrem selten auf. Die meisten Menschen im Westen wurden als Kind geimpft.

Typhus Behandlungsresistenter Typhus ist ein aktuelles Problem in Nepal, insbesondere im Terai, sodass eine Impfung empfohlen wird. Diese kann als einmalige Injektionsimpfung oder als Schluckimpfung erfolgen – der Hausarzt berät hierzu.

Für die weitere Vorbereitung

Wer nach Nepal reist, besucht dort sehr abgelegene Gebiete, daher ist es sinnvoll, vor der Reise beim Arzt einen Gesundheits-Check-up zu machen.

➡ Notwendige Medikamente sollten immer in ausreichender Menge von zu Hause mitgebracht werden.

➡ Bei Vorerkrankungen sollte der Hausarzt ein Attest (auf Englisch) ausstellen und alle einzunehmenden Medikamente mit ihrem generischen Namen aufführen, falls in Nepal ein Arztbesuch notwendig ist.

➡ Ebenfalls lohnt sich ein Zahnarztbesuch vor Reiseantritt. Einer unserer Autoren brach sich während seiner Reise ein Stück eines Backenzahns ab, als er auf ein extrem hartes Stück getrockneten Fleisch biss. Er musste fünf Tage zum nächsten Zahnarzt laufen, der eine Notwurzelbehandlung vornahm –

CHECKLISTE REISEAPOTHEKE

Die folgende Liste enthält Vorschläge für die Reiseapotheke – ein Apotheker kann Auskunft darüber geben, welche Marken im eigenen Land erhältlich sind.

➡ Aspirin oder Paracetamol gegen Schmerzen oder Fieber

➡ Entzündungshemmer (Ibuprofen) gegen Muskel- und Gelenkschmerzen, Kopfschmerzen und Fieber

➡ Antibiotikum, vor allem, wenn man in abgelegenere Gebiete reist; in Nepal sind Antibiotika nicht verschreibungspflichtig, was zu einer Resistenz vieler Erreger geführt hat.

➡ Ondansetron (Zofran) zur Linderung bei schwerer Übelkeit

➡ Rehydrierungspräparat, um eine Dehydrierung bei Durchfallerkrankungen zu verhindern; insbesondere wichtig, wenn man mit Kindern unterwegs ist.

➡ Antihistamine für Allergiker, z. B. bei Heuschnupfen; bei Hautproblemen empfiehlt sich eine 1%ige Hydrocortisonsalbe.

➡ Tabletten gegen Erkältung und Grippe, Halstabletten und Nasenspray

➡ Salbe gegen Hautpilz, etwa Clotrimazol 1 % gegen Pilz- und Soorinfektionen

➡ Antiseptikum (z. B. Povidon-Iod) für Schnitte oder Schürfwunden

➡ Verbände, Bandagen, Pflaster und anderer Wundschutz

➡ Wasserreinigungstabletten

➡ Schere, Pinzette und digitales Fieberthermometer (Quecksilberthermometer dürfen nicht im Flugzeug mitgeführt werden)

➡ Steriles Set, sofern man sich Spritzen geben muss; sollte mit dem behandelnden Arzt besprochen werden.

➡ Reisetabletten, z. B. Dramamine, für lange Busfahrten

➡ Diamox (Acetazolmide) Tabletten für Touren über 3500 m

ohne Betäubung! Das sollte allen eine Warnung sein.

➡ Wer Kontaktlinsen trägt, sollte ausreichend Pflegemittel mitbringen und bei der Reinigung besonders vorsichtig sein, um Augeninfektionen zu vermeiden.

➡ Auf jeden Fall sollte auch eine Ersatzbrille sowie eine Sonnenbrille mitgebracht werden, falls die Kontaktlinsen ausfallen.

Websites

Medex bietet auf seiner Website kostenlos eine nützliche Broschüre (auf Englisch) mit dem Titel *Travel at High Altitude* (http://medex.org.uk/ medex_book/about_book. php), sie richtet sich an Laien und bietet viele nützliche Hinweise für einen Aufenthalt im Gebirge. Eine Übersetzung der Broschüre in die nepalesische Sprache befindet sich ebenfalls auf dieser Website.

Die folgenden internationalen Organisationen bieten Gesundheitsinformationen speziell für Nepal.

➡ Centers for Disease Control & Prevention (www.cdc.gov)

➡ Fit for Travel (www.fitfortravel.scot.nhs.uk)

➡ International Society for Mountain Medicine (www.ismm.org)

➡ MASTA (www.masta-travel-health.com)

➡ Medex (www.medex.org.uk)

Weitere Informationen

Travel with Children von Lonely Planet enthält viele Gesundheitshinweise für die Reise mit kleineren Kindern. Nützliche Gesundheitstipps für eine Reise in abgelegene Gebiete finden sich in *Where There Is No Doctor* von David Werner; am besten die neueste Auflage von 2015 kaufen.

Spezielle Bücher zu Trekking und Gesundheit:

➡ *Medicine for Mountaineering & Other Wilderness Activities*

SONNENBRAND, RISSIGE LIPPEN UND HERPES

Wer in einer großen Höhe unterwegs ist, ist einer intensiveren Sonneneinstrahlung ausgesetzt als üblich. Eine gute Sonnenbrille und ein gutes Sonnenschutzmittel sind hier unabdingbar. Dennoch bekommen sehr viele Trekker bei ihren Touren einen Sonnenbrand. Ein schmerzhaftes Aufplatzen der Lippen ist recht üblich in der kalten, trockenen Bergluft, was bei denjenigen, die das Virus in sich tragen, zu einem Ausbruch von Herpes führen kann. Die Anwendung von Lippenbalsam ist zu empfehlen, und wer an Herpes leidet, sollte unbedingt Zovirax oder eine ähnliche Acyclovirsalbe dabei haben.

(James A Wilkerson) beschreibt viele typische medizinische Probleme bei Nepalreisenden.

➡ *Altitude Illness: Prevention & Treatment* (Stephen Bezruchka) ist eine Pflichtlektüre für alle, die in großer Höhe Trekkingtouren unternehmen; der Autor ist ein erfahrener Nepal-Trekker.

➡ *Pocket Wilderness First Aid & Wilderness Medicine* (Dr. Jim Duff und Peter Gormly) ist ein hervorragendes Buch zum Mitnehmen.

IN NEPAL

Medizinische Versorgung & Kosten

In Kathmandu gibt es mehrere hervorragende Krankenhäuser, so auch die **Nepal International Clinic** (Karte S. 74; ☎01-4435357, 01-4434642; www.nepalinternationalclinic.com; Lal Durbar; ◷9–13 Uhr & 14–17 Uhr) und **CI-WEC Clinic** (Karte S. 74; ☎01-4435232, 01-4424111; www.ciwec-clinic.com; Kapurdhara Marg, Lazimpat; ◷Notaufnahme 24 Std., Klinik 9–12 Uhr & 13–16 Uhr Mo–Fr), mit einer **Niederlassung** (Karte S. 242; ☎061-463082; www.ciwec-clinic.com; Mansarovar Path, Central Lakeside; ◷24 Std.) in Pokhara. Der Grundpreis für den Besuch einer Sprechstunde liegt bei etwa 17 €. Eine dreitägige Antibiotikabehandlung kostet

unter 3 €. Die medizinische Versorgung außerhalb der großen Städte ist schlecht – wenn möglich sollte man zur Behandlung nach Kathmandu oder Pokhara fahren.

Während einer Trekkingtour gibt es nur kleine örtliche Gesundheitsstellen, und auch diese sind nur selten und die Wege dazwischen lang.

In abgelegenen Gebieten darf eine angemessene Notfallapotheke im Gepäck nicht fehlen; man muss sich zunächst selbst behandeln können, bis man zu einem Arzt oder zu einer Krankenstation kommt.

Infektionen

Atemwegsinfekte

Infektionen der oberen Atemwege (wie etwa eine Erkältung) gehören zu den üblichen Erkrankungen in Nepal, insbesondere in Kathmandu mit einer hohen Luftverschmutzung. Die Gefahr von Atemwegsinfekten verstärkt sich durch die Höhe, Kälte, Luftverschmutzung, Rauchen und viele Menschen, an denen man sich leicht anstecken kann.

Die meisten Infektionen der oberen Atemwege heilen auch ohne Behandlung ab, allerdings kann jede Infektion auch zu Komplikationen wie Bronchitis, Mittelohrentzündung oder Lungenentzündung führen, die dann mit Antibiotika behandelt werden müssen.

Denguefieber

Denguefieber ist eine durch Stiche der tagaktiven Aedes-Stechmücke übertragene Viruserkrankung. Zu den Symptomen gehören hohes Fieber, Schmerzen hinter den Augen, Kopf- und Rückenschmerzen, Gelenk- und Muskelschmerzen sowie manchmal ein Hautausschlag auf Rücken, Brust und Bauch. Bei Verdacht auf eine Erkrankung sollte zur Diagnose ein Arzt aufgesucht und der Krankheitsverlauf beobachtet werden, da sich daraus das Dengue-hämorrhagische Fieber entwickeln kann, dessen Verlauf dramatisch und lebensbedrohend ist. Das Risiko, daran zu erkranken, steigt, wenn man zuvor bereits eine Denguefieberinfektion hatte. 2010 gab es in Nepal eine große Epidemie und 2016 eine kleinere Epidemie, die sich vor allem auf Chitwan und Jhapa beschränkte. An anderen Orten ist das Ansteckungsrisiko eher gering.

Hepatitis

Für eine Hepatitis-Infektion (Leberentzündung) sind unterschiedliche Viren verantwortlich. Die Symptome sind bei allen Hepatitisformen gleich, hierzu gehören Fieber, Schüttelfrost, Kopfschmerzen, Müdigkeit, Schwächegefühl sowie Schmerzen; es folgen Appetitlosigkeit, Übelkeit, Erbrechen, Unterleibsschmerzen, dunkler Urin, Blässe, Gelbsucht und gelbe Färbung der weißen Augapfelteile.

Hepatitis A und E werden durch verschmutztes Trinkwasser und Essen übertragen. Hepatitis A lässt sich praktisch vollständig durch eine aktuelle Hepatitis-A-Impfung verhindern. Die Erkrankung bei Hepatitis E verläuft sehr ähnlich zu der bei Hepatitis A und derzeit gibt es keinen Impfschutz gegen dieses Virus.

Hepatitis B wird nur durch Blut (nicht sterile Nadeln oder Bluttransfusion) oder bei Sexualkontakten übertragen. Gefahr droht durch verunreinigte Utensilien beim Rasieren, Tattoo-Stechen oder Piercing.

HIV und AIDS

HIV und AIDS stellen ein wachsendes Problem in Nepal dar; schätzungsweise 75 000 Einwohner Nepals sind infiziert. Bei jeder Form von Injektion muss man daher auf originalverpackte Einwegnadeln und Spitzen bestehen.

Das Blut für Bluttransfusionen wird in der Regel auf HIV/AIDS getestet. Trotzdem sollte auf eine Bluttransfusion verzichtet werden, sofern diese ist nicht lebensnotwendig ist.

Malaria

Die Einnahme von Malariatabletten empfiehlt sich nur, wenn man sich längere Zeit, insbesondere in der Monsunzeit, im Terai aufhalten möchte. Keine Malariagefahr droht in Kathmandu oder Pokhara und ebenso nicht bei kurzen Aufenthalten in Chitwan oder auf den typischen Himalaja-Trekkingrouten.

Es ist durchaus sinnvoll, sich gegen Stechmücken zu schützen, denn es werden auch vereinzelte Fälle von Denguefieber, eine weitere von Stechmücken übertragene Krankheit, in den tiefer gelegenen Gebieten berichtet. Wer ins Terai reist, sollte Insektenschutzmittel ver-

---

WASSER AUS DEM WASSERHAHN

In Nepal sollte man niemals offenes Wasser trinken. Auch Eis in Getränken sollte gemieden werden, eine Ausnahme bilden erstklassige Touristenrestaurants. Auf einer Trekkingtour sollte man selbst sein Wasser aufbereiten, statt sauberes Wasser in Plastikflaschen zu kaufen und damit die Umwelt zu belasten.

Aufbereitung von Wasser

Die einfachste Form der Aufbereitung von Wasser ist, es abzukochen. Chlortabletten (z. B. Puritabs oder Steritabs) töten viele Keime ab, sind aber unwirksam gegen Giardien und Amöben. Die Gebrauchsanweisung genau beachten – das Wasser durch ein Stück Stoff filtern, bevor man die Tabletten in das Wasser gibt und darauf achten, auch den Verschluss der Wasserflasche zu befeuchten. Ist das Wasser gereinigt, kann man Vitamin C oder Neutralisierungstabletten zugeben, um den chemischen Geschmack zu reduzieren.

Chlor in Verbindung mit Phosphorsäure (z. B. Aquamira) ist recht wirksam gegen Giardien und Amöben. Iod kann ebenso wirksam sein wie Chlor, allerdings wird von Medizinern in Großbritannien von der Anwendung abgeraten.

Trekkingfilter filtern alle Parasiten, Bakterien und Viren heraus, sodass man Trinkwasser erhält. Allerdings ist es sehr wichtig, in der Beschreibung zu lesen, was genau aus dem Wasser herausgefiltert wird.

Eine weitere Möglichkeit ist die Aufbereitung von Wasser mit UV-Licht, etwa mit einem SteriPen, allerdings muss das Wasser klar sein, damit die Methode funktioniert.

wenden, insbesondere bei einer Übernachtung im Dschungelgebiet oder in billigen Hotels.

Insektenvernichter für die Steckdose sind wirksamer als glimmende Insektenspiralen, die zu Atemproblemen führen können.

Tollwut

Das Tollwutvirus führt zu einer Infektion des Gehirns, die fast immer tödlich endet. Wilde Hunde oder Affen sind in Nepal die Hauptüberträger des Virus.

Tollwut unterscheidet sich von anderen Infektionskrankheiten insofern, als die Impfung auch noch nach der Infektion erfolgen kann. In der CIWEC-Klinik und in der Nepal International Clinic in Kathmandu sind Immunglobuline gegen Tollwut (Human rabies immune globulin – HRIG) vorrätig.

Neben HRIG sind dann noch fünf Impfungen gegen Tollwut im Verlauf eines Monats erforderlich. Wer bereits geimpft ist, benötigt nur noch zwei weitere Impfungen im Abstand von drei Tagen nach einem Biss durch ein möglicherweise mit Tollwut infiziertes Tier.

Bei einem Biss oder Kratzer durch ein Tier in Nepal sollte die Wunde schnell mit Seife und Wasser ausgewaschen und dann desinfiziert werden, etwa mit Povidonlod. Danach sollte ein Arzt für die notwendigen Tollwutimpfungen aufgesucht werden. Aufgrund dieses Risikos sollte man in Nepal immer Abstand von Tieren, insbesondere von streunenden Hunden, Katzen und Affen, halten.

Fieber

Bei anhaltendem Fieber (über 38 °C) über mehr als zwei Tage während einer Trekkingtour und ohne Kontakt zu einem Arzt, empfiehlt sich eine Notfallbehandlung mit dem Breitbandantibioti-

---

NOTFALLBEHANDLUNGEN BEIM TREKKING

Während einer Trekkingtour ist es oft unmöglich, schnell eine medizinische Behandlung zu erhalten, daher sollte das Mitführen folgender Medikamente für den Notfall überlegt werden (die Konzentrationen, in denen diese Medikamente in Nepal verkauft werden, stehen bei dem jeweiligen Medikament):

➜ Azithromycin 250 mg – ein Breitbandantibiotikum zur Behandlung von Durchfallerkrankungen; Einnahme von 500 mg pro Tag, über drei aufeinander folgende Tage.

➜ Tinidazole 500 mg – die empfohlene Behandlung bei Giardiasis ist die gleichzeitige Einnahme von vier 500-mg-Tabletten zwei Tage lang.

---

kum Azithromycin (500 mg, zweimal am Tag, sieben Tage lang), trotzdem sollte so bald wie möglich professioneller medizinischer Rat eingeholt werden.

Durchfallerkrankungen

Sogar erfahrene Südasienreisende scheinen dem Durchfall in Nepal nicht entkommen zu können. Das gehört irgendwie fast dazu. Die Hauptinfektionsquellen sind Wasser und Essen, die aufgrund der geringen Hygienestandards verunreinigt sind. Allerdings hört der Durchfall in der Regel von selbst wieder auf, und den meisten Reisenden geht es nach ein paar Tagen wieder gut.

Dehydrierung ist die größte Gefahr bei Durchfallerkrankungen, insbesondere bei Kindern, schwangeren Frauen oder älteren Menschen. Reichlich Tafelwasser, dünner schwarzer, leicht gesüßter Tee oder auch Softdrinks gestreckt mit sauberem Wasser helfen, die verlorene Flüssigkeit wieder dem Körper zuzuführen.

In schlimmeren Fällen empfiehlt sich die Einnahme von Rehydrationssalzen, aufgelöst in abgekochtem oder sauberem Wasser. Im Notfall kann man eine Lösung aus sechs Teelöffeln Zucker und einem halben Teelöffel Salz auf einem Liter abgekochtem

Wasser oder abgepacktem Wasser trinken. Eine strikte Diät fördert eine schnelle Erholung.

Loperamid (Imodium) oder Diphenoxylat (Lomotil) kann eingenommen werden, um kurzzeitig Erleichterung von den Symptomen zu schaffen, führt aber zu keiner Heilung.

Sollte bei einer Durchfallerkrankung Blut oder Schleim im Stuhl sein, Fieber oder eine starke wässrige Diarrhö auftreten oder der Durchfall ohne Besserung über 48 Stunden andauern, sollte ein Arzt aufgesucht werden. Falls dies nicht möglich ist, empfiehlt sich eine Behandlung mit Azithromycin 500 mg einmal am Tag, ein bis drei Tage lang.

Diese Medizin kann auch von Kindern und schwangeren Frauen eingenommen werden. Bei Kindern wird 10 mg Azithromycin pro Kilogramm Gewicht am Tag gegeben (jeweils einmal am Tag bis zu drei Tage lang).

Amöbenruhr

Verursacht wird die Amöbenruhr durch die Amöbenart *Entamoeba histolytica*; typisch für den Verlauf ist zunächst ein leichter Durchfall mit Blut und Schleim im Stuhl. Unbehandelt nisten sich die Erreger dauerhaft Verdauungstrakt ein.

Diese spezielle Durchfallerkrankung tritt sehr selten bei Reisenden in Nepal auf (unter 1%), eine Selbstmedikation ist hier nicht angezeigt.

Cyclosporiasis

Der in kontaminierten Lebensmitteln oder Getränken lebende Parasit greift die oberen Verdauungsorgane an; typische Beschwerden sind wässrige Diarrhö, Müdigkeit und Appetitlosigkeit, was bis zu zwölf Wochen andauern kann. Glücklicherweise besteht das Risiko, sich in Nepal damit zu infizieren, hauptsächlich in der Monsunzeit, wenn wenige Reisende das Land besuchen. Jodpräparate reichen nicht aus, um den Parasiten abzutöten; er lässt sich aber mit Wasserfiltern entfernen und leicht durch Abkochen des Wassers abtöten.

Die Behandlung einer *Cyclosporiasis*-Diarrhö erfolgt mit Trimethoprim und Sulfamethoxazol (im Handel als Bactrim) zweimal am Tag über sieben Tage. Menschen mit einer Schwefelallergie können dieses Medikament nicht einnehmen.

Giardiasis

Die auch als Lamblienruhr bekannte Erkrankung ist die Ursache von etwa 12% der Durchfallerkrankungen von Reisenden in Nepal. Verursacht wird sie von einem *Giardia lamblia* genannten Parasiten, der sich in durch menschliche oder tierische Ausscheidungen verunreinigtem Wasser befindet.

Zu den Symptomen zählen Magenkrämpfe, Übelkeit, ein aufgeblähter Magen, wässriger und übel riechender Durchfall sowie häufiges, bitter schmeckendes Aufstoßen und Darmblähungen, aber kein Fieber.

Die beste Behandlung sind vier 500-mg-Tabletten Tinidazol, die an zwei aufeinanderfolgenden Tagen täglich in einer Dosis eingenommen werden. Während der Behandlung mit Tinidazol soll kein Alkohol konsumiert werden.

Höhenkrankheit (Acute Mountain Sickness – AMS)

Über 2500 m wird der Sauerstoffdruck in der Atemluft deutlich geringer und die veränderte Sauerstoffsättigung im Blut beginnt sich auf das Gehirn und die Organe auszuwirken. Darüber hinaus führt der geringere Luftdruck dazu, dass Flüssigkeit aus den Kapillargefäßen in die Lunge und in das Gehirn gelangt, mit tödlichen Konsequenzen. Der menschliche Körper kann sich an die Veränderungen des Luftdrucks und der Sauerstoffkonzentration in zunehmender Höhe anpassen, aber dieser Prozess braucht Zeit.

Die gesundheitlichen Auswirkungen von Höhe werden unter dem Begriff Höhenkrankheit (Acute Mountain Sickness – AMS) zusammengefasst. Wird im Fall einer Höhenkrankheit nicht sofort gehandelt, fallen Patienten ins Koma und sterben. Allerdings lässt sich dieses Risiko vermindern, indem man den Körper langsam an die Höhe gewöhnt und in Etappen aufsteigt. Bei Anzeichen einer Höhenkrankheit hilft nur eines: sofort absteigen.

Wer eine Trekkingtour plant, sollte sich auf jeden Fall vor der Wanderung mit den Ursachen, Symptomen und der Behandlung der Höhenkrankheit vertraut machen. Viele Informationen gibt es auch bei den kostenlosen Vorträgen über Höhenkrankheit der **Himalayan Rescue Association** (✆ 01-4440292; www.himalayanrescue.org; Dhobichaur, Lazimpat) in Kathmandu.

Die ersten Symptome von Höhenkrankheit zeigen sich nach und nach, somit ist ausreichend Zeit, den Plan der Tour anzupassen oder abzusteigen, wenn man sich unwohl fühlt. Die meisten Menschen, die tatsächlich

---

schwer erkranken, haben diese offensichtlichen Warnzeichen ignoriert.

AKKLIMATISIERUNG

Über den Prozess der Akklimatisierung ist bislang noch nicht alles bekannt, aber man weiß, dass sich die Atmungsmuster und der Herzschlag verändern und das Blut mehr Sauerstoff transportiert. Bei manchen Menschen geht die Akklimatisierung schneller als bei anderen; aber fast alle können auch in großen Höhen wandern, sofern sie ihrem Körper ausreichend Zeit für die Anpassung geben.

Mit der Höhenkrankheit ist nicht zu spaßen; sie kann sowohl Trekker und Wanderer treffen, die es gewohnt sind, in großen Höhen unterwegs zu sein, als auch Menschen, die sich noch nie auf einer solchen Höhe bewegt haben. Die Höhenkrankheit kann bereits bei 3000 m tödlich sein, die übliche Gefahrenzone liegt zwischen 3500 m und 4500 m.

SYMPTOME

Bei Touren über 4000 m spüren fast alle Menschen leichte Symptome von Höhenkrankheit insbesondere in Form von Kurzatmigkeit und Müdigkeit aufgrund der geringeren Sauerstoffsättigung im Blut.

Diese leichten Symptome verschwinden sofort wieder, wenn man weiter aufsteigt und dem Körper Zeit gibt, sich an die Höhe zu gewöhnen. Hat man sich auf der Höhe akklimatisiert, auf der die Symptome zuerst auftraten, kann man langsam weiter aufsteigen. Bei schweren Symptomen ist sofortiges Handeln angesagt – in diesem Fall sollte man sofort absteigen.

LEICHTE SYMPTOME

Viele Trekker spüren leichte Symptome von Höhenkrankheit ab einer Höhe von 2800 m. Sie verstärken sich nachts und äußern sich in Form von Kopfschmerzen, Schwindel, Lethargie, Appetitlosigkeit, Übelkeit, Atemlosigkeit, Reizbarkeit und Schlafstörungen.

Auf keinen Fall sollten diese leichten Symptome von Höhenkrankheit ignoriert werden – sie sind Warnzeichen des Körpers. Wer diese ersten Warnzeichen missachtet und weiter aufsteigt, ohne dem Körper Zeit für eine Akklimatisierung zu geben, riskiert eine schwere Erkrankung.

SCHWERE SYMPTOME

Die schweren Symptome der Höhenkrankheit können relativ plötzlich auftreten und tödliche Folgen haben. Sie entstehen durch die Ansammlung von Flüssigkeit in der Lunge und im Gehirn; erkennbar sind sie an Atemlosigkeit auch im Ruhezustand, einem trockenen Reizhusten (später auch mit rosa schaumigem Auswurf), starken Kopfschmerzen, Koordinierungsschwierigkeiten (Bewegungsabläufe wie in einem Alkoholrausch), Verwirrung, irrationalem Verhalten, Erbrechen und schließlich Bewusstlosigkeit und Tod.

VORBEUGUNG

Wer über 2500 m eine Trekkingtour unternimmt, sollte folgende Regeln beachten:

Langsam aufsteigen Wo es möglich ist, sollte die Übernachtung nicht mehr als 300 m höher liegen als die Übernachtung davor. Sollte die Route diesen Höhenunterschied übersteigen, empfiehlt sich mindestens ein Ruhetag zur Akklimatisierung. Sollte eine Person in der Wandergruppe mit Problemen zu kämpfen haben, empfiehlt es sich, einen Ruhetag einzulegen.

Hoch aufsteigen, tiefer schlafen Es ist immer sinnvoll, eine Schlafhöhe zu wählen, die tiefer liegt als die höchste erreichte Tageshöhe. Wenn ein hoher Pass zu überqueren ist, sollte ein Extratag zur Akklimatisierung eingeplant werden. Wichtig: Das Absteigen auf die Höhe, auf der man die vorangegan-

gene Nacht geschlafen hat, kann manchmal nicht zur Kompensation eines Aufstiegs auf eine große Höhe während des Tages ausreichen.

Vernünftig wandern Wer müde ist oder zu wenig gegessen oder getrunken hat, ist anfälliger für die Höhenkrankheit. Während der Tour muss man viel trinken. Beruhigungs- oder Schlafmittel sollten nicht eingenommen werden und auch Rauchen ist schlecht, denn dies verringert die Sauerstoffzufuhr in den Lungen.

Wer sich unwohl fühlt, muss umkehren Schon bei schwachen Anzeichen von Höhenkrankheit sollte nicht weiter aufgestiegen werden. Möglicherweise hilft ein weiterer Tag zur Akklimatisierung, danach kann neu entschieden werden. Halten die Symptome an oder werden sie stärker, sollte sofort abgestiegen werden. Wer mit einer Trekkingtour in der Gruppe unterwegs ist, sollte den Führer über die Symptome unterrichten. Nur um die Gruppe nicht aufzuhalten, sollte man auf keinen Fall weiter aufsteigen.

Zeigen sich schwere Symptome, sofort absteigen Wer schwere Symptome von Höhenkrankheit verspürt, sollte sofort auf eine geringere Höhe absteigen. Im Idealfall ist das eine geringere Höhe als die Höhe, auf der man die Nacht, bevor sich die Symptome bemerkbar gemacht haben, verbracht hat. In den meisten Unterkünften kann ein Träger organisiert werden, der mit auf eine sichere Höhe absteigt.

BEHANDLUNG

Die leichten Symptome der Höhenkrankheit behandelt man am besten durch ein Verweilen auf gleicher Höhe, bis man sich erholt hat. Eine Paracetamol- oder Aspirintablette kann gegen Kopfschmerzen helfen. Diamox (Acetazolamid) kann zur Linderung leichter Symptome der Höhenkrankheit einge-

setzt werden. Allerdings ist dies kein Heilmittel und bewahrt auch nicht davor, dass es zu schweren Symptomen kommen kann. Die übliche Dosierung von Diamox liegt bei 125 mg bis 250 mg zweimal am Tag. Da das Medikament harntreibend wirkt, sollte ausreichend getrunken werden, um ein Dehydrieren zu vermeiden. Diamox kann auch die klare Sicht und die Geschmacksnerven beeinträchtigen, außerdem kann es zu harmlosem Kribbeln in den Fingern führen.

Wenn die Symptome anhalten oder sich verstärken, sollte sofort abgestiegen werden – bereits 500 Höhenmeter können zu Linderung führen. Wer nicht mehr alleine laufen kann, muss nach unten getragen werden. Jegliche Zeitverzögerung kann tödliche Folgen haben; wenn im Dunkeln abgestiegen werden muss, sollte man sich Hilfe von Ortsansässigen holen.

Bei besonders schweren Symptomen müssen die Patienten mit einem Hubschrauber auf eine tiefere Höhe geflogen werden. Das Wichtigste ist zunächst, die Erkrankten auf eine geringere Höhe zu bringen – einer aus der Gruppe sollte die Flugrettung verständigen, während die anderen bereits zum Landeplatz absteigen. Wichtiger Hinweis: Ein Rettungsflug mit dem Hubschrauber kann zwischen 2000 und 9000 € kosten.

Die akute Behandlung schwerer Symptome von Höhenkrankheit besteht in der Gabe von Sauerstoff und Dexamethason sowie der Wiederherstellung des Drucks mit einem Gerät, das Gamow-Tasche genannt wird (Anwendung nur durch medizinisch geschultes Personal), aber sie alle lindern nur die Symptome und bedeuten keine Heilung. Sie sollten niemals eingesetzt werden, um nicht absteigen zu müssen oder gar um weiter aufzusteigen.

Die einzig wirksame Behandlung von schwer Erkrankten ist ein schneller Abstieg auf eine geringere Höhe.

Sprache

Nepali gehört zur indoeuropäischen Sprachfamilie und wird von etwa 35 Millionen Menschen gesprochen. Die Sprache ist eng verwandt mit dem Hindi und wird (wie das Hindi) in Devanagari geschrieben. Obwohl Nepali die Landessprache ist und als Lingua franca von allen ethnischen Gruppen in Nepal genutzt wird, werden im Land auch noch viele weitere Sprachen gesprochen. Die Newar im Kathmandu-Tal sprechen Newari. Von den Tamang, Sherpa, Rai, Limbu, Magar, Gurung und weiteren Gruppen werden ebenfalls andere Sprachen gesprochen. Im Terai an der Grenze zu Indien wird häufig Hindi und Maithili gesprochen.

Mit Englisch kommt man in Nepal recht gut zurecht. Die meisten, mit denen Reisende im Kathmandu-Tal und in Pokhara zu tun haben, sprechen etwas Englisch. An den Haupttrekkingrouten, insbesondere dem Annapurna Circuit, verstehen sehr viele Englisch.

Die meisten Konsonanten in Nepali klingen wie ihre Entsprechungen im Deutschen. Ausnahmen bilden die sogenannten Retroflexe und die aspirierten Konsonanten. Zur Bildung von Retroflexen wird die Zungenspitze hinter den Zahndamm gelegt – in diesem Kapitel werden sie durch einen Punkt unter dem Buchstaben angezeigt, z. B. ṭ oder ḍ wie in Kaṭhmaṇḍu. Aspirierten oder auch behauchten Konsonanten wird ein „h" nachgehaucht – in diesem Kapitel steht nach dem jeweiligen Konsonant ein h, z. B. ph wird als stark gehauchtes „p", fast wie ein „f" ausgesprochen und th wird als „t" plus „h" ausgesprochen.

Bei den Vokalen wird a als kurzes „a" wie in „Wasser" ausgesprochen, ā ist ein gezogenes „a" wie in der Aussprache des englischen Wortes „garden", e ist ein leicht gezogenes „e" wie in „Esel", i ist ebenfalls leicht gezogen wie in „Kinder", o ein langes „o" wie in „Hose", u ist ein kurzes „u" wie in „Mund", ai wird etwa wie in „kein" und au wie in „Bau" ausgesprochen. Betonte Silben werden durch Kursivierung kenntlich gemacht.

GRUNDLAGEN

Auch wer gar kein Nepali lernen möchte, sollte zumindest ein Wort kennen – namaste (ausgesprochen na·ma·ste). Wörtlich übersetzt bedeutet es „Ich grüße den Gott in dir", aber es ist die normale Begrüßung wie „Guten Tag" oder „Hallo" bis hin zu „Tschüss" oder „Auf Wiedersehen". Dazu werden die Hände wie zu einem Gebet aneinandergelegt, was in Nepal dem westlichen Händeschütteln entspricht.

Guten Tag/Auf Wiedersehen	na·ma·ste
Wie geht's?	ta·pāi·lai kas·to chha
Entschuldigung	ha·jur
Bitte (geben Sie mir)	di·nu·hos
Bitteschön (ich gebe Ihnen)	khā·nu·hos
Danke	dhan·ya·bad

Anders als in vielen anderen Ländern gehört das Aussprechen eines Dankes nicht zur kulturellen Norm in Nepal. Auch wenn man sich etwas unhöflich vorkommt, kein „Danke" zu sagen, ist dies im Alltag nicht notwendig – Fremde, die ständig dhanyabad sagen, wirken auf die Nepali seltsam.

Ja (ich habe)	chā
Nein (ich habe nicht)	chhai·na
ich	ma

MEHR WISSENSWERTES?

Mehr Informationen zur Sprache und praktische Sätze im Lonely Planet-Buch *Nepali Phrasebook*. Zu erwerben auf **shop.lonelyplanet.com**; im Apple App Store erhältlich sind die Lonely Planet's iPhone phrasebooks.

Okay	*theek*·cha
Warten Sie einen Moment.	ek chhin *par*·kha·nos
gut/schön	*ram*·ro
Ich brauche das nicht.	*ma*·lai cha·*hi*·ṇa
Ich habe das nicht.	ma *san*·ga chhai·na
Sprechen Sie Englisch?	ta·*pāi* an·*gre*·ji *bol*·na sak·nu hun·chha
Ich spreche nur ein wenig Nepali.	ma a·li a·li ne·*pā*·li *bol*·chhu
Ich verstehe.	ma *bujh*·chu
Ich verstehe nicht.	*mai*·le bu·*jhi*·na
Bitte wiederholen Sie es.	*phe*·ri *bha*·ṇu·hos
Bitte sprechen Sie etwas langsamer.	ta·*pāi* bi·*stā*·rai *bol*·nu·hos

UNTERKUNFT

Wo ist ein/e ...?	... *ka*·hā chha
Campingplatz	*shi*·vir
Pension	*pā*·hu·na ghar
Hotel	*ho*·ṭel
Lodge	laj
Haben Sie noch einen Platz frei?	*ya*·hā bās *paun*·chha
Kann ich das Zimmer sehen?	*ko*·thā *her*·na sak·chhu
Was kostet es pro Nacht?	ek *rāt*·ko *ka*·ti *pai*·sā ho
Ist das Frühstück inbegriffen?	bi·*hā*·na·ko *khā*·na *sa*·met ho
sauber	sa·*fā*
schmutzig	*mai*·lo

SPRACHEN IN NEPAL

Sprache	Geschätzte Sprecher in %
Nepali	47,8
Maithili	12,1
Bhojpuri	7,4
Tharu	5,8
Tamang	5,1
Newari	3,6
Magar	3,3
Rai	2,7
Awadhi	2,4
Limbu	1,4
Gurung	1,2
Sherpa	0,7
Andere	6,5

Ventilator	*pan*·khā
warmes Wasser	*tā*·ṭo *pā*·ni
Zimmer	*ko*·thā

ESSEN UND TRINKEN

Ich bin Vegetarier/-in.	ma sāh·*kā*·*ha*·ri hun
Ich esse kein scharfes Essen.	ma *pi*·ro *khan*·di·na
Bitte bringen Sie mir einen Löffel.	*ma*·lai *cham*·chah *lyau*·nu·hos
Kann ich bezahlen?	bil *pau*·na sak·chhu
Banane	*ke*·rah
Brot	*ro*·ṭi
Blumenkohl	*go*·bi
Hähnchen	*ku*·kha·ra/murgh
Ei	phul
Aubergine	*bhaṇ*·ṭa
Fisch	*mā*·chha
Linsen	daal
Fleisch	*ma*·su
Schaf	*kha*·si
Okra	ram·*to*·ri·ya
Erdnuss	*ba*·dam
Kartoffel	*a*·lu
(gekochter) Reis	bhāt
Spinat	sag
kaltes Bier	*chi*·so *bi*·yar
abgekochtes Wasser	u·*māh*·le·ko *pa*·ni
heiße Zitrone	*ta*·ṭo pa·ni·mah *ka*·ga·ti
Lemon Soda	so·*ḍa*·mah *ka*·ga·ti
Milch	dudh
Zucker	*chi*·ni
Tee	*chi*·ya
Joghurt	*da*·hi

NOTFÄLLE

Hilfe!	gu·*hār*
Dies ist ein Notfall!	*ā*·paṭ *par*·yo
Es gab einen Unfall!	dur·*gha*·ṭa·nā *bha*·yo
Bitte rufen Sie einen Arzt.	*dāk*·ṭar·lai bo·*lāu*·nu·hos
Wo ist eine (öffentliche) Toilette?	shau·*chā*·la·ya *ka*·hā chha
Ich habe mich verlaufen.	ma ha·*rā*·ye

GESUNDHEIT

Wo kann ich einen guten Arzt finden?	*rām*·ro *dāk*·tar ka·hā *pāin*·cha
Wo ist das nächste Krankenhaus?	*ya*·hā *as*·pa·tāl ka·hā chha
Mir geht es nicht gut.	ma·lāi *san*·cho *chhai*·na
Ich kann nicht mehr gut atmen.	*sās pher*·na sak·*di*·na
Ich bin höhenkrank.	lekh *lāg*·yo
Ich habe Fieber.	*jo*·ro *ā*·yo
Ich habe Durchfall.	lekh *lāg*·yo
Medikamente	*au*·sa·dhi
Apotheke/Apotheker	*au*·sa·dhi pa·sal
Ich habe ...	ma·lāi ... *lāg*·yo
Asthma	*dam*·ko bya·*thā*
Diabetes	ma·dhu·*me*·ha
Epilepsie	*chā*·re rog

SHOPPEN & SERVICES

Wo ist der Markt?	ba·*zār* ka·hā chha
Woraus ist das?	*ke*·le ba·ne·ko
Was kostet ...?	*ka*·ti
Das ist genug.	*pugyo*
Das gefällt mir.	*ma*·lai yo *ram*·ro *lag*·yo
Das gefällt mir nicht.	*ma*·lai yo *ram*·ro lag·*en*·a
billig	*sas*·to
Hülle	kham
teuer	ma·*han*·go
weniger	kam
etwas	a·li·*ka*·ti
Geld	*pai*·sa
mehr	*ba*·dhi
Briefmarke	*ti*·ka
Bank	baink
... Botschaft	... *rāj*·du·tā·vas
Museum	sam·*grā*·*hā*·la·ya
Polizei	pra·*ha*·ri
Post	post *a*·fis
Touristeninformation	*tu*·rist *a*·fis
Wann öffnet/ schließt das?	*ka*·ti ba·*je khol*·chha/ *ban*·da gar·chha
Ich möchte etwas Geld wechseln.	*pai*·*sā sāt*·nu man·*lāg*·chha
Gibt es hier ein Internetcafé?	*ya*·hā *in*·tar·neṭ *kyah*·phe chha
Ich hätte gerne Internetzugang.	*ma*·lai *in*·tar·neṭ *cha*·hi·yo
Ich möchte gerne meine E-Mails anschauen.	*i*·mel chek *gar*·nu·par·yo

SCHILDER

खुला	Geöffnet
बन्द	Geschlossen
प्रबेश	Eingang
निकास	Ausgang
प्रबेश निषेध	Kein Zutritt
धूम्रपान मनाही छ	Rauchen verboten
मनाही/निषेध	Verboten
शाचालय	Toiletten
तातो	Heiß
चिसो	Kalt
खतरा	Gefahr
रोक्नुहोस	Stopp
बाटो बन्द	Straße gesperrt

Ich möchte gerne eine E-Mail schicken.	*i*·mel pa·*thau*·nu·par·yo

UHRZEIT & DATUM

Wie spät ist es?	*ka*·ti ba·jyo
Es ist 13 Uhr.	ek ba·jyo
Minute	*mi*·nat
Stunde	*ghan*·tā
Tag	din
Woche	*hap*·tā
Monat	ma·hi·nā
gestern	*hi*·jo
heute	*ā*·ja
jetzt	a·hi·le
morgen	*bho*·li
Welcher Tag ist heute?	*ā*·ja ke bār
Heute ist ...	*ā*·ja ... ho
Montag	*som*·bār
Dienstag	*man*·gal bār
Mittwoch	*budh*·bār
Donnerstag	*bi*·hi·bār
Freitag	*su*·kra·bār
Samstag	*sa*·ni·bār
Sonntag	*āi*·ta·bār

TRANSPORT & RICHTUNGEN

Wo?	*ka*·hā
hier	*ya*·hā
dort	*tya*·hā
Wie lautet die Adresse?	the·*gā*·nā ke ho

ZAHLEN

0	*sun*·ya	शून्य
1	ek	एक
2	*du*·i	दुइ
3	tin	तीन
4	chār	चार
5	panch	पाँच
6	chha	छ
7	sāt	सात
8	āṭh	आठ
9	nau	नौ
10	das	दस
11	e·*ghār*·a	एघार
12	*bā*·hra	बाह्र
13	*te*·hra	तेह्र
14	*chau*·dha	चौध
15	*pan*·dhra	पन्ध्र
16	*so*·hra	सोह्र
17	*sa*·tra	सत्र
18	a·*ṭhā*·ra	अठार
19	un·*nais*	उन्नाईस
20	bis	बीस
21	ek kais	एककाईस
22	bais	बाईस
23	teis	तेईस
24	*chau*·bis	चौबीस
25	pach·*chis*	पच्चीस
26	*chhab*·bis	छब्बीस
27	sat·*tais*	सत्ताईस
28	aṭ·*thais*	अट्ठाईस
29	u·*nan*·tis	उनन्तीस
30	tis	तीस
40	*chā*·lis	चालीस
50	pa·*chās*	पचास
60	*sā*·ṭhi	साठी
70	*sat*·ta·ri	सत्तरी
80	a·si	असी
90	*nab*·be	नब्बे
100	ek say	एक सय
1000	ek ha·*jār*	एक हजार
10.000	das ha·*jār*	दस हजार
100.000	ek lākh	एक लाख
200.000	*du*·i lākh	दुइ लाख
1.000.000	das lākh	दस लाख

Bitte schreiben Sie die Adresse auf.	the·*gā*·nā *lekh*·nu·hos
Wie komme ich nach ...?	... ko·lā·gi ka·ti pai·sā *lāg*·chha
Ist das weit von hier?	ya·hā·ba·ta ke ṭā·dhā chha
Kann ich hinlaufen?	hi·ḍe·ra jā·na sa·kin·chhu
Schiff	nāu
Bus	bus
Taxi	*tyakh*·si
Fahrkarte	*ti*·kaṭ
Ich möchte nach ...	ma ...·mā *jān*·chhu
Wohin fährt dieser Bus?	yo bus ka·hā *jān*·chha
Ich möchte eine einfache Fahrkarte.	*jā*·ne *ti*·kaṭ *di*·nu·hos
Ich möchte eine Rückfahrkarte.	*jā*·ne·*āu*·ne *ti*·kaṭ *di*·nu·hos
Wie viel kostet die Fahrt nach ...?	... *jā*·na ka·ti par·chha
Hat Ihr Taxi ein Taxameter?	ta·*pāi* ko *tyakh*·si mā *me*·ter chha

TREKKING

Wo geht es nach ...?	... *jā*·ne ba·to ka·ta par·chha
Ist dort ein Dorf in der Nähe?	na·ji·kai gaun par·chha
Wie viele Stunden dauert es, bis ....?	... ka·ti ghan·ṭā
Wie viele Tage dauert es, bis ....?	... ka·ti din
Wo ist der Träger?	bha·ri·ya ka·ta ga·yo
Ich möchte schlafen.	ma·lai *sut*·na man lag·yo
Mir ist kalt.	ma·lai jā·ḍo lag·yo
Kann ich bitte (Wasser) haben?	ma·lai (pa·ni) *di*·nu·hos
Brücke	pul
kalt	jā·ḍo
bergab	o·rā·lo
links	bā·yā
rechts	dā·yā
Teehaus	bhat·ti
bergauf	u·kā·lo
(Wander)Weg	sā·no bā·ṭo

GLOSSAR

Zu beachten: Die Umschrift für Nepali kann stark variieren; außerdem werden in Nepal auch noch einige andere Sprachen gesprochen. Für die Wörter in Nepali gibt es viele und unterschiedliche Schreibweisen. Insbesondere bei den Buchstaben „b" und „v" werden häufig gegenseitig ersetzt.

ACAP – Annapurna Conservation Area Project

Aditya – alter *vedischer* Sonnengott, auch Suriya genannt

Agni – alter *vedischer* Gott des Herdes und des Feuers

Agnipura – buddhistisches Symbol für Feuer

AMS – Höhenkrankheit (Acute Mountain Sickness)

Annapurna – die Göttin der Fülle und eine Inkarnation von *Mahadevi*

Ashoka – indischer buddhistischer Kaiser, der den Buddhismus auf dem Subkontinent verbreitete

Ashta Matrikas – die acht vielarmigen Muttergöttinnen

Avalokiteshvara – buddhistischer Bodhisattva des Mitgefühls, auf Tibetisch Chenresig

bagh chal – traditionelles Spiel in Nepal

bahal – Innenhof eines buddhistischen Klosters

ban – Wald oder Dschungel

bandh – Streik; siehe auch *julus* und *chakka jam*

Bhadrakali – tantrische Göttin, eine Gemahlin von *Bhairab*

Bhagwati – eine Erscheinungsform von *Durga*, und damit eine Erscheinungsform der Göttin *Parvati*

Bhairab – die unheimliche beziehungsweise furchterregende tantrische Erscheinungsform von *Shiva* mit 64 Erscheinungsformen

bhanjyang – Bergpass

Bhimsen – einer der Pandava-Brüder, aus dem *Mahabharata*, gilt als Gott der Handwerker

bhojanalaya – einfaches Restaurant in Nepal

Bhote – das Wort auf Nepali für einen Tibeter, findet sich in Namen von Flüssen, die aus Tibet kommen

Bodhibaum – eine Pappelfeige, unter der *Buddha* saß, als er die Erleuchtung erlangte, auch Buddhabaum genannt

bodhisattva – fast ein *Buddha*, der auf das *Nirwana* verzichtet, um zum Wohle der Menschheit zu handeln

Bön – die animistische Religion Tibets vor dem Buddhismus

Brahma – der Schöpfergott in der hinduistischen Triade, zu der noch *Vishnu* und *Shiva* gehören

Brahmanen – die höchste Kaste der Hindus, die aus dem Kopf von *Brahma* entstammen soll

Buddha – der „Erwachte", auf ihn geht der Buddhismus zurück

Chaitya – kleiner *Stupa*

chakka jam – wörtlich „blockiert die Räder", kein Fahrzeug ist während eines Streiks auf der Straße, siehe auch *bandh* und *julus*

chakra – die diskusförmige Waffe von *Vishnu*; eines der vier Symbole, die er trägt

Chandra – Mondgott

chautara – Steinplattformen um Bäume, die als schattige Orte für die Träger zum Ausruhen dienen

Chhetri – die zweite Kaste der Hindus in Nepal, sie soll den Armen von *Brahma* entstammen

Chörten – tibetischer buddhistischer *Stupa*

chowk – historisch ein Innenhof oder Marktplatz; heute wird

damit eher eine Straßenkreuzung bezeichnet

daal – Linsensuppe; die Hauptproteinquelle der Menschen in Nepal

Dalai-Lama – spiritueller Führer der tibetischen Buddhisten

danda – Hügel, Berg

das Dritte Auge – symbolisches Auge auf *Buddha*-Figuren, um *Buddhas* alles sehende Weisheit und Wahrnehmung darzustellen

deval – Tempel

Devi – die Kurzform für *Mahadevi*, die *shakti* zu *Shiva*

dhaka – handgewebter Baumwollstoff

dharma – buddhistische Lehre

dhoka – Tür, Tor

Dhyani-Buddha – der ursprüngliche *Adibuddha* schuf fünf Dhyani-Buddhas, die wiederum das Universum jedes Menschenzeitalters schaffen

doko – Korb der Träger

dorje – tibetisches Wort für das „Donnerkeil"-Symbol der buddhistischen Kraft; *vajra* auf Nepali

durbar – Palast

Durga – furchterregende Erscheinungsform von *Parvati*, der Gemahlin von *Shiva*

gaida – Nashorn

Ganesha – Sohn von *Shiva* und *Parvati*, leicht erkennbar durch seinen Elefantenkopf

Ganga – Göttin des Ganges

Garuda – das *Reittier* von *Vishnu*, halb Mensch, halb Vogel

Gautama Buddha – der historische Buddha, Gründer des Buddhismus

Gebetsfahne – quadratisches Stück Stoff mit einem aufgedruckten *Mantra*, das an ein Band als Opfergabe in Form eines Gebets aufgehängt wird

Gebetsmühle – zylindrische Walze mit einem buddhistischen

GLOSSAR

Gebet oder *Mantra*, das durch die sich drehende Walze „gesprochen" wird

Gelbmützen – bisweilen die Bezeichnung für Anhänger des *Gelugpa*-Ordens des tibetischen Buddhismus

Gelugpa – eine der vier Hauptschulen des tibetischen Buddhismus

ghat – Stufen an einem Fluss; auf einem „Manikarnika Ghat" finden Leichenverbrennungen statt

Gompa – tibetisches buddhistisches Kloster

gopi – Kuhhirtinnen; Begleiterinnen von *Krishna*

gufa – Höhle

Gurkhas – Soldaten Nepals, die Teil der britischen Armee waren, benannt nach der Region Gorkha

Gurung – nepalesisches Volk aus der Region um Gorkha und Pokhara

Hanuman – Affengott

harmika – quadratische Plattform auf der Kuppel einer *Stupa*, auf der die Augen von *Buddha* aufgemalt sind

hathi – Elefant

himal – Bergregion, in der immer Schnee liegt

hiti – Wasserrohr oder Wasserbehälter mit Auslässen

hookah – Wasserpfeife

howdah – Sitz, um auf einem Elefanten reiten zu können

Indra – König der *vedischen* Götter; Regengott

Jagannath – *Krishna* als Herr des Universums

janai – heiliges Band, das männliche Hindus hoher Kasten über ihrer linken Schulter tragen

jatra – Festival

jayanti – Geburtstag

jhankri – Schamanen, die sich in ihren Sitzungen durch das

Schlagen von Trommeln in Trance bringen

Jogini – mystische Göttinnen und Gemahlinnen der 64 Erscheinungsformen von *Bhairab*

julus – eine Prozession oder Demonstration; siehe auch *bandh* und *chakka jam*

Kali – die furchterregendste Erscheinungsform von *Parvati*

Kalki – *Vishnus* zehnte und bislang noch nicht gesehene Inkarnation, in der er auf einem weißen Pferd reiten und ein Schwert schwingen wird, das die Welt zerstört

Kam Dev – Gemahlin von *Shiva*

karma – buddhistisches und hinduistisches Gesetz von Ursache und Wirkung, wonach jede Handlung eine Folge hat, zum Teil erst in einem zukünftigen Leben

KEEP – Kathmandu Environmental Education Project

Khas – hinduistisches Bergvolk

khat – siehe *Sänfte*

khata – tibetischer Gebetsschal, der einem Ehrengast oder buddhistischen *Lama* überreicht wird

khola – Strom oder Nebenfluss

khukuri – traditionelles, gekrümmtes Messer der *Gurkhas*

kosi – Fluss

kot – Fort

Krishna – lebensfrohe Inkarnation von *Vishnu*

Kumari – lebende Göttin; eine friedliche Inkarnation von *Kali*

kunda – Wasserbehälter, gespeist mit Quellwasser

la – Bergpass

lama – tibetischer buddhistischer Mönch oder Priester

Lebensrad – buddhistische Darstellung, wie die Menschen durch Verlangen an ein Leben in Leiden gekettet sind

Lingam – Phallussymbol zur Darstellung der kreativen Kräfte von *Shiva*

Machhendranath – Schutzgottheit des Kathmandu-Tals und eine Inkarnation von *Avalokiteshvara*

Mahabharata – eines der großen hinduistischen Epen

Mahadeva – wörtlich „Großer Gott", *Shiva*

Mahadevi – wörtlich „Große Göttin", manchmal auch *Devi*; die *shakti* von *Shiva*

Mahayana – das „Große Fahrzeug" des Buddhismus; eine spätere Adaption der Lehren mit einem Schwerpunkt auf dem *bodhisattva*-Ideal

makara – mythisches krokodilähnliches Tier

Malla – königliche Dynastie im Kathmandu-Tal, während ihrer Regentschaft wurden die meisten bedeutenden Tempel und Paläste in den Städten des Tals errichtet

mandala – geometrische und astrologische Darstellung des Wegs der Erleuchtung

mandir – Tempel

mani – Stein, in den das tibetisch buddhistische Mantra *om mani padme hum* eingemeißelt ist

Manjushri – buddhistischer *bodhisattva* der Weisheit

mantra – Gebet oder Gesang

Mara – buddhistischer Gott des Todes; er hat drei Augen und hält das *Lebensrad*

math – Haus eines hinduistischen Priesters

mela – Messe auf dem Land

misthan bhandar – indisch beeinflusste Konditorei und Snackbar

naga – Schlangengottheit

Nagpura – buddhistisches Symbol für Wasser

namaste – traditioneller hinduistischer Gruß (Guten Tag, Auf Wiedersehen), dabei werden die Hände vor der Brust oder dem

GLOSSAR

Kopf als Zeichen des Respekts gefaltet

Nandi – *Shivas Reittier,* der Bulle

Narayan – *Vishnu* in Gestalt des Schlafenden auf dem kosmischen Ozean; von seinem Schiff erschien *Brahma* und schuf das Universum

Narsingha – Löwenmensch-Inkarnation von *Vishnu*

Newar – Volk im Kathmandu-Tal

Nirwana – ewiger Friede und Ende des Kreislaufs aus Geburt und Wiedergeburt (Buddhismus)

om mani padme hum – heiliges buddhistisches *mantra,* es bedeutet „Heil dem Juwel im Lotos"

padma – Lotosblüte

Pagode – mehrstöckiger Tempel in Nepal, dessen Gestaltung nach ganz Asien exportiert wurde

Pappelfeige – siehe *Bodhi-Baum*

Parvati – Gemahlin von *Shiva*

pashmina – Decke oder Tuch aus Ziegenwolle

Pashupati – *Shiva* als Herr der Tiere

path – kleine, erhobene Plattform für rastende Pilger

phanta – Grasebene

pokhari – großer Wasserbehälter oder kleiner See

prasad – Opfergabe in Form von Essen

Prithvi – *vedische* Erdgöttin

puja – religiöse Opfergabe oder Gebet

pujari – Priester

purnima – Vollmond

Ramayana – hinduistisches Epos

Rana – eine Erblinie, aus der die Premierminister, die von 1846 bis 1951 in Nepal im Amt waren, stammten

rath – Tempelwagen, auf dem das Heiligenbild bei einer Prozession getragen wird

rajpath – Straße oder Landstraße, wörtlich „Straße des Königs"

Reittier – das ganz bestimmte Tier, das zu einer hinduistischen Gottheit passt

rudraksha – getrocknete Samen, die von *sadhus* als Kette getragen werden

SAARC – South Asian Association for Regional Cooperation; hierzu gehören Bangladesch, Bhutan, Indien, Nepal, Pakistan und Sri Lanka

sadhu – hinduistischer Wandermönch

Sagarmatha – Name des Mount Everest auf Nepali

sal – Baum in tieferen Lagen am Fuß des Himalaja

Saligram – ein schwarzer Fossilstein mit Ammoniten aus der Zeit des Jura; die Kopffüßler gelten als Symbol für *Shiva*

Sänfte – tragbares überdachtes Bett, das in der Regel von vier Männern auf der Schulter getragen wird; auch *khat* genannt

sankha – Schneckenhorn, eines der vier Symbole für *Vishnu*

Saraswati – die Göttin des Lernens und der kreativen Künste, außerdem die Gemahlin von *Brahma*; sie trägt ein lautenähnliches Instrument

seto – weiß

Shaivite – Anhänger von *Shiva*

shakti – dynamisches weibliches Element in der Mann/Frau-Beziehung; außerdem eine Göttin

Sherpa – buddhistisches Bergvolk, das ursprünglich aus Tibet stammt; sie sind berühmt wegen ihrer Arbeit für die Bergsteiger; auch allgemein die Bezeichnung für Begleiter von Trekkingtouren und Trägern in großen Höhen

shikhara – Tempel im indischen Stil mit einem hohen, maiskolbenähnlichen Turm

Shiva – der mächtigste hinduistische Gott, Schöpfer und Zerstörer; gehört neben *Vishnu* und *Brahma* zur hinduistischen Triade

sindur – zinnoberroter Mix aus Puder und Senföl; wird für Opfergaben verwendet

sirdar – Führer/Organisator einer Trekkingtour

Stupa – glockenförmiger buddhistischer Bau, ursprünglich zur Aufbewahrung von Reliquien des *Buddha*

Sudra – die unterste Kaste in Nepal, soll aus den Füßen von *Brahma* geschaffen worden sein

sundhara – Brunnen mit goldenem Ausfluss

tabla – Handtrommel

tahr – wilde Bergziege

tal – See

Taleju Bhawani – nepalesische Göttin, eine Erscheinungsform von *Mahadevi* und die Familiengöttin der *Malla*-Könige im Kathmandu-Tal

tappu – Insel

Tara – die Weiße Tara ist die Gemahlin des *Dhyani Buddha* Vairocana, während die Grüne Tara mit Amoghasiddhi verbunden ist

Teehaus-Trek – unabhängiges Trekking von einem Dorfgasthaus zum nächsten (d. h. kein Camping)

tempo – dreirädriger Minivan, weit verbreitet in Nepal

Thakali – Volk aus dem Kali-Gandaki-Tal, das sich auf den Betrieb von Hotels spezialisiert hat

thali – wörtlich ein Teller mit Abteilungen für unterschiedliche Speisen; ein All-you-can-eat-Menü

GLOSSAR

thangka – religiöses tibetisches Gemälde

thukpa – Nudelsuppe

tika – roter Punkt aus Sandelholzpaste auf der Stirn; insbesondere für religiöse Anlässe

tole – Straße oder Viertel einer Stadt, manchmal auch die Bezeichnung für einen Platz

tonga – Pferdekutsche

topi – traditionelle nepalesische Kopfbedeckung

torana – geschnitzter Giebel über Tempeltüren

Tribhuvan – der König, der 1951 die Zeit der *Rana* und Nepals lange Phase der Abgeschiedenheit beendete

trisul – dreizackige Waffe, ein Symbol für *Shiva*

tunala – geschnitzte Streben in einem Tempel

tundikhel – Paradeplatz

Uma Maheshwar – *Shiva* und *Parvati* in einer Pose, in der *Shiva* im Schneidersitz sitzt und *Parvati* auf seinem Oberschenkel sitzt und sich an ihn lehnt

Upanischaden – alte *vedische* Schriften; der letzte Teil der *Vedas*

vahana – *Reittier* oder *Gefährt* eines Gottes

Vaishnavite – Anhänger von *Vishnu*

Vaisya – Kaste der Händler und Bauern, soll *Brahmas* Schenkeln entstammen

vajra – das „Donnerkeil"-Symbol der buddhistischen Kraft in Nepal; *dorje* auf Tibetisch

Vedas – alte orthodoxe hinduistische Schriften

vedische Gottheiten – alte hinduistische Gottheiten, von denen die *Vedas* handeln

vihara – religiöse buddhistische Gebäude, Unterkunft für Pilger

Vishnu – der Erhalter; einer der drei hinduistischen Hauptgötter, neben *Brahma* und *Shiva*

Yak – kuhähnliches Lasttier in Nepal (nur reinrassige Teile der Rasse *Bos grunniens* dürfen Yak genannt werden; Kreuzungen besitzen andere Namen)

yaksha – dienende Gottheit oder Naturgeister

Yama – *vedischer* Gott des Todes; sein Bote ist die Krähe

Yeti – mythischer Schneemensch; Fabelwesen aus der Himalajaregion

Yogi – Yogameister

Yoni – Symbol für weibliche Genitalien, Entsprechung zu einem *Lingam*

zamindar – abwesender Vermieter und/oder Geldverleiher

Hinter den Kulissen

WIR FREUEN UNS ÜBER EIN FEEDBACK

Post von Travellern zu bekommen, ist für uns ungemein hilfreich – Kritik und Anregungen halten uns auf dem Laufenden und helfen, unsere Bücher zu verbessern. Unser reiseerfahrenes Team liest alle Zuschriften genau durch, um zu erfahren, was an unseren Reiseführern gut und was schlecht ist. Wir können solche Post zwar nicht individuell beantworten, aber jedes Feedback wird garantiert schnurstracks an die jeweiligen Autoren weitergeleitet, rechtzeitig vor der nächsten Nachauflage. Jeder, der uns Informationen sendet, wird in der folgenden Auflage im Dank erwähnt – und die hilfreichsten Einsendungen werden mit einer Auswahl an digitalen PDF-Kapiteln honoriert.

Wer Ideen, Erfahrungen und Korrekturhinweise zum Reiseführer mitteilen möchte, hat die Möglichkeit dazu auf **www.lonelyplanet.com/contact/guidebook_feedback/new.** Anmerkungen speziell zur deutschen Ausgabe erreichen uns über **www.lonelyplanet.de/kontakt.**

Auf unserer preisgekrönten Website **www.lonelyplanet.com** stehen ebenfalls Reiseberichte, Neuigkeiten und Diskussionen.

Hinweis: Da wir Beiträge möglicherweise in Lonely Planet Produkten (Reiseführer, Websites, digitale Medien) veröffentlichen, ggf. auch in gekürzter Form, bitten wir um Mitteilung, falls ein Kommentar nicht veröffentlicht oder ein Name nicht genannt werden soll. Wer Näheres über unsere Datenschutzpolitik wissen will, erfährt das unter lonelyplanet.com/privacy.

DANK AN UNSERE LESER

Vielen Dank an die Leser, die mit der vorherigen Auflage unterwegs waren und uns nützliche Hinweise und praktische Tipps geschickt und von interessanten Erlebnissen berichtet haben:
Aäron van der Sanden, Albert Horváth, Angelique De Paepe, Anjali Badloe, Anne Tuart, Annebeth Muntinga, Antoinette Heuvel Rijnders, Benjamin Robson, Brigitte Mueller, Caron Dhoju, Dale Golden, Daniela Wicker, David Wells, Eline Bertrums, Emily Coles, Eva van Winsen, Filippo Carlotta FCt, Fleur Davey, Florian Schmid, Frans Wildenborg, Ina Tillema, John Blum, Jonas Bernstein, Julia Sahin, Kate Allberry, Laska Pare, Mara Kuijpers, Michel Geerligs, Nikolaus Schulz, Phil Tennon, Philipp Degenhardt, Sam Scott, Sarah Lennon, Silvia Paola Antonini, Simon Krenger, Stephen King, Tamanna Patel, Tan Gandhara, Tereza Nesnidalova, Tineke van der Wal, Tom Stuart, Tshering Pema Tamang, Valen Pirret, Veronica Benardinelli, Victor Speidel, Virginia Ruiz Albacete.

DANK DER AUTOREN
Bradley Mayhew

Vielen Dank an Niraj und Abhi von Rural Heritage und an Dambar von Nuwakot, die mich durch die

Maßnahmen für den Wiederaufbau nach dem Erdbeben geführt haben. Vielen Dank auch an Durga Tamang für aktuelle Informationen über den Tamang Heritage Trail. Ganz herzliche Grüße gehen auch an Rajan von Earthbound Expeditions für die Führung durch Kakani und an Dawa Sherpa von Asian Trekking sowie Ang Rita Sherpa für die aktuellen Informationen über die Region Khumbu. Vielen Dank an Mukhiya und Maya für ihr Basislager in Kathmandu.

Lindsay Brown

Ganz herzlich bedanke ich mich für die Unterstützung, die ich von zahlreichen Menschen in ganz Nepal bekommen habe. Insbesondere danke ich Stan Armington und den herausragenden Mitarbeitern des Tibet Resort. Vielen Dank auch an Durga Bhandari von Malla Treks und Jugal Rajbhandari in Bhaktapur. Und ebenfalls danke ich meinen Mitautoren sowie meiner Partnerin Jenny Fegent.

Paul Stiles

Bei meiner Marathonreise, auf der ich alle diese Informationen sammelte, erhielt ich Unterstützung von vielen Fahrern, Führern, Hotelbesitzern und Nepalexperten, von denen ich Niraj, Mark, Naben,

Dhan und Robin besonders nennen möchte. Insbesondere möchte ich Abhi für die unermüdliche Unterstützung danken, durch die ich unbeschadet aus allem herauskam. Übrigens, wie viele Shresthas gibt es eigentlich?

QUELLENNACHWEIS

Karte mit den Klimadaten in einer Bearbeitung übernommen von Peel MC, Finlayson BL & McMahon TA (2007) 'Updated World Map of the Köppen-Geiger Climate Classification', Hydrology and Earth System Sciences, 11, 163344.
Titelbild: Prozession der Novizen an der Bodhnath Stupa, Felix Hug ©

ÜBER DIESES BUCH

Dies ist die 1. Auflage von *Nepal*, basierend auf der mittlerweile 11. englischen Ausgabe von *Nepal*, die von Bradley Mayhew, Lindsay Brown und Paul Stiles erarbeitet und geschrieben wurde. Die vorangegangene Ausgabe wurde von Bradley Mayhew, Lindsay Brown und Stuart Butler, die 9. Ausgabe von Bradley Mayhew, Lindsay Brown und Trent Holden geschrieben. An der Produktion dieses Reiseführers waren beteiligt:

Leitender Redakteur für das Zielland Joe Bindloss
Verantwortliche Redakteurinnen Kate Kiely, Kate Mathews
Leitende Kartografin Valentina Kremenchutskaya
Buchgestaltung Lauren Egan
Redaktionsassistenz Janet Austin, Michelle Bennett, Carolyn Boicos, Pete Cruttenden, Andrea Dobbin, Carly Hall, Rosie Nicholson, Susan Paterson
Kartografieassistenz Julie Dodkins
Umschlaggestaltung Naomi Parker
Dank an Imogen Bannister, Heather Champion, Shona Gray, Lauren Keith, Claire Naylor, Karyn Noble, Martine Power, Anna Tyler, Maureen Wheeler

Register

A

A People War 158
Abholzung 425
Abu Khaireni 220–221
Adler 420
Affen 419
Ahilya 211
AIDS 454
Aishwarya, Königin 81
Akklimatisierung 456
Aktivitäten 22–26, 428, siehe auch einzelne Aktivitäten
Alkoholische Getränke 33, 64
Allradsafari (Chitwan-Nationalpark) 280
Alternative Energien 424, 425
Altstadt (Kathmandu) 9, 69, 109, **8–9**
Altstadt (Pokhara) 233
Amöbenruhr 455
Ananta 147
Annapurna Base Camp 350
Annapurna-Sanctuary-Trek 348–350
Annapurna-Circuit-Trek 11, 18, 30, 259, 341–348, **342–343**, **5**, **11**, **20**
Annapurna-Panoramaweg 351
Annapurna-Schutzgebiet 66, 252, 255, 331, 348, 349
Antiquitäten 411, 440
arak 33
Architektur 408–411
Arniko Highway 212–213
Asan Tole 84, **63**
Ashoka 291
Ashoka, Kaiser 379
Ashokan-Säule 291
Atemwegsinfekte 453

Karten **000**
Fotos **000**

Ausgehen & Nachtleben, siehe einzelne Regionen
Aussichtspunkte
Annapurna 351
Bandipur 224–225
Daman 304
Ilam 326
Manang 345
Nagarkot 199
Naundanda 370
Östliche Ghats 137
Poon Hill 348
Thani-Mai-Tempel 224–225
Aussichtsturm (Nagarkot) 199
Ausstellung & Informationszentrum zu Tieren & Pflanzen 277
Auto 446, 449

B

bagh chal 392
Bagnaskot 303
Bahun-Volk 398–399
Balthali 212
Bamboo 350
Bandipur 14, 224–229, **225**, **14**
Banke-Nationalpark 421
Banyan-Bäume 422
Bardia-Nationalpark 20, 22, 268, 307–313, **46**
Bären 279
Begnas-See 258
Behinderung, Reisen mit 433
Beni 259
Berge 4, 21, 31
Flüge 93
Höhenkrankheit 42
Literatur 38
Lobuche Ost 340
Mountainbike 44–45, 47, 365
Pulchowki-Berg 197

Shivapuri Peak 149
Bergsteigen 340
Besi Sahar 344
Bevölkerung 377, 394–400, 424–425
Bhairab 170, 174, 196, 210
bhajan (Andachtsmusik) 196
Bhaktapur 10, 166–184, **168**, **172**, **10**
An- & Weiterreise 183–184
Ausgehen & Nachtleben 182
Essen 180–182
Feste & Events 178
Geschichte 167–169
Praktische Informationen 183
Sehenswertes 169–173
Shoppen 1683
Spaziergänge 176–177
Unterhaltung 183
Unterkunft 178
Bhaktapur Tourism Development Committee 158
Bharatpur 271–273
Bhimsen-Tempel (Bhaktapur) 176
Bhimsen-Turm (Dharahara) 90
Bildhauerei 408–412
Bird Education Society 278
Bis Hajaar Tal 419
Bisket Jatra 23
Bodhnath (Boudha) 28, 140–146, 189, 368, **140**
Bodhnath-Stupa 10, 141, **10**
Bön-Glaube 405
Bootsfahrten 237, 296, siehe auch Kanufahren, Kajakfahren, Rafting
Boris Lissanevitch 106
Botschaften 428
Bragha 345
Brahma 174, 404
Brettspiele 292
Briddim 358

Bücher 376
Berge 38
Geschichte 379–391
Gesundheit 451
Kultur 392–400
Kunst & Architektur 408
Literatur 414
Pflanzen 421
Vogelbeobachtung 420
Buddha 291–296, 379, 380
Buddha Jayanti (Lumbini) 297
Buddha Jayanti (Saga Dawa) 142
Buddhismus 21, 379–380, 404, 405–407
Budhanilkantha 147
Bungamati 195
Bungee-Jumping 53, 215
Bürgerkrieg 158
Busreisen 447–448
Butterlampen **24**
Butwal 299

C

Canyoning 53, 215
carom 392
Chabahil 138–139
Chame 345
Chand 210
chang 333
Changu-Narayan-Tempel 184–185, **186**
Chapagaon 196
Charang 367
Chhairo 263
Chhetri-Volk 398–399
Chhomrong 349–350
Chhukung 341
China, Beziehung zu 143, 3376–377
Chitwan-Nationalpark 12, 18, 273–280, **274–275**, **2**, **12**
Aktivitäten 278–280
Allradsafari 280

An- & Weiterreise 288–289

Ausgehen & Nachtleben 286–287

Essen 286

Gefahren & Ärgernisse 276–277

Geografie 275–276

Geschichte 273–274

Pflanzen 276

Praktische Informationen 288

Reisezeit 276

Sehenswertes 277

Shoppen 287

Sicherheit 279

Tiere 276

Touren 280

Trekking 278

Unterhaltung 286–287

Unterkunft 280–286

Vogelbeobachtung 276, 278

Wildtierbeobachtung 276

chowks siehe Plätze

Chure-Berge 461

Cyclosporiasis 456

D

Dakshinkali 193–194

Dasain 25, 434

Delfine 419

Demonstrationen 434

Denguefieber 454

Denkmäler

Große Trommeln 77

Großer Donnerkeil 125

Kala (Schwarzer) Bhairab 79

König-Pratap-Malla-Säule 79

Östliche Treppe 125

Stupa-Plattform 127

Taleju-Glocke 153

Devdaha 299

Devghat 272

Dharapani 344–345

Dhulikhel 204–208, **206**

Dhorpatan-Nationalpark 422

Dhumba-Tal 265

Dhunche 359

Diebstahl 434–435

Dilgo Khyentse Rinpoche 141

Dingboche 339, 340

Drogen 433, 439

Duglha 339

Dumre 229

Durbar-Platz (Bhaktapur) 169, **172**

Durbar-Platz (Kathmandu) 18, 69, 72, 78, 72–7, 74

Durbar-Platz (Patan) 151–155, **154**

Durchfall 455

Durchfallerkrankungen 455–456

Durga 198

E

Einwanderung 439, 441–442

Eisvögel 421

Elefanten 279, 419

Safaris 278–280

Schutz 18

Wohlergehen 277

Elektrizität 435

Erdbeben 415, siehe auch Erdbeben von 2015

Langtang 353

Schäden auf den Trekkinggrouten 331

Erdbeben von 2015 18, 72, 376, 415

E-Rikschas 447

Erotische Kunst 87

Essen 62, 64, 428, siehe auch einzelne Orte

Auf dem Trail 332–336

Expats 164

Feste 429

Kosten 429

Momos 14, **14**

Nepalesische Restaurants 110

Sprache 459

Etikette

Fotografie 429

Verantwortungsbewusstes Reisen 59

Touren 45, 47

Events, siehe Feste & Events

Everest-Base-Camp-Trek 9, 334–341, **335**, **2**, **9**

F

Fasane 420

Faskot 205

Feiertage 431

Feilschen 430

Ferien 431

Feste & Events 14, 23–26, **14**

Balkumari Jatra 184

Bisket Jatra 175

Buddha Jayanti (Lumbini) 297

Buddha Jayanti (Saga Dawa) 142

Dasain 434

Essen 429

Gai Jatra 178

Holi 319

Indra Jatra 96

Janai-Purnima-Fest 161

Khokana-Jatra-Fest 196

Losar 142

Magh Sankranti 209

Rato-Machhendranath-Festival 159, 195

Seto Machhendranath 86

Wagenfest 209

Zungenpiercing-Fest 184

Fieber 355

Filme 376, 413

Flagge 387

Flüchtlingssiedlungen 260

Flughäfen 18

Flugreisen 18, 442–443, 448–449, **449**

Flugsicherheit 446

Fotografie 429

Frauen in Nepal 400

Frauen unterwegs 429

Freak Street 105

Freiwillige beim Trekking 56

Freiwilligenarbeit 59–60

G

Gadhimai-Festival 401

Gampo, König Songtsen 141

Ganesh 404

Gangesdelfin 419

Garten der Träume 89

Gärten, siehe Parks & Gärten

Gaunereien 435

Gautama, Siddhartha, siehe Buddha, der

Gebetsfahnen 404

Gebetsmühlen 404

Gefahren, siehe Sicherheit 434

Geier 420

Geld 16, 429–430

Geldautomaten 430

Geldwechsel 430

Geografie & Geologie 415–418

George V., König 273

Geschäftszeiten 17, 432

Geschichte 379–391

Abschaffung der Monarchie 391

Bücher 381, 388, 389, 391

Erotische Kunst 87

Erster & Zweiter Weltkrieg 385

Handel über den Himalaja hinweg 385

Königliches Massaker 389, 390

Licchavi-Zeit 380

Malla-Zeit 380–382

Maoistenaufstand 388

Pro-demokratische Proteste 387–388

Rana-Zeit 384–386

Shah-Dynastie 382–384, 386–387

Thakuri-Zeit 380

Gesundheit 451–457

Bücher 453

Checkliste Reiseapotheke 452

Hepatitis 454

Impfungen 451–452

Internetquellen 453

Sprache 460

Trekking 42

Versicherung 451

Versorgung 453

Websites 453

Getränke 64

Gewichte 433

Gewürze 62, 118, **63**

Ghachok-Trek 350–351

Ghandruk-Schleife 351

Gharab Dzong 265

Ghasa 261

Giardiasis 456

Godavari 197–198

Godavari Kunda 187–189

Gokarna-Mahadev-Tempel 187, **188**

Gokarna-Wald 171–2

Gokyo-Tal 340

Goldenes Tor 153

Gompas, siehe Klöster

Gorak Shep 339

Gorakhnath, Guru 223

Gorkha 222–224, 366, **222**

Gorkha Durbar 222–223

Gosainkund-Seen 360

Gosainkund-Trek 358–360, **359**

Gotlang 357

Greifvögel 420
Grenzübergänge 443–444
  Belahiya nach Sunauli 287
  Indien 443–444
  Tibet 444–445
Große Glocke 77
Große Trommeln 77–79
Großer Himalaja-Trail 361
Gurkhas 233, 397
Guru Rinpoche 194
Gurung-Volk 397–398
Gyanendra, König 89

H
Handel über den Himalaja hinweg 385
Handys 16, 436
Hanuman 405
Hanuman Dhoka 80–83
Hanuman Ghat 174
Hepatitis 454
Herpes 453
Himalaja, der 395–396, 417–418, 424
Himalayan Hotel 350
Hinduismus 21, 379–380, 401–405
Hinduracke 421
Hirsche 419
Historische Gebäude
  Goldenes Tor 170–171
  Kumari Bahal 73–76
  Pujari Math 175
  Singh Sattal 72–73
Historische Stätten
  Lingam-Schreine 137
  Manga Hiti 151
  Östliche Ghats 136–137
  Steininschriften 79
  Westliche Ghats (Feuerbestattungsstellen) 136
HIV 454
Höhenkrankheit (Acute Mountain Sickness/AMS) 42, 456–457
Höhle des Guru Rinpoche 193
Höhlen
  Fledermaushöhle 235
  Gupteshwor-Mahadev-Höhle 235
  Mahendra Gufa 235–236

Karten **000**
Fotos **000**

Siddha-Gufa-Höhle 225
Holi-Festival 23, **14**
Hsien, Fa 293

I
Impfungen 451–452
Indische Visa 438
Indra Jatra 25, 96
Internationaler Marathon Kathmandu 93
Internationales Filmfestival Kathmandu 93, 413
Internetquellen 17
  Film 413
  Gesundheit 453
  Kultur 394
  Musik 411
  Nationalparks 421
  Umweltprobleme 425
  Vogelbeobachtung 420
Internetzugang 431
Islam 407
Island Peak 340
Itum Bahal 86–87

J
Jahreszeiten 415
Jayasthithi, König 147
Joghurt 181
Jomsom 263–264, 347–348, 367
juju dhau 181

K
Kagbeni 265–266, 347
Kagyu-Institut für Buddhistische Studien 191
Kailashnath Mahadev 200
Kajakfahren 51–53, 363, **364**
  Arun-Fluss 374
  Balephi Khola 374
  Bheri-Fluss 374
  Bhote Kosi 371, 372–374
  Kali Gandaki 372
  Karnali 373
  Marsyangdi 372
  Oberer Seti-Fluss 374
  Pokhara 237–238
  Seti Karnali 373
  Seti Khola 371–372
  Sun Kosi 371
  Tamur 374
  Trisuli 370–371
Kakani 214–215
Kala (Schwarzer) Bhairab 79

Kalender 331
Kali 194
Kali Gandaki 261
Kali-Gandaki-Tal 417
Kalika 79
Kanchenjunga-Schutzgebiet 360, 422
Kantipur 69
Kanufahren 280, 321
Kapilavastu 297, 380
Kastensystem 392–393
Kathmandu 65, 66, 68–129, **70–71**, **74–75**, **78**, **98–99**, **8–9**
  Adressen 73
  Aktivitäten 91–92
  Altstadt 9, 69, 109, **8–9**
  An- & Weiterreise 121–123
  Ausgehen & Nachtleben 115–116
  Essen 68, 107–115
  Feste & Events 93
  Gefahren 121
  Geschichte 69
  Highlights 70–71
  Klima 68
  Kurse 92–93
  Medizinische Versorgung 120
  Nepalesische Restaurants 110
  Newar-Restaurants 110
  Orientierung 73
  Praktische Informationen 119–121
  Reiserouten 81
  Reisezeit 68
  Sehenswertes 69, 72–73, 76–90
  Shoppen 117–119
  Spaziergänge 84–85, 88
  Stromausfälle 18
  Tagesausflüge 128
  Unterhaltung 116–117
  Unterkunft 68, 93–97, 100–107
  Unterwegs vor Ort 123–125
Kathmandu-Tal 65, 130–217, **131**
  Essen 130
  Gefahren 133
  Geführte Touren 134
  Geschichte 133
  Highlights 131
  Klima 130
  Reiserouten 27

Reisezeit 130
  Unterkunft 130
  Unterwegs vor Ort 133–134
  Wandern 201
Kathmandu Valley Cultural Trekking Trail 202
Kavre 205
Khaptad-Nationalpark 305, 310, 422
Khokana 196
Khopra-Bergkamm 352–353
Kinder (nepalesisch) 393
Kinder(n), Reisen mit 431–432
  Pokhara 253
  Visa 438–439
Kino 250, 413–414
Kirati-Zeit 379
Kirtipur 190–192
Klettern 53
  Bandipur 227
  Nagarjun-Berg 148
Klima 16, 23–26, *siehe auch einzelne Regionen*
Klimawandel 424
Klöster 410–411
  Chhairo Gompa 263
  Chinesisch-Buddhistisches Kloster Zhong Hua 295
  Dharma-Zentrum von Dzongsar Glück-verheißender Gipfel 192
  Drölma Lhakhang 192–193
  Drubgyud Chöling Gompa 295
  Guru Lhakhang 141
  I Baha Bahi 158
  Jamchen Lhakhang 141
  Jangchub Choeling Gompa 260
  Kagchode Thubten Sampheling Gompa 265
  Kambodschanisches Kloster 296
  Ka-Nying Sheldrup Ling Gompa 141
  Königlich-thailändisches buddhistisches Kloster 296
  Kyanjin Gompa 356
  Lumbini 294
  Neydo Tashi Choeling 195
  O Sal Choling Godavari 197
  Pal Dilyak Gompa 142
  Pal Nye Gompa 142

Pharping 192
Ralo Gompa 192
Rigon Tashi Choeling 194
Rigzu Phodrang Gompa 193
Sakya Tharig Gompa 192
Samtenling Gompa 262
Shechen Gompa 141
Sri-lankisches Kloster 296
Sumdu Choeden Gompa 265
Tengboche 338
Thrangu Tashi Yangtse 211
Thrangu Vajra Vidhya 295
Uku Bahal 161
Kodari 214
König-Bhupatindra-Malla-Säule 171
Königliches Massaker 389–390, 391
König-Pratap-Malla-Säule 79
Königstiger 418
Konsulate 428
Kopan 146–147, 189
Koshi-Tappu-Schutzgebiet 420
Kosten 429, 430, 437
Kostenplanung 17, 429, 437
Kraniche 420
Kreditkarten 431
Krokodlle 277, 418
Kuckucke 421
Kühe 407
Kultur 392–400
Kumari Devi 83
Kumari, Kult der 173
Kunst 87, 408–412, 440
Kunstgalerien, *siehe* Museen & Galerien
Kurse
  Bergsteigen 340
  Buddhismus 91, 142, 146, 191
  Canyoning 91
  Felsklettern 44, 53, 149
  Fotografie 3429
  Handwerk 93
  Kajakfahren 52
  Kochen 92
  Meditation 92, 146–147, 239
  Musik 93
  Paragliden 54
  Sprache 142, 435

Ultraleichtflugzeuge 54
Yoga 92, 203, 239
Kyanjin Gompa 356

L
Lakshmi, Siddhi 172
Lalitpur (Stadt der Schönheit), *siehe* Patan
Lämmergeier 420
Langtang 353, 354–356
Langtang-Nationalpark 352, 356, 358, 423
Langtang-Tal 13, 18, **13**
Langtang-Tal-Trek 352–356, **354–355**
Lawinen 35, 132, 349, 350, 376
Lele-Tal 196
Leoparden 419
Letdar 345–346
LGBT-Reisende 432
Limbu-Volk 396
Lingam 402
Linsensuppe *(dal bhat)* **63**
Lippenbären 279
Literatur 414, *siehe auch* Bücher
Lobuche 339
Lobuche Ost 340
Lohan Chowk 82
Losar 142
Lubbhu 369
Lukla 337, 340
Lumbini 13, 291–298, **292**, **13**

M
Machhapuchhare Base Camp 350
Machhendranath 405
Machhendranath, Rato 159, 195
Madhesi-Volk 398
Madhyapur 184
Magar-Volk 398
Mahabharat-Kette 66, 267–329, 416–417, **268–269**
  Geschichte 270
  Highlights 268–269
  Klima 267, 270
  Reisezeit 267
  Unterkunft 267
Maha-Shivaratri-Fest 138
Makalu-Barun-Nationalpark 360, 423
Malaria 454–455
Malerei 412

Malla, König Pratap 79
Malla, König Ripu 293
Malla, König Shiva 149
Malla, König Yaksha 172
Malla, König Yoganarendra 153
Malla, Mahendra 80
Manakamana 221
Manang 345
Manaslu-Schutzgebiet 35, 36, 423
Mani Rimdu 27
Mani-Steine 404
Manthang 367
Maoistenaufstände 275
Mardi-Himal-Trek 352
Marpha 261–262
Maru Tole 73
Maskentänzer 413, **26**
Massage 91, 92, 142, 238
Maße 433
Maya-Devi-Tempel 382
Meditationszentren
  Anapana Meditation 296
  Ganden Yiga Chopen Meditation Centre 239
  Himalayan Buddhist Meditation Centre 91
  Kloster Kopan 146
  Kloster Thrangu Tashi Yangtse 211
  Nepal-Vipassana-Zentrum 92
  Panditarama International Vipassana Meditation Centre 296
  Rangjung Yeshe Institute 142
Medizinische Versorgung 453
Menschenhandel 399
Mera-Gipfel 340
Metallarbeiten 412
Milane 367
Mithila-Volk 400
Mittelgebirge 396–399, 416–418
Mohankali Chowk 82
Momos 14, **14**
Mondkalender 431
Motorrad 446, 446–447
Mountainbike 44–45, 47, 363, 365–370, **364**
  Der Rajpath (Königsweg) ab Kathmandu 369–370
  Die Scar Road ab Kathmandu 365

Oberes Mustang (von Jomsom nach Lo Manthang) 367–368
Pokhara 237
Rundfahrt durch das Kathmandu-Tal über den Nagarkot und Namobuddha 368–369
Von Kathmandu nach Pokhara 366
Von Muktinath nach Pokhara 368
Von Pokhara nach Sarangkot & Naudanda 370
Mount Everest 338, 417, *siehe auch* Everest-Base-Camp-Trek
Muktinath 263, 346–347, 368
Mul Chowk 82
Museen & Galerien
  Ausstellung & Informationszentrum zu Tieren & Pflanzen 277
  Changu-Museum 185–186
  Friedensgalerie 158
  Gorkha-Museum 223
  Gurkha-Museum 233
  International Mountain Museum 233
  Kulturmuseum von Bungamati 195
  Lumbini-Museum 294
  Messing- und Bronzemuseum 176
  Militärmuseum 129
  Museum der Lebendigen Traditionen 186
  Museum der Tharu-Kultur & Forschungszentrum 278
  Museum für Holzschnitzkunst 176
  Museum für Naturgeschichte 129
  Mustang Eco Museum 263
  Narayanhiti-Palastmuseum 89
  Nationalgalerie der Kunst 170
  Nationalmuseum 129
  Panauti-Friedensgalerie 209
  Panauti-Museum 209
  Patan-Museum 155
  Pokhara-Regionalmuseum 235
  Siddhartha Art Gallery 90

Taragaon-Museum 141–142
Tilaurakot 297
Tribhuvan-Museum 82
Musik 411, 412

N
Nagarkot 199–204, 368–369, **199**
Nagetiere 420
Nagthali Ghyang 357–358
Namche Bazaar 337, 338
Namobuddha 210–212, 369
Narayan 147
Narayan Shah, Prithvi 384, 385
Narayangarh 271–273
Narsingha 153, 157
Nasal Chowk 80–81
Nashörner 279, 419, **46**
Nationalparks & Schutzgebiete 423, 422–423
    Annapurna-Schutzgebiet 66, 252, 255, 331, 348, 349
    Banke-Nationalpark 421
    Bardia-Nationalpark 20, 22, 268, 307–313, **46**
    Chitwan-Nationalpark 12, 273–289, **274–275, 2, 12**
    Dhorpatan-Nationalpark 422
    Gebühren 39–40
    Genehmigungen 39–40
    Kanchenjunga-Schutzgebiet 360, 422
    Khaptad-Nationalpark 305, 310, 422
    Koshi-Tappu-Schutzgebiet 420
    Langtang-Nationalpark 352, 356, 358, 423
    Makalu-Barun-Nationalpark 360, 423
    Manaslu-Schutzgebiet 35, 39, 423
    Nagarjun Hill 148
    Parsa-Nationalpark 275, 423
    Rara-Nationalpark 423
    Sagarmatha-Nationalpark 20, 39, 47, 334, 337, 423

Karten **000**
Fotos **000**

Shey-Phoksumdo-Nationalpark 423
Shivapuri-Nagarjun-Nationalpark 148–149
Sukla-Phanta-Nationalpark 20, 267, 313, 418, 419
Naudhara-Gemeindewald 197–198
Navadurga 185
Naya Pul 347–348
Nepalesische Kalender 431
Nepalesische Namen 394
Nepalesische Sprache 458–465
Newar-Kunst & -Handwerk 411–412
Newar-Pagodentempel 409–410
Newar-Volk 69, 224, 397
Notfälle 17
    Sprache 458
Nuwakot 215–217

O
Oberer Pisang 345
Öffnungszeiten 17, 432
Opfergaben 401
Östliche Ghats 136–137
Outdoor-Aktivitäten 20–21, 44–54, siehe auch einzelne Aktivitäten

P
Padmasambhava 406, 407
Pahar-Zone 417
Paljorling 260
Paläste
    Dhuni Pati 223
    Gaddhi Baithak 76
    Gorkha Durbar 222–223
    Hanuman Dhoka 80–83
    Königlicher Palast (Patan) 153–155
    Ranighat Durbar 302
    Saat Tale Durbar 216
    Tansen Durbar 210
Panauti 208–210
Panchase-Trek 351
Pappelfeige 402, 422
Paragliden 54, **52**
    Bandipur 226
    Pokhara 238
Parks & Gärten
    Nagarkot-Buddha-Friedensgarten 200
    Garten der Träume 89

Heiliger Garten am Maya-Devi-Tempel 294
Kanyam-Teegärten 327
Mountain Botanical Gardens 305
Nationaler Botanischer Garten 197
Seti-Schlucht 235
Parsa-Nationalpark 275, 423
Parvati 404
Pashupatinath 134–138, **135**
Pässe 439, 442
Patan 15, 149–166, **150–151, 154, 156, 160, 15**
    Aktivitäten 161
    An- & Weiterreise 166
    Essen 163–165
    Feste & Events 161
    Geschichte 149–150
    Praktische Informationen 166
    Sehenswertes 150–161
    Shoppen 165–166
    Unterhaltung 165
    Unterkunft 161–163
Pflanzen 421–422, 423
Phakding 337
Pharping 192–193
Phedi 349
Pheriche 338–339
Phewa-See 232
Pim Bahal Pokhari 158
Plätze
    Asan Tole 84
    Indra Chowk 86
    Khalna Tole 178
    Main Square (Kirtipur) 190
    Mul Chowk 155
    Nasamana Square 178
    Sitalpati 300
    Sulima Square 158
    Sundari Chowk 155
    Töpferplatz (Bhaktapur) 176–177
    Töpferplatz (Thimi) 184
Pokhara 12, 66, 230–255, **231, 234, 242, 246, 12**
    Aktivitäten 236–239
    An- & Weiterreise 252–254
    Ausgehen & Nachtleben 249–250
    Essen 230, 246–249
    Feste & Events 240
    Highlights 231

Klima 230, 232
Kurse 239
Medizinische Versorgung 251
Notfälle 251
Reiserouten 232
Reisezeit 230
Sehenswertes 232–236
Shoppen 250–251
Sicherheit 251
Touren 240
Touristeninformationen 251–252
Unterhaltung 250
Unterkunft 230, 240–246
Unterwegs vor Ort 254–255
Politik 377, 386–391
Post 432–433
Proteste 434
puja 401
Pulchowki-Berg 197

R
Raben 421
Radfahren 448, siehe auch Mountainbike
    Chitwan-Nationalpark 274
    Gokarna–Kopan–Bodhnath 189
    Nagarkot 202–203
    Pokhara 237
Rafting 15, 47–51, 237–238, 363, **364, 15, 51**
    Arun 374
    Balephi Khola 374
    Bheri 374
    Kali Gandaki 372
    Karnali 373
    Marsyangdi 372
    Oberer Seti 374
    Seti Karnali 373
    Seti Khola 371–372
    Sun Kosi 371, 373
    Tamur 374
    Trisuli 220, 370–371
Rai-Volk 396–397
Ram-Chandra-Tempel 90
Ramkot 226
Rana, Jung Bahadur 384
Rani Pokhari 89
Ranighat Durbar 302
Ranipauwa 264
Rara-Nationalpark 423
Rato-Machhendranath-Fest 159

Rechtsfragen 433

Regierung 386–391

Reisehinweise 432

Reisen nach/von Nepal 441–446

Reisen vor Ort 17, 446–448

Reiserouten 27–30, *siehe auch Trekkingrouten Kathmandu-Tal* 201

Reiseplanung

Budget 16–17

Feste & Events 22–26

Freiwilligenarbeit 55–61

Internetquellen 16–17

Kinder(n), Reisen mit 431

Nepal-Basics 16–17

Nepals Regionen 65–66

Neues in Nepal 18

Reiserouten 27–30

Reisezeit 16–17, 22–26

Trekking 31–43

Reiten

Gokarna-Wald 188

Pokhara 237

Religion 255, 392, 401–407, *siehe auch einzelne Religionen*

Repoussé-Metallarbeiten 412

Rhododendren 421

Ridi Bazaar 302–303

Rikschas 447, 449

Rundflüge 93

Pokhara 239

Rupa-See 257–258

Rupse Chhahara 261

S

Sadhus 406

sadhvis 406

Sagarmatha-Nationalpark 20, 39, 47, 334, 337, 423

Saligrams 418

Sankhu 189

Sarangkot 255–257

Saraswati 405

Sauraha 276, 277, 278, 280–284, 286, **282**

Schneeblindheit 42

Schneeleoparden 419

Schreine 382

Ashok Binayak 73

Bangemudha 83–84

Bishankhu Narayan 198

Ganesh-Schrein 176

Schwimmen 238–239

Seidenraupen-Farm 226

Seto-Machhendranath-Festival 82

Shah, Prithvi Narayan 190

Shah-Dynastie 69

Shamanism 407

Shanti Ban Buddha 198

Sherpa 396

Shey-Phoksumdo-Nationalpark 423

Shikhara-Tempel 410

Shiva 133, 136, 403

Shivalaya-Trek 336–337

Shivapuri-Nagarjun-Nationalpark 148–149

Shoppen 59–60, 118, 460, *siehe auch einzelne Orte*

Sicherheit 434–435

Busreisen 448

Chitwan-Nationalpark 279

Straße 446–447

Thorung La 346

Siddhartha Highway 298–303

Siddharthanagar (Bhairawa) 289–291

Sing Gompa 359

Sonnenbrand 453

Spaziergänge

Bhaktapur 176–177

Kathmandu 84–85, 88

Tansen 303

Spiritualismus 21

Sprache 16, 458–465

Kurse 435

Steuern 437, 442

Störche 420

Streiks 434

Strom aus Wasserkraft 425

Stupas 137

Ashoka-Stupa 146

Bodhnath-Stupa 10, 141, **10**

Chabahil-Stupa 138–139

Chilanchu Vihara 191

Großer Lotos-Stupa der Drigung Kagyu 295

Kathesimbhu-Stupa 83

Lokamani-Pula-Pagode 296

Manang-Samaj-Stupa 295

Namobuddha-Stupa 211

Swayambhunath-Stupa 10, 126, **11**

Westlicher Stupa 128

World Peace Pagoda 294

Sukla-Phanta-Nationalpark 20, 267, 313, 418, 419

Sunauli 289–291

Sundari Chowk 82

Suriya-Binayak-Tempel 184

Swayambhunath 10, 125–128, **126**, **11**

Syabrubesi 353

T

Tachupal Tole 175–176

Tahre 420

Taleju-Glocke 171

Tamang Heritage Trail 356–358, **354–355**

Tamang-Volk 395

Tamur 374, **51**

Tansen (Palpa) 299–302, 303, **300**

Tanz 412–413

Kartik 31

Mani Rimdu 26

Navadurga 185

Tibetische Maskentänze 260

Tashi Ling 260

Tashi Palkhel 260

Tatopani 259, 357, 368

Taumadhi Tole 173–174

Taxis 449–450

Telefondienste 16, 346

Tempel 19, 408–411, *siehe auch Stupas*

Amar Narayan Mandir 300–301

Bachhareshwari-Tempel 136

Bagh-Bhairav-Tempel 190

Balkumari-Tempel 184

Bhagwati-Shiva-Tempel (Dhulikhel) 205

Bhagwati-Tempel 77

Bhairabnath-Tempel 174

Bhairab-Sthan-Tempel 303

Bhairab-Tempel (Bungamati) 195

Bhairavi-Tempel (Nuwakot) 216

Bhimsen-Tempel (Bhaktapur) 175

Bhimsen-Tempel (Kathmandu) 90

Bhimsen-Tempel (Patan) 151

Bidyapith-Tempel 155

Bindebasini-Tempel 226

Biswakarma-Tempel 160

Brahmayani-Tempel 209

Chandeshwari-Tempel 210

Chandra-Binayak-Ganesh-Tempel 139

Changu-Narayan-Tempel 185–187

Char-Dham-Tempel 170

Charumati Vihar 139

Dakshinkali-Tempel 193–194

Dattatreya-Tempel 175

Degutaleju-Tempel 79

Degutalle-Tempel 155

Fasidega-Tempel 169

Ganesh-Tempel (Dhulikhel) 205

Gauri-Shankar-Tempel 157

Gita-Tempel 205

Gokarna-Mahadev-Tempel 187, **188**

Goldener Tempel (Kwa Bahal) 157

Goldener Tempel aus Myanmar 296

Gorakhnath-Tempel 137

Guhyeshwari-Tempel 137–138

Harisiddhi-Bhagwan-Tempel 198

Hari-Siddhi-Tempel 205

Ichangu-Narayan-Tempel 145

Indrapur-Tempel 79

Indrayani-Tempel 170

Indreshwar-Mahadev-Tempel 209

Jagannath-Tempel 79

Jaya-Varahi-Tempel 178

Jwalamai-Tempel 264

Kabindrapur-Tempel 73

Kalika-Tempel 223

Kali-Tempel (Dhulikhel) 205

Kalmochan-Tempel 90

Karya-Binayak-Tempel 195–196

Khadga-Devi-Tempel 226

Koreanisch-Buddhistischer Tempel 295

Kotilingeshwar-Mahadev-Tempel 80

Krishna Mandir 152

Krishna-Narayan-Tempel 209

Krishna-Tempel (Kathmandu) 84–86

Krishna-Tempel (Patan) 153

Lakshmi-Mishwar-Mahadev-Tempel 90

Lohan Dehar 191

Mahabouddha-Tempel 161

Mahadev-Tempel (Gorkha) 223

Mahalakshmi-Tempel 184

Mahendreshwar-Tempel 80

Manang-Samaj-Stupa 295

Mata-Tempel 194

Maya-Devi-Tempel 294, 382

Minnath-Tempel 159

Muttertempel des Stufenweges zur Erleuchtung 295

Nagar Mandap Sri Kirti Vihar 190–191

Nara-Devi-Tempel 87

Naudhara Kunda 197

Nepalesischer Vajrayana-Mahavihara-Tempel 295

Ni Bahal 178

Nyatapola-Tempel 173

Pachali Bhairab & Südliche Ghats 90

Pashupatinath-Tempel (Bhaktapur) 172

Pashupatinath-Tempel (Pashupatinath) 135–136

Pulchowki-Mai-Tempel 197

Ram-Chandra-Tempel 90

Rato-Machhendranath-Tempel (Bungamati) 195

Rato-Machhendranath-Tempel (Patan) 159

Salan-Ganesh-Tempel 176

Seto-Machhendranath-Tempel (Jan Bahal) 86

Shashwat Dham 271–272

Shekala-Mai-Tempel 196

Shesh-Narayan-Tempel 192

Shiva-Parvati-Tempel (Bhaktapur) 169

Shiva-Parvati-Tempel (Kathmandu) 73

Shiva-Tempel (Dhulikhel) 205

Siddhi-Lakshmi-Tempel 172

Suriya-Binayak-Tempel 184

Karten **000**
Fotos **000**

Tadhunchen Bahal 173

Taleju-Bhawani-Tempel (Patan) 155

Taleju-Tempel (Kathmandu) 80

Taleju-Tempel (Nuwakot) 216

Tana-Deval-Tempel 80

Tempel der Drei Göttinnen 89

Tempel der sinnlichen Elefanten 169

Til-Mahadev-Narayan-Tempel 174

Tin-Deval-Tempel 90

Tripurasundari-Tempel 176

Tripureshwar-Mahadev-Tempel 90

Uma-Maheshwar-Tempel (Kirtipur) 190

Uma-Maheshwar-Tempel (Patan) 158

Unamanta-Bhairav-Tempel 209

Vajra-Varahi-Tempel 196

Vajrayogini-Tempel 189, 193

Varahi Mandir 232–233

Vatsala-Durga-Tempel 171

Vietnamesischer Phat-Quoc-Tu-Tempel 295

Vishnu-Tempel (Dhulikhel) 205

Vishnu-Tempel (Gorkha) 223

Vishwanath-Tempel 152

World Peace Pagoda 294

Yatkha Bahal 87

Tempelrestaurierung 358

Tengboche 338

Teppiche 413

Terai, das 66, 267–329, 399–400, 416, **268–269**, **271**

Geschichte 270

Highlights 268–269

Klima 267, 270

Reisezeit 267

Unterkunft 267

Thakali-Volk 395

Thamel 18, 65, 84–85, 94–95, 95–102, 107–112, 118

Tharu 284, 399–400

Thermalquellen (Tatopani) 259

Thimi 184

Thini 265

Thorung La 345, 346

Thorung Phedi 346

Thuman 357–358

Tibet 212–213, 215

Grenzübergänge 444

Reisebeschränkungen 445

Tourenvorschläge 445–446

Tibeter 395–396

Tibetische Flüchtlinge, Siedlungen 260, 263

Tibetische Teppiche 413

Tibetischer Buddhismus 21, 407

Tiere 418–421, *siehe auch einzelne Arten*

Tiger 279, 418, 421

tika 403

Tika Bhairab 196

Tilaurakot 297, 380

Tilicho-See 265

TIMS-Karte 39

Toiletten 436

Tolka 349

Tollwut 455

tongba 33

Touren, *siehe auch einzelne Orte*

Motorrad 446

Mountainbike 45

Nach/von Tibet 445–446

Rafting 50–51

Tourismus 376–378, 392, 425–426

Erdbeben von 2015 132

Touristeninformation 436–437

Trans-Himalaja 418

Transport

Sprache 460–461

Vor Ort 17, 446–448

Trekking 4, 19, 424, **34**, **46**, *siehe auch Trekkingrouten*

Agenturen 36

Ausrüstung 37

Beste Treks 31

Erdbebenschäden 35, 331

Essen 332–336

Genehmigungen 252, 262

Gesundheit 41, 455

Guides & Träger 33–35

Karten 38–39

Kleidung 36–37

Kurze Treks 331–332

Literatur 38

Planung 31–43

Sicherheit 41–43, 456–457

Sprache 461

TIMS-Karte 39

Unterkunft 332–336

Verantwortungsbewusst reisen 40–41

Versicherung 43

Websites 39

Trekkingrouten 330–362, **332**, **46**, *siehe auch Trekking*

Annapurna-Circuit-Trek 11, 18, 19, 259, 341–348, **342–343**, **5**, **11**, **20**

Annapurna-Panorama-weg 351

Annapurna-Sanctuary-Trek 348–350

Beni nach Dolpo 362

Chitwan-Nationalpark 278–280

Everest-Base-Camp-Trek 9, 334–341, **335**, **2**, **9**

Gesperrtes Gebiet & andere Treks 360–362

Ghachok-Trek 350–351

Ghandruk-Schleife 351

Gosainkund-Trek 358–360, **359**

Großer Himalaja-Trail 361

Kahun Danda 239

Kanchenjunga 362

Kathmandu Valley Cultural Trekking Trail 202

Khopra-Bergkamm 352

Langtang-Tal-Trek 352–356, **354–355**

Makalu Base Camp 362

Manaslu-Rundweg 361

Mardi-Himal-Trek 352

Mustang 361

Nagarkot 202–203

Nar-Phu 361

Panchase-Trek 351

Phewa-See-Rundweg 238

Rundwanderweg am Talrand 201

Shivalaya-Trek 336–337

Shivapuri-Nagarjun-Nationalpark 149

Siddha-Gufa-Höhle 225

Tamang Heritage Trail 356–358, **354–355**

Tarap-Tal-Runde 361

Thini 265

Tsum-Tal 361

World Peace Pagoda (Pokhara) 236
Tribhuvan, König 82
Trinkgeld 431
Trisuli 220–221
Tukuche 261
Tundikhel 226
TV 433

U

Uku Bahal 161
Ultraleichtflugzeuge 54
Umweltprobleme 377, 424–425
Umweltverschmutzung 424
Unesco-Welterbe-Stätten 10, 72, 125, 136, 164, 184, 275, 334, 408
Unterkunft 437, *siehe auch einzelne Regionen*
  Sprache 458
  Trekking-Lodges 332–334

V

Verantwortungsbewusst reisen 59–61
Versicherung
  Auto & Motorrad 446–447
  Gesundheit 451
  Reisehinweise der Regierung 432
  Reisen 43, 438
  Träger & Guides 59
Visa 16, 438–439
Vishnu 147, 185, 198, 403
Vishnuismus 147
Vishwanath-Tempel 152
Vögel 419, 420–421
Vogelbeobachtung
  Chitwan-Nationalpark 274–280
  Koshi-Tappu-Schutzgebiet 320
  Lumbini 291
  Pulchowki-Berg 197
Vorwahlen 17, 436

W

Währung 16, 429–430
Wasser 426, 454
Wasserfälle
  Devi's Falls 235
  Rupse Chhahara 261
Wechselkurse 17
Welterbe-Stätten, *siehe* Unesco-Welterbe-Stätten
Wetter 16, 23–26, *siehe auch einzelne Regionen*
Wiedehopf 421
Wildblumen 422
Wilderei 275, 425
Wildtiere 20, 416, 418–421
Wildtierreservate 20, 423, 422–423
  Koshi-Tappu-Schutzgebiet 420
  Lumbini-Kranichreservat 294
Wildwasser-Rafting 15, **15** *siehe auch* Rafting
Wirtschaft 376–377

World Peace Pagoda (Lumbini) 294
World Peace Pagoda (Pokhara) 235, 236

Y

Yak Kharkha 345
Yoga
  Kathmandu 92
  Patan 161
  Pokhara 239
Yoni 402

Z

Zeit 16, 439, 460
Zeitschriften 433
Zeitungen 433
Ziplines 20, 21
Zollbestimmungen 439–440
Zoos 161, 277
Zugreisen 450

NOTIZEN

NOTIZEN

Kartenlegende

Sehenswertes

- Buddhistisch
- Burg/Schloss
- Christlich
- Denkmal
- Hinduistisch
- Islamisch
- Jainistisch
- Jüdisch
- Konfuzianisch
- Museum/Galerie/ Historisches Gebäude
- Ruine
- Schintoistisch
- Sikhistisch
- Strand
- Taoistisch
- Vogelschutzgebiet
- Weingut/Weinberg
- Zoo/Wildschutzgebiet
- Noch mehr Sehenswertes

Essen

- Restaurant

Ausgehen & Nachtleben

- Bar/Kneipe/Club
- Café

Unterhaltung

- Theater/Kino/Oper

Shoppen

- Geschäft/Einkaufszentrum

Aktivitäten, Kurse & Touren

- Bodysurfing
- Kanu-/Kajakfahren
- Kurs/Tour
- Japanisches Badehaus/Onsen
- Schnorcheln
- Schwimmen
- Skifahren
- Surfen
- Tauchen
- Wandern
- Windsurfen
- Andere Aktivitäten

Schlafen

- Hotel/Pension
- Campingplatz
- Hütte

Praktisches

- Bank
- Botschaft/Konsulat
- Krankenhaus/Arzt
- Internet
- Polizei
- Post
- Telefon
- Toilette
- Touristeninformation
- Noch mehr Praktisches

Transport

- Bus
- Eisenbahn eingleisig
- Fähre
- Fahrrad
- Flughafen
- Grenzübergang
- Metro/MTR-/MRT-Station
- Parkplatz
- Subway
- Seilbahn/Standseilbahn
- Straßenbahn
- Tankstelle
- Taxi
- U-Bahn-Station
- Zug/Eisenbahn
- Andere Verkehrsmittel

Landschaft

- Aussichtspunkt
- Berg/Vulkan
- Hütte/Unterstand
- Leuchtturm
- Oase
- Park
- Pass
- Raststelle
- Strand
- Tor
- Wasserfall

Städte

- Hauptstadt
- Landeshauptstadt
- Stadt
- Ort/Dorf

Achtung: Nicht alle der hier aufgeführten Symbole finden sich in den Karten in diesem Buch wieder.

Verkehrswege

- Autobahn
- Fußgängerbrücke
- Hauptstraße
- Im Bau befindliche Straße
- Landstraße
- Mautstraße
- Pfad/Wanderweg
- Platz/Fußgängerzone
- Sonstige Straße
- Stufen
- Tunnel
- Unbefestigte Straße
- Verbindungsstraße
- Wanderung
- Wanderung mit Abstecher

Grenzen

- Internationale Grenze
- Provinzgrenze
- Umstrittene Grenze
- Regionale Grenze
- Meerespark
- Klippen
- Mauer

Gewässer

- Fluss/Bach
- Periodischer Fluss
- Kanal
- Wasser
- Trocken-/Salz-/ Periodischer See
- Riff

Gebietsformen

- Flughafen
- Strand/Wüste
- Christlicher Friedhof
- Weiterer Friedhof
- Gletscher
- Watt
- Park/Wald
- Sehenswertes Gebäude
- Sportanlage
- Sumpf

DIE AUTOREN

Bradley Mayhew

Kathmandu, Kathmandu-Tal, Trekkingrouten Bradley schreibt seit nunmehr 20 Jahren Reiseführer. Das Reisen entdeckte er, als er an der Oxford University Chinesisch studierte, und er hat sich seither zu einem Experten für China, Tibet, den Himalaja und Zentralasien entwickelt. Er ist auch Mitautor der Lonely Planet Reiseführer *Tibet*, *Nepal*, *Trekking in the Nepal Himalaya*, *Bhutan*, *Central Asia* und vieler weiterer Titel. Bradley moderierte auch zwei Fernsehsendungen für Arte und den SWR, einmal reiste er auf den Spuren von Marco Polo über die Türkei, den Iran, Afghanistan, Zentralasien nach China, und zum anderen wanderte er auf den zehn schönsten Fernwanderwegen durch Europa. Bradley schrieb auch die Kapitel zur Reiseplanung (mit Ausnahme von Essen & Trinken wie die Einheimischen) sowie das Kapitel Allgemeine Informationen.

Lindsay Brown

Kathmandu-Tal; Pokhara; Biken, Rafting & Kajakfahren Lindsay sammelte schon sehr jung erste Reiseerfahrungen auf Wanderungen durch die Blue Mountains im Westen von Sydney. Später als ausgebildeter Meeresbiologe tauchte er an den Küsten und vor den Inseln im Südosten von Australien. Auch während seiner Zeit als Redakteur und Publishing Manager bei Lonely Planet reiste er, so viel er konnte. Seit er als freier Autor und Fotograf arbeitet, ist er Mitautor von über 35 Lonely Planet Reiseführern über Ziele wie Australien, Bhutan, Indien, Malaysia, Nepal, Pakistan und Papua Neuguinea. Lindsay schrieb auch das Kapitel Essen & Trinken wie die Einheimischen sowie das Kapitel Verstehen.

Paul Stiles

Kathmandu-Tal; Von Kathmandu nach Pokhara; Das Terai und die Mahabharat-Kette Als 21-Jähriger kaufte sich Paul in London ein altes Motorrad, fuhr damit nach Tunesien und entdeckte seine Liebe zum Reisen. Seither hat er etwa 60 Länder erkundet und viele Abenteuerziele für Lonely Planet bereist, darunter Marokko, Madagaskar, São Tomé und Príncipe, Indonesien, die Philippinen, Hawaii, Maui sowie Kaua'i. Über längere Phasen lebte er auch in Amerika, Schottland und Spanien. Immer wenn er eine wichtige Entscheidung im Leben zu treffen hat, folgt er der „Rocking Chair Rule" und versucht die Dinge so zu betrachten wie ein Senior, der gemütlich in einem Schaukelstuhl auf seiner Terrasse sitzt. Denn eines Tages wird man selbst dieser Senior sein. Paul schrieb auch die Kapitel Gesundheit und Transport.

DIE LONELY PLANET STORY

Ein uraltes Auto, ein paar Dollar in den Hosentaschen und Abenteuerlust, mehr brauchten Tony und Maureen Wheeler nicht, als sie 1972 zu der Reise ihres Lebens aufbrachen. Diese führte sie quer durch Europa und Asien bis nach Australien. Nach mehreren Monaten kehrten sie zurück – pleite, aber glücklich –, setzten sich an ihren Küchentisch und verfassten ihren ersten Reiseführer Across Asia on the Cheap. Binnen einer Woche verkauften sie 1500 Bücher und Lonely Planet war geboren. Heute unterhält der Verlag Büros in Franklin, London, Melbourne, Oakland, Beijing und Delhi mit über 600 Mitarbeitern und Autoren. Sie alle teilen Tonys Überzeugung, dass ein guter Reiseführer drei Dinge tun sollte: informieren, bilden und unterhalten.

Lonely Planet Global Limited
Digital Depot
The Digital Hub
Dublin D08 TCV4
Ireland

Verlag der deutschen Ausgabe:
MAIRDUMONT, Marco-Polo-Straße 1, 73760 Ostfildern,
www.lonelyplanet.de, www.mairdumont.com, lonelyplanet-online@mairdumont.com
Chefredakteurin deutsche Ausgabe: Birgit Borowski

Producing: SAW Communications, Redaktionsbüro Dr. Sabine A. Werner, Mainz
Übersetzung: SAW Communications – Birgit Bruder, Dr. Wolfgang Hensel, Norma Keßler, Christa Trautner-Suder, Ulrike Brandhorst
Redaktion: SAW Communications – Gisela Faller, Julia Gilcher, Dieter Schmidt, Kristin Smolinna, Dr. Sabine A. Werner
Technischer Support: SAW Communications – Katrin Pfeil

Nepal
1. Auflage Oktober 2018, übersetzt von *Nepal 11th edition*,
Juli 2018, Lonely Planet Global Limited
Deutsche Ausgabe © Lonely Planet Global Limited, Oktober 2018
Fotos © wie angegeben 2018
Printed in Poland

MIX
Papier aus verantwortungsvollen Quellen
FSC
www.fsc.org
FSC® C018236